U0921119

公司企业

法律指引实用全书

条文注解 文书范本 裁判要点

法律出版社 LAW PRESS · CHINA

图书在版编目(CIP)数据

公司企业法律指引实用全书／法律出版社法规中心编. -- 北京：法律出版社，2018
ISBN 978-7-5197-2300-2

Ⅰ. ①公… Ⅱ. ①法… Ⅲ. ①公司法-法律解释-中国②公司法-法律适用-中国③企业法-法律解释-中国④企业法-法律适用-中国 Ⅳ. ①D922.291.915

中国版本图书馆CIP数据核字(2018)第112863号

公司企业法律指引实用全书
GONGSI QIYE FALÜ ZHIYIN SHIYONG QUANSHU
法律出版社法规中心 编
责任编辑 麦 锐
装帧设计 汪奇峰

出版 法律出版社
总发行 中国法律图书有限公司
经销 新华书店
印刷 三河市兴达印务有限公司
责任印制 吕亚莉

编辑统筹 法规出版分社
开本 720毫米×960毫米 1/16
印张 49.75
字数 1187千
版本 2018年7月第1版
印次 2018年7月第1次印刷

法律出版社／北京市丰台区莲花池西里7号(100073)
网址／www.lawpress.com.cn
投稿邮箱／info@lawpress.com.cn
举报维权邮箱／jbwq@lawpress.com.cn
销售热线／010-63939792
咨询电话／010-63939796

中国法律图书有限公司／北京市丰台区莲花池西里7号(100073)
全国各地中法图分、子公司销售电话：
统一销售客服／400-660-6393
第一法律书店／010-63939781/9782
西安分公司／029-85330678
重庆分公司／023-67453036
上海分公司／021-62071639/1636
深圳分公司／0755-83072995

书号：ISBN 978-7-5197-2300-2
定价：98.00元
(如有缺页或倒装，中国法律图书有限公司负责退换)

出版说明

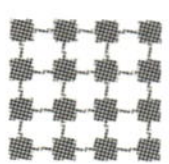

本书根据常见公司企业法律纠纷和重点法律法规条文，全面编辑相关法律信息，内容涉及公司企业类型、工商登记、企业治理、企业证券、企业重组、企业解散清算、企业财务会计、刑事责任等公司企业法律问题，并力求在以下方面为读者提供实用指引：

条文注解 本书按照公司企业常见纠纷类型，编辑整理现行有效的相关法律、行政法规、司法解释、部门规章等规范性文件，并对重点法律予以精要解读，方便读者了解掌握。

文书范本 本书收集整理常用协议等文书范本，供广大读者在处理相关法律问题过程中参考使用，帮助防范法律风险，解决法律纠纷。

裁判要点 本书根据公司企业法律领域的常见纠纷和司法实践，编录最高人民法院公报案例和指导案例的裁判要点，帮助读者充分了解常见法律纠纷化解的司法观点。

本书旨在对现行相关条文、案例、范本等法律信息予以尽可能全面的汇编和整理，主要针对的读者是希望获得实际法律问题解决之道的当事人，希望在解释和适用特定法律条款方面得到快速指导的专业人士。

法律出版社法规中心

2018 年 6 月

总目录

目　录

第一章　综　　合

第二章 工商登记

第三章 企业治理

第四章 企业证券

2. 企业、合伙

3. 清算、破产

4. 改制

第一章　综　　合

1. 一 般 规 定

中华人民共和国民法总则(节录)

(2017年3月15日第十二届全国人民代表大会第五次会议通过
2017年3月15日中华人民共和国主席令第66号公布
自2017年10月1日起施行)

第一章　基本规定

第一条　【立法目的】[①]为了保护民事主体的合法权益,调整民事关系,维护社会和经济秩序,适应中国特色社会主义发展要求,弘扬社会主义核心价值观,根据宪法,制定本法。

第二条　【调整范围】民法调整平等主体的自然人、法人和非法人组织之间的人身关系和财产关系。

第三条　【民事权益受法律保护】民事主体的人身权利、财产权利以及其他合法权益受法律保护,任何组织或者个人不得侵犯。

第四条　【平等原则】民事主体在民事活动中的法律地位一律平等。

第五条　【自愿原则】民事主体从事民事活动,应当遵循自愿原则,按照自己的意思设立、变更、终止民事法律关系。

第六条　【公平原则】民事主体从事民事活动,应当遵循公平原则,合理确定各方的权利和义务。

第七条　【诚信原则】民事主体从事民事活动,应当遵循诚信原则,秉持诚实,恪守承诺。

第八条　【公序良俗原则】民事主体从事民事活动,不得违反法律,不得违背公序良俗。

第九条　【绿色原则】民事主体从事民事活动,应当有利于节约资源、保护生态环境。

第十条　【法律适用】处理民事纠纷,应当依照法律;法律没有规定的,可以适用习惯,但是不得违背公序良俗。

第十一条　【优先适用特别法】其他法律对民事关系有特别规定的,依照其规定。

第十二条　【适用范围】中华人民共和国领域内的民事活动,适用中华人民共和国法律。法律另有规定的,依照其规定。

第三章　法　　人

第一节　一般规定

第五十七条　【法人的定义】法人是具有民事权利能力和民事行为能力,依法独立享有民事权利和承担民事义务的组织。

第五十八条　【法人成立的条件】法人应当依法成立。

---

① 条文主旨为编者所加,下同。

法人应当有自己的名称、组织机构、住所、财产或者经费。法人成立的具体条件和程序，依照法律、行政法规的规定。

设立法人，法律、行政法规规定须经有关机关批准的，依照其规定。

第五十九条　【法人权利能力和行为能力的起止】法人的民事权利能力和民事行为能力，从法人成立时产生，到法人终止时消灭。

第六十条　【法人民事责任承担】法人以其全部财产独立承担民事责任。

第六十一条　【法定代表人的定义及行为的法律后果】依照法律或者法人章程的规定，代表法人从事民事活动的负责人，为法人的法定代表人。

法定代表人以法人名义从事的民事活动，其法律后果由法人承受。

法人章程或者法人权力机构对法定代表人代表权的限制，不得对抗善意相对人。

第六十二条　【法定代表人的民事责任】法定代表人因执行职务造成他人损害的，由法人承担民事责任。

法人承担民事责任后，依照法律或者法人章程的规定，可以向有过错的法定代表人追偿。

第六十三条　【法人的住所】法人以其主要办事机构所在地为住所。依法需要办理法人登记的，应当将主要办事机构所在地登记为住所。

第六十四条　【法人变更登记】法人存续期间登记事项发生变化的，应当依法向登记机关申请变更登记。

第六十五条　【不得对抗第三人】法人的实际情况与登记的事项不一致的，不得对抗善意相对人。

第六十六条　【公示登记信息】登记机关应当依法及时公示法人登记的有关信息。

第六十七条　【法人的合并、分立的权利义务承担】法人合并的，其权利和义务由合并后的法人享有和承担。

法人分立的，其权利和义务由分立后的法人享有连带债权，承担连带债务，但是债权人和债务人另有约定的除外。

第六十八条　【法人终止的原因】有下列原因之一并依法完成清算、注销登记的，法人终止：

（一）法人解散；

（二）法人被宣告破产；

（三）法律规定的其他原因。

法人终止，法律、行政法规规定须经有关机关批准的，依照其规定。

第六十九条　【法人解散的情形】有下列情形之一的，法人解散：

（一）法人章程规定的存续期间届满或者法人章程规定的其他解散事由出现；

（二）法人的权力机构决议解散；

（三）因法人合并或者分立需要解散；

（四）法人依法被吊销营业执照、登记证书，被责令关闭或者被撤销；

（五）法律规定的其他情形。

第七十条　【法人解散后的清算】法人解散的，除合并或者分立的情形外，清算义务人应当及时组成清算组进行清算。

法人的董事、理事等执行机构或者决策机构的成员为清算义务人。法律、行政法规另有规定的，依照其规定。

清算义务人未及时履行清算义务，造成损害的，应当承担民事责任；主管机关或者利害关系人可以申请人民法院指定有关人员组成清算组进行清算。

第七十一条　【清算适用的法律依据】法人的清算程序和清算组职权，依照有关法律的规定；没有规定的，参照适用公司法的有关规定。

第七十二条　【清算的法律后果】清算期间法人存续，但是不得从事与清算无关的活动。

法人清算后的剩余财产，根据法人章程的规定或者法人权力机构的决议处理。法律另有规定的，依照其规定。

清算结束并完成法人注销登记时，法人终

止;依法不需要办理法人登记的,清算结束时,法人终止。

第七十三条 【法人破产】法人被宣告破产的,依法进行破产清算并完成法人注销登记时,法人终止。

第七十四条 【法人分支机构及其责任承担】法人可以依法设立分支机构。法律、行政法规规定分支机构应当登记的,依照其规定。

分支机构以自己的名义从事民事活动,产生的民事责任由法人承担;也可以先以该分支机构管理的财产承担,不足以承担的,由法人承担。

第七十五条 【设立人的民事责任承担】设立人为设立法人从事的民事活动,其法律后果由法人承受;法人未成立的,其法律后果由设立人承受,设立人为二人以上的,享有连带债权,承担连带债务。

设立人为设立法人以自己的名义从事民事活动产生的民事责任,第三人有权选择请求法人或者设立人承担。

第二节 营利法人

第七十六条 【营利法人的定义及类型】以取得利润并分配给股东等出资人为目的成立的法人,为营利法人。

营利法人包括有限责任公司、股份有限公司和其他企业法人等。

第七十七条 【营利法人的成立】营利法人经依法登记成立。

第七十八条 【营利法人的成立日期】依法设立的营利法人,由登记机关发给营利法人营业执照。营业执照签发日期为营利法人的成立日期。

第七十九条 【营利法人的章程】设立营利法人应当依法制定法人章程。

第八十条 【权力机构及其职权】营利法人应当设权力机构。

权力机构行使修改法人章程,选举或者更换执行机构、监督机构成员,以及法人章程规定的其他职权。

第八十一条 【执行机构的职权和法定代表人的担任】营利法人应当设执行机构。

执行机构行使召集权力机构会议,决定法人的经营计划和投资方案,决定法人内部管理机构的设置,以及法人章程规定的其他职权。

执行机构为董事会或者执行董事的,董事长、执行董事或者经理按照法人章程的规定担任法定代表人;未设董事会或者执行董事的,法人章程规定的主要负责人为其执行机构和法定代表人。

第八十二条 【监督机构及其职权】营利法人设监事会或者监事等监督机构的,监督机构依法行使检查法人财务,监督执行机构成员、高级管理人员执行法人职务的行为,以及法人章程规定的其他职权。

第八十三条 【出资人滥用权利的责任承担】营利法人的出资人不得滥用出资人权利损害法人或者其他出资人的利益。滥用出资人权利给法人或者其他出资人造成损失的,应当依法承担民事责任。

营利法人的出资人不得滥用法人独立地位和出资人有限责任损害法人的债权人利益。滥用法人独立地位和出资人有限责任,逃避债务,严重损害法人的债权人利益的,应当对法人债务承担连带责任。

第八十四条 【限制不当利用关联关系】营利法人的控股出资人、实际控制人、董事、监事、高级管理人员不得利用其关联关系损害法人的利益。利用关联关系给法人造成损失的,应当承担赔偿责任。

第八十五条 【决议的撤销】营利法人的权力机构、执行机构作出决议的会议召集程序、表决方式违反法律、行政法规、法人章程,或者决议内容违反法人章程的,营利法人的出资人可以请求人民法院撤销该决议,但是营利法人依据该决议与善意相对人形成的民事法律关系不受影响。

第八十六条 【经营活动的要求】营利法人从事经营活动,应当遵守商业道德,维护交易安全,接受政府和社会的监督,承担社会责任。

第三节　非营利法人

第八十七条　【非营利法人的定义及组成】为公益目的或者其他非营利目的成立，不向出资人、设立人或者会员分配所取得利润的法人，为非营利法人。

非营利法人包括事业单位、社会团体、基金会、社会服务机构等。

第八十八条　【事业单位法人资格的取得】具备法人条件，为适应经济社会发展需要，提供公益服务设立的事业单位，经依法登记成立，取得事业单位法人资格；依法不需要办理法人登记的，从成立之日起，具有事业单位法人资格。

第八十九条　【事业单位法人组织机构、法定代表人的产生】事业单位法人设理事会的，除法律另有规定外，理事会为其决策机构。事业单位法人的法定代表人依照法律、行政法规或者法人章程的规定产生。

第九十条　【社会团体法人资格的取得】具备法人条件，基于会员共同意愿，为公益目的或者会员共同利益等非营利目的设立的社会团体，经依法登记成立，取得社会团体法人资格；依法不需要办理法人登记的，从成立之日起，具有社会团体法人资格。

第九十一条　【社会团体法人的章程、权力机构、法定代表人】设立社会团体法人应当依法制定法人章程。

社会团体法人应当设会员大会或者会员代表大会等权力机构。

社会团体法人应当设理事会等执行机构。理事长或者会长等负责人按照法人章程的规定担任法定代表人。

第九十二条　【捐助法人资格的取得】具备法人条件，为公益目的以捐助财产设立的基金会、社会服务机构等，经依法登记成立，取得捐助法人资格。

依法设立的宗教活动场所，具备法人条件的，可以申请法人登记，取得捐助法人资格。法律、行政法规对宗教活动场所有规定的，依照其规定。

第九十三条　【捐助法人的相关规定】设立捐助法人应当依法制定法人章程。

捐助法人应当设理事会、民主管理组织等决策机构，并设执行机构。理事长等负责人按照法人章程的规定担任法定代表人。

捐助法人应当设监事会等监督机构。

第九十四条　【捐助人的权利】捐助人有权向捐助法人查询捐助财产的使用、管理情况，并提出意见和建议，捐助法人应当及时、如实答复。

捐助法人的决策机构、执行机构或者法定代表人作出决定的程序违反法律、行政法规、法人章程，或者决定内容违反法人章程的，捐助人等利害关系人或者主管机关可以请求人民法院撤销该决定，但是捐助法人依据该决定与善意相对人形成的民事法律关系不受影响。

第九十五条　【非营利法人终止时剩余财产的分配】为公益目的成立的非营利法人终止时，不得向出资人、设立人或者会员分配剩余财产。剩余财产应当按照法人章程的规定或者权力机构的决议用于公益目的；无法按照法人章程的规定或者权力机构的决议处理的，由主管机关主持转给宗旨相同或者相近的法人，并向社会公告。

第四节　特别法人

第九十六条　【特别法人的类型】本节规定的机关法人、农村集体经济组织法人、城镇农村的合作经济组织法人、基层群众性自治组织法人，为特别法人。

第九十七条　【机关法人资格的取得】有独立经费的机关和承担行政职能的法定机构从成立之日起，具有机关法人资格，可以从事为履行职能所需要的民事活动。

第九十八条　【机关法人终止后的责任承担】机关法人被撤销的，法人终止，其民事权利和义务由继任的机关法人享有和承担；没有继任的机关法人的，由作出撤销决定的机关法人享有和承担。

第九十九条　【农村集体经济组织法人资格的取得】农村集体经济组织依法取得法人资格。

法律、行政法规对农村集体经济组织有规定的，依照其规定。

第一百条　【合作经济组织法人资格的取得】城镇农村的合作经济组织依法取得法人资格。

法律、行政法规对城镇农村的合作经济组织有规定的，依照其规定。

第一百零一条　【居民委员会、村民委员会的性质、职能】居民委员会、村民委员会具有基层群众性自治组织法人资格，可以从事为履行职能所需要的民事活动。

未设立村集体经济组织的，村民委员会可以依法代行村集体经济组织的职能。

第四章　非法人组织

第一百零二条　【非法人组织的定义及类型】非法人组织是不具有法人资格，但是能够依法以自己的名义从事民事活动的组织。

非法人组织包括个人独资企业、合伙企业、不具有法人资格的专业服务机构等。

第一百零三条　【非法人组织的登记】非法人组织应当依照法律的规定登记。

设立非法人组织，法律、行政法规规定须经有关机关批准的，依照其规定。

第一百零四条　【非法人组织的债务承担】非法人组织的财产不足以清偿债务的，其出资人或者设立人承担无限责任。法律另有规定的，依照其规定。

第一百零五条　【非法人组织的代表】非法人组织可以确定一人或者数人代表该组织从事民事活动。

第一百零六条　【非法人组织解散的情形】有下列情形之一的，非法人组织解散：

（一）章程规定的存续期间届满或者章程规定的其他解散事由出现；

（二）出资人或者设立人决定解散；

（三）法律规定的其他情形。

第一百零七条　【非法人组织的清算】非法人组织解散的，应当依法进行清算。

第一百零八条　【参照适用】非法人组织除适用本章规定外，参照适用本法第三章第一节的有关规定。

第五章　民事权利

第一百零九条　【人身自由、人格尊严受保护】自然人的人身自由、人格尊严受法律保护。

第一百一十条　【自然人、法人、非法人组织享有的权利】自然人享有生命权、身体权、健康权、姓名权、肖像权、名誉权、荣誉权、隐私权、婚姻自主权等权利。

法人、非法人组织享有名称权、名誉权、荣誉权等权利。

第一百一十一条　【个人信息受法律保护】自然人的个人信息受法律保护。任何组织和个人需要获取他人个人信息的，应当依法取得并确保信息安全，不得非法收集、使用、加工、传输他人个人信息，不得非法买卖、提供或者公开他人个人信息。

第一百一十二条　【因婚姻、家庭产生的人身权利受保护】自然人因婚姻、家庭关系等产生的人身权利受法律保护。

第一百一十三条　【财产权利平等保护】民事主体的财产权利受法律平等保护。

第一百一十四条　【物权的定义和构成】民事主体依法享有物权。

物权是权利人依法对特定的物享有直接支配和排他的权利，包括所有权、用益物权和担保物权。

第一百一十五条　【物权客体】物包括不动产和动产。法律规定权利作为物权客体的，依照其规定。

第一百一十六条　【物权法定】物权的种类和内容，由法律规定。

第一百一十七条　【征收、征用】为了公共利益的需要，依照法律规定的权限和程序征收、征用不动产或者动产的，应当给予公平、合理的补偿。

第一百一十八条 【债权的定义】民事主体依法享有债权。

债权是因合同、侵权行为、无因管理、不当得利以及法律的其他规定，权利人请求特定义务人为或者不为一定行为的权利。

第一百一十九条 【合同的约束力】依法成立的合同，对当事人具有法律约束力。

第一百二十条 【侵权责任的承担】民事权益受到侵害的，被侵权人有权请求侵权人承担侵权责任。

第一百二十一条 【无因管理】没有法定的或者约定的义务，为避免他人利益受损失而进行管理的人，有权请求受益人偿还由此支出的必要费用。

第一百二十二条 【不当得利】因他人没有法律根据，取得不当利益，受损失的人有权请求其返还不当利益。

第一百二十三条 【知识产权及其类型】民事主体依法享有知识产权。

知识产权是权利人依法就下列客体享有的专有的权利：

（一）作品；

（二）发明、实用新型、外观设计；

（三）商标；

（四）地理标志；

（五）商业秘密；

（六）集成电路布图设计；

（七）植物新品种；

（八）法律规定的其他客体。

第一百二十四条 【继承权】自然人依法享有继承权。

自然人合法的私有财产，可以依法继承。

第一百二十五条 【投资性权利】民事主体依法享有股权和其他投资性权利。

第一百二十六条 【其他权利】民事主体享有法律规定的其他民事权利和利益。

第一百二十七条 【虚拟财产的保护】法律对数据、网络虚拟财产的保护有规定的，依照其规定。

第一百二十八条 【特殊保护规定】法律对未成年人、老年人、残疾人、妇女、消费者等的民事权利保护有特别规定的，依照其规定。

第一百二十九条 【民事权利的取得】民事权利可以依据民事法律行为、事实行为、法律规定的事件或者法律规定的其他方式取得。

第一百三十条 【依法行使权力】民事主体按照自己的意愿依法行使民事权利，不受干涉。

第一百三十一条 【权利义务一致】民事主体行使权利时，应当履行法律规定的和当事人约定的义务。

第一百三十二条 【不得滥用权利】民事主体不得滥用民事权利损害国家利益、社会公共利益或者他人合法权益。

第六章 民事法律行为

第一节 一般规定

第一百三十三条 【民事法律行为的定义】民事法律行为是民事主体通过意思表示设立、变更、终止民事法律关系的行为。

第一百三十四条 【民事法律行为的成立】民事法律行为可以基于双方或者多方的意思表示一致成立，也可以基于单方的意思表示成立。

法人、非法人组织依照法律或者章程规定的议事方式和表决程序作出决议的，该决议行为成立。

第一百三十五条 【形式要件】民事法律行为可以采用书面形式、口头形式或者其他形式；法律、行政法规规定或者当事人约定采用特定形式的，应当采用特定形式。

第一百三十六条 【民事法律行为的效力】民事法律行为自成立时生效，但是法律另有规定或者当事人另有约定的除外。

行为人非依法律规定或者未经对方同意，不得擅自变更或者解除民事法律行为。

第二节 意思表示

第一百三十七条 【意思表示的生效时

间】以对话方式作出的意思表示，相对人知道其内容时生效。

以非对话方式作出的意思表示，到达相对人时生效。以非对话方式作出的采用数据电文形式的意思表示，相对人指定特定系统接收数据电文的，该数据电文进入该特定系统时生效；未指定特定系统的，相对人知道或者应当知道该数据电文进入其系统时生效。当事人对采用数据电文形式的意思表示的生效时间另有约定的，按照其约定。

第一百三十八条　【无相对人时的生效时间】无相对人的意思表示，表示完成时生效。法律另有规定的，依照其规定。

第一百三十九条　【公告方式意思表示的生效时间】以公告方式作出的意思表示，公告发布时生效。

第一百四十条　【意思表示的作出方式】行为人可以明示或者默示作出意思表示。

沉默只有在有法律规定、当事人约定或者符合当事人之间的交易习惯时，才可以视为意思表示。

第一百四十一条　【意思表示的撤回】行为人可以撤回意思表示。撤回意思表示的通知应当在意思表示到达相对人前或者与意思表示同时到达相对人。

第一百四十二条　【意思表示的解释】有相对人的意思表示的解释，应当按照所使用的词句，结合相关条款、行为的性质和目的、习惯以及诚信原则，确定意思表示的含义。

无相对人的意思表示的解释，不能完全拘泥于所使用的词句，而应当结合相关条款、行为的性质和目的、习惯以及诚信原则，确定行为人的真实意思。

第三节　民事法律行为的效力

第一百四十三条　【民事法律行为有效的条件】具备下列条件的民事法律行为有效：

（一）行为人具有相应的民事行为能力；

（二）意思表示真实；

（三）不违反法律、行政法规的强制性规定，不违背公序良俗。

第一百四十四条　【无民事行为能力人行为的法律效力】无民事行为能力人实施的民事法律行为无效。

第一百四十五条　【限制民事行为能力人行为的法律效力】限制民事行为能力人实施的纯获利益的民事法律行为或者与其年龄、智力、精神健康状况相适应的民事法律行为有效；实施的其他民事法律行为经法定代理人同意或者追认后有效。

相对人可以催告法定代理人自收到通知之日起一个月内予以追认。法定代理人未作表示的，视为拒绝追认。民事法律行为被追认前，善意相对人有撤销的权利。撤销应当以通知的方式作出。

第一百四十六条　【虚假表示与隐藏行为】行为人与相对人以虚假的意思表示实施的民事法律行为无效。

以虚假的意思表示隐藏的民事法律行为的效力，依照有关法律规定处理。

第一百四十七条　【重大误解时行为人的撤销权】基于重大误解实施的民事法律行为，行为人有权请求人民法院或者仲裁机构予以撤销。

第一百四十八条　【受欺诈方的撤销权】一方以欺诈手段，使对方在违背真实意思的情况下实施的民事法律行为，受欺诈方有权请求人民法院或者仲裁机构予以撤销。

第一百四十九条　【第三人欺诈时的撤销权】第三人实施欺诈行为，使一方在违背真实意思的情况下实施的民事法律行为，对方知道或者应当知道该欺诈行为的，受欺诈方有权请求人民法院或者仲裁机构予以撤销。

第一百五十条　【受胁迫方的撤销权】一方或者第三人以胁迫手段，使对方在违背真实意思的情况下实施的民事法律行为，受胁迫方有权请求人民法院或者仲裁机构予以撤销。

第一百五十一条　【显失公平时受损害方的撤销权】一方利用对方处于危困状态、缺乏判断能力等情形，致使民事法律行为成立时显失公平的，受损害方有权请求人民法院或者仲裁机构予以撤销。

第一百五十二条 【撤销权消灭的情形】有下列情形之一的，撤销权消灭：

（一）当事人自知道或者应当知道撤销事由之日起一年内、重大误解的当事人自知道或者应当知道撤销事由之日起三个月内没有行使撤销权；

（二）当事人受胁迫，自胁迫行为终止之日起一年内没有行使撤销权；

（三）当事人知道撤销事由后明确表示或者以自己的行为表明放弃撤销权。

当事人自民事法律行为发生之日起五年内没有行使撤销权的，撤销权消灭。

第一百五十三条 【违反强制性规定的后果】违反法律、行政法规的强制性规定的民事法律行为无效，但是该强制性规定不导致该民事法律行为无效的除外。

违背公序良俗的民事法律行为无效。

第一百五十四条 【恶意串通的行为效力】行为人与相对人恶意串通，损害他人合法权益的民事法律行为无效。

第一百五十五条 【无效、被撤销的民事法律行为自始无效】无效的或者被撤销的民事法律行为自始没有法律约束力。

第一百五十六条 【民事行为部分无效】民事法律行为部分无效，不影响其他部分效力的，其他部分仍然有效。

第一百五十七条 【无效、被撤销的法律后果】民事法律行为无效、被撤销或者确定不发生效力后，行为人因该行为取得的财产，应当予以返还；不能返还或者没有必要返还的，应当折价补偿。有过错的一方应当赔偿对方由此所受到的损失；各方都有过错的，应当各自承担相应的责任。法律另有规定的，依照其规定。

第四节 民事法律行为的附条件和附期限

第一百五十八条 【附条件的民事法律行为】民事法律行为可以附条件，但是按照其性质不得附条件的除外。附生效条件的民事法律行为，自条件成就时生效。附解除条件的民事法律行为，自条件成就时失效。

第一百五十九条 【阻止或促成条件成就】附条件的民事法律行为，当事人为自己的利益不正当地阻止条件成就的，视为条件已成就；不正当地促成条件成就的，视为条件不成就。

第一百六十条 【附期限的民事法律行为】民事法律行为可以附期限，但是按照其性质不得附期限的除外。附生效期限的民事法律行为，自期限届至时生效。附终止期限的民事法律行为，自期限届满时失效。

第七章 代 理

第一节 一般规定

第一百六十一条 【代理及不得代理】民事主体可以通过代理人实施民事法律行为。

依照法律规定、当事人约定或者民事法律行为的性质，应当由本人亲自实施的民事法律行为，不得代理。

第一百六十二条 【代理的法律效力】代理人在代理权限内，以被代理人名义实施的民事法律行为，对被代理人发生效力。

第一百六十三条 【代理的种类】代理包括委托代理和法定代理。

委托代理人按照被代理人的委托行使代理权。法定代理人依照法律的规定行使代理权。

第一百六十四条 【代理人不当行为的法律后果】代理人不履行或者不完全履行职责，造成被代理人损害的，应当承担民事责任。

代理人和相对人恶意串通，损害被代理人合法权益的，代理人和相对人应当承担连带责任。

第二节 委托代理

**第一百六十五条 【授权委托书的形式和

应载事项】委托代理授权采用书面形式的，授权委托书应当载明代理人的姓名或者名称、代理事项、权限和期间，并由被代理人签名或者盖章。

第一百六十六条 【数人共同行使代理权】数人为同一代理事项的代理人的，应当共同行使代理权，但是当事人另有约定的除外。

第一百六十七条 【违法代理及其法律后果】代理人知道或者应当知道代理事项违法仍然实施代理行为，或者被代理人知道或者应当知道代理人的代理行为违法未作反对表示的，被代理人和代理人应当承担连带责任。

第一百六十八条 【代理人的行为限制】代理人不得以被代理人的名义与自己实施民事法律行为，但是被代理人同意或者追认的除外。

代理人不得以被代理人的名义与自己同时代理的其他人实施民事法律行为，但是被代理的双方同意或者追认的除外。

第一百六十九条 【转委托代理】代理人需要转委托第三人代理的，应当取得被代理人的同意或者追认。

转委托代理经被代理人同意或者追认的，被代理人可以就代理事务直接指示转委托的第三人，代理人仅就第三人的选任以及对第三人的指示承担责任。

转委托代理未经被代理人同意或者追认的，代理人应当对转委托的第三人的行为承担责任，但是在紧急情况下代理人为了维护被代理人的利益需要转委托第三人代理的除外。

第一百七十条 【职务代理的法律效力】执行法人或者非法人组织工作任务的人员，就其职权范围内的事项，以法人或者非法人组织的名义实施民事法律行为，对法人或者非法人组织发生效力。

法人或者非法人组织对执行其工作任务的人员职权范围的限制，不得对抗善意相对人。

第一百七十一条 【无权代理的法律后果】行为人没有代理权、超越代理权或者代理权终止后，仍然实施代理行为，未经被代理人追认的，对被代理人不发生效力。

相对人可以催告被代理人自收到通知之日起一个月内予以追认。被代理人未作表示的，视为拒绝追认。行为人实施的行为被追认前，善意相对人有撤销的权利。撤销应当以通知的方式作出。

行为人实施的行为未被追认的，善意相对人有权请求行为人履行债务或者就其受到的损害请求行为人赔偿，但是赔偿的范围不得超过被代理人追认时相对人所能获得的利益。

相对人知道或者应当知道行为人无权代理的，相对人和行为人按照各自的过错承担责任。

第一百七十二条 【表见代理】行为人没有代理权、超越代理权或者代理权终止后，仍然实施代理行为，相对人有理由相信行为人有代理权的，代理行为有效。

第三节 代理终止

第一百七十三条 【委托代理终止的情形】有下列情形之一的，委托代理终止：

（一）代理期间届满或者代理事务完成；

（二）被代理人取消委托或者代理人辞去委托；

（三）代理人丧失民事行为能力；

（四）代理人或者被代理人死亡；

（五）作为代理人或者被代理人的法人、非法人组织终止。

第一百七十四条 【被代理人死亡后代理行为有效的情形】被代理人死亡后，有下列情形之一的，委托代理人实施的代理行为有效：

（一）代理人不知道并且不应当知道被代理人死亡；

（二）被代理人的继承人予以承认；

（三）授权中明确代理权在代理事务完成时终止；

（四）被代理人死亡前已经实施，为了被代理人的继承人的利益继续代理。

作为被代理人的法人、非法人组织终止

的,参照适用前款规定。

第一百七十五条 【法定代理终止的情形】有下列情形之一的,法定代理终止:

(一)被代理人取得或者恢复完全民事行为能力;

(二)代理人丧失民事行为能力;

(三)代理人或者被代理人死亡;

(四)法律规定的其他情形。

第八章 民事责任

第一百七十六条 【民事义务与责任】民事主体依照法律规定和当事人约定,履行民事义务,承担民事责任。

第一百七十七条 【按份责任】二人以上依法承担按份责任,能够确定责任大小的,各自承担相应的责任;难以确定责任大小的,平均承担责任。

第一百七十八条 【连带责任】二人以上依法承担连带责任的,权利人有权请求部分或者全部连带责任人承担责任。

连带责任人的责任份额根据各自责任大小确定;难以确定责任大小的,平均承担责任。实际承担责任超过自己责任份额的连带责任人,有权向其他连带责任人追偿。

连带责任,由法律规定或者当事人约定。

第一百七十九条 【承担民事责任的方式】承担民事责任的方式主要有:

(一)停止侵害;

(二)排除妨碍;

(三)消除危险;

(四)返还财产;

(五)恢复原状;

(六)修理、重作、更换;

(七)继续履行;

(八)赔偿损失;

(九)支付违约金;

(十)消除影响、恢复名誉;

(十一)赔礼道歉。

法律规定惩罚性赔偿的,依照其规定。

本条规定的承担民事责任的方式,可以单独适用,也可以合并适用。

第一百八十条 【民事责任的免除】因不可抗力不能履行民事义务的,不承担民事责任。法律另有规定的,依照其规定。

不可抗力是指不能预见、不能避免且不能克服的客观情况。

第一百八十一条 【正当防卫】因正当防卫造成损害的,不承担民事责任。

正当防卫超过必要的限度,造成不应有的损害的,正当防卫人应当承担适当的民事责任。

第一百八十二条 【紧急避险】因紧急避险造成损害的,由引起险情发生的人承担民事责任。

危险由自然原因引起的,紧急避险人不承担民事责任,可以给予适当补偿。

紧急避险采取措施不当或者超过必要的限度,造成不应有的损害的,紧急避险人应当承担适当的民事责任。

第一百八十三条 【为保护他人私益受损时的责任承担与补偿办法】因保护他人民事权益使自己受到损害的,由侵权人承担民事责任,受益人可以给予适当补偿。没有侵权人、侵权人逃逸或者无力承担民事责任,受害人请求补偿的,受益人应当给予适当补偿。

第一百八十四条 【见义勇为】因自愿实施紧急救助行为造成受助人损害的,救助人不承担民事责任。

第一百八十五条 【侵害英烈权利的后果】侵害英雄烈士等的姓名、肖像、名誉、荣誉,损害社会公共利益的,应当承担民事责任。

第一百八十六条 【责任竞合】因当事人一方的违约行为,损害对方人身权益、财产权益的,受损害方有权选择请求其承担违约责任或者侵权责任。

第一百八十七条 【法律责任重合】民事主体因同一行为应当承担民事责任、行政责任和刑事责任的,承担行政责任或者刑事责任不影响承担民事责任;民事主体的财产不足以支付的,优先用于承担民事责任。

第九章 诉讼时效

第一百八十八条 【诉讼时效】向人民法院请求保护民事权利的诉讼时效期间为三年。法律另有规定的,依照其规定。

诉讼时效期间自权利人知道或者应当知道权利受到损害以及义务人之日起计算。法律另有规定的,依照其规定。但是自权利受到损害之日起超过二十年的,人民法院不予保护;有特殊情况的,人民法院可以根据权利人的申请决定延长。

第一百八十九条 【分期履行的诉讼时效】当事人约定同一债务分期履行的,诉讼时效期间自最后一期履行期限届满之日起计算。

第一百九十条 【对法定代理请求权的诉讼时效】无民事行为能力人或者限制民事行为能力人对其法定代理人的请求权的诉讼时效期间,自该法定代理终止之日起计算。

第一百九十一条 【受性侵未成年人赔偿请求权的诉讼时效】未成年人遭受性侵害的损害赔偿请求权的诉讼时效期间,自受害人年满十八周岁之日起计算。

第一百九十二条 【诉讼时效届满对义务人的影响】诉讼时效期间届满的,义务人可以提出不履行义务的抗辩。

诉讼时效期间届满后,义务人同意履行的,不得以诉讼时效期间届满为由抗辩;义务人已自愿履行的,不得请求返还。

第一百九十三条 【不得主动适用】人民法院不得主动适用诉讼时效的规定。

第一百九十四条 【诉讼时效中止的情形】在诉讼时效期间的最后六个月内,因下列障碍,不能行使请求权的,诉讼时效中止:

(一)不可抗力;

(二)无民事行为能力人或者限制民事行为能力人没有法定代理人,或者法定代理人死亡、丧失民事行为能力、丧失代理权;

(三)继承开始后未确定继承人或者遗产管理人;

(四)权利人被义务人或者其他人控制;

(五)其他导致权利人不能行使请求权的障碍。

自中止时效的原因消除之日起满六个月,诉讼时效期间届满。

第一百九十五条 【诉讼时效中断的情形】有下列情形之一的,诉讼时效中断,从中断、有关程序终结时起,诉讼时效期间重新计算:

(一)权利人向义务人提出履行请求;

(二)义务人同意履行义务;

(三)权利人提起诉讼或者申请仲裁;

(四)与提起诉讼或者申请仲裁具有同等效力的其他情形。

第一百九十六条 【不适用诉讼时效的情形】下列请求权不适用诉讼时效的规定:

(一)请求停止侵害、排除妨碍、消除危险;

(二)不动产物权和登记的动产物权的权利人请求返还财产;

(三)请求支付抚养费、赡养费或者扶养费;

(四)依法不适用诉讼时效的其他请求权。

第一百九十七条 【诉讼时效法定】诉讼时效的期间、计算方法以及中止、中断的事由由法律规定,当事人约定无效。

当事人对诉讼时效利益的预先放弃无效。

第一百九十八条 【仲裁时效】法律对仲裁时效有规定的,依照其规定;没有规定的,适用诉讼时效的规定。

第一百九十九条 【撤销权、解除权等的例外规定】法律规定或者当事人约定的撤销权、解除权等权利的存续期间,除法律另有规定外,自权利人知道或者应当知道权利产生之日起计算,不适用有关诉讼时效中止、中断和延长的规定。存续期间届满,撤销权、解除权等权利消灭。

第十章 期间计算

第二百条 【期间计算方法】民法所称的期间按照公历年、月、日、小时计算。

第二百零一条 【年、月、日、小时开始的

计算方法】按照年、月、日计算期间的，开始的当日不计入，自下一日开始计算。

按照小时计算期间的，自法律规定或者当事人约定的时间开始计算。

第二百零二条　【年、月期间最后一日的计算方法】按照年、月计算期间的，到期月的对应日为期间的最后一日；没有对应日的，月末日为期间的最后一日。

第二百零三条　【期间最后一日截止时间的计算方法】期间的最后一日是法定休假日的，以法定休假日结束的次日为期间的最后一日。

期间的最后一日的截止时间为二十四时；有业务时间的，停止业务活动的时间为截止时间。

第二百零四条　【期间的计算依据】期间的计算方法依照本法的规定，但是法律另有规定或者当事人另有约定的除外。

第十一章　附　　则

第二百零五条　【与期间计算有关的术语】民法所称的“以上”“以下”“以内”“届满”，包括本数；所称的“不满”“超过”“以外”，不包括本数。

第二百零六条　【生效时间】本法自2017年10月1日起施行。

中华人民共和国中小企业促进法

（2002年6月29日第九届全国人民代表大会常务委员会第二十八次会议通过　2017年9月1日第十二届全国人民代表大会常务委员会第二十九次会议修订）

目　　录

第一章　总　　则

第一条　【立法目的】为了改善中小企业经营环境，保障中小企业公平参与市场竞争，维护中小企业合法权益，支持中小企业创业创新，促进中小企业健康发展，扩大城乡就业，发挥中小企业在国民经济和社会发展中的重要作用，制定本法。

第二条　【中小企业定义及划分标准的制定】本法所称中小企业，是指在中华人民共和国境内依法设立的，人员规模、经营规模相对较小的企业，包括中型企业、小型企业和微型企业。

中型企业、小型企业和微型企业划分标准由国务院负责中小企业促进工作综合管理的部门会同国务院有关部门，根据企业从业人员、营业收入、资产总额等指标，结合行业特点制定，报国务院批准。

第三条　【促进中小企业发展的战略、原则和方针】国家将促进中小企业发展作为长期发展战略，坚持各类企业权利平等、机会平等、规则平等，对中小企业特别是其中的小型微型企业实行积极扶持、加强引导、完善服务、依法规范、保障权益的方针，为中小企业创立和发展创造有利的环境。

第四条　【中小企业的守法及相关义务】中小企业应当依法经营，遵守国家劳动用工、安全生产、职业卫生、社会保障、资源环境、质量标准、知识产权、财政税收等方面的法律、法规，遵循诚信原则，规范内部管理，提高经营管理水平；不得损害劳动者合法权益，不得损害社会公共利益。

第五条　【中小企业促进工作的管理体制】国务院制定促进中小企业发展政策，建立中小企业促进工作协调机制，统筹全国中小企业促进工作。

国务院负责中小企业促进工作综合管理的部门组织实施促进中小企业发展政策，对中小企业促进工作进行宏观指导、综合协调和监督检查。

国务院有关部门根据国家促进中小企业发展政策，在各自职责范围内负责中小企业促进工作。

县级以上地方各级人民政府根据实际情况建立中小企业促进工作协调机制，明确相应的负责中小企业促进工作综合管理的部门，负责本行政区域内的中小企业促进工作。

第六条　【中小企业统计监测】国家建立中小企业统计监测制度。统计部门应当加强对中小企业的统计调查和监测分析，定期发布有关信息。

第七条　【中小企业信用制度建设】国家推进中小企业信用制度建设，建立社会化的信用信息征集与评价体系，实现中小企业信用信息查询、交流和共享的社会化。

第二章　财税支持

第八条　【中小企业发展专项资金的设立】中央财政应当在本级预算中设立中小企业科目，安排中小企业发展专项资金。

县级以上地方各级人民政府应当根据实际情况，在本级财政预算中安排中小企业发展专项资金。

第九条　【中小企业发展专项资金的使用和管理】中小企业发展专项资金通过资助、购买服务、奖励等方式，重点用于支持中小企业公共服务体系和融资服务体系建设。

中小企业发展专项资金向小型微型企业倾斜，资金管理使用坚持公开、透明的原则，实行预算绩效管理。

第十条　【设立中小企业发展基金】国家设立中小企业发展基金。国家中小企业发展基金应当遵循政策性导向和市场化运作原则，主要用于引导和带动社会资金支持初创期中小企业，促进创业创新。

县级以上地方各级人民政府可以设立中小企业发展基金。

中小企业发展基金的设立和使用管理办法由国务院规定。

第十一条　【对小型微型企业的税收优惠】国家实行有利于小型微型企业发展的税收政策，对符合条件的小型微型企业按照规定实行缓征、减征、免征企业所得税、增值税等措施，简化税收征管程序，减轻小型微型企业税收负担。

第十二条　【对小型微型企业的行政事业性收费优惠】国家对小型微型企业行政事业性收费实行减免等优惠政策，减轻小型微型企业负担。

第三章　融资促进

第十三条　【金融机构服务中小企业实体经济】金融机构应当发挥服务实体经济的功能，高效、公平地服务中小企业。

第十四条　【中国人民银行的职责】中国人民银行应当综合运用货币政策工具，鼓励和引导金融机构加大对小型微型企业的信贷支持，改善小型微型企业融资环境。

第十五条　【国务院银行业监督管理机构的职责】国务院银行业监督管理机构对金融机构开展小型微型企业金融服务应当制定差异化监管政策，采取合理提高小型微型企业不良贷款容忍度等措施，引导金融机构增加小型微型企业融资规模和比重，提高金融服务水平。

第十六条　【各类金融机构的职责】国家鼓励各类金融机构开发和提供适合中小企业特点的金融产品和服务。

国家政策性金融机构应当在其业务经营

范围内，采取多种形式，为中小企业提供金融服务。

第十七条 【普惠金融的有关要求】国家推进和支持普惠金融体系建设，推动中小银行、非存款类放贷机构和互联网金融有序健康发展，引导银行业金融机构向县域和乡镇等小型微型企业金融服务薄弱地区延伸网点和业务。

国有大型商业银行应当设立普惠金融机构，为小型微型企业提供金融服务。国家推动其他银行业金融机构设立小型微型企业金融服务专营机构。

地区性中小银行应当积极为其所在地的小型微型企业提供金融服务，促进实体经济发展。

第十八条 【中小企业直接融资】国家健全多层次资本市场体系，多渠道推动股权融资，发展并规范债券市场，促进中小企业利用多种方式直接融资。

第十九条 【担保融资】国家完善担保融资制度，支持金融机构为中小企业提供以应收账款、知识产权、存货、机器设备等为担保品的担保融资。

第二十条 【应收账款融资】中小企业以应收账款申请担保融资时，其应收账款的付款方，应当及时确认债权债务关系，支持中小企业融资。

国家鼓励中小企业及付款方通过应收账款融资服务平台确认债权债务关系，提高融资效率，降低融资成本。

第二十一条 【信用担保融资】县级以上人民政府应当建立中小企业政策性信用担保体系，鼓励各类担保机构为中小企业融资提供信用担保。

第二十二条 【保险产品融资】国家推动保险机构开展中小企业贷款保证保险和信用保险业务，开发适应中小企业分散风险、补偿损失需求的保险产品。

第二十三条 【征信业务和第三方评级服务】国家支持征信机构发展针对中小企业融资的征信产品和服务，依法向政府有关部门、公用事业单位和商业机构采集信息。

国家鼓励第三方评级机构开展中小企业评级服务。

第四章 创业扶持

第二十四条 【法律政策咨询和公共信息服务】县级以上人民政府及其有关部门应当通过政府网站、宣传资料等形式，为创业人员免费提供工商、财税、金融、环境保护、安全生产、劳动用工、社会保障等方面的法律政策咨询和公共信息服务。

第二十五条 【特殊群体创业优惠政策】高等学校毕业生、退役军人和失业人员、残疾人员等创办小型微型企业，按照国家规定享受税收优惠和收费减免。

第二十六条 【支持社会资金投资中小企业】国家采取措施支持社会资金参与投资中小企业。创业投资企业和个人投资者投资初创期科技创新企业的，按照国家规定享受税收优惠。

第二十七条 【优化创业审批】国家改善企业创业环境，优化审批流程，实现中小企业行政许可便捷，降低中小企业设立成本。

第二十八条 【支持创业基地、孵化基地建设】国家鼓励建设和创办小型微型企业创业基地、孵化基地，为小型微型企业提供生产经营场地和服务。

第二十九条 【提供生产经营场所】地方各级人民政府应当根据中小企业发展的需要，在城乡规划中安排必要的用地和设施，为中小企业获得生产经营场所提供便利。

国家支持利用闲置的商业用房、工业厂房、企业库房和物流设施等，为创业者提供低成本生产经营场所。

第三十条 【鼓励网络平台向中小企业开放】国家鼓励互联网平台向中小企业开放技术、开发、营销、推广等资源，加强资源共享与合作，为中小企业创业提供服务。

第三十一条 【中小企业市场退出便利

化】国家简化中小企业注销登记程序，实现中小企业市场退出便利化。

第五章 创新支持

第三十二条 【创新鼓励和优惠政策】国家鼓励中小企业按照市场需求，推进技术、产品、管理模式、商业模式等创新。

中小企业的固定资产由于技术进步等原因，确需加速折旧的，可以依法缩短折旧年限或者采取加速折旧方法。

国家完善中小企业研究开发费用加计扣除政策，支持中小企业技术创新。

第三十三条 【鼓励应用现代技术手段】国家支持中小企业在研发设计、生产制造、运营管理等环节应用互联网、云计算、大数据、人工智能等现代技术手段，创新生产方式，提高生产经营效率。

第三十四条 【鼓励中小企业参与科研、军民融合和标准制定】国家鼓励中小企业参与产业关键共性技术研究开发和利用财政资金设立的科研项目实施。

国家推动军民融合深度发展，支持中小企业参与国防科研和生产活动。

国家支持中小企业及中小企业的有关行业组织参与标准的制定。

第三十五条 【提高中小企业知识产权创造、运用、保护和管理能力】国家鼓励中小企业研究开发拥有自主知识产权的技术和产品，规范内部知识产权管理，提升保护和运用知识产权的能力；鼓励中小企业投保知识产权保险；减轻中小企业申请和维持知识产权的费用等负担。

第三十六条 【鼓励各类创新服务机构提供服务】县级以上人民政府有关部门应当在规划、用地、财政等方面提供支持，推动建立和发展各类创新服务机构。

国家鼓励各类创新服务机构为中小企业提供技术信息、研发设计与应用、质量标准、实验试验、检验检测、技术转让、技术培训等服务，促进科技成果转化，推动企业技术、产品升级。

第三十七条 【引进和培养创新人才】县级以上人民政府有关部门应当拓宽渠道，采取补贴、培训等措施，引导高等学校毕业生到中小企业就业，帮助中小企业引进创新人才。

国家鼓励科研机构、高等学校和大型企业等创造条件向中小企业开放试验设施，开展技术研发与合作，帮助中小企业开发新产品，培养专业人才。

国家鼓励科研机构、高等学校支持本单位的科技人员以兼职、挂职、参与项目合作等形式到中小企业从事产学研合作和科技成果转化活动，并按照国家有关规定取得相应报酬。

第六章 市场开拓

第三十八条 【完善市场体系】国家完善市场体系，实行统一的市场准入和市场监管制度，反对垄断和不正当竞争，营造中小企业公平参与竞争的市场环境。

第三十九条 【大中小企业融通发展】国家支持大型企业与中小企业建立以市场配置资源为基础的、稳定的原材料供应、生产、销售、服务外包、技术开发和技术改造等方面的协作关系，带动和促进中小企业发展。

第四十条 【政府采购支持】国务院有关部门应当制定中小企业政府采购的相关优惠政策，通过制定采购需求标准、预留采购份额、价格评审优惠、优先采购等措施，提高中小企业在政府采购中的份额。

向中小企业预留的采购份额应当占本部门年度政府采购项目预算总额的百分之三十以上；其中，预留给小型微型企业的比例不低于百分之六十。中小企业无法提供的商品和服务除外。

政府采购不得在企业股权结构、经营年限、经营规模和财务指标等方面对中小企业实行差别待遇或者歧视待遇。

政府采购部门应当在政府采购监督管理部门指定的媒体上及时向社会公开发布采购信息，为中小企业获得政府采购合同提供指导和服务。

第四十一条 【推动对外经济技术合作与交流】县级以上人民政府有关部门应当在法律咨询、知识产权保护、技术性贸易措施、产品认证等方面为中小企业产品和服务出口提供指导和帮助，推动对外经济技术合作与交流。

国家有关政策性金融机构应当通过开展进出口信贷、出口信用保险等业务，支持中小企业开拓境外市场。

第四十二条 【开拓国际市场】县级以上人民政府有关部门应当为中小企业提供用汇、人员出入境等方面的便利，支持中小企业到境外投资，开拓国际市场。

第七章 服务措施

第四十三条 【中小企业公共服务体系】国家建立健全社会化的中小企业公共服务体系，为中小企业提供服务。

第四十四条 【中小企业公共服务机构】县级以上地方各级人民政府应当根据实际需要建立和完善中小企业公共服务机构，为中小企业提供公益性服务。

第四十五条 【政策信息互联网发布平台】县级以上人民政府负责中小企业促进工作综合管理的部门应当建立跨部门的政策信息互联网发布平台，及时汇集涉及中小企业的法律法规、创业、创新、金融、市场、权益保护等各类政府服务信息，为中小企业提供便捷无偿服务。

第四十六条 【鼓励各类服务机构为中小企业提供服务】国家鼓励各类服务机构为中小企业提供创业培训与辅导、知识产权保护、管理咨询、信息咨询、信用服务、市场营销、项目开发、投资融资、财会税务、产权交易、技术支持、人才引进、对外合作、展览展销、法律咨询等服务。

第四十七条 【中小企业经营管理人员培训】县级以上人民政府负责中小企业促进工作综合管理的部门应当安排资金，有计划地组织实施中小企业经营管理人员培训。

第四十八条 【中小企业人才培养】国家支持有关机构、高等学校开展针对中小企业经营管理及生产技术等方面的人员培训，提高企业营销、管理和技术水平。

国家支持高等学校、职业教育院校和各类职业技能培训机构与中小企业合作共建实习实践基地，支持职业教育院校教师和中小企业技术人才双向交流，创新中小企业人才培养模式。

第四十九条 【发挥行业组织作用】中小企业的有关行业组织应当依法维护会员的合法权益，反映会员诉求，加强自律管理，为中小企业创业创新、开拓市场等提供服务。

第八章 权益保护

第五十条 【合法权益受保护】国家保护中小企业及其出资人的财产权和其他合法权益。任何单位和个人不得侵犯中小企业财产及其合法收益。

第五十一条 【听取意见、建议和受理投诉、举报】县级以上人民政府负责中小企业促进工作综合管理的部门应当建立专门渠道，听取中小企业对政府相关管理工作的意见和建议，并及时向有关部门反馈，督促改进。

县级以上地方各级人民政府有关部门和有关行业组织应当公布联系方式，受理中小企业的投诉、举报，并在规定的时间内予以调查、处理。

第五十二条 【政府依法履职】地方各级人民政府应当依法实施行政许可，依法开展管理工作，不得实施没有法律、法规依据的检查，不得强制或者变相强制中小企业参加考核、评比、表彰、培训等活动。

第五十三条 【大型企业等不得拖欠中小企业资金】国家机关、事业单位和大型企业不得违约拖欠中小企业的货物、工程、服务款项。

中小企业有权要求拖欠方支付拖欠款并要求对拖欠造成的损失进行赔偿。

第五十四条 【禁止乱收费、乱罚款、乱摊派】任何单位不得违反法律、法规向中小企业收取费用，不得实施没有法律、法规依据的罚款，不得向中小企业摊派财物。中小企业对违反上述规定的行为有权拒绝和举报、控告。

第五十五条 【涉企行政事业性收费实行目录清单制度】国家建立和实施涉企行政事业性收费目录清单制度，收费目录清单及其实施情况向社会公开，接受社会监督。

任何单位不得对中小企业执行目录清单之外的行政事业性收费，不得对中小企业擅自提高收费标准、扩大收费范围；严禁以各种方式强制中小企业赞助捐赠、订购报刊、加入社团、接受指定服务；严禁行业组织依靠代行政府职能或者利用行政资源擅自设立收费项目、提高收费标准。

第五十六条 【随机抽查和合并、联合检查】县级以上地方各级人民政府有关部门对中小企业实施监督检查应当依法进行，建立随机抽查机制。同一部门对中小企业实施的多项监督检查能够合并进行的，应当合并进行；不同部门对中小企业实施的多项监督检查能够合并完成的，由本级人民政府组织有关部门实施合并或者联合检查。

第九章 监督检查

第五十七条 【工作监督检查】县级以上人民政府定期组织对中小企业促进工作情况的监督检查；对违反本法的行为及时予以纠正，并对直接负责的主管人员和其他直接责任人员依法给予处分。

第五十八条 【中小企业发展环境评估】国务院负责中小企业促进工作综合管理的部门应当委托第三方机构定期开展中小企业发展环境评估，并向社会公布。

地方各级人民政府可以根据实际情况委托第三方机构开展中小企业发展环境评估。

第五十九条 【监督中小企业发展专项资金和基金】县级以上人民政府应当定期组织开展对中小企业发展专项资金、中小企业发展基金使用效果的企业评价、社会评价和资金使用动态评估，并将评价和评估情况及时向社会公布，接受社会监督。

县级以上人民政府有关部门在各自职责范围内，对中小企业发展专项资金、中小企业发展基金的管理和使用情况进行监督，对截留、挤占、挪用、侵占、贪污中小企业发展专项资金、中小企业发展基金等行为依法进行查处，并对直接负责的主管人员和其他直接责任人员依法给予处分；构成犯罪的，依法追究刑事责任。

第六十条 【侵权行为的监督检查】县级以上地方各级人民政府有关部门在各自职责范围内，对强制或者变相强制中小企业参加考核、评比、表彰、培训等活动的行为，违法向中小企业收费、罚款、摊派财物的行为，以及其他侵犯中小企业合法权益的行为进行查处，并对直接负责的主管人员和其他直接责任人员依法给予处分。

第十章 附 则

第六十一条 【实施日期】本法自2018年1月1日起施行。

2. 公　　司

中华人民共和国公司法

（1993年12月29日第八届全国人民代表大会常务委员会第五次会议通过
根据1999年12月25日第九届全国人民代表大会常务委员会第十三次会议《关于修改〈中华人民共和国公司法〉的决定》第一次修正
根据2004年8月28日第十届全国人民代表大会常务委员会第十一次会议《关于修改〈中华人民共和国公司法〉的决定》第二次修正
2005年10月27日第十届全国人民代表大会常务委员会第十八次会议修订
根据2013年12月28日第十二届全国人民代表大会常务委员会第六次会议《关于修改〈中华人民共和国海洋环境保护法〉等七部法律的决定》第三次修正）

第一章　总　　则

第一条　【立法目的】为了规范公司的组织和行为，保护公司、股东和债权人的合法权益，维护社会经济秩序，促进社会主义市场经济的发展，制定本法。

>> **条文注解**①

本法首要的立法目的是规范公司的组织和行为。本法以公司为特定调整对象，专门规定公司的法律地位、权利能力和行为能力，确定公司设立、变更、终止的条件，明确公司章程的内容，公司的内部组织机构及相互关系，规范公司的行为活动，确保公司依法设立和开展活动。其次是保护公司、股东和债权人的合法权益。股东出资的财产形成公司财产，公司依法享有独立的财产权，公司通过开展生产经营活动与交易方产生权利义务关系，因此保护公司、股东和债权人的合法利益是本法的重要内容。再次是维护社会经济秩序。公司作为参与社会主义市场经济的重要主体，大量参与经济活动，如果组织混乱、生产经营违法，必然损害整个社会经济秩序。因此，维护社会经济秩序也是本法制定的重要目的。最后是促进社会主义市场经济的发展。实行社会主义市场经济是我国宪法的明确规定，制定本法当然也是宪法原则和精神的重要体现。

第二条　【调整对象】本法所称公司是指依照本法在中国境内设立的有限责任公司和股份有限公司。

>> **条文注解**

有限责任公司的特点是：(1)是一个资合公司，但具有较强的人合因素。股东人数不多，相互间的合作建立在信任的基础上。(2)各股东的出资共同组成公司的资本，但这些资本不需划分为等额股份。一般来说，股东各自以他们的出资额承担责任，分取红利。(3)不对外公开发行股票，设立程序相对简单，设立成本较低。(4)有限责任公司的治理结构相对灵活；小的公司可以不设立董事会或者监事会，只设执行董事或者监事。(5)有限责任公司因

① 条文注解为编者所加，下同。

具有人合性，其股东的权利转让一般受到章程的限制，不能像股份有限公司股票那样可以自由流通。

股份有限公司的特点是：(1)是典型的资合公司；公司通过发行股票筹集资金，其资本划分为等额股份，股东通常较多，绝大多数股东不参与公司的经营活动，而通过股东大会对公司发生影响。(2)股份有限公司的设立需履行相对严格的程序，如应有一定数量的发起人，发起人应签订发起协议，从事公司的筹备工作；募集设立的公司，还应当遵守有关证券法律的规定等。(3)股份有限公司一般须有健全的内部组织机构。公司必须设股东大会、董事会和监事会，法律对公司各机构的职权、议事规则均有较明确的规定；在我国上市公司的实践中还有独立董事的规定。(4)如果章程不予限制，公司的股份一般可以自由转让。股份的转让无须其他股东同意。当然，法律对特定主体如发起人等所持股票转让有限制的，应当遵守法律的规定。

还应当注意的是，根据我国的实际情况，我国公司不采用无限公司和两合公司等股东对公司承担无限责任的公司形式。

第三条　【公司的界定】公司是企业法人，有独立的法人财产，享有法人财产权。公司以其全部财产对公司的债务承担责任。

有限责任公司的股东以其认缴的出资额为限对公司承担责任；股份有限公司的股东以其认购的股份为限对公司承担责任。

>> 条文注解

公司是企业法人，具有民事权利能力和民事行为能力，依法独立享有民事权利和承担民事责任。根据我国《民法总则》的规定，公司作为企业法人，法人应当有自己的名称、组织机构、住所、财产或者经费。法人成立的具体条件和程序，依照法律、行政法规的规定。法人的民事权利能力和民事行为能力，从法人成立时产生，到法人终止时消灭。法人以其全部财产独立承担民事责任。以取得利润并分配给股东等出资人为目的成立的法人，为营利法人。营利法人包括有限责任公司、股份有限公司和其他企业法人等。营利法人经依法登记成立，应当依法制定法人章程，依法设立权力机构、执行机构、监督机构，由登记机关发给营利法人营业执照，营业执照签发日期为营利法人的成立日期。

公司的法人地位决定了公司必须有自己独立的财产，享有法人财产权，包括物权、知识产权、债权和对外投资的股权等。公司法人财产权的客体由物、智力成果、行为、股份和一些法定权利等构成。公司有自己独立的财产是公司能够自主经营，自负盈亏，对外独立承担责任的物质基础。公司享有法人财产权才能体现公司的法人人格，实现公司的权利能力和行为能力。

公司作为独立法人，应当独立承担民事责任。公司承担民事责任的范围是其所有的全部财产；其财产不足以清偿到期债务时，将面临破产。公司的财产包括股东在公司设立时所认缴的出资。股东已经向公司缴纳的出资在公司成立后无权抽回；如果股东在公司成立后抽回已缴纳的出资，则侵犯了公司的财产权，必须将有关财产退还公司或给予其他补偿；股东已向公司认缴了出资及承诺了出资期限而到期未实际缴纳的，则构成了股东对公司的债务，公司应当追回。

公司的股东对公司承担有限责任。如前所述，当公司发生债务责任时，股东并不直接对债权人负责，而是由公司以自己的全部资产对公司债务承担责任。股东对公司的债务所承担的责任，体现为股东对公司的出资，股东须以其全部投资，也仅以该投资额为限，对公司债务承担责任。也就是说，股东在依照有关法律和公司章程的规定履行了出资义务后，对公司行为将不再承担责任。股东对公司的有限责任是公司制度的基础，这一制度有效地降低了投资风险，极大地鼓励了投资。

第四条 【股东权利】公司股东依法享有资产收益、参与重大决策和选择管理者等权利。

>> **条文注解**

股东是公司的投资者。股东将其财产投入公司后,即以对公司的投资享有对公司的股权。

股东享有股权,主要体现为资产收益权及参与公司重大决策和选择管理者的权利。(1)资产收益权,是指股东按照其对公司的投资份额通过公司盈余分配从公司获得红利的权利。获取红利是股东投资的主要目的;只要股东按照章程或股东协议的规定如期履行了出资义务,任何一个股东都有权向公司请求分配红利。一般而言,有限责任公司的股东应当按照其出资比例分取红利。(2)参与公司重大决策权,是指股东对公司的重大行为通过在股东会或股东大会上表决,由股东会或股东大会作出决议的方式作出决定。公司的重大行为包括:公司资本的变化,如增加或者减少注册资本;公司的融资行为,如发行公司债券;公司的对外投资、向他人提供担保、购置或转让主要资产、变更公司主营业务等行为;公司合并、分立、变更组织形式、解散、清算等行为。上述有些权利,在不违背法律强制性规定的前提下,股东会或者股东大会可以授权董事会行使。(3)选择管理者的权利,是指股东通过股东会或股东大会作出决议的方式选举公司的董事、监事的权利;选择管理者的权利也包括决定管理者的薪酬。公司的所有权和经营权相分离,投资者个人不必参与经营,是现代公司制度发展的趋势;特别是对股份有限公司而言,股东作为投资者,对公司重大决策和选择管理者的权利均应通过股东会来行使,股东个人没有决定权。为了提高公司的经营效率,股东会的权限应有所限制,对公司一般的经营决策,股东和股东会不应干预。

针对实践中存在的问题,本法注意保护中小股东的合法权益,在维护资本多数决的前提下注意平衡股东利益。为此,规定了如下具体制度:公司股东不得滥用股东权利损害公司或其他股东的利益,如果滥用应承担赔偿责任;有限责任公司的股东可以查阅会计账簿;有限责任公司的股东对公司不分配股利的,可要求公司收购其股权从而退出公司;公司合并、分立、转让主要财产,股东有异议的,也可以要求退出公司。同时,在许多方面给予公司章程更高的自由度,使中、小股东在公司设立之初,制定公司章程时可以通过平等协商来维护自己的权利。这些制度将对切实保护股东权益,维护公平、公正起到积极的作用。

第五条 【合法经营和合法权益受保护】公司从事经营活动,必须遵守法律、行政法规,遵守社会公德、商业道德,诚实守信,接受政府和社会公众的监督,承担社会责任。

公司的合法权益受法律保护,不受侵犯。

>> **条文注解**

公司作为社会经济活动的基本单位,作为民事主体,其合法权益受法律保护,同时也要求它承担一定的社会责任:(1)公司必须遵守法律、行政法规,其各项经营活动都必须依法进行,这是公司最重要的义务。(2)公司应当遵守社会公德和商业道德。社会公德是指各个社会主体在其交往过程中应当遵循的公共道德规范;商业道德是指从事商业活动应遵循的道德规范。这两种规范在市场主体的活动中相互交融,对法律起着较好的补充作用。公司作为一种与社会经济各个方面有广泛联系的实体,应当遵守社会公德和商业道德,接受这些规范的约束。(3)公司从事经营活动,必须诚实守信。这是民事主体从事民事活动的基本原则,也是公司应当遵循的原则。(4)公司的经营活动要接受政府和社会公众的监督。公司的经营行为是否符合法律,是否符合商业道德规范,由政府和社会公众来进行监督。(5)公司应当承担社会责任。公司在依法经营、努力实现赢利的同时，还应承担一定的社会责任，包括避免造成环境污染和维护职工合法权益等方面的责任。

第六条 【公司设立的准则主义】设立公司，应当依法向公司登记机关申请设立登记。符合本法规定的设立条件的，由公司登记机关分别登记为有限责任公司或者股份有限公司；不符合本法规定的设立条件的，不得登记为有限责任公司或者股份有限公司。

法律、行政法规规定设立公司必须报经批准的，应当在公司登记前依法办理批准手续。

公众可以向公司登记机关申请查询公司登记事项，公司登记机关应当提供查询服务。

>> 条文注解

进行登记是国家对公司进行法律调整的前提，也是国家对公司进行行政管理的重要手段。进行登记不仅便于国家进行管理，也有利于维护公司、股东、债权人的合法权益。经合法登记取得法人资格的公司可以在法律规定和确认的范围内从事民事活动。进行登记有利于保护第三人的合法权益和社会公共利益，公众可以通过查询公司登记的信息，了解公司的登记事项。

本条第1款和第2款体现了本法对公司的设立采取以申请登记为主以批准设立为例外的原则。除法律、行政法规规定设立前必须经政府审批的以外，其他公司可以直接到公司登记机关申请设立。对于必须经过公司设立审批才能设立的公司，只有先通过审批获得许可以后，才能着手进行公司的设立活动。对于公司登记机关而言，收到设立公司的申请后，也应当审查申请人是否已经依照法律、行政法规的规定，取得了有关部门的批准文件，否则将不予登记。需要注意的是，公司设立登记都是由工商行政管理机关进行；而审批则是由法律、行政法规规定的政府主管机关或者政府授权部门进行。一般而言，审批所依据的法律、行政法规往往只涉及某一类企业或某一行业的企业，因此审批不同行业的公司往往由不同的政府部门负责。

本条第3款关于公众有权向公司登记机关查询公司登记事项的规定，使公司市场交易信息更加全面、透明，方便公众加深对公司了解，增加对公司的投资信心，有利于维护市场交易的安全。因此，应当允许交易相对方通过合法渠道获得公司的真实信息。本款的规定正是赋予了社会公众查询公司登记事项的权利，公司登记机关也应当为公众实现该项权利提供便利。

第七条 【营业执照】依法设立的公司，由公司登记机关发给公司营业执照。公司营业执照签发日期为公司成立日期。

公司营业执照应当载明公司的名称、住所、注册资本、经营范围、法定代表人姓名等事项。

公司营业执照记载的事项发生变更的，公司应当依法办理变更登记，由公司登记机关换发营业执照。

>> 条文注解

公司设立登记是公司创立行为发生效力和公司法人主体资格产生的法律行为，本条第1款明确了公司登记机关签发的营业执照是确定公司成立的法律文件，营业执照的签发日期为公司成立之日。公司自成立之日起成为独立享有民事权利、承担民事责任的法人。从营业执照签发之日起，公司登记机关对公司各主要事项所作登记，同时产生法律效力，对公司具有约束力。

本条第2款明晰了公司营业执照应当载明的事项，主要包括公司的名称、住所、注册资本、经营范围、法定代表人姓名等。(1)公司名称是法人人格的体现，公司可以凭其名称区别于其他民事主体，是公司成为独立民事主体的重要标志之一。并且，公司名称关系到公司在行业内的影响力，关系到消费者对企业经营产品的认可度等，是确认公司权利义务归属的依据。因此是营业执照上首要登记的事项。(2)公司的住所是公司主要办事机构所在地，登记住所首要目的是确保利害关系人任何时候都能找到公司，也是确定公司相关权利义务关系的依据。(3)公司的注册资本是指以货币表示的各股东认缴的出资额的总和。注册资本的大小某种意义上也体现了公司的实力和对外承担民事责任的能力。(4)经营范围是公司的业务活动范围的法律界限，体现公司民事权利能力和行为能力的核心内容，当然必须记载于营业执照，既有利于公司依法开展业务活动，也有利于相对交易方了解公司生产经营状况，有利于行政机关依法实施监督管理。(5)法定代表人是依照法律或章程规定代表法人行使职权的负责人，公司的法定代表人由董事长、执行董事或者经理担任，对外代表公司，其姓名必须经过营业执照向公众公示。

由于营业执照登记的事项对公司具有约束力，对公众具有公示作用，因此本条第3款明确了当营业执照记载事项发生变更的，公司应当及时依法变更登记事项，公司登记机关应当换发营业执照，否则公司将承担相应的不利后果。

第八条 【公司名称】依照本法设立的有限责任公司，必须在公司名称中标明有限责任公司或者有限公司字样。

依照本法设立的股份有限公司，必须在公司名称中标明股份有限公司或者股份公司字样。

>> **条文注解**

公司是法人，应当有自己的名称，以标明主体及权利义务的归属。选定公司名称应当真实反映公司的种类，主要是其责任形式。

公司名称一般由四个部分构成：第一部分是公司的组织形式。公司名称中必须标明其组织形式，不能只标明公司。根据本条规定，依照本法设立的有限责任公司，必须在公司名称中标明有限责任公司字样，也可简化为有限公司；依照本法设立的股份有限公司，必须在公司名称中标明股份有限公司字样，可简化为股份公司。非依公司法设立的经济组织，不得使用“有限责任公司”或者“股份有限公司”的名称。第二部分是具体名称。对这部分内容也应当依法确定；对于法律、行政法规禁止使用的名称，公司不得采用。比如，对国家、社会或者公共利益有损害的名称，外国国家(地区)名称，国际组织名称等，都不得作为公司名称使用。第三部分是营业种类。法律对此无强制性规定，一般是要求公司名称应当与其营业规模和营业种类相适应。第四部分是公司所在地的名称。

公司的合法名称受法律保护。公司可以不受他人妨害，将其登记名称作为营业名称使用。如果有妨害其使用者，这种妨害行为构成侵权，公司可以请求妨害者排除妨害。如果公司因此而产生损失，即产生对妨害者的损害赔偿请求权。公司名称经过登记机关登记后，公司享有专用权。一个公司应当只有一个名称。

第九条 【公司形式变更的准则主义与债权债务承继】有限责任公司变更为股份有限公司，应当符合本法规定的股份有限公司的条件。股份有限公司变更为有限责任公司，应当符合本法规定的有限责任公司的条件。

有限责任公司变更为股份有限公司的，或者股份有限公司变更为有限责任公司的，公司变更前的债权、债务由变更后的公司承继。

>> **条文注解**

公司根据经营活动的需要及投资者的要求，可能需要变更组织形式。根据公司应当依法设立的原则，公司变更组织形式，其变更后的公司形式应当符合本法有关对该组织形式的设立条件的规定，并符合有关变更程序的法定要求。公司变更类型的，应当按照拟变更的公司类型的设立条件，在规定的期限内向公司登记机关申请变更登记，并提交有关文件。

公司依法变更其组织形式后,原公司不再存在;但原公司的债权、债务不会因为原公司的不存在而自动消失。为了有效保护债权人的合法权益,从法律上确认公司变更组织形式后的债权、债务的归属,避免纠纷,本条明确规定,有限责任公司和股份有限公司依法变更公司形式后,原公司的债权、债务由变更后的公司承继。

第十条 【公司住所】公司以其主要办事机构所在地为住所。

>> 条文注解

住所是指为使法律关系集中于一处而确定的民事主体的地址。公司以其主要办事机构所在地为住所。主要办事机构所在地是指执行公司的业务活动、决定和处理公司事务的机构的所在地。经公司登记机关登记的公司的住所只能有一个。公司的住所应当在其公司登记机关辖区内。

确定公司的住所,具有以下重要的法律意义:公司的住所是法律文书的送达处所,也是公司与他人发生争议时法院进行诉讼管辖的根据。明确的公司住所,有利于公众确定公司的登记机关,为检举控告公司违法活动提供便利。另外,本法规定了股东有查阅、复制公司章程、股东会会议记录、董事会会议决议、监事会会议决议和财务会计报告的权利,也规定了公司有置备商业账簿的义务。因此公司有明确的主要办事机构也有利于公司置备相应的法律文件和商业账簿。需要注意的是,公司的住所是工商登记的内容,一旦主要办事机构所在地发生变化,应当依法进行变更登记。

第十一条 【公司章程】设立公司必须依法制定公司章程。公司章程对公司、股东、董事、监事、高级管理人员具有约束力。

>> 条文注解

设立公司,必须依法制定公司章程。公司章程是关于公司组织和行为的自治规则,设立公司必须有公司章程。章程是公司设立的法定必备文件之一。公司章程必须依法制定。根据公司法的规定,章程应当包括如下绝对必要记载事项:公司的名称、住所;经营范围;注册资本、股份总数及每股金额;股东的姓名或者名称、认股数;股东的出资方式、出资额和出资时间;公司的机构及其产生办法、职权、议事规则;公司法定代表人。公司章程的修改程序必须遵守公司法的有关规定。

公司章程是公司的行为准则,对公司具有约束力。公司的董事、监事及其高级管理人员因其执行公司职务,而受到公司章程的制约。同时,公司章程又具有契约的性质,体现了股东的共同意志;因此,对股东也具有约束力。公司及其股东、董事、监事及经理等高级管理人员必须遵守和执行公司章程。

第十二条 【公司经营范围】公司的经营范围由公司章程规定,并依法登记。公司可以修改公司章程,改变经营范围,但是应当办理变更登记。

公司的经营范围中属于法律、行政法规规定须经批准的项目,应当依法经过批准。

>> 条文注解

经营范围分为许可经营项目和一般经营项目。许可经营项目是指企业在申请登记前依据法律、行政法规、国务院决定应当报经有关部门批准的项目。一般经营项目是指不需批准,企业可以自主申请的项目。申请许可经营项目,申请人应当依照法律、行政法规、国务院决定向审批机关提出申请,经批准后,凭批准文件、证件向企业登记机关申请登记。审批机关对许可经营项目有经营期限限制的,登记机关应当将该经营期限予以登记,企业应当在审批机关批准的经营期限内从事经营。申请一般经营项目,申请人应当参照《国民经济行业分类》及有关规定自主选择一种或者多种经营的类别,依法直接向企业登记机关申请登记。

公司的经营范围是公司章程中的法定记载事项。要求在公司章程中写明公司经营范围并须经登记，主要因为：一是根据公司的正常经营规律，设立公司应当有一个主营范围；这一主营范围应当由公司设立时的股东确认。二是便于公司的债权人及其他交易方了解公司的营业范围，起到公示的作用。公司的经营范围应当符合法律、行政法规的规定；属于法律、行政法规规定禁止经营的项目，公司不得经营；在经营范围中，有法律、行政法规限制经营的项目的，必须依法经过审批，未经批准不得将该项目纳入公司经营范围。还应当注意，根据《最高人民法院关于适用〈中华人民共和国合同法〉若干问题的解释（一）》第10条，当事人超越经营范围订立合同，人民法院不因此认定合同无效；但违反国家限制经营、特许经营以及法律、行政法规禁止经营规定的除外。

公司在经营过程中，根据需要可以调整经营范围。调整经营范围必须符合以下要求：一是依法调整的经营范围不能超出法律、行政法规的限制；增加的内容如果属于法律、行政法规限制的项目，必须经过批准。二是调整经营范围必须依照法定程序修改公司章程，进行变更登记，从而依法变更公司经营范围。

第十三条 【公司法定代表人】公司法定代表人依照公司章程的规定，由董事长、执行董事或者经理担任，并依法登记。公司法定代表人变更，应当办理变更登记。

>> 条文注解

根据《民法总则》的规定，依照法律或者法人章程的规定，代表法人从事民事活动的负责人，为法人的法定代表人。结合法定代表人的一般原理和相关法律法规，应着重注意以下几个问题：

其一，法定代表人是公司法人的代表，对外代表公司签署合同、参加诉讼活动等。一旦公司的法定代表人在合同上签字、盖章，即便公司认为公章系被擅自加盖，亦构成代表行为。法定代表人违反公司章程规定的越权行为，除相对人知道或应当知道外，该代表行为有效。即便是公司章程公开，并不具有对世效力，其公开行为不构成第三人应当知道的依据。即《民法总则》关于“法人章程或者法人权力机构对法定代表人代表权的限制，不得对抗善意相对人”的规定。

其二，法定代表人应当是自然人，而不能是法人或是其他组织。同时，我国法律并未禁止一个自然人同时担任两个或两个以上企业的法定代表人，亦未限制法定代表人为同一人的企业之间实施民事法律行为。公司执行机构为董事会或者执行董事的，董事长、执行董事或者经理按照法人章程的规定担任法定代表人；未设董事会或者执行董事的，法人章程规定的主要负责人为其执行机构和法定代表人。

其三，公司法定代表人是公司必要登记事项，必须对外公示。法定代表人未经登记，不得对抗善意第三人。法定代表人变更的，必须办理变更登记，否则公司将承担不利的后果。

其四，法定代表人因执行职务造成他人损害的，由法人承担民事责任。法人承担民事责任后，依照法律或者法人章程的规定，可以向有过错的法定代表人追偿。

第十四条 【分公司与子公司】公司可以设立分公司。设立分公司，应当向公司登记机关申请登记，领取营业执照。分公司不具有法人资格，其民事责任由公司承担。

公司可以设立子公司，子公司具有法人资格，依法独立承担民事责任。

>> 条文注解

分公司是一个相对于总公司的概念，它由总公司设立，在业务、资金、人事等方面受总公司管辖，且不具有法人资格的分支机构。子公司是一个相对于母公司的概念，它是一定比例以上的股份被另一公司所拥有或者通过协议方式受到另一公司实际控制的公司，具有独立的法人人格，可以独立承担民事责任。

公司根据生产经营的需要，可以设立分公司。分公司是相对于总公司而言的，它是总公司的组成部分。分公司不论是在经济上还是在法律上，都不具有独立性。分公司的非独立性主要表现在以下几个方面：一是分公司不具有法人资格，不能独立享有权利、承担责任；其一切行为的后果及责任由总公司承担。二是分公司没有独立的公司名称及章程；其对外从事经营活动必须以总公司的名义，遵守总公司的章程。三是分公司在人事、经营上没有自主权；其主要业务活动及主要管理人员由总公司决定并委任，并根据总公司的委托或授权进行业务活动。四是分公司没有独立的财产。其所有资产属于总公司，并作为总公司的资产列入总公司的资产负债表中。基于上述特性，本条明确规定了分公司的法律地位：分公司不具有企业法人资格，其民事责任由公司承担；设立分公司，应当向分公司所在地的公司登记部门登记；分公司在登记后应当领取分公司的营业执照。

公司根据生产经营的需要，可以设立子公司。子公司是相对于母公司而言的，它是独立于向它投资的母公司而存在的主体。子公司具有如下特征：一是其一定比例以上的股份被另一公司持有或通过协议方式受到另一公司实际控制。对子公司有控制权的公司是母公司。二是子公司是独立的法人。子公司在经济上受母公司的支配与控制，但在法律上，它具有独立的法人资格，其独立性主要表现为：拥有独立的公司名称和公司章程；具有独立的组织机构；拥有独立的财产，能够自负盈亏，独立核算；以自己的名义进行各类民事活动；独立承担公司行为所带来的一切后果和责任。根据上述特征，本条规定明确规定了子公司的法律地位：子公司具有企业法人资格，依法独立承担民事责任。根据本法的规定，被其他公司100%控股的公司，既是他公司的子公司，也是一人公司，应遵守本法关于一人公司的规定。

第十五条 【公司转投资及其限制】公司可以向其他企业投资；但是，除法律另有规定外，不得成为对所投资企业的债务承担连带责任的出资人。

>> 条文注解

公司可以向其他企业投资。这是因为公司是法人，享有自主经营的权利，能够自行承担责任。运用自己的财产进行投资是公司发展的正常要求，法律是允许的。按照这一条规定，公司不仅可以向其他有限责任公司或者股份有限公司投资，也可以向公司以外的其他企业投资。一般来说，公司对外投资只能承担有限责任；除法律另有规定外，不得成为对所投资企业的债务承担无限连带责任的出资人。这样规定主要是考虑到公司对外投资有营利的机会，同时也有风险：对外投资失败，如果允许投资的公司承担无限责任，有可能直接导致公司的破产或利益受到重大损失，进而损害公司股东和债权人的利益。

按照本条的规定，只有在法律有规定的时候，公司才能成为对债务承担连带责任的出资人。结合《合伙企业法》第3条，国有独资公司、国有企业、上市公司以及公益性的事业单位、社会团体不得成为普通合伙人；此三类公司之外的公司可以成为普通合伙人。还应注意的是，《公司法》本条并没有限制公司成为其他企业债务的连带责任的保证人，因此公司可以作为连带保证人为其他企业提供保证。

第十六条 【公司转投资及提供担保的程序规定】公司向其他企业投资或者为他人提供担保，依照公司章程的规定，由董事会或者股东会、股东大会决议；公司章程对投资或者担保的总额及单项投资或者担保的数额有限额规定的，不得超过规定的限额。

公司为公司股东或者实际控制人提供担保的，必须经股东会或者股东大会决议。

前款规定的股东或者受前款规定的实际控制人支配的股东，不得参加前款规定事项的表决。该项表决由出席会议的其他股东所持表决权的过半数通过。

>> **条文注解**

公司向其他企业投资或者为他人提供担保，应当由公司机关作出决议。对外投资和为他人提供担保，是公司的重大经营行为和民事活动，有较大的风险：如果决策不当，将会给公司、公司的股东和债权人造成损失。为了引导公司对这类重大行为作出科学的决策、保证公司行为的恰当性、避免风险，本条第1款、第2款作了两方面的规定：（1）公司向其他企业投资或者为他人提供担保，应当由公司机关作出决议。其一般原则是：公司章程可以根据实际经营的需要，将对外投资和为他人担保的决策权授予股东会（有限责任公司）、股东大会（股份有限公司）或者董事会。对外投资和为他人担保的数额较大的，可以授权由股东会、股东大会作出决议；数额不大的，为了保持公司经营的灵活性，可以授权董事会作出决议。当然，公司也可以将对外投资和为他人担保的决策权全部授予董事会，但应当在公司章程中明确规定。其特别规定是：公司为公司股东或者实际控制人提供担保的，必须经股东会或者股东大会决议。（2）为了保证交易安全，公司章程可以对投资或者担保的总额及每一项投资或者担保的数额作出限制性规定；公司章程有这类规定的，公司机关在作出决议或在具体进行此类活动时，不得超过规定的限额，除非修改公司章程。本条所称“决议”包括普通决议和特别决议，公司章程可以根据公司的实际情况规定采用的决议方式。

公司为公司股东或者实际控制人提供担保，当股东会或者股东大会作出决议时，该股东及实际控制人支配的股东应当回避，不得参加表决。这样规定主要是为了维护股东大会决议的公正性，避免表决事项所涉及的股东；特别是控股股东滥用资本多数决的原则，以公司决议的方式谋求与公司利益不符的股东或实际控制人自己的利益，损害公司和其他股东的利益。公司违反这一规定，强行表决的，股东可以根据本法第22条的规定，向人民法院提起决议无效之诉。公司为公司股东或者实际控制人提供担保，股东会或者股东大会采用普通决议方式，由出席会议的其他股东所持表决权的过半数通过。

还应当注意的是，根据《最高人民法院公报》（2011年第2期）公布案例，法院认为，公司违反第16条规定与他人订立担保合同的，不能简单认定合同无效。第一，该条款并未明确规定公司违反上述规定对外提供担保导致合同无效。第二，公司内部决议程序，不得约束第三人。第三，该条款并非效力性强制性的规定。第四，依据该条款认定担保合同无效，不利于维护合同的稳定和交易的安全。因而，在该法未明确规定公司违反该法第16条对外提供担保无效的情形下，对公司对外担保的效力应予确认。

第十七条　【公司劳动保护等义务】公司必须保护职工的合法权益，依法与职工签订劳动合同，参加社会保险，加强劳动保护，实现安全生产。

公司应当采用多种形式，加强公司职工的职业教育和岗位培训，提高职工素质。

>> **条文注解**

本条明确了公司对职工的保障义务，主要有三个方面：一是依法与职工签订劳动合同。劳动合同是劳动者与用人单位确立劳动关系、明确双方权利义务的协议。公司与职工建立劳动关系，应当订立劳动合同。二是依法参加社会保险，缴纳社会保险费、使职工在年老、患病、工伤、失业、生育等情况下获取帮助和补偿。三是公司应当加强劳动保护，实现安全生产。公司要为劳动者提供安全、卫生的劳动条件，并不断加以改善，要消除和预防生产经营过程中可能发生的伤亡、职业病和其他伤害劳动者的事故，保障劳动者能健康的参加生产经营活动。

第十八条 【公司工会及民主管理】公司职工依照《中华人民共和国工会法》组织工会，开展工会活动，维护职工合法权益。公司应当为本公司工会提供必要的活动条件。公司工会代表职工就职工的劳动报酬、工作时间、福利、保险和劳动安全卫生等事项依法与公司签订集体合同。

公司依照宪法和有关法律的规定，通过职工代表大会或者其他形式，实行民主管理。

公司研究决定改制以及经营方面的重大问题、制定重要的规章制度时，应当听取公司工会的意见，并通过职工代表大会或者其他形式听取职工的意见和建议。

>> **条文注解**

在我国境内的企业、事业单位、机关中以工资收入为主要生活来源的体力劳动者和脑力劳动者，不分民族、种族、性别、职业、宗教信仰、教育程度，都有依法参加和组织工会的权利。根据《工会法》的规定，公司违反集体合同，侵犯职工劳动权益的，工会可以依法要求企业承担责任；因履行集体合同发生争议的工会可以向劳动争议仲裁机构提请仲裁，对仲裁裁决不服的，可以向人民法院提起诉讼。

第十九条 【公司党组织活动保障】在公司中，根据中国共产党章程的规定，设立中国共产党的组织，开展党的活动。公司应当为党组织的活动提供必要条件。

>> **条文注解**

本条规定包括两层含义：一是在公司中设立党的组织，开展党的活动，应当遵守中国共产党章程的规定。按照《中国共产党章程》的规定，企业、农村、机关、学校、科研院所、街道、人民解放军连队和其他基层单位，凡有正式党员三人以上的，都应当成立党的基层组织。公司是企业的一种，公司中如果有正式党员三人以上的，应当成立党的基层组织。党的基层组织应当按照党章的规定开展活动。二是公司要为公司中党组织开展活动提供支持，如提供必需的活动场所等。

第二十条 【股东滥用权利的责任】公司股东应当遵守法律、行政法规和公司章程，依法行使股东权利，不得滥用股东权利损害公司或者其他股东的利益；不得滥用公司法人独立地位和股东有限责任损害公司债权人的利益。

公司股东滥用股东权利给公司或者其他股东造成损失的，应当依法承担赔偿责任。

公司股东滥用公司法人独立地位和股东有限责任，逃避债务，严重损害公司债权人利益的，应当对公司债务承担连带责任。

>> **条文注解**

根据本条规定，应综合考虑以下问题：

第一，公司股东应当遵守法律、行政法规和公司章程的规定，依法行使股东权利。这是股东权利的界限，即股东行使股东权利必须依法。

第二，公司股东滥用法人人独立地位，公司股东滥用有限责任，逃避债务，将会损害公司债权人的利益。此种情况下，公司债权人不仅可以要求公司承担责任，也可以要求该股东承担连带责任，这便是学理上所称的“公司人格否认”制度。在这里，公司股东不再受有限责任的保护，而是要直接向债权人承担责任。要求公司股东承担上述责任，应当以诉讼的方式进行。

第三，从主体上看：(1)公司法人人格的滥用者必须是对该公司握有实际控制能力的股东，即支配股东。并且这些股东实际参与公司经营管理，并且能对公司的主要决策活动施加影响。在有些场合下，还应分清名义股东和实际支配股东,以便使真正滥用公司法人人格的股东承担责任。需要注意的是,利用公司法人人格为不法行为者不一定局限于公司股东,公司的董事、经理或其他高级职员也有可能利用职务之便滥用公司法人人格,以谋取自己之私利,但此时不能适用人格否认法理,而只能通过《公司法》的其他规定,追究董事、经理等的责任。(2)人格否认的主张者是公司的债权人,包括自愿的债权人和非自愿的债权人(侵权损害赔偿之债),但应注意公司自己或者公司的股东不得提起公司法人人格否认。

第四,从行为上看,权利滥用主要表现在:(1)公司股东利用公司法人人格规避合同义务或法律义务的行为。规避合同义务的行为包括逃避合同上特定的不作为义务,逃避交易上巨额债务和欺诈合同债权人缔约等三种具体情形。而规避法律义务是指受强制性法律规范制约的特定主体,利用新设公司或既存公司的法人人格,认为改变强制性法律规范的适用前提,从而规避法定义务的情形。(2)公司与股东完全混同,使公司成为股东或另一公司的另一个自我,或成为其代理机构和工具,以至于形成"股东即公司、公司即股东"的情形。

第五,上述主体的行为,必须存在对债权人的损害,且行为与造成的损失之间必须存在直接的因果关系。此时,应当由提出股东滥用公司独立法人地位主张的债权人承担举证责任。对于一人有限公司,按照《公司法》第63条的规定,"一人有限责任公司的股东不能证明公司财产独立于股东自己的财产的,应当对公司债务承担连带责任",即公司股东需要举证证明其独立性。

第二十一条 【禁止关联行为】公司的控股股东、实际控制人、董事、监事、高级管理人员不得利用其关联关系损害公司利益。

违反前款规定,给公司造成损失的,应当承担赔偿责任。

>> 条文注解

公司关联关系的类型主要有:(1)依据投资行为形成的关联关系。典型如母、子公司的情况下,可以是全资的子公司,也可以是绝对控股的子公司,还可以是相对控股的子公司,或者是参股公司。这里值得注意的是,母公司对子公司的控制,并非绝对的控制,如果存在其他可能导致公司利益转移的关系,也应当认定为关联关系。除了母公司对子公司的直接控制,还存在母公司对孙公司等的间接控制。(2)依据企业管理活动形成的关联关系。即公司董事、监事、经理等也可能因为管理权而与其他公司形成关联关系。(3)依据支配合同形成的关联关系。公司之间如签订承包经营合同、租赁经营合同、顾问管理合同、托管经营合同或企业集团加入合同等,也可以形成关联关系。(4)因家庭成员或特定关联人之间的密切关系而形成的关联关系。如夫妻分别在不同的公司中任经理。

我国法律并没有禁止关联交易,而是要求关联交易不得损害公司利益。如果公司按照正当的法律程序对关联交易做出决定,并且没有损害公司利益,那么该关联交易是被允许的。但如果关联交易损害了公司的利益,即便是决定的作出符合法律的规定,也是不被允许的。《公司法》第148条第4项规定,董事等高管人员在依据章程的规定或股东会、股东大会同意的前提下可以与公司进行交易。

在程序上,《公司法》对某些会存在非公平关联交易的情况作出严格规定。具体如第16条第2款规定了公司为公司股东或者实际控制人提供担保的,必须经股东会或者股东大会决议;同时第3款还规定了相应的关联人表决权排除规则。又如第124条的规定,上市公司董事与董事会会议决议事项所涉及的企业有关联关系的,不得对该项决议行使表决权,也不得代理其他董事行使表决权。该董事会会议由过半数的无关联关系董事出席即可举行,董事会会议所作决议须经无关联关系董事过半数通过。出席董事会的无关联关系董事人数不足三人的,应将该事项提交上市公司股东大会审议。

第二十二条 【无效与可撤销决议及其法律后果】公司股东会或者股东大会、董事会的决议内容违反法律、行政法规的无效。

股东会或者股东大会、董事会的会议召集程序、表决方式违反法律、行政法规或者公司章程，或者决议内容违反公司章程的，股东可以自决议作出之日起六十日内，请求人民法院撤销。

股东依照前款规定提起诉讼的，人民法院可以应公司的请求，要求股东提供相应担保。

公司根据股东会或者股东大会、董事会决议已办理变更登记的，人民法院宣告该决议无效或者撤销该决议后，公司应当向公司登记机关申请撤销变更登记。

>> **条文注解**

股东会、股东大会是公司的权力机关，董事会是公司常设的经营决策机关。股东会、股东大会和董事会通过召开会议，形成决议行使权力。上述决议一旦依法作出并生效，则变为公司的意志，对公司及股东具有约束力。因此，股东会、股东大会及董事会决议对股东关系重大：有关决议有瑕疵，可能损害股东的合法权益的，股东有权对其提起无效或撤销之诉。

根据本条的规定，股东会、股东大会和董事会决议的瑕疵分为内容瑕疵和程序瑕疵：内容瑕疵分为违反法律、法规的瑕疵和违反章程的瑕疵；程序瑕疵主要指召集程序、表决方式违反法律、行政法规及违反公司章程的瑕疵。由于公司权力机关和经营决策机关的决议能否顺利执行，直接影响公司行为的效率，而决议是否公平、合法也是涉及股东权益的重要问题，法律规定对二者均要兼顾。本条分别不同情况，考虑到决议内容的瑕疵和程序瑕疵在法律后果上轻重有别，违反法律及违反章程的瑕疵从性质及后果上也不相同，本着兼顾公平和效率的原则分别作了规定。

公司股东会或者股东大会、董事会的决议内容违反法律、行政法规的无效。任何股东认为有关决议内容违反本法及其他有关法律、行政法规规定的，可以提起决议无效之诉。决议被法院认定为无效的，自始无效。公司股东会或者股东大会、董事会的决议在会议召集程序和表决方式上违反本法及其他有关法律、行政法规的，任何股东可以提起撤销之诉。上述决议无论是在内容还是在程序上有违反章程的瑕疵的，股东只能提起撤销之诉。撤销之诉需由股东自决议作出之日起 60 日内提起；超过 60 日的，股东便失去这一权利，法院不再受理该撤销之诉。股东在提起这一诉讼时，其应当持有公司的股权，即具有公司股东的适格性。决议被人民法院撤销的，自撤销之日起失去效力。

为了保证公司运行的效率，促使股东正当地行使这一诉权，本条还规定，法院可以应被诉公司的请求，要求股东提供与因股东提起这一诉讼而可能使公司因暂停决议的执行而遭受的损失相适应的担保。股东因滥用这一诉权，给公司造成损失的，应当对公司承担赔偿责任。

第二章 有限责任公司的设立和组织机构

第一节 设 立

第二十三条 【有限责任公司的设立条件】设立有限责任公司，应当具备下列条件：

（一）股东符合法定人数；

（二）有符合公司章程规定的全体股东认缴的出资额；

（三）股东共同制定公司章程；

（四）有公司名称，建立符合有限责任公司要求的组织机构；

（五）有公司住所。

>> **条文注解**

《公司法》对有限责任公司的设立采取准

则主义,即除了按照法律、行政法规的规定必须进行审批的之外,只要公司符合上述条文的规定,就应当予以注册登记。至于公司设立登记所要求的股东法定人数、股东出资、公司章程、公司名称、组织机构和公司住所等具体条件,则由《公司法》其他条款规定。

应着重注意的问题是:

第一,不得投资设立有限责任公司的单位和个人具体是:(1)党政机关、司法行政部门以及党政机关主办的社会团体。(2)党政机关所属的具有行政管理和执法监督职能的事业单位,以及党政机关各部门所办的后勤性、保障性经济实体(企业法人)和培训中心。(3)会计师事务所、审计事务所、资产评估机构、律师事务所不得作为投资主体向其他行业投资设立有限责任公司。(4)有限责任公司的分公司不得对外投资。(5)法律、法规禁止从事营利性活动的人,不得成为公司股东。

第二,有符合公司章程规定的全体股东认缴的出资额。《公司法》于2013年修订时取消了法定最低注册资本制。换句话说,《公司法》并不要求设立公司的同时,股东必须缴纳符合法律规定的最低注册资本。按照修订后的《公司法》,约束股东缴纳出资的是公司章程。公司章程规定了全体股东认缴的出资额以及实际出资的时间与方式,股东只要认足公司章程规定的资本,并在公司设立后按照公司章程的规定履行出资义务即可。

另一方面,以下种类的公司暂不实行注册资本认缴登记制:采取募集方式设立的股份有限公司、商业银行、外资银行、金融资产管理公司、信托公司、财务公司、金融租赁公司、汽车金融公司、消费金融公司、货币经纪公司、村镇银行、贷款公司、农村信用合作联社、农村资金互助社、证券公司、期货公司、基金管理公司、保险公司、保险专业代理机构、保险经纪人、外资保险公司、直销企业、对外劳务合作企业、融资性担保公司、劳务派遣企业、典当行、保险资产管理公司、小额贷款公司。

第三,虽然本法第79条使用了发起人的概念,但并未对发起人进行法律界定。从本条"股东共同制定公司章程"的内容来看,结合本法第24条、第25条第2款等规定而言,应当将有限公司设立时的股东纳入发起人范畴。为确保法律适用范围的明确和清晰,《公司法解释三》明确了"为设立公司而签署公司章程、向公司认购出资或者股份并履行设立职责的人,应当认定为公司的发起人,包括有限责任公司设立时的股东"。

第四,由于设立公司需要做大量的准备活动,实践中经常出现公司正式成立前,发起人为设立公司以自己的名义对外签订合同的情况。以公司住所为例,作为设立公司的必备要件,可能是租赁而来,公司发起人必须在公司成立前即与他人签订场地租赁协议确保公司能有住所地。如果双方在履行合同的过程中发生了争议,合同相对人在公司成立后有权向人民法院提起诉讼,请求该发起人承担合同责任。如果公司成立后对该合同的效力予以了确认,或者已经实际享有合同权利或者履行合同义务,合同相对人请求公司承担合同责任的,也能得到人民法院的支持。

第二十四条　【有限责任公司的股东人数限制】有限责任公司由五十个以下股东出资设立。

>> 条文注解

设立有限责任公司,股东人数下限为1人(含1人),上限为50人(含50人)。股东可以是自然人,也可以是法人。不论是自然人还是法人,只要是1个以上50个以下,都可以投资设立有限责任公司。需要注意的是,作为出资设立有限责任公司的自然人股东应当具有完全民事行为能力,无民事行为能力或者限制民事行为能力者不能作为发起人。此外,国家作为特殊主体,可以国有资产出资设立有限责任公司,由国有资产监督管理部门受本级人民政府授权行使出资人职责,设立只有一个股东的国有独资有限责任公司。境外投资者在我国设立有限责任公司的,按照《外资企业法》的规定，可以设立外商独资的有限责任公司。

第二十五条 【有限责任公司章程的法定记载事项】有限责任公司章程应当载明下列事项：

（一）公司名称和住所；

（二）公司经营范围；

（三）公司注册资本；

（四）股东的姓名或者名称；

（五）股东的出资方式、出资额和出资时间；

（六）公司的机构及其产生办法、职权、议事规则；

（七）公司法定代表人；

（八）股东会会议认为需要规定的其他事项。

股东应当在公司章程上签名、盖章。

>> **条文注解**

公司章程是特定的法律文件，是公司设立与运行的根本规则，因此必须全面反映法律的强制性规定，同时体现公司的自治性规范。按照效力的不同，本条将章程记载事项分为必要记载事项、相对必要记载事项和任意记载事项。所谓必要记载事项，也即法定记载事项，是指必须在公司章程中记载的事项，否则公司章程将不符合法律的规定，公司将不被注册登记。

第二十六条 【有限责任公司的注册资本】有限责任公司的注册资本为在公司登记机关登记的全体股东认缴的出资额。

法律、行政法规以及国务院决定对有限责任公司注册资本实缴、注册资本最低限额另有规定的，从其规定。

>> **条文注解**

本条第1款是关于公司资本制的规定。第一，《公司法》目前取消了法定最低注册资本制，而是由公司章程规定公司的注册资本。公司股东需要按照公司章程的规定，认缴出资。第二，公司股东在公司设立时，可以不实际出资，而是按照公司章程规定多个出资方式、出资时间和出资额履行出资义务。第三，公司的注册资本，是公司章程所记载的股东认缴的全部资本，而非股东实际缴纳的资本。

本条第2款是关于有限责任公司注册资本实缴、最低限额的例外规定。现行法律、行政法规以及国务院决定明确规定：实行注册资本实缴登记制的银行业金融机构、证券公司、期货公司、基金管理公司、保险公司、保险专业代理机构和保险经纪人、直销企业、对外劳务合作企业、融资性担保公司、募集设立的股份有限公司，以及劳务派遣企业、典当行、保险资产管理公司、小额贷款公司，暂按原有规定执行。

第二十七条 【股东出资方式、出资评估及其限制】股东可以用货币出资，也可以用实物、知识产权、土地使用权等可以用货币估价并可以依法转让的非货币财产作价出资；但是，法律、行政法规规定不得作为出资的财产除外。

对作为出资的非货币财产应当评估作价，核实财产，不得高估或者低估作价。法律、行政法规对评估作价有规定的，从其规定。

>> **条文注解**

本条第1款是关于股东出资方式的规定，理解该规定应注意以下几点：第一，按照我国《公司法》，股东可以采取多种方式出资，包括货币出资和非货币出资。非货币出资包括有形资产出资和无形资产出资。无形资产包括知识产权、土地使用权等。第二，除了上述出资方式，其他依法可以转让的非货币财产也可以作价出资，包括知识产权、土地使用权、土地承包权、采矿权、探矿权、企业承包经营权、企业租赁权以及股权、债权等无形财产。这里的“非货币资产”必须具有合法性、可转让性和可评估性。合法性是指依法可以成为财产；可转让性是指可以进行交易、转让；可评估性是指可以评估确定价值并以此作价。第三,法律、行政法规规定不得作为出资的财产除外,如股东不得以劳务、信用、自然人姓名、商誉、特许经营权或者设定担保的财产等作价出资。

2013 年修订的《公司法》取消了全体股东的货币出资不得低于 30% 的强制性规定,公司股东的出资方式改由公司章程规定。

第二十八条 【股东的出资义务及违约责任】股东应当按期足额缴纳公司章程中规定的各自所认缴的出资额。股东以货币出资的,应当将货币出资足额存入有限责任公司在银行开设的账户;以非货币财产出资的,应当依法办理其财产权的转移手续。股东不按照前款规定缴纳出资的,除应当向公司足额缴纳外,还应当向已按期足额缴纳出资的股东承担违约责任。

>> 条文注解

本条第 1 款是关于股东出资义务履行的规定,其中以下几个问题值得注意:第一,按期足额缴纳所认缴的出资额是股东首要的法定义务,也是公司设立的前提条件,股东应该依法履行。第二,股东以货币出资的,应当将货币资金足额存入准备成立的公司在银行开设的临时账户中。第三,股东以非货币财产出资的,应当依法办理财产权的转移手续:以动产出资的,移交实物;以不动产所有权出资的,办理所有权转让的登记手续;以知识产权出资的,向公司提交该项知识产权的技术文件资料和权属文件,需要办理登记手续的依法办理登记手续;以土地使用权出资的,办理土地使用权转让登记手续。

本条第 2 款是关于股东不履行出资义务的法律后果的规定。首先,股东未履行出资义务可能是完全不履行,也可能是部分不履行,但是两者都是股东没有按照公司章程的规定转移财产所有权的行为,包括货币出资和非货币出资。其次,股东未按照公司章程的规定缴纳出资的,由于其不缴纳出资的行为违反了其与公司之间关于缴纳出资的协议,属于违约责任。公司可以以自己的名义提起诉讼,在法律规定的特殊情况下,其他股东可以提起股东派生诉讼。最后,由于未缴纳出资的股东违反了股东之间的投资协议等合同内容,所以,未缴纳出资的股东要对其他股东承担违约责任。

第二十九条 【有限责任公司的设立登记】股东认足公司章程规定的出资后,由全体股东指定的代表或者共同委托的代理人向公司登记机关报送公司登记申请书、公司章程等文件,申请设立登记。

>> 条文注解

2013 年修订的《公司法》取消了公司设立前必须验资的规定。公司股东只要认足公司章程规定的出资后,就可以申请设立登记,而不必先要实际缴纳出资并验资。

公司设立登记可以由全体股东指定的代表或者共同委托的代理人进行。实践中,公司设立登记通常是由代理人进行的。设立国有独资公司,应当由国务院或者地方人民政府授权的本级人民政府国有资产监督管理机构作为申请人,申请设立登记。公司设立登记必须向公司登记机关报送公司登记申请书、公司章程等文件。此外,设立有限责任公司,应当由全体股东指定的代表或者共同委托的代理人向公司登记机关申请名称预先核准。预先核准的公司名称保留期为 6 个月。预先核准的公司名称在保留期内,不得用于从事经营活动,不得转让。

第三十条 【非货币财产出资的违约责任】有限责任公司成立后,发现作为设立公司出资的非货币财产的实际价额显著低于公司章程所定价额的,应当由交付该出资的股东补足其差额;公司设立时的其他股东承担连带责任。

>> **条文注解**

首先,股东承担不如实缴付出资责任的时间是有限责任公司成立后。其次,产生需要补足差额的原因是出现设立公司出资的非货币财产的实际价额显著低于公司章程所定价额的情形。非货币出资的财产本身具有价值的不确定性,使出资过程中必然要对其进行合理评估后,方可依照评估结果确定出资财产的价值并确认股东相应的股权。由于非货币资产可能因评估中介机构所选择的评估方法和评估基准日不同而得出不同的评估结果,非货币财产的价值可能在存续过程中变化。因此,非货币资产出资因其特殊性可能导致出资价值的不足以及股东之间在实际履行出资义务时的不平等。

如何确定股东认缴的非货币财产出资"显著低于"公司章程约定的价额,从实践中来看,一般应根据公司成立前后一定时间内对该出资标的价值进行综合评估。如果该评估额与注册资本的价额相差比较大,导致注册资本出现较大欠缺,或者将对交易安全产生不利影响,乃至损害债权人利益,甚至对公司所经营的事业带来的障碍比较大,就可以作出"显著低于"的认定。这时不仅交付该出资的股东有补交差额的义务,公司设立时的其他股东也应承担连带差额填补的责任。需要注意的是,如果是公司成立后加入公司的股东,则不负有差额填补的连带责任。

第三十一条　【股东出资证明书】有限责任公司成立后,应当向股东签发出资证明书。

出资证明书应当载明下列事项:

(一)公司名称;

(二)公司成立日期;

(三)公司注册资本;

(四)股东的姓名或者名称、缴纳的出资额和出资日期;

(五)出资证明书的编号和核发日期。

出资证明书由公司盖章。

>> **条文注解**

出资证明书,是证明投资人已经依法履行缴付出资义务,成为有限责任公司股东的法律文件,是股东对公司享有权利、承担责任的重要依据。股东凭出资证明书,可以向公司请求将自己的姓名记入股东名册,享有股东权利。

第三十二条　【股东名册】有限责任公司应当置备股东名册,记载下列事项:

(一)股东的姓名或者名称及住所;

(二)股东的出资额;

(三)出资证明书编号。

记载于股东名册的股东,可以依股东名册主张行使股东权利。

公司应当将股东的姓名或者名称向公司登记机关登记;登记事项发生变更的,应当办理变更登记。未经登记或者变更登记的,不得对抗第三人。

>> **条文注解**

股东名册具有三个方面的法律效力:第一,在股东名册上记载为股东的,推定为公司股东;第二,凡是未在股东名册上记载的人,均不能视为公司股东;第三,公司只将股东名册上记载的股东视为股东,股东依据股东名册主张自己的股东权利。所以股东名册可以作为股东向公司主张股东权利的一个凭证。

我国2005年修订的《公司法》正式确立了以股东名册作为股东认定依据的法律制度。换句话说,只在工商行政管理部门办理变更登记,并不意味着取得股东资格。股东资格的认定,应当以置备于公司的股东名册为准,而工商登记只是具有对外公示的法律效力。因此,对于第三人来说,工商登记是法律认定的标准。股东不能以工商登记为依据决定自己的股东权利,而必须以股东名册为依据。

还应当注意的是,公司股东名册一经登记,便产生公示的效力,对外具有公信力,公司和股东以外的第三人可以凭借股东名册主张权利。结合《公司法解释三》第25条,名义股东将登记于其名下的股权转让、质押或者以其他方式处分,实际出资人以其对于股权享有实际权利为由,请求认定处分股权行为无效的,人民法院可以参照《物权法》第106条规定的善意取得制度处理。名义股东处分股权造成实际出资人损失,实际出资人请求名义股东承担赔偿责任的,人民法院应予支持。

第三十三条 【股东知情权】股东有权查阅、复制公司章程、股东会会议记录、董事会会议决议、监事会会议决议和财务会计报告。

股东可以要求查阅公司会计账簿。股东要求查阅公司会计账簿的,应当向公司提出书面请求,说明目的。公司有合理根据认为股东查阅会计账簿有不正当目的,可能损害公司合法利益的,可以拒绝提供查阅,并应当自股东提出书面请求之日起十五日内书面答复股东并说明理由。公司拒绝提供查阅的,股东可以请求人民法院要求公司提供查阅。

>> 条文注解

股东知情权,是指法律赋予股东通过查阅公司文件和账簿等有关公司经营、管理、人事、财务等相关资料,了解公司运营状况的权利。其中,股东有权查阅、复制的文件包括:公司章程、股东会会议记录、董事会会议决议、监事会会议决议和财务会计报告。应注意第2款关于会计账簿的特别规定:股东对会计账簿的查阅权是有限制的。首先,股东必须向公司提供书面请求,并说明目的。其次,公司有权利决绝股东查阅,只要公司有合理根据认为股东查阅会计账簿有不正当目的,可能损害公司利益的,即可以拒绝提供查阅,但是应当在股东提出书面请求之日起15日内书面答复股东,并说明理由。再次,公司拒绝提供查阅的,股东可以请求人民法院要求公司提供查阅。但是,股东必须在公司拒绝提供查阅之后才可以向法院提起诉讼,不得直接起诉要求查阅。最后,股东对公司会计账簿只有查阅权没有复制权。

2017年《公司法解释四》针对股东知情权遇到的争议较多的问题,作出了以下规定:(1)结合诉的利益原则,明确了股东就本条和第97条规定享有的诉权,并规定了有限责任公司原股东享有的有限诉权。(2)结合司法实践经验,对股东查阅公司会计账簿可能有的不正当目的作了列举,明确划定了公司拒绝权的行使边界。(3)明确规定公司不得以公司章程、股东间协议等方式,实质性剥夺股东的法定知情权。公司以此为由拒绝股东行使法定知情权的,人民法院不予支持。(4)为保障股东知情权的行使,对股东聘请中介机构执业人员辅助查阅作出了规定。(5)就股东可以请求未依法履行职责的公司董事、高级管理人员赔偿损失作了规定,以防止从根本上损害股东知情权。

第三十四条 【股东分红权和优先认购权】股东按照实缴的出资比例分取红利;公司新增资本时,股东有权优先按照实缴的出资比例认缴出资。但是,全体股东约定不按照出资比例分取红利或者不按照出资比例优先认缴出资的除外。

>> 条文注解

本条规定分两个层次理解:其一,股东分取红利按照实缴的出资比例,而不是按照认缴的出资比例。其二,对于新增资本时,股东有权按照实缴的出资比例认缴出资,即优先范围限于原股东原来实缴的出资比例,在此比例外的新增资本无优先认购权。

还应当注意的是,公司章程可以规定不按照出资比例分取红利或者不按照出资比例优先认缴出资。也就是说,全体股东可以在公司章程中约定其他的分红方案或是认股方案。但是,通过公司章程改变《公司法》规定的不按照出资比例分取红利或者不按照出资比例优先认缴出资,必须经由全体股东约定,而不得采取多数决的方式。

第三十五条 【禁止股东抽逃出资】公司成立后,股东不得抽逃出资。

>> **条文注解**

本法允许股东依照法定程序撤回其在公司的出资,包括将自己在公司的出资转让给其他股东,或者按照法律规定或者章程规定将自己的出资转让股东以外的其他人,但是严禁抽逃出资。抽逃是指股东出资资金或者相应的资产从公司转移给股东时,股东未向公司支付合理的对价的行为。一般来说,如果相关股东有(1)制作虚假财务会计报表虚增利润进行分配的行为;(2)通过虚构债权债务关系将其出资转出的行为;(3)利用关联交易将出资转出的行为;(4)其他未经法定程序将出资抽回的行为,均可能被人民法院认定为抽逃出资。股东抽逃出资的,公司或者其他股东有权向人民法院起诉要求其返还出资的本息。实践中股东抽逃出资往往需要得到他人配合协助,协助的人可能是股东,还可能是董事、高级管理人员或者实际控制人,公司或者其他股东不仅可以起诉抽逃出资的股东,还可以起诉要求协助抽逃出资的股东、董事、高级管理人员或者实际控制人对此承担连带责任。

需要注意的是,抽逃的时间发生在公司成立之后,抽逃的数额是以股东出资的数额为限。如果股东抽回的财产超出了其出资的数额,则可能还涉嫌侵占公司财产。

第二节 组 织 机 构

第三十六条 【股东会组成及法律地位】有限责任公司股东会由全体股东组成。股东会是公司的权力机构,依照本法行使职权。

>> **条文注解**

本条将股东会界定为"权力机构",说明公司的一切重大问题,需由该机构来作出决议,与执行机构、监督机构均有所区别。股东会以会议的形式行使权力,而非日常办公或者设置常设机构的方式,体现了公司的所有权与经营权相分离的现代公司制度原理。当然,股东会应当严格依照法律和公司章程的规定,行使自己的职权,不能超越职权代行公司其他机构如董事会、监事会的职权。

本条强调股东会的组成是全体股东,一方面体现了对投资人权益的尊重;另一方面也是股东以其认缴的出资额为限对公司承担责任的必然要求。当然,股东可以亲自出席股东会行使股东权利,也可以委托他人代为出席股东会。股东委托他人出席股东会,代行股东权利的,应当出具书面委托书,明确委托事项和授权范围等。

第三十七条 【股东会职权】股东会行使下列职权:

(一)决定公司的经营方针和投资计划;

(二)选举和更换非由职工代表担任的董事、监事,决定有关董事、监事的报酬事项;

(三)审议批准董事会的报告;

(四)审议批准监事会或者监事的报告;

(五)审议批准公司的年度财务预算方案、决算方案;

(六)审议批准公司的利润分配方案和弥补亏损方案;

(七)对公司增加或者减少注册资本作出决议;

(八)对发行公司债券作出决议;

(九)对公司合并、分立、解散、清算或者变更公司形式作出决议;

(十)修改公司章程;

(十一)公司章程规定的其他职权。

对前款所列事项股东以书面形式一致表示同意的,可以不召开股东会会议,直接作出决定,并由全体股东在决定文件上签名、盖章。

>> **条文注解**

股东会的职权,归纳起来有六个方面:

(1)投资经营决定权。公司的投资计划和经营方针是公司经营的目标方向和资金运用的长期计划，这样的计划和方针是否可行，能否给公司和股东带来赢利，将深刻影响股东的收益预期，决定公司的命运与未来，是公司的重大问题，应由公司股东会来作出决定。

(2)人事权。股东会有权选任和决定本公司的非由职工代表担任董事、监事。对于不合格的董事、监事可以予以更换。对董事、监事的报酬事项，包括报酬数额、支付方式、支付时间等，都由股东会决定。

(3)审批权。一是审批工作报告权，即股东会有权对公司的董事会、监事会或监事向股东会提出的工作报告进行审议、批准。二是审批相关经营管理方面的方案权，即公司的股东会有权对公司的董事会或执行董事向股东会提出的年度财务预算方案、决算方案、利润分配方案和弥补亏损方案进行审议。

(4)决议权。即股东会有权对公司增加或者减少注册资本，发行公司债券，公司合并、分立、变更公司形式、解散和清算等事项进行决议。值得一提的是，2013年修订的《公司法》虽然取消了法定最低注册资本制，但公司增加与减少注册资本的决议，仍然要求由股东会作出，这一点是不同于由董事会决定的授权资本制的。

(5)修改公司章程权。公司章程是由公司股东会在设立公司时制定的，所以应由公司股东会来修改，并需要由代表2/3以上表决权的股东赞成通过方为有效。

(6)公司章程规定的其他职权。

本条第2款规定了股东会决议作出的简易方式。股东对本条第1款所列事项书面一致同意的，可以不召开股东会会议，直接作出决定。值得注意的是，必须全体股东都对所列事项同意，而且必须以书面的方式表示同意，除此之外，必须召开股东会进行表决。

第三十八条　【股东会首次会议】首次股东会会议由出资最多的股东召集和主持，依照本法规定行使职权。

第三十九条　【股东会会议制度】股东会会议分为定期会议和临时会议。

定期会议应当依照公司章程的规定按时召开。代表十分之一以上表决权的股东，三分之一以上的董事，监事会或者不设监事会的公司的监事提议召开临时会议的，应当召开临时会议。

第四十条　【股东会会议的召集和组织】有限责任公司设立董事会的，股东会会议由董事会召集，董事长主持；董事长不能履行职务或者不履行职务的，由副董事长主持；副董事长不能履行职务或者不履行职务的，由半数以上董事共同推举一名董事主持。

有限责任公司不设董事会的，股东会会议由执行董事召集和主持。

董事会或者执行董事不能履行或者不履行召集股东会会议职责的，由监事会或者不设监事会的公司的监事召集和主持；监事会或者监事不召集和主持的，代表十分之一以上表决权的股东可以自行召集和主持。

第四十一条　【股东会会议的通知期限和会议记录】召开股东会会议，应当于会议召开十五日前通知全体股东；但是，公司章程另有规定或者全体股东另有约定的除外。

股东会应当对所议事项的决定作成会议记录，出席会议的股东应当在会议记录上签名。

第四十二条　【股东表决权】股东会会议由股东按照出资比例行使表决权；但是，公司章程另有规定的除外。

>> 条文注解

第42条共有四个方面的含义：一是股东作

为股东会的成员，有权出席股东会会议。股东会会议是股东表达自己意志的场所。股东会决定有关事项，由股东提出自己的意见，表达自己的意志。二是股东在股东会上有表决权。股东的表决权，是指股东基于投资人地位对公司的有关事项表示自己同意、不同意或放弃发表意见的权利。三是表决权的行使原则上依本条的规定，按照各出资人的投资比例确定。也就是说，股东表决权的行使不是没有限制的，股东只能根据自己所持公司资本的比例的多少来表达自己的意志。出资多的表决权就多；反之就少。通常有一个计算方法：一个出资的整数计算单位规定一个表决权。四是为体现公司自治的原则，股东会会议由股东按照出资比例行使表决权也可以例外处理，公司章程如果规定另外的行使表决权的方式，也是合法的。这样规定体现了公司法的灵活性，给予公司章程更大的自治权。

第四十三条 【股东会议事方式和表决程序】股东会的议事方式和表决程序，除本法有规定的外，由公司章程规定。

股东会会议作出修改公司章程、增加或者减少注册资本的决议，以及公司合并、分立、解散或者变更公司形式的决议，必须经代表三分之二以上表决权的股东通过。

第四十四条 【董事会及其人员构成】有限责任公司设董事会，其成员为三人至十三人；但是，本法第五十条另有规定的除外。

两个以上的国有企业或者两个以上的其他国有投资主体投资设立的有限责任公司，其董事会成员中应当有公司职工代表；其他有限责任公司董事会成员中可以有公司职工代表。董事会中的职工代表由公司职工通过职工代表大会、职工大会或者其他形式民主选举产生。

董事会设董事长一人，可以设副董事长。董事长、副董事长的产生办法由公司章程规定。

>> 条文注解

董事会作为有限责任公司法定、必备且常设的集体行使公司经营决策权的机构，采取会议体制，有必要设置董事长，在董事会内部负责董事会会议的召集、主持等程序事务，协调董事会成员之间的关系，检查董事会决议的执行情况。公司还可以根据实际需要设副董事长，协助董事长工作。董事长、副董事长的产生办法，法律中未作规定，应由公司章程规定。公司章程可以规定由股东会直接选举董事长和副董事长；也可以规定由股东会选举董事会后，由董事会成员选举产生董事长和副董事长；还可以规定按照股东的出资比例大小决定由谁担任董事长、副董事长等。

第四十五条 【董事任期期限】董事任期由公司章程规定，但每届任期不得超过三年。董事任期届满，连选可以连任。

董事任期届满未及时改选，或者董事在任期内辞职导致董事会成员低于法定人数的，在改选出的董事就任前，原董事仍应当依照法律、行政法规和公司章程的规定，履行董事职务。

>> 条文注解

本条第2款规定了特定情况原董事依然有勤勉履职的责任，也就是董事延时履职制度。第一种情况是在董事任期届满后，公司可能因为某些特殊原因没能及时改选董事，原来的董事不能以任期届满为由拒绝履职。在新董事到任前继续履职是董事任期届满后法定的董事义务，该义务的截止时间是公司新的董事就任时。第二种情况是董事提前辞职。除了办理相应的交接手续，还必须等待新董事到任，否则可能造成原有的董事会人数低于法定人数影响公司运营。因此，新董事补选前，原董事也必须继续履职。这样规定与董事会的重要作用有密切关系。董事会是公司的神经中枢指挥机关,在公司组织机构中处于核心地位。为了使公司生产经营的健康有序,需要作为其指挥机关的董事会也保持健康有序的运转状态。本款的规定体现了法律对公司正常运营和交易安全的保护。

第四十六条 【董事会职权】董事会对股东会负责,行使下列职权:

(一)召集股东会会议,并向股东会报告工作;

(二)执行股东会的决议;

(三)决定公司的经营计划和投资方案;

(四)制订公司的年度财务预算方案、决算方案;

(五)制订公司的利润分配方案和弥补亏损方案;

(六)制订公司增加或者减少注册资本以及发行公司债券的方案;

(七)制订公司合并、分立、解散或者变更公司形式的方案;

(八)决定公司内部管理机构的设置;

(九)决定聘任或者解聘公司经理及其报酬事项,并根据经理的提名决定聘任或者解聘公司副经理、财务负责人及其报酬事项;

(十)制定公司的基本管理制度;

(十一)公司章程规定的其他职权。

>> 条文注解

本条规定了董事会的11项职权,包括以下五个方面:

(1)负责召集股东会会议,并向股东会报告工作,执行股东会的决议。董事会的这些职权,体现了董事会与股东会的实质关系。董事会作为公司的经营决策机构,对公司的权力机构——股东大会负责,有权召集股东会,并向股东会报告工作,执行股东会的决议。这既是董事会的职权,也是其法定职责。

(2)决定公司的经营计划和投资方案。在股东会决定了公司的经营方针和投资计划后,董事会据此决定公司的经营计划和投资方案,并组织实施,是董事会经营决策权最重要的体现。

(3)制定有关股东会决议的重大事项的方案,包括年度财务预算方案、决算方案,利润分配方案和弥补亏损方案,增加或者减少注册资本以及发行公司债券的方案,公司合并、分立、变更公司形式、解散的方案。对于这些事项,股东会具有最终决定权,但公司董事会可以通过制订方案,并提交股东会审议、表决,来施加影响,参与公司重大事项的决策。

(4)决定公司内部管理机构、基本管理制度和重要管理人员,包括决定公司内部管理机构的设置,聘任或者解聘公司经理,根据经理的提名,聘任或者解聘公司副经理、财务负责人,决定其报酬事项,制定公司的基本管理制度。这些职权也是董事会经营决策权的重要体现,是董事会执行股东会决议、实施公司经营计划和投资方案,保障公司良好运行的基础。

(5)公司章程规定的其他职权。公司股东可以根据公司的具体情况,通过公司章程授权董事会其他职权,如规定由董事会决定承办公司审计业务的会计师事务所的聘任或者解聘等。

第四十七条 【董事会会议的召集和主持】董事会会议由董事长召集和主持;董事长不能履行职务或者不履行职务的,由副董事长召集和主持;副董事长不能履行职务或者不履行职务的,由半数以上董事共同推举一名董事召集和主持。

第四十八条 【董事会议事方式和表决程序】董事会的议事方式和表决程序,除本法有规定的外,由公司章程规定。

董事会应当对所议事项的决定作成会议记录,出席会议的董事应当在会议记录上签名。

董事会决议的表决,实行一人一票。

>> **条文注解**

与股东会一样，董事会的议事方式和表决程序也是除本法规定以外都由公司章程规定。与股东会的表决权不同，董事会的各个成员在董事会会议上地位平等，一人一票，没有人有加重表决权，也没有人有最后的决定权，即所谓的"人头主义"。

法律特别要求董事会要对所议事项的决定制定会议记录，所有出席会议的董事都要在上面签字以表示自己对于决议的同意。这是为了强化股东会对董事会的监督。董事会作为经营决策机构，其直接向股东会负责，就是通过出席董事会的董事对所作决议承担责任来具体实现的。如果决议内容违反法律、法规或者公司章程，给公司带来损害，签字表示支持的董事就要对此承担赔偿责任。当然，出席会议对决议表示异议并记载于会议记录的董事，可免除赔偿责任。

第四十九条 【经理职权】有限责任公司可以设经理，由董事会决定聘任或者解聘。经理对董事会负责，行使下列职权：

（一）主持公司的生产经营管理工作，组织实施董事会决议；

（二）组织实施公司年度经营计划和投资方案；

（三）拟订公司内部管理机构设置方案；

（四）拟订公司的基本管理制度；

（五）制定公司的具体规章；

（六）提请聘任或者解聘公司副经理、财务负责人；

（七）决定聘任或者解聘除应由董事会决定聘任或者解聘以外的负责管理人员；

（八）董事会授予的其他职权。

公司章程对经理职权另有规定的，从其规定。

经理列席董事会会议。

>> **条文注解**

经理是公司的雇员，是董事会的业务执行机构，因此，本条规定经理由董事会决定聘任或者解聘，在董事会的领导下工作，对董事会负责。此外，法律中"经理"的含义同实践中"经理"的含义并不完全相同。法律中的经理，是指对公司日常经营管理工作负总责的管理人员，实践中一般称为总经理；实践中的负责公司某一部门具体管理工作的所谓经理或部门经理，一般是在总经理领导下、协助总经理负责日常管理工作的中级管理人员，不是公司法所讲的"经理"，不享有公司法规定的经理职权。

本条对经理的职权作出了明确规定，主要包括以下四个方面：第一，组织经营权。经理是公司日常业务的执行机构，要负责公司的日常生产经营管理工作。同时，经理作为董事会的执行机构，还要负责执行董事会制订的公司年度经营计划、投资方案以及董事会的其他决议。第二，公司内部规章的拟订、制定权，包括公司内部机构设置方案、公司基本管理制度的拟订权和公司的其他具体规章的制定权。第三，人事任免权。经理可以向董事会提出公司副经理、财务负责人的人选，由董事会决定聘任或者解聘；同时，经理可以直接聘任或者解聘除应由董事会决定聘任或者解聘以外的其他负责管理人员。第四，董事会授予的其他职权。此外，经理作为董事会的执行机构，还可以列席董事会会议。

第五十条 【执行董事】股东人数较少或者规模较小的有限责任公司，可以设一名执行董事，不设董事会。执行董事可以兼任公司经理。

执行董事的职权由公司章程规定。

>> **条文注解**

执行董事，是指股东人数较少或规模较小的有限责任公司在不设董事会情况下设置的业务执行和经营意思决定机构。董事会是公司的必设机构，但是，对于股东人数较少或者规模较小的有限责任公司可以不设董事会，而只设一名执行董事。当然，这类公司也可以选择设立董事会。本条第1款的规定表明，即便公司不设董事会，仍然需要设置类似董事会的机构，即执行董事。本款规定还表明，执行董事可以兼任公司经理。此时，公司的执行董事、经理和法定代表人便是一人。

第五十一条　【监事会和监事】有限责任公司设监事会，其成员不得少于三人。股东人数较少或者规模较小的有限责任公司，可以设一至二名监事，不设监事会。

监事会应当包括股东代表和适当比例的公司职工代表，其中职工代表的比例不得低于三分之一，具体比例由公司章程规定。监事会中的职工代表由公司职工通过职工代表大会、职工大会或者其他形式民主选举产生。

监事会设主席一人，由全体监事过半数选举产生。监事会主席召集和主持监事会会议；监事会主席不能履行职务或者不履行职务的，由半数以上监事共同推举一名监事召集和主持监事会会议。

董事、高级管理人员不得兼任监事。

>> 条文注解

监事会是代表全体股东和职工对公司董事会、执行董事、经理依法履职情况进行监督的常设机构。设立监事会是建立健全公司内部约束机制的一项重要措施，股东人数较少或者规模较小的有限责任公司，可以不设监事会，但并不意味着这类公司就无须内部约束机制，而是通过设置1至2名监事行使监事会职权。

有限责任公司监事会人数不少于3人，且必须有股东代表和职工代表。对于多数有限责任公司的董事会而言，并没有设置职工代表董事的义务，但所有的有限责任公司监事会必须设置职工代表监事，且比例不得低于1/3。公司章程对监事会中的职工代表比例进行规定后，由民主形式选举出职工代表监事。本条规定保证了职工代表对监事会的有效参与，防止职工代表监督流于形式。

监事会行使职权的方式也是通过会议形式进行，设置主席一人，负责召集、主持监事会会议，须由全体监事过半数选举产生，增加了产生过程的民主性、权威性。为避免发生推诿的现象，本条还增加了监事会主席因客观原因不能履行职务或者因主观原因拒绝履行职务时的解决办法，即由半数以上监事共同推举1名监事召集和主持监事会会议。

需要注意的是，虽然公司的董事、高级管理人员也是公司的职工，但是为了保持监事行使职权的独立性，避免监事与被监督人有利害关系，被监督的对象——董事和高级管理人员当然不能兼任监事。

第五十二条　【监事任职期限】监事的任期每届为三年。监事任期届满，连选可以连任。

监事任期届满未及时改选，或者监事在任期内辞职导致监事会成员低于法定人数的，在改选出的监事就任前，原监事仍应当依照法律、行政法规和公司章程的规定，履行监事职务。

第五十三条　【监事会或监事一般职权】监事会、不设监事会的公司的监事行使下列职权：

（一）检查公司财务；

（二）对董事、高级管理人员执行公司职务的行为进行监督，对违反法律、行政法规、公司章程或者股东会决议的董事、高级管理人员提出罢免的建议；

（三）当董事、高级管理人员的行为损害公司的利益时，要求董事、高级管理人员予以纠正；

（四）提议召开临时股东会会议，在董事会不履行本法规定的召集和主持股东会会议职责时召集和主持股东会会议；

（五）向股东会会议提出提案；

（六）依照本法第一百五十一条的规定，对董事、高级管理人员提起诉讼；

（七）公司章程规定的其他职权。

>> 条文注解

有限责任公司监事会的职权主要包括以下几类：

（1）财务监督权，即监事会可以对公司的财务状况进行检查，如查阅公司账簿和其他会计资料，核对公司董事会提交股东会的会计报告、营业报告和利润分配方案等会计资料，发现疑问可以进行复核等。

（2）对公司经营管理活动的监督。其具体包括：①对董事、高级管理人员执行公司职务时违反法律、行政法规、公司章程或者股东会决议的行为进行监督，并可以提出罢免违规的董事、高级管理人员的建议；②纠正或者停止董事、高级管理人员侵害公司利益的行为。当监事会发现董事、高级管理人员的行为违反法律、行政法规、公司章程或者股东会决议，超越权限行使权利以及其他损害公司利益的行为时，有权要求其停止违规行为并予以改正。

（3）提案权，即监事会可以向股东会提出提案，供股东会讨论。

（4）召开临时股东会会议的提议权和特定情况下股东会的召集、主持。按照本法的有关规定，股东会会议分为定期会议和临时会议，定期会议按照公司章程的规定召开；代表1/10以上表决权的股东、1/3以上的董事以及监事可以提议召开临时股东会。因此，监事会为履行其监督职能，认为需要召开临时股东会会议对有关事项进行讨论的，可以提议召开临时股东会会议。

（5）代表诉讼权。监事会是公司的内设监督机关，通常情况下是无权代表公司行使权利的。代表公司的权利应由负责公司业务执行的机构和人员如董事会、董事长、经理等来行使。但在公司行为针对的是董事和高级管理人员时，让董事会或者经理代表公司，难以保证公司的利益。因此，本法第151条规定了代表诉讼制度，即当董事、高级管理人员执行公司职务时违反法律、行政法规或者公司章程的规定，给公司造成损害的，监事会可以代表公司向人民法院提起诉讼，请求其承担赔偿责任。这实际上有限度地赋予了监事会代表公司的权利。

（6）公司章程规定的其他职权。公司可以根据其自身情况和实现监事会监督职能的需要，在公司章程中对监事会职权作出其他规定。

根据本法第51条的规定，股东人数较少和规模较小的有限责任公司，可以不设立监事会，只设立1至2名监事。此时，监事会的职权由这1至2名监事单独行使。

第五十四条 【监事质询建议权与调查权】监事可以列席董事会会议，并对董事会决议事项提出质询或者建议。

监事会、不设监事会的公司的监事发现公司经营情况异常，可以进行调查；必要时，可以聘请会计师事务所等协助其工作，费用由公司承担。

>> 条文注解

本条专门强调了对监事会的事前和事中的监督功能，即监事会在公司的日常经营活动中，发现经营情况异常时，可以就特定事项行使调查权，进行监督。具体手段包括查阅公司财务文件，对董事、高级管理人员进行询问，要求其对某一具体事项进行说明等。在必要的时候，监事会可以以自己的名义聘请专业服务机构如会计师事务所协助其工作，所发生的费用由公司承担。至于何为“经营情况异常”，法律并没有给出具体的标准或者指引性的规定，实践中应由监事会根据商业经验和具体情况进行判断。

第五十五条 【监事会会议制度】监事会每年度至少召开一次会议，监事可以提议召开临时监事会会议。

监事会的议事方式和表决程序，除本法有规定的外，由公司章程规定。

监事会决议应当经半数以上监事通过。

监事会应当对所议事项的决定作成会议记录，出席会议的监事应当在会议记录上签名。

>> **条文注解**

本条第1款规定了监事会会议的召开。监事会会议必须每一年度至少召开一次，以防止监事会形同虚设。遇到临时重要情况时，监事可以提议召开临时监事会会议。

本条第2款和第3款规定了监事会的议事方式和表决程序，应当注意以下两点：第一，监事会的议事方式和表决程序由公司章程规定。第二，法律规定的情况是，监事会决议应当经半数以上监事通过。值得注意的是，此处不是出席会议的监事的半数，而是所有监事的半数通过。

本条第4款规定了监事会决议的形式，即监事会决议以监事会会议记录的方式作出，出席会议的监事应当在会议记录上签名。这里的"签名"将成为将来承担法律责任的证据，因而十分重要。

第五十六条 【监事会或监事行使职权的费用承担】监事会、不设监事会的公司的监事行使职权所必需的费用，由公司承担。

第三节 一人有限责任公司的特别规定

第五十七条 【一人有限责任公司设立与组织机构】一人有限责任公司的设立和组织机构，适用本节规定；本节没有规定的，适用本章第一节、第二节的规定。

本法所称一人有限责任公司，是指只有一个自然人股东或者一个法人股东的有限责任公司。

>> **条文注解**

与其他有限责任公司相比，一人有限责任公司具有以下法律特征：第一，一人有限责任公司仅有一个股东，而其他有限责任公司的股东为二个以上。第二，一人有限责任公司特别是只有一个自然人股东的一人有限责任公司的所有权和经营权大多是合一的，而其他有限责任公司的所有权与经营权大多是分离的。第三，一人有限责任公司的股东以其出资额为限对公司的债务承担有限责任，而由一个自然人投资设立的个人独资企业的投资者要以其个人财产对企业债务承担无限责任。

第五十八条 【一人有限责任公司特别限制】一个自然人只能投资设立一个一人有限责任公司。该一人有限责任公司不能投资设立新的一人有限责任公司。

>> **条文注解**

本条规定，自然人只能设立一个一人公司，并禁止该一人公司再行投资设立新的一人公司。也就是说，作为自然人不能同时拥有两个以上一人公司的股权，也不能间接控制多个一人公司。而法人则可以投资设立多个一人有限责任公司。2013年修订时取消了一人有限公司最低注册资本为10万元的规定；同时也不要求股东一次足额缴纳完毕，可以分期缴纳。

第五十九条 【一人有限责任公司投资者身份注明】一人有限责任公司应当在公司登记中注明自然人独资或者法人独资，并在公司营业执照中载明。

第六十条 【一人有限责任公司章程】一人有限责任公司章程由股东制定。

第六十一条 【一人有限责任公司重大事项书面形式要求】一人有限责任公司不设股东会。股东作出本法第三十七条第一款所列决定时，应当采用书面形式，并由股东签名后置备于公司。

第六十二条 【一人有限责任公司年度审计】一人有限责任公司应当在每一会计年度终了时编制财务会计报告，并经会计师事务所审计。

第六十三条 【一人有限责任公司股东连带责任】一人有限责任公司的股东不能证明公司财产独立于股东自己的财产的，应当对公司债务承担连带责任。

>> 条文注解

第 63 条是关于一人有限责任公司“人格否认”的特别规定。《公司法》第 20 条第 3 款规定：公司股东滥用公司法人独立地位和股东有限责任，逃避债务，严重损害公司债权人利益的，应当对公司债务承担连带责任。这是对公司“人格否认”的一般规定。而对于一人有限责任公司而言，法律规定明显更加严格：首先，举证责任倒置，公司必须证明其财产独立于股东自己的财产。其次，如果公司不能使自己的财产独立，则无须“逃避债务”的主观意图，公司股东就要直接对公司债务承担连带责任。

第四节 国有独资公司的特别规定

第六十四条 【国有独资公司定义】国有独资公司的设立和组织机构，适用本节规定；本节没有规定的，适用本章第一节、第二节的规定。

本法所称国有独资公司，是指国家单独出资、由国务院或者地方人民政府授权本级人民政府国有资产监督管理机构履行出资人职责的有限责任公司。

>> 条文注解

国有独资公司是一种特殊的有限责任公司，其特殊性在于股东不是一般的自然人或者法人而是国家，国有资产监督管理机构受国家代表机关（包括国务院和地方人民政府）委托，行使股东权利、履行出资人职责。由此可见它也只有一个股东，实质上也是一种一人公司，但是由于本法第 57 条规定一人公司的公司必须是自然人或者法人，所以我们就不能再将国有独资公司纳入一人公司，它也就不适用一人公司的规定，而是首先适用本节专门规定，本节没有规定的适用本章第一节、第二节关于有限责任公司的一般性规定。

2008 年制定的《企业国有资产法》对企业中国有资产的运营作出了具体规定，国有独资公司的资产完全属于国有，也要适用《企业国有资产法》的规定。如果该法的规定与《公司法》中关于有限责任公司的一般规定不一致，依照特别法优先于一般法的原则，优先适用《企业国有资产法》中的规定。

需要注意的是，国有独资企业与一般的国有企业并不只是名称有所不同，而是机制的转化。第一，两者设立依据不同，前者依据本法设立，受本法调整；而后者则是依照《全民所有制企业法》设立，并受其调整。第二，财产权不同。前者是有限责任公司的一种特殊形式，实行股权和法人财产权分离，国有资产监督管理机构依法享有股权，国有独资公司依法拥有法人财产权；后者的财产属于全民所有，国家依照所有权和经营权分离的原则授予企业经营管理。企业对国家授予其经营管理的财产享有占有、使用和依法处分的权利。第三，管理体制不同。前者设立董事会，董事长是公司的法定代表人，由董事会聘任或解聘经理；后者一般实行厂长负责制，厂长是企业的法定代表人。因此，如果国有企业要转变为国有独资公司必须进行公司化改组。此外，国有独资公司下属的全资子公司财产独立，具有独立的法人地位，其出资人是公司而不是国家，因此不是国有独资公司。

2015 年 12 月 29 日国务院国有资产监督

管理委员会、财政部、国家发展和改革委员会联合颁布的《关于国有企业功能界定与分类的指导意见》，将国有企业界定为商业类和公益类。商业类国有企业以增强国有经济活力、放大国有资本功能、实现国有资产保值增值为主要目标，按照市场化要求实行商业化运作，依法独立自主开展生产经营活动，实现优胜劣汰、有序进退。其中，主业处于关系国家安全、国民经济命脉的重要行业和关键领域、主要承担重大专项任务的商业类国有企业，要以保障国家安全和国民经济运行为目标，重点发展前瞻性战略性产业，实现经济效益、社会效益与安全效益的有机统一。公益类国有企业以保障民生、服务社会、提供公共产品和服务为主要目标，必要的产品或服务价格可以由政府调控；要积极引入市场机制，不断提高公共服务效率和能力。商业类国有企业和公益类国有企业作为独立的市场主体，经营机制必须适应市场经济要求；作为社会主义市场经济条件下的国有企业，必须自觉服务国家战略，主动履行社会责任。

第六十五条 【国有独资公司章程】国有独资公司章程由国有资产监督管理机构制定，或者由董事会制订报国有资产监督管理机构批准。

第六十六条 【国有独资公司重大事项决定】国有独资公司不设股东会，由国有资产监督管理机构行使股东会职权。国有资产监督管理机构可以授权公司董事会行使股东会的部分职权，决定公司的重大事项，但公司的合并、分立、解散、增加或者减少注册资本和发行公司债券，必须由国有资产监督管理机构决定；其中，重要的国有独资公司合并、分立、解散、申请破产的，应当由国有资产监督管理机构审核后，报本级人民政府批准。

前款所称重要的国有独资公司，按照国务院的规定确定。

>> 条文注解

不同于一般的有限责任公司，国有独资公司不设股东会，而是由国有资产监督管理机构代表国家行使股东权利。按照《企业国有资产法》的规定，国务院和地方人民政府根据需要，可以授权其他部门、机构代表本级人民政府对国企履行出资人职责。履行出资人职责的机构代表本级人民政府对国企依法享有资产收益、参与重大决策和选择管理者等出资人权利，除依法履行出资人职责外，不得干预企业经营活动。

鉴于国家机构的主要职责是监督管理国有资产的保值增值，其难以全面细致地管理公司的经营。为保持国有资产经营的高效率，监督管理机构可以将部分股东权利授予董事会行使，比如公司经营计划的确定、财务预算的决定等，自己则主要负责公司重大事项包括合并、分立、解散、增减资、债券发行的决定，从宏观上把握国有资产的经营。换句话说，除了公司合并、分立、解散、增加或减少注册资本和发行公司债权的决定外，国有资产监督管理机构都可以授权董事会决定其他经营事项。

此外，重要的国有独资公司的合并、分立、解散、破产事宜，除须国有资产监督管理机构审核外还要经过本级人民政府的批准。重要的国有独资公司，按照国务院的规定确定。

第六十七条 【国有独资公司董事会】国有独资公司设董事会，依照本法第四十六条、第六十六条的规定行使职权。董事每届任期不得超过三年。董事会成员中应当有公司职工代表。

董事会成员由国有资产监督管理机构委派；但是，董事会成员中的职工代表由公司职工代表大会选举产生。

董事会设董事长一人，可以设副董事长。董事长、副董事长由国有资产监督管理机构从董事会成员中指定。

第六十八条 【国有独资公司经理】国有独资公司设经理，由董事会聘任或者解聘。经理依照本法第四十九条规定行使职权。

经国有资产监督管理机构同意，董事会成员可以兼任经理。

第六十九条 【国有独资公司高级职员兼职禁止】国有独资公司的董事长、副董事长、董事、高级管理人员，未经国有资产监督管理机构同意，不得在其他有限责任公司、股份有限公司或者其他经济组织兼职。

>> 条文注解

首先，高级职员的范围包括国有独资公司的董事长、副董事长、董事、高级管理人员。其次，兼职的范围包括其他有限责任公司、股份有限公司或者其他经济组织，如合伙企业、个人独资企业等。上述高级人员不得在这些经济组织中兼职意味着其不得担任任何职务，包括董事、监事、经理、财务人员等。但是，上述人员只限于不得在其他经济组织兼职，而不包括其他非营利性的组织，如各种学会等。最后，兼职禁止也不是绝对的，如果经过国有资产监督管理机构的同意，上述人员也可以在其他经济组织兼职。

第七十条 【国有独资公司监事会】国有独资公司监事会成员不得少于五人，其中职工代表的比例不得低于三分之一，具体比例由公司章程规定。

监事会成员由国有资产监督管理机构委派；但是，监事会成员中的职工代表由公司职工代表大会选举产生。监事会主席由国有资产监督管理机构从监事会成员中指定。

监事会行使本法第五十三条第（一）项至第（三）项规定的职权和国务院规定的其他职权。

第三章 有限责任公司的股权转让

第七十一条 【股权转让规则】有限责任公司的股东之间可以相互转让其全部或者部分股权。

股东向股东以外的人转让股权，应当经其他股东过半数同意。股东应就其股权转让事项书面通知其他股东征求同意，其他股东自接到书面通知之日起满三十日未答复的，视为同意转让。其他股东半数以上不同意转让的，不同意的股东应当购买该转让的股权；不购买的，视为同意转让。

经股东同意转让的股权，在同等条件下，其他股东有优先购买权。两个以上股东主张行使优先购买权的，协商确定各自的购买比例；协商不成的，按照转让时各自的出资比例行使优先购买权。

公司章程对股权转让另有规定的，从其规定。

>> 条文注解

结合本条及其他相关规定，应注意以下问题：

第一，股东优先购买权问题。有限责任公司股东在同等条件下对股权的优先购买权，属于形成权，一旦条件具备，股东就可以依法行使，这体现了公司法的强制性。实务中，“同等条件”是一个非常重要的问题。在考虑何为“同等条件”的时候，要抓住公司法规定优先购买权的本质，既要给予公司其他股东充分的保护，又要注意保护第三人的利益。一般而言，应当考虑转让股权的数量、价格、支付方式及期限等因素。2017 年《公司法解释四》第 16－22 条对股东优先购买权的行使通知、行使方式、行使期限、损害救济等着重作出了规定，具体而言包括：（1）细化了行使股东优先购买权的程序规则；（2）明确了股东优先购买权的行使边界和损害救济制度；（3）解决了关于损害股东优先购买权的股权转让合同效力的实践争议。

第二,公司章程特别约定问题。公司章程对公司股权转让另有约定的,按照章程规定办理。值得注意的是,本条的规定按照立法精神来看,是为了保护股东转让股权的权利。比如说,其他股东不同意股东转让股权的,应当购买,如果不购买,则视为同意转让。这些立法规定实际上是在保障能够有效行使股权转让的权利。有限责任公司的股权不像股份有限公司那样可以方便转让,但是法律必须要安排一种股东退出的渠道。从这个意义上说,公司章程不能排除股东转让股权的权利。

第三,瑕疵股权转让问题。瑕疵股权是指股东未履行或未完全履行出资义务时的股权。结合《公司法解释三》第 18 条的规定,首先,瑕疵股权可以转让。即便瑕疵股权已经转让,原股东仍然不能免除出资义务。其次,受让人对股权存在瑕疵知道或者应当知道的,与未履行出资义务的股东承担连带责任,即共同承担出资义务。再次,公司债权人请求瑕疵出资股东在未出资本息范围内对公司债务不能清偿的部分承担补充赔偿责任,同时请求前述受让人对此承担连带责任的,受让人与该股东承担连带责任。最后,如果受让股东对瑕疵股权不知情,其不应承担责任,并且也有权以此为由请求撤销股权转让合同。

第四,名义股东转让股权问题。结合《公司法解释三》第 25 条的规定,名义股东已经将其股东地位进行了登记,因其登记而产生对第三人的公信力。法律应当尊重这一公信力。出于对受让人的善意保护,符合善意取得条件的,可以对股权善意取得。从相反的角度而言,如果受让人明知该股东为名义股东,仍然受让该股权,则该转让行为无效。股权善意取得的要件是:(1)存在依法可以转让的股权。(2)受让人须从无处分权人手中受让股份。(3)受让人须依法按照股权转让的方式受让并支付合理的价格。(4)受让人主观上必须处于善意。

第五,实际出资人转让股权问题。结合《公司法解释三》第 24 条的规定,实践中,如果实际出资人与名义股东有关投资权益的合同不违反法律的强制性规定,是有效的。如果公司其他股东半数以上同意,实际出资人可以转变为股东。如果实际出资人与受让人约定,不转让其股权,而只是转让其实际出资人的投资者地位,实际上是一种债权债务关系的概括转移,并不影响公司股东的法律关系变化。

第七十二条 【强制执行程序下的股权转让】人民法院依照法律规定的强制执行程序转让股东的股权时,应当通知公司及全体股东,其他股东在同等条件下有优先购买权。其他股东自人民法院通知之日起满二十日不行使优先购买权的,视为放弃优先购买权。

>> 条文注解

为了实现债权人的合法权益,人民法院需要通过拍卖、变卖等方式转让股东的股权变现。这种情况下股东以外的人可以参加股东股权的拍卖、变卖,由此获得公司股权从而成为公司股东。考虑到有限责任公司具有“人合性”的特点,本条规定人民法院应当通知公司及全体股东,并再次确认其他股东在同等条件下的优先购买权。人民法院通知公司是为了便于公司协助人民法院执行,通知全体股东是为了便于全体股东了解该股权在何时、何地以何方式被转让。如果有股东愿意以股东以外的人所出的条件购买转让的股权,那么该股东有优先购买权。也就是说,该股东有权以公司以外的人所出的条件,首先购买该被转让的股权。实践中如果出现了两个以上的股东愿意首先购买该股权的情况,也可以比照本法第 71 条的规定,先由这些股东进行协商,确定谁购买多少股权,如果协商后无法达成一致意见,则以股权转让时他们各自的出资比例作为行使优先购买权的标准。

第七十三条 【股权转让后续手续】依照本法第七十一条、第七十二条转让股权后，公司应当注销原股东的出资证明书，向新股东签发出资证明书，并相应修改公司章程和股东名册中有关股东及其出资额的记载。对公司章程的该项修改不需再由股东会表决。

>> **条文注解**

协议转让或是强制转让股权后，股权转让人就丧失了该部分股权，受让人同时获得相应的股权，所以公司要注销原股东的股权凭证——出资证明书，发给新股东出资证明书，并在公司章程、股东名册中作出相应修改。当然依据本法第32条的规定，这些修改还要进行变更登记，以保证公示信息与事实相符，否则没有对抗第三人的效力。但是由于对外转让股权必然已经过其他股东的过半数同意等法定程序，而修改公司章程是转让的必然结果，没有必要再经过表决程序，这也是公司章程修改无须2/3以上表决权通过的唯一情况。

第七十四条 【异议股东收购请求权】有下列情形之一的，对股东会该项决议投反对票的股东可以请求公司按照合理的价格收购其股权：

（一）公司连续五年不向股东分配利润，而公司该五年连续盈利，并且符合本法规定的分配利润条件的；

（二）公司合并、分立、转让主要财产的；

（三）公司章程规定的营业期限届满或者章程规定的其他解散事由出现，股东会会议通过决议修改章程使公司存续的。

自股东会会议决议通过之日起六十日内，股东与公司不能达成股权收购协议的，股东可以自股东会会议决议通过之日起九十日内向人民法院提起诉讼。

>> **条文注解**

本条有以下几个方面值得关注：

第一，按照《公司法》的规定，股东在出现了法定情形下，产生回购请求权。回购请求权是由特定股东享有的民事权利，此特定股东即“对股东会该项决议投反对票的股东”。

第二，异议股东必须对下列决议投反对票：(1)公司连续5年不向股东分配利润，而公司该五年连续盈利，并且符合本法规定的分配利润条件的；(2)公司合并、分立、转让主要财产的；(3)公司章程规定的营业期限届满或者章程规定的其他解散事由出现，股东会会议通过决议修改章程使公司存续的。

第三，虽然异议股东在符合法律规定的条件下可以行使回购请求权，但是，异议股东行使该项权利必须要和公司达成相关的回购协议，协议的内容包括回购时间、回购方式、回购价格等方面。正如《公司法》规定的“请求公司按照合理的价格收购其股权”，合理的价格是需要协商的。

第四，对于协商不成，股东与公司不能达成股权收购协议的，股东可以提起诉讼。按照本条第2款的规定，自股东会会议决议通过之日起60日内，股东与公司不能达成股权收购协议的，股东可以自股东会会议决议通过之日起90日内向人民法院提起诉讼。其中，股东与公司不能达成协议的时间被限定在60日以内。从第60日起，股东还有30日的时间准备起诉。

第七十五条 【股东资格继承】自然人股东死亡后，其合法继承人可以继承股东资格；但是，公司章程另有规定的除外。

>> **条文注解**

继承了股东资格，便相应继承了股东权利，也要继承股东义务。按照本条的规定，自然人股东死亡后，只要公司章程没有排除规定，其合法继承人便可以继承股东资格。但是值得注意的是，继承人继承股东资格的，拥有的是完全股东权利，公司章程不得规定股东继承人在继承股东资格后，其股东资格相对于原股东受到限制。

第四章　股份有限公司的设立和组织机构

第一节　设　　立

第七十六条　【股份有限公司设立条件】设立股份有限公司，应当具备下列条件：

（一）发起人符合法定人数；

（二）有符合公司章程规定的全体发起人认购的股本总额或者募集的实收股本总额；

（三）股份发行、筹办事项符合法律规定；

（四）发起人制订公司章程，采用募集方式设立的经创立大会通过；

（五）有公司名称，建立符合股份有限公司要求的组织机构；

（六）有公司住所。

>> 条文注解

设立股份有限公司应当具备以下六个条件：

第一，发起人符合法定人数。股份有限公司的设立需要有初始的投资者作为发起人，依法筹办股份有限公司的设立事务。本法第79条规定，设立股份有限公司，应当有2人以上200人以下为发起人，其中须有半数以上的发起人在中国境内有住所。因此，设立股份有限公司，其发起人应当符合本法上述规定。

第二，有符合公司章程规定的全体发起人认购的股本总额或者募集的实收股本总额。2013年修订时，取消了股份有限公司不低于500万元的最低注册资本额。因而，设立股份有限公司，其登记的注册资本由公司章程规定。发起人需要认购公司章程所规定的股本总额，首次缴纳的出资，没有比例的限制，也由公司章程规定。

第三，股份发行、筹办事项符合法律规定。发起人为了设立股份有限公司而发行股份时以及进行其他的筹办事项时，都必须符合法律规定的条件和程序。比如，发起人向社会公开募集股份，必须公告招股说明书；发起人的出资方式应当符合本法规定；公开募集股份时，应当报国务院证券监督管理机构核准，并应当同依法设立的证券公司签订承销协议，通过证券公司承销其发行的股份，等等。

第四，发起人制订公司章程，采用募集方式设立的经创立大会通过。股份有限公司的章程是指记载公司组织和行为基本规则的文件，本条规定由发起人制订。同时，对于以募集设立方式设立的股份有限公司，除发起人外，还有其他认股人，因此，本条规定发起人制定的章程，还应当经有其他认股人参加的创立大会通过。

第五，有公司名称，建立符合股份有限公司要求的组织机构。公司名称是指本公司与其他公司、企业相区别的文字符号。公司名称代表了该公司，没有公司名称，该公司就无法参与经济活动，无法受到法律保护。因此，股份有限公司必须有公司名称，并应当在其名称中标明股份有限公司或者股份公司字样。建立符合股份有限公司要求的组织机构是指公司必须依照本法第四章第二节、第三节、第四节、第五节的有关规定，设立股东大会、董事会、经理、监事会等机构，并依法行使其职权。

第六，有公司住所。根据《民法总则》的规定，法人以它的主要办事机构所在地为住所。设立股份有限公司，应当确定公司主要办事机构的地点，以便于公司开展经营活动和有关部门对公司的监督。

第七十七条　【股份有限公司设立方式】股份有限公司的设立，可以采取发起设立或者募集设立的方式。

发起设立，是指由发起人认购公司应发行的全部股份而设立公司。

募集设立，是指由发起人认购公司应发行股份的一部分，其余股份向社会公开募集或者向特定对象募集而设立公司。

第七十八条 【设立发起人的限制】设立股份有限公司，应当有二人以上二百人以下为发起人，其中须有半数以上的发起人在中国境内有住所。

>> **条文注解**

根据本条规定，股份有限公司发起人的人数只能在2人至200人。但本条对于发起人的国籍及属性并未作出规定，根据“法无禁止即可为”的商事原则，中国自然人、中国企业法人（包括在中国境内设立的外商独资企业、中外合资经营企业、中外合作经营企业）、外国（含港澳台）自然人、外国（含港澳台）企业法人都可以作为发起人。另外，自然人作为发起人应具有完全民事行为能力，无民事行为能力或限制行为能力人不能作为发起人；企业法人也应处于合法经营状态，不能处于被吊销营业执照、责令关闭或者被撤销、解散、清算等非正常状态。此外，还需要注意的是，参与设立股份有限公司的发起人中还应有半数以上人数在我国境内（不含港澳台地区）有住所。

第七十九条 【发起人筹办公司的义务】股份有限公司发起人承担公司筹办事务。

发起人应当签订发起人协议，明确各自在公司设立过程中的权利和义务。

>> **条文注解**

本条第1款规定了发起人的法定职权，即股份有限公司发起人承担公司筹办事务，这既是发起人的权利，也是发起人的义务。就内部关系而言，发起人之间可以认为是一种合伙关系，为设立公司，发起人之间需要订立发起人协议，该种协议属于合伙协议性质。就发起人行为后果而言，如果公司成立，由发起人取得的权利和利益或者所发生的一切债务或义务可能由公司承继。但是，如果公司不能成立或者公司成立后不予认可，任何由发起人取得的权利和利益或者所发生的一切债务或义务均应由共同发起人共同享有或者承担。

本条第2款规定了发起人协议。发起人协议在发起人之间具有约束力，在公司设立过程中，各个发起人可能承担不同的义务，享有不同的权利，因而必须通过发起人协议明确规定，这既是发起人在设立公司过程中的职责依据，也是日后纠纷解决的基础。

第八十条 【股份有限公司注册资本】股份有限公司采取发起设立方式设立的，注册资本为在公司登记机关登记的全体发起人认购的股本总额。在发起人认购的股份缴足前，不得向他人募集股份。

股份有限公司采取募集方式设立的，注册资本为在公司登记机关登记的实收股本总额。

法律、行政法规以及国务院决定对股份有限公司注册资本实缴、注册资本最低限额另有规定的，从其规定。

>> **条文注解**

本条第1款规定采取发起设立方式设立股份有限公司的，以全体发起人认购的股本总额作为注册资本，这是由于2013年修订时对发起设立股份有限公司的注册资本缴纳制度作了修改，取消了最低注册资本额、首次实缴出资的比例、缴足的时间等，发起人的出资额、出资时间等均由公司章程规定，使发起设立股份有限公司的方式更为灵活、简便。此外，采取发起设立方式设立的股份有限公司也可以发行新股、募集股份，但前提条件为发起人认购的股份已缴足。

本条第2款规定采取募集设立方式设立股份有限公司的，以发起人及认股人实缴的股本总额作为注册资本。这是因为募集设立涉及发起人之外的投资人的利益，法律对此规定较为严格，不允许分期出资，必须一次性足额缴纳，因此募集设立的股份有限公司以发起人及认股人实缴的股本总额作为注册资本。

本条第3款规定如法律、行政法规以及国务院决定对股份有限公司注册资本实缴、注册资本最低限额另有规定的，按其规定执行。这明确了对股份有限公司注册资本实缴、注册资本最低限额作出规定的只能是法律、行政法规以及国务院决定，部门规章、地方性法规、规章以及政府规范性文件等都不能对此作出规定，否则应为无效。

第八十一条 【股份有限公司章程法定记载事项】股份有限公司章程应当载明下列事项：

（一）公司名称和住所；

（二）公司经营范围；

（三）公司设立方式；

（四）公司股份总数、每股金额和注册资本；

（五）发起人的姓名或者名称、认购的股份数、出资方式和出资时间；

（六）董事会的组成、职权和议事规则；

（七）公司法定代表人；

（八）监事会的组成、职权和议事规则；

（九）公司利润分配办法；

（十）公司的解散事由与清算办法；

（十一）公司的通知和公告办法；

（十二）股东大会会议认为需要规定的其他事项。

>> 条文注解

股份有限公司相较于有限责任公司复杂，再加上股份有限公司股份可以自由转让，因而公司章程也应当更加细致规范。除了与有限责任公司相同的部分外，还应该特别注意以下几个方面：第一，公司的设立方式，即公司是发起设立的，还是募集设立的。第二，公司股份总数、每股金额和注册资本。股份有限公司全部资本被划分为等值的股份，这是其与有限责任公司最明显的区别。而且在我国，股份有限公司的股票必须标明面值，因而每股的金额也是非常重要的。上述三项的关系是：每股金额×公司股份总数=注册资本。第三，公司利润分配办法。股份有限公司的股份可以自由转让，而股份转让的重要参考依据就是公司的利润分配办法。第四，公司的解散事由和清算办法。一般来说，股份有限公司的规模较大，因而公司的解散事由和清算办法为必要记载事项，以此避免日后的不确定性发生。第五，公司的通知和公告办法。股份有限公司的股东较多，而且相对分散，因此公司的通知和公告办法必须在公司章程中确定。

第八十二条 【发起人出资方式】发起人的出资方式，适用本法第二十七条的规定。

>> 条文注解

本条规定意味着股份有限公司发起人的出资方式和有限责任公司设立股东的出资方式相同：第一，按照我国《公司法》，股东可以采取多种方式出资，包括货币出资和非货币出资，非货币出资包括有形资产出资和无形资产出资，无形资产包括知识产权、土地使用权等。第二，除了上述出资方式，其他依法可以转让的非货币财产也可以作价出资，这里的“非货币资产”必须具有合法性、可转让性和可评估性。合法性是指依法可以成为财产；可转让性是指可以进行交易、转让；可评估性是指可以评估确定价值并以此作价。第三，法律、行政法规规定不得作为出资的财产除外，如股东不得以劳务、信用、自然人姓名、商誉、特许经营权或者设定担保的财产等作价出资。第四，法律要求对作为出资的非货币财产应当评估作价、核实财产，不得高估或者低估作价。法律、行政法规对评估作价有规定的，从其规定。第五，2013 年修订时，取消了发起人的出资方式中货币出资不得低于 30% 的规定。

第八十三条 【发起人出资义务、出资违约及设立登记申请】以发起设立方式设立股份有限公司的，发起人应当书面认足公司章程规定其认购的股份，并按照公司章程规定缴纳出资。以非货币财产出资的,应当依法办理其财产权的转移手续。

发起人不依照前款规定缴纳出资的,应当按照发起人协议承担违约责任。

发起人认足公司章程规定的出资后,应当选举董事会和监事会,由董事会向公司登记机关报送公司章程以及法律、行政法规规定的其他文件,申请设立登记。

>> **条文注解**

本条第1款和第2款规定了发起人对股份的认购义务。2013年修订时取消了发起人必须在缴纳出资后才能申请设立公司的规定。按照新的规定,发起人只需要书面认足公司章程规定其认购的股份即可。而发起人的实际缴纳出资的时间,则按照公司章程的规定。发起人在设立公司时通常首先会缔结以设立股份有限公司为目的的合同,即发起人协议,规定发起人在公司设立过程中的权利、义务以及相应的责任。依法缴纳公司章程中规定其认购的股份就是其中主要义务之一。如果不履行缴纳出资的义务,就是对此协议的违反,应该依发起人协议对其他发起人承担违约责任,赔偿其他发起人因此而受到的经济损失,具体方式包括追缴出资、赔偿损害和利息罚款。

本条第3款规定了发起人认足出资后的义务和申请设立登记的主体。发起人是公司的缔造者,如果公司成功设立,那么他们就是公司的初始股东,进行公司组织机构的建设是他们的职责所在。所以在认足公司章程规定的出资后,发起人应当选举产生董事会、监事会,并由董事会报送相关文件申请设立登记。

第八十四条 【对募集设立发起人认购股份的要求】以募集设立方式设立股份有限公司的,发起人认购的股份不得少于公司股份总数的百分之三十五;但是,法律、行政法规另有规定的,从其规定。

第八十五条 【募集股份公告和认股书内容】发起人向社会公开募集股份,必须公告招股说明书,并制作认股书。认股书应当载明本法第八十六条所列事项,由认股人填写认购股数、金额、住所,并签名、盖章。认股人按照所认购股数缴纳股款。

第八十六条 【招股说明书法定记载事项】招股说明书应当附有发起人制订的公司章程,并载明下列事项:

(一)发起人认购的股份数;

(二)每股的票面金额和发行价格;

(三)无记名股票的发行总数;

(四)募集资金的用途;

(五)认股人的权利、义务;

(六)本次募股的起止期限及逾期未募足时认股人可以撤回所认股份的说明。

第八十七条 【发起人向社会募集股份的方式】发起人向社会公开募集股份,应当由依法设立的证券公司承销,签订承销协议。

>> **条文注解**

向不特定的对象发行证券,构成《证券法》上的公开发行,依法应当由证券公司等证券中介机构承销。这种法律安排是对投资者一种保障。在证券承销前,发行人应当同证券公司签订承销协议。承销协议中应当载明如下事项:(1)当事人的名称、住所及法定代表人姓名;(2)代销、包销证券的种类、数量、金额及发行价格;(3)代销、包销的期限及起止日期;(4)代销、包销的付款方式及日期;(5)代销、包销的费用和结算办法;(6)违约责任;(7)国务院证券监督管理机构规定的其他事项。

证券承销业务采取代销或者包销方式。证券代销是指证券公司代发行人发售证券,在承销期结束时,将未售出的证券全部退还给发行人的承销方式。证券包销是指证券公司将发行人的证券按照协议全部购入或者在承销期结束时将售后剩余证券全部自行购入的承销方式。

第八十八条 【缴纳股款方式】发起人向社会公开募集股份，应当同银行签订代收股款协议。

代收股款的银行应当按照协议代收和保存股款，向缴纳股款的认股人出具收款单据，并负有向有关部门出具收款证明的义务。

第八十九条 【验资及召开创立大会】发行股份的股款缴足后，必须经依法设立的验资机构验资并出具证明。发起人应当自股款缴足之日起三十日内主持召开公司创立大会。创立大会由发起人、认股人组成。

发行的股份超过招股说明书规定的截止期限尚未募足的，或者发行股份的股款缴足后，发起人在三十日内未召开创立大会的，认股人可以按照所缴股款并加算银行同期存款利息，要求发起人返还。

>> 条文注解

创立大会，是指募集设立发起人在发行股份的股款缴足后，在法定期限内召开的，由全体发起人、认购人参加的，审议公司设立前及设立后的相关重大事项以及决定公司是否设立的会议。其地位与公司设立后的股东大会类似。认股人，是指认购募集设立发起人发行的股份并同意按认股书的约定缴纳股款的人。认股人在公司设立后将成为公司的股东。

认股人有权要求发起人返还认股款及相应银行同期存款利息的情形是：(1)发行的股份超过招股说明书规定的截止期限尚未募足的；(2)发行股份的股款缴足后，发起人在30日内未召开创立大会的。当然，在这两种情形中，要求退款是认股人的权利，其也可以不要求退款，而是要求发起人继续募集或召开创立大会。如系认股人的原因未能按期缴纳股款，则发起人有权进行催缴，如认股人于合理期限内仍未能缴纳股款的，视为其违约，发起人有权将该股份另行募集，并要求认股人承担赔偿责任。由于募集设立需在一定期限内完成，如认股人没有按照认股书的约定按期缴纳股款，发起人应可请求法院予以强制履行，但诉讼耗时较长，以此方式追缴股款显然不利于在短时间内完成股份的募集，因此，法律规定发起人可以另行募集兼顾了效率和公平原则。

第九十条 【创立大会的召集、职权和表决程序】发起人应当在创立大会召开十五日前将会议日期通知各认股人或者予以公告。创立大会应有代表股份总数过半数的发起人、认股人出席，方可举行。

创立大会行使下列职权：

（一）审议发起人关于公司筹办情况的报告；

（二）通过公司章程；

（三）选举董事会成员；

（四）选举监事会成员；

（五）对公司的设立费用进行审核；

（六）对发起人用于抵作股款的财产的作价进行审核；

（七）发生不可抗力或者经营条件发生重大变化直接影响公司设立的，可以作出不设立公司的决议。

创立大会对前款所列事项作出决议，必须经出席会议的认股人所持表决权过半数通过。

>> 条文注解

本条第1款是关于创立大会召集的规定：第一，根据前条规定，发起人应当自股款缴足之日起30日内主持召开公司创立大会。而本条规定发起人应当在创立大会召开15日前将会议日期通知各认股人或者予以公告。因此，发起人必须在股款缴足之日起15日内发出通知或是公告。第二,创立大会是公司设立中的决议机关,其职责之一是确认发起人行为的正当性,一旦该行为被认可则其所产生的权利、义务由成立后的公司承担。这涉及所有认股人的利益,必须有相当比例的认股人出席才有代表性,所以本款规定“应有代表股份总数的过半数认股人出席”,注意是以所有出资作为过半数的基数,而不是以股东人数。

本条第2款和第3款是关于创立大会职权的规定。按照本款规定,创立大会的职权除了确认发起人的行为包括审议公司筹办报告、通过章程、审核费用、财产作价外,还要选举公司两大机构,即董事会和监事会,在具备法定事由时还有权终结未完成的设立活动,作出不设立公司的决议。由于创立大会所决议的事项相当重大,法律要求出席会议的认股权人所持表决权过半数通过,注意不是所有认股权人的表决权。

第九十一条 【可以抽回股本的情形】发起人、认股人缴纳股款或者交付抵作股款的出资后,除未按期募足股份、发起人未按期召开创立大会或者创立大会决议不设立公司的情形外,不得抽回其股本。

第九十二条 【申请设立登记文件】董事会应于创立大会结束后三十日内,向公司登记机关报送下列文件,申请设立登记:

(一)公司登记申请书;

(二)创立大会的会议记录;

(三)公司章程;

(四)验资证明;

(五)法定代表人、董事、监事的任职文件及其身份证明;

(六)发起人的法人资格证明或者自然人身份证明;

(七)公司住所证明。

以募集方式设立股份有限公司公开发行股票的,还应当向公司登记机关报送国务院证券监督管理机构的核准文件。

>> 条文注解

与发起设立股份有限公司需提交的文件相比,具有以下不同:第一,募集设立申请登记应在创立大会结束后30日内提出,而发起设立则无此时间限制。另外,与发起人在股款缴足后30日内未召开创立大会,认股人有权要求返还股款及利息不同;如董事会未在创立大会结束后30日内提出设立登记申请,或拖延不提出设立登记申请应如何处理,法律未作出相应的规定。发起人、认股人在创立大会中应对此作出相应的规定并记载于会议记录。第二,募集设立需提交创立大会的会议记录,发起设立则无此要求。第三,募集设立需提交验资证明,发起设立则无此要求。

第九十三条 【发起人资本充实责任】股份有限公司成立后,发起人未按照公司章程的规定缴足出资的,应当补缴;其他发起人承担连带责任。

股份有限公司成立后,发现作为设立公司出资的非货币财产的实际价额显著低于公司章程所定价额的,应当由交付该出资的发起人补足其差额;其他发起人承担连带责任。

>> 条文注解

由发起人承担的资本充实责任,是指由公司发起人共同承担的相互担保出资义务的履行,确保公司实收资本按照章程的规定如期缴足的民事责任。确立发起人承担资本充实责任,一方面,因为在公司设立过程中,发起人享有其他认股人所不能享有的权利,如以非货币财产出资的权利等。本着权利义务相对等的原则,发起人应当承担比其他股东更重的责任。另一方面,通过发起人之间建立出资担保关系,保证公司资本到位,以保护公司债权人利益。

本条对发起人资本充实责任的规定是:第一,缴纳担保责任。即公司成立后,发起人未按照章程的规定缴足出资的,应当补缴;其他发起人承担连带责任。第二,差额填补责任。

即股份有限公司成立后，发现作为出资的非货币财产的实际价额显著低于公司章程所定价额的，应当由交付该出资的发起人补足其差额；其他发起人承担连带责任。根据本法规定，无论是以发起方式设立股份有限公司，还是以募集方式设立股份有限公司，公司发起人都可以非货币财产出资，因此本条规定适用于以这两种方式设立的股份有限公司的发起人。

第九十四条 【公司设立过程中发起人的责任】股份有限公司的发起人应当承担下列责任：

（一）公司不能成立时，对设立行为所产生的债务和费用负连带责任；

（二）公司不能成立时，对认股人已缴纳的股款，负返还股款并加算银行同期存款利息的连带责任；

（三）在公司设立过程中，由于发起人的过失致使公司利益受到损害的，应当对公司承担赔偿责任。

>> 条文注解

公司不能成立，是指发起人在筹办公司设立的各种事务之后，公司最终没有成立。公司不能成立的原因较多，如发起人未按期召开创立大会，创立大会决议不设立公司，因公司的设立不符合公司法规定的条件公司登记机关不予登记等。公司无论何种原因不能成立，发起人都应当承担法定责任。根据本条规定，发起人在公司不能成立时应当承担的法定责任是：

（1）对设立行为所产生的债务和费用负连带责任。“债务”，包括合同之债和侵权之债；“费用”，是指为设立公司支付的各项费用，比如租用房屋费用、购买办公用品费用、支付验资费用、承销股票费用等。这些债务和费用，本应当由成立后的公司负担，但由于设立失败，则由发起人承担。

（2）对认股人已缴纳的股款负返还股款并加算银行同期存款利息的连带责任。公司不能成立，发起人对认股人已缴纳的股款应当返还，并加算银行同期存款利息，作为对认股人的补偿。所谓连带责任，是指债权人以及认股人可以要求发起人中的任何一个人或者几个人予以清偿、返还，被要求的发起人不得拒绝。

（3）发起人在公司设立的过程中，应当尽职尽责，使公司能够顺利成立。由于在公司的设立过程中所产生的债权债务，将由成立以后的公司承担，所以，如果发起人未尽善良管理者的义务，就有可能使成立后的公司受到损害。根据民法的一般原理，行为人对自己主观上存在过错的行为应当承担民事责任。为此，本条规定，在公司设立过程中，由于发起人的过失致使公司利益受到损害的，应当对公司承担赔偿责任。与前述关于发起人承担连带责任的规定不同，本条第3项对发起人未规定连带责任，即只是有过失的发起人对公司承担赔偿责任。

第九十五条 【有限责任公司变更为股份有限公司的要求】有限责任公司变更为股份有限公司时，折合的实收股本总额不得高于公司净资产额。有限责任公司变更为股份有限公司，为增加资本公开发行股份时，应当依法办理。

>> 条文注解

有限责任公司的资产，在计入股份有限公司的股本时，应当减去其负债的部分，即计入股份有限公司股本的有限责任公司的资产，应当是有限责任公司的净资产，而不是其资产总额，有限责任公司的原股东所持有的出资总额，也就应当是由这些净资产折合而成的股份总额，而不应当是由有限责任公司的资产总额折合而成的股份总额。为此，本条规定，有限责任公司变更为股份有限公司时，折合的实收股本总额不得高于公司净资产额。

有限责任公司依法经批准变更为股份有限公司，为增加资本公开发行股份时，不得擅自公开发行，而应当依照本法及证券法有关公开发行股份的规定办理。具体说来主要有以下各项：（1）应当向国务院证券监督管理机构递交募股申请,并报送有关文件,由国务院证券监督管理机构核准;(2)应当依照证券法的规定聘请具有保荐资格的机构担任发行保荐人;(3)应当制作并公告招股说明书,招股说明书应当附有公司章程;(4)应当制作认股书;(5)应当与证券承销机构签订承销协议,同银行签订代收股款的协议;(6)必须经法定验资机构验资并出具证明等。

第九十六条 【重要资料的置备】股份有限公司应当将公司章程、股东名册、公司债券存根、股东大会会议记录、董事会会议记录、监事会会议记录、财务会计报告置备于本公司。

第九十七条 【股东的查阅权和建议、质询权】股东有权查阅公司章程、股东名册、公司债券存根、股东大会会议记录、董事会会议决议、监事会会议决议、财务会计报告,对公司的经营提出建议或者质询。

>> 条文注解

查阅权是股东的一项重要权利,是股东行使其他权利的基础,只有股东的查阅权得到充分保障,才能方便股东了解公司情况,参与股东大会的表决,监督公司的运营。结合本法有关规定,股东的查阅权包括以下六项:

(1)查阅公司章程。公司章程是股东通过股东大会制定的,明确公司的组织规范和股东、各机构以及董事、监事、高级管理人员的行为准则,保障股东权利的基本文件,各股东理当有权查阅。

(2)查阅股东名册。股东名册是指由公司置备的,记载股东个人信息和所缴纳出资额等事项的法定簿册。是公司确认股东身份,允许其行使股东权利的凭证。根据本法规定,公司发行记名股票的,应当置备股东名册,并记载股东的姓名或者名称及住所、各股东所持股份数、各股东所持股票的编号、各股东取得股份的日期。

(3)查阅公司债券存根。公司债券存根是记载债券持有人的情况(如持有人的姓名或者名称及住所,持有人取得债券的日期及债券的编号)和债券发行有关事项(如债券总额、利率、偿还期限和方式、发行日期及债券的编号)的簿记。本法规定,公司发行公司债券应当置备公司债券存根簿。本法还对发行记名和无记名公司债券其存根簿应当记载的内容作了规定。

(4)查阅股东大会会议记录。股东大会会议记录是指股东大会对所议事项及结果作成的会议记录。该会议记录应有主持人及出席会议董事的签名。作为公司的成员,股东有权参加股东大会会议,也有权通过股东大会会议记录来了解股东大会会议的举行、决议情况,检查股东大会的决议是否违反法律、行政法规、公司章程的规定,是否侵害股东的合法权益。

(5)查阅董事会、监事会会议记录。董事会会议记录是指董事会对所议事项及结果作成的会议记录。该会议记录应有出席会议董事的签名。监事会会议记录,是指监事会对所议事项及结果作成的会议记录。该会议记录应有出席会议监事的签名。公司董事会、监事会由股东会选举的成员组成,其对公司经营管理和监督的重要事项所作的决议,对公司的运营有重大影响,应当对公司股东公开,允许股东查阅。这一方面有利于股东了解公司的经营管理状况,另一方面有利于股东对董事、监事的监督。

(6)查阅财务会计报告。财务会计报告是指企业对外提供的反映企业某一特定日期财务状况和某一会计期间经营成果、现金流量的文件。财务会计报告分为年度、半年度、季度和月度财务会计报告。年度、半年度财务会计报告应当包括:会计报表、会计报表附注、财务情况说明书。会计报表应当包括资产负债表、利润表、现金流量表及相关附表。季度、月度财务会计报告通常仅指会计报表,会计报表至少应当包括资产负债表和利润表。财务会计报告是反映公司一年中的财务状况和经营状况最重要的文件,公司股东有权通过查阅公司财务会计报告了解公司资产运用、经营成果、盈余分配情况。

第二节　股东大会

第九十八条　【股东大会组成与地位】股份有限公司股东大会由全体股东组成。股东大会是公司的权力机构,依照本法行使职权。

>> 条文注解

公司虽为独立享有权利和承担义务的法律主体,但其行为必须依赖自然人的意思表示和行动,这些自然人或者自然人的集合构成公司的组织机构。股份有限公司通常股东人数较多,为保持公司运作效率,不可能使每一股东均参与公司经营,且股东仅以所持股份为限对公司债务承担有限责任,也并非都有直接参与公司经营的积极性。因此,采取所有权与经营权分离的方式,由董事会作为公司业务的经营决策机构,负责公司的经营管理。虽然股份有限公司股东不直接参与公司的经营管理,但仍有必要通过一定的机制行使其作为出资人的权力。这种机制的现实选择和法律上的安排就是由全体股东组成公司的权力机关——股东大会集合股东的意志,决定公司重大事项。

第九十九条　【股东大会职权】本法第三十七条第一款关于有限责任公司股东会职权的规定,适用于股份有限公司股东大会。

>> 条文注解

股东大会的职权归纳起来有以下五项:

(1)投资经营决定权。这是指股东大会有权对公司的投资计划和经营方针作出决定。公司的投资计划和经营方针是公司经营的目标方向和资金运用的长期计划,这样的计划和方针是否可行,是否能给公司和股东带来赢利,影响股东的收益预期,决定公司的命运与未来,是公司的重大问题,应由股东大会作出决定。

(2)人事任免权。公司的董事、监事是公司的经营管理者和监督者,对公司的经营状况起着决定性作用,其选举、更换和报酬,应当由股东大会决定。对由职工代表担任的董事、监事,根据法律规定,由公司职工通过职工代表大会、职工大会或者其他形式民主选举产生,股东大会没有选任、更换权。

(3)批准权。一是审批董事会、监事会工作报告。董事会、监事会是公司的经营管理机构和监督机构,由股东大会选举产生的董事、监事组成,并对股东大会负责。因此,法律要求董事会、监事会向股东大会作出报告,并由股东大会进行审议,提出意见,作出是否批准的决定。二是审议批准公司的年度财务预算方案、决算方案。公司的年度预算方案、决算方案是体现公司经营方针,反映公司经营活动及经营成果的重要文件,事关股东的基本利益,因此需要经过股东大会审议批准。三是审议批准公司的利润分配方案和弥补亏损方案。公司的利润分配方案和弥补亏损方案,关系到公司的经营成果的分配是否合理,各股东是否能够公平地取得收益,事关股东的根本利益,应当由股东大会审议批准。四是对公司增加或者减少注册资本作出决议。公司注册资本的增加与减少,涉及公司股东权益的扩大与缩减,这种变动应当由股东大会作出决议。五是对发行公司债券作出决议。发行公司债券会对公司的财务和经营产生较大影响,应由股东大会作出决议。六是对公司合并、分立、解散、清算和变更公司形式作出决议。这些事项直接涉及公司资本的重新组合甚至公司的终止、公司最终债权、债务的清理和财产的分配,与股东权益有重大关系,应当由股东大会作出决议。

(4)章程修改权。公司章程是公司的"宪法",确定公司的组织规范和股东、各机构以及董事、监事、高级管理人员的行为准则，由公司股东大会在公司设立时制定，也应由公司股东大会修改。

(5)公司章程规定的其他职权。股东大会除具有法律规定的职权外，公司的出资人——股东还可以从公司实际出发，在不违背法律强制性规定的情况下，通过章程为股东大会规定必要的职权，如规定由股东大会决定承办公司审计业务的会计师事务所的聘任或者解聘等。

第一百条 【股东大会与临时大会的召开】 股东大会应当每年召开一次年会。有下列情形之一的，应当在两个月内召开临时股东大会：

（一）董事人数不足本法规定人数或者公司章程所定人数的三分之二时；

（二）公司未弥补的亏损达实收股本总额三分之一时；

（三）单独或者合计持有公司百分之十以上股份的股东请求时；

（四）董事会认为必要时；

（五）监事会提议召开时；

（六）公司章程规定的其他情形。

>> 条文注解

一般来说，股东大会主要审议的事项有：公司经营方针和投资计划；非由职工代表担任的董事、监事的选举和更换，董事、监事的报酬事项；董事会的报告；监事会或者监事的报告；公司的年度财务预算方案、决算方案；公司的利润分配方案和弥补亏损方案。

临时股东大会除了因董事会人数不足、公司亏损、大股东提议、监事会提议等法定事项而召开之外，其他一般是为了对董事会制订的方案进行表决而召开，上市公司更是如此。具体来说主要包括以下几个方面：第一，本法第16条规定，公司为公司股东或者实际控制人提供担保的，必须经股东大会决议。第二，本法第121条规定，上市公司在一年内购买、出售重大资产或者担保金额超过公司资产总额30%的，应当由股东大会作出决议。第三，本法第142条规定，股份有限公司因减少公司注册资本、与持有本公司股份的其他公司合并或拟将股份奖励给本公司职工需要收购本公司股份的，应当经股东大会决议。第四，本法第148条规定，董事、高级管理人员如欲与本公司订立合同、进行交易、利用公司的商业机会、自营或者为他人经营与所任职公司同类业务的，必须经股东大会同意。第五，本法第133条和《证券法》第14、15、52条等规定，公司公开发行新股、改变招股说明书所列资金用途、申请股票上市等事项的决定，也是股东大会的法定职权。

第一百零一条 【股东大会的召集和主持】 股东大会会议由董事会召集，董事长主持；董事长不能履行职务或者不履行职务的，由副董事长主持；副董事长不能履行职务或者不履行职务的，由半数以上董事共同推举一名董事主持。

董事会不能履行或者不履行召集股东大会会议职责的，监事会应当及时召集和主持；监事会不召集和主持的，连续九十日以上单独或者合计持有公司百分之十以上股份的股东可以自行召集和主持。

>> 条文注解

1. 股东大会的召集人

(1)董事会。董事会是由股东选举产生的董事组成的公司经营决策机构，最了解公司的情况，是股东大会会议最适合的召集人，除特殊情况外，董事会为股东大会会议的法定召集人。同时，董事对公司负有注意及忠实义务，应当根据法律和章程的规定，通过董事会决议及时召集股东大会会议。对于股东大会年会，董事会应当在章程规定的时间、按照本法规定的程序召集。在出现本法第100条规定的情形，应当召开临时股东大会时，董事会应当及时召集，并保证在2个月内召开。

(2)监事会。监事会在以下两种情形下可

以召集股东大会:一是在章程规定的期限内董事会不履行召集股东大会年会的义务时;二是在出现本法第一百条规定的情形,董事会在2个月内未召开股东大会时。

(3)符合条件的股东。股东是公司的出资者和公司财产的最终所有者,在股东大会会议不能正常召开的情况下,应当赋予股东召集股东大会会议的权力以维护其合法权益。同时,由于股份有限公司股东人数较多、股权分散,如果赋予每一股东此项权力而不给予必要的限制,可能影响公司的正常经营,甚至导致公司组织机构和运营的混乱。因此,本条对股东召集股东大会会议的权力作了以下限制:一是持股数额的限制,必须单独或者合计持有公司10%以上股份;二是持股时间的限制,必须连续持股90日以上;三是程序限制,必须是在出现应当召开股东大会的情形,而董事会、监事会均不履行其召集股东大会会议的义务时,上述股东才能自行召集。

2. 股东大会的主持人

(1)在股东大会会议由董事会召集时,董事长为主持人;董事长不能履行职务或者不履行职务的,由副董事长主持;副董事长不能履行职务或者不履行职务的,由半数以上董事共同推举一名董事主持。

(2)在监事会召集股东大会会议时,监事会为主持人。

(3)在连续90日以上单独或者合计持有公司10%以上股份的股东自行召集股东大会会议时,召集会议的股东为主持人;股东为数人时,该数人为共同主持人或者推举其中一人履行主持人职责。

第一百零二条 【股东大会的通知期限、临时议案和股票交存制度】召开股东大会会议,应当将会议召开的时间、地点和审议的事项于会议召开二十日前通知各股东;临时股东大会应当于会议召开十五日前通知各股东;发行无记名股票的,应当于会议召开三十日前公告会议召开的时间、地点和审议事项。

单独或者合计持有公司百分之三以上股份的股东,可以在股东大会召开十日前提出临时提案并书面提交董事会;董事会应当在收到提案后二日内通知其他股东,并将该临时提案提交股东大会审议。临时提案的内容应当属于股东大会职权范围,并有明确议题和具体决议事项。

股东大会不得对前两款通知中未列明的事项作出决议。

无记名股票持有人出席股东大会会议的,应当于会议召开五日前至股东大会闭会时将股票交存于公司。

>> **条文注解**

依照法定期限和程序通知股东参加会议,是股东大会会议召集人的义务。根据本条规定,股东大会会议的通知分为三种情形:一是召开股东大会年会或者章程规定的定期会议,且公司发行的股票全部为记名股票时,由于股东人数有限,召开股东大会会议的通知不须公告,通知的时间为会议召开20日前,通知的内容包括会议召开的时间、地点和审议的事项。二是召开临时股东大会时,通知的期限要短于召开股东大会年会和定期会议的时间,为会议召开15日前。三是公司发行无记名股票的,无论是召开股东大会年会、定期会议,还是召开临时股东大会,均应以公告方式进行通知,公告的时间为会议召开30日前。

股东的提案权,是指符合条件的股东依照法定程序提出提案作为股东大会会议审议事项的权利。根据本条规定,提出提案的股东应当单独或者合计持有公司3%以上股份,提出提案的时间为股东大会会议召开10日前,提案的内容应当属于股东大会职权范围,并有明确议题和具体决议事项。不符合条件和程序的提案,公司董事会有权不提交股东大会审议。对于符合条件和程序的提案,董事会应当在收到提案后2日内通知其他股东,并将该提案提交股东大会会议审议。

股东大会的审议事项必须是股东大会会议的召集人在通知中列明的事项，既包括召集人主动在通知中列明的事项，也包括根据法定程序在通知中列明的提案人的提案。通知中未列明的事项，股东大会会议不得对其作出决议。会议审议的事项应当事先列明，便于股东事先做好准备。

股票是股份持有人的权利凭证。无记名股票，是指票面上不记载持有人姓名或名称的股票。由于无记名股票谁持有谁所有，谁就享有该股票上的权利。因此，为了确定哪些股东有权出席股东大会会议并在会议上行使表决权，无记名股票的持有人应当在股东大会会议召开5日前至闭会时将股票交存于公司。无记名股票持有人按照规定交存股票，是其出席股东大会意愿的表示，也是其出席股东大会的必要条件，不交存的不得出席，在股东大会上无表决权。

第一百零三条 【股东大会议事规则】股东出席股东大会会议，所持每一股份有一表决权。但是，公司持有的本公司股份没有表决权。

股东大会作出决议，必须经出席会议的股东所持表决权过半数通过。但是，股东大会作出修改公司章程、增加或者减少注册资本的决议，以及公司合并、分立、解散或者变更公司形式的决议，必须经出席会议的股东所持表决权的三分之二以上通过。

>> 条文注解

股份有限公司由股东投入的划分为等额股份的资本构成，并以股东所持股份数来计算表决权，因此股东投资多，所持股份多，享有的权利也就多。除特殊情况，如公司章程对优先股表决权有限制外，股份有限公司同股同权，股东所持每一股份有一表决权。公司在特定情况下可以依法取得自己的股份，但是由于其为独立法人，其股东应为独立的第三人，否则公司与其股东之间人格难以区分。故公司虽可依法持有自己的股份，但不能依所持股份享有表决权。

股份有限公司股东大会的决议方式基本与有限责任公司股东会的一致，即对一般事项的决议简单多数（过半数）通过即可。对于修改公司章程、增减资本等重大事项的决议，必须有2/3以上通过。但要注意二者的基准不同，这里是“出席会议的股东”所持表决权的过半数、2/3以上，而有限责任公司则是“所有股东”所持表决权的过半数、2/3以上。

第一百零四条 【股东大会的法定召集及表决事项】本法和公司章程规定公司转让、受让重大资产或者对外提供担保等事项必须经股东大会作出决议的，董事会应当及时召集股东大会会议，由股东大会就上述事项进行表决。

>> 条文注解

本法明确要求上市公司购买、出售重大资产或者担保金额超过规定数额的，由股东大会作出决议，本条作了相应的衔接性规定，要求公司董事会及时召集股东大会会议，对上述事项作出决议。同时考虑到转让或受让重大资产、对外提供担保对公司的重大影响，设置了任意性条款，即如果公司章程要求这些事项由股东大会作出决议，则公司董事会应当及时召集股东大会会议，对此事项进行表决作出决议。

本法对应由股东大会作出决议的重大资产处置事项及其表决方法作了严格的限制。根据本法第121条规定，上市公司应由股东大会作出决议的资产处置事项，特指上市公司在1年内购买、出售重大资产或者担保金额超过公司资产总额30%的情形，其决议适用股东大会特别决议的表决方法，即须由出席会议的股东所持表决权的2/3以上通过。对于章程规定的应由股东大会作出决议的重大资产处置的数额及该事项的表决方法，本法未作规定，公司章程可作具体规定；公司章程对其表决方法也未作规定的，适应股东大会一般决议的表决方法，即应由出席会议的股东所持表决权的过半数通过。

对于本法和公司章程规定应由股东大会决议的重大资产处置事项，董事会未及时召集股东大会，董事会成员因此违反了法律或章程规定，违反了董事义务，给公司造成损失的，应依法承担赔偿责任。

第一百零五条 【累积投票制】股东大会选举董事、监事，可以依照公司章程的规定或者股东大会的决议，实行累积投票制。

本法所称累积投票制，是指股东大会选举董事或者监事时，每一股份拥有与应选董事或者监事人数相同的表决权，股东拥有的表决权可以集中使用。

>> 条文注解

股份有限公司股东的表决权以“每一股份有一表决权”为原则，在选举董事、监事时也是如此。但为防止处于控制地位的股东凭其优势把持董事、监事的选举，致使持股分散的中小股东提名的董事、监事丧失当选机会，本法引入累积投票制，即选举董事或者监事时，每一股份拥有与应选董事或者监事人数相同的表决权，即应选几个董事或者监事，每一股就有多少表决权，股东的可以集中表决权向其中一名候选人投票，增加其当选机会，也可以分配给数名候选人，以得票多者当选。应注意，累积投票制并非当然适用，只有公司章程有明确规定或者股东大会有明确决议时才适用。

在累积投票中，确定选举出一名董事所需的股份数的基本公式是：S/(D+1)+1。其中，S等于进行表决的股份总数，D等于待选董事人数。选出N名董事所需股份数的公式是：N×S/(D+1)+1。

举一个例子：一股东甲拥有100股表决股份，而其他股东总计拥有270票。在选举中，需要选出3名董事，他可以向每位候选人投出100票。但是，根据累积投票方式，他可以将全部300票投给某一位候选人或者分别投给若干候选人。这样一来，累积投票使少数股东能够在特定情况下选出一名或者数名董事。例如，股东甲将全部300票投给他自己，除非另外3名候选人每人获得了301票或者超过了301票才能当选。换个角度来看，如果其他股东拥有股份总计270股，他们不能阻止他当选。因为其他股东总计只可以投出810票(3×270)，但这不足以使3名候选人中的每一位候选人获得301票。他们可以分别投给两位候选人各301票，但只有208票剩余票数投给第三位候选人，所以其他股东不能阻止股东甲作为第三名董事当选。

第一百零六条 【股东表决权的代理行使】股东可以委托代理人出席股东大会会议，代理人应当向公司提交股东授权委托书，并在授权范围内行使表决权。

>> 条文注解

股东委托代理人出席股东大会会议的，应当向代理人出具书面授权委托书，授权委托书上应当载明委托人和代理人的姓名，所参加的股东大会的名称，参加表决的事项，并由委托人在委托书上签名、盖章。书面授权委托书应当由代理人在出席股东大会会议时向公司提交。除书面委托书外，其他委托方式，如口头委托、电话委托都无效。

股东的委托代理人应当在授权委托书载明的授权范围内以股东的名义行使表决权，对所授权的事项以股东名义表示同意或者不同意。代理人超出股东的授权范围行使表决权的，则该行为无效，公司应拒绝其超出授权范围的投票或者将其投票作为废票处理。代理人违背委托的意思投票，但未超出授权范围的，该投票对公司有效，由此给委托人造成损失的，委托人可以要求代理人承担赔偿责任。

第一百零七条　【股东大会的会议记录】股东大会应当对所议事项的决定作成会议记录，主持人、出席会议的董事应当在会议记录上签名。会议记录应当与出席股东的签名册及代理出席的委托书一并保存。

>> 条文注解

股东大会在举行会议时，会议的召集人和主持人应当安排人员，记录会议的举行情况，包括会议举行的时间、地点、召集人、主持人、出席会议的股东及其持有的表决权数、会议的主要内容等。股东大会作出决议的，应当对所决议的事项、出席会议的股东数及其持股情况，表示同意、弃权、反对的股东所持的表决权情况、决议结果等做成股东大会会议记录。

第三节　董事会、经理

第一百零八条　【董事会设立及其职权】股份有限公司设董事会，其成员为五人至十九人。

董事会成员中可以有公司职工代表。董事会中的职工代表由公司职工通过职工代表大会、职工大会或者其他形式民主选举产生。

本法第四十五条关于有限责任公司董事任期的规定，适用于股份有限公司董事。

本法第四十六条关于有限责任公司董事会职权的规定，适用于股份有限公司董事会。

>> 条文注解

董事任期，是指担任董事职务的时间限制。根据本条规定，股份有限公司董事任期适用有限责任公司董事任期的规定，即董事任期由公司章程规定，但每届任期不得超过 3 年。董事任期届满，连选可以连任。董事任期届满未及时改选，或者董事在任期内辞职导致董事会成员低于法定人数的，在改选出的董事就任前，原董事仍应当依照法律、行政法规和公司章程的规定，履行董事的职务。由此可以看出，股份有限公司董事每届法定任期最高年限为 3 年，公司章程可以规定短于 3 年的任期。董事任期届满，可以连选连任，可以连任的届数，本法未做规定，公司也可以根据本公司的情况，在章程中确定。董事任期届满或者辞职，其职责自动终止。但在出现董事任期届满未及时改选，或者董事在任期内辞职导致董事会成员低于法定人数的情形时，如果董事职责自动终止，则董事会将因董事缺额而无法履行职权，影响公司的正常运营，因此本条要求在改选出的董事就任前，原董事仍应当依照法律、行政法规和公司章程的规定，履行董事的职务。

具体而言，董事会的职权包括：

（1）负责召集股东大会会议，并向股东大会报告工作，执行股东会的决议。董事会的这些职权，体现了董事会与股东大会的实质关系。董事会作为公司的经营决策机构，对公司的权力机构——股东大会负责，有权召集股东大会，并向股东会报告工作，执行股东大会的决议。这既是董事会的职权，也是其法定职责。

（2）决定公司的经营计划和投资方案。在股东大会决定了公司的经营方针和投资计划后，董事会据此决定公司的经营计划和投资方案，并组织实施，是董事会经营决策权最重要的体现。

（3）制订有关股东大会决议的重大事项的方案，包括年度财务预算方案、决算方案、利润分配方案和弥补亏损方案，增加或者减少注册资本以及发行公司债券的方案，公司合并、分立、变更公司形式、解散的方案。对于这些事项，股东大会具有最终决定权，但公司董事会可以通过制订方案，并提交股东大会审议、表决，来施加影响，参与公司重大事项的决策。

（4）决定公司内部管理机构、基本管理制度和重要管理人员，包括决定公司内部管理机构的设置,聘任或者解聘公司经理,根据经理的提名,聘任或者解聘公司副经理、财务负责人,决定其报酬事项,制定公司的基本管理制度。这些职权也是董事会经营决策权的重要体现,是董事会执行股东大会决议、实施公司经营计划和投资方案,保障公司良好运行的基础。

(5)公司章程规定的其他职权。公司股东可以根据公司的具体情况,通过公司章程授权董事会其他职权,如规定由董事会决定承办公司审计业务的会计师事务所的聘任或者解聘等。

第一百零九条 【董事会组成】董事会设董事长一人,可以设副董事长。董事长和副董事长由董事会以全体董事的过半数选举产生。

董事长召集和主持董事会会议,检查董事会决议的实施情况。副董事长协助董事长工作,董事长不能履行职务或者不履行职务的,由副董事长履行职务;副董事长不能履行职务或者不履行职务的,由半数以上董事共同推举一名董事履行职务。

>> 条文注解

董事长的职权包括:按照本法和公司章程的规定,召集并主持董事会会议,保障董事会的正常运作;检查董事会决议的实施情况,保障董事会决议的实施效果。副董事长的职责是协助董事长工作,即辅助、配合董事长的日常工作。当董事长不能履行职务或者不履行职务时,由副董事长履行其职务。同时,针对实践中出现的董事长、副董事长因各种原因都不履行召集董事会会议的职责,公司董事会会议无法召开,公司陷入僵局的情况,由半数以上董事共同推举1名董事履行董事长职务。

第一百一十条 【董事会会议召开】董事会每年度至少召开两次会议,每次会议应当于会议召开十日前通知全体董事和监事。

代表十分之一以上表决权的股东、三分之一以上董事或者监事会,可以提议召开董事会临时会议。董事长应当自接到提议后十日内,召集和主持董事会会议。

董事会召开临时会议,可以另定召集董事会的通知方式和通知时限。

>> 条文注解

对于有些公司,只按照本法和公司章程的规定召开定期会议是不能满足董事会经营决策的需要的,在公司出现一些特殊情况时,有必要召开董事会临时会议。董事会临时会议的提议权人为代表1/10以上表决权的股东、1/3以上董事或者监事会。代表1/10以上表决权的股东在股东大会上拥有相当的表决权,应当考虑其利益;1/3以上董事提议,表明董事会成员中要求召开会议的意愿比较强烈;监事会提议召开董事会会议,是监事会履行对董事会及其成员监督之责的具体体现。因此,上述提议权人提议召开董事会临时会议的,董事长应当自接到提议后10日内,召集和主持董事会会议。由于每个公司的情况不同,本条还授权公司可以另定召集董事会临时会议的通知方式和通知时限,公司可以通过章程、股东大会决议或者董事会决议对上述事项作出规定。

第一百一十一条 【董事会议事规则】董事会会议应有过半数的董事出席方可举行。董事会作出决议,必须经全体董事的过半数通过。

董事会决议的表决,实行一人一票。

第一百一十二条 【董事会的出席与代理出席、会议记录与责任承担】董事会会议,应由董事本人出席;董事因故不能出席,可以书面委托其他董事代为出席,委托书中应载明授权范围。

董事会应当对会议所议事项的决定

作成会议记录，出席会议的董事应当在会议记录上签名。

董事应当对董事会的决议承担责任。董事会的决议违反法律、行政法规或者公司章程、股东大会决议，致使公司遭受严重损失的，参与决议的董事对公司负赔偿责任。但经证明在表决时曾表明异议并记载于会议记录的，该董事可以免除责任。

>> 条文注解

股份有限公司的董事是受到股东的信任，被委托组成董事会经营管理公司的。董事会会议，应由董事本人出席，谨慎、勤勉地履行对公司的义务，不负股东的信任。当然，当董事由于健康原因、时间不便等原因不能亲自出席董事会会议时，为了保证其权力的行使，可以委托代理人出席董事会会议。由于董事会审议决定的是公司的重大决策事项，可能涉及公司的商业秘密，董事委托的代理人应为其他董事，不能委托董事以外的人员代为出席董事会会议。董事委托其他董事代为出席股东大会，应当向代理人出具书面授权委托书，授权委托书上应当载明当事人的姓名、授权范围等，并由委托人在委托书上签名。除书面委托书外，其他委托方式，如口头委托、电话委托等无效。董事的代理人应当在授权委托书所载明的授权范围内行使表决权。代理人超出董事的授权范围行使表决权的，该行为无效。

董事会会议记录是记明董事会会议对决议事项作出决定的书面文件。董事会在举行会议时，会议的召集人和主持人应当安排人员记录会议的举行情况，包括会议举行的时间、地点、召集人、主持人、出席人、会议的主要内容等。董事会作出决议的，应当对所决议的事项、出席会议董事及表决情况、决议结果等做成董事会会议记录。董事会会议记录应当由出席会议的董事签名，以保证董事会会议记录及董事会决议的真实性和效力。

董事会决议由董事集体作出，董事也就应当对董事会决议承担责任。但董事对董事会决议承担责任，并不意味着董事无论有无过错，董事会决议是否给公司造成损失，每一位董事均应对公司承担责任。只有董事会的决议违反法律、行政法规或者公司章程、股东大会决议，致使公司遭受严重损失的，参与决议的董事方对公司负赔偿责任。此外，经证明在表决时曾表明异议并记载于会议记录的董事也可以免除责任。也就是说，只有当董事未尽忠实或注意义务，致使董事会决议违反法律、行政法规或者公司章程、股东大会决议，存在主观上的过失，其过失致使公司遭受损失时，才对公司负赔偿责任。如果董事主张免除责任，则应当证明自己无过错，即在表决时曾对决议表明异议并记载于董事会会议记录。

第一百一十三条　【经理职权】股份有限公司设经理，由董事会决定聘任或者解聘。

本法第四十九条关于有限责任公司经理职权的规定，适用于股份有限公司经理。

第一百一十四条　【董事会成员兼任经理】公司董事会可以决定由董事会成员兼任经理。

>> 条文注解

经理，是指在授权范围内，协助董事会管理公司事务的人。从一些国家和地区的公司法律制度看，经理具有以下特征：(1)经理通常不是公司的法定机关，即公司可以设置经理，也可以不设置经理。(2)股份公司的经理通常由董事会决定聘任。(3)经理在授权范围内对外代表公司，并享有管理公司事务的广泛权力。(4)公司章程、董事会或者公司与经理的契约可以对经理的权限予以限制。(5)对经理权力的限制，不得对抗善意第三人。在我国的公司实践中，通常所有股份有限公司均设置经理作为董事会的执行辅助机关，由董事会决定聘任或解聘,经理对董事会负责,向董事会报告工作,接受董事会的监督。

股份有限公司经理的职权主要是:(1)日常经营管理活动的组织实施,包括主持公司的生产经营管理工作,组织实施董事会决议;组织实施公司年度经营计划和投资方案。(2)决定或者参与决定公司内部机构设置、人员配备和规章制度的制定,包括拟订公司内部管理机构设置方案;拟订公司的基本管理制度;制定公司的具体规章;提请聘任或者解聘公司副经理、财务负责人;聘任或者解聘除应由董事会聘任或者解聘以外的负责管理人员。(3)列席董事会会议。(4)董事会可以根据需要授予经理公司经营管理方面的其他职权。本条在允许董事会授予经理其他职权的同时,也允许公司章程对经理的职权作出不同于法律的规定,甚至可以削减经理的职权。

第一百一十五条 【禁止向高级职员提供借款】公司不得直接或者通过子公司向董事、监事、高级管理人员提供借款。

>> 条文注解

本条规定了公司不得直接向董事、监事和其他高级管理人员提供借款,也不得通过子公司向上述人员提供借款。这是强制性规定,即便是股东大会或是董事会作出决议也不可以推翻。如果董事会、股东大会作出这样的决议,将构成违反法律而无效。公司因此遭受损失的,获得借款的董事、监事、高级管理人员以及对向董事、监事、高级管理人员提供借款负有责任的董事、高级管理人员应当依法承担赔偿责任。

第一百一十六条 【高级职员报酬披露制度】公司应当定期向股东披露董事、监事、高级管理人员从公司获得报酬的情况。

>> 条文注解

董事、监事、高级管理人员的报酬,是指董事、监事、高级管理人员从公司获得的薪金、奖金及各种福利。董事、监事、高级管理人员因股东大会的选任或者董事会决定聘任而在公司中担任一定的职务,履行相应的职责,理应从公司获取必要的报酬。同时,董事、监事、高级管理人员从公司取得的报酬,应当与其职责和对公司业绩贡献的大小等相适应。

本条未明确公司向股东披露董事、监事、高级管理人员报酬情况的期限及披露方式,可由公司章程或股东大会决议规定。通常情况下,董事、监事、高级管理人员报酬的披露以1年1次为宜,公司可采取直接向股东告知、在媒体上公告或者由董事会在股东大会上报告等方式向股东进行披露。上市公司则必须公告。

第四节 监 事 会

第一百一十七条 【监事会设立与组成】股份有限公司设监事会,其成员不得少于三人。

监事会应当包括股东代表和适当比例的公司职工代表,其中职工代表的比例不得低于三分之一,具体比例由公司章程规定。监事会中的职工代表由公司职工通过职工代表大会、职工大会或者其他形式民主选举产生。

监事会设主席一人,可以设副主席。监事会主席和副主席由全体监事过半数选举产生。监事会主席召集和主持监事会会议;监事会主席不能履行职务或者不履行职务的,由监事会副主席召集和主持监事会会议;监事会副主席不能履行职务或者不履行职务的,由半数以上监事共同推举一名监事召集和主持监事会会议。

董事、高级管理人员不得兼任监事。

本法第五十二条关于有限责任公司监事任期的规定,适用于股份有限公司监事。

>> **条文注解**

股份有限公司采取所有权与经营权相分离的方式，由全体股东组成股东大会作为公司的权力机构，集体决定公司重大事项，由股东大会选任董事组成董事会作为公司经营决策机构，负责公司的经营管理。同时，根据权力制衡原则，选任监事组成监事会或采取其他方式组成公司监督机构，对公司董事、高级管理人员及公司经营活动实施监督，以维护公司和股东权益。我国公司监督机构采取监事会制度，要求股份有限公司必须设置监事会，集体行使监督权；监事会成员不得少于3人，公司章程可以规定具体人数，但通常应为单数，以避免在监事会会议表决时出现赞成和反对人数各半的情况。

监事会由两部分人员组成：一部分是股东代表，即由股东通过股东大会选出的代表；另一部分是职工代表，职工代表由公司职工通过职工代表大会、职工大会或者其他形式民主选举产生。为了更好地维护公司职工的权益，加强职工对公司及公司董事、高级管理人员的监督，本法要求职工代表的比例不得低于1/3，公司章程还可以规定更高的比例。

公司的董事以及经理、副经理、财务负责人等高级管理人员是监事会监督的对象，如果同时兼任监事，将导致监事会起不到监督作用，对此应予禁止。

根据本条第5款和本法第52条的规定，监事的任期每届为3年。法律规定监事的任期，可以防止监事任期过长，其与公司的董事、高级管理人员联系过于紧密而影响监督效果。同时，考虑到维护股东对监事的选任权，在一定程度上维持公司内部监督工作的连续性，允许监事任期届满后，可以连选连任。而在监事任期届满未及时改选，或者监事在任期内辞职导致监事会成员低于法定人数时，为了保证公司监督工作不致中断，任期届满或者在任期内辞职的监事在改选出的监事就任前，仍应当依照法律、行政法规和公司章程的规定，履行监事的职务。

第一百一十八条 【监事会职权】本法第五十三条、第五十四条关于有限责任公司监事会职权的规定，适用于股份有限公司监事会。

监事会行使职权所必需的费用，由公司承担。

>> **条文注解**

股份有限公司监事会的职权主要包括：

(1)检查公司财务。主要检查公司财务会计制度是否健全，检查和审查会计凭证、会计账簿、财务会计报告是否真实、是否符合国家财务会计制度的规定。

(2)对董事、高级管理人员执行公司职务行为的合法性、合规性进行监督，即对董事、高级管理人员执行公司职务时违反法律、行政法规、公司章程或者股东会决议的行为进行监督，并可以向股东大会提出罢免董事、高级管理人员的建议。

(3)要求董事、高级管理人员纠正其损害公司利益的行为。当董事、高级管理人员行为损害公司利益时，监事会应当及时要求其纠正，以维护公司及股东利益。

(4)提议或者召集并主持股东大会会议。当监事会发现董事、高级管理人员执行职务的行为违反法律、行政法规、公司章程或者股东会决议，或者对公司未尽忠实或者注意义务，或者出现应当召开股东大会的情形时，监事会有权向董事会提议召开临时股东大会会议，并在董事会不履行召集和主持股东大会职责时，有权召集和主持股东大会会议，让股东知悉公司董事、高级管理人员的行为和公司的情况，并及时作出处理决策。

(5)向股东大会提出提案。监事会在履行监督职责的过程中，对公司事务以及董事、高级管理人员是否尽职的情况比较了解，监事会根据其掌握的情况向股东大会提出有针对性的提案，有利于增强监督实效，切实维护公司及股东利益。

(6)代表公司向董事、高级管理人员提起

诉讼。根据本法第151条的规定,董事、高级管理人员执行公司职务时违反法律、行政法规或者公司章程的规定,给公司造成损害的,应当承担赔偿责任。股份有限公司连续180日以上单独或者合计持有公司1%以上股份的股东,可以书面请求监事会向人民法院提起诉讼。在这一诉讼中,由监事会代表公司。

(7)公司章程规定的其他职权。公司章程还可以授权监事会行使其他一些监督职权,如有权要求董事、经理报告公司营业情况,对董事会编制的公司年度财务会计报告及盈余分配方案进行审查,提出审查报告并向股东大会报告,召集董事会会议等。

此外,为了便于监事了解公司和被监督者的情况,监事个人有权列席公司董事会会议。为了加强对董事会决策的监督,本条还赋予了监事对董事会决议事项提出质询或者建议的权力。

监事会是由股东大会选举的监事组成的公司监督机构,为公司法定内设机构,是公司的重要组成部分。因此,其履行监督职权所需费用理所当然应由公司负担。实践中,由于监事会的监督对象——董事会掌握着公司的经营管理决策权,经理掌握着公司日常经营管理权,监事会并不控制公司的任何资金和财产,导致其履行职权所需经费没有保障,影响其监督职责的发挥。为此,本法明确了监事会履行职权所必需的费用由公司承担。这里需要说明的是,由公司负担的应是监事会履行职权所必需的费用,对于与监事会履行职权无关的经费,或者明显超出合理需要的部分,公司有权拒绝。对于监事会合理的经费要求,公司予以拒绝的,监事会有权要求公司支付;监事会成员已经垫付的,有权要求公司补偿。

第一百一十九条 【监事会议事规则】监事会每六个月至少召开一次会议。监事可以提议召开临时监事会会议。

监事会的议事方式和表决程序,除本法有规定的外,由公司章程规定。

监事会决议应当经半数以上监事通过。

监事会应当对所议事项的决定作成会议记录,出席会议的监事应当在会议记录上签名。

第五节 上市公司组织机构的特别规定

第一百二十条 【上市公司定义】本法所称上市公司,是指其股票在证券交易所上市交易的股份有限公司。

>> 条文注解

根据股份有限公司的股票是否在证券交易所交易,可以将其分为上市公司和非上市公司两种形式。根据本条规定,上市公司是指其股票在证券交易所上市交易的股份有限公司。但应注意,只有公司债券在证券交易所上市交易,而没有股票在证券交易所上市交易的公司,不属于上市公司,如新三板挂牌公司。对于上市公司的规定,不仅体现在《公司法》的本节中,还体现在中国证券监督管理委员会发布的许多重要规章中。

第一百二十一条 【重大资产交易与重要担保的议事规则】上市公司在一年内购买、出售重大资产或者担保金额超过公司资产总额百分之三十的,应当由股东大会作出决议,并经出席会议的股东所持表决权的三分之二以上通过。

>> 条文注解

上市公司及其控股或者控制公司在日常经营活动之外购买、出售资产或者通过其他方式进行资产交易达到规定的比例,导致上市公司的主营业务、资产、收入发生重大变化的资产交易行为属于重大资产重组。上市公司作为股份有限公司的一种特殊形式,其股东会当然享有一般股份有限公司股东大会的职权,即本法第37条第1款和第99条规定的职权。同时因为其股东人数众多、股本规模大且能够上市交易、变动性强,重大的资产变动会产生较大的风险,给公司的长期经营和广大股东的长远利益带来影响。本条据此特殊情况,增加规定了上市公司股东大会的决议事项,即上市公司在1年内的大额购买、出售资产或者大额对外担保的,应当由股东大会作出决议。这里的“大额”,是指超过公司资产总额的30%。这些事项的决议适用特别决议事项的表决规则,经过出席会议的股东所持表决权的2/3以上通过方可。

第一百二十二条 【独立董事】上市公司设独立董事,具体办法由国务院规定。

>> 条文注解

独立董事必须具有独立性,下列人员不得担任独立董事:(1)在上市公司或者其附属企业任职的人员及其直系亲属、主要社会关系(直系亲属是指配偶、父母、子女等,主要社会关系是指兄弟姐妹、岳父母、儿媳女婿、兄弟姐妹的配偶、配偶的兄弟姐妹等);(2)直接或间接持有上市公司已发行股份1%以上的自然人股东或者是上市公司前十名股东中的自然人股东及其直系亲属;(3)在直接或间接持有上市公司已发行股份5%以上的股东单位或者在上市公司前五名股东单位任职的人员及其直系亲属;(4)最近一年内曾经具有前三项所列举情形的人员;(5)为上市公司或者其附属企业提供财务、法律、咨询等服务的人员;(6)公司章程规定的其他人员;(7)中国证监会认定的其他人员。

独立董事在以下事项中享有特别职权:(1)重大关联交易(指上市公司拟与关联人达成的总额高于300万元或高于上市公司最近经审计净资产值的5%的关联交易)应由独立董事认可后,提交董事会讨论;独立董事作出判断前,可以聘请中介机构出具独立财务顾问报告,作为其判断的依据;(2)向董事会提议聘用或解聘会计师事务所;(3)向董事会提请召开临时股东大会;(4)提议召开董事会;(5)独立聘请外部审计机构和咨询机构;(6)在股东大会召开前公开向股东征集投票权。

独立董事除履行上述职责外,还应当对以下事项向董事会或股东大会发表独立意见:(1)提名、任免董事;(2)聘任或解聘高级管理人员;(3)公司董事、高级管理人员的薪酬;(4)上市公司的股东、实际控制人及其关联企业对上市公司现有或新发生的总额高于300万元或高于上市公司最近经审计净资产值的5%的借款或其他资金往来,以及公司是否采取有效措施回收欠款;(5)独立董事认为可能损害中小股东权益的事项;(6)公司章程规定的其他事项。

第一百二十三条 【董事会秘书】上市公司设董事会秘书,负责公司股东大会和董事会会议的筹备、文件保管以及公司股东资料的管理,办理信息披露事务等事宜。

>> 条文注解

董事会秘书是公司高级管理人员,其选任应当符合本法关于公司高级管理人员的任职资格的规定。董事会秘书由董事长提名,经董事会聘任或解聘。董事会聘任董事会秘书,应向股东大会报告,并向公众披露,同时报证监会和交易所备案。公司违反法律规定聘任董事会秘书的,该聘任无效。任何机构及个人不得干预董事会秘书的工作。董事会秘书不同于董事长秘书,是上市公司的必设机关,其职权包括:(1)公司股东大会和董事会会议的筹备;对会议所议事项组织记录和整理。(2)文件保管。(3)公司股东资料的管理。(4)负责信息披露事务,包括建立信息披露制度、接待来访、回答咨询、联系股东,向投资者提供公司公开披露的资料等。

董事会秘书依法对公司负有忠实义务和勤勉义务,执行公司职务时违反法律、行政法规或者公司章程的规定,给公司造成损害的,应当承担赔偿责任。

第一百二十四条 【关联关系董事回避与相关事项议事规则】上市公司董事与董事会会议决议事项所涉及的企业有关联关系的，不得对该项决议行使表决权，也不得代理其他董事行使表决权。该董事会会议由过半数的无关联关系董事出席即可举行，董事会会议所作决议须经无关联关系董事过半数通过。出席董事会的无关联关系董事人数不足三人的，应将该事项提交上市公司股东大会审议。

>> 条文注解

董事与董事会会议决议事项所涉及的企业有关联关系的，应当回避董事会会议对该事项的表决。这是董事的一项法定义务。规定这项义务，主要是考虑董事与董事会会议表决事项所涉及的企业存在关联关系，就有可能在该项交易上与公司存在利益冲突，禁止董事在与公司有利益冲突的情况下，对与其有关联的交易行使表决权或者代理他人行使表决权，有利于防止董事利用其在公司所处地位，牺牲公司的利益谋求自己的利益或者为他人牟取利益。

董事会表决与董事有关联的交易事项，应当有过半数的无关联董事出席方可举行董事会会议。董事会会议对该类事项作出决议须经无关联关系董事过半数通过。这样规定主要是为了便于对这类关联交易事项的监督，防止少数人操纵董事会表决，确保董事会对这类关联交易事项所做的决议能够公正合理地体现上市公司利益和大多数股东的利益。

出席董事会的无关联关系董事人数不足3人的，应将该事项提交上市公司股东大会审议。出席董事会的无关联关系董事人数太少，容易造成少数人操纵表决，使董事会会议决议难以体现大多数股东的意志和利益。因此，为了有效地保护公司利益和多数股东的利益，当出席董事会的无关联董事人数不足3人时，应当将与董事有关联的交易事项提交上市公司股东大会会议审议。

第五章 股份有限公司的股份发行和转让

第一节 股份发行

第一百二十五条 【股份及其形式】股份有限公司的资本划分为股份，每一股的金额相等。

公司的股份采取股票的形式。股票是公司签发的证明股东所持股份的凭证。

>> 条文注解

股份作为我国公司法中的一个基本概念，具有两层含义：(1)股份是股份有限公司资本的基本构成单位，是公司资本的计算单位。按照本条第1款的规定，股份有限公司的全部资本划分为股份，每一股的金额相等。这样，所有股份的总额就是公司的资本总额。(2)股份是股东权利义务的产生根据和计算单位。发起人、出资人只有出资缴纳股款，拥有公司股份，才能成为公司的股东。同时，股东在公司中享有权利、履行义务也与其拥有股份直接相关。股东按照其持有的股份数额行使股东权利，如表决权、分红权、剩余财产分配权、新股认购权等。

本条第2款是关于股票概念的规定。根据该款规定，股票是公司签发的证明股东所持股份的凭证。股票的概念包括以下三层含义：(1)股票是股份的表现形式，作为法律概念的股份在具体生活中的表现形式就是股票。股份是股票的价值内容，股票是股份的存在形式。(2)股票是证明股东权利的有价证券。股票通过其记载事项表明其所有人或者持有人在公司中所享有的权利；股票所代表的股东权利包含有财产权的内容，如分红权和剩余财产分配权等；股票可以流通并可以设置质押。因此，股票是一种有价证券，是证明股东权利的凭证。(3)股票是一种要式证券。按照本款和本法有关条款的规定，股票必须由公司签发，由公司的法定代表人签名、公司盖章。同时，股票的形式、记载事项等必须符合法律的规定。

第一百二十六条　【股份发行原则】股份的发行，实行公平、公正的原则，同种类的每一股份应当具有同等权利。

同次发行的同种类股票，每股的发行条件和价格应当相同；任何单位或者个人所认购的股份，每股应当支付相同价额。

>> 条文注解

股份有限公司股份的发行实行公平、公正的原则。所谓公平，首先是指发行的股份所代表权利的公平，即在同一次发行中的同一种股份应当具有同等的权利，享有同等的利益，同类股份必须同股同权、同股同利；其次是指股份发行条件的公平，即在同次股份发行中，相同种类的股份，每股的发行条件和发行价格应当相同，任何人获得相同的股份应支付相同的对价。所谓公正，是指在股份的发行过程中应保持公正性，不允许任何人通过内幕交易、价格操纵、价格欺诈等不正当行为获得超过其他人的利益。如果是公开发行股票，还要符合公开原则。

第一百二十七条　【股票发行价格】股票发行价格可以按票面金额，也可以超过票面金额，但不得低于票面金额。

>> 条文注解

实践中，存在一些实际出资金额与股票面值不符的情况，这种情况可以被称为掺水股。一般来说，掺水股有三种表现形式：(1)高估股，是指对非现金出资的高估所产生的掺水股。根据我国《公司法》要求，对作为出资的实物、知识产权、土地使用权等可以用货币估价并依法转让的非货币财产，必须进行评估作价，核实财产，不得高估或者低估作价。法律、行政法规对评估作价有规定的，从其规定。可见，如果对非货币出资进行了高估，便会产生高估股，因为这里的股份所对应的资本达不到股票应有的价值。(2)干股，是指发行时没有获得任何对价的股份，这种形式的股份由于没有对价而构成掺水股。(3)折扣股，即折价发行的股票，虽然有对价，但其对价却低于票面价值。公司发行股票后所收回的实际资金势必少于注册资本。

关于高估股的责任，《公司法》第30条和第93条第2款同时规定，公司成立后，发现作为设立公司出资的非货币财产的实际价额显著低于公司章程所定价额的，应当由交付该出资的股东(有限责任公司)或者发起人(股份有限公司)补足其差额。干股实质是没有缴纳出资的股份，接受这种无对价红利股的股东应当承担补缴责任。关于折扣股，我国《公司法》明确规定不得发行，接受折扣股的股东同样应当补缴其差额。

第一百二十八条　【股票形式及法定记载事项】股票采用纸面形式或者国务院证券监督管理机构规定的其他形式。

股票应当载明下列主要事项：

(一)公司名称；

(二)公司成立日期；

(三)股票种类、票面金额及代表的股份数；

(四)股票的编号。

股票由法定代表人签名，公司盖章。

发起人的股票，应当标明发起人股票字样。

第一百二十九条　【股票种类】公司发行的股票，可以为记名股票，也可以为无记名股票。

公司向发起人、法人发行的股票，应当为记名股票，并应当记载该发起人、法人的名称或者姓名，不得另立户名或者以代表人姓名记名。

>> **条文注解**

股票根据是否记载股东的姓名或者名称，分为记名股票和无记名股票。记名股票，是指股票上记载有股东姓名或者名称的股票；无记名股票，即股票上未记载股东姓名或者名称的股票。二者的最主要区别是，前者只能由股票上记载的股东行使股东权，而后者则是谁持有谁就可以行使股东权。

发起人、法人一般都拥有数量较大的股份，向他们发行的股票应为记名股票，即必须记载该股东的名称或者姓名，不得另立户名或者以发起人、法人的代表人姓名记名。值得注意的是，这里的"记名"针对的是股票发行，并不禁止股票发行以后，发起人、法人在流通市场上通过转让或者其他方式获得无记名股票。

第一百三十条 【股东名册置备与内容】公司发行记名股票的，应当置备股东名册，记载下列事项：

（一）股东的姓名或者名称及住所；

（二）各股东所持股份数；

（三）各股东所持股票的编号；

（四）各股东取得股份的日期。

发行无记名股票的，公司应当记载其股票数量、编号及发行日期。

第一百三十一条 【其他种类股票】国务院可以对公司发行本法规定以外的其他种类的股份，另行作出规定。

>> **条文注解**

其他种类的股份主要是指相对于普通股而言的特别股。普通股是指公司的普通股份，即人们从一般意义上所说的公司股份。普通股具有两个特点：第一，普通股承担的财产风险是全面的，或者说其是全面风险型的股份，因为普通股股东的利润派发是在优先股股东之后的，在分配公司剩余财产时，普通股股东也要在优先股股东之后。第二，普通股的股权内容是完全的，也就是说，普通股的股权包括了所有的法定股东权利，特别是表决权。

特别股是相对于普通股而言的，特别股分为优先股和劣后股。优先股是指公司个别股东持有的，具有优先于普通股财产权利的股份。

第一百三十二条 【交付股票时间】股份有限公司成立后，即向股东正式交付股票。公司成立前不得向股东交付股票。

第一百三十三条 【发行新股的决议事项】公司发行新股，股东大会应当对下列事项作出决议：

（一）新股种类及数额；

（二）新股发行价格；

（三）新股发行的起止日期；

（四）向原有股东发行新股的种类及数额。

>> **条文注解**

发行新股决议的事项包括：（1）新股的种类及数额，即发行的新股是普通股还是特别股，如果是特别股，属于什么类型的特别股以及此次发行多少新股。（2）新股的发行价格，是平价发行还是溢价发行，具体的发行价格是多少。（3）新股发行的起止日期。起止日期很重要，如公司以公开募集方式发行新股的，依《证券法》的规定，若发行期限届满出售的股票数未达到拟发行股票数 70% 的，为发行失败。因此，必须对发行期限作出规定。（4）向原有股东发行新股的种类及数额。鉴于股份有限公司股东数量较多且有无记名股票股东，优先认购权难以执行，法律对此没有作出规定而是将其交由股东大会决议。

第一百三十四条 【新股发行公告、募股方式及缴纳股款方式】公司经国务院证券监督管理机构核准公开发行新股时，必须公告新股招股说明书和财务会计报告，并制作认股书。

本法第八十七条、第八十八条的规定适用于公司公开发行新股。

>> **条文注解**

根据《证券法》的规定，有下列情形之一的，为公开发行：(1)向不特定对象发行证券的；(2)向特定对象发行证券累计超过200人的。公开发行新股分为两种情况：一是首次公开发行，又称“IPO”；二是上市公司发行新股，又称“再融资”。公司经国务院证券监督管理机构核准公开发行新股时，必须公告新股招股说明书和财务会计报告，并制作认股书。公开发行的新股也应当由依法设立的证券公司承销并签订承销协议。此外，公司也应当同银行签订代收股款协议。代收股款的银行应当按照协议代收和保存股款，向缴纳股款的认股人出具收款单据，并负有向有关部门出具收款证明的义务。

第一百三十五条 【新股作价】公司发行新股，可以根据公司经营情况和财务状况，确定其作价方案。

>> **条文注解**

股份有限公司发行新股的，应当确定其股票价格。根据本法有关条款的规定，我国不允许股票的折价发行，股票的发行价格应当等于或者高于股票的票面金额。除了这一限制以外，法律对公司新股发行价格未规定限制条件，而是由公司自主决定。按照本条的规定，公司发行新股，可以根据公司的经营情况和财务状况，来确定其作价方案。在实际操作中，公司在确定新股作价方案时，需要考虑的因素很多，如公司的投资计划、公司的赢利状况、公司的发展前景等；通过公开发行的方式发行新股的，同时还要考虑股票市场的状况，如股票一级市场的供求情况以及二级市场的整体股价水平、股票市场的走势、股票的市盈率、同类股票的价格水平以及同期银行利率水平等因素。

第一百三十六条 【新股募足后的变更登记及公告】公司发行新股募足股款后，必须向公司登记机关办理变更登记，并公告。

第二节 股份转让

第一百三十七条 【股份转让】股东持有的股份可以依法转让。

第一百三十八条 【股份转让方式】股东转让其股份，应当在依法设立的证券交易场所进行或者按照国务院规定的其他方式进行。

>> **条文注解**

对于上市公司股东，其所持股票是在证券交易所挂牌交易的，因此其股票转让在证券交易所进行。我国目前的股票交易所有成立于1990年的上海证券交易所和成立于1991年的深圳证券交易所。对于非上市公司股东，其股票转让方式按照国务院规定进行。

随着新三板市场的逐步完善，我国将逐步形成由主板、创业板、场外柜台交易网络和产权市场在内的多层次资本市场体系。新三板与老三板最大的不同是配对成交，设置30%幅度，超过此幅度要公开买卖双方信息。2012年，经国务院批准，决定扩大非上市股份公司股份转让试点，首批扩大试点新增上海张江高新技术产业开发区、武汉东湖新技术产业开发区和天津滨海高新区。2013年12月31日起全国中小企业股份转让系统面向全国接收企业挂牌申请。全国中小企业股份转让系统是经国务院批准，依据《证券法》设立的全国性证券交易场所，2012年9月正式注册成立，是继上海证券交易所、深圳证券交易所之后第三家全国性证券交易场所。在场所性质和法律定位上，全国股份转让系统与证券交易所是相同的，都是多层次资本市场体系的重要组成部分。

第一百三十九条 【记名股票转让】记名股票，由股东以背书方式或者法律、行政法规规定的其他方式转让；转让后由公司将受让人的姓名或者名称及住所记载于股东名册。

股东大会召开前二十日内或者公司决定分配股利的基准日前五日内，不得进行前款规定的股东名册的变更登记。但是，法律对上市公司股东名册变更登记另有规定的，从其规定。

>> 条文注解

记名股票原则上按照记名证券的一般转让方式，即背书转让。但是，法律、行政法规对记名股票转让方式另有规定的，从其规定。由于股东名册应当记载持有记名股票的股东的姓名和名称，因此在股票转让后，应当由公司将受让人的姓名或者名称及住所记载于股东名册。

本条第 2 款规定了股东名册的“闭册”。股东名册的记载表明了股东权利行使的依据。在股东大会召开时或者股利分配的基准日前，为了根据股东名册确定股东，在法定期限内不得对股东名册进行变更，否则会造成股东权利行使的混乱。因此，本款规定，股东大会召开前 20 日内或者公司决定分配股利的基准日前 5 日内，不得进行前款规定的股东名册的变更登记。但是，法律对上市公司股东名册变更登记另有规定的，从其规定。

第一百四十条　【无记名股票转让】无记名股票的转让，由股东将该股票交付给受让人后即发生转让的效力。

>> 条文注解

无记名股票不记载股东的姓名或者名称，谁持有谁就是公司股东，就可以向公司主张行使股东权利。基于这一特点，转让时只要由股东将该股票交付给受让人后即可发生转让效力，即受让人成为公司股东，享有股东权利。

交付不限于现实交付（转让人将占有的无记名股票实际交付受让人，由受让方实际控制），还包括拟制交付（不转移对标的物实际占有，而由交易双方通过合意或者其他方式达到转让的效果）。例如，无记名股票转让人将由第三人保管的股票转让时，转让人、受让人、保管人可以合同的方式确认该股票所有权转移给受让人，受让人有要求保管人返还的权利。虽然受让人没有立即占有该股票，但其实际上已经取得控制权，因此该行为也属于交付。

第一百四十一条　【转让本公司股份的限制】发起人持有的本公司股份，自公司成立之日起一年内不得转让。公司公开发行股份前已发行的股份，自公司股票在证券交易所上市交易之日起一年内不得转让。

公司董事、监事、高级管理人员应当向公司申报所持有的本公司的股份及其变动情况，在任职期间每年转让的股份不得超过其所持有本公司股份总数的百分之二十五；所持本公司股份自公司股票上市交易之日起一年内不得转让。上述人员离职后半年内，不得转让其所持有的本公司股份。公司章程可以对公司董事、监事、高级管理人员转让其所持有的本公司股份作出其他限制性规定。

第一百四十二条　【禁止收购本公司股份及其例外】公司不得收购本公司股份。但是，有下列情形之一的除外：

（一）减少公司注册资本；

（二）与持有本公司股份的其他公司合并；

（三）将股份奖励给本公司职工；

（四）股东因对股东大会作出的公司合并、分立决议持异议，要求公司收购其股份的。

公司因前款第（一）项至第（三）项的原因收购本公司股份的，应当经股东大会决议。公司依照前款规定收购本公司股份后，属于第（一）项情形的，应当自收购之日起十日内注销；属于第（二）项、第（四）项情形的，应当在六个月内转让或者注销。

公司依照第一款第(三)项规定收购的本公司股份,不得超过本公司已发行股份总额的百分之五;用于收购的资金应当从公司的税后利润中支出;所收购的股份应当在一年内转让给职工。

公司不得接受本公司的股票作为质押权的标的。

>> 条文注解

根据第 142 条规定,公司在下列情形下,可以收购本公司股份:(1)减少公司注册资本。按照本法有关条款的规定,公司成立以后股东是不得抽回出资的。在这种情况下,公司成立以后,要减少公司的注册资本,只能通过以公司的名义购买本公司股份、再将该部分股份注销的形式。因此,对于公司因减少注册资本的原因而收购本公司股份,法律是允许的。(2)与持有本公司股份的其他公司合并。公司的股份可以为其他公司所持有,当公司与拥有本公司股份的其他公司进行吸收合并时,被合并的其他公司的所有资产都归公司所有,其他公司所拥有的本公司股份自然也为本公司所有。(3)将股份奖励给本公司职工。为了激励公司职工,很多股份有限公司都推行职工持股计划,即奖励职工部分本公司股份,从而把职工利益与公司利益联系在一起,激励职工更好地为公司工作。为了推行这一计划,公司就需要收购本公司的股份,再将其发放给职工。(4)因股东行使回购请求权,而收购本公司股份。本法第 74 条规定了有限责任公司股东的回购请求权,即在公司出现法定情形时,股东可以请求公司以合理价格回购其所拥有的股权,从而达到离开公司的目的。这是针对有限责任公司股权流动性差而作出的规定,以防止出现在公司损害股东利益时,股东没有救济措施又不能通过向他人转让股权而离开公司的情况。股份有限公司的股份是可以自由转让的,股东对公司经营情况不满,可以直接转让其股权而离开公司。因此,本条对股份有限公司股东的股份回购请求权,只作了有限度的规定,即股东在对股东大会作出的公司合并、分立决议持异议时,可以要求公司收购其股份。当股东行使这项权利时,公司就会拥有本公司的股份。

第 142 条第 4 款是关于公司不得接受本公司的股票作为质押权标的的规定。质押,属于担保的一种形式,即债务人或者第三人在不转移所有权的前提下,将某一动产或者权利转由债权人占有和控制,以保证债权人的权利的实现;在债务人不履行债务时,债权人有权以该动产或者权利折价或者以变卖、拍卖该动产或者权利的价款优先受偿。因此,质押权的设立,是以债权人可以取得质押权标的物的所有权为前提的。而本法规定,除了法定特殊情况外,公司是不得拥有本公司股份的。因此,本公司的股票是不能作为质押权标的和用来对公司债权进行担保的,即使设立了以本公司股票为质押权标的的担保,最后也无法实现。因此,本法禁止公司接受本公司的股票作为质押权标的。

第一百四十三条 【公示催告程序】记名股票被盗、遗失或者灭失,股东可以依照《中华人民共和国民事诉讼法》规定的公示催告程序,请求人民法院宣告该股票失效。人民法院宣告该股票失效后,股东可以向公司申请补发股票。

>> 条文注解

公示催告程序,是我国《民事诉讼法》规定的一种非诉程序,是指在票据持有人丧失票据的情况下,人民法院根据权利人的申请,以公告的方式,告知并催促利害关系人在指定期限内向人民法院申报权利,如不申报权利,人民法院依法作出宣告票据或者其他事项无效的程序,也称为除权程序。

第一百四十四条 【上市公司股票交易】上市公司的股票,依照有关法律、行政法规及证券交易所交易规则上市交易。

>> **条文注解**

上市公司的股票依照有关法律、行政法规及证券交易所交易规则的规定上市交易。证券交易所是提供持续性证券交易的场所。在证券交易所上市交易的股票，以"时间优先""价格优先"的原则集中竞价交易。在上市交易的股票交易形式上，目前我国采取无纸化的证券交易。在交易方式上，我国目前A股市场主要采取现货交易的方式。此外，流通股的交易还包括通过大宗交易系统交易、协议转让。此条款是规定与《证券法》和其他法律、法规相衔接的条款。我国《证券法》规定了证券交易的一般规则。

第一百四十五条 【上市公司信息披露制度】上市公司必须依照法律、行政法规的规定，公开其财务状况、经营情况及重大诉讼，在每会计年度内半年公布一次财务会计报告。

第六章 公司董事、监事、高级管理人员的资格和义务

第一百四十六条 【不得担任高级职员的情形】有下列情形之一的，不得担任公司的董事、监事、高级管理人员：

（一）无民事行为能力或者限制民事行为能力；

（二）因贪污、贿赂、侵占财产、挪用财产或者破坏社会主义市场经济秩序，被判处刑罚，执行期满未逾五年，或者因犯罪被剥夺政治权利，执行期满未逾五年；

（三）担任破产清算的公司、企业的董事或者厂长、经理，对该公司、企业的破产负有个人责任的，自该公司、企业破产清算完结之日起未逾三年；

（四）担任因违法被吊销营业执照、责令关闭的公司、企业的法定代表人，并负有个人责任的，自该公司、企业被吊销营业执照之日起未逾三年；

（五）个人所负数额较大的债务到期未清偿。

公司违反前款规定选举、委派董事、监事或者聘任高级管理人员的，该选举、委派或者聘任无效。

董事、监事、高级管理人员在任职期间出现本条第一款所列情形的，公司应当解除其职务。

>> **条文注解**

本条是关于董事、监事、高级管理人员消极资格的规定。所谓消极资格，是指有该条文规定的情形之一的，不得担任公司董事、监事、高级管理人员，即使被选任也无效；任职期间发现其具备上述情形的，应撤销其职务，重新选任。

总结起来，董事、监事、高级管理人员的资格要求有以下几个方面：(1)行为能力：这是对公司董事等高管人员的基本要求。董事等高管人员要执行公司职务，独立行使权利、履行义务、承担责任，因此他们必须是完全民事行为能力人。(2)职业操守：董事等高管人员管理公司财产的运营，应当有较高的诚信度。以非法手段牟取私利，如贪污、贿赂、侵占财产、挪用财产被判处刑罚的人，对所在企业因违法被吊销营业执照负有个人责任的人员不能担任上述职务。值得注意的是，假释期间也是执行期间，不属于执行期满。(3)经营能力：董事等高管人员必须具备相当的经营管理能力，其若曾经因经营不善导致企业破产，应该在提高能力后再从事此类工作。(4)个人财产状况：让负巨债到期未还的人担任公司职务有较大风险。

第一百四十七条 【高级职员一般义务】董事、监事、高级管理人员应当遵守法律、行政法规和公司章程，对公司负有忠实义务和勤勉义务。

董事、监事、高级管理人员不得利用职权收受贿赂或者其他非法收入，不得侵占公司的财产。

>> **条文注解**

本条第1款是关于董事、监事、高级管理人员忠实义务和勤勉义务的一般性规定。忠实义务主要是从董事"不得为"的消极方面进行规定,而勤勉义务则是从"必须为"的积极方面进行规定。

忠实义务和勤勉义务的主体是董事、监事和高级管理人员。但是他们对公司的忠实义务和勤勉义务是有所不同的。就忠实义务而言,监事与董事、高级管理人员的侧重有所不同。例如,监事不大可能挪用公司资金或者将公司资金以其个人名义或其他个人名义开立账户存储,违规将公司资产借贷给他人或以公司财产为他人提供担保,或者接受他人与公司交易的佣金归为己有。因为从事这些业务的权力属于董事会,而不属于监事会。同时法律也没有限制监事进行自我交易、竞业竞争和利用公司机会,因为监事只是公司的监督者,并不是公司的直接管理者。就勤勉义务而言,监事的勤勉义务主要体现为监事是否尽职尽责地履行了其监督职责,而对董事、高级管理人员则是从经营管理角度予以考察。

一般而言,如果董事、监事、高级管理人员严重违反勤勉义务,被诉至法院,其有可能承担损害赔偿的责任。当然,在法院的认定中,如果对董事、监事、高级管理人员要求过严,如仅仅考察是否实际地使公司发生了损失,则会极大地打击人们担任董事、监事、高级管理人员的积极性。因此,在认定违反勤勉义务的情形中,一般采取客观的程序性规则来考察,主要有以下几个方面考量因素:(1)其是否与所决策的事项存在利害关系,因而会产生主观的偏见;(2)其是否对该项决策有所了解,而不是凭空作出判断;(3)其作出判断是否是有理由且确信符合公司的利益。

第一百四十八条 【高级职员的禁止行为】

董事、高级管理人员不得有下列行为:

(一)挪用公司资金;

(二)将公司资金以其个人名义或者以其他个人名义开立账户存储;

(三)违反公司章程的规定,未经股东会、股东大会或者董事会同意,将公司资金借贷给他人或者以公司财产为他人提供担保;

(四)违反公司章程的规定或者未经股东会、股东大会同意,与本公司订立合同或者进行交易;

(五)未经股东会或者股东大会同意,利用职务便利为自己或者他人谋取属于公司的商业机会,自营或者为他人经营与所任职公司同类的业务;

(六)接受他人与公司交易的佣金归为己有;

(七)擅自披露公司秘密;

(八)违反对公司忠实义务的其他行为。

董事、高级管理人员违反前款规定所得的收入应当归公司所有。

>> **条文注解**

归纳而言,董事、高级管理人员的禁止行为大致可以分为:

1. 不得侵占和擅自处理公司的财产,主要包括本条第1款第(一)、(二)、(三)项规定的情形。公司的资金是公司生产经营的基础,是公司债权人获得受偿的保障,擅自侵占或处分公司财产不仅影响公司的正常经营活动,也侵犯了股东和债权人的合法权益,是对公司"不忠"的行为,当然应当禁止。

2. 未经法定程序不得与公司进行自我交易,主要包括本条第1款第(四)项规定的情形。自我交易的行为违反了上述人员对公司的忠实义务,影响公司的利益,必须禁止。自我交易是公司中利益冲突交易的一种典型形式。具体而言,自我交易是指董事、高级管理人员在代表公司做交易时,交易的一方是公司,而另一方则是自己或是其关联人。此时,公司在交易中可能得不到公平的对待,因为董事、高级管理人员的自私可能会压倒其对公司的忠诚。《公司法》并不禁止自我交易,但是,如果董事、高级管理人员与本公司订立合同或者进行交易，须有公司章程规定，或者经过股东会、股东大会同意。

3. 不得篡夺公司的商业机会，不得同公司开展非法竞争，主要包括本条第1款第（五）项规定的情形。公司的董事、高级管理人员是公司的内部管理机关的重要人员，了解公司的内部事务，如果允许这些人未经同意从事与公司有关且以营利为目的的业务，当然可能损害公司利益。一般来说，公司机会是指与公司利益相关的商业机会。一般通过如下标准来决定某一商业机会是否属于公司的商业机会：（1）如果某一机会是以公司能力获得的机会，则应归属于公司；如果是以个人能力获得的机会则不归属于公司。（2）董事、高级管理人员是否利用该机会与公司竞争或发展自己业务或者将该机会出售给公司是衡量公司机会的另一因素。未经公司同意而与公司进行业务竞争是一种不忠实的行为。

4. 不得利用职权收取贿赂或者其他非法收入，主要包括本条第1款第（六）项规定的情形。公司对其董事、高级管理人员的劳动付出，本已支付相应的报酬，如果允许上述人员接受他人与公司交易佣金，容易侵犯公司利益，也应当禁止。

5. 不得擅自泄露公司秘密，主要包括本条第1款第（七）项规定的情形。董事、高级管理人员作为公司的负责人员，当然了解公司决策、生产和经营方面的秘密，这些秘密事关公司生产经营甚至发展壮大，一旦泄露，势必影响公司和股东利益，必须禁止。

6. 通过本条第1款第（八）项兜底条款明确董事和高级经理不得有违反对公司忠实义务所要求的其他标准。

第一百四十九条　【高级职员对公司的赔偿责任】董事、监事、高级管理人员执行公司职务时违反法律、行政法规或者公司章程的规定，给公司造成损失的，应当承担赔偿责任。

>> **条文注解**

董事、监事、高级管理人员承担赔偿责任应当符合以下要件：

（1）公司确已发生了损失。

（2）损害是由于上述人员执行公司职务时违反法律、行政法规或者公司章程造成的，对于造成损害的后果行为人在主观上是故意还是过失在所不论。需要注意的是，公司的董事、监事、高级管理人员对公司负有忠实义务和勤勉义务，因此，上述人员不履行忠实义务和勤勉义务的，也是违反法律的行为。

（3）上述人员的行为与损害事实之间存在因果关系。董事、监事、高级管理人员承担责任的方式，可以根据受侵害的公司权益的性质、具体情况的不同，采取不同的办法，在实践中主要是赔偿公司的财产损失。如董事、高级管理人员超越授权对外缔结合同时，除相对人知道或者应当知道其超越权限的以外，该代表行为有效。在此情况下，公司不能对相对人主张合同无效，但是可以向董事、高级管理人员提起损害赔偿之诉。

第一百五十条　【高级职员对知情权行使的配合】股东会或者股东大会要求董事、监事、高级管理人员列席会议的，董事、监事、高级管理人员应当列席并接受股东的质询。

董事、高级管理人员应当如实向监事会或者不设监事会的有限责任公司的监事提供有关情况和资料，不得妨碍监事会或者监事行使职权。

>> **条文注解**

本条第1款规定了股东可以对董事、监事、高级管理人员行使质询权。股东在股东会或股东大会上要求董事、监事、高级管理人员说明的事项，上述人员有进行说明的职责。股东请求说明的内容应是与股东会或股东大会议案相关的事项。需要注意的是，股东质询权是一项辅助股东行使其他权利的权利，它有利于股东有效地、合理地行使表决权，有利于保障股东因持股而应得的利益。因此，公司章程可以对有关股东行使质询权的情况作出详细规定，比如明确多少股东在股东会议上提出要求上述人员就应当列席，或者直接规定除特殊情况外，所有的董事、监事、高级管理人员都应当列席股东会或者股东大会。

第一百五十一条 【股东维护公司利益的起诉权】董事、高级管理人员有本法第一百四十九条规定的情形的，有限责任公司的股东、股份有限公司连续一百八十日以上单独或者合计持有公司百分之一以上股份的股东，可以书面请求监事会或者不设监事会的有限责任公司的监事向人民法院提起诉讼；监事有本法第一百四十九条规定的情形的，前述股东可以书面请求董事会或者不设董事会的有限责任公司的执行董事向人民法院提起诉讼。

监事会、不设监事会的有限责任公司的监事，或者董事会、执行董事收到前款规定的股东书面请求后拒绝提起诉讼，或者自收到请求之日起三十日内未提起诉讼，或者情况紧急、不立即提起诉讼将会使公司利益受到难以弥补的损害的，前款规定的股东有权为了公司的利益以自己的名义直接向人民法院提起诉讼。

他人侵犯公司合法权益，给公司造成损失的，本条第一款规定的股东可以依照前两款的规定向人民法院提起诉讼。

>> 条文注解

股东代表诉讼，是指在董事等高管人员的违法行为给公司利益造成损害而公司又不追究其责任时，股东可以代表公司提起诉讼，这对强化公司和中小股东利益的保护机制有重要意义。股东代表诉讼的法定要件是：

(1)提起代表诉讼的股东资格。为防止出现个别股东随意使用此项诉讼权利，造成董事、监事、高级管理人员疲于应付诉讼，难以专注于公司事务的管理和监督，影响公司正常的生产经营活动，有必要对提起代表诉讼的股东资格作出限制。根据本条规定，有限责任公司的股东以及股份有限公司连续180日以上单独或者合计持有公司1%以上股份的股东，有权提起股东代表诉讼。

(2)提起代表诉讼的前置条件。根据本法规定，董事会、不设董事会的有限责任公司的执行董事、监事会、不设监事会的有限责任公司的监事是法定的公司机关，依法代表公司行使权力，有权代表公司提起诉讼，当发生董事、监事、高级管理人员违反法定义务，损害公司利益的情形时，股东应当依法先向上述有关公司机关提出请求，请有关公司机关向人民法院提起诉讼。如果有关公司机关拒绝履行职责或者怠于履行职责，则股东为维护公司利益可以向人民法院提起代表诉讼。这样一方面符合法定程序，另一方面也可以对股东诉讼作出适当限制，避免滥诉给公司造成不利影响。

(3)诉讼事由。股东代表诉讼主要是针对董事、监事、高级管理人员违反对公司的忠实和勤勉义务，给公司造成损害的行为提起的诉讼。对于公司董事、监事、高级管理人员以外的其他人侵犯公司合法权益，给公司造成损害的，股东也可以代表公司向人民法院提起诉讼。

第一百五十二条 【股东的直接诉讼】董事、高级管理人员违反法律、行政法规或者公司章程的规定，损害股东利益的，股东可以向人民法院提起诉讼。

>> 条文注解

本条是关于股东为维护自身权益向人民法院提起对董事、高级管理人员诉讼的规定，主要有以下内容：(1)每一个股东都可以在董事、高级管理人员损害其自身权益时提起诉讼。股东提起这类诉讼只要具备股东身份即可，没有具体的持股时间、持股数量的限制。(2)提起诉讼的事由，是董事、高级管理人员违反法律、行政法规或者公司章程的规定,损害了股东的利益。(3)提起诉讼的时间。本法未作限制,根据《民法总则》的规定,除法律另有规定外,向人民法院请求保护民事权利的诉讼时效期间为3年(《民法通则》规定为2年),股东从知道或者应当知道其权利被侵害时起3年内向人民法院提起诉讼,其权利都可以获得合法有效的保护;但是,从权利被侵害之日起超过20年的,人民法院不予保护。

第七章 公司债券

第一百五十三条 【公司债券定义及发行条件】本法所称公司债券,是指公司依照法定程序发行、约定在一定期限还本付息的有价证券。

公司发行公司债券应当符合《中华人民共和国证券法》规定的发行条件。

>> 条文注解

公司债券,是指公司依照法定程序发行,约定在一定期限还本付息的有价证券。不同于公司股票,公司债券有一定的期限,到期后公司应当对债券持有人还本付息。公司债券的持有人不是公司股东,而是公司债权人。公司债券具有以下几个特点:第一,公司债券是表彰已经发生的公司债权的证券。第二,公司债券是一种要式证券。公司债券必须依法记载一定事项。第三,公司债券具有可转让性。第四,公司债券具有可回赎性。

公司债券可以公开发行,也可以非公开发行。在中华人民共和国境内,公开发行公司债券并在证券交易所、全国中小企业股份转让系统交易或转让,非公开发行公司债券并承销或自行销售,或在证券交易所、全国中小企业股份转让系统、机构间私募产品报价与服务系统、证券公司柜台转让的,需要遵守《公司法》《证券法》等相关规定。非公开发行的公司债券应当向合格投资者发行,不得采用广告、公开劝诱和变相公开方式,每次发行对象不得超过200人。

第一百五十四条 【公司债券募集核准和公告】发行公司债券的申请经国务院授权的部门核准后,应当公告公司债券募集办法。

公司债券募集办法中应当载明下列主要事项:

(一)公司名称;

(二)债券募集资金的用途;

(三)债券总额和债券的票面金额;

(四)债券利率的确定方式;

(五)还本付息的期限和方式;

(六)债券担保情况;

(七)债券的发行价格、发行的起止日期;

(八)公司净资产额;

(九)已发行的尚未到期的公司债券总额;

(十)公司债券的承销机构。

第一百五十五条 【公司债券票面法定载明事项】公司以实物券方式发行公司债券的,必须在债券上载明公司名称、债券票面金额、利率、偿还期限等事项,并由法定代表人签名,公司盖章。

>> 条文注解

公司债券按照债券形态,可以分为实物券、凭证式债券和记账式债券。实物券就是一种具有标准格式实物券面的债券,其应当对表明公司与债券持有人之间债权债务关系的内容做出清楚明确的记载,记载事项与前条公司债券募集办法中必须载明的主要事项相同,这些记载事项对作为发行人的公司具有法律约束力。同时,票面上的法定记载事项所载明的内容,应当依据公司股东会、股东大会或者董事会所做出的决议注明,并且同公司债券募集办法、公司债券存根簿上所记载的内容相一致,由公司法定代表人签名,公司盖章。

第一百五十六条 【公司债权种类】公司债券，可以为记名债券，也可以为无记名债券。

>> **条文注解**

记名债券的基本特征是债券上明确记载认购人的姓名或名称、住所。相应地，在公司债券的存根簿上也应载明记名债券持有人的姓名或名称、住所、取得债券的日期及其债券编号。记名债券与公司债券存根簿上记载的债券持有人应当一致。当记名债券和公司债券存根簿上记载的债券持有人相同时，则该持有人是该债券的合法权利人，可以依法享有和行使债权人的权利。如果债券持有人将该债券转让，必须依法相应地变更记名债券上和公司债券存根簿上的持有人姓名或名称、住所，否则该转让不发生对抗公司的效力。

无记名债券的基本特征是债券上不记载认购人的姓名或名称、住所。相应地，公司债券存根簿上也不做相关记载。无记名债券依实际占有来确定其权利人，持有人即被视为债权人，可以依法享有并行使债权人的权利。

记名债券和无记名债券相比各有优劣。记名债券的权属性稳定，灭失或损毁时可以获得挂失、公示催告等法律救济，但转让需要办理变更持有人的手续，对流通有一定的影响；无记名债券则便于流通，可以满足债权人随时变现的需要，但在灭失或损毁时无法得到挂失等救济，权属性上的风险大于记名债券。

第一百五十七条 【债券存根簿置备及其应载明事项】公司发行公司债券应当置备公司债券存根簿。

发行记名公司债券的，应当在公司债券存根簿上载明下列事项：

（一）债券持有人的姓名或者名称及住所；

（二）债券持有人取得债券的日期及债券的编号；

（三）债券总额，债券的票面金额、利率、还本付息的期限和方式；

（四）债券的发行日期。

发行无记名公司债券的，应当在公司债券存根簿上载明债券总额、利率、偿还期限和方式、发行日期及债券的编号。

第一百五十八条 【登记结算机构的制度要求】记名公司债券的登记结算机构应当建立债券登记、存管、付息、兑付等相关制度。

>> **条文注解**

证券登记结算机构履行以下职能：(1)证券账户、结算账户的设立；(2)证券的存管和过户；(3)证券持有人名册登记；(4)证券交易所上市证券交易的清算和交收；(5)受发行人的委托派发证券权益；(6)办理与上述业务有关的查询；(7)国务院证券监督管理机构批准的其他业务。为了保证业务的正常进行，证券登记结算机构应当具有必备的服务设备和完善的数据安全保护措施，建立完善的业务、财务和安全防范等管理制度，建立完善的风险管理系统。

第一百五十九条 【公司债券转让场所与转让价格】公司债券可以转让，转让价格由转让人与受让人约定。

公司债券在证券交易所上市交易的，按照证券交易所的交易规则转让。

>> **条文注解**

公司债券是有价证券的一种，可以自由转让。转让的方式与一般动产转让的方式相同。公开发行的公司债券，应当在依法设立的证券交易所上市交易，或在全国中小企业股份转让系统或者国务院批准的其他证券交易场所转让。非公开发行公司债券，可以申请在证券交易所、全国中小企业股份转让系统、机构间私募产品报价与服务系统、证券公司柜台转让。

对于未在证券交易所上市的公司债券,采取"一对一"的交易方式,即转让人与受让人通过协议转让。对于在证券交易所上市交易的公司债券,则按照证券交易所的交易规则,以集合竞价、连续竞价、大宗交易等方式进行转让。

第一百六十条 【公司债券转让方式】记名公司债券,由债券持有人以背书方式或者法律、行政法规规定的其他方式转让;转让后由公司将受让人的姓名或者名称及住所记载于公司债券存根簿。

无记名公司债券的转让,由债券持有人将该债券交付给受让人后即发生转让的效力。

>> 条文注解

本条分为两个层次理解:

(1)记名公司债券通过债券持有人的意思表示和债券的实际交付,成立转让。因此,记名公司债券的持有人转让其债权时,应当在债券票面上背书,记载转让人的转让意思,并将其所持债券交付受让人。除这种转让方式外,对记名公司债券,也可以采用法律、行政法规规定的其他方式转让。转让记名公司债券,必须在公司债券存根簿上办理过户手续,也就是变更债券持有人的姓名或者名称及住所等记载事项才能产生转让效力,否则该转让不能对抗公司。

(2)无记名公司债券只通过交付债券就可成立转让。因此,无记名公司债券的持有人转让其债权时,无须在债券票面上做背书,将债券交付受让人即发生转让效力,持有无记名公司债券的人视为债权人,可以对抗公司和第三人。

第一百六十一条 【可转换债券的发行及载明事项】上市公司经股东大会决议可以发行可转换为股票的公司债券,并在公司债券募集办法中规定具体的转换办法。上市公司发行可转换为股票的公司债券,应当报国务院证券监督管理机构核准。

发行可转换为股票的公司债券,应当在债券上标明可转换公司债券字样,并在公司债券存根簿上载明可转换公司债券的数额。

>> 条文注解

可转换为股票的公司债券的持有人,享有在一定期间后将所持有的公司债券转换成股票的权利,通过行使转换权取得公司股权,使其对公司的债权消灭。可以说,可转换公司债券潜在地拥有股票的性质。转换一股所需的公司债券的金额为转换价格,一般都以发行可转换公司债券时的股票价格为标准。债券持有人通常在经过一定时间后,根据股价行情选择是否行使转换权。如果股价上升,债券持有人可以获得将债券转换为股票的收益;反之,如果股价下跌,债券持有人则要自己承担投资风险。债券持有人如果不行使转换权,那么不管公司经营效益如何,都可以得到确定的利息收益。发行可转换公司债券,可以为具有不同投资偏好的认购人提供一种更加灵活的选择机制,有利于债券持有人回避风险、保障收益。同时,对发行公司来说,可转换公司债券的利率较一般公司债券利率低,公司可以降低发行债券的成本,而当股价上涨时,又可以吸引债券持有人投资于股票,减少公司负债,增加公司资本,提高公司的资本比率,改善财务状况。因此,发行可转换公司债券是公司筹资的重要手段。

第一百六十二条 【可转换债券的转换】发行可转换为股票的公司债券的,公司应当按照其转换办法向债券持有人换发股票,但债券持有人对转换股票或者不转换股票有选择权。

>> 条文注解

公司发行可转换为股票的公司债券,即承担了按照约定条件向债券持有人换发股票的义务,而债券持有人则享有按照约定条件向公司要求将其持有的公司债券换发为股票的权利。公司在发行可转换公司债券时，都要根据法律要求在经核准并公告的公司债券募集办法中，对公司债券转换为股票的具体办法包括转换程序、转换条件、提出转换的期限等作出明确规定，因此，在可转换公司债券发行后，债券持有人提出转换股票的请求时，公司有义务按照公司债券募集办法中规定的转换办法为债券持有人换发股票。可转换公司债券转换为股票的行为应在债券持有人提出转换请求时进行并产生转换效力，公司债券转换股票行为生效后，债券持有人丧失债权人的地位，成为股东。

可转换公司债券为债券持有人提供的是由债权人转变为股东的选择权，债券持有人可以根据自己的意愿选择处分自己的民事权利，公司不能强迫债券持有人将其持有的公司债券转换为股票。如果债券持有人在债券期限届满时不行使转换权，则可以要求公司按照公司债券募集办法的规定还本付息。

第八章 公司财务、会计

第一百六十三条 【公司财务、会计制度的建立】公司应当依照法律、行政法规和国务院财政部门的规定建立本公司的财务、会计制度。

>> 条文注解

公司财务、会计制度是指以货币为主要计量形式，对公司的整个财务活动和经营状况进行记账、算账、报账，为公司管理者和其他利害关系人定期提供公司财务信息而形成的制度。公司财务会计活动的基本内容是编制和提供公司财务经营信息。公司财务会计人员通过对公司生产经营活动中大量的、日常的业务数据进行记录、分类和汇总，定期编制和披露反映公司在一定期间内的经营成果和财务状况的报表，如资产负债表、损益表、现金流量表，为有关利益主体提供公司的财务经营信息。公司财务、会计制度的基本要求是通过会计凭证、账簿、报表等会计资料，系统、真实、准确、全面地反映了公司资金运动信息。公司财务会计的服务对象主要是与公司有利害关系的所有人，包括股东、债权人、潜在投资者、潜在的交易对方、政府财税机关等。与公司有利益关系的各主体通过分析公司财务会计报表，了解公司的基本经营状况，以此作为他们进行投资、交易、监督、管理活动的重要决策依据。因此，公司的财务会计行为就不能单纯被公司管理者所左右，而是必须按照法律、行政法规和财政部门的要求编制。

第一百六十四条 【财务会计报告的制作和年审制】公司应当在每一会计年度终了时编制财务会计报告，并依法经会计师事务所审计。

财务会计报告应当依照法律、行政法规和国务院财政部门的规定制作。

第一百六十五条 【财务会计报告送交股东及公告】有限责任公司应当依照公司章程规定的期限将财务会计报告送交各股东。

股份有限公司的财务会计报告应当在召开股东大会年会的二十日前置备于本公司，供股东查阅；公开发行股票的股份有限公司必须公告其财务会计报告。

第一百六十六条 【公司税后利润分配】公司分配当年税后利润时，应当提取利润的百分之十列入公司法定公积金。公司法定公积金累计额为公司注册资本的百分之五十以上的，可以不再提取。

公司的法定公积金不足以弥补以前年度亏损的，在依照前款规定提取法定公积金之前，应当先用当年利润弥补亏损。

公司从税后利润中提取法定公积金后，经股东会或者股东大会决议，还可以从税后利润中提取任意公积金。

公司弥补亏损和提取公积金后所余税后利润，有限责任公司依照本法第三十四条的规定分配；股份有限公司按照股东持有的股份比例分配，但股份有限公司章程规定不按持股比例分配的除外。

股东会、股东大会或者董事会违反前款规定，在公司弥补亏损和提取法定公积金之前向股东分配利润的，股东必须将违反规定分配的利润退还公司。

公司持有的本公司股份不得分配利润。

>> 条文注解

公司的税后利润应当按照下列顺序分配：

(1)弥补公司的亏损。公司亏损是指在一个会计年度内，公司的赢利低于公司的全部成本、费用及其损失的总和。在公司存续期间内，公司应当经常保持与其资本相当的实有财产。当公司有利润时，应当首先用利润弥补公司的亏损，使公司资本得以维持。

(2)提取法定公积金。公司当年的税后利润在弥补亏损后，如果仍有剩余，应当提取10%列入法定公积金。公司的法定公积金累积金额达到公司注册资本的50%后，可以不再提取。公司不得削减法定公积金的提取比例。

(3)提取任意公积金。公司除了提取法定公积金以外，可以根据公司的实际情况，在提取了法定公积金后，由股东会或者股东大会决定另外再从税后利润中提取一定的公积金。此部分是公司自行决定提取的，不是法律强制要求的，被称为任意公积金。任意公积金提取多少，由公司自行决定。

(4)支付普通股股利。公司税后利润在进行以上分配后，如仍有剩余，可以按确定的利润分配方案向公司的普通股股东支付股利。有限责任公司，除了全体股东另有约定的外，按照股东实际缴纳的出资比例分取红利；股份有限公司，除了公司章程另有规定的外，按照股东持有的股份比例分配。公司持有的本公司的股份不得分配股利。

法律规定公司的税后利润应当先用于弥补亏损、提取法定公积金，然后才能分配给公司的股东，以保持公司资本的稳定性，维护债权人的利益。如果公司的股东会、股东大会或者董事会违反法律的规定，在公司弥补亏损和提取法定公积金之前向股东分配利润，股东必须将违反规定分配的利润退还公司。

第一百六十七条　【资本公积金】股份有限公司以超过股票票面金额的发行价格发行股份所得的溢价款以及国务院财政部门规定列入资本公积金的其他收入，应当列为公司资本公积金。

>> 条文注解

资本公积金来源于以下几个方面：第一，与出资有关但不计入股本的现金或实物流入。包括资本溢价、股票溢价等。第二，虽然意味着所有者权益的增加，但是又不适宜作为收入确认的项目。包括基于法定财产重估增值而形成的资产评估增值准备、接受捐赠的实物资产的价值形成的接受捐赠资产准备、以非现金资产对外投资公允价值大于账面价值的差额而形成的股权投资准备等。第三，基于会计处理方法或者会计程序而引起的所有者权益账面增长。

第一百六十八条　【公积金用途及限制】公司的公积金用于弥补公司的亏损、扩大公司生产经营或者转为增加公司资本。但是，资本公积金不得用于弥补公司的亏损。

法定公积金转为资本时，所留存的该项公积金不得少于转增前公司注册资本的百分之二十五。

>> 条文注解

公司公积金应当用于以下几个方面：

(1)弥补公司的亏损。公司在生产或者经营过程中，有时赢利，有时亏损。如果公司赢利时完全分光，当公司出现暂时的亏损时会减少公司的资本，公司将很难发展。有了公积金作为储备金，当公司亏损时不仅可以弥补资本的亏空，而且还可以动用一部分作为红利进行分配，使公司在保持原有经营规模或者在相对稳定的情况下调整经营政策，尽快地扭亏为盈。公积金弥补亏损实际上起到了维护公司信誉和抵御经营风险的作用。公司应当首先动用法定公积金弥补公司的亏损，当法定公积金不足以弥补时，用当年的利润弥补，当年的利润仍不足以弥补时，可以用任意公积金弥补。

(2)扩大公司生产经营。公司在发展过程中扩大生产经营规模、增强公司的实力，这需要增加投入。如果公司对外募集扩大公司生产经营规模的资金，手续复杂，成本较高。如果公司用公司的公积金来扩大公司的生产或者经营规模，手续简单，成本也较低。

(3)增加公司的资本。增加公司的资本是指增加公司的注册资本。将公司的公积金用来增加公司的资本，有利于公司的发展和壮大。将公积金增加为公司的资本，实际上是增加股东的投资，对有限责任公司是按每个股东的出资比例增加其出资额；对股份有限公司，则按股东所持股份比例来增加其出资额，一种是增加公司的股份数，另一种是不改变公司的股份数，增加股份面值。

第一百六十九条 【聘用、解聘会计师事务所】公司聘用、解聘承办公司审计业务的会计师事务所，依照公司章程的规定，由股东会、股东大会或者董事会决定。

公司股东会、股东大会或者董事会就解聘会计师事务所进行表决时，应当允许会计师事务所陈述意见。

第一百七十条 【公司对会计师事务所的诚实义务】公司应当向聘用的会计师事务所提供真实、完整的会计凭证、会计账簿、财务会计报告及其他会计资料，不得拒绝、隐匿、谎报。

第一百七十一条 【禁止另立会计账簿及开立个人账户】公司除法定的会计账簿外，不得另立会计账簿。

对公司资产，不得以任何个人名义开立账户存储。

第九章 公司合并、分立、增资、减资

第一百七十二条 【公司合并方式】公司合并可以采取吸收合并或者新设合并。

一个公司吸收其他公司为吸收合并，被吸收的公司解散。两个以上公司合并设立一个新的公司为新设合并，合并各方解散。

>> 条文注解

吸收合并又称存续合并，它是指两个或者两个以上的公司合并时，其中一个或者一个以上的公司并入另一个公司的法律行为。接受被合并公司的公司，应当于公司合并以后到公司登记机关办理变更登记手续，继续享有法人地位；被兼并的公司法人资格消灭，成为另一个公司的组成部分，应当宣告停业，并到公司登记机关办理注销手续。如果合并的几个公司强弱悬殊，一般会采取吸收合并的方式，由实力强大的公司吸收另一个或几个公司。

新设合并是指两个或者两个以上的公司组合成为一个新公司的法律行为。这种合并是以原来所有公司的法人资格消灭为前提的。以这种形式进行合并以后，原公司应当到公司登记机关办理注销登记手续。新设立的公司应当到公司登记机关办理设立登记手续，取得法人资格。当然，新设立的公司应当符合公司法规定的设立公司的条件。当两个或者多个地位大致相同的公司同时存在，并且任何一个公司都不愿意被并入另一个公司时，新设合并就是比较可取的方式。

第一百七十三条 【公司合并程序和债权人异议】公司合并，应当由合并各方签订合并协议，并编制资产负债表及财产清单。公司应当自作出合并决议之日起十日内通知债权人，并于三十日内在报纸上公告。债权人自接到通知书之日起三十日内，未接到通知书的自公告之日起四十五日内，可以要求公司清偿债务或者提供相应的担保。

>> 条文注解

公司合并的程序通常如下：

（1）签订公司合并协议。公司合并协议是指由两个或者两个以上的公司就公司合并的有关事项订立的书面协议。协议的内容应当载明法律、行政法规规定的事项和双方当事人约定的事项，一般来说应当包括以下内容：①公司的名称与住所。这里所讲公司的名称和住所包括合并前的各公司的名称与住所和合并后存续公司或者新设公司的名称与住所。公司名称应当与公司登记时的名称相一致，并且该名称应当是公司的全称；公司的住所应当是公司的实际住所。②存续或者新设公司因合并而发行的股份总数、种类和数量或者投资总额以及每个出资人所占投资总额的比例等。③合并各方现有的资本及对现有资本的处理方法。④合并各方所有的债权、债务的处理方法。⑤存续公司的公司章程是否变更、公司章程变更后的内容、新设公司的章程如何订立及其主要内容。⑥公司合并各方认为应当载明的其他事项。

（2）编制资产负债表和财产清单。资产负债表是反映公司资产及负债状况、股东权益的公司主要的会计报表。资产负债表是合并中必须编制的报表。合并各方应当真实、全面地编制此表，以反映公司的财产情况。解散的公司不得隐瞒公司的债权债务。公司还要编制财产清单，清晰地反映公司的财产状况，其应当翔实、准确。

（3）合并决议的形成。公司合并应当在公司股东会或者股东大会作出合并决议后方能进行其他工作。公司合并会影响到股东利益，如股权结构的变化。根据本法第 43 条、第 59 条和第 102 条的规定，就有限责任公司来讲，其合并应当由股东会作出特别决议，即经代表2/3以上表决权的股东通过才能进行；就股份有限公司来讲，其合并应当由公司的股东大会作出特别决议，即必须经出席会议的股东所持表决权 2/3 以上决议通过才能进行；就国有独资公司而言，其合并必须由国有资产监督管理机构决定，其中重要的国有独资公司合并应当由国有资产监督管理机构审核后，报本级人民政府批准，才能进行。

（4）向债权人通知和公告。公司应当自作出合并决议之日起 10 日内通知债权人，并于 30 日内在报纸上公告。一般来说，对所有的已知债权人应当采用通知的方式告知，只有对那些未知的或者不能通过普通的通知方式告知的债权人才可以采取公告的方式。通知和公告的目的主要是告知公司债权人，以便让他们决定对公司的合并是否提出异议，此外，公告也可以起到通知未参加股东会（股东大会）的股东的作用。

（5）对公司股东进行信息披露。《证券法》第 67 条规定，上市公司作出合并、分立的决定，属于对上市公司股票交易价格产生重大影响的重大事件，在投资者尚未得知时，上市公司应当立即将有关该重大事件的情况向国务院证券监督管理机构和证券交易所报送临时报告，并予公告，说明事件的原因、目前的状态和可能产生的法律后果。

（6）反对股东请求股份回购。对于有限责任公司股东来说，按照本法第 74 条规定，对股东会做出的公司合并决议投反对票的股东可以请求公司按照合理的价格收购其股权。自股东会会议决议通过之日起60 日内，股东与公司不能达成股权收购协议的，股东可以自股东会会议决议通过之日起 90 日内向人民法院提起诉讼。对于股份有限公司股东来说，按照本法第 142 条规定，股东因对股东大会作出的公司合并、分立决议持异议,要求公司收购其股份的,股份有限公司可以收购本公司股份。

(7)合并登记。合并登记分为解散登记和变更登记。公司合并以后,解散的公司应当到工商登记机关办理注销登记手续;存续公司应当到登记机关办理变更登记手续;新成立的公司应当到登记机关办理设立登记手续。公司合并只有进行登记后,才能得到法律上的承认。

第一百七十四条 【公司合并的债权债务承继】公司合并时,合并各方的债权、债务,应当由合并后存续的公司或者新设的公司承继。

第一百七十五条 【公司分立程序】公司分立,其财产作相应的分割。

公司分立,应当编制资产负债表及财产清单。公司应当自作出分立决议之日起十日内通知债权人,并于三十日内在报纸上公告。

>> 条文注解

公司分立,其财产做相应的分割。公司分立时,应当就财产的分割问题达成一致协议。本条只规定了财产要做相应的分割,至于实践中具体如何做到"相应分割",本法没有做明确的规定。这个问题主要由股东会讨论,通过分立决议,然后由分立各方就财产问题按照平等自愿的原则达成协议。需要说明的是,这里所说的"财产"是指广义的财产,既包括积极财产,如债权,也包括消极财产,如债务;既包括有形财产,如设备,也包括无形财产,如商誉。

公司分立的程序和公司合并的程序基本相同,应当编制资产负债表及财产清单,公司应当自作出分立决议之日起 10 日内通知债权人,并于 30 日内在报纸上公告。与公司合并不同的是,在对债权人保护的方式上,公司合并时债权人享有异议权,可以要求公司清偿债务或者提供相应的担保,而公司分立时法律只是强调了公司的通知义务,并没有赋予债权人同样的权利。

第一百七十六条 【公司分立的债务承继】公司分立前的债务由分立后的公司承担连带责任。但是,公司在分立前与债权人就债务清偿达成的书面协议另有约定的除外。

>> 条文注解

债权人向分立后的企业主张债权,企业分立时对原企业的债务承担有约定,并经债权人认可的,按照当事人的约定处理;企业分立时对原企业债务承担没有约定或者约定不明,或者虽然有约定但债权人不予认可的,分立后的企业应当承担连带责任。

分立的企业在承担连带责任后,各分立的企业间对原企业债务承担有约定的,按照约定处理;没有约定或者约定不明的,根据企业分立时的资产比例分担。

第一百七十七条 【公司减少注册资本程序】公司需要减少注册资本时,必须编制资产负债表及财产清单。

公司应当自作出减少注册资本决议之日起十日内通知债权人,并于三十日内在报纸上公告。债权人自接到通知书之日起三十日内,未接到通知书的自公告之日起四十五日内,有权要求公司清偿债务或者提供相应的担保。

>> 条文注解

2013 年修订时,取消了原来规定的公司减资后的注册资本不得低于法定最低限额的要求。这是因为新修订的《公司法》取消了对公司的注册资本最低限额的要求,故而减资后也就不会产生低于最低限额的问题。但是,法律、行政法规、国务院决定对公司注册资本最低限额有特别规定,应当除外。

公司减少注册资本有以下几个程序:

(1)编制资产负债表和财产清单。公司减

资无论是对公司股东还是公司债权人,影响都很大,本法赋予了股东和债权人在公司减资过程中进行自我保护的方法。但是,无论是股东进行投票还是公司债权人要求公司清偿债务或者提供担保,前提都是对公司的经营状况尤其是财务状况有一定了解才可作出理智的决定,因此,本条规定,公司需要减少注册资本时,必须编制资产负债表及财产清单。

(2)股东会(股东大会)作出减资决议。公司减资,往往伴随着股权结构的变动和股东利益的调整,在公司不依股东持股比例减资尤其是在注销的情况下,更是如此,因此公司减资直接引发公司股东之间的利益冲突。为了保证公司减资能够体现绝大多数股东的意志,根据本法第43条、第59条和第102条的规定,就有限责任公司来讲,应当由股东会作出特别决议,即经代表2/3以上表决权的股东通过才能进行;就股份有限公司来讲,应当由公司的股东大会作出特别决议,即必须经出席会议的股东所持表决权2/3以上决议通过才能进行;就国有独资公司而言,必须由国有资产监督管理机构决定。

(3)向债权人通知和公告。公司应当自作出减少注册资本决议之日起10日内通知债权人,并于30日内在报纸上公告。这一程序与公司增资的规定相同,主要是为了保护公司债权人的利益。公司减资未通知债权人也未公告,造成债权不能及时申报,公司债权债务亦未清理的,其行为构成对债权人权益的侵害。

(4)减资登记。公司减资以后,应当到工商登记机关办理变更登记手续,公司减资只有进行登记后,才能得到法律上的承认。

公司减少注册资本,必须按照上述法定程序,否则属于实质上的抽逃出资性质,减资股东应在出资范围内对公司债务承担连带责任。

第一百七十八条 【增加注册资本的规定】有限责任公司增加注册资本时,股东认缴新增资本的出资,依照本法设立有限责任公司缴纳出资的有关规定执行。

股份有限公司为增加注册资本发行新股时,股东认购新股,依照本法设立股份有限公司缴纳股款的有关规定执行。

>> 条文注解

公司增加注册资本,是指公司经过公司的股东会或股东大会进行决议后使公司的注册资本在原来的基础上予以扩大。公司增加注册资本不仅需要由公司的股东会或股东大会作出决议,还必须履行相应的法律程序。

有限责任公司增加注册资本时,股东认缴新增资本的出资,依照本法设立有限责任公司缴纳出资的有关规定执行意味着:股东以货币出资的,应当依法存入公司的账户;股东以实物、知识产权、土地使用权等出资的,应当依法办理财产的转移手续。如果有限责任公司增加注册资本时采取吸收新的股东加入,则必须保证新股东加入后的公司股东人数之和不能超过50人。增加注册资本后必然涉及章程的修改和公司的变更登记。

股份有限公司增加注册资本的应当执行法定的缴股的规定。股份有限公司为增加注册资本发行新股时,股东认购新股应当依照本法设立股份有限公司缴纳股款的有关规定执行,如果向社会募集新股,还应当公告招股说明书、制作认股书、认股人按照所认股份缴纳股款等。同样的,股份有限公司增加注册资本,也必须相应修改公司章程并依法办理变更登记。

第一百七十九条 【公司合并、分立、解散、新设、增资、减资的登记要求】公司合并或者分立,登记事项发生变更的,应当依法向公司登记机关办理变更登记;公司解散的,应当依法办理公司注销登记;设立新公司的,应当依法办理公司设立登记。

公司增加或者减少注册资本,应当依法向公司登记机关办理变更登记。

第十章 公司解散与清算

第一百八十条 【公司解散事由】公司因下列原因解散：

（一）公司章程规定的营业期限届满或者公司章程规定的其他解散事由出现；

（二）股东会或者股东大会决议解散；

（三）因公司合并或者分立需要解散；

（四）依法被吊销营业执照、责令关闭或者被撤销；

（五）人民法院依照本法第一百八十二条的规定予以解散。

>> 条文注解

综合而言，公司解散的原因包括：

（1）公司章程规定的营业期限届满或者公司章程规定的其他解散事由出现。公司的营业期限是公司存续的时间界限，公司章程可以规定公司的营业期限。本法规定，公司营业执照签发日期是公司的成立日期，公司的营业期限从公司营业执照签发之日起计算。公司的营业期限届满，公司应当停止活动，进入解散阶段。如果公司的营业期限届满仍有存在的必要，经公司的权力机构修改公司章程中的营业期限，并向工商行政管理部门申请营业期限变更，经变更登记后，公司的解散事由消灭，可以继续经营。公司章程也可以根据本公司的具体情况，规定某些特定的事由作为公司解散的原因，一旦公司出现了公司章程中规定的应当解散的原因，公司就应当停止生产或者经营活动，进入公司解散程序。

（2）股东会或者股东大会决议解散。有限责任公司的权力机构是公司的股东会，股份有限公司的权力机构是公司的股东大会，他们有权对公司的重要事务作出决议。公司停止经营活动，消灭法人资格是公司的重要事务，应当由公司的股东会或者股东大会作出决议。如果公司的股东会或者股东大会作出解散公司的决议，公司应当执行。有限责任公司的股东会对公司解散作出决议，必须经代表公司2/3以上表决权的股东通过；股份有限公司的股东大会对公司的解散作出决议，必须经出席会议的股东所持表决权的2/3以上通过。

（3）因公司合并或者分立需要解散。公司合并是指两个或者两个以上的公司订立合并协议，依照本法的规定，不经过清算程序，直接合并为一个公司的法律行为。公司合并可以分为吸收合并和新设合并两种方式。吸收合并是指一个公司吸收其他公司，被吸收的公司解散；新设合并是指两个以上的公司合并设立一个新的公司，合并各方解散。因此，公司合并是公司解散的原因之一。公司分立是指一个公司通过签订协议，不经过清算程序，分为两个或者两个以上的公司的法律行为。公司分立可以分为存续分立和解散分立两种方式。存续分立是指一个公司分离成为两个以上公司，本公司继续存在，并设立一个以上新的公司；解散分立是指一个公司分解为两个以上公司，本公司解散，并设立两个以上新的公司。在前一种情况下，不会出现公司解散的情况，在后一种情况下，公司分立成为公司解散的原因之一。

（4）依法被吊销营业执照、责令关闭或者被撤销。所谓吊销营业执照，是指剥夺被处罚公司已经取得的营业执照，使其丧失继续从事生产或者经营的资格。所谓责令关闭，是指行为人违反了法律、行政法规的规定，被行政机关作出了停止生产或者经营的处罚决定，从而停止生产或者经营。所谓被撤销，是指由行政机关撤销有瑕疵的公司登记。公司被依法吊销营业执照、责令关闭或者被撤销，已经不能进行生产或者经营了，应当解散。

（5）人民法院依照本法第182条的规定予以解散。本法该条规定，公司经营发生严重困难，继续存续会使股东利益受到重大损失，通过其他途径不能解决的，持有公司全部股东表决权10%以上的股东，可以请求人民法院解散公司。

第一百八十一条 【修改公司章程使公司存续的议事规则】公司有本法第一百八十条第（一）项情形的，可以通过修改公司章程而存续。

依照前款规定修改公司章程，有限责任公司须经持有三分之二以上表决权的股东通过，股份有限公司须经出席股东大会会议的股东所持表决权的三分之二以上通过。

第一百八十二条 【股东的解散公司请求权】公司经营管理发生严重困难，继续存续会使股东利益受到重大损失，通过其他途径不能解决的，持有公司全部股东表决权百分之十以上的股东，可以请求人民法院解散公司。

>> 条文注解

第182条实质是对公司出现僵局时股东请求法院解散公司的规定。其适用的条件主要是：

（1）公司经营管理出现严重困难。这是指因股东间或者公司管理人员之间的利益冲突和矛盾导致公司的有效运行失灵，股东会或者董事会无法有效召集，任何一方的提议都不被对方接受和认可，公司的一切事务处于一种瘫痪状态，继续存续会使股东利益受到重大损失。实践中，公司僵局可能发生在股东会层面，也可能发生在董事会层面。最高人民法院指导案例第8号的裁判要点指出："判断'公司经营管理是否发生严重困难'，应从公司组织机构的运行状态进行综合分析。公司虽处于盈利状态，但其股东会机制长期失灵，内部管理有严重障碍，已陷入僵局状态，可以认定为公司经营管理发生严重困难。"

（2）没有其他途径可以解决。公司的经营管理出现严重困难时，应当先由公司内部解决。如果通过协商、仲裁等手段能够解决的情况下不得申请解散。即应当注意，公司僵局并不必然导致公司解散，司法应审慎介入公司事务，凡有其他途径维持公司存续的，不应轻易解散公司。

（3）只有持有特定比例表决权的股东，即只有持有公司全部股东表决权10%以上的股东才可以提出申请。解散公司是一种不利益的行为，如果任何股东在公司经营管理困难时都可以申请解散，将严重影响公司的经营。

第一百八十三条 【清算组的成立与组成】公司因本法第一百八十条第（一）项、第（二）项、第（四）项、第（五）项规定而解散的，应当在解散事由出现之日起十五日内成立清算组，开始清算。有限责任公司的清算组由股东组成，股份有限公司的清算组由董事或者股东大会确定的人员组成。逾期不成立清算组进行清算的，债权人可以申请人民法院指定有关人员组成清算组进行清算。人民法院应当受理该申请，并及时组织清算组进行清算。

>> 条文注解

第一，公司因股东设立公司时在章程中规定营业期限届满或者其他解散事由而解散的，股东会或者股东大会在公司经营过程中决议解散的，公司因违法行为被吊销营业执照、责令关闭或者被撤销而解散的，公司经营发生严重困难的股东依法申请解散的，应当自行成立清算组。公司合并与分立的过程中依法编制资产负债表和财产清单，不需要清算。

第二，公司解散后，必须成立清算组，完成公司清算的工作。具体来说，公司应当在解散事由出现之日起15日内成立清算组，开始清算。有限责任公司和股份有限公司清算组的组成并不相同，有限责任公司的清算组由股东组成，股份有限公司的清算组由董事或者股东大会确定的人员组成。清算组分为两类：一是公司自行成立的清算组。二是法院指定的清算组。对于公司自行成立的清算组，有限责任公司的清算组由股东组成,股份有限公司的清算组由董事或者股东大会确定的人员组成。逾期不成立清算组进行清算的,债权人可以申请人民法院指定有关人员组成清算组进行清算。清算组成员可以从下列人员或者机构中产生:(1)公司股东、董事、监事、高级管理人员;(2)依法设立的律师事务所、会计师事务所、破产清算事务所等社会中介机构;(3)依法设立的律师事务所、会计师事务所、破产清算事务所等社会中介机构中具备相关专业知识并取得执业资格的人员。被指定的清算组成员有下列情形之一的,人民法院可以根据债权人、股东的申请,或者依职权更换清算组成员:(1)有违反法律或者行政法规的行为;(2)丧失执业能力或者民事行为能力;(3)有严重损害公司或者债权人利益的行为。

第三,关于清算人的清算义务,最高人民法院指导案例第9号的裁判要点指出:有限责任公司的股东、股份有限公司的董事和控股股东,应当依法在公司被吊销营业执照后履行清算义务,不能以其不是实际控制人或者未实际参加公司经营管理为由,免除清算义务。

第四,逾期不成立清算组进行清算的,债权人可以申请人民法院指定有关人员组成清算组进行清算。人民法院应当受理该申请,并及时组织清算组进行清算。具体而言,有下列情形之一的,债权人可以申请人民法院指定清算组进行清算:(1)公司解散逾期不成立清算组进行清算的;(2)虽然成立清算组但故意拖延清算的;(3)违法清算可能严重损害债权人或者股东利益的。

第五,具有上述情形,而债权人未提起清算申请的,公司股东可以申请人民法院指定清算组对公司进行清算。

第一百八十四条 【清算组职权】清算组在清算期间行使下列职权:

(一)清理公司财产,分别编制资产负债表和财产清单;

(二)通知、公告债权人;

(三)处理与清算有关的公司未了结的业务;

(四)清缴所欠税款以及清算过程中产生的税款;

(五)清理债权、债务;

(六)处理公司清偿债务后的剩余财产;

(七)代表公司参与民事诉讼活动。

>> 条文注解

清算组在清算期间行使下列职权:

(1)清理公司财产,分别编制资产负债表和财产清单。清算组成立以后,应当对公司的财产进行全面清理和核查。清算组查实公司的全部资产后,分别编制资产负债表和财产清单。资产负债表是指全面反映公司资产、负债和股东权益的会计报表,由公司资产、负债和股东权益三部分组成。财产清单是指公司全部资产的明细表,包括公司的固定资产、流动资产、无形资产和其他资产。查清公司的资产是公司进行清算的前提条件,没有查清公司的资产,清算工作无法继续进行。

(2)通知、公告债权人。公司解散,债权人的利益应当得到保护,因此应当将公司解散的情况通知其债权人,以便债权人及时行使权利。公司解散,公司的董事会停止行使职权,其职权由公司的清算组接管,通知公司债权人行使债权,应当是公司清算组的事情。对于住所明确的债权人,清算组应当及时书面通知其公司解散的情况;对于住所不明确的债权人,清算组应当发出公告,以便债权人尽快参与公司财产的清算和分配。

(3)处理与清算有关的公司未了结的业务。所谓与清算有关的公司未了结的业务,主要是指公司解散之前已经订立的,但是目前尚未履行的有关合同事项;拖欠公司职工的工资、劳动保险费用;未结算的债权、债务及有关的纳税事宜等。清算组在处理公司未了结的业务时,有权根据清算工作的需要决定进行或者停止进行一些公司业务。清算组决定不进行未了结的公司业务给对方造成损失的，应当从公司的财产中给予赔偿。清算组处理与清算有关的公司未了结的业务，应当遵守法律、行政法规的规定，并应当有利于保护公司债权人的合法权益，有利于尽快结束公司的业务，有利于减少股东的损失。

(4)清缴清算开始前所欠税款以及清算过程中产生的税款。公司解散，清算组应当清查公司的纳税事项，发现应当缴纳的税款未缴纳的，应当报请有关税务部门查实，并依法将所欠的税款缴纳。公司在清算中产生的税款，清算组也应当依法缴纳。

(5)清理债权、债务。债权、债务是按照合同的约定或者依照法律的规定，在当事人之间产生的特定的权利和义务关系。债权人有权要求债务人按照合同的约定或者依照法律的规定履行义务。清算组清理公司的债权和债务，可以为公司的债务清偿做好准备。清理债权、债务涉及广大股东和债权人的利益，清算组应当依照本法的规定进行。

(6)处理公司清偿债务后的剩余财产。所谓公司的剩余财产，是指公司的财产在支付清算费用、职工的工资、社会保险费用和法定补偿金、缴纳公司所欠的税款、清偿公司债务后余下的财产。公司的剩余财产在有限责任公司按照股东的出资比例分配，在股份有限公司按照股东持有的股份比例分配。

(7)代表公司参与民事诉讼活动。在清算期间，清算组代表公司从事对外事务。如果解散公司要起诉或者被起诉，应由清算组代表公司进行。清算组在其职权范围内代表公司参与民事诉讼活动受法律的保护。

第一百八十五条 【清算期间的债权申报】 **清算组应当自成立之日起十日内通知债权人，并于六十日内在报纸上公告。债权人应当自接到通知书之日起三十日内，未接到通知书的自公告之日起四十五日内，向清算组申报其债权。**

债权人申报债权，应当说明债权的有关事项，并提供证明材料。清算组应当对债权进行登记。

在申报债权期间，清算组不得对债权人进行清偿。

第一百八十六条 【清算方案的制定与公司财产的处理】 **清算组在清理公司财产、编制资产负债表和财产清单后，应当制定清算方案，并报股东会、股东大会或者人民法院确认。**

公司财产在分别支付清算费用、职工的工资、社会保险费用和法定补偿金，缴纳所欠税款，清偿公司债务后的剩余财产，有限责任公司按照股东的出资比例分配，股份有限公司按照股东持有的股份比例分配。

清算期间，公司存续，但不得开展与清算无关的经营活动。公司财产在未依照前款规定清偿前，不得分配给股东。

>> 条文注解

经确认，公司现有的财产大于所欠债务的，清算组应当清偿下列费用和债务：(1)清算费用，包括财产评估费，公告费，清算组成员报酬，律师费用等；(2)职工的工资、社会保险费用和法定补偿金；(3)所欠税款；(4)其他公司债务；(5)将剩余财产分配给股东。取得公司剩余财产权，是公司股东的基本权利，但是该权利必须在公司对外一切债务得以了结后才能行使，不能超越前面各项债务而提前分配公司财产。执行未经确认的清算方案给公司或者债权人造成损失的，公司、股东或者债权人可以请求人民法院要求清算组成员承担赔偿责任。

公司解散时，股东尚未缴纳的出资均应作为清算财产。股东尚未缴纳的出资包括到期应缴未缴的出资和分期缴纳尚未届满缴纳期限的出资。公司财产不足以清偿债务时，债权人可以要求未缴出资股东以及公司设立时的其他股东或者发起人在未缴出资范围内对公司债务承担连带清偿责任。

第一百八十七条　【宣告破产】清算组在清理公司财产、编制资产负债表和财产清单后，发现公司财产不足清偿债务的，应当依法向人民法院申请宣告破产。

公司经人民法院裁定宣告破产后，清算组应当将清算事务移交给人民法院。

>> 条文注解

清算组在清理公司财产、编制资产负债表和财产清单后，发现公司财产不足清偿债务的，应当依法向人民法院申请宣告破产。这是清算组的法定义务，并且无论是自行清算还是指定清算的清算组都有义务申请。此时，公司将由清算程序转为破产程序。当公司经人民法院裁定宣告破产后，清算组应当将清算事务移交给人民法院，此时将变为破产清算，而非解散清算。相应地，破产清算的负责人是破产管理人。

人民法院指定的清算组在清理公司财产、编制资产负债表和财产清单时，发现公司财产不足清偿债务的，可以与债权人协商制作有关债务清偿方案。债务清偿方案经全体债权人确认且不损害其他利害关系人利益的，人民法院可依清算组的申请裁定予以认可。清算组依据该清偿方案清偿债务后，应当向人民法院申请裁定终结清算程序。债权人对债务清偿方案不予确认或者人民法院不予认可的，清算组应当依法向人民法院申请宣告破产。

第一百八十八条　【清算报告的报送及公司注销登记】公司清算结束后，清算组应当制作清算报告，报股东会、股东大会或者人民法院确认，并报送公司登记机关，申请注销公司登记，公告公司终止。

>> 条文注解

清算组向股东分配公司剩余财产后，公司清算即告结束。清算组应当制作完整的清算报告，报送给股东会、股东大会或者人民法院。清算报告是清算组对清算工作的总结和汇报。清算报告包括清算组对公司资产的认定，对解散事由出现前未了事务的处理以及债权债务的结算、剩余财产的分配情况等。股东会、股东大会和人民法院接到清算报告后，应当认真审核。经审查认为清算报告内容属实、合法的，应当予以确认；经审查发现清算过程中存在违法行为，有权要求清算组作出解释。如果因清算组成员故意或者重大过失造成他人损失的，清算组成员应当承担赔偿责任。

第一百八十九条　【清算组成员的义务】清算组成员应当忠于职守，依法履行清算义务。

清算组成员不得利用职权收受贿赂或者其他非法收入，不得侵占公司财产。

清算组成员因故意或者重大过失给公司或者债权人造成损失的，应当承担赔偿责任。

>> 条文注解

清算组成员因故意或者重大过失给公司或者债权人造成损失的，应当承担赔偿责任。所谓故意，是指清算组成员明知自己的行为会产生损害公司或者债权人利益的后果，而希望或者放任这种结果发生。所谓重大过失，是指清算组成员处理清算事务，法律作出了要求其特别注意的规定，但是清算成员因为疏忽大意，没有对该法律规定引起注意，或者虽然注意了，轻信可能避免，以致发生了不该发生的法律后果。由此给公司和债权人造成损失的，该清算组成员应当对公司和受损失的债权人承担赔偿责任。

第一百九十条　【破产清算的法律适用】公司被依法宣告破产的，依照有关企业破产的法律实施破产清算。

>> **条文注解**

破产，是指债务人不能清偿到期债务，经人民法院裁定宣告破产后，以其全部资产依照法律的规定进行清偿，清偿不足的部分不再进行清偿。公司因不能清偿到期债务被宣告破产，依照《企业破产法》或者《民事诉讼法》的企业法人破产还债程序的规定进行清算。

公司被宣告破产后，应当按照法律规定的程序即破产清算程序进行清算，以了结债务人与债权人之间的财产关系。在破产清算程序中，主要包括两方面的内容：一是破产清算组在收集管理破产财产的基础上，对破产财产进行估价和处理；二是用变卖破产财产的价款支付破产费用，清偿优先受偿人，然后将剩余金额在所有破产债权人之间进行分配。

第十一章　外国公司的分支机构

第一百九十一条　【外国公司的定义】本法所称外国公司是指依照外国法律在中国境外设立的公司。

>> **条文注解**

依据本条的规定，本法所谓的外国公司是指依照外国法律在中国境外组织成立的公司，确定公司国籍的标准是公司设立时依据的法律，即公司依照哪一国法律规定设立的，就属于哪国公司，就在该国取得法律上的人格。外国公司因为是境外登记成立的公司，因此种类可能与我国公司不同，包括有限责任公司、股份有限公司、无限公司、两合公司等法定责任形式的公司，但无论采用何种公司形式，均被我国认为是外国公司。

第一百九十二条　【外国公司分支机构的设立程序】外国公司在中国境内设立分支机构，必须向中国主管机关提出申请，并提交其公司章程、所属国的公司登记证书等有关文件，经批准后，向公司登记机关依法办理登记，领取营业执照。

外国公司分支机构的审批办法由国务院另行规定。

>> **条文注解**

外国公司的分支机构具有以下特征：(1)具有该外国公司相同的国籍。(2)外国公司分支机构是依照中国法律，经中国政府批准，在中国境内设立，并受中国法律的保护和管辖的。外国公司分支机构的直接营业地点是在中国，经营活动必然对我国的经济和社会生活产生影响，因此，其设立当然应当经过我国政府批准，并遵守我国的法律。(3)外国公司分支机构不具有中国企业法人资格，其经营活动所产生的一切后果由设立它的外国公司承担，其本身不具备独立承担责任的能力。(4)外国公司分支机构在中国境内的业务活动应当以营利为目的，进行直接的经营活动。这是外国公司分支机构与外国企业常驻代表机构的显著区别。外国企业常驻代表机构是指外国公司或其他经济组织为方便经济贸易往来、掌握了解市场信息，经中国政府批准，在中国境内设立并经中国工商行政管理机关登记的从事非直接经营活动的机构，如“办事处”“代表处”等。其活动内容限制为：在中国境内为国外总机构进行了解市场情况、收集商情资料、业务联络、咨询服务活动；为其客户在中国境内负责了解市场状况、收集资料、提供咨询；在中国境内为其他企业从事代表业务、为其他企业之间的经济交往从事联络洽谈、居间介绍等，而不能直接进行营利性的贸易、投资活动。而外国公司分支机构的经营范围要广泛得多，除了上述业务活动外，主要直接从事生产经营活动。

外国公司要在中国境内设立分支机构，应当满足以下条件：首先，外国公司应当取得所在国的公司法人资格，否则不能在我国境内设立分支机构。其次，必须先向中国主管机关提出申请，并经过中国政府的相关主管部门批准，并领取非法人营业执照。最后，外国公司的分支机构是在中国境内从事经营活动的非法人经济组织，其从事业务活动要履行中国法律规定的各项义务,不得损害中国的社会公共利益,同时也受到中国法律的保护。

第一百九十三条 【外国公司分支机构的设立条件】外国公司在中国境内设立分支机构,必须在中国境内指定负责该分支机构的代表人或者代理人,并向该分支机构拨付与其所从事的经营活动相适应的资金。

对外国公司分支机构的经营资金需要规定最低限额的,由国务院另行规定。

第一百九十四条 【外国公司分支机构的名称要求及章程置备】外国公司的分支机构应当在其名称中标明该外国公司的国籍及责任形式。

外国公司的分支机构应当在本机构中置备该外国公司章程。

第一百九十五条 【外国公司分支机构的法律地位及责任承担方式】外国公司在中国境内设立的分支机构不具有中国法人资格。

外国公司对其分支机构在中国境内进行经营活动承担民事责任。

>> 条文注解

外国公司属于外国法人,其分支机构虽然在中国设立,但是它没有独立的财产,不进行独立核算;不具有独立公司法人的内部组织机构;不使用与其总公司相区别的独立的名称。外国公司分支机构只是外国法人在中国设立的派出机构,是所属外国公司的组成部分,而不是外国公司依据中国法律在中国境内单独登记注册成立的子公司法人,因此它不是中国法人。

分支机构在中国境内从事经营活动是以设立该分支机构的外国公司的名义进行的,产生的权利和义务均归属于该外国公司,民事责任也由所属外国公司来承担而不能够由其独立承担。实践中债务一般首先由分支机构来进行清偿,因为按照法律规定,外国公司在中国境内设立分支机构,必须向该分支机构拨付与其所从事的经营活动相适应的资金。当分支机构不能清偿债务时,再由所属外国公司来进行清偿。

第一百九十六条 【外国公司分支机构的合法经营义务及合法权益的保护】经批准设立的外国公司分支机构,在中国境内从事业务活动,必须遵守中国的法律,不得损害中国的社会公共利益,其合法权益受中国法律保护。

第一百九十七条 【外国公司分支机构的撤销】外国公司撤销其在中国境内的分支机构时,必须依法清偿债务,依照本法有关公司清算程序的规定进行清算。未清偿债务之前,不得将其分支机构的财产移至中国境外。

>> 条文注解

外国公司分支机构的清算,按照本法有关公司清算程序的规定进行,主要包括成立清算组织、通知和公告债权人、债权申报和登记、清理财产和债权债务、制订清算方案、执行清算方案、制作清算报告以及注销登记等程序。在中国境内的外国公司分支机构的债务,实质上是该外国公司的债务,因此,用于清偿分支机构债务的财产不限于该分支机构的现有财产,如果分支机构的现有财产不足以清偿所欠债务时,债务人有权向该分支机构所属的外国公司请求偿还。

第十二章 法律责任

第一百九十八条 【公司登记违法的法律责任】违反本法规定,虚报注册资本、提交虚假材料或者采取其他欺诈手段隐瞒重要事实取得公司登记的,由公司登记机关责令改正,对虚报注册资本的公司,

处以虚报注册资本金额百分之五以上百分之十五以下的罚款；对提交虚假材料或者采取其他欺诈手段隐瞒重要事实的公司，处以五万元以上五十万元以下的罚款；情节严重的，撤销公司登记或者吊销营业执照。

>> **条文注解**

本条所涉及的违法行为，其实质是一种欺诈行为。(1)虚报注册资本。“虚报”主要是指为骗取公司登记而故意夸大资本数额，实际上根本就没有出资或者没有全部出资。(2)提交虚假材料。“虚假材料”主要是指设立(变更、注销)登记申请书、公司章程、验资证明等文件和从事法律、行政法规规定须报经有关部门审批的业务所提交的有关部门的批准文件是虚假的，例如说设立申请书中股东出资额的验资证明是虚构的，或者从事特种行业所提交的有关部门的批准文件是伪造，等等。(3)采取其他欺诈手段隐瞒重要事实。

本条所指的“公司登记”，不仅包括设立登记，还包括变更登记、注销登记以及设立分公司的登记等公司登记。

第一百九十九条　【虚假出资的法律责任】公司的发起人、股东虚假出资，未交付或者未按期交付作为出资的货币或者非货币财产的，由公司登记机关责令改正，处以虚假出资金额百分之五以上百分之十五以下的罚款。

第二百条　【抽逃出资的法律责任】公司的发起人、股东在公司成立后，抽逃其出资的，由公司登记机关责令改正，处以所抽逃出资金额百分之五以上百分之十五以下的罚款。

>> **条文注解**

抽逃出资行为的主体为公司发起人和股东，其抽逃出资行为是一种故意的行为。抽逃出资行为只发生在公司成立之后，这就与虚报注册资本、虚假出资等行为在时间上有所区别。

第二百零一条　【公司另立会计账簿的法律责任】公司违反本法规定，在法定的会计账簿以外另立会计账簿的，由县级以上人民政府财政部门责令改正，处以五万元以上五十万元以下的罚款。

第二百零二条　【提交财务会计报告违法的法律责任】公司在依法向有关主管部门提供的财务会计报告等材料上作虚假记载或者隐瞒重要事实的，由有关主管部门对直接负责的主管人员和其他直接责任人员处以三万元以上三十万元以下的罚款。

>> **条文注解**

理解第202条应当注意以下两点：(1)提供不真实的财务会计报告行为的主体从形式上看公司，但是操纵这一行为的实质主体是公司中直接负责的主管人员和其他直接责任人员，其应当承担本条的法律责任。(2)提供虚假财会报告与工作过失造成财务会计报告失实行为在客观上有相同之处，即财务会计报告虚假或遗漏。但二者区别的关键在于主观方面的不同，本行为主观上表现为行为人故意提供虚假的或者隐瞒重要事实的财务会计报告，而后者在主观上则是行为人由于业务能力、工作经验和态度等方面的原因，使其所制作的财务会计报告中有错算、错记、漏记等情形，即由工作过失造成财务会计报告失实的情况。

第二百零三条　【违法提取法定公积金的法律责任】公司不依照本法规定提取法定公积金的，由县级以上人民政府财政部门责令如数补足应当提取的金额，可以对公司处以二十万元以下的罚款。

第二百零四条 【公司在合并、分立、减少注册资本和清算中的违法行为及其法律责任】公司在合并、分立、减少注册资本或者进行清算时，不依照本法规定通知或者公告债权人的，由公司登记机关责令改正，对公司处以一万元以上十万元以下的罚款。

公司在进行清算时，隐匿财产，对资产负债表或者财产清单作虚假记载或者在未清偿债务前分配公司财产的，由公司登记机关责令改正，对公司处以隐匿财产或者未清偿债务前分配公司财产金额百分之五以上百分之十以下的罚款；对直接负责的主管人员和其他直接责任人员处以一万元以上十万元以下的罚款。

>> 条文注解

违法清算行为的基本特点包括：一是违法清算行为的主体为公司，但是要追究直接负责的主管人员和其他直接责任人员的法律责任。二是违法清算行为主要有：隐匿财产；对资产负债表或者财产清单作虚假记载；未清偿债务前分配公司财产。公司在进行清算时有上述违法行为的，由公司登记机关责令改正，这里的“责令改正”应针对违法清算行为的具体情况：公司清算时隐匿了财产的，责令交出财产；公司对资产负债表或者财产清单作虚假记载的，责令予以更正；公司在未清偿债务前分配公司财产的，责令收回已分配的财产，先清偿公司债务。

第二百零五条 【公司在清算期间违法经营的法律责任】公司在清算期间开展与清算无关的经营活动的，由公司登记机关予以警告，没收违法所得。

第二百零六条 【清算组及其成员违法行为的法律责任】清算组不依照本法规定向公司登记机关报送清算报告，或者报送清算报告隐瞒重要事实或者有重大遗漏的，由公司登记机关责令改正。

清算组成员利用职权徇私舞弊、谋取非法收入或者侵占公司财产的，由公司登记机关责令退还公司财产，没收违法所得，并可以处以违法所得一倍以上五倍以下的罚款。

第二百零七条 【资产评估、验资或者验证机构违法行为的法律责任】承担资产评估、验资或者验证的机构提供虚假材料的，由公司登记机关没收违法所得，处以违法所得一倍以上五倍以下的罚款，并可以由有关主管部门依法责令该机构停业、吊销直接责任人员的资格证书，吊销营业执照。

承担资产评估、验资或者验证的机构因过失提供有重大遗漏的报告的，由公司登记机关责令改正，情节较重的，处以所得收入一倍以上五倍以下的罚款，并可以由有关主管部门依法责令该机构停业、吊销直接责任人员的资格证书，吊销营业执照。

承担资产评估、验资或者验证的机构因其出具的评估结果、验资或者验证证明不实，给公司债权人造成损失的，除能够证明自己没有过错的外，在其评估或者证明不实的金额范围内承担赔偿责任。

>> 条文注解

第207条应注意第2款的内容，其规定的违法行为具备以下特点：一是承担资产评估、验资或者验证的机构提供的有重大遗漏的报告是由于过失所致，即由于疏忽大意或过于自信所致，如果工作认真负责，完全因受蒙蔽无法发现的，则不能依本款进行处理；二是提供的是有重大遗漏的报告，如果提供的报告因过失遗漏了一部分内容，影响不大，就不能承担该款规定的法律责任。

第二百零八条 【公司登记机关违法行为的法律责任】公司登记机关对不符合本法规定条件的登记申请予以登记，或者对符合本法规定条件的登记申请不予登记的，对直接负责的主管人员和其他直接责任人员，依法给予行政处分。

第二百零九条 【公司登记机关上级部门违法行为的法律责任】公司登记机关的上级部门强令公司登记机关对不符合本法规定条件的登记申请予以登记，或者对符合本法规定条件的登记申请不予登记的，或者对违法登记进行包庇的，对直接负责的主管人员和其他直接责任人员依法给予行政处分。

第二百一十条 【冒用公司、分公司名义的法律责任】未依法登记为有限责任公司或者股份有限公司，而冒用有限责任公司或者股份有限公司名义的，或者未依法登记为有限责任公司或者股份有限公司的分公司，而冒用有限责任公司或者股份有限公司的分公司名义的，由公司登记机关责令改正或者予以取缔，可以并处十万元以下的罚款。

第二百一十一条 【公司逾期开业、不当停业、不依法办理变更登记的法律责任】公司成立后无正当理由超过六个月未开业的，或者开业后自行停业连续六个月以上的，可以由公司登记机关吊销营业执照。

公司登记事项发生变更时，未依照本法规定办理有关变更登记的，由公司登记机关责令限期登记；逾期不登记的，处以一万元以上十万元以下的罚款。

第二百一十二条 【外国公司擅自设立分支机构的法律责任】外国公司违反本法规定，擅自在中国境内设立分支机构的，由公司登记机关责令改正或者关闭，可以并处五万元以上二十万元以下的罚款。

第二百一十三条 【危害国家安全与社会公共利益的法律责任】利用公司名义从事危害国家安全、社会公共利益的严重违法行为的，吊销营业执照。

第二百一十四条 【民事赔偿优先原则】公司违反本法规定，应当承担民事赔偿责任和缴纳罚款、罚金的，其财产不足以支付时，先承担民事赔偿责任。

>> 条文注解

公司某一违法行为，可能构成犯罪，按照刑法的有关规定被判处罚金、没收财产等刑罚；可能侵犯公民、法人或者其他组织的财产权或者人身权，按照民事法律规范，需要承担民事赔偿责任；同时按照本法和有关法律、行政法规的规定可能被处以罚款处罚，这样就造成了民事赔偿责任、行政责任、刑事责任的竞合。在这种情况下，可能在执行罚款或罚金外，可支付民事赔偿的财产很少或没有了，不利于债权人利益的保护。为此，本条规定，在违法的公司既应承担民事赔偿责任，又要承担行政责任和刑事责任、缴纳罚款或罚金的情况下，如果其财产不足以同时支付的，应当先行承担民事赔偿责任。公司用以承担民事赔偿责任的财产，应当是公司的合法财产。

第二百一十五条 【刑事责任】违反本法规定，构成犯罪的，依法追究刑事责任。

>> 条文注解

违反本法规定，依照刑法构成犯罪，需要追究刑事责任的行为主要有：(1)在办理公司登记时虚报注册资本、提交虚假证明文件或者采取其他欺诈手段隐瞒重要事实取得公司登记，情节严重的；(2)公司的发起人、股东虚假出资，未交付或者未按期交付作为出资的货币或者非货币财产，情节严重的；(3)公司的发起人、股东在公司成立后抽逃其出资，情节严重的；(4)公司向有关主管部门提供虚假的或者隐瞒重要事实的财务会计报告等材料，情节严重的；(5)清算组不按本法规定向公司登记机关报送清算报告，或者报送清算报告隐瞒重要事实或者有重大遗漏，情节严重的；(6)承担资产评估、验资或者验证的机构提供虚假证明文件，情节严重的；(7)利用公司名义从事危害国家安全、社会公共利益的严重违法行为的；(8)其他违反本法规定，构成犯罪的行为。

第十三章 附 则

第二百一十六条 【本法相关用语的含义】 本法下列用语的含义：

（一）高级管理人员，是指公司的经理、副经理、财务负责人，上市公司董事会秘书和公司章程规定的其他人员。

（二）控股股东，是指其出资额占有限责任公司资本总额百分之五十以上或者其持有的股份占股份有限公司股本总额百分之五十以上的股东；出资额或者持有股份的比例虽然不足百分之五十，但依其出资额或者持有的股份所享有的表决权已足以对股东会、股东大会的决议产生重大影响的股东。

（三）实际控制人，是指虽不是公司的股东，但通过投资关系、协议或者其他安排，能够实际支配公司行为的人。

（四）关联关系，是指公司控股股东、实际控制人、董事、监事、高级管理人员与其直接或者间接控制的企业之间的关系，以及可能导致公司利益转移的其他关系。但是，国家控股的企业之间不仅因为同受国家控股而具有关联关系。

第二百一十七条 【外商投资公司的法律适用】外商投资的有限责任公司和股份有限公司适用本法；有关外商投资的法律另有规定的，适用其规定。

>> 条文注解

本条所说的“其他法律”，是指《中外合资经营企业法》《中外合作经营企业法》《外资企业法》。对于设立中外合资经营企业、中外合作经营企业、外商独资企业，上述法律与《公司法》规定不同时，适用该法律。我国目前对外商投资企业采取行业准入的管理模式。国家发展和改革委员会制定的《外商投资产业指导目录》(2017 年修订)将外商投资产业分为鼓励类、限制类和禁止类。

第二百一十八条 【施行日期】本法自 2006 年 1 月 1 日起施行。

最高人民法院关于适用《中华人民共和国公司法》若干问题的规定(一)

(2006年3月27日最高人民法院审判委员会第1382次会议通过 法释〔2006〕3号 根据2014年2月17日最高人民法院审判委员会第1607次会议通过、2014年2月20日公布的《关于修改关于适用〈中华人民共和国公司法〉若干问题的规定的决定》(法释〔2014〕2号)修正)

为正确适用2005年10月27日十届全国人大常委会第十八次会议修订的《中华人民共和国公司法》,对人民法院在审理相关的民事纠纷案件中,具体适用公司法的有关问题规定如下:

第一条 【公司法实施前发生的行为、事实适用当时的规定】公司法实施后,人民法院尚未审结的和新受理的民事案件,其民事行为或事件发生在公司法实施以前的,适用当时的法律法规和司法解释。

>> **条文注解**

根据《立法法》关于法不溯及既往的原则,本条和第五条对修订后的《公司法》的适用作出了两个方面的规定:一是明确《公司法》实施后,人民法院尚未审结的和新受理的民事案件,其民事行为或事件发生在《公司法》实施以前的,适用当时的法律法规和司法解释;二是明确对《公司法》实施前人民法院已经终审的案件依法进行再审时,适用当时的法律法规和司法解释,不适用修订后《公司法》的规定。该两方面的规定,实际上是明确同一个问题,即发生在旧法时期的民事行为和事件,适用当时的旧法,不适用新法。

第二条 【新法、新增规定的参照适用】因公司法实施前有关民事行为或者事件发生纠纷起诉到人民法院的,如当时的法律法规和司法解释没有明确规定时,可参照适用公司法的有关规定。

>> **条文注解**

法官在审理民商事案件时,经常会遇到对调整事项法律没有明确规定的情况,这时法官可以行使自由裁量权,对调整事项适用法律问题进行法理分析,并同时比照最相类似的法律规定,在充分论证的基础上作出裁判。一般情况下,新法是根据当前的社会经济发展需要对社会关系作出的调整规定,从总体上看,新法规定是科学的,符合法理和社会经济秩序发展的需要,因此,在审理民商事案件中,如果遇到旧法没有规定而新法作出了明确规定的情况,需要法官行使自由裁量权时,法官可以直接参照适用新法规定。

第三条 【股东超过法定期限起诉的后果】原告以公司法第二十二条第二款、第七十四条第二款规定事由,向人民法院提起诉讼时,超过公司法规定期限的,人民法院不予受理。

>> **条文注解**

《公司法》第22条第2款规定:股东会或者股东大会、董事会的会议召集程序、表决方式违反法律、行政法规或者公司章程,或者决议内容违反公司章程的,股东可以自决议作出之日起

60日内，请求人民法院撤销。第75条第2款规定：自股东会会议决议通过之日起60日内，股东与公司不能达成股权收购协议的，股东可以自股东会会议决议通过之日起90日内向人民法院提起诉讼。从上述规定看，《公司法》分别对股东因规定事由提起诉讼的期限作出了限制性规定，但对超过该期间后提起诉讼的，人民法院如何处理的问题，《公司法》没有规定。本条鉴于目前法院的立案制度采取的是审查制，从有利于维护交易安全，保护当事人合法权益，节约司法成本的角度综合考量，对起诉超过上述规定期限的，规定人民法院应当不予受理。

第四条 【股东诉讼的持股时间起算点与合计持股份额确定】公司法第一百五十一条规定的180日以上连续持股期间，应为股东向人民法院提起诉讼时，已期满的持股时间；规定的合计持有公司百分之一以上股份，是指两个以上股东持股份额的合计。

>> 条文注解

《公司法》第151条规定了股份公司股东提起诉讼的持股比例和时间，但对持股时间起算点规定得比较原则。本条明确了持股时间起算点。应当采取简单方便并且是放宽计算的方法，即自股东起诉之日向前推算满180日即符合持股时间。《公司法》第151条规定的单独或者合计持有公司1%以上股份的股东，是指多个股东股份数额的合计，该问题同样涉及原告股东资格问题，本条明确合计持有公司1%以上股份，是指两个以上股东持股份额的合计。

第五条 【公司法实施前已终审的案件再审时不适用公司法】人民法院对公司法实施前已经终审的案件依法进行再审时，不适用公司法的规定。

第六条 【实施时间】本规定自公布之日起实施。

最高人民法院关于适用《中华人民共和国公司法》若干问题的规定(二)

(2008年5月5日最高人民法院审判委员会第1447次会议通过 法释〔2008〕6号 根据2014年2月17日最高人民法院审判委员会第1607次会议通过、2014年2月20日公布的《关于修改关于适用〈中华人民共和国公司法〉若干问题的规定的决定》(法释〔2014〕2号)修正)

为正确适用《中华人民共和国公司法》，结合审判实践，就人民法院审理公司解散和清算案件适用法律问题作出如下规定。

第一条 【解散公司诉讼的提起条件】单独或者合计持有公司全部股东表决权百分之十以上的股东，以下列事由之一提起解散公司诉讼，并符合公司法第一百八十二条规定的，人民法院应予受理：

(一)公司持续两年以上无法召开股东会或者股东大会，公司经营管理发生严重困难的；

(二)股东表决时无法达到法定或者

公司章程规定的比例，持续两年以上不能做出有效的股东会或者股东大会决议，公司经营管理发生严重困难的；

（三）公司董事长期冲突，且无法通过股东会或者股东大会解决，公司经营管理发生严重困难的；

（四）经营管理发生其他严重困难，公司继续存续会使股东利益受到重大损失的情形。

股东以知情权、利润分配请求权等权益受到损害，或者公司亏损、财产不足以偿还全部债务，以及公司被吊销企业法人营业执照未进行清算等为由，提起解散公司诉讼的，人民法院不予受理。

>> 条文注解

股东提起解散公司诉讼，除必须满足《民事诉讼法》规定的起诉条件外，尚需要求其据以起诉的理由必须归结为“公司经营管理发生严重困难，继续存续会使股东利益受到重大损失”，对此本条列举了四种情形。这四种情形主要体现的是股东僵局和董事僵局所造成的公司经营管理上的严重困难，即公司处于事实上的瘫痪状态，体现公司自治的公司治理结构完全失灵，不能正常进行经营活动，如果任其继续存续下去，将会造成公司实质利益者即股东利益的损失。在这种情形下，应当赋予股东提起解散公司诉讼，保护其合法权益的救济渠道。

第二条 【解散公司起诉和申请清算不同时受理】股东提起解散公司诉讼，同时又申请人民法院对公司进行清算的，人民法院对其提出的清算申请不予受理。人民法院可以告知原告，在人民法院判决解散公司后，依据公司法第一百八十三条和本规定第七条的规定，自行组织清算或者另行申请人民法院对公司进行清算。

>> 条文注解

实践中，股东在公司出现僵局、向人民法院起诉请求解散公司时，往往同时申请人民法院对该公司进行清算。本条之所以规定对这两个诉进行分离，原因在于：一是两个诉的种类截然不同，股东请求解散公司诉讼是变更之诉，公司清算案件是非讼案件，审判程序不同，无法合并审理。二是在股东提起解散公司诉讼时，公司解散的事实并未发生，公司是否解散尚需人民法院的生效判决予以确定；且即使人民法院判决解散后，按照《公司法》第 183 条的规定，原则上仍应由公司在解散事由出现之日起 15 日内成立清算组自行清算，只有在公司逾期不成立清算组进行清算时，方可向人民法院申请强制清算。

第三条 【解散公司诉讼的财产保全与证据保全】股东提起解散公司诉讼时，向人民法院申请财产保全或者证据保全的，在股东提供担保且不影响公司正常经营的情形下，人民法院可予以保全。

>> 条文注解

解散公司诉讼案件并不存在财产保全的必要。但考虑到股东提起解散公司的诉讼系基于股东之间或董事之间的僵局，矛盾已经非常深刻，虽然判决解散后，理论上公司可能自行清算，但这种概率非常低，最终大多数情况还会启动强制清算程序。因此，为了将来公司强制清算的顺利进行和股东利益的保护，本条对解散公司诉讼下的财产保全作出了例外规定。但人民法院在此情形下进行财产保全应当要求股东提供相应的担保，且以不影响公司正常经营为前提。

对于股东提起的证据保全，应当符合《民事诉讼法》第 81 条的规定，即在证据可能灭失或者以后难以取得的情况下，人民法院依据诉讼参加人的申请可以予以保全。这里证据保全的意义，更多在于将来公司清算的需要，与一般案件证据保全的目的有所差别。

第四条 【解散公司诉讼的被告与第三人】 股东提起解散公司诉讼应当以公司为被告。

原告以其他股东为被告一并提起诉讼的,人民法院应当告知原告将其他股东变更为第三人;原告坚持不予变更的,人民法院应当驳回原告对其他股东的起诉。

原告提起解散公司诉讼应当告知其他股东,或者由人民法院通知其参加诉讼。其他股东或者有关利害关系人申请以共同原告或者第三人身份参加诉讼的,人民法院应予准许。

>> **条文注解**

鉴于解散公司诉讼案件性质上属于变更之诉,系变更股东和公司之间的出资与被出资的法律关系,属有关公司组织方面的诉讼,因此,股东请求解散公司诉讼的被告应当是公司。股东之间关于出资设立公司的协议随着公司的成立已经履行完毕,不存在解除设立协议的情况,因此其他股东不应作为解散公司诉讼案件的被告。

第五条 【解散公司诉讼的调解】人民法院审理解散公司诉讼案件,应当注重调解。当事人协商同意由公司或者股东收购股份,或者以减资等方式使公司存续,且不违反法律、行政法规强制性规定的,人民法院应予支持。当事人不能协商一致使公司存续的,人民法院应当及时判决。

经人民法院调解公司收购原告股份的,公司应当自调解书生效之日起六个月内将股份转让或者注销。股份转让或者注销之前,原告不得以公司收购其股份为由对抗公司债权人。

第六条 【解散公司诉讼判决的效力】人民法院关于解散公司诉讼作出的判决,对公司全体股东具有法律约束力。

人民法院判决驳回解散公司诉讼请求后,提起该诉讼的股东或者其他股东又以同一事实和理由提起解散公司诉讼的,人民法院不予受理。

>> **条文注解**

人民法院判决解散公司的,因公司解散事由的出现,公司必将进入清算阶段,最终因清算完毕而终结,该判决当然对公司和公司其他股东,甚至包括公司的董事、监事、高管人员和职工等均有效力;判决驳回原告股东的诉讼请求的,因人民法院对原告据以提起解散公司的具体事实和理由已经作出了生效判决,在其据以主张解散公司的事实和理曰不能得到法院支持的情况下,根据一事不再理的原则,提起该诉讼的股东和公司的其他股东不能再以相同的事实和理由向人民法院提起诉讼请求解散公司。因此,人民法院对解散公司诉讼作出的判决,对公司所有股东具有法律效力,尤其强调对“其他股东”(包括未参加诉讼的股东和作为第三人的股东)具有法律约束力。

第七条 【公司清算案件的受理】公司应当依照公司法第一百八十三条的规定,在解散事由出现之日起十五日内成立清算组,开始自行清算。

有下列情形之一,债权人申请人民法院指定清算组进行清算的,人民法院应予受理:

(一)公司解散逾期不成立清算组进行清算的;

(二)虽然成立清算组但故意拖延清算的;

(三)违法清算可能严重损害债权人或者股东利益的。

具有本条第二款所列情形,而债权人未提起清算申请,公司股东申请人民法院指定清算组对公司进行清算的,人民法院应予受理。

>> **条文注解**

本条对于公司清算案件提起的事由规定为三个事由，其中后两个事由实际上是从自行清算向强制清算的转化。对于公司强制清算申请的主体，《公司法》第183条仅规定债权人可以申请。考虑到实践中，当股东之间矛盾深刻导致公司解散时，公司解散不清算（公司为控制股东等操控）对公司其他股东利益的严重损害亦需相应的法律救济手段，甚至股东向人民法院提起公司清算的愿望远远甚于债权人，因此，除债权人有权向人民法院提出对公司进行清算的申请外，本条将提出强制清算申请的权利主体扩大到了公司的股东。

第八条 【清算组的组成】人民法院受理公司清算案件，应当及时指定有关人员组成清算组。

清算组成员可以从下列人员或者机构中产生：

（一）公司股东、董事、监事、高级管理人员；

（二）依法设立的律师事务所、会计师事务所、破产清算事务所等社会中介机构；

（三）依法设立的律师事务所、会计师事务所、破产清算事务所等社会中介机构中具备相关专业知识并取得执业资格的人员。

>> **条文注解**

考虑到强制清算中公司的财产尚足以偿还全部债务，故其清算组成员不以与公司或者公司债权人没有利害关系为必要条件，此与破产清算的管理人有所不同。因公司的股东、董事、监事、高级管理人员对公司的财产、负债等情况更为了解，其作为清算组成员有利于清算的顺利进行，故本条规定清算组成员可以由公司的股东、董事、监事、高级管理人员组成。同时，从清算事务专业化特点考虑，规定依法设立的律师事务所、会计师事务所、破产清算事务所等社会中介机构，或者上述中介机构中具备相关专业知识并取得执业资格的人员也可作为清算组成员。

第九条 【清算组成员的更换】人民法院指定的清算组成员有下列情形之一的，人民法院可以根据债权人、股东的申请，或者依职权更换清算组成员：

（一）有违反法律或者行政法规的行为；

（二）丧失执业能力或者民事行为能力；

（三）有严重损害公司或者债权人利益的行为。

第十条 【公司清算时的诉讼名义】公司依法清算结束并办理注销登记前，有关公司的民事诉讼，应当以公司的名义进行。

公司成立清算组的，由清算组负责人代表公司参加诉讼；尚未成立清算组的，由原法定代表人代表公司参加诉讼。

>> **条文注解**

因公司作为一个独立的法人，公司解散时不存在类似自然人死亡的继承制度，故公司解散并不立即导致公司人格的消灭，而是应当停止积极活动，进入清算程序了结公司既有的法律关系，进入最终目标为公司消灭的事实状态和法律状态。因此，第10条明确规定公司出现解散事由、依法清算完毕前，有关公司的民事诉讼仍应以公司的名义进行。

公司解散后依法成立的清算组取代原公司执行机关，行使清算中公司的代表及执行机关的职能，对内执行清算事务，对外代表公司了结债权债务，在清算目的范围内，与解散事由出现前公司执行机关具有同等的法律地位。因此，公司出现解散事由、依法清算完毕前，有关公司的民事诉讼，成立清算组的，应当由清算组负责人代表公司参加诉讼活动；没有成立清算组的，则仍由原法定代表人代表公司参加诉讼活动。

第十一条　【清算通知与公告】公司清算时，清算组应当按照公司法第一百八十五条的规定，将公司解散清算事宜书面通知全体已知债权人，并根据公司规模和营业地域范围在全国或者公司注册登记地省级有影响的报纸上进行公告。

清算组未按照前款规定履行通知和公告义务，导致债权人未及时申报债权而未获清偿，债权人主张清算组成员对因此造成的损失承担赔偿责任的，人民法院应依法予以支持。

第十二条　【债权人对清算组核定债权有异议的处理】公司清算时，债权人对清算组核定的债权有异议的，可以要求清算组重新核定。清算组不予重新核定，或者债权人对重新核定的债权仍有异议，债权人以公司为被告向人民法院提起诉讼请求确认的，人民法院应予受理。

第十三条　【债权人补充申报债权的期限】债权人在规定的期限内未申报债权，在公司清算程序终结前补充申报的，清算组应予登记。

公司清算程序终结，是指清算报告经股东会、股东大会或者人民法院确认完毕。

>> 条文注解

以"清算程序是否终结"作为公司清算中债权人是否有权补充申报债权的时间点，即公司清算结束后，清算组制作的清算报告经股东会、股东大会确认（自行清算程序程序下），或者经人民法院确认（强制清算程序下）程序完成前，债权人有权补充申报债权。

公司清算程序终结，是指清算报告经股东会、股东大会或者人民法院确认完毕。

第十四条　【债权人补充申报债权的清偿】债权人补充申报的债权，可以在公司尚未分配财产中依法清偿。公司尚未分配财产不能全额清偿，债权人主张股东以其在剩余财产分配中已经取得的财产予以清偿的，人民法院应予支持；但债权人因重大过错未在规定期限内申报债权的除外。

债权人或者清算组，以公司尚未分配财产和股东在剩余财产分配中已经取得的财产，不能全额清偿补充申报的债权为由，向人民法院提出破产清算申请的，人民法院不予受理。

>> 条文注解

根据债权人补充申报债权的时间不同，本条作了以下几个层次的规定：第一，对补充申报的债权，首先在尚未分配财产部分受偿。第二，当所剩余未分配财产不足以清偿其债务时，如果此时公司股东已经获得了剩余财产的分配（前提是公司清算程序尚未终结），则债权人可以请求在公司股东分配所得财产中受偿。第三，如果所剩余未分配财产和股东分配所得财产仍不足以清偿其债务（即公司事实上已经出现了破产原因）的，债权人无权要求以已经分配给其他债权人的财产获得清偿，亦无权以公平受偿为目的向人民法院提出破产清算的申请。

第十五条　【清算方案的确认】公司自行清算的，清算方案应当报股东会或者股东大会决议确认；人民法院组织清算的，清算方案应当报人民法院确认。未经确认的清算方案，清算组不得执行。

执行未经确认的清算方案给公司或者债权人造成损失，公司、股东或者债权人主张清算组成员承担赔偿责任的，人民法院应依法予以支持。

第十六条 【清算期限】人民法院组织清算的,清算组应当自成立之日起六个月内清算完毕。

因特殊情况无法在六个月内完成清算的,清算组应当向人民法院申请延长。

第十七条 【公司强判清算下的协商机制】人民法院指定的清算组在清理公司财产、编制资产负债表和财产清单时,发现公司财产不足清偿债务的,可以与债权人协商制作有关债务清偿方案。

债务清偿方案经全体债权人确认且不损害其他利害关系人利益的,人民法院可依清算组的申请裁定予以认可。清算组依据该清偿方案清偿债务后,应当向人民法院申请裁定终结清算程序。

债权人对债务清偿方案不予确认或者人民法院不予认可的,清算组应当依法向人民法院申请宣告破产。

第十八条 【清算义务人未清算的责任承担】有限责任公司的股东、股份有限公司的董事和控股股东未在法定期限内成立清算组开始清算,导致公司财产贬值、流失、毁损或者灭失,债权人主张其在造成损失范围内对公司债务承担赔偿责任的,人民法院应依法予以支持。

有限责任公司的股东、股份有限公司的董事和控股股东因怠于履行义务,导致公司主要财产、账册、重要文件等灭失,无法进行清算,债权人主张其对公司债务承担连带清偿责任的,人民法院应依法予以支持。

上述情形系实际控制人原因造成,债权人主张实际控制人对公司债务承担相应民事责任的,人民法院应依法予以支持。

>> **条文注解**

清算义务人,是指依法负有启动清算程序的主体,其义务在于根据法律规定及时启动相应的清算程序以终止法人。有限责任公司的股东和股份有限公司的董事、控股股东应为公司解散后的清算义务人。清算义务人应当清算而没有清算时,应当承担相应的民事责任包括:第一,清算义务人未在法定期限内成立清算组开始清算,导致公司财产贬值、流失、毁损或者灭失的,应当在造成损失的范围内对公司债务承担赔偿责任。第二,因清算义务人怠于履行及时启动清算程序以及保管等义务,导致公司主要财产、账册、重要文件等灭失,无法进行清算的,以及公司未经清算即办理注销登记,导致公司无法进行清算的,即应直接对公司债务承担清偿责任。

第十九条 【相关责任人的赔偿责任】有限责任公司的股东、股份有限公司的董事和控股股东,以及公司的实际控制人在公司解散后,恶意处置公司财产给债权人造成损失,或者未经依法清算,以虚假的清算报告骗取公司登记机关办理法人注销登记,债权人主张其对公司债务承担相应赔偿责任的,人民法院应依法予以支持。

第二十条 【未经清算即办理注销登记的清偿责任】公司解散应当在依法清算完毕后,申请办理注销登记。公司未经清算即办理注销登记,导致公司无法进行清算,债权人主张有限责任公司的股东、股份有限公司的董事和控股股东,以及公司的实际控制人对公司债务承担清偿责任的,人民法院应依法予以支持。

公司未经依法清算即办理注销登记,股东或者第三人在公司登记机关办理注销登记时承诺对公司债务承担责任,债权人主张其对公司债务承担相应民事责任的,人民法院应依法予以支持。

第二十一条　【民事责任的承担】有限责任公司的股东、股份有限公司的董事和控股股东，以及公司的实际控制人为二人以上的，其中一人或者数人按照本规定第十八条和第二十条第一款的规定承担民事责任后，主张其他人员按照过错大小分担责任的，人民法院应依法予以支持。

第二十二条　【公司解散时股东尚未缴纳出资的处理】公司解散时，股东尚未缴纳的出资均应作为清算财产。股东尚未缴纳的出资，包括到期应缴未缴的出资，以及依照公司法第二十六条和第八十条的规定分期缴纳尚未届满缴纳期限的出资。

公司财产不足以清偿债务时，债权人主张未缴出资股东，以及公司设立时的其他股东或者发起人在未缴出资范围内对公司债务承担连带清偿责任的，人民法院应依法予以支持。

第二十三条　【清算组成员的赔偿责任】清算组成员从事清算事务时，违反法律、行政法规或者公司章程给公司或者债权人造成损失，公司或者债权人主张其承担赔偿责任的，人民法院应依法予以支持。

有限责任公司的股东、股份有限公司连续一百八十日以上单独或者合计持有公司百分之一以上股份的股东，依据公司法第一百五十一条第三款的规定，以清算组成员有前款所述行为为由向人民法院提起诉讼的，人民法院应予受理。

公司已经清算完毕注销，上述股东参照公司法第一百五十一条第三款的规定，直接以清算组成员为被告、其他股东为第三人向人民法院提起诉讼的，人民法院应予受理。

第二十四条　【解散公司诉讼和公司清算案件的管辖】解散公司诉讼案件和公司清算案件由公司住所地人民法院管辖。公司住所地是指公司主要办事机构所在地。公司办事机构所在地不明确的，由其注册地人民法院管辖。

基层人民法院管辖县、县级市或者区的公司登记机关核准登记公司的解散诉讼案件和公司清算案件；中级人民法院管辖地区、地级市以上的公司登记机关核准登记公司的解散诉讼案件和公司清算案件。

最高人民法院关于适用《中华人民共和国公司法》若干问题的规定（三）

（2010年12月6日最高人民法院审判委员会第1504次会议通过　法释〔2011〕3号
根据2014年2月17日最高人民法院审判委员会第1607次会议通过、2014年2月20日公布的《关于修改关于适用〈中华人民共和国公司法〉若干问题的规定的决定》（法释〔2014〕2号）修正）

为正确适用《中华人民共和国公司法》，结合审判实践，就人民法院审理公司设立、出资、股权确认等纠纷案件适用法律问题作出如下规定：

第一条　【发起人认定】为设立公司而签署公司章程、向公司认购出资或者股份并履行公司设立职责的人，应当认定为公司的发起人，包括有限责任公司设立时的股东。

>> 条文注解

在股份有限公司中，《公司法》第76条规定"有符合公司章程规定的全体发起人认购的股本总额或者募集的实收股本总额"、"发起人制订公司章程"，第79条规定"发起人承担公司筹办事务"，这些规定既是对发起人提出的要求，实际上也是担任发起人的条件，故本条结合《公司法》的这些规定对发起人进行了界定。在有限责任公司中，《公司法》虽未使用发起人的表述，而是一概使用"股东"的概念，但根据《公司法》第23条"股东共同制定公司章程"以及第25条第2款"股东应当在公司章程上签名、盖章"、第24条"有限责任公司由五十个以下股东出资设立"等规定可以看出，有限公司设立时的股东（原始股东）与股份公司的发起人的条件要求相同，所以可以将有限公司设立时的股东也纳入发起人的范畴。

第二条　【发起人以自己名义订立合同的责任承担】发起人为设立公司以自己名义对外签订合同，合同相对人请求该发起人承担合同责任的，人民法院应予支持。

公司成立后对前款规定的合同予以确认，或者已经实际享有合同权利或者履行合同义务，合同相对人请求公司承担合同责任的，人民法院应予支持。

>> 条文注解

发起人为设立公司以自己名义订立合同，由于对相对人而言合同中载明的主体是发起人，相对人当然应以该发起人作为合同主体，所以原则上也应当由发起人承担合同责任。而如果公司成立后确认了该合同、或者公司已实际成为合同主体（即享有合同权利或者履行合同义务），而且合同相对人也要求公司承担责任，这表明公司愿意成为合同主体且合同相对人也愿意接受公司作为合同主体，此时无论是按照债的概括转移理论还是参照《合同法》第403条第2款规定之精神，由公司承担合同责任符合合同法的一般原理，故本条规定可以由公司承担合同责任。

第三条　【发起人以公司名义订立合同的责任承担】发起人以设立中公司名义对外签订合同，公司成立后合同相对人请

求公司承担合同责任的，人民法院应予支持。

公司成立后有证据证明发起人利用设立中公司的名义为自己的利益与相对人签订合同，公司以此为由主张不承担合同责任的，人民法院应予支持，但相对人为善意的除外。

>> **条文注解**

发起人在公司设立阶段以设立中公司名义订立合同，由于合同中载明的主体是设立中的公司，所以原则上应当由成立后的公司承担合同责任。但是，实践中发起人也可能与合同相对人合谋利用设立中公司名义实现发起人的个人利益，如果公司有证据证明发起人是为自己利益而签订该合同，且合同相对人对此明知的，这表明发起人实质上不是以公司作为合同主体、合同相对人也明知公司不是合同主体，故此时不应由成立后的公司承担合同责任。所以本条规定公司有证据证明发起人存在上述情形且相对人非善意时，公司不承担合同责任，此时合同责任仍由发起人承担。

第四条 【合同未成立的发起人责任】公司因故未成立，债权人请求全体或者部分发起人对设立公司行为所产生的费用和债务承担连带清偿责任的，人民法院应予支持。

部分发起人依照前款规定承担责任后，请求其他发起人分担的，人民法院应当判令其他发起人按照约定的责任承担比例分担责任；没有约定责任承担比例的，按照约定的出资比例分担责任；没有约定出资比例的，按照均等份额分担责任。

因部分发起人的过错导致公司未成立，其他发起人主张其承担设立行为所产生的费用和债务的，人民法院应当根据过错情况，确定过错一方的责任范围。

第五条 【发起人因设立公司的侵权责任承担】发起人因履行公司设立职责造成他人损害，公司成立后受害人请求公司承担侵权赔偿责任的，人民法院应予支持；公司未成立，受害人请求全体发起人承担连带赔偿责任的，人民法院应予支持。

公司或者无过错的发起人承担赔偿责任后，可以向有过错的发起人追偿。

第六条 【认股人未按期缴纳出资的责任】股份有限公司的认股人未按期缴纳所认股份的股款，经公司发起人催缴后在合理期间内仍未缴纳，公司发起人对该股份另行募集的，人民法院应当认定该募集行为有效。认股人延期缴纳股款给公司造成损失，公司请求该认股人承担赔偿责任的，人民法院应予支持。

第七条 【非自有财产出资行为的效力】出资人以不享有处分权的财产出资，当事人之间对于出资行为效力产生争议的，人民法院可以参照物权法第一百零六条的规定予以认定。

以贪污、受贿、侵占、挪用等违法犯罪所得的货币出资后取得股权的，对违法犯罪行为予以追究、处罚时，应当采取拍卖或者变卖的方式处置其股权。

>> **条文注解**

出资人用自己并不享有处分权的财产进行出资时，该出资行为的效力不宜一概予以否认。因为无权处分人处分自己不享有所有权（处分权）的财产时，只要第三人符合《物权法》第106条规定的条件，其可以构成善意取得，该财产可以终局地为该第三人所有。而出资行为在性质上属于处分行为，出资人用非自有财产出资，也属于无权处分，那么在公司等第三人构成善意的情形下，其也应当适用善意取得制度。这有利于维持公司资本,从而保障交易相对人的利益。而对实践中出资人用贪污、挪用等犯罪行为所获得的货币用于出资的,尤其应防止将出资的财产直接从公司抽出的做法。出资人将货币投入公司后,公司取得货币的所有权。货币是典型的种类物,用处置出资人就该货币形成的股权后所获得的价款补偿受害人,同样可以弥补受害人的损失。所以法院应采取拍卖或者变卖的方式处置上述股权。

第八条 【划拨土地等出资义务履行的认定】出资人以划拨土地使用权出资,或者以设定权利负担的土地使用权出资,公司、其他股东或者公司债权人主张认定出资人未履行出资义务的,人民法院应当责令当事人在指定的合理期间内办理土地变更手续或者解除权利负担;逾期未办理或者未解除的,人民法院应当认定出资人未依法全面履行出资义务。

>> **条文注解**

对于以划拨土地使用权出资的,由于划拨的土地使用权只能用于划拨用途,不能擅自进入市场流通。出资人以划拨土地使用权出资,违反了划拨土地用途范围要求的相关法律法规;同样,以设定权利负担的土地使用权出资,公司对该土地使用权可能因权利负担而丧失,故该土地使用权在权利上也存有瑕疵。这都将使通过出资形成的公司资本(财产)面临较大的不确定,此时出资人属于未全面履行出资义务。根据《公司法》第 28 条第 2 款的规定,公司、其他股东在上述情形下有权主张认定出资人未尽出资义务。公司资本的不确定将对债权人利益产生重大影响,为督促股东充实资本,防止债权人利益受损,也应当赋予债权人同样的权利。但是,如果土地使用权存在的上述权利瑕疵可以补正,出于尽快稳定公司资本、尽快解决当事人间纠纷的考虑,法院在审理中应当责令当事人补正。只有逾期未补正时才有判决出资人未依法全面履行出资义务的必要。

第九条 【非货币财产出资的评估】出资人以非货币财产出资,未依法评估作价,公司、其他股东或者公司债权人请求认定出资人未履行出资义务的,人民法院应当委托具有合法资格的评估机构对该财产评估作价。评估确定的价额显著低于公司章程所定价额的,人民法院应当认定出资人未依法全面履行出资义务。

>> **条文注解**

非货币财产出资中最普遍存在的问题就是该财产的实际价值低于公司章程所确定的价值。实践中存在两种情况:一是该非货币财产在公司设立时进行了评估作价,但公司成立后公司、其他股东等认为该财产价额被高估,故提起诉讼要求认定出资人未履行出资义务,此时法院需要采取一定的方式确定该财产是否被高估;二是股东未就该非货币财产评估作价,该财产实际价值是否与章程所定价额相符并不明确,此时当事人请求认定出资人未履行出资义务,法院实际上也无法作出判断。因此,法院首先需要确定该财产的实际价值,在价值确定后才能相应地判断相关主体是否依法履行了出资义务。为了便捷地解决当事人间的纠纷、尽快落实公司资本是否充实,本条规定上述未依法评估作价的,法院应委托合法的评估机构进行评估,然后将评估所得的价额与章程所定价额相比较,以确定出资人是否完全履行了出资义务。

第十条 【权属登记与实际交付】出资人以房屋、土地使用权或者需要办理权属登记的知识产权等财产出资,已经交付公司使用但未办理权属变更手续,公司、其他股东或者公司债权人主张认定出资人未履行出资义务的,人民法院应当责令当事人在指定的合理期间内办理权属变更手续;在前述期间内办理了权属变更手续的,人民法院应当认定其已经履行

了出资义务；出资人主张自其实际交付财产给公司使用时享有相应股东权利的，人民法院应予支持。

出资人以前款规定的财产出资，已经办理权属变更手续但未交付给公司使用，公司或者其他股东主张其向公司交付、并在实际交付之前不享有相应股东权利的，人民法院应予支持。

>> **条文注解**

对于以房屋、土地使用权或者需要办理权属登记的知识产权等非货币财产出资的，在认定出资到位与否时，按照资本维持原则的要求，应坚持权属变更与财产实际交付并重的标准。即该财产已实际交付公司使用但未办理权属变更登记的，应属未依法履行出资义务，但在诉讼中法院应先责令当事人在指定的合理期间内办理权属变更手续，从而履行《公司法》规定的义务。在该期间办理完前述手续后，法院就应认定出资人已履行出资义务。而且，由于该财产之前已交付公司使用，公司的收益中也凝结了该财产的贡献，所以股东可以要求从实际交付财产时享有股东权利。另外，出资人对上述非货币财产已办理权属变更手续，但未实际交付公司使用的，按照一般的物权法规则，法院可以判令其向公司实际交付该财产。而且，由于该财产未交付，公司的收益中就没有凝结该财产的价值，故在交付前出资人相应的股东权利就可以受到限制。

第十一条 【履行出资义务的认定】出资人以其他公司股权出资，符合下列条件的，人民法院应当认定出资人已履行出资义务：

（一）出资的股权由出资人合法持有并依法可以转让；

（二）出资的股权无权利瑕疵或者权利负担；

（三）出资人已履行关于股权转让的法定手续；

（四）出资的股权已依法进行了价值评估。

股权出资不符合前款第（一）、（二）、（三）项的规定，公司、其他股东或者公司债权人请求认定出资人未履行出资义务的，人民法院应当责令该出资人在指定的合理期间内采取补正措施，以符合上述条件；逾期未补正的，人民法院应当认定其未依法全面履行出资义务。

股权出资不符合本条第一款第（四）项的规定，公司、其他股东或者公司债权人请求认定出资人未履行出资义务的，人民法院应当按照本规定第九条的规定处理。

第十二条 【抽逃出资的认定】公司成立后，公司、股东或者公司债权人以相关股东的行为符合下列情形之一且损害公司权益为由，请求认定该股东抽逃出资的，人民法院应予支持：

（一）制作虚假财务会计报表虚增利润进行分配；

（二）通过虚构债权债务关系将其出资转出；

（三）利用关联交易将出资转出；

（四）其他未经法定程序将出资抽回的行为。

>> **条文注解**

第12条对抽逃出资进行了明确界定，将实践中较为常见的一些资本侵蚀行为明确界定为抽逃出资，第14条在此基础上又规定了抽逃出资情形下的民事责任。由于抽逃出资导致的法律后果与未尽出资义务导致的法律后果基本相同，所以第14条对抽逃出资的民事责任作了与未尽出资义务的民事责任基本相同的规定。需要注意的是，在具体认定抽逃出资行为时，法院应当注意把握该行为是对公司资本的侵蚀这一要素，并从行为人的主观目的、过错程度以及该行为对公司造成的影响等角度综合分析；不宜将股东从公司不当获得财产的所有行为都笼统地认定为抽逃出资。

第十三条　【未履行或未全面履行出资义务的责任】股东未履行或者未全面履行出资义务，公司或者其他股东请求其向公司依法全面履行出资义务的，人民法院应予支持。

公司债权人请求未履行或者未全面履行出资义务的股东在未出资本息范围内对公司债务不能清偿的部分承担补充赔偿责任的，人民法院应予支持；未履行或者未全面履行出资义务的股东已经承担上述责任，其他债权人提出相同请求的，人民法院不予支持。

股东在公司设立时未履行或者未全面履行出资义务，依照本条第一款或者第二款提起诉讼的原告，请求公司的发起人与被告股东承担连带责任的，人民法院应予支持；公司的发起人承担责任后，可以向被告股东追偿。

股东在公司增资时未履行或者未全面履行出资义务，依照本条第一款或者第二款提起诉讼的原告，请求未尽公司法第一百四十七条第一款规定的义务而使出资未缴足的董事、高级管理人员承担相应责任的，人民法院应予支持；董事、高级管理人员承担责任后，可以向被告股东追偿。

>> 条文注解

本条明确并拓宽了请求股东履行出资义务的主体范围。第一，明确了公司可以提出请求；第二，由于股东未履行出资义务通常构成对其他股东的违约，其他股东可以行使诉权，要求该股东继续向公司履行；第三，债权人可以提出请求，要求未尽出资义务的股东在未出资本息范围内对公司债务不能清偿的部分承担责任，也可以要求公司发起人与该股东一起承担连带责任。债权人还可以要求抽逃出资的股东承担同样的责任。

本条还明确了股东未尽出资义务时的责任包括利息责任。即股东未尽出资义务时，该笔出资所产生的利息损失也属于股东等责任人的赔偿范围。另外，股东等责任人对公司、对公司债权人的此种责任是一次性的责任，而不是重复责任，股东等责任人向公司或债权人已经承担前述责任后，公司或公司其他债权人不得再次请求其承担同样的责任。

第十四条　【抽逃出资的责任】股东抽逃出资，公司或者其他股东请求其向公司返还出资本息、协助抽逃出资的其他股东、董事、高级管理人员或者实际控制人对此承担连带责任的，人民法院应予支持。

公司债权人请求抽逃出资的股东在抽逃出资本息范围内对公司债务不能清偿的部分承担补充赔偿责任、协助抽逃出资的其他股东、董事、高级管理人员或者实际控制人对此承担连带责任的，人民法院应予支持；抽逃出资的股东已经承担上述责任，其他债权人提出相同请求的，人民法院不予支持。

~~**第十五条　【抽回垫资的责任】**第三人代垫资金协助发起人设立公司，双方明确约定在公司验资后或者在公司成立后将该发起人的出资抽回以偿还该第三人，发起人依照前述约定抽回出资偿还第三人后又不能补足出资，相关权利人请求第三人连带承担发起人因抽回出资而产生的相应责任的，人民法院应予支持。~~①

第十五条　【非货币财产在出资后贬值的后果】出资人以符合法定条件的非货币财产出资后，因市场变化或者其他客观因素导致出资财产贬值，公司、其他股东

① 本条已于2014年修改时删除。

或者公司债权人请求该出资人承担补足出资责任的，人民法院不予支持。但是，当事人另有约定的除外。

>> **条文注解**

如果非货币财产经过价值评估（包括出资时的价值评估和后来法院的委托评估），其实际价值与章程所定价额没有差别，只是后来公司在经营中由于市场环境变化导致财产贬值，使得该财产价值与章程所定价额出现差距，此时该财产的贬值属于公司应承担的正常商业风险，出资人没有过错，除非当事人另有约定，否则出资人不应再承担责任。

第十六条 【未履行义务的股东权利限制】 股东未履行或者未全面履行出资义务或者抽逃出资，公司根据公司章程或者股东会决议对其利润分配请求权、新股优先认购权、剩余财产分配请求权等股东权利作出相应的合理限制，该股东请求认定该限制无效的，人民法院不予支持。

>> **条文注解**

本条从司法上认可了公司对未尽出资义务或抽逃出资的股东的权利所设定的合理限制。股东未尽出资义务或抽逃出资，如果仅允许公司采用诉讼的方式来充实资本，实际上并不利于公司合法权益的尽快实现，也容易放纵该股东违反法定出资义务的行为。本条赋予公司更积极的权利及救济方式，明确规定公司通过公司章程或股东会决议，对前述股东的利润分配请求权、新股优先认购权、剩余财产分配请求权等进行相应合理限制的，人民法院不得否认该限制的效力。此处的“合理限制”需要结合具体的情形分别认定，例如股东未出资到位的部分只占其认缴出资的10%，那么公司对其新股优先认购权中10%的部分的限制应属合理，超过该比例的，应属不合理。

第十七条 【股东资格的解除与公司的减资或补足】 有限责任公司的股东未履行出资义务或者抽逃全部出资，经公司催告缴纳或者返还，其在合理期间内仍未缴纳或者返还出资，公司以股东会决议解除该股东的股东资格，该股东请求确认该解除行为无效的，人民法院不予支持。

在前款规定的情形下，人民法院在判决时应当释明，公司应当及时办理法定减资程序或者由其他股东或者第三人缴纳相应的出资。在办理法定减资程序或者其他股东或者第三人缴纳相应的出资之前，公司债权人依照本规定第十三条或者第十四条请求相关当事人承担相应责任的，人民法院应予支持。

>> **条文注解**

本解释第6条规定了股东不履行出资义务时，在股份公司的场合发起人可以另行募集股份，那么，相应地在有限公司的场合也应有类似的规定，故本条规定公司可以股东会决议解除未履行出资义务或者抽逃出资的股东资格，法院不得否定该解除行为的效力。这实际上认可了公司对该股东资格的解除。由于这种解除股东资格的方式相较于其他救济方式更为严厉，也更具有终局性，所以应当将其限定在股东未履行出资义务或者抽逃全部出资的范围内。未全面履行出资义务或者抽逃部分出资的股东不适用该种规则。股东资格解除后，由于该股东所认缴的出资依旧处于空洞状态，为向公司债权人传达更真实的资本信息、保证债权人利益，此时法院应当向公司释明：要么将资本中该股东未出资部分的“空洞”数额减下来、即减资，要么将该“空洞”补起来、即由其他股东或者第三人缴纳出资。

第十八条 【未全面出资即转让股权的责任承担】有限责任公司的股东未履行或者未全面履行出资义务即转让股权，受让人对此知道或者应当知道，公司请求该股东履行出资义务、受让人对此承担连带责任的，人民法院应予支持；公司债权人依照本规定第十三条第二款向该股东提起诉讼，同时请求前述受让人对此承担连带责任的，人民法院应予支持。

受让人根据前款规定承担责任后，向该未履行或者未全面履行出资义务的股东追偿的，人民法院应予支持。但是，当事人另有约定的除外。

第十九条 【出资义务不受诉讼时效期间限制】公司股东未履行或者未全面履行出资义务或者抽逃出资，公司或者其他股东请求其向公司全面履行出资义务或者返还出资，被告股东以诉讼时效为由进行抗辩的，人民法院不予支持。

公司债权人的债权未过诉讼时效期间，其依照本规定第十三条第二款、第十四条第二款的规定请求未履行或者未全面履行出资义务或者抽逃出资的股东承担赔偿责任，被告股东以出资义务或者返还出资义务超过诉讼时效期间为由进行抗辩的，人民法院不予支持。

第二十条 【对出资的举证责任】当事人之间对是否已履行出资义务发生争议，原告提供对股东履行出资义务产生合理怀疑证据的，被告股东应当就其已履行出资义务承担举证责任。

第二十一条 【确认股东资格的当事人】当事人向人民法院起诉请求确认其股东资格的，应当以公司为被告，与案件争议股权有利害关系的人作为第三人参加诉讼。

第二十二条 【确认股权归属的举证事实】当事人之间对股权归属发生争议，一方请求人民法院确认其享有股权的，应当证明以下事实之一：

（一）已经依法向公司出资或者认缴出资，且不违反法律法规强制性规定；

（二）已经受让或者以其他形式继受公司股权，且不违反法律法规强制性规定。

第二十三条 【公司对股东的义务承担】当事人依法履行出资义务或者依法继受取得股权后，公司未根据公司法第三十一条、第三十二条的规定签发出资证明书、记载于股东名册并办理公司登记机关登记，当事人请求公司履行上述义务的，人民法院应予支持。

>> 条文注解

一般认为，股东向公司依法缴纳出资后，就履行了其对公司的义务。股东也当然应当从公司获得相应的权利，公司应当向股东签发出资证明书、将股东的名称在相关文件上登记记载等。这些内容实际上也是公司对股东的义务。实践中，很多公司并未依法履行这些义务，这既侵害了股东的权益，也会对股权的稳定性产生影响。故第23条规定，公司未尽上述义务时，股东有权提起诉讼要求公司履行该义务。这些规定一方面有利于保障股东权益，另一方面还有利于督促公司规范管理和经营，依法置备法律所要求的各类文件资料，切实避免相关纠纷。

第二十四条 【实际出资人与名义股东的利益平衡】有限责任公司的实际出资人与名义出资人订立合同，约定由实际出资人出资并享有投资权益，以名义出资人为名义股东，实际出资人与名义股东对该合同效力发生争议的，如无合同法

第五十二条规定的情形，人民法院应当认定该合同有效。

前款规定的实际出资人与名义股东因投资权益的归属发生争议，实际出资人以其实际履行了出资义务为由向名义股东主张权利的，人民法院应予支持。名义股东以公司股东名册记载、公司登记机关登记为由否认实际出资人权利的，人民法院不予支持。

实际出资人未经公司其他股东半数以上同意，请求公司变更股东、签发出资证明书、记载于股东名册、记载于公司章程并办理公司登记机关登记的，人民法院不予支持。

>> **条文注解**

商事实践中，由于各种原因公司相关文件中记名的人(名义股东)与真正投资人(实际出资人)相分离的情形并不鲜见，双方有时就股权投资收益的归属发生争议。应当认为，如果名义股东与实际出资人约定由名义股东出面行使股权，但由实际出资人享受投资权益时，这属于双方间的自由约定，根据缔约自由的精神，如无其他违法情形，该约定应有效，实际出资人可依照合同约定向名义股东主张相关权益。《公司法》第32条第2款规定“记载于股东名册的股东，可以依股东名册主张行使股东权利”，该规定中股东名册中的记名，是名义股东(即记名人)用来向公司主张权利或向公司提出抗辩的身份依据，而不是名义股东对抗实际出资人的依据，所以名义股东不能据其抗辩实际出资人。同样，《公司法》第32条第3款虽然规定未在公司登记机关登记的不得对抗第三人，名义股东并不属于此处的“第三人”，也不得以该登记否认实际出资人的合同权利。

在实际出资人与名义股东间，实际出资人的投资权益应当依双方合同确定并依法保护。但如果实际出资人请求公司变更股东、签发出资证明书、记载于股东名册、记载于公司章程并办理公司登记机关登记等，此时实际出资人的要求就已经突破了前述双方合同的范围，实际出资人将从公司外部进入公司内部、成为公司的成员。此种情况下，参照《公司法》第71条第2款规定的股东向股东以外的人转让股权，应当经其他股东过半数同意，本条规定此时应当经其他股东半数以上同意。

第二十五条 【名义股东处分股权的处理】名义股东将登记于其名下的股权转让、质押或者以其他方式处分，实际出资人以其对于股权享有实际权利为由，请求认定处分股权行为无效的，人民法院可以参照物权法第一百零六条的规定处理。

名义股东处分股权造成实际出资人损失，实际出资人请求名义股东承担赔偿责任的，人民法院应予支持。

>> **条文注解**

《公司法》第33条第3款规定股东姓名或名称未在公司登记机关登记的，不得对抗第三人。所以第三人凭借对登记内容的信赖，一般可以合理地相信登记的股东(即名义股东)就是真实的股权人，可以接受该名义股东对股权的处分，实际出资人不能主张处分行为无效。但在实践中，有的情况下第三人明知该股东不是真实的股权人仍参与股权处分。根据本条规定，实际出资人主张处分股权行为无效的，应按照《物权法》第106条规定的善意取得制度处理，即登记的内容构成第三人的一般信赖，第三人可以以登记的内容来主张其不知道股权归属于实际出资人、并进而终局地取得该股权；但实际出资人可以举证证明第三人知道或应当知道该股权归属于实际出资人。一旦证明，该第三人就不构成善意取得，处分股权行为的效力就应当被否定，其也就不能终局地取得该股权。当然，在第三人取得该股权后，实际出资人基于股权形成的利益就不复存在，其可以要求作出处分行为的名义股东承担赔偿责任。

第二十六条　【名义股东的补充赔偿责任与追偿权】公司债权人以登记于公司登记机关的股东未履行出资义务为由，请求其对公司债务不能清偿的部分在未出资本息范围内承担补充赔偿责任，股东以其仅为名义股东而非实际出资人为由进行抗辩的，人民法院不予支持。

名义股东根据前款规定承担赔偿责任后，向实际出资人追偿的，人民法院应予支持。

第二十七条　【未办理股权变更登记，原股东转让股权的处理】股权转让后尚未向公司登记机关办理变更登记，原股东将仍登记于其名下的股权转让、质押或者以其他方式处分，受让股东以其对于股权享有实际权利为由，请求认定处分股权行为无效的，人民法院可以参照物权法第一百零六条的规定处理。

原股东处分股权造成受让股东损失，受让股东请求原股东承担赔偿责任、对于未及时办理变更登记有过错的董事、高级管理人员或者实际控制人承担相应责任的，人民法院应予支持；受让股东对于未及时办理变更登记也有过错的，可以适当减轻上述董事、高级管理人员或者实际控制人的责任。

>> **条文注解**

原股东转让股权后，由于种种原因股权所对应的股东名称未及时在公司登记机关进行变更，此时原股东又将该股权再次转让。这种情况下，第三人凭借对既有登记内容的信赖，一般可以合理地相信登记的股东（即原股东）就是真实的股权人，可以接受该股东对股权的处分，未登记记名的受让股东不能主张处分行为无效。但是，当确有证据证明第三人在受让股权时明知原股东已不是真实的股权人，股权权属已归于受让股东，在原股东向该第三人处分股权后如果仍认定该处分行为有效，同样也会助长第三人及原股东的不诚信行为，这也是应当避免的。所以受让股东主张处分股权行为无效的，仍应按照《物权法》第106条的规定处理。如果没有证据证明第三人知道上述情形，那么第三人可以取得该股权，受让股东的股权利益也不存在了，其可以要求原股东承担赔偿责任。而且，受让股东受让股权后之所以未及时在公司登记机关办理变更登记，常常是由于公司的管理层（如董事、高管人员）或实际控制人等未及时代表公司向登记机关申请且提供相应材料而造成，此时，该类人员对受让股东的损失也有过错，应当对受让股东承担相应的赔偿责任。受让股东有过失的，可以减轻上述人员的责任。

第二十八条　【冒名出资的责任承担】冒用他人名义出资并将该他人作为股东在公司登记机关登记的，冒名登记行为人应当承担相应责任；公司、其他股东或者公司债权人以未履行出资义务为由，请求被冒名登记为股东的承担补足出资责任或者对公司债务不能清偿部分的赔偿责任的，人民法院不予支持。

最高人民法院关于适用《中华人民共和国公司法》若干问题的规定(四)

(2016年12月5日最高人民法院审判委员会第1702次会议通过
2017年8月25日公布 法释〔2017〕16号 自2017年9月1日起施行)

为正确适用《中华人民共和国公司法》,结合人民法院审判实践,现就公司决议效力、股东知情权、利润分配权、优先购买权和股东代表诉讼等案件适用法律问题作出如下规定。

>> **条文注解**①

关于本司法解释的制定背景,主要是:

第一,制定《最高人民法院关于适用〈中华人民共和国公司法〉若干问题的规定(四)》(以下简称《公司法解释四》)是贯彻党中央系列部署,健全公司治理、加强股东权利保护的迫切需要。党的十八大以来,习近平总书记多次强调要加强投资者权益保护。党中央就加强投资者保护、提高公司治理水平作出了一系列重要部署。《中共中央关于全面深化改革若干重大问题的决定》强调,要健全协调运转、有效制衡的公司法人治理结构。《中共中央、国务院关于完善产权保护制度依法保护产权的意见》明确要求,将股权与物权、债权、无形财产权并列保护,并强调了同股同权、同股同利等基本原则。

在中国特色社会主义市场经济法律体系中,《公司法》是最重要的市场主体法律制度,是股东行使股东权利、参与公司治理的基本法律依据。制定本解释,就是要贯彻党中央的一系列重要部署,提高人民法院准确适用《公司法》的水平,为规范公司治理、加强股权保护提供有力司法保障。

第二,制定本解释是依法保障供给侧结构性改革的迫切需要。公司作为最主要的市场主体,无疑是改善市场供给的主力军。因此,规范公司治理结构、加强股东权利保护,促进公司稳定经营和发展壮大,对深入推进供给侧结构性改革具有基础性作用。制定本解释,就是要加强股东权利的司法救济,依法保护投资者的积极性,就是要妥善处理股东之间、股东与公司之间等利益冲突,尽可能避免公司僵局,为实现公司治理法治化,促进公司持续稳定经营提供司法保障。

第三,制定本解释是营造良好营商环境的迫切需要。在2017年召开的中央财经领导小组第16次会议上,习近平总书记强调:"要改善投资和市场环境、加快对外开放步伐,降低市场运营成本,营造稳定公平透明、可预期的营商环境,推动我国经济持续稳定健康发展。"

公司法律制度是否完善对营商环境影响十分重大,不仅影响着国内投资者的积极性,也影响着国际投资者对投资地的选择,影响着国际资本的流动。因此,长期以来,公司法成为很多国家和地区创造制度优势、广泛吸纳投资的重要依托,世界范围内的公司法律制度竞争一直存在,而且仍将持续,成为公司法生机勃勃的强大动力。本解释发布施行后,将对提高我国公司法律制度的国际竞争力,改善投资环境起到重要作用。

① 该司法解释的条文注解内容,系根据最高人民法院审判委员会专职委员杜万华于2017年8月28日新闻发布会上对本司法解释的解读改编。——编者注

第四，制定本解释是统一适用《公司法》，妥善处理公司治理和股东权利纠纷的迫切需要。近年来，随着公司数量的快速增长，这两类纠纷案件逐年上升，在公司纠纷案件中占比高达60%多。一些大型公司的决议效力纠纷，甚至成为舆论焦点和热点，引发社会各界对公司法相关规定的广泛关注，被舆论称之为中国公司治理的标志性事件。

与此同时，《公司法》适用中遇到的新情况、新问题增多；一些法律适用问题争议较大，裁判观点不一致的情况时有发生；因缺乏明确规定，一些股东权利被损害后，得不到有效的司法救济。地方各级法院和社会各界纷纷要求尽快制定相关司法解释。

第一条　【决议效力瑕疵诉讼的请求】公司股东、董事、监事等请求确认股东会或者股东大会、董事会决议无效或者不成立的，人民法院应当依法予以受理。

第二条　【决议效力瑕疵案件的原告应具有股东资格】依据公司法第二十二条第二款请求撤销股东会或者股东大会、董事会决议的原告，应当在起诉时具有公司股东资格。

>> 条文注解

为维护公司稳定经营和交易安全，在诉的利益原则的基础上，各国公司法对决议效力确认之诉的原告范围多有限制。我国《公司法》第22条亦就此作了适当限制。但由于该规定较为原则，司法实践中对其具体含义存在一定的争议。

《公司法解释四》严格贯彻《公司法》第22条的立法宗旨，在第1条规定确认决议无效或者不成立之诉的原告，包括股东、董事、监事等；在第2条规定，决议撤销之诉的原告应当在起诉时具有股东资格。

第三条　【决议效力瑕疵案件的当事人】原告请求确认股东会或者股东大会、董事会决议不成立、无效或者撤销决议的案件，应当列公司为被告。对决议涉及的其他利害关系人，可以依法列为第三人。

一审法庭辩论终结前，其他有原告资格的人以相同的诉讼请求申请参加前款规定诉讼的，可以列为共同原告。

第四条　【决议效力瑕疵案件的处理】股东请求撤销股东会或者股东大会、董事会决议，符合公司法第二十二条第二款规定的，人民法院应当予以支持，但会议召集程序或者表决方式仅有轻微瑕疵，且对决议未产生实质影响的，人民法院不予支持。

第五条　【支持决议不成立之诉的情形】股东会或者股东大会、董事会决议存在下列情形之一，当事人主张决议不成立的，人民法院应当予以支持：

（一）公司未召开会议的，但依据公司法第三十七条第二款或者公司章程规定可以不召开股东会或者股东大会而直接作出决定，并由全体股东在决定文件上签名、盖章的除外；

（二）会议未对决议事项进行表决的；

（三）出席会议的人数或者股东所持表决权不符合公司法或者公司章程规定的；

（四）会议的表决结果未达到公司法或者公司章程规定的通过比例的；

（五）导致决议不成立的其他情形。

>> 条文注解

对决议效力瑕疵的分类，各国立法例大致存在“二分法”与“三分法”的分野，前者包括决议无效和决议可撤销两种决议效力瑕疵，后者则在此基础上还规定了决议不成立或者决议不存在。我国《公司法》第22条规定了确认决议无效和撤销决议之诉，均系针对已经成立的决议，未涵盖决议不成立的情形。从体系解释出发，不成立的决议当然不具有法律约束力，应是公司法的默示性规定。因此，《公司法解释四》第5条规定了决议不成立之诉，与决议无效之诉和撤销决议之诉一起，共同构成了“三分法”的格局。

第六条 【确认决议无效或者撤销决议的法律效力】股东会或者股东大会、董事会决议被人民法院判决确认无效或者撤销的，公司依据该决议与善意相对人形成的民事法律关系不受影响。

>> **条文注解**

关于公司内部规定或者决议的外部效力问题，《民法总则》通过第61条、第85条等规定予以了明确，基本确立了内外有别、保护善意相对人合法利益的原则。据此，《公司法解释四》第6条明确规定，股东会或者股东大会、董事会决议被人民法院判决确认无效或者撤销的，公司依据该决议与善意相对人形成的民事法律关系不受影响。

第七条 【起诉请求查阅、复制公司文件的条件】股东依据公司法第三十三条、第九十七条或者公司章程的规定，起诉请求查阅或者复制公司特定文件材料的，人民法院应当依法予以受理。

公司有证据证明前款规定的原告在起诉时不具有公司股东资格的，人民法院应当驳回起诉，但原告有初步证据证明在持股期间其合法权益受到损害，请求依法查阅或者复制其持股期间的公司特定文件材料的除外。

第八条 【股东查阅会计账簿的不正当目的的认定】有限责任公司有证据证明股东存在下列情形之一的，人民法院应当认定股东有公司法第三十三条第二款规定的“不正当目的”：

（一）股东自营或者为他人经营与公司主营业务有实质性竞争关系业务的，但公司章程另有规定或者全体股东另有约定的除外；

（二）股东为了向他人通报有关信息查阅公司会计账簿，可能损害公司合法利益的；

（三）股东在向公司提出查阅请求之日前的三年内，曾通过查阅公司会计账簿，向他人通报有关信息损害公司合法利益的；

（四）股东有不正当目的的其他情形。

第九条 【章程、协议实质性剥夺股东知情权的效力】公司章程、股东之间的协议等实质性剥夺股东依据公司法第三十三条、第九十七条规定查阅或者复制公司文件材料的权利，公司以此为由拒绝股东查阅或者复制的，人民法院不予支持。

第十条 【判决应明确查阅、复制公司文件的相关内容；依判决查阅文件的辅助】人民法院审理股东请求查阅或者复制公司特定文件材料的案件，对原告诉讼请求予以支持的，应当在判决中明确查阅或者复制公司特定文件材料的时间、地点和特定文件材料的名录。

股东依据人民法院生效判决查阅公司文件材料的，在该股东在场的情况下，可以由会计师、律师等依法或者依据执业行为规范负有保密义务的中介机构执业人员辅助进行。

第十一条 【行使知情权泄露公司商业秘密的处理】股东行使知情权后泄露公司商业秘密导致公司合法利益受到损害，公司请求该股东赔偿相关损失的，人民法院应当予以支持。

根据本规定第十条辅助股东查阅公司文件材料的会计师、律师等泄露公司商业秘密导致公司合法利益受到损害，公司请求其赔偿相关损失的，人民法院应当予以支持。

第十二条 【高级职员致使未制作或保存公司文件的责任承担】公司董事、高级管理人员等未依法履行职责，导致公司未依法制作或者保存公司法第三十三条、第九十七条规定的公司文件材料，给股东造成损失，股东依法请求负有相应责任的公司董事、高级管理人员承担民事赔偿责任的，人民法院应当予以支持。

>> 条文注解

《公司法》第 33 条、第 97 条赋予了股东查阅、复制公司章程、决议等文件材料的权利。该权利是公司法赋予股东的固有权，属于法定知情权，是股东权利中的基础性权利，依法应当严格保护。《公司法解释四》针对适用该两条规定中遇到的争议较多的问题，作出了如下规定：

一是结合诉的利益原则，通过第 7 条明确了股东就《公司法》第 33 条、第 97 条规定享有的诉权，并规定了有限责任公司原股东享有的有限诉权。

二是结合司法实践经验，对股东查阅公司会计账簿可能有的不正当目的作了列举，明确划定了公司拒绝权的行使边界。

三是明确规定公司不得以公司章程、股东间协议等方式，实质性剥夺股东的法定知情权。公司以此为由拒绝股东行使法定知情权的，人民法院不予支持。

四是为保障股东知情权的行使，对股东聘请中介机构执业人员辅助查阅作出了规定。

五是就股东可以请求未依法履行职责的公司董事、高级管理人员赔偿损失作了规定，以防止从根本上损害股东知情权。

第十三条 【请求公司分配利润案件的当事人】股东请求公司分配利润案件，应当列公司为被告。

一审法庭辩论终结前，其他股东基于同一分配方案请求分配利润并申请参加诉讼的，应当列为共同原告。

第十四条 【法院判决公司按有效决议分配利润】股东提交载明具体分配方案的股东会或者股东大会的有效决议，请求公司分配利润，公司拒绝分配利润且其关于无法执行决议的抗辩理由不成立的，人民法院应当判决公司按照决议载明的具体分配方案向股东分配利润。

第十五条 【未提交载明具体分配方案的决议而请求分配利润的处理】股东未提交载明具体分配方案的股东会或者股东大会决议，请求公司分配利润的，人民法院应当驳回其诉讼请求，但违反法律规定滥用股东权利导致公司不分配利润，给其他股东造成损失的除外。

>> 条文注解

利润分配权，是指股东有权按照出资或股份比例请求分配公司利润的权利。是否分配和如何分配公司利润，原则上属于商业判断和公司自治的范畴，人民法院一般不应介入。因此，《解释》第 14 条、第 15 条明确规定，股东请求公司分配利润的，应当提交载明具体分配方案的股东会或者股东大会决议；未提交的，人民法院原则上应当不予支持。

但近年来，公司大股东违反同股同权原则和股东权利不得滥用原则，排挤、压榨小股东，导致公司不分配利润，损害小股东利润分配权的现象时有发生，严重破坏了公司自治。比如，公司不分配利润，但董事、高级管理人员领取过高薪酬，或者由控股股东操纵公司购买与经营无关的财物或者服务，用于其自身使用或者消费，或者隐瞒或者转移利润，等等。为此，《公司法解释四》第15条但书规定，公司股东滥用权利，导致公司不分配利润给其他股东造成损失的，司法可以适当干预，以实现对公司自治失灵的矫正。

第十六条 【继承对行使优先购买权的限制】有限责任公司的自然人股东因继承发生变化时，其他股东主张依据公司法第七十一条第三款规定行使优先购买权的，人民法院不予支持，但公司章程另有规定或者全体股东另有约定的除外。

第十七条 【股权转让的通知与同意】有限责任公司的股东向股东以外的人转让股权，应就其股权转让事项以书面或者其他能够确认收悉的合理方式通知其他股东征求同意。其他股东半数以上不同意转让，不同意的股东不购买的，人民法院应当认定视为同意转让。

经股东同意转让的股权，其他股东主张转让股东应当向其以书面或者其他能够确认收悉的合理方式通知转让股权的同等条件的，人民法院应当予以支持。

经股东同意转让的股权，在同等条件下，转让股东以外的其他股东主张优先购买的，人民法院应当予以支持，但转让股东依据本规定第二十条放弃转让的除外。

第十八条 【股权转让中“同等条件”的判断】人民法院在判断是否符合公司法第七十一条第三款及本规定所称的“同等条件”时，应当考虑转让股权的数量、价格、支付方式及期限等因素。

第十九条 【行使优先购买权的期限】有限责任公司的股东主张优先购买转让股权的，应当在收到通知后，在公司章程规定的行使期间内提出购买请求。公司章程没有规定行使期间或者规定不明确的，以通知确定的期间为准，通知确定的期间短于三十日或者未明确行使期间的，行使期间为三十日。

第二十条 【股权转让股东嗣后不同意转让股权的处理】有限责任公司的转让股东，在其他股东主张优先购买后又不同意转让股权的，对其他股东优先购买的主张，人民法院不予支持，但公司章程另有规定或者全体股东另有约定的除外。其他股东主张转让股东赔偿其损失合理的，人民法院应当予以支持。

第二十一条 【股权转让股东损害优先购买权的处理】有限责任公司的股东向股东以外的人转让股权，未就其股权转让事项征求其他股东意见，或者以欺诈、恶意串通等手段，损害其他股东优先购买权，其他股东主张按照同等条件购买该转让股权的，人民法院应当予以支持，但其他股东自知道或者应当知道行使优先购买权的同等条件之日起三十日内没有主张，或者自股权变更登记之日起超过一年的除外。

前款规定的其他股东仅提出确认股权转让合同及股权变动效力等请求，未同时主张按照同等条件购买转让股权的，人民法院不予支持，但其他股东非因自身原因导致无法行使优先购买权，请求损害赔偿的除外。

股东以外的股权受让人，因股东行使优先购买权而不能实现合同目的的，可以依法请求转让股东承担相应民事责任。

第二十二条 【以拍卖形式或在产权交易场所转让股权的规则适用】通过拍卖向股东以外的人转让有限责任公司股权的，适用公司法第七十一条第二款、第三款或者第七十二条规定的“书面通知”“通知”“同等条件”时，根据相关法律、司法解释确定。

在依法设立的产权交易场所转让有限责任公司国有股权的，适用公司法第七十一条第二款、第三款或者第七十二条规定的“书面通知”“通知”“同等条件”时，可以参照产权交易场所的交易规则。

>> 条文注解

有限责任公司具有较强的人合性，股东之间基于相互信任而共同投资。为此，公司法规定，股东向公司股东以外的人转让股权时，其他股东享有的在同等条件下优先购买转让股权的权利。这是股东维护其人合性利益的主要法律依据。但关于股东优先购买权的行使通知、行使方式、行使期限、损害救济等，公司法没有具体规定。

为此，《公司法解释四》一是细化了行使股东优先购买权的程序规则。比如规定转让股东应当以书面或者其他能够确认收悉的合理方式，将转让股权的同等条件通知其他股东；股东优先购买权的行使期限，应当按照章程规定期限、转让股东通知期限和30日最低期限的先后顺序确定；判断“同等条件”应当考虑的主要因素，包括转让股权的数量、价格、支付方式及期限，等等。

二是明确了股东优先购买权的行使边界和损害救济制度。股东优先购买权制度的立法宗旨，在于维护公司股东的人合性利益，而非保障其他股东取得转让股权。据此，《公司法解释四》第20条规定，有限责任公司的转让股东在其他股东主张优先购买后又不同意转让的，对其他股东优先购买的主张，人民法院不予支持，亦即其他股东不具有强制缔约的权利。

同时，为了防止转让股东恶意利用该规则，损害股东优先购买权，《公司法解释四》第21条明确规定，转让股东未就股权转让事项征求其他股东意见，或者以欺诈、恶意串通等手段，损害其他股东优先购买权的，其他股东有权要求以实际转让的同等条件优先购买该股权。但为了维护交易秩序和公司稳定经营，《公司法解释四》对股东优先购买权被侵害后，股东行使相关权利的期限做了适当限制。

三是解决了关于损害股东优先购买权的股权转让合同效力的实践争议。对此类合同的效力，《公司法》并无特别规定，不应仅仅因为损害股东优先购买权认定合同无效、撤销合同，而应当严格依照合同法规定进行认定。正是基于此类合同原则上有效，因此人民法院支持其他股东行使优先购买权的，股东以外的受让人可以请求转让股东依法承担相应合同责任。

第二十三条 【高级职员对其他高级职员起诉案件的当事人】监事会或者不设监事会的有限责任公司的监事依据公司法第一百五十一条第一款规定对董事、高级管理人员提起诉讼的，应当列公司为原告，依法由监事会主席或者不设监事会的有限责任公司的监事代表公司进行诉讼。

董事会或者不设董事会的有限责任公司的执行董事依据公司法第一百五十一条第一款规定对监事提起诉讼的，或者依据公司法第一百五十一条第三款规定对他人提起诉讼的，应当列公司为原告，依法由董事长或者执行董事代表公司进行诉讼。

第二十四条 【股东代表诉讼案件的当事人】符合公司法第一百五十一条第一款规定条件的股东，依据公司法第一百五十一条第二款、第三款规定，直接对董事、监事、高级管理人员或者他人提起诉

讼的，应当列公司为第三人参加诉讼。

一审法庭辩论终结前，符合公司法第一百五十一条第一款规定条件的其他股东，以相同的诉讼请求申请参加诉讼的，应当列为共同原告。

第二十五条 【股东代表诉讼案件的胜诉利益归属】股东依据公司法第一百五十一条第二款、第三款规定直接提起诉讼的案件，胜诉利益归属于公司。股东请求被告直接向其承担民事责任的，人民法院不予支持。

第二十六条 【股东代表诉讼案件的费用承担】股东依据公司法第一百五十一条第二款、第三款规定直接提起诉讼的案件，其诉讼请求部分或者全部得到人民法院支持的，公司应当承担股东因参加诉讼支付的合理费用。

>> **条文注解**

《公司法解释四》对股东代表诉讼机制进行了完善：

一是明确《公司法》第151条涉及两类不同诉讼。司法实践中，对《公司法》第151条第1款规定的诉讼类型，以及公司的诉讼地位存在不同认识。本解释认为，公司董事会或者执行董事、监事会或者监事系公司机关，其履行法定职责代表公司提起的诉讼，应当是公司直接诉讼，应列公司为原告。《公司法解释四》第23条对此予以了明确。

二是完善了股东代表诉讼机制。《公司法》第151条第2款、第3款规定了股东代表诉讼，但对于股东代表诉讼中的当事人地位、胜诉利益的归属、诉讼费用的负担等问题，没有规定具体的操作规则。《公司法解释四》第24条、第25条、第26条分别就这三个方面的问题作出了规定。

第二十七条 【施行日期】本规定自2017年9月1日起施行。

本规定施行后尚未终审的案件，适用本规定；本规定施行前已经终审的案件，或者适用审判监督程序再审的案件，不适用本规定。

3. 非法人企业

中华人民共和国个人独资企业法

（1999年8月30日第九届全国人民代表大会常务委员会第十一次会议通过
1999年8月30日中华人民共和国主席令第20号公布
自2000年1月1日起施行）

目　录

第一章 总 则

第一条 【立法目的】为了规范个人独资企业的行为，保护个人独资企业投资人和债权人的合法权益，维护社会经济秩序，促进社会主义市场经济的发展，根据宪法，制定本法。

第二条 【定义】本法所称个人独资企业，是指依照本法在中国境内设立，由一个自然人投资，财产为投资人个人所有，投资人以其个人财产对企业债务承担无限责任的经营实体。

第三条 【住所】个人独资企业以其主要办事机构所在地为住所。

第四条 【依法经营】个人独资企业从事经营活动必须遵守法律、行政法规，遵守诚实信用原则，不得损害社会公共利益。

个人独资企业应当依法履行纳税义务。

第五条 【权益保护】国家依法保护个人独资企业的财产和其他合法权益。

第六条 【依法招聘职工、建立工会】个人独资企业应当依法招用职工。职工的合法权益受法律保护。

个人独资企业职工依法建立工会，工会依法开展活动。

第七条 【党的活动】在个人独资企业中的中国共产党党员依照中国共产党章程进行活动。

第二章 个人独资企业的设立

第八条 【设立条件】设立个人独资企业应当具备下列条件：

（一）投资人为一个自然人；

（二）有合法的企业名称；

（三）有投资人申报的出资；

（四）有固定的生产经营场所和必要的生产经营条件；

（五）有必要的从业人员。

第九条 【申请程序】申请设立个人独资企业，应当由投资人或者其委托的代理人向个人独资企业所在地的登记机关提交设立申请书、投资人身份证明、生产经营场所使用证明等文件。委托代理人申请设立登记时，应当出具投资人的委托书和代理人的合法证明。

个人独资企业不得从事法律、行政法规禁止经营的业务；从事法律、行政法规规定须报经有关部门审批的业务，应当在申请设立登记时提交有关部门的批准文件。

第十条 【申请书内容】个人独资企业设立申请书应当载明下列事项：

（一）企业的名称和住所；

（二）投资人的姓名和居所；

（三）投资人的出资额和出资方式；

（四）经营范围。

第十一条 【名称】个人独资企业的名称应当与其责任形式及从事的营业相符合。

第十二条 【登记】登记机关应当在收到设立申请文件之日起十五日内，对符合本法规定条件的，予以登记，发给营业执照；对不符合本法规定条件的，不予登记，并应当给予书面答复，说明理由。

第十三条 【执照签发】个人独资企业的营业执照的签发日期，为个人独资企业成立日期。

在领取个人独资企业营业执照前，投资人不得以个人独资企业名义从事经营活动。

第十四条 【分支机构的设立】个人独资企业设立分支机构，应当由投资人或者其委托的代理人向分支机构所在地的登记机关申请登记，领取营业执照。

分支机构经核准登记后，应将登记情况报该分支机构隶属的个人独资企业的登记机关备案。

分支机构的民事责任由设立该分支机构的个人独资企业承担。

第十五条 【变更登记】个人独资企业存续期间登记事项发生变更的，应当在作出变更决定之日起的十五日内依法向登记机关申请办理变更登记。

第三章 个人独资企业的投资人及事务管理

第十六条 【禁止设立】法律、行政法规禁止止从事营利性活动的人，不得作为投资人申请设立个人独资企业。

第十七条 【财产权】个人独资企业投资人对本企业的财产依法享有所有权，其有关权利可以依法进行转让或继承。

第十八条 【无限责任】个人独资企业投资人在申请企业设立登记时明确以其家庭共有财产作为个人出资的，应当依法以家庭共有财产对企业债务承担无限责任。

第十九条 【管理】个人独资企业投资人可以自行管理企业事务，也可以委托或者聘用其他具有民事行为能力的人负责企业的事务管理。

投资人委托或者聘用他人管理个人独资企业事务，应当与受托人或者被聘用的人签订书面合同，明确委托的具体内容和授予的权利范围。

受托人或者被聘用的人员应当履行诚信、勤勉义务，按照与投资人签订的合同负责个人独资企业的事务管理。

投资人对受托人或者被聘用的人员职权的限制，不得对抗善意第三人。

第二十条 【管理人员的禁止行为】投资人委托或者聘用的管理个人独资企业事务的人员不得有下列行为：

（一）利用职务上的便利，索取或者收受贿赂；

（二）利用职务或者工作上的便利侵占企业财产；

（三）挪用企业的资金归个人使用或者借贷给他人；

（四）擅自将企业资金以个人名义或者以他人名义开立帐户储存；

（五）擅自以企业财产提供担保；

（六）未经投资人同意，从事与本企业相竞争的业务；

（七）未经投资人同意，同本企业订立合同或者进行交易；

（八）未经投资人同意，擅自将企业商标或者其他知识产权转让给他人使用；

（九）泄露本企业的商业秘密；

（十）法律、行政法规禁止的其他行为。

第二十一条 【财务】个人独资企业应当依法设置会计帐簿，进行会计核算。

第二十二条 【职工权益保护】个人独资企业招用职工的，应当依法与职工签订劳动合同，保障职工的劳动安全，按时、足额发放职工工资。

第二十三条 【职工保险】个人独资企业应当按照国家规定参加社会保险，为职工缴纳社会保险费。

第二十四条 【企业权利】个人独资企业可以依法申请贷款、取得土地使用权，并享有法律、行政法规规定的其他权利。

第二十五条 【禁止摊派】任何单位和个人不得违反法律、行政法规的规定，以任何方式强制个人独资企业提供财力、物力、人力；对于违法强制提供财力、物力、人力的行为，个人独资企业有权拒绝。

第四章 个人独资企业的解散和清算

第二十六条 【解散情形】个人独资企业有下列情形之一时，应当解散：

（一）投资人决定解散；

（二）投资人死亡或者被宣告死亡，无继承人或者继承人决定放弃继承；

（三）被依法吊销营业执照；

（四）法律、行政法规规定的其他情形。

第二十七条 【解散程序】个人独资企业解散，由投资人自行清算或者由债权人申请人民法院指定清算人进行清算。

投资人自行清算的，应当在清算前十五日内书面通知债权人，无法通知的，应当予以公告。债权人应当在接到通知之日起三十日内，未接到通知的应当在公告之日起六十日内，向投资人申报其债权。

第二十八条 【解散后的责任】个人独资企业解散后，原投资人对个人独资企业存续期间的债务仍应承担偿还责任，但债权人在五年内未向债务人提出偿债请求的,该责任消灭。

第二十九条 【债务清偿】个人独资企业解散的,财产应当按照下列顺序清偿:

(一)所欠职工工资和社会保险费用;

(二)所欠税款;

(三)其他债务。

第三十条 【清算期内的禁止行为】清算期间,个人独资企业不得开展与清算目的无关的经营活动。在按前条规定清偿债务前,投资人不得转移、隐匿财产。

第三十一条 【个人其他财产清偿】个人独资企业财产不足以清偿债务的,投资人应当以其个人的其他财产予以清偿。

第三十二条 【注销登记】个人独资企业清算结束后,投资人或者人民法院指定的清算人应当编制清算报告,并于十五日内到登记机关办理注销登记。

第五章 法律责任

第三十三条 【欺骗登记】违反本法规定,提交虚假文件或采取其他欺骗手段,取得企业登记的,责令改正,处以五千元以下的罚款;情节严重的,并处吊销营业执照。

第三十四条 【擅自更名责任】违反本法规定,个人独资企业使用的名称与其在登记机关登记的名称不相符合的,责令限期改正,处以二千元以下的罚款。

第三十五条 【涂改、出租、转让执照责任】涂改、出租、转让营业执照的,责令改正,没收违法所得,处以三千元以下的罚款;情节严重的,吊销营业执照。

伪造营业执照的,责令停业,没收违法所得,处以五千元以下的罚款。构成犯罪的,依法追究刑事责任。

第三十六条 【不开业或停业责任】个人独资企业成立后无正当理由超过六个月未开业的,或者开业后自行停业连续六个月以上的,吊销营业执照。

第三十七条 【未登记或变更登记责任】违反本法规定,未领取营业执照,以个人独资企业名义从事经营活动的,责令停止经营活动,处以三千元以下的罚款。

个人独资企业登记事项发生变更时,未按本法规定办理有关变更登记的,责令限期办理变更登记;逾期不办理的,处以二千元以下的罚款。

第三十八条 【管理人责任】投资人委托或者聘用的人员管理个人独资企业事务时违反双方订立的合同,给投资人造成损害的,承担民事赔偿责任。

第三十九条 【企业侵犯职工利益责任】个人独资企业违反本法规定,侵犯职工合法权益,未保障职工劳动安全,不缴纳社会保险费用的,按照有关法律、行政法规予以处罚,并追究有关责任人员的责任。

第四十条 【管理人侵犯财产责任】投资人委托或者聘用的人员违反本法第二十条规定,侵犯个人独资企业财产权益的,责令退还侵占的财产;给企业造成损失的,依法承担赔偿责任;有违法所得的,没收违法所得;构成犯罪的,依法追究刑事责任。

第四十一条 【摊派责任】违反法律、行政法规的规定强制个人独资企业提供财力、物力、人力的,按照有关法律、行政法规予以处罚,并追究有关责任人员的责任。

第四十二条 【企业逃避债务责任】个人独资企业及其投资人在清算前或清算期间隐匿或转移财产,逃避债务的,依法追回其财产,并按照有关规定予以处罚;构成犯罪的,依法追究刑事责任。

第四十三条 【责任顺序】投资人违反本法规定,应当承担民事赔偿责任和缴纳罚款、罚金,其财产不足以支付的,或者被判处没收财产的,应当先承担民事赔偿责任。

第四十四条 【登记机关责任】登记机关对不符合本法规定条件的个人独资企业予以登记,或者对符合本法规定条件的企业不予登记的,对直接责任人员依法给予行政处分;构成犯罪的,依法追究刑事责任。

第四十五条 【登记机关上级主管人员责

任】登记机关的上级部门的有关主管人员强令登记机关对不符合本法规定条件的企业予以登记，或者对符合本法规定条件的企业不予登记的，或者对登记机关的违法登记行为进行包庇的，对直接责任人员依法给予行政处分；构成犯罪的，依法追究刑事责任。

第四十六条 【不予登记的救济】登记机关对符合法定条件的申请不予登记或者超过法定时限不予答复的，当事人可依法申请行政复议或提起行政诉讼。

第六章 附 则

第四十七条 【适用范围】外商独资企业不适用本法。

第四十八条 【生效日期】本法自2000年1月1日起施行。

中华人民共和国合伙企业法

(1997年2月23日第八届全国人民代表大会常务委员会第二十四次会议通过 2006年8月27日第十届全国人民代表大会常务委员会第二十三次会议修订 自2007年6月1日起施行)

目 录

第一章 总 则

第一条 【立法目的】为了规范合伙企业的行为，保护合伙企业及其合伙人、债权人的合法权益，维护社会经济秩序，促进社会主义市场经济的发展，制定本法。

第二条 【定义和分类】本法所称合伙企业，是指自然人、法人和其他组织依照本法在中国境内设立的普通合伙企业和有限合伙企业。

普通合伙企业由普通合伙人组成，合伙人对合伙企业债务承担无限连带责任。本法对普通合伙人承担责任的形式有特别规定的，从其规定。

有限合伙企业由普通合伙人和有限合伙人组成，普通合伙人对合伙企业债务承担无限连带责任，有限合伙人以其认缴的出资额为限对合伙企业债务承担责任。

第三条 【普通合伙人的限制】国有独资公司、国有企业、上市公司以及公益性的事业单位、社会团体不得成为普通合伙人。

第四条 【合伙协议的订立】合伙协议依法由全体合伙人协商一致、以书面形式订立。

第五条 【合伙原则】订立合伙协议、设立合伙企业，应当遵循自愿、平等、公平、诚实信用原则。

第六条 【所得税缴纳】合伙企业的生产经营所得和其他所得，按照国家有关税收规定，由合伙人分别缴纳所得税。

第七条 【合伙企业及其合伙人的社会责任】合伙企业及其合伙人必须遵守法律、行政法规，遵守社会公德、商业道德，承担社会责任。

第八条 【法律保护】合伙企业及其合伙人的合法财产及其权益受法律保护。

第九条 【申请设立合伙企业所需文件】申请设立合伙企业,应当向企业登记机关提交登记申请书、合伙协议书、合伙人身份证明等文件。

合伙企业的经营范围中有属于法律、行政法规规定在登记前须经批准的项目的,该项经营业务应当依法经过批准,并在登记时提交批准文件。

第十条 【申请材料提交后的处理】申请人提交的登记申请材料齐全、符合法定形式,企业登记机关能够当场登记的,应予当场登记,发给营业执照。

除前款规定情形外,企业登记机关应当自受理申请之日起二十日内,作出是否登记的决定。予以登记的,发给营业执照;不予登记的,应当给予书面答复,并说明理由。

第十一条 【营业执照】合伙企业的营业执照签发日期,为合伙企业成立日期。

合伙企业领取营业执照前,合伙人不得以合伙企业名义从事合伙业务。

第十二条 【分支机构的设立】合伙企业设立分支机构,应当向分支机构所在地的企业登记机关申请登记,领取营业执照。

第十三条 【变更登记】合伙企业登记事项发生变更的,执行合伙事务的合伙人应当自作出变更决定或者发生变更事由之日起十五日内,向企业登记机关申请办理变更登记。

第二章 普通合伙企业

第一节 合伙企业设立

第十四条 【设立条件】设立合伙企业,应当具备下列条件:

(一)有二个以上合伙人。合伙人为自然人的,应当具有完全民事行为能力;

(二)有书面合伙协议;

(三)有合伙人认缴或者实际缴付的出资;

(四)有合伙企业的名称和生产经营场所;

(五)法律、行政法规规定的其他条件。

第十五条 【企业名称】合伙企业名称中应当标明“普通合伙”字样。

第十六条 【出资方式】合伙人可以用货币、实物、知识产权、土地使用权或者其他财产权利出资,也可以用劳务出资。

合伙人以实物、知识产权、土地使用权或者其他财产权利出资,需要评估作价的,可以由全体合伙人协商确定,也可以由全体合伙人委托法定评估机构评估。

合伙人以劳务出资的,其评估办法由全体合伙人协商确定,并在合伙协议中载明。

第十七条 【出资义务的履行】合伙人应当按照合伙协议约定的出资方式、数额和缴付期限,履行出资义务。

以非货币财产出资的,依照法律、行政法规的规定,需要办理财产权转移手续的,应当依法办理。

第十八条 【合伙协议内容】合伙协议应当载明下列事项:

(一)合伙企业的名称和主要经营场所的地点;

(二)合伙目的和合伙经营范围;

(三)合伙人的姓名或者名称、住所;

(四)合伙人的出资方式、数额和缴付期限;

(五)利润分配、亏损分担方式;

(六)合伙事务的执行;

(七)入伙与退伙;

(八)争议解决办法;

(九)合伙企业的解散与清算;

(十)违约责任。

第十九条 【合伙协议的生效、修改或补充】合伙协议经全体合伙人签名、盖章后生效。合伙人按照合伙协议享有权利,履行义务。

修改或者补充合伙协议,应当经全体合伙人一致同意;但是,合伙协议另有约定的除外。

合伙协议未约定或者约定不明确的事项,由合伙人协商决定;协商不成的,依照本法和其他有关法律、行政法规的规定处理。

第二节 合伙企业财产

第二十条 【财产范围】合伙人的出资、以合伙企业名义取得的收益和依法取得的其他财产,均为合伙企业的财产。

第二十一条 【禁止清算前分割合伙财产】合伙人在合伙企业清算前,不得请求分割合伙企业的财产;但是,本法另有规定的除外。

合伙人在合伙企业清算前私自转移或者处分合伙企业财产的,合伙企业不得以此对抗善意第三人。

第二十二条 【合伙财产份额的转让】除合伙协议另有约定外,合伙人向合伙人以外的人转让其在合伙企业中的全部或者部分财产份额时,须经其他合伙人一致同意。

合伙人之间转让在合伙企业中的全部或者部分财产份额时,应当通知其他合伙人。

第二十三条 【合伙人的优先购买权】合伙人向合伙人以外的人转让其在合伙企业中的财产份额的,在同等条件下,其他合伙人有优先购买权;但是,合伙协议另有约定的除外。

第二十四条 【合伙财产份额受让人的权利】合伙人以外的人依法受让合伙人在合伙企业中的财产份额的,经修改合伙协议即成为合伙企业的合伙人,依照本法和修改后的合伙协议享有权利,履行义务。

第二十五条 【合伙财产份额的出质】合伙人以其在合伙企业中的财产份额出质的,须经其他合伙人一致同意;未经其他合伙人一致同意,其行为无效,由此给善意第三人造成损失的,由行为人依法承担赔偿责任。

第三节 合伙事务执行

第二十六条 【同等执行权利及委托执行】合伙人对执行合伙事务享有同等的权利。

按照合伙协议的约定或者经全体合伙人决定,可以委托一个或者数个合伙人对外代表合伙企业,执行合伙事务。

作为合伙人的法人、其他组织执行合伙事务的,由其委派的代表执行。

第二十七条 【监督执行的权利】依照本法第二十六条第二款规定委托一个或者数个合伙人执行合伙事务的,其他合伙人不再执行合伙事务。

不执行合伙事务的合伙人有权监督执行事务合伙人执行合伙事务的情况。

第二十八条 【执行人的权利义务】由一个或者数个合伙人执行合伙事务的,执行事务合伙人应当定期向其他合伙人报告事务执行情况以及合伙企业的经营和财务状况,其执行合伙事务所产生的收益归合伙企业,所产生的费用和亏损由合伙企业承担。

合伙人为了解合伙企业的经营状况和财务状况,有权查阅合伙企业会计账簿等财务资料。

第二十九条 【执行异议;委托执行的撤销】合伙人分别执行合伙事务的,执行事务合伙人可以对其他合伙人执行的事务提出异议。提出异议时,应当暂停该项事务的执行。如果发生争议,依照本法第三十条规定作出决定。

受委托执行合伙事务的合伙人不按照合伙协议或者全体合伙人的决定执行事务的,其他合伙人可以决定撤销该委托。

第三十条 【合伙企业的表决方法】合伙人对合伙企业有关事项作出决议,按照合伙协议约定的表决办法办理。合伙协议未约定或者约定不明确的,实行合伙人一人一票并经全体合伙人过半数通过的表决办法。

本法对合伙企业的表决办法另有规定的,从其规定。

第三十一条 【应经全体合伙人同意的事项】除合伙协议另有约定外,合伙企业的下列事项应当经全体合伙人一致同意:

(一)改变合伙企业的名称;

(二)改变合伙企业的经营范围、主要经营场所的地点;

(三)处分合伙企业的不动产;

(四)转让或者处分合伙企业的知识产权和其他财产权利;

（五）以合伙企业名义为他人提供担保；

（六）聘任合伙人以外的人担任合伙企业的经营管理人员。

第三十二条 【合伙人的禁止经营行为】合伙人不得自营或者同他人合作经营与本合伙企业相竞争的业务。

除合伙协议另有约定或者经全体合伙人一致同意外，合伙人不得同本合伙企业进行交易。

合伙人不得从事损害本合伙企业利益的活动。

第三十三条 【利润分配与亏损分担】合伙企业的利润分配、亏损分担，按照合伙协议的约定办理；合伙协议未约定或者约定不明确的，由合伙人协商决定；协商不成的，由合伙人按照实缴出资比例分配、分担；无法确定出资比例的，由合伙人平均分配、分担。

合伙协议不得约定将全部利润分配给部分合伙人或者由部分合伙人承担全部亏损。

第三十四条 【合伙出资的增减】合伙人按照合伙协议的约定或者经全体合伙人决定，可以增加或者减少对合伙企业的出资。

第三十五条 【企业经营管理人员的职责】被聘任的合伙企业的经营管理人员应当在合伙企业授权范围内履行职务。

被聘任的合伙企业的经营管理人员，超越合伙企业授权范围履行职务，或者在履行职务过程中因故意或者重大过失给合伙企业造成损失的，依法承担赔偿责任。

第三十六条 【财务、会计制度】合伙企业应当依照法律、行政法规的规定建立企业财务、会计制度。

第四节 合伙企业与第三人关系

第三十七条 【内部限制不对抗善意第三人】合伙企业对合伙人执行合伙事务以及对外代表合伙企业权利的限制，不得对抗善意第三人。

第三十八条 【债务清偿】合伙企业对其债务，应先以其全部财产进行清偿。

第三十九条 【合伙人的无限连带责任】合伙企业不能清偿到期债务的，合伙人承担无限连带责任。

第四十条 【合伙人的追偿权】合伙人由于承担无限连带责任，清偿数额超过本法第三十三条第一款规定的其亏损分担比例的，有权向其他合伙人追偿。

第四十一条 【合伙人自身债务与合伙企业债务的关系】合伙人发生与合伙企业无关的债务，相关债权人不得以其债权抵销其对合伙企业的债务；也不得代位行使合伙人在合伙企业中的权利。

第四十二条 【合伙人自身债务的清偿；对合伙人财产份额的强制执行】合伙人的自有财产不足清偿其与合伙企业无关的债务的，该合伙人可以以其从合伙企业中分取的收益用于清偿；债权人也可以依法请求人民法院强制执行该合伙人在合伙企业中的财产份额用于清偿。

人民法院强制执行合伙人的财产份额时，应当通知全体合伙人，其他合伙人有优先购买权；其他合伙人未购买，又不同意将该财产份额转让给他人的，依照本法第五十一条的规定为该合伙人办理退伙结算，或者办理削减该合伙人相应财产份额的结算。

第五节 入伙、退伙

第四十三条 【新合伙人入伙的条件】新合伙人入伙，除合伙协议另有约定外，应当经全体合伙人一致同意，并依法订立书面入伙协议。

订立入伙协议时，原合伙人应当向新合伙人如实告知原合伙企业的经营状况和财务状况。

第四十四条 【新合伙人的权利义务】入伙的新合伙人与原合伙人享有同等权利，承担同等责任。入伙协议另有约定的，从其约定。

新合伙人对入伙前合伙企业的债务承担无限连带责任。

第四十五条 【约定合伙期限内的退伙】

合伙协议约定合伙期限的，在合伙企业存续期间，有下列情形之一的，合伙人可以退伙：

（一）合伙协议约定的退伙事由出现；

（二）经全体合伙人一致同意；

（三）发生合伙人难以继续参加合伙的事由；

（四）其他合伙人严重违反合伙协议约定的义务。

第四十六条 【未约定合伙期限的退伙】合伙协议未约定合伙期限的，合伙人在不给合伙企业事务执行造成不利影响的情况下，可以退伙，但应当提前三十日通知其他合伙人。

第四十七条 【违法退伙的赔偿责任】合伙人违反本法第四十五条、第四十六条的规定退伙的，应当赔偿由此给合伙企业造成的损失。

第四十八条 【当然退伙情形】合伙人有下列情形之一的，当然退伙：

（一）作为合伙人的自然人死亡或者被依法宣告死亡；

（二）个人丧失偿债能力；

（三）作为合伙人的法人或者其他组织依法被吊销营业执照、责令关闭、撤销，或者被宣告破产；

（四）法律规定或者合伙协议约定合伙人必须具有相关资格而丧失该资格；

（五）合伙人在合伙企业中的全部财产份额被人民法院强制执行。

合伙人被依法认定为无民事行为能力人或者限制民事行为能力人的，经其他合伙人一致同意，可以依法转为有限合伙人，普通合伙企业依法转为有限合伙企业。其他合伙人未能一致同意的，该无民事行为能力或者限制民事行为能力的合伙人退伙。

退伙事由实际发生之日为退伙生效日。

第四十九条 【除名情形】合伙人有下列情形之一的，经其他合伙人一致同意，可以决议将其除名：

（一）未履行出资义务；

（二）因故意或者重大过失给合伙企业造成损失；

（三）执行合伙事务时有不正当行为；

（四）发生合伙协议约定的事由。

对合伙人的除名决议应当书面通知被除名人。被除名人接到除名通知之日，除名生效，被除名人退伙。

被除名人对除名决议有异议的，可以自接到除名通知之日起三十日内，向人民法院起诉。

第五十条 【合伙财产份额的继承】合伙人死亡或者被依法宣告死亡的，对该合伙人在合伙企业中的财产份额享有合法继承权的继承人，按照合伙协议的约定或者经全体合伙人一致同意，从继承开始之日起，取得该合伙企业的合伙人资格。

有下列情形之一的，合伙企业应当向合伙人的继承人退还被继承合伙人的财产份额：

（一）继承人不愿意成为合伙人；

（二）法律规定或者合伙协议约定合伙人必须具有相关资格，而该继承人未取得该资格；

（三）合伙协议约定不能成为合伙人的其他情形。

合伙人的继承人为无民事行为能力人或者限制民事行为能力人的，经全体合伙人一致同意，可以依法成为有限合伙人，普通合伙企业依法转为有限合伙企业。全体合伙人未能一致同意的，合伙企业应当将被继承合伙人的财产份额退还该继承人。

第五十一条 【退伙结算】合伙人退伙，其他合伙人应当与该退伙人按照退伙时的合伙企业财产状况进行结算，退还退伙人的财产份额。退伙人对给合伙企业造成的损失负有赔偿责任的，相应扣减其应当赔偿的数额。

退伙时有未了结的合伙企业事务的，待该事务了结后进行结算。

第五十二条 【合伙财产份额的退还】退伙人在合伙企业中财产份额的退还办法，由合伙协议约定或者由全体合伙人决定，可以退还货币，也可以退还实物。

第五十三条 【退伙后的责任】退伙人对基于其退伙前的原因发生的合伙企业债务，承担无限连带责任。

第五十四条 【退伙人的亏损分担】合伙人退伙时，合伙企业财产少于合伙企业债务的，退伙人应当依照本法第三十三条第一款的规定分担亏损。

第六节 特殊的普通合伙企业

第五十五条 【定义和法律适用】以专业知识和专门技能为客户提供有偿服务的专业服务机构，可以设立为特殊的普通合伙企业。

特殊的普通合伙企业是指合伙人依照本法第五十七条的规定承担责任的普通合伙企业。

特殊的普通合伙企业适用本节规定；本节未作规定的，适用本章第一节至第五节的规定。

第五十六条 【企业名称】特殊的普通合伙企业名称中应当标明"特殊普通合伙"字样。

第五十七条 【合伙人的责任承担】一个合伙人或者数个合伙人在执业活动中因故意或者重大过失造成合伙企业债务的，应当承担无限责任或者无限连带责任，其他合伙人以其在合伙企业中的财产份额为限承担责任。

合伙人在执业活动中非因故意或者重大过失造成的合伙企业债务以及合伙企业的其他债务，由全体合伙人承担无限连带责任。

第五十八条 【个别合伙人的责任追究】合伙人执业活动中因故意或者重大过失造成的合伙企业债务，以合伙企业财产对外承担责任后，该合伙人应当按照合伙协议的约定对给合伙企业造成的损失承担赔偿责任。

第五十九条 【执业风险基金】特殊的普通合伙企业应当建立执业风险基金、办理职业保险。

执业风险基金用于偿付合伙人执业活动造成的债务。执业风险基金应当单独立户管理。具体管理办法由国务院规定。

第三章 有限合伙企业

第六十条 【法律适用】有限合伙企业及其合伙人适用本章规定；本章未作规定的，适用本法第二章第一节至第五节关于普通合伙企业及其合伙人的规定。

第六十一条 【设立的人数限制】有限合伙企业由二个以上五十个以下合伙人设立；但是，法律另有规定的除外。

有限合伙企业至少应当有一个普通合伙人。

第六十二条 【企业名称】有限合伙企业名称中应当标明"有限合伙"字样。

第六十三条 【合伙协议内容】合伙协议除符合本法第十八条的规定外，还应当载明下列事项：

（一）普通合伙人和有限合伙人的姓名或者名称、住所；

（二）执行事务合伙人应具备的条件和选择程序；

（三）执行事务合伙人权限与违约处理办法；

（四）执行事务合伙人的除名条件和更换程序；

（五）有限合伙人入伙、退伙的条件、程序以及相关责任；

（六）有限合伙人和普通合伙人相互转变程序。

第六十四条 【出资方式】有限合伙人可以用货币、实物、知识产权、土地使用权或者其他财产权利作价出资。

有限合伙人不得以劳务出资。

第六十五条 【出资义务】有限合伙人应当按照合伙协议的约定按期足额缴纳出资；未按期足额缴纳的，应当承担补缴义务，并对其他合伙人承担违约责任。

第六十六条 【登记事项】有限合伙企业登记事项中应当载明有限合伙人的姓名或者名称及认缴的出资数额。

第六十七条 【合伙事务执行】有限合伙

企业由普通合伙人执行合伙事务。执行事务合伙人可以要求在合伙协议中确定执行事务的报酬及报酬提取方式。

第六十八条 【不视为执行合伙事务的行为】有限合伙人不执行合伙事务，不得对外代表有限合伙企业。

有限合伙人的下列行为，不视为执行合伙事务：

（一）参与决定普通合伙人入伙、退伙；

（二）对企业的经营管理提出建议；

（三）参与选择承办有限合伙企业审计业务的会计师事务所；

（四）获取经审计的有限合伙企业财务会计报告；

（五）对涉及自身利益的情况，查阅有限合伙企业财务会计账簿等财务资料；

（六）在有限合伙企业中的利益受到侵害时，向有责任的合伙人主张权利或者提起诉讼；

（七）执行事务合伙人怠于行使权利时，督促其行使权利或者为了本企业的利益以自己的名义提起诉讼；

（八）依法为本企业提供担保。

第六十九条 【利润分配】有限合伙企业不得将全部利润分配给部分合伙人；但是，合伙协议另有约定的除外。

第七十条 【允许自我交易】有限合伙人可以同本有限合伙企业进行交易；但是，合伙协议另有约定的除外。

第七十一条 【允许同业竞争】有限合伙人可以自营或者同他人合作经营与本有限合伙企业相竞争的业务；但是，合伙协议另有约定的除外。

第七十二条 【允许财产份额出质】有限合伙人可以将其在有限合伙企业中的财产份额出质；但是，合伙协议另有约定的除外。

第七十三条 【允许财产份额转让】有限合伙人可以按照合伙协议的约定向合伙人以外的人转让其在有限合伙企业中的财产份额，但应当提前三十日通知其他合伙人。

第七十四条 【有限合伙人自身债务的清偿及对财产份额的强制执行】有限合伙人的自有财产不足清偿其与合伙企业无关的债务的，该合伙人可以以其从有限合伙企业中分取的收益用于清偿；债权人也可以依法请求人民法院强制执行该合伙人在有限合伙企业中的财产份额用于清偿。

人民法院强制执行有限合伙人的财产份额时，应当通知全体合伙人。在同等条件下，其他合伙人有优先购买权。

第七十五条 【企业解散及类型变通】有限合伙企业仅剩有限合伙人的，应当解散；有限合伙企业仅剩普通合伙人的，转为普通合伙企业。

第七十六条 【有限合伙人的责任承担】第三人有理由相信有限合伙人为普通合伙人并与其交易的，该有限合伙人对该笔交易承担与普通合伙人同样的责任。

有限合伙人未经授权以有限合伙企业名义与他人进行交易，给有限合伙企业或者其他合伙人造成损失的，该有限合伙人应当承担赔偿责任。

第七十七条 【新入伙的有限合伙人对入伙前企业债务的承担】新入伙的有限合伙人对入伙前有限合伙企业的债务，以其认缴的出资额为限承担责任。

第七十八条 【当然退伙】有限合伙人有本法第四十八条第一款第一项、第三项至第五项所列情形之一的，当然退伙。

第七十九条 【不得要求退伙的情形】作为有限合伙人的自然人在有限合伙企业存续期间丧失民事行为能力的，其他合伙人不得因此要求其退伙。

第八十条 【有限合伙人资格的继承】作为有限合伙人的自然人死亡、被依法宣告死亡或者作为有限合伙人的法人及其他组织终止时，其继承人或者权利承受人可以依法取得该有限合伙人在有限合伙企业中的资格。

第八十一条 【退伙后的责任承担】有限合伙人退伙后，对基于其退伙前的原因发生的有限合伙企业债务，以其退伙时从有限合伙企业中取回的财产承担责任。

第八十二条 【普通合伙人与有限合伙人互相转变的条件】除合伙协议另有约定外，普通合伙人转变为有限合伙人，或者有限合伙人转变为普通合伙人，应当经全体合伙人一致同意。

第八十三条 【有限合伙人转变为普通合伙人的责任承担】有限合伙人转变为普通合伙人的，对其作为有限合伙人期间有限合伙企业发生的债务承担无限连带责任。

第八十四条 【普通合伙人转变为有限合伙人的责任承担】普通合伙人转变为有限合伙人的，对其作为普通合伙人期间合伙企业发生的债务承担无限连带责任。

第四章 合伙企业解散、清算

第八十五条 【解散情形】合伙企业有下列情形之一的，应当解散：

（一）合伙期限届满，合伙人决定不再经营；

（二）合伙协议约定的解散事由出现；

（三）全体合伙人决定解散；

（四）合伙人已不具备法定人数满三十天；

（五）合伙协议约定的合伙目的已经实现或者无法实现；

（六）依法被吊销营业执照、责令关闭或者被撤销；

（七）法律、行政法规规定的其他原因。

第八十六条 【清算人的确定】合伙企业解散，应当由清算人进行清算。

清算人由全体合伙人担任；经全体合伙人过半数同意，可以自合伙企业解散事由出现后十五日内指定一个或者数个合伙人，或者委托第三人，担任清算人。

自合伙企业解散事由出现之日起十五日内未确定清算人的，合伙人或者其他利害关系人可以申请人民法院指定清算人。

第八十七条 【清算人职权】清算人在清算期间执行下列事务：

（一）清理合伙企业财产，分别编制资产负债表和财产清单；

（二）处理与清算有关的合伙企业未了结事务；

（三）清缴所欠税款；

（四）清理债权、债务；

（五）处理合伙企业清偿债务后的剩余财产；

（六）代表合伙企业参加诉讼或者仲裁活动。

第八十八条 【债权申报】清算人自被确定之日起十日内将合伙企业解散事项通知债权人，并于六十日内在报纸上公告。债权人应当自接到通知书之日起三十日内，未接到通知书的自公告之日起四十五日内，向清算人申报债权。

债权人申报债权，应当说明债权的有关事项，并提供证明材料。清算人应当对债权进行登记。

清算期间，合伙企业存续，但不得开展与清算无关的经营活动。

第八十九条 【财产分配】合伙企业财产在支付清算费用和职工工资、社会保险费用、法定补偿金以及缴纳所欠税款、清偿债务后的剩余财产，依照本法第三十三条第一款的规定进行分配。

第九十条 【清算报告】清算结束，清算人应当编制清算报告，经全体合伙人签名、盖章后，在十五日内向企业登记机关报送清算报告，申请办理合伙企业注销登记。

第九十一条 【企业注销后原普通合伙人的责任】合伙企业注销后，原普通合伙人对合伙企业存续期间的债务仍应承担无限连带责任。

第九十二条 【企业破产】合伙企业不能清偿到期债务的，债权人可以依法向人民法院提出破产清算申请，也可以要求普通合伙人清偿。

合伙企业依法被宣告破产的，普通合伙人对合伙企业债务仍应承担无限连带责任。

第五章 法律责任

第九十三条 【提交虚假文件或骗取登记的法律责任】违反本法规定，提交虚假文件或者采取其他欺骗手段，取得合伙企业登记的，由企业登记机关责令改正，处以五千元以上五万元以下的罚款；情节严重的，撤销企业登记，并处以五万元以上二十万元以下的罚款。

第九十四条 【未在其名称中标明合伙类别的法律责任】违反本法规定，合伙企业未在其名称中标明“普通合伙”、“特殊普通合伙”或者“有限合伙”字样的，由企业登记机关责令限期改正，处以二千元以上一万元以下的罚款。

第九十五条 【未领取营业执照或未办理变更登记的法律责任】违反本法规定，未领取营业执照，而以合伙企业或者合伙企业分支机构名义从事合伙业务的，由企业登记机关责令停止，处以五千元以上五万元以下的罚款。

合伙企业登记事项发生变更时，未依照本法规定办理变更登记的，由企业登记机关责令限期登记；逾期不登记的，处以二千元以上二万元以下的罚款。

合伙企业登记事项发生变更，执行合伙事务的合伙人未按期申请办理变更登记的，应当赔偿由此给合伙企业、其他合伙人或者善意第三人造成的损失。

第九十六条 【合伙人或从业人员滥用职权的赔偿责任】合伙人执行合伙事务，或者合伙企业从业人员利用职务上的便利，将应当归合伙企业的利益据为己有的，或者采取其他手段侵占合伙企业财产的，应当将该利益和财产退还合伙企业；给合伙企业或者其他合伙人造成损失的，依法承担赔偿责任。

第九十七条 【合伙人擅自处理须经全体合伙人一致同意始得执行的事务的赔偿责任】合伙人对本法规定或者合伙协议约定必须经全体合伙人一致同意始得执行的事务擅自处理，给合伙企业或者其他合伙人造成损失的，依法承担赔偿责任。

第九十八条 【不具有事务执行权的合伙人擅自执行合伙事务的赔偿责任】不具有事务执行权的合伙人擅自执行合伙事务，给合伙企业或者其他合伙人造成损失的，依法承担赔偿责任。

第九十九条 【合伙人同业竞争的后果和赔偿责任】合伙人违反本法规定或者合伙协议的约定，从事与本合伙企业相竞争的业务或者与本合伙企业进行交易的，该收益归合伙企业所有；给合伙企业或者其他合伙人造成损失的，依法承担赔偿责任。

第一百条 【清算人不报送或报送虚假、有重大遗漏清算报告的法律责任】清算人未依照本法规定向企业登记机关报送清算报告，或者报送清算报告隐瞒重要事实，或者有重大遗漏的，由企业登记机关责令改正。由此产生的费用和损失，由清算人承担和赔偿。

第一百零一条 【清算人滥用职权的赔偿责任】清算人执行清算事务，牟取非法收入或者侵占合伙企业财产的，应当将该收入和侵占的财产退还合伙企业；给合伙企业或者其他合伙人造成损失的，依法承担赔偿责任。

第一百零二条 【清算人损害债权人利益的赔偿责任】清算人违反本法规定，隐匿、转移合伙企业财产，对资产负债表或者财产清单作虚假记载，或者在未清偿债务前分配财产，损害债权人利益的，依法承担赔偿责任。

第一百零三条 【合伙人违反合伙协议的违约责任；履行合伙协议发生争议的解决途径】合伙人违反合伙协议的，应当依法承担违约责任。

合伙人履行合伙协议发生争议的，合伙人可以通过协商或者调解解决。不愿通过协商、调解解决或者协商、调解不成的，可以按照合伙协议约定的仲裁条款或者事后达成的书面仲裁协议，向仲裁机构申请仲裁。合伙协议中未订立仲裁条款，事后又没有达成书面仲裁协议的，可以向人民法院起诉。

第一百零四条 【行政管理人员的行政责任】有关行政管理机关的工作人员违反本法规定，滥用职权、徇私舞弊、收受贿赂、侵害合伙企业合法权益的，依法给予行政处分。

第一百零五条 【刑事责任】违反本法规定，构成犯罪的，依法追究刑事责任。

第一百零六条 【民事赔偿优先】违反本法规定，应当承担民事赔偿责任和缴纳罚款、罚金，其财产不足以同时支付的，先承担民事赔偿责任。

第六章 附 则

第一百零七条 【合伙制非企业专业服务机构的法律适用】非企业专业服务机构依据有关法律采取合伙制的，其合伙人承担责任的形式可以适用本法关于特殊的普通合伙企业合伙人承担责任的规定。

第一百零八条 【外国企业或个人在中国设立合伙企业的管理办法】外国企业或者个人在中国境内设立合伙企业的管理办法由国务院规定。

第一百零九条 【施行日期】本法自2007年6月1日起施行。

外国企业或者个人在中国境内设立合伙企业管理办法

（2009年11月25日国务院令第567号公布 自2010年3月1日起施行）

第一条 为了规范外国企业或者个人在中国境内设立合伙企业的行为，便于外国企业或者个人以设立合伙企业的方式在中国境内投资，扩大对外经济合作和技术交流，根据《中华人民共和国合伙企业法》（以下称《合伙企业法》），制定本办法。

第二条 本办法所称外国企业或者个人在中国境内设立合伙企业，是指2个以上外国企业或者个人在中国境内设立合伙企业，以及外国企业或者个人与中国的自然人、法人和其他组织在中国境内设立合伙企业。

第三条 外国企业或者个人在中国境内设立合伙企业，应当遵守《合伙企业法》以及其他有关法律、行政法规、规章的规定，符合有关外商投资的产业政策。

外国企业或者个人在中国境内设立合伙企业，其合法权益受法律保护。

国家鼓励具有先进技术和管理经验的外国企业或者个人在中国境内设立合伙企业，促进现代服务业等产业的发展。

第四条 外国企业或者个人用于出资的货币应当是可自由兑换的外币，也可以是依法获得的人民币。

第五条 外国企业或者个人在中国境内设立合伙企业，应当由全体合伙人指定的代表或者共同委托的代理人向国务院工商行政管理部门授权的地方工商行政管理部门（以下称企业登记机关）申请设立登记。

申请设立登记，应当向企业登记机关提交《中华人民共和国合伙企业登记管理办法》规定的文件以及符合外商投资产业政策的说明。

企业登记机关予以登记的，应当同时将有关登记信息向同级商务主管部门通报。

第六条 外国企业或者个人在中国境内设立的合伙企业（以下称外商投资合伙企业）的登记事项发生变更的，应当依法向企业登记机关申请变更登记。

第七条 外商投资合伙企业解散的，应当依照《合伙企业法》的规定进行清算。清算人应当自清算结束之日起15日内，依法向企业登记机关办理注销登记。

第八条 外商投资合伙企业的外国合伙人全部退伙，该合伙企业继续存续的，应当依法向企业登记机关申请变更登记。

第九条 外商投资合伙企业变更登记或者注销登记的，企业登记机关应当同时将有关变更登记或者注销登记的信息向同级商务主管部门通报。

第十条 外商投资合伙企业的登记管理事宜，本办法未作规定的，依照《中华人民共和国合伙企业登记管理办法》和国家有关规定执行。

第十一条 外国企业或者个人在中国境内设立合伙企业涉及的财务会计、税务、外汇以及海关、人员出入境等事宜，依照有关法律、行政法规和国家有关规定办理。

第十二条 中国的自然人、法人和其他组织在中国境内设立的合伙企业，外国企业或者个人入伙的，应当符合本办法的有关规定，并依法向企业登记机关申请变更登记。

第十三条 外国企业或考个人在中国境内设立合伙企业涉及须经政府核准的投资项目的，依照国家有关规定办理投资项目核准手续。

第十四条 国家对外国企业或者个人在中国境内设立以投资为主要业务的合伙企业另有规定的，依照其规定。

第十五条 香港特别行政区、澳门特别行政区和台湾地区的企业或者个人在内地设立合伙企业，参照本办法的规定执行。

第十六条 本办法自2010年3月1日起施行。

4. 国 有 企 业

中华人民共和国企业国有资产法

（2008年10月28日第十一届全国人民代表大会常务委员会第五次会议通过
2008年10月28日中华人民共和国主席令第5号公布
自2009年5月1日起施行）

目 录

第一章 总 则

第一条 【立法目的】为了维护国家基本经济制度，巩固和发展国有经济，加强对国有资产的保护，发挥国有经济在国民经济中的主导作用，促进社会主义市场经济发展，制定本法。

第二条 【定义及适用范围】本法所称企业国有资产（以下称国有资产），是指国家对企业各种形式的出资所形成的权益。

第三条 【国有资产权属】国有资产属于

国家所有即全民所有。国务院代表国家行使国有资产所有权。

第四条　【国有资产出资人代表】国务院和地方人民政府依照法律、行政法规的规定,分别代表国家对国家出资企业履行出资人职责,享有出资人权益。

国务院确定的关系国民经济命脉和国家安全的大型国家出资企业,重要基础设施和重要自然资源等领域的国家出资企业,由国务院代表国家履行出资人职责。其他的国家出资企业,由地方人民政府代表国家履行出资人职责。

第五条　【国家出资企业】本法所称国家出资企业,是指国家出资的国有独资企业、国有独资公司,以及国有资本控股公司、国有资本参股公司。

第六条　【政企分开、政资分开原则】国务院和地方人民政府应当按照政企分开、社会公共管理职能与国有资产出资人职能分开、不干预企业依法自主经营的原则,依法履行出资人职责。

第七条　【国有经济的控制力和主导作用】国家采取措施,推动国有资本向关系国民经济命脉和国家安全的重要行业和关键领域集中,优化国有经济布局和结构,推进国有企业的改革和发展,提高国有经济的整体素质,增强国有经济的控制力、影响力。

第八条　【国有资产监管体制】国家建立健全与社会主义市场经济发展要求相适应的国有资产管理与监督体制,建立健全国有资产保值增值考核和责任追究制度,落实国有资产保值增值责任。

第九条　【国有资产基础管理制度】国家建立健全国有资产基础管理制度。具体办法按照国务院的规定制定。

第十条　【国有资产保护】国有资产受法律保护,任何单位和个人不得侵害。

第二章　履行出资人职责的机构

第十一条　【履行出资人职责的机构】国务院国有资产监督管理机构和地方人民政府按照国务院的规定设立的国有资产监督管理机构,根据本级人民政府的授权,代表本级人民政府对国家出资企业履行出资人职责。

国务院和地方人民政府根据需要,可以授权其他部门、机构代表本级人民政府对国家出资企业履行出资人职责。

代表本级人民政府履行出资人职责的机构、部门,以下统称履行出资人职责的机构。

第十二条　【履行出资人职责的机构的基本职责】履行出资人职责的机构代表本级人民政府对国家出资企业依法享有资产收益、参与重大决策和选择管理者等出资人权利。

履行出资人职责的机构依照法律、行政法规的规定,制定或者参与制定国家出资企业的章程。

履行出资人职责的机构对法律、行政法规和本级人民政府规定须经本级人民政府批准的履行出资人职责的重大事项,应当报请本级人民政府批准。

第十三条　【股东代表】履行出资人职责的机构委派的股东代表参加国有资本控股公司、国有资本参股公司召开的股东会会议、股东大会会议,应当按照委派机构的指示提出提案、发表意见、行使表决权,并将其履行职责的情况和结果及时报告委派机构。

第十四条　【履行出资人职责的原则】履行出资人职责的机构应当依照法律、行政法规以及企业章程履行出资人职责,保障出资人权益,防止国有资产损失。

履行出资人职责的机构应当维护企业作为市场主体依法享有的权利,除依法履行出资人职责外,不得干预企业经营活动。

第十五条　【履行出资人职责的机构对政府的义务】履行出资人职责的机构对本级人民政府负责,向本级人民政府报告履行出资人职责的情况,接受本级人民政府的监督和考核,对国有资产的保值增值负责。

履行出资人职责的机构应当按照国家有关规定,定期向本级人民政府报告有关国有资产总量、结构、变动、收益等汇总分析的情况。

第三章 国家出资企业

第十六条 【国家出资企业的权利】国家出资企业对其动产、不动产和其他财产依照法律、行政法规以及企业章程享有占有、使用、收益和处分的权利。

国家出资企业依法享有的经营自主权和其他合法权益受法律保护。

第十七条 【国家出资企业的义务】国家出资企业从事经营活动,应当遵守法律、行政法规,加强经营管理,提高经济效益,接受人民政府及其有关部门、机构依法实施的管理和监督,接受社会公众的监督,承担社会责任,对出资人负责。

国家出资企业应当依法建立和完善法人治理结构,建立健全内部监督管理和风险控制制度。

第十八条 【财务管理】国家出资企业应当依照法律、行政法规和国务院财政部门的规定,建立健全财务、会计制度,设置会计账簿,进行会计核算,依照法律、行政法规以及企业章程的规定向出资人提供真实、完整的财务、会计信息。

国家出资企业应当依照法律、行政法规以及企业章程的规定,向出资人分配利润。

第十九条 【监事会监督】国有独资公司、国有资本控股公司和国有资本参股公司依照《中华人民共和国公司法》的规定设立监事会。国有独资企业由履行出资人职责的机构按照国务院的规定委派监事组成监事会。

国家出资企业的监事会依照法律、行政法规以及企业章程的规定,对董事、高级管理人员执行职务的行为进行监督,对企业财务进行监督检查。

第二十条 【职工民主管理】国家出资企业依照法律规定,通过职工代表大会或者其他形式,实行民主管理。

第二十一条 【对所出资企业的监管】国家出资企业对其所出资企业依法享有资产收益、参与重大决策和选择管理者等出资人权利。

国家出资企业对其所出资企业,应当依照法律、行政法规的规定,通过制定或者参与制定所出资企业的章程,建立权责明确、有效制衡的企业内部监督管理和风险控制制度,维护其出资人权益。

第四章 国家出资企业管理者的选择与考核

第二十二条 【选择企业管理者】履行出资人职责的机构依照法律、行政法规以及企业章程的规定,任免或者建议任免国家出资企业的下列人员:

(一)任免国有独资企业的经理、副经理、财务负责人和其他高级管理人员;

(二)任免国有独资公司的董事长、副董事长、董事、监事会主席和监事;

(三)向国有资本控股公司、国有资本参股公司的股东会、股东大会提出董事、监事人选。

国家出资企业中应当由职工代表出任的董事、监事,依照有关法律、行政法规的规定由职工民主选举产生。

第二十三条 【企业管理者的任职条件】履行出资人职责的机构任命或者建议任命的董事、监事、高级管理人员,应当具备下列条件:

(一)有良好的品行;

(二)有符合职位要求的专业知识和工作能力;

(三)有能够正常履行职责的身体条件;

(四)法律、行政法规规定的其他条件。

董事、监事、高级管理人员在任职期间出现不符合前款规定情形或者出现《中华人民共和国公司法》规定的不得担任公司董事、监事、高级管理人员情形的,履行出资人职责的机构应当依法予以免职或者提出免职建议。

第二十四条 【企业管理者的任职程序】履行出资人职责的机构对拟任命或者建议任命的董事、监事、高级管理人员的人选,应当按照规定的条件和程序进行考察。考察合格的，按照规定的权限和程序任命或者建议任命。

第二十五条 【企业管理者兼职禁止】未经履行出资人职责的机构同意，国有独资企业、国有独资公司的董事、高级管理人员不得在其他企业兼职。未经股东会、股东大会同意，国有资本控股公司、国有资本参股公司的董事、高级管理人员不得在经营同类业务的其他企业兼职。

未经履行出资人职责的机构同意，国有独资公司的董事长不得兼任经理。未经股东会、股东大会同意，国有资本控股公司的董事长不得兼任经理。

董事、高级管理人员不得兼任监事。

第二十六条 【企业管理者的义务】国家出资企业的董事、监事、高级管理人员，应当遵守法律、行政法规以及企业章程，对企业负有忠实义务和勤勉义务，不得利用职权收受贿赂或者取得其他非法收入和不当利益，不得侵占、挪用企业资产，不得超越职权或者违反程序决定企业重大事项，不得有其他侵害国有资产出资人权益的行为。

第二十七条 【企业管理者的考核、奖惩和薪酬】国家建立国家出资企业管理者经营业绩考核制度。履行出资人职责的机构应当对其任命的企业管理者进行年度和任期考核，并依据考核结果决定对企业管理者的奖惩。

履行出资人职责的机构应当按照国家有关规定，确定其任命的国家出资企业管理者的薪酬标准。

第二十八条 【企业管理者经济责任审计】国有独资企业、国有独资公司和国有资本控股公司的主要负责人，应当接受依法进行的任期经济责任审计。

第二十九条 【政府直接任免企业管理者】本法第二十二条第一款第一项、第二项规定的企业管理者，国务院和地方人民政府规定由本级人民政府任免的，依照其规定。履行出资人职责的机构依照本章规定对上述企业管理者进行考核、奖惩并确定其薪酬标准。

第五章　关系国有资产出资人权益的重大事项

第一节　一般规定

第三十条 【重大事项的范围】国家出资企业合并、分立、改制、上市，增加或者减少注册资本，发行债券，进行重大投资，为他人提供大额担保，转让重大财产，进行大额捐赠，分配利润，以及解散、申请破产等重大事项，应当遵守法律、行政法规以及企业章程的规定，不得损害出资人和债权人的权益。

第三十一条 【国有独资企业、公司重大事项的决定之一】国有独资企业、国有独资公司合并、分立，增加或者减少注册资本，发行债券，分配利润，以及解散、申请破产，由履行出资人职责的机构决定。

第三十二条 【国有独资企业、公司重大事项的决定之二】国有独资企业、国有独资公司有本法第三十条所列事项的，除依照本法第三十一条和有关法律、行政法规以及企业章程的规定，由履行出资人职责的机构决定的以外，国有独资企业由企业负责人集体讨论决定，国有独资公司由董事会决定。

第三十三条 【国有资本控股、参股公司重大事项的决定】国有资本控股公司、国有资本参股公司有本法第三十条所列事项的，依照法律、行政法规以及公司章程的规定，由公司股东会、股东大会或者董事会决定。由股东会、股东大会决定的，履行出资人职责的机构委派的股东代表应当依照本法第十三条的规定行使权利。

第三十四条 【应由政府批准的重大事项】重要的国有独资企业、国有独资公司、国有资本控股公司的合并、分立、解散、申请破产以及法律、行政法规和本级人民政府规定应当由履行出资人职责的机构报经本级人民政府批准的重大事项，履行出资人职责的机构在作出决定或者向其委派参加国有资本控股公司股东会会议、股东大会会议的股东代表作出指示前，应当报请本级人民政府批准。

本法所称的重要的国有独资企业、国有独资公司和国有资本控股公司，按照国务院的规定确定。

第三十五条 【政府其他部门的审批】国家出资企业发行债券、投资等事项，有关法律、行政法规规定应当报经人民政府或者人民政府有关部门、机构批准、核准或者备案的，依照其规定。

第三十六条 【风险防范】国家出资企业投资应当符合国家产业政策，并按照国家规定进行可行性研究；与他人交易应当公平、有偿，取得合理对价。

第三十七条 【听取职工意见和建议】国家出资企业的合并、分立、改制、解散、申请破产等重大事项，应当听取企业工会的意见，并通过职工代表大会或者其他形式听取职工的意见和建议。

第三十八条 【所出资企业的重大事项】国有独资企业、国有独资公司、国有资本控股公司对其所出资企业的重大事项参照本章规定履行出资人职责。具体办法由国务院规定。

第二节 企业改制

第三十九条 【企业改制的定义】本法所称企业改制是指：

（一）国有独资企业改为国有独资公司；

（二）国有独资企业、国有独资公司改为国有资本控股公司或者非国有资本控股公司；

（三）国有资本控股公司改为非国有资本控股公司。

第四十条 【企业改制的决定】企业改制应当依照法定程序，由履行出资人职责的机构决定或者由公司股东会、股东大会决定。

重要的国有独资企业、国有独资公司、国有资本控股公司的改制，履行出资人职责的机构在作出决定或者向其委派参加国有资本控股公司股东会会议、股东大会会议的股东代表作出指示前，应当将改制方案报请本级人民政府批准。

第四十一条 【改制方案】企业改制应当制定改制方案，载明改制后的企业组织形式、企业资产和债权债务处理方案、股权变动方案、改制的操作程序、资产评估和财务审计等中介机构的选聘等事项。

企业改制涉及重新安置企业职工的，还应当制定职工安置方案，并经职工代表大会或者职工大会审议通过。

第四十二条 【资产清查、评估和作价】企业改制应当按照规定进行清产核资、财务审计、资产评估，准确界定和核实资产，客观、公正地确定资产的价值。

企业改制涉及以企业的实物、知识产权、土地使用权等非货币财产折算为国有资本出资或者股份的，应当按照规定对折价财产进行评估，以评估确认价格作为确定国有资本出资额或者股份数额的依据。不得将财产低价折股或者有其他损害出资人权益的行为。

第三节 与关联方的交易

第四十三条 【关联方不得利用与企业之间的交易谋取不正当利益】国家出资企业的关联方不得利用与国家出资企业之间的交易，谋取不当利益，损害国家出资企业利益。

本法所称关联方，是指本企业的董事、监事、高级管理人员及其近亲属，以及这些人员所有或者实际控制的企业。

第四十四条 【禁止的关联方交易】国有独资企业、国有独资公司、国有资本控股公司不得无偿向关联方提供资金、商品、服务或者其他资产，不得以不公平的价格与关联方进行交易。

第四十五条 【国有独资企业、公司与其关联方交易的决定】未经履行出资人职责的机构同意，国有独资企业、国有独资公司不得有下列行为：

（一）与关联方订立财产转让、借款的协议；

（二）为关联方提供担保；

（三）与关联方共同出资设立企业，或者向

董事、监事、高级管理人员或者其近亲属所有或者实际控制的企业投资。

第四十六条 【国有资本控股公司与其关联方交易的决定】国有资本控股公司、国有资本参股公司与关联方的交易，依照《中华人民共和国公司法》和有关行政法规以及公司章程的规定，由公司股东会、股东大会或者董事会决定。由公司股东会、股东大会决定的，履行出资人职责的机构委派的股东代表，应当依照本法第十三条的规定行使权利。

公司董事会对公司与关联方的交易作出决议时，该交易涉及的董事不得行使表决权，也不得代理其他董事行使表决权。

第四节 资产评估

第四十七条 【应当评估的情形】国有独资企业、国有独资公司和国有资本控股公司合并、分立、改制，转让重大财产，以非货币财产对外投资，清算或者有法律、行政法规以及企业章程规定应当进行资产评估的其他情形的，应当按照规定对有关资产进行评估。

第四十八条 【委托第三方评估】国有独资企业、国有独资公司和国有资本控股公司应当委托依法设立的符合条件的资产评估机构进行资产评估；涉及应当报经履行出资人职责的机构决定的事项的，应当将委托资产评估机构的情况向履行出资人职责的机构报告。

第四十九条 【如实提供评估资料】国有独资企业、国有独资公司、国有资本控股公司及其董事、监事、高级管理人员应当向资产评估机构如实提供有关情况和资料，不得与资产评估机构串通评估作价。

第五十条 【遵守评估准则】资产评估机构及其工作人员受托评估有关资产，应当遵守法律、行政法规以及评估执业准则，独立、客观、公正地对受托评估的资产进行评估。资产评估机构应当对其出具的评估报告负责。

第五节 国有资产转让

第五十一条 【国有资产转让的定义】本法所称国有资产转让，是指依法将国家对企业的出资所形成的权益转移给其他单位或者个人的行为；按照国家规定无偿划转国有资产的除外。

第五十二条 【国有资产转让的宗旨】国有资产转让应当有利于国有经济布局和结构的战略性调整，防止国有资产损失，不得损害交易各方的合法权益。

第五十三条 【国有资产转让的决定】国有资产转让由履行出资人职责的机构决定。履行出资人职责的机构决定转让全部国有资产的，或者转让部分国有资产致使国家对该企业不再具有控股地位的，应当报请本级人民政府批准。

第五十四条 【国有资产转让的原则和方式】国有资产转让应当遵循等价有偿和公开、公平、公正的原则。

除按照国家规定可以直接协议转让的以外，国有资产转让应当在依法设立的产权交易场所公开进行。转让方应当如实披露有关信息，征集受让方；征集产生的受让方为两个以上的，转让应当采用公开竞价的交易方式。

转让上市交易的股份依照《中华人民共和国证券法》的规定进行。

第五十五条 【国有资产转让价格】国有资产转让应当以依法评估的、经履行出资人职责的机构认可或者由履行出资人职责的机构报经本级人民政府核准的价格为依据，合理确定最低转让价格。

第五十六条 【国有资产向管理层转让】法律、行政法规或者国务院国有资产监督管理机构规定可以向本企业的董事、监事、高级管理人员或者其近亲属，或者这些人员所有或者实际控制的企业转让的国有资产，在转让时，上述人员或者企业参与受让的，应当与其他受让参与者平等竞买；转让方应当按照国家有关规定，如实披露有关信息；相关的董事、监事和高级管理人员不得参与转让方案的制定和组织实施的各项工作。

第五十七条 【国有资产向境外投资者转

让】国有资产向境外投资者转让的，应当遵守国家有关规定，不得危害国家安全和社会公共利益。

第六章 国有资本经营预算

第五十八条 【国有资本经营预算制度】国家建立健全国有资本经营预算制度，对取得的国有资本收入及其支出实行预算管理。

第五十九条 【国有资本经营预算的收入和支出】国家取得的下列国有资本收入，以及下列收入的支出，应当编制国有资本经营预算：

（一）从国家出资企业分得的利润；

（二）国有资产转让收入；

（三）从国家出资企业取得的清算收入；

（四）其他国有资本收入。

第六十条 【国有资本经营预算的编制原则和批准】国有资本经营预算按年度单独编制，纳入本级人民政府预算，报本级人民代表大会批准。

国有资本经营预算支出按照当年预算收入规模安排，不列赤字。

第六十一条 【国有资本经营预算的编制】国务院和有关地方人民政府财政部门负责国有资本经营预算草案的编制工作，履行出资人职责的机构向财政部门提出由其履行出资人职责的国有资本经营预算建议草案。

第六十二条 【国务院规定具体办法和实施步骤】国有资本经营预算管理的具体办法和实施步骤，由国务院规定，报全国人民代表大会常务委员会备案。

第七章 国有资产监督

第六十三条 【各级人大常委会的监督】各级人民代表大会常务委员会通过听取和审议本级人民政府履行出资人职责的情况和国有资产监督管理情况的专项工作报告，组织对本法实施情况的执法检查等，依法行使监督职权。

第六十四条 【政府的监督】国务院和地方人民政府应当对其授权履行出资人职责的机构履行职责的情况进行监督。

第六十五条 【审计机关的监督】国务院和地方人民政府审计机关依照《中华人民共和国审计法》的规定，对国有资本经营预算的执行情况和属于审计监督对象的国家出资企业进行审计监督。

第六十六条 【社会监督】国务院和地方人民政府应当依法向社会公布国有资产状况和国有资产监督管理工作情况，接受社会公众的监督。

任何单位和个人有权对造成国有资产损失的行为进行检举和控告。

第六十七条 【委托中介机构进行审计监督】履行出资人职责的机构根据需要，可以委托会计师事务所对国有独资企业、国有独资公司的年度财务会计报告进行审计，或者通过国有资本控股公司的股东会、股东大会决议，由国有资本控股公司聘请会计师事务所对公司的年度财务会计报告进行审计，维护出资人权益。

第八章 法律责任

第六十八条 【履行出资人职责的机构的法律责任】履行出资人职责的机构有下列行为之一的，对其直接负责的主管人员和其他直接责任人员依法给予处分：

（一）不按照法定的任职条件，任命或者建议任命国家出资企业管理者的；

（二）侵占、截留、挪用国家出资企业的资金或者应当上缴的国有资本收入的；

（三）违反法定的权限、程序，决定国家出资企业重大事项，造成国有资产损失的；

（四）有其他不依法履行出资人职责的行为，造成国有资产损失的。

第六十九条 【履行出资人职责的机构的工作人员的法律责任】履行出资人职责的机构的工作人员玩忽职守、滥用职权、徇私舞弊，尚不构成犯罪的，依法给予处分。

第七十条 【股东代表的法律责任】履行

出资人职责的机构委派的股东代表未按照委派机构的指示履行职责,造成国有资产损失的,依法承担赔偿责任;属于国家工作人员的,并依法给予处分。

第七十一条 【企业管理者的法律责任】国家出资企业的董事、监事、高级管理人员有下列行为之一,造成国有资产损失的,依法承担赔偿责任;属于国家工作人员的,并依法给予处分:

(一)利用职权收受贿赂或者取得其他非法收入和不当利益的;

(二)侵占、挪用企业资产的;

(三)在企业改制、财产转让等过程中,违反法律、行政法规和公平交易规则,将企业财产低价转让、低价折股的;

(四)违反本法规定与本企业进行交易的;

(五)不如实向资产评估机构、会计师事务所提供有关情况和资料,或者与资产评估机构、会计师事务所串通出具虚假资产评估报告、审计报告的;

(六)违反法律、行政法规和企业章程规定的决策程序,决定企业重大事项的;

(七)有其他违反法律、行政法规和企业章程执行职务行为的。

国家出资企业的董事、监事、高级管理人员因前款所列行为取得的收入,依法予以追缴或者归国家出资企业所有。

履行出资人职责的机构任命或者建议任命的董事、监事、高级管理人员有本条第一款所列行为之一,造成国有资产重大损失的,由履行出资人职责的机构依法予以免职或者提出免职建议。

第七十二条 【交易无效】在涉及关联方交易、国有资产转让等交易活动中,当事人恶意串通,损害国有资产权益的,该交易行为无效。

第七十三条 【企业管理者的市场禁入】国有独资企业、国有独资公司、国有资本控股公司的董事、监事、高级管理人员违反本法规定,造成国有资产重大损失,被免职的,自免职之日起五年内不得担任国有独资企业、国有独资公司、国有资本控股公司的董事、监事、高级管理人员;造成国有资产特别重大损失,或者因贪污、贿赂、侵占财产、挪用财产或者破坏社会主义市场经济秩序被判处刑罚的,终身不得担任国有独资企业、国有独资公司、国有资本控股公司的董事、监事、高级管理人员。

第七十四条 【中介机构的法律责任】接受委托对国家出资企业进行资产评估、财务审计的资产评估机构、会计师事务所违反法律、行政法规的规定和执业准则,出具虚假的资产评估报告或者审计报告的,依照有关法律、行政法规的规定追究法律责任。

第七十五条 【刑事责任】违反本法规定,构成犯罪的,依法追究刑事责任。

第九章　附　　则

第七十六条 【金融企业国有资产的适用】金融企业国有资产的管理与监督,法律、行政法规另有规定的,依照其规定。

第七十七条 【施行日期】本法自 2009 年 5 月 1 日起施行。

中华人民共和国全民所有制工业企业法

（1988 年 4 月 13 日第七届全国人民代表大会第一次会议通过
根据 2009 年 8 月 27 日第十一届全国人民代表大会常务委员会
第十次会议《关于修改部分法律的决定》修正）

目 录

第一章 总 则

第一条 【立法目的】为保障全民所有制经济的巩固和发展，明确全民所有制工业企业的权利和义务，保障其合法权益，增强其活力，促进社会主义现代化建设，根据《中华人民共和国宪法》，制定本法。

第二条 【企业资格】全民所有制工业企业（以下简称企业）是依法自主经营、自负盈亏、独立核算的社会主义商品生产和经营单位。

企业的财产属于全民所有，国家依照所有权和经营权分离的原则授予企业经营管理。企业对国家授予其经营管理的财产享有占有、使用和依法处分的权利。

企业依法取得法人资格，以国家授予其经营管理的财产承担民事责任。

企业根据政府主管部门的决定，可以采取承包、租赁等经营责任制形式。（2009 年 8 月 27 日删除）

第三条 【企业任务】企业的根本任务是：根据国家计划和市场需求，发展商品生产，创造财富，增加积累，满足社会日益增长的物质和文化生活需要。

第四条 【企业要求】企业必须坚持在建设社会主义物质文明的同时，建设社会主义精神文明，建设有理想、有道德、有文化、有纪律的职工队伍。

第五条 【企业发展方向】企业必须遵守法律、法规，坚持社会主义方向。

第六条 【企业经营、纳税】企业必须有效地利用国家授予其经营管理的财产，实现资产增值；依法缴纳税金、费用、利润。

第七条 【厂长负责制】企业实行厂长（经理）负责制。

厂长依法行使职权，受法律保护。

第八条 【共产党的作用】中国共产党在企业中的基层组织，对党和国家的方针、政策在本企业的贯彻执行实行保证监督。

第九条 【职工地位】国家保障职工的主人翁地位，职工的合法权益受法律保护。

第十条 【民主管理】企业通过职工代表大会和其他形式，实行民主管理。

第十一条 【工会职能】企业工会代表和维护职工利益，依法独立自主地开展工作。企业工会组织职工参加民主管理和民主监督。

企业应当充分发挥青年职工、女职工和科学技术人员的作用。

第十二条 【经营管理】企业必须加强和改善经营管理，实行经济责任制，推进科学技术进步，厉行节约，反对浪费，提高经济效益，促进企业的改造和发展。

第十三条 【分配原则】企业贯彻按劳分配原则。在法律规定的范围内,企业可以采取其他分配方式。

第十四条 【财产保护】国家授予企业经营管理的财产受法律保护,不受侵犯。

第十五条 【权益保护】企业的合法权益受法律保护,不受侵犯。

第二章 企业的设立、变更和终止

第十六条 【设立程序】设立企业,必须依照法律和国务院规定,报请政府或者政府主管部门审核批准。经工商行政管理部门核准登记、发给营业执照,企业取得法人资格。

企业应当在核准登记的经营范围内从事生产经营活动。

第十七条 【设立条件】设立企业必须具备以下条件:

(一)产品为社会所需要。

(二)有能源、原材料、交通运输的必要条件。

(三)有自己的名称和生产经营场所。

(四)有符合国家规定的资金。

(五)有自己的组织机构。

(六)有明确的经营范围。

(七)法律、法规规定的其他条件。

第十八条 【合并或分离程序】企业合并或者分立,依照法律、行政法规的规定,由政府或者政府主管部门批准。

第十九条 【终止原因】企业由于下列原因之一终止:

(一)违反法律、法规被责令撤销。

(二)政府主管部门依照法律、法规的规定决定解散。

(三)依法被宣告破产。

(四)其他原因。

第二十条 【债权、债务清理】企业合并、分立或者终止时,必须保护其财产,依法清理债权、债务。

第二十一条 【变更登记】企业的合并、分立、终止,以及经营范围等登记事项的变更,须经工商行政管理部门核准登记。

第三章 企业的权利和义务

第二十二条 【自行安排生产权】在国家计划指导下,企业有权自行安排生产社会需要的产品或者为社会提供服务。

第二十三条 企业有权要求调整没有必需的计划供应物资或者产品销售安排的指令性计划。企业有权接受或者拒绝任何部门和单位在指令性计划外安排的生产任务。(2009年8月27日删除)

第二十四条 【产品销售权】企业有权自行销售本企业的产品。国务院另有规定的除外。

承担指令性计划的企业,有权自行销售计划外超产的产品和计划内分成的产品。

第二十五条 【物资采购权】企业有权自行选择供货单位,购进生产需要的物资。

第二十六条 【价格确定权】除国务院规定由物价部门和有关主管部门控制价格的以外,企业有权自行确定产品价格、劳务价格。

第二十七条 【与外商贸易及外汇分成权】企业有权依照国务院规定与外商谈判并签订合同。

企业有权依照国务院规定提取和使用分成的外汇收入。

第二十八条 【留用资金使用权】企业有权依照国务院规定支配使用留用资金。

第二十九条 【固定资产处置权】企业有权依照国务院规定出租或者有偿转让国家授予其经营管理的固定资产,所得的收益必须用于设备更新和技术改造。

第三十条 【报酬分配权】企业有权确定适合本企业情况的工资形式和奖金分配办法。

第三十一条 【录用、辞退职工权】企业有权依照法律和国务院规定录用、辞退职工。

第三十二条 【机构设置、人员编制决定权】企业有权决定机构设置及其人员编制。

第三十三条 【拒绝摊派权】企业有权拒

绝任何机关和单位向企业摊派人力、物力、财力。除法律、法规另有规定外,任何机关和单位以任何方式要求企业提供人力、物力、财力的,都属于摊派。

第三十四条 【企业联营权】企业有权依照法律和国务院规定与其他企业、事业单位联营,向其他企业、事业单位投资,持有其他企业的股份。

企业有权依照国务院规定发行债券。

第三十五条 企业必须完成指令性计划。(2009 年 8 月 27 日删除)

企业必须履行依法订立的合同。

第三十六条 【固定资产维护】企业必须保障固定资产的正常维修,改进和更新设备。

第三十七条 【依法接受监督】企业必须遵守国家关于财务、劳动工资和物价管理等方面的规定,接受财政、审计、劳动工资和物价等机关的监督。

第三十八条 【质量保证】企业必须保证产品质量和服务质量,对用户和消费者负责。

第三十九条 【提高效率】企业必须提高劳动效率,节约能源和原材料,努力降低成本。

第四十条 【财产保护】企业必须加强保卫工作,维护生产秩序,保护国家财产。

第四十一条 【安全生产、环境保护】企业必须贯彻安全生产制度,改善劳动条件,做好劳动保护和环境保护工作,做到安全生产和文明生产。

第四十二条 【思想教育、业务培训】企业应当加强思想政治教育、法制教育、国防教育、科学文化教育和技术业务培训,提高职工队伍的素质。

第四十三条 【奖励、创造、革新】企业应当支持和奖励职工进行科学研究、发明创造,开展技术革新、合理化建议和社会主义劳动竞赛活动。

第四章 厂 长

第四十四条 【厂长的产生】厂长的产生,除国务院另有规定外,由政府主管部门根据企业的情况决定采取下列一种方式:

(一)政府主管部门委任或者招聘。

(二)企业职工代表大会选举。

政府主管部门委任或者招聘的厂长人选,须征求职工代表的意见;企业职工代表大会选举的厂长,须报政府主管部门批准。

政府主管部门委任或者招聘的厂长,由政府主管部门免职或者解聘,并须征求职工代表的意见;企业职工代表大会选举的厂长,由职工代表大会罢免,并须报政府主管部门批准。

第四十五条 【厂长的地位和职权】厂长是企业的法定代表人。

企业建立以厂长为首的生产经营管理系统。厂长在企业中处于中心地位,对企业的物质文明建设和精神文明建设负有全面责任。

厂长领导企业的生产经营管理工作,行使下列职权:

(一)依照法律和国务院规定,决定或者报请审查批准企业的各项计划。

(二)决定企业行政机构的设置。

(三)提请政府主管部门任免或者聘任、解聘副厂级行政领导干部。法律和国务院另有规定的除外。

(四)任免或者聘任、解聘企业中层行政领导干部。法律另有规定的除外。

(五)提出工资调整方案、奖金分配方案和重要的规章制度,提请职工代表大会审查同意。提出福利基金使用方案和其他有关职工生活福利的重大事项的建议,提请职工代表大会审议决定。

(六)依法奖惩职工;提请政府主管部门奖惩副厂级行政领导干部。

第四十六条 【厂长的义务】厂长必须依靠职工群众履行本法规定的企业的各项义务,支持职工代表大会、工会和其他群众组织的工作,执行职工代表大会依法作出的决定。

第四十七条 【管理委员会的组成及职权】企业设立管理委员会或者通过其他形式,协助厂长决定企业的重大问题。管理委员会由企业各方面的负责人和职工代表组成。厂长任管理委员会主任。

前款所称重大问题：

（一）经营方针、长远规划和年度计划、基本建设方案和重大技术改造方案，职工培训计划，工资调整方案，留用资金分配和使用方案，承包和租赁经营责任制方案。

（二）工资列入企业成本开支的企业人员编制和行政机构的设置和调整。

（三）制订、修改和废除重要规章制度的方案。

上述重大问题的讨论方案，均由厂长提出。

第四十八条　【对厂长的奖励】厂长在领导企业完成计划、提高产品质量和服务质量、提高经济效益和加强精神文明建设等方面成绩显著的，由政府主管部门给予奖励。

第五章　职工和职工代表大会

第四十九条　【职工权利】职工有参加企业民主管理的权利，有对企业的生产和工作提出意见和建议的权利；有依法享受劳动保护、劳动保险、休息、休假的权利；有向国家机关反映真实情况，对企业领导干部提出批评和控告的权利。女职工有依照国家规定享受特殊劳动保护和劳动保险的权利。

第五十条　【职工义务】职工应当以国家主人翁的态度从事劳动，遵守劳动纪律和规章制度，完成生产和工作任务。

第五十一条　【职代会性质】职工代表大会是企业实行民主管理的基本形式，是职工行使民主管理权力的机构。

职工代表大会的工作机构是企业的工会委员会。企业工会委员会负责职工代表大会的日常工作。

第五十二条　【职代会职权】职工代表大会行使下列职权：

（一）听取和审议厂长关于企业的经营方针、长远规划、年度计划、基本建设方案、重大技术改造方案、职工培训计划、留用资金分配和使用方案、承包和租赁经营责任制方案的报告，提出意见和建议。

（二）审查同意或者否决企业的工资调整方案、奖金分配方案、劳动保护措施、奖惩办法以及其他重要的规章制度。

（三）审议决定职工福利基金使用方案、职工住宅分配方案和其他有关职工生活福利的重大事项。

（四）评议、监督企业各级行政领导干部，提出奖惩和任免的建议。

（五）根据政府主管部门的决定选举厂长，报政府主管部门批准。

第五十三条　【民主管理】车间通过职工大会、职工代表组或者其他形式实行民主管理；工人直接参加班组的民主管理。

第五十四条　【职代会义务】职工代表大会应当支持厂长依法行使职权，教育职工履行本法规定的义务。

第六章　企业和政府的关系

第五十五条　政府或者政府主管部门依照国务院规定统一对企业下达指令性计划，保证企业完成指令性计划所需的计划供应物资，审查批准企业提出的基本建设、重大技术改造等计划；任免、奖惩厂长，根据厂长的提议，任免、奖惩副厂级行政领导干部，考核、培训厂级行政领导干部。（2009年8月27日删除）

第五十六条　【政府对企业的管理】政府有关部门按照国家调节市场、市场引导企业的目标，为企业提供服务，并根据各自的职责，依照法律、法规的规定，对企业实行管理和监督。

（一）制定、调整产业政策，指导企业制定发展规划。

（二）为企业的经营决策提供咨询、信息。

（三）协调企业与其他单位之间的关系。

（四）维护企业正常的生产秩序，保护企业经营管理的国家财产不受侵犯。

（五）逐步完善与企业有关的公共设施。

第五十七条　【地方政府的协助】企业所

在地的县级以上的地方政府应当提供企业所需的由地方计划管理的物资，协调企业与当地其他单位之间的关系，努力办好与企业有关的公共福利事业。

第五十八条 【企业人、财、物权的保护】任何机关和单位不得侵犯企业依法享有的经营管理自主权；不得向企业摊派人力、物力、财力；不得要求企业设置机构或者规定机构的编制人数。

第七章 法 律 责 任

第五十九条 【违反设立规定及存在欺诈的责任】违反本法第十六条规定，未经政府或者政府主管部门审核批准和工商行政管理部门核准登记，以企业名义进行生产经营活动的，责令停业，没收违法所得。

企业向登记机关弄虚作假、隐瞒真实情况的，给予警告或者处以罚款；情节严重的，吊销营业执照。

本条规定的行政处罚，由县级以上工商行政管理部门决定。当事人对罚款、责令停业、没收违法所得、吊销营业执照的处罚决定不服的，可以在接到处罚通知之日起十五日内向法院起诉；逾期不起诉又不履行的，由作出处罚决定的机关申请法院强制执行。

第六十条 【产品不合格的责任】企业因生产、销售质量不合格的产品，给用户和消费者造成财产、人身损害的，应当承担赔偿责任；构成犯罪的，对直接责任人员依法追究刑事责任。

产品质量不符合经济合同约定的条件的，应当承担违约责任。

第六十一条 【政府违法责任】政府和政府有关部门的决定违反本法第五十八条规定的，企业有权向作出决定的机关申请撤销；不予撤销的，企业有权向作出决定的机关的上一级机关或者政府监察部门申诉。接受申诉的机关应于接到申诉之日起三十日内作出裁决并通知企业。

第六十二条 【滥用职权的责任】企业领导干部滥用职权，侵犯职工合法权益，情节严重的，由政府主管部门给予行政处分；滥用职权、假公济私，对职工实行报复陷害的，依照刑法有关规定追究刑事责任。

第六十三条 【玩忽职守的责任】企业和政府有关部门的领导干部，因工作过失给企业和国家造成较大损失的，由政府主管部门或者有关上级机关给予行政处分。

企业和政府有关部门的领导干部玩忽职守，致使企业财产、国家和人民利益遭受重大损失的，依照刑法有关规定追究刑事责任。

第六十四条 阻碍企业领导干部依法执行职务，未使用暴力、威胁方法的，由企业所在地公安机关依照《中华人民共和国治安管理处罚条例》第十九条的规定处罚；以暴力、威胁方法阻碍企业领导干部依法执行职务的，依照《中华人民共和国刑法》第一百五十七条的规定追究刑事责任。（2009 年 8 月 27 日删除）

扰乱企业的秩序，致使生产、营业、工作不能正常进行，尚未造成严重损失的，由企业所在地公安机关依照《中华人民共和国治安管理处罚法》的规定处罚。

第八章 附 则

第六十五条 【适用范围】本法的原则适用于全民所有制交通运输、邮电、地质勘探、建筑安装、商业、外贸、物资、农林、水利企业。

第六十六条 【经营方式】企业实行承包、租赁经营责任制的，除遵守本法规定外，发包方和承包方、出租方和承租方的权利、义务依照国务院有关规定执行。

联营企业、大型联合企业和股份企业，其领导体制依照国务院有关规定执行。

第六十七条 【实施条例】国务院根据本法制定实施条例。

第六十八条 【实施办法】自治区人民代表大会常务委员会可以根据本法和《中华人民共和国民族区域自治法》的原则，结合当地的特点,制定实施办法,报全国人民代表大会常务委员会备案。

第六十九条 【生效日期】本法自1988年8月1日起施行。

企业国有资产监督管理暂行条例

(2003年5月27日国务院令第378号公布　根据2011年1月8日国务院令第588号《关于废止和修改部分行政法规的决定》修订)

第一章　总　　则

第一条　为建立适应社会主义市场经济需要的国有资产监督管理体制,进一步搞好国有企业,推动国有经济布局和结构的战略性调整,发展和壮大国有经济,实现国有资产保值增值,制定本条例。

第二条　国有及国有控股企业、国有参股企业中的国有资产的监督管理,适用本条例。

金融机构中的国有资产的监督管理,不适用本条例。

第三条　本条例所称企业国有资产,是指国家对企业各种形式的投资和投资所形成的权益,以及依法认定为国家所有的其他权益。

第四条　企业国有资产属于国家所有。国家实行由国务院和地方人民政府分别代表国家履行出资人职责,享有所有者权益,权利、义务和责任相统一,管资产和管人、管事相结合的国有资产管理体制。

第五条　国务院代表国家对关系国民经济命脉和国家安全的大型国有及国有控股、国有参股企业,重要基础设施和重要自然资源等领域的国有及国有控股、国有参股企业,履行出资人职责。国务院履行出资人职责的企业,由国务院确定、公布。

省、自治区、直辖市人民政府和设区的市、自治州级人民政府分别代表国家对由国务院履行出资人职责以外的国有及国有控股、国有参股企业,履行出资人职责。其中,省、自治区、直辖市人民政府履行出资人职责的国有及国有控股、国有参股企业,由省、自治区、直辖市人民政府确定、公布,并报国务院国有资产监督管理机构备案;其他由设区的市、自治州级人民政府履行出资人职责的国有及国有控股、国有参股企业,由设区的市、自治州级人民政府确定、公布,并报省、自治区、直辖市人民政府国有资产监督管理机构备案。

国务院,省、自治区、直辖市人民政府,设区的市、自治州级人民政府履行出资人职责的企业,以下统称所出资企业。

第六条　国务院,省、自治区、直辖市人民政府,设区的市、自治州级人民政府,分别设立国有资产监督管理机构。国有资产监督管理机构根据授权,依法履行出资人职责,依法对企业国有资产进行监督管理。

企业国有资产较少的设区的市、自治州,经省、自治区、直辖市人民政府批准,可以不单独设立国有资产监督管理机构。

第七条　各级人民政府应当严格执行国有资产管理法律、法规,坚持政府的社会公共管理职能与国有资产出资人职能分开,坚持政企分开,实行所有权与经营权分离。

国有资产监督管理机构不行使政府的社会公共管理职能,政府其他机构、部门不履行企业国有资产出资人职责。

第八条　国有资产监督管理机构应当依照本条例和其他有关法律、行政法规的规定,建立健全内部监督制度,严格执行法律、行政法规。

第九条　发生战争、严重自然灾害或者其他重大、紧急情况时,国家可以依法统一调用、处置企业国有资产。

第十条　所出资企业及其投资设立的企业，享有有关法律、行政法规规定的企业经营自主权。

国有资产监督管理机构应当支持企业依法自主经营，除履行出资人职责以外，不得干预企业的生产经营活动。

第十一条　所出资企业应当努力提高经济效益，对其经营管理的企业国有资产承担保值增值责任。

所出资企业应当接受国有资产监督管理机构依法实施的监督管理，不得损害企业国有资产所有者和其他出资人的合法权益。

第二章　国有资产监督管理机构

第十二条　国务院国有资产监督管理机构是代表国务院履行出资人职责、负责监督管理企业国有资产的直属特设机构。

省、自治区、直辖市人民政府国有资产监督管理机构，设区的市、自治州级人民政府国有资产监督管理机构是代表本级政府履行出资人职责、负责监督管理企业国有资产的直属特设机构。

上级政府国有资产监督管理机构依法对下级政府的国有资产监督管理工作进行指导和监督。

第十三条　国有资产监督管理机构的主要职责是：

（一）依照《中华人民共和国公司法》等法律、法规，对所出资企业履行出资人职责，维护所有者权益；

（二）指导推进国有及国有控股企业的改革和重组；

（三）依照规定向所出资企业派出监事会；

（四）依照法定程序对所出资企业的企业负责人进行任免、考核，并根据考核结果对其进行奖惩；

（五）通过统计、稽核等方式对企业国有资产的保值增值情况进行监管；

（六）履行出资人的其他职责和承办本级政府交办的其他事项。

国务院国有资产监督管理机构除前款规定职责外，可以制定企业国有资产监督管理的规章、制度。

第十四条　国有资产监督管理机构的主要义务是：

（一）推进国有资产合理流动和优化配置，推动国有经济布局和结构的调整；

（二）保持和提高关系国民经济命脉和国家安全领域国有经济的控制力和竞争力，提高国有经济的整体素质；

（三）探索有效的企业国有资产经营体制和方式，加强企业国有资产监督管理工作，促进企业国有资产保值增值，防止企业国有资产流失；

（四）指导和促进国有及国有控股企业建立现代企业制度，完善法人治理结构，推进管理现代化；

（五）尊重、维护国有及国有控股企业经营自主权，依法维护企业合法权益，促进企业依法经营管理，增强企业竞争力；

（六）指导和协调解决国有及国有控股企业改革与发展中的困难和问题。

第十五条　国有资产监督管理机构应当向本级政府报告企业国有资产监督管理工作、国有资产保值增值状况和其他重大事项。

第三章　企业负责人管理

第十六条　国有资产监督管理机构应当建立健全适应现代企业制度要求的企业负责人的选用机制和激励约束机制。

第十七条　国有资产监督管理机构依照有关规定，任免或者建议任免所出资企业的企业负责人：

（一）任免国有独资企业的总经理、副总经理、总会计师及其他企业负责人；

（二）任免国有独资公司的董事长、副董事长、董事，并向其提出总经理、副总经理、总会计师等的任免建议；

（三）依照公司章程，提出向国有控股的公司派出的董事、监事人选，推荐国有控股的公司的董事长、副董事长和监事会主席人选，并向其提出总经理、副总经理、总会计师人选的建议；

（四）依照公司章程，提出向国有参股的公司派出的董事、监事人选。

国务院，省、自治区、直辖市人民政府，设区的市、自治州级人民政府，对所出资企业的企业负责人的任免另有规定的，按照有关规定执行。

第十八条 国有资产监督管理机构应当建立企业负责人经营业绩考核制度，与其任命的企业负责人签订业绩合同，根据业绩合同对企业负责人进行年度考核和任期考核。

第十九条 国有资产监督管理机构应当依照有关规定，确定所出资企业中的国有独资企业、国有独资公司的企业负责人的薪酬；依据考核结果，决定其向所出资企业派出的企业负责人的奖惩。

第四章 企业重大事项管理

第二十条 国有资产监督管理机构负责指导国有及国有控股企业建立现代企业制度，审核批准其所出资企业中的国有独资企业、国有独资公司的重组、股份制改造方案和所出资企业中的国有独资公司的章程。

第二十一条 国有资产监督管理机构依照法定程序决定其所出资企业中的国有独资企业、国有独资公司的分立、合并、破产、解散、增减资本、发行公司债券等重大事项。其中，重要的国有独资企业、国有独资公司分立、合并、破产、解散的，应当由国有资产监督管理机构审核后，报本级人民政府批准。

国有资产监督管理机构依照法定程序审核、决定国防科技工业领域其所出资企业中的国有独资企业、国有独资公司的有关重大事项时，按照国家有关法律、规定执行。

第二十二条 国有资产监督管理机构依照公司法的规定，派出股东代表、董事，参加国有控股的公司、国有参股的公司的股东会、董事会。

国有控股的公司、国有参股的公司的股东会、董事会决定公司的分立、合并、破产、解散、增减资本、发行公司债券、任免企业负责人等重大事项时，国有资产监督管理机构派出的股东代表、董事，应当按照国有资产监督管理机构的指示发表意见、行使表决权。

国有资产监督管理机构派出的股东代表、董事，应当将其履行职责的有关情况及时向国有资产监督管理机构报告。

第二十三条 国有资产监督管理机构决定其所出资企业的国有股权转让。其中，转让全部国有股权或者转让部分国有股权致使国家不再拥有控股地位的，报本级人民政府批准。

第二十四条 所出资企业投资设立的重要子企业的重大事项，需由所出资企业报国有资产监督管理机构批准的，管理办法由国务院国有资产监督管理机构另行制定，报国务院批准。

第二十五条 国有资产监督管理机构依照国家有关规定组织协调所出资企业中的国有独资企业、国有独资公司的兼并破产工作，并配合有关部门做好企业下岗职工安置等工作。

第二十六条 国有资产监督管理机构依照国家有关规定拟订所出资企业收入分配制度改革的指导意见，调控所出资企业工资分配的总体水平。

第二十七条 所出资企业中的国有独资企业、国有独资公司经国务院批准，可以作为国务院规定的投资公司、控股公司，享有公司法第十二条规定的权利；可以作为国家授权投资的机构，享有公司法第二十条规定的权利。（2011年1月8日删除）

第二十八条 国有资产监督管理机构可以对所出资企业中具备条件的国有独资企业、国有独资公司进行国有资产授权经营。

被授权的国有独资企业、国有独资公司对其全资、控股、参股企业中国家投资形成的国有资产依法进行经营、管理和监督。

第二十九条 被授权的国有独资企业、国有独资公司应当建立和完善规范的现代企业制度，并承担企业国有资产的保值增值责任。

第五章 企业国有资产管理

第三十条 国有资产监督管理机构依照国家有关规定，负责企业国有资产的产权界定、产权登记、资产评估监管、清产核资、资产统计、综合评价等基础管理工作。

国有资产监督管理机构协调其所出资企业之间的企业国有资产产权纠纷。

第三十一条 国有资产监督管理机构应当建立企业国有资产产权交易监督管理制度，加强企业国有资产产权交易的监督管理，促进企业国有资产的合理流动，防止企业国有资产流失。

第三十二条 国有资产监督管理机构对其所出资企业的企业国有资产收益依法履行出资人职责；对其所出资企业的重大投融资规划、发展战略和规划，依照国家发展规划和产业政策履行出资人职责。

第三十三条 所出资企业中的国有独资企业、国有独资公司的重大资产处置，需由国有资产监督管理机构批准的，依照有关规定执行。

第六章 企业国有资产监督

第三十四条 国务院国有资产监督管理机构代表国务院向其所出资企业中的国有独资企业、国有独资公司派出监事会。监事会的组成、职权、行为规范等，依照《国有企业监事会暂行条例》的规定执行。

地方人民政府国有资产监督管理机构代表本级人民政府向其所出资企业中的国有独资企业、国有独资公司派出监事会，参照《国有企业监事会暂行条例》的规定执行。

第三十五条 国有资产监督管理机构依法对所出资企业财务进行监督，建立和完善国有资产保值增值指标体系，维护国有资产出资人的权益。

第三十六条 国有及国有控股企业应当加强内部监督和风险控制，依照国家有关规定建立健全财务、审计、企业法律顾问和职工民主监督等制度。

第三十七条 所出资企业中的国有独资企业、国有独资公司应当按照规定定期向国有资产监督管理机构报告财务状况、生产经营状况和国有资产保值增值状况。

第七章 法律责任

第三十八条 国有资产监督管理机构不按规定任免或者建议任免所出资企业的企业负责人，或者违法干预所出资企业的生产经营活动，侵犯其合法权益，造成企业国有资产损失或者其他严重后果的，对直接负责的主管人员和其他直接责任人员依法给予行政处分；构成犯罪的，依法追究刑事责任。

第三十九条 所出资企业中的国有独资企业、国有独资公司未按照规定向国有资产监督管理机构报告财务状况、生产经营状况和国有资产保值增值状况的，予以警告；情节严重的，对直接负责的主管人员和其他直接责任人员依法给予纪律处分。

第四十条 国有及国有控股企业的企业负责人滥用职权、玩忽职守，造成企业国有资产损失的，应负赔偿责任，并对其依法给予纪律处分；构成犯罪的，依法追究刑事责任。

第四十一条 对企业国有资产损失负有责任受到撤职以上纪律处分的国有及国有控股企业的企业负责人，5 年内不得担任任何国有及国有控股企业的企业负责人；造成企业国有资产重大损失或者被判处刑罚的，终身不得担任任何国有及国有控股企业的企业负责人。

第八章 附 则

第四十二条 国有及国有控股企业、国有参股企业的组织形式、组织机构、权利和义务等，依照《中华人民共和国公司法》等法律、行政法规和本条例的规定执行。

第四十三条 国有及国有控股企业、国有参股企业中中国共产党基层组织建设、社会主义精神文明建设和党风廉政建设，依照《中国共产党章程》和有关规定执行。

国有及国有控股企业、国有参股企业中工会组织依照《中华人民共和国工会法》和《中国工会章程》的有关规定执行。

第四十四条 国务院国有资产监督管理机构，省、自治区、直辖市人民政府可以依据本条例制定实施办法。

第四十五条 本条例施行前制定的有关企业国有资产监督管理的行政法规与本条例不一致的，依照本条例的规定执行。

第四十六条 政企尚未分开的单位，应当按照国务院的规定，加快改革，实现政企分开。政企分开后的企业，由国有资产监督管理机构依法履行出资人职责，依法对企业国有资产进行监督管理。

第四十七条 本条例自公布之日起施行。

国务院关于国有企业发展混合所有制经济的意见

（2015年9月23日发布　国发〔2015〕54号）

各省、自治区、直辖市人民政府，国务院各部委、各直属机构：

发展混合所有制经济，是深化国有企业改革的重要举措。为贯彻党的十八大和十八届三中、四中全会精神，按照“四个全面”战略布局要求，落实党中央、国务院决策部署，推进国有企业混合所有制改革，促进各种所有制经济共同发展，现提出以下意见。

一、总体要求

（一）改革出发点和落脚点。国有资本、集体资本、非公有资本等交叉持股、相互融合的混合所有制经济，是基本经济制度的重要实现形式。多年来，一批国有企业通过改制发展成为混合所有制企业，但治理机制和监管体制还需要进一步完善；还有许多国有企业为转换经营机制、提高运行效率，正在积极探索混合所有制改革。当前，应对日益激烈的国际竞争和挑战，推动我国经济保持中高速增长、迈向中高端水平，需要通过深化国有企业混合所有制改革，推动完善现代企业制度，健全企业法人治理结构；提高国有资本配置和运行效率，优化国有经济布局，增强国有经济活力、控制力、影响力和抗风险能力，主动适应和引领经济发展新常态；促进国有企业转换经营机制，放大国有资本功能，实现国有资产保值增值，实现各种所有制资本取长补短、相互促进、共同发展，夯实社会主义基本经济制度的微观基础。在国有企业混合所有制改革中，要坚决防止因监管不到位、改革不彻底导致国有资产流失。

（二）基本原则。

——政府引导，市场运作。尊重市场经济规律和企业发展规律，以企业为主体，充分发挥市场机制作用，把引资本与转机制结合起来，把产权多元化与完善企业法人治理结构结合起来，探索国有企业混合所有制改革的有效途径。

——完善制度，保护产权。以保护产权、维护契约、统一市场、平等交换、公平竞争、有效监管为基本导向，切实保护混合所有制企业各类出资人的产权权益，调动各类资本参与发展混合所有制经济的积极性。

——严格程序，规范操作。坚持依法依规，进一步健全国有资产交易规则，科学评估国有资产价值，完善市场定价机制，切实做到规则公开、过程公开、结果公开。强化交易主体和交易过程监管，防止暗箱操作、低价贱卖、利益输送、化公为私、逃废债务，杜绝国有资产流失。

——宜改则改，稳妥推进。对通过实行股份制、上市等途径已经实行混合所有制的国有企业，要着力在完善现代企业制度、提高资本运行效率上下功夫；对适宜继续推进混合所有制改革的国有企业，要充分发挥市场机制作用，坚持因地施策、因业施策、因企施策，宜独则独、宜控则控、宜参则参，不搞拉郎配，不搞全覆盖，不设时间表，一企一策，成熟一个推进一个，确保改革规范有序进行。尊重基层创新实践，形成一批可复制、可推广的成功做法。

二、分类推进国有企业混合所有制改革

（三）稳妥推进主业处于充分竞争行业和领域的商业类国有企业混合所有制改革。按照市场化、国际化要求，以增强国有经济活力、放大国有资本功能、实现国有资产保值增值为主要目标，以提高经济效益和创新商业模式为导向，充分运用整体上市等方式，积极引入其他国有资本或各类非国有资本实现股权多元化。坚持以资本为纽带完善混合所有制企业治理结构和管理方式，国有资本出资人和各类非国有资本出资人以股东身份履行权利和职责，使混合所有制企业成为真正的市场主体。

（四）有效探索主业处于重要行业和关键领域的商业类国有企业混合所有制改革。对主业处于关系国家安全、国民经济命脉的重要行业和关键领域、主要承担重大专项任务的商业类国有企业，要保持国有资本控股地位，支持非国有资本参股。对自然垄断行业，实行以政企分开、政资分开、特许经营、政府监管为主要内容的改革，根据不同行业特点实行网运分开、放开竞争性业务，促进公共资源配置市场化，同时加强分类依法监管，规范营利模式。

——重要通信基础设施、枢纽型交通基础设施、重要江河流域控制性水利水电航电枢纽、跨流域调水工程等领域，实行国有独资或控股，允许符合条件的非国有企业依法通过特许经营、政府购买服务等方式参与建设和运营。

——重要水资源、森林资源、战略性矿产资源等开发利用，实行国有独资或绝对控股，在强化环境、质量、安全监管的基础上，允许非国有资本进入，依法依规有序参与开发经营。

——江河主干渠道、石油天然气主干管网、电网等，根据不同行业领域特点实行网运分开、主辅分离，除对自然垄断环节的管网实行国有独资或绝对控股外，放开竞争性业务，允许非国有资本平等进入。

——核电、重要公共技术平台、气象测绘水文等基础数据采集利用等领域，实行国有独资或绝对控股，支持非国有企业投资参股以及参与特许经营和政府采购。粮食、石油、天然气等战略物资国家储备领域保持国有独资或控股。

——国防军工等特殊产业，从事战略武器装备科研生产、关系国家战略安全和涉及国家核心机密的核心军工能力领域，实行国有独资或绝对控股。其他军工领域，分类逐步放宽市场准入，建立竞争性采购体制机制，支持非国有企业参与武器装备科研生产、维修服务和竞争性采购。

——对其他服务国家战略目标、重要前瞻性战略性产业、生态环境保护、共用技术平台等重要行业和关键领域，加大国有资本投资力度，发挥国有资本引导和带动作用。

（五）引导公益类国有企业规范开展混合所有制改革。在水电气热、公共交通、公共设施等提供公共产品和服务的行业和领域，根据不同业务特点，加强分类指导，推进具备条件的企业实现投资主体多元化。通过购买服务、特许经营、委托代理等方式，鼓励非国有企业参与经营。政府要加强对价格水平、成本控制、服务质量、安全标准、信息披露、营运效率、保障能力等方面的监管，根据企业不同特点有区别地考核其经营业绩指标和国有资产保值增值情况，考核中要引入社会评价。

三、分层推进国有企业混合所有制改革

（六）引导在子公司层面有序推进混合所有制改革。对国有企业集团公司二级及以下企业，以研发创新、生产服务等实体企业为重点，引入非国有资本，加快技术创新、管理创新、商业模式创新,合理限定法人层级,有效压缩管理层级。明确股东的法律地位和股东在资本收益、企业重大决策、选择管理者等方面的权利,股东依法按出资比例和公司章程规定行权履职。

(七)探索在集团公司层面推进混合所有制改革。在国家有明确规定的特定领域,坚持国有资本控股,形成合理的治理结构和市场化经营机制;在其他领域,鼓励通过整体上市、并购重组、发行可转债等方式,逐步调整国有股权比例,积极引入各类投资者,形成股权结构多元、股东行为规范、内部约束有效、运行高效灵活的经营机制。

(八)鼓励地方从实际出发推进混合所有制改革。各地区要认真贯彻落实中央要求,区分不同情况,制定完善改革方案和相关配套措施,指导国有企业稳妥开展混合所有制改革,确保改革依法合规、有序推进。

四、鼓励各类资本参与国有企业混合所有制改革

(九)鼓励非公有资本参与国有企业混合所有制改革。非公有资本投资主体可通过出资入股、收购股权、认购可转债、股权置换等多种方式,参与国有企业改制重组或国有控股上市公司增资扩股以及企业经营管理。非公有资本投资主体可以货币出资,或以实物、股权、土地使用权等法律法规允许的方式出资。企业国有产权或国有股权转让时,除国家另有规定外,一般不在意向受让人资质条件中对民间投资主体单独设置附加条件。

(十)支持集体资本参与国有企业混合所有制改革。明晰集体资产产权,发展股权多元化、经营产业化、管理规范化的经济实体。允许经确权认定的集体资本、资产和其他生产要素作价入股,参与国有企业混合所有制改革。研究制定股份合作经济(企业)管理办法。

(十一)有序吸收外资参与国有企业混合所有制改革。引入外资参与国有企业改制重组、合资合作,鼓励通过海外并购、投融资合作、离岸金融等方式,充分利用国际市场、技术、人才等资源和要素,发展混合所有制经济,深度参与国际竞争和全球产业分工,提高资源全球化配置能力。按照扩大开放与加强监管同步的要求,依照外商投资产业指导目录和相关安全审查规定,完善外资安全审查工作机制,切实加强风险防范。

(十二)推广政府和社会资本合作(PPP)模式。优化政府投资方式,通过投资补助、基金注资、担保补贴、贷款贴息等,优先支持引入社会资本的项目。以项目运营绩效评价结果为依据,适时对价格和补贴进行调整。组合引入保险资金、社保基金等长期投资者参与国家重点工程投资。鼓励社会资本投资或参股基础设施、公用事业、公共服务等领域项目,使投资者在平等竞争中获取合理收益。加强信息公开和项目储备,建立综合信息服务平台。

(十三)鼓励国有资本以多种方式入股非国有企业。在公共服务、高新技术、生态环境保护和战略性产业等重点领域,以市场选择为前提,以资本为纽带,充分发挥国有资本投资、运营公司的资本运作平台作用,对发展潜力大、成长性强的非国有企业进行股权投资。鼓励国有企业通过投资入股、联合投资、并购重组等多种方式,与非国有企业进行股权融合、战略合作、资源整合,发展混合所有制经济。支持国有资本与非国有资本共同设立股权投资基金,参与企业改制重组。

(十四)探索完善优先股和国家特殊管理股方式。国有资本参股非国有企业或国有企业引入非国有资本时,允许将部分国有资本转化为优先股。在少数特定领域探索建立国家特殊管理股制度,依照相关法律法规和公司章程规定,行使特定事项否决权,保证国有资本在特定领域的控制力。

(十五)探索实行混合所有制企业员工持股。坚持激励和约束相结合的原则,通过试点稳妥推进员工持股。员工持股主要采取增资扩股、出资新设等方式,优先支持人才资本和技术要素贡献占比较高的转制科研院所、高新技术企业和科技服务型企业开展试点,支持对企业经营业绩和持续发展有直接或较大影响的科研人员、经营管理人员和业务骨干等持股。完善相关政策，健全审核程序，规范操作流程，严格资产评估，建立健全股权流转和退出机制，确保员工持股公开透明，严禁暗箱操作，防止利益输送。混合所有制企业实行员工持股，要按照混合所有制企业实行员工持股试点的有关工作要求组织实施。

五、建立健全混合所有制企业治理机制

（十六）进一步确立和落实企业市场主体地位。政府不得干预企业自主经营，股东不得干预企业日常运营，确保企业治理规范、激励约束机制到位。落实董事会对经理层成员等高级经营管理人员选聘、业绩考核和薪酬管理等职权，维护企业真正的市场主体地位。

（十七）健全混合所有制企业法人治理结构。混合所有制企业要建立健全现代企业制度，明晰产权，同股同权，依法保护各类股东权益。规范企业股东（大）会、董事会、经理层、监事会和党组织的权责关系，按章程行权，对资本监管，靠市场选人，依规则运行，形成定位清晰、权责对等、运转协调、制衡有效的法人治理结构。

（十八）推行混合所有制企业职业经理人制度。按照现代企业制度要求，建立市场导向的选人用人和激励约束机制，通过市场化方式选聘职业经理人依法负责企业经营管理，畅通现有经营管理者与职业经理人的身份转换通道。职业经理人实行任期制和契约化管理，按照市场化原则决定薪酬，可以采取多种方式探索中长期激励机制。严格职业经理人任期管理和绩效考核，加快建立退出机制。

六、建立依法合规的操作规则

（十九）严格规范操作流程和审批程序。在组建和注册混合所有制企业时，要依据相关法律法规，规范国有资产授权经营和产权交易等行为，健全清产核资、评估定价、转让交易、登记确权等国有产权流转程序。国有企业产权和股权转让、增资扩股、上市公司增发等，应在产权、股权、证券市场公开披露信息，公开择优确定投资人，达成交易意向后应及时公示交易对象、交易价格、关联交易等信息，防止利益输送。国有企业实施混合所有制改革前，应依据本意见制定方案，报同级国有资产监管机构批准；重要国有企业改制后国有资本不再控股的，报同级人民政府批准。国有资产监管机构要按照本意见要求，明确国有企业混合所有制改革的操作流程。方案审批时，应加强对社会资本质量、合作方诚信与操守、债权债务关系等内容的审核。要充分保障企业职工对国有企业混合所有制改革的知情权和参与权，涉及职工切身利益的要做好评估工作，职工安置方案要经过职工代表大会或者职工大会审议通过。

（二十）健全国有资产定价机制。按照公开公平公正原则，完善国有资产交易方式，严格规范国有资产登记、转让、清算、退出等程序和交易行为。通过产权、股权、证券市场发现和合理确定资产价格，发挥专业化中介机构作用，借助多种市场化定价手段，完善资产定价机制，实施信息公开，加强社会监督，防止出现内部人控制、利益输送造成国有资产流失。

（二十一）切实加强监管。政府有关部门要加强对国有企业混合所有制改革的监管，完善国有产权交易规则和监管制度。国有资产监管机构对改革中出现的违法转让和侵吞国有资产、化公为私、利益输送、暗箱操作、逃废债务等行为，要依法严肃处理。审计部门要依法履行审计监督职能，加强对改制企业原国有企业法定代表人的离任审计。充分发挥第三方机构在清产核资、财务审计、资产定价、股权托管等方面的作用。加强企业职工内部监督。进一步做好信息公开，自觉接受社会监督。

七、营造国有企业混合所有制改革的良好环境

（二十二）加强产权保护。健全严格的产权占有、使用、收益、处分等完整保护制度，依法保护混合所有制企业各类出资人的产权和知识产权权益。在立法、司法和行政执法过程中，坚持对各种所有制经济产权和合法利益给予同等法律保护。

（二十三）健全多层次资本市场。加快建立规则统一、交易规范的场外市场，促进非上市股份公司股权交易，完善股权、债权、物权、知识产权及信托、融资租赁、产业投资基金等产品交易机制。建立规范的区域性股权市场，为企业提供融资服务，促进资产证券化和资本流动，健全股权登记、托管、做市商等第三方服务体系。以具备条件的区域性股权、产权市场为载体，探索建立统一结算制度，完善股权公开转让和报价机制。制定场外市场交易规则和规范监管制度，明确监管主体，实行属地化、专业化监管。

（二十四）完善支持国有企业混合所有制改革的政策。进一步简政放权，最大限度取消涉及企业依法自主经营的行政许可审批事项。凡是市场主体基于自愿的投资经营和民事行为，只要不属于法律法规禁止进入的领域，且不危害国家安全、社会公共利益和第三方合法权益，不得限制进入。完善工商登记、财税管理、土地管理、金融服务等政策。依法妥善解决混合所有制改革涉及的国有企业职工劳动关系调整、社会保险关系接续等问题，确保企业职工队伍稳定。加快剥离国有企业办社会职能，妥善解决历史遗留问题。完善统计制度，加强监测分析。

（二十五）加快建立健全法律法规制度。健全混合所有制经济相关法律法规和规章，加大法律法规立、改、废、释工作力度，确保改革于法有据。根据改革需要抓紧对合同法、物权法、公司法、企业国有资产法、企业破产法中有关法律制度进行研究，依照法定程序及时提请修改。推动加快制定有关产权保护、市场准入和退出、交易规则、公平竞争等方面法律法规。

八、组织实施

（二十六）建立工作协调机制。国有企业混合所有制改革涉及面广、政策性强、社会关注度高。各地区、各有关部门和单位要高度重视，精心组织，严守规范，明确责任。各级政府及相关职能部门要加强对国有企业混合所有制改革的组织领导，做好把关定向、配套落实、审核批准、纠偏提醒等工作。各级国有资产监管机构要及时跟踪改革进展，加强改革协调，评估改革成效，推广改革经验，重大问题及时向同级人民政府报告。各级工商联要充分发挥广泛联系非公有制企业的组织优势，参与做好沟通政企、凝聚共识、决策咨询、政策评估、典型宣传等方面工作。

（二十七）加强混合所有制企业党建工作。坚持党的建设与企业改革同步谋划、同步开展，根据企业组织形式变化，同步设置或调整党的组织，理顺党组织隶属关系，同步选配好党组织负责人，健全党的工作机构，配强党务工作者队伍，保障党组织工作经费，有效开展党的工作，发挥好党组织政治核心作用和党员先锋模范作用。

（二十八）开展不同领域混合所有制改革试点示范。结合电力、石油、天然气、铁路、民航、电信、军工等领域改革，开展放开竞争性业务、推进混合所有制改革试点示范。在基础设施和公共服务领域选择有代表性的政府投融资项目，开展多种形式的政府和社会资本合作试点，加快形成可复制、可推广的模式和经验。

（二十九）营造良好的舆论氛围。以坚持“两个毫不动摇”（毫不动摇巩固和发展公有制经济，毫不动摇鼓励、支持、引导非公有制经济发展）为导向，加强国有企业混合所有制改革舆论宣传，做好政策解读，阐释目标方向和重要意义，宣传成功经验，正确引导舆论，回应社会关切，使广大人民群众了解和支持改革。

各级政府要加强对国有企业混合所有制改革的领导，根据本意见，结合实际推动改革。

金融、文化等国有企业的改革，中央另有规定的依其规定执行。

国务院办公厅关于建立国有企业违规经营投资责任追究制度的意见

（2016 年 8 月 2 日发布 国办发〔2016〕63 号）

各省、自治区、直辖市人民政府，国务院各部委、各直属机构：

根据《中共中央 国务院关于深化国有企业改革的指导意见》、《国务院办公厅关于加强和改进企业国有资产监督防止国有资产流失的意见》（国办发〔2015〕79 号）等要求，为落实国有资本保值增值责任，完善国有资产监管，防止国有资产流失，经国务院同意，现就建立国有企业违规经营投资责任追究制度提出以下意见。

一、总体要求

（一）指导思想。全面贯彻党的十八大和十八届三中、四中、五中全会精神，按照“五位一体”总体布局和“四个全面”战略布局，牢固树立和贯彻落实创新、协调、绿色、开放、共享的发展理念，深入贯彻习近平总书记系列重要讲话精神，认真落实党中央、国务院决策部署，坚持社会主义市场经济改革方向，按照完善现代企业制度的要求，以提高国有企业运行质量和经济效益为目标，以强化对权力集中、资金密集、资源富集、资产聚集部门和岗位的监督为重点，严格问责、完善机制，构建权责清晰、约束有效的经营投资责任体系，全面推进依法治企，健全协调运转、有效制衡的法人治理结构，提高国有资本效率、增强国有企业活力、防止国有资产流失，实现国有资本保值增值。

（二）基本原则。

1. 依法合规、违规必究。以国家法律法规为准绳，严格执行企业内部管理规定，对违反规定、未履行或未正确履行职责造成国有资产损失以及其他严重不良后果的国有企业经营管理有关人员，严格界定违规经营投资责任，严肃追究问责，实行重大决策终身责任追究制度。

2. 分级组织、分类处理。履行出资人职责的机构和国有企业按照国有资产分级管理要求和干部管理权限，分别组织开展责任追究工作。对违纪违法行为，严格依纪依法处理。

3. 客观公正、责罚适当。在充分调查核实和责任认定的基础上，既考虑量的标准也考虑质的不同，实事求是地确定资产损失程度和责任追究范围，恰当公正地处理相关责任人。

4. 惩教结合、纠建并举。在严肃追究违规经营投资责任的同时，加强案例总结和警示教育，不断完善规章制度，及时堵塞经营管理漏洞，建立问责长效机制，提高国有企业经营管理水平。

（三）主要目标。在 2017 年年底前，国有企业违规经营投资责任追究制度和责任倒查机制基本形成，责任追究的范围、标准、程序和方式清晰规范，责任追究工作实现有章可循。在 2020 年年底前，全面建立覆盖各级履行出资人职责的机构及国有企业的责任追究工作体系，形成职责明确、流程清晰、规范有序的责任追究工作机制，对相关责任人及时追究问责，国有企业经营投资责任意识和责任约束显著增强。

二、责任追究范围

国有企业经营管理有关人员违反国家法律法规和企业内部管理规定，未履行或未正确履行职责致使发生下列情形造成国有资产损失以及其他严重不良后果的，应当追究责任：

（一）集团管控方面。所属子企业发生重大违纪违法问题，造成重大资产损失，影响其持续经营能力或造成严重不良后果；未履行或未正确履行职责致使集团发生较大资产损失，对生产经营、财务状况产生重大影响；对集团重大风险隐患、内控缺陷等问题失察，或虽发现但没有及时报告、处理，造成重大风险等。

（二）购销管理方面。未按照规定订立、履行合同，未履行或未正确履行职责致使合同标的价格明显不公允；交易行为虚假或违规开展“空转”贸易；利用关联交易输送利益；未按照规定进行招标或未执行招标结果；违反规定提供赊销信用、资质、担保（含抵押、质押等）或预付款项，利用业务预付或物资交易等方式变相融资或投资；违规开展商品期货、期权等衍生业务；未按规定对应收款项及时追索或采取有效保全措施等。

（三）工程承包建设方面。未按规定对合同标的进行调查论证，未经授权或超越授权投标，中标价格严重低于成本，造成企业资产损失；违反规定擅自签订或变更合同，合同约定未经严格审查，存在重大疏漏；工程物资未按规定招标；违反规定转包、分包；工程组织管理混乱，致使工程质量不达标，工程成本严重超支；违反合同约定超计价、超进度付款等。

（四）转让产权、上市公司股权和资产方面。未按规定履行决策和审批程序或超越授权范围转让；财务审计和资产评估违反相关规定；组织提供和披露虚假信息，操纵中介机构出具虚假财务审计、资产评估鉴证结果；未按相关规定执行回避制度，造成资产损失；违反相关规定和公开公平交易原则，低价转让企业产权、上市公司股权和资产等。

（五）固定资产投资方面。未按规定进行可行性研究或风险分析；项目概算未经严格审查，严重偏离实际；未按规定履行决策和审批程序擅自投资，造成资产损失；购建项目未按规定招标，干预或操纵招标；外部环境发生重大变化，未按规定及时调整投资方案并采取止损措施；擅自变更工程设计、建设内容；项目管理混乱，致使建设严重拖期、成本明显高于同类项目等。

（六）投资并购方面。投资并购未按规定开展尽职调查，或尽职调查未进行风险分析等，存在重大疏漏；财务审计、资产评估或估值违反相关规定，或投资并购过程中授意、指使中介机构或有关单位出具虚假报告；未按规定履行决策和审批程序，决策未充分考虑重大风险因素，未制定风险防范预案；违规以各种形式为其他合资合作方提供垫资，或通过高溢价并购等手段向关联方输送利益；投资合同、协议及标的企业公司章程中国有权益保护条款缺失，对标的企业管理失控；投资参股后未行使股东权利，发生重大变化未及时采取止损措施；违反合同约定提前支付并购价款等。

（七）改组改制方面。未按规定履行决策和审批程序；未按规定组织开展清产核资、财务审计和资产评估；故意转移、隐匿国有资产或向中介机构提供虚假信息，操纵中介机构出具虚假清产核资、财务审计与资产评估鉴证结果；将国有资产以明显不公允低价折股、出售或无偿分给其他单位或个人；在发展混合所有制经济、实施员工持股计划等改组改制过程中变相套取、私分国有股权；未按规定收取国有资产转让价款；改制后的公司章程中国有权益保护条款缺失等。

（八）资金管理方面。违反决策和审批程序或超越权限批准资金支出；设立“小金库”；违规集资、发行股票（债券）、捐赠、担保、委托理财、拆借资金或开立信用证、办理银行票据；虚列支出套取资金；违规以个人名义留存资金、收支结算、开立银行账户；违规超发、滥发职工薪酬福利；因财务内控缺失，发生侵占、盗取、欺诈等。

（九）风险管理方面。内控及风险管理制度缺失，内控流程存在重大缺陷或内部控制执行不力；对经营投资重大风险未能及时分析、识别、评估、预警和应对；对企业规章制度、经济合同和重要决策的法律审核不到位；过度负债危及企业持续经营，恶意逃废金融债务；瞒报、漏报重大风险及风险损失事件，指使编制虚假财务报告，企业账实严重不符等。

（十）其他违反规定，应当追究责任的情形。

三、资产损失认定

对国有企业经营投资发生的资产损失，应当在调查核实的基础上，依据有关规定认定损失金额及影响。

（一）资产损失包括直接损失和间接损失。直接损失是与相关人员行为有直接因果关系的损失金额及影响。间接损失是由相关人员行为引发或导致的，除直接损失外、能够确认计量的其他损失金额及影响。

（二）资产损失分为一般资产损失、较大资产损失和重大资产损失。涉及违纪违法和犯罪行为查处的损失标准，遵照相关党内法规和国家法律法规的规定执行；涉及其他责任追究处理的，由履行出资人职责的机构和国有企业根据实际情况制定资产损失程度划分标准。

（三）资产损失的金额及影响，可根据司法、行政机关出具的书面文件，具有相应资质的会计师事务所、资产评估机构、律师事务所等中介机构出具的专项审计、评估或鉴证报告，以及企业内部证明材料等进行综合研判认定。相关经营投资虽尚未形成事实损失，经中介机构评估在可预见未来将发生的损失，可以认定为或有资产损失。

四、经营投资责任认定

国有企业经营管理有关人员任职期间违反规定，未履行或未正确履行职责造成国有资产损失以及其他严重不良后果的，应当追究其相应责任；已调任其他岗位或退休的，应当纳入责任追究范围，实行重大决策终身责任追究制度。经营投资责任根据工作职责划分为直接责任、主管责任和领导责任。

（一）直接责任是指相关人员在其工作职责范围内，违反规定，未履行或未正确履行职责，对造成的资产损失或其他不良后果起决定性直接作用时应当承担的责任。

企业负责人存在以下情形的，应当承担直接责任：本人或与他人共同违反国家法律法规和企业内部管理规定；授意、指使、强令、纵容、包庇下属人员违反国家法律法规和企业内部管理规定；未经民主决策、相关会议讨论或文件传签、报审等规定程序，直接决定、批准、组织实施重大经济事项，并造成重大资产损失或其他严重不良后果；主持相关会议讨论或以文件传签等其他方式研究时，在多数人不同意的情况下，直接决定、批准、组织实施重大经济事项，造成重大资产损失或其他严重不良后果；将按有关法律法规制度应作为第一责任人（总负责）的事项、签订的有关目标责任事项或应当履行的其他重要职责，授权（委托）其他领导干部决策且决策不当或决策失误造成重大资产损失或其他严重不良后果；其他失职、渎职和应当承担直接责任的行为。

（二）主管责任是指相关人员在其直接主管（分管）工作职责范围内，违反规定，未履行或未正确履行职责，对造成的资产损失或不良后果应当承担的责任。

（三）领导责任是指主要负责人在其工作职责范围内，违反规定，未履行或未正确履行职责，对造成的资产损失或不良后果应当承担的责任。

五、责任追究处理

（一）根据资产损失程度、问题性质等，对相关责任人采取组织处理、扣减薪酬、禁入限制、纪律处分、移送司法机关等方式处理。

1. 组织处理。包括批评教育、责令书面检查、通报批评、诫勉、停职、调离工作岗位、降职、改任非领导职务、责令辞职、免职等。

2. 扣减薪酬。扣减和追索绩效年薪或任期激励收入，终止或收回中长期激励收益，取消参加中长期激励资格等。

3. 禁入限制。五年内直至终身不得担任国有企业董事、监事、高级管理人员。

4. 纪律处分。由相应的纪检监察机关依法依规查处。

5. 移送司法机关处理。依据国家有关法律规定，移送司法机关依法查处。

以上处理方式可以单独使用，也可以合并使用。

（二）国有企业发生资产损失，经过查证核实和责任认定后，除依据有关规定移送司法机关处理外，应当按以下方式处理：

1. 发生较大资产损失的，对直接责任人和主管责任人给予通报批评、诫勉、停职、调离工作岗位、降职等处理，同时按照以下标准扣减薪酬：扣减和追索责任认定年度50%～100%的绩效年薪、扣减和追索责任认定年度（含）前三年50%～100%的任期激励收入并延期支付绩效年薪，终止尚未行使的中长期激励权益、上缴责任认定年度及前一年度的全部中长期激励收益、五年内不得参加企业新的中长期激励。

对领导责任人给予通报批评、诫勉、停职、调离工作岗位等处理，同时按照以下标准扣减薪酬：扣减和追索责任认定年度30%～70%的绩效年薪、扣减和追索责任认定年度（含）前三年30%～70%的任期激励收入并延期支付绩效年薪，终止尚未行使的中长期激励权益、三年内不得参加企业新的中长期激励。

2. 发生重大资产损失的，对直接责任人和主管责任人给予降职、改任非领导职务、责令辞职、免职和禁入限制等处理，同时按照以下标准扣减薪酬：扣减和追索责任认定年度100%的绩效年薪、扣减和追索责任认定年度（含）前三年100%的任期激励收入并延期支付绩效年薪，终止尚未行使的中长期激励权益、上缴责任认定年度（含）前三年的全部中长期激励收益、不得参加企业新的中长期激励。

对领导责任人给予调离工作岗位、降职、改任非领导职务、责令辞职、免职和禁入限制等处理，同时按照以下标准扣减薪酬：扣减和追索责任认定年度70%～100%的绩效年薪、扣减和追索责任认定年度（含）前三年70%～100%的任期激励收入并延期支付绩效年薪，终止尚未行使的中长期激励权益、上缴责任认定年度（含）前三年的全部中长期激励收益、五年内不得参加企业新的中长期激励。

3. 责任人在责任认定年度已不在本企业领取绩效年薪的，按离职前一年度全部绩效年薪及前三年任期激励收入总和计算，参照上述标准追索扣回其薪酬。

4. 对同一事件、同一责任人的薪酬扣减和追索，按照党纪政纪处分、责任追究等扣减薪酬处理的最高标准执行，但不合并使用。

（三）对资产损失频繁发生、金额巨大、后果严重、影响恶劣的，未及时采取措施或措施不力导致资产损失扩大的，以及瞒报、谎报资产损失的，应当从重处理。对及时采取措施减少、挽回损失并消除不良影响的，可以适当从轻处理。

（四）国有企业违规经营投资责任追究处理的具体标准，由各级履行出资人职责的机构根据资产损失程度、应当承担责任等情况，依照本意见制定。

六、责任追究工作的组织实施

（一）开展国有企业违规经营投资责任追究工作，应当遵循以下程序：

1. 受理。资产损失一经发现，应当立即按管辖规定及相关程序报告。受理部门应当对掌握的资产损失线索进行初步核实，属于责任追究范围的，应当及时启动责任追究工作。

2. 调查。受理部门应当按照职责权限及时组织开展调查，核查资产损失及相关业务情况、核实损失金额和损失情形、查清损失原因、认定相应责任、提出整改措施等，必要时可经批准组成联合调查组进行核查，并出具资产损失情况调查报告。

3. 处理。根据调查事实，依照管辖规定移送有关部门，按照管理权限和相关程序对相关责任人追究责任。相关责任人对处理决定有异议的，有权提出申诉，但申诉期间不停止原处理决定的执行。责任追究调查情况及处理结果在一定范围内公开。

4. 整改。发生资产损失的国有企业应当认真总结吸取教训，落实整改措施，堵塞管理漏洞，建立健全防范损失的长效机制。

（二）责任追究工作原则上按照干部管理权限组织开展，一般资产损失由本企业依据相关规定自行开展责任追究工作，上级企业或履行出资人职责的机构认为有必要的，可直接组织开展；达到较大或重大资产损失标准的，应当由上级企业或履行出资人职责的机构开展责任追究工作；多次发生重大资产损失或造成其他严重不良影响、资产损失金额特别巨大且危及企业生存发展的，应当由履行出资人职责的机构开展责任追究工作。

（三）对违反规定，未履行或未正确履行职责造成国有资产损失的董事，除依法承担赔偿责任外，应当依照公司法、公司章程及本意见规定对其进行处理。对重大资产损失负有直接责任的董事，应及时调整或解聘。

（四）经营投资责任调查期间，对相关责任人未支付或兑现的绩效年薪、任期激励收入、中长期激励收益等均应暂停支付或兑现；对有可能影响调查工作顺利开展的相关责任人，可视情采取停职、调离工作岗位、免职等措施。

（五）对发生安全生产、环境污染责任事故和重大不稳定事件的，按照国家有关规定另行处理。

七、工作要求

（一）各级履行出资人职责的机构要明确所出资企业负责人在经营投资活动中须履行的职责，引导其树立责任意识和风险意识，依法经营，廉洁从业，坚持职业操守，履职尽责，规范经营投资决策，维护国有资产安全。国有企业要依据公司法规定完善公司章程，建立健全重大决策评估、决策事项履职记录、决策过错认定等配套制度，细化各类经营投资责任清单，明确岗位职责和履职程序，不断提高经营投资责任管理的规范化、科学化水平。履行出资人职责的机构和国有企业应在有关外聘董事、职业经理人聘任合同中，明确违规经营投资责任追究的原则要求。

（二）各级履行出资人职责的机构和国有企业要按照本意见要求，建立健全违规经营投资责任追究制度，细化经营投资责任追究的原则、范围、依据、启动机制、程序、方式、标准和职责，保障违规经营投资责任追究工作有章可循、规范有序。国有企业违规经营投资责任追究制度应当报履行出资人职责的机构备案。

（三）国有企业要充分发挥党组织、审计、财务、法律、人力资源、巡视、纪检监察等部门的监督作用，形成联合实施、协同联动、规范有序的责任追究工作机制，重要情况和问题及时向履行出资人职责的机构报告。履行出资人职责的机构要加强与外派监事会、巡视组、审计机关、纪检监察机关、司法机关的协同配合，共同做好国有企业违规经营投资责任追究工作。对国有企业违规经营投资等重大违法违纪违规问题应当发现而未发现或敷衍不追、隐匿不报、查处不力的，严格追究企业和履行出资人职责的机构有关人员的失职渎职责任。

（四）各级履行出资人职责的机构和国有企业要做好国有企业违规经营投资责任追究相关制度的宣传解释工作，凝聚社会共识，为深入开展责任追究工作营造良好氛围；要结合对具体案例的调查处理，在适当范围进行总结和通报，探索向社会公开调查处理情况，接受社会监督，充分发挥警示教育作用。

本意见适用于国有及国有控股企业违规经营投资责任追究工作。金融、文化等国有企业违规经营投资责任追究工作，中央另有规定的依其规定执行。

国务院办公厅关于进一步完善国有企业法人治理结构的指导意见

（2017 年 4 月 24 日发布　国办发〔2017〕36 号）

各省、自治区、直辖市人民政府，国务院各部委、各直属机构：

完善国有企业法人治理结构是全面推进依法治企、推进国家治理体系和治理能力现代化的内在要求，是新一轮国有企业改革的重要任务。当前，多数国有企业已初步建立现代企业制度，但从实践情况看，现代企业制度仍不完善，部分企业尚未形成有效的法人治理结构，权责不清、约束不够、缺乏制衡等问题较为突出，一些董事会形同虚设，未能发挥应有作用。根据《中共中央 国务院关于深化国有企业改革的指导意见》等文件精神，为改进国有企业法人治理结构，完善国有企业现代企业制度，经国务院同意，现提出以下意见：

一、总体要求

（一）指导思想。

全面贯彻党的十八大和十八届三中、四中、五中、六中全会精神，深入贯彻习近平总书记系列重要讲话精神和治国理政新理念新思想新战略，认真落实党中央、国务院决策部署，统筹推进“五位一体”总体布局和协调推进“四个全面”战略布局，牢固树立和贯彻落实创新、协调、绿色、开放、共享的发展理念，从国有企业实际情况出发，以建立健全产权清晰、权责明确、政企分开、管理科学的现代企业制度为方向，积极适应国有企业改革的新形势新要求，坚持党的领导、加强党的建设，完善体制机制，依法规范权责，根据功能分类，把握重点，进一步健全各司其职、各负其责、协调运转、有效制衡的国有企业法人治理结构。

（二）基本原则。

1. 坚持深化改革。尊重企业市场主体地位，遵循市场经济规律和企业发展规律，以规范决策机制和完善制衡机制为重点，坚持激励机制与约束机制相结合，体现效率原则与公平原则，充分调动企业家积极性，提升企业的市场化、现代化经营水平。

2. 坚持党的领导。落实全面从严治党战略部署，把加强党的领导和完善公司治理统一起来，明确国有企业党组织在法人治理结构中的法定地位，发挥国有企业党组织的领导核心和政治核心作用，保证党组织把方向、管大局、保落实。坚持党管干部原则与董事会依法选择经营管理者、经营管理者依法行使用人权相结合，积极探索有效实现形式，完善反腐倡廉制度体系。

3. 坚持依法治企。依据《中华人民共和国公司法》、《中华人民共和国企业国有资产法》等法律法规，以公司章程为行为准则，规范权责定位和行权方式；法无授权，任何政府部门和机构不得干预企业正常生产经营活动，实现深化改革与依法治企的有机统一。

4. 坚持权责对等。坚持权利义务责任相统一，规范权力运行、强化权利责任对等，改革国有资本授权经营体制，深化权力运行和监督机制改革，构建符合国情的监管体系，完善履职评价和责任追究机制，对失职、渎职行为严格追责，建立决策、执行和监督环节的终身责任追究制度。

（三）主要目标。

2017 年年底前，国有企业公司制改革基本完成。到 2020 年，党组织在国有企业法人治理结构中的法定地位更加牢固，充分发挥公司章程在企业治理中的基础作用，国有独资、全资公司全面建立外部董事占多数的董事会，国有控股企业实行外部董事派出制度，完成外派监事会改革；充分发挥企业家作用，造就一大批政治坚定、善于经营、充满活力的董事长和职业经理人，培育一支德才兼备、业务精通、勇于担当的董事、监事队伍；党风廉政建设主体责任和监督责任全面落实，企业民主监督和管理明显改善；遵循市场经济规律和企业发展规律，使国有企业成为依法自主经营、自负盈亏、自担风险、自我约束、自我发展的市场主体。

二、规范主体权责

健全以公司章程为核心的企业制度体系，充分发挥公司章程在企业治理中的基础作用，依照法律法规和公司章程，严格规范履行出资人职责的机构（以下简称出资人机构）、股东会（包括股东大会，下同）、董事会、经理层、监事会、党组织和职工代表大会的权责，强化权利责任对等，保障有效履职，完善符合市场经济规律和我国国情的国有企业法人治理结构，进一步提升国有企业运行效率。

（一）理顺出资人职责，转变监管方式。

1. 股东会是公司的权力机构。股东会主要依据法律法规和公司章程，通过委派或更换董事、监事（不含职工代表），审核批准董事会、监事会年度工作报告，批准公司财务预决算、利润分配方案等方式，对董事会、监事会以及董事、监事的履职情况进行评价和监督。出资人机构根据本级人民政府授权对国家出资企业依法享有股东权利。

2. 国有独资公司不设股东会，由出资人机构依法行使股东会职权。以管资本为主改革国有资本授权经营体制，对直接出资的国有独资公司，出资人机构重点管好国有资本布局、规范资本运作、强化资本约束、提高资本回报、维护资本安全。对国有全资公司、国有控股企业，出资人机构主要依据股权份额通过参加股东会议、审核需由股东决定的事项、与其他股东协商作出决议等方式履行职责，除法律法规或公司章程另有规定外，不得干预企业自主经营活动。

3. 出资人机构依据法律法规和公司章程规定行使股东权利、履行股东义务，有关监管内容应依法纳入公司章程。按照以管资本为主的要求，出资人机构要转变工作职能、改进工作方式，加强公司章程管理，清理有关规章、规范性文件，研究提出出资人机构审批事项清单，建立对董事会重大决策的合规性审查机制，制定监事会建设、责任追究等具体措施，适时制定国有资本优先股和国家特殊管理股管理办法。

（二）加强董事会建设，落实董事会职权。

1. 董事会是公司的决策机构，要对股东会负责，执行股东会决定，依照法定程序和公司章程授权决定公司重大事项，接受股东会、监事会监督，认真履行决策把关、内部管理、防范风险、深化改革等职责。国有独资公司要依法落实和维护董事会行使重大决策、选人用人、薪酬分配等权利，增强董事会的独立性和权威性，落实董事会年度工作报告制度；董事会应与党组织充分沟通，有序开展国有独资公司董事会选聘经理层试点，加强对经理层的管理和监督。

2. 优化董事会组成结构。国有独资、全资公司的董事长、总经理原则上分设，应均为内部执行董事，定期向董事会报告工作。国有独资公司的董事长作为企业法定代表人，对企业改革发展负首要责任，要及时向董事会和国有股东报告重大经营问题和经营风险。国有独资公司的董事对出资人机构负责，接受出资人机构指导，其中外部董事人选由出资人机构商有关部门提名，并按照法定程序任命。国有全资公司、国有控股企业的董事由相关股东依据股权份额推荐派出，由股东会选举或更换，国有股东派出的董事要积极维护国有资本权益；国有全资公司的外部董事人选由控股股东商其他股东推荐，由股东会选举或更换；国有控股企业应有一定比例的外部董事，由股东会选举或更换。

3. 规范董事会议事规则。董事会要严格实行集体审议、独立表决、个人负责的决策制度，平等充分发表意见，一人一票表决，建立规范透明的重大事项信息公开和对外披露制度，保障董事会会议记录和提案资料的完整性，建立董事会决议跟踪落实以及后评估制度，做好与其他治理主体的联系沟通。董事会应当设立提名委员会、薪酬与考核委员会、审计委员会等专门委员会，为董事会决策提供咨询，其中薪酬与考核委员会、审计委员会应由外部董事组成。改进董事会和董事评价办法，完善年度和任期考核制度，逐步形成符合企业特点的考核评价体系及激励机制。

4. 加强董事队伍建设。开展董事任前和任期培训，做好董事派出和任期管理工作。建立完善外部董事选聘和管理制度，严格资格认定和考试考察程序，拓宽外部董事来源渠道，扩大专职外部董事队伍，选聘一批现职国有企业负责人转任专职外部董事，定期报告外部董事履职情况。国有独资公司要健全外部董事召集人制度，召集人由外部董事定期推选产生。外部董事要与出资人机构加强沟通。

（三）维护经营自主权，激发经理层活力。

1. 经理层是公司的执行机构，依法由董事会聘任或解聘，接受董事会管理和监事会监督。总经理对董事会负责，依法行使管理生产经营、组织实施董事会决议等职权，向董事会报告工作，董事会闭会期间向董事长报告工作。

2. 建立规范的经理层授权管理制度，对经理层成员实行与选任方式相匹配、与企业功能性质相适应、与经营业绩相挂钩的差异化薪酬分配制度，国有独资公司经理层逐步实行任期制和契约化管理。根据企业产权结构、市场化程度等不同情况，有序推进职业经理人制度建设，逐步扩大职业经理人队伍，有序实行市场化薪酬，探索完善中长期激励机制，研究出台相关指导意见。国有独资公司要积极探索推行职业经理人制度，实行内部培养和外部引进相结合，畅通企业经理层成员与职业经理人的身份转换通道。开展出资人机构委派国有独资公司总会计师试点。

（四）发挥监督作用，完善问责机制。

1. 监事会是公司的监督机构，依照有关法律法规和公司章程设立，对董事会、经理层成员的职务行为进行监督。要提高专职监事比例，增强监事会的独立性和权威性。对国有资产监管机构所出资企业依法实行外派监事会制度。外派监事会由政府派出，负责检查企业财务，监督企业重大决策和关键环节以及董事会、经理层履职情况，不参与、不干预企业经营管理活动。

2. 健全以职工代表大会为基本形式的企业民主管理制度，支持和保证职工代表大会依法行使职权，加强职工民主管理与监督，维护职工合法权益。国有独资、全资公司的董事会、监事会中须有职工董事和职工监事。建立国有企业重大事项信息公开和对外披露制度。

3. 强化责任意识，明确权责边界，建立与治理主体履职相适应的责任追究制度。董事、监事、经理层成员应当遵守法律法规和公司章程，对公司负有忠实义务和勤勉义务；要将其信用记录纳入全国信用信息共享平台，违约失信的按规定在“信用中国”网站公开。董事应当出席董事会会议，对董事会决议承担责任；董事会决议违反法律法规或公司章程、股东会决议，致使公司遭受严重损失的，应依法追究有关董事责任。经理层成员违反法律法规或公司章程，致使公司遭受损失的，应依法追究有关经理层成员责任。执行董事和经理层成员未及时向董事会或国有股东报告重大经营问题和经营风险的，应依法追究相关人员责任。企业党组织成员履职过程中有重大失误和失职、渎职行为的，应按照党组织有关规定严格追究责任。按照“三个区分开来”的要求，建立必要的改革容错纠错机制，激励企业领导人员干事创业。

（五）坚持党的领导，发挥政治优势。

1. 坚持党的领导、加强党的建设是国有企业的独特优势。要明确党组织在国有企业法人治理结构中的法定地位，将党建工作总体要求纳入国有企业章程，明确党组织在企业决策、执行、监督各环节的权责和工作方式，使党组织成为企业法人治理结构的有机组成部分。要充分发挥党组织的领导核心和政治核心作用，领导企业思想政治工作，支持董事会、监事会、经理层依法履行职责，保证党和国家方针政策的贯彻执行。

2. 充分发挥纪检监察、巡视、审计等监督作用，国有企业董事、监事、经理层中的党员每年要定期向党组（党委）报告个人履职和廉洁自律情况。上级党组织对国有企业纪检组组长（纪委书记）实行委派制度和定期轮岗制度，纪检组组长（纪委书记）要坚持原则、强化监督。纪检组组长（纪委书记）可列席董事会和董事会专门委员会的会议。

3. 积极探索党管干部原则与董事会选聘经营管理人员有机结合的途径和方法。坚持和完善双向进入、交叉任职的领导体制，符合条件的国有企业党组（党委）领导班子成员可以通过法定程序进入董事会、监事会、经理层，董事会、监事会、经理层成员中符合条件的党员可以依照有关规定和程序进入党组（党委）；党组（党委）书记、董事长一般由一人担任，推进中央企业党组（党委）专职副书记进入董事会。在董事会选聘经理层成员工作中，上级党组织及其组织部门、国有资产监管机构党委应当发挥确定标准、规范程序、参与考察、推荐人选等作用。积极探索董事会通过差额方式选聘经理层成员。

三、做好组织实施

（一）及时总结经验，分层有序实施。在国有企业建设规范董事会试点基础上，总结经验、完善制度，国务院国资委监管的中央企业要依法改制为国有独资公司或国有控股公司，全面建立规范的董事会。国有资本投资、运营公司法人治理结构要“一企一策”地在公司章程中予以细化。其他中央企业和地方国有企业要根据自身实际，由出资人机构负责完善国有企业法人治理结构。

（二）精心规范运作，做好相互衔接。国有企业要按照完善法人治理结构的要求，全面推进依法治企，完善公司章程，明确内部组织机构的权利、义务、责任，实现各负其责、规范运作、相互衔接、有效制衡。国务院国资委要会同有关部门和单位抓紧制定国有企业公司章程审核和批准管理办法。

金融、文化等国有企业的改革，中央另有规定的依其规定执行。

5. 集体所有制企业

中华人民共和国乡镇企业法

（1996年10月29日第八届全国人民代表大会常务委员会第二十二次会议通过
1996年10月29日中华人民共和国主席令第76号公布
自1997年1月1日起施行）

第一条　【立法目的】为了扶持和引导乡镇企业持续健康发展，保护乡镇企业的合法权益，规范乡镇企业的行为，繁荣农村经济，促进社会主义现代化建设，制定本法。

第二条　【定义】本法所称乡镇企业，是指农村集体经济组织或者农民投资为主，在乡镇

（包括所辖村）举办的承担支援农业义务的各类企业。

前款所称投资为主，是指农村集体经济组织或者农民投资超过百分之五十，或者虽不足百分之五十，但能起到控股或者实际支配作用。

乡镇企业符合企业法人条件的，依法取得企业法人资格。

第三条 【作用、任务】乡镇企业是农村经济的重要支柱和国民经济的重要组成部分。

乡镇企业的主要任务是，根据市场需要发展商品生产，提供社会服务，增加社会有效供给，吸收农村剩余劳动力，提高农民收入，支援农业，推进农业和农村现代化，促进国民经济和社会事业发展。

第四条 【原则】发展乡镇企业，坚持以农村集体经济为主导，多种经济成分共同发展的原则。

第五条 【依法管理】国家对乡镇企业积极扶持、合理规划、分类指导、依法管理。

第六条 【鼓励、扶持】国家鼓励和重点扶持经济欠发达地区、少数民族地区发展乡镇企业，鼓励经济发达地区的乡镇企业或者其他经济组织采取多种形式支持经济欠发达地区和少数民族地区举办乡镇企业。

第七条 【政府管理】国务院乡镇企业行政管理部门和有关部门按照各自的职责对全国的乡镇企业进行规划、协调、监督、服务；县级以上地方各级人民政府乡镇企业行政管理部门和有关部门按照各自的职责对本行政区域内的乡镇企业进行规划、协调、监督、服务。

第八条 【登记】经依法登记设立的乡镇企业，应当向当地乡镇企业行政管理部门办理登记备案手续。

乡镇企业改变名称、住所或者分立、合并、停业、终止等，依法办理变更登记、设立登记或者注销登记后，应当报乡镇企业行政管理部门备案。

第九条 【分支机构】乡镇企业在城市设立的分支机构，或者农村集体经济组织在城市开办的并承担支援农业义务的企业，按照乡镇企业对待。

第十条 【财产权】农村集体经济组织投资设立的乡镇企业，其企业财产权属于设立该企业的全体农民集体所有。

农村集体经济组织与其他企业、组织或者个人共同投资设立的乡镇企业，其企业财产权按照出资份额属于投资者所有。

农民合伙或者单独投资设立的乡镇企业，其企业财产权属于投资者所有。

第十一条 【核算】乡镇企业依法实行独立核算，自主经营，自负盈亏。

具有企业法人资格的乡镇企业，依法享有法人财产权。

第十二条 【权益保护】国家保护乡镇企业的合法权益；乡镇企业的合法财产不受侵犯。

任何组织或者个人不得违反法律、行政法规干预乡镇企业的生产经营，撤换企业负责人；不得非法占有或者无偿使用乡镇企业的财产。

第十三条 【内部管理】乡镇企业按照法律、行政法规规定的企业形式设立，投资者依照有关法律、行政法规决定企业的重大事项，建立经营管理制度，依法享有权利和承担义务。

第十四条 【民主决策】乡镇企业依法实行民主管理，投资者在确定企业经营管理制度和企业负责人，作出重大经营决策和决定职工工资、生活福利、劳动保护、劳动安全等重大问题时，应当听取本企业工会或者职工的意见，实施情况要定期向职工公布，接受职工监督。

第十五条 【职工保险】国家鼓励有条件的地区建立、健全乡镇企业职工社会保险制度。

第十六条 【停业、终止的职工安排】乡镇企业停业、终止，已经建立社会保险制度的，按照有关规定安排职工；依法订立劳动合同的，按照合同的约定办理。原属于农村集体经济组织的职工有权返回农村集体经济组织从事生产，或者由职工自谋职业。

第十七条　【社会性支出】乡镇企业从税后利润中提取一定比例的资金用于支援农业和农村社会性支出，其比例和管理使用办法由省、自治区、直辖市人民政府规定。

除法律、行政法规另有规定外，任何机关、组织或者个人不得以任何方式向乡镇企业收取费用，进行摊派。

第十八条　【减税】国家根据乡镇企业发展的情况，在一定时期内对乡镇企业减征一定比例的税收。减征税收的税种、期限和比例由国务院规定。

第十九条　【税收优惠】国家对符合下列条件之一的中小型乡镇企业，根据不同情况实行一定期限的税收优惠：

（一）集体所有制乡镇企业开办初期经营确有困难的；

（二）设立在少数民族地区、边远地区和贫困地区的；

（三）从事粮食、饲料、肉类的加工、贮存、运销经营的；

（四）国家产业政策规定需要特殊扶持的。

前款税收优惠的具体办法由国务院规定。

第二十条　【贷款优惠】国家运用信贷手段，鼓励和扶持乡镇企业发展。对于符合前条规定条件之一并且符合贷款条件的乡镇企业，国家有关金融机构可以给予优先贷款，对其中生产资金困难且有发展前途的可以给予优惠贷款。

前款优先贷款、优惠贷款的具体办法由国务院规定。

第二十一条　【企业发展基金】县级以上人民政府依照国家有关规定，可以设立乡镇企业发展基金。基金由下列资金组成：

（一）政府拨付的用于乡镇企业发展的周转金；

（二）乡镇企业每年上缴地方税金增长部分中一定比例的资金；

（三）基金运用产生的收益；

（四）农村集体经济组织、乡镇企业、农民等自愿提供的资金。

第二十二条　【基金使用】乡镇企业发展基金专门用于扶持乡镇企业发展，其使用范围如下：

（一）支持少数民族地区、边远地区和贫困地区发展乡镇企业；

（二）支持经济欠发达地区、少数民族地区与经济发达地区的乡镇企业之间进行经济技术合作和举办合资项目；

（三）支持乡镇企业按照国家产业政策调整产业结构和产品结构；

（四）支持乡镇企业进行技术改造，开发名特优新产品和生产传统手工艺产品；

（五）发展生产农用生产资料或者直接为农业生产服务的乡镇企业；

（六）发展从事粮食、饲料、肉类的加工、贮存、运销经营的乡镇企业；

（七）支持乡镇企业职工的职业教育和技术培训；

（八）其他需要扶持的项目。

乡镇企业发展基金的设立和使用管理办法由国务院规定。

第二十三条　【招用人才】国家积极培养乡镇企业人才，鼓励科技人员、经营管理人员及大中专毕业生到乡镇企业工作，通过多种方式为乡镇企业服务。

乡镇企业通过多渠道、多形式培训技术人员、经营管理人员和生产人员，并采取优惠措施吸引人才。

第二十四条　【技术合作】国家采取优惠措施，鼓励乡镇企业同科研机构、高等院校、国有企业及其他企业、组织之间开展各种形式的经济技术合作。

第二十五条　【鼓励出口】国家鼓励乡镇企业开展对外经济技术合作与交流，建设出口商品生产基地，增加出口创汇。

具备条件的乡镇企业依法经批准可以取得对外贸易经营权。

第二十六条　【城镇建设】地方各级人民政府按照统一规划、合理布局的原则，将发展乡镇企业同小城镇建设相结合，引导和促进乡镇企业适当集中发展，逐步加强基础设施和服务设施建设，以加快小城镇建设。

第二十七条　【技术改造】乡镇企业应当按照市场需要和国家产业政策，合理调整产业结构和产品结构，加强技术改造，不断采用先进的技术、生产工艺和设备，提高企业经营管理水平。

第二十八条　【建设用地】举办乡镇企业，其建设用地应当符合土地利用总体规划，严格控制、合理利用和节约使用土地，凡有荒地、劣地可以利用的，不得占用耕地、好地。

举办乡镇企业使用农村集体所有的土地的，应当依照法律、法规的规定，办理有关用地批准手续和土地登记手续。

乡镇企业使用农村集体所有的土地，连续闲置两年以上或者因停办闲置一年以上的，应当由原土地所有者收回该土地使用权，重新安排使用。

第二十九条　【资源利用】乡镇企业应当依法合理开发和使用自然资源。

乡镇企业从事矿产资源开采，必须依照有关法律规定，经有关部门批准，取得采矿许可证、生产许可证，实行正规作业，防止资源浪费，严禁破坏资源。

第三十条　【建设财务制度】乡镇企业应当按照国家有关规定，建立财务会计制度，加强财务管理，依法设置会计帐册，如实记录财务活动。

第三十一条　【报送统计资料】乡镇企业必须按照国家统计制度，如实报送统计资料。对于违反国家规定制发的统计调查报表，乡镇企业有权拒绝填报。

第三十二条　【纳税申报】乡镇企业应当依法办理税务登记，按期进行纳税申报，足额缴纳税款。

各级人民政府应当依法加强乡镇企业的税收管理工作，有关管理部门不得超越管理权限对乡镇企业减免税。

第三十三条　【产品质量】乡镇企业应当加强产品质量管理，努力提高产品质量；生产和销售的产品必须符合保障人体健康，人身、财产安全的国家标准和行业标准；不得生产、销售失效、变质产品和国家明令淘汰的产品；不得在产品中掺杂、掺假，以假充真，以次充好。

第三十四条　【依法使用商标】乡镇企业应当依法使用商标，重视企业信誉；按照国家规定，制作所生产经营的商品标识，不得伪造产品的产地或者伪造、冒用他人厂名、厂址和认证标志、名优标志。

第三十五条　【环境保护】乡镇企业必须遵守有关环境保护的法律、法规，按照国家产业政策，在当地人民政府的统一指导下，采取措施，积极发展无污染、少污染和低资源消耗的企业，切实防治环境污染和生态破坏，保护和改善环境。

地方人民政府应当制定和实施乡镇企业环境保护规划，提高乡镇企业防治污染的能力。

第三十六条　【防治污染】乡镇企业建设对环境有影响的项目，必须严格执行环境影响评价制度。

乡镇企业建设项目中防治污染的设施，必须与主体工程同时设计、同时施工、同时投产使用。防治污染的设施必须经环境保护行政主管部门验收合格后，该建设项目方可投入生产或者使用。

乡镇企业不得采用或者使用国家明令禁止的严重污染环境的生产工艺和设备；不得生产和经营国家明令禁止的严重污染环境的产品。排放污染物超过国家或者地方规定标准，严重污染环境的，必须限期治理，逾期未完成治理任务的，依法关闭、停产或者转产。

第三十七条　【劳动保护】乡镇企业必须遵守有关劳动保护、劳动安全的法律、法规，认真贯彻执行安全第一、预防为主的方针，采取有效的劳动卫生技术措施和管理措施，防止生产伤亡事故和职业病的发生；对危害职工安全的事故隐患，应当限期解决或者停产整顿。严禁管理者违章指挥，强令职工冒险作业。发生生产伤亡事故，应当采取积极抢救措施，依法妥善处理，并向有关部门报告。

第三十八条　【行政处理】违反本法规定，有下列行为之一的，由县级以上人民政府乡镇企业行政管理部门责令改正：

（一）非法改变乡镇企业所有权的；

（二）非法占有或者无偿使用乡镇企业财产的；

（三）非法撤换乡镇企业负责人的；

（四）侵犯乡镇企业自主经营权的。

前款行为给乡镇企业造成经济损失的，应当依法赔偿。

第三十九条　【报告、检举】乡镇企业有权向审计、监察、财政、物价和乡镇企业行政管理部门控告、检举向企业非法收费、摊派或者罚款的单位和个人。有关部门和上级机关应当责令责任人停止其行为，并限期归还有关财物。对直接责任人员，有关部门可以根据情节轻重，给予相应的处罚。

第四十条　【企业违法处理】乡镇企业违反国家产品质量、环境保护、土地管理、自然资源开发、劳动安全、税收及其他有关法律、法规的，除依照有关法律、法规处理外，在其改正之前，应当根据情节轻重停止其享受本法规定的部分或者全部优惠。

第四十一条　【不支援农业的责任】乡镇企业违反本法规定，不承担支援农业义务的，由乡镇企业行政管理部门责令改正，在其改正之前，可以停止其享受本法规定的部分或者全部优惠。

第四十二条　【复议、诉讼】对依照本法第三十八条至第四十一条规定所作处罚、处理决定不服的，当事人可以依法申请行政复议、提起诉讼。

第四十三条　【生效时间】本法自1997年1月1日起施行。

中华人民共和国乡村集体所有制企业条例

（1990年6月3日国务院令第59号公布　根据2011年1月8日国务院令第588号《关于废止和修改部分行政法规的决定》修订）

第一章　总　　则

第一条　为了保障乡村集体所有制企业的合法权益，引导其健康发展，制定本条例。

第二条　本条例适用于由乡（含镇，下同）村（含村民小组，下同）农民集体举办的企业。

农业生产合作社、农村供销合作社、农村信用社不适用本条例。

第三条　乡村集体所有制企业是我国社会主义公有制经济的组成部分。

国家对乡村集体所有制企业实行积极扶持，合理规划，正确引导，加强管理的方针。

第四条　乡村集体所有制企业的主要任务是：发展商品生产和服务业，满足社会日益增长的物质和文化生活的需要；调整农村产业结构，合理利用农村劳动力；支援农业生产和农村建设，增加国家财政和农民的收入；积极发展出口创汇生产；为大工业配套和服务。

第五条　国家保护乡村集体所有制企业的合法权益，禁止任何组织和个人侵犯其财产。

第六条　乡村集体所有制企业实行自主经营，独立核算，自负盈亏。

乡村集体所有制企业实行多种形式的经营责任制。

乡村集体所有制企业可以在不改变集体

所有制性质的前提下，吸收投资入股。

第七条 国家鼓励和扶持乡村集体所有制企业采用先进适用的科学技术和经营管理方法，加速企业现代化。

第八条 国家鼓励和保护乡村集体所有制企业依照平等互利、自愿协商、等价有偿的原则，进行多种形式的经济技术合作。

第九条 国家鼓励和支持乡村集体所有制企业依法利用自然资源，因地制宜发展符合国家产业政策和市场需要的产业和产品，增加社会有效供给。

第十条 乡村集体所有制企业经依法审查，具备法人条件的，登记后取得法人资格，厂长（经理）为企业的法定代表人。

第十一条 乡村集体所有制企业职工有返回其所属的农民集体经济组织从事农业生产的权利。

第十二条 国务院乡镇企业行政主管部门主管全国乡村集体所有制企业。地方人民政府乡镇企业行政主管部门主管本行政区域内的乡村集体所有制企业（以下简称企业）。

第二章 企业的设立、变更和终止

第十三条 设立企业应当具备下列条件：

（一）产品和提供的服务为社会所需要，并符合国家法律、法规和政策规定；

（二）有自己的名称、组织机构和生产经营场所；

（三）有确定的经营范围；

（四）有与生产经营和服务规模相适应的资金、设备、从业人员和必要的原材料条件；

（五）有必要的劳动卫生、安全生产条件和环境保护措施；

（六）符合当地乡村建设规划，合理利用土地。

第十四条 设立企业必须依照法律、法规，经乡级人民政府审核后，报请县级人民政府乡镇企业主管部门以及法律、法规规定的有关部门批准，持有关批准文件向企业所在地工商行政管理机关办理登记，经核准领取《企业法人营业执照》或者《营业执照》后始得营业，并向税务机关办理税务登记。

企业应当在核准登记的经营范围内从事生产经营活动。

第十五条 企业分立、合并、迁移、停业、终止以及改变名称、经营范围等，须经原批准企业设立的机关核准，向当地工商行政管理机关和税务机关办理变更或者注销登记，并通知开户银行。

第十六条 企业分立、合并、停业或者终止时，必须保护其财产，依法清理债权、债务。

第十七条 企业破产应当进行破产清算，法人以企业的财产对企业债权人清偿债务。

第三章 企业的所有者和经营者

第十八条 企业财产属于举办该企业的乡或者村范围内的全体农民集体所有，由乡或者村的农民大会（农民代表会议）或者代表全体农民的集体经济组织行使企业财产的所有权。

企业实行承包、租赁制或者与其他所有制企业联营的，企业财产的所有权不变。

第十九条 企业所有者依法决定企业的经营方向、经营形式、厂长（经理）人选或者选聘方式，依法决定企业税后利润在其与企业之间的具体分配比例，有权作出关于企业分立、合并、迁移、停业、终止、申请破产等决议。

企业所有者应当为企业的生产、供应、销售提供服务，并尊重企业的自主权。

第二十条 实行承包或者租赁制的企业，企业所有者应当采取公开招标方式确定经营者，不具备条件的，也可以采取招聘、推荐等方式选用经营者。

招标可以在企业内部或者企业外部进行。投标者可以是经营集团或者个人。经营集团中标后，必须确定企业经营者。

企业所有者应当对投标者全面评审，择优选定。

第二十一条 实行承包或者租赁制的企业，企业经营者应当具备下列条件：

（一）坚持四项基本原则和改革开放，遵纪守法；

（二）必要的文化知识和专业技术知识；

（三）必要的企业经营管理能力；

（四）提供必要的财产担保或者保证人；

（五）企业所有者提出的其他合法条件。

第二十二条 企业经营者是企业的厂长（经理）。企业实行厂长（经理）负责制。厂长（经理）对企业全面负责，代表企业行使职权。

第二十三条 实行承包或者租赁制的企业，订立承包或者租赁合同时，应当坚持平等、自愿、协商的原则，兼顾国家、集体和个人的利益。

第四章 企业的权利和义务

第二十四条 企业在生产经营活动中享有下列权利：

（一）占有和使用企业资产，依照国家规定筹集资金；

（二）在核准登记的范围内自主安排生产经营活动；

（三）确定企业内部机构设置和人员配备；依法招聘、辞退职工，并确定工资形式和奖惩办法；

（四）有权自行销售本企业的产品，但国务院另有规定的除外；

（五）有权自行确定本企业的产品价格、劳务价格，但国务院规定由物价部门和有关主管部门控制价格的除外；

（六）自愿参加行业协会和产品评比；

（七）依照国家规定自愿参加各种招标、投标活动，申请产品定点生产，取得生产许可证；

（八）自主订立经济合同，开展经济技术合作；

（九）依法开发和利用自然资源；

（十）依法利用外资、引进先进技术和设备，开展进出口贸易等涉外经济活动，并依照国家规定提留企业的外汇收入；

（十一）拒绝摊派和非法罚款，但法律、法规规定应当提供财力、物力、人力的除外。

第二十五条 企业在生产经营活动中应当履行下列义务：

（一）依法缴纳税金；

（二）依照国家以及省、自治区、直辖市人民政府的规定，上交支农资金和管理费；

（三）依法建立健全财务会计、审计、统计等制度，按期编报财务、统计报表；

（四）保护自然资源和环境，防止和治理污染；

（五）努力降低原材料和能源消耗，发展符合国家产业政策的产品；

（六）做好劳动保护工作，实行安全生产；

（七）保证产品质量和服务质量；

（八）依法履行合同；

（九）对职工进行政治思想、科学文化、技术业务和职业道德等方面的教育；

（十）遵守法律、法规和政策的其他规定。

第五章 企业的管理

第二十六条 企业职工有参加企业民主管理，对厂长（经理）和其他管理人员提出批评和控告的权利。

企业职工大会或者职工代表大会有权对企业经营管理中的问题提出意见和建议，评议、监督厂长（经理）和其他管理人员，维护职工的合法权益。

第二十七条 企业应当兼顾国家、集体和个人的利益，合理安排积累与消费的比例，对职工实行各尽所能、按劳分配的原则。

男工与女工应当同工同酬。

第二十八条 企业招用职工应当依法签订劳动合同，实行灵活的用工形式和办法。

对技术要求高的企业，应当逐步形成专业化的技术职工队伍。

第二十九条 企业不得招用未满十六周岁的童工。

第三十条 企业对从事高度危险作业的职工，必须依照国家规定向保险公司投保。

有条件的企业，应当参照国家有关规定实行职工社会保险。

第三十一条 企业发生劳动争议，可以依照《劳动争议调解仲裁法》处理。

第三十二条 企业税后利润，留给企业的部分不应低于60%，由企业自主安排，主要用作增加生产发展基金，进行技术改造和扩大再生产，适当增加福利基金和奖励基金。

企业税后利润交给企业所有者的部分，主要用于扶持农业基本建设、农业技术服务、农村公益事业、企业更新改造或者发展新企业。

第三十三条 企业应当根据国家有关规定，加强本企业的各项基础管理和合同管理。

第六章 企业与政府有关部门的关系

第三十四条 各级人民政府乡镇企业行政主管部门根据国家的法律、法规和政策，加强对企业的指导、管理、监督、协调和服务：

（一）监督检查企业执行国家法律、法规和政策；

（二）制订企业发展规划，协同有关部门制定农村剩余劳动力就业规划；

（三）会同有关部门指导企业的计划、统计、财务、审计、价格、物资、质量、设备、技术、劳动、安全生产、环境保护等管理工作；

（四）组织和指导企业的技术进步、职工教育和培训；

（五）向企业提供经济、技术咨询和信息服务；

（六）协调企业与有关方面的关系，帮助企业开展经济技术合作；

（七）总结推广企业发展的经验；

（八）组织和指导企业的思想政治工作，促进企业的社会主义精神文明建设。

第三十五条 各级人民政府有关行业管理部门应当根据国家的产业政策和行业发展规划，对企业的发展方向进行指导和监督；对企业开展技术指导、人才培训和经济、技术信息服务；指导、帮助和监督企业开展劳动保护、环境保护等工作。

第三十六条 政府有关部门应当为符合国家产业政策，经济和社会效益好的企业创造发展条件：

（一）对企业所需的能源、原材料、资金等，计划、物资、金融等部门应当积极帮助解决；生产纳入国家指令性计划的产品所需的能源、原材料等，由安排生产任务的部门和单位组织供应；（2011年1月8日删除）

（二）根据国家有关规定，对生产名、优产品和出口创汇产品的企业，应当在信贷、能源、原材料和运输等方面给予扶持；

（三）为企业培训、招用专业技术人才和引进先进技术创造条件。

第七章 奖励与处罚

第三十七条 对在企业经营管理、科技进步、劳动保护、环境保护和思想政治工作等方面作出显著成绩的企业和个人，由人民政府给予奖励。

第三十八条 企业产品质量达不到国家规定标准的，企业所有者和企业主管部门应当责令其限期整顿，经整顿无效者，应当责令其停产或者转产，直到建议有关机关撤销生产许可证，吊销营业执照。

企业因生产、销售前款所指的产品，给用户和消费者造成财产损失、人身损害的，应当承担赔偿责任；构成犯罪的，依法追究刑事责任。

第三十九条 企业厂长（经理）侵犯职工合法权益，情节严重的，由企业所有者给予行政处分；构成犯罪的，依法追究刑事责任。

第四十条 对向企业摊派的单位和个人，企业可以向审计机关或者其他有关部门控告、检举。经审计机关确认是摊派行为的，由审计机关通知摊派单位停止摊派行为，限期退回摊派财物；对摊派单位的负责人和直接责任人员，监察机关或者有关主管部门可以根据情节轻重，给予行政处分。

第四十一条 政府部门的工作人员玩忽职守、滥用职权，使企业合法权益遭受损害的，由其所在单位或者上级主管机关给予行政处分；构成犯罪的，依法追究刑事责任。

第四十二条　企业违反财政、税收、劳动、工商行政、价格、资源、环境保护等法律、法规的，依照有关法律、法规处理。

第八章　附　　则

第四十三条　本条例由国务院乡镇企业行政主管部门负责解释，并组织实施。

第四十四条　省、自治区、直辖市人民政府可以根据本条例制定实施办法。

第四十五条　本条例自1990年7月1日起施行。

中华人民共和国城镇集体所有制企业条例

（1991年9月9日中华人民共和国国务院令第88号公布　根据2011年1月8日国务院令第588号《关于废止和修改部分行政法规的决定》第一次修订　根据2016年2月6日国务院令第666号《关于修改部分行政法规的决定》第二次修订）

第一章　总　　则

第一条　为了保障城镇集体所有制经济的巩固和发展，明确城镇集体所有制企业的权利和义务，维护其合法权益，制定本条例。

第二条　本条例适用于城镇的各种行业、各种组织形式的集体所有制企业，但乡村农民集体举办的企业除外。

第三条　城镇集体所有制经济是我国社会主义公有制经济的一个基本组成部分，国家鼓励和扶持城镇集体所有制经济的发展。

第四条　城镇集体所有制企业（以下简称集体企业）是财产属于劳动群众集体所有、实行共同劳动、在分配方式上以按劳分配为主体的社会主义经济组织。

前款所称劳动群众集体所有，应当符合下列中任一项的规定：

（一）本集体企业的劳动群众集体所有；

（二）集体企业的联合经济组织范围内的劳动群众集体所有；

（三）投资主体为两个或者两个以上的集体企业，其中前（一）、（二）项劳动群众集体所有的财产应当占主导地位。本项所称主导地位，是指劳动群众集体所有的财产占企业全部财产的比例，一般情况下应不低于51%，特殊情况经过原审批部门批准，可以适当降低。

第五条　集体企业应当遵循的原则是：自愿组合、自筹资金，独立核算、自负盈亏，自主经营、民主管理，集体积累、自主支配，按劳分配、入股分红。

集体企业应当发扬艰苦奋斗、勤俭建国的精神，走互助合作、共同富裕的道路。

第六条　集体企业依法取得法人资格，以其全部财产独立承担民事责任。

集体企业的财产及其合法权益受国家法律保护，不受侵犯。

第七条　集体企业的任务是：根据市场和社会需求，在国家计划指导下，发展商品生产，扩大商品经营，开展社会服务，创造财富，增加积累，不断提高经济效益和社会效益，繁荣社会主义经济。

第八条　集体企业的职工是企业的主人，依照法律、法规和集体企业章程行使管理企业的权力。集体企业职工的合法权益受法律保护。

第九条　集体企业依照法律规定实行民主管理。职工（代表）大会是集体企业的权力机构，由其选举和罢免企业管理人员，决定经营管理的重大问题。

集体企业实行厂长(经理)负责制。

集体企业职工的民主管理权和厂长(经理)依法行使职权,均受法律保护。

第十条 中国共产党在集体企业的基层组织是集体企业的政治领导核心,领导企业的思想政治工作,保证监督党和国家的方针、政策在本企业的贯彻执行。

第十一条 集体企业的工会维护职工的合法权益,依法独立自主地开展工作,组织职工参加民主管理和民主监督。

第二章 集体企业的设立、变更和终止

第十二条 集体企业的设立必须具备下列条件:

(一)有企业名称、组织机构和企业章程;

(二)有固定的生产经营场所、必要的设施并符合规定的安全卫生条件;

(三)有符合国家规定并与其生产经营和服务规模相适应的资金数额和从业人员;

(四)有明确的经营范围;

(五)能够独立承担民事责任;

(六)法律、法规规定的其他条件。

第十三条 集体企业章程必须载明下列事项:

(一)企业名称和住所;

(二)经营范围和经营方式;

(三)注册资金;

(四)资金来源和投资方式;

(五)收入分配方式;

(六)组织机构及其职权和议事规则;

(七)职工加入和退出企业的条件和程序;

(八)职工的权利和义务;

(九)法定代表人的产生程序及其职权范围;

(十)企业终止的条件和程序;

(十一)章程的修订程序;

(十二)章程订立日期;

(十三)需要明确的其他事项。

第十四条 设立集体企业应当经省、自治区、直辖市人民政府规定的审批部门批准。

设立集体企业的审批部门,法律、法规有专门规定的,从其规定。

集体企业应当在核准登记的经营范围内从事生产经营活动。

第十五条 集体企业的合并、分立、停业、迁移或者主要登记事项的变更,必须符合国家的有关规定,由企业提出申请,报经原审批部门批准。

第十六条 集体企业的合并和分立,应当遵照自愿平等的原则,由有关各方依法签订协议,处理好债权债务、其他财产关系和遗留问题,妥善安置企业人员。

合并、分立前的集体企业的权利和义务,由合并、分立后的法人享有和承担。

第十七条 集体企业有下列原因之一的,应当予以终止:

(一)企业无法继续经营而申请解散,经原审批部门批准;

(二)依法被撤销;

(三)依法宣告破产;

(四)其他原因。

第十八条 集体企业终止,应当依照国家有关规定清算企业财产。企业财产按下列顺序清偿各种债务和费用:

(一)清算工作所需各项费用;

(二)所欠职工工资和劳动保险费用;

(三)所欠税款;

(四)所欠银行和信用合作社贷款以及其他债务。

不足清偿同一顺序的清偿要求的,按照比例分配。

第十九条 集体企业财产清算后的剩余财产,按照下列办法处理:

(一)有国家、本企业外的单位和个人以及本企业职工个人投资入股的,应当依照其投资入股金额占企业总资产的比例,从企业剩余财产中按相同的比例偿还;

(二)其余财产,由企业上级管理机构作为

该企业职工待业和养老救济、就业安置和职业培训等费用,专款专用,不得挪作他用。

第二十条 集体企业终止,必须依照《中华人民共和国企业法人登记管理条例》的规定办理注销登记并公告。

第三章 集体企业的权利和义务

第二十一条 集体企业在国家法律、法规的规定范围内享有下列权利:

(一)对其全部财产享有占有、使用、收益和处分的权利,拒绝任何形式的平调;

(二)自主安排生产、经营、服务活动;

(三)除国家规定由物价部门和有关主管部门控制价格的以外,企业有权自行确定产品价格、劳务价格;

(四)企业有权依照国家规定与外商谈判并签订合同,提取和使用分成的外汇收入;

(五)依照国家信贷政策的规定向有关专业银行申请贷款;

(六)依照国家规定确定适合本企业情况的经济责任制形式、工资形式和奖金、分红办法;

(七)享受国家政策规定的各种优惠待遇;

(八)吸收职工和其他企业、事业单位、个人集资入股,与其他企业、事业单位联营,向其他企业、事业单位投资,持有其他企业的股份;

(九)按照国家规定决定本企业的机构设置、人员编制、劳动组织形式和用工办法,录用和辞退职工;

(十)奖惩职工。

第二十二条 集体企业应当承担下列义务:

(一)遵守国家法律、法规,接受国家计划指导;

(二)依法缴纳税金和交纳费用;

(三)依法履行合同;

(四)改善经营管理,推进技术进步,提高经济效益;

(五)保证产品质量和服务质量,对用户和消费者负责;

(六)贯彻安全生产制度,落实劳动保护和环境保护措施;

(七)做好企业内部的安全保卫工作;

(八)维护职工合法权益,尊重职工的民主管理权利,改善劳动条件,做好计划生育工作,提高职工物质文化生活水平;

(九)加强对职工的思想政治教育、法制教育、国防教育、科学文化教育和技术业务培训,提高职工队伍素质。

第二十三条 集体企业有权按照国家规定自愿组建、参加和退出集体企业的联合经济组织,并依照该联合经济组织的章程规定,享受权利,承担义务。

第四章 职工和职工(代表)大会

第二十四条 凡本人提出申请,承认并遵守集体企业章程,被企业招收,即可成为该集体企业的职工。

第二十五条 职工依照法律、法规的规定,在集体企业内享有下列权利:

(一)企业各级管理职务的选举权和被选举权;

(二)参加企业民主管理,监督企业各项活动和管理人员的工作;

(三)参加劳动并享受劳动报酬、劳动保护、劳动保险、医疗保健和休息、休假的权利;

(四)接受职业技术教育和培训,按照国家规定评定业务技术职称;

(五)辞职;

(六)享受退休养老待遇;

(七)其他权利。

第二十六条 职工应当履行下列义务:

(一)遵守国家的法律、法规和集体企业的规章制度、劳动纪律,以企业主人的态度从事劳动,做好本职工作;

(二)执行职工(代表)大会决议,完成任务;

(三)维护企业的集体利益;

(四)努力学习政治、文化和科技知识,不断提高自身素质;

（五）法律、法规和企业章程规定的其他义务。

第二十七条 集体企业必须建立、健全职工（代表）大会制度：

（一）100人以下的集体企业，建立职工大会制度；

（二）300人以上的集体企业建立职工代表大会制度；

（三）100人以上300人以下的集体企业，建立职工大会或者职工代表大会制度，由企业自定。

职工代表大会代表由职工选举产生。代表应当是思想进步、工作积极、联系群众、有参加民主管理能力的职工。

第二十八条 集体企业的职工（代表）大会在国家法律、法规的规定范围内行使下列职权：

（一）制定、修改集体企业章程；

（二）按照国家规定选举、罢免、聘用、解聘厂长（经理）、副厂长（副经理）；

（三）审议厂长（经理）提交的各项议案，决定企业经营管理的重大问题；

（四）审议并决定企业职工工资形式、工资调整方案、奖金和分红方案、职工住宅分配方案和其他有关职工生活福利的重大事项；

（五）审议并决定企业的职工奖惩办法和其他重要规章制度；

（六）法律、法规和企业章程规定的其他职权。

第二十九条 职工（代表）大会依照企业章程规定定期召开，但每年不得少于两次。

第三十条 集体企业的职工代表大会，可以设立常设机构，负责职工代表大会闭会期间的工作。

常设机构的人员组成、产生方式、职权范围及名称，由集体企业职工代表大会规定，报上级管理机构备案。

第五章 厂长（经理）

第三十一条 集体企业实行厂长（经理）负责制。厂长（经理）对企业职工（代表）大会负责，是集体企业的法定代表人。

第三十二条 厂长（经理）由企业职工代表大会选举或者招聘产生。选举和招聘的具体办法，由省、自治区、直辖市人民政府规定。

由集体企业联合经济组织投资开办的集体企业，其厂长（经理）可以由该联合经济组织任免。

投资主体多元化的集体企业，其中国家投资达到一定比例的，其厂长（经理）可以由上级管理机构按照国家有关规定任免。

第三十三条 厂长（经理）应当具备下列条件：

（一）懂得有关法律、法规和方针、政策，坚持企业的社会主义经营方向；

（二）熟悉本行业业务，善于经营管理，有组织领导能力；

（三）热爱集体、廉洁奉公，联系群众，有民主作风；

（四）法律、法规规定的其他条件。

第三十四条 厂长（经理）在法律、法规的规定范围内行使下列职权：

（一）领导和组织企业日常生产经营和行政工作；

（二）主持编制并向职工（代表）大会提出企业的中长期发展规划、年度生产经营计划、固定资产投资方案；

（三）主持编制并向职工（代表）大会提出企业机构设置的方案，决定劳动组织的调整方案；

（四）按照国家规定任免或者聘任、解聘企业中层行政领导干部，但法律、法规另有规定的，从其规定；

（五）提出企业年度财务预算、决算方案和利润分配方案；

（六）提出企业的经济责任制方案、工资调整方案、劳动保护措施方案、奖惩办法和其他重要的规章制度；

（七）奖惩职工；

（八）遇到特殊情况时，提出召开职工（代

表)大会的建议;

(九)企业章程规定的其他职权。

第三十五条　厂长(经理)有下列职责:

(一)贯彻执行党和国家的方针、政策,遵守国家的法律、法规,执行职工(代表)大会的决议;

(二)组织职工完成企业生产经营任务和各项经济技术指标,推进企业技术进步,提高经济效益,增强企业发展能力;

(三)严格遵守财经纪律,坚持民主理财,定期向职工公布财务账目;

(四)保护企业的合法权益和职工在企业内的正当权利;

(五)办好职工生活福利和逐步开展职工养老、待业等保险;

(六)组织落实安全卫生措施,实现安全文明生产;

(七)定期向本企业职工(代表)大会报告工作,听取意见,并接受监督;

(八)法律、法规和企业章程规定的其他职责。

第六章　财产管理和收益分配

第三十六条　集体企业应当按照本章规定进行清产核资,明确其财产所有权的归属。

第三十七条　集体企业的公共积累,归本企业劳动群众集体所有。

第三十八条　集体企业的联合经济组织的投资,归该联合经济组织范围内的劳动群众集体所有。

集体企业联合经济组织设立的互助合作基金,应当主要用于该组织范围内发展生产和推进共同富裕。

第三十九条　在企业、事业单位、社会团体等扶持下设立的集体企业,其扶持资金可按下列办法之一处理:

(一)作为企业向扶持单位的借用款,按双方约定的方法和期限由企业归还扶持单位;

(二)作为扶持单位对企业的投资,按其投资占企业总资产的比例,参与企业的利润分配。

企业、事业单位、社会团体等的扶持资金的来源,必须符合国家财政主管部门的有关规定。

企业、事业单位、社会团体等与其扶持设立的集体企业,应当明确划清产权和财务关系。扶持单位不得干预集体企业的经营管理活动,集体企业也不得依赖扶持单位。

第四十条　职工股金,归职工个人所有。

第四十一条　集体企业外的单位和个人的投资,归投资者所有。

第四十二条　职工股金和集体企业吸收的各种投资,投资者可以依法转让或者继承。

第四十三条　集体企业必须保证财产的完整性,合理使用、有效经营企业的财产。

第四十四条　集体企业的收益分配,必须遵循兼顾国家、集体和个人三者利益的原则。

第四十五条　集体企业必须执行国家有关财务、会计制度,接受审计监督,加强企业内部的财务管理。

第四十六条　集体企业的税后利润,由企业依法自主支配。企业应当按照国家规定确定公积金、公益金、劳动分红和股金分红的比例。

第四十七条　集体企业职工的劳动报酬必须坚持按劳分配的原则。具体分配形式和办法由企业自行确定。

第四十八条　集体企业的股金分红要同企业盈亏相结合。企业盈利,按股分红;企业亏损,在未弥补亏损之前,不得分红。

第四十九条　集体企业必须依照国家规定提取职工养老、待业等保险基金。职工养老、待业等保险基金按国家规定在征收所得税前提取,专项储存,专款专用。

第七章　集体企业和政府的关系

第五十条　各级人民政府应当把发展城镇集体经济纳入各级政府的国民经济和社会发展计划,从各方面给予扶持和指导,保障城镇集体经济的健康发展。

第五十一条 国务院城镇集体经济的主管机构,负责全国城镇集体经济的宏观指导和管理,其主要职责是:拟订城镇集体经济的发展政策和法律法规,协调全国城镇集体经济发展中的重大问题,组织有关方面监督、检查集体企业政策、法规的执行情况。

第五十二条 市(含县级市,下同)以上人民政府应当根据城镇集体经济发展的需要,确定城镇集体企业的指导部门,加强对集体企业的政策指导,协调当地城镇集体经济发展中的问题,组织有关方面监督、检查集体企业政策、法规的执行情况。

第五十三条 政府有关行业管理部门,应当依照法律、法规的规定,在各自的职责范围内,负责本行业集体企业的行业指导和管理工作。

第五十四条 各级人民政府的其他有关部门,依法对集体企业进行监督和提供服务。

第五十五条 国家保护集体企业的合法权益。

任何政府部门及其他单位和个人不得改变集体企业的集体所有制性质和损害集体企业的财产所有权,不得向集体企业摊派人力、物力、财力,不得干预集体企业的生产经营和民主管理。

第八章 法律责任

第五十六条 集体企业有下列行为之一的,由工商行政管理机关依照国家有关法律、法规的规定给予行政处罚:

(一)登记时弄虚作假或者不按规定申请变更登记的;

(二)违反核准登记事项或者超越核准登记的经营范围从事经营活动的;

(三)利用分立、合并、终止和清算等行为抽逃资金、隐匿和私分财产的;

(四)其他违法行为。

第五十七条 集体企业因生产、销售伪劣商品,给用户和消费者造成财产损失和人身伤害的,应当承担赔偿责任;构成犯罪的,对负有直接责任的集体企业领导人员和其他直接责任人员依法追究刑事责任。

第五十八条 任何单位或者个人违反本条例规定,向集体企业摊派或者侵吞、挪用集体企业财产的,必须赔偿。对负有直接责任的主管人员和其他直接责任人员,由有关主管机关根据情节轻重,给予行政处分;构成犯罪的,依法追究刑事责任。

第五十九条 集体企业领导人员滥用职权,侵犯职工合法权益,情节严重的,由上级管理机构按照干部管理权限给予行政处分;滥用职权,假公济私,对职工进行报复陷害的,依法追究刑事责任。

第六十条 集体企业的领导人员或者政府有关部门的工作人员,因工作过失给企业造成损失的,由企业的上级管理机构或者政府有关部门按照干部的管理权限给予行政处分。

集体企业的领导人员和政府有关部门的工作人员玩忽职守,致使集体企业财产、利益遭受重大损失,构成犯罪的,依法追究刑事责任。

第六十一条 集体企业违反本条例有关集体企业领导人员的产生、罢免条件和程序规定的,上级管理机构应当予以纠正,并追究直接责任人员的行政责任。

集体企业上级管理机构违反本条例有关集体企业领导人员产生、罢免条件和程序规定的,其上一级主管部门应当予以纠正;情节严重的,应当追究直接责任人员的行政责任。

第六十二条 扰乱集体企业的秩序,致使生产、营业、工作不能正常进行或者无法进行的,由公安机关依据《中华人民共和国治安管理处罚法》予以处罚;构成犯罪的,依法追究刑事责任。

第九章 附 则

第六十三条 集体企业联合经济组织的组建和管理办法,另行制定。

第六十四条 集体所有制的各类公司的管理,按照国家有关公司的法律、法规执行。

第六十五条 城镇中的文教、卫生、科研等集体所有制事业单位参照本条例执行。

供销合作社的管理办法,另行制定。

第六十六条 劳动就业服务性集体企业应当遵循本条例规定的原则,具体管理办法按国务院发布的《劳动就业服务企业管理规定》执行。

集中安置残疾人员的福利性集体企业的管理办法,根据本条例的原则另行制定。

第六十七条 军队扶持开办的集体企业的管理办法,由中国人民解放军总后勤部根据本条例规定的原则另行制定。

第六十八条 各省、自治区、直辖市人民政府和国务院各行业主管部门,可以根据本条例并结合本地区、本行业的具体情况,制定本条例的实施细则。

第六十九条 本条例自1992年1月1日起施行。

6. 外商投资企业

中华人民共和国外资企业法

(1986年4月12日第六届全国人民代表大会第四次会议通过
根据2000年10月31日第九届全国人民代表大会常务委员会第十八次会议《关于修改〈中华人民共和国外资企业法〉的决定》第一次修正
根据2016年9月3日第十二届全国人民代表大会常务委员会第二十二次会议《关于修改〈中华人民共和国外资企业法〉等四部法律的决定》第二次修正)

第一条 【立法目的】为了扩大对外经济合作和技术交流,促进中国国民经济的发展,中华人民共和国允许外国的企业和其他经济组织或者个人(以下简称外国投资者)在中国境内举办外资企业,保护外资企业的合法权益。

第二条 【外资企业】本法所称的外资企业是指依照中国有关法律在中国境内设立的全部资本由外国投资者投资的企业,不包括外国的企业和其他经济组织在中国境内的分支机构。

第三条 【设立条件】设立外资企业,必须有利于中国国民经济的发展。国家鼓励举办产品出口或者技术先进的外资企业。

国家禁止或者限制设立外资企业的行业由国务院规定。

第四条 【权益保护】外国投资者在中国境内的投资、获得的利润和其他合法权益,受中国法律保护。

外资企业必须遵守中国的法律、法规,不得损害中国的社会公共利益。

第五条 【国有化和征收】国家对外资企业不实行国有化和征收;在特殊情况下,根据社会公共利益的需要,对外资企业可以依照法律程序实行征收,并给予相应的补偿。

第六条 【申请】设立外资企业的申请,由国务院对外经济贸易主管部门或者国务院授权的机关审查批准。审查批准机关应当在接到申请之日起九十天内决定批准或者不批准。

第七条 【登记】设立外资企业的申请经批准后,外国投资者应当在接到批准证书之日起三十天内向工商行政管理机关申请登记,领取营业执照。外资企业的营业执照签发日期,为该企业成立日期。

第八条 【法人资格】外资企业符合中国法律关于法人条件的规定的,依法取得中国法人资格。

第九条 【投资】外资企业应当在审查批准机关核准的期限内在中国境内投资;逾期不投资的,工商行政管理机关有权吊销营业执照。

工商行政管理机关对外资企业的投资情况进行检查和监督。

第十条 【变更登记】外资企业分立、合并或者其他重要事项变更,应当报审查批准机关批准,并向工商行政管理机关办理变更登记手续。

第十一条 【经营管理】外资企业依照经批准的章程进行经营管理活动,不受干涉。

第十二条 【雇工】外资企业雇用中国职工应当依法签订合同,并在合同中订明雇用、解雇、报酬、福利、劳动保护、劳动保险等事项。

第十三条 【工会】外资企业的职工依法建立工会组织,开展工会活动,维护职工的合法权益。

外资企业应当为本企业工会提供必要的活动条件。

第十四条 【会计】外资企业必须在中国境内设置会计帐簿,进行独立核算,按照规定报送会计报表,并接受财政税务机关的监督。

外资企业拒绝在中国境内设置会计帐簿的,财政税务机关可以处以罚款,工商行政管理机关可以责令停止营业或者吊销营业执照。

第十五条 【物资购买】外资企业在批准的经营范围内所需的原材料、燃料等物资,按照公平、合理的原则,可以在国内市场或者在国际市场购买。

第十六条 【投保】外资企业的各项保险应当向中国境内的保险公司投保。

第十七条 【税收优惠】外资企业依照国家有关税收的规定纳税并可以享受减税、免税的优惠待遇。

外资企业将缴纳所得税后的利润在中国境内再投资的,可以依照国家规定申请退还再投资部分已缴纳的部分所得税税款。

第十八条 【外汇】外资企业的外汇事宜,依照国家外汇管理规定办理。

外资企业应当在中国银行或者国家外汇管理机关指定的银行开户。

第十九条 【收入汇往国外】外国投资者从外资企业获得的合法利润、其他合法收入和清算后的资金,可以汇往国外。

外资企业的外籍职工的工资收入和其他正当收入,依法缴纳个人所得税后,可以汇往国外。

第二十条 【经营期限】外资企业的经营期限由外国投资者申报,由审查批准机关批准。期满需要延长的,应当在期满一百八十天以前向审查批准机关提出申请。审查批准机关应当在接到申请之日起三十天内决定批准或者不批准。

第二十一条 【终止】外资企业终止,应当及时公告,按照法定程序进行清算。

在清算完结前,除为了执行清算外,外国投资者对企业财产不得处理。

第二十二条 【终止登记】外资企业终止,应当向工商行政管理机关办理注销登记手续,缴销营业执照。

第二十三条 【准入特别管理措施】举办外资企业不涉及国家规定实施准入特别管理措施的,对本法第六条、第十条、第二十条规定的审批事项,适用备案管理。国家规定的准入特别管理措施由国务院发布或者批准发布。

第二十四条 【实施细则】国务院对外经济贸易主管部门根据本法制定实施细则,报国务院批准后施行。

第二十五条 【生效日期】本法自公布之日起施行。

中华人民共和国外资企业法实施细则

（1990年10月28日国务院批准 1990年12月12日对外经济贸易部发布 根据2001年4月12日国务院令第301号《关于修改〈中华人民共和国外资企业法实施细则〉的决定》第一次修订 根据2014年2月19日国务院令第648号《关于废止和修改部分行政法规的决定》第二次修订）

目 录

第一章 总 则

第一条 根据《中华人民共和国外资企业法》的规定，制定本实施细则。

第二条 外资企业受中国法律的管辖和保护。

外资企业在中国境内从事经营活动，必须遵守中国的法律、法规，不得损害中国的社会公共利益。

第三条 设立外资企业，必须有利于中国国民经济的发展，能够取得显著的经济效益。国家鼓励外资企业采用先进技术和设备，从事新产品开发，实现产品升级换代，节约能源和原材料，并鼓励举办产品出口的外资企业。

第四条 禁止或者限制设立外资企业的行业，按照国家指导外商投资方向的规定及外商投资产业指导目录执行。

第五条 申请设立外资企业，有下列情况之一的，不予批准：

（一）有损中国主权或者社会公共利益的；

（二）危及中国国家安全的；

（三）违反中国法律、法规的；

（四）不符合中国国民经济发展要求的；

（五）可能造成环境污染的。

第六条 外资企业在批准的经营范围内，自主经营管理，不受干涉。

第二章 设立程序

第七条 设立外资企业的申请，由中华人民共和国对外贸易经济合作部（以下简称对外贸易经济合作部）审查批准后，发给批准证书。

设立外资企业的申请属于下列情形的，国务院授权省、自治区、直辖市和计划单列市、经济特区人民政府审查批准后，发给批准证书：

（一）投资总额在国务院规定的投资审批权限以内的；

（二）不需要国家调拨原材料，不影响能源、交通运输、外贸出口配额等全国综合平衡的。

省、自治区、直辖市和计划单列市、经济特区人民政府在国务院授权范围内批准设立外资企业，应当在批准后15天内报对外贸易经济合作部备案（对外贸易经济合作部和省、自治区、直辖市和计划单列市、经济特区人民政府，以下统称审批机关）。

第八条 申请设立的外资企业，其产品涉及出口许可证、出口配额、进口许可证或者属于国家限制进口的，应当依照有关管理权限事先征得对外经济贸易主管部门的同意。

第九条 外国投资者在提出设立外资企业的申请前，应当就下列事项向拟设立外资企业所在地的县级或者县级以上地方人民政府提交报告。报告内容包括：设立外资企业的宗旨；经营范围、规模；生产产品；使用的技术设备；用地面积及要求；需要用水、电、煤、煤气或者其他能源的条件及数量；对公共设施的要求等。

县级或者县级以上地方人民政府应当在收到外国投资者提交的报告之日起30天内以书面形式答复外国投资者。

第十条 外国投资者设立外资企业，应当通过拟设立外资企业所在地的县级或者县级以上地方人民政府向审批机关提出申请，并报送下列文件：

（一）设立外资企业申请书；

（二）可行性研究报告；

（三）外资企业章程；

（四）外资企业法定代表人（或者董事会人选）名单；

（五）外国投资者的法律证明文件和资信证明文件；

（六）拟设立外资企业所在地的县级或者县级以上地方人民政府的书面答复；

（七）需要进口的物资清单；

（八）其他需要报送的文件。

前款（一）、（三）项文件必须用中文书写；（二）、（四）、（五）项文件可以用外文书写，但应当附中文译文。

两个或者两个以上外国投资者共同申请设立外资企业，应当将其签订的合同副本报送审批机关备案。

第十一条 审批机关应当在收到申请设立外资企业的全部文件之日起90天内决定批准或者不批准。审批机关如果发现上述文件不齐备或者有不当之处，可以要求限期补报或者修改。

第十二条 设立外资企业的申请经审批机关批准后，外国投资者应当在收到批准证书之日起30天内向工商行政管理机关申请登记，领取营业执照。外资企业的营业执照签发日期，为该企业成立日期。

外国投资者在收到批准证书之日起满30天未向工商行政管理机关申请登记的，外资企业批准证书自动失效。

外资企业应当在企业成立之日起30天内向税务机关办理税务登记。

第十三条 外国投资者可以委托中国的外商投资企业服务机构或者其他经济组织代为办理本实施细则第八条、第九条第一款和第十条规定事宜，但须签订委托合同。

第十四条 设立外资企业的申请书应当包括下列内容：

（一）外国投资者的姓名或者名称、住所、注册地和法定代表人的姓名、国籍、职务；

（二）拟设立外资企业的名称、住所；

（三）经营范围、产品品种和生产规模；

（四）拟设立外资企业的投资总额、注册资本、资金来源、出资方式和期限；

（五）拟设立外资企业的组织形式和机构、法定代表人；

（六）采用的主要生产设备及其新旧程度、生产技术、工艺水平及其来源；

（七）产品的销售方向、地区和销售渠道、方式；

（八）外汇资金的收支安排；

（九）有关机构设置和人员编制，职工的招用、培训、工资、福利、保险、劳动保护等事项的安排；

（十）可能造成环境污染的程度和解决措施；

（十一）场地选择和用地面积；

（十二）基本建设和生产经营所需资金、能源、原材料及其解决办法；

（十三）项目实施的进度计划；

（十四）拟设立外资企业的经营期限。

第十五条 外资企业的章程应当包括下列内容：

（一）名称及住所；

（二）宗旨、经营范围；

（三）投资总额、注册资本、认缴出资额、出资方式、出资期限；

（四）组织形式；

（五）内部组织机构及其职权和议事规则，法定代表人以及总经理、总工程师、总会计师等人员的职责、权限；

（六）财务、会计及审计的原则和制度；

（七）劳动管理；

（八）经营期限、终止及清算；

（九）章程的修改程序。

第十六条 外资企业的章程经审批机关批准后生效，修改时同。

第十七条 外资企业的分立、合并或者由于其他原因导致资本发生重大变动，须经审批机关批准，并应当聘请中国的注册会计师验证和出具验资报告；经审批机关批准后，向工商行政管理机关办理变更登记手续。

第三章 组织形式与注册资本

第十八条 外资企业的组织形式为有限责任公司。经批准也可以为其他责任形式。

外资企业为有限责任公司的，外国投资者对企业的责任以其认缴的出资额为限。

外资企业为其他责任形式的，外国投资者对企业的责任适用中国法律、法规的规定。

第十九条 外资企业的投资总额，是指开办外资企业所需资金总额，即按其生产规模需要投入的基本建设资金和生产流动资金的总和。

第二十条 外资企业的注册资本，是指为设立外资企业在工商行政管理机关登记的资本总额，即外国投资者认缴的全部出资额。

外资企业的注册资本与投资总额的比例应当符合中国有关规定。

第二十一条 外资企业在经营期内不得减少其注册资本。但是，因投资总额和生产经营规模等发生变化，确需减少的，须经审批机关批准。

第二十二条 外资企业注册资本的增加、转让，须经审批机关批准，并向工商行政管理机关办理变更登记手续。

第二十三条 外资企业将其财产或者权益对外抵押、转让，须经审批机关批准并向工商行政管理机关备案。

第二十四条 外资企业的法定代表人是依照其章程规定，代表外资企业行使职权的负责人。

法定代表人无法履行其职权时，应当以书面形式委托代理人，代其行使职权。

第四章 出资方式与期限

第二十五条 外国投资考可以用可自由兑换的外币出资，也可以用机器设备、工业产权、专有技术等作价出资。

经审批机关批准，外国投资者也可以用其从中国境内举办的其他外商投资企业获得的人民币利润出资。

第二十六条 外国投资者以机器设备作价出资的，该机器设备应当是外资企业生产所必需的设备。

该机器设备的作价不得高于同类机器设备当时的国际市场正常价格。

对作价出资的机器设备，应当列出详细的作价出资清单，包括名称、种类、数量、作价等，作为设立外资企业申请书的附件一并报送审批机关。

第二十七条 外国投资者以工业产权、专有技术作价出资的，该工业产权、专有技术应当为外国投资者所有。

对作价出资的工业产权、专有技术，应当备有详细资料，包括所有权证书的复制件，有效状况及其技术性能、实用价值，作价的计算根据和标准等，作为设立外资企业申请书的附件一并报送审批机关。

第二十八条 作价出资的机器设备运抵中国口岸时，外资企业应当报请中国的商检机构进行检验，由该商检机构出具检验报告。

作价出资的机器设备的品种、质量和数量与外国投资者报送审批机关的作价出资清单列出的机器设备的品种、质量和数量不符的，审批机关有权要求外国投资者限期改正。

第二十九条 作价出资的工业产权、专有技术实施后，审批机关有权进行检查。该工业产权、专有技术与外国投资者原提供的资料不符的，审批机关有权要求外国投资者限期改正。

第三十条 外国投资者缴付出资的期限应当在设立外资企业申请书和外资企业章程中载明。

第五章 用地及其费用

第三十一条 外资企业的用地，由外资企业所在地的县级或者县级以上地方人民政府根据本地区的情况审核后，予以安排。

第三十二条 外资企业应当在营业执照签发之日起30天内，持批准证书和营业执照到外资企业所在地县级或者县级以上地方人民政府的土地管理部门办理土地使用手续，领取土地证书。

第三十三条 土地证书为外资企业使用土地的法律凭证。外资企业在经营期限内未经批准，其土地使用权不得转让。

第三十四条 外资企业在领取土地证书时，应当向其所在地土地管理部门缴纳土地使用费。

第三十五条 外资企业使用经过开发的土地，应当缴付土地开发费。

前款所指土地开发费包括征地拆迁安置费用和为外资企业配套的基础设施建设费用。土地开发费可由土地开发单位一次性计收或者分年计收。

第三十六条 外资企业使用未经开发的土地，可以自行开发或者委托中国有关单位开发。基础设施的建设，应当由外资企业所在地县级或者县级以上地方人民政府统一安排。

第三十七条 外资企业的土地使用费和土地开发费的计收标准，依照中国有关规定办理。

第三十八条 外资企业的土地使用年限，与经批准的该外资企业的经营期限相同。

第三十九条 外资企业除依照本章规定取得土地使用权外，还可以依照中国其他法规的规定取得土地使用权。

第六章 购买与销售

第四十条 外资企业有权自行决定购买本企业自用的机器设备、原材料、燃料、零部件、配套件、元器件、运输工具和办公用品等（以下统称“物资”）。

外资企业在中国购买物资，在同等条件下，享受与中国企业同等的待遇。

第四十一条 外资企业可以在中国市场销售其产品。国家鼓励外资企业出口其生产的产品。

第四十二条 外资企业有权自行出口本企业生产的产品，也可以委托中国的外贸公司代销或者委托中国境外的公司代销。

外资企业可以自行在中国销售本企业生产的产品，也可以委托商业机构代销其产品。

第四十三条 外国投资者作为出资的机器设备，依照中国规定需要领取进口许可证的，外资企业凭批准的该企业进口设备和物资清单直接或者委托代理机构向发证机关申领进口许可证。

外资企业在批准的经营范围内，进口本企业自用并为生产所需的物资，依照中国规定需要领取进口许可证的，应当编制年度进口计划，每半年向发证机关申领一次。

外资企业出口产品，依照中国规定需要领取出口许可证的，应当编制年度出口计划，每半年向发证机关申领一次。

第四十四条 外资企业进口的物资以及技术劳务的价格不得高于当时的国际市场同类物资以及技术劳务的正常价格。外资企业的出口产品价格，由外资企业参照当时的国际市场价格自行确定，但不得低于合理的出口价格。用高价进口、低价出口等方式逃避税收的,税务机关有权根据税法规定,追究其法律责任。

第四十五条 外资企业应当依照《中华人民共和国统计法》及中国利用外资统计制度的规定,提供统计资料,报送统计报表。

第七章 税 务

第四十六条 外资企业应当依照中国法律、法规的规定,缴纳税款。

第四十七条 外资企业的职工应当依照中国法律、法规的规定,缴纳个人所得税。

第四十八条 外资企业进口下列物资,依照中国税法的有关规定减税、免税:

(一)外国投资者作为出资的机器设备、零部件、建设用建筑材料以及安装、加固机器所需材料;

(二)外资企业以投资总额内的资金进口本企业生产所需的自用机器设备、零部件、生产用交通运输工具以及生产管理设备;

(三)外资企业为生产出口产品而进口的原材料、辅料、元器件、零部件和包装物料。

前款所述的进口物资,经批准在中国境内转卖或者转用于生产在中国境内销售的产品,应当依照中国税法纳税或者补税。

第四十九条 外资企业生产的出口产品,除中国限制出口的以外,依照中国税法的有关规定减税、免税或者退税。

第八章 外汇管理

第五十条 外资企业的外汇事宜,应当依照中国有关外汇管理的法规办理。

第五十一条 外资企业凭工商行政管理机关发给的营业执照,在中国境内可以经营外汇业务的银行开立账户,由开户银行监督收付。

外资企业的外汇收入,应当存入其开户银行的外汇账户;外汇支出,应当从其外汇账户中支付。

第五十二条 外资企业因生产和经营需要在中国境外的银行开立外汇账户,须经中国外汇管理机关批准,并依照中国外汇管理机关的规定定期报告外汇收付情况和提供银行对账单。

第五十三条 外资企业中的外籍职工和港澳台职工的工资和其他正当的外汇收益,依照中国税法纳税后,可以自由汇出。

第九章 财务会计

第五十四条 外资企业应当依照中国法律、法规和财政机关的规定,建立财务会计制度并报其所在地财政、税务机关备案。

第五十五条 外资企业的会计年度自公历年的1月1日起至12月31日止。

第五十六条 外资企业依照中国税法规定缴纳所得税后的利润,应当提取储备基金和职工奖励及福利基金。储备基金的提取比例不得低于税后利润的10%,当累计提取金额达到注册资本的50%时,可以不再提取。职工奖励及福利基金的提取比例由外资企业自行确定。

外资企业以往会计年度的亏损未弥补前,不得分配利润;以往会计年度未分配的利润,可与本会计年度可供分配的利润一并分配。

第五十七条 外资企业的自制会计凭证、会计账簿和会计报表,应当用中文书写;用外文书写的,应当加注中文。

第五十八条 外资企业应当独立核算。

外资企业的年度会计报表和清算会计报表,应当依照中国财政、税务机关的规定编制。以外币编报会计报表的,应当同时编报外币折合为人民币的会计报表。

外资企业的年度会计报表和清算会计报表,应当聘请中国的注册会计师进行验证并出具报告。

第二款和第三款规定的外资企业的年度会计报表和清算会计报表,连同中国的注册会计师出具的报告,应当在规定的时间内报送财政、税务机关,并报审批机关和工商行政管理机关备案。

第五十九条 外国投资者可以聘请中国或者外国的会计人员查阅外资企业账簿，费用由外国投资者承担。

第六十条 外资企业应当向财政、税务机关报送年度资产负债表和损益表，并报审批机关和工商行政管理机关备案。

第六十一条 外资企业应当在企业所在地设置会计账簿，并接受财政、税务机关的监督。

违反前款规定的，财政、税务机关可以处以罚款，工商行政管理机关可以责令停止营业或者吊销营业执照。

第十章 职 工

第六十二条 外资企业在中国境内雇用职工，企业和职工双方应当依照中国的法律、法规签订劳动合同。合同中应当订明雇用、辞退、报酬、福利、劳动保护、劳动保险等事项。

外资企业不得雇用童工。

第六十三条 外资企业应当负责职工的业务、技术培训，建立考核制度，使职工在生产、管理技能方面能够适应企业的生产与发展需要。

第十一章 工 会

第六十四条 外资企业的职工有权依照《中华人民共和国工会法》的规定，建立基层工会组织，开展工会活动。

第六十五条 外资企业工会是职工利益的代表，有权代表职工同本企业签订劳动合同，并监督劳动合同的执行。

第六十六条 外资企业工会的基本任务是：依照中国法律、法规的规定维护职工的合法权益，协助企业合理安排和使用职工福利、奖励基金；组织职工学习政治、科学技术和业务知识，开展文艺、体育活动；教育职工遵守劳动纪律，努力完成企业的各项经济任务。

外资企业研究决定有关职工奖惩、工资制度、生活福利、劳动保护和保险问题时，工会代表有权列席会议。外资企业应当听取工会的意见，取得工会的合作。

第六十七条 外资企业应当积极支持本企业工会的工作，依照《中华人民共和国工会法》的规定，为工会组织提供必要的房屋和设备，用于办公、会议、举办职工集体福利、文化、体育事业。外资企业每月按照企业职工实发工资总额的2%拨交工会经费，由本企业工会依照中华全国总工会制定的有关工会经费管理办法使用。

第十二章 期限、终止与清算

第六十八条 外资企业的经营期限，根据不同行业和企业的具体情况，由外国投资者在设立外资企业的申请书中拟订，经审批机关批准。

第六十九条 外资企业的经营期限，从其营业执照签发之日起计算。

外资企业经营期满需要延长经营期限的，应当在距经营期满180天前向审批机关报送延长经营期限的申请书。审批机关应当在收到申请书之日起30天内决定批准或者不批准。

外资企业经批准延长经营期限的，应当自收到批准延长期限文件之日起30天内，向工商行政管理机关办理变更登记手续。

第七十条 外资企业有下列情形之一的，应予终止：

（一）经营期限届满；

（二）经营不善，严重亏损，外国投资者决定解散；

（三）因自然灾害、战争等不可抗力而遭受严重损失，无法继续经营；

（四）破产；

（五）违反中国法律、法规，危害社会公共利益被依法撤销；

（六）外资企业章程规定的其他解散事由已经出现。

外资企业如存在前款第（二）、（三）、（四）项所列情形，应当自行提交终止申请书，报审批机关核准。审批机关作出核准的日期为企业的终止日期。

第七十一条 外资企业依照本实施细则第七十二条第(一)、(二)、(三)、(六)项的规定终止的,应当在终止之日起15天内对外公告并通知债权人,并在终止公告发出之日起15天内,提出清算程序、原则和清算委员会人选,报审批机关审核后进行清算。

第七十二条 清算委员会应当由外资企业的法定代表人、债权人代表以及有关主管机关的代表组成,并聘请中国的注册会计师、律师等参加。

清算费用从外资企业现存财产中优先支付。

第七十三条 清算委员会行使下列职权:

(一)召集债权人会议;

(二)接管并清理企业财产,编制资产负债表和财产目录;

(三)提出财产作价和计算依据;

(四)制定清算方案;

(五)收回债权和清偿债务;

(六)追回股东应缴而未缴的款项;

(七)分配剩余财产;

(八)代表外资企业起诉和应诉。

第七十四条 外资企业在清算结束之前,外国投资者不得将该企业的资金汇出或者携出中国境外,不得自行处理企业的财产。

外资企业清算结束,其资产净额和剩余财产超过注册资本的部分视同利润,应当依照中国税法缴纳所得税。

第七十五条 外资企业清算结束,应当向工商行政管理机关办理注销登记手续,缴销营业执照。

第七十六条 外资企业清算处理财产时,在同等条件下,中国的企业或者其他经济组织有优先购买权。

第七十七条 外资企业依照本实施细则第七十二条第(四)项的规定终止的,参照中国有关法律、法规进行清算。

外资企业依照本实施细则第七十二条第(五)项的规定终止的,依照中国有关规定进行清算。

第十三章 附 则

第七十八条 外资企业的各项保险,应当向中国境内的保险公司投保。

第七十九条 外资企业与其他公司、企业或者经济组织以及个人签订合同,适用《中华人民共和国合同法》。

第八十条 香港、澳门、台湾地区的公司、企业和其他经济组织或者个人以及在国外居住的中国公民在大陆设立全部资本为其所有的企业,参照本实施细则办理。

第八十一条 外资企业中的外籍职工和港澳台职工可带进合理自用的交通工具和生活物品,并依照中国规定办理进口手续。

第八十二条 本实施细则自公布之日起施行。

中华人民共和国中外合资经营企业法

（1979年7月1日第五届全国人民代表大会第二次会议通过
根据1990年4月4日第七届全国人民代表大会第三次会议《关于修改〈中华人民共和国中外合资经营企业法〉的决定》第一次修正
根据2001年3月15日第九届全国人民代表大会第四次会议《关于修改〈中华人民共和国中外合资经营企业法〉的决定》第二次修正
根据2016年9月3日第十二届全国人民代表大会常务委员会第二十二次会议《关于修改〈中华人民共和国外资企业法〉等四部法律的决定》第三次修正）

第一条 【中外合营企业的定义】中华人民共和国为了扩大国际经济合作和技术交流，允许外国公司、企业和其他经济组织或个人（以下简称外国合营者），按照平等互利的原则，经中国政府批准，在中华人民共和国境内，同中国的公司、企业或其它经济组织（以下简称中国合营者）共同举办合营企业。

第二条 【合法权益的保护】中国政府依法保护外国合营者按照经中国政府批准的协议、合同、章程在合营企业的投资、应分得的利润和其它合法权益。

合营企业的一切活动应遵守中华人民共和国法律、法规的规定。

国家对合营企业不实行国有化和征收；在特殊情况下，根据社会公共利益的需要，对合营企业可以依照法律程序实行征收，并给予相应的补偿。

第三条 【审批与登记】合营各方签订的合营协议、合同、章程，应报国家对外经济贸易主管部门（以下称审查批准机关）审查批准。审查批准机关应在三个月内决定批准或不批准。合营企业经批准后，向国家工商行政管理主管部门登记，领取营业执照，开始营业。

第四条 【企业形式】合营企业的形式为有限责任公司。

在合营企业的注册资本中，外国合营者的投资比例一般不低于百分之二十五。

合营各方按注册资本比例分享利润和分担风险及亏损。

合营者的注册资本如果转让必须经合营各方同意。

第五条 【投资方式】合营企业各方可以现金、实物、工业产权等进行投资。

外国合营者作为投资的技术和设备，必须确实是适合我国需要的先进技术和设备。如果有意以落后的技术和设备进行欺骗，造成损失的，应赔偿损失。

中国合营者的投资可包括为合营企业经营期间提供的场地使用权。如果场地使用权未作为中国合营者投资的一部分，合营企业应向中国政府缴纳使用费。

上述各项投资应在合营企业的合同和章程中加以规定，其价格（场地除外）由合营各方评议商定。

第六条 【董事会、总经理与企业职工】合营企业设董事会，其人数组成由合营各方协商，在合同、章程中确定，并由合营各方委派和撤换。董事长和副董事长由合营各方协商确定或由董事会选举产生。中外合营者的一方担任董事长的，由他方担任副董事长。董事会根据平等互利的原则，决定合营企业的重大问题。

董事会的职权是按合营企业章程规定，讨论决定合营企业的一切重大问题：企业发展规划、生产经营活动方案、收支预算、利润分配、劳动工资计划、停业,以及总经理、副总经理、总工程师、总会计师、审计师的任命或聘请及其职权和待遇等。

正副总经理(或正副厂长)由合营各方分别担任。

合营企业职工的录用、辞退、报酬、福利、劳动保护、劳动保险等事项,应当依法通过订立合同加以规定。

第七条　【工会】合营企业的职工依法建立工会组织,开展工会活动,维护职工的合法权益。

合营企业应当为本企业工会提供必要的活动条件。

第八条　【利润与分配】合营企业获得的毛利润,按中华人民共和国税法规定缴纳合营企业所得税后,扣除合营企业章程规定的储备基金、职工奖励及福利基金、企业发展基金,净利润根据合营各方注册资本的比例进行分配。

合营企业依照国家有关税收的法律和行政法规的规定,可以享受减税、免税的优惠待遇。

外国合营者将分得的净利润用于在中国境内再投资时,可申请退还已缴纳的部分所得税。

第九条　【外汇、投保】合营企业应凭营业执照在国家外汇管理机关允许经营外汇业务的银行或其他金融机构开立外汇账户。

合营企业的有关外汇事宜,应遵照中华人民共和国外汇管理条例办理。

合营企业在其经营活动中,可直接向外国银行筹措资金。

合营企业的各项保险应向中国境内的保险公司投保。

第十条　【购买与销售】合营企业在批准的经营范围内所需的原材料、燃料等物资,按照公平、合理的原则,可以在国内市场或者在国际市场购买。

鼓励合营企业向中国境外销售产品。出口产品可由合营企业直接或与其有关的委托机构向国外市场出售,也可通过中国的外贸机构出售。合营企业产品也可在中国市场销售。

合营企业需要时可在中国境外设立分支机构。

第十一条　【资金汇往国外】外国合营者在履行法律和协议、合同规定的义务后分得的净利润,在合营企业期满或者中止时所分得的资金以及其他资金,可按合营企业合同规定的货币,按外汇管理条例汇往国外。

鼓励外国合营者将可汇出的外汇存入中国银行。

第十二条　【外籍职工工资】合营企业的外籍职工的工资收入和其他正当收入,按中华人民共和国税法缴纳个人所得税后,可按外汇管理条例汇往国外。

第十三条　【合营期限】合营企业的合营期限,按不同行业、不同情况,作不同的约定。有的行业的合营企业,应当约定合营期限;有的行业的合营企业,可以约定合营期限,也可以不约定合营期限。约定合营期限的合营企业,合营各方同意延长合营期限的,应在距合营期满六个月前向审查批准机关提出申请。审查批准机关应自接到申请之日起一个月内决定批准或不批准。

第十四条　【企业终止】合营企业如发生严重亏损、一方不履行合同和章程规定的义务、不可抗力等,经合营各方协商同意,报请审查批准机关批准,并向国家工商行政管理主管部门登记,可终止合同。如果因违反合同而造成损失的,应由违反合同的一方承担经济责任。

第十五条　【准入特别管理措施】举办合营企业不涉及国家规定实施准入特别管理措施的,对本法第三条、第十三条、第十四条规定的审批事项,适用备案管理。国家规定的准入特别管理措施由国务院发布或者批准发布。

第十六条　【纠纷解决途径】合营各方发生纠纷,董事会不能协商解决时,由中国仲裁机构进行调解或仲裁,也可由合营各方协议在其它仲裁机构仲裁。

合营各方没有在合同中订有仲裁条款的

或者事后没有达成书面仲裁协议的，可以向人民法院起诉。

第十七条 【生效时间】本法自公布之日起生效。

中华人民共和国中外合资经营企业法实施条例

（1983年9月20日国务院公布　1986年1月15日、1987年12月21日国务院第一次修订　根据2001年7月22日国务院令第311号《关于修改〈中华人民共和国中外合资经营企业法实施条例〉的决定》第二次修订　根据2011年1月8日国务院令第588号《关于废止和修改部分行政法规的决定》第三次修订　根据2014年2月19日国务院令第648号《关于废止和修改部分行政法规的决定》第四次修订）

目　录

第一章　总　　则

第一条　为了便于《中华人民共和国中外合资经营企业法》（以下简称《中外合资经营企业法》）的顺利实施，制定本条例。

第二条　依照《中外合资经营企业法》批准在中国境内设立的中外合资经营企业（以下简称合营企业）是中国的法人，受中国法律的管辖和保护。

第三条　在中国境内设立的合营企业，应当能够促进中国经济的发展和科学技术水平的提高，有利于社会主义现代化建设。

国家鼓励、允许、限制或者禁止设立合营企业的行业，按照国家指导外商投资方向的规定及外商投资产业指导目录执行。

第四条　申请设立合营企业有下列情况之一的，不予批准：

（一）有损中国主权的；

（二）违反中国法律的；

（三）不符合中国国民经济发展要求的；

（四）造成环境污染的；

（五）签订的协议、合同、章程显属不公平，损害合营一方权益的。

第五条　在中国法律、法规和合营企业协议、合同、章程规定的范围内，合营企业有权自主地进行经营管理。各有关部门应当给予支持和帮助。

第二章　设立与登记

第六条　在中国境内设立合营企业，必须经中华人民共和国对外贸易经济合作部（以下简称对外贸易经济合作部）审查批准。批准后，由对外贸易经济合作部发给批准证书。

凡具备下列条件的，国务院授权省、自治

区、直辖市人民政府或者国务院有关部门审批：

（一）投资总额在国务院规定的投资审批权限以内，中国合营者的资金来源已经落实的；

（二）不需要国家增拨原材料，不影响燃料、动力、交通运输、外贸出口配额等方面的全国平衡的。

依照前款批准设立的合营企业，应当报对外贸易经济合作部备案。

对外贸易经济合作部和国务院授权的省、自治区、直辖市人民政府或者国务院有关部门，以下统称审批机构。

第七条 申请设立合营企业，由中外合营者共同向审批机构报送下列文件：

（一）设立合营企业的申请书；

（二）合营各方共同编制的可行性研究报告；

（三）由合营各方授权代表签署的合营企业协议、合同和章程；

（四）由合营各方委派的合营企业董事长、副董事长、董事人选名单；

（五）审批机构规定的其他文件。

前款所列文件必须用中文书写，其中第（二）、（三）、（四）项文件可以同时用合营各方商定的一种外文书写。两种文字书写的文件具有同等效力。

审批机构发现报送的文件有不当之处的，应当要求限期修改。

第八条 审批机构自接到本条例第七条规定的全部文件之日起，3个月内决定批准或者不批准。

第九条 申请者应当自收到批准证书之日起1个月内，按照国家有关规定，向工商行政管理机关（以下简称登记管理机构）办理登记手续。合营企业的营业执照签发日期，即为该合营企业的成立日期。

第十条 本条例所称合营企业协议，是指合营各方对设立合营企业的某些要点和原则达成一致意见而订立的文件；所称合营企业合同，是指合营各方为设立合营企业就相互权利、义务关系达成一致意见而订立的文件；所称合营企业章程，是指按照合营企业合同规定的原则，经合营各方一致同意，规定合营企业的宗旨、组织原则和经营管理方法等事项的文件。

合营企业协议与合营企业合同有抵触时，以合营企业合同为准。

经合营各方同意，也可以不订立合营企业协议而只订立合营企业合同、章程。

第十一条 合营企业合同应当包括下列主要内容：

（一）合营各方的名称、注册国家、法定地址和法定代表人的姓名、职务、国籍；

（二）合营企业名称、法定地址、宗旨、经营范围和规模；

（三）合营企业的投资总额，注册资本，合营各方的出资额、出资比例、出资方式、出资的缴付期限以及出资额欠缴、股权转让的规定；

（四）合营各方利润分配和亏损分担的比例；

（五）合营企业董事会的组成、董事名额的分配以及总经理、副总经理及其他高级管理人员的职责、权限和聘用办法；

（六）采用的主要生产设备、生产技术及其来源；

（七）原材料购买和产品销售方式；

（八）财务、会计、审计的处理原则；

（九）有关劳动管理、工资、福利、劳动保险等事项的规定；

（十）合营企业期限、解散及清算程序；

（十一）违反合同的责任；

（十二）解决合营各方之间争议的方式和程序；

（十三）合同文本采用的文字和合同生效的条件。

合营企业合同的附件，与合营企业合同具有同等效力。

第十二条 合营企业合同的订立、效力、解释、执行及其争议的解决，均应当适用中国的法律。

第十三条 合营企业章程应当包括下列主要内容：

（一）合营企业名称及法定地址；

（二）合营企业的宗旨、经营范围和合营期限；

（三）合营各方的名称、注册国家、法定地址、法定代表人的姓名、职务、国籍；

（四）合营企业的投资总额，注册资本，合营各方的出资额、出资比例、出资方式、出资缴付期限、股权转让的规定，利润分配和亏损分担的比例；

（五）董事会的组成、职权和议事规则，董事的任期，董事长、副董事长的职责；

（六）管理机构的设置，办事规则，总经理、副总经理及其他高级管理人员的职责和任免方法；

（七）财务、会计、审计制度的原则；

（八）解散和清算；

（九）章程修改的程序。

第十四条 合营企业协议、合同和章程经审批机构批准后生效，其修改时同。

第十五条 审批机构和登记管理机构对合营企业合同、章程的执行负有监督检查的责任。

第三章 组织形式与注册资本

第十六条 合营企业为有限责任公司。

合营各方对合营企业的责任以各自认缴的出资额为限。

第十七条 合营企业的投资总额（含企业借款），是指按照合营企业合同、章程规定的生产规模需要投入的基本建设资金和生产流动资金的总和。

第十八条 合营企业的注册资本，是指为设立合营企业在登记管理机构登记的资本总额，应为合营各方认缴的出资额之和。

合营企业的注册资本一般应当以人民币表示，也可以用合营各方约定的外币表示。

第十九条 合营企业在合营期内不得减少其注册资本。因投资总额和生产经营规模等发生变化，确需减少的，须经审批机构批准。

第二十条 合营一方向第三者转让其全部或者部分股权的，须经合营他方同意，并报审批机构批准，向登记管理机构办理变更登记手续。

合营一方转让其全部或者部分股权时，合营他方有优先购买权。

合营一方向第三者转让股权的条件，不得比向合营他方转让的条件优惠。

违反上述规定的，其转让无效。

第二十一条 合营企业注册资本的增加、减少，应当由董事会会议通过，并报审批机构批准，向登记管理机构办理变更登记手续。

第四章 出资方式

第二十二条 合营者可以用货币出资，也可以用建筑物、厂房、机器设备或者其他物料、工业产权、专有技术、场地使用权等作价出资。以建筑物、厂房、机器设备或者其他物料、工业产权、专有技术作为出资的，其作价由合营各方按照公平合理的原则协商确定，或者聘请合营各方同意的第三者评定。

第二十三条 外国合营者出资的外币，按缴款当日中国人民银行公布的基准汇率折算成人民币或者套算成约定的外币。

中国合营者出资的人民币现金，需要折算成外币的，按缴款当日中国人民银行公布的基准汇率折算。

第二十四条 作为外国合营者出资的机器设备或者其他物料，应当是合营企业生产所必需的。

前款所指机器设备或者其他物料的作价，不得高于同类机器设备或者其他物料当时的国际市场价格。

第二十五条 作为外国合营者出资的工业产权或者专有技术，必须符合下列条件之一：

（一）能显著改进现有产品的性能、质量，提高生产效率的；

(二)能显著节约原材料、燃料、动力的。

第二十六条　外国合营者以工业产权或者专有技术作为出资,应当提交该工业产权或者专有技术的有关资料,包括专利证书或者商标注册证书的复制件、有效状况及其技术特性、实用价值、作价的计算根据、与中国合营者签订的作价协议等有关文件,作为合营合同的附件。

第二十七条　外国合营者作为出资的机器设备或者其他物料、工业产权或者专有技术,应当报审批机构批准。

第二十八条　合营各方应当按照合同规定的期限缴清各自的出资额。逾期未缴或者未缴清的,应当按合同规定支付迟延利息或者赔偿损失。

第二十九条　合营各方缴付出资额后,应当由中国的注册会计师验证,出具验资报告后,由合营企业据以发给出资证明书。出资证明书载明下列事项:合营企业名称;合营企业成立的年、月、日;合营者名称(或者姓名)及其出资额、出资的年、月、日;发给出资证明书的年、月、日。

第五章　董事会与经营管理机构

第三十条　董事会是合营企业的最高权力机构,决定合营企业的一切重大问题。

第三十一条　董事会成员不得少于3人。董事名额的分配由合营各方参照出资比例协商确定。

董事的任期为4年,经合营各方继续委派可以连任。

第三十二条　董事会会议每年至少召开1次,由董事长负责召集并主持。董事长不能召集时,由董事长委托副董事长或者其他董事负责召集并主持董事会会议。经1/3以上董事提议,可以由董事长召开董事会临时会议。

董事会会议应当有2/3以上董事出席方能举行。董事不能出席的,可以出具委托书委托他人代表其出席和表决。

董事会会议一般应当在合营企业法定地址所在地举行。

第三十三条　下列事项由出席董事会会议的董事一致通过方可作出决议:

(一)合营企业章程的修改;

(二)合营企业的中止、解散;

(三)合营企业注册资本的增加、减少;

(四)合营企业的合并、分立。

其他事项,可以根据合营企业章程载明的议事规则作出决议。

第三十四条　董事长是合营企业的法定代表人。董事长不能履行职责时,应当授权副董事长或者其他董事代表合营企业。

第三十五条　合营企业设经营管理机构,负责企业的日常经营管理工作。经营管理机构设总经理1人,副总经理若干人。副总经理协助总经理工作。

第三十六条　总经理执行董事会会议的各项决议,组织领导合营企业的日常经营管理工作。在董事会授权范围内,总经理对外代表合营企业,对内任免下属人员,行使董事会授予的其他职权。

第三十七条　总经理、副总经理由合营企业董事会聘请,可以由中国公民担任,也可以由外国公民担任。

经董事会聘请,董事长、副董事长、董事可以兼任合营企业的总经理、副总经理或者其他高级管理职务。

总经理处理重要问题时,应当同副总经理协商。

总经理或者副总经理不得兼任其他经济组织的总经理或者副总经理,不得参与其他经济组织对本企业的商业竞争。

第三十八条　总经理、副总经理及其他高级管理人员有营私舞弊或者严重失职行为的,经董事会决议可以随时解聘。

第三十九条　合营企业需要在国外和港澳地区设立分支机构(含销售机构)时,应当报对外贸易经济合作部批准。

第六章　引进技术

第四十条　本条例所称引进技术,是指合营企业通过技术转让的方式,从第三者或者合营者获得所需要的技术。

第四十一条 合营企业引进的技术应当是适用的、先进的,使其产品在国内具有显著的社会经济效益或者在国际市场上具有竞争能力。

第四十二条 在订立技术转让协议时,必须维护合营企业独立进行经营管理的权利,并参照本条例第二十六条的规定,要求技术输出方提供有关的资料。

第四十三条 合营企业订立的技术转让协议,应当报审批机构批准。

技术转让协议必须符合下列规定:

(一)技术使用费应当公平合理;

(二)除双方另有协议外,技术输出方不得限制技术输入方出口其产品的地区、数量和价格;

(三)技术转让协议的期限一般不超过10年;

(四)技术转让协议期满后,技术输入方有权继续使用该项技术;

(五)订立技术转让协议双方,相互交换改进技术的条件应当对等;

(六)技术输入方有权按自己认为合适的来源购买需要的机器设备、零部件和原材料;

(七)不得含有为中国的法律、法规所禁止的不合理的限制性条款。

第七章 场地使用权及其费用

第四十四条 合营企业使用场地,必须贯彻执行节约用地的原则。所需场地,应当由合营企业向所在地的市(县)级土地主管部门提出申请,经审查批准后,通过签订合同取得场地使用权。合同应当订明场地面积、地点、用途、合同期限、场地使用权的费用(以下简称场地使用费)、双方的权利与义务、违反合同的罚则等。

第四十五条 合营企业所需场地的使用权,已为中国合营者所拥有的,中国合营者可以将其作为对合营企业的出资,其作价金额应当与取得同类场地使用权所应缴纳的使用费相同。

第四十六条 场地使用费标准应当根据该场地的用途、地理环境条件、征地拆迁安置费用和合营企业对基础设施的要求等因素,由所在地的省、自治区、直辖市人民政府规定,并向对外贸易经济合作部和国家土地主管部门备案。

第四十七条 从事农业、畜牧业的合营企业,经所在地的省、自治区、直辖市人民政府同意,可以按合营企业营业收入的百分比向所在地的土地主管部门缴纳场地使用费。

在经济不发达地区从事开发性的项目,场地使用费经所在地人民政府同意,可以给予特别优惠。

第四十八条 场地使用费在开始用地的5年内不调整。以后随着经济的发展、供需情况的变化和地理环境条件的变化需要调整时,调整的间隔期应当不少于3年。

场地使用费作为中国合营者投资的,在该合同期限内不得调整。

第四十九条 合营企业按本条例第四十四条取得的场地使用权,其场地使用费应当按合同规定的用地时间从开始时起按年缴纳,第一日历年用地时间超过半年的按半年计算;不足半年的免缴。在合同期内,场地使用费如有调整,应当自调整的年度起按新的费用标准缴纳。

第五十条 合营企业除依照本章规定取得场地使用权外,还可以按照国家有关规定取得场地使用权。

第八章 购买与销售

第五十一条 合营企业所需的机器设备、原材料、燃料、配套件、运输工具和办公用品等(以下简称物资),有权自行决定在中国购买或者向国外购买。

第五十二条 合营企业需要在中国购置的办公、生活用品,按需要量购买,不受限制。

第五十三条 中国政府鼓励合营企业向

国际市场销售其产品。

第五十四条 合营企业有权自行出口其产品,也可以委托外国合营者的销售机构或者中国的外贸公司代销或者经销。

第五十五条 合营企业在合营合同规定的经营范围内,进口本企业生产所需的机器设备、零配件、原材料、燃料,凡属国家规定需要领取进口许可证的,每年编制一次计划,每半年申领一次。外国合营者作为出资的机器设备或者其他物料,可以凭审批机构的批准文件直接办理进口许可证进口。超出合营合同规定范围进口的物资,凡国家规定需要领取进口许可证的,应当另行申领。

合营企业生产的产品,可以自主经营出口,凡属国家规定需要领取出口许可证的,合营企业按照本企业的年度出口计划,每半年申领一次。

第五十六条 合营企业在国内购买物资的价格以及支付水、电、气、热、货物运输、劳务、工程设计、咨询、广告等服务的费用,享受与国内其他企业同等的待遇。

第五十七条 合营企业与中国其他经济组织之间的经济往来,按照有关的法律规定和双方订立的合同承担经济责任,解决合同争议。

第五十八条 合营企业应当依照《中华人民共和国统计法》及中国利用外资统计制度的规定,提供统计资料,报送统计报表。

第九章 税 务

第五十九条 合营企业应当按照中华人民共和国有关法律的规定,缴纳各种税款。

第六十条 合营企业的职工应当按照《中华人民共和国个人所得税法》缴纳个人所得税。

第六十一条 合营企业进口下列物资,依照中国税法的有关规定减税、免税:

(一)按照合同规定作为外国合营者出资的机器设备、零部件和其他物料(其他物料系指合营企业建厂(场)以及安装、加固机器所需材料,下同);

(二)合营企业以投资总额以内的资金进口的机器设备、零部件和其他物料;

(三)经审批机构批准,合营企业以增加资本所进口的国内不能保证生产供应的机器设备、零部件和其他物料;

(四)合营企业为生产出口产品,从国外进口的原材料、辅料、元器件、零部件和包装物料。

上述减税、免税进口物资,经批准在中国国内转卖或者转用于在中国国内销售的产品,应当照章纳税或者补税。

第六十二条 合营企业生产的出口产品,除中国限制出口的以外,依照中国税法的有关规定减税、免税或者退税。

第十章 外汇管理

第六十三条 合营企业的一切外汇事宜,按照《中华人民共和国外汇管理条例》和有关管理办法的规定办理。

第六十四条 合营企业凭营业执照,在境内银行开立外汇账户和人民币账户,由开户银行监督收付。

第六十五条 合营企业在国外或者港澳地区的银行开立外汇账户,应当经国家外汇管理局或者其分局批准,并向国家外汇管理局或者其分局报告收付情况和提供银行对账单。

第六十六条 合营企业在国外或者港澳地区设立的分支机构,其年度资产负债表和年度利润表,应当通过合营企业报送国家外汇管理局或者其分局。

第六十七条 合营企业根据经营业务的需要,可以向境内的金融机构申请外汇贷款和人民币贷款,也可以按照国家有关规定从国外或者港澳地区的银行借入外汇资金,并向国家外汇管理局或者其分局办理登记或者备案手续。

第六十八条 合营企业的外籍职工和港澳职工的工资和其他正当收益,依法纳税后,减去在中国境内的花费,其剩余部分可以按照国家有关规定购汇汇出。

第十一章 财务与会计

第六十九条 合营企业的财务与会计制度,应当按照中国有关法律和财务会计制度的规定,结合合营企业的情况加以制定,并报当地财政部门、税务机关备案。

第七十条 合营企业设总会计师,协助总经理负责企业的财务会计工作。必要时,可以设副总会计师。

第七十一条 合营企业设审计师(小的企业可以不设),负责审查、稽核合营企业的财务收支和会计账目,向董事会、总经理提出报告。

第七十二条 合营企业会计年度采用日历年制,自公历每年1月1日起至12月31日止为一个会计年度。

第七十三条 合营企业会计采用国际通用的权责发生制和借贷记账法记账。一切自制凭证、账簿、报表必须用中文书写,也可以同时用合营各方商定的一种外文书写。

第七十四条 合营企业原则上采用人民币作为记账本位币,经合营各方商定,也可以采用某一种外国货币作为记账本位币。

第七十五条 合营企业的账目,除按记账本位币记录外,对于现金、银行存款、其他货币款项以及债权债务、收益和费用等,与记账本位币不一致时,还应当按实际收付的货币记账。以外国货币作为记账本位币的合营企业,其编报的财务会计报告应当折算为人民币。

因汇率的差异而发生的折合记账本位币差额,作为汇兑损益列账。记账汇率变动,有关外币各账户的账面余额,于年终结账时,应当按照中国有关法律和财务会计制度的规定进行会计处理。

第七十六条 合营企业按照《中华人民共和国企业所得税法》缴纳所得税后的利润分配原则如下:

(一)提取储备基金、职工奖励及福利基金、企业发展基金,提取比例由董事会确定;

(二)储备基金除用于垫补合营企业亏损外,经审批机构批准也可以用于本企业增加资本,扩大生产;

(三)按照本条第(一)项规定提取三项基金后的可分配利润,董事会确定分配的,应当按合营各方的出资比例进行分配。

第七十七条 以前年度的亏损未弥补前不得分配利润。以前年度未分配的利润,可以并入本年度利润分配。

第七十八条 合营企业应当向合营各方、当地税务机关和财政部门报送季度和年度会计报表。

第七十九条 合营企业的下列文件、证件、报表,应当经中国的注册会计师验证和出具证明,方为有效:

(一)合营各方的出资证明书(以物料、场地使用权、工业产权、专有技术作为出资的,应当包括合营各方签字同意的财产估价清单及其协议文件);

(二)合营企业的年度会计报表;

(三)合营企业清算的会计报表。

第十二章 职　　工

第八十条 合营企业职工的招收、招聘、辞退、辞职、工资、福利、劳动保险、劳动保护、劳动纪律等事宜,按照国家有关劳动和社会保障的规定办理。

第八十一条 合营企业应当加强对职工的业务、技术培训,建立严格的考核制度,使他们在生产、管理技能方面能够适应现代化企业的要求。

第八十二条 合营企业的工资、奖励制度必须符合按劳分配、多劳多得的原则。

第八十三条 正副总经理、正副总工程师、正副总会计师、审计师等高级管理人员的工资待遇,由董事会决定。

第十三章 工　　会

第八十四条 合营企业职工有权按照《中华人民共和国工会法》和《中国工会章程》的规定,建立基层工会组织,开展工会活动。

第八十五条 合营企业工会是职工利益的代表,有权代表职工同合营企业签订劳动合同,并监督合同的执行。

第八十六条 合营企业工会的基本任务是:依法维护职工的民主权利和物质利益;协助合营企业安排和合理使用福利、奖励基金;组织职工学习政治、科学、技术和业务知识,开展文艺、体育活动;教育职工遵守劳动纪律,努力完成企业的各项经济任务。

第八十七条 合营企业董事会会议讨论合营企业的发展规划、生产经营活动等重大事项时,工会的代表有权列席会议,反映职工的意见和要求。

董事会会议研究决定有关职工奖惩、工资制度、生活福利、劳动保护和保险等问题时,工会的代表有权列席会议,董事会应当听取工会的意见,取得工会的合作。

第八十八条 合营企业应当积极支持本企业工会的工作。合营企业应当按照《中华人民共和国工会法》的规定为工会组织提供必要的房屋和设备,用于办公、会议、举办职工集体福利、文化、体育事业。合营企业每月按企业职工实际工资总额的2%拨交工会经费,由本企业工会按照中华全国总工会制定的有关工会经费管理办法使用。

第十四章 期限、解散与清算

第八十九条 合营企业的合营期限,按照《中外合资经营企业合营期限暂行规定》执行。

第九十条 合营企业在下列情况下解散:

(一)合营期限届满;

(二)企业发生严重亏损,无力继续经营;

(三)合营一方不履行合营企业协议、合同、章程规定的义务,致使企业无法继续经营;

(四)因自然灾害、战争等不可抗力遭受严重损失,无法继续经营;

(五)合营企业未达到其经营目的,同时又无发展前途;

(六)合营企业合同、章程所规定的其他解散原因已经出现。

前款第(二)、(四)、(五)、(六)项情况发生的,由董事会提出解散申请书,报审批机构批准;第(三)项情况发生的,由履行合同的一方提出申请,报审批机构批准。

在本条第一款第(三)项情况下,不履行合营企业协议、合同、章程规定的义务一方,应当对合营企业由此造成的损失负赔偿责任。

第九十一条 合营企业宣告解散时,应当进行清算。合营企业应当依法成立清算委员会,由清算委员会负责清算事宜。

第九十二条 清算委员会的成员一般应当在合营企业的董事中选任。董事不能担任或者不适合担任清算委员会成员时,合营企业可以聘请中国的注册会计师、律师担任。审批机构认为必要时,可以派人进行监督。

清算费用和清算委员会成员的酬劳应当从合营企业现存财产中优先支付。

第九十三条 清算委员会的任务是对合营企业的财产、债权、债务进行全面清查,编制资产负债表和财产目录,提出财产作价和计算依据,制定清算方案,提请董事会会议通过后执行。

清算期间,清算委员会代表该合营企业起诉和应诉。

第九十四条 合营企业以其全部资产对其债务承担责任。合营企业清偿债务后的剩余财产按照合营各方的出资比例进行分配,但合营企业协议、合同、章程另有规定的除外。

合营企业解散时,其资产净额或者剩余财产减除企业未分配利润、各项基金和清算费用后的余额,超过实缴资本的部分为清算所得,应当依法缴纳所得税。

第九十五条 合营企业的清算工作结束后,由清算委员会提出清算结束报告,提请董事会会议通过后,报告审批机构,并向登记管理机构办理注销登记手续,缴销营业执照。

第九十六条 合营企业解散后,各项账册及文件应当由原中国合营者保存。

第十五章 争议的解决

第九十七条 合营各方在解释或者履行

合营企业协议、合同、章程时发生争议的,应当尽量通过友好协商或者调解解决。经过协商或者调解无效的,提请仲裁或者司法解决。

第九十八条 合营各方根据有关仲裁的书面协议,可以在中国的仲裁机构进行仲裁,也可以在其他仲裁机构仲裁。

第九十九条 合营各方之间没有有关仲裁的书面协议的,发生争议的任何一方都可以依法向人民法院起诉。

第一百条 在解决争议期间,除争议事项外,合营各方应当继续履行合营企业协议、合同、章程所规定的其他各项条款。

第十六章 附 则

第一百零一条 合营企业的外籍职工和港澳职工(包括其家属),需要经常入、出中国国境的,中国主管签证机关可以简化手续,予以方便。

第一百零二条 合营企业的中国职工,因工作需要出国(境)考察、洽谈业务、学习或者接受培训,按照国家有关规定办理出国(境)手续。

第一百零三条 合营企业的外籍职工和港澳职工,可以带进必需的交通工具和办公用品,按照中国税法的有关规定纳税。

第一百零四条 在经济特区设立的合营企业,法律、行政法规另有规定的,从其规定。

第一百零五条 本条例自公布之日起施行。

中华人民共和国中外合作经营企业法

(1988年4月13日第七届全国人民代表大会第一次会议通过
根据2000年10月31日第九届全国人民代表大会常务委员会第十八次会议《关于修改〈中华人民共和国中外合作经营企业法〉的决定》第一次修正
根据2016年9月3日第十二届全国人民代表大会常务委员会第二十二次会议《关于修改〈中华人民共和国外资企业法〉等四部法律的决定》第二次修正
根据2016年11月7日第十二届全国人民代表大会常务委员会第二十四次会议《关于修改〈中华人民共和国对外贸易法〉等十二部法律的决定》第三次修正
根据2017年11月4日第十二届全国人民代表大会常务委员会第三十次会议《关于修改〈中华人民共和国会计法〉等十一部法律的决定》第四次修正)

第一条 【立法目的】为了扩大对外经济合作和技术交流,促进外国的企业和其他经济组织或者个人(以下简称外国合作者)按照平等互利的原则,同中华人民共和国的企业或者其他经济组织(以下简称中国合作者)在中国境内共同举办中外合作经营企业(以下简称合作企业),特制定本法。

第二条 【合同约定与法人资格】中外合作者举办合作企业,应当依照本法的规定,在合作企业合同中约定投资或者合作条件、收益或者产品的分配、风险和亏损的分担、经营管理的方式和合作企业终止时财产的归属等事项。

合作企业符合中国法律关于法人条件的规定的,依法取得中国法人资格。

第三条 【合法权益】国家依法保护合作企业和中外合作者的合法权益。

合作企业必须遵守中国的法律、法规,不得损害中国的社会公共利益。

国家有关机关依法对合作企业实行监督。

第四条　【国家鼓励】国家鼓励举办产品出口的或者技术先进的生产型合作企业。

第五条　【报批】申请设立合作企业,应当将中外合作者签订的协议、合同、章程等文件报国务院对外经济贸易主管部门或者国务院授权的部门和地方政府(以下简称审查批准机关)审查批准。审查批准机关应当自接到申请之日起四十五天内决定批准或者不批准。

第六条　【登记】设立合作企业的申请经批准后,应当自接到批准证书之日起三十天内向工商行政管理机关申请登记,领取营业执照。合作企业的营业执照签发日期,为该企业的成立日期。

合作企业应当自成立之日起三十天内向税务机关办理税务登记。

第七条　【变更登记】中外合作者在合作期限内协商同意对合作企业合同作重大变更的,应当报审查批准机关批准;变更内容涉及法定工商登记项目、税务登记项目的,应当向工商行政管理机关、税务机关办理变更登记手续。

第八条　【投资或合作条件】中外合作者的投资或者提供的合作条件可以是现金、实物、土地使用权、工业产权、非专利技术和其他财产权利。

第九条　【履行义务】中外合作者应当依照法律、法规的规定和合作企业合同的约定,如期履行缴足投资、提供合作条件的义务。逾期不履行的,由工商行政管理机关限期履行;限期届满仍未履行的,由审查批准机关和工商行政管理机关依照国家有关规定处理。

中外合作者的投资或者提供的合作条件,由中国注册会计师或者有关机构验证并出具证明。

第十条　【权利义务的转让】中外合作者的一方转让其在合作企业合同中的全部或者部分权利、义务的,必须经他方同意,并报审查批准机关批准。

第十一条　【经营管理】合作企业依照经批准的合作企业合同、章程进行经营管理活动。合作企业的经营管理自主权不受干涉。

第十二条　【管理机构】合作企业应当设立董事会或者联合管理机构,依照合作企业合同或者章程的规定,决定合作企业的重大问题。中外合作者的一方担任董事会的董事长、联合管理机构的主任的,由他方担任副董事长、副主任。董事会或者联合管理机构可以决定任命或者聘请总经理负责合作企业的日常经营管理工作。总经理对董事会或者联合管理机构负责。

合作企业成立后改为委托中外合作者以外的他人经营管理的,必须经董事会或者联合管理机构一致同意,并向工商行政管理机关办理变更登记手续。

第十三条　【劳动合同】合作企业职工的录用、辞退、报酬、福利、劳动保护、劳动保险等事项,应当依法通过订立合同加以规定。

第十四条　【工会】合作企业的职工依法建立工会组织,开展工会活动,维护职工的合法权益。

合作企业应当为本企业工会提供必要的活动条件。

第十五条　【会计】合作企业必须在中国境内设置会计帐簿,依照规定报送会计报表,并接受财政税务机关的监督。

合作企业违反前款规定,不在中国境内设置会计帐簿的,财政税务机关可以处以罚款,工商行政管理机关可以责令停止营业或者吊销其营业执照。

第十六条　【外汇管理】合作企业应当凭营业执照在国家外汇管理机关允许经营外汇业务的银行或者其他金融机构开立外汇帐户。

合作企业的外汇事宜,依照国家有关外汇管理的规定办理。

第十七条　【借款】合作企业可以向中国境内的金融机构借款,也可以在中国境外借款。

中外合作者用作投资或者合作条件的借款及其担保,由各方自行解决。

第十八条　【投保】合作企业的各项保险

应当向中国境内的保险机构投保。

第十九条 【进出口】合作企业可以在经批准的经营范围内，进口本企业需要的物资，出口本企业生产的产品。合作企业在经批准的经营范围内所需的原材料、燃料等物资，按照公平、合理的原则，可以在国内市场或者在国际市场购买。

第二十条 【税收优惠】合作企业依照国家有关税收的规定缴纳税款并可以享受减税、免税的优惠待遇。

第二十一条 【收益与风险】中外合作者依照合作企业合同的约定，分配收益或者产品，承担风险和亏损。

中外合作者在合作企业合同中约定合作期满时合作企业的全部固定资产归中国合作者所有的，可以在合作企业合同中约定外国合作者在合作期限内先行回收投资的办法。

依照前款规定外国合作者在合作期限内先行回收投资的，中外合作者应当依照有关法律的规定和合作企业合同的约定对合作企业的债务承担责任。

第二十二条 【收入汇往国外】外国合作者在履行法律规定和合作企业合同约定的义务后分得的利润、其他合法收入和合作企业终止时分得的资金，可以依法汇往国外。

合作企业的外籍职工的工资收入和其他合法收入，依法缴纳个人所得税后，可以汇往国外。

第二十三条 【期满与终止】合作企业期满或者提前终止时，应当依照法定程序对资产和债权、债务进行清算。中外合作者应当依照合作企业合同的约定确定合作企业财产的归属。

合作企业期满或者提前终止，应当向工商行政管理机关和税务机关办理注销登记手续。

第二十四条 【合作期限的延长】合作企业的合作期限由中外合作者协商并在合作企业合同中订明。中外合作者同意延长合作期限的，应当在距合作期满一百八十天前向审查批准机关提出申请。审查批准机关应当自接到申请之日起三十天内决定批准或者不批准。

第二十五条 【部分审批事项适用备案管理】举办合作企业不涉及国家规定实施准入特别管理措施的，对本法第五条、第七条、第十条、第二十四条规定的审批事项，适用备案管理。国家规定的准入特别管理措施由国务院发布或者批准发布。

第二十六条 【争议的解决】中外合作者履行合作企业合同、章程发生争议时，应当通过协商或者调解解决。中外合作者不愿通过协商、调解解决的，或者协商、调解不成的，可以依照合作企业合同中的仲裁条款或者事后达成的书面仲裁协议，提交中国仲裁机构或者其他仲裁机构仲裁。

中外合作者没有在合作企业合同中订立仲裁条款，事后又没有达成书面仲裁协议的，可以向中国法院起诉。

第二十七条 【实施细则】国务院对外经济贸易主管部门根据本法制定实施细则，报国务院批准后施行。

第二十八条 【施行日期】本法自公布之日起施行。

中华人民共和国中外合作经营企业法实施细则

（1995 年 8 月 7 日国务院批准　1995 年 9 月 4 日对外贸易经济合作部令第 6 号发布　根据 2014 年 2 月 19 日国务院令第 648 号《关于废止和修改部分行政法规的决定》第一次修订　根据 2017 年 3 月 1 日国务院令第 676 号《关于修改和废止部分行政法规的决定》第二次修订　根据 2017 年 11 月 17 日国务院令第 690 号《关于修改部分行政法规的决定》第三次修订）

第一章　总　　则

第一条　根据《中华人民共和国中外合作经营企业法》，制定本实施细则。

第二条　在中国境内举办中外合作经营企业（以下简称合作企业），应当符合国家的发展政策和产业政策，遵守国家关于指导外商投资方向的规定。

第三条　合作企业在批准的合作企业协议、合同、章程范围内，依法自主地开展业务、进行经营管理活动，不受任何组织或者个人的干涉。

第四条　合作企业包括依法取得中国法人资格的合作企业和不具有法人资格的合作企业。

不具有法人资格的合作企业，本实施细则第九章有特别规定的，从其规定。

第五条　合作企业的主管部门为中国合作者的主管部门。合作企业有 2 个以上中国合作者的，由审查批准机关会同有关部门协商确定一个主管部门。但是，法律、行政法规另有规定的除外。

合作企业的主管部门对合作企业的有关事宜依法进行协调、提供协助。

第二章　合作企业的设立

第六条　设立合作企业由对外贸易经济合作部或者国务院授权的部门和地方人民政府审查批准。

设立合作企业属于下列情形的，由国务院授权的部门或者地方人民政府审查批准：

（一）投资总额在国务院规定由国务院授权的部门或者地方人民政府审批的投资限额以内的；

（二）自筹资金，并且不需要国家平衡建设、生产条件的；

（三）产品出口不需要领取国家有关主管部门发放的出口配额、许可证，或者虽需要领取，但在报送项目建议书前已征得国家有关主管部门同意的；

（四）有法律、行政法规规定由国务院授权的部门或者地方人民政府审查批准的其他情形的。

第七条　设立合作企业，应当由中国合作者向审查批准机关报送下列文件：

（一）设立合作企业的项目建议书，并附送主管部门审查同意的文件；

（二）合作各方共同编制的可行性研究报告，并附送主管部门审查同意的文件；

（三）由合作各方的法定代表人或其授权的代表签署的合作企业协议、合同、章程；

（四）合作各方的营业执照或者注册登记证明、资信证明及法定代表人的有效证明文件，外国合作者是自然人的，应当提供有关其身份、履历和资信情况的有效证明文件；

（五）合作各方协商确定的合作企业董事

长、副董事长、董事或者联合管理委员会主任、副主任、委员的人选名单；

（六）审查批准机关要求报送的其他文件。

前款所列文件，除第四项中所列外国合作者提供的文件外，必须报送中文本，第二项、第三项和第五项所列文件可以同时报送合作各方商定的一种外文本。

审查批准机关应当自收到规定的全部文件之日起45天内决定批准或者不批准；审查批准机关认为报送的文件不全或者有不当之处的，有权要求合作各方在指定期间内补全或者修正。

第八条 对外贸易经济合作部和国务院授权的部门批准设立的合作企业，由对外贸易经济合作部颁发批准证书。

国务院授权的地方人民政府批准设立的合作企业，由有关地方人民政府颁发批准证书，并自批准之日起30天内将有关批准文件报送对外贸易经济合作部备案。

批准设立的合作企业应当依法向工商行政管理机关申请登记，领取营业执照。

第九条 申请设立合作企业，有下列情形之一的，不予批准：

（一）损害国家主权或者社会公共利益的；

（二）危害国家安全的；

（三）对环境造成污染损害的；

（四）有违反法律、行政法规或者国家产业政策的其他情形的。

第十条 本实施细则所称合作企业协议，是指合作各方对设立合作企业的原则和主要事项达成一致意见后形成的书面文件。

本实施细则所称合作企业合同，是指合作各方为设立合作企业就相互之间的权利、义务关系达成一致意见后形成的书面文件。

本实施细则所称合作企业章程，是指按照合作企业合同的约定，经合作各方一致同意，约定合作企业的组织原则、经营管理方法等事项的书面文件。

合作企业协议、章程的内容与合作企业合同不一致的，以合作企业合同为准。

合作各方可以不订立合作企业协议。

第十一条 合作企业协议、合同、章程自审查批准机关颁发批准证书之日起生效。在合作期限内，合作企业协议、合同、章程有重大变更的，须经审查批准机关批准。

第十二条 合作企业合同应当载明下列事项：

（一）合作各方的名称、注册地、住所及法定代表人的姓名、职务、国籍（外国合作者是自然人的，其姓名、国籍和住所）；

（二）合作企业的名称、住所、经营范围；

（三）合作企业的投资总额，注册资本，合作各方投资或者提供合作条件的方式、期限；

（四）合作各方投资或者提供的合作条件的转让；

（五）合作各方收益或者产品的分配，风险或者亏损的分担；

（六）合作企业董事会或者联合管理委员会的组成以及董事或者联合管理委员会委员名额的分配，总经理及其他高级管理人员的职责和聘任、解聘办法；

（七）采用的主要生产设备、生产技术及其来源；

（八）产品在中国境内销售和境外销售的安排；

（九）合作企业外汇收支的安排；

（十）合作企业的期限、解散和清算；

（十一）合作各方其他义务以及违反合同的责任；

（十二）财务、会计、审计的处理原则；

（十三）合作各方之间争议的处理；

（十四）合作企业合同的修改程序。

第十三条 合作企业章程应当载明下列事项：

（一）合作企业名称及住所；

（二）合作企业的经营范围和合作期限；

（三）合作各方的名称、注册地、住所及法定代表人的姓名、职务和国籍（外国合作者是自然人的，其姓名、国籍和住所）；

（四）合作企业的投资总额，注册资本，合

作各方认缴出资额、投资或者提供合作条件的方式、期限；

（五）合作各方收益或者产品的分配，风险或者亏损的分担；

（六）合作企业董事会或者联合管理委员会的组成、职权和议事规则，董事会董事或者联合管理委员会委员的任期，董事长、副董事长或者联合管理委员会主任、副主任的职责；

（七）经营管理机构的设置、职权、办事规则，总经理及其他高级管理人员的职责和聘任、解聘办法；

（八）有关职工招聘、培训、劳动合同、工资、社会保险、福利、职业安全卫生等劳动管理事项的规定；

（九）合作企业财务、会计和审计制度；

（十）合作企业解散和清算办法；

（十一）合作企业章程的修改程序。

第三章 组织形式与注册资本

第十四条 合作企业依法取得中国法人资格的，为有限责任公司。除合作企业合同另有约定外，合作各方以其投资或者提供的合作条件为限对合作企业承担责任。

合作企业以其全部资产对合作企业的债务承担责任。

第十五条 合作企业的投资总额，是指按照合作企业合同、章程规定的生产经营规模，需要投入的资金总和。

第十六条 合作企业的注册资本，是指为设立合作企业，在工商行政管理机关登记的合作各方认缴的出资额之和。注册资本以人民币表示，也可以用合作各方约定的一种可自由兑换的外币表示。

合作企业注册资本在合作期限内不得减少。但是，因投资总额和生产经营规模等变化，确需减少的，须经审查批准机关批准。

第四章 投资、合作条件

第十七条 合作各方应当依照有关法律、行政法规的规定和合作企业合同的约定，向合作企业投资或者提供合作条件。

第十八条 合作各方向合作企业的投资或者提供的合作条件可以是货币，也可以是实物或者工业产权、专有技术、土地使用权等财产权利。

中国合作者的投资或者提供的合作条件，属于国有资产的，应当依照有关法律、行政法规的规定进行资产评估。

在依法取得中国法人资格的合作企业中，外国合作者的投资一般不低于合作企业注册资本的25%。在不具有法人资格的合作企业中，对合作各方向合作企业投资或者提供合作条件的具体要求，由对外贸易经济合作部规定。

第十九条 合作各方应当以其自有的财产或者财产权利作为投资或者合作条件，对该投资或者合作条件不得设置抵押权或者其他形式的担保。

第二十条 合作各方应当根据合作企业的生产经营需要，依照有关法律、行政法规的规定，在合作企业合同中约定合作各方向合作企业投资或者提供合作条件的期限。

合作各方没有按照合作企业合同约定缴纳投资或者提供合作条件的，工商行政管理机关应当限期履行；限期届满仍未履行的，审查批准机关应当撤销合作企业的批准证书，工商行政管理机关应当吊销合作企业的营业执照，并予以公告。

第二十一条 未按照合作企业合同约定缴纳投资或者提供合作条件的一方，应当向已按照合作企业合同约定缴纳投资或者提供合作条件的他方承担违约责任。

第二十二条 合作各方缴纳投资或者提供合作条件后，应当由中国注册会计师验证并出具验资报告，由合作企业据以发给合作各方出资证明书。出资证明书应当载明下列事项：

（一）合作企业名称；

（二）合作企业成立日期；

（三）合作各方名称或者姓名；

（四）合作各方投资或者提供合作条件的

内容;

(五)合作各方投资或者提供合作条件的日期;

(六)出资证明书的编号和核发日期。

出资证明书应当抄送审查批准机关及工商行政管理机关。

第二十三条 合作各方之间相互转让或者合作一方向合作他方以外的他人转让属于其在合作企业合同中全部或者部分权利的,须经合作他方书面同意,并报审查批准机关批准。

审查批准机关应当自收到有关转让文件之日起30天内决定批准或者不批准。

第五章 组织机构

第二十四条 合作企业设董事会或者联合管理委员会。董事会或者联合管理委员会是合作企业的权力机构,按照合作企业章程的规定,决定合作企业的重大问题。

第二十五条 董事会或者联合管理委员会成员不得少于3人,其名额的分配由中外合作者参照其投资或者提供的合作条件协商确定。

第二十六条 董事会董事或者联合管理委员会委员由合作各方自行委派或者撤换。董事会董事长、副董事长或者联合管理委员会主任、副主任的产生办法由合作企业章程规定;中外合作者的一方担任董事长、主任的,副董事长、副主任由他方担任。

第二十七条 董事或者委员的任期由合作企业章程规定;但是,每届任期不得超过3年。董事或者委员任期届满,委派方继续委派的,可以连任。

第二十八条 董事会会议或者联合管理委员会会议每年至少召开1次,由董事长或者主任召集并主持。董事长或者主任因特殊原因不能履行职务时,由董事长或者主任指定副董事长、副主任或者其他董事、委员召集并主持。1/3以上董事或者委员可以提议召开董事会会议或者联合管理委员会会议。

董事会会议或者联合管理委员会会议应当有2/3以上董事或者委员出席方能举行,不能出席董事会会议或者联合管理委员会会议的董事或者委员应当书面委托他人代表其出席和表决。董事会会议或者联合管理委员会会议作出决议,须经全体董事或者委员的过半数通过。董事或者委员无正当理由不参加又不委托他人代表其参加董事会会议或者联合管理委员会会议的,视为出席董事会会议或者联合管理委员会会议并在表决中弃权。

召开董事会会议或者联合管理委员会会议,应当在会议召开的10天前通知全体董事或者委员。

董事会或者联合管理委员会也可以用通讯的方式作出决议。

第二十九条 下列事项由出席董事会会议或者联合管理委员会会议的董事或者委员一致通过,方可作出决议:

(一)合作企业章程的修改;

(二)合作企业注册资本的增加或者减少;

(三)合作企业的解散;

(四)合作企业的资产抵押;

(五)合作企业合并、分立和变更组织形式;

(六)合作各方约定由董事会会议或者联合管理委员会会议一致通过方可作出决议的其他事项。

第三十条 董事会或者联合管理委员会的议事方式和表决程序,除本实施细则规定的外,由合作企业章程规定。

第三十一条 董事长或者主任是合作企业的法定代表人。董事长或者主任因特殊原因不能履行职务时,应当授权副董事长、副主任或者其他董事、委员对外代表合作企业。

第三十二条 合作企业设总经理1人,负责合作企业的日常经营管理工作,对董事会或者联合管理委员会负责。

合作企业的总经理由董事会或者联合管理委员会聘任、解聘。

第三十三条 总经理及其他高级管理人

员可以由中国公民担任,也可以由外国公民担任。

经董事会或者联合管理委员会聘任,董事或者委员可以兼任合作企业的总经理或者其他高级管理职务。

第三十四条　总经理及其他高级管理人员不胜任工作任务的,或者有营私舞弊或者严重失职行为的,经董事会或者联合管理委员会决议,可以解聘;给合作企业造成损失的,应当依法承担责任。

第三十五条　合作企业成立后委托合作各方以外的他人经营管理的,必须经董事会或者联合管理委员会一致同意,并应当与被委托人签订委托经营管理合同。

第六章　购买物资和销售产品

第三十六条　合作企业按照经批准的经营范围和生产经营规模,自行制定生产经营计划。

政府部门不得强令合作企业执行政府部门确定的生产经营计划。

第三十七条　合作企业可以自行决定在中国境内或者境外购买本企业自用的机器设备、原材料、燃料、零部件、配套件、元器件、运输工具和办公用品等(以下简称"物资")。

第三十八条　国家鼓励合作企业向国际市场销售其产品。合作企业可以自行向国际市场销售其产品,也可以委托国外的销售机构或者中国的外贸公司代销或者经销其产品。

合作企业销售产品的价格,由合作企业依法自行确定。

第三十九条　外国合作者作为投资进口的机器设备、零部件和其他物料以及合作企业用投资总额内的资金进口生产、经营所需的机器设备、零部件和其他物料,免征进口关税和进口环节的流转税。上述免税进口物资经批准在中国境内转卖或者转用于国内销售的,应当依法纳税或者补税。

第四十条　合作企业不得以明显低于合理的国际市场同类产品的价格出口产品,不得以高于国际市场同类产品的价格进口物资。

第四十一条　合作企业销售产品,应当按照经批准的合作企业合同的约定销售。

第四十二条　合作企业进口或者出口属于进出口许可证、配额管理的商品,应当按照国家有关规定办理申领手续。

第七章　分配收益与回收投资

第四十三条　中外合作者可以采用分配利润、分配产品或者合作各方共同商定的其他方式分配收益。

采用分配产品或者其他方式分配收益的,应当按照税法的有关规定,计算应纳税额。

第四十四条　中外合作者在合作企业合同中约定合作期限届满时,合作企业的全部固定资产无偿归中国合作者所有的,外国合作者在合作期限内,可以在按照投资或者提供合作条件进行分配的基础上,在合作企业合同中约定扩大外国合作者的收益分配比例,先行回收其投资。

外国合作者依照前款规定在合作期限内先行回收投资的,中外合作者应当依照有关法律的规定和合作企业合同的约定,对合作企业的债务承担责任。

第四十五条　合作企业的亏损未弥补前,外国合作者不得先行回收投资。

第四十六条　合作企业应当按照国家有关规定聘请中国注册会计师进行查账验证。合作各方可以共同或者单方自行委托中国注册会计师查账,所需费用由委托查账方负担。

第八章　期限和解散

第四十七条　合作企业的期限由中外合作者协商确定,并在合作企业合同中订明。

合作企业期限届满,合作各方协商同意要求延长合作期限的,应当在期限届满的 180 天前向审查批准机关提出申请,说明原合作企业合同执行情况,延长合作期限的原因,同时报送合作各方就延长的期限内各方的权利、义务等事项所达成的协议。审查批准机关应当自接到申请之日起 30 天内，决定批准或者不批准。

经批准延长合作期限的，合作企业凭批准文件向工商行政管理机关办理变更登记手续，延长的期限从期限届满后的第一天起计算。

合作企业合同约定外国合作者先行回收投资，并且投资已经回收完毕的，合作企业期限届满不再延长；但是，外国合作者增加投资的，经合作各方协商同意，可以依照本条第二款的规定向审查批准机关申请延长合作期限。

第四十八条 合作企业因下列情形之一出现时解散：

（一）合作期限届满；

（二）合作企业发生严重亏损，或者因不可抗力遭受严重损失，无力继续经营；

（三）中外合作者一方或者数方不履行合作企业合同、章程规定的义务，致使合作企业无法继续经营；

（四）合作企业合同、章程中规定的其他解散原因已经出现；

（五）合作企业违反法律、行政法规，被依法责令关闭。

前款第二项、第四项所列情形发生，应当由合作企业的董事会或者联合管理委员会做出决定，报审查批准机关批准。在前款第三项所列情形下，不履行合作企业合同、章程规定的义务的中外合作者一方或者数方，应当对履行合同的他方因此遭受的损失承担赔偿责任；履行合同的一方或者数方有权向审查批准机关提出申请，解散合作企业。

第四十九条 合作企业的清算事宜依照国家有关法律、行政法规及合作企业合同、章程的规定办理。

第九章 关于不具有法人资格的合作企业的特别规定

第五十条 不具有法人资格的合作企业及其合作各方，依照中国民事法律的有关规定，承担民事责任。

第五十一条 不具有法人资格的合作企业应当向工商行政管理机关登记合作各方的投资或者提供的合作条件。

第五十二条 不具有法人资格的合作企业的合作各方的投资或者提供的合作条件，为合作各方分别所有。经合作各方约定，也可以共有，或者部分分别所有、部分共有。合作企业经营积累的财产，归合作各方共有。

不具有法人资格的合作企业合作各方的投资或者提供的合作条件由合作企业统一管理和使用。未经合作他方同意，任何一方不得擅自处理。

第五十三条 不具有法人资格的合作企业设立联合管理机构。联合管理机构由合作各方委派的代表组成，代表合作各方共同管理合作企业。

联合管理机构决定合作企业的一切重大问题。

第五十四条 不具有法人资格的合作企业应当在合作企业所在地设置统一的会计账簿；合作各方还应当设置各自的会计账簿。

第十章 附 则

第五十五条 合作企业合同的订立、效力、解释、履行及其争议的解决，适用中国法律。

第五十六条 本实施细则未规定的事项，包括合作企业的财务、会计、审计、外汇、税务、劳动管理、工会等，适用有关法律、行政法规的规定。

第五十七条 香港、澳门、台湾地区的公司、企业和其他经济组织或者个人以及在国外居住的中国公民举办合作企业，参照本实施细则办理。

第五十八条 本实施细则自发布之日起施行。

最高人民法院关于审理外商投资企业纠纷案件若干问题的规定(一)

(2010 年 5 月 17 日最高人民法院审判委员会第 1487 次会议通过
2010 年 8 月 5 日公布 法释〔2010〕9 号 自 2010 年 8 月 16 日起施行)

为正确审理外商投资企业在设立、变更等过程中产生的纠纷案件,保护当事人的合法权益,根据《中华人民共和国民法通则》、《中华人民共和国合同法》、《中华人民共和国物权法》、《中华人民共和国公司法》、《中华人民共和国中外合资经营企业法》、《中华人民共和国中外合作经营企业法》、《中华人民共和国外资企业法》等法律法规的规定,结合审判实践,制定本规定。

第一条 当事人在外商投资企业设立、变更等过程中订立的合同,依法律、行政法规的规定应当经外商投资企业审批机关批准后才生效的,自批准之日起生效;未经批准的,人民法院应当认定该合同未生效。当事人请求确认该合同无效的,人民法院不予支持。

前款所述合同因未经批准而被认定未生效的,不影响合同中当事人履行报批义务条款及因该报批义务而设定的相关条款的效力。

第二条 当事人就外商投资企业相关事项达成的补充协议对已获批准的合同不构成重大或实质性变更的,人民法院不应以未经外商投资企业审批机关批准为由认定该补充协议未生效。

前款规定的重大或实质性变更包括注册资本、公司类型、经营范围、营业期限、股东认缴的出资额、出资方式的变更以及公司合并、公司分立、股权转让等。

第三条 人民法院在审理案件中,发现经外商投资企业审批机关批准的外商投资企业合同具有法律、行政法规规定的无效情形的,应当认定合同无效;该合同具有法律、行政法规规定的可撤销情形,当事人请求撤销的,人民法院应予支持。

第四条 外商投资企业合同约定一方当事人以需要办理权属变更登记的标的物出资或者提供合作条件,标的物已交付外商投资企业实际使用,且负有办理权属变更登记义务的一方当事人在人民法院指定的合理期限内完成了登记的,人民法院应当认定该方当事人履行了出资或者提供合作条件的义务。外商投资企业或其股东以该方当事人未履行出资义务为由主张该方当事人不享有股东权益的,人民法院不予支持。

外商投资企业或其股东举证证明该方当事人因迟延办理权属变更登记给外商投资企业造成损失并请求赔偿的,人民法院应予支持。

第五条 外商投资企业股权转让合同成立后,转让方和外商投资企业不履行报批义务,经受让方催告后在合理的期限内仍未履行,受让方请求解除合同并由转让方返还其已支付的转让款、赔偿因未履行报批义务而造成的实际损失的,人民法院应予支持。

第六条 外商投资企业股权转让合同成立后,转让方和外商投资企业不履行报批义务,受让方以转让方为被告、以外商投资企业为第三人提起诉讼,请求转让方与外商投资企业在一定期限内共同履行报批义务的,人民法院应予支持。受让方同时请求在转让方和外商投资企业于生效判决确定的期限内不履行报批义务时自行报批的,人民法院应予支持。

转让方和外商投资企业拒不根据人民法

院生效判决确定的期限履行报批义务，受让方另行起诉，请求解除合同并赔偿损失的，人民法院应予支持。赔偿损失的范围可以包括股权的差价损失、股权收益及其他合理损失。

第七条 转让方、外商投资企业或者受让方根据本规定第六条第一款的规定就外商投资企业股权转让合同报批，未获外商投资企业审批机关批准，受让方另行起诉，请求转让方返还其已支付的转让款的，人民法院应予支持。受让方请求转让方赔偿因此造成的损失的，人民法院应根据转让方是否存在过错以及过错大小认定其是否承担赔偿责任及具体赔偿数额。

第八条 外商投资企业股权转让合同约定受让方支付转让款后转让方才办理报批手续，受让方未支付股权转让款，经转让方催告后在合理的期限内仍未履行，转让方请求解除合同并赔偿因迟延履行而造成的实际损失的，人民法院应予支持。

第九条 外商投资企业股权转让合同成立后，受让方未支付股权转让款，转让方和外商投资企业亦未履行报批义务，转让方请求受让方支付股权转让款的，人民法院应当中止审理，指令转让方在一定期限内办理报批手续。该股权转让合同获得外商投资企业审批机关批准的，对转让方关于支付转让款的诉讼请求，人民法院应予支持。

第十条 外商投资企业股权转让合同成立后，受让方已实际参与外商投资企业的经营管理并获取收益，但合同未获外商投资企业审批机关批准，转让方请求受让方退出外商投资企业的经营管理并将受让方因实际参与经营管理而获得的收益在扣除相关成本费用后支付给转让方的，人民法院应予支持。

第十一条 外商投资企业一方股东将股权全部或部分转让给股东之外的第三人，应当经其他股东一致同意，其他股东以未征得其同意为由请求撤销股权转让合同的，人民法院应予支持。具有以下情形之一的除外：

（一）有证据证明其他股东已经同意；

（二）转让方已就股权转让事项书面通知，其他股东自接到书面通知之日满三十日未予答复；

（三）其他股东不同意转让，又不购买该转让的股权。

第十二条 外商投资企业一方股东将股权全部或部分转让给股东之外的第三人，其他股东以该股权转让侵害了其优先购买权为由请求撤销股权转让合同的，人民法院应予支持。其他股东在知道或者应当知道股权转让合同签订之日起一年内未主张优先购买权的除外。

前款规定的转让方、受让方以侵害其他股东优先购买权为由请求认定股权转让合同无效的，人民法院不予支持。

第十三条 外商投资企业股东与债权人订立的股权质押合同，除法律、行政法规另有规定或者合同另有约定外，自成立时生效。未办理质权登记的，不影响股权质押合同的效力。

当事人仅以股权质押合同未经外商投资企业审批机关批准为由主张合同无效或未生效的，人民法院不予支持。

股权质押合同依照物权法的相关规定办理了出质登记的，股权质权自登记时设立。

第十四条 当事人之间约定一方实际投资、另一方作为外商投资企业名义股东，实际投资者请求确认其在外商投资企业中的股东身份或者请求变更外商投资企业股东的，人民法院不予支持。同时具备以下条件的除外：

（一）实际投资者已经实际投资；

（二）名义股东以外的其他股东认可实际投资者的股东身份；

（三）人民法院或当事人在诉讼期间就将实际投资者变更为股东征得了外商投资企业审批机关的同意。

第十五条 合同约定一方实际投资、另一方作为外商投资企业名义股东，不具有法律、行政法规规定的无效情形的，人民法院应认定该合同有效。一方当事人仅以未经外商投资企业审批机关批准为由主张该合同无效或者未生效的，人民法院不予支持。

实际投资者请求外商投资企业名义股东依据双方约定履行相应义务的，人民法院应予支持。

双方未约定利益分配，实际投资者请求外商投资企业名义股东向其交付从外商投资企业获得的收益的，人民法院应予支持。外商投资企业名义股东向实际投资者请求支付必要报酬的，人民法院应酌情予以支持。

第十六条 外商投资企业名义股东不履行与实际投资者之间的合同，致使实际投资者不能实现合同目的，实际投资者请求解除合同并由外商投资企业名义股东承担违约责任的，人民法院应予支持。

第十七条 实际投资者根据其与外商投资企业名义股东的约定，直接向外商投资企业请求分配利润或者行使其他股东权利的，人民法院不予支持。

第十八条 实际投资者与外商投资企业名义股东之间的合同被认定无效，名义股东持有的股权价值高于实际投资额，实际投资者请求名义股东向其返还投资款并根据其实际投资情况以及名义股东参与外商投资企业经营管理的情况对股权收益在双方之间进行合理分配的，人民法院应予支持。

外商投资企业名义股东明确表示放弃股权或者拒绝继续持有股权的，人民法院可以判令以拍卖、变卖名义股东持有的外商投资企业股权所得向实际投资者返还投资款，其余款项根据实际投资者的实际投资情况、名义股东参与外商投资企业经营管理的情况在双方之间进行合理分配。

第十九条 实际投资者与外商投资企业名义股东之间的合同被认定无效，名义股东持有的股权价值低于实际投资额，实际投资者请求名义股东向其返还现有股权的等值价款的，人民法院应予支持；外商投资企业名义股东明确表示放弃股权或者拒绝继续持有股权的，人民法院可以判令以拍卖、变卖名义股东持有的外商投资企业股权所得向实际投资者返还投资款。

实际投资者请求名义股东赔偿损失的，人民法院应当根据名义股东对合同无效是否存在过错及过错大小认定其是否承担赔偿责任及具体赔偿数额。

第二十条 实际投资者与外商投资企业名义股东之间的合同因恶意串通，损害国家、集体或者第三人利益，被认定无效的，人民法院应当将因此取得的财产收归国家所有或者返还集体、第三人。

第二十一条 外商投资企业一方股东或者外商投资企业以提供虚假材料等欺诈或者其他不正当手段向外商投资企业审批机关申请变更外商投资企业批准证书所载股东，导致外商投资企业他方股东丧失股东身份或原有股权份额，他方股东请求确认股东身份或原有股权份额的，人民法院应予支持。第三人已经善意取得该股权的除外。

他方股东请求侵权股东或者外商投资企业赔偿损失的，人民法院应予支持。

第二十二条 人民法院审理香港特别行政区、澳门特别行政区、台湾地区的投资者、定居在国外的中国公民在内地投资设立企业产生的相关纠纷案件，参照适用本规定。

第二十三条 本规定施行后，案件尚在一审或者二审阶段的，适用本规定；本规定施行前已经终审的案件，人民法院进行再审时，不适用本规定。

第二十四条 本规定施行前本院作出的有关司法解释与本规定相抵触的，以本规定为准。

7. 直销企业管理

直销管理条例

（2005 年 8 月 23 日中华人民共和国国务院令第 443 号公布 根据 2017 年 3 月 1 日国务院令第 676 号《关于修改和废止部分行政法规的决定》修订）

第一章 总 则

第一条 为规范直销行为，加强对直销活动的监管，防止欺诈，保护消费者的合法权益和社会公共利益，制定本条例。

第二条 在中华人民共和国境内从事直销活动，应当遵守本条例。

直销产品的范围由国务院商务主管部门会同国务院工商行政管理部门根据直销业的发展状况和消费者的需求确定、公布。

第三条 本条例所称直销，是指直销企业招募直销员，由直销员在固定营业场所之外直接向最终消费者（以下简称消费者）推销产品的经销方式。

本条例所称直销企业，是指依照本条例规定经批准采取直销方式销售产品的企业。

本条例所称直销员，是指在固定营业场所之外将产品直接推销给消费者的人员。

第四条 在中华人民共和国境内设立的企业（以下简称企业），可以依照本条例规定申请成为以直销方式销售本企业生产的产品以及其母公司、控股公司生产产品的直销企业。

直销企业可以依法取得贸易权和分销权。

第五条 直销企业及其直销员从事直销活动，不得有欺骗、误导等宣传和推销行为。

第六条 国务院商务主管部门和工商行政管理部门依照其职责分工和本条例规定，负责对直销企业和直销员及其直销活动实施监督管理。

第二章 直销企业及其分支机构的设立和变更

第七条 申请成为直销企业，应当具备下列条件：

（一）投资者具有良好的商业信誉，在提出申请前连续 5 年没有重大违法经营记录；外国投资者还应当有 3 年以上在中国境外从事直销活动的经验；

（二）实缴注册资本不低于人民币 8000 万元；

（三）依照本条例规定在指定银行足额缴纳了保证金；

（四）依照规定建立了信息报备和披露制度。

第八条 申请成为直销企业应当填写申请表，并提交下列申请文件、资料：

（一）符合本条例第七条规定条件的证明材料；

（二）企业章程，属于中外合资、合作企业的，还应当提供合资或者合作企业合同；

（三）市场计划报告书，包括依照本条例第十条规定拟定的经当地县级以上人民政府认可的从事直销活动地区的服务网点方案；

（四）符合国家标准的产品说明；

（五）拟与直销员签订的推销合同样本；

（六）会计师事务所出具的验资报告；

（七）企业与指定银行达成的同意依照本条例规定使用保证金的协议。

第九条 申请人应当通过所在地省、自治区、直辖市商务主管部门向国务院商务主管部门提出申请。省、自治区、直辖市商务主管部门应当自收到申请文件、资料之日起7日内，将申请文件、资料报送国务院商务主管部门。国务院商务主管部门应当自收到全部申请文件、资料之日起90日内，经征求国务院工商行政管理部门的意见，作出批准或者不予批准的决定。予以批准的，由国务院商务主管部门颁发直销经营许可证。

申请人持国务院商务主管部门颁发的直销经营许可证，依法向工商行政管理部门申请变更登记。

国务院商务主管部门审查颁发直销经营许可证，应当考虑国家安全、社会公共利益和直销业发展状况等因素。

第十条 直销企业从事直销活动，必须在拟从事直销活动的省、自治区、直辖市设立负责该行政区域内直销业务的分支机构（以下简称分支机构）。

直销企业在其从事直销活动的地区应当建立便于并满足消费者、直销员了解产品价格、退换货及企业依法提供其他服务的服务网点。服务网点的设立应当符合当地县级以上人民政府的要求。

直销企业申请设立分支机构，应当提供符合前款规定条件的证明文件和资料，并应当依照本条例第九条第一款规定的程序提出申请。获得批准后，依法向工商行政管理部门办理登记。

第十一条 直销企业有关本条例第八条第一项、第二项、第三项、第五项、第六项、第七项所列内容发生重大变更的，应当依照本条例第九条第一款规定的程序报国务院商务主管部门批准。

第十二条 国务院商务主管部门应当将直销企业及其分支机构的名单在政府网站上公布，并及时进行更新。

第三章 直销员的招募和培训

第十三条 直销企业及其分支机构可以招募直销员。直销企业及其分支机构以外的任何单位和个人不得招募直销员。

直销员的合法推销活动不以无照经营查处。

第十四条 直销企业及其分支机构不得发布宣传直销员销售报酬的广告，不得以缴纳费用或者购买商品作为成为直销员的条件。

第十五条 直销企业及其分支机构不得招募下列人员为直销员：

（一）未满18周岁的人员；

（二）无民事行为能力或者限制民事行为能力的人员；

（三）全日制在校学生；

（四）教师、医务人员、公务员和现役军人；

（五）直销企业的正式员工；

（六）境外人员；

（七）法律、行政法规规定不得从事兼职的人员。

第十六条 直销企业及其分支机构招募直销员应当与其签订推销合同，并保证直销员只在其一个分支机构所在的省、自治区、直辖市行政区域内已设立服务网点的地区开展直销活动。未与直销企业或者其分支机构签订推销合同的人员，不得以任何方式从事直销活动。

第十七条 直销员自签订推销合同之日起60日内可以随时解除推销合同；60日后，直销员解除推销合同应当提前15日通知直销企业。

第十八条 直销企业应当对拟招募的直销员进行业务培训和考试，考试合格后由直销企业颁发直销员证。未取得直销员证，任何人不得从事直销活动。

直销企业进行直销员业务培训和考试，不得收取任何费用。

直销企业以外的单位和个人，不得以任何名义组织直销员业务培训。

第十九条 对直销员进行业务培训的授课人员应当是直销企业的正式员工,并符合下列条件:

(一)在本企业工作1年以上;

(二)具有高等教育本科以上学历和相关的法律、市场营销专业知识;

(三)无因故意犯罪受刑事处罚的记录;

(四)无重大违法经营记录。

直销企业应当向符合前款规定的授课人员颁发直销培训员证,并将取得直销培训员证的人员名单报国务院商务主管部门备案。国务院商务主管部门应当将取得直销培训员证的人员名单,在政府网站上公布。

境外人员不得从事直销员业务培训。

第二十条 直销企业颁发的直销员证、直销培训员证应当依照国务院商务主管部门规定的式样印制。

第二十一条 直销企业应当对直销员业务培训的合法性、培训秩序和培训场所的安全负责。

直销企业及其直销培训员应当对直销员业务培训授课内容的合法性负责。

直销员业务培训的具体管理办法由国务院商务主管部门、国务院工商行政管理部门会同有关部门另行制定。

第四章 直销活动

第二十二条 直销员向消费者推销产品,应当遵守下列规定:

(一)出示直销员证和推销合同;

(二)未经消费者同意,不得进入消费者住所强行推销产品,消费者要求其停止推销活动的,应当立即停止,并离开消费者住所;

(三)成交前,向消费者详细介绍本企业的退货制度;

(四)成交后,向消费者提供发票和由直销企业出具的含有退货制度、直销企业当地服务网点地址和电话号码等内容的售货凭证。

第二十三条 直销企业应当在直销产品上标明产品价格,该价格与服务网点展示的产品价格应当一致。直销员必须按照标明的价格向消费者推销产品。

第二十四条 直销企业至少应当按月支付直销员报酬。直销企业支付给直销员的报酬只能按照直销员本人直接向消费者销售产品的收入计算,报酬总额(包括佣金、奖金、各种形式的奖励以及其他经济利益等)不得超过直销员本人直接向消费者销售产品收入的30%。

第二十五条 直销企业应当建立并实行完善的换货和退货制度。

消费者自购买直销产品之日起30日内,产品未开封的,可以凭直销企业开具的发票或者售货凭证向直销企业及其分支机构、所在地的服务网点或者推销产品的直销员办理换货和退货;直销企业及其分支机构、所在地的服务网点和直销员应当自消费者提出换货或者退货要求之日起7日内,按照发票或者售货凭证标明的价款办理换货和退货。

直销员自购买直销产品之日起30日内,产品未开封的,可以凭直销企业开具的发票或者售货凭证向直销企业及其分支机构或者所在地的服务网点办理换货和退货;直销企业及其分支机构和所在地的服务网点应当自直销员提出换货或者退货要求之日起7日内,按照发票或者售货凭证标明的价款办理换货和退货。

不属于前两款规定情形,消费者、直销员要求换货和退货的,直销企业及其分支机构、所在地的服务网点和直销员应当依照有关法律法规的规定或者合同的约定,办理换货和退货。

第二十六条 直销企业与直销员、直销企业及其直销员与消费者因换货或者退货发生纠纷的,由前者承担举证责任。

第二十七条 直销企业对其直销员的直销行为承担连带责任,能够证明直销员的直销行为与本企业无关的除外。

第二十八条 直销企业应当依照国务院商务主管部门和国务院工商行政管理部门的规定,建立并实行完备的信息报备和披露制度。

直销企业信息报备和披露的内容、方式及相关要求，由国务院商务主管部门和国务院工商行政管理部门另行规定。

第五章 保 证 金

第二十九条 直销企业应当在国务院商务主管部门和国务院工商行政管理部门共同指定的银行开设专门账户，存入保证金。

保证金的数额在直销企业设立时为人民币2000万元；直销企业运营后，保证金应当按月进行调整，其数额应当保持在直销企业上一个月直销产品销售收入15%的水平，但最高不超过人民币1亿元，最低不少于人民币2000万元。保证金的利息属于直销企业。

第三十条 出现下列情形之一，国务院商务主管部门和国务院工商行政管理部门共同决定，可以使用保证金：

（一）无正当理由，直销企业不向直销员支付报酬，或者不向直销员、消费者支付退货款的；

（二）直销企业发生停业、合并、解散、转让、破产等情况，无力向直销员支付报酬或者无力向直销员和消费者支付退货款的；

（三）因直销产品问题给消费者造成损失，依法应当进行赔偿，直销企业无正当理由拒绝赔偿或者无力赔偿的。

第三十一条 保证金依照本条例第三十条规定使用后，直销企业应当在1个月内将保证金的数额补足到本条例第二十九条第二款规定的水平。

第三十二条 直销企业不得以保证金对外担保或者违反本条例规定用于清偿债务。

第三十三条 直销企业不再从事直销活动的，凭国务院商务主管部门和国务院工商行政管理部门出具的凭证，可以向银行取回保证金。

第三十四条 国务院商务主管部门和国务院工商行政管理部门共同负责保证金的日常监管工作。

保证金存缴、使用的具体管理办法由国务院商务主管部门、国务院工商行政管理部门会同有关部门另行制定。

第六章 监 督 管 理

第三十五条 工商行政管理部门负责对直销企业和直销员及其直销活动实施日常的监督管理。工商行政管理部门可以采取下列措施进行现场检查：

（一）进入相关企业进行检查；

（二）要求相关企业提供有关文件、资料和证明材料；

（三）询问当事人、利害关系人和其他有关人员，并要求其提供有关材料；

（四）查阅、复制、查封、扣押相关企业与直销活动有关的材料和非法财物；

（五）检查有关人员的直销培训员证、直销员证等证件。

工商行政管理部门依照前款规定进行现场检查时，检查人员不得少于2人，并应当出示合法证件；实施查封、扣押的，必须经县级以上工商行政管理部门主要负责人批准。

第三十六条 工商行政管理部门实施日常监督管理，发现有关企业有涉嫌违反本条例行为的，经县级以上工商行政管理部门主要负责人批准，可以责令其暂时停止有关的经营活动。

第三十七条 工商行政管理部门应当设立并公布举报电话，接受对违反本条例行为的举报和投诉，并及时进行调查处理。

工商行政管理部门应当为举报人保密；对举报有功人员，应当依照国家有关规定给予奖励。

第七章 法 律 责 任

第三十八条 对直销企业和直销员及其直销活动实施监督管理的有关部门及其工作人员，对不符合本条例规定条件的申请予以许可或者不依照本条例规定履行监督管理职责的，对直接负责的主管人员和其他直接责任人员，依法给予行政处分；构成犯罪的，依法追究刑事责任。对不符合本条例规定条件的申请予以的许可，由作出许可决定的有关部门撤销。

第三十九条 违反本条例第九条和第十条规定，未经批准从事直销活动的，由工商行政管理部门责令改正，没收直销产品和违法销售收入，处5万元以上30万元以下的罚款；情节严重的，处30万元以上50万元以下的罚款，并依法予以取缔；构成犯罪的，依法追究刑事责任。

第四十条 申请人通过欺骗、贿赂等手段取得本条例第九条和第十条设定的许可的，由工商行政管理部门没收直销产品和违法销售收入，处5万元以上30万元以下的罚款，由国务院商务主管部门撤销其相应的许可，申请人不得再提出申请；情节严重的，处30万元以上50万元以下的罚款，并依法予以取缔；构成犯罪的，依法追究刑事责任。

第四十一条 直销企业违反本条例第十一条规定的，由工商行政管理部门责令改正，处3万元以上30万元以下的罚款；对不再符合直销经营许可条件的，由国务院商务主管部门吊销其直销经营许可证。

第四十二条 直销企业违反规定，超出直销产品范围从事直销经营活动的，由工商行政管理部门责令改正，没收直销产品和违法销售收入，处5万元以上30万元以下的罚款；情节严重的，处30万元以上50万元以下的罚款，由工商行政管理部门吊销有违法经营行为的直销企业分支机构的营业执照直至由国务院商务主管部门吊销直销企业的直销经营许可证。

第四十三条 直销企业及其直销员违反本条例规定，有欺骗、误导等宣传和推销行为的，对直销企业，由工商行政管理部门处3万元以上10万元以下的罚款；情节严重的，处10万元以上30万元以下的罚款，由工商行政管理部门吊销有违法经营行为的直销企业分支机构的营业执照直至由国务院商务主管部门吊销直销企业的直销经营许可证。对直销员，由工商行政管理部门处5万元以下的罚款；情节严重的，责令直销企业撤销其直销员资格。

第四十四条 直销企业及其分支机构违反本条例规定招募直销员的，由工商行政管理部门责令改正，处3万元以上10万元以下的罚款；情节严重的，处10万元以上30万元以下的罚款，由工商行政管理部门吊销有违法经营行为的直销企业分支机构的营业执照直至由国务院商务主管部门吊销直销企业的直销经营许可证。

第四十五条 违反本条例规定，未取得直销员证从事直销活动的，由工商行政管理部门责令改正，没收直销产品和违法销售收入，可以处2万元以下的罚款；情节严重的，处2万元以上20万元以下的罚款。

第四十六条 直销企业进行直销员业务培训违反本条例规定的，由工商行政管理部门责令改正，没收违法所得，处3万元以上10万元以下的罚款；情节严重的，处10万元以上30万元以下的罚款，由工商行政管理部门吊销有违法经营行为的直销企业分支机构的营业执照直至由国务院商务主管部门吊销直销企业的直销经营许可证；对授课人员，由工商行政管理部门处5万元以下的罚款，是直销培训员的，责令直销企业撤销其直销培训员资格。

直销企业以外的单位和个人组织直销员业务培训的，由工商行政管理部门责令改正，没收违法所得，处2万元以上20万元以下的罚款。

第四十七条 直销员违反本条例第二十二条规定的，由工商行政管理部门没收违法销售收入，可以处5万元以下的罚款；情节严重的，责令直销企业撤销其直销员资格，并对直销企业处1万元以上10万元以下的罚款。

第四十八条 直销企业违反本条例第二十三条规定的，依照价格法的有关规定处理。

第四十九条 直销企业违反本条例第二十四条和第二十五条规定的，由工商行政管理部门责令改正，处5万元以上30万元以下的罚款；情节严重的，处30万元以上50万元以下的罚款，由工商行政管理部门吊销有违法经营行为的直销企业分支机构的营业执照直至由国务院商务主管部门吊销直销企业的直销经营许可证。

第五十条 直销企业未依照有关规定进行信息报备和披露的，由工商行政管理部门责令限期改正，处10万元以下的罚款；情节严重的，处10万元以上30万元以下的罚款；拒不改正的，由国务院商务主管部门吊销其直销经营许可证。

第五十一条 直销企业违反本条例第五章有关规定的，由工商行政管理部门责令限期改正，处10万元以下的罚款；拒不改正的，处10万元以上30万元以下的罚款，由国务院商务主管部门吊销其直销经营许可证。

第五十二条 违反本条例的违法行为同时违反《禁止传销条例》的，依照《禁止传销条例》有关规定予以处罚。

第八章 附 则

第五十三条 直销企业拟成立直销企业协会等社团组织，应当经国务院商务主管部门批准，凭批准文件依法申请登记。

第五十四条 香港特别行政区、澳门特别行政区和台湾地区的投资者在境内投资建立直销企业，开展直销活动的，参照本条例有关外国投资者的规定办理。

第五十五条 本条例自2005年12月1日起施行。

禁止传销条例

（2005年8月10日国务院第101次常务会议通过
2005年8月23日国务院令第444号公布 自2005年11月1日起施行）

第一章 总 则

第一条 为了防止欺诈，保护公民、法人和其他组织的合法权益，维护社会主义市场经济秩序，保持社会稳定，制定本条例。

第二条 本条例所称传销，是指组织者或者经营者发展人员，通过对被发展人员以其直接或者间接发展的人员数量或者销售业绩为依据计算和给付报酬，或者要求被发展人员以交纳一定费用为条件取得加入资格等方式牟取非法利益，扰乱经济秩序，影响社会稳定的行为。

第三条 县级以上地方人民政府应当加强对查处传销工作的领导，支持、督促各有关部门依法履行监督管理职责。

县级以上地方人民政府应当根据需要，建立查处传销工作的协调机制，对查处传销工作中的重大问题及时予以协调、解决。

第四条 工商行政管理部门、公安机关应当依照本条例的规定，在各自的职责范围内查处传销行为。

第五条 工商行政管理部门、公安机关依法查处传销行为，应当坚持教育与处罚相结合的原则，教育公民、法人或者其他组织自觉守法。

第六条 任何单位和个人有权向工商行政管理部门、公安机关举报传销行为。工商行政管理部门、公安机关接到举报后，应当立即调查核实，依法查处，并为举报人保密；经调查属实的，依照国家有关规定对举报人给予奖励。

第二章 传销行为的种类与查处机关

第七条 下列行为，属于传销行为：

（一）组织者或者经营者通过发展人员，要求被发展人员发展其他人员加入，对发展的人员以其直接或者间接滚动发展的人员数量为依据计算和给付报酬（包括物质奖励和其他经济利益，下同），牟取非法利益的；

（二）组织者或者经营者通过发展人员，要

求被发展人员交纳费用或者以认购商品等方式变相交纳费用，取得加入或者发展其他人员加入的资格，牟取非法利益的；

（三）组织者或者经营者通过发展人员，要求被发展人员发展其他人员加入，形成上下线关系，并以下线的销售业绩为依据计算和给付上线报酬，牟取非法利益的。

第八条 工商行政管理部门依照本条例的规定，负责查处本条例第七条规定的传销行为。

第九条 利用互联网等媒体发布含有本条例第七条规定的传销信息的，由工商行政管理部门会同电信等有关部门依照本条例的规定查处。

第十条 在传销中以介绍工作、从事经营活动等名义欺骗他人离开居所地非法聚集并限制其人身自由的，由公安机关会同工商行政管理部门依法查处。

第十一条 商务、教育、民政、财政、劳动保障、电信、税务等有关部门和单位，应当依照各自职责和有关法律、行政法规的规定配合工商行政管理部门、公安机关查处传销行为。

第十二条 农村村民委员会、城市居民委员会等基层组织，应当在当地人民政府指导下，协助有关部门查处传销行为。

第十三条 工商行政管理部门查处传销行为，对涉嫌犯罪的，应当依法移送公安机关立案侦查；公安机关立案侦查传销案件，对经侦查不构成犯罪的，应当依法移交工商行政管理部门查处。

第三章　查处措施和程序

第十四条 县级以上工商行政管理部门对涉嫌传销行为进行查处时，可以采取下列措施：

（一）责令停止相关活动；

（二）向涉嫌传销的组织者、经营者和个人调查、了解有关情况；

（三）进入涉嫌传销的经营场所和培训、集会等活动场所，实施现场检查；

（四）查阅、复制、查封、扣押涉嫌传销的有关合同、票据、账簿等资料；

（五）查封、扣押涉嫌专门用于传销的产品（商品）、工具、设备、原材料等财物；

（六）查封涉嫌传销的经营场所；

（七）查询涉嫌传销的组织者或者经营者的账户及与存款有关的会计凭证、账簿、对账单等；

（八）对有证据证明转移或者隐匿违法资金的，可以申请司法机关予以冻结。

工商行政管理部门采取前款规定的措施，应当向县级以上工商行政管理部门主要负责人书面或者口头报告并经批准。遇有紧急情况需要当场采取前款规定措施的，应当在事后立即报告并补办相关手续；其中，实施前款规定的查封、扣押，以及第（七）项、第（八）项规定的措施，应当事先经县级以上工商行政管理部门主要负责人书面批准。

第十五条 工商行政管理部门对涉嫌传销行为进行查处时，执法人员不得少于2人。

执法人员与当事人有直接利害关系的，应当回避。

第十六条 工商行政管理部门的执法人员对涉嫌传销行为进行查处时，应当向当事人或者有关人员出示证件。

第十七条 工商行政管理部门实施查封、扣押，应当向当事人当场交付查封、扣押决定书和查封、扣押财物及资料清单。

在交通不便地区或者不及时实施查封、扣押可能影响案件查处的，可以先行实施查封、扣押，并应当在24小时内补办查封、扣押决定书，送达当事人。

第十八条 工商行政管理部门实施查封、扣押的期限不得超过30日；案件情况复杂的，经县级以上工商行政管理部门主要负责人批准，可以延长15日。

对被查封、扣押的财物，工商行政管理部门应当妥善保管，不得使用或者损毁；造成损失的，应当承担赔偿责任。但是，因不可抗力造成的损失除外。

第十九条　工商行政管理部门实施查封、扣押,应当及时查清事实,在查封、扣押期间作出处理决定。

对于经调查核实属于传销行为的,应当依法没收被查封、扣押的非法财物;对于经调查核实没有传销行为或者不再需要查封、扣押的,应当在作出处理决定后立即解除查封,退还被扣押的财物。

工商行政管理部门逾期未作出处理决定的,被查封的物品视为解除查封,被扣押的财物应当予以退还。拒不退还的,当事人可以向人民法院提起行政诉讼。

第二十条　工商行政管理部门及其工作人员违反本条例的规定使用或者损毁被查封、扣押的财物,造成当事人经济损失的,应当承担赔偿责任。

第二十一条　工商行政管理部门对涉嫌传销行为进行查处时,当事人有权陈述和申辩。

第二十二条　工商行政管理部门对涉嫌传销行为进行查处时,应当制作现场笔录。

现场笔录和查封、扣押清单由当事人、见证人和执法人员签名或者盖章,当事人不在现场或者当事人、见证人拒绝签名或者盖章的,执法人员应当在现场笔录中予以注明。

第二十三条　对于经查证属于传销行为的,工商行政管理部门、公安机关可以向社会公开发布警示、提示。

向社会公开发布警示、提示应当经县级以上工商行政管理部门主要负责人或者公安机关主要负责人批准。

第四章　法 律 责 任

第二十四条　有本条例第七条规定的行为,组织策划传销的,由工商行政管理部门没收非法财物,没收违法所得,处50万元以上200万元以下的罚款;构成犯罪的,依法追究刑事责任。

有本条例第七条规定的行为,介绍、诱骗、胁迫他人参加传销的,由工商行政管理部门责令停止违法行为,没收非法财物,没收违法所得,处10万元以上50万元以下的罚款;构成犯罪的,依法追究刑事责任。

有本条例第七条规定的行为,参加传销的,由工商行政管理部门责令停止违法行为,可以处2000元以下的罚款。

第二十五条　工商行政管理部门依照本条例第二十四条的规定进行处罚时,可以依照有关法律、行政法规的规定,责令停业整顿或者吊销营业执照。

第二十六条　为本条例第七条规定的传销行为提供经营场所、培训场所、货源、保管、仓储等条件的,由工商行政管理部门责令停止违法行为,没收违法所得,处5万元以上50万元以下的罚款。

为本条例第七条规定的传销行为提供互联网信息服务的,由工商行政管理部门责令停止违法行为,并通知有关部门依照《互联网信息服务管理办法》予以处罚。

第二十七条　当事人擅自动用、调换、转移、损毁被查封、扣押财物的,由工商行政管理部门责令停止违法行为,处被动用、调换、转移、损毁财物价值5%以上20%以下的罚款;拒不改正的,处被动用、调换、转移、损毁财物价值1倍以上3倍以下的罚款。

第二十八条　有本条例第十条规定的行为或者拒绝、阻碍工商行政管理部门的执法人员依法查处传销行为,构成违反治安管理行为的,由公安机关依照治安管理的法律、行政法规规定处罚;构成犯罪的,依法追究刑事责任。

第二十九条　工商行政管理部门、公安机关及其工作人员滥用职权、玩忽职守、徇私舞弊,未依照本条例规定的职责和程序查处传销行为,或者发现传销行为不予查处,或者支持、包庇、纵容传销行为,构成犯罪的,对直接负责的主管人员和其他直接责任人员,依法追究刑事责任;尚不构成犯罪的,依法给予行政处分。

第五章　附　　则

第三十条　本条例自2005年11月1日起施行。

国家工商行政管理总局关于加强直销监督管理工作的意见

(2007年11月28日发布 工商直字〔2007〕263号)

各省、自治区、直辖市及计划单列市工商行政管理局:

《直销管理条例》颁布实施以来,各级工商行政管理机关认真履行职责,直销监督管理工作稳步推进。随着直销市场的开放,在市场和监督管理工作中出现了一些新情况、新问题。按照"监管与发展统一、监管与服务统一、监管与维权统一、监管与执法统一"的要求,根据《直销管理条例》及有关法律、法规规定,现就加强直销监督管理工作提出如下意见:

一、依法对直销企业进行登记管理

1.明确登记范围。工商行政管理机关应当依法对直销企业、直销企业的省级分支机构及直销企业设立的从事直销业务之外经营活动的其他分支机构进行登记管理。直销企业在其从事直销活动区域内设立的开展产品价格展示、介绍、退换货及仅为直销员销售需要而提供储货、发货等其他服务的服务网点,不从事经营活动的,不需要在工商行政管理机关注册登记。

2.规范名称核准。直销企业从事直销业务的省级分公司名称按照"直销企业名称+所在省(自治区、直辖市)名称+分公司"核准。

3.核定经营项目。直销企业经营范围中直销经营项目,应当载明直销区域和直销产品范围,文字表述方式为"在经批准的区域内(具体见《直销经营许可证》或政府直销行业管理网站)招募、培训直销员,直销本企业生产产品以及其母公司、控股公司生产产品(具体产品种类限于《直销经营许可证》或政府直销行业管理网站公布的产品目录)"。

4.严格登记管辖。取得直销经营许可的企业,由该企业的原登记机关负责办理变更登记;直销企业设立的从事直销业务的省级分公司,由分公司所在地的省级工商行政管理机关负责登记。

5.统一法律适用。工商行政管理机关对于直销企业、直销企业的省级分支机构及直销企业设立的从事直销业务之外经营活动的其他分支机构违反登记管理规定的,应当按照登记管理的有关规定处罚。

二、加强对直销企业直销员招募、培训和计酬的监督管理

6.监督直销员招募活动。工商行政管理机关要监督并指导直销企业及其省级分支机构依法招募直销员,指导直销企业把好招募人员资格审核关,防止《直销管理条例》禁止的人员进入直销员队伍。严肃查处下列违法行为:

(1)直销企业及其省级分支机构违反规定招募直销员的;

(2)直销企业在招募活动中出现欺骗、误导等宣传行为的;

(3)以缴纳费用或者购买商品作为成为直销员的条件的。

7.监督直销员业务培训活动。直销员业务培训活动的主体只能是直销企业,直销企业可以委托其省级分支机构协助组织直销员业务培训活动。工商行政管理机关要监督直销企业按照《直销管理条例》及《直销员业务培训管理办法》的规定组织直销员业务培训、考试和发证工作。监督检查直销企业的直销培训员是否持证上岗。严肃查处直销企业以外的单位和个人从事直销员业务培训活动。要加强对直销员业务培训内容、网上培训的监督管理，直销员业务培训内容要符合法律规定，指导直销企业网上培训依法进行，并保证参加网上培训、考试人员与所招募直销员的一致性。

8. 监督计酬行为。监督直销企业按照《直销管理条例》的规定，建立健全并实施计酬制度。工商行政管理机关要注意及时掌握企业有关报备信息，了解掌握直销员的销售情况和企业计酬情况，重点了解掌握直销企业及其分支机构发放给直销员的报酬总额是否超过该直销员直接销售额规定比例的情况。严肃查处团队计酬行为。

三、加强网上监督管理

9. 查阅企业报备信息。直销企业注册地及注册所在地省级工商行政管理机关可以查阅在本辖区注册的直销企业报备信息；直销活动地省级工商行政管理机关可以查阅在本辖区开展直销活动的直销企业报备的基本信息和在本辖区的直销活动信息。直销活动地区的省级以下工商行政管理机关在办理案件时需要查阅直销企业报备信息的，由省级工商行政管理机关制定具体办法。工商行政管理机关及其工作人员要切实保护企业的商业秘密，依职权获得的直销企业信息，仅用于直销监督管理工作，不得向其他无关人员或部门泄露。

10. 报备披露信息监督管理管辖。直销企业注册地省级工商行政管理机关负责指导直销企业注册地工商行政管理机关监督管理本辖区直销企业报备、披露信息，查处报备、披露信息中的违法行为。其他地方工商行政管理机关发现直销企业信息报备、披露中发布虚假信息及严重误导性陈述或者遗漏重大信息的，应当将线索和证据移送直销企业注册地工商行政管理机关。

四、建立健全直销监督管理工作机制

11. 建立日常监督管理机制。各级工商行政管理机关要认真按照《直销管理条例》和有关法律、法规、规章的规定，积极探索日常监督管理方式，建立健全日常监督管理机制。

12. 建立警示提示制度。各级工商行政管理机关发现直销企业出现问题苗头，要适时提醒；对出现问题的企业要及时指正，提出告诫，督促企业整改；对投诉举报的处理要定期公布；在对涉嫌违法直销及传销行为认真查处后，对典型案件要择机公布。

13. 建立信息沟通机制。建立直销监督管理信息报送制度。省级工商行政管理局要重点掌握本辖区查办案件的情况和监督管理工作中发现的重大问题，并及时向国家工商行政管理总局报告。要加强与有关部门沟通，定期交流直销企业准入和直销市场监督管理情况。要加强与工商行政管理机关内部其他职能部门的联系，及时掌握相关情况。

14. 建立直销企业信用分类监管制度。根据实施企业信用监督管理的要求，汇集直销企业市场准入、经营行为和市场退出等方面的信用指标，设定守信、警示、失信、严重失信4个等级标准，将直销企业的诚信记录和不良记录纳入信用监督管理系统，作为评价直销企业信用等级、实施分类管理的重要依据。促进直销企业的诚信经营、守法经营。

五、依法查处擅自从事直销等违法行为，严厉打击传销违法活动

15. 工商行政管理机关依法重点查处下列违法行为：

（1）未获得直销经营许可从事直销员招募活动的；

（2）未获得直销经营许可从事直销员培训活动的；

（3）未获得直销经营许可从事直销销售活动的；

（4）直销企业超出批准区域从事直销活动的；

（5）直销企业超出产品核准范围直销产品的；

（6）直销企业未完成服务网点备案从事直销活动的。

16. 工商行政管理机关在查处违法从事直销活动的同时，要严厉打击以“直销”、“连锁销售”、“特许经营”等名义从事传销的违法行为。

六、按照管辖权限开展监督管理工作

17.国家工商行政管理总局负责研究拟定直销监督管理的规章制度及具体措施、办法；按照职责分工和法律规定负责对直销企业和直销员及其直销活动实施监督管理；组织查处违法直销大要案件；指导地方各级工商行政管理机关开展直销监督管理工作。

18.省级工商行政管理机关负责指导协调本辖区工商行政管理机关开展直销监督管理工作，制定有关制度；组织开展对本辖区直销企业或者直销企业省级分支机构的行政指导；受理举报投诉，依职权查处本辖区内发生的违反《直销管理条例》的重大、复杂案件。根据需要，可以确定本辖区各级工商行政管理机关案件管辖的具体权限。

19.市、县级工商行政管理机关负责对直销企业在本辖区直销活动的日常监督管理；受理有关直销活动的举报投诉；依职权查处本辖区内发生的违反《直销管理条例》的案件。其中，对直销企业涉嫌违反《直销管理条例》、《禁止传销条例》规定需要立案调查的，应当报省级工商行政管理机关备案。

20.企业注册地工商行政管理机关除履行级别管辖规定职责外，还应当负责建立在本辖区注册的直销企业管理档案，并对其进行行政指导；督促直销企业真实、准确、及时、完整地进行信息报备和披露；负责直销企业在网站发布违法信息的案件查处工作。

七、切实加强执法队伍建设

21.提高政治素质。要牢固树立正确的世界观、人生观、价值观，牢记党的宗旨，努力做到“四个统一”，为人民掌好权、用好权。要加强社会主义思想道德教育和职业道德教育，增强政治意识和大局意识，培养良好的职业操守。

22.提高业务素质。要加强对法律、经济和管理等知识的学习，加强对直销监督管理工作中新问题、新情况的研究。加强对办公自动化、信息网络技术、电子政务等知识的学习，研究掌握网上监督管理、信用分类管理、行政指导等业务本领。严格规范执法行为。

23.加强作风建设。要大力开展党的优良传统教育，倡导良好风气，增强忧患意识、公仆意识，弘扬求真务实精神。要加强党风廉政建设，落实有关制度和各项纪律规定，不断增强宗旨意识和廉政意识，作到严格自律，廉洁从政，公平执法。

国家市场监督管理总局关于进一步加强直销监督管理工作的意见

（2018年4月8日发布　国市监竞争〔2018〕8号）

各省、自治区、直辖市工商行政管理局、市场监督管理部门：

为适应商事制度改革带来的监管方式转变，做到在“放管服”改革大背景下，维护直销市场秩序，促进直销市场规范健康有序发展，根据《直销管理条例》《禁止传销条例》及有关法律、法规、规章规定，现就进一步加强直销监督管理工作提出如下意见：

一、加强对直销企业、直销员及直销企业经销商、合作方、关联方的监管

（一）加强对直销企业、直销员及其直销活动的监管。各地工商和市场监管部门应按照《直销管理条例》等法律法规要求，加强对直销经营主体的监管，关注其是否获得直销活动区域许可，是否及时变更直销经营许可和企业登记注册事项等；加强对直销员招募活动的监管，关注招募主体、招募对象和招募广告内容是否合法，是否以交纳费用或购买商品作为发展直销员的条件；加强对直销培训活动的监管，关注直销培训员是否持证上岗，培训内容和方式是否合法；加强对直销经营活动的监管，关注退换货制度是否有效执行，直销产品是否超出产品核准范围，是否有夸大或虚假宣传及欺诈消费者等情形；加强对计酬行为的监管，关注计酬奖励制度是否合法，是否存在团队计酬等违法行为。

（二）加强对直销企业经销商的监管。各地工商和市场监管部门应加强对分销直销企业产品的经销商及各类经营主体的监管，督促直销企业对其经销商的经营行为进行指引和约束。应对辖区内直销企业的经销商的注册登记信息加强了解，关注其是否有固定经营场所，是否具有合法营业执照，是否与直销企业签订经销合同，是否在经营场所醒目位置摆放营业执照，是否在经营活动中遵守各项法律规定，保障消费者合法权益等。应充分运用各种监管手段，督促辖区内直销企业经销商不得从事直销活动，不得对产品进行夸大虚假宣传，不得以直销企业名义从事商业宣传、推销等活动，不得组织或参与传销。对有证据证明经销商的传销行为系按照与直销企业的约定或者由直销企业支持、唆使的，由工商和市场监管部门依据《禁止传销条例》的相关规定，处罚经销商的同时处罚直销企业。

（三）加强对直销企业合作方、关联方的监管。工商和市场监管部门应加强对与直销企业有合作协议关系的合作方、关联方的监管。如有合作方、关联方挂靠直销企业，打着直销企业旗号或借助直销牌照影响力从事传销，而直销企业提供支持、帮助、纵容或默许的，对合作方、关联方以从事传销活动进行查处的同时，对直销企业以为传销活动提供便利条件进行查处，情节严重的，对直销企业以传销共同违法行为人进行查处；如直销企业负责人为合作方、关联方违法活动站台、宣传或提供帮助、便利，又难以追究直销企业责任时，对该负责人个人追究为传销活动提供便利条件的责任或共同违法责任。

（四）加强对各类直销会议的监管。工商和市场监管部门应加强对直销企业及其分支机构组织召开的含有产品推介、营销方式、计酬制度、加入方式等内容的直销会议（包括但不限于研讨会、激励会、表彰会、产品推介会、业务沟通会、美容或者营养讲座等）及经销商组织的各种会议的监管。会议的内容不应存在夸大产品功效、夸大奖励回报等欺骗、误导的宣传和推销行为。

二、依法查处与直销相关的各类违法行为

（五）工商和市场监管部门应依法查处直销企业、直销员及其相关经营主体的下列违法行为：违反《直销管理条例》的违法行为；违反《禁止传销条例》的违法行为；违反《反不正当竞争法》《广告法》等其他工商和市场监管法律法规的违法行为。

（六）依法查处以直销名义从事的传销、非法集资等违法行为。通过各种渠道及时掌握打着直销企业名义，欺骗、误导、引诱群众从事传销、非法集资等行为线索，发现违反工商和市场监管法律法规的，立案查处，发现违反其他领域法律法规的，及时移送。

（七）依法查处以直销企业名义从事的违法行为。对直销行业的新动向、新经营手法应保持关注，如发现非直销企业或团队挂靠直销企业，利用直销企业的产品、销售队伍、物流体系、结算平台等资源从事违法活动的，在对非直销企业或团队处以行政处罚的同时，对直销企业也要依法进行查处。

（八）综合运用工商和市场监管领域法律法规。工商和市场监管部门不仅要查处违法直销、传销等行为，如发现有虚假宣传、违法广告、违反企业登记注册等领域规定的违法活动，应综合、全面运用各项工商和市场监管法律法规，一并查处。

（九）充分运用现代化执法办案手段。工商和市场监管部门在查处违法活动时，应充分运用各项法律法规赋予的权限，充分运用各种执法办案手段，搜集证据。在违法行为发现环节，充分依靠日常监管信息、投诉举报信息，充分运用网络监测、大数据等手段；在违法证据搜集和固定环节，在注重传统办案方式的同时，充分运用电子数据取证、远程取证等现代化方式，固定核心证据。

三、建立健全直销监管工作机制

（十）分级分类监管机制。分级监管是指在工商和市场监管部门内部实行分级监管。主要内容是：整合监管资源，按管辖范围分级开展直销监管工作；构建与分级监管相适应的管理运行机制；建立健全分级监管的信息交换渠道，完善上下联动协调机制等。

分类监管是指对直销企业实行动态分类监管。主要思路是：科学分配监管资源，提高监管效能。根据各地实际，采取不同的分类监管模式。如基于直销企业、直销企业分支机构、服务网点、经销商等监管主体不同进行分类；基于直销企业守法等信用状况进行分类等。对守法、诚信记录较好、投诉举报较少的直销企业、分支机构、服务网点及经销商，在工作中保持关注；对违法行为多发、诚信记录不良或投诉举报较多的直销企业、分支机构、服务网点及经销商，在工作中要作为重点对象进行监管。

（十一）行政指导机制。及时掌握监管信息，加强行政指导。发挥网络监管便捷优势，登录国家市场监督管理总局打击传销规范直销信息系统、企业信息披露网站，查阅企业报备披露信息，处理举报投诉等，及时掌握有关直销企业的监管信息，建立以信息化手段为主的直销监管方式。针对直销企业经营中存在的不规范现象，采取行政提示、行政告诫、行政建议等多种方式，指导企业整改、规范。针对问题突出的直销企业，可采取集体约谈或个别约谈的方式，及时约谈企业负责人，提出警示，并给予相关的意见和建议，指导企业及时查找并解决存在的问题。

（十二）企业信息公示和“双随机、一公开”机制。直销企业的注册、年报、监管等信息，应及时在国家企业信用信息公示系统公示。在“双随机、一公开”工作中，对国家市场监督管理总局清单列明的直销抽查项目需认真检查，对清单未列入的直销抽查项目可根据工作需要决定是否进行检查。在检查中发现的重大问题，应及时调查核实，并依法作出处理。

（十三）宣传工作机制。在规范直销宣传工作中，应充分依托新闻媒体的力量，发挥直销企业能动性，在传统媒体和互联网、微信、APP上，通过多种方式向社会公众宣传直销与传销的区别、直销监管制度、直销行业现状、直销热点问题、直销监管重点，提高社会公众认识，争取做到宣传覆盖面广、宣传有实效。

（十四）风险预警和化解机制。强化直销行业风险预警。对新批准的直销企业加强宣传、教育与指导；对举报投诉、案件等问题较多的直销企业及时提醒、告诫，避免出现违规经营所引发的群体性事件。各地工商和市场监管部门要逐步建立案件预警和风险评估制度，对可能引发群体性事件的案件，立案查处前要制定预案，防止出现导致社情不稳定的情况。

强化直销行业风险化解。对涉及直销企业的群体上访、信访、抗议、集会、静坐、示威等事件，应基于部门职责，对属于工商和市场监管职责范围内的事项，依法处理；对不属于工商和市场监管职责范围内的事项，耐心向群众解释，属于民商事纠纷的，引导群众通过诉讼方式解决，属于其他部门管辖的，引导其向有管辖权的部门反映，或将线索转交有管辖权的部门。各地工商和市场监管部门在发现群体性事件隐患或苗头时，应及时处理，防止扩大升级；在具体处理群体性事件时，应根据实际需要，采取各种方式应对、化解，妥善处置事件，化解风险。

第二章　工 商 登 记

1. 一 般 规 定

中华人民共和国公司登记管理条例

（1994 年 6 月 24 日国务院令第 156 号公布　根据 2005 年 12 月 18 日国务院令第 451 号《关于修改〈中华人民共和国公司登记管理条例〉的决定》第一次修订　根据 2014 年 2 月 19 日国务院令第 648 号《关于废止和修改部分行政法规的决定》第二次修订　根据 2016 年 2 月 6 日国务院令第 666 号《关于修改部分行政法规的决定》第三次修订）

第一章　总　　则

第一条　为了确认公司的企业法人资格，规范公司登记行为，依据《中华人民共和国公司法》（以下简称《公司法》），制定本条例。

第二条　有限责任公司和股份有限公司（以下统称公司）设立、变更、终止，应当依照本条例办理公司登记。

申请办理公司登记，申请人应当对申请文件、材料的真实性负责。

第三条　公司经公司登记机关依法登记，领取《企业法人营业执照》，方取得企业法人资格。

自本条例施行之日起设立公司，未经公司登记机关登记的，不得以公司名义从事经营活动。

第四条　工商行政管理机关是公司登记机关。

下级公司登记机关在上级公司登记机关的领导下开展公司登记工作。

公司登记机关依法履行职责，不受非法干预。

第五条　国家工商行政管理总局主管全国的公司登记工作。

第二章　登 记 管 辖

第六条　国家工商行政管理总局负责下列公司的登记：

（一）国务院国有资产监督管理机构履行出资人职责的公司以及该公司投资设立并持有 50% 以上股份的公司；

（二）外商投资的公司；

（三）依照法律、行政法规或者国务院决定的规定，应当由国家工商行政管理总局登记的公司；

（四）国家工商行政管理总局规定应当由其登记的其他公司。

第七条　省、自治区、直辖市工商行政管理局负责本辖区内下列公司的登记：

（一）省、自治区、直辖市人民政府国有资产监督管理机构履行出资人职责的公司以及该公司投资设立并持有 50% 以上股份的公司；

（二）省、自治区、直辖市工商行政管理局规定由其登记的自然人投资设立的公司；

（三）依照法律、行政法规或者国务院决定的规定，应当由省、自治区、直辖市工商行政管理局登记的公司；

（四）国家工商行政管理总局授权登记的其他公司。

第八条 设区的市（地区）工商行政管理局、县工商行政管理局，以及直辖市的工商行政管理分局、设区的市工商行政管理局的区分局，负责本辖区内下列公司的登记：

（一）本条例第六条和第七条所列公司以外的其他公司；

（二）国家工商行政管理总局和省、自治区、直辖市工商行政管理局授权登记的公司。

前款规定的具体登记管辖由省、自治区、直辖市工商行政管理局规定。但是，其中的股份有限公司由设区的市（地区）工商行政管理局负责登记。

第三章 登记事项

第九条 公司的登记事项包括：

（一）名称；

（二）住所；

（三）法定代表人姓名；

（四）注册资本；

（五）公司类型；

（六）经营范围；

（七）营业期限；

（八）有限责任公司股东或者股份有限公司发起人的姓名或者名称。

第十条 公司的登记事项应当符合法律、行政法规的规定。不符合法律、行政法规规定的，公司登记机关不予登记。

第十一条 公司名称应当符合国家有关规定。公司只能使用一个名称。经公司登记机关核准登记的公司名称受法律保护。

第十二条 公司的住所是公司主要办事机构所在地。经公司登记机关登记的公司的住所只能有一个。公司的住所应当在其公司登记机关辖区内。

第十三条 公司的注册资本应当以人民币表示，法律、行政法规另有规定的除外。

第十四条 股东的出资方式应当符合《公司法》第二十七条的规定，但是，股东不得以劳务、信用、自然人姓名、商誉、特许经营权或者设定担保的财产等作价出资。

第十五条 公司的经营范围由公司章程规定，并依法登记。

公司的经营范围用语应当参照国民经济行业分类标准。

第十六条 公司类型包括有限责任公司和股份有限公司。

一人有限责任公司应当在公司登记中注明自然人独资或者法人独资，并在公司营业执照中载明。

第四章 设立登记

第十七条 设立公司应当申请名称预先核准。

法律、行政法规或者国务院决定规定设立公司必须报经批准，或者公司经营范围中属于法律、行政法规或者国务院决定规定在登记前须经批准的项目的，应当在报送批准前办理公司名称预先核准，并以公司登记机关核准的公司名称报送批准。

第十八条 设立有限责任公司，应当由全体股东指定的代表或者共同委托的代理人向公司登记机关申请名称预先核准；设立股份有限公司，应当由全体发起人指定的代表或者共同委托的代理人向公司登记机关申请名称预先核准。

申请名称预先核准，应当提交下列文件：

（一）有限责任公司的全体股东或者股份有限公司的全体发起人签署的公司名称预先核准申请书；

（二）全体股东或者发起人指定代表或者共同委托代理人的证明；

（三）国家工商行政管理总局规定要求提交的其他文件。

第十九条　预先核准的公司名称保留期为6个月。预先核准的公司名称在保留期内,不得用于从事经营活动,不得转让。

第二十条　设立有限责任公司,应当由全体股东指定的代表或者共同委托的代理人向公司登记机关申请设立登记。设立国有独资公司,应当由国务院或者地方人民政府授权的本级人民政府国有资产监督管理机构作为申请人,申请设立登记。法律、行政法规或者国务院决定规定设立有限责任公司必须报经批准的,应当自批准之日起90日内向公司登记机关申请设立登记;逾期申请设立登记的,申请人应当报批准机关确认原批准文件的效力或者另行报批。

申请设立有限责任公司,应当向公司登记机关提交下列文件:

(一)公司法定代表人签署的设立登记申请书;

(二)全体股东指定代表或者共同委托代理人的证明;

(三)公司章程;

(四)股东的主体资格证明或者自然人身份证明;

(五)载明公司董事、监事、经理的姓名、住所的文件以及有关委派、选举或者聘用的证明;

(六)公司法定代表人任职文件和身份证明;

(七)企业名称预先核准通知书;

(八)公司住所证明;

(九)国家工商行政管理总局规定要求提交的其他文件。

法律、行政法规或者国务院决定规定设立有限责任公司必须报经批准的,还应当提交有关批准文件。

第二十一条　设立股份有限公司,应当由董事会向公司登记机关申请设立登记。以募集方式设立股份有限公司的,应当于创立大会结束后30日内向公司登记机关申请设立登记。

申请设立股份有限公司,应当向公司登记机关提交下列文件:

(一)公司法定代表人签署的设立登记申请书;

(二)董事会指定代表或者共同委托代理人的证明;

(三)公司章程;

(四)发起人的主体资格证明或者自然人身份证明;

(五)载明公司董事、监事、经理姓名、住所的文件以及有关委派、选举或者聘用的证明;

(六)公司法定代表人任职文件和身份证明;

(七)企业名称预先核准通知书;

(八)公司住所证明;

(九)国家工商行政管理总局规定要求提交的其他文件。

以募集方式设立股份有限公司的,还应当提交创立大会的会议记录以及依法设立的验资机构出具的验资证明;以募集方式设立股份有限公司公开发行股票的,还应当提交国务院证券监督管理机构的核准文件。

法律、行政法规或者国务院决定规定设立股份有限公司必须报经批准的,还应当提交有关批准文件。

第二十二条　公司申请登记的经营范围中属于法律、行政法规或者国务院决定规定在登记前须经批准的项目的,应当在申请登记前报经国家有关部门批准,并向公司登记机关提交有关批准文件。

第二十三条　公司章程有违反法律、行政法规的内容的,公司登记机关有权要求公司作相应修改。

第二十四条　公司住所证明是指能够证明公司对其住所享有使用权的文件。

第二十五条　依法设立的公司,由公司登记机关发给《企业法人营业执照》。公司营业执照签发日期为公司成立日期。公司凭公司登记机关核发的《企业法人营业执照》刻制印章,开立银行账户,申请纳税登记。

第五章 变 更 登 记

第二十六条 公司变更登记事项，应当向原公司登记机关申请变更登记。

未经变更登记，公司不得擅自改变登记事项。

第二十七条 公司申请变更登记，应当向公司登记机关提交下列文件：

（一）公司法定代表人签署的变更登记申请书；

（二）依照《公司法》作出的变更决议或者决定；

（三）国家工商行政管理总局规定要求提交的其他文件。

公司变更登记事项涉及修改公司章程的，应当提交由公司法定代表人签署的修改后的公司章程或者公司章程修正案。

变更登记事项依照法律、行政法规或者国务院决定规定在登记前须经批准的，还应当向公司登记机关提交有关批准文件。

第二十八条 公司变更名称的，应当自变更决议或者决定作出之日起30日内申请变更登记。

第二十九条 公司变更住所的，应当在迁入新住所前申请变更登记，并提交新住所使用证明。

公司变更住所跨公司登记机关辖区的，应当在迁入新住所前向迁入地公司登记机关申请变更登记；迁入地公司登记机关受理的，由原公司登记机关将公司登记档案移送迁入地公司登记机关。

第三十条 公司变更法定代表人的，应当自变更决议或者决定作出之日起30日内申请变更登记。

第三十一条 公司增加注册资本的，应当自变更决议或者决定作出之日起30日内申请变更登记。

公司减少注册资本的，应当自公告之日起45日后申请变更登记，并应当提交公司在报纸上登载公司减少注册资本公告的有关证明和公司债务清偿或者债务担保情况的说明。

第三十二条 公司变更经营范围的，应当自变更决议或者决定作出之日起30日内申请变更登记；变更经营范围涉及法律、行政法规或者国务院决定规定在登记前须经批准的项目的，应当自国家有关部门批准之日起30日内申请变更登记。

公司的经营范围中属于法律、行政法规或者国务院决定规定须经批准的项目被吊销、撤销许可证或者其他批准文件，或者许可证、其他批准文件有效期届满的，应当自吊销、撤销许可证、其他批准文件或者许可证、其他批准文件有效期届满之日起30日内申请变更登记或者依照本条例第六章的规定办理注销登记。

第三十三条 公司变更类型的，应当按照拟变更的公司类型的设立条件，在规定的期限内向公司登记机关申请变更登记，并提交有关文件。

第三十四条 有限责任公司变更股东的，应当自变更之日起30日内申请变更登记，并应当提交新股东的主体资格证明或者自然人身份证明。

有限责任公司的自然人股东死亡后，其合法继承人继承股东资格的，公司应当依照前款规定申请变更登记。

有限责任公司的股东或者股份有限公司的发起人改变姓名或者名称的，应当自改变姓名或者名称之日起30日内申请变更登记。

第三十五条 公司登记事项变更涉及分公司登记事项变更的，应当自公司变更登记之日起30日内申请分公司变更登记。

第三十六条 公司章程修改未涉及登记事项的，公司应当将修改后的公司章程或者公司章程修正案送原公司登记机关备案。

第三十七条 公司董事、监事、经理发生变动的，应当向原公司登记机关备案。

第三十八条 因合并、分立而存续的公司，其登记事项发生变化的，应当申请变更登记；因合并、分立而解散的公司，应当申请注销登记；因合并、分立而新设立的公司，应当申请设立登记。

公司合并、分立的，应当自公告之日起45日后申请登记，提交合并协议和合并、分立决议或者决定以及公司在报纸上登载公司合并、分立公告的有关证明和债务清偿或者债务担保情况的说明。法律、行政法规或者国务院决定规定公司合并、分立必须报经批准的，还应当提交有关批准文件。

第三十九条　变更登记事项涉及《企业法人营业执照》载明事项的，公司登记机关应当换发营业执照。

第四十条　公司依照《公司法》第二十二条规定向公司登记机关申请撤销变更登记的，应当提交下列文件：

（一）公司法定代表人签署的申请书；

（二）人民法院的裁判文书。

第六章　注 销 登 记

第四十一条　公司解散，依法应当清算的，清算组应当自成立之日起10日内将清算组成员、清算组负责人名单向公司登记机关备案。

第四十二条　有下列情形之一的，公司清算组应当自公司清算结束之日起30日内向原公司登记机关申请注销登记：

（一）公司被依法宣告破产；

（二）公司章程规定的营业期限届满或者公司章程规定的其他解散事由出现，但公司通过修改公司章程而存续的除外；

（三）股东会、股东大会决议解散或者一人有限责任公司的股东、外商投资的公司董事会决议解散；

（四）依法被吊销营业执照、责令关闭或者被撤销；

（五）人民法院依法予以解散；

（六）法律、行政法规规定的其他解散情形。

第四十三条　公司申请注销登记，应当提交下列文件：

（一）公司清算组负责人签署的注销登记申请书；

（二）人民法院的破产裁定、解散裁判文书，公司依照《公司法》作出的决议或者决定，行政机关责令关闭或者公司被撤销的文件；

（三）股东会、股东大会、一人有限责任公司的股东、外商投资的公司董事会或者人民法院、公司批准机关备案、确认的清算报告；

（四）《企业法人营业执照》；

（五）法律、行政法规规定应当提交的其他文件。

国有独资公司申请注销登记，还应当提交国有资产监督管理机构的决定，其中，国务院确定的重要的国有独资公司，还应当提交本级人民政府的批准文件。

有分公司的公司申请注销登记，还应当提交分公司的注销登记证明。

第四十四条　经公司登记机关注销登记，公司终止。

第七章　分公司的登记

第四十五条　分公司是指公司在其住所以外设立的从事经营活动的机构。分公司不具有企业法人资格。

第四十六条　分公司的登记事项包括：名称、营业场所、负责人、经营范围。

分公司的名称应当符合国家有关规定。

分公司的经营范围不得超出公司的经营范围。

第四十七条　公司设立分公司的，应当自决定作出之日起30日内向分公司所在地的公司登记机关申请登记；法律、行政法规或者国务院决定规定必须报经有关部门批准的，应当自批准之日起30日内向公司登记机关申请登记。

设立分公司，应当向公司登记机关提交下列文件：

（一）公司法定代表人签署的设立分公司的登记申请书；

（二）公司章程以及加盖公司印章的《企业法人营业执照》复印件；

（三）营业场所使用证明；

（四）分公司负责人任职文件和身份证明；

（五）国家工商行政管理总局规定要求提交的其他文件。

法律、行政法规或者国务院决定规定设立分公司必须报经批准，或者分公司经营范围中属于法律、行政法规或者国务院决定规定在登记前须经批准的项目的，还应当提交有关批准文件。

分公司的公司登记机关准予登记的，发给《营业执照》。公司应当自分公司登记之日起30日内，持分公司的《营业执照》到公司登记机关办理备案。

第四十八条 分公司变更登记事项的，应当向公司登记机关申请变更登记。

申请变更登记，应当提交公司法定代表人签署的变更登记申请书。变更名称、经营范围的，应当提交加盖公司印章的《企业法人营业执照》复印件，分公司经营范围中属于法律、行政法规或者国务院决定规定在登记前须经批准的项目的，还应当提交有关批准文件。变更营业场所的，应当提交新的营业场所使用证明。变更负责人的，应当提交公司的任免文件以及其身份证明。

公司登记机关准予变更登记的，换发《营业执照》。

第四十九条 分公司被公司撤销、依法责令关闭、吊销营业执照的，公司应当自决定作出之日起30日内向该分公司的公司登记机关申请注销登记。申请注销登记应当提交公司法定代表人签署的注销登记申请书和分公司的《营业执照》。公司登记机关准予注销登记后，应当收缴分公司的《营业执照》。

第八章 登记程序

第五十条 申请公司、分公司登记，申请人可以到公司登记机关提交申请，也可以通过信函、电报、电传、传真、电子数据交换和电子邮件等方式提出申请。

通过电报、电传、传真、电子数据交换和电子邮件等方式提出申请的，应当提供申请人的联系方式以及通讯地址。

第五十一条 公司登记机关应当根据下列情况分别作出是否受理的决定：

（一）申请文件、材料齐全，符合法定形式的，或者申请人按照公司登记机关的要求提交全部补正申请文件、材料的，应当决定予以受理。

（二）申请文件、材料齐全，符合法定形式，但公司登记机关认为申请文件、材料需要核实的，应当决定予以受理，同时书面告知申请人需要核实的事项、理由以及时间。

（三）申请文件、材料存在可以当场更正的错误的，应当允许申请人当场予以更正，由申请人在更正处签名或者盖章，注明更正日期；经确认申请文件、材料齐全，符合法定形式的，应当决定予以受理。

（四）申请文件、材料不齐全或者不符合法定形式的，应当当场或者在5日内一次告知申请人需要补正的全部内容；当场告知时，应当将申请文件、材料退回申请人；属于5日内告知的，应当收取申请文件、材料并出具收到申请文件、材料的凭据，逾期不告知的，自收到申请文件、材料之日起即为受理。

（五）不属于公司登记范畴或者不属于本机关登记管辖范围的事项，应当即时决定不予受理，并告知申请人向有关行政机关申请。

公司登记机关对通过信函、电报、电传、传真、电子数据交换和电子邮件等方式提出申请的，应当自收到申请文件、材料之日起5日内作出是否受理的决定。

第五十二条 除依照本条例第五十四条第一款第（一）项作出准予登记决定的外，公司登记机关决定予以受理的，应当出具《受理通知书》；决定不予受理的，应当出具《不予受理通知书》，说明不予受理的理由，并告知申请人享有依法申请行政复议或者提起行政诉讼的权利。

第五十三条 公司登记机关对决定予以受理的登记申请，应当分别情况在规定的期限内作出是否准予登记的决定：

（一）对申请人到公司登记机关提出的申请予以受理的，应当当场作出准予登记的决定。

（二）对申请人通过信函方式提交的申请予以受理的，应当自受理之日起15日内作出准予登记的决定。

（三）通过电报、电传、传真、电子数据交换和电子邮件等方式提交申请的，申请人应当自收到《受理通知书》之日起15日内，提交与电报、电传、传真、电子数据交换和电子邮件等内容一致并符合法定形式的申请文件、材料原件；申请人到公司登记机关提交申请文件、材料原件的，应当当场作出准予登记的决定；申请人通过信函方式提交申请文件、材料原件的，应当自受理之日起15日内作出准予登记的决定。

（四）公司登记机关自发出《受理通知书》之日起60日内，未收到申请文件、材料原件，或者申请文件、材料原件与公司登记机关所受理的申请文件、材料不一致的，应当作出不予登记的决定。

公司登记机关需要对申请文件、材料核实的，应当自受理之日起15日内作出是否准予登记的决定。

第五十四条　公司登记机关作出准予公司名称预先核准决定的，应当出具《企业名称预先核准通知书》；作出准予公司设立登记决定的，应当出具《准予设立登记通知书》，告知申请人自决定之日起10日内，领取营业执照；作出准予公司变更登记决定的，应当出具《准予变更登记通知书》，告知申请人自决定之日起10日内，换发营业执照；作出准予公司注销登记决定的，应当出具《准予注销登记通知书》，收缴营业执照。

公司登记机关作出不予名称预先核准、不予登记决定的，应当出具《企业名称驳回通知书》、《登记驳回通知书》，说明不予核准、登记的理由，并告知申请人享有依法申请行政复议或者提起行政诉讼的权利。

第五十五条　公司登记机关应当将公司登记、备案信息通过企业信用信息公示系统向社会公示。

第五十六条　吊销《企业法人营业执照》和《营业执照》的公告由公司登记机关发布。

第九章　年度报告公示、证照和档案管理

第五十七条　公司应当于每年1月1日至6月30日，通过企业信用信息公示系统向公司登记机关报送上一年度年度报告，并向社会公示。

年度报告公示的内容以及监督检查办法由国务院制定。

第五十八条　《企业法人营业执照》、《营业执照》分为正本和副本，正本和副本具有同等法律效力。

国家推行电子营业执照。电子营业执照与纸质营业执照具有同等法律效力。

《企业法人营业执照》正本或者《营业执照》正本应当置于公司住所或者分公司营业场所的醒目位置。

公司可以根据业务需要向公司登记机关申请核发营业执照若干副本。

第五十九条　任何单位和个人不得伪造、涂改、出租、出借、转让营业执照。

营业执照遗失或者毁坏的，公司应当在公司登记机关指定的报刊上声明作废，申请补领。

公司登记机关依法作出变更登记、注销登记、撤销变更登记决定，公司拒不缴回或者无法缴回营业执照的，由公司登记机关公告营业执照作废。

第六十条　公司登记机关对需要认定的营业执照，可以临时扣留，扣留期限不得超过10天。

第六十一条　借阅、抄录、携带、复制公司登记档案资料的，应当按照规定的权限和程序办理。

任何单位和个人不得修改、涂抹、标注、损

毁公司登记档案资料。

第六十二条 营业执照正本、副本样式，电子营业执照标准以及公司登记的有关重要文书格式或者表式，由国家工商行政管理总局统一制定。

第十章 法律责任

第六十三条 虚报注册资本，取得公司登记的，由公司登记机关责令改正，处以虚报注册资本金额5%以上15%以下的罚款；情节严重的，撤销公司登记或者吊销营业执照。

第六十四条 提交虚假材料或者采取其他欺诈手段隐瞒重要事实，取得公司登记的，由公司登记机关责令改正，处以5万元以上50万元以下的罚款；情节严重的，撤销公司登记或者吊销营业执照。

第六十五条 公司的发起人、股东虚假出资，未交付或者未按期交付作为出资的货币或者非货币财产的，由公司登记机关责令改正，处以虚假出资金额5%以上15%以下的罚款。

第六十六条 公司的发起人、股东在公司成立后，抽逃出资的，由公司登记机关责令改正，处以所抽逃出资金额5%以上15%以下的罚款。

第六十七条 公司成立后无正当理由超过6个月未开业的，或者开业后自行停业连续6个月以上的，可以由公司登记机关吊销营业执照。

第六十八条 公司登记事项发生变更时，未依照本条例规定办理有关变更登记的，由公司登记机关责令限期登记；逾期不登记的，处以1万元以上10万元以下的罚款。其中，变更经营范围涉及法律、行政法规或者国务院决定规定须经批准的项目而未取得批准，擅自从事相关经营活动，情节严重的，吊销营业执照。

公司未依照本条例规定办理有关备案的，由公司登记机关责令限期办理；逾期未办理的，处以3万元以下的罚款。

第六十九条 公司在合并、分立、减少注册资本或者进行清算时，不按照规定通知或者公告债权人的，由公司登记机关责令改正，处以1万元以上10万元以下的罚款。

公司在进行清算时，隐匿财产，对资产负债表或者财产清单作虚假记载或者在未清偿债务前分配公司财产的，由公司登记机关责令改正，对公司处以隐匿财产或者未清偿债务前分配公司财产金额5%以上10%以下的罚款；对直接负责的主管人员和其他直接责任人员处以1万元以上10万元以下的罚款。

公司在清算期间开展与清算无关的经营活动的，由公司登记机关予以警告，没收违法所得。

第七十条 清算组不按照规定向公司登记机关报送清算报告，或者报送清算报告隐瞒重要事实或者有重大遗漏的，由公司登记机关责令改正。

清算组成员利用职权徇私舞弊、谋取非法收入或者侵占公司财产的，由公司登记机关责令退还公司财产，没收违法所得，并可以处以违法所得1倍以上5倍以下的罚款。

第七十一条 伪造、涂改、出租、出借、转让营业执照的，由公司登记机关处以1万元以上10万元以下的罚款；情节严重的，吊销营业执照。

第七十二条 未将营业执照置于住所或者营业场所醒目位置的，由公司登记机关责令改正；拒不改正的，处以1000元以上5000元以下的罚款。

第七十三条 承担资产评估、验资或者验证的机构提供虚假材料的，由公司登记机关没收违法所得，处以违法所得1倍以上5倍以下的罚款，并可以由有关主管部门依法责令该机构停业、吊销直接责任人员的资格证书，吊销营业执照。

承担资产评估、验资或者验证的机构因过失提供有重大遗漏的报告的，由公司登记机关责令改正，情节较重的，处以所得收入1倍以上5倍以下的罚款，并可以由有关主管部门依法责令该机构停业、吊销直接责任人员的资格证书，吊销营业执照。

第七十四条 未依法登记为有限责任公司或者股份有限公司,而冒用有限责任公司或者股份有限公司名义的,或者未依法登记为有限责任公司或者股份有限公司的分公司,而冒用有限责任公司或者股份有限公司的分公司名义的,由公司登记机关责令改正或者予以取缔,可以并处10万元以下的罚款。

第七十五条 公司登记机关对不符合规定条件的公司登记申请予以登记,或者对符合规定条件的登记申请不予登记的,对直接负责的主管人员和其他直接责任人员,依法给予行政处分。

第七十六条 公司登记机关的上级部门强令公司登记机关对不符合规定条件的登记申请予以登记,或者对符合规定条件的登记申请不予登记的,或者对违法登记进行包庇的,对直接负责的主管人员和其他直接责任人员依法给予行政处分。

第七十七条 外国公司违反《公司法》规定,擅自在中国境内设立分支机构的,由公司登记机关责令改正或者关闭,可以并处5万元以上20万元以下的罚款。

第七十八条 利用公司名义从事危害国家安全、社会公共利益的严重违法行为的,吊销营业执照。

第七十九条 分公司有本章规定的违法行为的,适用本章规定。

第八十条 违反本条例规定,构成犯罪的,依法追究刑事责任。

第十一章 附 则

第八十一条 外商投资的公司的登记适用本条例。有关外商投资企业的法律对其登记另有规定的,适用其规定。

第八十二条 法律、行政法规或者国务院决定规定设立公司必须报经批准,或者公司经营范围中属于法律、行政法规或者国务院决定规定在登记前须经批准的项目的,由国家工商行政管理总局依照法律、行政法规或者国务院决定规定编制企业登记前置行政许可目录并公布。

第八十三条 本条例自1994年7月1日起施行。

中华人民共和国企业法人登记管理条例

(1988年6月3日国务院令第1号公布 根据2011年1月8日国务院令第588号《关于废止和修改部分行政法规的决定》第一次修订 根据2014年2月19日国务院令第648号《关于废止和修改部分行政法规的决定》第二次修订 根据2016年2月6日国务院令第666号《关于修改部分行政法规的决定》第三次修订)

第一章 总 则

第一条 为建立企业法人登记管理制度,确认企业法人资格,保障企业合法权益,取缔非法经营,维护社会经济秩序,根据《中华人民共和国民法通则》的有关规定,制定本条例。

第二条 具备法人条件的下列企业,应当依照本条例的规定办理企业法人登记:

(一)全民所有制企业;

(二)集体所有制企业;

(三)联营企业;

(四)在中华人民共和国境内设立的中外合资经营企业、中外合作经营企业和外资企业;

(五)私营企业;

(六)依法需要办理企业法人登记的其他企业。

第三条 申请企业法人登记,经企业法人登记主管机关审核,准予登记注册的,领取《企业法人营业执照》,取得法人资格,其合法权益受国家法律保护。

依法需要办理企业法人登记的,未经企业法人登记主管机关核准登记注册,不得从事经营活动。

第二章 登记主管机关

第四条 企业法人登记主管机关(以下简称登记主管机关)是国家工商行政管理局和地方各级工商行政管理局。各级登记主管机关在上级登记主管机关的领导下,依法履行职责,不受非法干预。

第五条 经国务院或者国务院授权部门批准的全国性公司、企业集团、经营进出口业务的公司,由国家工商行政管理局核准登记注册。中外合资经营企业、中外合作经营企业、外资企业由国家工商行政管理局或者国家工商行政管理局授权的地方工商行政管理局核准登记注册。

全国性公司的子(分)公司,经省、自治区、直辖市人民政府或其授权部门批准设立的企业、企业集团、经营进出口业务的公司,由省、自治区、直辖市工商行政管理局核准登记注册。

其他企业,由所在市、县(区)工商行政管理局核准登记注册。

第六条 各级登记主管机关,应当建立企业法人登记档案和登记统计制度,掌握企业法人登记有关的基础信息,为发展有计划的商品经济服务。

登记主管机关应当根据社会需要,有计划地开展向公众提供企业法人登记资料的服务。

第三章 登记条件和申请登记单位

第七条 申请企业法人登记的单位应当具备下列条件:

(一)名称、组织机构和章程;

(二)固定的经营场所和必要的设施;

(三)符合国家规定并与其生产经营和服务规模相适应的资金数额和从业人员;

(四)能够独立承担民事责任;

(五)符合国家法律、法规和政策规定的经营范围。

第八条 企业办理企业法人登记,由该企业的组建负责人申请。

独立承担民事责任的联营企业办理企业法人登记,由联营企业的组建负责人申请。

第四章 登记注册事项

第九条 企业法人登记注册的主要事项:企业法人名称、住所、经营场所、法定代表人、经济性质、经营范围、经营方式、注册资金、从业人数、经营期限、分支机构。

第十条 企业法人只准使用一个名称。企业法人申请登记注册的名称由登记主管机关核定,经核准登记注册后在规定的范围内享有专用权。

申请设立中外合资经营企业、中外合作经营企业和外资企业应当在合同、章程审批之前,向登记主管机关申请企业名称登记。

第十一条 登记主管机关核准登记注册的企业法人的法定代表人是代表企业行使职权的签字人。法定代表人的签字应当向登记主管机关备案。

第十二条 注册资金是国家授予企业法人经营管理的财产或者企业法人自有财产的数额体现。

企业法人办理开业登记,申请注册的资金数额与实有资金不一致的,按照国家专项规定办理。

第十三条 企业法人的经营范围应当与其资金、场地、设备、从业人员以及技术力量相适应;按照国家有关规定,可以一业为主,兼营他业。企业法人应当在核准登记注册的经营范围内从事经营活动。

第五章　开业登记

第十四条　企业法人办理开业登记，应当在主管部门或者审批机关批准后30日内，向登记主管机关提出申请；没有主管部门、审批机关的企业申请开业登记，由登记主管机关进行审查。登记主管机关应当在受理申请后30日内，做出核准登记或者不予核准登记的决定。

第十五条　申请企业法人开业登记，应当提交下列文件、证件：

（一）组建负责人签署的登记申请书；

（二）主管部门或者审批机关的批准文件；

（三）组织章程；

（四）资金信用证明、验资证明或者资金担保；

（五）企业主要负责人的身份证明；

（六）住所和经营场所使用证明；

（七）其他有关文件、证件。

第十六条　申请企业法人开业登记的单位，经登记主管机关核准登记注册，领取《企业法人营业执照》后，企业即告成立。企业法人凭据《企业法人营业执照》可以刻制公章、开立银行账户、签订合同，进行经营活动。

登记主管机关可以根据企业法人开展业务的需要，核发《企业法人营业执照》副本。

第六章　变更登记

第十七条　企业法人改变名称、住所、经营场所、法定代表人、经济性质、经营范围、经营方式、注册资金、经营期限，以及增设或者撤销分支机构，应当申请办理变更登记。

第十八条　企业法人申请变更登记，应当在主管部门或者审批机关批准后30日内，向登记主管机关申请办理变更登记。

第十九条　企业法人分立、合并、迁移，应当在主管部门或者审批机关批准后30日内，向登记主管机关申请办理变更登记、开业登记或者注销登记。

第七章　注销登记

第二十条　企业法人歇业、被撤销、宣告破产或者因其他原因终止营业，应当向登记主管机关办理注销登记。

第二十一条　企业法人办理注销登记，应当提交法定代表人签署的申请注销登记报告、主管部门或者审批机关的批准文件、清理债务完结的证明或者清算组织负责清理债权债务的文件。经登记主管机关核准后，收缴《企业法人营业执照》、《企业法人营业执照》副本，收缴公章，并将注销登记情况告知其开户银行。

第二十二条　企业法人领取《企业法人营业执照》后，满6个月尚未开展经营活动或者停止经营活动满1年的，视同歇业，登记主管机关应当收缴《企业法人营业执照》、《企业法人营业执照》副本，收缴公章，并将注销登记情况告知其开户银行。

第八章　公示和证照管理

第二十三条　登记主管机关应当将企业法人登记、备案信息通过企业信用信息公示系统向社会公示。

第二十四条　企业法人应当于每年1月1日至6月30日，通过企业信用信息公示系统向登记主管机关报送上一年度年度报告，并向社会公示。

年度报告公示的内容以及监督检查办法由国务院制定。

第二十五条　登记主管机关核发的《企业法人营业执照》是企业法人凭证，除登记主管机关依照法定程序可以扣缴或者吊销外，其他任何单位和个人不得收缴、扣押、毁坏。

企业法人遗失《企业法人营业执照》、《企业法人营业执照》副本，必须登报声明后，方可申请补领。

《企业法人营业执照》、《企业法人营业执照》副本，不得伪造、涂改、出租、出借、转让或者出卖。

国家推行电子营业执照。电子营业执照与纸质营业执照具有同等法律效力。

第九章 事业单位、科技性的社会团体从事经营活动的登记管理

第二十六条 事业单位、科技性的社会团体根据国家有关规定,设立具备法人条件的企业,由该企业申请登记,经登记主管机关核准,领取《企业法人营业执照》,方可从事经营活动。

第二十七条 根据国家有关规定,实行企业化经营,国家不再核拨经费的事业单位和从事经营活动的科技性的社会团体,具备企业法人登记条件的,由该单位申请登记,经登记主管机关核准,领取《企业法人营业执照》,方可从事经营活动。

第十章 监督管理

第二十八条 登记主管机关对企业法人依法履行下列监督管理职责:

(一)监督企业法人按照规定办理开业、变更、注销登记;

(二)监督企业法人按照登记注册事项和章程、合同从事经营活动;

(三)监督企业法人和法定代表人遵守国家法律、法规和政策;

(四)制止和查处企业法人的违法经营活动,保护企业法人的合法权益。

第二十九条 企业法人有下列情形之一的,登记主管机关可以根据情况分别给予警告、罚款、没收非法所得、停业整顿、扣缴、吊销《企业法人营业执照》的处罚:

(一)登记中隐瞒真实情况、弄虚作假或者未经核准登记注册擅自开业的;

(二)擅自改变主要登记事项或者超出核准登记的经营范围从事经营活动的;

(三)不按照规定办理注销登记的;

(四)伪造、涂改、出租、出借、转让或者出卖《企业法人营业执照》、《企业法人营业执照》副本的;

(五)抽逃、转移资金,隐匿财产逃避债务的;

(六)从事非法经营活动的。

对企业法人按照上述规定进行处罚时,应当根据违法行为的情节,追究法定代表人的行政责任、经济责任;触犯刑律的,由司法机关依法追究刑事责任。

第三十条 登记主管机关处理企业法人违法活动,必须查明事实,依法处理,并将处理决定书面通知当事人。

第三十一条 企业法人对登记主管机关的处罚不服时,可以在收到处罚通知后15日内向上一级登记主管机关申请复议。上级登记主管机关应当在收到复议申请之日起30日内作出复议决定。申请人对复议决定不服的,可以在收到复议通知之日起30日内向人民法院起诉。逾期不提出申诉又不缴纳罚没款的,登记主管机关可以按照规定程序申请人民法院强制执行。

第三十二条 企业法人被吊销《企业法人营业执照》,登记主管机关应当收缴其公章,并将注销登记情况告知其开户银行,其债权债务由主管部门或者清算组织负责清理。

第三十三条 主管部门、审批机关、登记主管机关的工作人员违反本条例规定,严重失职、滥用职权、营私舞弊、索贿受贿或者侵害企业法人合法权益的,应当根据情节给予行政处分和经济处罚;触犯刑律的,由司法机关依法追究刑事责任。

第十一章 附 则

第三十四条 企业法人设立不能独立承担民事责任的分支机构,由该企业法人申请登记,经登记主管机关核准,领取《营业执照》,在核准登记的经营范围内从事经营活动。

根据国家有关规定,由国家核拨经费的事业单位、科技性的社会团体从事经营活动或者设立不具备法人条件的企业,由该单位申请登记,经登记主管机关核准,领取《营业执照》,在核准登记的经营范围内从事经营活动。

具体登记管理参照本条例的规定执行。

第三十五条 经国务院有关部门或者各

级计划部门批准的新建企业，其筹建期满1年的，应当按照专项规定办理筹建登记。

第三十六条　本条例施行前，具备法人条件的企业，已经登记主管机关核准登记注册的，不再另行办理企业法人登记。

第三十七条　本条例由国家工商行政管理局负责解释；施行细则由国家工商行政管理局制定。

第三十八条　本条例自1988年7月1日起施行。1980年7月26日国务院发布的《中外合资经营企业登记管理办法》，1982年8月9日国务院发布的《工商企业登记管理条例》，1985年8月14日国务院批准、1985年8月25日国家工商行政管理局发布的《公司登记管理暂行规定》同时废止。

中华人民共和国企业法人登记管理条例施行细则

（1988年11月3日国家工商行政管理局令第1号公布
根据1996年12月25日国家工商行政管理局令第66号第一次修订
根据2000年12月1日国家工商行政管理局令第96号第二次修订
根据2011年12月12日国家工商行政管理总局令第58号第三次修订
根据2014年2月20日国家工商行政管理总局令第63号第四次修订
根据2016年4月29日国家工商行政管理总局令第86号第五次修订
根据2017年10月27日国家工商行政管理总局令第92号第六次修订）

第一条　根据《中华人民共和国企业法人登记管理条例》（以下简称《条例》），制定本施行细则。

登记范围

第二条　具备企业法人条件的全民所有制企业、集体所有制企业、联营企业、在中国境内设立的外商投资企业（包括中外合资经营企业、中外合作经营企业、外资企业）和其他企业，应当根据国家法律、法规及本细则有关规定，申请企业法人登记。

第三条　实行企业化经营、国家不再核拨经费的事业单位和从事经营活动的科技性社会团体，具备企业法人条件的，应当申请企业法人登记。

第四条　不具备企业法人条件的下列企业和经营单位，应当申请营业登记：

（一）联营企业；

（二）企业法人所属的分支机构；

（三）外商投资企业设立的分支机构；

（四）其他从事经营活动的单位。

第五条　省、自治区、直辖市人民政府规定应当办理登记的企业和经营单位，按照《条例》和本细则的有关规定申请登记。

登记主管机关

第六条　工商行政管理机关是企业法人登记和营业登记的主管机关。登记主管机关依法独立行使职权，实行分级登记管理的原则。

对外商投资企业实行国家工商行政管理总局登记管理和授权登记管理的原则。

上级登记主管机关有权纠正下级登记主管机关不符合国家法律、法规和政策的决定。

第七条　国家工商行政管理总局负责以下企业的登记管理：

（一）国务院批准设立的或者行业归口管理部门审查同意由国务院各部门以及科技性

社会团体设立的全国性公司和大型企业；

（二）国务院批准设立的或者国务院授权部门审查同意设立的大型企业集团；

（三）国务院授权部门审查同意由国务院各部门设立的经营进出口业务、劳务输出业务或者对外承包工程的公司。

第八条 省、自治区、直辖市工商行政管理局负责以下企业的登记管理：

（一）省、自治区、直辖市人民政府批准设立的或者行业归口管理部门审查同意由政府各部门以及科技性社会团体设立的公司和企业；

（二）省、自治区、直辖市人民政府批准设立的或者政府授权部门审查同意设立的企业集团；

（三）省、自治区、直辖市人民政府授权部门审查同意由政府各部门设立的经营进出口业务、劳务输出业务或者对外承包工程的公司；

（四）国家工商行政管理总局根据有关规定核转的企业或分支机构。

第九条 市、县、区（指县级以上的市辖区，下同）工商行政管理局负责第七条、第八条所列企业外的其他企业的登记管理。

第十条 国家工商行政管理总局授权的地方工商行政管理局负责以下外商投资企业的登记管理：

（一）省、自治区、直辖市人民政府或政府授权机关批准的外商投资企业，由国家工商行政管理总局授权的省、自治区、直辖市工商行政管理局登记管理；

（二）市人民政府或政府授权机关批准的外商投资企业，由国家工商行政管理总局授权的市工商行政管理局登记管理。

第十一条 国家工商行政管理总局和省、自治区、直辖市工商行政管理局应将核准登记的企业的有关资料，抄送企业所在市、县、区工商行政管理局。

第十二条 各级登记主管机关可以运用登记注册档案、登记统计资料以及有关的基础信息资料，向机关、企事业单位、社会团体等单位和个人提供各种形式的咨询服务。

登记条件

第十三条 申请企业法人登记，应当具备下列条件（外商投资企业另列）：

（一）有符合规定的名称和章程；

（二）有国家授予的企业经营管理的财产或者企业所有的财产，并能够以其财产独立承担民事责任；

（三）有与生产经营规模相适应的经营管理机构、财务机构、劳动组织以及法律或者章程规定必须建立的其他机构；

（四）有必要的并与经营范围相适应的经营场所和设施；

（五）有与生产经营规模和业务相适应的从业人员，其中专职人员不得少于8人；

（六）有健全的财会制度，能够实行独立核算，自负盈亏，独立编制资金平衡表或者资产负债表；

（七）有符合规定数额并与经营范围相适应的注册资金，国家对企业注册资金数额有专项规定的按规定执行；

（八）有符合国家法律、法规和政策规定的经营范围；

（九）法律、法规规定的其他条件。

第十四条 外商投资企业申请企业法人登记，应当具备下列条件：

（一）有符合规定的名称；

（二）有合同、章程；

（三）有固定经营场所、必要的设施和从业人员；

（四）有符合国家规定的注册资本；

（五）有符合国家法律、法规和政策规定的经营范围；

（六）有健全的财会制度，能够实行独立核算，自负盈亏，独立编制资金平衡表或者资产负债表。

第十五条 申请营业登记，应当具备下列条件：

（一）有符合规定的名称；

（二）有固定的经营场所和设施；

（三）有相应的管理机构和负责人；

（四）有经营活动所需要的资金和从业人员；

（五）有符合规定的经营范围；

（六）有相应的财务核算制度。

不具备企业法人条件的联营企业，还应有联合签署的协议。

外商投资企业设立的从事经营活动的分支机构应当实行非独立核算。

第十六条 企业法人章程的内容应当符合国家法律、法规和政策的规定，并载明下列事项：

（一）宗旨；

（二）名称和住所；

（三）经济性质；

（四）注册资金数额及其来源；

（五）经营范围和经营方式；

（六）组织机构及其职权；

（七）法定代表人产生的程序和职权范围；

（八）财务管理制度和利润分配形式；

（九）劳动用工制度；

（十）章程修改程序；

（十一）终止程序；

（十二）其他事项。

联营企业法人的章程还应载明：

（一）联合各方出资方式、数额和投资期限；

（二）联合各方成员的权利和义务；

（三）参加和退出的条件、程序；

（四）组织管理机构的产生、形式、职权及其决策程序；

（五）主要负责人任期。

外商投资企业的合营合同和章程按《中华人民共和国中外合资经营企业法》、《中华人民共和国中外合作经营企业法》和《中华人民共和国外资企业法》的有关规定制定。

登记注册事项

第十七条 企业法人登记注册的主要事项按照《条例》第九条规定办理。

营业登记的主要事项有：名称、地址、负责人、经营范围、经营方式、经济性质、隶属关系、资金数额。

第十八条 外商投资企业登记注册的主要事项有：名称、住所、经营范围、投资总额、注册资本、企业类型、法定代表人、营业期限、分支机构、有限责任公司股东或者股份有限公司发起人的姓名或者名称。

第十九条 外商投资企业设立的分支机构登记注册的主要事项有：名称、营业场所、负责人、经营范围、隶属企业。

第二十条 企业名称应当符合国家有关法律法规及登记主管机关的规定。

第二十一条 住所、地址、经营场所按所在市、县、（镇）及街道门牌号码的详细地址注册。

第二十二条 经登记主管机关核准登记注册的代表企业行使职权的主要负责人，是企业法人的法定代表人。法定代表人是代表企业法人根据章程行使职权的签字人。

企业的法定代表人必须是完全民事行为能力人，并且应当符合国家法律、法规和政策的规定。

第二十三条 登记主管机关根据申请单位提交的文件和章程所反映的财产所有权、资金来源、分配形式，核准企业和经营单位的经济性质。

经济性质可分别核准为全民所有制、集体所有制。联营企业应注明联合各方的经济性质，并标明“联营”字样。

第二十四条 外商投资企业的企业类型分别核准为中外合资经营、中外合作经营、外商独资经营。

第二十五条 登记主管机关根据申请单位的申请和所具备的条件，按照国家法律、法规和政策以及规范化要求，核准经营范围和经营方式。企业必须按照登记主管机关核准登记注册的经营范围和经营方式从事经营活动。

第二十六条 注册资金数额是企业法人经营管理的财产或者企业法人所有的财产的货币表现。除国家另有规定外，企业的注册资金应当与实有资金相一致。

企业法人的注册资金的来源包括财政部门或者设立企业的单位的拨款、投资。

第二十七条 外商投资企业的注册资本是指设立外商投资企业在登记主管机关登记注册的资本总额，是投资者认缴的出资额。

注册资本与投资总额的比例，应当符合国家有关规定。

第二十八条 营业期限是联营企业、外商投资企业的章程、协议或者合同所确定的经营时限。营业期限自登记主管机关核准登记之日起计算。

开 业 登 记

第二十九条 申请企业法人登记，应按《条例》第十五条（一）至（七）项规定提交文件、证件。

企业章程应经主管部门审查同意。

资金信用证明是财政部门证明全民所有制企业资金数额的文件。

验资证明是会计师事务所或者审计事务所及其他具有验资资格的机构出具的证明资金真实性的文件。

企业主要负责人的身份证明包括任职文件和附照片的个人简历。个人简历由该负责人的人事关系所在单位或者乡镇、街道出具。

第三十条 外商投资企业申请企业法人登记，应提交下列文件、证件：

（一）董事长签署的外商投资企业登记申请书；

（二）合同、章程；

（三）有关项目建议书或可行性研究报告的批准文件；

（四）投资者合法开业证明；

（五）投资者的资信证明；

（六）董事会名单以及董事会成员的姓名、住址的文件以及任职文件和法定代表人的身份证明；

（七）其他有关文件、证件。

涉及国家规定实施准入特别管理措施的外商投资企业还应当提交审批机关的批准文件和批准证书。

第三十一条 申请营业登记，应根据不同情况，提交下列文件、证件：

（一）登记申请书；

（二）经营资金数额的证明；

（三）负责人的任职文件；

（四）经营场所使用证明；

（五）其他有关文件、证件。

第三十二条 外商投资企业申请设立分支机构，应当提交下列文件、证件：

（一）隶属企业董事长签署的登记申请书；

（二）原登记主管机关的通知函；

（三）隶属企业董事会的决议；

（四）隶属企业的执照副本；

（五）负责人的任职文件；

（六）其他有关文件、证件。

法律、法规及国家工商行政管理总局规章规定设立分支机构需经审批的，应提交审批文件。

第三十三条 登记主管机关应当对申请单位提交的文件、证件、登记申请书、登记注册书以及其他有关文件进行审查，经核准后分别核发下列证照：

（一）对具备企业法人条件的企业，核发《企业法人营业执照》；

（二）对不具备企业法人条件，但具备经营条件的企业和经营单位，核发《营业执照》。

登记主管机关应当分别编定注册号，在颁发的证照上加以注明，并记入登记档案。

第三十四条 登记主管机关核发的《企业法人营业执照》是企业取得法人资格和合法经营权的凭证。登记主管机关核发的《营业执照》是经营单位取得合法经营权的凭证。经营单位凭据《营业执照》可以刻制公章，开立银行账户，开展核准的经营范围以内的生产经营活动。

变更登记

第三十五条 企业法人根据《条例》第十七条规定，申请变更登记时，应提交下列文件、证件：

（一）法定代表人签署的变更登记申请书；

（二）原主管部门审查同意的文件；

（三）其他有关文件、证件。

第三十六条 企业法人实有资金比原注册资金数额增加或者减少超过20%时，应持资金信用证明或者验资证明，向原登记主管机关申请变更登记。

登记主管机关在核准企业法人减少注册资金的申请时，应重新审核经营范围和经营方式。

第三十七条 企业法人在异地（跨原登记主管机关管辖地）增设或者撤销分支机构，应向原登记主管机关申请变更登记。经核准后，向分支机构所在地的登记主管机关申请开业登记或者注销登记。

第三十八条 因分立或者合并而保留的企业应当申请变更登记；因分立或者合并而新办的企业应当申请开业登记；因合并而终止的企业应当申请注销登记。

第三十九条 企业法人迁移（跨原登记主管机关管辖地），应向原登记主管机关申请办理迁移手续；原登记主管机关根据新址所在地登记主管机关同意迁入的意见，收缴《企业法人营业执照》，撤销注册号，开出迁移证明，并将企业档案移交企业新址所在地登记主管机关。企业凭迁移证明和有关部门的批准文件，向新址所在地登记主管机关申请变更登记，领取《企业法人营业执照》。

第四十条 企业法人因主管部门改变，涉及原主要登记事项的，应当分别情况，持有关文件申请变更、开业、注销登记。不涉及原主要登记事项变更的，企业法人应当持主管部门改变的有关文件，及时向原登记主管机关备案。

第四十一条 外商投资企业改变登记注册事项，应当申请变更登记。申请变更登记时，应提交下列文件、证件：

（一）董事长签署的变更登记申请书；

（二）董事会的决议；

（三）涉及国家规定实施准入特别管理措施的外商投资企业变更股东、注册资本、经营范围、经营期限时，应提交原审批机关的批准文件。

法律、法规及国家工商行政管理总局规章规定设立分支机构需经审批的，应提交原审批机关的批准文件。

外商投资企业变更住所，还应提交住所使用证明；增加注册资本涉及改变原合同的，还应提交补充协议；变更企业类型，还应提交修改合同、章程的补充协议；变更法定代表人，还应提交委派方的委派证明和被委派人员的身份证明；转让股权，还应提交转让合同和修改原合同、章程的补充协议，以及受让方的合法开业证明和资信证明。

外商投资企业董事会成员发生变化的，应向原登记主管机关备案。

第四十二条 经营单位改变营业登记的主要事项，应当申请变更登记。变更登记的程序和应当提交的文件、证件，参照企业法人变更登记的有关规定执行。

第四十三条 外商投资企业设立的分支机构改变主要登记事项，应当申请变更登记。变更登记的程序和应当提交的文件、证件，参照外商投资企业变更登记的有关规定执行。

第四十四条 登记主管机关应当在申请变更登记的单位提交的有关文件、证件齐备后30日内，作出核准变更登记或者不予核准变更登记的决定。

注销登记

第四十五条 企业法人根据《条例》第二十条规定，申请注销登记，应提交下列文件、证件：

（一）法定代表人签署的注销登记申请书；

（二）原主管部门审查同意的文件；

(三)主管部门或者清算组织出具的负责清理债权债务的文件或者清理债务完结的证明。

第四十六条 外商投资企业应当自经营期满之日或者终止营业之日,需经过批准的,在批准证书自动失效之日、原审批机关批准终止合同之日起三个月内,向原登记主管机关申请注销登记,并提交下列文件、证件:

(一)董事长签署的注销登记申请书;

(二)董事会的决议;

(三)清理债权债务完结的报告或者清算组织负责清理债权债务的文件;

(四)税务机关、海关出具的完税证明。

法律、法规规定必须经原审批机关批准的,还应提交原审批机关的批准文件。

不能提交董事会决议的以及国家对外商投资企业的注销另有规定的,按国家有关规定执行。

第四十七条 经营单位终止经营活动,应当申请注销登记。注销登记程序和应当提交的文件、证件,参照企业法人注销登记的有关规定执行。

第四十八条 外商投资企业撤销其分支机构,应当申请注销登记,并提交下列文件、证件:

(一)隶属企业董事长签署的注销登记申请书;

(二)隶属企业董事会的决议。

第四十九条 登记主管机关核准注销登记或者吊销执照,应当同时撤销注册号,收缴执照正、副本和公章,并通知开户银行。

登记审批程序

第五十条 登记主管机关审核登记注册的程序是受理、审查、核准、发照、公告。

(一)受理:申请登记的单位应提交的文件、证件和填报的登记注册书齐备后,方可受理,否则不予受理。

(二)审查:审查提交的文件、证件和填报的登记注册书是否符合有关登记管理规定。

(三)核准:经过审查和核实后,做出核准登记或者不予核准登记的决定,并及时通知申请登记的单位。

(四)发照:对核准登记的申请单位,应当分别颁发有关证照,及时通知法定代表人(负责人)领取证照,并办理法定代表人签字备案手续。

公示和证照管理

第五十一条 登记主管机关应当将企业法人登记、备案信息通过企业信用信息公示系统向社会公示。

第五十二条 企业法人应当于每年1月1日至6月30日,通过企业信用信息公示系统向登记主管机关报送上一年度年度报告,并向社会公示。

年度报告公示的内容及监督检查按照国务院的规定执行。

第五十三条 《企业法人营业执照》、《营业执照》分为正本和副本,同样具有法律效力。正本应悬挂在主要办事场所或者主要经营场所。登记主管机关根据企业申请和开展经营活动的需要,可以核发执照副本若干份。

国家推行电子营业执照。电子营业执照与纸质营业执照具有同等法律效力。

第五十四条 登记主管机关对申请筹建登记的企业,在核准登记后核发《筹建许可证》。

第五十五条 执照正本和副本、《筹建许可证》、企业法人申请开业登记注册书、企业申请营业登记注册书、企业申请变更登记注册书、企业申请注销登记注册书、企业申请筹建登记注册书以及其他有关登记管理的重要文书表式,由国家工商行政管理总局统一制定。

监督管理与罚则

第五十六条 登记主管机关对企业进行监督管理的主要内容是:

(一)监督企业是否按照《条例》和本细则规定办理开业登记变更登记和注销登记;

（二）监督企业是否按照核准登记的事项以及章程、合同或协议开展经营活动；

（三）监督企业是否按照规定报送、公示年度报告；

（四）监督企业和法定代表人是否遵守国家有关法律、法规和政策。

第五十七条 各级登记主管机关，均有权对管辖区域内的企业进行监督检查。企业应当接受检查，提供检查所需要的文件、账册、报表及其他有关资料。

第五十八条 登记主管机关对辖区内的企业进行监督检查时，有权依照有关规定予以处罚。但责令停业整顿、扣缴或者吊销证照，只能由原发照机关作出决定。

第五十九条 上级登记主管机关对下级登记主管机关作出的不适当的处罚有权予以纠正。

对违法企业的处罚权限和程序，由国家工商行政管理总局和省、自治区、直辖市工商行政管理局分别作出规定。

第六十条 对有下列行为的企业和经营单位，登记主管机关作出如下处罚，可以单处，也可以并处：

（一）未经核准登记擅自开业从事经营活动的，责令终止经营活动，没收非法所得，处以非法所得额3倍以下的罚款，但最高不超过3万元，没有非法所得的，处以1万元以下的罚款。

（二）申请登记时隐瞒真实情况、弄虚作假的，除责令提供真实情况外，视其具体情节，予以警告，没收非法所得，处以非法所得额3倍以下的罚款，但最高不超过3万元，没有非法所得的，处以1万元以下的罚款。经审查不具备企业法人条件或者经营条件的，吊销营业执照。伪造证件骗取营业执照的，没收非法所得，处以非法所得额3倍以下的罚款，但最高不超过3万元，没有非法所得的，处以1万元以下的罚款，并吊销营业执照。

（三）擅自改变主要登记事项，不按规定办理变更登记的，予以警告，没收非法所得，处以非法所得额3倍以下的罚款，但最高不超过3万元，没有非法所得的，处以1万元以下的罚款，并限期办理变更登记；逾期不办理的，责令停业整顿或者扣缴营业执照；情节严重的，吊销营业执照。超出经营期限从事经营活动的，视为无照经营，按照本条第一项规定处理。

（四）超出核准登记的经营范围或者经营方式从事经营活动的，视其情节轻重，予以警告，没收非法所得，处以非法所得额3倍以下的罚款，但最高不超过3万元，没有非法所得的，处以1万元以下的罚款。同时违反国家其他有关规定，从事非法经营的，责令停业整顿，没收非法所得，处以非法所得额3倍以下的罚款，但最高不超过3万元，没有非法所得的，处以1万元以下的罚款；情节严重的，吊销营业执照。

（五）侵犯企业名称专用权的，依照企业名称登记管理的有关规定处理。

（六）伪造、涂改、出租、出借、转让、出卖营业执照的，没收非法所得，处以非法所得额3倍以下的罚款，但最高不超过3万元，没有非法所得的，处以1万元以下的罚款；情节严重的，吊销营业执照。

（七）不按规定悬挂营业执照的，予以警告，责令改正；拒不改正的，处以2000元以下的罚款。

（八）抽逃、转移资金，隐匿财产逃避债务的，责令补足抽逃、转移的资金，追回隐匿的财产，没收非法所得，处以非法所得额3倍以下的罚款，但最高不超过3万元，没有非法所得的，处以1万元以下的罚款；情节严重的，责令停业整顿或者吊销营业执照。

（九）不按规定申请办理注销登记的，责令限期办理注销登记。拒不办理的，处以3000元以下的罚款，吊销营业执照，并可追究企业主管部门的责任。

（十）拒绝监督检查或者在接受监督检查过程中弄虚作假的，除责令其接受监督检查和提供真实情况外，予以警告，处以1万元以下的罚款。

登记主管机关对有上述违法行为的企业

作出处罚决定后，企业逾期不提出申诉又不缴纳罚没款的，可以申请人民法院强制执行。

第六十一条 对提供虚假文件、证件的单位和个人，除责令其赔偿因出具虚假文件、证件给他人造成的损失外，处以1万元以下的罚款。

第六十二条 登记主管机关在查处企业违法活动时，对构成犯罪的有关人员，交由司法机关处理。

第六十三条 登记主管机关对工作人员不按规定程序办理登记、监督管理和严重失职的，根据情节轻重给予相应的行政处分，对构成犯罪的人员，交由司法机关处理。

第六十四条 企业根据《条例》第三十一条规定向上一级登记主管机关申请复议的，上一级登记主管机关应当在规定的期限内作出维持、撤销或者纠正的复议决定，并通知申请复议的企业。

附　　则

第六十五条 根据《条例》第三十五条规定应当申请筹建登记的企业，按照国务院有关部门或者省、自治区、直辖市人民政府的专项规定办理筹建登记。

第六十六条 港、澳、台企业，华侨、港、澳、台同胞投资举办的合资经营企业、合作经营企业、独资经营企业，参照本细则对外商投资企业的有关规定执行。

第六十七条 对在中国境内从事经营活动的外国（地区）企业的登记管理，按专项规定执行。

第六十八条 本细则自公布之日起施行。

中华人民共和国合伙企业登记管理办法

（1997年11月19日国务院令第236号发布　根据2007年5月9日国务院令第497号《关于修改〈中华人民共和国合伙企业登记管理办法〉的决定》第一次修订　根据2014年2月19日国务院令第648号《关于废止和修改部分行政法规的决定》第二次修订）

第一章　总　　则

第一条 为了确认合伙企业的经营资格，规范合伙企业登记行为，依据《中华人民共和国合伙企业法》（以下简称合伙企业法），制定本办法。

第二条 合伙企业的设立、变更、注销，应当依照合伙企业法和本办法的规定办理企业登记。

申请办理合伙企业登记，申请人应当对申请材料的真实性负责。

第三条 合伙企业经依法登记，领取合伙企业营业执照后，方可从事经营活动。

第四条 工商行政管理部门是合伙企业登记机关（以下简称企业登记机关）。

国务院工商行政管理部门负责全国的合伙企业登记管理工作。

市、县工商行政管理部门负责本辖区内的合伙企业登记。

国务院工商行政管理部门对特殊的普通合伙企业和有限合伙企业的登记管辖可以作出特别规定。

法律、行政法规对合伙企业登记管辖另有规定的，从其规定。

第二章　设立登记

第五条 设立合伙企业，应当具备合伙企业法规定的条件。

第六条　合伙企业的登记事项应当包括：

（一）名称；

（二）主要经营场所；

（三）执行事务合伙人；

（四）经营范围；

（五）合伙企业类型；

（六）合伙人姓名或者名称及住所、承担责任方式、认缴或者实际缴付的出资数额、缴付期限、出资方式和评估方式。

合伙协议约定合伙期限的，登记事项还应当包括合伙期限。

执行事务合伙人是法人或者其他组织的，登记事项还应当包括法人或者其他组织委派的代表（以下简称委派代表）。

第七条　合伙企业名称中的组织形式后应当标明“普通合伙”、“特殊普通合伙”或者“有限合伙”字样，并符合国家有关企业名称登记管理的规定。

第八条　经企业登记机关登记的合伙企业主要经营场所只能有一个，并且应当在其企业登记机关登记管辖区域内。

第九条　合伙协议未约定或者全体合伙人未决定委托执行事务合伙人的，全体合伙人均为执行事务合伙人。

有限合伙人不得成为执行事务合伙人。

第十条　合伙企业类型包括普通合伙企业（含特殊的普通合伙企业）和有限合伙企业。

第十一条　设立合伙企业，应当由全体合伙人指定的代表或者共同委托的代理人向企业登记机关申请设立登记。

申请设立合伙企业，应当向企业登记机关提交下列文件：

（一）全体合伙人签署的设立登记申请书；

（二）全体合伙人的身份证明；

（三）全体合伙人指定代表或者共同委托代理人的委托书；

（四）合伙协议；

（五）全体合伙人对各合伙人认缴或者实际缴付出资的确认书；

（六）主要经营场所证明；

（七）国务院工商行政管理部门规定提交的其他文件。

法律、行政法规或者国务院规定设立合伙企业须经批准的，还应当提交有关批准文件。

第十二条　合伙企业的经营范围中有属于法律、行政法规或者国务院规定在登记前须经批准的项目的，应当向企业登记机关提交批准文件。

第十三条　全体合伙人决定委托执行事务合伙人的，应当向企业登记机关提交全体合伙人的委托书。执行事务合伙人是法人或者其他组织的，还应当提交其委派代表的委托书和身份证明。

第十四条　以实物、知识产权、土地使用权或者其他财产权利出资，由全体合伙人协商作价的，应当向企业登记机关提交全体合伙人签署的协商作价确认书；由全体合伙人委托法定评估机构评估作价的，应当向企业登记机关提交法定评估机构出具的评估作价证明。

第十五条　法律、行政法规规定设立特殊的普通合伙企业，需要提交合伙人的职业资格证明的，应当向企业登记机关提交有关证明。

第十六条　申请人提交的登记申请材料齐全、符合法定形式，企业登记机关能够当场登记的，应予当场登记，发给合伙企业营业执照。

除前款规定情形外，企业登记机关应当自受理申请之日起20日内，作出是否登记的决定。予以登记的，发给合伙企业营业执照；不予登记的，应当给予书面答复，并说明理由。

第十七条　合伙企业营业执照的签发之日，为合伙企业的成立日期。

第三章　变更登记

第十八条　合伙企业登记事项发生变更的，执行合伙事务的合伙人应当自作出变更决定或者发生变更事由之日起15日内，向原企业登记机关申请变更登记。

第十九条　合伙企业申请变更登记，应当向原企业登记机关提交下列文件：

（一）执行事务合伙人或者委派代表签署的变更登记申请书；

（二）全体合伙人签署的变更决定书，或者合伙协议约定的人员签署的变更决定书；

（三）国务院工商行政管理部门规定提交的其他文件。

法律、行政法规或者国务院规定变更事项须经批准的，还应当提交有关批准文件。

第二十条 申请人提交的申请材料齐全、符合法定形式，企业登记机关能够当场变更登记的，应予当场变更登记。

除前款规定情形外，企业登记机关应当自受理申请之日起20日内，作出是否变更登记的决定。予以变更登记的，应当进行变更登记；不予变更登记的，应当给予书面答复，并说明理由。

合伙企业变更登记事项涉及营业执照变更的，企业登记机关应当换发营业执照。

第四章 注销登记

第二十一条 合伙企业解散，依法由清算人进行清算。清算人应当自被确定之日起10日内，将清算人成员名单向企业登记机关备案。

第二十二条 合伙企业依照合伙企业法的规定解散的，清算人应当自清算结束之日起15日内，向原企业登记机关办理注销登记。

第二十三条 合伙企业办理注销登记，应当提交下列文件：

（一）清算人签署的注销登记申请书；

（二）人民法院的破产裁定，合伙企业依照合伙企业法作出的决定，行政机关责令关闭、合伙企业依法被吊销营业执照或者被撤销的文件；

（三）全体合伙人签名、盖章的清算报告；

（四）国务院工商行政管理部门规定提交的其他文件。

合伙企业办理注销登记时，应当缴回营业执照。

第二十四条 经企业登记机关注销登记，合伙企业终止。

第五章 分支机构登记

第二十五条 合伙企业设立分支机构，应当向分支机构所在地的企业登记机关申请设立登记。

第二十六条 分支机构的登记事项包括：分支机构的名称、经营场所、经营范围、分支机构负责人的姓名及住所。

分支机构的经营范围不得超出合伙企业的经营范围。

合伙企业有合伙期限的，分支机构的登记事项还应当包括经营期限。分支机构的经营期限不得超过合伙企业的合伙期限。

第二十七条 合伙企业设立分支机构，应当向分支机构所在地的企业登记机关提交下列文件：

（一）分支机构设立登记申请书；

（二）全体合伙人签署的设立分支机构的决定书；

（三）加盖合伙企业印章的合伙企业营业执照复印件；

（四）全体合伙人委派执行分支机构事务负责人的委托书及其身份证明；

（五）经营场所证明；

（六）国务院工商行政管理部门规定提交的其他文件。

法律、行政法规或者国务院规定设立合伙企业分支机构须经批准的，还应当提交有关批准文件。

第二十八条 分支机构的经营范围中有属于法律、行政法规或者国务院规定在登记前须经批准的项目的，应当向分支机构所在地的企业登记机关提交批准文件。

第二十九条 申请人提交的登记申请材料齐全、符合法定形式，企业登记机关能够当场登记的，应予当场登记，发给营业执照。

除前款规定情形外，企业登记机关应当自受理申请之日起20日内，作出是否登记的决定。予以登记的，发给营业执照；不予登记的，应当给予书面答复，并说明理由。

第三十条　合伙企业申请分支机构变更登记或者注销登记，比照本办法关于合伙企业变更登记、注销登记的规定办理。

第六章　公示和证照管理

第三十一条　企业登记机关应当将合伙企业登记、备案信息通过企业信用信息公示系统向社会公示。

第三十二条　合伙企业应当于每年1月1日至6月30日，通过企业信用信息公示系统向企业登记机关报送上一年度年度报告，并向社会公示。

年度报告公示的内容以及监督检查办法由国务院制定。

第三十三条　合伙企业的营业执照分为正本和副本，正本和副本具有同等法律效力。

国家推行电子营业执照。电子营业执照与纸质营业执照具有同等法律效力。

合伙企业根据业务需要，可以向企业登记机关申请核发若干营业执照副本。

合伙企业应当将营业执照正本置放在经营场所的醒目位置。

第三十四条　任何单位和个人不得伪造、涂改、出售、出租、出借或者以其他方式转让营业执照。

合伙企业营业执照遗失或者毁损的，应当在企业登记机关指定的报刊上声明作废，并向企业登记机关申请补领或者更换。

第三十五条　合伙企业及其分支机构营业执照的正本和副本样式，由国务院工商行政管理部门制定。

第三十六条　企业登记机关吊销合伙企业营业执照的，应当发布公告，并不得收取任何费用。

第七章　法律责任

第三十七条　未领取营业执照，而以合伙企业或者合伙企业分支机构名义从事合伙业务的，由企业登记机关责令停止，处5000元以上5万元以下的罚款。

第三十八条　提交虚假文件或者采取其他欺骗手段，取得合伙企业登记的，由企业登记机关责令改正，处5000元以上5万元以下的罚款；情节严重的，撤销企业登记，并处5万元以上20万元以下的罚款。

第三十九条　合伙企业登记事项发生变更，未依照本办法规定办理变更登记的，由企业登记机关责令限期登记；逾期不登记的，处2000元以上2万元以下的罚款。

第四十条　合伙企业未依照本办法规定在其名称中标明“普通合伙”、“特殊普通合伙”或者“有限合伙”字样的，由企业登记机关责令限期改正，处2000元以上1万元以下的罚款。

第四十一条　合伙企业未依照本办法规定办理清算人成员名单备案的，由企业登记机关责令限期办理；逾期未办理的，处2000元以下的罚款。

第四十二条　合伙企业的清算人未向企业登记机关报送清算报告，或者报送的清算报告隐瞒重要事实，或者有重大遗漏的，由企业登记机关责令改正。由此产生的费用和损失，由清算人承担和赔偿。

第四十三条　合伙企业未将其营业执照正本置放在经营场所醒目位置的，由企业登记机关责令改正；拒不改正的，处1000元以上5000元以下的罚款。

第四十四条　合伙企业涂改、出售、出租、出借或者以其他方式转让营业执照的，由企业登记机关责令改正，处2000元以上1万元以下的罚款；情节严重的，吊销营业执照。

第四十五条　企业登记机关的工作人员滥用职权、徇私舞弊、收受贿赂、侵害合伙企业合法权益的，依法给予处分。

第四十六条　违反本办法规定，构成犯罪的，依法追究刑事责任。

第八章　附　　则

第四十七条　合伙企业登记收费项目按

照国务院财政部门、价格主管部门的有关规定执行，合伙企业登记收费标准按照国务院价格主管部门、财政部门的有关规定执行。

第四十八条 本办法自发布之日起施行。

外商投资合伙企业登记管理规定

（2010年1月29日国家工商行政管理总局令第47号公布
根据2014年2月20日国家工商行政管理总局令第63号《关于修改
〈中华人民共和国企业法人登记管理条例施行细则〉、
〈外商投资合伙企业登记管理规定〉、〈个人独资企业登记管理办法〉、
〈个体工商户登记管理办法〉等规章的决定》修订）

第一章 总 则

第一条 为了规范外国企业或者个人在中国境内设立合伙企业的行为，便于外国企业或者个人以设立合伙企业的方式在中国境内投资，扩大对外经济合作和技术交流，依据《中华人民共和国合伙企业法》（以下简称《合伙企业法》）、《外国企业或者个人在中国境内设立合伙企业管理办法》和《中华人民共和国合伙企业登记管理办法》（以下简称《合伙企业登记管理办法》），制定本规定。

第二条 本规定所称外商投资合伙企业是指2个以上外国企业或者个人在中国境内设立的合伙企业，以及外国企业或者个人与中国的自然人、法人和其他组织在中国境内设立的合伙企业。

外商投资合伙企业的设立、变更、注销登记适用本规定。

申请办理外商投资合伙企业登记，申请人应当对申请材料的真实性负责。

第三条 外商投资合伙企业应当遵守《合伙企业法》以及其他有关法律、行政法规、规章的规定，应当符合外商投资的产业政策。

国家鼓励具有先进技术和管理经验的外国企业或者个人在中国境内设立合伙企业，促进现代服务业等产业的发展。

《外商投资产业指导目录》禁止类和标注“限于合资”、“限于合作”、“限于合资、合作”、“中方控股”、“中方相对控股”和有外资比例要求的项目，不得设立外商投资合伙企业。

第四条 外商投资合伙企业经依法登记，领取《外商投资合伙企业营业执照》后，方可从事经营活动。

第五条 国家工商行政管理总局主管全国的外商投资合伙企业登记管理工作。

国家工商行政管理总局授予外商投资企业核准登记权的地方工商行政管理部门（以下称企业登记机关）负责本辖区内的外商投资合伙企业登记管理。

省、自治区、直辖市及计划单列市、副省级市工商行政管理部门负责以投资为主要业务的外商投资合伙企业的登记管理。

第二章 设立登记

第六条 设立外商投资合伙企业，应当具备《合伙企业法》和《外国企业或者个人在中国境内设立合伙企业管理办法》规定的条件。

国有独资公司、国有企业、上市公司以及公益性的事业单位、社会团体不得成为普通合伙人。

第七条 外商投资合伙企业的登记事项包括：

（一）名称；

（二）主要经营场所；

（三）执行事务合伙人；

（四）经营范围；

（五）合伙企业类型；

（六）合伙人姓名或者名称、国家（地区）及住所、承担责任方式、认缴或者实际缴付的出资数额、缴付期限、出资方式和评估方式。

合伙协议约定合伙期限的，登记事项还应当包括合伙期限。

执行事务合伙人是外国企业、中国法人或者其他组织的，登记事项还应当包括外国企业、中国法人或者其他组织委派的代表（以下简称委派代表）。

第八条 外商投资合伙企业的名称应当符合国家有关企业名称登记管理的规定。

第九条 外商投资合伙企业主要经营场所只能有一个，并且应当在其企业登记机关登记管辖区域内。

第十条 合伙协议未约定或者全体普通合伙人未决定委托执行事务合伙人的，全体普通合伙人均为执行事务合伙人。

有限合伙人不得成为执行事务合伙人。

第十一条 外商投资合伙企业类型包括外商投资普通合伙企业（含特殊的普通合伙企业）和外商投资有限合伙企业。

第十二条 设立外商投资合伙企业，应当由全体合伙人指定的代表或者共同委托的代理人向企业登记机关申请设立登记。

申请设立外商投资合伙企业，应当向企业登记机关提交下列文件：

（一）全体合伙人签署的设立登记申请书；

（二）全体合伙人签署的合伙协议；

（三）全体合伙人的主体资格证明或者自然人身份证明；

（四）主要经营场所证明；

（五）全体合伙人指定代表或者共同委托代理人的委托书；

（六）全体合伙人对各合伙人认缴或者实际缴付出资的确认书；

（七）全体合伙人签署的符合外商投资产业政策的说明；

（八）与外国合伙人有业务往来的金融机构出具的资信证明；

（九）外国合伙人与境内法律文件送达接受人签署的《法律文件送达授权委托书》；

（十）本规定规定的其他相关文件。

法律、行政法规或者国务院规定设立外商投资合伙企业须经批准的，还应当提交有关批准文件。

外国合伙人的主体资格证明或者自然人身份证明和境外住所证明应当经其所在国家主管机构公证认证并经我国驻该国使（领）馆认证。香港特别行政区、澳门持别行政区和台湾地区合伙人的主体资格证明或者自然人身份证明和境外住所证明应当依照现行相关规定办理。

《法律文件送达授权委托书》应当明确授权境内被授权人代为接受法律文件送达，并载明被授权人姓名或者名称、地址及联系方式。被授权人可以是外国合伙人在中国境内设立的企业、拟设立的外商投资合伙企业（被授权人为拟设立的外商投资合伙企业的，外商投资合伙企业设立后委托生效）或者境内其他有关单位或者个人。

第十三条 外商投资合伙企业的经营范围中有属于法律、行政法规或考国务院规定在登记前须经批准的行业的，应当向企业登记机关提交批准文件。

第十四条 外国合伙人月其从中国境内依法获得的人民币出资的，应当提交外汇管理部门出具的境内人民币利润或者其他人民币合法收益再投资的资本项目外汇业务核准件等相关证明文件。

第十五条 以实物、知识产权、土地使用权或者其他财产权利出资，由全体合伙人协商作价的，应当向企业登记机关提交全体合伙人签署的协商作价确认书；由全体合伙人委托法定评估机构评估作价的，应当向企业登记机关提交中国境内法定评估机构出具的评估作价证明。

外国普通合伙人以劳务出资的，应当向企

业登记机关提交外国人就业许可文件，具体程序依照国家有关规定执行。

第十六条 法律、行政法规规定设立特殊的普通合伙企业，需要提交合伙人的职业资格证明的，应当依照相关法律、行政法规规定，向企业登记机关提交有关证明。

第十七条 外商投资合伙企业营业执照的签发日期，为外商投资合伙企业成立日期。

第三章 变更登记

第十八条 外商投资合伙企业登记事项发生变更的，该合伙企业应当自作出变更决定或者发生变更事由之日起15日内，向原企业登记机关申请变更登记。

第十九条 外商投资合伙企业申请变更登记，应当向原企业登记机关提交下列文件：

（一）执行事务合伙人或者委派代表签署的变更登记申请书；

（二）全体普通合伙人签署的变更决定书或者合伙协议约定的人员签署的变更决定书；

（三）本规定规定的其他相关文件。

法律、行政法规或者国务院规定变更事项须经批准的，还应当提交有关批准文件。

变更执行事务合伙人、合伙企业类型、合伙人姓名或者名称、承担责任方式、认缴或者实际缴付的出资数额、缴付期限、出资方式和评估方式等登记事项的，有关申请文书的签名应当经过中国法定公证机构的公证。

第二十条 外商投资合伙企业变更主要经营场所的，应当申请变更登记，并提交新的主要经营场所使用证明。

外商投资合伙企业变更主要经营场所在原企业登记机关辖区外的，应当向迁入地企业登记机关申请办理变更登记；迁入地企业登记机关受理的，由原企业登记机关将企业登记档案移送迁入地企业登记机关。

第二十一条 外商投资合伙企业执行事务合伙人变更的，应当提交全体合伙人签署的修改后的合伙协议。

新任执行事务合伙人是外国企业、中国法人或者其他组织的，还应当提交其委派代表的委托书和自然人身份证明。

执行事务合伙人委派代表变更的，应当提交继任代表的委托书和自然人身份证明。

第二十二条 外商投资合伙企业变更经营范围的，应当提交符合外商投资产业政策的说明。

变更后的经营范围有属于法律、行政法规或者国务院规定在登记前须经批准的行业的，合伙企业应当自有关部门批准之日起30日内，向原企业登记机关申请变更登记。

外商投资合伙企业的经营范围中属于法律、行政法规或者国务院规定须经批准的项目被吊销、撤销许可证或者其他批准文件，或者许可证、其他批准文件有效期届满的，合伙企业应当自吊销、撤销许可证、其他批准文件或者许可证、其他批准文件有效期届满之日起30日内，向原企业登记机关申请变更登记或者注销登记。

第二十三条 外商投资合伙企业变更合伙企业类型的，应当按照拟变更企业类型的设立条件，在规定的期限内向企业登记机关申请变更登记，并依法提交有关文件。

第二十四条 外商投资合伙企业合伙人变更姓名（名称）或者住所的，应当提交姓名（名称）或者住所变更的证明文件。

外国合伙人的姓名（名称）、国家（地区）或者境外住所变更证明文件应当经其所在国家主管机构公证认证并经我国驻该国使（领）馆认证。香港特别行政区、澳门特别行政区和台湾地区合伙人的姓名（名称）、地区或者境外住所变更证明文件应当依照现行相关规定办理。

第二十五条 合伙人增加或者减少对外商投资合伙企业出资的，应当向原企业登记机关提交全体合伙人签署的或者合伙协议约定的人员签署的对该合伙人认缴或者实际缴付出资的确认书。

第二十六条 新合伙人入伙的，外商投资合伙企业应当向原登记机关申请变更登记，提交的文件参照本规定第二章的有关规定。

新合伙人通过受让原合伙人在外商投资合伙企业中的部分或者全部财产份额入伙的，应当提交财产份额转让协议。

第二十七条　外商投资合伙企业的外国合伙人全部退伙，该合伙企业继续存续的，应当依照《合伙企业登记管理办法》规定的程序申请变更登记。

第二十八条　合伙协议修改未涉及登记事项的，外商投资合伙企业应当将修改后的合伙协议或者修改合伙协议的决议送原企业登记机关备案。

第二十九条　外国合伙人变更境内法律文件送达接受人的，应当重新签署《法律文件送达授权委托书》，并向原企业登记机关备案。

第三十条　外商投资合伙企业变更登记事项涉及营业执照变更的，企业登记机关应当换发营业执照。

第四章　注 销 登 记

第三十一条　外商投资合伙企业解散，应当依照《合伙企业法》的规定由清算人进行清算。清算人应当自被确定之日起10日内，将清算人成员名单向企业登记机关备案。

第三十二条　外商投资合伙企业解散的，清算人应当自清算结束之日起15日内，向原企业登记机关办理注销登记。

第三十三条　外商投资合伙企业办理注销登记，应当提交下列文件：

（一）清算人签署的注销登记申请书；

（二）人民法院的破产裁定、外商投资合伙企业依照《合伙企业法》作出的决定、行政机关责令关闭、外商投资合伙企业依法被吊销营业执照或者被撤销的文件；

（三）全体合伙人签名、盖章的清算报告（清算报告中应当载明已经办理完结税务、海关纳税手续的说明）。

有分支机构的外商投资合伙企业申请注销登记，还应当提交分支机构的注销登记证明。

外商投资合伙企业办理注销登记时，应当缴回营业执照。

第三十四条　经企业登记机关注销登记，外商投资合伙企业终止。

第五章　分支机构登记

第三十五条　外商投资合伙企业设立分支机构，应当向分支机构所在地的企业登记机关申请设立登记。

第三十六条　分支机构的登记事项包括：分支机构的名称、经营场所、经营范围、分支机构负责人的姓名及住所。

分支机构的经营范围不得超出外商投资合伙企业的经营范围。

外商投资合伙企业有合伙期限的，分支机构的登记事项还应当包括经营期限。分支机构的经营期限不得超过外商投资合伙企业的合伙期限。

第三十七条　外商投资合伙企业设立分支机构，应当向分支机构所在地的企业登记机关提交下列文件：

（一）分支机构设立登记申请书；

（二）全体合伙人签署的设立分支机构的决定书；

（三）加盖合伙企业印章的合伙企业营业执照复印件；

（四）全体合伙人委派执行分支机构事务负责人的委托书及其身份证明；

（五）经营场所证明；

（六）本规定规定的其他相关文件。

第三十八条　分支机构的经营范围中有属于法律、行政法规或者国务院规定在登记前须经批准的行业的，应当向分支机构所在地的企业登记机关提交批准文件。

第三十九条　外商投资合伙企业申请分支机构变更登记或者注销登记，比照本规定关于外商投资合伙企业变更登记、注销登记的规定办理。

第四十条　外商投资合伙企业应当自分支机构设立登记之日起30日内，持加盖印章的分支机构营业执照复印件，到原企业登记机关办理备案。

分支机构登记事项变更的，隶属企业应当自变更登记之日起30日内到原企业登记机关办理备案。

申请分支机构注销登记的，外商投资合伙企业应当自分支机构注销登记之日起30日内到原企业登记机关办理备案。

第四十一条 分支机构营业执照的签发日期，为外商投资合伙企业分支机构的成立日期。

第六章 登记程序

第四十二条 申请人提交的登记申请材料齐全、符合法定形式，企业登记机关能够当场登记的，应予当场登记，发给（换发）营业执照。

除前款规定情形外，企业登记机关应当自受理申请之日起20日内，作出是否登记的决定。予以登记的，发给（换发）营业执照；不予登记的，应当给予书面答复，并说明理由。

对于《外商投资产业指导目录》中没有法定前置审批的限制类项目或者涉及有关部门职责的其他项目，企业登记机关应当自受理申请之日起5日内书面征求有关部门的意见。企业登记机关应当在接到有关部门书面意见之日起5日内，作出是否登记的决定。予以登记的，发给（换发）营业执照；不予登记的，应当给予书面答复，并说明理由。

第四十三条 外商投资合伙企业涉及须经政府核准的投资项目的，依照国家有关规定办理投资项目核准手续。

第四十四条 外商投资合伙企业设立、变更、注销的，企业登记机关应当同时将企业设立、变更或者注销登记信息向同级商务主管部门通报。

第四十五条 企业登记机关应当将登记的外商投资合伙企业登记事项记载于外商投资合伙企业登记簿上，供社会公众查阅、复制。

第四十六条 企业登记机关吊销外商投资合伙企业营业执照的，应当发布公告。

第七章 年度报告公示和证照管理

第四十七条 外商投资合伙企业应当于每年1月1日至6月30日，通过企业信用信息公示系统向企业登记机关报送上一年度年度报告，并向社会公示。

第四十八条 营业执照分为正本和副本，正本和副本具有同等法律效力。

外商投资合伙企业及其分支机构根据业务需要，可以向企业登记机关申请核发若干营业执照副本。

营业执照正本应当置放在经营场所的醒目位置。

第四十九条 任何单位和个人不得涂改、出售、出租、出借或者以其他方式转让营业执照。

营业执照遗失或者毁损的，应当在企业登记机关指定的报刊上声明作废，并向企业登记机关申请补领或者更换。

第五十条 外商投资合伙企业及其分支机构的登记文书格式和营业执照的正本、副本样式，由国家工商行政管理总局制定。

第八章 法律责任

第五十一条 未领取营业执照，而以外商投资合伙企业名义从事合伙业务的，由企业登记机关依照《合伙企业登记管理办法》第三十六条规定处罚。

从事《外商投资产业指导目录》禁止类项目的，或者未经登记从事限制类项目的，由企业登记机关和其他主管机关依照《无照经营查处取缔办法》规定处罚。法律、行政法规或者国务院另有规定的，从其规定。

第五十二条 提交虚假文件或者采取其他欺骗手段，取得外商投资合伙企业登记的，由企业登记机关依照《合伙企业登记管理办法》第三十七条规定处罚。

第五十三条 外商投资合伙企业登记事项发生变更，未依照本规定规定办理变更登记的，由企业登记机关依照《合伙企业登记管理办法》第三十八条规定处罚。

第五十四条　外商投资合伙企业在使用名称中未按照企业登记机关核准的名称标明“普通合伙”、“特殊普通合伙”或者“有限合伙”字样的，由企业登记机关依照《合伙企业登记管理办法》第三十九条规定处罚。

第五十五条　外商投资合伙企业未依照本规定办理不涉及登记事项的协议修改、分支机构及清算人成员名单备案的，由企业登记机关依照《合伙企业登记管理办法》第四十条规定处罚。

外商投资合伙企业未依照本规定办理外国合伙人《法律文件送达授权委托书》备案的，由企业登记机关责令改正；逾期未办理的，处2000元以下的罚款。

第五十六条　外商投资合伙企业的清算人未向企业登记机关报送清算报告，或者报送的清算报告隐瞒重要事实，或者有重大遗漏的，由企业登记机关依照《合伙企业登记管理办法》第四十一条规定处罚。

第五十七条　外商投资合伙企业未将其营业执照正本置放在经营场所醒目位置的，由企业登记机关依照《合伙企业登记管理办法》第四十四条规定处罚。

第五十八条　外商投资合伙企业涂改、出售、出租、出借或者以其他方式转让营业执照的，由企业登记机关依照《合伙企业登记管理办法》第四十五条规定处罚。

第五十九条　外商投资合伙企业的分支机构有本章规定的违法行为的，适用本章有关规定。

第六十条　企业登记机关违反产业政策，对于不应当登记的予以登记，或者应当登记的不予登记的，依法追究其直接责任人或者主要负责人的行政责任。

企业登记机关的工作人员滥用职权、徇私舞弊、收受贿赂、侵害外商投资合伙企业合法权益的，依法给予处分。

第九章　附　　则

第六十一条　中国的自然人、法人和其他组织在中国境内设立的合伙企业，外国企业或者个人入伙的，应当符合本规定，并依法向企业登记机关申请变更登记。

第六十二条　以投资为主要业务的外商投资合伙企业境内投资的，应当依照国家有关外商投资的法律、行政法规、规章办理。

第六十三条　外商投资的投资性公司、外商投资的创业投资企业在中国境内设立合伙企业或者加入中国自然人、法人和其他组织已经设立的合伙企业的，参照本规定。

第六十四条　外商投资合伙企业依照本规定办理相关登记手续后，应当依法办理外汇、税务、海关等手续。

第六十五条　香港特别行政区、澳门特别行政区、台湾地区的企业或者个人在内地设立合伙企业或者加入内地自然人、法人和其他组织已经设立的合伙企业的，参照本规定。

第六十六条　本规定自2010年3月1日起施行。

个人独资企业登记管理办法

（2000年1月13日国家工商行政管理局令第94号公布
根据2014年2月20日国家工商行政管理总局令第63号《关于修改〈中华人民共和国企业法人登记管理条例施行细则〉、〈外商投资合伙企业登记管理规定〉、〈个人独资企业登记管理办法〉、〈个体工商户登记管理办法〉等规章的决定》修订）

第一章 总 则

第一条 为了确认个人独资企业的经营资格，规范个人独资企业登记行为，依据《中华人民共和国个人独资企业法》（以下简称《个人独资企业法》），制定本办法。

第二条 个人独资企业的设立、变更、注销，应当依照《个人独资企业法》和本办法的规定办理企业登记。

第三条 个人独资企业经登记机关依法核准登记，领取营业执照后，方可从事经营活动。

个人独资企业应当在登记机关核准的登记事项内依法从事经营活动。

第四条 工商行政管理机关是个人独资企业的登记机关。

国家工商行政管理总局主管全国个人独资企业的登记工作。

省、自治区、直辖市工商行政管理局负责本地区个人独资企业的登记工作。

市、县工商行政管理局以及大中城市工商行政管理分局负责本辖区内的个人独资企业登记。

第二章 设 立 登 记

第五条 设立个人独资企业应当具备《个人独资企业法》第八条规定的条件。

第六条 个人独资企业的名称应当符合名称登记管理有关规定，并与其责任形式及从事的营业相符合。

个人独资企业的名称中不得使用“有限”、“有限责任”或者“公司”字样。

第七条 设立个人独资企业，应当由投资人或者其委托的代理人向个人独资企业所在地登记机关申请设立登记。

第八条 个人独资企业的登记事项应当包括：企业名称、企业住所、投资人姓名和居所、出资额和出资方式、经营范围。

第九条 投资人申请设立登记，应当向登记机关提交下列文件：

（一）投资人签署的个人独资企业设立申请书；

（二）投资人身份证明；

（三）企业住所证明；

（四）国家工商行政管理总局规定提交的其他文件。

从事法律、行政法规规定须报经有关部门审批的业务的，应当提交有关部门的批准文件。

委托代理人申请设立登记的，应当提交投资人的委托书和代理人的身份证明或者资格证明。

第十条 个人独资企业设立申请书应当载明下列事项：

（一）企业的名称和住所；

（二）投资人的姓名和居所；

（三）投资人的出资额和出资方式；

（四）经营范围。

个人独资企业投资人以个人财产出资或者以其家庭共有财产作为个人出资的，应当在设立申请书中予以明确。

第十一条 登记机关应当在收到本办法第九条规定的全部文件之日起15日内，作出核准登记或者不予登记的决定。予以核准的发给营业执照；不予核准的，发给企业登记驳回通知书。

第十二条 个人独资企业营业执照的签发日期为个人独资企业成立日期。

第三章 变更登记

第十三条 个人独资企业变更企业名称、企业住所、经营范围，应当在作出变更决定之日起15日内向原登记机关申请变更登记。

个人独资企业变更投资人姓名和居所、出资额和出资方式，应当在变更事由发生之日起15日内向原登记机关申请变更登记。

第十四条 个人独资企业申请变更登记，应当向登记机关提交下列文件：

（一）投资人签署的变更登记申请书；

（二）国家工商行政管理总局规定提交的其他文件。

从事法律、行政法规规定须报经有关部门审批的业务的，应当提交有关部门的批准文件。

委托代理人申请变更登记的，应当提交投资人的委托书和代理人的身份证明或者资格证明。

第十五条 登记机关应当在收到本办法第十四条规定的全部文件之日起15日内，作出核准登记或者不予登记的决定。予以核准的，换发营业执照或者发给变更登记通知书；不予核准的，发给企业登记驳回通知书。

第十六条 个人独资企业变更住所跨登记机关辖区的，应当向迁入地登记机关申请变更登记。迁入地登记机关受理的，由原登记机关将企业档案移送迁入地登记机关。

第十七条 个人独资企业因转让或者继承致使投资人变化的，个人独资企业可向原登记机关提交转让协议书或者法定继承文件，申请变更登记。

个人独资企业改变出资方式致使个人财产与家庭共有财产变换的，个人独资企业可向原登记机关提交改变出资方式文件，申请变更登记。

第四章 注销登记

第十八条 个人独资企业依照《个人独资企业法》第二十六条规定解散的，应当由投资人或者清算人于清算结束之日起15日内向原登记机关申请注销登记。

第十九条 个人独资企业申请注销登记，应当向登记机关提交下列文件：

（一）投资人或者清算人签署的注销登记申请书；

（二）投资人或者清算人签署的清算报告；

（三）国家工商行政管理总局规定提交的其他文件。

个人独资企业办理注销登记时，应当缴回营业执照。

第二十条 登记机关应当在收到本办法第十九条规定的全部文件之日起15日内，作出核准登记或者不予登记的决定。予以核准的，发给核准通知书；不予核准的，发给企业登记驳回通知书。

第二十一条 经登记机关注销登记，个人独资企业终止。

第五章 分支机构登记

第二十二条 个人独资企业设立分支机构，应当由投资人或者其委托的代理人向分支机构所在地的登记机关申请设立登记。

第二十三条 分支机构的登记事项应当包括：分支机构的名称、经营场所、负责人姓名和居所、经营范围。

第二十四条 个人独资企业申请设立分支机构，应当向登记机关提交下列文件：

（一）分支机构设立登记申请书；

（二）登记机关加盖印章的个人独资企业

营业执照复印件；

（三）经营场所证明；

（四）国家工商行政管理总局规定提交的其他文件。

分支机构从事法律、行政法规规定须报经有关部门审批的业务的，还应当提交有关部门的批准文件。

个人独资企业投资人委派分支机构负责人的，应当提交投资人委派分支机构负责人的委托书及其身份证明。

委托代理人申请分支机构设立登记的，应当提交投资人的委托书和代理人的身份证明或者资格证明。

第二十五条 登记机关应当在收到本办法第二十四条规定的全部文件之日起15日内，作出核准登记或者不予登记的决定。核准登记的，发给营业执照；不予登记的，发给登记驳回通知书。

第二十六条 个人独资企业分支机构申请变更登记、注销登记，比照本办法关于个人独资企业申请变更登记、注销登记的有关规定办理。

第二十七条 个人独资企业应当在其分支机构经核准设立、变更或者注销登记后15日内，将登记情况报该分支机构隶属的个人独资企业的登记机关备案。

第二十八条 个人独资企业向登记机关备案，应当提交下列文件：

（一）分支机构登记机关加盖印章的分支机构营业执照复印件、变更登记通知书或者注销登记通知书；

（二）国家工商行政管理总局规定提交的其他文件。

第六章 公示和证照管理

第二十九条 登记机关应当将个人独资企业登记、备案信息通过企业信用信息公示系统向社会公示。

第三十条 个人独资企业应当于每年1月1日至6月30日，通过企业信用信息公示系统向登记机关报送上一年度年度报告，并向社会公示。

年度报告公示的内容和监督检查按照国务院的规定执行。

第三十一条 个人独资企业营业执照分为正本和副本，正本和副本具有同等法律效力。

个人独资企业根据业务需要，可以向登记机关申请核发若干营业执照副本。

个人独资企业营业执照遗失的，应当在报刊上声明作废，并向登记机关申请补领。个人独资企业营业执照毁损的，应当向登记机关申请更换。

第三十二条 个人独资企业应当将营业执照正本置放在企业住所的醒目位置。

第三十三条 任何单位和个人不得伪造、涂改、出租、转让营业执照。

任何单位和个人不得承租、受让营业执照。

第三十四条 个人独资企业的营业执照正本和副本样式，由国家工商行政管理总局制定。

第七章 法律责任

第三十五条 未经登记机关依法核准登记并领取营业执照，以个人独资企业名义从事经营活动的，由登记机关责令停止经营活动，处以3000元以下的罚款。

第三十六条 个人独资企业办理登记时，提交虚假文件或者采取其他欺骗手段，取得企业登记的，由登记机关责令改正，处以5000元以下的罚款；情节严重的，并处吊销营业执照。

第三十七条 个人独资企业使用的名称与其在登记机关登记的名称不相符合的，责令限期改正，处以2000元以下的罚款。

第三十八条 个人独资企业登记事项发生变更，未依照本办法规定办理变更登记的，由登记机关责令限期改正；逾期不办理的，处以2000元以下的罚款。

第三十九条 个人独资企业不按规定时

间将分支机构登记情况报该分支机构隶属的个人独资企业的登记机关备案的，由登记机关责令限期改正；逾期不备案的，处以2000元以下的罚款。

第四十条　个人独资企业营业执照遗失，不在报刊上声明作废的，由登记机关处以500元以下的罚款；个人独资企业营业执照遗失或者毁损，不向登记机关申请补领或者更换的，由登记机关处以500元以下的罚款。

第四十一条　个人独资企业未将营业执照正本置放在企业住所醒目位置的，由登记机关责令限期改正；逾期不改正的，处以500元以下的罚款。

第四十二条　个人独资企业涂改、出租、转让营业执照的，由登记机关责令改正，没收违法所得，处以3000元以下的罚款；情节严重的，吊销营业执照。

承租、受让营业执照从事经营活动的，由登记机关收缴营业执照，责令停止经营活动，处以5000元以下的罚款。

第四十三条　伪造营业执照的，由登记机关责令停业，没收违法所得，处以5000元以下的罚款；构成犯罪的，依法追究刑事责任。

第四十四条　个人独资企业成立后，无正当理由超过6个月未开业，或者开业后自行停业连续6个月的，吊销营业执照。

第四十五条　登记机关对不符合法律规定条件的个人独资企业予以登记，或者对符合法律规定条件的个人独资企业不予登记的，对直接责任人员依法予以行政处分；构成犯罪的，依法追究刑事责任。

第四十六条　登记机关的上级部门有关主管人员强令登记机关对不符合法律规定条件的个人独资企业予以登记，或者对符合法律规定条件的个人独资企业不予登记，或者对登记机关的违法登记行为进行包庇的，对直接责任人员依法予以行政处分；构成犯罪的，依法追究刑事责任。

第八章　附　　则

第四十七条　本办法施行前依据《中华人民共和国私营企业暂行条例》登记成立的私营独资企业，符合《个人独资企业法》规定的条件的，依据《个人独资企业法》和本办法登记为个人独资企业。

第四十八条　本办法自公布之日起施行。

外国企业常驻代表机构登记管理条例

（2010年11月19日国务院令第584号公布　根据2013年7月18日国务院令第638号《关于废止和修改部分行政法规的决定》修订）

第一章　总　　则

第一条　为了规范外国企业常驻代表机构的设立及其业务活动，制定本条例。

第二条　本条例所称外国企业常驻代表机构（以下简称代表机构），是指外国企业依照本条例规定，在中国境内设立的从事与该外国企业业务有关的非营利性活动的办事机构。代表机构不具有法人资格。

第三条　代表机构应当遵守中国法律，不得损害中国国家安全和社会公共利益。

第四条　代表机构设立、变更、终止，应当依照本条例规定办理登记。

外国企业申请办理代表机构登记，应当对申请文件、材料的真实性负责。

第五条　省、自治区、直辖市人民政府工商行政管理部门是代表机构的登记和管理机关（以下简称登记机关）。

登记机关应当与其他有关部门建立信息共享机制，相互提供有关代表机构的信息。

第六条 代表机构应当于每年3月1日至6月30日向登记机关提交年度报告。年度报告的内容包括外国企业的合法存续情况、代表机构的业务活动开展情况及其经会计师事务所审计的费用收支情况等相关情况。

第七条 代表机构应当依法设置会计账簿，真实记载外国企业经费拨付和代表机构费用收支情况，并置于代表机构驻在场所。

代表机构不得使用其他企业、组织或者个人的账户。

第八条 外国企业委派的首席代表、代表以及代表机构的工作人员应当遵守法律、行政法规关于出入境、居留、就业、纳税、外汇登记等规定；违反规定的，由有关部门依照法律、行政法规的相关规定予以处理。

第二章 登记事项

第九条 代表机构的登记事项包括：代表机构名称、首席代表姓名、业务范围、驻在场所、驻在期限、外国企业名称及其住所。

第十条 代表机构名称应当由以下部分依次组成：外国企业国籍、外国企业中文名称、驻在城市名称以及“代表处”字样，并不得含有下列内容和文字：

（一）有损于中国国家安全或者社会公共利益的；

（二）国际组织名称；

（三）法律、行政法规或者国务院规定禁止的。

代表机构应当以登记机关登记的名称从事业务活动。

第十一条 外国企业应当委派一名首席代表。首席代表在外国企业书面授权范围内，可以代表外国企业签署代表机构登记申请文件。

外国企业可以根据业务需要，委派1至3名代表。

第十二条 有下列情形之一的，不得担任首席代表、代表：

（一）因损害中国国家安全或者社会公共利益，被判处刑罚的；

（二）因从事损害中国国家安全或者社会公共利益等违法活动，依法被撤销设立登记、吊销登记证或者被有关部门依法责令关闭的代表机构的首席代表、代表，自被撤销、吊销或者责令关闭之日起未逾5年的；

（三）国家工商行政管理总局规定的其他情形。

第十三条 代表机构不得从事营利性活动。

中国缔结或者参加的国际条约、协定另有规定的，从其规定，但是中国声明保留的条款除外。

第十四条 代表机构可以从事与外国企业业务有关的下列活动：

（一）与外国企业产品或者服务有关的市场调查、展示、宣传活动；

（二）与外国企业产品销售、服务提供、境内采购、境内投资有关的联络活动。

法律、行政法规或者国务院规定代表机构从事前款规定的业务活动须经批准的，应当取得批准。

第十五条 代表机构的驻在场所由外国企业自行选择。

根据国家安全和社会公共利益需要，有关部门可以要求代表机构调整驻在场所，并及时通知登记机关。

第十六条 代表机构的驻在期限不得超过外国企业的存续期限。

第十七条 登记机关应当将代表机构登记事项记载于代表机构登记簿，供社会公众查阅、复制。

第十八条 代表机构应当将登记机关颁发的外国企业常驻代表机构登记证（以下简称登记证）置于代表机构驻在场所的显著位置。

第十九条 任何单位和个人不得伪造、涂改、出租、出借、转让登记证和首席代表、代表的代表证（以下简称代表证）。

登记证和代表证遗失或者毁坏的,代表机构应当在指定的媒体上声明作废,申请补领。

登记机关依法作出准予变更登记、准予注销登记、撤销变更登记、吊销登记证决定的,代表机构原登记证和原首席代表、代表的代表证自动失效。

第二十条 代表机构设立、变更,外国企业应当在登记机关指定的媒体上向社会公告。

代表机构注销或者被依法撤销设立登记、吊销登记证的,由登记机关进行公告。

第二十一条 登记机关对代表机构涉嫌违反本条例的行为进行查处,可以依法行使下列职权:

(一)向有关的单位和个人调查、了解情况;

(二)查阅、复制、查封、扣押与违法行为有关的合同、票据、账簿以及其他资料;

(三)查封、扣押专门用于从事违法行为的工具、设备、原材料、产品(商品)等财物;

(四)查询从事违法行为的代表机构的账户以及与存款有关的会计凭证、账簿、对账单等。

第三章 设立登记

第二十二条 设立代表机构应当向登记机关申请设立登记。

第二十三条 外国企业申请设立代表机构,应当向登记机关提交下列文件、材料:

(一)代表机构设立登记申请书;

(二)外国企业住所证明和存续2年以上的合法营业证明;

(三)外国企业章程或者组织协议;

(四)外国企业对首席代表、代表的任命文件;

(五)首席代表、代表的身份证明和简历;

(六)同外国企业有业务往来的金融机构出具的资金信用证明;

(七)代表机构驻在场所的合法使用证明。

法律、行政法规或者国务院规定设立代表机构须经批准的,外国企业应当自批准之日起90日内向登记机关申请设立登记,并提交有关批准文件。

中国缔结或者参加的国际条约、协定规定可以设立从事营利性活动的代表机构的,还应当依照法律、行政法规或者国务院规定提交相应文件。

第二十四条 登记机关应当自受理申请之日起15日内作出是否准予登记的决定,作出决定前可以根据需要征求有关部门的意见。作出准予登记决定的,应当自作出决定之日起5日内向申请人颁发登记证和代表证;作出不予登记决定的,应当自作出决定之日起5日内向申请人出具登记驳回通知书,说明不予登记的理由。

登记证签发日期为代表机构成立日期。

第二十五条 代表机构、首席代表和代表凭登记证、代表证申请办理居留、就业、纳税、外汇登记等有关手续。

第四章 变更登记

第二十六条 代表机构登记事项发生变更,外国企业应当向登记机关申请变更登记。

第二十七条 变更登记事项的,应当自登记事项发生变更之日起60日内申请变更登记。

变更登记事项依照法律、行政法规或者国务院规定在登记前须经批准的,应当自批准之日起30日内申请变更登记。

第二十八条 代表机构驻在期限届满后继续从事业务活动的,外国企业应当在驻在期限届满前60日内向登记机关申请变更登记。

第二十九条 申请代表机构变更登记,应当提交代表机构变更登记申请书以及国家工商行政管理总局规定提交的相关文件。

变更登记事项依照法律、行政法规或者国务院规定在登记前须经批准的,还应当提交有关批准文件。

第三十条 登记机关应当自受理申请之日起10日内作出是否准予变更登记的决定。作出准予变更登记决定的,应当自作出决定之日起5日内换发登记证和代表证;作出不予变更登记决定的，应当自作出决定之日起5日内向申请人出具变更登记驳回通知书，说明不予变更登记的理由。

第三十一条 外国企业的有权签字人、企业责任形式、资本（资产）、经营范围以及代表发生变更的，外国企业应当自上述事项发生变更之日起60日内向登记机关备案。

第五章 注销登记

第三十二条 有下列情形之一的，外国企业应当在下列事项发生之日起60日内向登记机关申请注销登记：

（一）外国企业撤销代表机构；

（二）代表机构驻在期限届满不再继续从事业务活动；

（三）外国企业终止；

（四）代表机构依法被撤销批准或者责令关闭。

第三十三条 外国企业申请代表机构注销登记，应当向登记机关提交下列文件：

（一）代表机构注销登记申请书；

（二）代表机构税务登记注销证明；

（三）海关、外汇部门出具的相关事宜已清理完结或者该代表机构未办理相关手续的证明；

（四）国家工商行政管理总局规定提交的其他文件。

法律、行政法规或者国务院规定代表机构终止活动须经批准的，还应当提交有关批准文件。

第三十四条 登记机关应当自受理申请之日起10日内作出是否准予注销登记的决定。作出准予注销决定的，应当自作出决定之日起5日内出具准予注销通知书，收缴登记证和代表证；作出不予注销登记决定的，应当自作出决定之日起5日内向申请人出具注销登记驳回通知书，说明不予注销登记的理由。

第六章 法律责任

第三十五条 未经登记，擅自设立代表机构或者从事代表机构业务活动的，由登记机关责令停止活动，处以5万元以上20万元以下的罚款。

代表机构违反本条例规定从事营利性活动的，由登记机关责令改正，没收违法所得，没收专门用于从事营利性活动的工具、设备、原材料、产品（商品）等财物，处以5万元以上50万元以下罚款；情节严重的，吊销登记证。

第三十六条 提交虚假材料或者采取其他欺诈手段隐瞒真实情况，取得代表机构登记或者备案的，由登记机关责令改正，对代表机构处以2万元以上20万元以下的罚款，对直接负责的主管人员和其他直接责任人员处以1000元以上1万元以下的罚款；情节严重的，由登记机关撤销登记或者吊销登记证，缴销代表证。

代表机构提交的年度报告隐瞒真实情况、弄虚作假的，由登记机关责令改正，对代表机构处以2万元以上20万元以下的罚款；情节严重的，吊销登记证。

伪造、涂改、出租、出借、转让登记证、代表证的，由登记机关对代表机构处以1万元以上10万元以下的罚款；对直接负责的主管人员和其他直接责任人员处以1000元以上1万元以下的罚款；情节严重的，吊销登记证，缴销代表证。

第三十七条 代表机构违反本条例第十四条规定从事业务活动以外活动的，由登记机关责令限期改正；逾期未改正的，处以1万元以上10万元以下的罚款；情节严重的，吊销登记证。

第三十八条 有下列情形之一的，由登记机关责令限期改正，处以1万元以上3万元以下的罚款；逾期未改正的，吊销登记证：

（一）未依照本条例规定提交年度报告的；

（二）未按照登记机关登记的名称从事业务活动的；

（三）未按照中国政府有关部门要求调整驻在场所的；

（四）未依照本条例规定公告其设立、变更

情况的；

（五）未依照本条例规定办理有关变更登记、注销登记或者备案的。

第三十九条 代表机构从事危害中国国家安全或者社会公共利益等严重违法活动的，由登记机关吊销登记证。

代表机构违反本条例规定被撤销设立登记、吊销登记证，或者被中国政府有关部门依法责令关闭的，自被撤销、吊销或者责令关闭之日起5年内，设立该代表机构的外国企业不得在中国境内设立代表机构。

第四十条 登记机关及其工作人员滥用职权、玩忽职守、徇私舞弊，未依照本条例规定办理登记、查处违法行为，或者支持、包庇、纵容违法行为的，依法给予处分。

第四十一条 违反本条例规定，构成违反治安管理行为的，依照《中华人民共和国治安管理处罚法》的规定予以处罚；构成犯罪的，依法追究刑事责任。

第七章 附 则

第四十二条 本条例所称外国企业，是指依照外国法律在中国境外设立的营利性组织。

第四十三条 代表机构登记的收费项目依照国务院财政部门、价格主管部门的有关规定执行，代表机构登记的收费标准依照国务院价格主管部门、财政部门的有关规定执行。

第四十四条 香港特别行政区、澳门特别行政区和台湾地区企业在中国境内设立代表机构的，参照本条例规定进行登记管理。

第四十五条 本条例自2011年3月1日起施行。1983年3月5日经国务院批准，1983年3月15日原国家工商行政管理局发布的《关于外国企业常驻代表机构登记管理办法》同时废止。

外国（地区）企业在中国境内从事生产经营活动登记管理办法

（1992年8月15日国家工商行政管理局令第10号公布
根据2016年4月29日国家工商行政管理总局令第86号第一次修订
根据2017年10月27日国家工商行政管理总局令第92号第二次修订）

第一条 为促进对外经济合作，加强对在中国境内从事生产经营活动的外国（地区）企业（以下简称外国企业）的管理，保护其合法权益，维护正常的经济秩序，根据国家有关法律、法规的规定，制定本办法。

第二条 根据国家有关法律、法规的规定，经国务院及国务院授权的主管机关（以下简称审批机关）批准，在中国境内从事生产经营活动的外国企业，应向省级工商行政管理部门（以下简称登记主管机关）申请登记注册。外国企业经登记主管机关核准登记注册，领取营业执照后，方可开展生产经营活动。未经审批机关批准和登记主管机关核准登记注册，外国企业不得在中国境内从事生产经营活动。

第三条 根据国家现行法律、法规的规定，外国企业从事下列生产经营活动应办理登记注册：

（一）陆上、海洋的石油及其它矿产资源勘探开发；

（二）房屋、土木工程的建造、装饰或线路、管道、设备的安装等工程承包；

（三）承包或接受委托经营管理外商投资企业；

（四）外国银行在中国设立分行；

（五）国家允许从事的其它生产经营活动。

第四条 外国企业从事生产经营的项目经审批机关批准后，应在批准之日起三十日内向登记主管机关申请办理登记注册。

第五条 外国企业申请办理登记注册时应提交下列文件或证件：

（一）外国企业董事长或总经理签署的申请书。

（二）审批机关的批准文件或证件。

（三）从事生产经营活动所签订的合同（外国银行在中国设立分行不适用此项）。

（四）外国企业所属国（地区）政府有关部门出具的企业合法开业证明。

（五）外国企业的资金信用证明。

（六）外国企业董事长或总经理委派的中国项目负责人的授权书、简历及身份证明。

（七）其它有关文件。

第六条 外国企业登记注册的主要事项有：企业名称、企业类型、地址、负责人、资金数额、经营范围、经营期限。

企业名称是指外国企业在国外合法开业证明载明的名称，应与所签订生产经营合同的外国企业名称一致。外国银行在中国设立分行，应冠以总行的名称，标明所在地地名，并缀以分行。

企业类型是指按外国企业从事生产经营活动的不同内容划分的类型，其类型分别为：矿产资源勘探开发、承包工程、外资银行、承包经营管理等。

企业地址是指外国企业在中国境内从事生产经营活动的场所。外国企业在中国境内的住址与经营场所不在一处的，需同时申报。

企业负责人是指外国企业董事长或总经理委派的项目负责人。

资金数额是指外国企业用以从事生产经营活动的总费用，如承包工程的承包合同额，承包或受委托经营管理外商投资企业的外国企业在管理期限内的累计管理费用，从事合作开发石油所需的勘探、开发和生产费，外国银行分行的营运资金等。

经营范围是指外国企业在中国境内从事生产经营活动的范围。

经营期限是指外国企业在中国境内从事生产经营活动的期限。

第七条 登记主管机关受理外国企业的申请后，应在三十日内作出核准登记注册或不予核准登记注册的决定。登记主管机关核准外国企业登记注册后，向其核发《营业执照》。

第八条 根据外国企业从事生产经营活动的不同类型，《营业执照》的有效期分别按以下期限核定：

（一）从事矿产资源勘探开发的外国企业，其《营业执照》有效期根据勘探（查）、开发和生产三个阶段的期限核定。

（二）外国银行设立的分行，其《营业执照》有效期为三十年，每三十年换发一次《营业执照》。

（三）从事其它生产经营活动的外国企业，其《营业执照》有效期按合同规定的经营期限核定。

第九条 外国企业应在登记主管机关核准的生产经营范围内开展经营活动，其合法权益和经营活动受中国法律保护。外国企业不得超越登记主管机关核准的生产经营范围从事生产经营活动。

第十条 外国企业登记注册事项发生变化的，应在三十日内向原登记主管机关申请办理变更登记。办理变更登记的程序和应当提交的文件或证件，参照本办法第五条的规定执行。

第十一条 外国企业《营业执照》有效期届满不再申请延期登记或提前中止合同、协议的，应向原登记主管机关申请注销登记。

第十二条 外国企业申请注销登记应提交以下文件或证件：

（一）外国企业董事长或总经理签署的注销登记申请书；

（二）《营业执照》及其副本、印章；

（三）海关、税务部门出具的完税证明；

（四）项目主管部门对外国企业申请注销登记的批准文件。

登记主管机关在核准外国企业的注销登记时，应收缴《营业执照》及其副本、印章，撤销注册号，并通知银行、税务、海关等部门。

第十三条 外国企业应当于每年1月1日至6月30日，通过企业信用信息公示系统向原登记主管机关报送上一年度年度报告，并向社会公示。

第十四条 与外国企业签订生产经营合同的中国企业，应及时将合作的项目、内容和时间通知登记主管机关并协助外国企业办理营业登记、变更登记、注销登记。如中国企业未尽责任的，要负相应的责任。

第十五条 登记主管机关对外国企业监督管理的主要内容是：

（一）监督外国企业是否按本办法办理营业登记、变更登记和注销登记；

（二）监督外国企业是否按登记主管机关核准的经营范围从事生产经营活动；

（三）督促外国企业报送年度报告并向社会公示；

（四）监督外国企业是否遵守中国的法律、法规。

第十六条 对外国企业违反本办法的行为，由登记主管机关参照《中华人民共和国企业法人登记管理条例》及其施行细则的处罚条款进行查处。

第十七条 香港、澳门、台湾地区企业从事上述生产经营活动的，参照本办法执行。

外国企业承包经营中国内资企业的，参照本办法执行。

第十八条 本办法由国家工商行政管理局负责解释。

第十九条 本办法自一九九二年十月一日起施行。

企业登记程序规定

（2004年6月10日国家工商行政管理总局令第9号公布
自2004年7月1日起施行）

第一章 总 则

第一条 为了规范企业登记行为，提高登记效率，根据《行政许可法》及有关法律、行政法规，制定本规定。

第二条 企业的设立登记、变更登记、注销登记及企业名称预先核准适用本规定。

第三条 企业登记机关依法对申请材料是否齐全、是否符合法定形式进行审查。根据法定条件和程序，需要对申请材料的实质内容进行核实的，依法进行核实。

第四条 企业登记机关应当设立企业登记场所，统一办理企业登记事宜。

有条件的企业登记机关应当建立企业登记网站，受理企业登记申请，方便申请人下载申请书格式文本、提交申请材料、查询企业登记办理情况和企业登记管理规定等。

第五条 企业登记机关工作人员在职责范围内，对企业登记申请进行审查，代表企业登记机关作出是否受理、登记的决定。

第二章 登记申请

第六条 申请企业登记，申请人或者其委托的代理人可以采取以下方式提交申请：

（一）直接到企业登记场所；

（二）邮寄、传真、电子数据交换、电子邮件等。

通过传真、电子数据交换、电子邮件等方

式提交申请的，应当提供申请人或者其代理人的联络方式及通讯地址。对企业登记机关予以受理的申请，申请人应当自收到《受理通知书》之日起十五日内，提交与传真、电子数据交换、电子邮件内容一致并符合法定形式的申请材料原件。

第七条 申请人应当按照国家工商行政管理总局制定的申请书格式文本提交申请，并按照企业登记法律、行政法规和国家工商行政管理总局规章的规定提交有关材料。

涉及法律、行政法规和国务院发布的决定确定的企业登记前置许可项目的，申请人应当提交法定形式的许可证件或者批准文件。

第八条 申请人应当如实向企业登记机关提交有关材料和反映真实情况，并对其申请材料实质内容的真实性负责。

第三章 审查、受理和决定

第九条 登记机关收到登记申请后，应当对申请材料是否齐全、是否符合法定形式进行审查。

申请材料齐全是指国家工商行政管理总局依照企业登记法律、行政法规和规章公布的要求申请人提交的全部材料。

申请材料符合法定形式是指申请材料符合法定时限、记载事项符合法定要求、文书格式符合规范。

第十条 经对申请人提交的登记申请审查，企业登记机关应当根据下列情况分别作出是否受理的决定：

（一）申请材料齐全、符合法定形式的，应当决定予以受理。

（二）申请材料齐全并符合法定形式，但申请材料需要核实的，应当决定予以受理，同时书面告知申请人需要核实的事项、理由及时间。

（三）申请材料存在可以当场更正的错误的，应当允许有权更正人当场予以更正，由更正人在更正处签名或者盖章、注明更正日期；经确认申请材料齐全，符合法定形式的，应当决定予以受理。

（四）申请材料不齐全或者不符合法定形式的，应当当场或者在五日内一次告知申请人需要补正的全部内容。告知时，将申请材料退回申请人并决定不予受理。属于五日内告知的，应当收取材料并出具收到材料凭据。

（五）不属于企业登记范畴或者不属于本机关登记管辖范围的事项，应当即时决定不予受理，并告知申请人向有关行政机关申请。

通过邮寄、传真、电子数据交换、电子邮件等方式提交申请的，应当自收到申请之日起五日内作出是否受理的决定。

本规定所称有权更正人，是指申请人或者经申请人明确授权，可以对申请材料相关事项及文字内容加以更改的经办人员。

第十一条 企业登记机关认为需要对申请材料的实质内容进行核实的，应当派两名以上工作人员，对申请材料予以核实。经核实后，提交“申请材料核实情况报告书”，根据核实情况作出是否准予登记的决定。

第十二条 企业登记机关对决定受理的登记申请，应当分别情况在规定的期限内作出是否准予登记的决定：

（一）申请人或者其委托的代理人到企业登记场所提交申请予以受理的，应当当场作出准予登记的决定。

（二）通过邮寄的方式提交申请予以受理的，应当自受理之日起十五日内作出准予登记的决定。

（三）通过传真、电子数据交换、电子邮件等方式提交申请的，申请人或者其委托的代理人到企业登记场所提交申请材料原件的，应当当场作出准予登记的决定；通过邮寄方式提交申请材料原件的，应当自收到申请材料原件之日起十五日内作出准予登记的决定；申请人提交的申请材料原件与所受理的申请材料不一致的，应当作出不予登记的决定；将申请材料原件作为新申请的，应当根据第九条、第十条、第十一条、第十二条的规定办理。企业登记机关自发出《受理通知书》之日起六十日内，未收到申请材料原件的，应当作出不予登记的决定。

需要对申请材料核实的，应当自受理之日起十五日内作出是否准予登记的决定。

第十三条　依法应当先经下级企业登记机关审查后报上级登记机关决定的企业登记申请，下级企业登记机关应当自受理之日起十五日内提出审查意见。

第十四条　地方人民政府规定由企业登记机关统一受理，并转告相关部门实行互联审批的，审批程序及期限按照地方人民政府规定执行。

第十五条　除本规定第十二条第（一）项作出准予登记决定的外，企业登记机关决定予以受理的，应当出具《受理通知书》；决定不予受理的，应当出具《不予受理通知书》，并注明不予受理的理由。

第十六条　企业登记机关作出准予企业名称预先核准的，应当出具《企业名称预先核准通知书》；作出准予企业设立登记的，应当出具《准予设立登记通知书》，告知申请人自决定之日起十日内，领取营业执照；作出准予企业变更登记的，应当出具《准予变更登记通知书》，告知申请人自决定之日起十日内，换发营业执照；作出准予企业注销登记的，应当出具《准予注销登记通知书》，收缴营业执照。

企业登记机关作出不予登记决定的，应当出具《登记驳回通知书》，注明不予登记的理由，并告知申请人享有依法申请行政复议或者提起行政诉讼的权利。

第四章　撤销和吊销的注销登记

第十七条　有下列情形之一的，企业登记机关或者其上级机关根据利害关系人的请求或者依据职权，可以撤销登记：

（一）滥用职权、玩忽职守作出准予登记决定的；

（二）超越法定职权作出准予登记决定的；

（三）对不具备申请资格或者不符合法定条件的申请人作出准予登记决定的；

（四）依法可以撤销作出准予登记决定的其他情形。

被许可人以欺骗、贿赂等不正当手段取得登记的，应当予以撤销。

依照前两款规定撤销登记，可能对公共利益造成重大损害的，不予撤销，应当责令改正或者予以纠正。

第十八条　企业被依法撤销设立登记或者吊销营业执照的，应当停止经营活动，依法组织清算。自清算结束之日起三十日内，由清算组织依法申请注销登记。

第十九条　被依法撤销设立登记或者吊销营业执照的企业，其设立的非法人分支机构应当停止经营活动，依法办理注销登记；其投资设立的相关企业应当依法办理变更登记或者注销登记。

第五章　登记公示、公开

第二十条　企业登记机关应当在企业登记场所公示以下内容：

（一）登记事项；

（二）登记依据；

（三）登记条件；

（四）登记程序及期限；

（五）提交申请材料目录；

（六）登记收费标准及依据；

（七）申请书格式示范文本。

应申请人的要求，企业登记机关应当就前款公示内容，予以说明、解释。

第二十一条　企业登记机关应当建立企业登记簿，供社会查阅。

企业登记材料涉及国家秘密、商业秘密和个人隐私的，企业登记机关不得对外公开。

第六章　附　　则

第二十二条　本规定所称企业包括各类企业及其分支机构。

第二十三条　企业集团、外国（地区）企业常驻代表机构、外国（地区）企业在中国境内从事生产经营活动的登记参照本规定。

第二十四条　本规定自2004年7月1日起施行。

2. 行 政 审 批

国家工商行政管理总局关于调整工商登记前置审批事项目录的通知

（2018 年 2 月 11 日　工商企注字〔2018〕24 号）

各省、自治区、直辖市及计划单列市、副省级市工商行政管理局、市场监督管理部门：

2017 年 11 月 4 日，第十二届全国人民代表大会常务委员会第三十次会议通过了《全国人民代表大会常务委员会关于修改〈中华人民共和国会计法〉等十一部法律的决定》，对《中华人民共和国民用航空法》相关行政审批条款进行修改，将通用航空企业经营许可由工商登记前置审批改为后置审批。据此，我局对《工商总局关于严格落实先照后证改革严格执行工商登记前置审批事项的通知》（工商企注字〔2015〕65 号）附件《工商登记前置审批事项目录》和《企业变更登记、注销登记前置审批指导目录》再次进行了调整，现予公布。请遵照执行。

附件：1. 工商登记前置审批事项目录（2017 年 11 月）

2. 企业变更登记、注销登记前置审批指导目录（2017 年 11 月）

附件 1

工商登记前置审批事项目录（2017 年 11 月）

	序号	项目名称	实施机关	设定依据
法律明确的工商登记前置审批事项目录	1	证券公司设立审批	证监会	《中华人民共和国证券法》
	2	烟草专卖生产企业许可证核发	国家烟草专卖局	《中华人民共和国烟草专卖法》 《中华人民共和国烟草专卖法实施条例》（国务院令第 223 号）
	3	烟草专卖批发企业许可证核发	国家烟草专卖局或省级烟草专卖行政主管部门	《中华人民共和国烟草专卖法》 《烟草专卖法实施条例》（国务院令第 223 号）
	4	营利性民办学校（营利性民办培训机构）办学许可	县级以上人民政府教育行政部门、县级以上人民政府劳动和社会保障行政部门	《中华人民共和国民办教育促进法》

续表

	序号	项目名称	实施机关	设定依据
国务院决定保留的工商登记前置审批事项目录	1	民用爆炸物品生产许可	工业和信息化部	《民用爆炸物品安全管理条例》(国务院令第466号)
	2	爆破作业单位许可证核发	省级、设区的市级人民政府公安机关	《民用爆炸物品安全管理条例》(国务院令第466号)
	3	民用枪支(弹药)制造、配售许可	公安部、省级人民政府公安机关	《中华人民共和国枪支管理法》
	4	制造、销售弩或营业性射击场开设弩射项目审批	省级人民政府公安机关	《国务院对确需保留的行政审批项目设定行政许可的决定》(国务院令第412号)《公安部国家工商行政管理局关于加强弩管理的通知》(公治〔1999〕1646号)
	5	保安服务许可证核发	省级人民政府公安机关	《保安服务管理条例》(国务院令第564号)
	6	涉及国家规定实施准入特别管理措施的外商投资企业的设立及变更审批	商务部、国务院授权的部门或地方人民政府	《中华人民共和国中外合资经营企业法》《中华人民共和国中外合作经营企业法》《中华人民共和国台湾同胞投资保护法》《中华人民共和国外资企业法》
	7	设立经营个人征信业务的征信机构审批	中国人民银行	《征信业管理条例》(国务院令第631号)
	8	卫星电视广播地面接收设施安装许可审批	新闻出版广电总局	《卫星电视广播地面接收设施管理规定》(国务院令第129号)《关于进一步加强卫星电视广播地面接收设施管理的意见》(广发外字〔2002〕254号)
	9	设立出版物进口经营单位审批	新闻出版广电总局	《出版管理条例》(国务院令第594号)
	10	设立出版单位审批	新闻出版广电总局	《出版管理条例》(国务院令第594号)
	11	境外出版机构在境内设立办事机构审批	新闻出版广电总局 国务院新闻办	《国务院对确需保留的行政审批项目设定行政许可的决定》(国务院令第412号)《外国企业常驻代表机构登记管理条例》(国务院令第584号)
	12	境外广播电影电视机构在华设立办事机构审批	新闻出版广电总局 国务院新闻办	《国务院对确需保留的行政审批项目设定行政许可的决定》(国务院令第412号)《外国企业常驻代表机构登记管理条例》(国务院令第584号)
	13	危险化学品经营许可	县级、设区的市级人民政府安全生产监督管理部门	《危险化学品安全管理条例》(国务院令第591号)

续表

	序号	项 目 名 称	实 施 机 关	设 定 依 据
国务院决定保留的工商登记前置审批事项目录	14	新建、改建、扩建生产、储存危险化学品（包括使用长输管道输送危险化学品）建设项目安全条件审查；新建、改建、扩建储存、装卸危险化学品的港口建设项目安全条件审查	设区的市级以上人民政府安全生产监督管理部门；港口行政管理部门	《危险化学品安全管理条例》（国务院令第591号）
	15	烟花爆竹生产企业安全生产许可	省级人民政府安全生产监督管理部门	《烟花爆竹安全管理条例》（国务院令第455号）
	16	外资银行营业性机构及其分支机构设立审批	银监会	《中华人民共和国银行业监督管理法》《外资银行管理条例》（国务院令第478号）
	17	外国银行代表处设立审批	银监会	《中华人民共和国银行业监督管理法》《外资银行管理条例》（国务院令第478号）
	18	中资银行业金融机构及其分支机构设立审批	银监会	《中华人民共和国银行业监督管理法》《中华人民共和国商业银行法》
	19	非银行金融机构（分支机构）设立审批	银监会	《中华人民共和国银行业监督管理法》《金融资产管理公司条例》（国务院令第297号）
	20	融资性担保机构设立审批	省级人民政府确定的部门	《国务院对确需保留的行政审批项目设定行政许可的决定》（国务院令第412号）《国务院关于修改〈国务院对确需保留的行政审批项目设定行政许可的决定〉的决定》（国务院令第548号）《融资性担保公司管理暂行办法》（银监会令2010年第3号）
	21	外国证券类机构设立驻华代表机构核准	证监会	《国务院对确需保留的行政审批项目设定行政许可的决定》（国务院令第412号）《国务院关于管理外国企业常驻代表机构的暂行规定》（国发〔1980〕272号）
	22	设立期货专门结算机构审批	证监会	《期货交易管理条例》（国务院令第627号）
	23	设立期货交易场所审批	国务院或证监会	《期货交易管理条例》（国务院令第627号）
	24	证券交易所设立审核、证券登记结算机构设立审批	国务院	《中华人民共和国证券法》
	25	专属自保组织和相互保险组织设立审批	保监会	《国务院对确需保留的行政审批项目设定行政许可的决定》（国务院令第412号）
	26	保险公司及其分支机构设立审批	保监会	《中华人民共和国保险法》

续表

序号	项目名称	实施机关	设定依据
27	外国保险机构驻华代表机构设立审批	保监会	《中华人民共和国保险法》《国务院对确需保留的行政审批项目设定行政许可的决定》（国务院令第412号）《国务院关于管理外国企业常驻代表机构的暂行规定》（国发〔1980〕272号）
28	快递业务经营许可	国家邮政局或省级邮政管理机构	《中华人民共和国邮政法》

附件2

企业变更登记、注销登记前置审批事项指导目录（2017年11月）

序号	项目名称	实施部门	设定依据
1	民用爆炸物品销售	省级人民政府民用爆炸物品行业主管部门	《民用爆炸物品安全管理条例》（国务院令第653号）
2	保安服务企业变更法定代表人	省级人民政府公安机关	《保安服务管理条例》（国务院令第564号）
3	经营劳务派遣业务许可	县级以上地方人力资源社会保障部门	《中华人民共和国劳动合同法》
4	直销企业及其分支机构设立和变更审批	商务部	《直销管理条例》（国务院令第443号）
5	对外劳务合作经营资格核准	省级或者设区的市级人民政府商务行政主管部门	《对外劳务合作管理条例》（国务院令第620号）
6	个人征信机构设立分支机构、合并或者分立、变更注册资本、变更出资额审批	人民银行	《征信业管理条例》（国务院令第631号）
7	出版单位变更名称、主办单位或者其主管机关、业务范围、资本结构，合并或者分立，设立分支机构审批	新闻出版广电总局	《出版管理条例》（国务院令第594号）
8	出版物进口经营单位变更名称、业务范围、资本结构、主办单位或者其主管机关，合并或者分立，设立分支机构审批	新闻出版广电总局	《出版管理条例》（国务院令第594号）
9	印刷业经营者申请兼营或者变更从事出版物印刷经营活动审批	省级人民政府新闻出版广电行政主管部门	《印刷业管理条例》（国务院令第315号）
10	内资电影制片单位变更、终止审批	省级人民政府新闻出版广电行政主管部门	《电影管理条例》（国务院令第342号）
11	中资银行业金融机构及其分支机构变更、终止以及业务范围审批	银监会	《中华人民共和国银行业监督管理法》《中华人民共和国商业银行法》

续表

序号	项目名称	实施部门	设定依据
12	非银行金融机构(分支机构)变更、终止以及业务范围审批	银监会	《中华人民共和国银行业监督管理法》
13	外资银行变更注册资本或者营运资金、变更机构名称、营业场所或者办公场所、调整业务范围、变更股东或者调整股东持股比例、修改章程以及终结审批	银监会	《外资银行管理条例》(国务院令第478号)
14	外国银行代表处变更及终止审批	银监会	《外资银行管理条例》(国务院令第478号)
15	融资性担保机构变更审批	省级人民政府确定的部门	《国务院对确需保留的行政审批项目设定行政许可的决定》(国务院令第412号) 《国务院对确需保留的行政审批项目设定行政许可的决定》(国务院令第548号)
16	证券登记结算机构解散审批	证监会	《中华人民共和国证券法》
17	证券公司为客户买卖证券提供融资融券服务审批	证监会	《中华人民共和国证券法》
18	证券公司设立、收购或者撤销分支机构,变更业务范围,增加注册资本且股权结构发生重大调整,减少注册资本,变更持有百分之五以上股权的股东,变更公司章程中的重要条款,合并、分立、解散、破产审批	证监会	《中华人民共和国证券法》 《证券公司监督管理条例》(国务院令第522号)
19	证券金融公司解散审批	国务院	《证券公司监督管理条例》(国务院令第522号)
20	期货公司境内及境外期货经纪业务、期货投资咨询业务许可	证监会	《期货交易管理条例》(国务院令第627号)
21	期货公司合并、分立、解散或者破产、变更业务范围、变更注册资本且调整股权结构、新增持有5%以上股权的股东或者控股股东发生变化审批	证监会	《期货交易管理条例》(国务院令第627号)
22	外国证券类机构驻华代表机构名称变更核准	证监会	《国务院对确需保留的行政审批项目设定行政许可的决定》(国务院令第412号) 《国务院关于管理外国企业常驻代表机构的暂行规定》(国发〔1980〕272号)
23	使用"交易所"字样的交易场所审批	国务院或国务院金融管理部门、省级人民政府	《国务院关于清理整顿各类交易场所切实防范金融风险的决定》(国发〔2011〕38号)

续表

序号	项 目 名 称	实 施 部 门	设 定 依 据
24	从事保险、信贷、黄金等金融产品交易的交易场所审批	国务院相关金融管理部门	《国务院关于清理整顿各类交易场所切实防范金融风险的决定》(国发〔2011〕38 号)
25	保险公司变更名称、变更注册资本、变更公司或者分支机构的营业场所、撤销分支机构、公司分立或者合并、修改公司章程、变更出资额占有限责任公司资本总额百分之五以上的股东,或者变更持有股份有限公司股份百分之五以上的股东及保险公司终止(解散、破产)审批	保监会	《中华人民共和国保险法》
26	专属自保组织和相互保险组织合并、分立、变更、解散审批	保监会	《国务院对确需保留的行政审批项目设定行政许可的决定》(国务院令第 412 号)
27	保险资产管理公司重大事项变更审批。保险资产管理公司及其分支机构终止(解散、破产和分支机构撤销)审批	保监会 (会同证监会)	《国务院对确需保留的行政审批项目设定行政许可的决定》(国务院令第 412 号)
28	保险集团公司及保险控股公司合并、分立、变更、解散审批	保监会	《国务院对确需保留的行政审批项目设定行政许可的决定》(国务院令第 412 号)
29	外国保险机构驻华代表机构重大事项变更审批	保监会	《国务院对确需保留的行政审批项目设定行政许可的决定》(国务院令第 412 号) 《国务院关于发布〈中华人民共和国国务院关于管理外国企业常驻代表机构的暂行规定〉的通知》(国发〔1980〕272 号)
30	烟草制品生产企业分立、合并、撤销的审批	国家烟草专卖局	《中华人民共和国烟草专卖法》 《烟草专卖法实施条例》(国务院令第 223 号)
31	营利性民办学校(营利性民办培训机构)名称、层次、类别的变更,分立,合并,终止	县级以上人民政府教育行政部门、县级以上人民政府劳动和社会保障行政部门	《中华人民共和国民办教育促进法》

注:以上前置审批事项,涉及工商登记事项的,凭审批文件办理变更、注销登记。

3. 名 称 登 记

企业名称登记管理规定

（1991年5月21日国家工商行政管理局令第7号公布
根据2012年11月9日国务院令第628号《关于修改和废止部分行政法规的决定》修订）

第一条 为了加强企业名称管理，保护企业的合法权益，维护社会经济秩序，制定本规定。

第二条 本规定适用于中国境内具备法人条件的企业及其他依法需要办理登记注册的企业。

第三条 企业名称在企业申请登记时，由企业名称的登记主管机关核定。企业名称经核准登记注册后方可使用，在规定的范围内享有专用权。

第四条 企业名称的登记主管机关（以下简称登记主管机关）是国家工商行政管理局和地方各级工商行政管理局。登记主管机关核准或者驳回企业名称登记申请，监督管理企业名称的使用，保护企业名称专用权。

登记主管机关依照《中华人民共和国企业法人登记管理条例》，对企业名称实行分级登记管理。外商投资企业名称由国家工商行政管理局核定。

第五条 登记主管机关有权纠正已登记注册的不适宜的企业名称，上级登记主管机关有权纠正下级登记主管机关已登记注册的不适宜的企业名称。

对已登记注册的不适宜的企业名称，任何单位和个人可以要求登记主管机关予以纠正。

第六条 企业只准使用一个名称，在登记主管机关辖区内不得与已登记注册的同行业企业名称相同或者近似。

确有特殊需要的，经省级以上登记主管机关核准，企业可以在规定的范围内使用一个从属名称。

第七条 企业名称应当由以下部分依次组成：字号（或者商号，下同）、行业或者经营特点、组织形式。

企业名称应当冠以企业所在地省（包括自治区、直辖市，下同）或者市（包括州，下同）或者县（包括市辖区，下同）行政区划名称。

经国家工商行政管理局核准，下列企业的企业名称可以不冠以企业所在地行政区划名称：

（一）本规定第十三条所列企业；

（二）历史悠久、字号驰名的企业；

（三）外商投资企业。

第八条 企业名称应当使用汉字，民族自治地方的企业名称可以同时使用本民族自治地方通用的民族文字。

企业使用外文名称的，其外文名称应当与中文名称相一致，并报登记主管机关登记注册。

第九条 企业名称不得含有下列内容和文字：

（一）有损于国家、社会公共利益的；

（二）可能对公众造成欺骗或者误解的；

（三）外国国家（地区）名称、国际组织名称；

（四）政党名称、党政军机关名称、群众组

织名称、社会团体名称及部队番号；

（五）汉语拼音字母（外文名称中使用的除外）、数字；

（六）其他法律、行政法规规定禁止的。

第十条　企业可以选择字号。字号应当由两个以上的字组成。

企业有正当理由可以使用本地或者异地地名作字号，但不得使用县以上行政区划名称作字号。

私营企业可以使用投资人姓名作字号。

第十一条　企业应当根据其主管业务，依照国家行业分类标准划分的类别，在企业名称中标明所属行业或者经营特点。

第十二条　企业应当根据其组织结构或者责任形式，在企业名称中标明组织形式。所标明的组织形式必须明确易懂。

第十三条　下列企业，可以申请在企业名称中使用"中国"、"中华"或者冠以"国际"字词：

（一）全国性公司；

（二）国务院或其授权的机关批准的大型进出口企业；

（三）国务院或其授权的机关批准的大型企业集团；

（四）国家工商行政管理局规定的其他企业。

第十四条　企业设立分支机构的，企业及其分支机构的企业名称应当符合下列规定：

（一）在企业名称中使用"总"字的，必须下设三个以上分支机构；

（二）不能独立承担民事责任的分支机构，其企业名称应当冠以其所从属企业的名称，缀以"分公司"、"分厂"、"分店"等字词，并标明该分支机构的行业和所在地行政区划名称或者地名，但其行业与其所从属的企业一致的，可以从略；

（三）能够独立承担民事责任的分支机构，应当使用独立的企业名称，并可以使用其所从属企业的企业名称中的字号；

（四）能够独立承担民事责任的分支机构再设立分支机构的，所设立的分支机构不得在其企业名称中使用总机构的名称。

第十五条　联营企业的企业名称可以使用联营成员的字号，但不能使用联营成员的企业名称。联营企业应当在其企业名称中标明"联营"或者"联合"字词。

第十六条　企业有特殊原因的，可以在开业登记前预先单独申请企业名称登记注册。预先单独申请企业名称登记注册时，应当提交企业组建负责人签署的申请书、章程草案和主管部门或者审批机关的批准文件。

第十七条　外商投资企业应当在项目建议书和可行性研究报告批准后，合同、章程批准之前，预先单独申请企业名称登记注册。外商投资企业预先单独申请企业名称登记注册时，应当提交企业组建负责人签署的申请书、项目建议书、可行性研究报告的批准文件，以及投资者所在国（地区）主管当局出具的合法开业证明。

第十八条　登记主管机关应当在收到企业提交的预先单独申请企业名称登记注册的全部材料之日起，10日内作出核准或者驳回的决定。

登记主管机关核准预先单独申请登记注册的企业名称后，核发《企业名称登记证书》。

第十九条　预先单独申请登记注册的企业名称经核准后，保留期为1年。经批准有筹建期的，企业名称保留到筹建期终止。在保留期内不得用于从事生产经营活动。

保留期届满不办理企业开业登记的，其企业名称自动失效，企业应当在期限届满之日起10日内将《企业名称登记证书》交回登记主管机关。

第二十条　企业的印章、银行帐户、牌匾、信笺所使用的名称应当与登记注册的企业名称相同。从事商业、公共饮食、服务等行业的企业名称牌匾可适当简化，但应当报登记主管机关备案。

第二十一条　申请登记注册的企业名称与下列情况的企业名称相同或者近似的，登记主管机关不予核准：

（一）企业被撤销未满3年的；

（二）企业营业执照被吊销未满3年的；

（三）企业因本条第（一）、（二）项所列情况以外的原因办理注销登记未满1年的。

第二十二条 企业名称经核准登记注册后，无特殊原因在1年内不得申请变更。

第二十三条 企业名称可以随企业或者企业的一部分一并转让。

企业名称只能转让给一户企业。企业名称的转让方与受让方应当签订书面合同或者协议，报原登记主管机关核准。

企业名称转让后，转让方不得继续使用已转让的企业名称。

第二十四条 两个以上企业向同一登记主管机关申请相同的符合规定的企业名称，登记主管机关依照申请在先原则核定。属于同一天申请的，应当由企业协商解决；协商不成的，由登记主管机关作出裁决。

两个以上企业向不同登记主管机关申请相同的企业名称，登记主管机关依照受理在先原则核定。属于同一天受理的，应当由企业协商解决；协商不成的，由各该登记主管机关报共同的上级登记主管机关作出裁决。

第二十五条 两个以上的企业因已登记注册的企业名称相同或者近似而发生争议时，登记主管机关依照注册在先原则处理。

中国企业的企业名称与外国（地区）企业的企业名称在中国境内发生争议并向登记主管机关申请裁决时，由国家工商行政管理局依据我国缔结或者参加的国际条约的规定的原则或者本规定处理。

第二十六条 违反本规定的下列行为，由登记主管机关区别情节，予以处罚：

（一）使用未经核准登记注册的企业名称从事生产经营活动的，责令停止经营活动，没收非法所得或者处以2000元以上、2万元以下罚款，情节严重的，可以并处；

（二）擅自改变企业名称的，予以警告或者处以1000元以上、1万元以下罚款，并限期办理变更登记；

（三）擅自转让或者出租自己的企业名称的，没收非法所得并处以1000元以上、1万元以下罚款；

（四）使用保留期内的企业名称从事生产经营活动或者保留期届满不按期将《企业名称登记证书》交回登记主管机关的，予以警告或者处以500元以上、5000元以下罚款；

（五）违反本规定第二十条规定的，予以警告并处以500元以上、5000元以下罚款。

第二十七条 擅自使用他人已经登记注册的企业名称或者有其他侵犯他人企业名称专用权行为的，被侵权人可以向侵权人所在地登记主管机关要求处理。登记主管机关有权责令侵权人停止侵权行为，赔偿被侵权人因该侵权行为所遭受的损失，没收非法所得并处以5000元以上、5万元以下罚款。

对侵犯他人企业名称专用权的，被侵权人也可以直接向人民法院起诉。

第二十八条 对登记主管机关根据本规定作出的具体行政行为不服的，当事人可以在收到通知之日起15日内向上一级登记主管机关申请复议。上级登记主管机关应当在收到复议申请之日起30日内作出复议决定。对复议决定不服的，可以依法向人民法院起诉。

逾期不申请复议，或者复议后拒不执行复议决定，又不起诉的，登记主管机关可以强制更改企业名称，扣缴企业营业执照。

第二十九条 外国（地区）企业可以在中国境内申请企业名称登记注册。

外国（地区）企业应当向国家工商行政管理局提出企业名称登记注册的申请，并提交外国（地区）企业法定代表人签署的申请书、外国（地区）企业章程和企业所在国（地区）主管当局出具的合法开业证明。登记主管机关应当在收到外国（地区）企业申请名称登记注册的全部材料之日起30日内作出初步审查，通过初审的，予以公告。外国（地区）企业名称的公告期为6个月，在此期间无异议或者异议不成立的，予以核准登记注册，企业名称保留期为5

年。登记主管机关核准登记注册外国(地区)企业名称后,应当核发《企业名称登记证书》。外国(地区)企业名称登记注册后需要变更或者保留期届满要求续展的,应当重新申请登记注册。

第三十条 在登记主管机关登记注册的事业单位及事业单位开办的经营单位的名称和个体工商户的名称登记管理,参照本规定执行。

第三十一条 本规定施行前已经核准登记注册的企业名称,准予继续使用,但严重不符合本规定的,应予纠正。

第三十二条 《企业名称登记证书》由国家工商行政管理局统一印制。

第三十三条 本规定由国家工商行政管理局负责解释。

第三十四条 本规定自1991年7月1日起施行。1985年5月23日国务院批准,1985年6月15日国家工商行政管理局公布的《工商企业名称登记管理暂行规定》同时废止。

企业名称登记管理实施办法

(1999年12月8日国家工商行政管理局令第93号公布
2004年6月14日国家工商行政管理总局令第10号修订
自2004年7月1日起施行)

第一章 总 则

第一条 为了加强和完善企业名称的登记管理,保护企业名称所有人的合法权益,维护公平竞争秩序,根据《企业名称登记管理规定》和有关法律、行政法规,制定本办法。

第二条 本办法适用于工商行政管理机关登记注册的企业法人和不具有法人资格的企业的名称。

第三条 企业应当依法选择自己的名称,并申请登记注册。企业自成立之日起享有名称权。

第四条 各级工商行政管理机关应当依法核准登记企业名称。

超越权限核准的企业名称应当予以纠正。

第五条 工商行政管理机关对企业名称实行分级登记管理。国家工商行政管理总局主管全国企业名称登记管理工作,并负责核准下列企业名称:

(一)冠以"中国"、"中华"、"全国"、"国家"、"国际"等字样的;

(二)在名称中间使用"中国"、"中华"、"全国"、"国家"等字样的;

(三)不含行政区划的。

地方工商行政管理局负责核准前款规定以外的下列企业名称:

(一)冠以同级行政区划的;

(二)符合本办法第十二条的含有同级行政区划的。

国家工商行政管理总局授予外商投资企业核准登记权的工商行政管理局按本办法核准外商投资企业名称。

第二章 企业名称

第六条 企业法人名称中不得含有其他法人的名称,国家工商行政管理总局另有规定的除外。

第七条 企业名称中不得含有另一个企业名称。

企业分支机构名称应当冠以其所从属企业的名称。

第八条 企业名称应当使用符合国家规

范的汉字，不得使用汉语拼音字母、阿拉伯数字。

企业名称需译成外文使用的，由企业依据文字翻译原则自行翻译使用，不需报工商行政管理机关核准登记。

第九条 企业名称应当由行政区划、字号、行业、组织形式依次组成，法律、行政法规和本办法另有规定的除外。

第十条 除国务院决定设立的企业外，企业名称不得冠以“中国”、“中华”、“全国”、“国家”、“国际”等字样。

在企业名称中间使用“中国”、“中华”、“全国”、“国家”、“国际”等字样的，该字样应是行业的限定语。

使用外国（地区）出资企业字号的外商独资企业、外方控股的外商投资企业，可以在名称中间使用“（中国）”字样。

第十一条 企业名称中的行政区划是本企业所在地县级以上行政区划的名称或地名。

市辖区的名称不能单独用作企业名称中的行政区划。市辖区名称与市行政区划连用的企业名称，由市工商行政管理局核准。

省、市、县行政区划连用的企业名称，由最高级别行政区的工商行政管理局核准。

第十二条 具备下列条件的企业法人，可以将名称中的行政区划放在字号之后，组织形式之前：

（一）使用控股企业名称中的字号；

（二）该控股企业的名称不含行政区划。

第十三条 经国家工商行政管理总局核准，符合下列条件之一的企业法人，可以使用不含行政区划的企业名称：

（一）国务院批准的；

（二）国家工商行政管理总局登记注册的；

（三）注册资本（或注册资金）不少于5000万元人民币的；

（四）国家工商行政管理总局另有规定的。

第十四条 企业名称中的字号应当由2个以上的字组成。

行政区划不得用作字号，但县以上行政区划的地名具有其他含义的除外。

第十五条 企业名称可以使用自然人投资人的姓名作字号。

第十六条 企业名称中的行业表述应当是反映企业经济活动性质所属国民经济行业或者企业经营特点的用语。

企业名称中行业用语表述的内容应当与企业经营范围一致。

第十七条 企业经济活动性质分别属于国民经济行业不同大类的，应当选择主要经济活动性质所属国民经济行业类别用语表述企业名称中的行业。

第十八条 企业名称中不使用国民经济行业类别用语表述企业所从事行业的，应当符合以下条件：

（一）企业经济活动性质分别属于国民经济行业5个以上大类；

（二）企业注册资本（或注册资金）1亿元以上或者是企业集团的母公司；

（三）与同一工商行政管理机关核准或者登记注册的企业名称中字号不相同。

第十九条 企业为反映其经营特点，可以在名称中的字号之后使用国家（地区）名称或者县级以上行政区划的地名。

上述地名不视为企业名称中的行政区划。

第二十条 企业名称不应当明示或者暗示有超越其经营范围的业务。

第三章 企业名称的登记注册

第二十一条 企业营业执照上只准标明一个企业名称。

第二十二条 设立公司应当申请名称预先核准。

法律、行政法规规定设立企业必须报经审批或者企业经营范围中有法律、行政法规规定必须报经审批项目的，应当在报送审批前办理企业名称预先核准，并以工商行政管理机关核准的企业名称报送审批。

设立其他企业可以申请名称预先核准。

第二十三条 申请企业名称预先核准，应当由全体出资人、合伙人、合作者(以下统称投资人)指定的代表或者委托的代理人,向有名称核准管辖权的工商行政管理机关提交企业名称预先核准申请书。

企业名称预先核准申请书应当载明企业的名称(可以载明备选名称)、住所、注册资本、经营范围、投资人名称或者姓名、投资额和投资比例、授权委托意见(指定的代表或者委托的代理人姓名、权限和期限),并由全体投资人签名盖章。

企业名称预先核准申请书上应当粘贴指定的代表或者委托的代理人身份证复印件。

第二十四条 直接到工商行政管理机关办理企业名称预先核准的,工商行政管理机关应当场对申请预先核准的企业名称作出核准或者驳回的决定。予以核准的,发给《企业名称预先核准通知书》;予以驳回的,发给《企业名称驳回通知书》。

通过邮寄、传真、电子数据交换等方式申请企业名称预先核准的,按照《企业登记程序规定》执行。

第二十五条 申请企业设立登记,已办理企业名称预先核准的,应当提交《企业名称预先核准通知书》。

设立企业名称涉及法律、行政法规规定必须报经审批,未能提交审批文件的,登记机关不得以预先核准的企业名称登记注册。

企业名称预先核准与企业登记注册不在同一工商行政管理机关办理的,登记机关应当自企业登记注册之日起30日内,将有关登记情况送核准企业名称的工商行政管理机关备案。

第二十六条 企业变更名称,应当向其登记机关申请变更登记。

企业申请变更的名称,属登记机关管辖的,由登记机关直接办理变更登记。

企业申请变更的名称,不属登记机关管辖的,按本办法第二十七条规定办理。

企业名称变更登记核准之日起30日内,企业应当申请办理其分支机构名称的变更登记。

第二十七条 申请企业名称变更登记,企业登记和企业名称核准不在同一工商行政管理机关的,企业登记机关应当对企业拟变更的名称进行初审,并向有名称管辖权的工商行政管理机关报送企业名称变更核准意见书。

企业名称变更核准意见书上应当载明原企业名称、拟变更的企业名称(备选名称)、住所、注册资本、经营范围、投资人名称或者姓名、企业登记机关的审查意见,并加盖公章。有名称管辖权的工商行政管理机关收到企业名称变更核准意见书后,应在5日内作出核准或驳回的决定,核准的,发给《企业名称变更核准通知书》;驳回的,发给《企业名称驳回通知书》。

登记机关应当在核准企业名称变更登记之日起30日内,将有关登记情况送核准企业名称的工商行政管理机关备案。

第二十八条 公司名称预先核准和公司名称变更核准的有效期为6个月,有效期满,核准的名称自动失效。

第二十九条 企业被撤销有关业务经营权,而其名称又表明了该项业务时,企业应当在被撤销该项业务经营权之日起1个月内,向登记机关申请变更企业名称等登记事项。

第三十条 企业办理注销登记或者被吊销营业执照,如其名称是经其他工商行政管理机关核准的,登记机关应当将核准注销登记情况或者行政处罚决定书送核准该企业名称的工商行政管理机关备案。

第三十一条 企业名称有下列情形之一的,不予核准:

(一)与同一工商行政管理机关核准或者登记注册的同行业企业名称字号相同,有投资关系的除外;

(二)与同一工商行政管理机关核准或者登记注册符合本办法第十八条的企业名称字号相同,有投资关系的除外;

(三)与其他企业变更名称未满1年的原名称相同;

(四)与注销登记或者被吊销营业执照未满3年的企业名称相同;

（五）其他违反法律、行政法规的。

第三十二条 工商行政管理机关应当建立企业名称核准登记档案。

第三十三条 《企业名称预先核准通知书》、《企业名称变更核准通知书》、《企业名称驳回通知书》及企业名称核准登记表格式样由国家工商行政管理总局统一制定。

第三十四条 外国（地区）企业名称，依据我国参加的国际公约、协定、条约等有关规定予以保护。

第四章 企业名称的使用

第三十五条 预先核准的企业名称在有效期内，不得用于经营活动，不得转让。

企业变更名称，在其登记机关核准变更登记前，不得使用《企业名称变更核准通知书》上核准变更的企业名称从事经营活动，也不得转让。

第三十六条 企业应当在住所处标明企业名称。

第三十七条 企业的印章、银行账户、信笺所使用的企业名称，应当与其营业执照上的企业名称相同。

第三十八条 法律文书使用企业名称，应当与该企业营业执照上的企业名称相同。

第三十九条 企业使用名称，应当遵循诚实信用的原则。

第五章 监督管理与争议处理

第四十条 各级工商行政管理机关对在本机关管辖地域内从事活动的企业使用企业名称的行为，依法进行监督管理。

第四十一条 已经登记注册的企业名称，在使用中对公众造成欺骗或者误解的，或者损害他人合法权益的，应当认定为不适宜的企业名称予以纠正。

第四十二条 企业因名称与他人发生争议，可以向工商行政管理机关申请处理，也可以向人民法院起诉。

第四十三条 企业请求工商行政管理机关处理名称争议时，应当向核准他人名称的工商行政管理机关提交以下材料：

（一）申请书；

（二）申请人的资格证明；

（三）举证材料；

（四）其他有关材料。

申请书应当由申请人签署并载明申请人和被申请人的情况、名称争议事实及理由、请求事项等内容。

委托代理的，还应当提交委托书和被委托人资格证明。

第四十四条 工商行政管理机关受理企业名称争议后，应当按以下程序在6个月内作出处理：

（一）查证申请人和被申请人企业名称登记注册的情况；

（二）调查核实申请人提交的材料和有关争议的情况；

（三）将有关名称争议情况书面告知被申请人，要求被申请人在1个月内对争议问题提交书面意见；

（四）依据保护工业产权的原则和企业名称登记管理的有关规定作出处理。

第六章 附 则

第四十五条 以下需在工商行政管理机关办理登记的名称，参照《企业名称登记管理规定》和本办法办理：

（一）企业集团的名称，其构成为：行政区划+字号+行业+“集团”字样；

（二）其他按规定需在工商行政管理机关办理登记的组织的名称。

第四十六条 企业名称预先核准申请书和企业名称变更核准意见书由国家工商行政管理总局统一制发标准格式文本，各地工商行政管理机关按照标准格式文本印制。

第四十七条 本办法自2004年7月1日起施行。

国家工商行政管理局《关于贯彻〈企业名称登记管理规定〉有关问题的通知》（工商企字

〔1991〕第309号)、《关于执行〈企业名称登记管理规定〉有关问题的补充通知》(工商企字〔1992〕第283号)、《关于外商投资企业名称登记管理有关问题的通知》(工商企字〔1993〕第152号)同时废止。

国家工商行政管理总局其他文件中有关企业名称的规定,与《企业名称登记管理规定》和本办法抵触的,同时失效。

4. 法人代表登记

企业法人法定代表人登记管理规定

(1998年4月7日国家工商行政管理局令第85号公布
1999年6月23日国家工商行政管理局令第90号修订)

第一条　为了规范企业法人法定代表人的登记管理,制定本规定。

第二条　企业法人登记(包括公司登记,下同)中法定代表人的登记管理,适用本规定。

第三条　企业法人的法定代表人(以下简称法定代表人)经企业登记机关核准登记,取得法定代表人资格。

第四条　有下列情形之一的,不得担任法定代表人,企业登记机关不予核准登记:

(一)无民事行为能力或者限制民事行为能力的;

(二)正在被执行刑罚或者正在被执行刑事强制措施的;

(三)正在被公安机关或者国家安全机关通缉的;

(四)因犯有贿赂罪、侵犯财产罪或者破坏社会主义市场经济秩序罪,被判处刑罚,执行期满未逾五年的;因犯有其他罪,被判处刑罚,执行期满未逾三年的;或者因犯罪被判处剥夺政治权利,执行期满未逾五年的;

(五)担任因经营不善破产清算的企业的法定代表人或者董事、经理,并对该企业的破产负有个人责任,自该企业破产清算完结之日起未逾三年的;

(六)担任因违法被吊销营业执照的企业的法定代表人,并对该企业违法行为负有个人责任,自该企业被吊销营业执照之日起未逾三年的;

(七)个人负债额较大,到期未清偿的;

(八)有法律和国务院规定不得担任法定代表人的其他情形的。

第五条　企业法定代表人的产生、免职程序,应当符合法律、行政法规和企业法人组织章程的规定。

第六条　企业法人申请办理法定代表人变更登记,应当向原企业登记机关提交下列文件:

(一)对企业原法定代表人的免职文件;

(二)对企业新任法定代表人的任职文件;

(三)由原法定代表人或者拟任法定代表人签署的变更登记申请书。

第七条　有限责任公司或者股份有限公司更换法定代表人需要由股东会、股东大会或者董事会召开会议作出决议,而原法定代表人不能或者不履行职责,致使股东会、股东大会或者董事会不能依照法定程序召开的,可以由半数以上的董事推选一名董事或者由出资最多或者持有最大股份表决权的股东或其委派的代表召集和主持会议,依法作出决议。

第八条 法定代表人任职期间出现本规定第四条所列情形之一的，该企业法人应当申请办理法定代表人变更登记。

第九条 法定代表人应当在法律、行政法规和企业法人组织章程规定的职权范围内行使职权。

第十条 法定代表人的签字应当向企业登记机关备案。

第十一条 违反本规定，隐瞒真实情况，采用欺骗手段取得法定代表人资格的，由企业登记机关责令改正，处1万元以上10万元以下的罚款；情节严重的，撤销企业登记，吊销企业法人营业执照。

第十二条 违反本规定，应当申请办理法定代表人变更登记而未办理的，由企业登记机关责令限期办理；逾期未办理的，处1万元以上10万元以下的罚款；情节严重的，撤销企业登记，吊销企业法人营业执照。

第十三条 任何单位和个人发现法定代表人有本规定第四条所列情形之一的，有权向企业登记机关检举。

第十四条 本规定自发布之日起施行。

5. 经营范围登记

企业经营范围登记管理规定

（2015年8月27日国家工商行政管理总局令第76号公布
自2015年10月1日起施行）

第一条 为了规范企业经营范围登记管理，规范企业经营行为，保障企业合法权益，依据有关企业登记管理法律、行政法规制定本规定。

第二条 本规定适用于在中华人民共和国境内登记的企业。

第三条 经营范围是企业从事经营活动的业务范围，应当依法经企业登记机关登记。

申请人应当参照《国民经济行业分类》选择一种或多种小类、中类或者大类自主提出经营范围登记申请。对《国民经济行业分类》中没有规范的新兴行业或者具体经营项目，可以参照政策文件、行业习惯或者专业文献等提出申请。

企业的经营范围应当与章程或者合伙协议规定相一致。经营范围发生变化的，企业应对章程或者合伙协议进行修订，并向企业登记机关申请变更登记。

第四条 企业申请登记的经营范围中属于法律、行政法规或者国务院决定规定在登记前须经批准的经营项目（以下称前置许可经营项目）的，应当在申请登记前报经有关部门批准后，凭审批机关的批准文件、证件向企业登记机关申请登记。

企业申请登记的经营范围中属于法律、行政法规或者国务院决定等规定在登记后须经批准的经营项目（以下称后置许可经营项目）的，依法经企业登记机关核准登记后，应当报经有关部门批准方可开展后置许可经营项目的经营活动。

第五条 企业登记机关依照审批机关的批准文件、证件登记前置许可经营项目。批准文件、证件对前置许可经营项目没有表述的，依照有关法律、行政法规或者国务院决定的规定和《国民经济行业分类》登记。

前置许可经营项目以外的经营项目，企业

登记机关根据企业的章程、合伙协议或者申请,参照《国民经济行业分类》及有关政策文件、行业习惯或者专业文献登记。

企业登记机关应当在经营范围后标注“(依法须经批准的项目,经相关部门批准后方可开展经营活动)”。

第六条 企业经营范围中包含许可经营项目的,企业应当自取得审批机关的批准文件、证件之日起20个工作日内,将批准文件、证件的名称、审批机关、批准内容、有效期限等事项通过企业信用信息公示系统向社会公示。其中,企业设立时申请的经营范围中包含前置许可经营项目的,企业应当自成立之日起20个工作日内向社会公示。

审批机关的批准文件、证件发生变更的,企业应当自批准变更之日起20个工作日内,将有关变更事项通过企业信用信息公示系统向社会公示。

第七条 企业的经营范围应当包含或者体现企业名称中的行业或者经营特征。跨行业经营的企业,其经营范围中的第一项经营项目所属的行业为该企业的行业。

第八条 企业变更经营范围应当自企业作出变更决议或者决定之日起30日内向企业登记机关申请变更登记。其中,合伙企业、个人独资企业变更经营范围应当自作出变更决定之日起15日内向企业登记机关申请变更登记。

企业变更经营范围涉及前置许可经营项目,或者其批准文件、证件发生变更的,应当自审批机关批准之日起30日内凭批准文件、证件向企业登记机关申请变更登记。

企业变更经营范围涉及后置许可经营项目,其批准文件、证件记载的经营项目用语与原登记表述不一致或者发生变更的,可以凭批准文件、证件向企业登记机关申请变更登记。

第九条 因分立或者合并而新设立的企业申请从事前置许可经营项目的,应当凭审批机关的批准文件、证件向企业登记机关申请登记;因分立或者合并而存续的企业申请从事前置许可经营项目的,变更登记前已经审批机关批准的,不需重新办理审批手续。

第十条 企业改变类型的,改变类型前已经审批机关批准的前置许可经营项目,企业不需重新办理审批手续。法律、行政法规或者国务院决定另有规定的除外。

第十一条 企业变更出资人的,原已经审批机关批准的前置许可经营项目,变更出资人后不需重新办理审批手续。法律、行政法规或者国务院决定另有规定的除外。

企业的出资人由境内投资者变为境外投资者,或者企业的出资人由境外投资者变为境内投资者的,企业登记机关应当依照审批机关的批准文件、证件重新登记经营范围。

第十二条 不能独立承担民事责任的分支机构(以下简称分支机构),其经营范围不得超出所隶属企业的经营范围。法律、行政法规或者国务院决定另有规定的除外。

审批机关单独批准分支机构经营前置许可经营项目的,企业应当凭分支机构的前置许可经营项目的批准文件、证件申请增加相应经营范围,并在申请增加的经营范围后标注“(分支机构经营)”字样。

分支机构经营所隶属企业经营范围中前置许可经营项目的,应当报经审批机关批准。法律、行政法规或者国务院决定另有规定的除外。

第十三条 企业申请的经营范围中有下列情形的,企业登记机关不予登记:

(一)属于前置许可经营项目,不能提交审批机关的批准文件、证件的;

(二)法律、行政法规或者国务院决定规定特定行业的企业只能从事经过批准的项目而企业申请其他项目的;

(三)法律、行政法规或者国务院决定等规定禁止企业经营的。

第十四条 企业有下列情形的,应当停止有关项目的经营并及时向企业登记机关申请办理经营范围变更登记或者注销登记:

(一)经营范围中属于前置许可经营项目

以外的经营项目，因法律、行政法规或者国务院决定规定调整为前置许可经营项目后，企业未按有关规定申请办理审批手续并获得批准的；

（二）经营范围中的前置许可经营项目，法律、行政法规或者国务院决定规定重新办理审批，企业未按有关规定申请办理审批手续并获得批准的；

（三）经营范围中的前置许可经营项目，审批机关批准的经营期限届满，企业未重新申请办理审批手续并获得批准的；

（四）经营范围中的前置许可经营项目被吊销、撤销许可证或者其他批准文件的。

第十五条 企业未经批准、登记从事经营活动的，依照有关法律、法规的规定予以查处。

第十六条 本规定由国家工商行政管理总局负责解释。

第十七条 本规定自2015年10月1日起施行。2004年6月14日国家工商行政管理总局令第12号公布的《企业经营范围登记管理规定》同时废止。

6. 注册资本登记

国务院关于印发注册资本登记制度改革方案的通知

（2014年2月7日发布 国发〔2014〕7号）

各省、自治区、直辖市人民政府，国务院各部委、各直属机构：

国务院批准《注册资本登记制度改革方案》（以下简称《方案》），现予印发。

一、改革工商登记制度，推进工商注册制度便利化，是党中央、国务院作出的重大决策。改革注册资本登记制度，是深入贯彻党的十八大和十八届二中、三中全会精神，在新形势下全面深化改革的重大举措，对加快政府职能转变、创新政府监管方式、建立公平开放透明的市场规则、保障创业创新，具有重要意义。

二、改革注册资本登记制度涉及面广、政策性强，各级人民政府要加强组织领导，统筹协调解决改革中的具体问题。各地区、各部门要密切配合，加快制定完善配套措施。工商行政管理机关要优化流程、完善制度，确保改革前后管理工作平稳过渡。要强化企业自我管理、行业协会自律和社会组织监督的作用，提高市场监管水平，切实让这项改革举措“落地生根”，进一步释放改革红利，激发创业活力，催生发展新动力。

三、根据全国人民代表大会常务委员会关于修改公司法的决定和《方案》，相应修改有关行政法规和国务院决定。具体由国务院另行公布。

《方案》实施中的重大问题，工商总局要及时向国务院请示报告。

注册资本登记制度改革方案

根据《国务院机构改革和职能转变方案》，为积极稳妥推进注册资本登记制度改革，制定本方案。

一、指导思想、总体目标和基本原则

（一）指导思想。

高举中国特色社会主义伟大旗帜，以邓小

平理论、“三个代表”重要思想、科学发展观为指导，坚持社会主义市场经济改革方向，按照加快政府职能转变、建设服务型政府的要求，推进公司注册资本及其他登记事项改革，推进配套监管制度改革，健全完善现代企业制度，服务经济社会持续健康发展。

（二）总体目标。

通过改革公司注册资本及其他登记事项，进一步放松对市场主体准入的管制，降低准入门槛，优化营商环境，促进市场主体加快发展；通过改革监管制度，进一步转变监管方式，强化信用监管，促进协同监管，提高监管效能；通过加强市场主体信息公示，进一步扩大社会监督，促进社会共治，激发各类市场主体创造活力，增强经济发展内生动力。

（三）基本原则。

1. 便捷高效。按照条件适当、程序简便、成本低廉的要求，方便申请人办理市场主体登记注册。鼓励投资创业，创新服务方式，提高登记效率。

2. 规范统一。对各类市场主体实行统一的登记程序、登记要求和基本等同的登记事项，规范登记条件、登记材料，减少对市场主体自治事项的干预。

3. 宽进严管。在放宽注册资本等准入条件的同时，进一步强化市场主体责任，健全完善配套监管制度，加强对市场主体的监督管理，促进社会诚信体系建设，维护宽松准入、公平竞争的市场秩序。

二、放松市场主体准入管制，切实优化营商环境

（一）实行注册资本认缴登记制。公司股东认缴的出资总额或者发起人认购的股本总额（即公司注册资本）应当在工商行政管理机关登记。公司股东（发起人）应当对其认缴出资额、出资方式、出资期限等自主约定，并记载于公司章程。有限责任公司的股东以其认缴的出资额为限对公司承担责任，股份有限公司的股东以其认购的股份为限对公司承担责任。公司应当将股东认缴出资额或者发起人认购股份、出资方式、出资期限、缴纳情况通过市场主体信用信息公示系统向社会公示。公司股东（发起人）对缴纳出资情况的真实性、合法性负责。

放宽注册资本登记条件。除法律、行政法规以及国务院决定对特定行业注册资本最低限额另有规定的外，取消有限责任公司最低注册资本3万元、一人有限责任公司最低注册资本10万元、股份有限公司最低注册资本500万元的限制。不再限制公司设立时全体股东（发起人）的首次出资比例，不再限制公司全体股东（发起人）的货币出资金额占注册资本的比例，不再规定公司股东（发起人）缴足出资的期限。

公司实收资本不再作为工商登记事项。公司登记时，无需提交验资报告。

现行法律、行政法规以及国务院决定明确规定实行注册资本实缴登记制的银行业金融机构、证券公司、期货公司、基金管理公司、保险公司、保险专业代理机构和保险经纪人、直销企业、对外劳务合作企业、融资性担保公司、募集设立的股份有限公司，以及劳务派遣企业、典当行、保险资产管理公司、小额贷款公司实行注册资本认缴登记制问题，另行研究决定。在法律、行政法规以及国务院决定未修改前，暂按现行规定执行。

已经实行申报（认缴）出资登记的个人独资企业、合伙企业、农民专业合作社仍按现行规定执行。

鼓励、引导、支持国有企业、集体企业等非公司制企业法人实施规范的公司制改革，实行注册资本认缴登记制。

积极研究探索新型市场主体的工商登记。

（二）改革年度检验验照制度。将企业年度检验制度改为企业年度报告公示制度。企业应当按年度在规定的期限内，通过市场主体信用信息公示系统向工商行政管理机关报送年度报告，并向社会公示，任何单位和个人均可查询。企业年度报告的主要内容应包括公司股东（发起人）缴纳出资情况、资产状况等，企业对年度报告的真实性、合法性负责，工商行政管理机关可以对企业年度报告公示内容进行抽查。经检查发现企业年度报告隐瞒真实情况、弄虚作假的，工商行政管理机关依法予以处罚，并将企业法定代表人、负责人等信息通报公安、财政、海关、税务等有关部门。对未按规定期限公示年度报告的企业，工商行政管理机关在市场主体信用信息公示系统上将其载入经营异常名录，提醒其履行年度报告公示义务。企业在三年内履行年度报告公示义务的，可以向工商行政管理机关申请恢复正常记载状态；超过三年未履行的，工商行政管理机关将其永久载入经营异常名录，不得恢复正常记载状态，并列入严重违法企业名单（“黑名单”）。

改革个体工商户验照制度，建立符合个体工商户特点的年度报告制度。

探索实施农民专业合作社年度报告制度。

（三）简化住所（经营场所）登记手续。申请人提交场所合法使用证明即可予以登记。对市场主体住所（经营场所）的条件，各省、自治区、直辖市人民政府根据法律法规的规定和本地区管理的实际需要，按照既方便市场主体准入，又有效保障经济社会秩序的原则，可以自行或者授权下级人民政府作出具体规定。

（四）推行电子营业执照和全程电子化登记管理。建立适应互联网环境下的工商登记数字证书管理系统，积极推行全国统一标准规范的电子营业执照，为电子政务和电子商务提供身份认证和电子签名服务保障。电子营业执照载有工商登记信息，与纸质营业执照具有同等法律效力。大力推进以电子营业执照为支撑的网上申请、网上受理、网上审核、网上公示、网上发照等全程电子化登记管理方式，提高市场主体登记管理的信息化、便利化、规范化水平。

三、严格市场主体监督管理，依法维护市场秩序

（一）构建市场主体信用信息公示体系。完善市场主体信用信息公示制度。以企业法人国家信息资源库为基础构建市场主体信用信息公示系统，支撑社会信用体系建设。在市场主体信用信息公示系统上，工商行政管理机关公示市场主体登记、备案、监管等信息；企业按照规定报送、公示年度报告和获得资质资格的许可信息；个体工商户、农民专业合作社的年度报告和获得资质资格的许可信息可以按照规定在系统上公示。公示内容作为相关部门实施行政许可、监督管理的重要依据。加强公示系统管理，建立服务保障机制，为相关单位和社会公众提供方便快捷服务。

（二）完善信用约束机制。建立经营异常名录制度，将未按规定期限公示年度报告、通过登记的住所（经营场所）无法取得联系等的市场主体载入经营异常名录，并在市场主体信用信息公示系统上向社会公示。进一步推进“黑名单”管理应用，完善以企业法人法定代表人、负责人任职限制为主要内容的失信惩戒机制。建立联动响应机制，对被载入经营异常名录或“黑名单”、有其他违法记录的市场主体及其相关责任人，各有关部门要采取有针对性的信用约束措施，形成“一处违法，处处受限”的局面。建立健全境外追偿保障机制，将违反认缴义务、有欺诈和违规行为的境外投资者及其实际控制人列入“重点监控名单”，并严格审查或限制其未来可能采取的各种方式的对华投资。

（三）强化司法救济和刑事惩治。明确政府对市场主体和市场活动监督管理的行政职责，区分民事争议与行政争议的界限。尊重市场主体民事权利，工商行政管理机关对工商登记环节中的申请材料实行形式审查。股东与公司、股东与股东之间因工商登记争议引发民事纠纷时，当事人依法向人民法院提起民事诉讼，寻求司法救济。支持配合人民法院履行民事审判职能，依法审理股权纠纷、合同纠纷等经济纠纷案件，保护当事人合法权益。当事人或者利害关系人依照人民法院生效裁判文书或者协助执行通知书要求办理工商登记的，工商行政管理机关应当依法办理。充分发挥刑事司法对犯罪行为的惩治、威慑作用，相关部门要主动配合公安机关、检察机关、人民法院履行职责，依法惩处破坏社会主义市场经济秩序的犯罪行为。

（四）发挥社会组织的监督自律作用。扩大行业协会参与度，发挥行业协会的行业管理、监督、约束和职业道德建设等作用，引导市场主体履行出资义务和社会责任。积极发挥会计师事务所、公证机构等专业服务机构的作用，强化对市场主体及其行为的监督。支持行业协会、仲裁机构等组织通过调解、仲裁、裁决等方式解决市场主体之间的争议。积极培育、鼓励发展社会信用评价机构，支持开展信用评级，提供客观、公正的企业资信信息。

（五）强化企业自我管理。实行注册资本认缴登记制，涉及公司基础制度的调整，公司应健全自我管理办法和机制，完善内部治理结构，发挥独立董事、监事的监督作用，强化主体责任。公司股东（发起人）应正确认识注册资本认缴的责任，理性作出认缴承诺，严格按照章程、协议约定的时间、数额等履行实际出资责任。

（六）加强市场主体经营行为监管。要加强对市场主体准入和退出行为的监管，大力推进反不正当竞争与反垄断执法，加强对各类商品交易市场的规范管理，维护公平竞争的市场秩序。要强化商品质量监管，严厉打击侵犯商标专用权和销售假冒伪劣商品的违法行为，严肃查处虚假违法广告，严厉打击传销，严格规范直销，维护经营者和消费者合法权益。各部门要依法履行职能范围内的监管职责，强化部门间协调配合，形成分工明确、沟通顺畅、齐抓共管的工作格局，提升监管效能。

（七）加强市场主体住所（经营场所）管理。工商行政管理机关根据投诉举报，依法处理市场主体登记住所（经营场所）与实际情况不符的问题。对于应当具备特定条件的住所（经营场所），或者利用非法建筑、擅自改变房屋用途等从事经营活动的，由规划、建设、国土、房屋管理、公安、环保、安全监管等部门依法管理；涉及许可审批事项的，由负责许可审批的行政管理部门依法监管。

四、保障措施

（一）加强组织领导。注册资本登记制度改革，涉及部门多、牵涉面广、政策性强。按照国务院的统一部署，地方各级人民政府要健全政府统一领导，部门各司其职、相互配合，集中各方力量协调推进改革的工作机制。调剂充实一线登记窗口人员力量，保障便捷高效登记。有关部门要加快制定和完善配套监管制度，统筹推进，同步实施，强化后续监管。建立健全部门间信息沟通共享机制、信用信息披露机制和案件协查移送机制，强化协同监管。上级部门要加强指导、监督，及时研究解决改革中遇到的问题，协调联动推进改革。

（二）加快信息化建设。充分利用信息化手段提升市场主体基础信息和信用信息的采集、整合、服务能力。要按照“物理分散、逻辑集中、差异屏蔽”的原则，加快建设统一规范的市场主体信用信息公示系统。各省、自治区、直辖市要将建成本地区集中统一的市场主体信用信息公示系统，作为本地区实施改革的前提条件。工商行政管理机关要优化完善工商登记管理信息化系统，确保改革前后工商登记管理业务的平稳过渡。有关部门要积极推进政务服务创新，建立面向市场主体的部门协同办理政务事项的工作机制和技术环境，提高政务服务综合效能。各级人民政府要加大投入，为构建市场主体信用信息公示系统、推行电子营业执照等信息化建设提供必要的人员、设施、资金保障。

（三）完善法制保障。积极推进统一的商事登记立法，加快完善市场主体准入与监管的法律法规，建立市场主体信用信息公示和管理制度，防范市场风险，保障交易安全。各地区、各部门要根据法律法规修订情况，按照国务院部署开展相关规章和规范性文件的“立、改、废”工作。

（四）注重宣传引导。坚持正确的舆论导向，充分利用各种媒介，做好注册资本登记制度改革政策的宣传解读，及时解答和回应社会关注的热点问题，引导社会正确认识注册资本认缴登记制的意义和股东出资责任、全面了解市场主体信用信息公示制度的作用，广泛参与诚信体系建设，在全社会形成理解改革、关心改革、支持改革的良好氛围，确保改革顺利推进。

附件：暂不实行注册资本认缴登记制的行业

附：

暂不实行注册资本认缴登记制的行业

序号	名　称	依　据
1	采取募集方式设立的股份有限公司	《中华人民共和国公司法》
2	商业银行	《中华人民共和国商业银行法》
3	外资银行	《中华人民共和国外资银行管理条例》
4	金融资产管理公司	《金融资产管理公司条例》
5	信托公司	《中华人民共和国银行业监督管理法》
6	财务公司	《中华人民共和国银行业监督管理法》
7	金融租赁公司	《中华人民共和国银行业监督管理法》
8	汽车金融公司	《中华人民共和国银行业监督管理法》
9	消费金融公司	《中华人民共和国银行业监督管理法》
10	货币经纪公司	《中华人民共和国银行业监督管理法》
11	村镇银行	《中华人民共和国银行业监督管理法》
12	贷款公司	《中华人民共和国银行业监督管理法》
13	农村信用合作联社	《中华人民共和国银行业监督管理法》
14	农村资金互助社	《中华人民共和国银行业监督管理法》
15	证券公司	《中华人民共和国证券法》
16	期货公司	《期货交易管理条例》
17	基金管理公司	《中华人民共和国证券投资基金法》
18	保险公司	《中华人民共和国保险法》
19	保险专业代理机构、保险经纪人	《中华人民共和国保险法》
20	外资保险公司	《中华人民共和国外资保险公司管理条例》
21	直销企业	《直销管理条例》
22	对外劳务合作企业	《对外劳务合作管理条例》
23	融资性担保公司	《融资性担保公司管理暂行办法》
24	劳务派遣企业	2013 年 10 月 25 日国务院第 28 次常务会议决定
25	典当行	2013 年 10 月 25 日国务院第 28 次常务会议决定
26	保险资产管理公司	2013 年 10 月 25 日国务院第 28 次常务会议决定
27	小额贷款公司	2013 年 10 月 25 日国务院第 28 次常务会议决定

公司注册资本登记管理规定

（2014年2月20日国家工商行政管理总局令第64号公布
自2014年3月1日起施行）

第一条 为规范公司注册资本登记管理，根据《中华人民共和国公司法》（以下简称《公司法》）、《中华人民共和国公司登记管理条例》（以下简称《公司登记管理条例》）等有关规定，制定本规定。

第二条 有限责任公司的注册资本为在公司登记机关依法登记的全体股东认缴的出资额。

股份有限公司采取发起设立方式设立的，注册资本为在公司登记机关依法登记的全体发起人认购的股本总额。

股份有限公司采取募集设立方式设立的，注册资本为在公司登记机关依法登记的实收股本总额。

法律、行政法规以及国务院决定规定公司注册资本实行实缴的，注册资本为股东或者发起人实缴的出资额或者实收股本总额。

第三条 公司登记机关依据法律、行政法规和国家有关规定登记公司的注册资本，对符合规定的，予以登记；对不符合规定的，不予登记。

第四条 公司注册资本数额、股东或者发起人的出资时间及出资方式应当符合法律、行政法规的有关规定。

第五条 股东或者发起人可以用货币出资，也可以用实物、知识产权、土地使用权等可以用货币估价并可以依法转让的非货币财产作价出资。

股东或者发起人不得以劳务、信用、自然人姓名、商誉、特许经营权或者设定担保的财产等作价出资。

第六条 股东或者发起人可以以其持有的在中国境内设立的公司（以下称股权所在公司）股权出资。

以股权出资的，该股权应当权属清楚、权能完整、依法可以转让。

具有下列情形的股权不得用作出资：

（一）已被设立质权；

（二）股权所在公司章程约定不得转让；

（三）法律、行政法规或者国务院决定规定，股权所在公司股东转让股权应当报经批准而未经批准；

（四）法律、行政法规或者国务院决定规定不得转让的其他情形。

第七条 债权人可以将其依法享有的对在中国境内设立的公司的债权，转为公司股权。

转为公司股权的债权应当符合下列情形之一：

（一）债权人已经履行债权所对应的合同义务，且不违反法律、行政法规、国务院决定或者公司章程的禁止性规定；

（二）经人民法院生效裁判或者仲裁机构裁决确认；

（三）公司破产重整或者和解期间，列入经人民法院批准的重整计划或者裁定认可的和解协议。

用以转为公司股权的债权有两个以上债权人的，债权人对债权应当已经作出分割。

债权转为公司股权的，公司应当增加注册资本。

第八条 股东或者发起人应当以自己的名义出资。

第九条 公司的注册资本由公司章程规定，登记机关按照公司章程规定予以登记。

以募集方式设立的股份有限公司的注册

资本应当经验资机构验资。

公司注册资本发生变化，应当修改公司章程并向公司登记机关依法申请办理变更登记。

第十条 公司增加注册资本的，有限责任公司股东认缴新增资本的出资和股份有限公司的股东认购新股，应当分别依照《公司法》设立有限责任公司和股份有限公司缴纳出资和缴纳股款的有关规定执行。股份有限公司以公开发行新股方式或者上市公司以非公开发行新股方式增加注册资本的，还应当提交国务院证券监督管理机构的核准文件。

第十一条 公司减少注册资本，应当符合《公司法》规定的程序。

法律、行政法规以及国务院决定规定公司注册资本有最低限额的，减少后的注册资本应当不少于最低限额。

第十二条 有限责任公司依据《公司法》第七十四条的规定收购其股东的股权的，应当依法申请减少注册资本的变更登记。

第十三条 有限责任公司变更为股份有限公司时，折合的实收股本总额不得高于公司净资产额。有限责任公司变更为股份有限公司，为增加资本公开发行股份时，应当依法办理。

第十四条 股东出资额或者发起人认购股份、出资时间及方式由公司章程规定。发生变化的，应当修改公司章程并向公司登记机关依法申请办理公司章程或者公司章程修正案备案。

第十五条 法律、行政法规以及国务院决定规定公司注册资本实缴的公司虚报注册资本，取得公司登记的，由公司登记机关依照《公司登记管理条例》的相关规定予以处理。

第十六条 法律、行政法规以及国务院决定规定公司注册资本实缴的，其股东或者发起人虚假出资，未交付作为出资的货币或者非货币财产的，由公司登记机关依照《公司登记管理条例》的相关规定予以处理。

第十七条 法律、行政法规以及国务院决定规定公司注册资本实缴的，其股东或者发起人在公司成立后抽逃其出资的，由公司登记机关依照《公司登记管理条例》的相关规定予以处理。

第十八条 公司注册资本发生变动，公司未按规定办理变更登记的，由公司登记机关依照《公司登记管理条例》的相关规定予以处理。

第十九条 验资机构、资产评估机构出具虚假证明文件的，公司登记机关应当依照《公司登记管理条例》的相关规定予以处理。

第二十条 公司未按规定办理公司章程备案的，由公司登记机关依照《公司登记管理条例》的相关规定予以处理。

第二十一条 撤销公司变更登记涉及公司注册资本变动的，由公司登记机关恢复公司该次登记前的登记状态，并予以公示。

对涉及变动内容不属于登记事项的，公司应当通过企业信用信息公示系统公示。

第二十二条 外商投资的公司注册资本的登记管理适用本规定，法律另有规定的除外。

第二十三条 本规定自2014年3月1日起施行。2005年12月27日国家工商行政管理总局公布的《公司注册资本登记管理规定》、2009年1月14日国家工商行政管理总局公布的《股权出资登记管理办法》、2011年11月23日国家工商行政管理总局公布的《公司债权转股权登记管理办法》同时废止。

7. 信　息　公　示

企业信息公示暂行条例

（2014 年 8 月 7 日国务院令第 654 号公布　自 2014 年 10 月 1 日起施行）

第一条　为了保障公平竞争，促进企业诚信自律，规范企业信息公示，强化企业信用约束，维护交易安全，提高政府监管效能，扩大社会监督，制定本条例。

第二条　本条例所称企业信息，是指在工商行政管理部门登记的企业从事生产经营活动过程中形成的信息，以及政府部门在履行职责过程中产生的能够反映企业状况的信息。

第三条　企业信息公示应当真实、及时。公示的企业信息涉及国家秘密、国家安全或者社会公共利益的，应当报请主管的保密行政管理部门或者国家安全机关批准。县级以上地方人民政府有关部门公示的企业信息涉及企业商业秘密或者个人隐私的，应当报请上级主管部门批准。

第四条　省、自治区、直辖市人民政府领导本行政区域的企业信息公示工作，按照国家社会信用信息平台建设的总体要求，推动本行政区域企业信用信息公示系统的建设。

第五条　国务院工商行政管理部门推进、监督企业信息公示工作，组织企业信用信息公示系统的建设。国务院其他有关部门依照本条例规定做好企业信息公示相关工作。

县级以上地方人民政府有关部门依照本条例规定做好企业信息公示工作。

第六条　工商行政管理部门应当通过企业信用信息公示系统，公示其在履行职责过程中产生的下列企业信息：

（一）注册登记、备案信息；

（二）动产抵押登记信息；

（三）股权出质登记信息；

（四）行政处罚信息；

（五）其他依法应当公示的信息。

前款规定的企业信息应当自产生之日起 20 个工作日内予以公示。

第七条　工商行政管理部门以外的其他政府部门（以下简称其他政府部门）应当公示其在履行职责过程中产生的下列企业信息：

（一）行政许可准予、变更、延续信息；

（二）行政处罚信息；

（三）其他依法应当公示的信息。

其他政府部门可以通过企业信用信息公示系统，也可以通过其他系统公示前款规定的企业信息。工商行政管理部门和其他政府部门应当按照国家社会信用信息平台建设的总体要求，实现企业信息的互联共享。

第八条　企业应当于每年 1 月 1 日至 6 月 30 日，通过企业信用信息公示系统向工商行政管理部门报送上一年度年度报告，并向社会公示。

当年设立登记的企业，自下一年起报送并公示年度报告。

第九条　企业年度报告内容包括：

（一）企业通信地址、邮政编码、联系电话、电子邮箱等信息；

（二）企业开业、歇业、清算等存续状态信息；

（三）企业投资设立企业、购买股权信息；

（四）企业为有限责任公司或者股份有限公司的，其股东或者发起人认缴和实缴的出资额、出资时间、出资方式等信息；

（五）有限责任公司股东股权转让等股权变更信息；

（六）企业网站以及从事网络经营的网店的名称、网址等信息；

（七）企业从业人数、资产总额、负债总额、对外提供保证担保、所有者权益合计、营业总收入、主营业务收入、利润总额、净利润、纳税总额信息。

前款第一项至第六项规定的信息应当向社会公示，第七项规定的信息由企业选择是否向社会公示。

经企业同意，公民、法人或者其他组织可以查询企业选择不公示的信息。

第十条 企业应当自下列信息形成之日起20个工作日内通过企业信用信息公示系统向社会公示：

（一）有限责任公司股东或者股份有限公司发起人认缴和实缴的出资额、出资时间、出资方式等信息；

（二）有限责任公司股东股权转让等股权变更信息；

（三）行政许可取得、变更、延续信息；

（四）知识产权出质登记信息；

（五）受到行政处罚的信息；

（六）其他依法应当公示的信息。

工商行政管理部门发现企业未依照前款规定履行公示义务的，应当责令其限期履行。

第十一条 政府部门和企业分别对其公示信息的真实性、及时性负责。

第十二条 政府部门发现其公示的信息不准确的，应当及时更正。公民、法人或者其他组织有证据证明政府部门公示的信息不准确的，有权要求该政府部门予以更正。

企业发现其公示的信息不准确的，应当及时更正；但是，企业年度报告公示信息的更正应当在每年6月30日之前完成。更正前后的信息应当同时公示。

第十三条 公民、法人或者其他组织发现企业公示的信息虚假的，可以向工商行政管理部门举报，接到举报的工商行政管理部门应当自接到举报材料之日起20个工作日内进行核查，予以处理，并将处理情况书面告知举报人。

公民、法人或者其他组织对依照本条例规定公示的企业信息有疑问的，可以向政府部门申请查询，收到查询申请的政府部门应当自收到申请之日起20个工作日内书面答复申请人。

第十四条 国务院工商行政管理部门和省、自治区、直辖市人民政府工商行政管理部门应当按照公平规范的要求，根据企业注册号等随机摇号，确定抽查的企业，组织对企业公示信息的情况进行检查。

工商行政管理部门抽查企业公示的信息，可以采取书面检查、实地核查、网络监测等方式。工商行政管理部门抽查企业公示的信息，可以委托会计师事务所、税务师事务所、律师事务所等专业机构开展相关工作，并依法利用其他政府部门作出的检查、核查结果或者专业机构作出的专业结论。

抽查结果由工商行政管理部门通过企业信用信息公示系统向社会公布。

第十五条 工商行政管理部门对企业公示的信息依法开展抽查或者根据举报进行核查，企业应当配合，接受询问调查，如实反映情况，提供相关材料。

对不予配合情节严重的企业，工商行政管理部门应当通过企业信用信息公示系统公示。

第十六条 任何公民、法人或者其他组织不得非法修改公示的企业信息，不得非法获取企业信息。

第十七条 有下列情形之一的，由县级以上工商行政管理部门列入经营异常名录，通过企业信用信息公示系统向社会公示，提醒其履行公示义务；情节严重的，由有关主管部门依照有关法律、行政法规规定给予行政处罚；造成他人损失的，依法承担赔偿责任；构成犯罪的，依法追究刑事责任：

（一）企业未按照本条例规定的期限公示年度报告或者未按照工商行政管理部门责令的期限公示有关企业信息的；

（二）企业公示信息隐瞒真实情况、弄虚作假的。

被列入经营异常名录的企业依照本条例规定履行公示义务的，由县级以上工商行政管理部门移出经营异常名录；满3年未依照本条例规定履行公示义务的，由国务院工商行政管理部门或者省、自治区、直辖市人民政府工商行政管理部门列入严重违法企业名单，并通过企业信用信息公示系统向社会公示。被列入严重违法企业名单的企业的法定代表人、负责人，3年内不得担任其他企业的法定代表人、负责人。

企业自被列入严重违法企业名单之日起满5年未再发生第一款规定情形的，由国务院工商行政管理部门或者省、自治区、直辖市人民政府工商行政管理部门移出严重违法企业名单。

第十八条　县级以上地方人民政府及其有关部门应当建立健全信用约束机制，在政府采购、工程招投标、国有土地出让、授予荣誉称号等工作中，将企业信息作为重要考量因素，对被列入经营异常名录或者严重违法企业名单的企业依法予以限制或者禁入。

第十九条　政府部门未依照本条例规定履行职责的，由监察机关、上一级政府部门责令改正；情节严重的，对负有责任的主管人员和其他直接责任人员依法给予处分；构成犯罪的，依法追究刑事责任。

第二十条　非法修改公示的企业信息，或者非法获取企业信息的，依照有关法律、行政法规规定追究法律责任。

第二十一条　公民、法人或者其他组织认为政府部门在企业信息公示工作中的具体行政行为侵犯其合法权益的，可以依法申请行政复议或者提起行政诉讼。

第二十二条　企业依照本条例规定公示信息，不免除其依照其他有关法律、行政法规规定公示信息的义务。

第二十三条　法律、法规授权的具有管理公共事务职能的组织公示企业信息适用本条例关于政府部门公示企业信息的规定。

第二十四条　国务院工商行政管理部门负责制定企业信用信息公示系统的技术规范。

个体工商户、农民专业合作社信息公示的具体办法由国务院工商行政管理部门另行制定。

第二十五条　本条例自2014年10月1日起施行。

企业公示信息抽查暂行办法

（2014年8月19日国家工商行政管理总局令第67号公布
自2014年10月1日起施行）

第一条　为加强对企业信息公示的监督管理，规范企业公示信息抽查工作，依据《企业信息公示暂行条例》、《注册资本登记制度改革方案》等行政法规和国务院有关规定，制定本办法。

第二条　本办法所称企业公示信息抽查，是指工商行政管理部门随机抽取一定比例的企业，对其通过企业信用信息公示系统公示信息的情况进行检查的活动。

第三条　国家工商行政管理总局负责指导全国的企业公示信息抽查工作，根据需要开展或者组织地方工商行政管理部门开展企业公示信息抽查工作。

省、自治区、直辖市工商行政管理局负责组织或者开展本辖区的企业公示信息抽查工作。

第四条 国家工商行政管理总局和省、自治区、直辖市工商行政管理局应当按照公平规范的要求,根据企业注册号等随机摇号,抽取辖区内不少于3%的企业,确定检查名单。

第五条 抽查分为不定向抽查和定向抽查。

不定向抽查是指工商行政管理部门随机摇号抽取确定检查企业名单,对其通过企业信用信息公示系统公示信息的情况进行检查。

定向抽查是指工商行政管理部门按照企业类型、经营规模、所属行业、地理区域等特定条件随机摇号抽取确定检查企业名单,对其通过企业信用信息公示系统公示信息的情况进行检查。

第六条 各级工商行政管理部门根据国家工商行政管理总局和省、自治区、直辖市工商行政管理局依照本办法第四条规定确定的检查名单,对其登记企业进行检查。

工商行政管理部门在监管中发现或者根据举报发现企业公示信息可能隐瞒真实情况、弄虚作假的,也可以对企业进行检查。

上级工商行政管理部门可以委托下级工商行政管理部门进行检查。

第七条 工商行政管理部门应当于每年年度报告公示结束后,对企业通过企业信用信息公示系统公示信息的情况进行一次不定向抽查。

第八条 工商行政管理部门抽查企业公示的信息,可以采取书面检查、实地核查、网络监测等方式。抽查中可以委托会计师事务所、税务师事务所、律师事务所等专业机构开展审计、验资、咨询等相关工作,依法利用其他政府部门作出的检查、核查结果或者专业机构作出的专业结论。

第九条 工商行政管理部门对被抽查企业实施实地核查时,检查人员不得少于两人,并应当出示执法证件。

检查人员应当填写实地核查记录表,如实记录核查情况,并由企业法定代表人(负责人)签字或者企业盖章确认。无法取得签字或者盖章的,检查人员应当注明原因,必要时可邀请有关人员作为见证人。

第十条 工商行政管理部门依法开展检查,企业应当配合,接受询问调查,如实反映情况,并根据检查需要,提供会计资料、审计报告、行政许可证明、行政处罚决定书、场所使用证明等相关材料。

企业不予配合情节严重的,工商行政管理部门应当通过企业信用信息公示系统公示。

第十一条 工商行政管理部门经检查未发现企业存在不符合规定情形的,应当自检查结束之日起20个工作日内将检查结果记录在该企业的公示信息中。

第十二条 工商行政管理部门在检查中发现企业未按照《企业信息公示暂行条例》规定的期限公示年度报告,或者未按照工商行政管理部门责令的期限公示有关企业信息,或者公示信息隐瞒真实情况、弄虚作假的,依照《企业经营异常名录管理暂行办法》的规定处理。

第十三条 工商行政管理部门应当将检查结果通过企业信用信息公示系统统一公示。

第十四条 工商行政管理部门未依照本办法的有关规定履行职责的,由上一级工商行政管理部门责令改正;情节严重的,对负有责任的主管人员和其他直接责任人员依照有关规定予以处理。

第十五条 企业公示信息抽查相关文书样式由国家工商行政管理总局统一制定。

第十六条 个体工商户、农民专业合作社年度报告信息抽查参照本办法执行。

第十七条 本办法由国家工商行政管理总局负责解释。

第十八条 本办法自2014年10月1日起施行。

企业经营异常名录管理暂行办法

（2014 年 8 月 19 日国家工商行政管理总局令第 68 号公布
自 2014 年 10 月 1 日起施行）

第一条　为规范企业经营异常名录管理，保障公平竞争，促进企业诚信自律，强化企业信用约束，维护交易安全，扩大社会监督，依据《中华人民共和国公司登记管理条例》、《企业信息公示暂行条例》、《注册资本登记制度改革方案》等行政法规和国务院有关规定，制定本办法。

第二条　工商行政管理部门将有经营异常情形的企业列入经营异常名录，通过企业信用信息公示系统公示，提醒其履行公示义务。

第三条　国家工商行政管理总局负责指导全国的经营异常名录管理工作。

县级以上工商行政管理部门负责其登记的企业的经营异常名录管理工作。

第四条　县级以上工商行政管理部门应当将有下列情形之一的企业列入经营异常名录：

（一）未按照《企业信息公示暂行条例》第八条规定的期限公示年度报告的；

（二）未在工商行政管理部门依照《企业信息公示暂行条例》第十条规定责令的期限内公示有关企业信息的；

（三）公示企业信息隐瞒真实情况、弄虚作假的；

（四）通过登记的住所或者经营场所无法联系的。

第五条　工商行政管理部门将企业列入经营异常名录的，应当作出列入决定，将列入经营异常名录的信息记录在该企业的公示信息中，并通过企业信用信息公示系统统一公示。列入决定应当包括企业名称、注册号、列入日期、列入事由、作出决定机关。

第六条　企业未依照《企业信息公示暂行条例》第八条规定通过企业信用信息公示系统报送上一年度年度报告并向社会公示的，工商行政管理部门应当在当年年度报告公示结束之日起 10 个工作日内作出将其列入经营异常名录的决定，并予以公示。

第七条　企业未依照《企业信息公示暂行条例》第十条规定履行公示义务的，工商行政管理部门应当书面责令其在 10 日内履行公示义务。企业未在责令的期限内公示信息的，工商行政管理部门应当在责令的期限届满之日起 10 个工作日内作出将其列入经营异常名录的决定，并予以公示。

第八条　工商行政管理部门依法开展抽查或者根据举报进行核查查实企业公示信息隐瞒真实情况、弄虚作假的，应当自查实之日起 10 个工作日内作出将其列入经营异常名录的决定，并予以公示。

第九条　工商行政管理部门在依法履职过程中通过登记的住所或者经营场所无法与企业取得联系的，应当自查实之日起 10 个工作日内作出将其列入经营异常名录的决定，并予以公示。

工商行政管理部门可以通过邮寄专用信函的方式与企业联系。经向企业登记的住所或者经营场所两次邮寄无人签收的，视为通过登记的住所或者经营场所无法取得联系。两次邮寄间隔时间不得少于 15 日，不得超过 30 日。

第十条　被列入经营异常名录的企业自列入之日起 3 年内依照《企业信息公示暂行条例》规定履行公示义务的，可以向作出列入决定的工商行政管理部门申请移出经营异常名录。

工商行政管理部门依照前款规定将企业移出经营异常名录的，应当作出移出决定，并通过企业信用信息公示系统公示。移出决定应当包括企业名称、注册号、移出日期、移出事由、作出决定机关。

第十一条 依照本办法第六条规定被列入经营异常名录的企业，可以在补报未报年份的年度报告并公示后，申请移出经营异常名录，工商行政管理部门应当自收到申请之日起5个工作日内作出移出决定。

第十二条 依照本办法第七条规定被列入经营异常名录的企业履行公示义务后，申请移出经营异常名录的，工商行政管理部门应当自收到申请之日起5个工作日内作出移出决定。

第十三条 依照本办法第八条规定被列入经营异常名录的企业更正其公示的信息后，可以向工商行政管理部门申请移出经营异常名录，工商行政管理部门应当自查实之日起5个工作日内作出移出决定。

第十四条 依照本办法第九条规定被列入经营异常名录的企业，依法办理住所或者经营场所变更登记，或者企业提出通过登记的住所或者经营场所可以重新取得联系，申请移出经营异常名录的，工商行政管理部门应当自查实之日起5个工作日内作出移出决定。

第十五条 工商行政管理部门应当在企业被列入经营异常名录届满3年前60日内，通过企业信用信息公示系统以公告方式提示其履行相关义务；届满3年仍未履行公示义务的，将其列入严重违法企业名单，并通过企业信用信息公示系统向社会公示。

第十六条 企业对被列入经营异常名录有异议的，可以自公示之日起30日内向作出决定的工商行政管理部门提出书面申请并提交相关证明材料，工商行政管理部门应当在5个工作日内决定是否受理。予以受理的，应当在20个工作日内核实，并将核实结果书面告知申请人；不予受理的，将不予受理的理由书面告知申请人。

工商行政管理部门通过核实发现将企业列入经营异常名录存在错误的，应当自查实之日起5个工作日内予以更正。

第十七条 对企业被列入、移出经营异常名录的决定，可以依法申请行政复议或者提起行政诉讼。

第十八条 工商行政管理部门未依照本办法的有关规定履行职责的，由上一级工商行政管理部门责令改正；情节严重的，对负有责任的主管人员和其他直接责任人员依照有关规定予以处理。

第十九条 经营异常名录管理相关文书样式由国家工商行政管理总局统一制定。

第二十条 本办法由国家工商行政管理总局负责解释。

第二十一条 本办法自2014年10月1日起施行。2006年2月24日国家工商行政管理总局令第23号公布的《企业年度检验办法》同时废止。

第三章 企业治理

1. 一 般 规 定

上市公司治理准则

（2002年1月7日中国证券监督管理委员会发布
证监发〔2002〕1号）

导 言

为推动上市公司建立和完善现代企业制度，规范上市公司运作，促进我国证券市场健康发展，根据《公司法》、《证券法》及其他相关法律、法规确定的基本原则，并参照国外公司治理实践中普遍认同的标准，制订本准则。

本准则阐明了我国上市公司治理的基本原则、投资者权利保护的实现方式，以及上市公司董事、监事、经理等高级管理人员所应当遵循的基本的行为准则和职业道德等内容。

本准则适用于中国境内的上市公司。上市公司改善公司治理，应当贯彻本准则所阐述的精神。上市公司制定或者修改公司章程及治理细则，应当体现本准则所列明的内容。本准则是评判上市公司是否具有良好的公司治理结构的主要衡量标准，对公司治理存在重大问题的上市公司，证券监管机构将责令其按照本准则的要求进行整改。

第一章 股东与股东大会

第一节 股 东 权 利

第一条 股东作为公司的所有者，享有法律、行政法规和公司章程规定的合法权利。上市公司应建立能够确保股东充分行使权利的公司治理结构。

第二条 上市公司的治理结构应确保所有股东，特别是中小股东享有平等地位。股东按其持有的股份享有平等的权利，并承担相应的义务。

第三条 股东对法律、行政法规和公司章程规定的公司重大事项，享有知情权和参与权。上市公司应建立和股东沟通的有效渠道。

第四条 股东有权按照法律、行政法规的规定，通过民事诉讼或其他法律手段保护其合法权利。股东大会、董事会的决议违反法律、行政法规的规定，侵犯股东合法权益，股东有权依法提起要求停止上述违法行为或侵害行为的诉讼。董事、监事、经理执行职务时违反法律、行政法规或者公司章程的规定，给公司造成损害的，应承担赔偿责任。股东有权要求公司依法提起要求赔偿的诉讼。

第二节 股东大会的规范

第五条 上市公司应在公司章程中规定股东大会的召开和表决程序，包括通知、登记、提案的审议、投票、计票、表决结果的宣布、会议决议的形成、会议记录及其签署、公告等。

第六条 董事会应认真审议并安排股东大会审议事项。股东大会应给予每个提案合理的讨论时间。

第七条 上市公司应在公司章程中规定股东大会对董事会的授权原则,授权内容应明确具体。

第八条 上市公司应在保证股东大会合法、有效的前提下,通过各种方式和途径,包括充分运用现代信息技术手段,扩大股东参与股东大会的比例。股东大会时间、地点的选择应有利于让尽可能多的股东参加会议。

第九条 股东既可以亲自到股东大会现场投票,也可以委托代理人代为投票,两者具有同样的法律效力。

第十条 上市公司董事会、独立董事和符合有关条件的股东可向上市公司股东征集其在股东大会上的投票权。投票权征集应采取无偿的方式进行,并应向被征集人充分披露信息。

第十一条 机构投资者应在公司董事选任、经营者激励与监督、重大事项决策等方面发挥作用。

第三节 关联交易

第十二条 上市公司与关联人之间的关联交易应签订书面协议。协议的签订应当遵循平等、自愿、等价、有偿的原则,协议内容应明确、具体。公司应将该协议的订立、变更、终止及履行情况等事项按照有关规定予以披露。

第十三条 上市公司应采取有效措施防止关联人以垄断采购和销售业务渠道等方式干预公司的经营,损害公司利益。关联交易活动应遵循商业原则,关联交易的价格原则上应不偏离市场独立第三方的价格或收费的标准。公司应对关联交易的定价依据予以充分披露。

第十四条 上市公司的资产属于公司所有。上市公司应采取有效措施防止股东及其关联方以各种形式占用或转移公司的资金、资产及其他资源。上市公司不得为股东及其关联方提供担保。

第二章 控股股东与上市公司

第一节 控股股东行为的规范

第十五条 控股股东对拟上市公司改制重组时应遵循先改制、后上市的原则,并注重建立合理制衡的股权结构。

第十六条 控股股东对拟上市公司改制重组时应分离其社会职能,剥离非经营性资产,非经营性机构、福利性机构及其设施不得进入上市公司。

第十七条 控股股东为上市公司主业服务的存续企业或机构可以按照专业化、市场化的原则改组为专业化公司,并根据商业原则与上市公司签订有关协议。从事其他业务的存续企业应增强其独立发展的能力。无继续经营能力的存续企业,应按有关法律、法规的规定,通过实施破产等途径退出市场。企业重组时具备一定条件的,可以一次性分离其社会职能及分流富余人员,不保留存续企业。

第十八条 控股股东应支持上市公司深化劳动、人事、分配制度改革,转换经营管理机制,建立管理人员竞聘上岗、能上能下,职工择优录用、能进能出,收入分配能增能减、有效激励的各项制度。

第十九条 控股股东对上市公司及其他股东负有诚信义务。控股股东对其所控股的上市公司应严格依法行使出资人的权利,控股股东不得利用资产重组等方式损害上市公司和其他股东的合法权益,不得利用其特殊地位谋取额外的利益。

第二十条 控股股东对上市公司董事、监事候选人的提名,应严格遵循法律、法规和公司章程规定的条件和程序。控股股东提名的董事、监事候选人应当具备相关专业知识和决策、监督能力。控股股东不得对股东大会人事选举决议和董事会人事聘任决议履行任何批准手续;不得越过股东大会、董事会任免上市公司的高级管理人员。

第二十一条 上市公司的重大决策应由

股东大会和董事会依法作出。控股股东不得直接或间接干预公司的决策及依法开展的生产经营活动,损害公司及其他股东的权益。

第二节 上市公司的独立性

第二十二条 控股股东与上市公司应实行人员、资产、财务分开,机构、业务独立,各自独立核算、独立承担责任和风险。

第二十三条 上市公司人员应独立于控股股东。上市公司的经理人员、财务负责人、营销负责人和董事会秘书在控股股东单位不得担任除董事以外的其他职务。控股股东高级管理人员兼任上市公司董事的,应保证有足够的时间和精力承担上市公司的工作。

第二十四条 控股股东投入上市公司的资产应独立完整、权属清晰。控股股东以非货币性资产出资的,应办理产权变更手续,明确界定该资产的范围。上市公司应当对该资产独立登记、建帐、核算、管理。控股股东不得占用、支配该资产或干预上市公司对该资产的经营管理。

第二十五条 上市公司应按照有关法律、法规的要求建立健全的财务、会计管理制度,独立核算。控股股东应尊重公司财务的独立性,不得干预公司的财务、会计活动。

第二十六条 上市公司的董事会、监事会及其他内部机构应独立运作。控股股东及其职能部门与上市公司及其职能部门之间没有上下级关系。控股股东及其下属机构不得向上市公司及其下属机构下达任何有关上市公司经营的计划和指令,也不得以其他任何形式影响其经营管理的独立性。

第二十七条 上市公司业务应完全独立于控股股东。控股股东及其下属的其他单位不应从事与上市公司相同或相近的业务。控股股东应采取有效措施避免同业竞争。

第三章 董事与董事会

第一节 董事的选聘程序

第二十八条 上市公司应在公司章程中规定规范、透明的董事选聘程序,保证董事选聘公开、公平、公正、独立。

第二十九条 上市公司应在股东大会召开前披露董事候选人的详细资料,保证股东在投票时对候选人有足够的了解。

第三十条 董事候选人应在股东大会召开之前作出书面承诺,同意接受提名,承诺公开披露的董事候选人的资料真实、完整并保证当选后切实履行董事职责。

第三十一条 在董事的选举过程中,应充分反映中小股东的意见。股东大会在董事选举中应积极推行累积投票制度。控股股东控股比例在30%以上的上市公司,应当采用累积投票制。采用累积投票制度的上市公司应在公司章程里规定该制度的实施细则。

第三十二条 上市公司应和董事签订聘任合同,明确公司和董事之间的权利义务、董事的任期、董事违反法律法规和公司章程的责任以及公司因故提前解除合同的补偿等内容。

第二节 董事的义务

第三十三条 董事应根据公司和全体股东的最大利益,忠实、诚信、勤勉地履行职责。

第三十四条 董事应保证有足够的时间和精力履行其应尽的职责。

第三十五条 董事应以认真负责的态度出席董事会,对所议事项表达明确的意见。董事确实无法亲自出席董事会的,可以书面形式委托其他董事按委托人的意愿代为投票,委托人应独立承担法律责任。

第三十六条 董事应遵守有关法律、法规及公司章程的规定,严格遵守其公开作出的承诺。

第三十七条 董事应积极参加有关培训,以了解作为董事的权利、义务和责任,熟悉有关法律法规,掌握作为董事应具备的相关知识。

第三十八条 董事会决议违反法律、法规和公司章程的规定,致使公司遭受损失的,参与决议的董事对公司承担赔偿责任。但经证明在表决时曾表明异议并记载于会议记录的董事除外。

第三十九条 经股东大会批准，上市公司可以为董事购买责任保险。但董事因违反法律法规和公司章程规定而导致的责任除外。

第三节 董事会的构成和职责

第四十条 董事会的人数及人员构成应符合有关法律、法规的要求，确保董事会能够进行富有成效的讨论，作出科学、迅速和谨慎的决策。

第四十一条 董事会应具备合理的专业结构，其成员应具备履行职务所必需的知识、技能和素质。

第四十二条 董事会向股东大会负责。上市公司治理结构应确保董事会能够按照法律、法规和公司章程的规定行使职权。

第四十三条 董事会应认真履行有关法律、法规和公司章程规定的职责，确保公司遵守法律、法规和公司章程的规定，公平对待所有股东，并关注其他利益相关者的利益。

第四节 董事会议事规则

第四十四条 上市公司应在公司章程中规定规范的董事会议事规则，确保董事会高效运作和科学决策。

第四十五条 董事会应定期召开会议，并根据需要及时召开临时会议。董事会会议应有事先拟定的议题。

第四十六条 上市公司董事会会议应严格按照规定的程序进行。董事会应按规定的时间事先通知所有董事，并提供足够的资料，包括会议议题的相关背景材料和有助于董事理解公司业务进展的信息和数据。当2名或2名以上独立董事认为资料不充分或论证不明确时，可联名以书面形式向董事会提出延期召开董事会会议或延期审议该事项，董事会应予以采纳。

第四十七条 董事会会议记录应完整、真实。董事会秘书对会议所议事项要认真组织记录和整理。出席会议的董事、董事会秘书和记录人应在会议记录上签名。董事会会议记录应作为公司重要档案妥善保存，以作为日后明确董事责任的重要依据。

第四十八条 董事会授权董事长在董事会闭会期间行使董事会部分职权的，上市公司应在公司章程中明确规定授权原则和授权内容，授权内容应当明确、具体。凡涉及公司重大利益的事项应由董事会集体决策。

第五节 独立董事制度

第四十九条 上市公司应按照有关规定建立独立董事制度。独立董事应独立于所受聘的公司及其主要股东。独立董事不得在上市公司担任除独立董事外的其他任何职务。

第五十条 独立董事对公司及全体股东负有诚信与勤勉义务。独立董事应按照相关法律、法规、公司章程的要求，认真履行职责，维护公司整体利益，尤其要关注中小股东的合法权益不受损害。独立董事应独立履行职责，不受公司主要股东、实际控制人、以及其他与上市公司存在利害关系的单位或个人的影响。

第五十一条 独立董事的任职条件、选举更换程序、职责等，应符合有关规定。

第六节 董事会专门委员会

第五十二条 上市公司董事会可以按照股东大会的有关决议，设立战略、审计、提名、薪酬与考核等专门委员会。专门委员会成员全部由董事组成，其中审计委员会、提名委员会、薪酬与考核委员会中独立董事应占多数并担任召集人，审计委员会中至少应有一名独立董事是会计专业人士。

第五十三条 战略委员会的主要职责是对公司长期发展战略和重大投资决策进行研究并提出建议。

第五十四条 审计委员会的主要职责是：(1)提议聘请或更换外部审计机构；(2)监督公司的内部审计制度及其实施；(3)负责内部审计与外部审计之间的沟通；(4)审核公司的财

务信息及其披露;(5)审查公司的内控制度。

第五十五条 提名委员会的主要职责是:(1)研究董事、经理人员的选择标准和程序并提出建议;(2)广泛搜寻合格的董事和经理人员的人选;(3)对董事候选人和经理人选进行审查并提出建议。

第五十六条 薪酬与考核委员会的主要职责是:(1)研究董事与经理人员考核的标准,进行考核并提出建议;(2)研究和审查董事、高级管理人员的薪酬政策与方案。

第五十七条 各专门委员会可以聘请中介机构提供专业意见,有关费用由公司承担。

第五十八条 各专门委员会对董事会负责,各专门委员会的提案应提交董事会审查决定。

第四章 监事与监事会

第一节 监事会的职责

第五十九条 上市公司监事会应向全体股东负责,对公司财务以及公司董事、经理和其他高级管理人员履行职责的合法合规性进行监督,维护公司及股东的合法权益。

第六十条 监事有了解公司经营情况的权利,并承担相应的保密义务。监事会可以独立聘请中介机构提供专业意见。

第六十一条 上市公司应采取措施保障监事的知情权,为监事正常履行职责提供必要的协助,任何人不得干预、阻挠。监事履行职责所需的合理费用应由公司承担。

第六十二条 监事会的监督记录以及进行财务或专项检查的结果应成为对董事、经理和其他高级管理人员绩效评价的重要依据。

第六十三条 监事会发现董事、经理和其他高级管理人员存在违反法律、法规或公司章程的行为,可以向董事会、股东大会反映,也可以直接向证券监管机构及其他有关部门报告。

第二节 监事会的构成和议事规则

第六十四条 监事应具有法律、会计等方面的专业知识或工作经验。监事会的人员和结构应确保监事会能够独立有效地行使对董事、经理和其他高级管理人员及公司财务的监督和检查。

第六十五条 上市公司应在公司章程中规定规范的监事会议事规则。监事会会议应严格按规定程序进行。

第六十六条 监事会应定期召开会议,并根据需要及时召开临时会议。监事会会议因故不能如期召开,应公告说明原因。

第六十七条 监事会可要求公司董事、经理及其他高级管理人员、内部及外部审计人员出席监事会会议,回答所关注的问题。

第六十八条 监事会会议应有记录,出席会议的监事和记录人应当在会议记录上签字。监事有权要求在记录上对其在会议上的发言作出某种说明性记载。监事会会议记录应作为公司重要档案妥善保存。

第五章 绩效评价与激励约束机制

第一节 董事、监事、经理人员的绩效评价

第六十九条 上市公司应建立公正透明的董事、监事和经理人员的绩效评价标准和程序。

第七十条 董事和经理人员的绩效评价由董事会或其下设的薪酬与考核委员会负责组织。独立董事、监事的评价应采取自我评价与相互评价相结合的方式进行。

第七十一条 董事报酬的数额和方式由董事会提出方案报请股东大会决定。在董事会或薪酬与考核委员会对董事个人进行评价或讨论其报酬时,该董事应当回避。

第七十二条 董事会、监事会应当向股东大会报告董事、监事履行职责的情况、绩效评价结果及其薪酬情况,并予以披露。

第二节 经理人员的聘任

第七十三条 上市公司经理人员的聘任,

应严格按照有关法律、法规和公司章程的规定进行。任何组织和个人不得干预公司经理人员的正常选聘程序。

第七十四条 上市公司应尽可能采取公开、透明的方式，从境内外人才市场选聘经理人员，并充分发挥中介机构的作用。

第七十五条 上市公司应和经理人员签订聘任合同，明确双方的权利义务关系。

第七十六条 经理的任免应履行法定的程序，并向社会公告。

第三节 经理人员的激励与约束机制

第七十七条 上市公司应建立经理人员的薪酬与公司绩效和个人业绩相联系的激励机制，以吸引人才，保持经理人员的稳定。

第七十八条 上市公司对经理人员的绩效评价应当成为确定经理人员薪酬以及其他激励方式的依据。

第七十九条 经理人员的薪酬分配方案应获得董事会的批准，向股东大会说明，并予以披露。

第八十条 上市公司应在公司章程中明确经理人员的职责。经理人员违反法律、法规和公司章程规定，致使公司遭受损失的，公司董事会应积极采取措施追究其法律责任。

第六章 利益相关者

第八十一条 上市公司应尊重银行及其他债权人、职工、消费者、供应商、社区等利益相关者的合法权利。

第八十二条 上市公司应与利益相关者积极合作，共同推动公司持续、健康地发展。

第八十三条 上市公司应为维护利益相关者的权益提供必要的条件，当其合法权益受到侵害时，利益相关者应有机会和途径获得赔偿。

第八十四条 上市公司应向银行及其他债权人提供必要的信息，以便其对公司的经营状况和财务状况作出判断和进行决策。

第八十五条 上市公司应鼓励职工通过与董事会、监事会和经理人员的直接沟通和交流，反映职工对公司经营、财务状况以及涉及职工利益的重大决策的意见。

第八十六条 上市公司在保持公司持续发展、实现股东利益最大化的同时，应关注所在社区的福利、环境保护、公益事业等问题，重视公司的社会责任。

第七章 信息披露与透明度

第一节 上市公司的持续信息披露

第八十七条 持续信息披露是上市公司的责任。上市公司应严格按照法律、法规和公司章程的规定，真实、准确、完整、及时地披露信息。

第八十八条 上市公司除按照强制性规定披露信息外，应主动、及时地披露所有可能对股东和其他利益相关者决策产生实质性影响的信息，并保证所有股东有平等的机会获得信息。

第八十九条 上市公司披露的信息应当便于理解。上市公司应保证使用者能够通过经济、便捷的方式（如互联网）获得信息。

第九十条 上市公司董事会秘书负责信息披露事项，包括建立信息披露制度、接待来访、回答咨询、联系股东，向投资者提供公司公开披露的资料等。董事会及经理人员应对董事会秘书的工作予以积极支持。任何机构及个人不得干预董事会秘书的工作。

第二节 公司治理信息的披露

第九十一条 上市公司应按照法律、法规及其他有关规定，披露公司治理的有关信息，包括但不限于：(1)董事会、监事会的人员及构成；(2)董事会、监事会的工作及评价；(3)独立董事工作情况及评价，包括独立董事出席董事会的情况、发表独立意见的情况及对关联交易、董事及高级管理人员的任免等事项的意见；(4)各专门委员会的组成及工作情况；

(5)公司治理的实际状况,及与本准则存在的差异及其原因;(6)改进公司治理的具体计划和措施。

第三节 股东权益的披露

第九十二条 上市公司应按照有关规定,及时披露持有公司股份比例较大的股东以及一致行动时可以实际控制公司的股东或实际控制人的详细资料。

第九十三条 上市公司应及时了解并披露公司股份变动的情况以及其他可能引起股份变动的重要事项。

第九十四条 当上市公司控股股东增持、减持或质押公司股份,或上市公司控制权发生转移时,上市公司及其控股股东应及时、准确地向全体股东披露有关信息。

第八章 附 则

第九十五条 本准则自发布之日起施行。

上市公司章程指引(2016年修订)

(2016年9月30日中国证券监督管理委员会公告〔2016〕23号公布施行)

第一章 总 则

第一条 为维护公司、股东和债权人的合法权益,规范公司的组织和行为,根据《中华人民共和国公司法》(以下简称《公司法》)、《中华人民共和国证券法》(以下简称《证券法》)和其他有关规定,制订本章程。

第二条 公司系依照【法规名称】和其他有关规定成立的股份有限公司(以下简称公司)。

公司【设立方式】设立;在【公司登记机关所在地名】工商行政管理局注册登记,取得营业执照,营业执照号【营业执照号码】。

注释:依法律、行政法规规定,公司设立必须报经批准的,应当说明批准机关和批准文件名称。

第三条 公司于【批/核准日期】经【批/核准机关全称】批/核准,首次向社会公众发行人民币普通股【股份数额】股,于【上市日期】在【证券交易所全称】上市。公司于【批/核准日期】经【批/核准机关全称】批/核准,发行优先股【股份数额】股,于【上市日期】在【证券交易所全称】上市。公司向境外投资人发行的以外币认购并且在境内上市的境内上市外资股为【股份数额】,于【上市日期】在【证券交易所全称】上市。

注释:本指引所称优先股,是指依照《公司法》,在一般规定的普通种类股份之外,另行规定的其他种类股份,其股份持有人优先于普通股股东分配公司利润和剩余财产,但参与公司决策管理等权利受到限制。

没有发行(或拟发行)优先股或者境内上市外资股的公司,无需就本条有关优先股或者境内上市外资股的内容作出说明。以下同。

第四条 公司注册名称:【中文全称】【英文全称】

第五条 公司住所:【公司住所地址全称,邮政编码】。

第六条 公司注册资本为人民币【注册资本数额】元。

注释:公司因增加或者减少注册资本而导致注册资本总额变更的,可以在股东大会通过同意增加或减少注册资本的决议后,再就因此而需要修改公司章程的事项通过一项决议,并说明授权董事会具体办理注册资本的变更登记手续。

第七条 公司营业期限为【年数】或者【公司为永久存续的股份有限公司】。

第八条 【董事长或经理】为公司的法定代表人。

第九条 公司全部资产分为等额股份,股东以其认购的股份为限对公司承担责任,公司以其全部资产对公司的债务承担责任。

第十条 本公司章程自生效之日起,即成为规范公司的组织与行为、公司与股东、股东与股东之间权利义务关系的具有法律约束力的文件,对公司、股东、董事、监事、高级管理人员具有法律约束力的文件。依据本章程,股东可以起诉股东,股东可以起诉公司董事、监事、经理和其他高级管理人员,股东可以起诉公司,公司可以起诉股东、董事、监事、经理和其他高级管理人员。

第十一条 本章程所称其他高级管理人员是指公司的副经理、董事会秘书、财务负责人。

注释:公司可以根据实际情况,在章程中确定属于公司高级管理人员的人员。

第二章 经营宗旨和范围

第十二条 公司的经营宗旨:【宗旨内容】

第十三条 经依法登记,公司的经营范围:【经营范围内容】

注释:公司的经营范围中属于法律、行政法规规定须经批准的项目,应当依法经过批准。

第三章 股 份

第一节 股份发行

第十四条 公司的股份采取股票的形式。

第十五条 公司股份的发行,实行公开、公平、公正的原则,同种类的每一股份应当具有同等权利。

同次发行的同种类股票,每股的发行条件和价格应当相同;任何单位或者个人所认购的股份,每股应当支付相同价额。

注释:发行优先股的公司,应当在章程中明确以下事项:(1)优先股股息率采用固定股息率或浮动股息率,并相应明确固定股息率水平或浮动股息率的计算方法;(2)公司在有可分配税后利润的情况下是否必须分配利润;(3)如果公司因本会计年度可分配利润不足而未向优先股股东足额派发股息,差额部分是否累积到下一会计年度;(4)优先股股东按照约定的股息率分配股息后,是否有权同普通股股东一起参加剩余利润分配,以及参与剩余利润分配的比例、条件等事项;(5)其他涉及优先股股东参与公司利润分配的事项;(6)除利润分配和剩余财产分配外,优先股是否在其他条款上具有不同的设置;(7)优先股表决权恢复时,每股优先股股份享有表决权的具体计算方法。

其中,公开发行优先股的,应当在公司章程中明确:(1)采取固定股息率;(2)在有可分配税后利润的情况下必须向优先股股东分配股息;(3)未向优先股股东足额派发股息的差额部分应当累积到下一会计年度;(4)优先股股东按照约定的股息率分配股息后,不再同普通股股东一起参加剩余利润分配。商业银行发行优先股补充资本的,可就第(2)项和第(3)项事项另作规定。

第十六条 公司发行的股票,以人民币标明面值。

第十七条 公司发行的股份,在【证券登记机构名称】集中存管。

第十八条 公司发起人为【各发起人姓名或者名称】、认购的股份数分别为【股份数量】、出资方式和出资时间为【具体方式和时间】。

注释:已成立1年或1年以上的公司,发起人已将所持股份转让的,无需填入发起人的持股数额。

第十九条 公司股份总数为【股份数额】,公司的股本结构为:普通股【数额】股,其他种类股【数额】股。

注释:公司发行优先股等其他种类股份的,应作出说明。

第二十条 公司或公司的子公司(包括公司的附属企业)不以赠与、垫资、担保、补偿或贷款等形式,对购买或者拟购买公司股份的人提供任何资助。

第二节　股份增减和回购

第二十一条　公司根据经营和发展的需要，依照法律、法规的规定，经股东大会分别作出决议，可以采用下列方式增加资本：

（一）公开发行股份；

（二）非公开发行股份；

（三）向现有股东派送红股；

（四）以公积金转增股本；

（五）法律、行政法规规定以及中国证监会批准的其他方式。

注释：发行优先股的公司，应当在章程中对发行优先股的以下事项作出规定：公司已发行的优先股不得超过公司普通股股份总数的百分之五十，且筹资金额不得超过发行前净资产的百分之五十，已回购、转换的优先股不纳入计算。

公司不得发行可转换为普通股的优先股。但商业银行可以根据商业银行资本监管规定，非公开发行触发事件发生时强制转换为普通股的优先股，并遵守有关规定。

发行可转换公司债的公司，还应当在章程中对可转换公司债的发行、转股程序和安排以及转股所导致的公司股本变更等事项作出具体规定。

第二十二条　公司可以减少注册资本。公司减少注册资本，应当按照《公司法》以及其他有关规定和本章程规定的程序办理。

第二十三条　公司在下列情况下，可以依照法律、行政法规、部门规章和本章程的规定，收购本公司的股份：

（一）减少公司注册资本；

（二）与持有本公司股票的其他公司合并；

（三）将股份奖励给本公司职工；

（四）股东因对股东大会作出的公司合并、分立决议持异议，要求公司收购其股份的。

除上述情形外，公司不进行买卖本公司股份的活动。

注释：发行优先股的公司，还应当在公司章程中对回购优先股的选择权由发行人或股东行使、回购的条件、价格和比例等作出具体规定。发行人按章程规定要求回购优先股的，必须完全支付所欠股息，但商业银行发行优先股补充资本的除外。

第二十四条　公司收购本公司股份，可以选择下列方式之一进行：

（一）证券交易所集中竞价交易方式；

（二）要约方式；

（三）中国证监会认可的其他方式。

第二十五条　公司因本章程第二十三条第（一）项至第（三）项的原因收购本公司股份的，应当经股东大会决议。公司依照第二十三条规定收购本公司股份后，属于第（一）项情形的，应当自收购之日起10日内注销；属于第（二）项、第（四）项情形的，应当在6个月内转让或者注销。

公司依照第二十三条第（三）项规定收购的本公司股份，将不超过本公司已发行股份总额的5%；用于收购的资金应当从公司的税后利润中支出；所收购的股份应当1年内转让给职工。

注释：公司按本条规定回购优先股后，应当相应减记发行在外的优先股股份总数。

第三节　股份转让

第二十六条　公司的股份可以依法转让。

第二十七条　公司不接受本公司的股票作为质押权的标的。

第二十八条　发起人持有的本公司股份，自公司成立之日起1年内不得转让。公司公开发行股份前已发行的股份，自公司股票在证券交易所上市交易之日起1年内不得转让。

公司董事、监事、高级管理人员应当向公司申报所持有的本公司的股份（含优先股股份）及其变动情况，在任职期间每年转让的股份不得超过其所持有本公司同一种类股份总数的25%；所持本公司股份自公司股票上市交易之日起1年内不得转让。上述人员离职后半年内，不得转让其所持有的本公司股份。

注释:若公司章程对公司董事、监事、高级管理人员转让其所持有的本公司股份(含优先股股份)作出其他限制性规定的,应当进行说明。

第二十九条 公司董事、监事、高级管理人员、持有本公司股份5%以上的股东,将其持有的本公司股票在买入后6个月内卖出,或者在卖出后6个月内又买入,由此所得收益归本公司所有,本公司董事会将收回其所得收益。但是,证券公司因包销购入售后剩余股票而持有5%以上股份的,卖出该股票不受6个月时间限制。

公司董事会不按照前款规定执行的,股东有权要求董事会在30日内执行。公司董事会未在上述期限内执行的,股东有权为了公司的利益以自己的名义直接向人民法院提起诉讼。

公司董事会不按照第一款的规定执行的,负有责任的董事依法承担连带责任。

第四章　股东和股东大会

第一节　股　　东

第三十条 公司依据证券登记机构提供的凭证建立股东名册,股东名册是证明股东持有公司股份的充分证据。股东按其所持有股份的种类享有权利,承担义务;持有同一种类股份的股东,享有同等权利,承担同种义务。

注释:公司应当与证券登记机构签订股份保管协议,定期查询主要股东资料以及主要股东的持股变更(包括股权的出质)情况,及时掌握公司的股权结构。

第三十一条 公司召开股东大会、分配股利、清算及从事其他需要确认股东身份的行为时,由董事会或股东大会召集人确定股权登记日,股权登记日收市后登记在册的股东为享有相关权益的股东。

第三十二条 公司股东享有下列权利:

(一)依照其所持有的股份份额获得股利和其他形式的利益分配;

(二)依法请求、召集、主持、参加或者委派股东代理人参加股东大会,并行使相应的表决权;

(三)对公司的经营进行监督,提出建议或者质询;

(四)依照法律、行政法规及本章程的规定转让、赠与或质押其所持有的股份;

(五)查阅本章程、股东名册、公司债券存根、股东大会会议记录、董事会会议决议、监事会会议决议、财务会计报告;

(六)公司终止或者清算时,按其所持有的股份份额参加公司剩余财产的分配;

(七)对股东大会作出的公司合并、分立决议持异议的股东,要求公司收购其股份;

(八)法律、行政法规、部门规章或本章程规定的其他权利。

注释:发行优先股的公司,应当在章程中明确优先股股东不出席股东大会会议,所持股份没有表决权,但以下情况除外:(1)修改公司章程中与优先股相关的内容;(2)一次或累计减少公司注册资本超过10%;(3)公司合并、分立、解散或变更公司形式;(4)发行优先股;(5)公司章程规定的其他情形。

发行优先股的公司,还应当在章程中明确规定:公司累计3个会计年度或者连续2个会计年度未按约定支付优先股股息的,优先股股东有权出席股东大会,每股优先股股份享有公司章程规定的表决权。对于股息可以累积到下一会计年度的优先股,表决权恢复直至公司全额支付所欠股息。对于股息不可累积的优先股,表决权恢复直至公司全额支付当年股息。公司章程可以规定优先股表决权恢复的其他情形。

第三十三条 股东提出查阅前条所述有关信息或者索取资料的,应当向公司提供证明其持有公司股份的种类以及持股数量的书面文件,公司经核实股东身份后按照股东的要求予以提供。

第三十四条 公司股东大会、董事会决议内容违反法律、行政法规的,股东有权请求人民法院认定无效。

股东大会、董事会的会议召集程序、表决方式违反法律、行政法规或者本章程，或者决议内容违反本章程的，股东有权自决议作出之日起60日内，请求人民法院撤销。

第三十五条 董事、高级管理人员执行公司职务时违反法律、行政法规或者本章程的规定，给公司造成损失的，连续180日以上单独或合并持有公司1%以上股份的股东有权书面请求监事会向人民法院提起诉讼；监事会执行公司职务时违反法律、行政法规或者本章程的规定，给公司造成损失的，股东可以书面请求董事会向人民法院提起诉讼。

监事会、董事会收到前款规定的股东书面请求后拒绝提起诉讼，或者自收到请求之日起30日内未提起诉讼，或者情况紧急、不立即提起诉讼将会使公司利益受到难以弥补的损害的，前款规定的股东有权为了公司的利益以自己的名义直接向人民法院提起诉讼。

他人侵犯公司合法权益，给公司造成损失的，本条第一款规定的股东可以依照前两款的规定向人民法院提起诉讼。

第三十六条 董事、高级管理人员违反法律、行政法规或者本章程的规定，损害股东利益的，股东可以向人民法院提起诉讼。

第三十七条 公司股东承担下列义务：

（一）遵守法律、行政法规和本章程；

（二）依其所认购的股份和入股方式缴纳股金；

（三）除法律、法规规定的情形外，不得退股；

（四）不得滥用股东权利损害公司或者其他股东的利益；不得滥用公司法人独立地位和股东有限责任损害公司债权人的利益。

公司股东滥用股东权利给公司或者其他股东造成损失的，应当依法承担赔偿责任。

公司股东滥用公司法人独立地位和股东有限责任，逃避债务，严重损害公司债权人利益的，应当对公司债务承担连带责任。

（五）法律、行政法规及本章程规定应当承担的其他义务。

第三十八条 持有公司5%以上有表决权股份的股东，将其持有的股份进行质押的，应当自该事实发生当日，向公司作出书面报告。

第三十九条 公司的控股股东、实际控制人不得利用其关联关系损害公司利益。违反规定的，给公司造成损失的，应当承担赔偿责任。

公司控股股东及实际控制人对公司和公司社会公众股股东负有诚信义务。控股股东应严格依法行使出资人的权利，控股股东不得利用利润分配、资产重组、对外投资、资金占用、借款担保等方式损害公司和社会公众股股东的合法权益，不得利用其控制地位损害公司和社会公众股股东的利益。

第二节 股东大会的一般规定

第四十条 股东大会是公司的权力机构，依法行使下列职权：

（一）决定公司的经营方针和投资计划；

（二）选举和更换非由职工代表担任的董事、监事，决定有关董事、监事的报酬事项；

（三）审议批准董事会的报告；

（四）审议批准监事会报告；

（五）审议批准公司的年度财务预算方案、决算方案；

（六）审议批准公司的利润分配方案和弥补亏损方案；

（七）对公司增加或者减少注册资本作出决议；

（八）对发行公司债券作出决议；

（九）对公司合并、分立、解散、清算或者变更公司形式作出决议；

（十）修改本章程；

（十一）对公司聘用、解聘会计师事务所作出决议；

（十二）审议批准第四十一条规定的担保事项；

（十三）审议公司在一年内购买、出售重大资产超过公司最近一期经审计总资产30%的事项；

（十四）审议批准变更募集资金用途事项；

（十五）审议股权激励计划；

（十六）审议法律、行政法规、部门规章或本章程规定应当由股东大会决定的其他事项。

注释：上述股东大会的职权不得通过授权的形式由董事会或其他机构和个人代为行使。

第四十一条 公司下列对外担保行为，须经股东大会审议通过。

（一）本公司及本公司控股子公司的对外担保总额，达到或超过最近一期经审计净资产的50%以后提供的任何担保；

（二）公司的对外担保总额，达到或超过最近一期经审计总资产的30%以后提供的任何担保；

（三）为资产负债率超过70%的担保对象提供的担保；

（四）单笔担保额超过最近一期经审计净资产10%的担保；

（五）对股东、实际控制人及其关联方提供的担保。

第四十二条 股东大会分为年度股东大会和临时股东大会。年度股东大会每年召开1次，应当于上一会计年度结束后的6个月内举行。

第四十三条 有下列情形之一的，公司在事实发生之日起2个月以内召开临时股东大会：

（一）董事人数不足《公司法》规定人数或者本章程所定人数的2/3时；

（二）公司未弥补的亏损达实收股本总额1/3时；

（三）单独或者合计持有公司10%以上股份的股东请求时；

（四）董事会认为必要时；

（五）监事会提议召开时；

（六）法律、行政法规、部门规章或本章程规定的其他情形。

注释：公司应当在章程中确定本条第（一）项的具体人数。计算本条第（三）项所称持股比例时，仅计算普通股和表决权恢复的优先股。

第四十四条 本公司召开股东大会的地点为：【具体地点】。股东大会将设置会场，以现场会议形式召开。公司还将提供【网络或其他方式】为股东参加股东大会提供便利。股东通过上述方式参加股东大会的，视为出席。

注释：公司章程可以规定召开股东大会的地点为公司住所地或其他明确地点。召开股东大会公司采用其他参加股东大会方式的，必须在公司章程中予以明确，并明确合法有效的股东身份确认方式。

第四十五条 本公司召开股东大会时将聘请律师对以下问题出具法律意见并公告：

（一）会议的召集、召开程序是否符合法律、行政法规、本章程；

（二）出席会议人员的资格、召集人资格是否合法有效；

（三）会议的表决程序、表决结果是否合法有效；

（四）应本公司要求对其他有关问题出具的法律意见。

第三节 股东大会的召集

第四十六条 独立董事有权向董事会提议召开临时股东大会。对独立董事要求召开临时股东大会的提议，董事会应当根据法律、行政法规和本章程的规定，在收到提议后10日内提出同意或不同意召开临时股东大会的书面反馈意见。董事会同意召开临时股东大会的，将在作出董事会决议后的5日内发出召开股东大会的通知；董事会不同意召开临时股东大会的，将说明理由并公告。

第四十七条 监事会有权向董事会提议召开临时股东大会，并应当以书面形式向董事会提出。董事会应当根据法律、行政法规和本章程的规定，在收到提案后10日内提出同意或不同意召开临时股东大会的书面反馈意见。

董事会同意召开临时股东大会的，将在作出董事会决议后的5日内发出召开股东大会的通知，通知中对原提议的变更，应征得监事会的同意。

董事会不同意召开临时股东大会，或者在收到提案后10日内未作出反馈的，视为董事会不能履行或者不履行召集股东大会会议职责，监事会可以自行召集和主持。

第四十八条　单独或者合计持有公司10%以上股份的股东有权向董事会请求召开临时股东大会，并应当以书面形式向董事会提出。董事会应当根据法律、行政法规和本章程的规定，在收到请求后10日内提出同意或不同意召开临时股东大会的书面反馈意见。

董事会同意召开临时股东大会的，应当在作出董事会决议后的5日内发出召开股东大会的通知，通知中对原请求的变更，应当征得相关股东的同意。

董事会不同意召开临时股东大会，或者在收到请求后10日内未作出反馈的，单独或者合计持有公司10%以上股份的股东有权向监事会提议召开临时股东大会，并应当以书面形式向监事会提出请求。

监事会同意召开临时股东大会的，应在收到请求5日内发出召开股东大会的通知，通知中对原提案的变更，应当征得相关股东的同意。

监事会未在规定期限内发出股东大会通知的，视为监事会不召集和主持股东大会，连续90日以上单独或者合计持有公司10%以上股份的股东可以自行召集和主持。

注释：计算本条所称持股比例时，仅计算普通股和表决权恢复的优先股。

第四十九条　监事会或股东决定自行召集股东大会的，须书面通知董事会，同时向公司所在地中国证监会派出机构和证券交易所备案。

在股东大会决议公告前，召集股东持股比例不得低于10%。

召集股东应在发出股东大会通知及股东大会决议公告时，向公司所在地中国证监会派出机构和证券交易所提交有关证明材料。

注释：计算本条所称持股比例时，仅计算普通股和表决权恢复的优先股。

第五十条　对于监事会或股东自行召集的股东大会，董事会和董事会秘书将予配合。董事会应当提供股权登记日的股东名册。

第五十一条　监事会或股东自行召集的股东大会，会议所必需的费用由本公司承担。

第四节　股东大会的提案与通知

第五十二条　提案的内容应当属于股东大会职权范围，有明确议题和具体决议事项，并且符合法律、行政法规和本章程的有关规定。

第五十三条　公司召开股东大会，董事会、监事会以及单独或者合并持有公司3%以上股份的股东，有权向公司提出提案。

单独或者合计持有公司3%以上股份的股东，可以在股东大会召开10日前提出临时提案并书面提交召集人。召集人应当在收到提案后2日内发出股东大会补充通知，公告临时提案的内容。

除前款规定的情形外，召集人在发出股东大会通知公告后，不得修改股东大会通知中已列明的提案或增加新的提案。

股东大会通知中未列明或不符合本章程第五十二条规定的提案，股东大会不得进行表决并作出决议。

注释：计算本条所称持股比例时，仅计算普通股和表决权恢复的优先股。

第五十四条　召集人将在年度股东大会召开20日前以公告方式通知各股东，临时股东大会将于会议召开15日前以公告方式通知各股东。

注释：公司在计算起始期限时，不应当包括会议召开当日。公司可以根据实际情况，决定是否在章程中规定催告程序。

第五十五条　股东大会的通知包括以下内容：

（一）会议的时间、地点和会议期限；

（二）提交会议审议的事项和提案；

（三）以明显的文字说明：全体普通股股东

(含表决权恢复的优先股股东)均有权出席股东大会,并可以书面委托代理人出席会议和参加表决,该股东代理人不必是公司的股东;

(四)有权出席股东大会股东的股权登记日;

(五)会务常设联系人姓名,电话号码。

注释:1.股东大会通知和补充通知中应当充分、完整披露所有提案的全部具体内容。拟讨论的事项需要独立董事发表意见的,发布股东大会通知或补充通知时将同时披露独立董事的意见及理由。

2.股东大会采用网络或其他方式的,应当在股东大会通知中明确载明网络或其他方式的表决时间及表决程序。股东大会网络或其他方式投票的开始时间,不得早于现场股东大会召开前一日下午3:00,并不得迟于现场股东大会召开当日上午9:30,其结束时间不得早于现场股东大会结束当日下午3:00。

3.股权登记日与会议日期之间的间隔应当不多于7个工作日。股权登记日一旦确认,不得变更。

第五十六条 股东大会拟讨论董事、监事选举事项的,股东大会通知中将充分披露董事、监事候选人的详细资料,至少包括以下内容:

(一)教育背景、工作经历、兼职等个人情况;

(二)与本公司或本公司的控股股东及实际控制人是否存在关联关系;

(三)披露持有本公司股份数量;

(四)是否受过中国证监会及其他有关部门的处罚和证券交易所惩戒。

除采取累积投票制选举董事、监事外,每位董事、监事候选人应当以单项提案提出。

第五十七条 发出股东大会通知后,无正当理由,股东大会不应延期或取消,股东大会通知中列明的提案不应取消。一旦出现延期或取消的情形,召集人应当在原定召开日前至少2个工作日公告并说明原因。

第五节 股东大会的召开

第五十八条 本公司董事会和其他召集人将采取必要措施,保证股东大会的正常秩序。对于干扰股东大会、寻衅滋事和侵犯股东合法权益的行为,将采取措施加以制止并及时报告有关部门查处。

第五十九条 股权登记日登记在册的所有普通股股东(含表决权恢复的优先股股东)或其代理人,均有权出席股东大会。并依照有关法律、法规及本章程行使表决权。

股东可以亲自出席股东大会,也可以委托代理人代为出席和表决。

第六十条 个人股东亲自出席会议的,应出示本人身份证或其他能够表明其身份的有效证件或证明、股票账户卡;委托代理他人出席会议的,应出示本人有效身份证件、股东授权委托书。

法人股东应由法定代表人或者法定代表人委托的代理人出席会议。法定代表人出席会议的,应出示本人身份证、能证明其具有法定代表人资格的有效证明;委托代理人出席会议的,代理人应出示本人身份证、法人股东单位的法定代表人依法出具的书面授权委托书。

第六十一条 股东出具的委托他人出席股东大会的授权委托书应当载明下列内容:

(一)代理人的姓名;

(二)是否具有表决权;

(三)分别对列入股东大会议程的每一审议事项投赞成、反对或弃权票的指示;

(四)委托书签发日期和有效期限;

(五)委托人签名(或盖章)。委托人为法人股东的,应加盖法人单位印章。

第六十二条 委托书应当注明如果股东不作具体指示,股东代理人是否可以按自己的意思表决。

第六十三条 代理投票授权委托书由委托人授权他人签署的,授权签署的授权书或者其他授权文件应当经过公证。经公证的授权书或者其他授权文件,和投票代理委托书均需备置于公司住所或者召集会议的通知中指定的其他地方。

委托人为法人的，由其法定代表人或者董事会、其他决策机构决议授权的人作为代表出席公司的股东大会。

第六十四条 出席会议人员的会议登记册由公司负责制作。会议登记册载明参加会议人员姓名（或单位名称）、身份证号码、住所地址、持有或者代表有表决权的股份数额、被代理人姓名（或单位名称）等事项。

第六十五条 召集人和公司聘请的律师将依据证券登记结算机构提供的股东名册共同对股东资格的合法性进行验证，并登记股东姓名（或名称）及其所持有表决权的股份数。在会议主持人宣布现场出席会议的股东和代理人人数及所持有表决权的股份总数之前，会议登记应当终止。

第六十六条 股东大会召开时，本公司全体董事、监事和董事会秘书应当出席会议，经理和其他高级管理人员应当列席会议。

第六十七条 股东大会由董事长主持。董事长不能履行职务或不履行职务时，由副董事长（公司有两位或两位以上副董事长的，由半数以上董事共同推举的副董事长主持）主持，副董事长不能履行职务或者不履行职务时，由半数以上董事共同推举的一名董事主持。

监事会自行召集的股东大会，由监事会主席主持。监事会主席不能履行职务或不履行职务时，由监事会副主席主持，监事会副主席不能履行职务或者不履行职务时，由半数以上监事共同推举的一名监事主持。

股东自行召集的股东大会，由召集人推举代表主持。

召开股东大会时，会议主持人违反议事规则使股东大会无法继续进行的，经现场出席股东大会有表决权过半数的股东同意，股东大会可推举一人担任会议主持人，继续开会。

第六十八条 公司制定股东大会议事规则，详细规定股东大会的召开和表决程序，包括通知、登记、提案的审议、投票、计票、表决结果的宣布、会议决议的形成、会议记录及其签署、公告等内容，以及股东大会对董事会的授权原则，授权内容应明确具体。股东大会议事规则应作为章程的附件，由董事会拟定，股东大会批准。

第六十九条 在年度股东大会上，董事会、监事会应当就其过去一年的工作向股东大会作出报告。每名独立董事也应作出述职报告。

第七十条 董事、监事、高级管理人员在股东大会上就股东的质询和建议作出解释和说明。

第七十一条 会议主持人应当在表决前宣布现场出席会议的股东和代理人人数及所持有表决权的股份总数，现场出席会议的股东和代理人人数及所持有表决权的股份总数以会议登记为准。

第七十二条 股东大会应有会议记录，由董事会秘书负责。

会议记录记载以下内容：

（一）会议时间、地点、议程和召集人姓名或名称；

（二）会议主持人以及出席或列席会议的董事、监事、经理和其他高级管理人员姓名；

（三）出席会议的股东和代理人人数、所持有表决权的股份总数及占公司股份总数的比例；

（四）对每一提案的审议经过、发言要点和表决结果；

（五）股东的质询意见或建议以及相应的答复或说明；

（六）律师及计票人、监票人姓名；

（七）本章程规定应当载入会议记录的其他内容。

注释：既发行内资股又发行境内上市外资股的公司，会议记录的内容还应当包括：（1）出席股东大会的内资股股东（包括股东代理人）和境内上市外资股股东（包括股东代理人）所持有表决权的股份数，各占公司总股份的比例;(2)在记载表决结果时,还应当记载内资股股东和境内上市外资股股东对每一决议事项的表决情况。

未完成股权分置改革的公司,会议记录还应该包括:(1)出席股东大会的流通股股东(包括股东代理人)和非流通股股东(包括股东代理人)所持有表决权的股份数,各占公司总股份的比例;(2)在记载表决结果时,还应当记载流通股股东和非流通股股东对每一决议事项的表决情况。

公司应当根据实际情况,在章程中规定股东大会会议记录需要记载的其他内容。

第七十三条 召集人应当保证会议记录内容真实、准确和完整。出席会议的董事、监事、董事会秘书、召集人或其代表、会议主持人应当在会议记录上签名。会议记录应当与现场出席股东的签名册及代理出席的委托书、网络及其他方式表决情况的有效资料一并保存,保存期限不少于10年。

注释:公司应当根据具体情况,在章程中规定股东大会会议记录的保管期限。

第七十四条 召集人应当保证股东大会连续举行,直至形成最终决议。因不可抗力等特殊原因导致股东大会中止或不能作出决议的,应采取必要措施尽快恢复召开股东大会或直接终止本次股东大会,并及时公告。同时,召集人应向公司所在地中国证监会派出机构及证券交易所报告。

第六节 股东大会的表决和决议

第七十五条 股东大会决议分为普通决议和特别决议。

股东大会作出普通决议,应当由出席股东大会的股东(包括股东代理人)所持表决权的1/2以上通过。

股东大会作出特别决议,应当由出席股东大会的股东(包括股东代理人)所持表决权的2/3以上通过。

第七十六条 下列事项由股东大会以普通决议通过:

(一)董事会和监事会的工作报告;

(二)董事会拟定的利润分配方案和弥补亏损方案;

(三)董事会和监事会成员的任免及其报酬和支付方法;

(四)公司年度预算方案、决算方案;

(五)公司年度报告;

(六)除法律、行政法规规定或者本章程规定应当以特别决议通过以外的其他事项。

第七十七条 下列事项由股东大会以特别决议通过:

(一)公司增加或者减少注册资本;

(二)公司的分立、合并、解散和清算;

(三)本章程的修改;

(四)公司在一年内购买、出售重大资产或者担保金额超过公司最近一期经审计总资产30%的;

(五)股权激励计划;

(六)法律、行政法规或本章程规定的,以及股东大会以普通决议认定会对公司产生重大影响的、需要以特别决议通过的其他事项。

注释:股东大会就以下事项作出特别决议,除须经出席会议的普通股股东(含表决权恢复的优先股股东,包括股东代理人)所持表决权的2/3以上通过之外,还须经出席会议的优先股股东(不含表决权恢复的优先股股东,包括股东代理人)所持表决权的2/3以上通过:(1)修改公司章程中与优先股相关的内容;(2)一次或累计减少公司注册资本超过10%;(3)公司合并、分立、解散或变更公司形式;(4)发行优先股;(5)公司章程规定的其他情形。

第七十八条 股东(包括股东代理人)以其所代表的有表决权的股份数额行使表决权,每一股份享有一票表决权。

股东大会审议影响中小投资者利益的重大事项时,对中小投资者表决应当单独计票。单独计票结果应当及时公开披露。

公司持有的本公司股份没有表决权,且该部分股份不计入出席股东大会有表决权的股份总数。

公司董事会、独立董事和符合相关规定条件的股东可以公开征集股东投票权。征集股东投票权应当向被征集人充分披露具体投票意向等信息。禁止以有偿或者变相有偿的方式征集股东投票权。公司不得对征集投票权提出最低持股比例限制。

注释：若公司有发行在外的其他股份，应当说明是否享有表决权。优先股表决权恢复的，应当根据章程规定的具体计算方法确定每股优先股股份享有的表决权。

第七十九条 股东大会审议有关关联交易事项时，关联股东不应当参与投票表决，其所代表的有表决权的股份数不计入有效表决总数；股东大会决议的公告应当充分披露非关联股东的表决情况。

注释：公司应当根据具体情况，在章程中制订有关联关系股东的回避和表决程序。

第八十条 公司应在保证股东大会合法、有效的前提下，通过各种方式和途径，优先提供网络形式的投票平台等现代信息技术手段，为股东参加股东大会提供便利。

注释：公司就发行优先股事项召开股东大会的，应当提供网络投票，并可以通过中国证监会认可的其他方式为股东参加股东大会提供便利。

第八十一条 除公司处于危机等特殊情况外，非经股东大会以特别决议批准，公司将不与董事、经理和其它高级管理人员以外的人订立将公司全部或者重要业务的管理交予该人负责的合同。

第八十二条 董事、监事候选人名单以提案的方式提请股东大会表决。

股东大会就选举董事、监事进行表决时，根据本章程的规定或者股东大会的决议，可以实行累积投票制。

前款所称累积投票制是指股东大会选举董事或者监事时，每一股份拥有与应选董事或者监事人数相同的表决权，股东拥有的表决权可以集中使用。董事会应当向股东公告候选董事、监事的简历和基本情况。

注释：公司应当在章程中规定董事、监事提名的方式和程序，以及累积投票制的相关事宜。

第八十三条 除累积投票制外，股东大会将对所有提案进行逐项表决，对同一事项有不同提案的，将按提案提出的时间顺序进行表决。除因不可抗力等特殊原因导致股东大会中止或不能作出决议外，股东大会将不会对提案进行搁置或不予表决。

第八十四条 股东大会审议提案时，不会对提案进行修改，否则，有关变更应当被视为一个新的提案，不能在本次股东大会上进行表决。

第八十五条 同一表决权只能选择现场、网络或其他表决方式中的一种。同一表决权出现重复表决的以第一次投票结果为准。

第八十六条 股东大会采取记名方式投票表决。

第八十七条 股东大会对提案进行表决前，应当推举两名股东代表参加计票和监票。审议事项与股东有利害关系的，相关股东及代理人不得参加计票、监票。

股东大会对提案进行表决时，应当由律师、股东代表与监事代表共同负责计票、监票，并当场公布表决结果，决议的表决结果载入会议记录。

通过网络或其他方式投票的公司股东或其代理人，有权通过相应的投票系统查验自己的投票结果。

第八十八条 股东大会现场结束时间不得早于网络或其他方式，会议主持人应当宣布每一提案的表决情况和结果，并根据表决结果宣布提案是否通过。

在正式公布表决结果前，股东大会现场、网络及其他表决方式中所涉及的公司、计票人、监票人、主要股东、网络服务方等相关各方对表决情况均负有保密义务。

第八十九条 出席股东大会的股东，应当对提交表决的提案发表以下意见之一：同意、反对或弃权。证券登记结算机构作为内地与香港股票市场交易互联互通机制股票的名义持有人,按照实际持有人意思表示进行申报的除外。

未填、错填、字迹无法辨认的表决票、未投的表决票均视为投票人放弃表决权利,其所持股份数的表决结果应计为“弃权”。

第九十条 会议主持人如果对提交表决的决议结果有任何怀疑,可以对所投票数组织点票;如果会议主持人未进行点票,出席会议的股东或者股东代理人对会议主持人宣布结果有异议的,有权在宣布表决结果后立即要求点票,会议主持人应当立即组织点票。

第九十一条 股东大会决议应当及时公告,公告中应列明出席会议的股东和代理人人数、所持有表决权的股份总数及占公司有表决权股份总数的比例、表决方式、每项提案的表决结果和通过的各项决议的详细内容。

注释:发行境内上市外资股的公司,应当对内资股股东和外资股股东出席会议及表决情况分别统计并公告。

第九十二条 提案未获通过,或者本次股东大会变更前次股东大会决议的,应当在股东大会决议公告中作特别提示。

第九十三条 股东大会通过有关董事、监事选举提案的,新任董事、监事就任时间在【就任时间】。

注释:新任董事、监事就任时间确认方式应在公司章程中予以明确。

第九十四条 股东大会通过有关派现、送股或资本公积转增股本提案的,公司将在股东大会结束后2个月内实施具体方案。

第五章 董 事 会

第一节 董 事

第九十五条 公司董事为自然人,有下列情形之一的,不能担任公司的董事:

(一)无民事行为能力或者限制民事行为能力;

(二)因贪污、贿赂、侵占财产、挪用财产或者破坏社会主义市场经济秩序,被判处刑罚,执行期满未逾5年,或者因犯罪被剥夺政治权利,执行期满未逾5年;

(三)担任破产清算的公司、企业的董事或者厂长、经理,对该公司、企业的破产负有个人责任的,自该公司、企业破产清算完结之日起未逾3年;

(四)担任因违法被吊销营业执照、责令关闭的公司、企业的法定代表人,并负有个人责任的,自该公司、企业被吊销营业执照之日起未逾3年;

(五)个人所负数额较大的债务到期未清偿;

(六)被中国证监会处以证券市场禁入处罚,期限未满的;

(七)法律、行政法规或部门规章规定的其他内容。

违反本条规定选举、委派董事的,该选举、委派或者聘任无效。董事在任职期间出现本条情形的,公司解除其职务。

第九十六条 董事由股东大会选举或更换,任期【年数】。董事任期届满,可连选连任。董事在任期届满以前,股东大会不能无故解除其职务。

董事任期从就任之日起计算,至本届董事会任期届满时为止。董事任期届满未及时改选,在改选出的董事就任前,原董事仍应当依照法律、行政法规、部门规章和本章程的规定,履行董事职务。

董事可以由经理或者其他高级管理人员兼任,但兼任经理或者其他高级管理人员职务的董事以及由职工代表担任的董事,总计不得超过公司董事总数的1/2。

注释:公司章程应规定规范、透明的董事选聘程序。董事会成员中可以有公司职工代表,公司章程应明确本公司董事会是否可以由职工代表担任董事,以及职工代表担任董事的名额。董事会中的职工代表由公司职工通过职工代表大会、职工大会或者其他形式民主选举产生后，直接进入董事会。

第九十七条　董事应当遵守法律、行政法规和本章程，对公司负有下列忠实义务：

（一）不得利用职权收受贿赂或者其他非法收入，不得侵占公司的财产；

（二）不得挪用公司资金；

（三）不得将公司资产或者资金以其个人名义或者其他个人名义开立账户存储；

（四）不得违反本章程的规定，未经股东大会或董事会同意，将公司资金借贷给他人或者以公司财产为他人提供担保；

（五）不得违反本章程的规定或未经股东大会同意，与本公司订立合同或者进行交易；

（六）未经股东大会同意，不得利用职务便利，为自己或他人谋取本应属于公司的商业机会，自营或者为他人经营与本公司同类的业务；

（七）不得接受与公司交易的佣金归为己有；

（八）不得擅自披露公司秘密；

（九）不得利用其关联关系损害公司利益；

（十）法律、行政法规、部门规章及本章程规定的其他忠实义务。

董事违反本条规定所得的收入，应当归公司所有；给公司造成损失的，应当承担赔偿责任。

注释：除以上各项义务要求外，公司可以根据具体情况，在章程中增加对本公司董事其他义务的要求。

第九十八条　董事应当遵守法律、行政法规和本章程，对公司负有下列勤勉义务：

（一）应谨慎、认真、勤勉地行使公司赋予的权利，以保证公司的商业行为符合国家法律、行政法规以及国家各项经济政策的要求，商业活动不超过营业执照规定的业务范围；

（二）应公平对待所有股东；

（三）及时了解公司业务经营管理状况；

（四）应当对公司定期报告签署书面确认意见。保证公司所披露的信息真实、准确、完整；

（五）应当如实向监事会提供有关情况和资料，不得妨碍监事会或者监事行使职权；

（六）法律、行政法规、部门规章及本章程规定的其他勤勉义务。

注释：公司可以根据具体情况，在章程中增加对本公司董事勤勉义务的要求。

第九十九条　董事连续两次未能亲自出席，也不委托其他董事出席董事会会议，视为不能履行职责，董事会应当建议股东大会予以撤换。

第一百条　董事可以在任期届满以前提出辞职。董事辞职应向董事会提交书面辞职报告。董事会将在2日内披露有关情况。

如因董事的辞职导致公司董事会低于法定最低人数时，在改选出的董事就任前，原董事仍应当依照法律、行政法规、部门规章和本章程规定，履行董事职务。

除前款所列情形外，董事辞职自辞职报告送达董事会时生效。

第一百零一条　董事辞职生效或者任期届满，应向董事会办妥所有移交手续，其对公司和股东承担的忠实义务，在任期结束后并不当然解除，在本章程规定的合理期限内仍然有效。

注释：公司章程应规定董事辞职生效或者任期届满后承担忠实义务的具体期限。

第一百零二条　未经本章程规定或者董事会的合法授权，任何董事不得以个人名义代表公司或者董事会行事。董事以其个人名义行事时，在第三方会合理地认为该董事在代表公司或者董事会行事的情况下，该董事应当事先声明其立场和身份。

第一百零三条　董事执行公司职务时违反法律、行政法规、部门规章或本章程的规定，给公司造成损失的，应当承担赔偿责任。

第一百零四条　独立董事应按照法律、行政法规及部门规章的有关规定执行。

第二节　董　事　会

第一百零五条　公司设董事会，对股东大会负责。

第一百零六条 董事会由【人数】名董事组成,设董事长1人,副董事长【人数】人。

注释:公司应当在章程中确定董事会人数。

第一百零七条 董事会行使下列职权:

(一)召集股东大会,并向股东大会报告工作;

(二)执行股东大会的决议;

(三)决定公司的经营计划和投资方案;

(四)制订公司的年度财务预算方案、决算方案;

(五)制订公司的利润分配方案和弥补亏损方案;

(六)制订公司增加或者减少注册资本、发行债券或其他证券及上市方案;

(七)拟订公司重大收购、收购本公司股票或者合并、分立、解散及变更公司形式的方案;

(八)在股东大会授权范围内,决定公司对外投资、收购出售资产、资产抵押、对外担保事项、委托理财、关联交易等事项;

(九)决定公司内部管理机构的设置;

(十)聘任或者解聘公司经理、董事会秘书;根据经理的提名,聘任或者解聘公司副经理、财务负责人等高级管理人员,并决定其报酬事项和奖惩事项;

(十一)制订公司的基本管理制度;

(十二)制订本章程的修改方案;

(十三)管理公司信息披露事项;

(十四)向股东大会提请聘请或更换为公司审计的会计师事务所;

(十五)听取公司经理的工作汇报并检查经理的工作;

(十六)法律、行政法规、部门规章或本章程授予的其他职权。

注释:公司股东大会可以授权公司董事会按照公司章程的约定向优先股股东支付股息。

超过股东大会授权范围的事项,应当提交股东大会审议。

第一百零八条 公司董事会应当就注册会计师对公司财务报告出具的非标准审计意见向股东大会作出说明。

第一百零九条 董事会制定董事会议事规则,以确保董事会落实股东大会决议,提高工作效率,保证科学决策。

注释:该规则规定董事会的召开和表决程序,董事会议事规则应列入公司章程或作为章程的附件,由董事会拟定,股东大会批准。

第一百一十条 董事会应当确定对外投资、收购出售资产、资产抵押、对外担保事项、委托理财、关联交易的权限,建立严格的审查和决策程序;重大投资项目应当组织有关专家、专业人员进行评审,并报股东大会批准。

注释:公司董事会应当根据相关的法律、法规及公司实际情况,在章程中确定符合公司具体要求的权限范围,以及涉及资金占公司资产的具体比例。

第一百一十一条 董事会设董事长1人,可以设副董事长。董事长和副董事长由董事会以全体董事的过半数选举产生。

第一百一十二条 董事长行使下列职权:

(一)主持股东大会和召集、主持董事会会议;

(二)督促、检查董事会决议的执行;

(三)董事会授予的其他职权。

注释:董事会应谨慎授予董事长职权,例行或长期授权须在章程中明确规定。

第一百一十三条 公司副董事长协助董事长工作,董事长不能履行职务或者不履行职务的,由副董事长履行职务(公司有两位或两位以上副董事长的,由半数以上董事共同推举的副董事长履行职务);副董事长不能履行职务或者不履行职务的,由半数以上董事共同推举一名董事履行职务。

第一百一十四条 董事会每年至少召开两次会议,由董事长召集,于会议召开10日以前书面通知全体董事和监事。

第一百一十五条 代表1/10以上表决权的股东、1/3以上董事或者监事会,可以提议召开董事会临时会议。董事长应当自接到提议后10日内,召集和主持董事会会议。

第一百一十六条　董事会召开临时董事会会议的通知方式为:【具体通知方式】;通知时限为:【具体通知时限】。

第一百一十七条　董事会会议通知包括以下内容:

(一)会议日期和地点;

(二)会议期限;

(三)事由及议题;

(四)发出通知的日期。

第一百一十八条　董事会会议应有过半数的董事出席方可举行。董事会作出决议,必须经全体董事的过半数通过。

董事会决议的表决,实行一人一票。

第一百一十九条　董事与董事会会议决议事项所涉及的企业有关联关系的,不得对该项决议行使表决权,也不得代理其他董事行使表决权。该董事会会议由过半数的无关联关系董事出席即可举行,董事会会议所作决议须经无关联关系董事过半数通过。出席董事会的无关联董事人数不足3人的,应将该事项提交股东大会审议。

第一百二十条　董事会决议表决方式为:【具体表决方式】。

董事会临时会议在保障董事充分表达意见的前提下,可以用【其他方式】进行并作出决议,并由参会董事签字。

注释:此项为选择性条款,公司可自行决定是否在其章程中予以采纳。

第一百二十一条　董事会会议,应由董事本人出席;董事因故不能出席,可以书面委托其他董事代为出席,委托书中应载明代理人的姓名,代理事项、授权范围和有效期限,并由委托人签名或盖章。代为出席会议的董事应当在授权范围内行使董事的权利。董事未出席董事会会议,亦未委托代表出席的,视为放弃在该次会议上的投票权。

第一百二十二条　董事会应当对会议所议事项的决定做成会议记录,出席会议的董事应当在会议记录上签名。

董事会会议记录作为公司档案保存,保存期限不少于10年。

注释:公司应当根据具体情况,在章程中规定会议记录的保管期限。

第一百二十三条　董事会会议记录包括以下内容:

(一)会议召开的日期、地点和召集人姓名;

(二)出席董事的姓名以及受他人委托出席董事会的董事(代理人)姓名;

(三)会议议程;

(四)董事发言要点;

(五)每一决议事项的表决方式和结果(表决结果应载明赞成、反对或弃权的票数)。

第六章　经理及其他高级管理人员

第一百二十四条　公司设经理1名,由董事会聘任或解聘。

公司设副经理【人数】名,由董事会聘任或解聘。

公司经理、副经理、财务负责人、董事会秘书和【职务】为公司高级管理人员。

注释:公司可以根据具体情况,在章程中规定属于公司高级管理人员的其他人选。

第一百二十五条　本章程第九十五条关于不得担任董事的情形、同时适用于高级管理人员。

本章程第九十七条关于董事的忠实义务和第九十八条(四)~(六)关于勤勉义务的规定,同时适用于高级管理人员。

第一百二十六条　在公司控股股东、实际控制人单位担任除董事以外其他职务的人员,不得担任公司的高级管理人员。

第一百二十七条　经理每届任期【年数】年,经理连聘可以连任。

第一百二十八条　经理对董事会负责,行使下列职权:

(一)主持公司的生产经营管理工作,组织实施董事会决议,并向董事会报告工作;

(二)组织实施公司年度经营计划和投资

方案；

（三）拟订公司内部管理机构设置方案；

（四）拟订公司的基本管理制度；

（五）制定公司的具体规章；

（六）提请董事会聘任或者解聘公司副经理、财务负责人；

（七）决定聘任或者解聘除应由董事会决定聘任或者解聘以外的负责管理人员；

（八）本章程或董事会授予的其他职权。

经理列席董事会会议。

注释：公司应当根据自身情况，在章程中制订符合公司实际要求的经理的职权和具体实施办法。

第一百二十九条 经理应制订经理工作细则，报董事会批准后实施。

第一百三十条 经理工作细则包括下列内容：

（一）经理会议召开的条件、程序和参加的人员；

（二）经理及其他高级管理人员各自具体的职责及其分工；

（三）公司资金、资产运用，签订重大合同的权限，以及向董事会、监事会的报告制度；

（四）董事会认为必要的其他事项。

第一百三十一条 经理可以在任期届满以前提出辞职。有关经理辞职的具体程序和办法由经理与公司之间的劳务合同规定。

第一百三十二条 公司根据自身情况，在章程中应当规定副经理的任免程序、副经理与经理的关系，并可以规定副经理的职权。

第一百三十三条 公司设董事会秘书，负责公司股东大会和董事会会议的筹备、文件保管以及公司股东资料管理，办理信息披露事务等事宜。

董事会秘书应遵守法律、行政法规、部门规章及本章程的有关规定。

第一百三十四条 高级管理人员执行公司职务时违反法律、行政法规、部门规章或本章程的规定，给公司造成损失的，应当承担赔偿责任。

第七章 监 事 会

第一节 监 事

第一百三十五条 本章程第九十五条关于不得担任董事的情形，同时适用于监事。

董事、经理和其他高级管理人员不得兼任监事。

第一百三十六条 监事应当遵守法律、行政法规和本章程，对公司负有忠实义务和勤勉义务，不得利用职权收受贿赂或者其他非法收入，不得侵占公司的财产。

第一百三十七条 监事的任期每届为3年。监事任期届满，连选可以连任。

第一百三十八条 监事任期届满未及时改选，或者监事在任期内辞职导致监事会成员低于法定人数的，在改选出的监事就任前，原监事仍应当依照法律、行政法规和本章程的规定，履行监事职务。

第一百三十九条 监事应当保证公司披露的信息真实、准确、完整。

第一百四十条 监事可以列席董事会会议，并对董事会决议事项提出质询或者建议。

第一百四十一条 监事不得利用其关联关系损害公司利益，若给公司造成损失的，应当承担赔偿责任。

第一百四十二条 监事执行公司职务时违反法律、行政法规、部门规章或本章程的规定，给公司造成损失的，应当承担赔偿责任。

第二节 监 事 会

第一百四十三条 公司设监事会。监事会由【人数】名监事组成，监事会设主席1人，可以设副主席。监事会主席和副主席由全体监事过半数选举产生。监事会主席召集和主持监事会会议；监事会主席不能履行职务或者不履行职务的，由监事会副主席召集和主持监事会会议；监事会副主席不能履行职务或者不履行职务的，由半数以上监事共同推举一名监事召集和主持监事会会议。

监事会应当包括股东代表和适当比例的公司职工代表，其中职工代表的比例不低于1/3。监事会中的职工代表由公司职工通过职工代表大会、职工大会或者其他形式民主选举产生。

注释：监事会成员不得少于3人。公司章程应规定职工代表在监事会中的具体比例。

第一百四十四条　监事会行使下列职权：

（一）应当对董事会编制的公司定期报告进行审核并提出书面审核意见；

（二）检查公司财务；

（三）对董事、高级管理人员执行公司职务的行为进行监督，对违反法律、行政法规、本章程或者股东大会决议的董事、高级管理人员提出罢免的建议；

（四）当董事、高级管理人员的行为损害公司的利益时，要求董事、高级管理人员予以纠正；

（五）提议召开临时股东大会，在董事会不履行《公司法》规定的召集和主持股东大会职责时召集和主持股东大会；

（六）向股东大会提出提案；

（七）依照《公司法》第一百五十一条的规定，对董事、高级管理人员提起诉讼；

（八）发现公司经营情况异常，可以进行调查；必要时，可以聘请会计师事务所、律师事务所等专业机构协助其工作，费用由公司承担。

注释：公司章程可以规定监事的其他职权。

第一百四十五条　监事会每6个月至少召开一次会议。监事可以提议召开临时监事会会议。

监事会决议应当经半数以上监事通过。

第一百四十六条　监事会制定监事会议事规则，明确监事会的议事方式和表决程序，以确保监事会的工作效率和科学决策。

注释：监事会议事规则规定监事会的召开和表决程序。监事会议事规则应列入公司章程或作为章程的附件，由监事会拟定，股东大会批准。

第一百四十七条　监事会应当将所议事项的决定做成会议记录，出席会议的监事应当在会议记录上签名。

监事有权要求在记录上对其在会议上的发言作出某种说明性记载。监事会会议记录作为公司档案至少保存10年。

注释：公司应当根据具体情况，在章程中规定会议记录的保管期限。

第一百四十八条　监事会会议通知包括以下内容：

（一）举行会议的日期、地点和会议期限；

（二）事由及议题；

（三）发出通知的日期。

第八章　财务会计制度、利润分配和审计

第一节　财务会计制度

第一百四十九条　公司依照法律、行政法规和国家有关部门的规定，制定公司的财务会计制度。

第一百五十条　公司在每一会计年度结束之日起4个月内向中国证监会和证券交易所报送年度财务会计报告，在每一会计年度前6个月结束之日起2个月内向中国证监会派出机构和证券交易所报送半年度财务会计报告，在每一会计年度前3个月和前9个月结束之日起的1个月内向中国证监会派出机构和证券交易所报送季度财务会计报告。

上述财务会计报告按照有关法律、行政法规及部门规章的规定进行编制。

第一百五十一条　公司除法定的会计账簿外，将不另立会计账簿。公司的资产，不以任何个人名义开立账户存储。

第一百五十二条　公司分配当年税后利润时，应当提取利润的10%列入公司法定公积金。公司法定公积金累计额为公司注册资本的50%以上的，可以不再提取。

公司的法定公积金不足以弥补以前年度亏损的，在依照前款规定提取法定公积金之

前，应当先用当年利润弥补亏损。

公司从税后利润中提取法定公积金后，经股东大会决议，还可以从税后利润中提取任意公积金。

公司弥补亏损和提取公积金后所余税后利润，按照股东持有的股份比例分配，但本章程规定不按持股比例分配的除外。

股东大会违反前款规定，在公司弥补亏损和提取法定公积金之前向股东分配利润的，股东必须将违反规定分配的利润退还公司。

公司持有的本公司股份不参与分配利润。

公司应当在公司章程中明确现金分红相对于股票股利在利润分配方式中的优先顺序，并载明以下内容：

（一）公司董事会、股东大会对利润分配尤其是现金分红事项的决策程序和机制，对既定利润分配政策尤其是现金分红政策作出调整的具体条件、决策程序和机制，以及为充分听取独立董事和中小股东意见所采取的措施。

（二）公司的利润分配政策尤其是现金分红政策的具体内容，利润分配的形式，利润分配尤其是现金分红的期间间隔，现金分红的具体条件，发放股票股利的条件，各期现金分红最低金额或比例（如有）等。

注释：公司应当以现金的形式向优先股股东支付股息，在完全支付约定的股息之前，不得向普通股股东分配利润。

第一百五十三条 公司的公积金用于弥补公司的亏损、扩大公司生产经营或者转为增加公司资本。但是，资本公积金将不用于弥补公司的亏损。

法定公积金转为资本时，所留存的该项公积金将不少于转增前公司注册资本的25%。

第一百五十四条 公司股东大会对利润分配方案作出决议后，公司董事会须在股东大会召开后2个月内完成股利（或股份）的派发事项。

第一百五十五条 公司利润分配政策为【具体政策】。

注释：发行境内上市外资股的公司应当按照《境内上市外资股规定实施细则》中的有关规定补充本节的内容。

第二节　内部审计

第一百五十六条 公司实行内部审计制度，配备专职审计人员，对公司财务收支和经济活动进行内部审计监督。

第一百五十七条 公司内部审计制度和审计人员的职责，应当经董事会批准后实施。审计负责人向董事会负责并报告工作。

第三节　会计师事务所的聘任

第一百五十八条 公司聘用取得“从事证券相关业务资格”的会计师事务所进行会计报表审计、净资产验证及其他相关的咨询服务等业务，聘期1年，可以续聘。

第一百五十九条 公司聘用会计师事务所必须由股东大会决定，董事会不得在股东大会决定前委任会计师事务所。

第一百六十条 公司保证向聘用的会计师事务所提供真实、完整的会计凭证、会计账簿、财务会计报告及其他会计资料，不得拒绝、隐匿、谎报。

第一百六十一条 会计师事务所的审计费用由股东大会决定。

第一百六十二条 公司解聘或者不再续聘会计师事务所时，提前【天数】天事先通知会计师事务所，公司股东大会就解聘会计师事务所进行表决时，允许会计师事务所陈述意见。

会计师事务所提出辞聘的，应当向股东大会说明公司有无不当情形。

第九章　通知和公告

第一节　通　　知

第一百六十三条 公司的通知以下列形式发出：

（一）以专人送出；

（二）以邮件方式送出；

（三）以公告方式进行；

（四）本章程规定的其他形式。

第一百六十四条　公司发出的通知，以公告方式进行的，一经公告，视为所有相关人员收到通知。

第一百六十五条　公司召开股东大会的会议通知，以【具体通知方式】进行。

第一百六十六条　公司召开董事会的会议通知，以【具体通知方式】进行。

第一百六十七条　公司召开监事会的会议通知，以【具体通知方式】进行。

注释：公司应当根据实际情况，在章程中确定公司各种会议的具体通知方式。

第一百六十八条　公司通知以专人送出的，由被送达人在送达回执上签名（或盖章），被送达人签收日期为送达日期；公司通知以邮件送出的，自交付邮局之日起第【天数】个工作日为送达日期；公司通知以公告方式送出的，第一次公告刊登日为送达日期。

第一百六十九条　因意外遗漏未向某有权得到通知的人送出会议通知或者该等人没有收到会议通知，会议及会议作出的决议并不因此无效。

第二节　公　　告

第一百七十条　公司指定【媒体名称】为刊登公司公告和其他需要披露信息的媒体。

注释：公司应当在中国证监会指定的媒体范围内，在章程中确定一份或者多份报纸和一个网站作为公司披露信息的媒体。

第十章　合并、分立、增资、减资、解散和清算

第一节　合并、分立、增资和减资

第一百七十一条　公司合并可以采取吸收合并或者新设合并。

一个公司吸收其他公司为吸收合并，被吸收的公司解散。两个以上公司合并设立一个新的公司为新设合并，合并各方解散。

第一百七十二条　公司合并，应当由合并各方签订合并协议，并编制资产负债表及财产清单。公司应当自作出合并决议之日起10日内通知债权人，并于30日内在【报纸名称】上公告。

债权人自接到通知书之日起30日内，未接到通知书的自公告之日起45日内，可以要求公司清偿债务或者提供相应的担保。

第一百七十三条　公司合并时，合并各方的债权、债务，由合并后存续的公司或者新设的公司承继。

第一百七十四条　公司分立，其财产作相应的分割。

公司分立，应当编制资产负债表及财产清单。公司应当自作出分立决议之日起10日内通知债权人，并于30日内在【报纸名称】上公告。

第一百七十五条　公司分立前的债务由分立后的公司承担连带责任。但是，公司在分立前与债权人就债务清偿达成的书面协议另有约定的除外。

第一百七十六条　公司需要减少注册资本时，必须编制资产负债表及财产清单。

公司应当自作出减少注册资本决议之日起10日内通知债权人，并于30日内在【报纸名称】上公告。债权人自接到通知书之日起30日内，未接到通知书的自公告之日起45日内，有权要求公司清偿债务或者提供相应的担保。

公司减资后的注册资本将不低于法定的最低限额。

第一百七十七条　公司合并或者分立，登记事项发生变更的，应当依法向公司登记机关办理变更登记；公司解散的，应当依法办理公司注销登记；设立新公司的，应当依法办理公司设立登记。

公司增加或者减少注册资本，应当依法向公司登记机关办理变更登记。

第二节　解散和清算

第一百七十八条　公司因下列原因解散：

（一）本章程规定的营业期限届满或者本

章程规定的其他解散事由出现；

（二）股东大会决议解散；

（三）因公司合并或者分立需要解散；

（四）依法被吊销营业执照、责令关闭或者被撤销；

（五）公司经营管理发生严重困难，继续存续会使股东利益受到重大损失，通过其他途径不能解决的，持有公司全部股东表决权10%以上的股东，可以请求人民法院解散公司。

第一百七十九条 公司有本章程第一百七十八条第（一）项情形的，可以通过修改本章程而存续。

依照前款规定修改本章程，须经出席股东大会会议的股东所持表决权的2/3以上通过。

第一百八十条 公司因本章程第一百七十八条第（一）项、第（二）项、第（四）项、第（五）项规定而解散的，应当在解散事由出现之日起15日内成立清算组，开始清算。清算组由董事或者股东大会确定的人员组成。逾期不成立清算组进行清算的，债权人可以申请人民法院指定有关人员组成清算组进行清算。

第一百八十一条 清算组在清算期间行使下列职权：

（一）清理公司财产，分别编制资产负债表和财产清单；

（二）通知、公告债权人；

（三）处理与清算有关的公司未了结的业务；

（四）清缴所欠税款以及清算过程中产生的税款；

（五）清理债权、债务；

（六）处理公司清偿债务后的剩余财产；

（七）代表公司参与民事诉讼活动。

第一百八十二条 清算组应当自成立之日起10日内通知债权人，并于60日内在【报纸名称】上公告。债权人应当自接到通知书之日起30日内，未接到通知书的自公告之日起45日内，向清算组申报其债权。

债权人申报债权，应当说明债权的有关事项，并提供证明材料。清算组应当对债权进行登记。

在申报债权期间，清算组不得对债权人进行清偿。

第一百八十三条 清算组在清理公司财产、编制资产负债表和财产清单后，应当制定清算方案，并报股东大会或者人民法院确认。

公司财产在分别支付清算费用、职工的工资、社会保险费用和法定补偿金，缴纳所欠税款，清偿公司债务后的剩余财产，公司按照股东持有的股份比例分配。

清算期间，公司存续，但不能开展与清算无关的经营活动。公司财产在未按前款规定清偿前，将不会分配给股东。

注释：已发行优先股的公司因解散、破产等原因进行清算时，公司财产在按照公司法和破产法有关规定进行清偿后的剩余财产，应当优先向优先股股东支付未派发的股息和公司章程约定的清算金额，不足以全额支付的，按照优先股股东持股比例分配。

第一百八十四条 清算组在清理公司财产、编制资产负债表和财产清单后，发现公司财产不足清偿债务的，应当依法向人民法院申请宣告破产。

公司经人民法院裁定宣告破产后，清算组应当将清算事务移交给人民法院。

第一百八十五条 公司清算结束后，清算组应当制作清算报告，报股东大会或者人民法院确认，并报送公司登记机关，申请注销公司登记，公告公司终止。

第一百八十六条 清算组成员应当忠于职守，依法履行清算义务。

清算组成员不得利用职权收受贿赂或者其他非法收入，不得侵占公司财产。

清算组成员因故意或者重大过失给公司或者债权人造成损失的，应当承担赔偿责任。

第一百八十七条 公司被依法宣告破产的，依照有关企业破产的法律实施破产清算。

第十一章　修改章程

第一百八十八条 有下列情形之一的，公司应当修改章程：

（一）《公司法》或有关法律、行政法规修改后，章程规定的事项与修改后的法律、行政法规的规定相抵触；

（二）公司的情况发生变化，与章程记载的事项不一致；

（三）股东大会决定修改章程。

第一百八十九条 股东大会决议通过的章程修改事项应经主管机关审批的，须报主管机关批准；涉及公司登记事项的，依法办理变更登记。

第一百九十条 董事会依照股东大会修改章程的决议和有关主管机关的审批意见修改本章程。

第一百九十一条 章程修改事项属于法律、法规要求披露的信息，按规定予以公告。

第十二章 附 则

第一百九十二条 释义

（一）控股股东，是指其持有的普通股（含表决权恢复的优先股）占公司股本总额50%以上的股东；持有股份的比例虽然不足50%，但依其持有的股份所享有的表决权已足以对股东大会的决议产生重大影响的股东。

（二）实际控制人，是指虽不是公司的股东，但通过投资关系、协议或者其他安排，能够实际支配公司行为的人。

（三）关联关系，是指公司控股股东、实际控制人、董事、监事、高级管理人员与其直接或者间接控制的企业之间的关系，以及可能导致公司利益转移的其他关系。但是，国家控股的企业之间不仅因为同受国家控股而具有关联关系。

第一百九十三条 董事会可依照章程的规定，制订章程细则。章程细则不得与章程的规定相抵触。

第一百九十四条 本章程以中文书写，其他任何语种或不同版本的章程与本章程有歧义时，以在【公司登记机关全称】最近一次核准登记后的中文版章程为准。

第一百九十五条 本章程所称“以上”、“以内”、“以下”，都含本数；“以外”、“低于”、“多于”不含本数。

第一百九十六条 本章程由公司董事会负责解释。

第一百九十七条 本章程附件包括股东大会议事规则、董事会议事规则和监事会议事规则。

第一百九十八条 国家对优先股另有规定的，从其规定。

第一百九十九条 本章程自公布之日起施行。《上市公司章程指引（2014年修订）》（证监会公告〔2014〕47号）同时废止。

非上市公众公司监督管理办法

（2012年9月28日中国证券监督管理委员会令第85号公布 根据2013年12月26日中国证券监督管理委员会令第96号《关于修改〈非上市公众公司监督管理办法〉的决定》修订）

第一章 总 则

第一条 为了规范非上市公众公司股票转让和发行行为，保护投资者合法权益，维护社会公共利益，根据《证券法》、《公司法》及相关法律法规的规定，制定本办法。

第二条 本办法所称非上市公众公司（以下简称公众公司）是指有下列情形之一且其股

票未在证券交易所上市交易的股份有限公司：

（一）股票向特定对象发行或者转让导致股东累计超过200人；

（二）股票以公开方式向社会公众公开转让。

第三条 公众公司应当按照法律、行政法规、本办法和公司章程的规定，做到股权明晰，合法规范经营，公司治理机制健全，履行信息披露义务。

第四条 公众公司股票应当在中国证券登记结算公司集中登记存管，公开转让应当在依法设立的证券交易场所进行。

第五条 为公司出具专项文件的证券公司、律师事务所、会计师事务所及其他证券服务机构，应当勤勉尽责、诚实守信，认真履行审慎核查义务，按照依法制定的业务规则、行业执业规范和职业道德准则发表专业意见，保证所出具文件的真实性、准确性和完整性，并接受中国证券监督管理委员会（以下简称中国证监会）的监管。

第二章 公司治理

第六条 公众公司应当依法制定公司章程。

中国证监会依法对公众公司章程必备条款作出具体规定，规范公司章程的制定和修改。

第七条 公众公司应当建立兼顾公司特点和公司治理机制基本要求的股东大会、董事会、监事会制度，明晰职责和议事规则。

第八条 公众公司的治理结构应当确保所有股东，特别是中小股东充分行使法律、行政法规和公司章程规定的合法权利。

股东对法律、行政法规和公司章程规定的公司重大事项，享有知情权和参与权。

公众公司应当建立健全投资者关系管理，保护投资者的合法权益。

第九条 公众公司股东大会、董事会、监事会的召集、提案审议、通知时间、召开程序、授权委托、表决和决议等应当符合法律、行政法规和公司章程的规定；会议记录应当完整并安全保存。

股东大会的提案审议应当符合程序，保障股东的知情权、参与权、质询权和表决权；董事会应当在职权范围和股东大会授权范围内对审议事项作出决议，不得代替股东大会对超出董事会职权范围和授权范围的事项进行决议。

第十条 公众公司董事会应当对公司的治理机制是否给所有的股东提供合适的保护和平等权利等情况进行充分讨论、评估。

第十一条 公众公司应当强化内部管理，按照相关规定建立会计核算体系、财务管理和风险控制等制度，确保公司财务报告真实可靠及行为合法合规。

第十二条 公众公司进行关联交易应当遵循平等、自愿、等价、有偿的原则，保证交易公平、公允，维护公司的合法权益，根据法律、行政法规、中国证监会的规定和公司章程，履行相应的审议程序。

第十三条 公众公司应当采取有效措施防止股东及其关联方以各种形式占用或者转移公司的资金、资产及其他资源。

第十四条 公众公司实施并购重组行为，应当按照法律、行政法规、中国证监会的规定和公司章程，履行相应的决策程序并聘请证券公司和相关证券服务机构出具专业意见。

任何单位和个人不得利用并购重组损害公众公司及其股东的合法权益。

第十五条 进行公众公司收购，收购人或者其实际控制人应当具有健全的公司治理机制和良好的诚信记录。收购人不得以任何形式从被收购公司获得财务资助，不得利用收购活动损害被收购公司及其股东的合法权益。

在公众公司收购中，收购人持有的被收购公司的股份，在收购完成后12个月内不得转让。

第十六条 公众公司实施重大资产重组，重组的相关资产应当权属清晰、定价公允，重组后的公众公司治理机制健全，不得损害公众公司和股东的合法权益。

第十七条 公众公司应当按照法律的规定,同时结合公司的实际情况在章程中约定建立表决权回避制度。

第十八条 公众公司应当在章程中约定纠纷解决机制。股东有权按照法律、行政法规和公司章程的规定,通过仲裁、民事诉讼或者其他法律手段保护其合法权益。

第三章 信息披露

第十九条 公司及其他信息披露义务人应当按照法律、行政法规和中国证监会的规定,真实、准确、完整、及时地披露信息,不得有虚假记载、误导性陈述或者重大遗漏。公司及其他信息披露义务人应当向所有投资者同时公开披露信息。

公司的董事、监事、高级管理人员应当忠实、勤勉地履行职责,保证公司披露信息的真实、准确、完整、及时。

第二十条 信息披露文件主要包括公开转让说明书、定向转让说明书、定向发行说明书、发行情况报告书、定期报告和临时报告等。具体的内容与格式、编制规则及披露要求,由中国证监会另行制定。

第二十一条 公开转让与定向发行的公众公司应当在每一会计年度的上半年结束之日起2个月内披露记载中国证监会规定内容的半年度报告,在每一会计年度结束之日起4个月内披露记载中国证监会规定内容的年度报告。年度报告中的财务会计报告应当经具有证券期货相关业务资格的会计师事务所审计。

股票向特定对象转让导致股东累计超过200人的公众公司,应当在每一会计年度结束之日起4个月内披露记载中国证监会规定内容的年度报告。年度报告中的财务会计报告应当经会计师事务所审计。

第二十二条 公众公司董事、高级管理人员应当对定期报告签署书面确认意见;对报告内容有异议的,应当单独陈述理由,并与定期报告同时披露。公众公司不得以董事、高级管理人员对定期报告内容有异议为由不按时披露定期报告。

公众公司监事会应当对董事会编制的定期报告进行审核并提出书面审核意见,说明董事会对定期报告的编制和审核程序是否符合法律、行政法规、中国证监会的规定和公司章程,报告的内容是否能够真实、准确、完整地反映公司实际情况。

第二十三条 证券公司、律师事务所、会计师事务所及其他证券服务机构出具的文件和其他有关的重要文件应当作为备查文件,予以披露。

第二十四条 发生可能对股票价格产生较大影响的重大事件,投资者尚未得知时,公众公司应当立即将有关该重大事件的情况报送临时报告,并予以公告,说明事件的起因、目前的状态和可能产生的后果。

第二十五条 公众公司实施并购重组的,相关信息披露义务人应当依法严格履行公告义务,并及时准确地向公众公司通报有关信息,配合公众公司及时、准确、完整地进行披露。

参与并购重组的相关单位和人员,在并购重组的信息依法披露前负有保密义务,禁止利用该信息进行内幕交易。

第二十六条 公众公司应当制定信息披露事务管理制度并指定具有相关专业知识的人员负责信息披露事务。

第二十七条 除监事会公告外,公众公司披露的信息应当以董事会公告的形式发布。董事、监事、高级管理人员非经董事会书面授权,不得对外发布未披露的信息。

第二十八条 公司及其他信息披露义务人依法披露的信息,应当在中国证监会指定的信息披露平台公布。公司及其他信息披露义务人可在公司网站或者其他公众媒体上刊登依本办法必须披露的信息,但披露的内容应当完全一致,且不得早于在中国证监会指定的信息披露平台披露的时间。

股票向特定对象转让导致股东累计超过

200 人的公众公司可以在公司章程中约定其他信息披露方式;在中国证监会指定的信息披露平台披露相关信息的,应当符合本条第一款的要求。

第二十九条 公司及其他信息披露义务人应当将信息披露公告文稿和相关备查文件置备于公司住所供社会公众查阅。

第三十条 公司应当配合为其提供服务的证券公司及律师事务所、会计师事务所等证券服务机构的工作,按要求提供所需资料,不得要求证券公司、证券服务机构出具与客观事实不符的文件或者阻碍其工作。

第四章 股票转让

第三十一条 股票向特定对象转让导致股东累计超过 200 人的股份有限公司,应当自上述行为发生之日起 3 个月内,按照中国证监会有关规定制作申请文件,申请文件应当包括但不限于:定向转让说明书、律师事务所出具的法律意见书、会计师事务所出具的审计报告。股份有限公司持申请文件向中国证监会申请核准。在提交申请文件前,股份有限公司应当将相关情况通知所有股东。

在 3 个月内股东人数降至 200 人以内的,可以不提出申请。

股票向特定对象转让应当以非公开方式协议转让。申请股票向社会公众公开转让的,按照本办法第三十二条、第三十三条的规定办理。

第三十二条 公司申请其股票向社会公众公开转让的,董事会应当依法就股票公开转让的具体方案作出决议,并提请股东大会批准,股东大会决议必须经出席会议的股东所持表决权的 2/3 以上通过。

董事会和股东大会决议中还应当包括以下内容:

(一)按照中国证监会的相关规定修改公司章程;

(二)按照法律、行政法规和公司章程的规定建立健全公司治理机制;

(三)履行信息披露义务,按照相关规定披露公开转让说明书、年度报告、半年度报告及其他信息披露内容。

第三十三条 申请其股票向社会公众公开转让的公司,应当按照中国证监会有关规定制作公开转让的申请文件,申请文件应当包括但不限于:公开转让说明书、律师事务所出具的法律意见书、具有证券期货相关业务资格的会计师事务所出具的审计报告、证券公司出具的推荐文件、证券交易场所的审查意见。公司持申请文件向中国证监会申请核准。

公开转让说明书应当在公开转让前披露。

第三十四条 中国证监会受理申请文件后,依法对公司治理和信息披露进行审核,作出是否核准的决定,并出具相关文件。

第三十五条 公司及其董事、监事、高级管理人员,应当对公开转让说明书、定向转让说明书签署书面确认意见,保证所披露的信息真实、准确、完整。

第五章 定向发行

第三十六条 本办法所称定向发行包括向特定对象发行股票导致股东累计超过 200 人,以及股东人数超过 200 人的公众公司向特定对象发行股票两种情形。

前款所称特定对象的范围包括下列机构或者自然人:

(一)公司股东;

(二)公司的董事、监事、高级管理人员、核心员工;

(三)符合投资者适当性管理规定的自然人投资者、法人投资者及其他经济组织。

公司确定发行对象时,符合本条第二款第(二)项、第(三)项规定的投资者合计不得超过 35 名。

核心员工的认定,应当由公司董事会提名,并向全体员工公示和征求意见,由监事会发表明确意见后,经股东大会审议批准。

投资者适当性管理规定由中国证监会另行制定。

第三十七条 公司应当对发行对象的身份进行确认,有充分理由确信发行对象符合本办法和公司的相关规定。

公司应当与发行对象签订包含风险揭示条款的认购协议。

第三十八条 公司董事会应当依法就本次股票发行的具体方案作出决议,并提请股东大会批准,股东大会决议必须经出席会议的股东所持表决权的2/3以上通过。

申请向特定对象发行股票导致股东累计超过200人的股份有限公司,董事会和股东大会决议中还应当包括以下内容:

(一)按照中国证监会的相关规定修改公司章程;

(二)按照法律、行政法规和公司章程的规定建立健全公司治理机制;

(三)履行信息披露义务,按照相关规定披露定向发行说明书、发行情况报告书、年度报告、半年度报告及其他信息披露内容。

第三十九条 公司应当按照中国证监会有关规定制作定向发行的申请文件,申请文件应当包括但不限于:定向发行说明书、律师事务所出具的法律意见书、具有证券期货相关业务资格的会计师事务所出具的审计报告、证券公司出具的推荐文件。公司持申请文件向中国证监会申请核准。

第四十条 中国证监会受理申请文件后,依法对公司治理和信息披露以及发行对象情况进行审核,作出是否核准的决定,并出具相关文件。

第四十一条 公司申请定向发行股票,可申请一次核准,分期发行。自中国证监会予以核准之日起,公司应当在3个月内首期发行,剩余数量应当在12个月内发行完毕。超过核准文件限定的有效期未发行的,须重新经中国证监会核准后方可发行。首期发行数量应当不少于总发行数量的50%,剩余各期发行的数量由公司自行确定,每期发行后5个工作日内将发行情况报中国证监会备案。

第四十二条 公众公司向特定对象发行股票后股东累计不超过200人的,或者公众公司在12个月内发行股票累计融资额低于公司净资产的20%的,豁免向中国证监会申请核准,但发行对象应当符合本办法第三十六条的规定,并在每次发行后5个工作日内将发行情况报中国证监会备案。

第四十三条 股票发行结束后,公众公司应当按照中国证监会的有关要求编制并披露发行情况报告书。申请分期发行的公众公司应在每期发行后按照中国证监会的有关要求进行披露,并在全部发行结束或者超过核准文件有效期后按照中国证监会的有关要求编制并披露发行情况报告书。

豁免向中国证监会申请核准定向发行的公众公司,应当在发行结束后按照中国证监会的有关要求编制并披露发行情况报告书。

第四十四条 公司及其董事、监事、高级管理人员,应当对定向发行说明书、发行情况报告书签署书面确认意见,保证所披露的信息真实、准确、完整。

第四十五条 公众公司定向发行股份购买资产的,按照本章有关规定办理。

第六章 监督管理

第四十六条 中国证监会会同国务院有关部门、地方人民政府,依照法律法规和国务院有关规定,各司其职,分工协作,对公众公司进行持续监管,防范风险,维护证券市场秩序。

第四十七条 中国证监会依法履行对公司股票转让、定向发行、信息披露的监管职责,有权对公司、证券公司、证券服务机构采取《证券法》第一百八十条规定的措施。

第四十八条 中国证券业协会应当发挥自律管理作用,对从事公司股票转让和定向发行业务的证券公司进行监督,督促其勤勉尽责地履行尽职调查和督导职责。发现证券公司有违反法律、行政法规和中国证监会相关规定的行为,应当向中国证监会报告,并采取自律管理措施。

第四十九条 中国证监会可以要求公司

及其他信息披露义务人或者其董事、监事、高级管理人员对有关信息披露问题作出解释、说明或者提供相关资料，并要求公司提供证券公司或者证券服务机构的专业意见。

中国证监会对证券公司和证券服务机构出具文件的真实性、准确性、完整性有疑义的，可以要求相关机构作出解释、补充，并调阅其工作底稿。

第五十条 证券公司在从事股票转让、定向发行等业务活动中，应当按照中国证监会的有关规定勤勉尽责地进行尽职调查，规范履行内核程序，认真编制相关文件，并持续督导所推荐公司及时履行信息披露义务、完善公司治理。

第五十一条 证券服务机构为公司的股票转让、定向发行等活动出具审计报告、资产评估报告或者法律意见书等文件的，应当严格履行法定职责，遵循勤勉尽责和诚实信用原则，对公司的主体资格、股本情况、规范运作、财务状况、公司治理、信息披露等内容的真实性、准确性、完整性进行充分的核查和验证，并保证其出具的文件不存在虚假记载、误导性陈述或者重大遗漏。

第五十二条 中国证监会依法对公司进行监督检查或者调查，公司有义务提供相关文件资料。对于发现问题的公司，中国证监会可以采取责令改正、监管谈话、责令公开说明、出具警示函等监管措施，并记入诚信档案；涉嫌违法、犯罪的，应当立案调查或者移送司法机关。

第七章 法律责任

第五十三条 公司以欺骗手段骗取核准的，公司报送的报告有虚假记载、误导性陈述或者重大遗漏的，除依照《证券法》有关规定进行处罚外，中国证监会可以采取终止审查并自确认之日起在36个月内不受理公司的股票转让和定向发行申请的监管措施。

第五十四条 公司未按照本办法第三十一条、第三十三条、第三十九条规定，擅自转让或者发行股票的，按照《证券法》第一百八十八条的规定进行处罚。

第五十五条 证券公司、证券服务机构出具的文件有虚假记载、误导性陈述或者重大遗漏的，除依照《证券法》及相关法律法规的规定处罚外，中国证监会可视情节轻重，自确认之日起采取3个月至12个月内不接受该机构出具的相关专项文件，36个月内不接受相关签字人员出具的专项文件的监管措施。

第五十六条 公司及其他信息披露义务人未按照规定披露信息，或者所披露的信息有虚假记载、误导性陈述或者重大遗漏的，依照《证券法》第一百九十三条的规定进行处罚。

第五十七条 公司向不符合本办法规定条件的投资者发行股票的，中国证监会可以责令改正，并可以自确认之日起在36个月内不受理其申请。

第五十八条 信息披露义务人及其董事、监事、高级管理人员，公司控股股东、实际控制人，为信息披露义务人出具专项文件的证券公司、证券服务机构及其工作人员，违反《证券法》、行政法规和中国证监会相关规定的，中国证监会可以采取责令改正、监管谈话、出具警示函、认定为不适当人选等监管措施，并记入诚信档案；情节严重的，中国证监会可以对有关责任人员采取证券市场禁入的措施。

第五十九条 公众公司内幕信息知情人或非法获取内幕信息的人，在对公众公司股票价格有重大影响的信息公开前，泄露该信息、买卖或者建议他人买卖该股票的，依照《证券法》第二百零二条的规定进行处罚。

第八章 附 则

第六十条 公众公司向不特定对象公开发行股票的，应当遵守《证券法》和中国证监会的相关规定。

公众公司申请在证券交易所上市的，应当遵守中国证监会和证券交易所的相关规定。

第六十一条 本办法施行前股东人数超过200人的股份有限公司，依照有关法律法规进行规范，并经中国证监会确认后，可以按照本办法的相关规定申请核准。

第六十二条　本办法所称股份有限公司是指首次申请股票转让或定向发行的股份有限公司；所称公司包括非上市公众公司和首次申请股票转让或定向发行的股份有限公司。

第六十三条　本办法自2013年1月1日起施行。

2. 内部控制

小企业内部控制规范（试行）

（2017年6月29日印发　财会〔2017〕21号）

第一章　总　　则

第一条　为了指导小企业建立和有效实施内部控制，提高经营管理水平和风险防范能力，促进小企业健康可持续发展，根据《中华人民共和国会计法》《中华人民共和国公司法》等法律法规及《企业内部控制基本规范》，制定本规范。

第二条　本规范适用于在中华人民共和国境内依法设立的、尚不具备执行《企业内部控制基本规范》及其配套指引条件的小企业。

小企业的划分标准按照《中小企业划型标准规定》执行。

执行《企业内部控制基本规范》及其配套指引的企业集团，其集团内属于小企业的母公司和子公司，也应当执行《企业内部控制基本规范》及其配套指引。

企业集团、母公司和子公司的定义与《企业会计准则》的规定相同。

第三条　本规范所称内部控制，是指由小企业负责人及全体员工共同实施的、旨在实现控制目标的过程。

第四条　小企业内部控制的目标是合理保证小企业经营管理合法合规、资金资产安全和财务报告信息真实完整可靠。

第五条　小企业建立与实施内部控制，应当遵循下列原则：

（一）风险导向原则。内部控制应当以防范风险为出发点，重点关注对实现内部控制目标造成重大影响的风险领域。

（二）适应性原则。内部控制应当与企业发展阶段、经营规模、管理水平等相适应，并随着情况的变化及时加以调整。

（三）实质重于形式原则。内部控制应当注重实际效果，而不局限于特定的表现形式和实现手段。

（四）成本效益原则。内部控制应当权衡实施成本与预期效益，以合理的成本实现有效控制。

第六条　小企业建立与实施内部控制应当遵循下列总体要求：

（一）树立依法经营、诚实守信的意识，制定并实施长远发展目标和战略规划，为内部控制的持续有效运行提供良好环境。

（二）及时识别、评估与实现控制目标相关的内外部风险，并合理确定风险应对策略。

（三）根据风险评估结果，开展相应的控制活动，将风险控制在可承受范围之内。

（四）及时、准确地收集、传递与内部控制相关的信息，并确保其在企业内部、企业与外部之间的有效沟通。

（五）对内部控制的建立与实施情况进行

监督检查,识别内部控制存在的问题并及时督促改进。

(六)形成建立、实施、监督及改进内部控制的管理闭环,并使其持续有效运行。

第七条 小企业主要负责人对本企业内部控制的建立健全和有效实施负责。

小企业可以指定适当的部门(岗位),具体负责组织协调和推动内部控制的建立与实施工作。

第二章 内部控制建立与实施

第八条 小企业应当围绕控制目标,以风险为导向确定内部控制建设的领域,设计科学合理的控制活动或对现有控制活动进行梳理、完善和优化,确保内部控制体系能够持续有效运行。

第九条 小企业应当依据所设定的内部控制目标和内部控制建设工作规划,有针对性地选择评估对象开展风险评估。

风险评估对象可以是整个企业或某个部门,也可以是某个业务领域、某个产品或某个具体事项。

第十条 小企业应当恰当识别与控制目标相关的内外部风险,如合规性风险、资金资产安全风险、信息安全风险、合同风险等。

第十一条 小企业应当采用适当的风险评估方法,综合考虑风险发生的可能性、风险发生后可能造成的影响程度以及可能持续的时间,对识别的风险进行分析和排序,确定重点关注和优先控制的风险。

常用的风险评估方法包括问卷调查、集体讨论、专家咨询、管理层访谈、行业标杆比较等。

第十二条 小企业开展风险评估既可以结合经营管理活动进行,也可以专门组织开展。

小企业应当定期开展系统全面的风险评估。在发生重大变化以及需要对重大事项进行决策时,小企业可以相应增加风险评估的频率。

第十三条 小企业开展风险评估,可以考虑聘请外部专家提供技术支持。

第十四条 小企业应当根据风险评估的结果,制定相应的风险应对策略,对相关风险进行管理。

风险应对策略一般包括接受、规避、降低、分担等四种策略。

小企业应当将内部控制作为降低风险的主要手段,在权衡成本效益之后,采取适当的控制措施将风险控制在本企业可承受范围之内。

第十五条 小企业建立与实施内部控制应当重点关注下列管理领域:

(一)资金管理;

(二)重要资产管理(包括核心技术);

(三)债务与担保业务管理;

(四)税费管理;

(五)成本费用管理;

(六)合同管理;

(七)重要客户和供应商管理;

(八)关键岗位人员管理;

(九)信息技术管理;

(十)其他需要关注的领域。

第十六条 小企业在建立内部控制时,应当根据控制目标,按照风险评估的结果,结合自身实际情况,制定有效的内部控制措施。

内部控制措施一般包括不相容岗位相分离控制、内部授权审批控制、会计控制、财产保护控制、单据控制等。

第十七条 不相容岗位相分离控制要求小企业根据国家有关法律法规的要求及自身实际情况,合理设置不相容岗位,确保不相容岗位由不同的人员担任,并合理划分业务和事项的申请、内部审核审批、业务执行、信息记录、内部监督等方面的责任。

因资源限制等原因无法实现不相容岗位相分离的,小企业应当采取抽查交易文档、定期资产盘点等替代性控制措施。

第十八条 内部授权审批控制要求小企业根据常规授权和特别授权的规定,明确各部门、各岗位办理业务和事项的权限范围、审批程序和相关责任。常规授权是指小企业在日常经营管理活动中按照既定的职责和程序进行的授权。特别授权是指小企业在特殊情况、特定条件下进行的授权。小企业应当严格控制特别授权。

小企业各级管理人员应当在授权范围内行使职权、办理业务。

第十九条　会计控制要求小企业严格执行国家统一的会计准则制度，加强会计基础工作，明确会计凭证、会计账簿和财务会计报告的处理程序，加强会计档案管理，保证会计资料真实完整。

小企业应当根据会计业务的需要，设置会计机构；或者在有关机构中设置会计人员并指定会计主管人员；或者委托经批准设立从事会计代理记账业务的中介机构代理记账。

小企业应当选择使用符合《中华人民共和国会计法》和国家统一的会计制度规定的会计信息系统（电算化软件）。

第二十条　财产保护控制要求小企业建立财产日常管理和定期清查制度，采取财产记录、实物保管、定期盘点、账实核对等措施，确保财产安全完整。

第二十一条　单据控制要求小企业明确各种业务和事项所涉及的表单和票据，并按照规定填制、审核、归档和保管各类单据。

第二十二条　小企业应当根据内部控制目标，综合运用上述内部控制措施，对企业面临的各类内外部风险实施有效控制。

第二十三条　小企业在采取内部控制措施时，应当对实施控制的责任人、频率、方式、文档记录等内容做出明确规定。

有条件的小企业可以采用内部控制手册等书面形式来明确内部控制措施。

第二十四条　小企业可以利用现有的管理基础，将内部控制要求与企业管理体系进行融合，提高内部控制建立与实施工作的实效性。

第二十五条　小企业在实施内部控制的过程中，可以采用灵活适当的信息沟通方式，以实现小企业内部各管理层级、业务部门之间，以及与外部投资者、债权人、客户和供应商等有关方面之间的信息畅通。

内外部信息沟通方式主要包括发函、面谈、专题会议、电话等。

第二十六条　小企业应当通过加强人员培训等方式，提高实施内部控制的责任人的胜任能力，确保内部控制得到有效实施。

第二十七条　在发生下列情形时，小企业应当评估现行的内部控制措施是否仍然适用，并对不适用的部分及时进行更新优化：

（一）企业战略方向、业务范围、经营管理模式、股权结构发生重大变化；

（二）企业面临的风险发生重大变化；

（三）关键岗位人员胜任能力不足；

（四）其他可能对企业产生重大影响的事项。

第三章　内部控制监督

第二十八条　小企业应当结合自身实际情况和管理需要建立适当的内部控制监督机制，对内部控制的建立与实施情况进行日常监督和定期评价。

第二十九条　小企业应当选用具备胜任能力的人员实施内部控制监督。

实施内部控制的责任人开展自我检查不能替代监督。

具备条件的小企业，可以设立内部审计部门（岗位）或通过内部审计业务外包来提高内部控制监督的独立性和质量。

第三十条　小企业开展内部控制日常监督应当重点关注下列情形：

（一）因资源限制而无法实现不相容岗位相分离；

（二）业务流程发生重大变化；

（三）开展新业务、采用新技术、设立新岗位；

（四）关键岗位人员胜任能力不足或关键岗位出现人才流失；

（五）可能违反有关法律法规；

（六）其他应通过风险评估识别的重大风险。

第三十一条 小企业对于日常监督中发现的问题，应当分析其产生的原因以及影响程度，制定整改措施，及时进行整改。

第三十二条 小企业应当至少每年开展一次全面系统的内部控制评价工作，并可以根据自身实际需要开展不定期专项评价。

第三十三条 小企业应当根据年度评价结果，结合内部控制日常监督情况，编制年度内部控制报告，并提交小企业主要负责人审阅。

内部控制报告至少应当包括内部控制评价的范围、内部控制中存在的问题、整改措施、整改责任人、整改时间表及上一年度发现问题的整改落实情况等内容。

第三十四条 有条件的小企业可以委托会计师事务所对内部控制的有效性进行审计。

第三十五条 小企业可以将内部控制监督的结果纳入绩效考核的范围，促进内部控制的有效实施。

第四章 附　　则

第三十六条 符合《中小企业划型标准规定》所规定的微型企业标准的企业参照执行本规范。

第三十七条 对于本规范中未规定的业务活动的内部控制，小企业可以参照执行《企业内部控制基本规范》及其配套指引。

第三十八条 鼓励有条件的小企业执行《企业内部控制基本规范》及其配套指引。

第三十九条 本规范由财政部负责解释。

第四十条 本规范自2018年1月1日起施行。

企业内部控制基本规范

（2008年5月22日财政部、中国证券监督管理委员会、审计署、中国银行业监督管理委员会、中国保险监督管理委员会发布
财会〔2008〕7号　自2009年7月1日起施行）

第一章 总　　则

第一条 为了加强和规范企业内部控制，提高企业经营管理水平和风险防范能力，促进企业可持续发展，维护社会主义市场经济秩序和社会公众利益，根据《中华人民共和国公司法》、《中华人民共和国证券法》、《中华人民共和国会计法》和其他有关法律法规，制定本规范。

第二条 本规范适用于中华人民共和国境内设立的大中型企业。

小企业和其他单位可以参照本规范建立与实施内部控制。

大中型企业和小企业的划分标准根据国家有关规定执行。

第三条 本规范所称内部控制，是由企业董事会、监事会、经理层和全体员工实施的、旨在实现控制目标的过程。

内部控制的目标是合理保证企业经营管理合法合规、资产安全、财务报告及相关信息真实完整，提高经营效率和效果，促进企业实现发展战略。

第四条 企业建立与实施内部控制，应当遵循下列原则：

（一）全面性原则。内部控制应当贯穿决策、执行和监督全过程，覆盖企业及其所属单

位的各种业务和事项。

（二）重要性原则。内部控制应当在全面控制的基础上，关注重要业务事项和高风险领域。

（三）制衡性原则。内部控制应当在治理结构、机构设置及权责分配、业务流程等方面形成相互制约、相互监督，同时兼顾运营效率。

（四）适应性原则。内部控制应当与企业经营规模、业务范围、竞争状况和风险水平等相适应，并随着情况的变化及时加以调整。

（五）成本效益原则。内部控制应当权衡实施成本与预期效益，以适当的成本实现有效控制。

第五条　企业建立与实施有效的内部控制，应当包括下列要素：

（一）内部环境。内部环境是企业实施内部控制的基础，一般包括治理结构、机构设置及权责分配、内部审计、人力资源政策、企业文化等。

（二）风险评估。风险评估是企业及时识别、系统分析经营活动中与实现内部控制目标相关的风险，合理确定风险应对策略。

（三）控制活动。控制活动是企业根据风险评估结果，采用相应的控制措施，将风险控制在可承受度之内。

（四）信息与沟通。信息与沟通是企业及时、准确地收集、传递与内部控制相关的信息，确保信息在企业内部、企业与外部之间进行有效沟通。

（五）内部监督。内部监督是企业对内部控制建立与实施情况进行监督检查，评价内部控制的有效性，发现内部控制缺陷，应当及时加以改进。

第六条　企业应当根据有关法律法规、本规范及其配套办法，制定本企业的内部控制制度并组织实施。

第七条　企业应当运用信息技术加强内部控制，建立与经营管理相适应的信息系统，促进内部控制流程与信息系统的有机结合，实现对业务和事项的自动控制，减少或消除人为操纵因素。

第八条　企业应当建立内部控制实施的激励约束机制，将各责任单位和全体员工实施内部控制的情况纳入绩效考评体系，促进内部控制的有效实施。

第九条　国务院有关部门可以根据法律法规、本规范及其配套办法，明确贯彻实施本规范的具体要求，对企业建立与实施内部控制的情况进行监督检查。

第十条　接受企业委托从事内部控制审计的会计师事务所，应当根据本规范及其配套办法和相关执业准则，对企业内部控制的有效性进行审计，出具审计报告。会计师事务所及其签字的从业人员应当对发表的内部控制审计意见负责。

为企业内部控制提供咨询的会计师事务所，不得同时为同一企业提供内部控制审计服务。

第二章　内 部 环 境

第十一条　企业应当根据国家有关法律法规和企业章程，建立规范的公司治理结构和议事规则，明确决策、执行、监督等方面的职责权限，形成科学有效的职责分工和制衡机制。

股东（大）会享有法律法规和企业章程规定的合法权利，依法行使企业经营方针、筹资、投资、利润分配等重大事项的表决权。

董事会对股东（大）会负责，依法行使企业的经营决策权。

监事会对股东（大）会负责，监督企业董事、经理和其他高级管理人员依法履行职责。

经理层负责组织实施股东（大）会、董事会决议事项，主持企业的生产经营管理工作。

第十二条　董事会负责内部控制的建立健全和有效实施。监事会对董事会建立与实施内部控制进行监督。经理层负责组织领导企业内部控制的日常运行。

企业应当成立专门机构或者指定适当的机构具体负责组织协调内部控制的建立实施

及日常工作。

第十三条 企业应当在董事会下设立审计委员会。审计委员会负责审查企业内部控制,监督内部控制的有效实施和内部控制自我评价情况,协调内部控制审计及其他相关事宜等。

审计委员会负责人应当具备相应的独立性、良好的职业操守和专业胜任能力。

第十四条 企业应当结合业务特点和内部控制要求设置内部机构,明确职责权限,将权利与责任落实到各责任单位。

企业应当通过编制内部管理手册,使全体员工掌握内部机构设置、岗位职责、业务流程等情况,明确权责分配,正确行使职权。

第十五条 企业应当加强内部审计工作,保证内部审计机构设置、人员配备和工作的独立性。

内部审计机构应当结合内部审计监督,对内部控制的有效性进行监督检查。内部审计机构对监督检查中发现的内部控制缺陷,应当按照企业内部审计工作程序进行报告;对监督检查中发现的内部控制重大缺陷,有权直接向董事会及其审计委员会、监事会报告。

第十六条 企业应当制定和实施有利于企业可持续发展的人力资源政策。人力资源政策应当包括下列内容:

(一)员工的聘用、培训、辞退与辞职。

(二)员工的薪酬、考核、晋升与奖惩。

(三)关键岗位员工的强制休假制度和定期岗位轮换制度。

(四)掌握国家秘密或重要商业秘密的员工离岗的限制性规定。

(五)有关人力资源管理的其他政策。

第十七条 企业应当将职业道德修养和专业胜任能力作为选拔和聘用员工的重要标准,切实加强员工培训和继续教育,不断提升员工素质。

第十八条 企业应当加强文化建设,培育积极向上的价值观和社会责任感,倡导诚实守信、爱岗敬业、开拓创新和团队协作精神,树立现代管理理念,强化风险意识。

董事、监事、经理及其他高级管理人员应当在企业文化建设中发挥主导作用。

企业员工应当遵守员工行为守则,认真履行岗位职责。

第十九条 企业应当加强法制教育,增强董事、监事、经理及其他高级管理人员和员工的法制观念,严格依法决策、依法办事、依法监督,建立健全法律顾问制度和重大法律纠纷案件备案制度。

第三章 风险评估

第二十条 企业应当根据设定的控制目标,全面系统持续地收集相关信息,结合实际情况,及时进行风险评估。

第二十一条 企业开展风险评估,应当准确识别与实现控制目标相关的内部风险和外部风险,确定相应的风险承受度。

风险承受度是企业能够承担的风险限度,包括整体风险承受能力和业务层面的可接受风险水平。

第二十二条 企业识别内部风险,应当关注下列因素:

(一)董事、监事、经理及其他高级管理人员的职业操守、员工专业胜任能力等人力资源因素。

(二)组织机构、经营方式、资产管理、业务流程等管理因素。

(三)研究开发、技术投入、信息技术运用等自主创新因素。

(四)财务状况、经营成果、现金流量等财务因素。

(五)营运安全、员工健康、环境保护等安全环保因素。

(六)其他有关内部风险因素。

第二十三条 企业识别外部风险,应当关注下列因素:

(一)经济形势、产业政策、融资环境、市场竞争、资源供给等经济因素。

(二)法律法规、监管要求等法律因素。

（三）安全稳定、文化传统、社会信用、教育水平、消费者行为等社会因素。

（四）技术进步、工艺改进等科学技术因素。

（五）自然灾害、环境状况等自然环境因素。

（六）其他有关外部风险因素。

第二十四条 企业应当采用定性与定量相结合的方法，按照风险发生的可能性及其影响程度等，对识别的风险进行分析和排序，确定关注重点和优先控制的风险。

企业进行风险分析，应当充分吸收专业人员，组成风险分析团队，按照严格规范的程序开展工作，确保风险分析结果的准确性。

第二十五条 企业应当根据风险分析的结果，结合风险承受度，权衡风险与收益，确定风险应对策略。

企业应当合理分析、准确掌握董事、经理及其他高级管理人员、关键岗位员工的风险偏好，采取适当的控制措施，避免因个人风险偏好给企业经营带来重大损失。

第二十六条 企业应当综合运用风险规避、风险降低、风险分担和风险承受等风险应对策略，实现对风险的有效控制。

风险规避是企业对超出风险承受度的风险，通过放弃或者停止与该风险相关的业务活动以避免和减轻损失的策略。

风险降低是企业在权衡成本效益之后，准备采取适当的控制措施降低风险或者减轻损失，将风险控制在风险承受度之内的策略。

风险分担是企业准备借助他人力量，采取业务分包、购买保险等方式和适当的控制措施，将风险控制在风险承受度之内的策略。

风险承受是企业对风险承受度之内的风险，在权衡成本效益之后，不准备采取控制措施降低风险或者减轻损失的策略。

第二十七条 企业应当结合不同发展阶段和业务拓展情况，持续收集与风险变化相关的信息，进行风险识别和风险分析，及时调整风险应对策略。

第四章 控制活动

第二十八条 企业应当结合风险评估结果，通过手工控制与自动控制、预防性控制与发现性控制相结合的方法，运用相应的控制措施，将风险控制在可承受度之内。

控制措施一般包括：不相容职务分离控制、授权审批控制、会计系统控制、财产保护控制、预算控制、运营分析控制和绩效考评控制等。

第二十九条 不相容职务分离控制要求企业全面系统地分析、梳理业务流程中所涉及的不相容职务，实施相应的分离措施，形成各司其职、各负其责、相互制约的工作机制。

第三十条 授权审批控制要求企业根据常规授权和特别授权的规定，明确各岗位办理业务和事项的权限范围、审批程序和相应责任。

企业应当编制常规授权的权限指引，规范特别授权的范围、权限、程序和责任，严格控制特别授权。常规授权是指企业在日常经营管理活动中按照既定的职责和程序进行的授权。特别授权是指企业在特殊情况、特定条件下进行的授权。

企业各级管理人员应当在授权范围内行使职权和承担责任。

企业对于重大的业务和事项，应当实行集体决策审批或者联签制度，任何个人不得单独进行决策或者擅自改变集体决策。

第三十一条 会计系统控制要求企业严格执行国家统一的会计准则制度，加强会计基础工作，明确会计凭证、会计账簿和财务会计报告的处理程序，保证会计资料真实完整。

企业应当依法设置会计机构，配备会计从业人员。从事会计工作的人员，必须取得会计从业资格证书。会计机构负责人应当具备会计师以上专业技术职务资格。

大中型企业应当设置总会计师。设置总会计师的企业，不得设置与其职权重叠的副职。

第三十二条 财产保护控制要求企业建立财产日常管理制度和定期清查制度，采取财产记录、实物保管、定期盘点、账实核对等措施，确保财产安全。

企业应当严格限制未经授权的人员接触和处置财产。

第三十三条 预算控制要求企业实施全面预算管理制度，明确各责任单位在预算管理中的职责权限，规范预算的编制、审定、下达和执行程序，强化预算约束。

第三十四条 运营分析控制要求企业建立运营情况分析制度，经理层应当综合运用生产、购销、投资、筹资、财务等方面的信息，通过因素分析、对比分析、趋势分析等方法，定期开展运营情况分析，发现存在的问题，及时查明原因并加以改进。

第三十五条 绩效考评控制要求企业建立和实施绩效考评制度，科学设置考核指标体系，对企业内部各责任单位和全体员工的业绩进行定期考核和客观评价，将考评结果作为确定员工薪酬以及职务晋升、评优、降级、调岗、辞退等的依据。

第三十六条 企业应当根据内部控制目标，结合风险应对策略，综合运用控制措施，对各种业务和事项实施有效控制。

第三十七条 企业应当建立重大风险预警机制和突发事件应急处理机制，明确风险预警标准，对可能发生的重大风险或突发事件，制定应急预案、明确责任人员、规范处置程序，确保突发事件得到及时妥善处理。

第五章 信息与沟通

第三十八条 企业应当建立信息与沟通制度，明确内部控制相关信息的收集、处理和传递程序，确保信息及时沟通，促进内部控制有效运行。

第三十九条 企业应当对收集的各种内部信息和外部信息进行合理筛选、核对、整合，提高信息的有用性。

企业可以通过财务会计资料、经营管理资料、调研报告、专项信息、内部刊物、办公网络等渠道，获取内部信息。

企业可以通过行业协会组织、社会中介机构、业务往来单位、市场调查、来信来访、网络媒体以及有关监管部门等渠道，获取外部信息。

第四十条 企业应当将内部控制相关信息在企业内部各管理级次、责任单位、业务环节之间，以及企业与外部投资者、债权人、客户、供应商、中介机构和监管部门等有关方面之间进行沟通和反馈。信息沟通过程中发现的问题，应当及时报告并加以解决。

重要信息应当及时传递给董事会、监事会和经理层。

第四十一条 企业应当利用信息技术促进信息的集成与共享，充分发挥信息技术在信息与沟通中的作用。

企业应当加强对信息系统开发与维护、访问与变更、数据输入与输出、文件储存与保管、网络安全等方面的控制，保证信息系统安全稳定运行。

第四十二条 企业应当建立反舞弊机制，坚持惩防并举、重在预防的原则，明确反舞弊工作的重点领域、关键环节和有关机构在反舞弊工作中的职责权限，规范舞弊案件的举报、调查、处理、报告和补救程序。

企业至少应当将下列情形作为反舞弊工作的重点：

（一）未经授权或者采取其他不法方式侵占、挪用企业资产，牟取不当利益。

（二）在财务会计报告和信息披露等方面存在的虚假记载、误导性陈述或者重大遗漏等。

（三）董事、监事、经理及其他高级管理人员滥用职权。

（四）相关机构或人员串通舞弊。

第四十三条 企业应当建立举报投诉制度和举报人保护制度，设置举报专线，明确举报投诉处理程序、办理时限和办结要求，确保举报、投诉成为企业有效掌握信息的重要途径。

举报投诉制度和举报人保护制度应当及时传达至全体员工。

第六章　内部监督

第四十四条　企业应当根据本规范及其配套办法，制定内部控制监督制度，明确内部审计机构（或经授权的其他监督机构）和其他内部机构在内部监督中的职责权限，规范内部监督的程序、方法和要求。

内部监督分为日常监督和专项监督。日常监督是指企业对建立与实施内部控制的情况进行常规、持续的监督检查；专项监督是指在企业发展战略、组织结构、经营活动、业务流程、关键岗位员工等发生较大调整或变化的情况下，对内部控制的某一或者某些方面进行有针对性的监督检查。

专项监督的范围和频率应当根据风险评估结果以及日常监督的有效性等予以确定。

第四十五条　企业应当制定内部控制缺陷认定标准，对监督过程中发现的内部控制缺陷，应当分析缺陷的性质和产生的原因，提出整改方案，采取适当的形式及时向董事会、监事会或者经理层报告。

内部控制缺陷包括设计缺陷和运行缺陷。企业应当跟踪内部控制缺陷整改情况，并就内部监督中发现的重大缺陷，追究相关责任单位或者责任人的责任。

第四十六条　企业应当结合内部监督情况，定期对内部控制的有效性进行自我评价，出具内部控制自我评价报告。

内部控制自我评价的方式、范围、程序和频率，由企业根据经营业务调整、经营环境变化、业务发展状况、实际风险水平等自行确定。

国家有关法律法规另有规定的，从其规定。

第四十七条　企业应当以书面或者其他适当的形式，妥善保存内部控制建立与实施过程中的相关记录或者资料，确保内部控制建立与实施过程的可验证性。

第七章　附　　则

第四十八条　本规范由财政部会同国务院其他有关部门解释。

第四十九条　本规范的配套办法由财政部会同国务院其他有关部门另行制定。

第五十条　本规范自2009年7月1日起实施。

财政部等关于印发企业内部控制配套指引的通知

（2010年4月15日财政部、中国证券监督管理委员会、审计署、中国银行业监督管理委员会、中国保险监督管理委员会发布　财会〔2010〕11号）

中直管理局，铁道部、国管局，总后勤部、武警总部，各省、自治区、直辖市、计划单列市财政厅（局）、审计厅（局），新疆生产建设兵团财务局、审计局，中国证监会各省、自治区、直辖市、计划单列市监管局，中国证监会上海、深圳专员办，各保监局、保险公司，各银监局、政策性银行、国有商业银行、股份制商业银行、邮政储蓄银行、资产管理公司，各省级农村信用联社，银监会直接管理的信托公司、财务公司、租赁公司，有关中央管理企业：

为了促进企业建立、实施和评价内部控制，规范会计师事务所内部控制审计行为，根据国家有关法律法规和《企业内部控制基本规范》（财会〔2008〕7号），财政部会同证监会、审计署、银监会、保监会制定了《企业内部控制应用指引第1号——组织架构》等18项应用指引、《企业内部控制评价指引》和《企业内部控制审计指引》(以下简称企业内部控制配套指引),现予印发,自2011年1月1日起在境内外同时上市的公司施行,自2012年1月1日起在上海证券交易所、深圳证券交易所主板上市公司施行;在此基础上,择机在中小板和创业板上市公司施行。鼓励非上市大中型企业提前执行。请各上市公司及相关非上市大中型企业切实做好执行前的各项准备工作。

执行《企业内部控制基本规范》及企业内部控制配套指引的上市公司和非上市大中型企业,应当对内部控制的有效性进行自我评价,披露年度自我评价报告,同时应当聘请会计师事务所对财务报告内部控制的有效性进行审计并出具审计报告。上市公司聘请的会计师事务所应当具有证券、期货业务资格;非上市大中型企业聘请的会计师事务所也可以是不具有证券、期货业务资格的大中型会计师事务所。

执行中有何问题,请及时反馈我们。

附件:1. 企业内部控制应用指引

2. 企业内部控制评价指引

3. 企业内部控制审计指引

企业内部控制应用指引第1号——组织架构

(2010年4月15日财政部、中国证券监督管理委员会、审计署、中国银行业监督管理委员会、中国保险监督管理委员会发布 财会〔2010〕11号)

第一章 总 则

第一条 为了促进企业实现发展战略,优化治理结构、管理体制和运行机制,建立现代企业制度,根据《中华人民共和国公司法》等有关法律法规和《企业内部控制基本规范》,制定本指引。

第二条 本指引所称组织架构,是指企业按照国家有关法律法规、股东(大)会决议和企业章程,结合本企业实际,明确股东(大)会、董事会、监事会、经理层和企业内部各层级机构设置、职责权限、人员编制、工作程序和相关要求的制度安排。

第三条 企业至少应当关注组织架构设计与运行中的下列风险:

(一)治理结构形同虚设,缺乏科学决策、良性运行机制和执行力,可能导致企业经营失败,难以实现发展战略。

(二)内部机构设计不科学,权责分配不合理,可能导致机构重叠、职能交叉或缺失、推诿扯皮,运行效率低下。

第二章 组织架构的设计

第四条 企业应当根据国家有关法律法规的规定,明确董事会、监事会和经理层的职责权限、任职条件、议事规则和工作程序,确保决策、执行和监督相互分离,形成制衡。

董事会对股东(大)会负责,依法行使企业的经营决策权。可按照股东(大)会的有关决议,设立战略、审计、提名、薪酬与考核等专门委员会,明确各专门委员会的职责权限、任职资格、议事规则和工作程序,为董事会科学决策提供支持。

监事会对股东(大)会负责,监督企业董事、经理和其他高级管理人员依法履行职责。

经理层对董事会负责,主持企业的生产经营管理工作。经理和其他高级管理人员的职责分工应当明确。

董事会、监事会和经理层的产生程序应当合法合规,其人员构成、知识结构、能力素质应当满足履行职责的要求。

第五条 企业的重大决策、重大事项、重要人事任免及大额资金支付业务等,应当按照规定的权限和程序实行集体决策审批或者联签制度。任何个人不得单独进行决策或者擅自改变集体决策意见。

重大决策、重大事项、重要人事任免及大额资金支付业务的具体标准由企业自行确定。

第六条　企业应当按照科学、精简、高效、透明、制衡的原则，综合考虑企业性质、发展战略、文化理念和管理要求等因素，合理设置内部职能机构，明确各机构的职责权限，避免职能交叉、缺失或权责过于集中，形成各司其职、各负其责、相互制约、相互协调的工作机制。

第七条　企业应当对各机构的职能进行科学合理的分解，确定具体岗位的名称、职责和工作要求等，明确各个岗位的权限和相互关系。

企业在确定职权和岗位分工过程中，应当体现不相容职务相互分离的要求。不相容职务通常包括：可行性研究与决策审批；决策审批与执行；执行与监督检查等。

第八条　企业应当制定组织结构图、业务流程图、岗（职）位说明书和权限指引等内部管理制度或相关文件，使员工了解和掌握组织架构设计及权责分配情况，正确履行职责。

第三章　组织架构的运行

第九条　企业应当根据组织架构的设计规范，对现有治理结构和内部机构设置进行全面梳理，确保本企业治理结构、内部机构设置和运行机制等符合现代企业制度要求。

企业梳理治理结构，应当重点关注董事、监事、经理及其他高级管理人员的任职资格和履职情况，以及董事会、监事会和经理层的运行效果。治理结构存在问题的，应当采取有效措施加以改进。

企业梳理内部机构设置，应当重点关注内部机构设置的合理性和运行的高效性等。内部机构设置和运行中存在职能交叉、缺失或运行效率低下的，应当及时解决。

第十条　企业拥有子公司的，应当建立科学的投资管控制度，通过合法有效的形式履行出资人职责、维护出资人权益，重点关注子公司特别是异地、境外子公司的发展战略、年度财务预决算、重大投融资、重大担保、大额资金使用、主要资产处置、重要人事任免、内部控制体系建设等重要事项。

第十一条　企业应当定期对组织架构设计与运行的效率和效果进行全面评估，发现组织架构设计与运行中存在缺陷的，应当进行优化调整。

企业组织架构调整应当充分听取董事、监事、高级管理人员和其他员工的意见，按照规定的权限和程序进行决策审批。

企业内部控制应用指引第 2 号
——发展战略

（2010 年 4 月 15 日财政部、中国证券监督管理委员会、审计署、中国银行业监督管理委员会、中国保险监督管理委员会发布　财会〔2010〕11 号）

第一章　总　　则

第一条　为了促进企业增强核心竞争力和可持续发展能力，根据有关法律法规和《企业内部控制基本规范》，制定本指引。

第二条　本指引所称发展战略，是指企业在对现实状况和未来趋势进行综合分析和科学预测的基础上，制定并实施的长远发展目标与战略规划。

第三条　企业制定与实施发展战略至少应当关注下列风险：

（一）缺乏明确的发展战略或发展战略实施不到位，可能导致企业盲目发展，难以形成竞争优势，丧失发展机遇和动力。

（二）发展战略过于激进，脱离企业实际能力或偏离主业，可能导致企业过度扩张，甚至经营失败。

（三）发展战略因主观原因频繁变动，可能导致资源浪费，甚至危及企业的生存和持续发展。

第二章　发展战略的制定

第四条　企业应当在充分调查研究、科学分析预测和广泛征求意见的基础上制定发展目标。

企业在制定发展目标过程中，应当综合考虑宏观经济政策、国内外市场需求变化、技术发展趋势、行业及竞争对手状况、可利用资源水平和自身优势与劣势等影响因素。

第五条　企业应当根据发展目标制定战略规划。战略规划应当明确发展的阶段性和发展程度，确定每个发展阶段的具体目标、工作任务和实施路径。

第六条　企业应当在董事会下设立战略委员会，或指定相关机构负责发展战略管理工作，履行相应职责。

企业应当明确战略委员会的职责和议事规则，对战略委员会会议的召开程序、表决方式、提案审议、保密要求和会议记录等作出规定，确保议事过程规范透明、决策程序科学民主。

战略委员会应当组织有关部门对发展目标和战略规划进行可行性研究和科学论证，形成发展战略建议方案；必要时，可借助中介机构和外部专家的力量为其履行职责提供专业咨询意见。

战略委员会成员应当具有较强的综合素质和实践经验，其任职资格和选任程序应当符合有关法律法规和企业章程的规定。

第七条　董事会应当严格审议战略委员会提交的发展战略方案，重点关注其全局性、长期性和可行性。董事会在审议方案中如果发现重大问题，应当责成战略委员会对方案作出调整。

企业的发展战略方案经董事会审议通过后，报经股东（大）会批准实施。

第三章　发展战略的实施

第八条　企业应当根据发展战略，制定年度工作计划，编制全面预算，将年度目标分解、落实；同时完善发展战略管理制度，确保发展战略有效实施。

第九条　企业应当重视发展战略的宣传工作，通过内部各层级会议和教育培训等有效方式，将发展战略及其分解落实情况传递到内部各管理层级和全体员工。

第十条　战略委员会应当加强对发展战略实施情况的监控，定期收集和分析相关信息，对于明显偏离发展战略的情况，应当及时报告。

第十一条　由于经济形势、产业政策、技术进步、行业状况以及不可抗力等因素发生重大变化，确需对发展战略作出调整的，应当按照规定权限和程序调整发展战略。

企业内部控制应用指引第3号
——人力资源

（2010年4月15日财政部、中国证券监督管理委员会、审计署、中国银行业监督管理委员会、中国保险监督管理委员会发布　财会〔2010〕11号）

第一章　总　　则

第一条　为了促进企业加强人力资源建设，充分发挥人力资源对实现企业发展战略的重要作用，根据有关法律法规和《企业内部控制基本规范》，制定本指引。

第二条　本指引所称人力资源，是指企业组织生产经营活动而录（任）用的各种人员，包括董事、监事、高级管理人员和全体员工。

第三条　企业人力资源管理至少应当关注下列风险：

（一）人力资源缺乏或过剩、结构不合理、开发机制不健全，可能导致企业发展战略难以实现。

（二）人力资源激励约束制度不合理、关键岗位人员管理不完善，可能导致人才流失、经营效率低下或关键技术、商业秘密和国家机密泄露。

（三）人力资源退出机制不当，可能导致法律诉讼或企业声誉受损。

第四条　企业应当重视人力资源建设，根据发展战略，结合人力资源现状和未来需求预测，建立人力资源发展目标，制定人力资源总体规划和能力框架体系，优化人力资源整体布局，明确人力资源的引进、开发、使用、培养、考核、激励、退出等管理要求，实现人力资源的合理配置，全面提升企业核心竞争力。

第二章　人力资源的引进与开发

第五条　企业应当根据人力资源总体规划，结合生产经营实际需要，制定年度人力资源需求计划，完善人力资源引进制度，规范工作流程，按照计划、制度和程序组织人力资源引进工作。

第六条　企业应当根据人力资源能力框架要求，明确各岗位的职责权限、任职条件和工作要求，遵循德才兼备、以德为先和公开、公平、公正的原则，通过公开招聘、竞争上岗等多种方式选聘优秀人才，重点关注选聘对象的价值取向和责任意识。

企业选拔高级管理人员和聘用中层及以下员工，应当切实做到因事设岗、以岗选人，避免因人设事或设岗，确保选聘人员能够胜任岗位职责要求。

企业选聘人员应当实行岗位回避制度。

第七条　企业确定选聘人员后，应当依法签订劳动合同，建立劳动用工关系。

企业对于在产品技术、市场、管理等方面掌握或涉及关键技术、知识产权、商业秘密或国家机密的工作岗位，应当与该岗位员工签订有关岗位保密协议，明确保密义务。

第八条　企业应当建立选聘人员试用期和岗前培训制度，对试用人员进行严格考察，促进选聘员工全面了解岗位职责，掌握岗位基本技能，适应工作要求。试用期满考核合格后，方可正式上岗；试用期满考核不合格者，应当及时解除劳动关系。

第九条　企业应当重视人力资源开发工作，建立员工培训长效机制，营造尊重知识、尊重人才和关心员工职业发展的文化氛围，加强后备人才队伍建设，促进全体员工的知识、技能持续更新，不断提升员工的服务效能。

第三章　人力资源的使用与退出

第十条　企业应当建立和完善人力资源的激励约束机制，设置科学的业绩考核指标体系，对各级管理人员和全体员工进行严格考核与评价，以此作为确定员工薪酬、职级调整和解除劳动合同等的重要依据，确保员工队伍处于持续优化状态。

第十一条　企业应当制定与业绩考核挂钩的薪酬制度，切实做到薪酬安排与员工贡献相协调，体现效率优先，兼顾公平。

第十二条　企业应当制定各级管理人员和关键岗位员工定期轮岗制度，明确轮岗范围、轮岗周期、轮岗方式等，形成相关岗位员工的有序持续流动，全面提升员工素质。

第十三条　企业应当按照有关法律法规规定，结合企业实际，建立健全员工退出（辞职、解除劳动合同、退休等）机制，明确退出的条件和程序，确保员工退出机制得到有效实施。

企业对考核不能胜任岗位要求的员工，应当及时暂停其工作，安排再培训，或调整工作岗位，安排转岗培训；仍不能满足岗位职责要求的，应当按照规定的权限和程序解除劳动合同。

企业应当与退出员工依法约定保守关键技术、商业秘密、国家机密和竞业限制的期限，确保知识产权、商业秘密和国家机密的安全。

企业关键岗位人员离职前，应当根据有关法律法规的规定进行工作交接或离任审计。

第十四条　企业应当定期对年度人力资源计划执行情况进行评估，总结人力资源管理经验，分析存在的主要缺陷和不足，完善人力资源政策，促进企业整体团队充满生机和活力。

企业内部控制应用指引第4号
——社会责任

（2010年4月15日财政部、中国证券监督管理委员会、审计署、中国银行业监督管理委员会、中国保险监督管理委员会发布　财会〔2010〕11号）

第一章　总　　则

第一条　为了促进企业履行社会责任，实现企业与社会的协调发展，根据国家有关法律法规和《企业内部控制基本规范》，制定本指引。

第二条　本指引所称社会责任，是指企业在经营发展过程中应当履行的社会职责和义务，主要包括安全生产、产品质量（含服务，下同）、环境保护、资源节约、促进就业、员工权益保护等。

第三条　企业至少应当关注在履行社会责任方面的下列风险：

（一）安全生产措施不到位，责任不落实，可能导致企业发生安全事故。

（二）产品质量低劣，侵害消费者利益，可能导致企业巨额赔偿、形象受损，甚至破产。

（三）环境保护投入不足，资源耗费大，造成环境污染或资源枯竭，可能导致企业巨额赔偿、缺乏发展后劲，甚至停业。

（四）促进就业和员工权益保护不够，可能导致员工积极性受挫，影响企业发展和社会稳定。

第四条　企业应当重视履行社会责任，切实做到经济效益与社会效益、短期利益与长远利益、自身发展与社会发展相互协调，实现企业与员工、企业与社会、企业与环境的健康和谐发展。

第二章　安 全 生 产

第五条　企业应当根据国家有关安全生产的规定，结合本企业实际情况，建立严格的安全生产管理体系、操作规范和应急预案，强化安全生产责任追究制度，切实做到安全生产。

企业应当设立安全管理部门和安全监督机构，负责企业安全生产的日常监督管理工作。

第六条　企业应当重视安全生产投入，在人力、物力、资金、技术等方面提供必要的保障，健全检查监督机制，确保各项安全措施落实到位，不得随意降低保障标准和要求。

第七条　企业应当贯彻预防为主的原则，采用多种形式增强员工安全意识，重视岗位培训，对于特殊岗位实行资格认证制度。

企业应当加强生产设备的经常性维护管理，及时排除安全隐患。

第八条　企业如果发生生产安全事故，应当按照安全生产管理制度妥善处理，排除故障，减轻损失，追究责任。

重大生产安全事故应当启动应急预案，同时按照国家有关规定及时报告，严禁迟报、谎报和瞒报。

第三章　产 品 质 量

第九条　企业应当根据国家和行业相关产品质量的要求，从事生产经营活动，切实提高产品质量和服务水平，努力为社会提供优质安全健康的产品和服务，最大限度地满足消费者的需求，对社会和公众负责，接受社会监督，承担社会责任。

第十条　企业应当规范生产流程，建立严格的产品质量控制和检验制度，严把质量关，禁止缺乏质量保障、危害人民生命健康的产品流向社会。

第十一条　企业应当加强产品的售后服务。售后发现存在严重质量缺陷、隐患的产品，应当及时召回或采取其他有效措施，最大限度地降低或消除缺陷、隐患产品的社会危害。

企业应当妥善处理消费者提出的投诉和建议，切实保护消费者权益。

第四章　环境保护与资源节约

第十二条　企业应当按照国家有关环境保护与资源节约的规定，结合本企业实际情况，建立环境保护与资源节约制度，认真落实节能减排责任，积极开发和使用节能产品，发展循环经济，降低污染物排放，提高资源综合利用效率。

企业应当通过宣传教育等有效形式，不断提高员工的环境保护和资源节约意识。

第十三条　企业应当重视生态保护，加大对环保工作的人力、物力、财力的投入和技术支持，不断改进工艺流程，降低能耗和污染物排放水平，实现清洁生产。

企业应当加强对废气、废水、废渣的综合治理，建立废料回收和循环利用制度。

第十四条　企业应当重视资源节约和资源保护，着力开发利用可再生资源，防止对不可再生资源进行掠夺性或毁灭性开发。

企业应当重视国家产业结构相关政策，特别关注产业结构调整的发展要求，加快高新技术开发和传统产业改造，切实转变发展方式，实现低投入、低消耗、低排放和高效率。

第十五条　企业应当建立环境保护和资源节约的监控制度，定期开展监督检查，发现问题，及时采取措施予以纠正。污染物排放超过国家有关规定的，企业应当承担治理或相关法律责任。

发生紧急、重大环境污染事件时，应当启动应急机制，及时报告和处理，并依法追究相关责任人的责任。

第五章　促进就业与员工权益保护

第十六条　企业应当依法保护员工的合法权益，贯彻人力资源政策，保护员工依法享有劳动权利和履行劳动义务，保持工作岗位相对稳定，积极促进充分就业，切实履行社会责任。

企业应当避免在正常经营情况下批量辞退员工，增加社会负担。

第十七条　企业应当与员工签订并履行劳动合同，遵循按劳分配、同工同酬的原则，建立科学的员工薪酬制度和激励机制，不得克扣或无故拖欠员工薪酬。

企业应当建立高级管理人员与员工薪酬的正常增长机制，切实保持合理水平，维护社会公平。

第十八条　企业应当及时办理员工社会保险，足额缴纳社会保险费，保障员工依法享受社会保险待遇。

企业应当按照有关规定做好健康管理工作，预防、控制和消除职业危害；按期对员工进行非职业性健康监护，对从事有职业危害作业的员工进行职业性健康监护。

企业应当遵守法定的劳动时间和休息休假制度，确保员工的休息休假权利。

第十九条　企业应当加强职工代表大会和工会组织建设，维护员工合法权益，积极开展员工职业教育培训，创造平等发展机会。

企业应当尊重员工人格，维护员工尊严，杜绝性别、民族、宗教、年龄等各种歧视，保障员工身心健康。

第二十条　企业应当按照产学研用相结合的社会需求，积极创建实习基地，大力支持社会有关方面培养、锻炼社会需要的应用型人才。

第二十一条　企业应当积极履行社会公益方面的责任和义务，关心帮助社会弱势群体，支持慈善事业。

企业内部控制应用指引第5号
——企业文化

（2010年4月15日财政部、中国证券监督管理委员会、审计署、中国银行业监督管理委员会、中国保险监督管理委员会发布　财会〔2010〕11号）

第一章　总　　则

第一条　为了加强企业文化建设，发挥企业文化在企业发展中的重要作用，根据《企业内部控制基本规范》，制定本指引。

第二条 本指引所称企业文化，是指企业在生产经营实践中逐步形成的、为整体团队所认同并遵守的价值观、经营理念和企业精神，以及在此基础上形成的行为规范的总称。

第三条 加强企业文化建设至少应当关注下列风险：

（一）缺乏积极向上的企业文化，可能导致员工丧失对企业的信心和认同感，企业缺乏凝聚力和竞争力。

（二）缺乏开拓创新、团队协作和风险意识，可能导致企业发展目标难以实现，影响可持续发展。

（三）缺乏诚实守信的经营理念，可能导致舞弊事件的发生，造成企业损失，影响企业信誉。

（四）忽视企业间的文化差异和理念冲突，可能导致并购重组失败。

第二章 企业文化的建设

第四条 企业应当采取切实有效的措施，积极培育具有自身特色的企业文化，引导和规范员工行为，打造以主业为核心的企业品牌，形成整体团队的向心力，促进企业长远发展。

第五条 企业应当培育体现企业特色的发展愿景、积极向上的价值观、诚实守信的经营理念、履行社会责任和开拓创新的企业精神，以及团队协作和风险防范意识。

企业应当重视并购重组后的企业文化建设，平等对待被并购方的员工，促进并购双方的文化融合。

第六条 企业应当根据发展战略和实际情况，总结优良传统，挖掘文化底蕴，提炼核心价值，确定文化建设的目标和内容，形成企业文化规范，使其构成员工行为守则的重要组成部分。

第七条 董事、监事、经理和其他高级管理人员应当在企业文化建设中发挥主导和垂范作用，以自身的优秀品格和脚踏实地的工作作风，带动影响整个团队，共同营造积极向上的企业文化环境。

企业应当促进文化建设在内部各层级的有效沟通，加强企业文化的宣传贯彻，确保全体员工共同遵守。

第八条 企业文化建设应当融入生产经营全过程，切实做到文化建设与发展战略的有机结合，增强员工的责任感和使命感，规范员工行为方式，使员工自身价值在企业发展中得到充分体现。

企业应当加强对员工的文化教育和熏陶，全面提升员工的文化修养和内在素质。

第三章 企业文化的评估

第九条 企业应当建立企业文化评估制度，明确评估的内容、程序和方法，落实评估责任制，避免企业文化建设流于形式。

第十条 企业文化评估，应当重点关注董事、监事、经理和其他高级管理人员在企业文化建设中的责任履行情况、全体员工对企业核心价值观的认同感、企业经营管理行为与企业文化的一致性、企业品牌的社会影响力、参与企业并购重组各方文化的融合度，以及员工对企业未来发展的信心。

第十一条 企业应当重视企业文化的评估结果，巩固和发扬文化建设成果，针对评估过程中发现的问题，研究影响企业文化建设的不利因素，分析深层次的原因，及时采取措施加以改进。

企业内部控制应用指引第6号——资金活动

（2010年4月15日财政部、中国证券监督管理委员会、审计署、中国银行业监督管理委员会、中国保险监督管理委员会发布 财会〔2010〕11号）

第一章 总 则

第一条 为了促进企业正常组织资金活

动，防范和控制资金风险，保证资金安全，提高资金使用效益，根据有关法律法规和《企业内部控制基本规范》，制定本指引。

第二条　本指引所称资金活动，是指企业筹资、投资和资金营运等活动的总称。

第三条　企业资金活动至少应当关注下列风险：

（一）筹资决策不当，引发资本结构不合理或无效融资，可能导致企业筹资成本过高或债务危机。

（二）投资决策失误，引发盲目扩张或丧失发展机遇，可能导致资金链断裂或资金使用效益低下。

（三）资金调度不合理、营运不畅，可能导致企业陷入财务困境或资金冗余。

（四）资金活动管控不严，可能导致资金被挪用、侵占、抽逃或遭受欺诈。

第四条　企业应当根据自身发展战略，科学确定投融资目标和规划，完善严格的资金授权、批准、审验等相关管理制度，加强资金活动的集中归口管理，明确筹资、投资、营运等各环节的职责权限和岗位分离要求，定期或不定期检查和评价资金活动情况，落实责任追究制度，确保资金安全和有效运行。

企业财会部门负责资金活动的日常管理，参与投融资方案等可行性研究。总会计师或分管会计工作的负责人应当参与投融资决策过程。

企业有子公司的，应当采取合法有效措施，强化对子公司资金业务的统一监控。有条件的企业集团，应当探索财务公司、资金结算中心等资金集中管控模式。

第二章　筹　　资

第五条　企业应当根据筹资目标和规划，结合年度全面预算，拟订筹资方案，明确筹资用途、规模、结构和方式等相关内容，对筹资成本和潜在风险作出充分估计。

境外筹资还应考虑所在地的政治、经济、法律、市场等因素。

第六条　企业应当对筹资方案进行科学论证，不得依据未经论证的方案开展筹资活动。重大筹资方案应当形成可行性研究报告，全面反映风险评估情况。

企业可以根据实际需要，聘请具有相应资质的专业机构进行可行性研究。

第七条　企业应当对筹资方案进行严格审批，重点关注筹资用途的可行性和相应的偿债能力。重大筹资方案，应当按照规定的权限和程序实行集体决策或者联签制度。

筹资方案需经有关部门批准的，应当履行相应的报批程序。筹资方案发生重大变更的，应当重新进行可行性研究并履行相应审批程序。

第八条　企业应当根据批准的筹资方案，严格按照规定权限和程序筹集资金。银行借款或发行债券，应当重点关注利率风险、筹资成本、偿还能力以及流动性风险等；发行股票应当重点关注发行风险、市场风险、政策风险以及公司控制权风险等。

企业通过银行借款方式筹资的，应当与有关金融机构进行洽谈，明确借款规模、利率、期限、担保、还款安排、相关的权利义务和违约责任等内容。双方达成一致意见后签署借款合同，据此办理相关借款业务。

企业通过发行债券方式筹资的，应当合理选择债券种类，对还本付息方案作出系统安排，确保按期、足额偿还到期本金和利息。

企业通过发行股票方式筹资的，应当依照《中华人民共和国证券法》等有关法律法规和证券监管部门的规定，优化企业组织架构，进行业务整合，并选择具备相应资质的中介机构协助企业做好相关工作，确保符合股票发行条件和要求。

第九条　企业应当严格按照筹资方案确定的用途使用资金。筹资用于投资的，应当分别按照本指引第三章和《企业内部控制应用指引第 11 号——工程项目》规定，防范和控制资金使用的风险。

由于市场环境变化等确需改变资金用途

的,应当履行相应的审批程序。严禁擅自改变资金用途。

第十条 企业应当加强债务偿还和股利支付环节的管理,对偿还本息和支付股利等作出适当安排。

企业应当按照筹资方案或合同约定的本金、利率、期限、汇率及币种,准确计算应付利息,与债权人核对无误后按期支付。

企业应当选择合理的股利分配政策,兼顾投资者近期和长远利益,避免分配过度或不足。股利分配方案应当经过股东(大)会批准,并按规定履行披露义务。

第十一条 企业应当加强筹资业务的会计系统控制,建立筹资业务的记录、凭证和账簿,按照国家统一会计准则制度,正确核算和监督资金筹集、本息偿还、股利支付等相关业务,妥善保管筹资合同或协议、收款凭证、入库凭证等资料,定期与资金提供方进行账务核对,确保筹资活动符合筹资方案的要求。

第三章 投 资

第十二条 企业应当根据投资目标和规划,合理安排资金投放结构,科学确定投资项目,拟订投资方案,重点关注投资项目的收益和风险。企业选择投资项目应当突出主业,谨慎从事股票投资或衍生金融产品等高风险投资。

境外投资还应考虑政治、经济、法律、市场等因素的影响。

企业采用并购方式进行投资的,应当严格控制并购风险,重点关注并购对象的隐性债务、承诺事项、可持续发展能力、员工状况及其与本企业治理层及管理层的关联关系,合理确定支付对价,确保实现并购目标。

第十三条 企业应当加强对投资方案的可行性研究,重点对投资目标、规模、方式、资金来源、风险与收益等作出客观评价。

企业根据实际需要,可以委托具备相应资质的专业机构进行可行性研究,提供独立的可行性研究报告。

第十四条 企业应当按照规定的权限和程序对投资项目进行决策审批,重点审查投资方案是否可行、投资项目是否符合国家产业政策及相关法律法规的规定,是否符合企业投资战略目标和规划、是否具有相应的资金能力、投入资金能否按时收回、预期收益能否实现,以及投资和并购风险是否可控等。重大投资项目,应当按照规定的权限和程序实行集体决策或者联签制度。

投资方案需经有关管理部门批准的,应当履行相应的报批程序。投资方案发生重大变更的,应当重新进行可行性研究并履行相应审批程序。

第十五条 企业应当根据批准的投资方案,与被投资方签订投资合同或协议,明确出资时间、金额、方式、双方权利义务和违约责任等内容,按规定的权限和程序审批后履行投资合同或协议。

企业应当指定专门机构或人员对投资项目进行跟踪管理,及时收集被投资方经审计的财务报告等相关资料,定期组织投资效益分析,关注被投资方的财务状况、经营成果、现金流量以及投资合同履行情况,发现异常情况,应当及时报告并妥善处理。

第十六条 企业应当加强对投资项目的会计系统控制,根据对被投资方的影响程度,合理确定投资会计政策,建立投资管理台账,详细记录投资对象、金额、持股比例、期限、收益等事项,妥善保管投资合同或协议、出资证明等资料。

企业财会部门对于被投资方出现财务状况恶化、市价当期大幅下跌等情形的,应当根据国家统一的会计准则制度规定,合理计提减值准备、确认减值损失。

第十七条 企业应当加强投资收回和处置环节的控制,对投资收回、转让、核销等决策和审批程序作出明确规定。

企业应当重视投资到期本金的回收。转让投资应当由相关机构或人员合理确定转让价格,报授权批准部门批准,必要时可委托具有相应资质的专门机构进行评估。核销投资应当取得不能收回投资的法律文书和相关证明文件。

企业对于到期无法收回的投资，应当建立责任追究制度。

第四章　营　　运

第十八条　企业应当加强资金营运全过程的管理，统筹协调内部各机构在生产经营过程中的资金需求，切实做好资金在采购、生产、销售等各环节的综合平衡，全面提升资金营运效率。

第十九条　企业应当充分发挥全面预算管理在资金综合平衡中的作用，严格按照预算要求组织协调资金调度，确保资金及时收付，实现资金的合理占用和营运良性循环。

企业应当严禁资金的体外循环，切实防范资金营运中的风险。

第二十条　企业应当定期组织召开资金调度会或资金安全检查，对资金预算执行情况进行综合分析，发现异常情况，及时采取措施妥善处理，避免资金冗余或资金链断裂。

企业在营运过程中出现临时性资金短缺的，可以通过短期融资等方式获取资金。资金出现短期闲置的，在保证安全性和流动性的前提下，可以通过购买国债等多种方式，提高资金效益。

第二十一条　企业应当加强对营运资金的会计系统控制，严格规范资金的收支条件、程序和审批权限。

企业在生产经营及其他业务活动中取得的资金收入应当及时入账，不得账外设账，严禁收款不入账、设立“小金库”。

企业办理资金支付业务，应当明确支出款项的用途、金额、预算、限额、支付方式等内容，并附原始单据或相关证明，履行严格的授权审批程序后，方可安排资金支出。

企业办理资金收付业务，应当遵守现金和银行存款管理的有关规定，不得由一人办理货币资金全过程业务，严禁将办理资金支付业务的相关印章和票据集中一人保管。

企业内部控制应用指引第7号
——采购业务

（2010年4月15日财政部、中国证券监督管理委员会、审计署、中国银行业监督管理委员会、中国保险监督管理委员会发布　财会〔2010〕11号）

第一章　总　　则

第一条　为了促进企业合理采购，满足生产经营需要，规范采购行为，防范采购风险，根据有关法律法规和《企业内部控制基本规范》，制定本指引。

第二条　本指引所称采购，是指购买物资（或接受劳务）及支付款项等相关活动。

第三条　企业采购业务至少应当关注下列风险：

（一）采购计划安排不合理，市场变化趋势预测不准确，造成库存短缺或积压，可能导致企业生产停滞或资源浪费。

（二）供应商选择不当，采购方式不合理，招投标或定价机制不科学，授权审批不规范，可能导致采购物资质次价高，出现舞弊或遭受欺诈。

（三）采购验收不规范，付款审核不严，可能导致采购物资、资金损失或信用受损。

第四条　企业应当结合实际情况，全面梳理采购业务流程，完善采购业务相关管理制度，统筹安排采购计划，明确请购、审批、购买、验收、付款、采购后评估等环节的职责和审批权限，按照规定的审批权限和程序办理采购业务，建立价格监督机制，定期检查和评价采购过程中的薄弱环节，采取有效控制措施，确保物资采购满足企业生产经营需要。

第二章　购　　买

第五条　企业的采购业务应当集中，避免多头采购或分散采购，以提高采购业务效率，降低采购成本，堵塞管理漏洞。企业应当对办理采购业务的人员定期进行岗位轮换。重要和技术性较强的采购业务，应当组织相关专家进行论证，实行集体决策和审批。

企业除小额零星物资或服务外，不得安排同一机构办理采购业务全过程。

第六条 企业应当建立采购申请制度，依据购买物资或接受劳务的类型，确定归口管理部门，授予相应的请购权，明确相关部门或人员的职责权限及相应的请购和审批程序。

企业可以根据实际需要设置专门的请购部门，对需求部门提出的采购需求进行审核，并进行归类汇总，统筹安排企业的采购计划。

具有请购权的部门对于预算内采购项目，应当严格按照预算执行进度办理请购手续，并根据市场变化提出合理采购申请。对于超预算和预算外采购项目，应先履行预算调整程序，由具备相应审批权限的部门或人员审批后，再行办理请购手续。

第七条 企业应当建立科学的供应商评估和准入制度，确定合格供应商清单，与选定的供应商签订质量保证协议，建立供应商管理信息系统，对供应商提供物资或劳务的质量、价格、交货及时性、供货条件及其资信、经营状况等进行实时管理和综合评价，根据评价结果对供应商进行合理选择和调整。

企业可委托具有相应资质的中介机构对供应商进行资信调查。

第八条 企业应当根据市场情况和采购计划合理选择采购方式。大宗采购应当采用招标方式，合理确定招投标的范围、标准、实施程序和评标规则；一般物资或劳务等的采购可以采用询价或定向采购的方式并签订合同协议；小额零星物资或劳务等的采购可以采用直接购买等方式。

第九条 企业应当建立采购物资定价机制，采取协议采购、招标采购、谈判采购、询比价采购等多种方式合理确定采购价格，最大限度地减小市场变化对企业采购价格的影响。

大宗采购等应当采用招投标方式确定采购价格，其他商品或劳务的采购，应当根据市场行情制定最高采购限价，并对最高采购限价适时调整。

第十条 企业应当根据确定的供应商、采购方式、采购价格等情况拟订采购合同，准确描述合同条款，明确双方权利、义务和违约责任，按照规定权限签订采购合同。

企业应当根据生产建设进度和采购物资特性，选择合理的运输工具和运输方式，办理运输、投保等事宜。

第十一条 企业应当建立严格的采购验收制度，确定检验方式，由专门的验收机构或验收人员对采购项目的品种、规格、数量、质量等相关内容进行验收，出具验收证明。涉及大宗和新、特物资采购的，还应进行专业测试。

对验收过程中发现的异常情况，负责验收的机构或人员应当立即向企业有权管理的相关机构报告，相关机构应当查明原因并及时处理。

第十二条 企业应当加强物资采购供应过程的管理，依据采购合同中确定的主要条款跟踪合同履行情况，对有可能影响生产或工程进度的异常情况，应出具书面报告并及时提出解决方案。

企业应当做好采购业务各环节的记录，实行全过程的采购登记制度或信息化管理，确保采购过程的可追溯性。

第三章 付　　款

第十三条 企业应当加强采购付款的管理，完善付款流程，明确付款审核人的责任和权力，严格审核采购预算、合同、相关单据凭证、审批程序等相关内容，审核无误后按照合同规定及时办理付款。

企业在付款过程中，应当严格审查采购发票的真实性、合法性和有效性。发现虚假发票的，应查明原因，及时报告处理。

企业应当重视采购付款的过程控制和跟踪管理，发现异常情况的，应当拒绝付款，避免出现资金损失和信用受损。

企业应当合理选择付款方式，并严格遵循合同规定，防范付款方式不当带来的法律风险，保证资金安全。

第十四条　企业应当加强预付账款和定金的管理。涉及大额或长期的预付款项，应当定期进行追踪核查，综合分析预付账款的期限、占用款项的合理性、不可收回风险等情况，发现有疑问的预付款项，应当及时采取措施。

第十五条　企业应当加强对购买、验收、付款业务的会计系统控制，详细记录供应商情况、请购申请、采购合同、采购通知、验收证明、入库凭证、商业票据、款项支付等情况，确保会计记录、采购记录与仓储记录核对一致。

企业应当指定专人通过函证等方式，定期与供应商核对应付账款、应付票据、预付账款等往来款项。

第十六条　企业应当建立退货管理制度，对退货条件、退货手续、货物出库、退货货款回收等作出明确规定，并在与供应商的合同中明确退货事宜，及时收回退货货款。涉及符合索赔条件的退货，应在索赔期内及时办理索赔。

企业内部控制应用指引第8号
——资产管理

（2010年4月15日财政部、中国证券监督管理委员会、审计署、中国银行业监督管理委员会、中国保险监督管理委员会发布　财会〔2010〕11号）

第一章　总　　则

第一条　为了提高资产使用效能，保证资产安全，根据有关法律法规和《企业内部控制基本规范》，制定本指引。

第二条　本指引所称资产，是指企业拥有或控制的存货、固定资产和无形资产。

第三条　企业资产管理至少应当关注下列风险：

（一）存货积压或短缺，可能导致流动资金占用过量、存货价值贬损或生产中断。

（二）固定资产更新改造不够、使用效能低下、维护不当、产能过剩，可能导致企业缺乏竞争力、资产价值贬损、安全事故频发或资源浪费。

（三）无形资产缺乏核心技术、权属不清、技术落后、存在重大技术安全隐患，可能导致企业法律纠纷、缺乏可持续发展能力。

第四条　企业应当加强各项资产管理，全面梳理资产管理流程，及时发现资产管理中的薄弱环节，切实采取有效措施加以改进，并关注资产减值迹象，合理确认资产减值损失，不断提高企业资产管理水平。

企业应当重视和加强各项资产的投保工作，采用招标等方式确定保险人，降低资产损失风险，防范资产投保舞弊。

第二章　存　　货

第五条　企业应当采用先进的存货管理技术和方法，规范存货管理流程，明确存货取得、验收入库、原料加工、仓储保管、领用发出、盘点处置等环节的管理要求，充分利用信息系统，强化会计、出入库等相关记录，确保存货管理全过程的风险得到有效控制。

第六条　企业应当建立存货管理岗位责任制，明确内部相关部门和岗位的职责权限，切实做到不相容岗位相互分离、制约和监督。

企业内部除存货管理、监督部门及仓储人员外，其他部门和人员接触存货，应当经过相关部门特别授权。

第七条　企业应当重视存货验收工作，规范存货验收程序和方法，对入库存货的数量、质量、技术规格等方面进行查验，验收无误方可入库。

外购存货的验收，应当重点关注合同、发票等原始单据与存货的数量、质量、规格等核对一致。涉及技术含量较高的货物，必要时可委托具有检验资质的机构或聘请外部专家协助验收。

自制存货的验收，应当重点关注产品质量，通过检验合格的半成品、产成品才能办理入库手续，不合格品应及时查明原因、落实责任、报告处理。

其他方式取得存货的验收，应当重点关注存货来源、质量状况、实际价值是否符合有关合同或协议的约定。

第八条 企业应当建立存货保管制度，定期对存货进行检查，重点关注下列事项：

（一）存货在不同仓库之间流动时应当办理出入库手续。

（二）应当按仓储物资所要求的储存条件贮存，并健全防火、防洪、防盗、防潮、防病虫害和防变质等管理规范。

（三）加强生产现场的材料、周转材料、半成品等物资的管理，防止浪费、被盗和流失。

（四）对代管、代销、暂存、受托加工的存货，应单独存放和记录，避免与本单位存货混淆。

（五）结合企业实际情况，加强存货的保险投保，保证存货安全，合理降低存货意外损失风险。

第九条 企业应当明确存货发出和领用的审批权限，大批存货、贵重商品或危险品的发出应当实行特别授权。仓储部门应当根据经审批的销售（出库）通知单发出货物。

第十条 企业仓储部门应当详细记录存货入库、出库及库存情况，做到存货记录与实际库存相符，并定期与财会部门、存货管理部门进行核对。

第十一条 企业应当根据各种存货采购间隔期和当前库存，综合考虑企业生产经营计划、市场供求等因素，充分利用信息系统，合理确定存货采购日期和数量，确保存货处于最佳库存状态。

第十二条 企业应当建立存货盘点清查制度，结合本企业实际情况确定盘点周期、盘点流程等相关内容，核查存货数量，及时发现存货减值迹象。企业至少应当于每年年度终了开展全面盘点清查，盘点清查结果应当形成书面报告。

盘点清查中发现的存货盘盈、盘亏、毁损、闲置以及需要报废的存货，应当查明原因、落实并追究责任，按照规定权限批准后处置。

第三章 固定资产

第十三条 企业应当加强房屋建筑物、机器设备等各类固定资产的管理，重视固定资产维护和更新改造，不断提升固定资产的使用效能，积极促进固定资产处于良好运行状态。

第十四条 企业应当制定固定资产目录，对每项固定资产进行编号，按照单项资产建立固定资产卡片，详细记录各项固定资产的来源、验收、使用地点、责任单位和责任人、运转、维修、改造、折旧、盘点等相关内容。

企业应当严格执行固定资产日常维修和大修理计划，定期对固定资产进行维护保养，切实消除安全隐患。

企业应当强化对生产线等关键设备运转的监控，严格操作流程，实行岗前培训和岗位许可制度，确保设备安全运转。

第十五条 企业应当根据发展战略，充分利用国家有关自主创新政策，加大技改投入，不断促进固定资产技术升级，淘汰落后设备，切实做到保持本企业固定资产技术的先进性和企业发展的可持续性。

第十六条 企业应当严格执行固定资产投保政策，对应投保的固定资产项目按规定程序进行审批，及时办理投保手续。

第十七条 企业应当规范固定资产抵押管理，确定固定资产抵押程序和审批权限等。

企业将固定资产用作抵押的，应由相关部门提出申请，经企业授权部门或人员批准后，由资产管理部门办理抵押手续。

企业应当加强对接收的抵押资产的管理，编制专门的资产目录，合理评估抵押资产的价值。

第十八条 企业应当建立固定资产清查制度，至少每年进行全面清查。对固定资产清查中发现的问题，应当查明原因，追究责任，妥善处理。

企业应当加强固定资产处置的控制，关注固定资产处置中的关联交易和处置定价，防范资产流失。

第四章 无形资产

第十九条 企业应当加强对品牌、商标、专利、专有技术、土地使用权等无形资产的管理，分类制定无形资产管理办法，落实无形资产管理责任制，促进无形资产有效利用，充分发挥无形资产对提升企业核心竞争力的作用。

第二十条 企业应当全面梳理外购、自行开发以及其他方式取得的各类无形资产的权属关系，加强无形资产权益保护，防范侵权行为和法律风险。无形资产具有保密性质的，应当采取严格保密措施，严防泄露商业秘密。

企业购入或者以支付土地出让金等方式取得的土地使用权，应当取得土地使用权有效证明文件。

第二十一条 企业应当定期对专利、专有技术等无形资产的先进性进行评估，淘汰落后技术，加大研发投入，促进技术更新换代，不断提升自主创新能力，努力做到核心技术处于同行业领先水平。

第二十二条 企业应当重视品牌建设，加强商誉管理，通过提供高质量产品和优质服务等多种方式，不断打造和培育主业品牌，切实维护和提升企业品牌的社会认可度。

企业内部控制应用指引第9号——销售业务

（2010年4月15日财政部、中国证券监督管理委员会、审计署、中国银行业监督管理委员会、中国保险监督管理委员会发布 财会〔2010〕11号）

第一章 总 则

第一条 为了促进企业销售稳定增长，扩大市场份额，规范销售行为，防范销售风险，根据有关法律法规和《企业内部控制基本规范》，制定本指引。

第二条 本指引所称销售，是指企业出售商品（或提供劳务）及收取款项等相关活动。

第三条 企业销售业务至少应当关注下列风险：

（一）销售政策和策略不当，市场预测不准确，销售渠道管理不当等，可能导致销售不畅、库存积压、经营难以为继。

（二）客户信用管理不到位，结算方式选择不当，账款回收不力等，可能导致销售款项不能收回或遭受欺诈。

（三）销售过程存在舞弊行为，可能导致企业利益受损。

第四条 企业应当结合实际情况，全面梳理销售业务流程，完善销售业务相关管理制度，确定适当的销售政策和策略，明确销售、发货、收款等环节的职责和审批权限，按照规定的权限和程序办理销售业务，定期检查分析销售过程中的薄弱环节，采取有效控制措施，确保实现销售目标。

第二章 销 售

第五条 企业应当加强市场调查，合理确定定价机制和信用方式，根据市场变化及时调整销售策略，灵活运用销售折扣、销售折让、信用销售、代销和广告宣传等多种策略和营销方式，促进销售目标实现，不断提高市场占有率。

企业应当健全客户信用档案，关注重要客户资信变动情况，采取有效措施，防范信用风险。

企业对于境外客户和新开发客户，应当建立严格的信用保证制度。

第六条 企业在销售合同订立前，应当与客户进行业务洽谈、磋商或谈判，关注客户信用状况、销售定价、结算方式等相关内容。

重大的销售业务谈判应当吸收财会、法律等专业人员参加，并形成完整的书面记录。

销售合同应当明确双方的权利和义务，审

批人员应当对销售合同草案进行严格审核。重要的销售合同,应当征询法律顾问或专家的意见。

第七条 企业销售部门应当按照经批准的销售合同开具相关销售通知。发货和仓储部门应当对销售通知进行审核,严格按照所列项目组织发货,确保货物的安全发运。企业应当加强销售退回管理,分析销售退回原因,及时妥善处理。

企业应当严格按照发票管理规定开具销售发票。严禁开具虚假发票。

第八条 企业应当做好销售业务各环节的记录,填制相应的凭证,设置销售台账,实行全过程的销售登记制度。

第九条 企业应当完善客户服务制度,加强客户服务和跟踪,提升客户满意度和忠诚度,不断改进产品质量和服务水平。

第三章 收 款

第十条 企业应当完善应收款项管理制度,严格考核,实行奖惩。销售部门负责应收款项的催收,催收记录(包括往来函电)应妥善保存;财会部门负责办理资金结算并监督款项回收。

第十一条 企业应当加强商业票据管理,明确商业票据的受理范围,严格审查商业票据的真实性和合法性,防止票据欺诈。

企业应当关注商业票据的取得、贴现和背书,对已贴现但仍承担收款风险的票据以及逾期票据,应当进行追索监控和跟踪管理。

第十二条 企业应当加强对销售、发货、收款业务的会计系统控制,详细记录销售客户、销售合同、销售通知、发运凭证、商业票据、款项收回等情况,确保会计记录、销售记录与仓储记录核对一致。

企业应当指定专人通过函证等方式,定期与客户核对应收账款、应收票据、预收账款等往来款项。

企业应当加强应收款项坏账的管理。应收款项全部或部分无法收回的,应当查明原因,明确责任,并严格履行审批程序,按照国家统一的会计准则制度进行处理。

企业内部控制应用指引第10号——研究与开发

(2010年4月15日财政部、中国证券监督管理委员会、审计署、中国银行业监督管理委员会、中国保险监督管理委员会发布 财会〔2010〕11号)

第一章 总 则

第一条 为了促进企业自主创新,增强核心竞争力,有效控制研发风险,实现发展战略,根据有关法律法规和《企业内部控制基本规范》,制定本指引。

第二条 本指引所称研究与开发,是指企业为获取新产品、新技术、新工艺等所开展的各种研发活动。

第三条 企业开展研发活动至少应当关注下列风险:

(一)研究项目未经科学论证或论证不充分,可能导致创新不足或资源浪费。

(二)研发人员配备不合理或研发过程管理不善,可能导致研发成本过高、舞弊或研发失败。

(三)研究成果转化应用不足、保护措施不力,可能导致企业利益受损。

第四条 企业应当重视研发工作,根据发展战略,结合市场开拓和技术进步要求,科学制定研发计划,强化研发全过程管理,规范研发行为,促进研发成果的转化和有效利用,不断提升企业自主创新能力。

第二章 立项与研究

第五条 企业应当根据实际需要,结合研发计划,提出研究项目立项申请,开展可行性研究,编制可行性研究报告。

企业可以组织独立于申请及立项审批之

外的专业机构和人员进行评估论证，出具评估意见。

第六条 研究项目应当按照规定的权限和程序进行审批，重大研究项目应当报经董事会或类似权力机构集体审议决策。审批过程中，应当重点关注研究项目促进企业发展的必要性、技术的先进性以及成果转化的可行性。

第七条 企业应当加强对研究过程的管理，合理配备专业人员，严格落实岗位责任制，确保研究过程高效、可控。

企业应当跟踪检查研究项目进展情况，评估各阶段研究成果，提供足够的经费支持，确保项目按期、保质完成，有效规避研究失败风险。

企业研究项目委托外单位承担的，应当采用招标、协议等适当方式确定受托单位，签订外包合同，约定研究成果的产权归属、研究进度和质量标准等相关内容。

第八条 企业与其他单位合作进行研究的，应当对合作单位进行尽职调查，签订书面合作研究合同，明确双方投资、分工、权利义务、研究成果产权归属等。

第九条 企业应当建立和完善研究成果验收制度，组织专业人员对研究成果进行独立评审和验收。

企业对于通过验收的研究成果，可以委托相关机构进行审查，确认是否申请专利或作为非专利技术、商业秘密等进行管理。企业对于需要申请专利的研究成果，应当及时办理有关专利申请手续。

第十条 企业应当建立严格的核心研究人员管理制度，明确界定核心研究人员范围和名册清单，签署符合国家有关法律法规要求的保密协议。

企业与核心研究人员签订劳动合同时，应当特别约定研究成果归属、离职条件、离职移交程序、离职后保密义务、离职后竞业限制年限及违约责任等内容。

第三章 开发与保护

第十一条 企业应当加强研究成果的开发，形成科研、生产、市场一体化的自主创新机制，促进研究成果转化。

研究成果的开发应当分步推进，通过试生产充分验证产品性能，在获得市场认可后方可进行批量生产。

第十二条 企业应当建立研究成果保护制度，加强对专利权、非专利技术、商业秘密及研发过程中形成的各类涉密图纸、程序、资料的管理，严格按照制度规定借阅和使用。禁止无关人员接触研究成果。

第十三条 企业应当建立研发活动评估制度，加强对立项与研究、开发与保护等过程的全面评估，认真总结研发管理经验，分析存在的薄弱环节，完善相关制度和办法，不断改进和提升研发活动的管理水平。

企业内部控制应用指引第 11 号
——工程项目

（2010 年 4 月 15 日财政部、中国证券监督管理委员会、审计署、中国银行业监督管理委员会、中国保险监督管理委员会发布 财会〔2010〕11 号）

第一章 总 则

第一条 为了加强工程项目管理，提高工程质量，保证工程进度，控制工程成本，防范商业贿赂等舞弊行为，根据有关法律法规和《企业内部控制基本规范》，制定本指引。

第二条 本指引所称工程项目，是指企业自行或者委托其他单位所进行的建造、安装工程。

第三条 企业工程项目至少应当关注下列风险：

（一）立项缺乏可行性研究或者可行性研究流于形式，决策不当，盲目上马，可能导致难以实现预期效益或项目失败。

（二）项目招标暗箱操作，存在商业贿赂，可能导致中标人实质上难以承担工程项目、中标价格失实及相关人员涉案。

（三）工程造价信息不对称，技术方案不落实，概预算脱离实际，可能导致项目投资失控。

（四）工程物资质次价高，工程监理不到位，项目资金不落实，可能导致工程质量低劣，进度延迟或中断。

（五）竣工验收不规范，最终把关不严，可能导致工程交付使用后存在重大隐患。

第四条 企业应当建立和完善工程项目各项管理制度，全面梳理各个环节可能存在的风险点，规范工程立项、招标、造价、建设、验收等环节的工作流程，明确相关部门和岗位的职责权限，做到可行性研究与决策、概预算编制与审核、项目实施与价款支付、竣工决算与审计等不相容职务相互分离，强化工程建设全过程的监控，确保工程项目的质量、进度和资金安全。

第二章 工程立项

第五条 企业应当指定专门机构归口管理工程项目，根据发展战略和年度投资计划，提出项目建议书，开展可行性研究，编制可行性研究报告。

项目建议书的主要内容包括：项目的必要性和依据、产品方案、拟建规模、建设地点、投资估算、资金筹措、项目进度安排、经济效果和社会效益的估计、环境影响的初步评价等。

可行性研究报告的内容主要包括：项目概况，项目建设的必要性，市场预测，项目建设选址及建设条件论证，建设规模和建设内容，项目外部配套建设，环境保护，劳动保护与卫生防疫，消防、节能、节水，总投资及资金来源，经济、社会效益，项目建设周期及进度安排，招投标法规定的相关内容等。

企业可以委托具有相应资质的专业机构开展可行性研究，并按照有关要求形成可行性研究报告。

第六条 企业应当组织规划、工程、技术、财会、法律等部门的专家对项目建议书和可行性研究报告进行充分论证和评审，出具评审意见，作为项目决策的重要依据。

在项目评审过程中，应当重点关注项目投资方案、投资规模、资金筹措、生产规模、投资效益、布局选址、技术、安全、设备、环境保护等方面，核实相关资料的来源和取得途径是否真实、可靠和完整。

企业可以委托具有相应资质的专业机构对可行性研究报告进行评审，出具评审意见。从事项目可行性研究的专业机构不得再从事可行性研究报告的评审。

第七条 企业应当按照规定的权限和程序对工程项目进行决策，决策过程应有完整的书面记录。重大工程项目的立项，应当报经董事会或类似权力机构集体审议批准。总会计师或分管会计工作的负责人应当参与项目决策。

任何个人不得单独决策或者擅自改变集体决策意见。工程项目决策失误应当实行责任追究制度。

第八条 企业应当在工程项目立项后、正式施工前，依法取得建设用地、城市规划、环境保护、安全、施工等方面的许可。

第三章 工程招标

第九条 企业的工程项目一般应当采用公开招标的方式，择优选择具有相应资质的承包单位和监理单位。

在选择承包单位时，企业可以将工程的勘察、设计、施工、设备采购一并发包给一个项目总承包单位，也可以将其中的一项或者多项发包给一个工程总承包单位，但不得违背工程施工组织设计和招标设计计划，将应由一个承包单位完成的工程肢解为若干部分发包给几个承包单位。

企业应当依照国家招投标法的规定，遵循公开、公正、平等竞争的原则，发布招标公告，提供载有招标工程的主要技术要求、主要合同条款、评标的标准和方法，以及开标、评标、定标的程序等内容的招标文件。

企业可以根据项目特点决定是否编制标

底。需要编制标底的，标底编制过程和标底应当严格保密。

在确定中标人前，企业不得与投标人就投标价格、投标方案等实质性内容进行谈判。

第十条 企业应当依法组织工程招标的开标、评标和定标，并接受有关部门的监督。

第十一条 企业应当依法组建评标委员会。评标委员会由企业的代表和有关技术、经济方面的专家组成。评标委员会应当客观、公正地履行职务、遵守职业道德，对所提出的评审意见承担责任。

企业应当采取必要的措施，保证评标在严格保密的情况下进行。评标委员会应当按照招标文件确定的标准和方法，对投标文件进行评审和比较，择优选择中标候选人。

第十二条 评标委员会成员和参与评标的有关工作人员不得透露对投标文件的评审和比较、中标候选人的推荐情况以及与评标有关的其他情况，不得私下接触投标人，不得收受投标人的财物或者其他好处。

第十三条 企业应当按照规定的权限和程序从中标候选人中确定中标人，及时向中标人发出中标通知书，在规定的期限内与中标人订立书面合同，明确双方的权利、义务和违约责任。

企业和中标人不得再行订立背离合同实质性内容的其他协议。

第四章 工 程 造 价

第十四条 企业应当加强工程造价管理，明确初步设计概算和施工图预算的编制方法，按照规定的权限和程序进行审核批准，确保概预算科学合理。

企业可以委托具备相应资质的中介机构开展工程造价咨询工作。

第十五条 企业应当向招标确定的设计单位提供详细的设计要求和基础资料，进行有效的技术、经济交流。

初步设计应当在技术、经济交流的基础上，采用先进的设计管理实务技术，进行多方案比选。

施工图设计深度及图纸交付进度应当符合项目要求，防止因设计深度不足、设计缺陷，造成施工组织、工期、工程质量、投资失控以及生产运行成本过高等问题。

第十六条 企业应当建立设计变更管理制度。设计单位应当提供全面、及时的现场服务。因过失造成设计变更的，应当实行责任追究制度。

第十七条 企业应当组织工程、技术、财会等部门的相关专业人员或委托具有相应资质的中介机构对编制的概预算进行审核，重点审查编制依据、项目内容、工程量的计算、定额套用等是否真实、完整和准确。

工程项目概预算按照规定的权限和程序审核批准后执行。

第五章 工 程 建 设

第十八条 企业应当加强对工程建设过程的监控，实行严格的概预算管理，切实做到及时备料，科学施工，保障资金，落实责任，确保工程项目达到设计要求。

第十九条 按照合同约定，企业自行采购工程物资的，应当按照《企业内部控制应用指引第 7 号——采购业务》等相关指引的规定，组织工程物资采购、验收和付款；由承包单位采购工程物资的，企业应当加强监督，确保工程物资采购符合设计标准和合同要求。严禁不合格工程物资投入工程项目建设。

重大设备和大宗材料的采购应当根据有关招标采购的规定执行。

第二十条 企业应当实行严格的工程监理制度，委托经过招标确定的监理单位进行监理。工程监理单位应当依照国家法律法规及相关技术标准、设计文件和工程承包合同，对承包单位在施工质量、工期、进度、安全和资金使用等方面实施监督。

工程监理人员应当具备良好的职业操守，客观公正地执行监理任务，发现工程施工不符合设计要求、施工技术标准和合同约定的，应当要求承包单位改正;发现工程设计不符合建筑工程质量标准或者合同约定的质量要求的,应当报告企业要求设计单位改正。

未经工程监理人员签字,工程物资不得在工程上使用或者安装,不得进行下一道工序施工,不得拨付工程价款,不得进行竣工验收。

第二十一条 企业财会部门应当加强与承包单位的沟通,准确掌握工程进度,根据合同约定,按照规定的审批权限和程序办理工程价款结算,不得无故拖欠。

第二十二条 企业应当严格控制工程变更,确需变更的,应当按照规定的权限和程序进行审批。

重大的项目变更应当按照项目决策和概预算控制的有关程序和要求重新履行审批手续。

因工程变更等原因造成价款支付方式及金额发生变动的,应当提供完整的书面文件和其他相关资料,并对工程变更价款的支付进行严格审核。

第六章 工 程 验 收

第二十三条 企业收到承包单位的工程竣工报告后,应当及时编制竣工决算,开展竣工决算审计,组织设计、施工、监理等有关单位进行竣工验收。

第二十四条 企业应当组织审核竣工决算,重点审查决算依据是否完备,相关文件资料是否齐全,竣工清理是否完成,决算编制是否正确。

企业应当加强竣工决算审计,未实施竣工决算审计的工程项目,不得办理竣工验收手续。

第二十五条 企业应当及时组织工程项目竣工验收。交付竣工验收的工程项目,应当符合规定的质量标准,有完整的工程技术经济资料,并具备国家规定的其他竣工条件。

验收合格的工程项目,应当编制交付使用财产清单,及时办理交付使用手续。

第二十六条 企业应当按照国家有关档案管理的规定,及时收集、整理工程建设各环节的文件资料,建立完整的工程项目档案。

第二十七条 企业应当建立完工项目后评估制度,重点评价工程项目预期目标的实现情况和项目投资效益等,并以此作为绩效考核和责任追究的依据。

企业内部控制应用指引第12号——担保业务

(2010年4月15日财政部、中国证券监督管理委员会、审计署、中国银行业监督管理委员会、中国保险监督管理委员会发布 财会〔2010〕11号)

第一章 总 则

第一条 为了加强企业担保业务管理,防范担保业务风险,根据《中华人民共和国担保法》等有关法律法规和《企业内部控制基本规范》,制定本指引。

第二条 本指引所称担保,是指企业作为担保人按照公平、自愿、互利的原则与债权人约定,当债务人不履行债务时,依照法律规定和合同协议承担相应法律责任的行为。

第三条 企业办理担保业务至少应当关注下列风险:

(一)对担保申请人的资信状况调查不深,审批不严或越权审批,可能导致企业担保决策失误或遭受欺诈。

(二)对被担保人出现财务困难或经营陷入困境等状况监控不力,应对措施不当,可能导致企业承担法律责任。

(三)担保过程中存在舞弊行为,可能导致经办审批等相关人员涉案或企业利益受损。

第四条 企业应当依法制定和完善担保业务政策及相关管理制度,明确担保的对象、范围、方式、条件、程序、担保限额和禁止担保等事项,规范调查评估、审核批准、担保执行等环节的工作流程,按照政策、制度、流程办理担保业务，定期检查担保政策的执行情况及效果，切实防范担保业务风险。

第二章 调查评估与审批

第五条 企业应当指定相关部门负责办理担保业务，对担保申请人进行资信调查和风险评估，评估结果应出具书面报告。企业也可委托中介机构对担保业务进行资信调查和风险评估工作。

企业在对担保申请人进行资信调查和风险评估时，应当重点关注以下事项：

（一）担保业务是否符合国家法律法规和本企业担保政策等相关要求。

（二）担保申请人的资信状况，一般包括：基本情况、资产质量、经营情况、偿债能力、盈利水平、信用程度、行业前景等。

（三）担保申请人用于担保和第三方担保的资产状况及其权利归属。

（四）企业要求担保申请人提供反担保的，还应当对与反担保有关的资产状况进行评估。

第六条 企业对担保申请人出现以下情形之一的，不得提供担保：

（一）担保项目不符合国家法律法规和本企业担保政策的。

（二）已进入重组、托管、兼并或破产清算程序的。

（三）财务状况恶化、资不抵债、管理混乱、经营风险较大的。

（四）与其他企业存在较大经济纠纷，面临法律诉讼且可能承担较大赔偿责任的。

（五）与本企业已经发生过担保纠纷且仍未妥善解决的，或不能及时足额交纳担保费用的。

第七条 企业应当建立担保授权和审批制度，规定担保业务的授权批准方式、权限、程序、责任和相关控制措施，在授权范围内进行审批，不得超越权限审批。重大担保业务，应当报经董事会或类似权力机构批准。

经办人员应当在职责范围内，按照审批人员的批准意见办理担保业务。对于审批人超越权限审批的担保业务，经办人员应当拒绝办理。

第八条 企业应当采取合法有效的措施加强对子公司担保业务的统一监控。企业内设机构未经授权不得办理担保业务。

企业为关联方提供担保的，与关联方存在经济利益或近亲属关系的有关人员在评估与审批环节应当回避。

对境外企业进行担保的，应当遵守外汇管理规定，并关注被担保人所在国家的政治、经济、法律等因素。

第九条 被担保人要求变更担保事项的，企业应当重新履行调查评估与审批程序。

第三章 执行与监控

第十条 企业应当根据审核批准的担保业务订立担保合同。担保合同应明确被担保人的权利、义务、违约责任等相关内容，并要求被担保人定期提供财务报告与有关资料，及时通报担保事项的实施情况。

担保申请人同时向多方申请担保的，企业应当在担保合同中明确约定本企业的担保份额和相应的责任。

第十一条 企业担保经办部门应当加强担保合同的日常管理，定期监测被担保人的经营情况和财务状况，对被担保人进行跟踪和监督，了解担保项目的执行、资金的使用、贷款的归还、财务运行及风险等情况，确保担保合同有效履行。

担保合同履行过程中，如果被担保人出现异常情况，应当及时报告，妥善处理。

对于被担保人未按有法律效力的合同条款偿付债务或履行相关合同项下的义务的，企业应当按照担保合同履行义务，同时主张对被担保人的追索权。

第十二条 企业应当加强对担保业务的会计系统控制，及时足额收取担保费用，建立担保事项台账，详细记录担保对象、金额、期限、用于抵押和质押的物品或权利以及其他有关事项。

企业财会部门应当及时收集、分析被担保人担保期内经审计的财务报告等相关资料，持续关注被担保人的财务状况、经营成果、现金流量以及担保合同的履行情况，积极配合担保经办部门防范担保业务风险。

对于被担保人出现财务状况恶化、资不抵债、破产清算等情形的，企业应当根据国家统一的会计准则制度规定，合理确认预计负债和损失。

第十三条 企业应当加强对反担保财产的管理，妥善保管被担保人用于反担保的权利凭证，定期核实财产的存续状况和价值，发现问题及时处理，确保反担保财产安全完整。

第十四条 企业应当建立担保业务责任追究制度，对在担保中出现重大决策失误、未履行集体审批程序或不按规定管理担保业务的部门及人员，应当严格追究相应的责任。

第十五条 企业应当在担保合同到期时，全面清查用于担保的财产、权利凭证，按照合同约定及时终止担保关系。

企业应当妥善保管担保合同、与担保合同相关的主合同、反担保函或反担保合同，以及抵押、质押的权利凭证和有关原始资料，切实做到担保业务档案完整无缺。

企业内部控制应用指引第13号——业务外包

（2010年4月15日财政部、中国证券监督管理委员会、审计署、中国银行业监督管理委员会、中国保险监督管理委员会发布　财会〔2010〕11号）

第一章　总　　则

第一条 为了加强业务外包管理，规范业务外包行为，防范业务外包风险，根据有关法律法规和《企业内部控制基本规范》，制定本指引。

第二条 本指引所称业务外包，是指企业利用专业化分工优势，将日常经营中的部分业务委托给本企业以外的专业服务机构或其他经济组织（以下简称承包方）完成的经营行为。

本指引不涉及工程项目外包。

第三条 企业应当对外包业务实施分类管理，通常划分为重大外包业务和一般外包业务。重大外包业务是指对企业生产经营有重大影响的外包业务。

外包业务通常包括：研发、资信调查、可行性研究、委托加工、物业管理、客户服务、IT服务等。

第四条 企业的业务外包至少应当关注下列风险：

（一）外包范围和价格确定不合理，承包方选择不当，可能导致企业遭受损失。

（二）业务外包监控不严、服务质量低劣，可能导致企业难以发挥业务外包的优势。

（三）业务外包存在商业贿赂等舞弊行为，可能导致企业相关人员涉案。

第五条 企业应当建立和完善业务外包管理制度，规定业务外包的范围、方式、条件、程序和实施等相关内容，明确相关部门和岗位的职责权限，强化业务外包全过程的监控，防范外包风险，充分发挥业务外包的优势。

企业应当权衡利弊，避免核心业务外包。

第二章　承包方选择

第六条 企业应当根据年度生产经营计划和业务外包管理制度，结合确定的业务外包范围，拟定实施方案，按照规定的权限和程序审核批准。

总会计师或分管会计工作的负责人应当参与重大业务外包的决策。

重大业务外包方案应当提交董事会或类似权力机构审批。

第七条 企业应当按照批准的业务外包实施方案选择承包方。承包方至少应当具备下列条件：

（一）承包方是依法成立和合法经营的专业服务机构或其他经济组织，具有相应的经营范围和固定的办公场所。

（二）承包方应当具备相应的专业资质，其从业人员符合岗位要求和任职条件，并具有相应的专业技术资格。

（三）承包方的技术及经验水平符合本企业业务外包的要求。

第八条　企业应当综合考虑内外部因素，合理确定外包价格，严格控制业务外包成本，切实做到符合成本效益原则。

第九条　企业应当引入竞争机制，遵循公开、公平、公正的原则，采用适当方式，择优选择外包业务的承包方。采用招标方式选择承包方的，应当符合招投标法的相关规定。

企业及相关人员在选择承包方的过程中，不得收受贿赂、回扣或者索取其他好处。承包方及其工作人员不得利用向企业及其工作人员行贿、提供回扣或者给予其他好处等不正当手段承揽业务。

第十条　企业应当按照规定的权限和程序从候选承包方中确定最终承包方，并签订业务外包合同。业务外包合同内容主要包括：外包业务的内容和范围，双方权利和义务，服务和质量标准，保密事项，费用结算标准和违约责任等事项。

第十一条　企业外包业务需要保密的，应当在业务外包合同或者另行签订的保密协议中明确规定承包方的保密义务和责任，要求承包方向其从业人员提示保密要求和应承担的责任。

第三章　业务外包实施

第十二条　企业应当加强业务外包实施的管理，严格按照业务外包制度、工作流程和相关要求，组织开展业务外包，并采取有效的控制措施，确保承包方严格履行业务外包合同。

第十三条　企业应当做好与承包方的对接工作，加强与承包方的沟通与协调，及时搜集相关信息，发现和解决外包业务日常管理中存在的问题。

对于重大业务外包，企业应当密切关注承包方的履约能力，建立相应的应急机制，避免业务外包失败造成本企业生产经营活动中断。

第十四条　企业应当根据国家统一的会计准则制度，加强对外包业务的核算与监督，做好业务外包费用结算工作。

第十五条　企业应当对承包方的履约能力进行持续评估，有确凿证据表明承包方存在重大违约行为，导致业务外包合同无法履行的，应当及时终止合同。

承包方违约并造成企业损失的，企业应当按照合同对承包方进行索赔，并追究责任人责任。

第十六条　业务外包合同执行完成后需要验收的，企业应当组织相关部门或人员对完成的业务外包合同进行验收，出具验收证明。

验收过程中发现异常情况，应当立即报告，查明原因，及时处理。

企业内部控制应用指引第14号——财务报告

（2010年4月15日财政部、中国证券监督管理委员会、审计署、中国银行业监督管理委员会、中国保险监督管理委员会发布　财会〔2010〕11号）

第一章　总　　则

第一条　为了规范企业财务报告，保证财务报告的真实、完整，根据《中华人民共和国会计法》等有关法律法规和《企业内部控制基本规范》，制定本指引。

第二条　本指引所称财务报告，是指反映企业某一特定日期财务状况和某一会计期间经营成果、现金流量的文件。

第三条　企业编制、对外提供和分析利用财务报告，至少应当关注下列风险：

（一）编制财务报告违反会计法律法规和国家统一的会计准则制度，可能导致企业承担法律责任和声誉受损。

（二）提供虚假财务报告，误导财务报告使用者，造成决策失误，干扰市场秩序。

（三）不能有效利用财务报告，难以及时发现企业经营管理中存在的问题，可能导致企业财务和经营风险失控。

第四条 企业应当严格执行会计法律法规和国家统一的会计准则制度，加强对财务报告编制、对外提供和分析利用全过程的管理，明确相关工作流程和要求，落实责任制，确保财务报告合法合规、真实完整和有效利用。总会计师或分管会计工作的负责人负责组织领导报告的编制、对外提供和分析利用等相关工作。

企业负责人对报告的真实性、完整性负责。

第二章 财务报告的编制

第五条 企业编制财务报告，应当重点关注会计政策和会计估计，对财务报告产生重大影响的交易和事项的处理应当按照规定的权限和程序进行审批。

企业在编制年度财务报告前，应当进行必要的资产清查、减值测试和债权债务核实。

第六条 企业应当按照国家统一的会计准则制度规定，根据登记完整、核对无误的会计账簿记录和其他有关资料编制报告，做到内容完整、数字真实、计算准确，不得漏报或者随意进行取舍。

第七条 企业报告列示的资产、负债、所有者权益金额应当真实可靠。

各项资产计价方法不得随意变更，如有减值，应当合理计提减值准备，严禁虚增或虚减资产。

各项负债应当反映企业的现时义务，不得提前、推迟或不确认负债，严禁虚增或虚减负债。

所有者权益应当反映企业资产扣除负债后由所有者享有的剩余权益，由实收资本、资本公积、留存收益等构成。企业应当做好所有者权益保值增值工作，严禁虚假出资、抽逃出资、资本不实。

第八条 企业报告应当如实列示当期收入、费用和利润。

各项收入的确认应当遵循规定的标准，不得虚列或者隐瞒收入，推迟或提前确认收入。

各项费用、成本的确认应当符合规定，不得随意改变费用、成本的确认标准或计量方法，虚列、多列、不列或者少列费用、成本。

利润由收入减去费用后的净额、直接计入当期利润的利得和损失等构成。不得随意调整利润的计算、分配方法，编造虚假利润。

第九条 企业财务报告列示的各种现金流量由经营活动、投资活动和筹资活动的现金流量构成，应当按照规定划清各类交易和事项的现金流量的界限。

第十条 附注是财务报告的重要组成部分，对反映企业状况、经营成果、现金流量的报表中需要说明的事项，作出真实、完整、清晰的说明。

企业应当按照国家统一的会计准则制度编制附注。

第十一条 企业集团应当编制合并财务报表，明确合并财务报表的合并范围和合并方法，如实反映企业集团的财务状况、经营成果和现金流量。

第十二条 企业编制财务报告，应当充分利用信息技术，提高工作效率和工作质量，减少或避免编制差错和人为调整因素。

第三章 财务报告的对外提供

第十三条 企业应当依照法律法规和国家统一的会计准则制度的规定，及时对外提供财务报告。

第十四条 企业财务报告编制完成后，应当装订成册，加盖公章，由企业负责人、总会计师或分管会计工作的负责人、财会部门负责人签名并盖章。

第十五条 财务报告须经注册会计师审计的，注册会计师及其所在的事务所出具的审计报告，应当随同报告一并提供。

企业对外提供的财务报告应当及时整理归档，并按有关规定妥善保存。

第四章　财务报告的分析利用

第十六条　企业应当重视财务报告分析工作，定期召开财务分析会议，充分利用财务报告反映的综合信息，全面分析企业的经营管理状况和存在的问题，不断提高经营管理水平。

企业财务分析会议应吸收有关部门负责人参加。总会计师或分管会计工作的负责人应当在财务分析和利用工作中发挥主导作用。

第十七条　企业应当分析企业的资产分布、负债水平和所有者权益结构，通过资产负债率、流动比率、资产周转率等指标分析企业的偿债能力和营运能力；分析企业净资产的增减变化，了解和掌握企业规模和净资产的不断变化过程。

第十八条　企业应当分析各项收入、费用的构成及其增减变动情况，通过净资产收益率、每股收益等指标，分析企业的盈利能力和发展能力，了解和掌握当期利润增减变化的原因和未来发展趋势。

第十九条　企业应当分析经营活动、投资活动、筹资活动现金流量的运转情况，重点关注现金流量能否保证生产经营过程的正常运行，防止现金短缺或闲置。

第二十条　企业定期的分析应当形成分析报告，构成内部报告的组成部分。

财务分析报告结果应当及时传递给企业内部有关管理层级，充分发挥财务报告在企业生产经营管理中的重要作用。

企业内部控制应用指引第15号——全面预算

（2010年4月15日财政部、中国证券监督管理委员会、审计署、中国银行业监督管理委员会、中国保险监督管理委员会发布　财会〔2010〕11号）

第一章　总　　则

第一条　为了促进企业实现发展战略，发挥全面预算管理作用，根据有关法律法规和《企业内部控制基本规范》，制定本指引。

第二条　本指引所称全面预算，是指企业对一定期间经营活动、投资活动、财务活动等作出的预算安排。

第三条　企业实行全面预算管理，至少应当关注下列风险：

（一）不编制预算或预算不健全，可能导致企业经营缺乏约束或盲目经营。

（二）预算目标不合理、编制不科学，可能导致企业资源浪费或发展战略难以实现。

（三）预算缺乏刚性、执行不力、考核不严，可能导致预算管理流于形式。

第四条　企业应当加强全面预算工作的组织领导，明确预算管理体制以及各预算执行单位的职责权限、授权批准程序和工作协调机制。

企业应当设立预算管理委员会履行全面预算管理职责，其成员由企业负责人及内部相关部门负责人组成。

预算管理委员会主要负责拟定预算目标和预算政策，制定预算管理的具体措施和办法，组织编制、平衡预算草案，下达经批准的预算，协调解决预算编制和执行中的问题，考核预算执行情况，督促完成预算目标。预算管理委员会下设预算管理工作机构，由其履行日常管理职责。预算管理工作机构一般设在财会部门。

总会计师或分管会计工作的负责人应当协助企业负责人负责企业全面预算管理工作的组织领导。

第二章 预算编制

第五条 企业应当建立和完善预算编制工作制度,明确编制依据、编制程序、编制方法等内容,确保预算编制依据合理、程序适当、方法科学,避免预算指标过高或过低。

企业应当在预算年度开始前完成全面预算草案的编制工作。

第六条 企业应当根据发展战略和年度生产经营计划,综合考虑预算期内经济政策、市场环境等因素,按照上下结合、分级编制、逐级汇总的程序,编制年度全面预算。

企业可以选择或综合运用固定预算、弹性预算、滚动预算等方法编制预算。

第七条 企业预算管理委员会应当对预算管理工作机构在综合平衡基础上提交的预算方案进行研究论证,从企业发展全局角度提出建议,形成全面预算草案,并提交董事会。

第八条 企业董事会审核全面预算草案,应当重点关注预算科学性和可行性,确保全面预算与企业发展战略、年度生产经营计划相协调。

企业全面预算应当按照相关法律法规及企业章程的规定报经审议批准。批准后,应当以文件形式下达执行。

第三章 预算执行

第九条 企业应当加强对预算执行的管理,明确预算指标分解方式、预算执行审批权限和要求、预算执行情况报告等,落实预算执行责任制,确保预算刚性,严格预算执行。

第十条 企业全面预算一经批准下达,各预算执行单位应当认真组织实施,将预算指标层层分解,从横向和纵向落实到内部各部门、各环节和各岗位,形成全方位的预算执行责任体系。

企业应当以年度预算作为组织、协调各项生产经营活动的基本依据,将年度预算细分为季度、月度预算,通过实施分期预算控制,实现年度预算目标。

第十一条 企业应当根据全面预算管理要求,组织各项生产经营活动和投融资活动,严格预算执行和控制。

企业应当加强资金收付业务的预算控制,及时组织资金收入,严格控制资金支付,调节资金收付平衡,防范支付风险。对于超预算或预算外的资金支付,应当实行严格的审批制度。

企业办理采购与付款、销售与收款、成本费用、工程项目、对外投融资、研究与开发、信息系统、人力资源、安全环保、资产购置与维护等业务和事项,均应符合预算要求。涉及生产过程和成本费用的,还应执行相关计划、定额、定率标准。

对于工程项目、对外投融资等重大预算项目,企业应当密切跟踪其实施进度和完成情况,实行严格监控。

第十二条 企业预算管理工作机构应当加强与各预算执行单位的沟通,运用财务信息和其他相关资料监控预算执行情况,采用恰当方式及时向决策机构和各预算执行单位报告、反馈预算执行进度、执行差异及其对预算目标的影响,促进企业全面预算目标的实现。

第十三条 企业预算管理工作机构和各预算执行单位应当建立预算执行情况分析制度,定期召开预算执行分析会议,通报预算执行情况,研究、解决预算执行中存在的问题,提出改进措施。

企业分析预算执行情况,应当充分收集有关财务、业务、市场、技术、政策、法律等方面的信息资料,根据不同情况分别采用比率分析、比较分析、因素分析等方法,从定量与定性两个层面充分反映预算执行单位的现状、发展趋势及其存在的潜力。

第十四条 企业批准下达的预算应当保持稳定,不得随意调整。由于市场环境、国家政策或不可抗力等客观因素,导致预算执行发生重大差异确需调整预算的，应当履行严格的审批程序。

第四章　预 算 考 核

第十五条　企业应当建立严格的预算执行考核制度，对各预算执行单位和个人进行考核，切实做到有奖有惩、奖惩分明。

第十六条　企业预算管理委员会应当定期组织预算执行情况考核，将各预算执行单位负责人签字上报的预算执行报告和已掌握的动态监控信息进行核对，确认各执行单位预算完成情况。必要时，实行预算执行情况内部审计制度。

第十七条　企业预算执行情况考核工作，应当坚持公开、公平、公正的原则，考核过程及结果应有完整的记录。

企业内部控制应用指引第16号——合同管理

（2010年4月15日财政部、中国证券监督管理委员会、审计署、中国银行业监督管理委员会、中国保险监督管理委员会发布　财会〔2010〕11号）

第一章　总　　则

第一条　为了促进企业加强合同管理，维护企业合法权益，根据《中华人民共和国合同法》等有关法律法规和《企业内部控制基本规范》，制定本指引。

第二条　本指引所称合同，是指企业与自然人、法人及其他组织等平等主体之间设立、变更、终止民事权利义务关系的协议。

企业与职工签订的劳动合同，不适用本指引。

第三条　企业合同管理至少应当关注下列风险：

（一）未订立合同、未经授权对外订立合同、合同对方主体资格未达要求、合同内容存在重大疏漏和欺诈，可能导致企业合法权益受到侵害。

（二）合同未全面履行或监控不当，可能导致企业诉讼失败、经济利益受损。

（三）合同纠纷处理不当，可能损害企业利益、信誉和形象。

第四条　企业应当加强合同管理，确定合同归口管理部门，明确合同拟定、审批、执行等环节的程序和要求，定期检查和评价合同管理中的薄弱环节，采取相应控制措施，促进合同有效履行，切实维护企业的合法权益。

第二章　合同的订立

第五条　企业对外发生经济行为，除即时结清方式外，应当订立书面合同。合同订立前，应当充分了解合同对方的主体资格、信用状况等有关内容，确保对方当事人具备履约能力。

对于影响重大、涉及较高专业技术或法律关系复杂的合同，应当组织法律、技术、财会等专业人员参与谈判，必要时可聘请外部专家参与相关工作。

谈判过程中的重要事项和参与谈判人员的主要意见，应当予以记录并妥善保存。

第六条　企业应当根据协商、谈判等的结果，拟订合同文本，按照自愿、公平原则，明确双方的权利义务和违约责任，做到条款内容完整，表述严谨准确，相关手续齐备，避免出现重大疏漏。

合同文本一般由业务承办部门起草、法律部门审核。重大合同或法律关系复杂的特殊合同应当由法律部门参与起草。国家或行业有合同示范文本的，可以优先选用，但对涉及权利义务关系的条款应当进行认真审查，并根据实际情况进行适当修改。

合同文本须报经国家有关主管部门审查或备案的，应当履行相应程序。

第七条　企业应当对合同文本进行严格审核，重点关注合同的主体、内容和形式是否合法，合同内容是否符合企业的经济利益，对方当事人是否具有履约能力，合同权利和义务、违约责任和争议解决条款是否明确等。

企业对影响重大或法律关系复杂的合同文本，应当组织内部相关部门进行审核。相关部门提出不同意见的，应当认真分析研究，慎重对待，并准确无误地加以记录；必要时应对合同条款作出修改。内部相关部门应当认真履行职责。

第八条 企业应当按照规定的权限和程序与对方当事人签署合同。正式对外订立的合同，应当由企业法定代表人或由其授权的代理人签名或加盖有关印章。授权签署合同的，应当签署授权委托书。

属于上级管理权限的合同，下级单位不得签署。下级单位认为确有需要签署涉及上级管理权限的合同，应当提出申请，并经上级合同管理机构批准后办理。上级单位应当加强对下级单位合同订立、履行情况的监督检查。

第九条 企业应当建立合同专用章保管制度。合同经编号、审批及企业法定代表人或由其授权的代理人签署后，方可加盖合同专用章。

第十条 企业应当加强合同信息安全保密工作，未经批准，不得以任何形式泄露合同订立与履行过程中涉及的商业秘密或国家机密。

第三章 合同的履行

第十一条 企业应当遵循诚实信用原则严格履行合同，对合同履行实施有效监控，强化对合同履行情况及效果的检查、分析和验收，确保合同全面有效履行。

合同生效后，企业就质量、价款、履行地点等内容与合同对方没有约定或者约定不明确的，可以协议补充；不能达成补充协议的，按照国家相关法律法规、合同有关条款或者交易习惯确定。

第十二条 在合同履行过程中发现有显失公平、条款有误或对方有欺诈行为等情形，或因政策调整、市场变化等客观因素，已经或可能导致企业利益受损，应当按规定程序及时报告，并经双方协商一致，按照规定权限和程序办理合同变更或解除事宜。

第十三条 企业应当加强合同纠纷管理，在履行合同过程中发生纠纷的，应当依据国家相关法律法规，在规定时效内与对方当事人协商并按规定权限和程序及时报告。

合同纠纷经协商一致的，双方应当签订书面协议。合同纠纷经协商无法解决的，应当根据合同约定选择仲裁或诉讼方式解决。

企业内部授权处理合同纠纷的，应当签署授权委托书。纠纷处理过程中，未经授权批准，相关经办人员不得向对方当事人作出实质性答复或承诺。

第十四条 企业财会部门应当根据合同条款审核后办理结算业务。未按合同条款履约的，或应签订书面合同而未签订的，财会部门有权拒绝付款，并及时向企业有关负责人报告。

第十五条 合同管理部门应当加强合同登记管理，充分利用信息化手段，定期对合同进行统计、分类和归档，详细登记合同的订立、履行和变更等情况，实行合同的全过程封闭管理。

第十六条 企业应当建立合同履行情况评估制度，至少于每年年末对合同履行的总体情况和重大合同履行的具体情况进行分析评估，对分析评估中发现合同履行中存在的不足，应当及时加以改进。

企业应当健全合同管理考核与责任追究制度。对合同订立、履行过程中出现的违法违规行为，应当追究有关机构或人员的责任。

企业内部控制应用指引第17号——内部信息传递

（2010年4月15日财政部、中国证券监督管理委员会、审计署、中国银行业监督管理委员会、中国保险监督管理委员会发布 财会〔2010〕11号）

第一章 总 则

第一条 为了促进企业生产经营管理信

息在内部各管理层级之间的有效沟通和充分利用，根据《企业内部控制基本规范》，制定本指引。

第二条　本指引所称内部信息传递，是指企业内部各管理层级之间通过内部报告形式传递生产经营管理信息的过程。

第三条　企业内部信息传递至少应当关注下列风险：

（一）内部报告系统缺失、功能不健全、内容不完整，可能影响生产经营有序运行。

（二）内部信息传递不通畅、不及时，可能导致决策失误、相关政策措施难以落实。

（三）内部信息传递中泄露商业秘密，可能削弱企业核心竞争力。

第四条　企业应当加强内部报告管理，全面梳理内部信息传递过程中的薄弱环节，建立科学的内部信息传递机制，明确内部信息传递的内容、保密要求及密级分类、传递方式、传递范围以及各管理层级的职责权限等，促进内部报告的有效利用，充分发挥内部报告的作用。

第二章　内部报告的形成

第五条　企业应当根据发展战略、风险控制和业绩考核要求，科学规范不同级次内部报告的指标体系，采用经营快报等多种形式，全面反映与企业生产经营管理相关的各种内外部信息。

内部报告指标体系的设计应当与全面预算管理相结合，并随着环境和业务的变化不断进行修订和完善。设计内部报告指标体系时，应当关注企业成本费用预算的执行情况。

内部报告应当简洁明了、通俗易懂、传递及时，便于企业各管理层级和全体员工掌握相关信息，正确履行职责。

第六条　企业应当制定严密的内部报告流程，充分利用信息技术，强化内部报告信息集成和共享，将内部报告纳入企业统一信息平台，构建科学的内部报告网络体系。

企业内部各管理层级均应当指定专人负责内部报告工作，重要信息应及时上报，并可以直接报告高级管理人员。

企业应当建立内部报告审核制度，确保内部报告信息质量。

第七条　企业应当关注市场环境、政策变化等外部信息对企业生产经营管理的影响，广泛收集、分析、整理外部信息，并通过内部报告传递到企业内部相关管理层级，以便采取应对策略。

第八条　企业应当拓宽内部报告渠道，通过落实奖励措施等多种有效方式，广泛收集合理化建议。

企业应当重视和加强反舞弊机制建设，通过设立员工信箱、投诉热线等方式，鼓励员工及企业利益相关方举报和投诉企业内部的违法违规、舞弊和其他有损企业形象的行为。

第三章　内部报告的使用

第九条　企业各级管理人员应当充分利用内部报告管理和指导企业的生产经营活动，及时反映全面预算执行情况，协调企业内部相关部门和各单位的运营进度，严格绩效考核和责任追究，确保企业实现发展目标。

第十条　企业应当有效利用内部报告进行风险评估，准确识别和系统分析企业生产经营活动中的内外部风险，确定风险应对策略，实现对风险的有效控制。

企业对于内部报告反映出的问题应当及时解决；涉及突出问题和重大风险的，应当启动应急预案。

第十一条　企业应当制定严格的内部报告保密制度，明确保密内容、保密措施、密级程度和传递范围，防止泄露商业秘密。

第十二条　企业应当建立内部报告的评估制度，定期对内部报告的形成和使用进行全面评估，重点关注内部报告的及时性、安全性和有效性。

企业内部控制应用指引第18号——信息系统

（2010年4月15日财政部、中国证券监督管理委员会、审计署、中国银行业监督管理委员会、中国保险监督管理委员会发布　财会〔2010〕11号）

第一章　总　　则

第一条　为了促进企业有效实施内部控制，提高企业现代化管理水平，减少人为因素，根据有关法律法规和《企业内部控制基本规范》，制定本指引。

第二条　本指引所称信息系统，是指企业利用计算机和通信技术，对内部控制进行集成、转化和提升所形成的信息化管理平台。

第三条　企业利用信息系统实施内部控制至少应当关注下列风险：

（一）信息系统缺乏或规划不合理，可能造成信息孤岛或重复建设，导致企业经营管理效率低下。

（二）系统开发不符合内部控制要求，授权管理不当，可能导致无法利用信息技术实施有效控制。

（三）系统运行维护和安全措施不到位，可能导致信息泄漏或毁损，系统无法正常运行。

第四条　企业应当重视信息系统在内部控制中的作用，根据内部控制要求，结合组织架构、业务范围、地域分布、技术能力等因素，制定信息系统建设整体规划，加大投入力度，有序组织信息系统开发、运行与维护，优化管理流程，防范经营风险，全面提升企业现代化管理水平。

企业应当指定专门机构对信息系统建设实施归口管理，明确相关单位的职责权限，建立有效工作机制。企业可委托专业机构从事信息系统的开发、运行和维护工作。

企业负责人对信息系统建设工作负责。

第二章　信息系统的开发

第五条　企业应当根据信息系统建设整体规划提出项目建设方案，明确建设目标、人员配备、职责分工、经费保障和进度安排等相关内容，按照规定的权限和程序审批后实施。

企业信息系统归口管理部门应当组织内部各单位提出开发需求和关键控制点，规范开发流程，明确系统设计、编程、安装调试、验收、上线等全过程的管理要求，严格按照建设方案、开发流程和相关要求组织开发工作。

企业开发信息系统，可以采取自行开发、外购调试、业务外包等方式。选定外购调试或业务外包方式的，应当采用公开招标等形式择优确定供应商或开发单位。

第六条　企业开发信息系统，应当将生产经营管理业务流程、关键控制点和处理规则嵌入系统程序，实现手工环境下难以实现的控制功能。

企业在系统开发过程中，应当按照不同业务的控制要求，通过信息系统中的权限管理功能控制用户的操作权限，避免将不相容职责的处理权限授予同一用户。

企业应当针对不同数据的输入方式，考虑对进入系统数据的检查和校验功能。对于必需的后台操作，应当加强管理，建立规范的流程制度，对操作情况进行监控或者审计。

企业应当在信息系统中设置操作日志功能，确保操作的可审计性。对异常的或者违背内部控制要求的交易和数据，应当设计由系统自动报告并设置跟踪处理机制。

第七条　企业信息系统归口管理部门应当加强信息系统开发全过程的跟踪管理，组织开发单位与内部各单位的日常沟通和协调，督促开发单位按照建设方案、计划进度和质量要求完成编程工作，对配备的硬件设备和系统软件进行检查验收，组织系统上线运行等。

第八条　企业应当组织独立于开发单位的专业机构对开发完成的信息系统进行验收测试，确保在功能、性能、控制要求和安全性等方面符合开发需求。

第九条　企业应当切实做好信息系统上线的各项准备工作，培训业务操作和系统管理人员，制定科学的上线计划和新旧系统转换方案，考虑应急预案，确保新旧系统顺利切换和平稳衔接。系统上线涉及数据迁移的，还应制定详细的数据迁移计划。

第三章　信息系统的运行与维护

第十条　企业应当加强信息系统运行与维护的管理，制定信息系统工作程序、信息管理制度以及各模块子系统的具体操作规范，及时跟踪、发现和解决系统运行中存在的问题，确保信息系统按照规定的程序、制度和操作规范持续稳定运行。

企业应当建立信息系统变更管理流程，信息系统变更应当严格遵照管理流程进行操作。信息系统操作人员不得擅自进行系统软件的删除、修改等操作；不得擅自升级、改变系统软件版本；不得擅自改变软件系统环境配置。

第十一条　企业应当根据业务性质、重要性程度、涉密情况等确定信息系统的安全等级，建立不同等级信息的授权使用制度，采用相应技术手段保证信息系统运行安全有序。

企业应当建立信息系统安全保密和泄密责任追究制度。委托专业机构进行系统运行与维护管理的，应当审查该机构的资质，并与其签订服务合同和保密协议。

企业应当采取安装安全软件等措施防范信息系统受到病毒等恶意软件的感染和破坏。

第十二条　企业应当建立用户管理制度，加强对重要业务系统的访问权限管理，定期审阅系统账号，避免授权不当或存在非授权账号，禁止不相容职务用户账号的交叉操作。

第十三条　企业应当综合利用防火墙、路由器等网络设备，漏洞扫描、入侵检测等软件技术以及远程访问安全策略等手段，加强网络安全，防范来自网络的攻击和非法侵入。

企业对于通过网络传输的涉密或关键数据，应当采取加密措施，确保信息传递的保密性、准确性和完整性。

第十四条　企业应当建立系统数据定期备份制度，明确备份范围、频度、方法、责任人、存放地点、有效性检查等内容。

第十五条　企业应当加强服务器等关键信息设备的管理，建立良好的物理环境，指定专人负责检查，及时处理异常情况。未经授权，任何人不得接触关键信息设备。

企业内部控制评价指引

（2010 年 4 月 15 日财政部、中国证券监督管理委员会、审计署、中国银行业监督管理委员会、中国保险监督管理委员会发布　财会〔2010〕11 号）

第一章　总　　则

第一条　为了促进企业全面评价内部控制的设计与运行情况，规范内部控制评价程序和评价报告，揭示和防范风险，根据有关法律法规和《企业内部控制基本规范》，制定本指引。

第二条　本指引所称内部控制评价，是指企业董事会或类似权力机构对内部控制的有效性进行全面评价、形成评价结论、出具评价报告的过程。

第三条　企业实施内部控制评价至少应当遵循下列原则：

（一）全面性原则。评价工作应当包括内部控制的设计与运行，涵盖企业及其所属单位的各种业务和事项。

（二）重要性原则。评价工作应当在全面评价的基础上，关注重要业务单位、重大业务事项和高风险领域。

（三）客观性原则。评价工作应当准确地揭示经营管理的风险状况，如实反映内部控制设计与运行的有效性。

第四条　企业应当根据本评价指引，结合内部控制设计与运行的实际情况，制定具体的内部控制评价办法,规定评价的原则、内容、程序、方法和报告形式等,明确相关机构或岗位的职责权限,落实责任制,按照规定的办法、程序和要求,有序开展内部控制评价工作。

企业董事会应当对内部控制评价报告的真实性负责。

第二章　内部控制评价的内容

第五条　企业应当根据《企业内部控制基本规范》、应用指引以及本企业的内部控制制度,围绕内部环境、风险评估、控制活动、信息与沟通、内部监督等要素,确定内部控制评价的具体内容,对内部控制设计与运行情况进行全面评价。

第六条　企业组织开展内部环境评价,应当以组织架构、发展战略、人力资源、企业文化、社会责任等应用指引为依据,结合本企业的内部控制制度,对内部环境的设计及实际运行情况进行认定和评价。

第七条　企业组织开展风险评估机制评价,应当以《企业内部控制基本规范》有关风险评估的要求,以及各项应用指引中所列主要风险为依据,结合本企业的内部控制制度,对日常经营管理过程中的风险识别、风险分析、应对策略等进行认定和评价。

第八条　企业组织开展控制活动评价,应当以《企业内部控制基本规范》和各项应用指引中的控制措施为依据,结合本企业的内部控制制度,对相关控制措施的设计和运行情况进行认定和评价。

第九条　企业组织开展信息与沟通评价,应当以内部信息传递、财务报告、信息系统等相关应用指引为依据,结合本企业的内部控制制度,对信息收集、处理和传递的及时性、反舞弊机制的健全性、财务报告的真实性、信息系统的安全性,以及利用信息系统实施内部控制的有效性等进行认定和评价。

第十条　企业组织开展内部监督评价,应当以《企业内部控制理本规范》有关内部监督的要求,以及各项应用指引中有关日常管控的规定为依据,结合本企业的内部控制制度,对内部监督机制的有效性进行认定和评价,重点关注监事会、审计委员会、内部审计机构等是否在内部控制设计和运行中有效发挥监督作用。

第十一条　内部控制评价工作应当形成工作底稿,详细记录企业执行评价工作的内容,包括评价要素、主要风险点、采取的控制措施、有关证据资料以及认定结果等。

评价工作底稿应当设计合理、证据充分、简便易行、便于操作。

第三章　内部控制评价的程序

第十二条　企业应当按照内部控制评价办法规定的程序,有序开展内部控制评价工作。

内部控制评价程序一般包括:制定评价工作方案、组成评价工作组、实施现场测试、认定控制缺陷、汇总评价结果、编报评价报告等环节。

企业可以授权内部审计部门或专门机构(以下简称内部控制评价部门)负责内部控制评价的具体组织实施工作。

第十三条　企业内部控制评价部门应当拟订评价工作方案,明确评价范围、工作任务、人员组织、进度安排和费用预算等相关内容,报经董事会或其授权机构审批后实施。

第十四条　企业内部控制评价部门应当根据经批准的评价方案,组成内部控制评价工作组,具体实施内部控制评价工作。评价工作组应当吸收企业内部相关机构熟悉情况的业务骨干参加。评价工作组成员对本部门的内部控制评价工作应当实行回避制度。

企业可以委托中介机构实施内部控制评价。为企业提供内部控制审计服务的会计师事务所,不得同时为同一企业提供内部控制评价服务。

第十五条　内部控制评价工作组应当对被评价单位进行现场测试,综合运用个别访谈、调查问卷、专题讨论、穿行测试、实地查验、抽样和比较分析等方法，充分收集被评价单位内部控制设计和运行是否有效的证据，按照评价的具体内容，如实填写评价工作底稿，研究分析内部控制缺陷。

第四章　内部控制缺陷的认定

第十六条　内部控制缺陷包括设计缺陷和运行缺陷。企业对内部控制缺陷的认定，应当以日常监督和专项监督为基础，结合年度内部控制评价，由内部控制评价部门进行综合分析后提出认定意见，按照规定的权限和程序进行审核后予以最终认定。

第十七条　企业在日常监督、专项监督和年度评价工作中，应当充分发挥内部控制评价工作组的作用。内部控制评价工作组应当根据现场测试获取的证据，对内部控制缺陷进行初步认定，并按其影响程度分为重大缺陷、重要缺陷和一般缺陷。

重大缺陷，是指一个或多个控制缺陷的组合，可能导致企业严重偏离控制目标。

重要缺陷，是指一个或多个控制缺陷的组合，其严重程度和经济后果低于重大缺陷，但仍有可能导致企业偏离控制目标。

一般缺陷，是指除重大缺陷、重要缺陷之外的其他缺陷。

重大缺陷、重要缺陷和一般缺陷的具体认定标准，由企业根据上述要求自行确定。

第十八条　企业内部控制评价工作组应当建立评价质量交叉复核制度，评价工作组负责人应当对评价工作底稿进行严格审核，并对所认定的评价结果签字确认后，提交企业内部控制评价部门。

第十九条　企业内部控制评价部门应当编制内部控制缺陷认定汇总表，结合日常监督和专项监督发现的内部控制缺陷及其持续改进情况，对内部控制缺陷及其成因、表现形式和影响程度进行综合分析和全面复核，提出认定意见，并以适当的形式向董事会、监事会或者经理层报告。重大缺陷应当由董事会予以最终认定。

企业对于认定的重大缺陷，应当及时采取应对策略，切实将风险控制在可承受度之内，并追究有关部门或相关人员的责任。

第五章　内部控制评价报告

第二十条　企业应当根据《企业内部控制基本规范》、应用指引和本指引，设计内部控制评价报告的种类、格式和内容，明确内部控制评价报告编制程序和要求，按照规定的权限报经批准后对外报出。

第二十一条　内部控制评价报告应当分别内部环境、风险评估、控制活动、信息与沟通、内部监督等要素进行设计，对内部控制评价过程、内部控制缺陷认定及整改情况、内部控制有效性的结论等相关内容作出披露。

第二十二条　内部控制评价报告至少应当披露下列内容：

（一）董事会对内部控制报告真实性的声明。

（二）内部控制评价工作的总体情况。

（三）内部控制评价的依据。

（四）内部控制评价的范围。

（五）内部控制评价的程序和方法。

（六）内部控制缺陷及其认定情况。

（七）内部控制缺陷的整改情况及重大缺陷拟采取的整改措施。

（八）内部控制有效性的结论。

第二十三条　企业应当根据年度内部控制评价结果，结合内部控制评价工作底稿和内部控制缺陷汇总表等资料，按照规定的程序和要求，及时编制内部控制评价报告。

第二十四条　内部控制评价报告应当报经董事会或类似权力机构批准后对外披露或报送相关部门。

企业内部控制评价部门应当关注自内部控制评价报告基准日至内部控制评价报告发出日之间是否发生影响内部控制有效性的因素，并根据其性质和影响程度对评价结论进行相应调整。

第二十五条　企业内部控制审计报告应

当与内部控制评价报告同时对外披露或报送。

第二十六条 企业应当以 12 月 31 日作为年度内部控制评价报告的基准日。

内部控制评价报告应于基准日后 4 个月内报出。

第二十七条 企业应当建立内部控制评价工作档案管理制度。内部控制评价的有关文件资料、工作底稿和证明材料等应当妥善保管。

企业内部控制审计指引

(2010 年 4 月 15 日财政部、中国证券监督管理委员会、审计署、中国银行业监督管理委员会、中国保险监督管理委员会发布 财会〔2010〕11 号)

第一章 总 则

第一条 为了规范注册会计师执行企业内部控制审计业务,明确工作要求,保证执业质量,根据《企业内部控制基本规范》、《中国注册会计师鉴证业务基本准则》及相关执业准则,制定本指引。

第二条 本指引所称内部控制审计,是指会计师事务所接受委托,对特定基准日内部控制设计与运用的有效性进行审计。

第三条 建立健全和有效实施内部控制,评价内部控制的有效性是企业董事会的责任。按照本指引的要求,在实施审计工作的基础上对内部控制的有效性发表审计意见,是注册会计师的责任。

第四条 注册会计师执行内部控制审计工作,应当获取充分、适当的证据,为发布内部控制审计意见提供合理保证。

注册会计师应当对财务报告内部控制的有效性发表审计意见,并对内部控制审计过程中注意到的非财务报告内部控制的重大缺陷,在内部控制审计报告中增加"非财务报告内部控制重大缺陷描述段"予以披露。

第五条 注册会计师可以单独进行内部控制审计,也可将内部控制审计与财务报表审计整合进行(以下简称整合审计)。

在整合审计中,注册会计师应当对内部控制设计和运行的有效性进行测试,以同时实现下列目标:

(一)获取充分、适当的证据,支持其在内部控制审计中对内部控制有效性发表的意见;

(二)获取充分、适当的证据,支持其在财务报表审计中对控制风险的评估结果。

第二章 计划审计工作

第六条 注册会计师应当恰当地计划内部控制审计工作,配备具有专业胜任能力的项目组,并对助理人员进行适当的督导。

第七条 在计划审计工作时,注册会计师应当评价下列事项对内部控制、财务报表以及审计工作的影响:

(一)与企业相关的风险。

(二)相关法律法规和行业概况。

(三)企业组织结构、经营特征和资本结构等相关重要事项。

(四)企业内部控制最近发生变化的程度。

(五)与企业沟通过的内部控制缺陷。

(六)重要性、风险等与确定内部控制重大缺陷相关的因素。

(七)对内部控制有效性的初步判断。

(八)可获取的、与内部控制有效性相关的证据的类型和范围。

第八条 注册会计师应当以风险评估为基础,选择拟测试的控制,确定测试所需收集的证据。

内部控制的特定领域存在重大缺陷的风险越高,给予该领域的审计关注就越多。

第九条 注册会计师应当对企业内部控制自我评价工作进行评估,判断是否利用企业内部审计人员、内部控制评价人员和其他相关人员的工作以及利用的程度,相应减少可能本应由注册会计师执行的工作。

注册会计师利用企业内部审计人员、内部

控制评价人员和其他相关人员的工作，应当对其专业胜任能力和客观性进行充分评价。

与某项控制相关的风险越高，可利用程度就越低，注册会计师应当更多地对该项控制亲自进行测试。

注册会计师应当对发表的审计意见独立承担责任，其责任不因为利用企业内部审计人员、内部控制评价人员和其他相关人员的工作而减轻。

第三章　实施审计工作

第十条　注册会计师应当按照自上而下的方法实施审计工作。自上而下的方法是注册会计师识别风险、选择拟测试控制的基本思路。注册会计师在实施审计工作时，可以将企业层面控制和业务层面控制的测试结合进行。

第十一条　注册会计师测试企业层面控制，应当把握重要性原则，至少应当关注：

（一）与内部环境相关的控制。

（二）针对董事会、管理层凌驾于控制之上的风险而设计的控制。

（三）企业的风险评估过程。

（四）对内部信息传递和财务报告流程的控制。

（五）对控制有效性的内部监督和自我评价。

第十二条　注册会计师测试业务层面控制，应当把握重要性原则，结合企业实际、企业内部控制各项应用指引的要求和企业层面控制的测试情况，重点对企业生产经营活动中的重要业务与事项的控制进行测试。

注册会计师应当关注信息系统对内部控制及风险评估的影响。

第十三条　注册会计师在测试企业层面控制和业务层面控制时，应当评价内部控制是否足以应对舞弊风险。

第十四条　注册会计师应当测试内部控制设计与运行的有效性。

如果某项控制由拥有必要授权和专业胜任能力的人员按照规定的程序与要求执行，能够实现控制目标，表明该项控制的设计是有效的。

如果某项控制正在按照设计运行，执行人员拥有必要授权和专业胜任能力，能够实现控制目标，表明该项控制的运行是有效的。

第十五条　注册会计师应当根据与内部控制相关的风险，确定拟实施审计程序的性质、时间安排和范围，获取充分、适当的证据。与内部控制相关的风险越高，注册会计师需要获取的证据应越多。

第十六条　注册会计师在测试控制设计与运行的有效性时，应当综合运用询问适当人员、观察经营活动、检查相关文件、穿行测试和重新执行等等方法。

询问本身并不足以提供充分、适当的证据。

第十七条　注册会计师在确定测试的时间安排时，应当在下列两个因素之间作出平衡，以获取充分、适当的证据：

（一）尽量在接近企业内部控制自我评价基准日实施测试。

（二）实施的测试需要涵盖足够长的期间。

第十八条　注册会计师对于内部控制运行偏离设计的情况（即控制偏差），应当确定该偏差对相关风险评估、需要获取的证据以及控制运行有效性结论的影响。

第十九条　在连续审计中，注册会计师在确定测试的性质、时间安排和范围时，应当考虑以前年度执行内部控制审计时了解的情况。

第四章　评价控制缺陷

第二十条　内部控制缺陷按其成因分为设计缺陷和运行缺陷，按其影响程度分为重大缺陷、重要缺陷和一般缺陷。

注册会计师应当评价其识别的各项内部控制缺陷的严重程度，以确定这些缺陷单独或组合起来，是否构成重大缺陷。

第二十一条　在确定一项内部控制缺陷或多项内部控制缺陷的组合是否构成重大缺陷时，注册会计师应当评价补偿性控制（替代性控制)的影响。企业执行的补偿性控制应当具有同样的效果。

第二十二条 表明内部控制可能存在重大缺陷的迹象,主要包括:

(一)注册会计师发现董事、监事和高级管理人员舞弊。

(二)企业更正已经公布的财务报表。

(三)注册会计师发现当期财务报表存在重大错报,而内部控制在运行过程中未能发现该错报。

(四)企业审计委员会和内部审计机构对内部控制的监督无效。

第五章 完成审计工作

第二十三条 注册会计师完成审计工作后,应当取得经企业签署的书面声明。书面声明应当包括下列内容:

(一)企业董事会认可其对建立健全和有效实施内部控制负责。

(二)企业已对内部控制的有效性作出自我评价,并说明评价时采用的标准以及得出的结论。

(三)企业没有利用注册会计师执行的审计程序及其结果作为自我评价的基础。

(四)企业已向注册会计师披露识别出的所有内部控制缺陷,并单独披露其中的重大缺陷和重要缺陷。

(五)企业对于注册会计师在以前年度审计中识别的重大缺陷和重要缺陷,是否已经采取措施予以解决。

(六)企业在内部控制自我评价基准日后,内部控制是否发生重大变化,或者存在对内部控制具有重要影响的其他因素。

第二十四条 企业如果拒绝提供或以其他不当理由回避书面声明,注册会计师应当将其视为审计范围受到限制,解除业务约定或出具无法表示意见的审计报告。

第二十五条 注册会计师应当与企业沟通审计过程中识别的所有控制缺陷。对于其中的重大缺陷和重要缺陷,应当以书面形式与董事会和经理层沟通。

注册会计师认为审计委员会和内部审计机构对内部控制的监督无效的,应当就此以书面形式直接与董事会和经理层沟通。

书面沟通应当在注册会计师出具内部控制审计报告之前进行。

第二十六条 注册会计师应当对获取的证据进行评价,形成对内部控制有效性的意见。

第六章 出具审计报告

第二十七条 注册会计师在完成内部控制审计工作后,应当出具内部控制审计报告。标准内部控制审计报告应当包括下列要素:

(一)标题。

(二)收件人。

(三)引言段。

(四)企业对内部控制的责任段。

(五)注册会计师的责任段。

(六)内部控制固有局限性的说明段。

(七)财务报告内部控制审计意见段。

(八)非财务报告内部控制重大缺陷描述段。

(九)注册会计师的签名和盖章。

(十)会计师事务所的名称、地址及盖章。

(十一)报告日期。

第二十八条 符合下列所有条件的,注册会计师应当对财务报告内部控制出具无保留意见的内部控制审计报告:

(一)企业按照《企业内部控制基本规范》、《企业内部控制应用指引》、《企业内部控制评价指引》以及企业自身内部控制制度的要求,在所有重大方面保持了有效的内部控制。

(二)注册会计师已经按照《企业内部控制审计指引》的要求计划和实施审计工作,在审计过程中未受到限制。

第二十九条 注册会计师认为财务报告内部控制虽不存在重大缺陷,但仍有一项或者多项重大事项需要提请内部控制审计报告使用者注意的,应当在内部控制审计报告中增加强调事项段予以说明。

注册会计师应当在强调事项段中指明，该段内容仅用于提醒内部控制审计报告使用者关注，并不影响对财务报告内部控制发表的审计意见。

第三十条　注册会计师认为财务报告内部控制存在一项或多项重大缺陷的，除非审计范围受到限制，应当对财务报告内部控制发表否定意见。

注册会计师出具否定意见的内部控制审计报告，还应当包括下列内容：

（一）重大缺陷的定义。

（二）重大缺陷的性质及其对财务报告内部控制的影响程度。

第三十一条　注册会计师审计范围受到限制的，应当解除业务约定或出具无法表示意见的内部控制审计报告，并就审计范围受到限制的情况，以书面形式与董事会进行沟通。

注册会计师在出具无法表示意见的内部控制审计报告时，应当在内部控制审计报告中指明审计范围受到限制，无法对内部控制的有效性发表意见。

注册会计师在已执行的有限程序中发现财务报告内部控制存在重大缺陷的，应当在内部控制审计报告中对重大缺陷作出详细说明。

第三十二条　注册会计师对在审计过程中注意到的非财务报告内部控制缺陷，应当区别具体情况予以处理：

（一）注册会计师认为非财务报告内部控制缺陷为一般缺陷的，应当与企业进行沟通，提醒企业加以改进，但无需在内部控制审计报告中说明。

（二）注册会计师认为非财务报告内部控制缺陷为重要缺陷的，应当以书面形式与企业董事会和经理层沟通，提醒企业加以改进，但无需在内部控制审计报告中说明。

（三）注册会计师认为非财务报告内部控制缺陷为重大缺陷的，应当以书面形式与企业董事会和经理层沟通，提醒企业加以改进；同时应当在内部控制审计报告中增加非财务报告内部控制重大缺陷描述段，对重大缺陷的性质及其对实现相关控制目标的影响程度进行披露，提示内部控制审计报告使用者注意相关风险。

第三十三条　在企业内部控制自我评价基准日并不存在，但在该基准日之后至审计报告日之前（以下简称期后期间）内部控制可能发生变化，或出现其他可能在内部控制产生重要影响的因素。注册会计师应当询问是否存在这类变化或影响因素，并获取企业关于这些情况的书面声明。

注册会计师知悉对企业内部控制自我评价基准日内部控制有效性有重大负面影响的期后事项的，应当对财务报告内部控制发表否定意见。

注册会计师不能确定期后事项对内部控制有效性的影响程度的，应当出具无法表示意见的内部控制审计报告。

第七章　记录审计工作

第三十四条　注册会计师应当按照《中国注册会计师审计准则第 1131 号——审计工作底稿》的规定，编制内部控制审计工作底稿，完整记录审计工作情况。

第三十五条　注册会计师应当在审计工作底稿中记录下列内容：

（一）内部控制审计计划及重大修改情况。

（二）相关风险评估和选择拟测试的内部控制的主要过程及结果。

（三）测试内部控制设计和运行有效性的程序及结果。

（四）对识别的控制缺陷的评价。

（五）形成的审计结论和意见。

（六）其他重要事项。

附录：

内部控制审计报告的参考格式

1. 标准内部控制审计报告

内部控制审计报告

××股份有限公司全体股东：

按照《企业内部控制审计指引》及中国注册会计师执业准则的相关要求，我们审计了××股份有限公司（以下简称××公司）××年×月×日的财务报告内部控制的有效性。

一、企业对内部控制的责任

按照《企业内部控制基本规范》、《企业内部控制应用指引》、《企业内部控制评价指引》的规定，建立健全和有效实施内部控制，并评价其有效性是企业董事会的责任。

二、注册会计师的责任

我们的责任是在实施审计工作的基础上，对财务报告内部控制的有效性发表审计意见，并对注意到的非财务报告内部控制的重大缺陷进行披露。

三、内部控制的固有局限性

内部控制具有固有局限性，存在不能防止和发现错报的可能性。此外，由于情况的变化可能导致内部控制变得不恰当，或对控制政策和程序遵循的程度降低，根据内部控制审计结果推测未来内部控制的有效性具有一定风险。

四、财务报告内部控制审计意见

我们认为，××公司按照《企业内部控制基本规范》和相关规定在所有重大方面保持了有效的财务报告内部控制。

五、非财务报告内部控制的重大缺陷

在内部控制审计过程中，我们注意到××公司的非财务报告内部控制存在重大缺陷[描述该缺陷的性质及其对实现相关控制目标的影响程度]。由于存在上述重大缺陷，我们提醒本报告使用者注意相关风险。需要指出的是，我们并不对××公司的非财务报告内部控制发表意见或提供保证。本段内容不影响对财务报告内部控制有效性发表的审计意见。

××会计师事务所

中国注册会计师：×××（签名并盖章）

（盖章）

中国注册会计师：×××（签名并盖章）

中国××市　　　　××年×月×日

2. 带强调事项段的无保留意见内部控制审计报告

内部控制审计报告

××股份有限公司全体股东：

按照《企业内部控制审计指引》及中国注册会计师执业准则的相关要求，我们审计了××股份有限公司（以下简称××公司）××年×月×日的财务报告内部控制的有效性。

[“一、企业对内部控制的责任”至“五、非财务报表内部控制的重大缺陷”参见标准内部控制审计报告相关段落表述。]

六、强调事项

我们提醒内部控制审计报告使用者关注，（描述强调事项的性质及其对内部控制的重大影响）。本段内容不影响已对财务报告内部控制发表的审计意见。

××会计师事务所

中国注册会计师：×××（签名并盖章）

（盖章）

中国注册会计师：×××（签名并盖章）

中国××市　　　　××年×月×日

3. 否定意见内部控制审计报告

内部控制审计报告

××股份有限公司全体股东：

按照《企业内部控制审计指引》及中国注册会计师执业准则的相关要求，我们审计了××股份有限公司（以下简称××公司）××年×月×日的财务报告内部控制的有效性。

[“一、企业对内部控制的责任”至“三、内部控制的固有局限性”参见标准内部控制审计报告相关段落表述。]

四、导致否定意见的事项

重大缺陷，是指一个或多个控制缺陷的组合，可能导致企业严重偏离控制目标。

［指出注册会计师已识别出的重大缺陷，并说明重大缺陷的性质及其对财务报告内部控制的影响程度。］

有效的内部控制能够为财务报告及相关信息的真实完整提供合理保证，而上述重大缺陷使××公司内部控制失去这一功能。

五、财务报告内部控制审计意见

我们认为，由于存在上述重大缺陷及其对实现控制目标的影响，××公司未能按照《企业内部控制基本规范》和相关规定在所有重大方面保持有效的财务报告内部控制。

六、非财务报告内部控制的重大缺陷

［参见标准内部控制审计报告相关段落表述。］

××会计师事务所

中国注册会计师：×××（签名并盖章）

（盖章）

中国注册会计师：×××（签名并盖章）

中国××市　　　××年×月×日

4. 无法表示意见内部控制审计报告

内部控制审计报告

××股份有限公司全体股东：

我们接受委托，对××股份有限公司（以下简称××公司）××年×月×日的财务报告内部控制进行审计。

［删除注册会计师的责任段，“一、企业对内部控制的责任”和“二、内部控制的固有局限性”参见标准内部控制审计报告相关段落表述。］

三、导致无法表示意见的事项

［描述审计范围受到限制的具体情况。］

四、财务报告内部控制审计意见

由于审计范围受到上述限制，我们未能实施必要的审计程序以获取发表意见所需的充分、适当证据，因此，我们无法对××公司财务报告内部控制的有效性发表意见。

五、识别的财务报告内部控制重大缺陷（如在审计范围受到限制前，执行有限程序未能识别出重大缺陷，则应删除本段）

重大缺陷，是指一个或多个控制缺陷的组合，可能导致企业严重偏离控制目标。

尽管我们无法对××公司财务报告内部控制的有效性发表意见，但在我们实施的有限程序的过程中，发现了以下重大缺陷：

［指出注册会计师已识别出的重大缺陷，并说明重大缺陷的性质及其对财务报告内部控制的影响程度。］

有效的内部控制能够为财务报告及相关信息的真实完整提供合理保证，而上述重大缺陷使××公司内部控制失去这一功能。

六、非财务报告内部控制的重大缺陷

［参见标准内部控制审计报告相关段落表述。］

××会计师事务所

中国注册会计师：×××（签名并盖章）

（盖章）

中国注册会计师：×××（签名并盖章）

中国××市　　　××年×月×日

3. 股东与股东会

上市公司与投资者关系工作指引

（2005 年 7 月 11 日中国证券监督管理委员会发布
证监公司字〔2005〕52 号）

第一章 总 则

第一条 为进一步贯彻落实《国务院关于推进资本市场改革开放和稳定发展的若干意见》，加强上市公司（以下简称“公司”）与投资者之间的信息沟通，完善公司治理结构，切实保护投资者特别是社会公众投资者的合法权益，根据《中华人民共和国公司法》、《中华人民共和国证券法》及其他有关法律、法规，制定本指引。

第二条 投资者关系工作是指公司通过信息披露与交流，加强与投资者及潜在投资者之间的沟通，增进投资者对公司的了解和认同，提升公司治理水平，以实现公司整体利益最大化和保护投资者合法权益的重要工作。

第三条 投资者关系工作的目的是：

（一）促进公司与投资者之间的良性关系，增进投资者对公司的进一步了解和熟悉。

（二）建立稳定和优质的投资者基础，获得长期的市场支持。

（三）形成服务投资者、尊重投资者的企业文化。

（四）促进公司整体利益最大化和股东财富增长并举的投资理念。

（五）增加公司信息披露透明度，改善公司治理。

第四条 投资者关系工作的基本原则是：

（一）充分披露信息原则。除强制的信息披露以外，公司可主动披露投资者关心的其他相关信息。

（二）合规披露信息原则。公司应遵守国家法律、法规及证券监管部门、证券交易所对上市公司信息披露的规定，保证信息披露真实、准确、完整、及时。在开展投资者关系工作时应注意尚未公布信息及其他内部信息的保密，一旦出现泄密的情形，公司应当按有关规定及时予以披露。

（三）投资者机会均等原则。公司应公平对待公司的所有股东及潜在投资者，避免进行选择性信息披露。

（四）诚实守信原则。公司的投资者关系工作应客观、真实和准确，避免过度宣传和误导。

（五）高效低耗原则。选择投资者关系工作方式时，公司应充分考虑提高沟通效率，降低沟通成本。

（六）互动沟通原则。公司应主动听取投资者的意见、建议，实现公司与投资者之间的双向沟通，形成良性互动。

第五条 本指引是公司投资者关系工作的基本行为指南，鼓励公司按照本指引的精神和要求，积极、主动地开展投资者关系工作。公司特别是管理层应当高度重视投资者关系工作。

第二章 投资者关系工作的内容和方式

第六条 投资者关系工作中公司与投资

者沟通的内容主要包括：

（一）公司的发展战略，包括公司的发展方向、发展规划、竞争战略和经营方针等；

（二）法定信息披露及其说明，包括定期报告和临时公告等；

（三）公司依法可以披露的经营管理信息，包括生产经营状况、财务状况、新产品或新技术的研究开发、经营业绩、股利分配等；

（四）公司依法可以披露的重大事项，包括公司的重大投资及其变化、资产重组、收购兼并、对外合作、对外担保、重大合同、关联交易、重大诉讼或仲裁、管理层变动以及大股东变化等信息；

（五）企业文化建设；

（六）公司的其他相关信息。

第七条 公司可多渠道、多层次地与投资者进行沟通，沟通方式应尽可能便捷、有效，便于投资者参与。

第八条 根据法律、法规和证券监管部门、证券交易所规定应进行披露的信息必须于第一时间在公司信息披露指定报纸和指定网站公布。

第九条 公司在其他公共传媒披露的信息不得先于指定报纸和指定网站，不得以新闻发布或答记者问等其他形式代替公司公告。

公司应明确区分宣传广告与媒体的报道，不应以宣传广告材料以及有偿手段影响媒体的客观独立报道。

公司应及时关注媒体的宣传报道，必要时可适当回应。

第十条 公司应充分重视网络沟通平台建设，可在公司网站开设投资者关系专栏，通过电子信箱或论坛接受投资者提出的问题和建议，并及时答复。

第十一条 公司应丰富和及时更新公司网站的内容，可将新闻发布、公司概况、经营产品或服务情况、法定信息披露资料、投资者关系联系方法、专题文章、行政人员演说、股票行情等投资者关心的相关信息放置于公司网站。

第十二条 公司应设立专门的投资者咨询电话和传真，咨询电话由熟悉情况的专人负责，保证在工作时间线路畅通、认真接听。咨询电话号码如有变更应尽快公布。

公司可利用网络等现代通讯工具定期或不定期开展有利于改善投资者关系的交流活动。

第十三条 公司可安排投资者、分析师等到公司现场参观、座谈沟通。

公司应合理、妥善地安排参观过程，使参观人员了解公司业务和经营情况，同时注意避免参观者有机会得到未公开的重要信息。

第十四条 公司应努力为中小股东参加股东大会创造条件，充分考虑召开的时间和地点以便于股东参加。

第十五条 公司可在定期报告结束后，举行业绩说明会，或在认为必要时与投资者、基金经理、分析师就公司的经营情况、财务状况及其他事项进行一对一的沟通，介绍情况、回答有关问题并听取相关建议。

公司不得在业绩说明会或一对一的沟通中发布尚未披露的公司重大信息。对于所提供的相关信息，公司应平等地提供给其他投资者。

第十六条 公司可在实施融资计划时按有关规定举行路演。

第十七条 公司可将包括定期报告和临时报告在内的公司公告寄送给投资者或分析师等相关机构和人员。

第十八条 鼓励公司在遵守信息披露规则的前提下，建立与投资者的重大事项沟通机制，在制定涉及股东权益的重大方案时，通过多种方式与投资者进行充分沟通和协商。

公司可在按照信息披露规则作出公告后至股东大会召开前，通过现场或网络投资者交流会、说明会，走访机构投资者，发放征求意见函，设立热线电话、传真及电子信箱等多种方式与投资者进行充分沟通，广泛征询意见。

公司在与投资者进行沟通时，所聘请的相关中介机构也可参与相关活动。

第三章　投资者关系工作的组织与实施

第十九条　公司应确定由董事会秘书负责投资者关系工作。

第二十条　公司可视情况指定或设立投资者关系工作专职部门，负责公司投资者关系工作事务。

第二十一条　公司可结合本公司实际制订投资者关系工作制度和工作规范。

第二十二条　投资者关系工作包括的主要职责是：

（一）分析研究。统计分析投资者和潜在投资者的数量、构成及变动情况；持续关注投资者及媒体的意见、建议和报道等各类信息并及时反馈给公司董事会及管理层。

（二）沟通与联络。整合投资者所需信息并予以发布；举办分析师说明会等会议及路演活动，接受分析师、投资者和媒体的咨询；接待投资者来访，与机构投资者及中小投资者保持经常联络，提高投资者对公司的参与度。

（三）公共关系。建立并维护与证券交易所、行业协会、媒体以及其他上市公司和相关机构之间良好的公共关系；在涉讼、重大重组、关键人员的变动、股票交易异动以及经营环境重大变动等重大事项发生后配合公司相关部门提出并实施有效处理方案，积极维护公司的公共形象。

（四）有利于改善投资者关系的其他工作。

第二十三条　公司应建立良好的内部协调机制和信息采集制度。负责投资者关系工作的部门或人员应及时归集各部门及下属公司的生产经营、财务、诉讼等信息，公司各部门及下属公司应积极配合。

第二十四条　除非得到明确授权，公司高级管理人员和其他员工不得在投资者关系活动中代表公司发言。

第二十五条　公司可聘请专业的投资者关系工作机构协助实施投资者关系工作。

第二十六条　公司从事投资者关系工作的人员需要具备以下素质和技能：

（一）全面了解公司各方面情况。

（二）具备良好的知识结构，熟悉公司治理、财务会计等相关法律、法规和证券市场的运作机制。

（三）具有良好的沟通和协调能力。

（四）具有良好的品行，诚实信用。

第二十七条　公司可采取适当方式对全体员工特别是高级管理人员和相关部门负责人进行投资者关系工作相关知识的培训。在开展重大的投资者关系促进活动时，还可做专题培训。

第四章　附　　则

第二十八条　本指引由中国证监会负责解释。

第二十九条　本指引自发布之日起施行。

上市公司股东大会规则（2016年修订）

（2016年9月30日中国证券监督管理委员会公告〔2016〕22号公布施行）

第一章　总　　则

第一条　为规范上市公司行为，保证股东大会依法行使职权，根据《中华人民共和国公司法》（以下简称《公司法》）、《中华人民共和国证券法》（以下简称《证券法》）的规定，制定本规则。

第二条　上市公司应当严格按照法律、行政法规、本规则及公司章程的相关规定召开股东大会，保证股东能够依法行使权利。

公司董事会应当切实履行职责，认真、按时组织股东大会。公司全体董事应当勤勉尽责，确保股东大会正常召开和依法行使职权。

第三条　股东大会应当在《公司法》和公司章程规定的范围内行使职权。

第四条　股东大会分为年度股东大会和临时股东大会。年度股东大会每年召开一次，应当于上一会计年度结束后的6个月内举行。临时股东大会不定期召开，出现《公司法》第一百零一条规定的应当召开临时股东大会的情形时，临时股东大会应当在2个月内召开。

公司在上述期限内不能召开股东大会的，应当报告公司所在地中国证监会派出机构和公司股票挂牌交易的证券交易所（以下简称"证券交易所"），说明原因并公告。

第五条　公司召开股东大会，应当聘请律师对以下问题出具法律意见并公告：

（一）会议的召集、召开程序是否符合法律、行政法规、本规则和公司章程的规定；

（二）出席会议人员的资格、召集人资格是否合法有效；

（三）会议的表决程序、表决结果是否合法有效；

（四）应公司要求对其他有关问题出具的法律意见。

第二章　股东大会的召集

第六条　董事会应当在本规则第四条规定的期限内按时召集股东大会。

第七条　独立董事有权向董事会提议召开临时股东大会。对独立董事要求召开临时股东大会的提议，董事会应当根据法律、行政法规和公司章程的规定，在收到提议后10日内提出同意或不同意召开临时股东大会的书面反馈意见。

董事会同意召开临时股东大会的，应当在作出董事会决议后的5日内发出召开股东大会的通知；董事会不同意召开临时股东大会的，应当说明理由并公告。

第八条　监事会有权向董事会提议召开临时股东大会，并应当以书面形式向董事会提出。董事会应当根据法律、行政法规和公司章程的规定，在收到提议后10日内提出同意或不同意召开临时股东大会的书面反馈意见。

董事会同意召开临时股东大会的，应当在作出董事会决议后的5日内发出召开股东大会的通知，通知中对原提议的变更，应当征得监事会的同意。

董事会不同意召开临时段东大会，或者在收到提议后10日内未作出书面反馈的，视为董事会不能履行或者不履行召集股东大会会议职责，监事会可以自行召集和主持。

第九条　单独或者合计持有公司10%以上股份的普通股股东（含表决权恢复的优先股股东）有权向董事会请求召开临时股东大会，并应当以书面形式向董事会提出。董事会应当根据法律、行政法规和公司章程的规定，在收到请求后10日内提出同意或不同意召开临时股东大会的书面反馈意见。

董事会同意召开临时股东大会的，应当在作出董事会决议后的5日内发出召开股东大会的通知，通知中对原请求的变更，应当征得相关股东的同意。

董事会不同意召开临时段东大会，或者在收到请求后10日内未作出反馈的，单独或者合计持有公司10%以上股份的普通股股东（含表决权恢复的优先股股东）有权向监事会提议召开临时股东大会，并应当以书面形式向监事会提出请求。

监事会同意召开临时股东大会的，应在收到请求5日内发出召开股东大会的通知，通知中对原请求的变更，应当征得相关股东的同意。

监事会未在规定期限内发出股东大会通知的，视为监事会不召集和主持股东大会，连续90日以上单独或者合计持有公司10%以上股份的普通股股东（含表决权恢复的优先股股东）可以自行召集和主持。

第十条 监事会或股东决定自行召集股东大会的，应当书面通知董事会，同时向公司所在地中国证监会派出机构和证券交易所备案。

在股东大会决议公告前，召集普通股股东（含表决权恢复的优先股股东）持股比例不得低于10%。

监事会和召集股东应在发出股东大会通知及发布股东大会决议公告时，向公司所在地中国证监会派出机构和证券交易所提交有关证明材料。

第十一条 对于监事会或股东自行召集的股东大会，董事会和董事会秘书应予配合。董事会应当提供股权登记日的股东名册。董事会未提供股东名册的，召集人可以持召集股东大会通知的相关公告，向证券登记结算机构申请获取。召集人所获取的股东名册不得用于除召开股东大会以外的其他用途。

第十二条 监事会或股东自行召集的股东大会，会议所必需的费用由公司承担。

第三章 股东大会的提案与通知

第十三条 提案的内容应当属于股东大会职权范围，有明确议题和具体决议事项，并且符合法律、行政法规和公司章程的有关规定。

第十四条 单独或者合计持有公司3%以上股份的普通股股东（含表决权恢复的优先股股东），可以在股东大会召开10日前提出临时提案并书面提交召集人。召集人应当在收到提案后2日内发出股东大会补充通知，公告临时提案的内容。

除前款规定外，召集人在发出股东大会通知后，不得修改股东大会通知中已列明的提案或增加新的提案。

股东大会通知中未列明或不符合本规则第十三条规定的提案，股东大会不得进行表决并作出决议。

第十五条 召集人应当在年度股东大会召开20日前以公告方式通知各普通股股东（含表决权恢复的优先股股东），临时股东大会应当于会议召开15日前以公告方式通知各普通股股东（含表决权恢复的优先股股东）。

第十六条 股东大会通知和补充通知中应当充分、完整披露所有提案的具体内容，以及为使股东对拟讨论的事项作出合理判断所需的全部资料或解释。拟讨论的事项需要独立董事发表意见的，发出股东大会通知或补充通知时应当同时披露独立董事的意见及理由。

第十七条 股东大会拟讨论董事、监事选举事项的，股东大会通知中应当充分披露董事、监事候选人的详细资料，至少包括以下内容：

（一）教育背景、工作经历、兼职等个人情况；

（二）与公司或其控股股东及实际控制人是否存在关联关系；

（三）披露持有上市公司股份数量；

（四）是否受过中国证监会及其他有关部门的处罚和证券交易所惩戒。

除采取累积投票制选举董事、监事外，每位董事、监事候选人应当以单项提案提出。

第十八条 股东大会通知中应当列明会议时间、地点，并确定股权登记日。股权登记日与会议日期之间的间隔应当不多于7个工作日。股权登记日一旦确认，不得变更。

第十九条 发出股东大会通知后，无正当理由，股东大会不得延期或取消，股东大会通知中列明的提案不得取消。一旦出现延期或取消的情形，召集人应当在原定召开日前至少2个工作日公告并说明原因。

第四章 股东大会的召开

第二十条 公司应当在公司住所地或公司章程规定的地点召开股东大会。

股东大会应当设置会场，以现场会议形式召开，并应当按照法律、行政法规、中国证监会或公司章程的规定，采用安全、经济、便捷的网络和其他方式为股东参加股东大会提供便利。

股东通过上述方式参加股东大会的，视为出席。

股东可以亲自出席股东大会并行使表决权，也可以委托他人代为出席和在授权范围内行使表决权。

第二十一条 公司股东大会采用网络或其他方式的，应当在股东大会通知中明确载明网络或其他方式的表决时间以及表决程序。

股东大会网络或其他方式投票的开始时间，不得早于现场股东大会召开前一日下午3:00，并不得迟于现场股东大会召开当日上午9:30，其结束时间不得早于现场股东大会结束当日下午3:00。

第二十二条 董事会和其他召集人应当采取必要措施，保证股东大会的正常秩序。对于干扰股东大会、寻衅滋事和侵犯股东合法权益的行为，应当采取措施加以制止并及时报告有关部门查处。

第二十三条 股权登记日登记在册的所有普通股股东（含表决权恢复的优先股股东）或其代理人，均有权出席股东大会，公司和召集人不得以任何理由拒绝。

优先股股东不出席股东大会会议，所持股份没有表决权，但出现以下情况之一的，公司召开股东大会会议应当通知优先股股东，并遵循《公司法》及公司章程通知普通股股东的规定程序。优先股股东出席股东大会会议时，有权与普通股股东分类表决，其所持每一优先股有一表决权，但公司持有的本公司优先股没有表决权：

（一）修改公司章程中与优先股相关的内容；

（二）一次或累计减少公司注册资本超过百分之十；

（三）公司合并、分立、解散或变更公司形式；

（四）发行优先股；

（五）公司章程规定的其他情形。

上述事项的决议，除须经出席会议的普通股股东（含表决权恢复的优先股股东）所持表决权的三分之二以上通过之外，还须经出席会议的优先股股东（不含表决权恢复的优先股股东）所持表决权的三分之二以上通过。

第二十四条 股东应当持股票账户卡、身份证或其他能够表明其身份的有效证件或证明出席股东大会。代理人还应当提交股东授权委托书和个人有效身份证件。

第二十五条 召集人和律师应当依据证券登记结算机构提供的股东名册共同对股东资格的合法性进行验证，并登记股东姓名或名称及其所持有表决权的股份数。在会议主持人宣布现场出席会议的股东和代理人人数及所持有表决权的股份总数之前，会议登记应当终止。

第二十六条 公司召开股东大会，全体董事、监事和董事会秘书应当出席会议，经理和其他高级管理人员应当列席会议。

第二十七条 股东大会由董事长主持。董事长不能履行职务或不履行职务时，由副董事长主持；副董事长不能履行职务或者不履行职务时，由半数以上董事共同推举的一名董事主持。

监事会自行召集的股东大会，由监事会主席主持。监事会主席不能履行职务或不履行职务时，由监事会副主席主持；监事会副主席不能履行职务或者不履行职务时，由半数以上监事共同推举的一名监事主持。

股东自行召集的股东大会，由召集人推举代表主持。

公司应当制定股东大会议事规则。召开股东大会时，会议主持人违反议事规则使股东大会无法继续进行的，经现场出席股东大会有表决权过半数的股东同意，股东大会可推举一人担任会议主持人，继续开会。

第二十八条 在年度股东大会上，董事会、监事会应当就其过去一年的工作向股东大会作出报告，每名独立董事也应作出述职报告。

第二十九条 董事、监事、高级管理人员在股东大会上应就股东的质询作出解释和说明。

第三十条 会议主持人应当在表决前宣布现场出席会议的股东和代理人人数及所持有表决权的股份总数,现场出席会议的股东和代理人人数及所持有表决权的股份总数以会议登记为准。

第三十一条 股东与股东大会拟审议事项有关联关系时,应当回避表决,其所持有表决权的股份不计入出席股东大会有表决权的股份总数。

股东大会审议影响中小投资者利益的重大事项时,对中小投资者的表决应当单独计票。单独计票结果应当及时公开披露。

公司持有自己的股份没有表决权,且该部分股份不计入出席股东大会有表决权的股份总数。

公司董事会、独立董事和符合相关规定条件的股东可以公开征集股东投票权。征集股东投票权应当向被征集人充分披露具体投票意向等信息。禁止以有偿或者变相有偿的方式征集股东投票权。公司不得对征集投票权提出最低持股比例限制。

第三十二条 股东大会就选举董事、监事进行表决时,根据公司章程的规定或者股东大会的决议,可以实行累积投票制。

前款所称累积投票制是指股东大会选举董事或者监事时,每一普通股(含表决权恢复的优先股)股份拥有与应选董事或者监事人数相同的表决权,股东拥有的表决权可以集中使用。

第三十三条 除累积投票制外,股东大会对所有提案应当逐项表决。对同一事项有不同提案的,应当按提案提出的时间顺序进行表决。除因不可抗力等特殊原因导致股东大会中止或不能作出决议外,股东大会不得对提案进行搁置或不予表决。

股东大会就发行优先股进行审议,应当就下列事项逐项进行表决:

(一)本次发行优先股的种类和数量;

(二)发行方式、发行对象及向原股东配售的安排;

(三)票面金额、发行价格或定价区间及其确定原则;

(四)优先股股东参与分配利润的方式,包括:股息率及其确定原则、股息发放的条件、股息支付方式、股息是否累积、是否可以参与剩余利润分配等;

(五)回购条款,包括回购的条件、期间、价格及其确定原则、回购选择权的行使主体等(如有);

(六)募集资金用途;

(七)公司与相应发行对象签订的附条件生效的股份认购合同;

(八)决议的有效期;

(九)公司章程关于优先股股东和普通股股东利润分配政策相关条款的修订方案;

(十)对董事会办理本次发行具体事宜的授权;

(十一)其他事项。

第三十四条 股东大会审议提案时,不得对提案进行修改,否则,有关变更应当被视为一个新的提案,不得在本次股东大会上进行表决。

第三十五条 同一表决权只能选择现场、网络或其他表决方式中的一种。同一表决权出现重复表决的以第一次投票结果为准。

第三十六条 出席股东大会的股东,应当对提交表决的提案发表以下意见之一:同意、反对或弃权。证券登记结算机构作为内地与香港股票市场交易互联互通机制股票的名义持有人,按照实际持有人意思表示进行申报的除外。

未填、错填、字迹无法辨认的表决票或未投的表决票均视为投票人放弃表决权利,其所持股份数的表决结果应计为“弃权”。

第三十七条 股东大会对提案进行表决前,应当推举两名股东代表参加计票和监票。审议事项与股东有关联关系的,相关股东及代理人不得参加计票、监票。

股东大会对提案进行表决时,应当由律

师、股东代表与监事代表共同负责计票、监票。

通过网络或其他方式投票的公司股东或其代理人,有权通过相应的投票系统查验自己的投票结果。

第三十八条　股东大会会议现场结束时间不得早于网络或其他方式,会议主持人应当在会议现场宣布每一提案的表决情况和结果,并根据表决结果宣布提案是否通过。

在正式公布表决结果前,股东大会现场、网络及其他表决方式中所涉及的公司、计票人、监票人、主要股东、网络服务方等相关各方对表决情况均负有保密义务。

第三十九条　股东大会决议应当及时公告,公告中应列明出席会议的股东和代理人人数、所持有表决权的股份总数及占公司有表决权股份总数的比例、表决方式、每项提案的表决结果和通过的各项决议的详细内容。

发行优先股的公司就本规则第二十三条第二款所列情形进行表决的,应当对普通股股东(含表决权恢复的优先股股东)和优先股股东(不含表决权恢复的优先股股东)出席会议及表决的情况分别统计并公告。

发行境内上市外资股的公司,应当对内资股股东和外资股股东出席会议及表决情况分别统计并公告。

第四十条　提案未获通过,或者本次股东大会变更前次股东大会决议的,应当在股东大会决议公告中作特别提示。

第四十一条　股东大会会议记录由董事会秘书负责,会议记录应记载以下内容:

(一)会议时间、地点、议程和召集人姓名或名称;

(二)会议主持人以及出席或列席会议的董事、监事、董事会秘书、经理和其他高级管理人员姓名;

(三)出席会议的股东和代理人人数、所持有表决权的股份总数及占公司股份总数的比例;

(四)对每一提案的审议经过、发言要点和表决结果;

(五)股东的质询意见或建议以及相应的答复或说明;

(六)律师及计票人、监票人姓名;

(七)公司章程规定应当载入会议记录的其他内容。

出席会议的董事、董事会秘书、召集人或其代表、会议主持人应当在会议记录上签名,并保证会议记录内容真实、准确和完整。会议记录应当与现场出席股东的签名册及代理出席的委托书、网络及其他方式表决情况的有效资料一并保存,保存期限不少于10年。

第四十二条　召集人应当保证股东大会连续举行,直至形成最终决议。因不可抗力等特殊原因导致股东大会中止或不能作出决议的,应采取必要措施尽快恢复召开股东大会或直接终止本次股东大会,并及时公告。同时,召集人应向公司所在地中国证监会派出机构及证券交易所报告。

第四十三条　股东大会通过有关董事、监事选举提案的,新任董事、监事按公司章程的规定就任。

第四十四条　股东大会通过有关派现、送股或资本公积转增股本提案的,公司应当在股东大会结束后2个月内实施具体方案。

第四十五条　公司以减少注册资本为目的回购普通股公开发行优先股,以及以非公开发行优先股为支付手段向公司特定股东回购普通股的,股东大会就回购普通股作出决议,应当经出席会议的普通股股东(含表决权恢复的优先股股东)所持表决权的三分之二以上通过。

公司应当在股东大会作出回购普通股决议后的次日公告该决议。

第四十六条　公司股东大会决议内容违反法律、行政法规的无效。

公司控股股东、实际控制人不得限制或者阻挠中小投资者依法行使投票权,不得损害公司和中小投资者的合法权益。

股东大会的会议召集程序、表决方式违反

法律、行政法规或者公司章程,或者决议内容违反公司章程的,股东可以自决议作出之日起60日内,请求人民法院撤销。

第五章 监管措施

第四十七条 在本规则规定期限内,上市公司无正当理由不召开股东大会的,证券交易所有权对该公司挂牌交易的股票及衍生品种予以停牌,并要求董事会作出解释并公告。

第四十八条 股东大会的召集、召开和相关信息披露不符合法律、行政法规、本规则和公司章程要求的,中国证监会及其派出机构有权责令公司或相关责任人限期改正,并由证券交易所予以公开谴责。

第四十九条 董事、监事或董事会秘书违反法律、行政法规、本规则和公司章程的规定,不切实履行职责的,中国证监会及其派出机构有权责令其改正,并由证券交易所予以公开谴责;对于情节严重或不予改正的,中国证监会可对相关人员实施证券市场禁入。

第六章 附则

第五十条 对发行外资股的公司的股东大会,相关法律、行政法规或文件另有规定的,从其规定。

第五十一条 本规则所称公告或通知,是指在中国证监会指定报刊上刊登有关信息披露内容。公告或通知篇幅较长的,公司可以选择在中国证监会指定报刊上对有关内容作摘要性披露,但全文应当同时在中国证监会指定的网站上公布。

本规则所称的股东大会补充通知应当在刊登会议通知的同一指定报刊上公告。

第五十二条 本规则所称"以上"、"内",含本数;"过"、"低于"、"多于",不含本数。

第五十三条 本规则由中国证监会负责解释。

第五十四条 本规则自公布之日起施行。《上市公司股东大会规则(2014年修订)》(证监会公告〔2014〕46号)同时废止。

关于加强社会公众股股东权益保护的若干规定

(2004年12月7日中国证券监督管理委员会发布证监发〔2004〕118号
根据2008年10月9日中国证券监督管理委员会令第57号
《关于修改上市公司现金分红若干规定的决定》修订)

为进一步贯彻落实《国务院关于推进资本市场改革开放和稳定发展的若干意见》(国发〔2004〕3号),形成抑制滥用上市公司控制权的制约机制,把保护投资者特别是社会公众投资者的合法权益落在实处,现规定如下:

一、试行公司重大事项社会公众股股东表决制度

(一)在股权分置情形下,作为一项过渡性措施,上市公司应建立和完善社会公众股股东对重大事项的表决制度。下列事项按照法律、行政法规和公司章程规定,经全体股东大会表决通过,并经参加表决的社会公众股股东所持表决权的半数以上通过,方可实施或提出申请:

1. 上市公司向社会公众增发新股(含发行境外上市外资股或其他股份性质的权证)、发行可转换公司债券、向原有股东配售股份(但具有实际控制权的股东在会议召开前承诺全额现金认购的除外);

2. 上市公司重大资产重组,购买的资产总价较所购买资产经审计的账面净值溢价达到或超过20%的；

3. 股东以其持有的上市公司股权偿还其所欠该公司的债务；

4. 对上市公司有重大影响的附属企业到境外上市；

5. 在上市公司发展中对社会公众股股东利益有重大影响的相关事项。

上市公司发布股东大会通知后，应当在股权登记日后三日内再次公告股东大会通知。

上市公司公告股东大会决议时，应当说明参加表决的社会公众股股东人数、所持股份总数、占公司社会公众股股份的比例和表决结果，并披露参加表决的前十大社会公众股股东的持股和表决情况。

（二）上市公司应积极采取措施，提高社会公众股股东参加股东大会的比例。鼓励上市公司在召开股东大会时，除现场会议外，向股东提供网络形式的投票平台。上市公司召开股东大会审议上述第（一）项所列事项的，应当向股东提供网络形式的投票平台。

上市公司股东大会实施网络投票，应按有关实施办法办理。

（三）上市公司应切实保障社会公众股股东参与股东大会的权利。股东可以亲自投票，也可以委托他人代为投票。董事会、独立董事和符合一定条件的股东可以向上市公司股东征集其在股东大会上的投票权。

征集人公开征集上市公司股东投票权，应按有关实施办法办理。

（四）上市公司应切实保障社会公众股股东选择董事、监事的权利。在股东大会选举董事、监事的过程中，应充分反映社会公众股股东的意见，积极推行累积投票制。

本规定所称累积投票制是指上市公司股东大会选举董事或监事时，有表决权的每一股份拥有与拟选出的董事或监事人数相同的表决权，股东拥有的表决权可以集中使用。

（五）上市公司制定或修改章程应贯彻上述规定及有关实施办法的精神，列明有关条款。

二、完善独立董事制度，充分发挥独立董事的作用

（一）上市公司应当建立独立董事制度。独立董事应当忠实履行职务，维护公司利益，尤其要关注社会公众股股东的合法权益不受损害。

（二）独立董事应当独立履行职责，不受上市公司主要股东、实际控制人或者与上市公司及其主要股东、实际控制人存在利害关系的单位或个人的影响。

（三）重大关联交易、聘用或解聘会计师事务所，应由二分之一以上独立董事同意后，方可提交董事会讨论。经全体独立董事同意，独立董事可独立聘请外部审计机构和咨询机构，对公司的具体事项进行审计和咨询，相关费用由公司承担。

（四）上市公司应当建立独立董事工作制度，董事会秘书应当积极配合独立董事履行职责。上市公司应当保证独立董事享有与其他董事同等的知情权，及时向独立董事提供相关材料和信息，定期通报公司运营情况，必要时可组织独立董事实地考察。

（五）独立董事应当按时出席董事会会议，了解上市公司的生产经营和运作情况，主动调查、获取做出决策所需要的情况和资料。独立董事应当向公司股东大会提交年度述职报告，对其履行职责的情况进行说明。

（六）独立董事任期届满前，无正当理由不得被免职。提前免职的，上市公司应将其作为特别披露事项予以披露。

三、加强投资者关系管理，提高上市公司信息披露质量

（一）上市公司应严格按照法律、行政法规和上市规则的规定，及时、准确、完整、充分地披露信息。上市公司披露信息的内容和方式应方便公众投资者阅读、理解和获得。

（二）上市公司应积极开展投资者关系管理工作，建立健全投资者关系管理工作制度，董事会秘书具体负责公司投资者关系管理工作。

（三）上市公司应积极主动地披露信息，公平对待公司的所有股东，不得进行选择性信息披露。

（四）上市公司应通过多种形式主动加强与投资者特别是社会公众投资者的沟通和交流，设立专门的投资者咨询电话，在公司网站开设投资者关系专栏，定期举行与公众投资者见面活动，及时答复公众投资者关心的问题。

四、上市公司应实施积极的利润分配办法

（一）上市公司的利润分配应重视对投资者的合理投资回报。上市公司可以进行中期现金分红。

（二）上市公司应当将其利润分配办法载明于公司章程。

（三）上市公司董事会未做出现金利润分配预案的，应当在定期报告中披露原因，独立董事应当对此发表独立意见；上市公司最近三年未进行现金利润分配的，不得向社会公众增发新股、发行可转换公司债券或向原有股东配售股份。

（四）存在股东违规占用上市公司资金情况的，上市公司应当扣减该股东所分配的现金红利，以偿还其占用的资金。

五、加强对上市公司和高级管理人员的监督

（一）上市公司控股股东及实际控制人对上市公司和社会公众股股东负有诚信义务。控股股东及实际控制人不得违规占用上市公司资金，不得违规为关联方提供担保，不得利用关联交易、利润分配、资产重组、对外投资等方式损害上市公司和社会公众股股东的合法权益。控股股东或实际控制人利用其控制地位，对上市公司和社会公众股股东利益造成损害的，将依法追究其责任。

（二）上市公司被控股股东或实际控制人违规占用资金，或上市公司违规为关联方提供担保的，在上述行为未纠正前，中国证监会不受理其再融资申请；控股股东或实际控制人违规占用上市公司资金的，在其行为未纠正前，中国证监会不受理其公开发行证券的申请或其他审批事项。

（三）上市公司的高级管理人员应当忠实履行职务，维护公司和全体股东的最大利益。上市公司高级管理人员未能忠实履行职务，违背诚信义务的，其行为将被记入诚信档案，并适时向社会公布；违规情节严重的，将实施市场禁入；给上市公司和社会公众股股东的利益造成损害的，应当依法承担赔偿责任。

（四）上市公司不得聘用《中华人民共和国公司法》规定的不得担任董事、监事、经理情形的人员，被中国证监会宣布为市场禁入且尚在禁入期的人员，被证券交易所宣布为不适当人选未满两年的人员担任公司高级管理人员职务。

六、本规定适用于股票在上海、深圳证券交易所挂牌交易的上市公司。

七、本规定自发布之日起实施。

关于规范上市公司国有股东行为的若干意见

（2009年6月16日国务院国有资产监督管理委员会发布
国资发产权〔2009〕123号）

为维护证券市场健康发展，保护各类投资者合法权益，促进国有资产的合理配置和有序流转，根据《中华人民共和国公司法》、《中华人民共和国证券法》、《中华人民共和国企业国有资产法》、《企业国有资产监督管理暂行条例》（国务院令第378号）等有关法律法规规定，现就规范上市公司国有股东（以下简称国有股东）行为有关问题提出以下意见：

一、做维护资本市场健康发展的表率。国有股东要坚持守法诚信，规范运作，切实履行企业社会责任，积极支持上市公司做强做优，维护资本市场健康发展。

二、切实强化信息披露责任。因自身行为可能引起上市公司证券及其衍生产品价格异动的重要信息，国有股东应当及时书面通知上市公司，并保证相关信息公开的及时与公平，信息内容的真实、准确、完整，无虚假记载、误导性陈述或者重大遗漏。在相关信息依法披露前，严禁国有股东相关人员以内部讲话、接受访谈、发表文章等形式违规披露。

三、依法行使股东权利，严格履行股东义务。在涉及上市公司事项的相关行为决策或实施过程中，国有股东要依法处理与上市公司的关系，切实维护上市公司在人员、资产、财务、机构和业务方面的独立性。同时，应当按照相关法律法规和公司治理规则要求，严格履行内部决策、信息披露、申请报告等程序，不得暗箱操作、违规运作。

四、积极推进国有企业整体改制上市，有序推动现有上市公司资源整合。国有股东应当按照企业发展规划，因企、因地制宜，选择适当时机，以适当方式，实现公司整体业务上市或按业务板块整体上市，做到主营业务突出；要按照加强产业集中度，以及主业发展要求，推动现有上市公司资源优化整合，不断提高资源配置效益。

五、促进提高上市公司质量，增强上市公司核心竞争力。国有股东应当支持上市公司通过技术创新、资产重组、引进战略投资者等多种途径，不断做强做优；要严格规范与上市公司间的关联交易，推动解决同业竞争问题；要支持有退市风险及业绩较差的上市公司研究解决经营发展中存在的问题。

六、规范国有股东所持上市公司股份变动行为。国有股东应当严格按照相关证券监管法律法规，以及《国有股东转让上市公司股份管理暂行办法》（国资委证监会令第19号）、《关于印发〈国有单位受让上市公司股份管理暂行规定〉的通知》（国资发产权〔2007〕109号）的有关要求，规范所持上市公司股份变动行为，防止内幕交易、操纵股价、损害其他投资者合法权益等行为的发生。国有股东拟通过证券交易系统出售超过规定比例股份的，应当将包括出售股份数量、价格下限、出售时限等情况的出售股份方案报经国有资产监督管理机构批准。

国有股东转让全部或部分股份致使国家对该上市公司不再具有控股地位的，国有资产监督管理机构应当报经本级人民政府批准。

七、合理确定在上市公司的持股比例。对于关系国家安全和国民经济命脉的重要行业和关键领域中的上市公司，具有实际控制力的国有股东应当采取有效措施，切实保持在上市公司中的控制力。必要时，可通过资本市场增持股份，增持行为须遵守证券市场法律法规，符合中国证监会及证券交易所关于增持行为时间“窗口期”和信息披露的相关规定。

八、规范股份质押行为。国有股东将其持有的上市公司股份用于质押的，要做好可行性论证，明确资金用途，制订还款计划，并严格按照内部决策程序进行审议。

国有股东用于质押的股份数量不得超过其所持上市公司股份总额的50%，且仅限于为本单位及其全资或控股子公司提供质押，质押股份的价值应以上市公司股票价格为基础合理确定。

九、切实加强国有股东账户监管。国有股东应当按照《关于印发〈上市公司国有股东标识管理暂行规定〉的通知》（国资发产权〔2007〕108号）的有关要求，加强对本企业及所控股企业证券账户的清理和监管工作。对于因业务开展需要，确需在证券交易机构新开证券账户或多头开设证券账户的，须得到有权批准机构的批准；要通过建立健全证券账户监测系统，构建对所持上市公司股份的动态监管体系。

十、支持上市公司分配股利。国有股东要按照证券监管的有关法律法规要求，鼓励、支持上市公司在具备条件的前提下，通过包括现金分红在内的多种分配方式回报投资者。

4. 董事、监事与高管

中国证券监督管理委员会关于在上市公司建立独立董事制度的指导意见①

（2001 年 8 月 16 日发布　证监发〔2001〕102 号）

为进一步完善上市公司治理结构，促进上市公司规范运作，现就上市公司建立独立的外部董事（以下简称独立董事）制度提出以下指导意见：

一、上市公司应当建立独立董事制度

（一）上市公司独立董事是指不在公司担任除董事外的其他职务，并与其所受聘的上市公司及其主要股东不存在可能妨碍其进行独立客观判断的关系的董事。

（二）独立董事对上市公司及全体股东负有诚信与勤勉义务。独立董事应当按照相关法律法规、本指导意见和公司章程的要求，认真履行职责，维护公司整体利益，尤其要关注中小股东的合法权益不受损害。独立董事应当独立履行职责，不受上市公司主要股东、实际控制人或者其他与上市公司存在利害关系的单位或个人的影响。独立董事原则上最多在 5 家上市公司兼任独立董事，并确保有足够的时间和精力有效地履行独立董事的职责。

（三）各境内上市公司应当按照本指导意见的要求修改公司章程，聘任适当人员担任独立董事，其中至少包括一名会计专业人士（会计专业人士是指具有高级职称或注册会计师资格的人士）。在 2002 年 6 月 30 日前，董事会成员中应当至少包括 2 名独立董事；在 2003 年 6 月 30 日前，上市公司董事会成员中应当至少包括三分之一独立董事。

（四）独立董事出现不符合独立性条件或其他不适宜履行独立董事职责的情形，由此造成上市公司独立董事达不到本《指导意见》要求的人数时，上市公司应按规定补足独立董事人数。

（五）独立董事及拟担任独立董事的人士应当按照中国证监会的要求，参加中国证监会及其授权机构所组织的培训。

二、独立董事应当具备与其行使职权相适应的任职条件

担任独立董事应当符合下列基本条件：

（一）根据法律、行政法规及其他有关规定，具备担任上市公司董事的资格；

（二）具有本《指导意见》所要求的独立性；

（三）具备上市公司运作的基本知识，熟悉相关法律、行政法规、规章及规则；

（四）具有五年以上法律、经济或者其他履

① 该意见关于“上市公司独立董事任职资格备案”等行政审批项目已被《国务院关于第三批取消和调整行政审批项目的决定》（2004 年 5 月 19 日发布，2004 年 5 月 19 日实施）取消或调整。

行独立董事职责所必需的工作经验；

（五）公司章程规定的其他条件。

三、独立董事必须具有独立性

下列人员不得担任独立董事：

（一）在上市公司或者其附属企业任职的人员及其直系亲属、主要社会关系（直系亲属是指配偶、父母、子女等；主要社会关系是指兄弟姐妹、岳父母、儿媳女婿、兄弟姐妹的配偶、配偶的兄弟姐妹等）；

（二）直接或间接持有上市公司已发行股份1%以上或者是上市公司前十名股东中的自然人股东及其直系亲属；

（三）在直接或间接持有上市公司已发行股份5%以上的股东单位或者在上市公司前五名股东单位任职的人员及其直系亲属；

（四）最近一年内曾经具有前三项所列举情形的人员；

（五）为上市公司或者其附属企业提供财务、法律、咨询等服务的人员；

（六）公司章程规定的其他人员；

（七）中国证监会认定的其他人员。

四、独立董事的提名、选举和更换应当依法、规范地进行

（一）上市公司董事会、监事会、单独或者合并持有上市公司已发行股份1%以上的股东可以提出独立董事候选人，并经股东大会选举决定。

（二）独立董事的提名人在提名前应当征得被提名人的同意。提名人应当充分了解被提名人职业、学历、职称、详细的工作经历、全部兼职等情况，并对其担任独立董事的资格和独立性发表意见，被提名人应当就其本人与上市公司之间不存在任何影响其独立客观判断的关系发表公开声明。

在选举独立董事的股东大会召开前，上市公司董事会应当按照规定公布上述内容。

（三）在选举独立董事的股东大会召开前，上市公司应将所有被提名人的有关材料同时报送中国证监会、公司所在地中国证监会派出机构和公司股票挂牌交易的证券交易所。上市公司董事会对被提名人的有关情况有异议的，应同时报送董事会的书面意见。

中国证监会在15个工作日内对独立董事的任职资格和独立性进行审核。对中国证监会持有异议的被提名人，可作为公司董事候选人，但不作为独立董事候选人。

在召开股东大会选举独立董事时，上市公司董事会应对独立董事候选人是否被中国证监会提出异议的情况进行说明。

对于本《指导意见》发布前已担任上市公司独立董事的人士，上市公司应将前述材料在本《指导意见》发布实施起一个月内报送中国证监会、公司所在地中国证监会派出机构和公司股票挂牌交易的证券交易所。

（四）独立董事每届任期与该上市公司其他董事任期相同，任期届满，连选可以连任，但是连任时间不得超过六年。

（五）独立董事连续3次未亲自出席董事会会议的，由董事会提请股东大会予以撤换。

除出现上述情况及《公司法》中规定的不得担任董事的情形外，独立董事任期届满前不得无故被免职。提前免职的，上市公司应将其作为特别披露事项予以披露，被免职的独立董事认为公司的免职理由不当的，可以作出公开的声明。

（六）独立董事在任期届满前可以提出辞职。独立董事辞职应向董事会提交书面辞职报告，对任何与其辞职有关或其认为有必要引起公司股东和债权人注意的情况进行说明。

如因独立董事辞职导致公司董事会中独立董事所占的比例低于本《指导意见》规定的最低要求时，该独立董事的辞职报告应当在下任独立董事填补其缺额后生效。

五、上市公司应当充分发挥独立董事的作用

（一）为了充分发挥独立董事的作用，独立董事除应当具有公司法和其他相关法律、法规赋予董事的职权外，上市公司还应当赋予独立董事以下特别职权：

1. 重大关联交易（指上市公司拟与关联人

达成的总额高于300万元或高于上市公司最近经审计净资产值的5%的关联交易）应由独立董事认可后，提交董事会讨论；

独立董事作出判断前，可以聘请中介机构出具独立财务顾问报告，作为其判断的依据；

2. 向董事会提议聘用或解聘会计师事务所；

3. 向董事会提请召开临时股东大会；

4. 提议召开董事会；

5. 独立聘请外部审计机构和咨询机构；

6. 可以在股东大会召开前公开向股东征集投票权。

（二）独立董事行使上述职权应当取得全体独立董事的二分之一以上同意。

（三）如上述提议未被采纳或上述职权不能正常行使，上市公司应将有关情况予以披露。

（四）如果上市公司董事会下设薪酬、审计、提名等委员会的，独立董事应当在委员会成员中占有二分之一以上的比例。

六、独立董事应当对上市公司重大事项发表独立意见

（一）独立董事除履行上述职责外，还应当对以下事项向董事会或股东大会发表独立意见：

1. 提名、任免董事；

2. 聘任或解聘高级管理人员；

3. 公司董事、高级管理人员的薪酬；

4. 上市公司的股东、实际控制人及其关联企业对上市公司现有或新发生的总额高于300万元或高于上市公司最近经审计净资产值的5%的借款或其他资金往来，以及公司是否采取有效措施回收欠款；

5. 独立董事认为可能损害中小股东权益的事项；

6. 公司章程规定的其他事项。

（二）独立董事应当就上述事项发表以下几类意见之一：同意；保留意见及其理由；反对意见及其理由；无法发表意见及其障碍。

（三）如有关事项属于需要披露的事项，上市公司应当将独立董事的意见予以公告，独立董事出现意见分歧无法达成一致时，董事会应将各独立董事的意见分别披露。

七、为了保证独立董事有效行使职权，上市公司应当为独立董事提供必要的条件

（一）上市公司应当保证独立董事享有与其他董事同等的知情权。凡须经董事会决策的事项，上市公司必须按法定的时间提前通知独立董事并同时提供足够的资料，独立董事认为资料不充分的，可以要求补充。当2名或2名以上独立董事认为资料不充分或论证不明确时，可联名书面向董事会提出延期召开董事会会议或延期审议该事项，董事会应予以采纳。

上市公司向独立董事提供的资料，上市公司及独立董事本人应当至少保存5年。

（二）上市公司应提供独立董事履行职责所必需的工作条件。上市公司董事会秘书应积极为独立董事履行职责提供协助，如介绍情况、提供材料等。独立董事发表的独立意见、提案及书面说明应当公告的，董事会秘书应及时到证券交易所办理公告事宜。

（三）独立董事行使职权时，上市公司有关人员应当积极配合，不得拒绝、阻碍或隐瞒，不得干预其独立行使职权。

（四）独立董事聘请中介机构的费用及其他行使职权时所需的费用由上市公司承担。

（五）上市公司应当给予独立董事适当的津贴。津贴的标准应当由董事会制订预案，股东大会审议通过，并在公司年报中进行披露。

除上述津贴外，独立董事不应从该上市公司及其主要股东或有利害关系的机构和人员取得额外的、未予披露的其他利益。

（六）上市公司可以建立必要的独立董事责任保险制度，以降低独立董事正常履行职责可能引致的风险。

中华全国总工会关于进一步推行职工董事、职工监事制度的意见

（2006年5月31日发布　总工发〔2006〕32号）

为了推动建立和完善中国特色的现代企业制度，保障职工民主决策、民主管理、民主监督的权利，建立和谐稳定的劳动关系，促进企业健康发展，根据《中华人民共和国公司法》有关规定，现就进一步推行职工董事、职工监事制度，提出以下意见：

一、充分认识推行职工董事、职工监事制度的重要性和必要性

职工董事、职工监事制度，是依照法律规定，通过职工代表大会（或职工大会及其他形式，下同）民主选举一定数量的职工代表，进入董事会、监事会，代表职工行使参与企业决策权利、发挥监督作用的制度。凡依法设立董事会、监事会的公司都应建立职工董事、职工监事制度。

推行职工董事、职工监事制度，是贯彻落实党的十六大和十六届三中、四中、五中全会精神，牢固树立和落实科学发展观，加强社会主义民主政治建设，构建社会主义和谐社会的重要举措；是建立现代企业制度，完善公司法人治理结构的重要内容；是维护职工合法权益，调动和发挥职工的积极性和创造性，建立和谐稳定的劳动关系，促进企业改革、发展、稳定的内在需要。建立职工董事、职工监事制度也是许多市场经济国家现代企业管理的成功经验。

各级工会一定要从实践“三个代表”重要思想、加强党的执政能力建设、落实全心全意依靠工人阶级指导方针的高度，充分认识这项工作的重要性、紧迫性，高度重视，把这项工作列入重要议事日程。

二、进一步规范职工董事、职工监事制度

（一）职工董事、职工监事人选的条件和人数比例

职工董事、职工监事人选的基本条件是：本公司职工；遵纪守法，办事公道，能够代表和反映职工的意见和要求，为职工群众信赖和拥护；熟悉企业经营管理或具有相关的工作经验，有一定的参与经营决策和协调沟通的能力。

未担（兼）任工会主席的公司高级管理人员，《公司法》中规定的不能担任或兼任董事、监事的人员，不得担任职工董事、职工监事。

董事会中职工董事与监事会中职工监事的人数和比例应在公司章程中作出明确规定。职工董事的人数一般应占公司董事会成员总数的四分之一；董事会成员人数较少的，其职工董事至少1人。职工监事的人数不得少于监事会成员总数的三分之一。

（二）职工董事、职工监事的产生程序

职工董事、职工监事的候选人由公司工会提名，公司党组织审核，并报告上级工会；没有党组织的公司可由上一级工会组织审核。工会主席一般应作为职工董事的候选人，工会副主席一般应作为职工监事的候选人。

职工董事、职工监事由本公司职工代表大会以无记名投票方式选举产生。职工董事、职工监事候选人必须获得全体会议代表过半数选票方可当选。

公司应建立健全职工代表大会制度，尚未建立的，应组织职工或职工代表选举产生职工董事、职工监事，并积极筹建职工代表大会制度。

职工董事、职工监事选举产生后，应报上级工会、有关部门和机构备案，并与其他内部董事、监事一同履行有关手续。

（三）职工董事、职工监事的职责

职工董事、职工监事享有与其他董事、监事同等的权利，承担相应的义务，并履行下列职责：

职工董事、职工监事应经常或定期深入到职工群众中听取意见和建议。

职工董事、职工监事在董事会、监事会研究决定公司重大问题时，应认真履行职责，代表职工行使权利，充分发表意见。

职工董事在董事会讨论涉及职工切身利益的重要决策时，应如实反映职工要求，表达和维护职工的合法权益；在董事会研究确定公司高级管理人员时，要如实反映职工代表大会民主评议公司管理人员的情况。

职工监事要定期监督检查职工各项保险基金的提取、缴纳，以及职工工资、劳动保护、社会保险、福利等制度的执行情况。

职工董事、职工监事有权向上级工会、有关部门和机构反映有关情况。

（四）职工董事、职工监事的任期、补选、罢免

职工董事、职工监事的任期与其他董事和监事的任期相同，任期届满，可连选连任。

职工董事、职工监事在任期内，其劳动合同期限自动延长至任期届满；任职期间以及任期届满后，公司不得因其履行职责的原因与其解除劳动合同，或采取其他形式进行打击报复。

职工董事、职工监事离职的，其任职资格自行终止。职工董事、职工监事出缺应及时进行补选，空缺时间一般不得超过3个月。

职工代表大会有权罢免职工董事、职工监事。罢免职工董事、职工监事，须由三分之一以上的职工代表联名提出罢免议案。

三、正确处理职工董事、职工监事与公司工会、职代会的关系

公司工会要为职工董事、职工监事开展工作提供服务。应协调和督促公司及时向职工董事、职工监事提供有关生产经营等方面的文件和资料，协助职工董事、职工监事进行调研、巡视等活动；协助职工董事、职工监事就有关议题听取职工意见，进行分析论证，提出意见和建议；成立“智囊团”等形式的组织，为职工董事、职工监事提供咨询服务；协调有关方面建立职工董事、职工监事各项工作制度。

职工董事、职工监事要向公司职工代表大会负责。应积极参加职工代表大会的有关活动，认真执行职工代表大会的有关决议，在董事会、监事会会议上按照职工代表大会的相关决定发表意见。应定期向职工代表大会报告工作，接受职工代表大会的质询。职工代表大会每年对职工董事、职工监事履行职责情况进行民主评议，对民主评议不称职的予以罢免。

四、加强对职工董事、职工监事制度建设工作的领导

各级地方工会和产业工会要进一步加强对职工董事、职工监事工作的领导，明确责任，指定专门的部门和人员负责此项工作。要切实把工作重点放在基层，深入研究解决问题。要善于发现和总结经验，宣传典型，用典型推动工作。

要经常对职工董事、职工监事制度的推行情况进行调查分析。根据《公司法》的有关规定，结合各地实际，加强与各地政府及有关部门的合作和联系，参与制定和完善有关推行职工董事、职工监事制度的地方性政策法规。

要加强职工董事、职工监事的培训工作。各级工会要研究制定培训方案，有组织、有计划地进行培训，保证培训质量，提高职工董事、职工监事的整体素质，切实发挥其作用。

国有独资公司董事会试点企业职工董事管理办法(试行)

(2006年3月3日国务院国有资产监督管理委员会发布
国资发群工〔2006〕21号)

第一章 总 则

第一条 为推进中央企业完善公司法人治理结构,充分发挥职工董事在董事会中的作用,根据《中华人民共和国公司法》(以下简称《公司法》)和《国务院国有资产监督管理委员会关于国有独资公司董事会建设的指导意见(试行)》,制定本办法。

第二条 本办法适用于中央企业建立董事会试点的国有独资公司(以下简称公司)。

第三条 本办法所称职工董事,是指公司职工民主选举产生,并经国务院国有资产监督管理委员会(以下简称国资委)同意,作为职工代表出任的公司董事。

第四条 公司董事会成员中,至少有1名职工董事。

第二章 任职条件

第五条 担任职工董事应当具备下列条件:

(一)经公司职工民主选举产生;

(二)具有良好的品行和较好的群众基础;

(三)具备相关的法律知识,遵守法律、行政法规和公司章程,保守公司秘密;

(四)熟悉本公司经营管理情况,具有相关知识和工作经验,有较强的参与经营决策和协调沟通能力;

(五)《公司法》等法律法规规定的其他条件。

第六条 下列人员不得担任公司职工董事:

(一)公司党委(党组)书记和未兼任工会主席的党委副书记、纪委书记(纪检组组长);

(二)公司总经理、副总经理、总会计师。

第三章 职工董事的提名、选举、聘任

第七条 职工董事候选人由公司工会提名和职工自荐方式产生。

职工董事候选人可以是公司工会主要负责人,也可以是公司其他职工代表。

第八条 候选人确定后由公司职工代表大会、职工大会或其他形式以无记名投票的方式差额选举产生职工董事。

公司未建立职工代表大会的,职工董事可以由公司全体职工直接选举产生,也可以由公司总部全体职工和部分子(分)公司的职工代表选举产生。

第九条 职工董事选举前,公司党委(党组)应征得国资委同意;选举后,选举结果由公司党委(党组)报国资委备案后,由公司聘任。

第四章 职工董事的权利、义务、责任

第十条 职工董事代表职工参加董事会行使职权,享有与公司其他董事同等权利,承担相应义务。

第十一条 职工董事应当定期参加国资委及其委托机构组织的有关业务培训,不断提高工作能力和知识水平。

第十二条 董事会研究决定公司重大问题,职工董事发表意见时要充分考虑出资人、公司和职工的利益关系。

第十三条 董事会研究决定涉及职工切身利益的问题时,职工董事应当事先听取公司工会和职工的意见,全面准确反映职工意见,维护职工的合法权益。

第十四条 董事会研究决定生产经营的重大问题、制定重要的规章制度时,职工董事应当听取公司工会和职工的意见和建议,并在董事会上予以反映。

第十五条 职工董事应当参加职工代表团(组)长和专门小组(或者专门委员会)负责人联席会议,定期到职工中开展调研,听取职工的意见和建议。职工董事应当定期向职工代表大会或者职工大会报告履行职工董事职责的情况,接受监督、质询和考核。

第十六条 公司应当为职工董事履行董事职责提供必要的条件。职工董事履行职务时的出差、办公等有关待遇参照其他董事执行。

职工董事不额外领取董事薪酬或津贴,但因履行董事职责而减少正常收入的,公司应当给予相应补偿。具体补偿办法由公司职工代表大会或职工大会提出,经公司董事会批准后执行。

第十七条 职工董事应当对董事会的决议承担相应的责任。董事会的决议违反法律、行政法规或者公司章程,致使公司遭受严重损失的,参与决议的职工董事应当按照有关法律法规和公司章程的规定,承担赔偿责任。但经证明在表决时曾表明异议并载于会议记录的,可以免除责任。

第五章 职工董事的任期、补选、罢免

第十八条 职工董事的任期每届不超过三年,任期届满,可连选连任。

第十九条 职工董事的劳动合同在董事任期内到期的,自动延长至董事任期结束。

职工董事任职期间,公司不得因其履行董事职务的原因降职减薪、解除劳动合同。

第二十条 职工董事因故出缺,按本办法第七条、第八条规定补选。

职工董事在任期内调离本公司的,其职工董事资格自行终止,缺额另行补选。

第二十一条 职工代表大会有权罢免职工董事,公司未建立职工代表大会的,罢免职工董事的权力由职工大会行使。职工董事有下列行为之一的,应当罢免:

(一)职工代表大会或职工大会年度考核评价结果较差的;

(二)对公司的重大违法违纪问题隐匿不报或者参与公司编造虚假报告的;

(三)泄露公司商业秘密,给公司造成重大损失的;

(四)以权谋私,收受贿赂,或者为自己及他人从事与公司利益有冲突的行为损害公司利益的;

(五)不向职工代表大会或职工大会报告工作或者连续两次未能亲自出席也不委托他人出席董事会的;

(六)其他违反法律、行政法规应予罢免的行为。

第二十二条 罢免职工董事,须由十分之一以上全体职工或者三分之一以上职工代表大会代表联名提出罢免案,罢免案应当写明罢免理由。

第二十三条 公司召开职工代表大会或职工大会,讨论罢免职工董事事项时,职工董事有权在主席团会议和大会全体会议上提出申辩理由或者书面提出申辩意见,由主席团印发职工代表或全体职工。

第二十四条 罢免案经职工代表大会或职工大会审议后,由主席团提请职工代表大会或职工大会表决。罢免职工董事采用无记名投票的表决方式。

第二十五条 罢免职工董事,须经职工代表大会过半数的职工代表通过。

公司未建立职工代表大会的,须经全体职工过半数同意。

第二十六条 职工代表大会罢免决议经公司党委(党组)审核,报国资委备案后,由公司履行解聘手续。

第六章　附　　则

第二十七条　各试点企业可以依据本办法制订实施细则。

第二十八条　本办法自发布之日起施行。

董事会试点中央企业专职外部董事管理办法(试行)

(2009年10月13日国务院国有资产监督管理委员会发布
国资发干二〔2009〕301号)

第一章　总　　则

第一条　为适应深化国有资产管理体制改革和中央企业改革发展的要求,建立规范的公司治理结构,加强对董事会试点中央企业专职外部董事的管理,根据《中华人民共和国公司法》、《中华人民共和国企业国有资产法》、《企业国有资产监督管理暂行条例》、《国有独资公司董事会试点企业外部董事管理办法(试行)》等有关法律、法规和规定,制定本办法。

第二条　本办法适用于国务院国有资产监督管理委员会(以下简称国资委)履行出资人职责的董事会试点中央企业(以下简称董事会试点企业)。

第三条　本办法所称专职外部董事,是指国资委任命、聘用的在董事会试点企业专门担任外部董事的人员。专职外部董事在任期内,不在任职企业担任其他职务,不在任职企业以外的其他单位任职。

第四条　专职外部董事管理遵循以下原则:

(一)社会认可、出资人认可原则;

(二)专业、专管、专职、专用原则;

(三)权利与责任统一、激励与约束并重原则;

(四)依法管理原则。

第二章　管 理 方 式

第五条　专职外部董事职务列入国资委党委管理的企业领导人员职务名称表,按照现职中央企业负责人进行管理。

第六条　专职外部董事在阅读文件、参加相关会议和活动等方面享有与中央企业负责人相同的政治待遇。

第七条　专职外部董事的选聘、评价、激励、培训等由国资委负责。

第八条　专职外部董事的日常管理和服务,由国资委委托有关机构负责(以下简称受委托机构)。受委托机构设立专职外部董事工作部门,负责保障专职外部董事的办公条件、建立履职台帐、管理工作档案、发放薪酬、办理社会保险、传递文件、组织党员活动等事项,并协助国资委有关厅局做好相关工作。

第九条　建立专职外部董事报告工作制度。专职外部董事每半年向国资委报告一次工作,重大事项及时报告。

第三章　任 职 条 件

第十条　专职外部董事应当具备下列基本条件:

(一)具有较高的政治素质,遵纪守法,诚信勤勉,职业信誉良好;

(二)具有履行岗位职责所必需的专业知识,熟悉国家宏观经济政策及相关法律法规,熟悉国内外市场和相关行业情况;

(三)具有较强的决策判断能力、风险管理能力、识人用人能力和开拓创新能力;

（四）具有10年以上企业经营管理或相关工作经验，或具有战略管理、资本运营、法律等某一方面的专长，并取得良好工作业绩；

（五）初次任职年龄一般不超过55周岁；

（六）一般具有大学本科及以上学历或相关专业高级职称；

（七）具有良好的心理素质，身体健康；

（八）公司法和公司章程规定的其他条件。

第四章 选拔和聘用

第十一条 专职外部董事的选拔是指通过组织推荐等方式选择符合条件的人员，由国资委任命或聘任为专职外部董事。

专职外部董事的聘用是指根据董事会试点企业董事会结构需求，从专职外部董事中选择合适人员，由国资委聘用为董事会试点企业的外部董事。

第十二条 组织推荐一般经过下列程序：

（一）沟通酝酿人选；

（二）确定考察对象；

（三）与考察对象就外部董事的职责、权利和义务等相关事项进行沟通，听取意见；

（四）组织考察；

（五）征求有关方面意见；

（六）提出建议人选；

（七）提交国资委党委会议讨论决定；

（八）办理任用手续。

第十三条 聘用专职外部董事一般经过下列程序：

（一）对董事会试点企业董事会进行结构分析，提出专职外部董事需求；

（二）按照董事会试点企业董事会需求，考虑专职外部董事的专业结构等因素，提出建议人选；

（三）提交国资委党委会议讨论决定；

（四）办理聘用手续（推荐到股份公司担任董事的，需要按照规定履行相关法律程序）。

第十四条 专职外部董事在董事会试点企业任职实行任期制，在同一企业任职时间最长不超过6年。

第五章 评价和薪酬

第十五条 专职外部董事的评价实行年度评价与任期评价相结合，按照《董事会试点中央企业董事会、董事评价办法（试行）》执行。

第十六条 专职外部董事的薪酬标准由国资委制定。

第十七条 专职外部董事薪酬由基本薪酬、评价薪酬、中长期激励等部分构成。

第十八条 专职外部董事的基本薪酬每三年（与中央企业负责人经营业绩考核任期相同）核定一次。基本薪酬按月支付。

第十九条 专职外部董事评价薪酬和中长期激励办法另行制定。

第二十条 专职外部董事的薪酬为税前收入，应依法缴纳个人所得税。专职外部董事薪酬由国资委支付。

第二十一条 受委托机构每年根据专职外部董事薪酬管理办法拟订专职外部董事薪酬方案，报国资委审核后兑现。

第六章 退 出

第二十二条 专职外部董事有下列情形之一的，予以免职（解聘）：

（一）达到任职年龄界限的；

（二）年度评价或任期评价结果为不称职，或者连续两个年度评价结果为基本称职的；

（三）履职过程中对国资委或任职公司有不诚信行为的；

（四）因董事会决策失误导致公司利益受到重大损失，本人未投反对票的；

（五）因健康原因长期不能坚持正常工作的；

（六）交流担任中央企业负责人职务的；

（七）因其他原因需要免职的。

第二十三条 专职外部董事提出辞职的，按程序批准后办理辞职手续。未批准前，专职外部董事应当继续履行职责。

第七章 附 则

第二十四条 专职外部董事管理的其他

事项，按照《国有独资公司董事会试点企业外部董事管理办法（试行）》执行。

第二十五条　本办法自公布之日起施行。

国有企业监事会暂行条例

（2000 年 3 月 15 日国务院令第 283 号公布施行）

第一条　为了健全国有企业监督机制，加强对国有企业的监督，制定本条例。

第二条　国有重点大型企业监事会（以下简称监事会）由国务院派出，对国务院负责，代表国家对国有重点大型企业（以下简称企业）的国有资产保值增值状况实施监督。

国务院派出监事会的企业名单，由国有企业监事会管理机构（以下简称监事会管理机构）提出建议，报国务院决定。

第三条　监事会以财务监督为核心，根据有关法律、行政法规和财政部的有关规定，对企业的财务活动及企业负责人的经营管理行为进行监督，确保国有资产及其权益不受侵犯。

监事会与企业是监督与被监督的关系，监事会不参与、不干预企业的经营决策和经营管理活动。

第四条　监事会管理机构负责监事会的日常管理工作，协调监事会与国务院有关部门和有关地方的联系，承办国务院交办的事项。

第五条　监事会履行下列职责：

（一）检查企业贯彻执行有关法律、行政法规和规章制度的情况；

（二）检查企业财务，查阅企业的财务会计资料及与企业经营管理活动有关的其他资料，验证企业财务会计报告的真实性、合法性；

（三）检查企业的经营效益、利润分配、国有资产保值增值、资产运营等情况；

（四）检查企业负责人的经营行为，并对其经营管理业绩进行评价，提出奖惩、任免建议。

第六条　监事会一般每年对企业定期检查 1 至 2 次，并可以根据实际需要不定期地对企业进行专项检查。

第七条　监事会开展监督检查，可以采取下列方式：

（一）听取企业负责人有关财务、资产状况和经营管理情况的汇报，在企业召开与监督检查事项有关的会议；

（二）查阅企业的财务会计报告、会计凭证、会计账簿等财务会计资料以及与经营管理活动有关的其他资料；

（三）核查企业的财务、资产状况，向职工了解情况、听取意见，必要时要求企业负责人作出说明；

（四）向财政、工商、税务、审计、海关等有关部门和银行调查了解企业的财务状况和经营管理情况。

监事会主席根据监督检查的需要，可以列席或者委派监事会其他成员列席企业有关会议。

第八条　国务院有关部门和地方人民政府有关部门应当支持、配合监事会的工作，向监事会提供有关情况和资料。

第九条　监事会每次对企业进行检查结束后，应当及时作出检查报告。检查报告的内容包括：企业财务以及经营管理情况评价；企业负责人的经营管理业绩评价以及奖惩、任免建议；企业存在问题的处理建议；国务院要求报告或者监事会认为需要报告的其他事项。

监事会不得向企业透露前款所列检查报告内容。

第十条　检查报告经监事会成员讨论，由监事会主席签署，经监事会管理机构报国务院；检查报告经国务院批复后，抄送国家经济贸易委员会、财政部等有关部门。

监事对检查报告有原则性不同意见的，应当在检查报告中说明。

第十一条 监事会在监督检查中发现企业经营行为有可能危及国有资产安全、造成国有资产流失或者侵害国有资产所有者权益以及监事会认为应当立即报告的其他紧急情况，应当及时向监事会管理机构提出专项报告，也可以直接向国务院报告。

监事会管理机构应当加强同国家经济贸易委员会、财政部等有关部门的联系，相互通报有关情况。

第十二条 企业应当定期、如实向监事会报送财务会计报告，并及时报告重大经营管理活动情况，不得拒绝、隐匿、伪报。

第十三条 监事会根据对企业实施监督检查的需要，必要时，经监事会管理机构同意，可以聘请注册会计师事务所对企业进行审计。监事会根据对企业进行监督检查的情况，可以建议国务院责成国家审计机关依法对企业进行审计。

第十四条 监事会由主席一人、监事若干人组成。监事会成员不少于3人。

监事分为专职监事和兼职监事：从有关部门和单位选任的监事，为专职；监事会中国务院有关部门、单位派出代表和企业职工代表担任的监事，为兼职。监事会可以聘请必要的工作人员。

第十五条 监事会主席人选按照规定程序确定，由国务院任命。监事会主席由副部级国家工作人员担任，为专职，年龄一般在60周岁以下。专职监事由监事会管理机构任命。专职监事由司（局）、处级国家工作人员担任，年龄一般在55周岁以下。

监事会中的企业职工代表由企业职工代表大会民主选举产生，报监事会管理机构批准。企业负责人不得担任监事会中的企业职工代表。

第十六条 监事会成员每届任期3年，其中监事会主席和专职监事、派出监事不得在同一企业连任。

监事会主席和专职监事、派出监事可以担任1至3家企业监事会的相应职务。

第十七条 监事会主席应当具有较高的政策水平，坚持原则，廉洁自持，熟悉经济工作。

监事会主席履行下列职责：

（一）召集、主持监事会会议；

（二）负责监事会的日常工作；

（三）审定、签署监事会的报告和其他重要文件；

（四）应当由监事会主席履行的其他职责。

第十八条 监事应当具备下列条件：

（一）熟悉并能够贯彻执行国家有关法律、行政法规和规章制度；

（二）具有财务、会计、审计或者宏观经济等方面的专业知识，比较熟悉企业经营管理工作；

（三）坚持原则，廉洁自持，忠于职守；

（四）具有较强的综合分析、判断和文字撰写能力，并具备独立工作能力。

第十九条 监事会主席和专职监事、派出监事实行回避原则，不得在其曾经管辖的行业、曾经工作过的企业或者其近亲属担任高级管理职务的企业的监事会中任职。

第二十条 监事会开展监督检查工作所需费用由国家财政拨付，由监事会管理机构统一列支。

第二十一条 监事会成员不得接受企业的任何馈赠，不得参加由企业安排、组织或者支付费用的宴请、娱乐、旅游、出访等活动，不得在企业中为自己、亲友或者其他人谋取私利。

监事会主席和专职监事、派出监事不得接受企业的任何报酬、福利待遇，不得在企业报销任何费用。

第二十二条 监事会成员必须对检查报告内容保密，并不得泄露企业的商业秘密。

第二十三条 监事会成员在监督检查中成绩突出，为维护国家利益做出重要贡献的，给予奖励。

第二十四条 监事会成员有下列行为之一的，依法给予行政处分或者纪律处分，直至撤销监事职务；构成犯罪的，依法追究刑事责任：

（一）对企业的重大违法违纪问题隐匿不报或者严重失职的；

（二）与企业串通编造虚假检查报告的；

（三）有违反本条例第二十一条、第二十二条所列行为的。

第二十五条 企业有下列行为之一的，对直接负责的主管人员和其他直接责任人员，依法给予纪律处分，直至撤销职务；构成犯罪的，依法追究刑事责任：

（一）拒绝、阻碍监事会依法履行职责的；

（二）拒绝、无故拖延向监事会提供财务状况和经营管理情况等有关资料的；

（三）隐匿、篡改、伪报重要情况和有关资料的；

（四）有阻碍监事会监督检查的其他行为的。

第二十六条 企业发现监事会成员有违反本条例第二十一条、第二十二条所列行为时，有权向监事会管理机构报告，也可以直接向国务院报告。

第二十七条 对国务院不派出监事会的国有企业，由省、自治区、直辖市人民政府参照本条例的规定，决定派出监事会。

第二十八条 国务院向国有重点金融机构派出的监事会，依照《国有重点金融机构监事会暂行条例》执行。

第二十九条 本条例自发布之日起施行。1994年7月24日国务院发布的《国有企业财产监督管理条例》同时废止。

国有重点金融机构监事会暂行条例

（2000年3月15日国务院令第282号公布施行）

第一条 为了健全国有重点金融机构监督机制，加强对国有重点金融机构的监督，根据《中华人民共和国商业银行法》、《中华人民共和国保险法》等有关法律的规定，制定本条例。

第二条 本条例所称国有重点金融机构，是指国务院派出监事会的国有政策性银行、商业银行、金融资产管理公司、证券公司、保险公司等（以下简称国有金融机构）。

国务院派出监事会的国有金融机构名单，由国有金融机构监事会管理机构（以下简称监事会管理机构）提出建议，报国务院决定。

第三条 国有金融机构监事会（以下简称监事会）由国务院派出，对国务院负责，代表国家对国有金融机构的资产质量及国有资产保值增值状况实施监督。

第四条 监事会的日常管理工作由监事会管理机构负责。

第五条 监事会以财务监督为核心，根据有关法律、行政法规和财政部的有关规定，对国有金融机构的财务活动及董事、行长（经理）等主要负责人的经营管理行为进行监督，确保国有资产及其权益不受侵犯。

监事会与国有金融机构是监督与被监督的关系，不参与、不干预国有金融机构的经营决策和经营管理活动。

第六条 监事会履行下列职责：

（一）检查国有金融机构贯彻执行国家有关金融、经济的法律、行政法规和规章制度的情况；

（二）检查国有金融机构的财务，查阅其财务会计资料及与其经营管理活动有关的其他资料，验证其财务报告、资金营运报告的真实性、合法性；

（三）检查国有金融机构的经营效益、利润分配、国有资产保值增值、资金营运等情况；

（四）检查国有金融机构的董事、行长（经理）等主要负责人的经营行为，并对其经营管理业绩进行评价，提出奖惩、任免建议。

第七条 监事会一般每年对国有金融机构定期检查两次，并可以根据实际需要不定期地对国有金融机构进行专项检查。

第八条 监事会开展监督检查，可以采取下列方式：

（一）听取国有金融机构主要负责人有关财务、资金状况和经营管理情况的汇报，在国有金融机构召开有关监督检查事项的会议；

（二）查阅国有金融机构的财务报告、会计凭证、会计账簿等财务会计资料以及与经营管理活动有关的其他资料；

（三）核查国有金融机构的财务、资金状况，向职工了解情况、听取意见，必要时要求国有金融机构主要负责人作出说明；

（四）向财政、工商、税务、审计、金融监管等有关部门调查了解国有金融机构的财务状况和经营管理情况。

监事会主席根据监督检查的需要，可以列席或者委派监事会其他成员列席国有金融机构董事会会议和其他有关会议。

第九条 监事会指导国有金融机构的内部审计、稽核、监察等内部监督部门的工作，国有金融机构内部监督部门应当协助监事会履行监督检查职责。

第十条 监事会每次对国有金融机构进行检查后，应当及时作出检查报告。检查报告的内容包括：财务、资金分析以及经营管理评价；主要负责人的经营管理业绩评价以及奖惩、任免建议；存在问题的处理建议；国务院要求报告或者监事会认为需要报告的其他事项。

监事会不得向国有金融机构透露前款所列检查报告内容。

第十一条 检查报告经监事会成员审核，并征求有关部门意见后，由监事会主席签署，经监事会管理机构报国务院。

监事会成员对检查报告有原则性不同意见的，应当在检查报告中说明。

第十二条 监事会在监督检查中发现国有金融机构的经营行为有可能危及金融安全、造成国有资产流失或者侵害国有资产所有者权益以及监事会认为应当立即报告的其他紧急情况，应当及时向监事会管理机构提出专项报告，也可以直接向国务院报告。

第十三条 国有金融机构应当定期、如实向监事会报送财务报告、资金营运报告，并及时报告重大业务经营活动情况，不得拒绝、隐匿、伪报。

第十四条 监事会根据对国有金融机构进行监督检查的情况，可以建议国务院责成审计署和财政部、中国人民银行、中国证券监督管理委员会、中国保险监督管理委员会依据各自的职权依法对国有金融机构进行审计或者检查。

监事会应当加强同财政部、中国人民银行、中国证券监督管理委员会、中国保险监督管理委员会的联系，相互通报有关情况。

第十五条 监事会由主席一人、监事若干人组成。

监事分为专职监事与兼职监事：从有关部门和单位选任的监事，为专职；监事会中财政部和中国人民银行、中国证券监督管理委员会、中国保险监督管理委员会等派出代表担任的监事，监事会管理机构聘请的经过资格认证的专业会计公司的专家和国有金融机构工作人员的代表担任的监事，为兼职。监事会可以聘请必要的工作人员。

第十六条 监事会主席人选按照规定程序确定，由国务院任命。监事会主席由副部级国家工作人员担任，为专职，年龄一般在60周岁以下。专职监事由监事会管理机构任命。专职监事由司（局）、处级国家工作人员担任，年龄一般在55周岁以下。

监事会成员每届任期3年，其中监事会主席和专职监事、派出监事不得在同一国有金融机构监事会连任。

第十七条　监事会主席应当具有较高的政策水平，坚持原则，廉洁自持，熟悉金融工作或者经济工作。

监事会主席履行下列职责：

（一）召集、主持监事会会议；

（二）负责监事会的日常工作；

（三）审定、签署监事会的报告和其他主要文件；

（四）应当由监事会主席履行的其他职责。

第十八条　监事应当具备下列条件：

（一）熟悉并能贯彻执行国家有关金融、经济的法律、行政法规和规章制度；

（二）具有财务、金融、审计或者宏观经济等方面的专业知识，比较熟悉金融机构经营管理工作；

（三）坚持原则，廉洁自持，忠于职守；

（四）具有较强的综合分析和判断能力，并具备独立工作能力。

第十九条　监事会主席和专职监事、派出监事、专家监事实行回避原则，不得在其曾经工作过的或者其近亲属担任高级管理职务的国有金融机构的监事会中任职。

第二十条　监事会开展监督检查工作所需费用由国家财政拨付，由监事会管理机构统一列支。

第二十一条　监事会成员不得接受国有金融机构的任何馈赠，不得参加国有金融机构安排、组织或者支付费用的宴请、娱乐、旅游、出访等活动，不得在国有金融机构中为自己、亲友或者其他人谋取私利。监事会主席和专职监事、派出监事、专家监事不得接受国有金融机构的任何报酬或者福利待遇，不得在国有金融机构报销任何费用。

第二十二条　监事会成员必须对检查报告内容保密，并不得泄露国有金融机构的商业秘密。

第二十三条　监事会成员在监督检查工作中成绩突出，为维护国家利益做出重要贡献的，给予奖励。

第二十四条　监事会成员有下列行为之一的，依法给予行政处分或考纪律处分；构成犯罪的，依法追究刑事责任：

（一）对国有金融机构的重大违法违纪问题隐匿不报或者严重失职的；

（二）与国有金融机构串通编造虚假报告的；

（三）有违反本条例第二十一条、第二十二条所列行为的。

第二十五条　国有金融机构有下列行为之一的，对直接负责的主管人员和其他直接责任人员依法给予纪律处分，直至撤销职务；构成犯罪的，依法追究刑事责任：

（一）拒绝、阻碍监事会依法履行职责的；

（二）拒绝、无故拖延向监事会提供财务状况和经营管理情况等有关资料的；

（三）隐匿、伪报有关资料的；

（四）有阻碍监事会监督检查的其他行为的。

第二十六条　国有金融机构发现监事会成员有违反本条例第二十一条、第二十二条所列行为时，有权向监事会管理机构报告，也可以直接向国务院报告。

第二十七条　本条例自发布之日起施行。1997 年 10 月 20 日国务院批准、1997 年 11 月 12 日中国人民银行发布的《国有独资商业银行监事会暂行规定》同时废止。

上市公司董事、监事和高级管理人员所持本公司股份及其变动管理规则

（2007年4月5日中国证券监督管理委员会发布
证监公司字〔2007〕56号）

第一条 为加强对上市公司董事、监事和高级管理人员所持本公司股份及其变动的管理，维护证券市场秩序，根据《公司法》、《证券法》等法律、行政法规和规章的规定，制定本规则。

第二条 上海证券交易所、深圳证券交易所（以下统称“证券交易所”）的上市公司及其董事、监事和高级管理人员，应当遵守本规则。

第三条 上市公司董事、监事和高级管理人员所持本公司股份，是指登记在其名下的所有本公司股份。

上市公司董事、监事和高级管理人员从事融资融券交易的，还包括记载在其信用账户内的本公司股份。

第四条 上市公司董事、监事和高级管理人员所持本公司股份在下列情形下不得转让：

（一）本公司股票上市交易之日起1年内；

（二）董事、监事和高级管理人员离职后半年内；

（三）董事、监事和高级管理人员承诺一定期限内不转让并在该期限内的；

（四）法律、法规、中国证监会和证券交易所规定的其他情形。

第五条 上市公司董事、监事和高级管理人员在任职期间，每年通过集中竞价、大宗交易、协议转让等方式转让的股份不得超过其所持本公司股份总数的25%，因司法强制执行、继承、遗赠、依法分割财产等导致股份变动的除外。

上市公司董事、监事和高级管理人员所持股份不超过1000股的，可一次全部转让，不受前款转让比例的限制。

第六条 上市公司董事、监事和高级管理人员以上年末其所持有本公司发行的股份为基数，计算其中可转让股份的数量。

上市公司董事、监事和高级管理人员在上述可转让股份数量范围内转让其所持有本公司股份的，还应遵守本规则第四条的规定。

第七条 因上市公司公开或非公开发行股份、实施股权激励计划，或因董事、监事和高级管理人员在二级市场购买、可转债转股、行权、协议受让等各种年内新增股份，新增无限售条件股份当年可转让25%，新增有限售条件的股份计入次年可转让股份的计算基数。

因上市公司进行权益分派导致董事、监事和高级管理人所持本公司股份增加的，可同比例增加当年可转让数量。

第八条 上市公司董事、监事和高级管理人员当年可转让但未转让的本公司股份，应当计入当年末其所持有本公司股份的总数，该总数作为次年可转让股份的计算基数。

第九条 上市公司章程可对董事、监事和高级管理人员转让其所持本公司股份规定比本规则更长的禁止转让期间、更低的可转让股份比例或者附加其他限制转让条件。

第十条 上市公司董事、监事和高级管理人员应在下列时点或期间内委托上市公司通过证券交易所网站申报其个人信息（包括但不限于姓名、职务、身份证号、证券账户、离任职时间等）：

（一）新上市公司的董事、监事和高级管理人员在公司申请股票初始登记时；

（二）新任董事、监事在股东大会（或职工代表大会）通过其任职事项、新任高级管理人员在董事会通过其任职事项后2个交易日内；

（三）现任董事、监事和高级管理人员在其已申报的个人信息发生变化后的2个交易日内；

（四）现任董事、监事和高级管理人员在离任后2个交易日内；

（五）证券交易所要求的其他时间。

第十一条 上市公司董事、监事和高级管理人员所持本公司股份发生变动的，应当自该事实发生之日起2个交易日内，向上市公司报告并由上市公司在证券交易所网站进行公告。公告内容包括：

（一）上年末所持本公司股份数量；

（二）上年末至本次变动前每次股份变动的日期、数量、价格；

（三）本次变动前持股数量；

（四）本次股份变动的日期、数量、价格；

（五）变动后的持股数量；

（六）证券交易所要求披露的其他事项。

第十二条 上市公司董事、监事、高级管理人员应当遵守《证券法》第四十七条规定，违反该规定将其所持本公司股票在买入后6个月内卖出，或者在卖出后6个月内又买入的，由此所得收益归该上市公司所有，公司董事会应当收回其所得收益并及时披露相关情况。

上述"买入后6个月内卖出"是指最后一笔买入时点起算6个月内卖出的；"卖出后6个月内又买入"是指最后一笔卖出时点起算6个月内又买入的。

第十三条 上市公司董事、监事和高级管理人员在下列期间不得买卖本公司股票：

（一）上市公司定期报告公告前30日内；

（二）上市公司业绩预告、业绩快报公告前10日内；

（三）自可能对本公司股票交易价格产生重大影响的重大事项发生之日或在决策过程中，至依法披露后2个交易日内；

（四）证券交易所规定的其他期间。

第十四条 上市公司董事、监事和高级管理人员应当保证本人申报数据的及时、真实、准确、完整。

第十五条 上市公司应当制定专项制度，加强对董事、监事和高级管理人员持有本公司股份及买卖本公司股票行为的申报、披露与监督。

上市公司董事会秘书负责管理公司董事、监事和高级管理人员的身份及所持本公司股份的数据和信息，统一为董事、监事和高级管理人员办理个人信息的网上申报，并定期检查董事、监事和高级管理人员买卖本公司股票的披露情况。

第十六条 上市公司董事、监事和高级管理人员买卖本公司股票违反本规则，中国证监会依照《证券法》的有关规定予以处罚。

第十七条 持有上市公司股份5%以上的股东买卖股票的，参照本规则第十二条规定执行。

第十八条 本规则自公布之日起施行。

上市公司股东、董监高减持股份的若干规定

（2017年5月26日公布 证监会公告〔2017〕9号）

第一条 为了规范上市公司股东及董事、监事、高级管理人员（以下简称董监高）减持股份行为，促进证券市场长期稳定健康发展，根据《公司法》《证券法》的有关规定，制定本

规定。

第二条 上市公司控股股东和持股5%以上股东(以下统称大股东)、董监高减持股份，以及股东减持其持有的公司首次公开发行前发行的股份、上市公司非公开发行的股份，适用本规定。

大股东减持其通过证券交易所集中竞价交易买入的上市公司股份，不适用本规定。

第三条 上市公司股东、董监高应当遵守《公司法》《证券法》和有关法律、法规，中国证监会规章、规范性文件，以及证券交易所规则中关于股份转让的限制性规定。

上市公司股东、董监高曾就限制股份转让作出承诺的，应当严格遵守。

第四条 上市公司股东、董监高可以通过证券交易所的证券交易卖出，也可以通过协议转让及法律、法规允许的其他方式减持股份。

因司法强制执行、执行股权质押协议、赠与、可交换债换股、股票权益互换等减持股份的，应当按照本规定办理。

第五条 上市公司股东、董监高减持股份，应当按照法律、法规和本规定，以及证券交易所规则，真实、准确、完整、及时履行信息披露义务。

第六条 具有下列情形之一的，上市公司大股东不得减持股份：

(一)上市公司或者大股东因涉嫌证券期货违法犯罪，在被中国证监会立案调查或者被司法机关立案侦查期间，以及在行政处罚决定、刑事判决作出之后未满6个月的。

(二)大股东因违反证券交易所规则，被证券交易所公开谴责未满3个月的。

(三)中国证监会规定的其他情形。

第七条 具有下列情形之一的，上市公司董监高不得减持股份：

(一)董监高因涉嫌证券期货违法犯罪，在被中国证监会立案调查或者被司法机关立案侦查期间，以及在行政处罚决定、刑事判决作出之后未满6个月的。

(二)董监高因违反证券交易所规则，被证券交易所公开谴责未满3个月的。

(三)中国证监会规定的其他情形。

第八条 上市公司大股东、董监高计划通过证券交易所集中竞价交易减持股份，应当在首次卖出的15个交易日前向证券交易所报告并预先披露减持计划，由证券交易所予以备案。

上市公司大股东、董监高减持计划的内容应当包括但不限于：拟减持股份的数量、来源、减持时间区间、方式、价格区间、减持原因。减持时间区间应当符合证券交易所的规定。

在预先披露的减持时间区间内，大股东、董监高应当按照证券交易所的规定披露减持进展情况。减持计划实施完毕后，大股东、董监高应当在两个交易日内向证券交易所报告，并予公告；在预先披露的减持时间区间内，未实施减持或者减持计划未实施完毕的，应当在减持时间区间届满后的两个交易日内向证券交易所报告，并予公告。

第九条 上市公司大股东在3个月内通过证券交易所集中竞价交易减持股份的总数，不得超过公司股份总数的1%。

股东通过证券交易所集中竞价交易减持其持有的公司首次公开发行前发行的股份、上市公司非公开发行的股份，应当符合前款规定的比例限制。

股东持有上市公司非公开发行的股份，在股份限售期届满后12个月内通过集中竞价交易减持的数量，还应当符合证券交易所规定的比例限制。

适用前三款规定时，上市公司大股东与其一致行动人所持有的股份应当合并计算。

第十条 通过协议转让方式减持股份并导致股份出让方不再具有上市公司大股东身份的，股份出让方、受让方应当在减持后6个月内继续遵守本规定第八条、第九条第一款的规定。

股东通过协议转让方式减持其持有的公司首次公开发行前发行的股份、上市公司非公开发行的股份，股份出让方、受让方应当在减持后6个月内继续遵守本规定第九条第二款的规定。

第十一条　上市公司大股东通过大宗交易方式减持股份，或者股东通过大宗交易方式减持其持有的公司首次公开发行前发行的股份、上市公司非公开发行的股份，股份出让方、受让方应当遵守证券交易所关于减持数量、持有时间等规定。

适用前款规定时，上市公司大股东与其一致行动人所持有的股份应当合并计算。

第十二条　上市公司大股东的股权被质押的，该股东应当在该事实发生之日起2日内通知上市公司，并予公告。

中国证券登记结算公司应当统一制定上市公司大股东场内场外股权质押登记要素标准，并负责采集相关信息。证券交易所应当明确上市公司大股东办理股权质押登记、发生平仓风险、解除股权质押等信息披露内容。

因执行股权质押协议导致上市公司大股东股份被出售的，应当执行本规定。

第十三条　上市公司股东、董监高未按照本规定和证券交易所规则减持股份的，证券交易所应当视情节采取书面警示等监管措施和通报批评、公开谴责等纪律处分措施；情节严重的，证券交易所应当通过限制交易的处置措施禁止相关证券账户6个月内或12个月内减持股份。

证券交易所为防止市场发生重大波动，影响市场交易秩序或者损害投资者利益，防范市场风险，有序引导减持，可以根据市场情况，依照法律和交易规则，对构成异常交易的行为采取限制交易等措施。

第十四条　上市公司股东、董监高未按照本规定和证券交易所规则减持股份的，中国证监会依照有关规定采取责令改正等监管措施。

第十五条　上市公司股东、董监高未按照本规定和证券交易所规则披露信息，或者所披露的信息存在虚假记载、误导性陈述或者重大遗漏的，中国证监会依照《证券法》第一百九十三条的规定给予行政处罚。

第十六条　上市公司股东、董监高减持股份超过法律、法规、中国证监会规章和规范性文件、证券交易所规则设定的比例的，依法予以查处。

第十七条　上市公司股东、董监高未按照本规定和证券交易所规则减持股份，构成欺诈、内幕交易和操纵市场的，依法予以查处。

第十八条　上市公司股东、董监高违反本规定和证券交易所规则减持股份，情节严重的，中国证监会可以依法采取证券市场禁入措施。

第十九条　本规定自公布之日起施行。《上市公司大股东、董监高减持股份的若干规定》（证监会公告〔2016〕1号）同时废止。

5. 信 息 披 露

上市公司信息披露管理办法

（2007年1月30日中国证券监督管理委员会令第40号公布施行）

第一章　总　　则

第一条　为了规范发行人、上市公司及其他信息披露义务人的信息披露行为，加强信息披露事务管理，保护投资者合法权益，根据《公司法》、《证券法》等法律、行政法规，制定本办法。

第二条 信息披露义务人应当真实、准确、完整、及时地披露信息，不得有虚假记载、误导性陈述或者重大遗漏。

信息披露义务人应当同时向所有投资者公开披露信息。

在境内、外市场发行证券及其衍生品种并上市的公司在境外市场披露的信息，应当同时在境内市场披露。

第三条 发行人、上市公司的董事、监事、高级管理人员应当忠实、勤勉地履行职责，保证披露信息的真实、准确、完整、及时、公平。

第四条 在内幕信息依法披露前，任何知情人不得公开或者泄露该信息，不得利用该信息进行内幕交易。

第五条 信息披露文件主要包括招股说明书、募集说明书、上市公告书、定期报告和临时报告等。

第六条 上市公司及其他信息披露义务人依法披露信息，应当将公告文稿和相关备查文件报送证券交易所登记，并在中国证券监督管理委员会(以下简称中国证监会)指定的媒体发布。

信息披露义务人在公司网站及其他媒体发布信息的时间不得先于指定媒体，不得以新闻发布或者答记者问等任何形式代替应当履行的报告、公告义务，不得以定期报告形式代替应当履行的临时报告义务。

第七条 信息披露义务人应当将信息披露公告文稿和相关备查文件报送上市公司注册地证监局，并置备于公司住所供社会公众查阅。

第八条 信息披露文件应当采用中文文本。同时采用外文文本的，信息披露义务人应当保证两种文本的内容一致。两种文本发生歧义时，以中文文本为准。

第九条 中国证监会依法对信息披露文件及公告的情况、信息披露事务管理活动进行监督，对上市公司控股股东、实际控制人和信息披露义务人的行为进行监督。

证券交易所应当对上市公司及其他信息披露义务人披露信息进行监督，督促其依法及时、准确地披露信息，对证券及其衍生品种交易实行实时监控。证券交易所制订的上市规则和其他信息披露规则应当报中国证监会批准。

第十条 中国证监会可以对金融、房地产等特殊行业上市公司的信息披露作出特别规定。

第二章 招股说明书、募集说明书与上市公告书

第十一条 发行人编制招股说明书应当符合中国证监会的相关规定。凡是对投资者作出投资决策有重大影响的信息，均应当在招股说明书中披露。

公开发行证券的申请经中国证监会核准后，发行人应当在证券发行前公告招股说明书。

第十二条 发行人的董事、监事、高级管理人员，应当对招股说明书签署书面确认意见，保证所披露的信息真实、准确、完整。

招股说明书应当加盖发行人公章。

第十三条 发行人申请首次公开发行股票的，中国证监会受理申请文件后，发行审核委员会审核前，发行人应当将招股说明书申报稿在中国证监会网站预先披露。

预先披露的招股说明书申报稿不是发行人发行股票的正式文件，不能含有价格信息，发行人不得据此发行股票。

第十四条 证券发行申请经中国证监会核准后至发行结束前，发生重要事项的，发行人应当向中国证监会书面说明，并经中国证监会同意后，修改招股说明书或者作相应的补充公告。

第十五条 申请证券上市交易，应当按照证券交易所的规定编制上市公告书，并经证券交易所审核同意后公告。

发行人的董事、监事、高级管理人员，应当对上市公告书签署书面确认意见，保证所披露

的信息真实、准确、完整。

上市公告书应当加盖发行人公章。

第十六条 招股说明书、上市公告书引用保荐人、证券服务机构的专业意见或者报告的，相关内容应当与保荐人、证券服务机构出具的文件内容一致，确保引用保荐人、证券服务机构的意见不会产生误导。

第十七条 本办法第十一条至第十六条有关招股说明书的规定，适用于公司债券募集说明书。

第十八条 上市公司在非公开发行新股后，应当依法披露发行情况报告书。

第三章 定期报告

第十九条 上市公司应当披露的定期报告包括年度报告、中期报告和季度报告。凡是对投资者作出投资决策有重大影响的信息，均应当披露。

年度报告中的财务会计报告应当经具有证券、期货相关业务资格的会计师事务所审计。

第二十条 年度报告应当在每个会计年度结束之日起4个月内，中期报告应当在每个会计年度的上半年结束之日起2个月内，季度报告应当在每个会计年度第3个月、第9个月结束后的1个月内编制完成并披露。

第一季度季度报告的披露时间不得早于上一年度年度报告的披露时间。

第二十一条 年度报告应当记载以下内容：

（一）公司基本情况；

（二）主要会计数据和财务指标；

（三）公司股票、债券发行及变动情况，报告期末股票、债券总额、股东总数，公司前10大股东持股情况；

（四）持股5%以上股东、控股股东及实际控制人情况；

（五）董事、监事、高级管理人员的任职情况、持股变动情况、年度报酬情况；

（六）董事会报告；

（七）管理层讨论与分析；

（八）报告期内重大事件及对公司的影响；

（九）财务会计报告和审计报告全文；

（十）中国证监会规定的其他事项。

第二十二条 中期报告应当记载以下内容：

（一）公司基本情况；

（二）主要会计数据和财务指标；

（三）公司股票、债券发行及变动情况、股东总数、公司前10大股东持股情况，控股股东及实际控制人发生变化的情况；

（四）管理层讨论与分析；

（五）报告期内重大诉讼、仲裁等重大事件及对公司的影响；

（六）财务会计报告；

（七）中国证监会规定的其他事项。

第二十三条 季度报告应当记载以下内容：

（一）公司基本情况；

（二）主要会计数据和财务指标；

（三）中国证监会规定的其他事项。

第二十四条 公司董事、高级管理人员应当对定期报告签署书面确认意见，监事会应当提出书面审核意见，说明董事会的编制和审核程序是否符合法律、行政法规和中国证监会的规定，报告的内容是否能够真实、准确、完整地反映上市公司的实际情况。

董事、监事、高级管理人员对定期报告内容的真实性、准确性、完整性无法保证或者存在异议的，应当陈述理由和发表意见，并予以披露。

第二十五条 上市公司预计经营业绩发生亏损或者发生大幅变动的，应当及时进行业绩预告。

第二十六条 定期报告披露前出现业绩泄露，或者出现业绩传闻且公司证券及其衍生品种交易出现异常波动的，上市公司应当及时披露本报告期相关财务数据。

第二十七条 定期报告中财务会计报告被出具非标准审计报告的，上市公司董事会应当针对该审计意见涉及事项作出专项说明。

定期报告中财务会计报告被出具非标准审计意见，证券交易所认为涉嫌违法的，应当提请中国证监会立案调查。

第二十八条 上市公司未在规定期限内披露年度报告和中期报告的，中国证监会应当立即立案稽查，证券交易所应当按照股票上市规则予以处理。

第二十九条 年度报告、中期报告和季度报告的格式及编制规则，由中国证监会另行制定。

第四章 临时报告

第三十条 发生可能对上市公司证券及其衍生品种交易价格产生较大影响的重大事件，投资者尚未得知时，上市公司应当立即披露，说明事件的起因、目前的状态和可能产生的影响。

前款所称重大事件包括：

（一）公司的经营方针和经营范围的重大变化；

（二）公司的重大投资行为和重大的购置财产的决定；

（三）公司订立重要合同，可能对公司的资产、负债、权益和经营成果产生重要影响；

（四）公司发生重大债务和未能清偿到期重大债务的违约情况，或者发生大额赔偿责任；

（五）公司发生重大亏损或者重大损失；

（六）公司生产经营的外部条件发生的重大变化；

（七）公司的董事、1/3以上监事或者经理发生变动；董事长或者经理无法履行职责；

（八）持有公司5%以上股份的股东或者实际控制人，其持有股份或者控制公司的情况发生较大变化；

（九）公司减资、合并、分立、解散及申请破产的决定；或者依法进入破产程序、被责令关闭；

（十）涉及公司的重大诉讼、仲裁，股东大会、董事会决议被依法撤销或者宣告无效；

（十一）公司涉嫌违法违规被有权机关调查，或者受到刑事处罚、重大行政处罚；公司董事、监事、高级管理人员涉嫌违法违纪被有权机关调查或者采取强制措施；

（十二）新公布的法律、法规、规章、行业政策可能对公司产生重大影响；

（十三）董事会就发行新股或者其他再融资方案、股权激励方案形成相关决议；

（十四）法院裁决禁止控股股东转让其所持股份；任一股东所持公司5%以上股份被质押、冻结、司法拍卖、托管、设定信托或者被依法限制表决权；

（十五）主要资产被查封、扣押、冻结或者被抵押、质押；

（十六）主要或者全部业务陷入停顿；

（十七）对外提供重大担保；

（十八）获得大额政府补贴等可能对公司资产、负债、权益或者经营成果产生重大影响的额外收益；

（十九）变更会计政策、会计估计；

（二十）因前期已披露的信息存在差错、未按规定披露或者虚假记载，被有关机关责令改正或者经董事会决定进行更正；

（二十一）中国证监会规定的其他情形。

第三十一条 上市公司应当在最先发生的以下任一时点，及时履行重大事件的信息披露义务：

（一）董事会或者监事会就该重大事件形成决议时；

（二）有关各方就该重大事件签署意向书或者协议时；

（三）董事、监事或者高级管理人员知悉该重大事件发生并报告时。

在前款规定的时点之前出现下列情形之一的，上市公司应当及时披露相关事项的现状、可能影响事件进展的风险因素：

（一）该重大事件难以保密；

（二）该重大事件已经泄露或者市场出现传闻；

（三）公司证券及其衍生品种出现异常交易情况。

第三十二条 上市公司披露重大事件后,已披露的重大事件出现可能对上市公司证券及其衍生品种交易价格产生较大影响的进展或者变化的,应当及时披露进展或者变化情况、可能产生的影响。

第三十三条 上市公司控股子公司发生本办法第三十条规定的重大事件,可能对上市公司证券及其衍生品种交易价格产生较大影响的,上市公司应当履行信息披露义务。

上市公司参股公司发生可能对上市公司证券及其衍生品种交易价格产生较大影响的事件的,上市公司应当履行信息披露义务。

第三十四条 涉及上市公司的收购、合并、分立、发行股份、回购股份等行为导致上市公司股本总额、股东、实际控制人等发生重大变化的,信息披露义务人应当依法履行报告、公告义务,披露权益变动情况。

第三十五条 上市公司应当关注本公司证券及其衍生品种的异常交易情况及媒体关于本公司的报道。

证券及其衍生品种发生异常交易或者在媒体中出现的消息可能对公司证券及其衍生品种的交易产生重大影响时,上市公司应当及时向相关各方了解真实情况,必要时应当以书面方式问询。

上市公司控股股东、实际控制人及其一致行动人应当及时、准确地告知上市公司是否存在拟发生的股权转让、资产重组或者其他重大事件,并配合上市公司做好信息披露工作。

第三十六条 公司证券及其衍生品种交易被中国证监会或者证券交易所认定为异常交易的,上市公司应当及时了解造成证券及其衍生品种交易异常波动的影响因素,并及时披露。

第五章 信息披露事务管理

第三十七条 上市公司应当制定信息披露事务管理制度。信息披露事务管理制度应当包括:

(一)明确上市公司应当披露的信息,确定披露标准;

(二)未公开信息的传递、审核、披露流程;

(三)信息披露事务管理部门及其负责人在信息披露中的职责;

(四)董事和董事会、监事和监事会、高级管理人员等的报告、审议和披露的职责;

(五)董事、监事、高级管理人员履行职责的记录和保管制度;

(六)未公开信息的保密措施,内幕信息知情人的范围和保密责任;

(七)财务管理和会计核算的内部控制及监督机制;

(八)对外发布信息的申请、审核、发布流程;与投资者、证券服务机构、媒体等的信息沟通与制度;

(九)信息披露相关文件、资料的档案管理;

(十)涉及子公司的信息披露事务管理和报告制度;

(十一)未按规定披露信息的责任追究机制,对违反规定人员的处理措施。

上市公司信息披露事务管理制度应当经公司董事会审议通过,报注册地证监局和证券交易所备案。

第三十八条 上市公司董事、监事、高级管理人员应当勤勉尽责,关注信息披露文件的编制情况,保证定期报告、临时报告在规定期限内披露,配合上市公司及其他信息披露义务人履行信息披露义务。

第三十九条 上市公司应当制定定期报告的编制、审议、披露程序。经理、财务负责人、董事会秘书等高级管理人员应当及时编制定期报告草案,提请董事会审议;董事会秘书负责送达董事审阅;董事长负责召集和主持董事会会议审议定期报告;监事会负责审核董事会编制的定期报告;董事会秘书负责组织定期报告的披露工作。

第四十条 上市公司应当制定重大事件的报告、传递、审核、披露程序。董事、监事、高级管理人员知悉重大事件发生时,应当按照公司规定立即履行报告义务;董事长在接到报告后,应当立即向董事会报告,并敦促董事会秘书组织临时报告的披露工作。

第四十一条 上市公司通过业绩说明会、分析师会议、路演、接受投资者调研等形式就公司的经营情况、财务状况及其他事件与任何机构和个人进行沟通的,不得提供内幕信息。

第四十二条 董事应当了解并持续关注公司生产经营情况、财务状况和公司已经发生的或者可能发生的重大事件及其影响,主动调查、获取决策所需要的资料。

第四十三条 监事应当对公司董事、高级管理人员履行信息披露职责的行为进行监督;关注公司信息披露情况,发现信息披露存在违法违规问题的,应当进行调查并提出处理建议。

监事会对定期报告出具的书面审核意见,应当说明编制和审核的程序是否符合法律、行政法规、中国证监会的规定,报告的内容是否能够真实、准确、完整地反映上市公司的实际情况。

第四十四条 高级管理人员应当及时向董事会报告有关公司经营或者财务方面出现的重大事件、已披露的事件的进展或者变化情况及其他相关信息。

第四十五条 董事会秘书负责组织和协调公司信息披露事务,汇集上市公司应予披露的信息并报告董事会,持续关注媒体对公司的报道并主动求证报道的真实情况。董事会秘书有权参加股东大会、董事会会议、监事会会议和高级管理人员相关会议,有权了解公司的财务和经营情况,查阅涉及信息披露事宜的所有文件。

董事会秘书负责办理上市公司信息对外公布等相关事宜。除监事会公告外,上市公司披露的信息应当以董事会公告的形式发布。董事、监事、高级管理人员非经董事会书面授权,不得对外发布上市公司未披露信息。

上市公司应当为董事会秘书履行职责提供便利条件,财务负责人应当配合董事会秘书在财务信息披露方面的相关工作。

第四十六条 上市公司的股东、实际控制人发生以下事件时,应当主动告知上市公司董事会,并配合上市公司履行信息披露义务。

(一)持有公司5%以上股份的股东或者实际控制人,其持有股份或者控制公司的情况发生较大变化;

(二)法院裁决禁止控股股东转让其所持股份,任一股东所持公司5%以上股份被质押、冻结、司法拍卖、托管、设定信托或者被依法限制表决权;

(三)拟对上市公司进行重大资产或者业务重组;

(四)中国证监会规定的其他情形。

应当披露的信息依法披露前,相关信息已在媒体上传播或者公司证券及其衍生品种出现交易异常情况的,股东或者实际控制人应当及时、准确地向上市公司作出书面报告,并配合上市公司及时、准确地公告。

上市公司的股东、实际控制人不得滥用其股东权利、支配地位,不得要求上市公司向其提供内幕信息。

第四十七条 上市公司非公开发行股票时,其控股股东、实际控制人和发行对象应当及时向上市公司提供相关信息,配合上市公司履行信息披露义务。

第四十八条 上市公司董事、监事、高级管理人员、持股5%以上的股东及其一致行动人、实际控制人应当及时向上市公司董事会报送上市公司关联人名单及关联关系的说明。上市公司应当履行关联交易的审议程序,并严格执行关联交易回避表决制度。交易各方不得通过隐瞒关联关系或者采取其他手段,规避上市公司的关联交易审议程序和信息披露义务。

第四十九条 通过接受委托或者信托等方式持有上市公司5%以上股份的股东或者实际控制人,应当及时将委托人情况告知上市公司,配合上市公司履行信息披露义务。

第五十条 信息披露义务人应当向其聘

用的保荐人、证券服务机构提供与执业相关的所有资料，并确保资料的真实、准确、完整，不得拒绝、隐匿、谎报。

保荐人、证券服务机构在为信息披露出具专项文件时，发现上市公司及其他信息披露义务人提供的材料有虚假记载、误导性陈述、重大遗漏或者其他重大违法行为的，应当要求其补充、纠正。信息披露义务人不予补充、纠正的，保荐人、证券服务机构应当及时向公司注册地证监局和证券交易所报告。

第五十一条 上市公司解聘会计师事务所的，应当在董事会决议后及时通知会计师事务所，公司股东大会就解聘会计师事务所进行表决时，应当允许会计师事务所陈述意见。股东大会作出解聘、更换会计师事务所决议的，上市公司应当在披露时说明更换的具体原因和会计师事务所的陈述意见。

第五十二条 为信息披露义务人履行信息披露义务出具专项文件的保荐人、证券服务机构，应当勤勉尽责、诚实守信，按照依法制定的业务规则、行业执业规范和道德准则发表专业意见，保证所出具文件的真实性、准确性和完整性。

第五十三条 注册会计师应当秉承风险导向审计理念，严格执行注册会计师执业准则及相关规定，完善鉴证程序，科学选用鉴证方法和技术，充分了解被鉴证单位及其环境，审慎关注重大错报风险，获取充分、适当的证据，合理发表鉴证结论。

第五十四条 资产评估机构应当恪守职业道德，严格遵守评估准则或者其他评估规范，恰当选择评估方法，评估中提出的假设条件应当符合实际情况，对评估对象所涉及交易、收入、支出、投资等业务的合法性、未来预测的可靠性取得充分证据，充分考虑未来各种可能性发生的概率及其影响，形成合理的评估结论。

第五十五条 任何机构和个人不得非法获取、提供、传播上市公司的内幕信息，不得利用所获取的内幕信息买卖或者建议他人买卖公司证券及其衍生品种，不得在投资价值分析报告、研究报告等文件中使用内幕信息。

第五十六条 媒体应当客观、真实地报道涉及上市公司的情况，发挥舆论监督作用。

任何机构和个人不得提供、传播虚假或者误导投资者的上市公司信息。

违反前两款规定，给投资者造成损失的，依法承担赔偿责任。

第六章 监督管理与法律责任

第五十七条 中国证监会可以要求上市公司及其他信息披露义务人或者其董事、监事、高级管理人员对有关信息披露问题作出解释、说明或者提供相关资料，并要求上市公司提供保荐人或者证券服务机构的专业意见。

中国证监会对保荐人和证券服务机构出具的文件的真实性、准确性、完整性有疑义的，可以要求相关机构作出解释、补充，并调阅其工作底稿。

上市公司及其他信息披露义务人、保荐人和证券服务机构应当及时作出回复，并配合中国证监会的检查、调查。

第五十八条 上市公司董事、监事、高级管理人员应当对公司信息披露的真实性、准确性、完整性、及时性、公平性负责，但有充分证据表明其已经履行勤勉尽责义务的除外。

上市公司董事长、经理、董事会秘书，应当对公司临时报告信息披露的真实性、准确性、完整性、及时性、公平性承担主要责任。

上市公司董事长、经理、财务负责人应对公司财务报告的真实性、准确性、完整性、及时性、公平性承担主要责任。

第五十九条 信息披露义务人及其董事、监事、高级管理人员，上市公司的股东、实际控制人、收购人及其董事、监事、高级管理人员违反本办法的，中国证监会可以采取以下监管措施：

（一）责令改正；

（二）监管谈话；

（三）出具警示函；

（四）将其违法违规、不履行公开承诺等情

况记入诚信档案并公布;

(五)认定为不适当人选;

(六)依法可以采取的其他监管措施。

第六十条 上市公司未按本办法规定制定上市公司信息披露事务管理制度的,中国证监会责令改正。拒不改正的,中国证监会给予警告、罚款。

第六十一条 信息披露义务人未在规定期限内履行信息披露义务,或者所披露的信息有虚假记载、误导性陈述或者重大遗漏的,中国证监会按照《证券法》第一百九十三条处罚。

第六十二条 信息披露义务人未在规定期限内报送有关报告,或者报送的报告有虚假记载、误导性陈述或者重大遗漏的,中国证监会按照《证券法》第一百九十三条处罚。

第六十三条 上市公司通过隐瞒关联关系或者采取其他手段,规避信息披露、报告义务的,中国证监会按照《证券法》第一百九十三条处罚。

第六十四条 上市公司股东、实际控制人未依法配合上市公司履行信息披露义务的,或者非法要求上市公司提供内幕信息的,中国证监会责令改正,给予警告、罚款。

第六十五条 为信息披露义务人履行信息披露义务出具专项文件的保荐人、证券服务机构及其人员,违反《证券法》、行政法规和中国证监会的规定,由中国证监会依法采取责令改正、监管谈话、出具警示函、记入诚信档案等监管措施;应当给予行政处罚的,中国证监会依法处罚。

第六十六条 任何机构和个人泄露上市公司内幕信息,或者利用内幕信息买卖证券及其衍生品种,中国证监会按照《证券法》第二百零一条、第二百零二条处罚。

第六十七条 任何机构和个人编制、传播虚假信息扰乱证券市场;媒体传播上市公司信息不真实、不客观的,中国证监会按照《证券法》第二百零六条处罚。

在证券及其衍生品种交易活动中作出虚假陈述或者信息误导的,中国证监会按照《证券法》第二百零七条处罚。

第六十八条 涉嫌利用新闻报道以及其他传播方式对上市公司进行敲诈勒索的,中国证监会责令改正,向有关部门发出监管建议函,由有关部门依法追究法律责任。

第六十九条 上市公司及其他信息披露义务人违反本办法的规定,情节严重的,中国证监会可以对有关责任人员采取证券市场禁入的措施。

第七十条 违反本办法,涉嫌犯罪的,依法移送司法机关,追究刑事责任。

第七章 附 则

第七十一条 本办法下列用语的含义:

(一)为信息披露义务人履行信息披露义务出具专项文件的保荐人、证券服务机构,是指为证券发行、上市、交易等证券业务活动制作、出具保荐书、审计报告、资产评估报告、法律意见书、财务顾问报告、资信评级报告等文件的保荐人、会计师事务所、资产评估机构、律师事务所、财务顾问机构、资信评级机构。

(二)及时,是指自起算日起或者触及披露时点的两个交易日内。

(三)上市公司的关联交易,是指上市公司或者其控股子公司与上市公司关联人之间发生的转移资源或者义务的事项。

关联人包括关联法人和关联自然人。

具有以下情形之一的法人,为上市公司的关联法人:

1. 直接或者间接地控制上市公司的法人;

2. 由前项所述法人直接或者间接控制的除上市公司及其控股子公司以外的法人;

3. 关联自然人直接或者间接控制的、或者担任董事、高级管理人员的,除上市公司及其控股子公司以外的法人;

4. 持有上市公司5%以上股份的法人或者一致行动人;

5. 在过去12个月内或者根据相关协议安排在未来12月内,存在上述情形之一的;

6. 中国证监会、证券交易所或者上市公司根据实质重于形式的原则认定的其他与上市公司有特殊关系，可能或者已经造成上市公司对其利益倾斜的法人。

具有以下情形之一的自然人，为上市公司的关联自然人：

1. 直接或者间接持有上市公司5%以上股份的自然人；

2. 上市公司董事、监事及高级管理人员；

3. 直接或者间接地控制上市公司的法人的董事、监事及高级管理人员；

4. 上述第1、2项所述人士的关系密切的家庭成员，包括配偶、父母、年满18周岁的子女及其配偶、兄弟姐妹及其配偶，配偶的父母、兄弟姐妹，子女配偶的父母；

5. 在过去12个月内或者根据相关协议安排在未来12个月内，存在上述情形之一的；

6. 中国证监会、证券交易所或者上市公司根据实质重于形式的原则认定的其他与上市公司有特殊关系，可能或者已经造成上市公司对其利益倾斜的自然人。

（四）指定媒体，是指中国证监会指定的报刊和网站。

第七十二条 本办法自公布之日起施行。《公开发行股票公司信息披露实施细则》（试行）（证监上字〔1993〕43号）、《关于股票公开发行与上市公司信息披露有关事项的通知》（证监研字〔1993〕19号）、《关于加强对上市公司临时报告审查的通知》（证监上字〔1996〕26号）、《关于上市公司发布澄清公告若干问题的通知》（证监上字〔1996〕28号）、《上市公司披露信息电子存档事宜的通知》（证监信字〔1998〕50号）、《关于进一步加强ST、PT公司信息披露监管工作的通知》（证监公司字〔2000〕63号）、《关于拟发行新股的上市公司中期报告有关问题的通知》（证监公司字〔2001〕69号）、《关于上市公司临时公告及相关附件报送中国证监会派出机构备案的通知》（证监公司字〔2003〕7号）同时废止。

最高人民法院关于审理证券市场因虚假陈述引发的民事赔偿案件的若干规定

（2002年12月26日最高人民法院审判委员会第1261次会议通过
2003年1月9日公布 法释〔2003〕2号 自2003年2月1日起施行）

为正确审理证券市场因虚假陈述引发的民事赔偿案件，规范证券市场民事行为，保护投资人合法权益，根据《中华人民共和国民法通则》、《中华人民共和国证券法》、《中华人民共和国公司法》以及《中华人民共和国民事诉讼法》等法律、法规的规定，结合证券市场实际情况和审判实践，制定本规定。

一、一般规定

第一条 本规定所称证券市场因虚假陈述引发的民事赔偿案件（以下简称虚假陈述证券民事赔偿案件），是指证券市场投资人以信息披露义务人违反法律规定，进行虚假陈述并致使其遭受损失为由，而向人民法院提起诉讼的民事赔偿案件。

第二条 本规定所称投资人，是指在证券市场上从事证券认购和交易的自然人、法人或者其他组织。

本规定所称证券市场，是指发行人向社会公开募集股份的发行市场，通过证券交易所报价系统进行证券交易的市场，证券公司代办股份转让市场以及国家批准设立的其他证券市场。

第三条 因下列交易发生的民事诉讼,不适用本规定:

(一)在国家批准设立的证券市场以外进行的交易;

(二)在国家批准设立的证券市场上通过协议转让方式进行的交易。

第四条 人民法院审理虚假陈述证券民事赔偿案件,应当着重调解,鼓励当事人和解。

第五条 投资人对虚假陈述行为人提起民事赔偿的诉讼时效期间,适用民法通则第一百三十五条的规定,根据下列不同情况分别起算:

(一)中国证券监督管理委员会或其派出机构公布对虚假陈述行为人作出处罚决定之日;

(二)中华人民共和国财政部、其他行政机关以及有权作出行政处罚的机构公布对虚假陈述行为人作出处罚决定之日;

(三)虚假陈述行为人未受行政处罚,但已被人民法院认定有罪的,作出刑事判决生效之日。

因同一虚假陈述行为,对不同虚假陈述行为人作出两个以上行政处罚;或者既有行政处罚,又有刑事处罚的,以最先作出的行政处罚决定公告之日或者作出的刑事判决生效之日,为诉讼时效起算之日。

二、受理与管辖

第六条 投资人以自己受到虚假陈述侵害为由,依据有关机关的行政处罚决定或者人民法院的刑事裁判文书,对虚假陈述行为人提起的民事赔偿诉讼,符合民事诉讼法第一百零八条规定的,人民法院应当受理。

投资人提起虚假陈述证券民事赔偿诉讼,除提交行政处罚决定或者公告,或者人民法院的刑事裁判文书以外,还须提交以下证据:

(一)自然人、法人或者其他组织的身份证明文件,不能提供原件的,应当提交经公证证明的复印件;

(二)进行交易的凭证等投资损失证据材料。

第七条 虚假陈述证券民事赔偿案件的被告,应当是虚假陈述行为人,包括:

(一)发起人、控股股东等实际控制人;

(二)发行人或者上市公司;

(三)证券承销商;

(四)证券上市推荐人;

(五)会计师事务所、律师事务所、资产评估机构等专业中介服务机构;

(六)上述(二)、(三)、(四)项所涉单位中负有责任的董事、监事和经理等高级管理人员以及(五)项中直接责任人;

(七)其他作出虚假陈述的机构或者自然人。

第八条 虚假陈述证券民事赔偿案件,由省、直辖市、自治区人民政府所在的市、计划单列市和经济特区中级人民法院管辖。

第九条 投资人对多个被告提起证券民事赔偿诉讼的,按下列原则确定管辖:

(一)由发行人或者上市公司所在地有管辖权的中级人民法院管辖。但有本规定第十条第二款规定的情形除外。

(二)对发行人或者上市公司以外的虚假陈述行为人提起的诉讼,由被告所在地有管辖权的中级人民法院管辖。

(三)仅以自然人为被告提起的诉讼,由被告所在地有管辖权的中级人民法院管辖。

第十条 人民法院受理以发行人或者上市公司以外的虚假陈述行为人为被告提起的诉讼后,经当事人申请或者征得所有原告同意后,可以追加发行人或者上市公司为共同被告。人民法院追加后,应当将案件移送发行人或者上市公司所在地有管辖权的中级人民法院管辖。

当事人不申请或者原告不同意追加,人民法院认为确有必要追加的,应当通知发行人或者上市公司作为共同被告参加诉讼,但不得移送案件。

第十一条　人民法院受理虚假陈述证券民事赔偿案件后，受行政处罚当事人对行政处罚不服申请行政复议或者提起行政诉讼的，可以裁定中止审理。

人民法院受理虚假陈述证券民事赔偿案件后，有关行政处罚被撤销的，应当裁定终结诉讼。

三、诉讼方式

第十二条　本规定所涉证券民事赔偿案件的原告可以选择单独诉讼或者共同诉讼方式提起诉讼。

第十三条　多个原告因同一虚假陈述事实对相同被告提起的诉讼，既有单独诉讼也有共同诉讼的，人民法院可以通知提起单独诉讼的原告参加共同诉讼。

多个原告因同一虚假陈述事实对相同被告同时提起两个以上共同诉讼的，人民法院可以将其合并为一个共同诉讼。

第十四条　共同诉讼的原告人数应当在开庭审理前确定。原告人数众多的可以推选二至五名诉讼代表人，每名诉讼代表人可以委托一至二名诉讼代理人。

第十五条　诉讼代表人应当经过其所代表的原告特别授权，代表原告参加开庭审理，变更或者放弃诉讼请求、与被告进行和解或者达成调解协议。

第十六条　人民法院判决被告对人数众多的原告承担民事赔偿责任时，可以在判决主文中对赔偿总额作出判决，并将每个原告的姓名、应获得赔偿金额等列表附于民事判决书后。

四、虚假陈述的认定

第十七条　证券市场虚假陈述，是指信息披露义务人违反证券法律规定，在证券发行或者交易过程中，对重大事件作出违背事实真相的虚假记载、误导性陈述，或者在披露信息时发生重大遗漏、不正当披露信息的行为。

对于重大事件，应当结合证券法第五十九条、第六十条、第六十一条、第六十二条、第七十二条及相关规定的内容认定。

虚假记载，是指信息披露义务人在披露信息时，将不存在的事实在信息披露文件中予以记载的行为。

误导性陈述，是指虚假陈述行为人在信息披露文件中或者通过媒体，作出使投资人对其投资行为发生错误判断并产生重大影响的陈述。

重大遗漏，是指信息披露义务人在信息披露文件中，未将应当记载的事项完全或者部分予以记载。

不正当披露，是指信息披露义务人未在适当期限内或者未以法定方式公开披露应当披露的信息。

第十八条　投资人具有以下情形的，人民法院应当认定虚假陈述与损害结果之间存在因果关系：

（一）投资人所投资的是与虚假陈述直接关联的证券；

（二）投资人在虚假陈述实施日及以后，至揭露日或者更正日之前买入该证券；

（三）投资人在虚假陈述揭露日或者更正日及以后，因卖出该证券发生亏损，或者因持续持有该证券而产生亏损。

第十九条　被告举证证明原告具有以下情形的，人民法院应当认定虚假陈述与损害结果之间不存在因果关系：

（一）在虚假陈述揭露日或者更正日之前已经卖出证券；

（二）在虚假陈述揭露日或者更正日及以后进行的投资；

（三）明知虚假陈述存在而进行的投资；

（四）损失或者部分损失是由证券市场系统风险等其他因素所导致；

（五）属于恶意投资、操纵证券价格的。

第二十条　本规定所指的虚假陈述实施日，是指作出虚假陈述或者发生虚假陈述之日。

虚假陈述揭露日，是指虚假陈述在全国范

围发行或者播放的报刊、电台、电视台等媒体上,首次被公开揭露之日。

虚假陈述更正日,是指虚假陈述行为人在中国证券监督管理委员会指定披露证券市场信息的媒体上,自行公告更正虚假陈述并按规定履行停牌手续之日。

五、归责与免责事由

第二十一条 发起人、发行人或者上市公司对其虚假陈述给投资人造成的损失承担民事赔偿责任。

发行人、上市公司负有责任的董事、监事和经理等高级管理人员对前款的损失承担连带赔偿责任。但有证据证明无过错的,应予免责。

第二十二条 实际控制人操纵发行人或者上市公司违反证券法律规定,以发行人或者上市公司名义虚假陈述并给投资人造成损失的,可以由发行人或者上市公司承担赔偿责任。发行人或者上市公司承担赔偿责任后,可以向实际控制人追偿。

实际控制人违反证券法第四条、第五条以及第一百八十八条规定虚假陈述,给投资人造成损失的,由实际控制人承担赔偿责任。

第二十三条 证券承销商、证券上市推荐人对虚假陈述给投资人造成的损失承担赔偿责任。但有证据证明无过错的,应予免责。

负有责任的董事、监事和经理等高级管理人员对证券承销商、证券上市推荐人承担的赔偿责任负连带责任。其免责事由同前款规定。

第二十四条 专业中介服务机构及其直接责任人违反证券法第一百六十一条和第二百零二条的规定虚假陈述,给投资人造成损失的,就其负有责任的部分承担赔偿责任。但有证据证明无过错的,应予免责。

第二十五条 本规定第七条第(七)项规定的其他作出虚假陈述行为的机构或者自然人,违反证券法第五条、第七十二条、第一百八十八条和第一百八十九条规定,给投资人造成损失的,应当承担赔偿责任。

六、共同侵权责任

第二十六条 发起人对发行人信息披露提供担保的,发起人与发行人对投资人的损失承担连带责任。

第二十七条 证券承销商、证券上市推荐人或者专业中介服务机构,知道或者应当知道发行人或者上市公司虚假陈述,而不予纠正或者不出具保留意见的,构成共同侵权,对投资人的损失承担连带责任。

第二十八条 发行人、上市公司、证券承销商、证券上市推荐人负有责任的董事、监事和经理等高级管理人员有下列情形之一的,应当认定为共同虚假陈述,分别与发行人、上市公司、证券承销商、证券上市推荐人对投资人的损失承担连带责任:

(一)参与虚假陈述的;

(二)知道或者应当知道虚假陈述而未明确表示反对的;

(三)其他应当负有责任的情形。

七、损 失 认 定

第二十九条 虚假陈述行为人在证券发行市场虚假陈述,导致投资人损失的,投资人有权要求虚假陈述行为人按本规定第三十条赔偿损失;导致证券被停止发行的,投资人有权要求返还和赔偿所缴股款及银行同期活期存款利率的利息。

第三十条 虚假陈述行为人在证券交易市场承担民事赔偿责任的范围,以投资人因虚假陈述而实际发生的损失为限。投资人实际损失包括:

(一)投资差额损失;

(二)投资差额损失部分的佣金和印花税。

前款所涉资金利息,自买入至卖出证券日或者基准日,按银行同期活期存款利率计算。

第三十一条 投资人在基准日及以前卖出证券的,其投资差额损失,以买入证券平均价格与实际卖出证券平均价格之差,乘以投资人所持证券数量计算。

第三十二条　投资人在基准日之后卖出或者仍持有证券的，其投资差额损失，以买入证券平均价格与虚假陈述揭露日或者更正日起至基准日期间，每个交易日收盘价的平均价格之差，乘以投资人所持证券数量计算。

第三十三条　投资差额损失计算的基准日，是指虚假陈述揭露或者更正后，为将投资人应获赔偿限定在虚假陈述所造成的损失范围内，确定损失计算的合理期间而规定的截止日期。基准日分别按下列情况确定：

（一）揭露日或者更正日起，至被虚假陈述影响的证券累计成交量达到其可流通部分100%之日。但通过大宗交易协议转让的证券成交量不予计算。

（二）按前项规定在开庭审理前尚不能确定的，则以揭露日或者更正日后第30个交易日为基准日。

（三）已经退出证券交易市场的，以摘牌日前一交易日为基准日。

（四）已经停止证券交易的，可以停牌日前一交易日为基准日；恢复交易的，可以本条第（一）项规定确定基准日。

第三十四条　投资人持股期间基于股东身份取得的收益，包括红利、红股、公积金转增所得的股份以及投资人持股期间出资购买的配股、增发股和转配股，不得冲抵虚假陈述行为人的赔偿金额。

第三十五条　已经除权的证券，计算投资差额损失时，证券价格和证券数量应当复权计算。

八、附　　则

第三十六条　本规定自2003年2月1日起施行。

第三十七条　本院2002年1月15日发布的《关于受理证券市场因虚假陈述引发的民事侵权纠纷案件有关问题的通知》中与本规定不一致的，以本规定为准。

6. 股　权　激　励

上市公司股权激励管理办法

（2016年7月13日中国证券监督管理委员会令第126号公布
自2016年8月13日起施行）

第一章　总　　则

第一条　为进一步促进上市公司建立健全激励与约束机制，依据《中华人民共和国公司法》（以下简称《公司法》）、《中华人民共和国证券法》（以下简称《证券法》）及其他法律、行政法规的规定，制定本办法。

第二条　本办法所称股权激励是指上市公司以本公司股票为标的，对其董事、高级管理人员及其他员工进行的长期性激励。

上市公司以限制性股票、股票期权实行股权激励的，适用本办法；以法律、行政法规允许的其他方式实行股权激励的，参照本办法有关规定执行。

第三条　上市公司实行股权激励，应当符合法律、行政法规、本办法和公司章程的规定，有利于上市公司的持续发展，不得损害上市公司利益。

上市公司的董事、监事和高级管理人员在实行股权激励中应当诚实守信，勤勉尽责，维护公司和全体股东的利益。

第四条 上市公司实行股权激励，应当严格按照本办法和其他相关规定的要求履行信息披露义务。

第五条 为上市公司股权激励计划出具意见的证券中介机构和人员，应当诚实守信、勤勉尽责，保证所出具的文件真实、准确、完整。

第六条 任何人不得利用股权激励进行内幕交易、操纵证券市场等违法活动。

第二章 一般规定

第七条 上市公司具有下列情形之一的，不得实行股权激励：

（一）最近一个会计年度财务会计报告被注册会计师出具否定意见或者无法表示意见的审计报告；

（二）最近一个会计年度财务报告内部控制被注册会计师出具否定意见或无法表示意见的审计报告；

（三）上市后最近 36 个月内出现过未按法律法规、公司章程、公开承诺进行利润分配的情形；

（四）法律法规规定不得实行股权激励的；

（五）中国证监会认定的其他情形。

第八条 激励对象可以包括上市公司的董事、高级管理人员、核心技术人员或者核心业务人员，以及公司认为应当激励的对公司经营业绩和未来发展有直接影响的其他员工，但不应当包括独立董事和监事。在境内工作的外籍员工任职上市公司董事、高级管理人员、核心技术人员或者核心业务人员的，可以成为激励对象。

单独或合计持有上市公司 5% 以上股份的股东或实际控制人及其配偶、父母、子女，不得成为激励对象。下列人员也不得成为激励对象：

（一）最近 12 个月内被证券交易所认定为不适当人选；

（二）最近 12 个月内被中国证监会及其派出机构认定为不适当人选；

（三）最近 12 个月内因重大违法违规行为被中国证监会及其派出机构行政处罚或者采取市场禁入措施；

（四）具有《公司法》规定的不得担任公司董事、高级管理人员情形的；

（五）法律法规规定不得参与上市公司股权激励的；

（六）中国证监会认定的其他情形。

第九条 上市公司依照本办法制定股权激励计划的，应当在股权激励计划中载明下列事项：

（一）股权激励的目的；

（二）激励对象的确定依据和范围；

（三）拟授出的权益数量，拟授出权益涉及的标的股票种类、来源、数量及占上市公司股本总额的百分比；分次授出的，每次拟授出的权益数量、涉及的标的股票数量及占股权激励计划涉及的标的股票总额的百分比、占上市公司股本总额的百分比；设置预留权益的，拟预留权益的数量、涉及标的股票数量及占股权激励计划的标的股票总额的百分比；

（四）激励对象为董事、高级管理人员的，其各自可获授的权益数量、占股权激励计划拟授出权益总量的百分比；其他激励对象（各自或者按适当分类）的姓名、职务、可获授的权益数量及占股权激励计划拟授出权益总量的百分比；

（五）股权激励计划的有效期，限制性股票的授予日、限售期和解除限售安排，股票期权的授权日、可行权日、行权有效期和行权安排；

（六）限制性股票的授予价格或者授予价格的确定方法，股票期权的行权价格或者行权价格的确定方法；

（七）激励对象获授权益、行使权益的条件；

（八）上市公司授出权益、激励对象行使权益的程序；

（九）调整权益数量、标的股票数量、授予价格或者行权价格的方法和程序；

（十）股权激励会计处理方法、限制性股票或股票期权公允价值的确定方法、涉及估值模型重要参数取值合理性、实施股权激励应当计提费用及对上市公司经营业绩的影响；

（十一）股权激励计划的变更、终止；

（十二）上市公司发生控制权变更、合并、分立以及激励对象发生职务变更、离职、死亡等事项时股权激励计划的执行；

（十三）上市公司与激励对象之间相关纠纷或争端解决机制；

（十四）上市公司与激励对象的其他权利义务。

第十条　上市公司应当设立激励对象获授权益、行使权益的条件。拟分次授出权益的，应当就每次激励对象获授权益分别设立条件；分期行权的，应当就每次激励对象行使权益分别设立条件。

激励对象为董事、高级管理人员的，上市公司应当设立绩效考核指标作为激励对象行使权益的条件。

第十一条　绩效考核指标应当包括公司业绩指标和激励对象个人绩效指标。相关指标应当客观公开、清晰透明，符合公司的实际情况，有利于促进公司竞争力的提升。

上市公司可以公司历史业绩或同行业可比公司相关指标作为公司业绩指标对照依据，公司选取的业绩指标可以包括净资产收益率、每股收益、每股分红等能够反映股东回报和公司价值创造的综合性指标，以及净利润增长率、主营业务收入增长率等能够反映公司盈利能力和市场价值的成长性指标。以同行业可比公司相关指标作为对照依据的，选取的对照公司不少于3家。

激励对象个人绩效指标由上市公司自行确定。

上市公司应当在公告股权激励计划草案的同时披露所设定指标的科学性和合理性。

第十二条　拟实行股权激励的上市公司，可以下列方式作为标的股票来源：

（一）向激励对象发行股份；

（二）回购本公司股份；

（三）法律、行政法规允许的其他方式。

第十三条　股权激励计划的有效期从首次授予权益日起不得超过10年。

第十四条　上市公司可以同时实行多期股权激励计划。同时实行多期股权激励计划的，各期激励计划设立的公司业绩指标应当保持可比性，后期激励计划的公司业绩指标低于前期激励计划的，上市公司应当充分说明其原因与合理性。

上市公司全部在有效期内的股权激励计划所涉及的标的股票总数累计不得超过公司股本总额的10%。非经股东大会特别决议批准，任何一名激励对象通过全部在有效期内的股权激励计划获授的本公司股票，累计不得超过公司股本总额的1%。

本条第二款所称股本总额是指股东大会批准最近一次股权激励计划时公司已发行的股本总额。

第十五条　上市公司在推出股权激励计划时，可以设置预留权益，预留比例不得超过本次股权激励计划拟授予权益数量的20%。

上市公司应当在股权激励计划经股东大会审议通过后12个月内明确预留权益的授予对象；超过12个月未明确激励对象的，预留权益失效。

第十六条　相关法律、行政法规、部门规章对上市公司董事、高级管理人员买卖本公司股票的期间有限制的，上市公司不得在相关限制期间内向激励对象授出限制性股票，激励对象也不得行使权益。

第十七条　上市公司启动及实施增发新股、并购重组、资产注入、发行可转债、发行公司债券等重大事项期间，可以实行股权激励计划。

第十八条　上市公司发生本办法第七条规定的情形之一的，应当终止实施股权激励计划，不得向激励对象继续授予新的权益，激励对象根据股权激励计划已获授但尚未行使的权益应当终止行使。

在股权激励计划实施过程中，出现本办法第八条规定的不得成为激励对象情形的，上市公司不得继续授予其权益，其已获授但尚未行使的权益应当终止行使。

第十九条 激励对象在获授限制性股票或者对获授的股票期权行使权益前后买卖股票的行为，应当遵守《证券法》《公司法》等相关规定。

上市公司应当在本办法第二十条规定的协议中，就前述义务向激励对象作出特别提示。

第二十条 上市公司应当与激励对象签订协议，确认股权激励计划的内容，并依照本办法约定双方的其他权利义务。

上市公司应当承诺，股权激励计划相关信息披露文件不存在虚假记载、误导性陈述或者重大遗漏。

所有激励对象应当承诺，上市公司因信息披露文件中有虚假记载、误导性陈述或者重大遗漏，导致不符合授予权益或行使权益安排的，激励对象应当自相关信息披露文件被确认存在虚假记载、误导性陈述或者重大遗漏后，将由股权激励计划所获得的全部利益返还公司。

第二十一条 激励对象参与股权激励计划的资金来源应当合法合规，不得违反法律、行政法规及中国证监会的相关规定。

上市公司不得为激励对象依股权激励计划获取有关权益提供贷款以及其他任何形式的财务资助，包括为其贷款提供担保。

第三章 限制性股票

第二十二条 本办法所称限制性股票是指激励对象按照股权激励计划规定的条件，获得的转让等部分权利受到限制的本公司股票。

限制性股票在解除限售前不得转让、用于担保或偿还债务。

第二十三条 上市公司在授予激励对象限制性股票时，应当确定授予价格或授予价格的确定方法。授予价格不得低于股票票面金额，且原则上不得低于下列价格较高者：

（一）股权激励计划草案公布前1个交易日的公司股票交易均价的50%；

（二）股权激励计划草案公布前20个交易日、60个交易日或者120个交易日的公司股票交易均价之一的50%。

上市公司采用其他方法确定限制性股票授予价格的，应当在股权激励计划中对定价依据及定价方式作出说明。

第二十四条 限制性股票授予日与首次解除限售日之间的间隔不得少于12个月。

第二十五条 在限制性股票有效期内，上市公司应当规定分期解除限售，每期时限不得少于12个月，各期解除限售的比例不得超过激励对象获授限制性股票总额的50%。

当期解除限售的条件未成就的，限制性股票不得解除限售或递延至下期解除限售，应当按照本办法第二十六条规定处理。

第二十六条 出现本办法第十八条、第二十五条规定情形，或者其他终止实施股权激励计划的情形或激励对象未达到解除限售条件的，上市公司应当回购尚未解除限售的限制性股票，并按照《公司法》的规定进行处理。

对出现本办法第十八条第一款情形负有个人责任的，或出现本办法第十八条第二款情形的，回购价格不得高于授予价格；出现其他情形的，回购价格不得高于授予价格加上银行同期存款利息之和。

第二十七条 上市公司应当在本办法第二十六条规定的情形出现后及时召开董事会审议回购股份方案，并依法将回购股份方案提交股东大会批准。回购股份方案包括但不限于以下内容：

（一）回购股份的原因；

（二）回购股份的价格及定价依据；

（三）拟回购股份的种类、数量及占股权激励计划所涉及的标的股票的比例、占总股本的比例；

（四）拟用于回购的资金总额及资金来源；

（五）回购后公司股本结构的变动情况及

对公司业绩的影响。

律师事务所应当就回购股份方案是否符合法律、行政法规、本办法的规定和股权激励计划的安排出具专业意见。

第四章 股票期权

第二十八条 本办法所称股票期权是指上市公司授予激励对象在未来一定期限内以预先确定的条件购买本公司一定数量股份的权利。

激励对象获授的股票期权不得转让、用于担保或偿还债务。

第二十九条 上市公司在授予激励对象股票期权时，应当确定行权价格或者行权价格的确定方法。行权价格不得低于股票票面金额，且原则上不得低于下列价格较高者：

（一）股权激励计划草案公布前1个交易日的公司股票交易均价；

（二）股权激励计划草案公布前20个交易日、60个交易日或者120个交易日的公司股票交易均价之一。

上市公司采用其他方法确定行权价格的，应当在股权激励计划中对定价依据及定价方式作出说明。

第三十条 股票期权授权日与获授股票期权首次可行权日之间的间隔不得少于12个月。

第三十一条 在股票期权有效期内，上市公司应当规定激励对象分期行权，每期时限不得少于12个月，后一行权期的起算日不得早于前一行权期的届满日。每期可行权的股票期权比例不得超过激励对象获授股票期权总额的50%。

当期行权条件未成就的，股票期权不得行权或递延至下期行权，并应当按照本办法第三十二条第二款规定处理。

第三十二条 股票期权各行权期结束后，激励对象未行权的当期股票期权应当终止行权，上市公司应当及时注销。

出现本办法第十八条、第三十一条规定情形，或者其他终止实施股权激励计划的情形或激励对象不符合行权条件的，上市公司应当注销对应的股票期权。

第五章 实施程序

第三十三条 上市公司董事会下设的薪酬与考核委员会负责拟订股权激励计划草案。

第三十四条 上市公司实行股权激励，董事会应当依法对股权激励计划草案作出决议，拟作为激励对象的董事或与其存在关联关系的董事应当回避表决。

董事会审议本办法第四十六条、第四十七条、第四十八条、第四十九条、第五十条、第五十一条规定中有关股权激励计划实施的事项时，拟作为激励对象的董事或与其存在关联关系的董事应当回避表决。

董事会应当在依照本办法第三十七条、第五十四条的规定履行公示、公告程序后，将股权激励计划提交股东大会审议。

第三十五条 独立董事及监事会应当就股权激励计划草案是否有利于上市公司的持续发展，是否存在明显损害上市公司及全体股东利益的情形发表意见。

独立董事或监事会认为有必要的，可以建议上市公司聘请独立财务顾问，对股权激励计划的可行性、是否有利于上市公司的持续发展、是否损害上市公司利益以及对股东利益的影响发表专业意见。上市公司未按照建议聘请独立财务顾问的，应当就此事项作特别说明。

第三十六条 上市公司未按照本办法第二十三条、第二十九条定价原则，而采用其他方法确定限制性股票授予价格或股票期权行权价格的，应当聘请独立财务顾问，对股权激励计划的可行性、是否有利于上市公司的持续发展、相关定价依据和定价方法的合理性、是否损害上市公司利益以及对股东利益的影响发表专业意见。

第三十七条 上市公司应当在召开股东大会前，通过公司网站或者其他途径，在公司内部公示激励对象的姓名和职务,公示期不少于10天。

监事会应当对股权激励名单进行审核,充分听取公示意见。上市公司应当在股东大会审议股权激励计划前5日披露监事会对激励名单审核及公示情况的说明。

第三十八条 上市公司应当对内幕信息知情人在股权激励计划草案公告前6个月内买卖本公司股票及其衍生品种的情况进行自查,说明是否存在内幕交易行为。

知悉内幕信息而买卖本公司股票的,不得成为激励对象,法律、行政法规及相关司法解释规定不属于内幕交易的情形除外。

泄露内幕信息而导致内幕交易发生的,不得成为激励对象。

第三十九条 上市公司应当聘请律师事务所对股权激励计划出具法律意见书,至少对以下事项发表专业意见:

(一)上市公司是否符合本办法规定的实行股权激励的条件;

(二)股权激励计划的内容是否符合本办法的规定;

(三)股权激励计划的拟订、审议、公示等程序是否符合本办法的规定;

(四)股权激励对象的确定是否符合本办法及相关法律法规的规定;

(五)上市公司是否已按照中国证监会的相关要求履行信息披露义务;

(六)上市公司是否为激励对象提供财务资助;

(七)股权激励计划是否存在明显损害上市公司及全体股东利益和违反有关法律、行政法规的情形;

(八)拟作为激励对象的董事或与其存在关联关系的董事是否根据本办法的规定进行了回避;

(九)其他应当说明的事项。

第四十条 上市公司召开股东大会审议股权激励计划时,独立董事应当就股权激励计划向所有的股东征集委托投票权。

第四十一条 股东大会应当对本办法第九条规定的股权激励计划内容进行表决,并经出席会议的股东所持表决权的2/3以上通过。除上市公司董事、监事、高级管理人员、单独或合计持有上市公司5%以上股份的股东以外,其他股东的投票情况应当单独统计并予以披露。

上市公司股东大会审议股权激励计划时,拟为激励对象的股东或者与激励对象存在关联关系的股东,应当回避表决。

第四十二条 上市公司董事会应当根据股东大会决议,负责实施限制性股票的授予、解除限售和回购以及股票期权的授权、行权和注销。

上市公司监事会应当对限制性股票授予日及期权授予日激励对象名单进行核实并发表意见。

第四十三条 上市公司授予权益与回购限制性股票、激励对象行使权益前,上市公司应当向证券交易所提出申请,经证券交易所确认后,由证券登记结算机构办理登记结算事宜。

第四十四条 股权激励计划经股东大会审议通过后,上市公司应当在60日内授予权益并完成公告、登记;有获授权益条件的,应当在条件成就后60日内授出权益并完成公告、登记。上市公司未能在60日内完成上述工作的,应当及时披露未完成的原因,并宣告终止实施股权激励,自公告之日起3个月内不得再次审议股权激励计划。根据本办法规定上市公司不得授出权益的期间不计算在60日内。

第四十五条 上市公司应当按照证券登记结算机构的业务规则,在证券登记结算机构开设证券账户,用于股权激励的实施。

激励对象为境内工作的外籍员工的,可以向证券登记结算机构申请开立证券账户,用于持有或卖出因股权激励获得的权益,但不得使用该证券账户从事其他证券交易活动。

尚未行权的股票期权,以及不得转让的标的股票,应当予以锁定。

第四十六条　上市公司在向激励对象授出权益前，董事会应当就股权激励计划设定的激励对象获授权益的条件是否成就进行审议，独立董事及监事会应当同时发表明确意见。律师事务所应当对激励对象获授权益的条件是否成就出具法律意见。

上市公司向激励对象授出权益与股权激励计划的安排存在差异时，独立董事、监事会（当激励对象发生变化时）、律师事务所、独立财务顾问（如有）应当同时发表明确意见。

第四十七条　激励对象在行使权益前，董事会应当就股权激励计划设定的激励对象行使权益的条件是否成就进行审议，独立董事及监事会应当同时发表明确意见。律师事务所应当对激励对象行使权益的条件是否成就出具法律意见。

第四十八条　因标的股票除权、除息或者其他原因需要调整权益价格或者数量的，上市公司董事会应当按照股权激励计划规定的原则、方式和程序进行调整。

律师事务所应当就上述调整是否符合本办法、公司章程的规定和股权激励计划的安排出具专业意见。

第四十九条　分次授出权益的，在每次授出权益前，上市公司应当召开董事会，按照股权激励计划的内容及首次授出权益时确定的原则，决定授出的权益价格、行使权益安排等内容。

当次授予权益的条件未成就时，上市公司不得向激励对象授予权益，未授予的权益也不得递延下期授予。

第五十条　上市公司在股东大会审议通过股权激励方案之前可对其进行变更。变更需经董事会审议通过。

上市公司对已通过股东大会审议的股权激励方案进行变更的，应当及时公告并提交股东大会审议，且不得包括下列情形：

（一）导致加速行权或提前解除限售的情形；

（二）降低行权价格或授予价格的情形。

独立董事、监事会应当就变更后的方案是否有利于上市公司的持续发展，是否存在明显损害上市公司及全体股东利益的情形发表独立意见。律师事务所应当就变更后的方案是否符合本办法及相关法律法规的规定、是否存在明显损害上市公司及全体股东利益的情形发表专业意见。

第五十一条　上市公司在股东大会审议股权激励计划之前拟终止实施股权激励的，需经董事会审议通过。

上市公司在股东大会审议通过股权激励计划之后终止实施股权激励的，应当由股东大会审议决定。

律师事务所应当就上市公司终止实施激励是否符合本办法及相关法律法规的规定、是否存在明显损害上市公司及全体股东利益的情形发表专业意见。

第五十二条　上市公司股东大会或董事会审议通过终止实施股权激励计划决议，或者股东大会审议未通过股权激励计划的，自决议公告之日起3个月内，上市公司不得再次审议股权激励计划。

第六章　信 息 披 露

第五十三条　上市公司实行股权激励，应当真实、准确、完整、及时、公平地披露或者提供信息，不得有虚假记载、误导性陈述或者重大遗漏。

第五十四条　上市公司应当在董事会审议通过股权激励计划草案后，及时公告董事会决议、股权激励计划草案、独立董事意见及监事会意见。

上市公司实行股权激励计划依照规定需要取得有关部门批准的，应当在取得有关批复文件后的2个交易日内进行公告。

第五十五条　股东大会审议股权激励计划前，上市公司拟对股权激励方案进行变更的，变更议案经董事会审议通过后，上市公司应当及时披露董事会决议公告，同时披露变更原因、变更内容及独立董事、监事会、律师事务所意见。

第五十六条 上市公司在发出召开股东大会审议股权激励计划的通知时，应当同时公告法律意见书；聘请独立财务顾问的，还应当同时公告独立财务顾问报告。

第五十七条 股东大会审议通过股权激励计划及相关议案后，上市公司应当及时披露股东大会决议公告、经股东大会审议通过的股权激励计划、以及内幕信息知情人买卖本公司股票情况的自查报告。股东大会决议公告中应当包括中小投资者单独计票结果。

第五十八条 上市公司分次授出权益的，分次授出权益的议案经董事会审议通过后，上市公司应当及时披露董事会决议公告，对拟授出的权益价格、行使权益安排、是否符合股权激励计划的安排等内容进行说明。

第五十九条 因标的股票除权、除息或者其他原因调整权益价格或者数量的，调整议案经董事会审议通过后，上市公司应当及时披露董事会决议公告，同时公告律师事务所意见。

第六十条 上市公司董事会应当在授予权益及股票期权行权登记完成后、限制性股票解除限售前，及时披露相关实施情况的公告。

第六十一条 上市公司向激励对象授出权益时，应当按照本办法第四十四条规定履行信息披露义务，并再次披露股权激励会计处理方法、公允价值确定方法、涉及估值模型重要参数取值的合理性、实施股权激励应当计提的费用及对上市公司业绩的影响。

第六十二条 上市公司董事会按照本办法第四十六条、第四十七条规定对激励对象获授权益、行使权益的条件是否成就进行审议的，上市公司应当及时披露董事会决议公告，同时公告独立董事、监事会、律师事务所意见以及独立财务顾问意见（如有）。

第六十三条 上市公司董事会按照本办法第二十七条规定审议限制性股票回购方案的，应当及时公告回购股份方案及律师事务所意见。回购股份方案经股东大会批准后，上市公司应当及时公告股东大会决议。

第六十四条 上市公司终止实施股权激励的，终止实施议案经股东大会或董事会审议通过后，上市公司应当及时披露股东大会决议公告或董事会决议公告，并对终止实施股权激励的原因、股权激励已筹划及实施进展、终止实施股权激励对上市公司的可能影响等作出说明，并披露律师事务所意见。

第六十五条 上市公司应当在定期报告中披露报告期内股权激励的实施情况，包括：

（一）报告期内激励对象的范围；

（二）报告期内授出、行使和失效的权益总额；

（三）至报告期末累计已授出但尚未行使的权益总额；

（四）报告期内权益价格、权益数量历次调整的情况以及经调整后的最新权益价格与权益数量；

（五）董事、高级管理人员各自的姓名、职务以及在报告期内历次获授、行使权益的情况和失效的权益数量；

（六）因激励对象行使权益所引起的股本变动情况；

（七）股权激励的会计处理方法及股权激励费用对公司业绩的影响；

（八）报告期内激励对象获授权益、行使权益的条件是否成就的说明；

（九）报告期内终止实施股权激励的情况及原因。

第七章 监督管理

第六十六条 上市公司股权激励不符合法律、行政法规和本办法规定，或者上市公司未按照本办法、股权激励计划的规定实施股权激励的，上市公司应当终止实施股权激励，中国证监会及其派出机构责令改正，并书面通报证券交易所和证券登记结算机构。

第六十七条 上市公司未按照本办法及其他相关规定披露股权激励相关信息或者所披露的信息有虚假记载、误导性陈述或者重大遗漏的，中国证监会及其派出机构对公司及相关责任人员采取责令改正、监管谈话、出具警示函等监管措施；情节严重的，依照《证券法》予以处罚；涉嫌犯罪的，依法移交司法机关追究刑事责任。

第六十八条　上市公司因信息披露文件有虚假记载、误导性陈述或者重大遗漏，导致不符合授予权益或行使权益安排的，未行使权益应当统一回购注销，已经行使权益的，所有激励对象应当返还已获授权益。对上述事宜不负有责任的激励对象因返还已获授权益而遭受损失的，可按照股权激励计划相关安排，向上市公司或负有责任的对象进行追偿。

董事会应当按照前款规定和股权激励计划相关安排收回激励对象所得收益。

第六十九条　上市公司实施股权激励过程中，上市公司独立董事及监事未按照本办法及相关规定履行勤勉尽责义务的，中国证监会及其派出机构采取责令改正、监管谈话、出具警示函、认定为不适当人选等措施；情节严重的，依照《证券法》予以处罚；涉嫌犯罪的，依法移交司法机关追究刑事责任。

第七十条　利用股权激励进行内幕交易或者操纵证券市场的，中国证监会及其派出机构依照《证券法》予以处罚；情节严重的，对相关责任人员实施市场禁入等措施；涉嫌犯罪的，依法移交司法机关追究刑事责任。

第七十一条　为上市公司股权激励计划出具专业意见的证券服务机构和人员未履行勤勉尽责义务，所发表的专业意见存在虚假记载、误导性陈述或者重大遗漏的，中国证监会及其派出机构对相关机构及签字人员采取责令改正、监管谈话、出具警示函等措施；情节严重的，依照《证券法》予以处罚；涉嫌犯罪的，依法移交司法机关追究刑事责任。

第八章　附　　则

第七十二条　本办法下列用语具有如下含义：

标的股票：指根据股权激励计划，激励对象有权获授或者购买的上市公司股票。

权益：指激励对象根据股权激励计划获得的上市公司股票、股票期权。

授出权益（授予权益、授权）：指上市公司根据股权激励计划的安排，授予激励对象限制性股票、股票期权的行为。

行使权益（行权）：指激励对象根据股权激励计划的规定，解除限制性股票的限售、行使股票期权购买上市公司股份的行为。

分次授出权益（分次授权）：指上市公司根据股权激励计划的安排，向已确定的激励对象分次授予限制性股票、股票期权的行为。

分期行使权益（分期行权）：指根据股权激励计划的安排，激励对象已获授的限制性股票分期解除限售、已获授的股票期权分期行权的行为。

预留权益：指股权激励计划推出时未明确激励对象、股权激励计划实施过程中确定激励对象的权益。

授予日或者授权日：指上市公司向激励对象授予限制性股票、股票期权的日期。授予日、授权日必须为交易日。

限售期：指股权激励计划设定的激励对象行使权益的条件尚未成就，限制性股票不得转让、用于担保或偿还债务的期间，自激励对象获授限制性股票完成登记之日起算。

可行权日：指激励对象可以开始行权的日期。可行权日必须为交易日。

授予价格：上市公司向激励对象授予限制性股票时所确定的、激励对象获得上市公司股份的价格。

行权价格：上市公司向激励对象授予股票期权时所确定的、激励对象购买上市公司股份的价格。

标的股票交易均价：标的股票交易总额/标的股票交易总量。

本办法所称的"以上""以下"含本数，"超过""低于""少于"不含本数。

第七十三条　国有控股上市公司实施股权激励，国家有关部门对其有特别规定的，应当同时遵守其规定。

第七十四条 本办法适用于股票在上海、深圳证券交易所上市的公司。

第七十五条 本办法自2016年8月13日起施行。原《上市公司股权激励管理办法(试行)》(证监公司字〔2005〕151号)及相关配套制度同时废止。

国有控股上市公司(境外)实施股权激励试行办法

(2006年1月27日国务院国有资产监督管理委员会、财政部发布 国资发分配〔2006〕8号 自2006年3月1日起施行)

第一章 总 则

第一条 为指导国有控股上市公司(境外)依法实施股权激励,建立中长期激励机制,根据《中华人民共和国公司法》、《企业国有资产监督管理暂行条例》等法律、行政法规,制定本办法。

第二条 本办法适用于中央非金融企业改制重组境外上市的国有控股上市公司(以下简称上市公司)。

第三条 本办法所称股权激励主要指股票期权、股票增值权等股权激励方式。

股票期权是指上市公司授予激励对象在未来一定期限内以预先确定的价格和条件购买本公司一定数量股票的权利。股票期权原则上适用于境外注册、国有控股的境外上市公司。股权激励对象有权行使该项权利,也有权放弃该项权利。股票期权不得转让和用于担保、偿还债务等。

股票增值权是指上市公司授予激励对象在一定的时期和条件下,获得规定数量的股票价格上升所带来的收益的权利。股票增值权主要适用于发行境外上市外资股的公司。股权激励对象不拥有这些股票的所有权,也不拥有股东表决权、配股权。股票增值权不能转让和用于担保、偿还债务等。

上市公司还可根据本行业和企业特点,借鉴国际通行做法,探索实行其他中长期激励方式,如限制性股票、业绩股票等。

第四条 实施股权激励应具备以下条件:

(一)公司治理结构规范,股东会、董事会、监事会、经理层各负其责,协调运转,有效制衡。董事会中有3名以上独立董事并能有效履行职责;

(二)公司发展战略目标和实施计划明确,持续发展能力良好;

(三)公司业绩考核体系健全、基础管理制度规范,进行了劳动、用工、薪酬制度改革。

第五条 实施股权激励应遵循以下原则:

(一)坚持股东利益、公司利益和管理层利益相一致,有利于促进国有资本保值增值和上市公司的可持续发展;

(二)坚持激励与约束相结合,风险与收益相对称,适度强化对管理层的激励力度;

(三)坚持依法规范,公开透明,遵循境内外相关法律法规和境外上市地上市规则要求;

(四)坚持从实际出发,循序渐进,逐步完善。

第二章 股权激励计划的拟订

第六条 股权激励计划应包括激励方式、激励对象、授予数量、行权价格及行权价格的确定方式、行权期限等内容。

第七条 股权激励对象原则上限于上市公司董事、高级管理人员(以下简称高管人员)以及对上市公司整体业绩和持续发展有直接影响的核心技术人才和管理骨干，股权激励的重点是上市公司的高管人员。

本办法所称上市公司董事包括执行董事、非执行董事。独立非执行董事不参与上市公司股权激励计划。

本办法所称上市公司高管人员是指对公司决策、经营、管理负有领导职责的人员，包括总经理、副总经理、公司财务负责人（包括其他履行上述职责的人员）、董事会秘书和公司章程规定的其他人员。

上市公司核心技术人才、管理骨干由公司董事会根据其对上市公司发展的重要性和贡献等情况确定。高新技术企业可结合行业特点和高科技人才构成情况界定核心技术人才的激励范围，但须就确定依据、授予范围及数量等情况作出说明。

在股权授予日，任何持有上市公司5%以上有表决权的股份的人员，未经股东大会批准，不得参加股权激励计划。

第八条 上市公司母公司（控股公司）负责人在上市公司任职的，可参与股权激励计划，但只能参与一家上市公司的股权激励计划。

第九条 在股权激励计划有效期内授予的股权总量，应结合上市公司股本规模和股权激励对象的范围、薪酬结构及中长期激励预期收益水平合理确定。

（一）在股权激励计划有效期内授予的股权总量累计不得超过公司股本总额的10%。

（二）首次股权授予数量应控制在上市公司股本总额的1%以内。

第十条 在股权激励计划有效期内任何12个月期间授予任一人员的股权（包括已行使的和未行使的股权）超过上市公司发行总股本1%的，上市公司不再授予其股权。

第十一条 授予高管人员的股权数量按下列办法确定：

（一）在股权激励计划有效期内，高管人员预期股权激励收益水平原则上应控制在其薪酬总水平的40%以内。高管人员薪酬总水平应根据本公司业绩考核与薪酬管理办法，并参考境内外同类人员薪酬市场价位、本公司员工平均收入水平等因素综合确定。各高管人员薪酬总水平和预期股权收益占薪酬总水平的比例应根据上市公司岗位分析、岗位测评、岗位职责按岗位序列确定；

（二）按照国际通行的期权定价模型，计算股票期权或股票增值权的公平市场价值，确定每股股权激励预期收益；

（三）按照上述原则和股权授予价格（行权价格），确定高管人员股权授予的数量。

第十二条 股权的授予价格根据公平市场价原则，按境外上市规则及本办法的有关规定确定。

上市公司首次公开发行上市时实施股权激励计划的，其股权的授予价格按上市公司首次公开发行上市满30个交易日以后，依据境外上市规则规定的公平市场价格确定。

上市公司上市后实施的股权激励计划，其股权的授予价格不得低于授予日的收盘价或前5个交易日的平均收盘价，并不再予以折扣。

第十三条 上市公司因发行新股、转增股本、合并、分立等原因导致总股本发生变动或其他原因需要调整行权价格或股权授予数量的，可以按照股权激励计划规定的原则和方式进行调整，但应由公司董事会做出决议并经公司股东大会审议批准。

第十四条 股权激励计划有效期一般不超过10年，自股东大会通过股权激励计划之日起计算。

第十五条 在股权激励计划有效期内，每一次股权激励计划的授予间隔期应在一个完整的会计年度以上，原则上每两年授予一次。

第十六条 行权限制期为股权授予日至股权生效日的期限。股权限制期原则上定为两年，在限制期内不得行权。

第十七条 行权有效期为股权限制期满后至股权终止日的时间，由上市公司根据实际情况确定，原则上不得低于3年。在行权有效期内原则上采取匀速分批行权办法，或按照符合境外上市规则要求的办法行权。超过行权有效期的,其权利自动失效,并不可追溯行使。

第十八条 上市公司不得在董事会讨论审批或公告公司年度、半年度、季度业绩报告等影响股票价格的敏感事项发生时授予股权或行权。

第三章 股权激励计划的审核

第十九条 国有控股股东代表在股东大会审议批准上市公司拟实施的股权激励计划之前,应将拟实施的股权激励计划及管理办法报履行国有资产出资人职责的机构或部门审核,并根据其审核意见在股东大会行使表决权。

第二十条 国有控股股东代表申报的股权激励计划报告应包括以下内容:

(一)上市公司的简要情况。

(二)上市公司股权激励计划方案和股权激励管理办法。主要应载明以下内容:股权授予的人员范围、授予数量、授予价格和行权时间的确定、权利的变更及丧失,以及股权激励计划的管理、监督等;选择的期权定价模型及股票期权或股票增值权预期收益的测算等情况的说明。

(三)上市公司绩效考核评价制度和股权激励计划实施的说明。绩效考核评价制度应当包括岗位职责核定、绩效考核评价指标和标准、年度及任期绩效责任目标、考核评价程序等内容。

(四)上市公司实施股权激励计划的组织领导和工作方案。

第二十一条 上市公司按批准的股权激励计划实施的分期股权授予方案,国有控股股东代表应当报履行国有资产出资人职责的机构或部门备案。其中因实施股权激励计划而增发股票及调整股权授予范围、超出首次股权授予规模等,应按本办法规定履行相应申报程序。

第二十二条 上市公司终止股权激励计划并实施新计划,国有控股股东代表应按照本办法规定重新履行申报程序。原股权激励计划终止后,不得根据已终止的计划再授予股权。

第四章 股权激励计划的管理

第二十三条 国有控股股东代表应要求和督促上市公司制定严格的股权激励管理办法,建立规范的绩效考核评价制度;按照上市公司股权激励管理办法和绩效考核评价办法确定对高管人员股权的授予和行权;对已经授予的股权数量在行权时可根据年度业绩考核情况进行动态调整。

第二十四条 股权激励对象应承担行权时所发生的费用,并依法纳税。上市公司不得对股权激励对象行权提供任何财务资助。

第二十五条 股权激励对象因辞职、调动、被解雇、退休、死亡、丧失行为能力等原因终止服务时,其股权的行使应作相应调整,采取行权加速、终止等处理方式。

第二十六条 参与上市公司股权激励计划的上市公司母公司(控股公司)的负责人,其股权激励计划的实施应符合《中央企业负责人经营业绩考核暂行办法》(国资委令第2号)的有关规定。上市公司或其母公司(控股公司)为中央金融企业的,企业负责人股权激励计划的实施应符合财政部有关国有金融企业绩效考核的规定。

第二十七条 上市公司高管人员的股票期权应保留一定比例在任职期满后根据任期考核结果行权,任职(或任期)期满后的行权比例不得低于授权总量的20%;对授予的股票增值权,其行权所获得的现金收益需进入上市公司为股权激励对象开设的账户,账户中的现金收益应有不低于20%的部分至任职(或任期)期满考核合格后方可提取。

第二十八条 有以下情形之一的,当年年度可行权部分应予取消:

(一)上市公司年度绩效考核达不到股权激励计划规定的业绩考核标准的;

(二)年度财务报告被注册会计师出具否

定意见或无法表示意见的；

（三）监事会或审计部门对上市公司业绩或年度财务报告提出重大异议的。

第二十九条 股权激励对象有以下情形之一的，应取消其行权资格：

（一）严重失职、渎职的；

（二）违反国家有关法律法规、上市公司章程规定的；

（三）上市公司有足够的证据证明股权持有者在任职期间，由于受贿索贿、贪污盗窃、泄露上市公司经营和技术秘密、实施关联交易损害上市公司利益、声誉和对上市公司形象有重大负面影响的行为，给上市公司造成损失的。

第三十条 国有控股股东代表应要求和督促上市公司在实施股权激励计划的财务、会计处理及其税收等方面严格执行境内外有关法律法规、财务制度、会计准则、税务制度和上市规则。

第三十一条 国有控股股东代表应将下列事项在上市公司年度报告披露后10日内报履行国有资产出资人职责的机构或部门备案：

（一）公司股权激励计划的授予和行使情况；

（二）公司董事、高管人员持有股权的数量、期限、本年度已经行权和未行权的情况及其所持股权数量与期初所持数量的对比情况；

（三）公司实施股权激励绩效考核情况及实施股权激励对公司费用及利润的影响情况等。

第五章 附　　则

第三十二条 中央金融企业、地方国有或国有控股企业改制重组境外上市的公司比照本办法执行。

第三十三条 原经批准已实施股权激励计划的上市公司，在按原计划分期实施或拟订新计划时应按照本办法的规定执行。

第三十四条 本办法自2006年3月1日起施行。

国有控股上市公司（境内）实施股权激励试行办法

（2006年9月30日国务院国有资产监督管理委员会、财政部发布
国资发分配〔2006〕175号）

第一章 总　　则

第一条 为指导国有控股上市公司（境内）规范实施股权激励制度，建立健全激励与约束相结合的中长期激励机制，进一步完善公司法人治理结构，依据《中华人民共和国公司法》、《中华人民共和国证券法》、《企业国有资产监督管理暂行条例》等有关法律、行政法规的规定，制定本办法。

第二条 本办法适用于股票在中华人民共和国境内上市的国有控股上市公司（以下简称上市公司）。

第三条 本办法主要用于指导上市公司国有控股股东依法履行相关职责，按本办法要求申报上市公司股权激励计划，并按履行国有资产出资人职责的机构或部门意见，审议表决上市公司股权激励计划。

第四条 本办法所称股权激励，主要是指上市公司以本公司股票为标的，对公司高级管理等人员实施的中长期激励。

第五条 实施股权激励的上市公司应具备以下条件：

（一）公司治理结构规范，股东会、董事会、经理层组织健全，职责明确。外部董事（含独立董事，下同）占董事会成员半数以上；

（二）薪酬委员会由外部董事构成，且薪酬委员会制度健全，议事规则完善，运行规范；

（三）内部控制制度和绩效考核体系健全，基础管理制度规范，建立了符合市场经济和现代企业制度要求的劳动用工、薪酬福利制度及绩效考核体系；

（四）发展战略明确，资产质量和财务状况良好，经营业绩稳健；近三年无财务违法违规行为和不良记录；

（五）证券监管部门规定的其他条件。

第六条 实施股权激励应遵循以下原则：

（一）坚持激励与约束相结合，风险与收益相对称，强化对上市公司管理层的激励力度；

（二）坚持股东利益、公司利益和管理层利益相一致，有利于促进国有资本保值增值，有利于维护中小股东利益，有利于上市公司的可持续发展；

（三）坚持依法规范，公开透明，遵循相关法律法规和公司章程规定；

（四）坚持从实际出发，审慎起步，循序渐进，不断完善。

第二章 股权激励计划的拟订

第七条 股权激励计划应包括股权激励方式、激励对象、激励条件、授予数量、授予价格及其确定的方式、行权时间限制或解锁期限等主要内容。

第八条 股权激励的方式包括股票期权、限制性股票以及法律、行政法规允许的其他方式。上市公司应以期权激励机制为导向，根据实施股权激励的目的，结合本行业及本公司的特点确定股权激励的方式。

第九条 实施股权激励计划所需标的股票来源，可以根据本公司实际情况，通过向激励对象发行股份、回购本公司股份及法律、行政法规允许的其他方式确定，不得由单一国有股股东支付或擅自无偿量化国有股权。

第十条 实施股权激励计划应当以绩效考核指标完成情况为条件，建立健全绩效考核体系和考核办法。绩效考核目标应由股东大会确定。

第十一条 股权激励对象原则上限于上市公司董事、高级管理人员以及对上市公司整体业绩和持续发展有直接影响的核心技术人员和管理骨干。

上市公司监事、独立董事以及由上市公司控股公司以外的人员担任的外部董事，暂不纳入股权激励计划。

证券监管部门规定的不得成为激励对象的人员，不得参与股权激励计划。

第十二条 实施股权激励的核心技术人员和管理骨干，应根据上市公司发展的需要及各类人员的岗位职责、绩效考核等相关情况综合确定，并须在股权激励计划中就确定依据、激励条件、授予范围及数量等情况作出说明。

第十三条 上市公司母公司（控股公司）的负责人在上市公司担任职务的，可参加股权激励计划，但只能参与一家上市公司的股权激励计划。

在股权授予日，任何持有上市公司5%以上有表决权的股份的人员，未经股东大会批准，不得参加股权激励计划。

第十四条 在股权激励计划有效期内授予的股权总量，应结合上市公司股本规模的大小和股权激励对象的范围、股权激励水平等因素，在0.1%—10%之间合理确定。但上市公司全部有效的股权激励计划所涉及的标的股票总数累计不得超过公司股本总额的10%。

上市公司首次实施股权激励计划授予的股权数量原则上应控制在上市公司股本总额的1%以内。

第十五条 上市公司任何一名激励对象通过全部有效的股权激励计划获授的本公司股权，累计不得超过公司股本总额的1%，经股东大会特别决议批准的除外。

第十六条 授予高级管理人员的股权数量按下列办法确定：

（一）在股权激励计划有效期内，高级管理人员个人股权激励预期收益水平，应控制在其薪酬总水平（含预期的期权或股权收益）的30%以内。高级管理人员薪酬总水平应参照国有资产监督管理机构或部门的原则规定，依据上市公司绩效考核与薪酬管理办法确定。

（二）参照国际通行的期权定价模型或股票公平市场价，科学合理测算股票期权的预期价值或限制性股票的预期收益。

按照上述办法预测的股权激励收益和股权授予价格（行权价格），确定高级管理人员股权授予数量。

第十七条 授予董事、核心技术人员和管理骨干的股权数量比照高级管理人员的办法确定。各激励对象薪酬总水平和预期股权激励收益占薪酬总水平的比例应根据上市公司岗位分析、岗位测评和岗位职责按岗位序列确定。

第十八条 根据公平市场价原则，确定股权的授予价格（行权价格）。

（一）上市公司股权的授予价格应不低于下列价格较高者：

1. 股权激励计划草案摘要公布前一个交易日的公司标的股票收盘价；

2. 股权激励计划草案摘要公布前30个交易日内的公司标的股票平均收盘价。

（二）上市公司首次公开发行股票时拟实施的股权激励计划，其股权的授予价格在上市公司首次公开发行上市满30个交易日以后，依据上述原则规定的市场价格确定。

第十九条 股权激励计划的有效期自股东大会通过之日起计算，一般不超过10年。股权激励计划有效期满，上市公司不得依据此计划再授予任何股权。

第二十条 在股权激励计划有效期内，应采取分次实施的方式，每期股权授予方案的间隔期应在一个完整的会计年度以上。

第二十一条 在股权激励计划有效期内，每期授予的股票期权，均应设置行权限制期和行权有效期，并按设定的时间表分批行权：

（一）行权限制期为股权自授予日（授权日）至股权生效日（可行权日）止的期限。行权限制期原则上不得少于2年，在限制期内不可以行权。

（二）行权有效期为股权生效日至股权失效日止的期限，由上市公司根据实际确定，但不得低于3年。在行权有效期内原则上采取匀速分批行权办法。超过行权有效期的，其权利自动失效，并不可追溯行使。

第二十二条 在股权激励计划有效期内，每期授予的限制性股票，其禁售期不得低于2年。禁售期满，根据股权激励计划和业绩目标完成情况确定激励对象可解锁（转让、出售）的股票数量。解锁期不得低于3年，在解锁期内原则上采取匀速解锁办法。

第二十三条 高级管理人员转让、出售其通过股权激励计划所得的股票，应符合有关法律、行政法规的相关规定。

第二十四条 在董事会讨论审批或公告公司定期业绩报告等影响股票价格的敏感事项发生时不得授予股权或行权。

第三章 股权激励计划的申报

第二十五条 上市公司国有控股股东在股东大会审议批准股权激励计划之前，应将上市公司拟实施的股权激励计划报履行国有资产出资人职责的机构或部门审核（控股股东为集团公司的由集团公司申报），经审核同意后提请股东大会审议。

第二十六条 国有控股股东申报的股权激励报告应包括以下内容：

（一）上市公司简要情况，包括公司薪酬管理制度、薪酬水平等情况；

（二）股权激励计划和股权激励管理办法等应由股东大会审议的事项及其相关说明；

（三）选择的期权定价模型及股票期权的公平市场价值的测算、限制性股票的预期收益等情况的说明；

（四）上市公司绩效考核评价制度及发展战略和实施计划的说明等。绩效考核评价制度应当包括岗位职责核定、绩效考核评价指标和标准、年度及任期绩效考核目标、考核评价程序以及根据绩效考核评价办法对高管人员股权的授予和行权的相关规定。

第二十七条 国有控股股东应将上市公司按股权激励计划实施的分期股权激励方案,事前报履行国有资产出资人职责的机构或部门备案。

第二十八条 国有控股股东在下列情况下应按本办法规定重新履行申报审核程序:

(一)上市公司终止股权激励计划并实施新计划或变更股权激励计划相关事项的;

(二)上市公司因发行新股、转增股本、合并、分立、回购等原因导致总股本发生变动或其他原因需要调整股权激励对象范围、授予数量等股权激励计划主要内容的。

第二十九条 股权激励计划应就公司控制权变更、合并、分立,以及激励对象辞职、调动、被解雇、退休、死亡、丧失民事行为能力等事项发生时的股权处理依法作出行权加速、终止等相应规定。

第四章 股权激励计划的考核、管理

第三十条 国有控股股东应依法行使股东权利,要求和督促上市公司制定严格的股权激励管理办法,并建立与之相适应的绩效考核评价制度,以绩效考核指标完成情况为基础对股权激励计划实施动态管理。

第三十一条 按照上市公司股权激励管理办法和绩效考核评价办法确定对激励对象股权的授予、行权或解锁。

对已经授予的股票期权,在行权时可根据年度绩效考核情况进行动态调整。

对已经授予的限制性股票,在解锁时可根据年度绩效考核情况确定可解锁的股票数量,在设定的解锁期内未能解锁,上市公司应收回或以激励对象购买时的价格回购已授予的限制性股票。

第三十二条 参与上市公司股权激励计划的上市公司母公司(控股公司)的负责人,其股权激励计划的实施应符合《中央企业负责人经营业绩考核暂行办法》或相应国有资产监管机构或部门的有关规定。

第三十三条 授予董事、高级管理人员的股权,应根据任期考核或经济责任审计结果行权或兑现。授予的股票期权,应有不低于授予总量的20%留至任职(或任期)考核合格后行权;授予的限制性股票,应将不低于20%的部分锁定至任职(或任期)期满后兑现。

第三十四条 国有控股股东应依法行使股东权利,要求上市公司在发生以下情形之一时,中止实施股权激励计划,自发生之日起一年内不得向激励对象授予新的股权,激励对象也不得根据股权激励计划行使权利或获得收益:

(一)企业年度绩效考核达不到股权激励计划规定的绩效考核标准;

(二)国有资产监督管理机构或部门、监事会或审计部门对上市公司业绩或年度财务会计报告提出重大异议;

(三)发生重大违规行为,受到证券监管及其他有关部门处罚。

第三十五条 股权激励对象有以下情形之一的,上市公司国有控股股东应依法行使股东权利,提出终止授予新的股权并取消其行权资格:

(一)违反国家有关法律法规、上市公司章程规定的;

(二)任职期间,由于受贿索贿、贪污盗窃、泄露上市公司经营和技术秘密、实施关联交易损害上市公司利益、声誉和对上市公司形象有重大负面影响等违法违纪行为,给上市公司造成损失的。

第三十六条 实施股权激励计划的财务、会计处理及其税收等问题,按国家有关法律、行政法规、财务制度、会计准则、税务制度规定执行。

上市公司不得为激励对象按照股权激励计划获取有关权益提供贷款以及其他任何形

式的财务资助，包括为其贷款提供担保。

第三十七条　国有控股股东应按照有关规定和本办法的要求，督促和要求上市公司严格履行信息披露义务，及时披露股权激励计划及董事、高级管理人员薪酬管理等相关信息。

第三十八条　国有控股股东应在上市公司年度报告披露后5个工作日内将以下情况报履行国有资产出资人职责的机构或部门备案：

（一）公司股权激励计划的授予、行权或解锁等情况；

（二）公司董事、高级管理等人员持有股权的数量、期限、本年度已经行权（或解锁）和未行权（或解锁）的情况及其所持股权数量与期初所持数量的变动情况；

（三）公司实施股权激励绩效考核情况、实施股权激励对公司费用及利润的影响等。

第五章　附　　则

第三十九条　上市公司股权激励的实施程序和信息披露、监管和处罚应符合中国证监会《上市公司股权激励管理办法》（试行）的有关规定。上市公司股权激励计划应经履行国有资产出资人职责的机构或部门审核同意后，报中国证监会备案以及在相关机构办理信息披露、登记结算等事宜。

第四十条　本办法下列用语的含义：

（一）国有控股上市公司，是指政府或国有企业（单位）拥有50%以上股本，以及持有股份的比例虽然不足50%，但拥有实际控制权或依其持有的股份已足以对股东大会的决议产生重大影响的上市公司。

其中控制权，是指根据公司章程或协议，能够控制企业的财务和经营决策。

（二）股票期权，是指上市公司授予激励对象在未来一定期限内以预先确定的价格和条件购买本公司一定数量股票的权利。激励对象有权行使这种权利，也有权放弃这种权利，但不得用于转让、质押或者偿还债务。

（三）限制性股票，是指上市公司按照预先确定的条件授予激励对象一定数量的本公司股票，激励对象只有在工作年限或业绩目标符合股权激励计划规定条件的，才可出售限制性股票并从中获益。

（四）高级管理人员，是指对公司决策、经营、管理负有领导职责的人员，包括经理、副经理、财务负责人（或其他履行上述职责的人员）、董事会秘书和公司章程规定的其他人员。

（五）外部董事，是指由国有控股股东依法提名推荐、由任职公司或控股公司以外的人员（非本公司或控股公司员工的外部人员）担任的董事。对主体业务全部或大部分进入上市公司的企业，其外部董事应为任职公司或控股公司以外的人员；对非主业部分进入上市公司或只有一部分主业进入上市公司的子公司，以及二级以下的上市公司，其外部董事应为任职公司以外的人员。

外部董事不在公司担任除董事和董事会专门委员会有关职务外的其他职务，不负责执行层的事务，与其担任董事的公司不存在可能影响其公正履行外部董事职务的关系。

外部董事含独立董事。独立董事是指与所受聘的公司及其主要股东没有任何经济上的利益关系且不在上市公司担任除独立董事外的其他任何职务。

（六）股权激励预期收益，是指实行股票期权的预期收益为股票期权的预期价值，单位期权的预期价值参照国际通行的期权定价模型进行测算；实行限制性股票的预期收益为获授的限制性股票的价值，单位限制性股票的价值为其授予价格扣除激励对象的购买价格。

第四十一条　本办法自印发之日起施行。

文书范本

有限责任公司章程

有限责任公司章程

第一章 总 则

第一条 依据《中华人民共和国公司法》和国家有关法律、行政法规制定本章程。

第二条 公司在____________工商行政管理局登记注册，登记注册名称为：________________有限公司（以下简称公司）；

公司住所：____________省____________市____________区________路____号。

第三条 公司宗旨是：____________________。

第四条 公司是由________个股东共同出资设立，依法登记注册，具有企业法人资格。公司股东以其出资额为限对公司承担责任，公司以其全部资产对公司的债务承担责任。公司以其全部法人财产，依法自主经营，自负盈亏。

公司一切活动遵守国家法律、法规规定。公司应当在登记的经营范围内从事活动。

公司的合法权益受法律保护，不受侵犯。

第二章 公司的注册资本和经营范围

第五条 公司的注册资本为人民币____________万元。

第六条 公司经营范围是：（除国家垄断行业和专营专控商品外，其项目由企业自定）____________________。

第三章 股东姓名（或名称）和住所

第七条 公司股东共____人，分别是：________________________，住____________市________路________号，法人营业执照号码为________________；社团法人登记证号为____________；事业法人审批文号为________。居民身份证号码为____________……（分别按以上内容列写完毕）

第四章 股东的出资额和出资方式

第八条 公司的注册资本全部由股东自愿出资入股。

第九条 股东出资方式和出资额：____________，共出资____万元，其中货币________，实物作价________，工业产权作价________，非专利技术、土地使用权作价______________……

第五章 股东的权利和义务

第十条 股东享有下列权利：

（一）享有选举权和被选举权；

（二）按出资比例领取红利。公司新增资本时，原股东可以优先认缴出资；

（三）按规定转让和抵押所持有的股份；

（四）对公司的业务、经营和财务管理工作进行监督，提出建议或质询。有权查阅股东会议记录和公司财务会计报告；

（五）在公司办理清算完毕后时，按所出资比例分享剩余资产。

第十一条　股东履行下列义务：

（一）足额缴纳公司章程规定的各自认缴的出资额；

（二）在公司办理清算时，以认缴的出资额对公司承担债务；

（三）公司已经工商登记注册，不得抽回出资；

（四）遵守公司章程，保守公司秘密；

（五）支持公司的经营管理，提出合理化建议，促进公司业务发展；

（六）不按认缴期限出资或者不按规定出资额认缴的，应承担违约责任。

第六章　股东转让出资的条件

第十二条　股东之间可以相互转让其全部出资或部分出资。股东向股东以外的人转让其出资时，必须经全体股东过半数同意（公司只有两名股东的，必须经全体股东同意）；不同意转让的股东应当购买该转让的出资，如果不购买该转让的出资，视为同意转让。经股东同意转让的出资，在同等的条件下，其他股东对该出资有优先购买权。

第十三条　受让人必须遵守公司章程和有关规定。

第七章　公司的机构及产生办法、职权、议事规则

第十四条　公司股东会由全体股东组成，股东会是公司的最高权力机构。

第十五条　股东会行使下列职权：

（一）决定公司的经营方针和投资计划；

（二）选举和更换董事，决定有关董事的报酬事项；

（三）选举和更换由股东代表出任的监事，决定有关监事的报酬事项；

（四）审议批准董事会的报告；

（五）审议批准监事会或者监事的报告；

（六）审议批准公司的年度财务预算方案、决策方案；

（七）审议批准公司的利润分配方案和弥补亏损方案；

（八）对公司增加或者减少注册资本作出决议；

（九）对发行公司债券作出决议；

（十）对股东向股东以外的人转让出资作出决议；

（十一）对公司合并、分立、变更公司形式，解散和清算等事项作出决议；

（十二）修改公司章程。

第十六条　股东会的议事方式和表决程序按照本章程的规定执行。

股东会对公司增加或减少注册资本、分立、合并、解散或者变更公司形式以及公司章程的修改所作出的决议，必须经代表三分之二以上有表决权的股东通过。

第十七条　股东会会议分为定期会议和临时会议。定期会议____________召开一次。

股东会的首次会议由出资最多的股东召集和主持，代表四分之一以上表决权的股东，三分之一以上董事或者监事，可以提议召开临时会议。

第十八条　召开股东会议，应当于会议召开十五日以前通知全体股东。股东会应当对所议事项的决定作成会议记录，出席会议的股东应当在会议记录上签名。

第十九条　公司设立董事会。董事会成员有____人，由股东会议选举产生。

董事会设董事长一人。

第二十条　董事长为公司的法定代表人，其产生程序是董事会选举。

本公司第一任法定代表人由____________担任。

第二十一条　董事会对股东会负责，行使下列职权：

（一）负责召集股东会，并向股东会报告工作；

（二）执行股东会的决议；

（三）决定公司的经营计划和投资方案；

（四）制订公司的年度财务预算方案、决算方案；

（五）制订公司的利润分配方案和弥补亏损方案；

（六）制订公司的增加或减少注册资本的方案；

（七）拟订公司合并、分立、变更公司形式、解散的方案；

（八）决定公司内部管理机构的设置；

（九）聘任或者解聘公司经理（总经理）（以下简称经理），根据经理的提名，聘任或者解聘公司副经理、财务负责人，决定其报酬事项；

（十）制定公司的基本管理制度。

第二十二条　董事任期____年。任期届满，可以连选连任。董事在任期届满前，股东会不得无故解除其职务。

第二十三条　董事会的议事方式和表决程序：

（一）召开董事会会议应当于会议召开十日以前通知全体董事；

（二）董事会应当对所议事项的决定作成会议记录，出席会议的董事应当在会议记录上签名；

（三）董事会的表决程序为____________________。

第二十四条　公司设经理，由董事会聘任或者解聘。经理对董事会负责，行使下列职权：

（一）主持公司的生产经营管理工作，组织实施董事会决议；

（二）组织实施公司年度经营计划和投资方案；

（三）拟订公司内部管理机构设置方案；

（四）拟订公司的基本管理制度；

（五）制定公司的具体规章；

（六）提请聘任或者解聘公司副经理、财务负责人；

（七）聘任或者解聘除应当由董事会聘任或者解聘以外的负责管理人员；

（八）公司章程和董事会授予的其他职权。

第二十五条　董事、经理行使职权时，必须遵守下列规则：

（一）董事、监事、经理应遵守公司章程，忠实履行职务，维护公司利益，不得利用在公司的地位和职权为自己谋取私利。

董事、监事、经理不得利用职权收受贿赂或者其他非法收入，不得侵占公司的财产。

（二）董事、经理不得挪用公司资金或者将公司资金借贷给他人，董事、经理不得将公司资产以其个人名义或者以其他个人名义开立账户存储。

董事、经理不得以公司资产为本公司的股东或者其他个人债务提供担保。

（三）董事、经理不得自营或者为他人经营与其所任职公司同类的营业或者从事损害本公司利益的活动，从事上述营业或活动的所得收入应当归公司所有。董事、经理除公司章程规定或者股东会同意外，不得同本公司订立合同或者进行交易。

（四）董事、监事、经理除依照法律规定或者股东会同意外，不得泄露公司秘密。

（五）董事、监事、经理执行公司职务时违反法律、行政法规或者公司章程的规定，给公司造成损害的，应当承担赔偿责任。

第二十六条　公司设监事会（不得少于三人）或一至二名监事，监事会由股东代表和选举适当比例的公司职工代表组成。董事、经理及财务负责人不得兼任监事。

第二十七条　监事会或者监事行使下列职权：

（一）检查公司财务；

（二）对董事、经理执行公司职务时违反法律、法规或者公司章程的行为进行监督；

（三）当董事和经理的行为损害公司的利益时，要求董事和经理予以纠正；

（四）提议召开临时股东会。

监事列席董事会会议。

第八章　公司财务、会计

第二十八条　公司应建立、健全如下财务、会计制度：

（一）公司应在每一会计年度终了时制作财务会计报告，并依法经审查验证，并在每年的____月____日至____月____日送交各股东审阅。

财务会计报告应包括下列财务会计报表及附属明细表：

(1)资产负债表；

(2)损益表；

(3)财务状况变动表；

(4)财务情况说明书；

(5)利润分配表。

（二）公司应按照公司章程规定的期限将财务会计报告送交各股东。

（三）公司分配当年税后利润时，应当提取利润的百分之十列入公司法定公积金。并提取利润的百分之五至百分之十列入公司法定公益金。公司法定公积金累计额为公司注册资本的百分之五十以上的，可不再提取。

公司的法定公积金不足以弥补上一年度公司亏损的，在依照前款规定提取法定公积金和法定公益金之前，应当先用当年利润弥补亏损。

公司在从税后利润中提取法定公积金后，经股东大会决议可以提取任意公积金。

公司弥补亏损和提取公积金、法定公益金后所余利润，公司可按照股东的出资比例分配。

股东会或者董事会违反前款规定，在公司弥补亏损和提取法定公积金、法定公益金之前向股东分配利润的，必须将违反规定分配的利润退还公司。

（四）公司的公积金用于弥补公司的亏损、扩大公司生产经营或者转为增加公司资本。

（五）公司提取的法定公益金用于本公司职工的集体福利。

（六）公司除法定的会计账册外，不得另立会计账册。

对公司资产，不得以任何个人名义开立账户存储。

第九章　公司的合并、分立

第二十九条　公司合并或者分立，由公司股东会作出决议。

（一）公司合并采取吸收合并和新设合并两种形式。

本公司如吸收其他公司为吸收合并，被吸收的公司解散。

本公司如与其他公司合并设立一个新的公司为新设合并，合并各方解散。公司合并，应由合并各方签订合并协议，并编制资产负债表及财产清单。公司应自作出合并决议之日起十日内通知债权人，并于三十日内在报纸上至少公告三次。债权人自接到通知书之日起三十日，未接到通知书的自第一次公告之日起九十日内，有权要求公司清偿债务或者提供相应的担保。不清偿债务或者不提供相应的担保的，公司不得合并。

公司合并时，合并各方的债权、债务应当由合并后存续的公司或者新设的公司承继。

（二）公司分立，其财产作相应的分割。

公司分立时，应编制资产负债表及财产清单。公司应自作出分立决议之日起十日内通知债权人，并于三十日内在报纸上至少公告三次。债权人自接到通知书之日起三十日内，未接到通知书的自第一次公告之日起九十日内，有权要求公司清偿债务或者提供相应的担保。不清偿债务或者不提供相应的担保的，公司不得分立。

公司分立前的债务按所达成的协议由分立后的公司承担。

第三十条　公司需要减少注册资本时，必须编制资产负债表及财产清单。

当公司作出减少注册资本决议之日起十日内通知债权人，并于三十日内在报纸上至少公告三次。

公司减少资本后的注册资本不得低于法定的最低限额。

第十章　公司解散与清算

第三十一条　公司有下列情形之一的，可以解散：

（一）公司章程规定的营业期限届满；

（二）股东会决议解散；

（三）因公司合并或者分立需要解散的；

（四）因自然灾害或外界不可抗拒的原因需要解散。

第三十二条　公司解散，应在十五日内由股东、有关主管机关或有关专业人员成立清算组，进行清算。逾期不成立清算组进行清算的，债权人可以申请人民法院指定有关人员组成清算组进行清算。

清算组在清算期间行使下列职权：

（一）清理公司财产，分别编制资产负债表和财产清单，同时制订清算方案并报股东会确认；

（二）通知或者公告债权入，应在清算组成立之日起十日内通知债权人，并于六十日内在报纸上至少公告三次；

（三）处理与清算有关的公司未了结的业务；

（四）清理所欠税款；

（五）清理债权、债务；

（六）处理公司清偿债务后的剩余财产；

（七）代表公司参与民事诉讼活动。

第三十三条　公司财产能够清偿公司债务的，分别支付清算费用、职工工资和劳动保险费用，缴纳所欠税款，清偿公司债务。

公司财产按前款规定清偿后的剩余财产，公司按照股东出资比例分配。

第三十四条　公司清算结束后，清算组应当制作清算报告，报股东会或者有关主管机关确认，并报送公司登记机关，申请注销公司登记，公告公司终止。

第十一章　附　　则

第三十五条　本章程于________年____月____日订立。自____________________工商行政管理局登记注册之日起生效。

第三十六条　股东认为需要规定的其他事项：

全体股东：________（签名或盖章）

应用指引

有限责任公司章程，是记载关于有限责任公司组织与行为的基本规则的书面文件，包括绝对必要记载事项、相对必要记载事项和任意记载事项。公司章程是公司设立的法定条件之一，是公司组织与行为的基本自治准则，具有法律约束力。

制作有限责任公司章程时，必须明确公司的性质是有限责任公司，对于公司法已作明确规定的内容，公司章程无须再作记载。由于公司章程是实现公司自治的基础，因此要突出公司章程的个性。同时，公司章程记载的内容不得违反公司法的强制性规范。

有限责任公司股东会议议事规则

有限责任公司股东会议议事规则

第一章　总　　则

第一条　为了完善公司法人治理结构，规范股东会的运作程序，以充分发挥股东会的决策作用，根据《中华人民共和国公司法》等相关法律、法规及《公司章程》的规定，特制定如下公司股东会议事规则。

第二条　本规则是股东会审议决定议案的基本行为准则。

第二章　股东会的职权

第三条　股东会是公司的权力机构，依法行使下列职权：

（一）决定公司经营方针和投资计划；

（二）选举和更换董事，决定有关董事的报酬事项；

（三）选举和更换由股东代表出任的监事，决定有关监事的报酬事项；

（四）审议批准董事会的报告；

（五）审议批准监事会的报告；

（六）审议批准公司的年度财务预算方案、决算方案；

（七）审议批准公司的利润分配方案和弥补亏损方案；

（八）对公司增加或者减少注册资本作出决议；

（九）对发行公司债券作出决议；

（十）对公司合并、分立、解散和清算等事项作出决议；

（十一）修改公司章程；

（十二）对公司聘用、解聘会计师事务所作出决议；

（十三）审议单独或者合并享有公司有表决权股权总数25%以上的股东或者三分之一以上董事或监事的提案；

（十四）对股东向股东以外的人转让出资作出决议；

（十五）审议法律、法规和公司章程规定应当由股东会决定的其他事项。

第三章　股东会的召开

第四条　股东会分为年度股东会和临时股东会。年度股东会每年至少召开一次，应当于上一会计年度结束后的十日之内举行。

第五条　有下列情形之一的，公司在事实发生之日起一个月以内召开临时股东会：

（一）董事人数不足《公司法》规定的法定最低人数，或者少于章程所定人数的三分之二时；

（二）公司未弥补的亏损达股本总额的三分之一时；

（三）单独或者合并享有公司有表决权股权总数25%（不含投票代理权）以上的股东书面请求时；

（四）三分之一以上董事认为必要时；

（五）三分之一以上监事提议召开时；

（六）公司章程规定的其他情形。

前述第（三）项持股股数按股东提出书面要求日计算。

第六条　临时股东会只对会议召开通知中列明的事项作出决议。

第七条　股东会会议由董事会依法召集，董事长主持。董事长因故不能履行职务时，由董事长指定的副董事长或其他董事主持；董事长和副董事长均不能出席会议，董事长也未指定人选的，由董事会指定一名董事主持会议；董事会未指定会议主持人的，由出席会议的股东共同推举一名股东主持会议；如果因任何理由，该股东无法主持会议，应当由出席会议的享有最多表决权股权的股东（或股东代理人）主持。

第八条　召开股东会，董事会应当在会议召开十五日以前以书面方式通知公司全体股东。

拟出席股东会的股东，应当于会议召开十日前，将出席会议的书面回复送达公司。公司根据股东会召开前十日时收到的书面回复，计算拟出席会议的股东所代表的有表决权的股权额。拟出席会议的股东所代表的有表决权的股权数达到公司有表决权的股权总数二分之一以上的，公司可以召开股东会；达不到的，公司在五日之内将会议拟审议的事项、开会日期和地点以公告形式再次通知股东，经公告通知，公司可以召开股东会。

第九条　股东会会议通知包括以下内容：

（一）会议的日期、地点和会议期限；

（二）提交会议审议的事项；

（三）以明显的文字说明：全体股东均有权出席股东会，并可以委托代理人出席会议和参加表决，该股东代理人不必是公司的股东；

（四）有权出席股东会股东的股权登记日；

（五）投票授权委托书的送达时间和地点；

（六）会务常设联系人姓名，电话号码。

第十条　股东可以亲自出席股东会，也可以委托代理人出席和表决。

股东应当以书面形式委托代理人，由委托人签署或者由其以书面形式委托的代理人签署；委托人为法人的，应当加盖法人印章或由其正式委托的代理人签署。

第十一条　个人股东亲自出席会议的，应出示本人身份证和持股凭证；代理人出席会议的，应出示本人身份证、授权委托书和持股凭证。

法人股东应由法定代表人或者法定代表人委托的代理人出席会议。法定代表人出席会议的，应出示本人身份证，能证明其具有法定代表人资格的有效证明和持股凭证；委托代理人出席会议的，代理人应出示本人身份证、法人股东单位的法定代表人依法出具的授权委托书和持股凭证。

第十二条　股东出具的委托他人出席股东会的授权委托书应当载明下列内容：

（一）代理人的姓名；

（二）是否具有表决权；

（三）分别对列入股东会议程的每一审议事项投赞成、反对或弃权票的指示

（四）对可能纳入股东会议程的临时提案是否有表决权，如果有表决权应行使何种表决权的具体指示；

（五）委托书签发日期和有效期限；

（六）委托人签名（或盖章）；委托人为法人股东的，应加盖法人单位印章。

委托书应当注明如果股东不作具体指示，股东代理人是否可以按自己的意思表决。

第十三条　投票代理委托书至少应当在有关会议召开前二十四小时备置于公司住所，或者召集会议的通知中指定的其他地方。委托书由委托人授权他人签署的，授权签署的授权书或者其他授权文件应当经过公证。经公证的授权书或者其他授权文件和投票代理委托书均需备置于公司住所或者召集会议的通知中指定的其他地方。委托人为法人的，由其法定代表人或者董事会其他决策机构决议授权的人作为代表出席公司的股东会议。

第十四条　出席会议人员的签名册由公司负责制作。签名册载明参加会议人员姓名（或单位名称）、身份证号码、住所地址、享有或者代表有表决权的股权数额、被代理人姓名（或单位名称）等事项。

第十五条　三分之一以上董事或者监事以及股东要求召集临时股东会的，应当按照下列程序办理：

（一）签署一份或者数份同样格式内容的书面要求，提请董事会召集临时股东会，并阐明会议议题。董事会在收到前述书面要求后，应当尽快发出召集临时股东会的通知。

（二）如果董事会在收到前述书面要求后十日内没有发出召集会议的通告，提出召集会议的董事、监事或者股东可以在董事会收到该要求后两个月内自行召集临时股东会。召集的程序应当尽可能与董事会召集股东会议的程序相同。董事、监事或者股东因董事会未应前述要求举行会议而自行召集并举行会议的，由公司给予股东或者董事、监事必要协助，并承担会议费用。

第十六条　股东会召开的会议通知发出后，除有不可抗力或者其他意外事件等原因，董事会不得变更股东会召开的时间；因不可抗力确需变更股东会召开时间的，不应因此而变更股权登记日。

第十七条　董事会人数不足《公司法》规定的法定最低人数，或者少于章程规定人数的三分之二，或者公司未弥补亏损额达到股本总额的三分之一，董事会未在规定期限内召集临时股东会的，监事会或者股东可以按照本规则规定的程序自行召集临时股东会。

第十八条　公司董事会可以聘请律师出席股东会，对以下问题出具意见：

（一）股东会的召集、召开程序是否符合法律法规的规定，是否符合《公司章程》；

（二）验证出席会议人员资格的合法有效性；

（三）验证年度股东会提出新提案的股东的资格；

（四）股东会的表决程序是否合法有效。

第十九条　公司董事会、监事会应当采取必要的措施，保证股东会的严肃性和正常程序，除出席会议的股东（或代理人）、董事、监事、董事会秘书，高级管理人员、聘任律师及董事会邀请的人员以外，公司有权依法拒绝其他人士入场。

第四章　股东会提案的审议

第二十条　股东会的提案是针对应当由股东会讨论的事项所提出的具体议案，股东会应当对具体的提案作出决议。

董事会在召开股东会的通知中应列出本次股东会讨论的事项，并将董事会提出的所有提案的内容充分披露。需要变更前次股东会决议涉及的事项的，提案内容应当完整，不能只列出变更的内容。

列入“其他事项”但未明确具体内容的，不能视为提案，股东会不得进行表决。

第二十一条　股东会提案应当符合下列条件：

（一）内容与法律、法规和章程的规定不相抵触，并且属于公司经营范围和股东会职责范围；

（二）有明确议题和具体决议事项；

（三）以书面形式提交或送达董事会。

第二十二条　公司召开股东会，单独或合并享有公司有表决权股权总数的25%以上的股东，有权向公司提出新的提案。

第二十三条　董事会应当以公司和股东的最大利益为行为准则，依法律、法规、公司章程的规定对股东会提案进行审查。

第二十四条　董事会决定不将股东会提案列入会议议案的，应当在该次股东会上进行解释和说明。

第二十五条　在年度股东会上，董事会应当就前次年度股东会以来股东会决议中应由董事会办理的各事项的执行情况向股东会做出专项报告，由于特殊原因股东会决议事项不能执行，董事会应当说明原因。

第五章　股东会提案的表决

第二十六条　股东（包括股东代理人）以其出资比例行使表决权。

第二十七条　股东会采取记名方式投票表决。

第二十八条　出席股东会的股东对所审议的提案可投赞成、反对或弃权票。出席股东会的股东委托代理人在其授权范围内对所审议的提案投赞成、反对或弃权票。

第二十九条　股东会对所有列入议事日程的提案应当进行逐项表决，不得以任何理由搁置或不予表决。年度股东会对同一事项有不同提案的，应以提案提出的时间顺序进行表决，对事项作出决议。

第三十条　董事、监事候选人名单以提案的方式提请股东会决议。

股东会审议董事、监事选举的提案，应当对每一个董事、监事候选人逐个进行表决。改选董事、监事提案获得通过的，新任董事、监事在会议结束之后立即就任。

第六章　股东会的决议

第三十一条　股东会决议分为普通决议和特别决议。

股东会作出普通决议，应当由代表二分之一以上表决权的股东通过。

股东会作出特别决议，应当由代表三分之二以上表决权的股东通过。

第三十二条　下列事项由股东会以特别决议通过：

（一）公司增加或者减少注册资本；

（二）发行公司债券；

（三）公司的分立、合并、解散和清算；

（四）公司章程的修改；

（五）公司章程规定和股东会以普通决议认定会对公司产生重大影响的，需要以特别决议通过的其他事项。

上述以外其他事项由股东会以普通决议通过。

第三十三条　股东会决议应注明出席会议的股东（或股东代理人）人数、所代表股权的比例、表决方式以及每项提案表决结果。对股东提案作出的决议，应列明提案股东的姓名或名称、持股比例和提案内容。

第三十四条　股东会各项决议应当符合法律和公司章程的规定。出席会议的董事应当忠实履行职责，保证决议的真实、准确和完整，不得使用容易引起歧义的表述。

第三十五条　股东会应有会议记录。会议记录记载以下内容：

（一）出席股东会的有表决权股权数，占公司总股本的比例；

（二）召开会议的日期、地点；

（三）会议主持人姓名、会议议程；

（四）各发言人对每个审议事项的发言要点；

（五）每一表决事项的表决结果；

（六）股东的质询意见、建议及董事会、监事会的答复或说明等内容；

（七）股东会认为和公司章程规定应当载入会议记录的其他内容。

第三十六条　股东会记录由出席会议的董事和记录员签名，并作为公司档案由董事会秘书保存。

公司股东会记录的保管期限为自股东会结束之日起三年。

第七章　附　　则

第三十七条　股东会的召开、审议、表决程序及决议内容应符合《公司法》、《公司章程》及本议事规则的要求。

第三十八条　对股东会的召集、召开、表决程序及决议的合法性、有效性发生争议又无法协调的，有关当事人可以向人民法院提起诉讼。

第三十九条　本规则经股东会批准后施行，如有与《公司章程》冲突之处，以《公司章程》为准。

第四十条　本规则由股东会负责解释和修改。

应用指引

有限责任公司股东会议议事规则，是指有限责任公司的股东大会开会期间必须遵守的一系列程序性规定。这些规定是规定大会是否规范运作、其决议是否存在瑕疵的前提和基础。

制定有限责任公司股东会议议事规则时，应注意明确股东大会的召集程序、议事程序及表决程序等具体内容，并且应符合公司法和公司章程的相关规定。此外，股东会议议事规则要具备可操作性。

有限责任公司董事会议事规则

有限责任公司董事会议事规则

第一章　总　　则

第一条　为维护公司及公司股东的合法权益，明确董事会的职责与权限、议事程序，确保董事会的工作效率、科学决策、规范运作，根据《中华人民共和国公司法》（以下简称《公司法》）、《公司章程》以及其他有关法律、法规的规定，特制定本规则。

第二章　董事和独立董事

第二条　公司董事为自然人。董事无须享有公司股权。

第三条　公司董事包括独立董事。公司参照我国有关独立董事制度的规定逐步建立以及完善独立董事制度。

第四条　有《公司法》第五十七条、第五十八条规定的情形的人不得担任公司的董事。

第五条　董事由股东会选举或更换，任期三年。董事任期届满，连选可以连任。董事在任期届满以前，股东会不得无故解除其职务。

第六条　董事应当遵守法律、法规和《公司章程》，履行诚信勤勉义务，维护公司利益。当其自身的利益与公司和股东的利益相冲突时，应当以公司和股东的最大利益为行为准则。

第七条　对于涉及公司核心技术的资料及公司其他的机密信息，董事有保密的责任，直至公司作出正式公布或者成为公开信息为止。

第八条　除非有董事会的授权，任何董事的行为均应当以董事会的名义作出方为有效。

第九条　董事连续两次未能亲自出席，也不委托其他董事出席董事会会议，视为不能履行职责，自动丧失董事资格，董事会应当建议股东会予以撤换。

第十条　公司不以任何形式为董事纳税或支付应由董事个人支付的费用。

第十一条　下列人员不得担任独立董事：

（1）在公司或者其附属企业任职的人员及其直系亲属、主要社会关系（直系亲属是指配偶、父母、子女等；主要社会关系是指兄弟姐妹、岳父母、儿媳女婿、兄弟姐妹的配偶、配偶的兄弟姐妹等）；

（2）直接或间接享有公司股权____%以上，或者是公司前名股东中的自然人股东及其直系亲属；

（3）在直接或间接享有公司____%以上股权的股东单位，或者在公司前名股东单位任职的人员及其直系亲属；

(4)最近一年内曾经具有前三项所列举情形的人员;

(5)为公司或者其附属企业提供财务、法律、咨询等服务的人员;

(6)公司章程规定的其他不得担任独立董事的人员;

(7)中国证监会认定的其他人员。

第十二条　独立董事应当对以下事项向董事会或股东会发表独立意见:

(1)提名、任免董事;

(2)聘任或解聘高级管理人员;

(3)公司董事、高级管理人员的薪酬;

(4)公司的股东、实际控制人及其关联企业对公司现有或新发生的总额高于________万元人民币或高于公司最近经审计的净资产值____%的借款或其他资金往来,以及公司是否采取有效措施回收欠款;

(5)独立董事认为可能损害中小股东权益的事项;

(6)公司章程规定的其他事项。

第十三条　独立董事应当就第十二条所列事项发表以下几类意见之一:同意;保留意见及其理由;反对意见及其理由;无法发表意见及其障碍。

第三章　董事会和董事会的职权

第十四条　董事会向公司股东会负责。董事会行使《公司法》、《公司章程》以及其他法律、法规所赋予的职权。

第十五条　董事会在行使其职权时,应当确保遵守法律、法规的规定,公平对待所有股东。

第十六条　董事会行使下列职权:

(1)负责召集股东会,并向股东会报告工作;

(2)执行股东会的决议;

(3)决定公司的经营计划和投资方案;

(4)制订公司的年度财务预算方案、决算方案;

(5)制订公司的利润分配方案和弥补亏损方案;

(6)制订公司增加或者减少注册资本、发行债券或其他证券方案;

(7)拟订公司重大收购、回购本公司股权或者合并、分立和解散方案;

(8)在股东会授权范围内,决定公司的风险投资、资产抵押及其他担保事项;

(9)决定公司内部管理机构的设置;

(10)聘任或者解聘公司总经理、董事会秘书;根据总经理的提名,聘任或者解聘公司副总经理、财务负责人等高级管理人员,并决定其报酬事项和奖惩事项;

(11)制订公司的基本管理制度;

(12)制订公司章程的修改方案;

(13)管理公司信息披露事项;

(14)向股东会提请聘请或更换为公司审计的会计师事务所;

(15)听取公司经理的工作汇报并检查经理的工作;

(16)法律、法规或公司章程规定,以及股东会授予的其他职权。

第十七条　董事会以会议的方式行使职权。董事会对授权董事长在董事会闭会期间行使董事会部分职权的内容、权限应当明确、具体,不得进行概括授权。凡涉及公司重大利益的事项应提交董事会以会议的方式集体决策。

第十八条　董事会设董事长一人，董事长由董事会以全体董事的过半数选举产生。董事长为公司的法定代表人。

董事会中应至少包括两名以上（含两名）独立董事，其中一名应为具有高级职称或注册会计师资格的会计专业人士。

第十九条　董事会执行委员会是在董事会闭会期间代行董事会的部分职权，是董事会的常设机构，其主要任务是负责贯彻执行董事会所决定的各项决议，决定和审议公司的重大决策，并对大量日常工作和活动作出安排。

执行委员会由公司执行董事组成。

第四章　董事会会议的召集、通知和出席

第二十条　董事会每年至少召开两次会议，由董事长召集，于会议召开十日前以传真、信函、电子邮件等书面方式通知全体董事。

第二十一条　董事会会议的通知应当包括：

（1）举行会议的日期；

（2）会议地点和会议期限；

（3）事由及议题；

（4）发出通知的日期。

董事会会议的通知也可附有该次董事会会议的详细议案。

第二十二条　就董事会会议，董事会应按规定的时间事先通知所有董事（包括独立董事），并提供足够的资料，包括会议议题的相关背景资料和有助于董事理解公司业务进展的信息和数据。当两名或两名以上独立董事认为资料不充分或论证不明确时，可联名书面向董事会提出延期召开董事会会议或延期审议该事项，董事会应予以采纳。

第二十三条　董事会会议应由二分之一以上的董事出席方可举行。

第二十四条　董事会会议由董事长主持，董事长不能履行该职责时，由董事长指定一名董事代其主持董事会会议。董事长无正当理由不主持董事会会议，亦未指定具体人员代其行使该职责时，由二分之一以上的董事共同推举一名董事负责主持会议。

第二十五条　董事有亲自出席董事会会议的义务。董事因故不能出席，可以书面委托其他董事代为出席董事会。

委托书应当载明代理人的姓名、代理事项、权限和有效期限，并由委托人签名或盖章。代为出席会议的董事应当在授权范围内行使董事的权利。

董事未出席董事会会议，亦未委托代表出席的，视为放弃在该次会议上的投票权。

第五章　董事会会议的议程与议案

第二十六条　董事会会议的议程与议案由董事长确定。除事先确定的议案以外，董事会可视具体情况在会议举行期间确定新的议案。

董事会确定新的议案，应当保证提供足够的资料，包括相关背景资料和有助于董事理解的相关信息和数据。当两名或两名以上独立董事认为资料不充分或论证不明确时，可联名书面向董事会提出不加入该新议案或在下一次董事会会议上审议该新议案，董事会应予以采纳。

第二十七条　董事如有议案或议题需交董事会会议讨论的，应预先书面递交董事会，并由董事长决定是否列入议程。如决定不予列入议程的，应在会议上说明理由。如决定列入议程的，应当参照本规则第二十六条条第二款的规定。

第二十八条　董事在董事会会议期间临时提出议案的，由董事长决定是否加入会议议程，如决定不予加入议程的，无须说明任何理由。如决定列入议程的，应当参照本规则第二十六条第二款的规定。

第六章 董事会会议的表决

第二十九条 董事会决议表决方式为举手表决，每名董事有一票表决权。

第三十条 董事会对所有列入议事日程的议案应当进行逐项表决，其中，凡涉及关联交易的议案，关联董事应当回避表决，其享有的投票数不计入表决票数范围。

第三十一条 董事会做出决议，必须经全体董事过半数通过。董事会会议应形成书面决议。董事会会议决议由与会董事签署。

第三十二条 董事应当对董事会会议决议承担责任。董事会决议违反法律、法规或者公司章程，致使公司遭受损失的，参与决议的董事对公司负赔偿责任。但经证明在表决时曾表明异议并记载于会议记录的，该董事可以免除责任。

第七章 董事会会议记录

第三十三条 董事会会议应当有记录，出席会议的董事和记录人（由董事会秘书担任），应当在会议记录上签名。出席会议的董事有权要求在记录上对其在会议上的发言做出说明性记载。

第三十四条 董事会会议记录包括以下内容：

（1）会议召开的日期、地点和召集人姓名；

（2）出席会议的董事姓名以及受他人委托出席董事会的董事（代理人）姓名；

（3）会议议程；

（4）董事发言要点；

（5）每一决议事项的表决方式和结果（表决结果应载明赞成、反对或弃权的票数）。

第三十五条 董事会会议记录应当完整、真实。董事会秘书要认真组织记录和整理会议所议事项。出席会议的董事和记录人应当在会议记录上签名。董事会会议记录应作为公司重要档案妥善保存，以作为日后明确董事责任的重要依据。

第三十六条 董事会会议记录作为公司档案由董事会秘书保存。董事会会议记录为永久保存。

第八章 董事会秘书

第三十七条 董事会设董事会秘书。董事会秘书是公司高级管理人员，对董事会负责。

第三十八条 董事会秘书应当具有必备的专业知识和经验，由董事会聘任。

本规则第四条规定不得担任公司董事的情形适用于董事会秘书。

第三十九条 董事会秘书的主要职责是：

（1）负责准备股东会和董事会的有关报告和文件；

（2）筹备董事会会议和股东会，并负责会议记录和会议文件、记录的保管；

（3）保证有权得到公司有关记录和文件的人及时得到有关文件和记录；

（4）《公司章程》规定的其他职责。

第四十条 公司董事或者其他高级管理人员可以兼任公司董事会秘书。公司聘请的会计师事务所的注册会计师和律师事务所的律师不得兼任公司董事会秘书。

第四十一条 董事会秘书由董事长提名，经董事会聘任或者解聘。董事兼任董事会秘书的，如某一行为需由董事、董事会秘书分别做出时，则该兼任董事及公司董事会秘书的人不得以双重身份做出。

第九章　附　　则

第四十二条　本规则将作为《公司章程》的附件，经公司第____届董事会第____次会议和年度临时股东会通过后生效执行。

第四十三条　如本规则与《公司章程》及其修正案有任何冲突之处，以《公司章程》及其修正案为准。

如本规则未予以规定的，则以《公司章程》及其修正案的规定为准。

第四十四条　本规则的修改权与解释权属于公司董事会。

应用指引

有限责任公司董事会议事规则，是指有限责任公司的董事会开会期间必须遵守的一系列程序性规定，这些规定是规定董事会是否规范运作、其决议是否存在瑕疵的前提和基础。

制定有限责任公司董事会议事规则时，应注意明确董事会会议的召集程序、议事程序及表决程序等具体内容，并且应符合公司法和公司章程的相关规定。此外，董事会议事规则要具备可操作性。

有限责任公司监事会议事规则

有限责任公司监事会议事规则

第一条　为规范公司监事会的运作，根据《公司法》、《公司章程》及国家有关法律、法规的规定，特制定本规则。

第二条　担任和兼任监事的任职资格应符合《公司法》、《公司章程》和国家有关法律及法规的规定。

第三条　监事由股东代表和公司职工代表担任。公司职工代表担任的监事不得少于监事人数的三分之一。

第四条　公司监事应由至少一名具有会计专业知识的人员担任。

第五条　监事每届任期三年，监事连选可以连任。

股东担任的监事由股东会选举或更换。股东会决议由代表二分之一以上表决权的股东通过时，方能产生或更换股东方监事。

职工担任的监事由公司职工民主选举产生或更换，公司职工民主选举监事可通过职工代表大会进行。职工代表大会决议由出席职工代表大会的职工的二分之一以上通过时，方能产生或更换由职工担任的监事。

第六条　监事会会议应当由监事本人出席，监事因故不能出席的，可以书面委托其他监事代为出席。

代为出席会议的监事应当在授权范围内行使监事的权利。监事未出席监事会会议，亦未委托代表出席的，视为放弃在该次会议上的投票权。

监事连续两次不能亲自出席监事会会议的，视为不能履行职责，股东大会或职工代表大会应当予以撤换。

第七条 监事在任期届满前提出辞职的，遵从公司章程的有关规定。

第八条 监事会由名监事组成，设监事会主席一名。监事会主席由监事会选举产生。

第九条 监事会主席主持监事会的工作并对监事会的工作全面负责，负责召集并主持监事会会议，代表监事会向股东大会作工作报告。

监事会主席不能履行职权时，可指定一名监事代行其职权。

第十条 监事会行使下列职权：

（一）检查公司财务，检查公司的财务报告，并对会计师出具的审计报告进行审阅；审阅公司月份、季度财务报表；可深入公司业务部门及被投资企业了解财务状况；可要求公司高级管理人员对公司财务异常状况作出进一步的详细说明。

（二）监事列席公司董事会会议，听取董事会议事情况并可了解、咨询及发表独立意见；监督董事会依照国家有关法律、法规、《公司章程》以及《董事会议事规则》审议有关事项并按法定程序作出决议；对于董事会审议事项的程序和决议持有异议时，可于事后由监事会形成书面意见送达董事会。

（三）监事对公司董事、经理和其他高级管理人员执行公司职务时违反法律、法规及公司章程的行为进行监督；当发现有损害公司利益行为时，应向监事会报告，并由监事会书面通知有关违规人员，要求其予以纠正；必要时，监事会可以书面形式向股东大会或国家有关主管机关报告。

（四）监事会可以在年度股东会上提出临时提案，提案的内容、方式和程序等应符合《股东会议事规则》及国家法律、法规的规定。

（五）监事会提议召开临时股东会时，应提前十个工作日以书面形式向董事会提出会议议题和内容完整的提案，并保证提案内容符合法律、法规和《公司章程》的规定；监督董事会在收到上述书面提议后在十五日内发出召开临时股东会的通知。

第十一条 监事会行使职权时，必要时可聘请律师事务所、会计师事务所等专业性机构给予帮助，由此发生的费用由公司承担。

第十二条 监事会每年至少召开一次会议，会议通知应于会议召开十日前书面送达全体监事。必要时，经监事会主席或二分之一以上监事提议可召开临时会议，会议通知至少应提前一个工作日通知全体监事。

第十三条 监事会会议通知包括以下内容：举行会议的日期、地点、议题以及通知的日期。

第十四条 监事会的议事方式为会议方式；特殊情况下可以采取传真方式，但应将议事过程做成记录并由所有出席会议的监事签字。

第十五条 监事会会议仅在____名以上的监事出席时方可举行。

第十六条 监事会做出决议须经全体监事的三分之二以上表决通过。

第十七条 监事会会议应有会议记录，出席会议的监事和记录人应当在会议记录上签名。监事有权要求在记录上对其在会议上的发言做出某种说明性记载。

第十八条 监事会会议记录作为公司档案由董事会秘书保存。监事会会议记录的保管期限为十年。

第十九条 监事除依法律、法规的规定或经股东会同意外，不得泄露公司秘密；对尚未公开的信息，负有保密的义务。

第二十条 监事应当遵守国家有关法律、法规和公司章程的规定，履行诚信和勤勉的义务，维护公司利益。监事执行公司职务时违反法律、法规或公司章程规定，给公司造成损害的，应当承担赔偿责任。

第二十一条　本规则在公司股东会通过后生效，与《公司章程》冲突之处，以《公司章程》为准。

第二十二条　本规则由公司监事会负责解释。

应用指引

有限责任公司监事会议事规则，是指有限责任公司的监事会开会期间必须遵守的一系列程序性规定，这些规定是规定监事会是否规范运作、其决议是否存在瑕疵的前提和基础。

制定有限责任公司监事会议事规则时，应注意明确董事会会议的召集程序、议事程序及表决程序等具体内容，并且应符合《公司法》和《公司章程》的相关规定。此外，监事会议事规则要具备可操作性。

股份有限公司章程

股份有限公司章程

第一章　总　　则

第一条　为保障股东的合法权益，规范公司的组织和行为，明确公司和股东的权利和义务，根据《中华人民共和国公司法》和其他有关法律法规，制定本章程。

第二条　本公司法定名称为____________股份有限公司。

本公司住所：中国________省________市________地。

第三条　本公司注册资本为人民币________万元。

第四条　本公司的组织形式为股份有限公司，每个股东以其所认缴的出资额对公司承担有限责任，公司以其全部财产对其债务承担责任。

第五条　本公司宗旨是：适应市场经济的要求，使公司不断发展，使全体股东获得良好的经济效益，繁荣社会经济。

第六条　本公司为永久性股份有限公司。

第七条　本公司发起人分别为：

____

____

____

____。

第二章　公司的经营范围、经营方针

第八条　本公司的经营范围为：生产销售建筑材料、从事房地产开发、承揽建筑装饰工程。

第九条　本公司的方针为立足本地，逐渐向省内外延伸，不断提高企业信誉，树立企业形象。

第三章　公 司 股 份

第十条　本公司以募集方式设立，股份除由发起人认购外，其余股份向社会公开募集。

第十一条 本公司全部注册资本分成等额股份,并以股票形式表示。股票由公司盖章后生效。

第十二条 本公司实收股本为公司的注册资本。注册资本总额为人民币________万元。

第十三条 本公司发行股份为记名式普通股,每股面值1元,每张股票为100股。

第十四条 本公司股份可用人民币或外币认购,用外币认购时,按收款当日中国银行公布的外汇买入价折合人民币计算。

第十五条 本公司红利分配均以人民币支付。

第十六条 发起人可以货币出资,也可以用实物、工业产权、非专利技术或者土地使用权作价出资。

以实物、工业产权、非专利技术以及土地使用权作价出资的应进行资产评估。

以工业产权、非专利技术作价出资的金额不得超过本公司注册资本的百分之二十。

本公司发起人认购股份情况如下:

____

____

____

____。

第十七条 发起人以外的认股人必须以货币作出资。

第十八条 本公司所发行的股份,股权平等,同股同利,各股东利益共享、风险共担。

第十九条 本公司在增资扩股时,须报审批机关批准。

第二十条 本公司发起人所持股份自公司成立起三年内不得转让,本公司董事、监事、经理持有的本公司股份在任职期间内不得转让。

第四章 公司债券

第二十一条 本公司可以在国家法律、法规、政策允许的情况下,根据经营需要筹措贷款和发行债券。

第二十二条 本公司发行债券应由董事会提议并经股东大会决议通过后方为有效。本决议为普通决议。

第二十三条 公司发行债券和债券转让按国家有关法律、法规和政策办理。

第五章 股东和股东会

第二十四条 公司的股份持有人为本公司的股东,股东按其所享有的股份额享有权利和承担义务。

第二十五条 公司的股份持有人为公司的股东,股东按其所持有的股份额享有如下权利:

(一)出席或委托代理出席股东会,并行使表决权、选举权,享有被选举权;

(二)依法转让股份的权利;

(三)查阅本公司章程、股东会会议纪要、会议记录和会计报告,监督公司的经营、提出建议或质询;

(四)按其股份取得红利;

(五)本公司终止后依法取得剩余财产;

(六)按其股份比例优先购买新股,其优先购买权可以转让或放弃。

第二十六条 本公司股东承担义务:

(一)遵守公司章程;

（二）依其所认购股份和入股方式缴纳股金；
（三）以其所持股份为限，对公司的亏损和债务承担责任；
（四）股东不得退股；
（五）服从执行股东会和董事会的决议；
（六）积极支持公司改善经营管理，促进公司业务发展，维护本公司利益，反对和抵制有损本公司利益的行为。

第二十七条　股东会是公司的最高权力机构，对下列事项作出决议，行使职权：
（一）审议、批准董事会的报告、监事会的报告；
（二）批准公司的利润分配及亏损弥补；
（三）批准公司的年度预决算报告、资产负债表、利润表以及其他会计报表；
（四）决定公司增减股本；
（五）决定公司发行债券；
（六）选举或罢免董事会成员，决定其报酬和支付办法；
（七）决定公司的分立、合并、终止和清算；
（八）修改公司章程；
（九）审议代表四分之一以上表决权的股东的提案；
（十）需由股东会作出决议的其他事项。

股东会的决议内容不得违反法律、法规和本章程的规定。

第二十八条　股东会分为股东年会和股东临时会。

股东年会每年召开一次，并应于每个会计年度终结后三个月内召开；

有下列情况之一者，董事会应在二个月内召集召开股东会临时会议：
（一）董事缺额近三分之一时；
（二）公司累计未弥补亏损达实收股本总额三分之一时；
（三）代表公司股份百分之十以上（含百分之十）的股东请求时；
（四）董事会认为必要时；
（五）监事会提议召开时。

第二十九条　股东会应由董事会召集，并于开会的三十日以前但不超过60日通告股东，通告应载明召集事由，股东会临时会议不得决定通告未载明事项。

第三十条　股东会作出的普通决议应由代表股份总数二分之一以上的股东出席，并由出席会议的过半数以上表决权的股东通过才能有效。

第三十一条　股东会作出的特别决议应由代表股份总数三分之二以上的股东出席，并由出席会议的过三分之二以上表决权的股东通过才能有效。

股东会对公司合并、分立或者解散、修改公司章程作出决议为特别决议。

第三十二条　出席股东会所代表的股份达不到章程第二十九条和第三十条数额时，会议应延期二十日举行，并向未出席的股东再次通知。

延期后召开的股东会所代表的股份达不到本章程第二十九条和第三十条规定的数额时，应视为已达法定数额，按实际出席股东所代表的股份数额计算表决权的比例达到第二十九条和第三十条规定的比例时，大会作出的决议即为有效。

第三十三条　股东会会议作出决议时每一股有一票表决权。

第三十四条　股东会会议应作记录，会议的决议事项应形成会议纪要，会议记录及纪要应与出席股东会的股东的签名簿及代理出席的委托书一并保存。

第六章　董事会和经理

第三十五条　董事会是公司的常设权力机构，在股东会闭会期间，负责本公司的重大决策，并向股东会负责。

第三十六条　董事会采用单数制，设董事长、副董事长、董事共7人。

第三十七条　董事由股东会选举产生，董事可以由股东担任，每届董事任期三年，连选可以连任，董事在位期间经股东会决议可以罢免，从法人股东选出的董事，因该法人内部的原因需要易人时，可以改派。

第三十八条　第一届董事候选人由发起人提名，第二届以后的董事候选人由原董事会提名，达到本公司股份总额百分之十以上的股东联合提名，也可以作为候选人。

第三十九条　选举董事采取累积投票制，所得选票较多者当选为董事，董事可以兼任本公司高级职员。

第四十条　本公司董事会行使下列职权：

（一）负责召集股东会，并向股东会报告工作；

（二）执行股东会的决议；

（三）决定公司的经营计划和投资方案；

（四）制订公司的年度预算方案、决算方案；

（五）制订公司的利润分配方案和弥补亏损方案；

（六）制订公司增加或者减少注册资本的方案及发行公司债券的方案；

（七）拟订公司合并、分立、解散的方案；

（八）决定公司内部管理机构的设置；

（九）聘任或解聘公司经理；根据经理的提名，聘任或者解聘公司副经理、财务负责人，决定其报酬事项；

（十）制定公司的基本管理制度。

（十一）股东会授予的其他职权。

董事会会议应由二分之一以上的董事出席方可举行，董事会作出决议，必须经全体董事的过半数通过。

第四十一条　董事会议每半年至少召开一次，董事会议由董事长召集，通知各董事时应书面载明理由。

第四十二条　董事会开会时，董事应亲自出席，董事因故不能出席，可以书面委托其他董事代为出席董事会，委托书应载明授权范围。

第四十三条　董事会会议应作出记录，并由出席董事和委托代表以及记录员签字。

董事有要求在记录上作出某些记载的权利，董事应依照董事会议记录承担决策责任，董事会的决议违反国家法律、法规和本公司章程和股东会决议，致使公司受到严重损失时，参与决议的董事对公司负赔偿责任，曾表示反对的董事可免除赔偿责任，但不出席会议，又不委托代表的董事表示反对，不免除责任。

第四十四条　董事长由董事担任，由全部董事的三分之二以上选举和罢免。

第四十五条　董事长行使下列职权：

（一）主持股东会和召集、主持董事会会议；

（二）检查董事会决议的实施情况，并向董事会报告；

（三）签署公司股票、债券；

（四）在发生战争、特大自然灾害等紧急情况下，对公司事务行使特别裁决权和处置权，但这种裁决和处置必须符合公司的利益，并在事后向董事会和股东会报告；

（五）董事会决议授予的其他职权。

董事长为公司的法定代表人。

第四十六条　公司实行董事会领导下的经理负责制，总经理行使下列职权：

（一）主持公司的生产经营管理工作，组织实施董事会作出的决议；

（二）组织实施公司经营计划和投资方案；

（三）拟订公司内部管理机构设置方案；

（四）拟订公司的基本管理制度；

（五）制定公司的具体规章；

（六）提请聘任或者解聘公司副经理、财务负责人；

（七）聘任或者解聘除应由董事会聘任或者解聘以外的负责管理人员；

（八）公司章程和董事会授予的其他职权。

经理列席董事会会议。

第四十七条　董事和总经理不得从事与本公司有竞争或损害本公司利益的活动。

董事、总经理以及本公司其他高级管理人员因违法、违章、徇私舞弊或失职造成本公司重大经济损失时，根据不同情况，经股东会或董事会决议可以给予下列处罚：

（一）限制权力；

（二）免除现任职务；

（三）负责经济赔偿。

第七章　监　事　会

第四十八条　监事会是公司的监督机构，对董事会成员、经理管理行为行使监督职能。

第四十九条　监事会成员为三人，其中三分之一由公司职工民主选举职工代表出任，三分之二由股东会选举产生，董事、总经理、副总经理及其他高级管理人员不得兼任本公司的监事。

第五十条　监事每届任期为三年，任期届满，连选可以连任。

第五十一条　监事会行使下列职权：

（一）检查公司财务；

（二）对董事、经理执行公司职务时违反法律、法规或者公司章程的行为进行监督；

（三）当董事和经理的行为损害公司的利益时，要求董事和经理予以纠正；

（四）提议召开临时股东大会；

（五）监事列席董事会会议，对董事会商讨的有关问题和决定可提出质疑并要求答复。

第五十二条　监事会表决时应以书面形式，监事会作出决议时，应由全体监事过半数以上通过。

第八章　财务会计与审计

第五十三条　公司严格按照国家规定制定公司的财务会计制度和内部审计制度。公司将历年财务会计报表置备于公司办公场所，供股东查阅。

第五十四条　公司应在每一会计年度终了时，制作财务会计报告，并依法经审查验证。

财务会计报告包括下列财务会计报表及附属明细表：

（一）资产负债表；

（二）损益表；

（三）财务状况变动表；

（四）财务状况说明书；

（五）利润分配表。

第五十五条　公司按照国家法律、法规办理纳税登记，缴纳税款。

第五十六条　公司设立内部审计机构或配备内部审计人员，依公司章程规定在董事会领导下对公司的财务收支和经济活动进行内部审计监督。

第九章　利 润 分 配

第五十七条　公司缴纳所得税后的利润，按照下列顺序分配：

（一）弥补亏损；

（二）提取法定盈余公积金；

（三）提取公益金；

（四）提取任意盈余公积金；

（五）支付股利。

第五十八条　法定公积金按税后利润的百分之十提取，当公积金已达注册资本的百分之五十时，可不再提取。

任意公积金按照税后利润的一定比例提取，具体比例由董事会根据每年的盈利状况确定，按照股东会决议使用。

下列款项应列入资本公积金：

（一）超过股票面额发行所得的溢价额；

（二）接受赠与；

（三）按国家有关规定应列入的其他款项。

第五十九条　法定公积金和资本公积金应用于下列各项：

（一）弥补亏损；

（二）转增股本；

（三）国家规定的其他用途。

第六十条　公益金按照税后利润的百分之二十提取，用于本公司职工的集体福利。

第六十一条　公司股利每年支付一次，按各股东持有股份比例进行分配，公司分配股利采取现金股利的形式。

第六十二条　公司按税务机关规定代扣代缴个人股东股利收入的应纳税金。

第六十三条　公司执行国家规定的股份制企业劳动管理、工资福利、社会保险等各项制度。

第十章　合并与分立

第六十四条　公司的合并、分立由董事长提出方案，经股东会特别决议。

第六十五条　公司合并可采取吸收合并或创立合并的方式。公司合并时，由合并各方签订协议，合并各方未清偿的债务由合并后的公司承担。

第六十六条　公司分立时应先对公司债务的承担作出决定，并以书面形式通知债权人，签订清偿债务协议。

第六十七条　公司合并、分立按国家规定报审批机关批准。

第十一章　终止与清算

第六十八条　公司有下列情形之一的，应予终止：

(一)股东会议决议解散;

(二)违反国家法律、法规,危害社会公共利益,被依法撤销;

(三)公司宣告破产;

(四)《公司法》规定的其他解散事项。

依本条第一款终止的,董事会应将公司终止事宜通知各股东,召开股东会,确定清算组人选,发布公司。依第三款终止的,依照《破产法》有关规定执行。

第六十九条　公司清算组织成立后,应在十日内通知债权人,并于两个月内至少公告三次,债权人应自通知送达之日起三十日内,未接通知书的自公告之日起九十日内向清算组织申报其债权。

第七十条　清算组织在清算期间行使下列职权:

(一)制订清算方案,清理公司财产,编制资产负债表和财产清单;

(二)处理公司未了结的业务;

(三)通知或者公告债权人;

(四)清理债权债务;

(五)清缴所欠税款;

(六)处理公司清偿债务后的剩余财产;

(七)代表公司进行诉讼活动。

第七十一条　公司决定清算后,任何人未经清算组织批准,不得处分公司财产。

公司财产优先拨付清算费用后,清算组织按下列顺序清偿:

(一)自清算之日起前三年所欠公司职工工资和社会保险费用;

(二)所欠税款;

(三)银行贷款、公司债券和其他债务。

第七十二条　公司清偿后,清算组织应将剩余财产按股东股份比例进行分配。

第七十三条　清算结束后,清算组织应提出清算报告并造具清算期内收支报表和各种财务账册,必须经注册会计师验证、审批机关批准后到登记机关办理注销登记。

第十二章　章 程 修 改

第七十四条　公司根据需要可修改公司章程,修改公司章程,应按下列程序进行:

(一)由董事会会议提出修改章程提议;

(二)把上述内容通知股东,并召开股东会,由股东会通过修改章程的决议;

(三)依照股东会通过的修改章程决议,拟订公司章程的修正案。

第七十五条　对公司章程作如下修改的,公司应报审批机关批准,向登记机关申请变更登记:

(一)更改公司名称;

(二)更改、扩大或缩小公司的经营范围;

(三)增加或减少公司发行股份的总数;

(四)增设新的股份类别;

(五)改变每股股票面额;

(六)须经股东会特别决议的条款的变更。

第七十六条　公司应将变更后的修改条款通知股东,并予以公告。

第十三章　通 知 办 法

第七十七条　公司应将变更后的修改条款通知股东,并予以公告。

第十四章 附 则

第七十八条 本章程经股东会通过，报审批机关批准，并经创立大会通过后对内产生效力，经登记机关核准后正式产生法律效力。

第七十九条 本章程的解释权归公司董事会。

订立日期：________年____月____日

股东签名：____________（印鉴）

代表人签字：____________

应用指引

股份有限公司章程，是指股份有限公司依法制定的、规定公司名称、住所、经营范围、经营管理制度等重大事项的基本文件。或是指股份有限公司必备的规定公司组织及活动的基本规则的书面文件，是以书面形式固定下来的股东共同一致的意思表示。公司章程是公司组织和活动的基本准则，是公司的宪章。公司章程的基本特征是要具备法定性、真实性、自治性和公开性。作为公司组织与行为的基本准则，公司章程对公司的成立及运营具有十分重要的意义，它既是公司成立的基础，也是公司赖以生存的灵魂。

制作股份有限公司章程时，应注意章程内容符合法律规定，同时又需要针对股份有限公司的实际情况进行个性化制作，并且需要有可操作性。

股份有限公司股东大会议事规则

股份有限公司股东大会议事规则

第一章 总 则

第一条 为促进公司规范运作，提高股东大会议事效率，保障股东合法权益，保证大会程序及决议内容的合法有效性，根据《中华人民共和国公司法》（以下简称《公司法》）和《中华人民共和国证券法》（以下简称《证券法》）、《上市公司股东大会规范意见》、《上市公司治理准则》及《公司章程》的规定，并结合公司实际情况，特制定本规则。

第二条 公司股东大会由全体股东组成，是公司最高权力机构。出席股东大会的还可包括：非股东的董事、监事及公司高级管理人员；公司聘请的会计师事务所会计师、律师事务所律师及法规另有规定或会议主持人同意的其他人员。

第三条 本规则自生效之日起，即成为规范股东大会、股东、董事、监事、董事会秘书、经理和其他高级管理人员的具有约束力的文件。

第二章 股东大会的职权

第四条 股东大会依照《公司法》和《公司章程》行使以下权利：

（一）决定公司经营方针和投资计划，授权董事会不超过公司净资产的百分之二十的单个项目投资；

（二）选举和更换董事，决定有关董事的报酬事项；

（三）选举和更换由股东代表出任的监事，决定有关监事的报酬事项；

（四）审议批准董事会的报告；
（五）审议批准监事会的报告；
（六）审议批准公司的年度财务预算方案、决算方案；
（七）审议批准公司的利润分配方案和弥补亏损方案；
（八）对公司增加或者减少注册资本作出决议；
（九）对发行公司债券作出决议；
（十）对公司合并、分立、解散和清算等事项作出决议；
（十一）修改公司章程；
（十二）对公司聘用、解聘会计师事务所作出决议；
（十三）审议代表公司发行在外有表决权股份总数的百分之五以上的股东的提案；
（十四）审议变更募集资金投向；
（十五）审议需股东大会审议的关联交易；
（十六）审议需股东大会审议的收购或出售资产事项；
（十七）审议法律、法规和公司章程规定应当由股东大会决定的其他事项。

第三章　公司股东大会的召集程序

第五条　股东大会分为年度股东大会（即年度股东大会）和临时股东大会，年度股东大会每年召开一次，并应于上一个会计年度完结之后的六个月之内举行。

第六条　有下列情形之一的，公司在事实发生之日起两个月以内召开临时股东大会：
（一）董事人数不足《公司法》规定的法定最低人数，或者少于本章程所定人数的三分之二时；
（二）公司未弥补的亏损达股本总额的三分之一时；
（三）单独或者合并持有公司有表决权股份总数百分之十以上的股东书面请求时；
（四）董事会认为必要时；
（五）公司半数以上独立董事联名提议召开时；
（六）监事会提议召开时；
（七）公司章程规定的其他情形。
前述第（三）项持股股数按股东提出书面要求日计算。

第七条　股东大会的召开方式分为现场表决方式及通讯表决方式两种。股东大会的召开一般通过现场表决方式进行，通讯表决方式仅适用于议案少、议题简单的特殊情况。

第八条　年度股东大会和应股东或监事会的要求提议召开的股东大会，不得采取通讯表决方式；临时股东大会只对通知中列明的事项作出决议；临时股东大会在审议下列事项时，不得采取通讯表决方式：
（一）公司增加或者减少注册资本；
（二）发行公司债券；
（三）公司的分立、合并、解散和清算；
（四）《公司章程》的修改；
（五）利润分配方案和弥补亏损方案；
（六）董事会和监事会成员的任免；
（七）变更募股资金投向；
（八）需股东大会审议的关联交易；
（九）需股东大会审议的收购或出售资产事项；

（十）变更会计师事务所；

（十一）《公司章程》规定的不得通讯表决的其他事项。

第九条　以通讯表决方式召开股东大会，公司应将大会议题全文进行公告，并注明有权参加表决股东的股权登记日、参加表决的时间和方式及通讯表决单的格式等。通讯表决单至少应具备下列内容：股东账号、股东姓名、身份证号、通讯地址、联系电话、表决结果（同意、反对或弃权）。以通讯表决方式召开股东大会，有权参加表决的股东应按公告的表决时间将表决结果用传真或电子邮件传至指定的地址。未按规定填制的表决单，字迹模糊难以辨认的表决单，以及不在规定的时间内送达的或因任何其他意外原因不能在规定时间内送达的表决单，视为无效表决单。

第十条　公司董事会应当聘请有证券从业资格的律师出席股东大会，对以下问题出具意见并公告：

（一）股东大会的召集、召开程序是否符合法律、法规的规定，是否符合《公司章程》；

（二）验证出席会议人员资格的合法有效性；

（三）验证年度股东大会提出新提案的股东的资格；

（四）股东大会的表决程序是否合法有效；

（五）应公司要求对其他问题出具的法律意见。

公司董事会也可同时聘请公证人员出席股东大会。

第十一条　单独或者合并持有公司有表决权总数百分之十以上的股东（以下简称提议股东）或者监事会，可以提议董事会召开临时股东大会。提议股东或者监事会应当保证提案内容符合法律、法规和《公司章程》的规定。

第十二条　董事会在收到监事会的书面提议后，应当在十五日内发出召开股东大会的通知，召开程序应符合本章程相关条款的规定。

第十三条　对于提议股东要求召开股东大会的书面提案，董事会应当依据法律、法规和《公司章程》决定是否召开股东大会。董事会决议应当在收到前述书面提议日起十五日内反馈给提议股东，并报告所在地中国证监会派出机构和上海证券交易所。

第十四条　董事会做出同意召开股东大会决定的，应当发出召开股东大会的通知，通知中对原提案的变更应当征得提议股东的同意。通知发出后，董事会不得再提出新的提案，未征得提议股东的同意也不得再对股东大会召开的时间进行变更或推迟。

第十五条　董事会认为提议股东的提案违反法律、法规和《公司章程》的规定，应当做出不同意召开股东大会的决定，并将反馈意见通知提议股东。提议股东可自收到通知之日起十五日内决定放弃召开临时股东大会，或者自行发出召开临时股东大会的通知。

提议股东决定放弃召开临时股东大会的，应当报告所在地中国证监会派出机构和上海（或深圳）证券交易所。

第十六条　提议股东决定自行召开临时股东大会的，应当书面通知董事会，报公司所在地中国证监会派出机构和上海证券交易所备案后，发出召开临时股东大会的通知，通知的内容应当符合以下规定：

（一）提案内容不得增加新的内容，否则提议股东应按上述程序重新向董事会提出召开股东大会的请求；

（二）会议地点应当为公司所在地。

第十七条　对于提议股东决定自行召开的临时股东大会，董事会及董事会秘书应切实履

行职责。董事会应当保证会议的正常秩序,会议费用的合理开支由公司承担。会议召开程序应当符合以下规定:

(一)会议由董事会负责召集,董事会秘书必须出席会议,董事、监事应当出席会议;董事长负责主持会议,董事长因特殊原因不能履行职务时,由副董事长或者其他董事主持;

(二)董事会应当聘请有证券从业资格的律师,出具法律意见;

(三)召开程序应当符合本章程相关条款的规定。

第十八条　临时股东大会只对通知中列明的事项作出决议。

第十九条　股东大会由董事会依照《公司法》和《公司章程》召集,由董事长主持。董事长因故不能履行职务时,由董事长指定的副董事长或其他董事主持;董事长和副董事长均不能出席会议,董事长也未指定人选的,由董事会指定一名董事主持会议;董事会未指定会议主持人的,由出席会议的股东共同推举一名股东主持会议;如果因任何理由,股东无法主持会议,应当由出席会议的持有最多表决权股份的股东(或股东代理人)主持。

第二十条　公司召开股东大会,董事会应在会议召开前三十日通知登记公司股东。

第二十一条　会议公告应包括以下内容:

(一)会议名称、具体时间和地点;

(二)会议审议事项;

(三)出席会议人员;

(四)有权出席股东大会股东的股权登记日;

(五)股东(股东代理人)出席会议登记办法,并附授权委托书;

(六)会议登记具体时间、地点;

(七)公司地址、联系人、联系电话和传真。

第二十二条　董事会发布召开股东大会的公告后,不得无故延期召开会议。必须延期召开的,应在原定股东大会召开日前至少五个工作日,在刊登原公告的报刊上发布延期公告,说明原因并公布延期后的召开日期。

第二十三条　董事会发布召开股东大会的公告后,不得随意更改会议议题。确需更改会议议题的,应在原定股东大会召开日前至少十五个工作日,在刊登原公告的报刊上发布公告,说明更改后的议题。

第二十四条　凡延期召开股东大会的,不得变更原通知规定的有权出席股东大会股东的股权登记日。已办理出席会议报名登记的股东(股东代理人),其手续继续有效,无须重新办理。

第二十五条　因不可抗力导致股东大会不能正常召开,未能作出任何决议的,公司董事会应向证券交易所说明原因并公告,并有义务采取措施尽快恢复召开股东大会。

第二十六条　股东可以亲自出席股东大会,也可以委托代理人代为出席和表决。股东应当以书面形式委托代理人,由委托人签署或者由其以书面形式委托的代理人签署;委托人为法人的,应当加盖法人印章或者由其授权代表签署。

第二十七条　个人股东亲自出席会议的,应出示本人身份证和持股凭证;委托代理他人出席会议的,应出示本人身份证、代理委托书和持股凭证。

法人股东应由法定代表人或者授权代表出席会议。法定代表人出席会议的,应出示本人身份证、能证明其具有法定代表人资格的有效证明和持股凭证;授权代表出席会议的,应出示本人身份证、法人股东依法出具的书面授权委托书和法人持股凭证。

第二十八条　股东出具的委托他人出席股东大会的授权委托书应当载明下列内容：

（一）代理人的姓名；

（二）是否具有表决权；

（三）分别对列入股东大会议程的每一审议事项投赞成、反对或弃权票的指示；

（四）对可能纳入股东大会议程的临时提案是否有表决权，如果有表决权应行使何种表决权的具体指示；

（五）委托书签发日期和有效期限；

（六）委托人签名（或盖章）。委托人为法人股东的，应加盖法人单位印章。

委托书应当注明如果股东不作具体指示，股东代理人是否可以按自己的意思表决。

第二十九条　投票代理委托书至少应当在会议召开前二十四小时备置于公司住所，或者召集会议的通知中指定的其他地方。委托书由委托人授权他人签署的，授权签署的授权书或者其他授权文件应当经过公证。经公证的授权书或者其他授权文件，和投票代理委托书，均需备置于公司住所或者召集会议的通知中指定的其他地方。

委托人为法人的，由其法定代表人或者董事会、其他决策机构决议授权的人作为代表出席公司的股东会议。

第三十条　出席会议人员的签名册由公司负责制作。签名册载明参加会议人员姓名（或单位名称）、身份证号码、住所地址、持有或者代表有表决权的股份数额、被代理人姓名（或单位名称）等事项。

第三十一条　监事会或者股东要求召集临时股东大会的，应当按照下列程序办理：

（一）签署一份或者数份同样格式内容的书面要求，提请董事会召集临时股东大会，并阐明会议议题。董事会在收到前述书面要求后，应当尽快发出召集临时股东大会的通知。

（二）如果董事会在收到前述书面要求三十日内没有发出召集会议的通告，提出召集会议的监事会或者股东可以在董事会收到该要求后三个月内自行召集临时股东大会。召集的程序应与董事会召集临时股东大会的程序相同。

监事会或者股东因董事会未按前述要求举行会议而自行召集并举行会议的，由公司给予监事会或者股东必要协助，并承担会议费用。

第三十二条　董事会人数不足《公司法》规定的法定最低人数，或者少于章程规定人数的三分之二，或者公司未弥补亏损额达到股本总额的三分之一，董事会未在规定期限内召集临时股东大会的，监事会或者股东可以按照本规则第三十一条规定的程序自行召集临时股东大会。

第三十三条　董事会可根据本规则，针对某次大会的具体情况制定《______次股东大会注意事项》。对该注意事项或对本规则应进一步明确之处可由董事会秘书在会前宣读、说明。

第三十四条　为维护股东大会的严肃性，大会主持人可责令下列人员退场：

（一）无出席会议资格或未履行规定手续者；

（二）扰乱会场秩序者；

（三）衣帽不整有伤风化者；

（四）携带危险物或动物者。

前款所列人员不服从退场命令时，大会主持人可令工作人员强制其退场。必要时，可请公安机关给予协助。

第四章 股东大会议事程序

第一节 股东大会提案

第三十五条 股东大会的提案是针对应当由股东大会讨论的事项所提出的具体议案,股东大会应当对具体的提案作出决议。

第三十六条 董事会在召开股东大会的通知中应列出本次股东大会讨论的事项,并将董事会提出的所有提案的内容充分披露。需要变更前次股东大会决议涉及的事项的,提案内容应当完整,不能只列出变更的内容。

列入"其他事项"但未明确具体内容的,不能视为提案,股东大会不得进行表决。

第三十七条 会议通知发出后,董事会不得再提出会议通知中未列出事项的新提案,对原有提案的修改应当在股东大会召开前十五日公告。否则,会议召开日期应当顺延,保证至少有十五日的间隔期。

第三十八条 年度股东大会期间,单独持有或者合并持有公司有表决权股份总数的百分之五以上的股东或者监事会,可以提出临时提案。

临时提案如果属于董事会会议通知中未列出的新事项,同时这些事项是属于本章程第五十八条所列事项的,提案人应当在股东大会召开前十日将提案递交董事会并由董事会审核后公告。

第一大股东提出新的分配提案时,应当在年度股东大会召开的前十日提交董事会并由董事会公告,不足十日的,第一大股东不得在本次年度股东大会提出新的分配提案。

除此以外的提案,提案人可以提前将提案递交董事会并由董事会公告,也可以直接在年度股东大会上提出。

第三十九条 对于年度股东大会临时提案,董事会按以下原则对提案进行审核:

(一)关联性。董事会对股东提案进行审核,对于股东提案涉及事项与公司有直接关系,并且不超出法律、法规和《公司章程》规定的股东大会职权范围的,应提交股东大会讨论。对于不符合上述要求的,不提交股东大会讨论。如果董事会决定不将股东提案提交股东大会表决,则应当在该次股东大会上进行解释和说明。

(二)程序性。董事会可以对股东提案涉及的程序性问题做出决定。如将提案进行分拆或合并表决,须征得原提案人同意;原提案人不同意变更的,股东大会会议主持人可就程序性问题提请股东大会做出决定,并按照股东大会决定的程序进行讨论。

第四十条 提出涉及投资、财产处置和收购兼并等提案的,应当充分说明该事项的详情,包括:涉及金额、价格(或计价方法)、资产的账面值、对公司的影响、审批情况等。如果按照有关规定需要进行资产评估、审计或出具独立财务顾问报告的,董事会应当在股东大会召开前至少五个工作日公布资产评估情况、审计结果或独立财务顾问报告。

第四十一条 董事会提出改变募股资金用途提案的,应在召开股东大会的通知中说明改变募股资金运作的原因、新项目的概况及对公司未来的影响。

第四十二条 涉及公开发行股票等需要报送中国证监会核准的事项,应当作为专项提案提出。

第四十三条 董事会审议通过年度报告后,应当对利润分配方案做出决议,并作为年度股东大会的提案。董事会在提出资本公积转增股本方案时,须详细说明转增原因,并在公告中披露。董事会在公告股份派送或资本公积转增方案时,应披露送转前后对比的每股收益和每股净资产,以及对公司今后发展的影响。

第四十四条 股东大会提案应当符合下列条件：

（一）内容与法律、法规和章程的规定不相抵触，并且属于公司的经营范围和股东大会的职责范围；

（二）有明确议题和具体决议事项；

（三）以书面形式提交或送达董事会。

第四十五条 公司董事会应当以公司和股东的最大利益为行为准则，按照本规则的规定对股东大会提案进行审查。

第四十六条 董事会决定不将股东大会提案列入会议议程的，应当在该次股东大会上进行解释和说明，并将提案内容和董事会的说明在股东大会结束后与股东大会决议一并公告。

第四十七条 提出提案的股东对董事会不将其提案列入股东大会会议议程的决定持有异议的，可以按照本规则的规定程序要求召集临时股东大会。

第二节 股东大会进行的步骤

第四十八条 股东大会会议按下列程序依次进行：

（一）会议主持人宣布股东大会会议开始；

（二）董事会秘书向大会报告出席股东代表人数，所代表股份占总股本的比率；

（三）董事会秘书主持选举监票人（以举手的简单表决方式进行，以出席大会股东总人数的过半数同意通过）；

（四）逐个审议股东大会提案并给予参会股东时间对大会提案进行讨论（按一个议案一讨论的顺序进行）；

（五）会议主持人宣布休会；

（六）进行表决；

（七）会议工作人员在监票人及见证律师的监督下对表决进行收集并进行票数统计；

（八）会议继续，由监票人代表宣读表决结果；

（九）会议主持人宣读股东大会决议；

（十）律师宣读所出具的股东大会法律意见书；

（十一）公证员宣读股东大会现场公证书（如出席）；

（十二）会议主持人宣布股东大会会议结束。

第三节 大会发言与质询

第四十九条 股东出席股东大会，可以要求在大会上发言和提出质询。股东的发言与质询包括口头和书面两种方式。

第五十条 股东发言和质询应紧紧围绕会议审议议题进行，并应遵守以下规定：

（一）要求发言的股东，应在会前进行登记。登记发言人数一般不超过十人，发言顺序按登记顺序或持股比例大小安排。

（二）在审议过程中，有股东临时就有关问题提出质询的，由主持人视具体情况予以安排。股东要求质询时，应举手示意，经主持人许可后方可提问。有多名股东要求质询时，先举手者先发言。不能确定先后时，由主持人指定发言者。

（三）股东发言和质询时应首先报告其姓名或代表的公司名称和所持有的股份数额。

（四）股东发言和质询应言简意赅，不得重复。

（五）股东要求发言和质询时，不得打断会议报告人的报告或其他股东的发言。

（六）每一股东发言和质询一般不得超过两次，第一次时间不得超过五分钟，第二次时间不得超过三分钟。

第五十一条 除涉及公司商业秘密不能在股东大会上公开外，公司的董事会、监事会应有义务认真负责地回答股东提出的质询。回答质询的时间一般不得超过五分钟。

第五十二条 对股东在股东大会上临时提出的发言要求，会议主持人按下列情况分别处理：

（一）股东发言如与本次股东大会的议题无关，而是股东欲向公司了解某方面的具体情况，则建议该股东在会后向公司董事会秘书咨询。

（二）股东发言按法律、法规和《公司章程》规定属股东大会职权范围并要求本次股东大会表决的事项，如本次股东大会系年度股东大会，并且该股东发言内容按本规则规定可作为临时议案提出的，建议该股东或联合其他股东（保证其持有股份占有公司有表决权总数百分之五以上）将该发言内容作为新的提案提出，经大会主持人召集到会董事讨论通过后提交本次股东大会审议；如本次股东大会为临时股东大会，则建议其视其必要性在下一次股东大会上提出。

第五十三条 对违反本规则的发言和质询，大会主持人可以拒绝或制止。

第五十四条 在进行大会表决时，股东不得进行大会发言或质询。

第四节 股东大会决议（投票与表决）

第五十五条 公司董事会应保证股东大会在合理的工作时间内连续举行，股东大会就大会议案进行审议后，应立即进行表决，形成最终决议。

第五十六条 股东（股东代理人）以其所持有效表决权的股份数额行使表决权，每一股份享有一票表决权。

第五十七条 股东大会决议分为普通决议和特别决议。

股东大会作出普通决议，应当由出席股东大会的股东（包括股东代理人）所持表决权的二分之一以上通过。

股东大会作出特别决议，应当由出席股东大会的股东（包括股东代理人）所持表决权的三分之二以上通过。

第五十八条 下列事项由股东大会以普通决议通过：

（一）董事会和监事会的工作报告；

（二）董事会拟定的利润分配方案和弥补亏损方案；

（三）董事会和监事会成员的任免及其报酬和支付方法；

（四）公司年度预算方案、决算方案；

（五）公司年度报告；

（六）除法律、行政法规规定或者《公司章程》的规定外，应当以特别决议通过以外的其他事项。

第五十九条 下列事项由股东大会以特别决议通过：

（一）公司增加或者减少注册资本；

（二）发行公司债券；

（三）公司的分立、合并、解散和清算；

（四）公司章程的修改；

（五）回购公司股票；

（六）公司章程规定和股东大会以普通决议认定会对公司产生重大影响的、需要以特别决议通过的其他事项。

第六十条 非经股东大会以特别决议批准，公司不得与董事、经理和其他高级管理人员以外的人订立将公司全部或者重要业务的管理交予该人负责的合同。

第六十一条 股东大会采取记名方式投票表决。

第六十二条 每一审议事项的表决投票，应当至少有两名股东代表和一名监事参加清点，并由清点人代表当场公布表决结果。监票人参加表决票的清点并由监票人代表当场公布表决结果。监票人应在表决统计表上签名。表决票和表决统计表应一并存档。

第六十三条 会议主持人根据表决结果决定股东大会的决议是否通过，并应当在会上宣布表决结果。决议的表决结果载入会议记录。

第六十四条 会议主持人如果对提交表决的决议结果有任何怀疑，可以对所投票数进行点算；如果会议主持人未进行点票，出席会议的股东或者股东代理人对会议主持人宣布结果有异议的，有权在宣布表决结果后立即要求点票，会议主持人应当即时点票。

第六十五条 股东大会审议有关关联交易事项时，关联股东不应当参与投票表决，其所代表的有表决权的股份数不计入有效表决总数；股东大会决议的公告应当充分披露非关联股东的表决情况。如有特殊情况关联股东无法回避时，公司在征得有权部门的同意后，可以按照正常程序进行表决，并在股东大会决议公告中作出详细说明。关联股东不应当参与投票表决的关联交易事项的决议，应当由出席股东大会的非关联股东所持表决权的二分之一以上通过方可生效。

第六十六条 会议提案未获通过或者本次股东大会变更前次股东大会决议的，董事会应在股东大会决议公告中作出说明。

第五节 会议记录

第六十七条 股东大会应有会议记录。会议记录记载以下内容：

（一）出席股东大会的有表决权的股份数，占公司总股份的比例；

（二）召开会议的日期、地点；

（三）会议主持人姓名、会议议程；

（四）各发言人对每个审议事项的发言要点；

（五）每一表决事项的表决结果；

（六）股东的质询意见、建议及董事会、监事会的答复或说明等内容；

（七）股东大会认为和公司章程规定应当载入会议记录的其他内容。

第六十八条 股东大会记录由出席会议的董事和记录员签名，并作为公司档案由董事会秘书保存，保存期限为____年。

第六十九条 对股东大会到会人数、参与股东持有的股份数额、授权委托书、每一表决事项的表决结果、会议记录、会议程序的合法性等事项，可以进行公证。

第五章 股东大会决议的执行和信息披露

第七十条 股东大会形成的决议，由董事会负责执行或按决议的内容交由公司总经理组织有关人员具体实施承办；股东大会决议要求监事会办理的事项，直接由监事会组织实施。

第七十一条 股东大会决议的执行情况由总经理向董事会报告，并由董事会向下次股东大会报告；涉及监事会实施的事项，由监事会直接向股东大会报告，监事会认为必要时也可先向董事会通报。

第七十二条 公司董事长除对应由监事会实施以外的股东大会决议执行情况进行督促检查外，必要时可召集董事会临时会议听取和审议关于股东大会决议执行情况的汇报。

第七十三条 公司股东大会召开后，应按公司章程和国家有关法律及行政法规进行信息披露，信息披露的内容由董事长负责按有关规定进行审查，并由董事会秘书依法具体实施。

第七十四条　公司向股东和社会公众披露信息由董事长或董事长授权的其他董事负责。

第七十五条　股东大会决议公告应注明出席会议的股东人数、所持股份总数及占公司有表决权总股份的比例、表决方式、每项提案表决结果以及聘请的律师意见。对股东提案做出的决议，应列明提案股东的姓名或名称、持股比例和提案内容。

第六章　附　　则

第七十六条　本规则自公司股东大会通过之日起实施。

第七十七条　本规则与《公司法》、《证券法》等其他法律、法规相悖时，按相关法律、法规执行。

第七十八条　本规则进行修改时，由董事会提出修订方案，提请股东大会审议批准。

第七十九条　本规则由公司董事会负责解释。

____________股份有限公司

________年____月____日

应用指引

股份有限公司股东会议议事规则，是指股份有限公司的股东大会开会期间必须遵守的一系列程序性规定，这些规定是规定大会是否规范运作、其决议是否存在瑕疵的前提和基础。

制定股份有限公司股东会议议事规则时，应注意明确股东大会的召集程序、议事程序及表决程序等具体内容，并且应符合《公司法》和《公司章程》的相关规定。此外，股东会议议事规则要具备可操作性。

第四章 企业证券

1. 综　　合

中华人民共和国证券法(节录)

(1998年12月29日第九届全国人民代表大会常务委员会第六次会议通过
根据2004年8月28日第十届全国人民代表大会常务委员会第十一次会议《关于修改〈中华人民共和国证券法〉的决定》第一次修正
2005年10月27日第十届全国人民代表大会常务委员会第十八次会议修订
根据2013年6月29日第十二届全国人民代表大会常务委员会第三次会议《关于修改〈中华人民共和国文物保护法〉等十二部法律的决定》第二次修正
根据2014年8月31日第十二届全国人民代表大会常务委员会第十次会议《关于修改〈中华人民共和国保险法〉等五部法律的决定》第三次修正)

目　　录

第一章　总　　则

第一条　【立法宗旨】为了规范证券发行和交易行为,保护投资者的合法权益,维护社会经济秩序和社会公共利益,促进社会主义市场经济的发展,制定本法。

第二条　【法律适用】在中华人民共和国境内,股票、公司债券和国务院依法认定的其他证券的发行和交易,适用本法;本法未规定的,适用《中华人民共和国公司法》和其他法律、行政法规的规定。

政府债券、证券投资基金份额的上市交易,适用本法;其他法律、行政法规另有规定的,适用其规定。

证券衍生品种发行、交易的管理办法,由国务院依照本法的原则规定。

第三条　【公开、公平、公正原则】证券的发行、交易活动,必须实行公开、公平、公正的原则。

第四条 【自愿、有偿、诚实信用原则】证券发行、交易活动的当事人具有平等的法律地位，应当遵守自愿、有偿、诚实信用的原则。

第五条 【守法原则】证券的发行、交易活动，必须遵守法律、行政法规；禁止欺诈、内幕交易和操纵证券市场的行为。

第六条 【分业经营管理】证券业和银行业、信托业、保险业实行分业经营、分业管理，证券公司与银行、信托、保险业务机构分别设立。国家另有规定的除外。

第七条 【监督管理机构】国务院证券监督管理机构依法对全国证券市场实行集中统一监督管理。

国务院证券监督管理机构根据需要可以设立派出机构，按照授权履行监督管理职责。

第八条 【自律性管理】在国家对证券发行、交易活动实行集中统一监督管理的前提下，依法设立证券业协会，实行自律性管理。

第九条 【审计监督】国家审计机关依法对证券交易所、证券公司、证券登记结算机构、证券监督管理机构进行审计监督。

第二章 证 券 发 行

第十条 【公开发行证券条件】公开发行证券，必须符合法律、行政法规规定的条件，并依法报经国务院证券监督管理机构或者国务院授权的部门核准；未经依法核准，任何单位和个人不得公开发行证券。

有下列情形之一的，为公开发行：

（一）向不特定对象发行证券的；

（二）向特定对象发行证券累计超过二百人的；

（三）法律、行政法规规定的其他发行行为。

非公开发行证券，不得采用广告、公开劝诱和变相公开方式。

第十一条 【保荐人】发行人申请公开发行股票、可转换为股票的公司债券，依法采取承销方式的，或者公开发行法律、行政法规规定实行保荐制度的其他证券的，应当聘请具有保荐资格的机构担任保荐人。

保荐人应当遵守业务规则和行业规范，诚实守信，勤勉尽责，对发行人的申请文件和信息披露资料进行审慎核查，督导发行人规范运作。

保荐人的资格及其管理办法由国务院证券监督管理机构规定。

第十二条 【募股申请】设立股份有限公司公开发行股票，应当符合《中华人民共和国公司法》规定的条件和经国务院批准的国务院证券监督管理机构规定的其他条件，向国务院证券监督管理机构报送募股申请和下列文件：

（一）公司章程；

（二）发起人协议；

（三）发起人姓名或者名称，发起人认购的股份数、出资种类及验资证明；

（四）招股说明书；

（五）代收股款银行的名称及地址；

（六）承销机构名称及有关的协议。

依照本法规定聘请保荐人的，还应当报送保荐人出具的发行保荐书。

法律、行政法规规定设立公司必须报经批准的，还应当提交相应的批准文件。

第十三条 【公开发行新股条件】公司公开发行新股，应当符合下列条件：

（一）具备健全且运行良好的组织机构；

（二）具有持续盈利能力，财务状况良好；

（三）最近三年财务会计文件无虚假记载，无其他重大违法行为；

（四）经国务院批准的国务院证券监督管理机构规定的其他条件。

上市公司非公开发行新股，应当符合经国务院批准的国务院证券监督管理机构规定的条件，并报国务院证券监督管理机构核准。

第十四条 【发行新股需报送的文件】公司公开发行新股，应当向国务院证券监督管理机构报送募股申请和下列文件：

（一）公司营业执照；

（二）公司章程；

（三）股东大会决议；

（四）招股说明书；

（五）财务会计报告；

（六）代收股款银行的名称及地址；

（七）承销机构名称及有关的协议。

依照本法规定聘请保荐人的，还应当报送保荐人出具的发行保荐书。

第十五条　【募集资金】公司对公开发行股票所募集资金，必须按照招股说明书所列资金用途使用。改变招股说明书所列资金用途，必须经股东大会作出决议。擅自改变用途而未作纠正的，或者未经股东大会认可的，不得公开发行新股。

第十六条　【发行公司债券条件】公开发行公司债券，应当符合下列条件：

（一）股份有限公司的净资产不低于人民币三千万元，有限责任公司的净资产不低于人民币六千万元；

（二）累计债券余额不超过公司净资产的百分之四十；

（三）最近三年平均可分配利润足以支付公司债券一年的利息；

（四）筹集的资金投向符合国家产业政策；

（五）债券的利率不超过国务院限定的利率水平；

（六）国务院规定的其他条件。

公开发行公司债券筹集的资金，必须用于核准的用途，不得用于弥补亏损和非生产性支出。

上市公司发行可转换为股票的公司债券，除应当符合第一款规定的条件外，还应当符合本法关于公开发行股票的条件，并报国务院证券监督管理机构核准。

第十七条　【公开发行公司债券报送文件】申请公开发行公司债券，应当向国务院授权的部门或者国务院证券监督管理机构报送下列文件：

（一）公司营业执照；

（二）公司章程；

（三）公司债券募集办法；

（四）资产评估报告和验资报告；

（五）国务院授权的部门或者国务院证券监督管理机构规定的其他文件。

依照本法规定聘请保荐人的，还应当报送保荐人出具的发行保荐书。

第十八条　【再次公开发行公司债券的禁止条件】有下列情形之一的，不得再次公开发行公司债券：

（一）前一次公开发行的公司债券尚未募足；

（二）对已公开发行的公司债券或者其他债务有违约或者延迟支付本息的事实，仍处于继续状态；

（三）违反本法规定，改变公开发行公司债券所募资金的用途。

第十九条　【申请文件的格式和报送方式】发行人依法申请核准发行证券所报送的申请文件的格式、报送方式，由依法负责核准的机构或者部门规定。

第二十条　【申请文件真实、准确、完整】发行人向国务院证券监督管理机构或者国务院授权的部门报送的证券发行申请文件，必须真实、准确、完整。

为证券发行出具有关文件的证券服务机构和人员，必须严格履行法定职责，保证其所出具文件的真实性、准确性和完整性。

第二十一条　【预先披露】发行人申请首次公开发行股票的，在提交申请文件后，应当按照国务院证券监督管理机构的规定预先披露有关申请文件。

第二十二条　【发行审核委员会】国务院证券监督管理机构设发行审核委员会，依法审核股票发行申请。

发行审核委员会由国务院证券监督管理机构的专业人员和所聘请的该机构外的有关专家组成，以投票方式对股票发行申请进行表决，提出审核意见。

发行审核委员会的具体组成办法、组成人员任期、工作程序，由国务院证券监督管理机构规定。

第二十三条　【核准股票发行申请】国务院证券监督管理机构依照法定条件负责核准股票发行申请。核准程序应当公开,依法接受监督。

参与审核和核准股票发行申请的人员,不得与发行申请人有利害关系,不得直接或者间接接受发行申请人的馈赠,不得持有所核准的发行申请的股票,不得私下与发行申请人进行接触。

国务院授权的部门对公司债券发行申请的核准,参照前两款的规定执行。

第二十四条　【股票发行核准】国务院证券监督管理机构或者国务院授权的部门应当自受理证券发行申请文件之日起三个月内,依照法定条件和法定程序作出予以核准或者不予核准的决定,发行人根据要求补充、修改发行申请文件的时间不计算在内;不予核准的,应当说明理由。

第二十五条　【证券发行公告】证券发行申请经核准,发行人应当依照法律、行政法规的规定,在证券公开发行前,公告公开发行募集文件,并将该文件置备于指定场所供公众查阅。

发行证券的信息依法公开前,任何知情人不得公开或者泄露该信息。

发行人不得在公告公开发行募集文件前发行证券。

第二十六条　【法律责任】国务院证券监督管理机构或者国务院授权的部门对已作出的核准证券发行的决定,发现不符合法定条件或者法定程序,尚未发行证券的,应当予以撤销,停止发行。已经发行尚未上市的,撤销发行核准决定,发行人应当按照发行价并加算银行同期存款利息返还证券持有人;保荐人应当与发行人承担连带责任,但是能够证明自己没有过错的除外;发行人的控股股东、实际控制人有过错的,应当与发行人承担连带责任。

第二十七条　【责任承担】股票依法发行后,发行人经营与收益的变化,由发行人自行负责;由此变化引致的投资风险,由投资者自行负责。

第二十八条　【证券承销】发行人向不特定对象发行的证券,法律、行政法规规定应当由证券公司承销的,发行人应当同证券公司签订承销协议。证券承销业务采取代销或者包销方式。

证券代销是指证券公司代发行人发售证券,在承销期结束时,将未售出的证券全部退还给发行人的承销方式。

证券包销是指证券公司将发行人的证券按照协议全部购入或者在承销期结束时将售后剩余证券全部自行购入的承销方式。

第二十九条　【发行人权利】公开发行证券的发行人有权依法自主选择承销的证券公司。证券公司不得以不正当竞争手段招揽证券承销业务。

第三十条　【包销协议载明事项】证券公司承销证券,应当同发行人签订代销或者包销协议,载明下列事项:

(一)当事人的名称、住所及法定代表人姓名;

(二)代销、包销证券的种类、数量、金额及发行价格;

(三)代销、包销的期限及起止日期;

(四)代销、包销的付款方式及日期;

(五)代销、包销的费用和结算办法;

(六)违约责任;

(七)国务院证券监督管理机构规定的其他事项。

第三十一条　【文件检查】证券公司承销证券,应当对公开发行募集文件的真实性、准确性、完整性进行核查;发现有虚假记载、误导性陈述或者重大遗漏的,不得进行销售活动;已经销售的,必须立即停止销售活动,并采取纠正措施。

第三十二条　【承销团承销】向不特定对象发行的证券票面总值超过人民币五千万元的,应当由承销团承销。承销团应当由主承销和参与承销的证券公司组成。

第三十三条　【代销、包销最长期限】证券的代销、包销期限最长不得超过九十日。

证券公司在代销、包销期内，对所代销、包销的证券应当保证先行出售给认购人，证券公司不得为本公司预留所代销的证券和预先购入并留存所包销的证券。

第三十四条 【溢价发行】股票发行采取溢价发行的，其发行价格由发行人与承销的证券公司协商确定。

第三十五条 【发行失败】股票发行采用代销方式，代销期限届满，向投资者出售的股票数量未达到拟公开发行股票数量百分之七十的，为发行失败。发行人应当按照发行价并加算银行同期存款利息返还股票认购人。

第三十六条 【备案制】公开发行股票，代销、包销期限届满，发行人应当在规定的期限内将股票发行情况报国务院证券监督管理机构备案。

第三章 证 券 交 易

第一节 一 般 规 定

第三十七条 【依法买卖证券】证券交易当事人依法买卖的证券，必须是依法发行并交付的证券。

非依法发行的证券，不得买卖。

第三十八条 【转让期限】依法发行的股票、公司债券及其他证券，法律对其转让期限有限制性规定的，在限定的期限内不得买卖。

第三十九条 【交易场所】依法公开发行的股票、公司债券及其他证券，应当在依法设立的证券交易所上市交易或者在国务院批准的其他证券交易场所转让。

第四十条 【上市交易方式】证券在证券交易所上市交易，应当采用公开的集中交易方式或者国务院证券监督管理机构批准的其他方式。

第四十一条 【买卖形式】证券交易当事人买卖的证券可以采用纸面形式或者国务院证券监督管理机构规定的其他形式。

第四十二条 【交易方式】证券交易以现货和国务院规定的其他方式进行交易。

第四十三条 【从业人员职责】证券交易所、证券公司和证券登记结算机构的从业人员、证券监督管理机构的工作人员以及法律、行政法规禁止参与股票交易的其他人员，在任期或者法定限期内，不得直接或者以化名、借他人名义持有、买卖股票，也不得收受他人赠送的股票。

任何人在成为前款所列人员时，其原已持有的股票，必须依法转让。

第四十四条 【账户保密】证券交易所、证券公司、证券登记结算机构必须依法为客户开立的账户保密。

第四十五条 【买卖禁止】为股票发行出具审计报告、资产评估报告或者法律意见书等文件的证券服务机构和人员，在该股票承销期内和期满后六个月内，不得买卖该种股票。

除前款规定外，为上市公司出具审计报告、资产评估报告或者法律意见书等文件的证券服务机构和人员，自接受上市公司委托之日起至上述文件公开后五日内，不得买卖该种股票。

第四十六条 【证券交易的收费】证券交易的收费必须合理，并公开收费项目、收费标准和收费办法。

证券交易的收费项目、收费标准和管理办法由国务院有关主管部门统一规定。

第四十七条 【股票买卖】上市公司董事、监事、高级管理人员、持有上市公司股份百分之五以上的股东，将其持有的该公司的股票在买入后六个月内卖出，或者在卖出后六个月内又买入，由此所得收益归该公司所有，公司董事会应当收回其所得收益。但是，证券公司因包销购入售后剩余股票而持有百分之五以上股份的，卖出该股票不受六个月时间限制。

公司董事会不按照前款规定执行的，股东有权要求董事会在三十日内执行。公司董事会未在上述期限内执行的，股东有权为了公司的利益以自己的名义直接向人民法院提起诉讼。

公司董事会不按照第一款的规定执行的，负有责任的董事依法承担连带责任。

第二节　证券上市

第四十八条　【上市交易申请】申请证券上市交易，应当向证券交易所提出申请，由证券交易所依法审核同意，并由双方签订上市协议。

证券交易所根据国务院授权的部门的决定安排政府债券上市交易。

第四十九条　【保荐人】申请股票、可转换为股票的公司债券或者法律、行政法规规定实行保荐制度的其他证券上市交易，应当聘请具有保荐资格的机构担任保荐人。

本法第十一条第二款、第三款的规定适用于上市保荐人。

第五十条　【上市申请条件】股份有限公司申请股票上市，应当符合下列条件：

(一)股票经国务院证券监督管理机构核准已公开发行；

(二)公司股本总额不少于人民币三千万元；

(三)公开发行的股份达到公司股份总数的百分之二十五以上；公司股本总额超过人民币四亿元的，公开发行股份的比例为百分之十以上；

(四)公司最近三年无重大违法行为，财务会计报告无虚假记载。

证券交易所可以规定高于前款规定的上市条件，并报国务院证券监督管理机构批准。

第五十一条　【股票上市交易】国家鼓励符合产业政策并符合上市条件的公司股票上市交易。

第五十二条　【上市申报文件】申请股票上市交易，应当向证券交易所报送下列文件：

(一)上市报告书；

(二)申请股票上市的股东大会决议；

(三)公司章程；

(四)公司营业执照；

(五)依法经会计师事务所审计的公司最近三年的财务会计报告；

(六)法律意见书和上市保荐书；

(七)最近一次的招股说明书；

(八)证券交易所上市规则规定的其他文件。

第五十三条　【上市公告】股票上市交易申请经证券交易所审核同意后，签订上市协议的公司应当在规定的期限内公告股票上市的有关文件，并将该文件置备于指定场所供公众查阅。

第五十四条　【公告事项】签订上市协议的公司除公告前条规定的文件外，还应当公告下列事项：

(一)股票获准在证券交易所交易的日期；

(二)持有公司股份最多的前十名股东的名单和持股数额；

(三)公司的实际控制人；

(四)董事、监事、高级管理人员的姓名及其持有本公司股票和债券的情况。

第五十五条　【股票的暂停上市】上市公司有下列情形之一的，由证券交易所决定暂停其股票上市交易：

(一)公司股本总额、股权分布等发生变化不再具备上市条件；

(二)公司不按照规定公开其财务状况，或者对财务会计报告作虚假记载，可能误导投资者；

(三)公司有重大违法行为；

(四)公司最近三年连续亏损；

(五)证券交易所上市规则规定的其他情形。

第五十六条　【股票的终止上市】上市公司有下列情形之一的，由证券交易所决定终止其股票上市交易：

(一)公司股本总额、股权分布等发生变化不再具备上市条件，在证券交易所规定的期限内仍不能达到上市条件；

(二)公司不按照规定公开其财务状况，或者对财务会计报告作虚假记载，且拒绝纠正；

(三)公司最近三年连续亏损，在其后一个

年度内未能恢复盈利；

（四）公司解散或者被宣告破产；

（五）证券交易所上市规则规定的其他情形。

第五十七条　【债券上市条件】公司申请公司债券上市交易，应当符合下列条件：

（一）公司债券的期限为一年以上；

（二）公司债券实际发行额不少于人民币五千万元；

（三）公司申请债券上市时仍符合法定的公司债券发行条件。

第五十八条　【债券上市报送的文件】申请公司债券上市交易，应当向证券交易所报送下列文件：

（一）上市报告书；

（二）申请公司债券上市的董事会决议；

（三）公司章程；

（四）公司营业执照；

（五）公司债券募集办法；

（六）公司债券的实际发行数额；

（七）证券交易所上市规则规定的其他文件。

申请可转换为股票的公司债券上市交易，还应当报送保荐人出具的上市保荐书。

第五十九条　【债券上市文件公告】公司债券上市交易申请经证券交易所审核同意后，签订上市协议的公司应当在规定的期限内公告公司债券上市文件及有关文件，并将其申请文件置备于指定场所供公众查阅。

第六十条　【债券的暂停上市】公司债券上市交易后，公司有下列情形之一的，由证券交易所决定暂停其公司债券上市交易：

（一）公司有重大违法行为；

（二）公司情况发生重大变化不符合公司债券上市条件；

（三）发行公司债券所募集的资金不按照核准的用途使用；

（四）未按照公司债券募集办法履行义务；

（五）公司最近二年连续亏损。

第六十一条　【债券的终止上市】公司有前条第（一）项、第（四）项所列情形之一经查实后果严重的，或者有前条第（二）项、第（三）项、第（五）项所列情形之一，在限期内未能消除的，由证券交易所决定终止其公司债券上市交易。

公司解散或者被宣告破产的，由证券交易所终止其公司债券上市交易。

第六十二条　【复核申请】对证券交易所作出的不予上市、暂停上市、终止上市决定不服的，可以向证券交易所设立的复核机构申请复核。

第三节　持续信息公开

第六十三条　【真实披露义务】发行人、上市公司依法披露的信息，必须真实、准确、完整，不得有虚假记载、误导性陈述或者重大遗漏。

第六十四条　【公开发行公告】经国务院证券监督管理机构核准依法公开发行股票，或者经国务院授权的部门核准依法公开发行公司债券，应当公告招股说明书、公司债券募集办法。依法公开发行新股或者公司债券的，还应当公告财务会计报告。

第六十五条　【中期报告】上市公司和公司债券上市交易的公司，应当在每一会计年度的上半年结束之日起二个月内，向国务院证券监督管理机构和证券交易所报送记载以下内容的中期报告，并予公告：

（一）公司财务会计报告和经营情况；

（二）涉及公司的重大诉讼事项；

（三）已发行的股票、公司债券变动情况；

（四）提交股东大会审议的重要事项；

（五）国务院证券监督管理机构规定的其他事项。

第六十六条　【年度报告】上市公司和公司债券上市交易的公司，应当在每一会计年度结束之日起四个月内，向国务院证券监督管理机构和证券交易所报送记载以下内容的年度报告，并予公告：

（一）公司概况；

（二）公司财务会计报告和经营情况；

（三）董事、监事、高级管理人员简介及其持股情况；

（四）已发行的股票、公司债券情况，包括持有公司股份最多的前十名股东的名单和持股数额；

（五）公司的实际控制人；

（六）国务院证券监督管理机构规定的其他事项。

第六十七条 【临时报告制度】发生可能对上市公司股票交易价格产生较大影响的重大事件，投资者尚未得知时，上市公司应当立即将有关该重大事件的情况向国务院证券监督管理机构和证券交易所报送临时报告，并予公告，说明事件的起因、目前的状态和可能产生的法律后果。

下列情况为前款所称重大事件：

（一）公司的经营方针和经营范围的重大变化；

（二）公司的重大投资行为和重大的购置财产的决定；

（三）公司订立重要合同，可能对公司的资产、负债、权益和经营成果产生重要影响；

（四）公司发生重大债务和未能清偿到期重大债务的违约情况；

（五）公司发生重大亏损或者重大损失；

（六）公司生产经营的外部条件发生的重大变化；

（七）公司的董事、三分之一以上监事或者经理发生变动；

（八）持有公司百分之五以上股份的股东或者实际控制人，其持有股份或者控制公司的情况发生较大变化；

（九）公司减资、合并、分立、解散及申请破产的决定；

（十）涉及公司的重大诉讼，股东大会、董事会决议被依法撤销或者宣告无效；

（十一）公司涉嫌犯罪被司法机关立案调查，公司董事、监事、高级管理人员涉嫌犯罪被司法机关采取强制措施；

（十二）国务院证券监督管理机构规定的其他事项。

第六十八条 【公司领导签署报告意见】上市公司董事、高级管理人员应当对公司定期报告签署书面确认意见。

上市公司监事会应当对董事会编制的公司定期报告进行审核并提出书面审核意见。

上市公司董事、监事、高级管理人员应当保证上市公司所披露的信息真实、准确、完整。

第六十九条 【违反信息披露义务的法律责任】发行人、上市公司公告的招股说明书、公司债券募集办法、财务会计报告、上市报告文件、年度报告、中期报告、临时报告以及其他信息披露资料，有虚假记载、误导性陈述或者重大遗漏，致使投资者在证券交易中遭受损失的，发行人、上市公司应当承担赔偿责任；发行人、上市公司的董事、监事、高级管理人员和其他直接责任人员以及保荐人、承销的证券公司，应当与发行人、上市公司承担连带赔偿责任，但是能够证明自己没有过错的除外；发行人、上市公司的控股股东、实际控制人有过错的，应当与发行人、上市公司承担连带赔偿责任。

第七十条 【信息披露方式】依法必须披露的信息，应当在国务院证券监督管理机构指定的媒体发布，同时将其置备于公司住所、证券交易所，供社会公众查阅。

第七十一条 【对信息披露的监督】国务院证券监督管理机构对上市公司年度报告、中期报告、临时报告以及公告的情况进行监督，对上市公司分派或者配售新股的情况进行监督，对上市公司控股股东和信息披露义务人的行为进行监督。

证券监督管理机构、证券交易所、保荐人、承销的证券公司及有关人员，对公司依照法律、行政法规规定必须作出的公告，在公告前不得泄露其内容。

第七十二条 【暂停、终止上市的公告、备案】证券交易所决定暂停或者终止证券上市交易的，应当及时公告，并报国务院证券监督管理机构备案。

第四节　禁止的交易行为

第七十三条　【内幕交易的禁止】禁止证券交易内幕信息的知情人和非法获取内幕信息的人利用内幕信息从事证券交易活动。

第七十四条　【知情人】证券交易内幕信息的知情人包括：

（一）发行人的董事、监事、高级管理人员；

（二）持有公司百分之五以上股份的股东及其董事、监事、高级管理人员，公司的实际控制人及其董事、监事、高级管理人员；

（三）发行人控股的公司及其董事、监事、高级管理人员；

（四）由于所任公司职务可以获取公司有关内幕信息的人员；

（五）证券监督管理机构工作人员以及由于法定职责对证券的发行、交易进行管理的其他人员；

（六）保荐人、承销的证券公司、证券交易所、证券登记结算机构、证券服务机构的有关人员；

（七）国务院证券监督管理机构规定的其他人。

第七十五条　【内幕信息】证券交易活动中，涉及公司的经营、财务或者对该公司证券的市场价格有重大影响的尚未公开的信息，为内幕信息。

下列信息皆属内幕信息：

（一）本法第六十七条第二款所列重大事件；

（二）公司分配股利或者增资的计划；

（三）公司股权结构的重大变化；

（四）公司债务担保的重大变更；

（五）公司营业用主要资产的抵押、出售或者报废一次超过该资产的百分之三十；

（六）公司的董事、监事、高级管理人员的行为可能依法承担重大损害赔偿责任；

（七）上市公司收购的有关方案；

（八）国务院证券监督管理机构认定的对证券交易价格有显著影响的其他重要信息。

第七十六条　【禁止利用内幕信息】证券交易内幕信息的知情人和非法获取内幕信息的人，在内幕信息公开前，不得买卖该公司的证券，或者泄露该信息，或者建议他人买卖该证券。

持有或者通过协议、其他安排与他人共同持有公司百分之五以上股份的自然人、法人、其他组织收购上市公司的股份，本法另有规定的，适用其规定。

内幕交易行为给投资者造成损失的，行为人应当依法承担赔偿责任。

第七十七条　【禁止操纵证券市场】禁止任何人以下列手段操纵证券市场：

（一）单独或者通过合谋，集中资金优势、持股优势或者利用信息优势联合或者连续买卖，操纵证券交易价格或者证券交易量；

（二）与他人串通，以事先约定的时间、价格和方式相互进行证券交易，影响证券交易价格或者证券交易量；

（三）在自己实际控制的账户之间进行证券交易，影响证券交易价格或者证券交易量；

（四）以其他手段操纵证券市场。

操纵证券市场行为给投资者造成损失的，行为人应当依法承担赔偿责任。

第七十八条　【禁止编造、传播虚假信息】禁止国家工作人员、传播媒介从业人员和有关人员编造、传播虚假信息，扰乱证券市场。

禁止证券交易所、证券公司、证券登记结算机构、证券服务机构及其从业人员，证券业协会、证券监督管理机构及其工作人员，在证券交易活动中作出虚假陈述或者信息误导。

各种传播媒介传播证券市场信息必须真实、客观，禁止误导。

第七十九条　【禁止欺诈行为】禁止证券公司及其从业人员从事下列损害客户利益的欺诈行为：

（一）违背客户的委托为其买卖证券；

（二）不在规定时间内向客户提供交易的书面确认文件；

（三）挪用客户所委托买卖的证券或者客户账户上的资金；

（四）未经客户的委托，擅自为客户买卖证券，或者假借客户的名义买卖证券；

（五）为牟取佣金收入，诱使客户进行不必要的证券买卖；

（六）利用传播媒介或者通过其他方式提供、传播虚假或者误导投资者的信息；

（七）其他违背客户真实意思表示，损害客户利益的行为。

欺诈客户行为给客户造成损失的，行为人应当依法承担赔偿责任。

第八十条 【禁止法人从事证券交易】禁止法人非法利用他人账户从事证券交易；禁止法人出借自己或者他人的证券账户。

第八十一条 【禁止违规资金入市】依法拓宽资金入市渠道，禁止资金违规流入股市。

第八十二条 【禁止挪用公款买卖证券】禁止任何人挪用公款买卖证券。

第八十三条 【国有或国有控股企业买卖股票】国有企业和国有资产控股的企业买卖上市交易的股票，必须遵守国家有关规定。

第八十四条 【报告禁止交易行为】证券交易所、证券公司、证券登记结算机构、证券服务机构及其从业人员对证券交易中发现的禁止的交易行为，应当及时向证券监督管理机构报告。

第四章 上市公司的收购

第八十五条 【收购方式】投资者可以采取要约收购、协议收购及其他合法方式收购上市公司。

第八十六条 【书面报告和公告】通过证券交易所的证券交易，投资者持有或者通过协议、其他安排与他人共同持有一个上市公司已发行的股份达到百分之五时，应当在该事实发生之日起三日内，向国务院证券监督管理机构、证券交易所作出书面报告，通知该上市公司，并予公告；在上述期限内，不得再行买卖该上市公司的股票。

投资者持有或者通过协议、其他安排与他人共同持有一个上市公司已发行的股份达到百分之五后，其所持该上市公司已发行的股份比例每增加或者减少百分之五，应当依照前款规定进行报告和公告。在报告期限内和作出报告、公告后二日内，不得再行买卖该上市公司的股票。

第八十七条 【报告、公告内容】依照前条规定所作的书面报告和公告，应当包括下列内容：

（一）持股人的名称、住所；

（二）持有的股票的名称、数额；

（三）持股达到法定比例或者持股增减变化达到法定比例的日期。

第八十八条 【收购要约】通过证券交易所的证券交易，投资者持有或者通过协议、其他安排与他人共同持有一个上市公司已发行的股份达到百分之三十时，继续进行收购的，应当依法向该上市公司所有股东发出收购上市公司全部或者部分股份的要约。

收购上市公司部分股份的收购要约应当约定，被收购公司股东承诺出售的股份数额超过预定收购的股份数额的，收购人按比例进行收购。

第八十九条 【收购报告书的内容】依照前条规定发出收购要约，收购人必须公告上市公司收购报告书，并载明下列事项：

（一）收购人的名称、住所；

（二）收购人关于收购的决定；

（三）被收购的上市公司名称；

（四）收购目的；

（五）收购股份的详细名称和预定收购的股份数额；

（六）收购期限、收购价格；

（七）收购所需资金额及资金保证；

（八）公告上市公司收购报告书时持有被收购公司股份数占该公司已发行的股份总数的比例。

第九十条 【收购期限】收购要约约定的收购期限不得少于三十日，并不得超过六十日。

第九十一条 【撤销禁止】在收购要约确定的承诺期限内,收购人不得撤销其收购要约。收购人需要变更收购要约的,必须及时公告,载明具体变更事项。

第九十二条 【适用条件】收购要约提出的各项收购条件,适用于被收购公司的所有股东。

第九十三条 【要约收购的限制】采取要约收购方式的,收购人在收购期限内,不得卖出被收购公司的股票,也不得采取要约规定以外的形式和超出要约的条件买入被收购公司的股票。

第九十四条 【协议收购】采取协议收购方式的,收购人可以依照法律、行政法规的规定同被收购公司的股东以协议方式进行股份转让。

以协议方式收购上市公司时,达成协议后,收购人必须在三日内将该收购协议向国务院证券监督管理机构及证券交易所作出书面报告,并予公告。

在公告前不得履行收购协议。

第九十五条 【临时托管】采取协议收购方式的,协议双方可以临时委托证券登记结算机构保管协议转让的股票,并将资金存放于指定的银行。

第九十六条 【收购要约】采取协议收购方式的,收购人收购或者通过协议、其他安排与他人共同收购一个上市公司已发行的股份达到百分之三十时,继续进行收购的,应当向该上市公司所有股东发出收购上市公司全部或者部分股份的要约。但是,经国务院证券监督管理机构免除发出要约的除外。

收购人依照前款规定以要约方式收购上市公司股份,应当遵守本法第八十九条至第九十三条的规定。

第九十七条 【终止上市】收购期限届满,被收购公司股权分布不符合上市条件的,该上市公司的股票应当由证券交易所依法终止上市交易;其余仍持有被收购公司股票的股东,有权向收购人以收购要约的同等条件出售其股票,收购人应当收购。

收购行为完成后,被收购公司不再具备股份有限公司条件的,应当依法变更企业形式。

第九十八条 【股票转让禁止】在上市公司收购中,收购人持有的被收购的上市公司的股票,在收购行为完成后的十二个月内不得转让。

第九十九条 【公司收购的股票后果】收购行为完成后,收购人与被收购公司合并,并将该公司解散的,被解散公司的原有股票由收购人依法更换。

第一百条 【收购报告和公告】收购行为完成后,收购人应当在十五日内将收购情况报告国务院证券监督管理机构和证券交易所,并予公告。

第一百零一条 【收购办法】收购上市公司中由国家授权投资的机构持有的股份,应当按照国务院的规定,经有关主管部门批准。

国务院证券监督管理机构应当依照本法的原则制定上市公司收购的具体办法。

第五章 证券交易所(略)

第六章 证券公司(略)

第七章 证券登记结算机构(略)

第八章 证券服务机构(略)

第九章 证券业协会(略)

第十章 证券监督管理机构(略)

第十一章 法律责任

第一百八十八条 【擅自发行证券责任】未经法定机关核准,擅自公开或者变相公开发行证券的,责令停止发行,退还所募资金并加算银行同期存款利息,处以非法所募资金金额百分之一以上百分之五以下的罚款;对擅自公开或者变相公开发行证券设立的公司，由依法履行监督管理职责的机构或者部门会同县级以上地方人民政府予以取缔。对直接负责的主管人员和其他直接责任人员给予警告，并处以三万元以上三十万元以下的罚款。

第一百八十九条　【骗取发行核准的责任】发行人不符合发行条件，以欺骗手段骗取发行核准，尚未发行证券的，处以三十万元以上六十万元以下的罚款；已经发行证券的，处以非法所募资金金额百分之一以上百分之五以下的罚款。对直接负责的主管人员和其他直接责任人员处以三万元以上三十万元以下的罚款。

发行人的控股股东、实际控制人指使从事前款违法行为的，依照前款的规定处罚。

第一百九十条　【承销或者代理买卖未经核准的证券的责任】证券公司承销或者代理买卖未经核准擅自公开发行的证券的，责令停止承销或者代理买卖，没收违法所得，并处以违法所得一倍以上五倍以下的罚款；没有违法所得或者违法所得不足三十万元的，处以三十万元以上六十万元以下的罚款。给投资者造成损失的，应当与发行人承担连带赔偿责任。对直接负责的主管人员和其他直接责任人员给予警告，撤销任职资格或者证券从业资格，并处以三万元以上三十万元以下的罚款。

第一百九十一条　【证券公司违反承销业务规定的责任】证券公司承销证券，有下列行为之一的，责令改正，给予警告，没收违法所得，可以并处三十万元以上六十万元以下的罚款；情节严重的，暂停或者撤销相关业务许可。给其他证券承销机构或者投资者造成损失的，依法承担赔偿责任。对直接负责的主管人员和其他直接责任人员给予警告，可以并处三万元以上三十万元以下的罚款；情节严重的，撤销任职资格或者证券从业资格：

（一）进行虚假的或者误导投资者的广告或者其他宣传推介活动；

（二）以不正当竞争手段招揽承销业务；

（三）其他违反证券承销业务规定的行为。

第一百九十二条　【保荐人责任】保荐人出具有虚假记载、误导性陈述或者重大遗漏的保荐书，或者不履行其他法定职责的，责令改正，给予警告，没收业务收入，并处以业务收入一倍以上五倍以下的罚款；情节严重的，暂停或者撤销相关业务许可。对直接负责的主管人员和其他直接责任人员给予警告，并处以三万元以上三十万元以下的罚款；情节严重的，撤销任职资格或者证券从业资格。

第一百九十三条　【违反披露义务的处罚】发行人、上市公司或者其他信息披露义务人未按照规定披露信息，或者所披露的信息有虚假记载、误导性陈述或者重大遗漏的，责令改正，给予警告，并处以三十万元以上六十万元以下的罚款。对直接负责的主管人员和其他直接责任人员给予警告，并处以三万元以上三十万元以下的罚款。

发行人、上市公司或者其他信息披露义务人未按照规定报送有关报告，或者报送的报告有虚假记载、误导性陈述或者重大遗漏的，责令改正，给予警告，并处以三十万元以上六十万元以下的罚款。对直接负责的主管人员和其他直接责任人员给予警告，并处以三万元以上三十万元以下的罚款。

发行人、上市公司或者其他信息披露义务人的控股股东、实际控制人指使从事前两款违法行为的，依照前两款的规定处罚。

第一百九十四条　【擅自改变募集资金用途的处罚】发行人、上市公司擅自改变公开发行证券所募集资金的用途的，责令改正，对直接负责的主管人员和其他直接责任人员给予警告，并处以三万元以上三十万元以下的罚款。

发行人、上市公司的控股股东、实际控制人指使从事前款违法行为的，给予警告，并处以三十万元以上六十万元以下的罚款。对直接负责的主管人员和其他直接责任人员依照前款的规定处罚。

第一百九十五条　【高管人员违法买卖证券的处罚】上市公司的董事、监事、高级管理人员、持有上市公司股份百分之五以上的股东，违反本法第四十七条的规定买卖本公司股票的，给予警告，可以并处三万元以上十万元以下的罚款。

第一百九十六条　【非法开设证交场的处罚】非法开设证券交易场所的，由县级以上人民政府予以取缔，没收违法所得，并处以违法所得一倍以上五倍以下的罚款；没有违法所得或者违法所得不足十万元的，处以十万元以上五十万元以下的罚款。对直接负责的主管人员和其他直接责任人员给予警告，并处以三万元以上三十万元以下的罚款。

第一百九十七条　【擅自设立证券公司的处罚】未经批准，擅自设立证券公司或者非法经营证券业务的，由证券监督管理机构予以取缔，没收违法所得，并处以违法所得一倍以上五倍以下的罚款；没有违法所得或者违法所得不足三十万元的，处以三十万元以上六十万元以下的罚款。对直接负责的主管人员和其他直接责任人员给予警告，并处以三万元以上三十万元以下的罚款。

第一百九十八条　【违法聘任证券从业人员的处罚】违反本法规定，聘任不具有任职资格、证券从业资格的人员的，由证券监督管理机构责令改正，给予警告，可以并处十万元以上三十万元以下的罚款；对直接负责的主管人员给予警告，可以并处三万元以上十万元以下的罚款。

第一百九十九条　【非法持有股票的处罚】法律、行政法规规定禁止参与股票交易的人员，直接或者以化名、借他人名义持有、买卖股票的，责令依法处理非法持有的股票，没收违法所得，并处以买卖股票等值以下的罚款；属于国家工作人员的，还应当依法给予行政处分。

第二百条　【故意提供虚假资料的处罚】证券交易所、证券公司、证券登记结算机构、证券服务机构的从业人员或者证券业协会的工作人员，故意提供虚假资料，隐匿、伪造、篡改或者毁损交易记录，诱骗投资者买卖证券的，撤销证券从业资格，并处以三万元以上十万元以下的罚款；属于国家工作人员的，还应当依法给予行政处分。

第二百零一条　【中介机构从业人员违法买卖股票的处罚】为股票的发行、上市、交易出具审计报告、资产评估报告或者法律意见书等文件的证券服务机构和人员，违反本法第四十五条的规定买卖股票的，责令依法处理非法持有的股票，没收违法所得，并处以买卖股票等值以下的罚款。

第二百零二条　【非法获取内幕信息的处罚】证券交易内幕信息的知情人或者非法获取内幕信息的人，在涉及证券的发行、交易或者其他对证券的价格有重大影响的信息公开前，买卖该证券，或者泄露该信息，或者建议他人买卖该证券的，责令依法处理非法持有的证券，没收违法所得，并处以违法所得一倍以上五倍以下的罚款；没有违法所得或者违法所得不足三万元的，处以三万元以上六十万元以下的罚款。单位从事内幕交易的，还应当对直接负责的主管人员和其他直接责任人员给予警告，并处以三万元以上三十万元以下的罚款。证券监督管理机构工作人员进行内幕交易的，从重处罚。

第二百零三条　【非法操纵证券市场的处罚】违反本法规定，操纵证券市场的，责令依法处理非法持有的证券，没收违法所得，并处以违法所得一倍以上五倍以下的罚款；没有违法所得或者违法所得不足三十万元的，处以三十万元以上三百万元以下的罚款。单位操纵证券市场的，还应当对直接负责的主管人员和其他直接责任人员给予警告，并处以十万元以上六十万元以下的罚款。

第二百零四条　【在限制转让期限内买卖证券的处罚】违反法律规定，在限制转让期限内买卖证券的，责令改正，给予警告，并处以买卖证券等值以下的罚款。对直接负责的主管人员和其他直接责任人员给予警告，并处以三万元以上三十万元以下的罚款。

第二百零五条　【违法融资融券的处罚】

证券公司违反本法规定，为客户买卖证券提供融资融券的，没收违法所得，暂停或者撤销相关业务许可，并处以非法融资融券等值以下的罚款。对直接负责的主管人员和其他直接责任人员给予警告，撤销任职资格或者证券从业资格，并处以三万元以上三十万元以下的罚款。

第二百零六条 【扰乱证券市场的处罚】违反本法第七十八条第一款、第三款的规定，扰乱证券市场的，由证券监督管理机构责令改正，没收违法所得，并处以违法所得一倍以上五倍以下的罚款；没有违法所得或者违法所得不足三万元的，处以三万元以上二十万元以下的罚款。

第二百零七条 【虚假陈述的处罚】违反本法第七十八条第二款的规定，在证券交易活动中作出虚假陈述或者信息误导的，责令改正，处以三万元以上二十万元以下的罚款；属于国家工作人员的，还应当依法给予行政处分。

第二百零八条 【法人以他人名义买卖证券的处罚】违反本法规定，法人以他人名义设立账户或者利用他人账户买卖证券的，责令改正，没收违法所得，并处以违法所得一倍以上五倍以下的罚款；没有违法所得或者违法所得不足三万元的，处以三万元以上三十万元以下的罚款。对直接负责的主管人员和其他直接责任人员给予警告，并处以三万元以上十万元以下的罚款。

证券公司为前款规定的违法行为提供自己或者他人的证券交易账户的，除依照前款的规定处罚外，还应当撤销直接负责的主管人员和其他直接责任人员的任职资格或者证券从业资格。

第二百零九条 【非法从事证券自营业务的处罚】证券公司违反本法规定，假借他人名义或者以个人名义从事证券自营业务的，责令改正，没收违法所得，并处以违法所得一倍以上五倍以下的罚款；没有违法所得或者违法所得不足三十万元的，处以三十万元以上六十万元以下的罚款；情节严重的，暂停或者撤销证券自营业务许可。对直接负责的主管人员和其他直接责任人员给予警告，撤销任职资格或者证券从业资格，并处以三万元以上十万元以下的罚款。

第二百一十条 【违背客户的委托买卖证券、办理交易的处罚】证券公司违背客户的委托买卖证券、办理交易事项，或者违背客户真实意思表示，办理交易以外的其他事项的，责令改正，处以一万元以上十万元以下的罚款。给客户造成损失的，依法承担赔偿责任。

第二百一十一条 【挪用客户资金或者证券的处罚】证券公司、证券登记结算机构挪用客户的资金或者证券，或者未经客户的委托，擅自为客户买卖证券的，责令改正，没收违法所得，并处以违法所得一倍以上五倍以下的罚款；没有违法所得或者违法所得不足十万元的，处以十万元以上六十万元以下的罚款；情节严重的，责令关闭或者撤销相关业务许可。对直接负责的主管人员和其他直接责任人员给予警告，撤销任职资格或者证券从业资格，并处以三万元以上三十万元以下的罚款。

第二百一十二条 【经纪业务违规行为责任】证券公司办理经纪业务，接受客户的全权委托买卖证券的，或者证券公司对客户买卖证券的收益或者赔偿证券买卖的损失作出承诺的，责令改正，没收违法所得，并处以五万元以上二十万元以下的罚款，可以暂停或者撤销相关业务许可。对直接负责的主管人员和其他直接责任人员给予警告，并处以三万元以上十万元以下的罚款，可以撤销任职资格或者证券从业资格。

第二百一十三条 【收购人违规责任】收购人未按照本法规定履行上市公司收购的公告、发出收购要约等义务的，责令改正，给予警告，并处以十万元以上三十万元以下的罚款；在改正前，收购人对其收购或者通过协议、其他安排与他人共同收购的股份不得行使表决权。对直接负责的主管人员和其他直接责任人员给予警告，并处以三万元以上三十万元以下的罚款。

第二百一十四条 【损害被收购公司及其股东合法权益的处罚】收购人或者收购人的控股股东，利用上市公司收购，损害被收购公司及其股东的合法权益的，责令改正，给予警告；情节严重的，并处以十万元以上六十万元以下的罚款。给被收购公司及其股东造成损失的，依法承担赔偿责任。对直接负责的主管人员和其他直接责任人员给予警告，并处以三万元以上三十万元以下的罚款。

第二百一十五条 【私下接受委托买卖证券的处罚】证券公司及其从业人员违反本法规定，私下接受客户委托买卖证券的，责令改正，给予警告，没收违法所得，并处以违法所得一倍以上五倍以下的罚款；没有违法所得或者违法所得不足十万元的，处以十万元以上三十万元以下的罚款。

第二百一十六条 【违规经营非上市证券交易的处罚】证券公司违反规定，未经批准经营非上市证券的交易的，责令改正，没收违法所得，并处以违法所得一倍以上五倍以下的罚款。

第二百一十七条 【不正常营业的处罚】证券公司成立后，无正当理由超过三个月未开始营业的，或者开业后自行停业连续三个月以上的，由公司登记机关吊销其公司营业执照。

第二百一十八条 【擅自设立分支机构和经营机构的处罚】证券公司违反本法第一百二十九条的规定，擅自设立、收购、撤销分支机构，或者合并、分立、停业、解散、破产，或者在境外设立、收购、参股证券经营机构的，责令改正，没收违法所得，并处以违法所得一倍以上五倍以下的罚款；没有违法所得或者违法所得不足十万元的，处以十万元以上六十万元以下的罚款。对直接负责的主管人员给予警告，并处以三万元以上十万元以下的罚款。

证券公司违反本法第一百二十九条的规定，擅自变更有关事项的，责令改正，并处以十万元以上三十万元以下的罚款。对直接负责的主管人员给予警告，并处以五万元以下的罚款。

第二百一十九条 【超出业务许可范围经营证券业务的处罚】证券公司违反本法规定，超出业务许可范围经营证券业务的，责令改正，没收违法所得，并处以违法所得一倍以上五倍以下的罚款；没有违法所得或者违法所得不足三十万元的，处以三十万元以上六十万元以下罚款；情节严重的，责令关闭。对直接负责的主管人员和其他直接责任人员给予警告，撤销任职资格或者证券从业资格，并处以三万元以上十万元以下的罚款。

第二百二十条 【混合业务操作的处罚】证券公司对其证券经纪业务、证券承销业务、证券自营业务、证券资产管理业务，不依法分开办理，混合操作的，责令改正，没收违法所得，并处以三十万元以上六十万元以下的罚款；情节严重的，撤销相关业务许可。对直接负责的主管人员和其他直接责任人员给予警告，并处以三万元以上十万元以下的罚款；情节严重的，撤销任职资格或者证券从业资格。

第二百二十一条 【骗取证券业务许可的法律责任】提交虚假证明文件或者采取其他欺诈手段隐瞒重要事实骗取证券业务许可的，或者证券公司在证券交易中有严重违法行为，不再具备经营资格的，由证券监督管理机构撤销证券业务许可。

第二百二十二条 【欺诈责任】证券公司或者其股东、实际控制人违反规定，拒不向证券监督管理机构报送或者提供经营管理信息和资料，或者报送、提供的经营管理信息和资料有虚假记载、误导性陈述或者重大遗漏的，责令改正，给予警告，并处以三万元以上三十万元以下的罚款，可以暂停或者撤销证券公司相关业务许可。对直接负责的主管人员和其他直接责任人员，给予警告，并处以三万元以下的罚款，可以撤销任职资格或者证券从业资格。

证券公司为其股东或者股东的关联人提供融资或者担保的，责令改正，给予警告，并处以十万元以上三十万元以下的罚款。对直接负责的主管人员和其他直接责任人员，处以三万元以上十万元以下的罚款。股东有过错的，在按照要求改正前，国务院证券监督管理机构可以限制其股东权利；拒不改正的，可以责令其转让所持证券公司股权。

第二百二十三条 【证券服务机构的失职责任】证券服务机构未勤勉尽责，所制作、出具的文件有虚假记载、误导性陈述或者重大遗漏的，责令改正，没收业务收入，暂停或者撤销证券服务业务许可，并处以业务收入一倍以上五倍以下的罚款。对直接负责的主管人员和其他直接责任人员给予警告，撤销证券从业资格，并处以三万元以上十万元以下的罚款。

第二百二十四条 【违规发行、承销公司债券的责任】违反本法规定，发行、承销公司债券的，由国务院授权的部门依照本法有关规定予以处罚。

第二百二十五条 【资料保管不善的责任】上市公司、证券公司、证券交易所、证券登记结算机构、证券服务机构，未按照有关规定保存有关文件和资料的，责令改正，给予警告，并处以三万元以上三十万元以下的罚款；隐匿、伪造、篡改或者毁损有关文件和资料的，给予警告，并处以三十万元以上六十万元以下的罚款。

第二百二十六条 【擅自设立证券登记结算机构的责任】未经国务院证券监督管理机构批准，擅自设立证券登记结算机构的，由证券监督管理机构予以取缔，没收违法所得，并处以违法所得一倍以上五倍以下的罚款。

投资咨询机构、财务顾问机构、资信评级机构、资产评估机构、会计师事务所未经批准，擅自从事证券服务业务的，责令改正，没收违法所得，并处以违法所得一倍以上五倍以下的罚款。

证券登记结算机构、证券服务机构违反本法规定或者依法制定的业务规则的，由证券监督管理机构责令改正，没收违法所得，并处以违法所得一倍以上五倍以下的罚款；没有违法所得或者违法所得不足十万元的，处以十万元以上三十万元以下的罚款；情节严重的，责令关闭或者撤销证券服务业务许可。

第二百二十七条 【行政处罚情形】国务院证券监督管理机构或者国务院授权的部门有下列情形之一的，对直接负责的主管人员和其他直接责任人员，依法给予行政处分：

（一）对不符合本法规定的发行证券、设立证券公司等申请予以核准、批准的；

（二）违反规定采取本法第一百八十条规定的现场检查、调查取证、查询、冻结或者查封等措施的；

（三）违反规定对有关机构和人员实施行政处罚的；

（四）其他不依法履行职责的行为。

第二百二十八条 【监管失职的责任】证券监督管理机构的工作人员和发行审核委员会的组成人员，不履行本法规定的职责，滥用职权、玩忽职守，利用职务便利牟取不正当利益，或者泄露所知悉的有关单位和个人的商业秘密的，依法追究法律责任。

第二百二十九条 【违法核准上市责任】证券交易所对不符合本法规定条件的证券上市申请予以审核同意的，给予警告，没收业务收入，并处以业务收入一倍以上五倍以下的罚款。对直接负责的主管人员和其他直接责任人员给予警告，并处以三万元以上三十万元以下的罚款。

第二百三十条 【阻碍监管的治安处罚】拒绝、阻碍证券监督管理机构及其工作人员依法行使监督检查、调查职权未使用暴力、威胁方法的，依法给予治安管理处罚。

第二百三十一条 【刑事责任】违反本法规定，构成犯罪的，依法追究刑事责任。

第二百三十二条 【民事赔偿责任】违反本法规定，应当承担民事赔偿责任和缴纳罚款、罚金，其财产不足以同时支付时，先承担民事赔偿责任。

第二百三十三条 【市场禁入制度】违反法律、行政法规或者国务院证券监督管理机构的有关规定，情节严重的，国务院证券监督管理机构可以对有关责任人员采取证券市场禁入的措施。

前款所称证券市场禁入，是指在一定期限内直至终身不得从事证券业务或者不得担任上市公司董事、监事、高级管理人员的制度。

第二百三十四条 【罚款上缴国库】依照本法收缴的罚款和没收的违法所得，全部上缴国库。

第二百三十五条 【不服处罚决定的救济】当事人对证券监督管理机构或者国务院授权的部门的处罚决定不服的，可以依法申请行政复议，或者依法直接向人民法院提起诉讼。

第十二章 附 则

第二百三十六条 【与旧法的衔接】本法施行前依照行政法规已批准在证券交易所上市交易的证券继续依法进行交易。

本法施行前依照行政法规和国务院金融行政管理部门的规定经批准设立的证券经营机构，不完全符合本法规定的，应当在规定的限期内达到本法规定的要求。具体实施办法，由国务院另行规定。

第二百三十七条 【审核费用】发行人申请核准公开发行股票、公司债券，应当按照规定缴纳审核费用。

第二百三十八条 【境外上市交易】境内企业直接或者间接到境外发行证券或者将其证券在境外上市交易，必须经国务院证券监督管理机构依照国务院的规定批准。

第二百三十九条 【外币交易】境内公司股票以外币认购和交易的，具体办法由国务院另行规定。

第二百四十条 【施行日期】本法自2006年1月1日起施行。

中国证券监督管理委员会行政许可实施程序规定

（2009年12月16日中国证券监督管理委员会第265次主席办公会议审议通过 根据2018年3月8日中国证券监督管理委员会令第138号《关于修改〈中国证券监督管理委员会行政许可实施程序规定〉的决定》修订）

第一章 总 则

第一条 为了规范中国证券监督管理委员会（以下简称中国证监会）实施行政许可行为，完善证券期货行政许可实施程序制度，根据《行政许可法》、《证券法》、《证券投资基金法》、《期货交易管理条例》等法律、行政法规，制定本规定。

第二条 本规定所称行政许可，是指中国证监会根据自然人、法人或者其他组织（以下称申请人）的申请，经依法审查，准予其从事证券期货市场特定活动的行为。

第三条 中国证监会实施行政许可，其程序适用本规定。

申请人依法取得行政许可后，申请变更行政许可、延续行政许可有效期的，适用本规定。

第四条 中国证监会依照法定的权限、范围、条件和程序实施行政许可，遵循公开、公平、公正和便民的原则，提高办事效率，提供优质服务。

法律、行政法规规定实施行政许可应当遵循审慎监管原则的，从其规定。

第五条 中国证监会可以依法授权派出机构实施行政许可。授权实施的行政许可，以派出机构的名义作出行政许可决定。

第六条 中国证监会实施行政许可实行统一受理、统一送达、一次告知补正、说明理由、公示等制度。

第二章 一般程序

第一节 受 理

第七条 中国证监会实施行政许可，由专门的机构（以下称受理部门）办理行政许可申请受理事项。

第八条 申请人提交申请材料，受理部门应当要求申请人出示单位介绍信、身份证等身份证明文件，并予以核对。申请人委托他人提交申请材料的，受理部门还应当要求受托人提交申请人的授权委托书，出示受托人的身份证明文件。受理部门应当留存申请人、申请人的受托人的身份证明文件复印件。

申请人提交申请材料，应当填写《申请材料情况登记表》。

第九条 受理部门发现申请事项依法不需要取得行政许可或者不属于中国证监会职权范围的，应当即时告知申请人不予受理，并出具不予受理通知。申请事项依法不属于中国证监会职权范围的，还应当同时告知申请人向有关行政机关申请。

第十条 受理部门接收申请材料，应当及时办理登记手续，并向申请人开具申请材料接收凭证。

第十一条 负责审查申请材料的部门（以下称审查部门）对申请材料进行形式审查，需要申请人补正申请材料的，应当自出具接收凭证之日起5个工作日内一次性提出全部补正要求。审查部门不得多次要求申请人补正申请材料。

第十二条 需要申请人补正申请材料的，受理部门应当出具补正通知；申请人补正申请材料需要使用已提交申请材料的，应当将申请材料退回申请人并予以登记。

申请人应当自补正通知发出之日起30个工作日内提交补正申请材料。

受理部门负责接收、登记申请人按照要求提交的补正申请材料。

第十三条 申请人在作出受理申请决定之前要求撤回申请的，受理部门应当检查并留存申请人或者其受托人的身份证明文件（或复印件）、授权委托书、撤回申请的报告，收回申请材料接收凭证，经登记后将申请材料退回申请人。

将申请材料退回申请人，应当留存一份申请材料（或复印件）。

第十四条 申请事项属于中国证监会职权范围，申请材料齐全、符合法定形式的，由受理部门出具受理通知。

决定受理的申请，按照法律、行政法规的规定，申请人应当交纳有关费用的，受理部门应当通知申请人先行交费，凭交费凭证领取受理通知。

第十五条 申请人有下列情形之一的，作出不予受理申请决定：

（一）通知申请人补正申请材料，申请人在30个工作日内未能提交全部补正申请材料；

（二）申请人在30个工作日内提交的补正申请材料仍不齐全或者不符合法定形式；

（三）为申请人制作、出具有关申请材料的证券公司、证券服务机构因涉嫌违法违规被中国证监会及其派出机构立案调查，或者被司法机关侦查，尚未结案，且涉案行为与其为申请人提供服务的行为属于同类业务或者对市场有重大影响；

（四）为申请人制作、出具有关申请材料的证券公司、证券服务机构的有关人员因涉嫌违法违规被中国证监会及其派出机构立案调查，或者被司法机关侦查，尚未结案，且涉案行为与其为申请人提供服务的行为属于同类业务或者对市场有重大影响；

（五）法律、行政法规及中国证监会规定的其他情形。

决定不予受理申请的，受理部门出具不予受理通知，告知申请人或者其受托人取回申请材料。申请人或者其受托人取回申请材料的，受理部门应当检查并留存申请人或者其受托人的身份证明文件（或复印件）、授权委托书，经登记后将申请材料退回申请人。

第十六条 受理或者不予受理申请决定，应当自出具申请材料接收凭证之日起5个工作日内或者接收全部补正申请材料之日起两个工作日内作出，逾期不作出决定或者不告知申请人补正申请材料的，自出具申请材料接收凭证之日起即为受理。

第二节 审 查

第十七条 审查部门在审查申请材料过程中，认为需要申请人作出书面说明、解释的，原则上应当将问题一次汇总成书面反馈意见。申请人应当在审查部门规定的期限内提交书面回复意见；确有困难的，可以提交延期回复的书面报告，并说明理由。

确需由申请人作出进一步说明、解释的，审查部门可以提出第二次书面反馈意见，并要求申请人在书面反馈意见发出之日起30个工作日内提交书面回复意见。

申请人的书面回复意见不明确，情况复杂，审查部门难以作出准确判断的，经中国证监会负责人批准，可以增加书面反馈的次数，并要求申请人在书面反馈意见发出之日起30个工作日内提交书面回复意见。

书面反馈意见由受理部门告知、送达申请人。申请人提交的书面回复意见，由受理部门负责接收、登记。

审查部门负责审查申请材料的工作人员在首次书面反馈意见告知、送达申请人之前，不得就申请事项主动与申请人或者其受托人进行接触。

第十八条 需要申请人当面就其提交的书面回复意见作出说明、解释的，审查部门应当指派两名以上工作人员在办公场所与申请人、申请人聘请的中介机构或者申请人的受托人进行会谈。涉及重大事项的，审查部门应当制作会谈记录，并由审查部门工作人员、参与会谈的申请人、申请人聘请的中介机构或者申请人的受托人签字确认。

需要申请人就其提交的书面回复意见作出说明、解释，事项简单的，审查部门工作人员可以通过电话、传真、电子邮件等方式办理，并制作、留存有关电话记录、传真件或者电子邮件。

第十九条 审查部门在审查申请材料过程中，依据法定条件和程序，可以直接或者委托派出机构对申请材料的有关内容进行实地核查。

对有关举报材料，中国证监会及其派出机构可以通过下列方式进行核查：

（一）要求申请人作出书面说明；

（二）要求负有法定职责的有关中介机构作出书面说明；

（三）委托有关中介机构进行实地核查；

（四）直接进行实地核查；

（五）法律、行政法规以及中国证监会规定的其他核查方式。

需要实地核查的，中国证监会及其派出机构应当指派两名以上工作人员进行核查。

第三节 决 定

第二十条 在审查申请材料过程中，申请人有下列情形之一的，应当作出终止审查的决定，通知申请人：

（一）申请人主动要求撤回申请；

（二）申请人是自然人，该自然人死亡或者丧失行为能力；

（三）申请人是法人或者其他组织，该法人或者其他组织依法终止；

（四）申请人未在规定的期限内提交书面回复意见，且未提交延期回复的报告，或者虽提交延期回复的报告，但未说明理由或理由不充分；

（五）申请人未在本规定第十七条第二款、第三款规定的30个工作日内提交书面回复意见。

第二十一条 申请人主动要求撤回申请的，应当向受理部门提交书面报告，受理部门应当出具终止审查通知，经检查并留存申请人或者其受托人的身份证明文件（或复印件）、授权委托书，留存一份申请材料（或复印件），登记后将申请材料退回申请人。

第二十二条 在审查申请材料过程中，有下列情形之一的，应当作出中止审查的决定，通知申请人：

（一）申请人因涉嫌违法违规被行政机关调查，或者被司法机关侦查，尚未结案，对其行政许可事项影响重大；

（二）申请人被中国证监会依法采取限制业务活动、责令停业整顿、指定其他机构托管、接管等监管措施，尚未解除；

（三）为申请人制作、出具有关申请材料的证券公司、证券服务机构因涉嫌违法违规被中国证监会及其派出机构立案调查，或者被司法机关侦查，尚未结案，且涉案行为与其为申请人提供服务的行为属于同类业务或者对市场有重大影响；

（四）为申请人制作、出具有关申请材料的证券公司、证券服务机构的有关人员因涉嫌违法违规被中国证监会及其派出机构立案调查，或者被司法机关侦查，尚未结案，且涉案行为与其为申请人提供服务的行为属于同类业务或者对市场有重大影响；

（五）对有关法律、行政法规、规章的规定，需要进一步明确具体含义，请求有关机关作出解释；

（六）申请人主动要求中止审查，理由正当。

法律、行政法规、规章对前款情形另有规定的，从其规定。

第二十三条 因本规定第二十二条第一款第（一）、（二）、（五）项规定情形中止审查的，该情形消失后，中国证监会恢复审查，通知申请人。

因本规定第二十二条第一款第（三）、（四）项规定情形中止审查的，证券公司、证券服务机构应当指派与被调查事项无关的人员，对该机构或者有关人员为被中止审查的申请事项制作、出具的申请材料进行复核。按要求提交复核报告，并对申请事项符合行政许可法定条件、标准，所制作、出具的文件不存在虚假记载、误导性陈述或者重大遗漏发表明确复核意见的，中国证监会应当在30个工作日内恢复审查，通知申请人。

申请人主动要求中止审查的，应当向受理部门提交书面申请。同意中止审查的，受理部门应当出具中止审查通知。申请人申请恢复审查的，应当向受理部门提交书面申请。同意恢复审查的，受理部门应当出具恢复审查通知。

第二十四条 中国证监会根据申请人的申请是否符合法定条件、标准，作出准予或者不予行政许可的决定。

作出不予行政许可决定的，应当在不予行政许可决定中说明理由，并告知申请人享有依法申请行政复议或者提起行政诉讼的权利。

第二十五条 作出准予行政许可的决定，需要颁发行政许可证件的，应当向申请人颁发下列行政许可证件：

（一）中国证监会的批准文件；

（二）资格证、资质证或者其他合格证书；

（三）许可证、执照或者其他许可证书；

（四）法律、行政法规规定的其他行政许可证件。

第三章 简易程序

第二十六条 事项简单、审查标准明确、申请材料采用格式文本的行政许可，其实施程序适用本章规定。

适用简易程序的行政许可事项，由中国证监会予以公布。

第二十七条 适用简易程序的行政许可，受理部门当场进行形式审查，并直接作出是否受理的决定或者提出补正申请材料的要求。申请材料存在可以当场更正的错误的，受理部门应当允许申请人当场更正。

第二十八条 审查部门在审查适用简易程序的行政许可申请过程中，可以向申请人口头提出申请材料中存在的问题，要求申请人进行说明、解释，并应当制作相关记录后签字保存。确需书面反馈意见的，依照本规定第十七条的规定办理。

第二十九条 适用简易程序的行政许可，由审查部门根据中国证监会负责人的授权，作出准予或者不予行政许可决定，并加盖中国证监会印章。

第四章 特殊程序

第三十条 派出机构进行初步审查、中国证监会进行复审并作出决定的行政许可，由派出机构依照本规定第二章第一节的规定接收、登记申请材料，作出是否受理的决定并送达申请人。

中国证监会根据审查情况和派出机构的初步审查意见，作出准予或者不予行政许可的决定。

第三十一条 中国证监会审查、派出机构出具书面意见的行政许可，其受理事项依照本规定第二章第一节的规定办理。

中国证监会根据审查情况和派出机构的意见，作出准予或者不予行政许可的决定。

第三十二条 依法由中国证监会和其他行政机关共同作出决定的行政许可，中国证监会主办的，其受理事项依照本规定第二章第一节的规定办理。

中国证监会提出审查意见，将申请材料移送有关行政机关审查会签。有关行政机关审查会签完毕，中国证监会根据会签情况作出准予或者不予行政许可决定。

第三十三条 依法由中国证监会和其他行政机关共同作出决定的行政许可，其他行政机关主办的，由受理部门接收、登记申请材料。

中国证监会审查会签后，退回主办行政机关或者转送其他需要会签的行政机关。

第五章 期限与送达

第三十四条 除本规定第四章规定的由派出机构进行初步审查的行政许可、中国证监会和其他行政机关共同作出决定的行政许可外，中国证监会实施行政许可应当自受理申请之日起20个工作日内作出行政许可决定。20个工作日内不能作出行政许可决定的，经中国证监会负责人批准，可以延长10个工作日，并由受理部门将延长期限的理由告知申请人。但是，法律、行政法规另有规定的，从其规定。

第三十五条 派出机构进行初步审查，中国证监会进行复审并作出决定的行政许可，派出机构应当自其受理行政许可申请之日起20个工作日内审查完毕并向中国证监会报送初步审查意见和全部申请材料。中国证监会应当自接收前述材料之日起20个工作日内作出行政许可决定。但是，法律、行政法规另有规定的，从其规定。

第三十六条 需要申请人对申请材料中存在的问题进行说明、解释的，自书面反馈意见发出之日起到接收申请人书面回复意见的时间，不计算在本章规定的期限内。

第三十七条 需要对行政许可申请进行实地核查或者对有关举报材料进行核查的，自作出核查决定之日起到核查结束的时间，不计算在本章规定的期限内。

第三十八条 依法需要专家评审的行政许可，自书面通知专家参加评审会议之日起到评审会议结束所需的时间，不计算在本章规定的期限内。受理部门应当将专家评审会议所需时间在受理通知书中注明。

第三十九条 依照本规定中止审查行政许可申请的，自书面通知中止审查之日起至书面通知恢复审查之日止的时间，不计算在本章规定的期限内。

第四十条 作出准予或者不予行政许可的决定，应当自作出决定之日起10个工作日内向申请人送达本规定第二十五条规定的行政许可证件或者不予行政许可的书面决定。

第四十一条 在行政许可受理、审查环节出具的申请材料接收凭证，送达的补正通知、受理通知、不予受理通知、书面反馈意见等行政许可文件，应当加盖中国证监会行政许可专用章。

由派出机构进行初步审查的行政许可，派出机构在受理环节出具的有关行政许可文件应使用加盖中国证监会行政许可专用章的函件。

在行政许可决定环节送达的中止审查通知、恢复审查通知、终止审查通知、本规定第二十五条规定的行政许可证件以及不予行政许可书面决定等,应当加盖中国证监会印章。

第四十二条 补正通知、受理通知、不予受理通知、书面反馈意见、中止审查通知、恢复审查通知、终止审查通知、本规定第二十五条规定的行政许可证件、不予行政许可书面决定等行政许可文件,由受理部门按照申请人选定的联系方式和送达方式统一告知、送达申请人,受理部门应当对送达的情况进行记录并存档。

依据本规定第三十条、第三十一条作出的行政许可书面决定,还应当同时抄送有关派出机构。

第四十三条 行政许可文件可以通过邮寄、申请人自行领取、申请人委托他人领取、公告等方式送达申请人。

第四十四条 申请人要求邮寄送达行政许可文件的,受理部门应当采用挂号信或者特快专递的方式送达,并应当附送达回证,在挂号信或者特快专递的封面写明行政许可文件的名称。受理部门应当及时向邮政部门索要证明申请人签收的邮政部门回执。

第四十五条 申请人自行领取行政许可文件的,受理部门应当要求申请人出示单位介绍信、身份证等身份证明文件并予以签收。申请人委托他人领取的,受理部门应当要求受托人出示申请人的授权委托书、受托人的身份证明文件并予以签收。受理部门应当留存申请人、申请人的受托人的身份证明文件复印件。

第四十六条 申请人在接到领取通知5个工作日内不领取行政许可文件且受理部门无法通过邮寄等方式送达的,可以公告送达。自公告之日起,经过60日,即视为送达。

第六章　公　　示

第四十七条 行政许可的事项、依据、条件、数量、程序、期限以及需要申请人提交的全部申请材料的目录和申请书示范文本等应当进行公示,以方便申请人查阅。

依法应当举行国家考试,赋予公民从事有关证券期货业务特定资格的,应当事先公示资格考试的报名条件、报考办法、考试科目以及考试大纲。

第四十八条 中国证监会采取下列方式进行公示:

(一)在中国证监会互联网站上公布;

(二)印制行政许可手册,并放置在办公场所;

(三)在办公场所张贴;

(四)其他有效便捷的公示方式。

第四十九条 申请人要求对公示内容予以说明、解释的,审查部门予以说明、解释。

第五十条 作出准予或者不予行政许可决定的,应当自作出决定之日起20个工作日内在中国证监会互联网站上予以公布;但涉及国家秘密、商业秘密、个人隐私的除外。

中国证监会定期出版公告,收录中国证监会及其派出机构作出的准予或者不予行政许可决定。

第七章　附　　则

第五十一条 法律、行政法规对有关行政许可实施程序另有规定的,从其规定。

本规定有原则规定,中国证监会规章及规范性文件有具体程序规定的,依照具体程序规定执行。

本规定第三章、第四章未作出规定的其他程序,适用第二章的规定。

第五十二条 中国证监会受理部门、审查部门、派出机构及其工作人员在实施行政许可活动中违反本规定的,依照有关行政许可执法监督的规定进行处理。

第五十三条 本规定自2010年2月1日起施行。《中国证券监督管理委员会行政许可实施程序规定(试行)》(证监发〔2004〕62号)同时废止。

上市公司证券发行管理办法

（2006 年 5 月 6 日中国证券监督管理委员会令第 30 号公布
根据 2008 年 10 月 9 日中国证券监督管理委员会令第 57 号
《关于修改上市公司现金分红若干规定的决定》修订）

第一章　总　　则

第一条　为了规范上市公司证券发行行为，保护投资者的合法权益和社会公共利益，根据《证券法》、《公司法》制定本办法。

第二条　上市公司申请在境内发行证券，适用本办法。

本办法所称证券，指下列证券品种：

（一）股票；

（二）可转换公司债券；

（三）中国证券监督管理委员会（以下简称“中国证监会”）认可的其他品种。

第三条　上市公司发行证券，可以向不特定对象公开发行，也可以向特定对象非公开发行。

第四条　上市公司发行证券，必须真实、准确、完整、及时、公平地披露或者提供信息，不得有虚假记载、误导性陈述或者重大遗漏。

第五条　中国证监会对上市公司证券发行的核准，不表明其对该证券的投资价值或者投资者的收益作出实质性判断或者保证。因上市公司经营与收益的变化引致的投资风险，由认购证券的投资者自行负责。

第二章　公开发行证券的条件

第一节　一般规定

第六条　上市公司的组织机构健全、运行良好，符合下列规定：

（一）公司章程合法有效，股东大会、董事会、监事会和独立董事制度健全，能够依法有效履行职责；

（二）公司内部控制制度健全，能够有效保证公司运行的效率、合法合规性和财务报告的可靠性；内部控制制度的完整性、合理性、有效性不存在重大缺陷；

（三）现任董事、监事和高级管理人员具备任职资格，能够忠实和勤勉地履行职务，不存在违反公司法第一百四十八条、第一百四十九条规定的行为，且最近三十六个月内未受到过中国证监会的行政处罚、最近十二个月内未受到过证券交易所的公开谴责；

（四）上市公司与控股股东或实际控制人的人员、资产、财务分开，机构、业务独立，能够自主经营管理；

（五）最近十二个月内不存在违规对外提供担保的行为。

第七条　上市公司的盈利能力具有可持续性，符合下列规定：

（一）最近三个会计年度连续盈利。扣除非经常性损益后的净利润与扣除前的净利润相比，以低者作为计算依据；

（二）业务和盈利来源相对稳定，不存在严重依赖于控股股东、实际控制人的情形；

（三）现有主营业务或投资方向能够可持续发展，经营模式和投资计划稳健，主要产品或服务的市场前景良好，行业经营环境和市场需求不存在现实或可预见的重大不利变化；

（四）高级管理人员和核心技术人员稳定，最近十二个月内未发生重大不利变化；

（五）公司重要资产、核心技术或其他重大权益的取得合法，能够持续使用，不存在现实或可预见的重大不利变化；

（六）不存在可能严重影响公司持续经营的担保、诉讼、仲裁或其他重大事项；

（七）最近二十四个月内曾公开发行证券的，不存在发行当年营业利润比上年下降百分之五十以上的情形。

第八条 上市公司的财务状况良好，符合下列规定：

（一）会计基础工作规范，严格遵循国家统一会计制度的规定；

（二）最近三年及一期财务报表未被注册会计师出具保留意见、否定意见或无法表示意见的审计报告；被注册会计师出具带强调事项段的无保留意见审计报告的，所涉及的事项对发行人无重大不利影响或者在发行前重大不利影响已经消除；

（三）资产质量良好。不良资产不足以对公司财务状况造成重大不利影响；

（四）经营成果真实，现金流量正常。营业收入和成本费用的确认严格遵循国家有关企业会计准则的规定，最近三年资产减值准备计提充分合理，不存在操纵经营业绩的情形；

（五）最近三年以现金方式累计分配的利润不少于最近三年实现的年均可分配利润的百分之三十。

第九条 上市公司最近三十六个月内财务会计文件无虚假记载，且不存在下列重大违法行为：

（一）违反证券法律、行政法规或规章，受到中国证监会的行政处罚，或者受到刑事处罚；

（二）违反工商、税收、土地、环保、海关法律、行政法规或规章，受到行政处罚且情节严重，或者受到刑事处罚；

（三）违反国家其他法律、行政法规且情节严重的行为。

第十条 上市公司募集资金的数额和使用应当符合下列规定：

（一）募集资金数额不超过项目需要量；

（二）募集资金用途符合国家产业政策和有关环境保护、土地管理等法律和行政法规的规定；

（三）除金融类企业外，本次募集资金使用项目不得为持有交易性金融资产和可供出售的金融资产、借予他人、委托理财等财务性投资，不得直接或间接投资于以买卖有价证券为主要业务的公司；

（四）投资项目实施后，不会与控股股东或实际控制人产生同业竞争或影响公司生产经营的独立性；

（五）建立募集资金专项存储制度，募集资金必须存放于公司董事会决定的专项账户。

第十一条 上市公司存在下列情形之一的，不得公开发行证券：

（一）本次发行申请文件有虚假记载、误导性陈述或重大遗漏；

（二）擅自改变前次公开发行证券募集资金的用途而未作纠正；

（三）上市公司最近十二个月内受到过证券交易所的公开谴责；

（四）上市公司及其控股股东或实际控制人最近十二个月内存在未履行向投资者作出的公开承诺的行为；

（五）上市公司或其现任董事、高级管理人员因涉嫌犯罪被司法机关立案侦查或涉嫌违法违规被中国证监会立案调查；

（六）严重损害投资者的合法权益和社会公共利益的其他情形。

第二节　发行股票

第十二条 向原股东配售股份（简称“配股”），除符合本章第一节规定外，还应当符合下列规定：

（一）拟配售股份数量不超过本次配售股份前股本总额的百分之三十；

（二）控股股东应当在股东大会召开前公开承诺认配股份的数量；

（三）采用证券法规定的代销方式发行。

控股股东不履行认配股份的承诺，或者代销期限届满，原股东认购股票的数量未达到拟配售数量百分之七十的，发行人应当按照发行价并加算银行同期存款利息返还已经认购的股东。

第十三条　向不特定对象公开募集股份（简称"增发"），除符合本章第一节规定外，还应当符合下列规定：

（一）最近三个会计年度加权平均净资产收益率平均不低于百分之六。扣除非经常性损益后的净利润与扣除前的净利润相比，以低者作为加权平均净资产收益率的计算依据；

（二）除金融类企业外，最近一期末不存在持有金额较大的交易性金融资产和可供出售的金融资产、借予他人款项、委托理财等财务性投资的情形；

（三）发行价格应不低于公告招股意向书前二十个交易日公司股票均价或前一个交易日的均价。

第三节　发行可转换公司债券

第十四条　公开发行可转换公司债券的公司，除应当符合本章第一节规定外，还应当符合下列规定：

（一）最近三个会计年度加权平均净资产收益率平均不低于百分之六。扣除非经常性损益后的净利润与扣除前的净利润相比，以低者作为加权平均净资产收益率的计算依据；

（二）本次发行后累计公司债券余额不超过最近一期末净资产额的百分之四十；

（三）最近三个会计年度实现的年均可分配利润不少于公司债券一年的利息。

前款所称可转换公司债券，是指发行公司依法发行、在一定期间内依据约定的条件可以转换成股份的公司债券。

第十五条　可转换公司债券的期限最短为一年，最长为六年。

第十六条　可转换公司债券每张面值一百元。

可转换公司债券的利率由发行公司与主承销商协商确定，但必须符合国家的有关规定。

第十七条　公开发行可转换公司债券，应当委托具有资格的资信评级机构进行信用评级和跟踪评级。

资信评级机构每年至少公告一次跟踪评级报告。

第十八条　上市公司应当在可转换公司债券期满后五个工作日内办理完毕偿还债券余额本息的事项。

第十九条　公开发行可转换公司债券，应当约定保护债券持有人权利的办法，以及债券持有人会议的权利、程序和决议生效条件。

存在下列事项之一的，应当召开债券持有人会议：

（一）拟变更募集说明书的约定；

（二）发行人不能按期支付本息；

（三）发行人减资、合并、分立、解散或者申请破产；

（四）保证人或者担保物发生重大变化；

（五）其他影响债券持有人重大权益的事项。

第二十条　公开发行可转换公司债券，应当提供担保，但最近一期末经审计的净资产不低于人民币十五亿元的公司除外。

提供担保的，应当为全额担保，担保范围包括债券的本金及利息、违约金、损害赔偿金和实现债权的费用。

以保证方式提供担保的，应当为连带责任担保，且保证人最近一期经审计的净资产额应不低于其累计对外担保的金额。证券公司或上市公司不得作为发行可转债的担保人，但上市商业银行除外。

设定抵押或质押的，抵押或质押财产的估值应不低于担保金额。估值应经有资格的资产评估机构评估。

第二十一条　可转换公司债券自发行结束之日起六个月后方可转换为公司股票，转股期限由公司根据可转换公司债券的存续期限及公司财务状况确定。

债券持有人对转换股票或者不转换股票有选择权，并于转股的次日成为发行公司的股东。

第二十二条 转股价格应不低于募集说明书公告日前二十个交易日该公司股票交易均价和前一交易日的均价。

前款所称转股价格，是指募集说明书事先约定的可转换公司债券转换为每股股份所支付的价格。

第二十三条 募集说明书可以约定赎回条款，规定上市公司可按事先约定的条件和价格赎回尚未转股的可转换公司债券。

第二十四条 募集说明书可以约定回售条款，规定债券持有人可按事先约定的条件和价格将所持债券回售给上市公司。

募集说明书应当约定，上市公司改变公告的募集资金用途的，赋予债券持有人一次回售的权利。

第二十五条 募集说明书应当约定转股价格调整的原则及方式。发行可转换公司债券后，因配股、增发、送股、派息、分立及其他原因引起上市公司股份变动的，应当同时调整转股价格。

第二十六条 募集说明书约定转股价格向下修正条款的，应当同时约定：

（一）转股价格修正方案须提交公司股东大会表决，且须经出席会议的股东所持表决权的三分之二以上同意。股东大会进行表决时，持有公司可转换债券的股东应当回避；

（二）修正后的转股价格不低于前项规定的股东大会召开日前二十个交易日该公司股票交易均价和前一交易日的均价。

第二十七条 上市公司可以公开发行认股权和债券分离交易的可转换公司债券（简称“分离交易的可转换公司债券”）。

发行分离交易的可转换公司债券，除符合本章第一节规定外，还应当符合下列规定：

（一）公司最近一期末经审计的净资产不低于人民币十五亿元；

（二）最近三个会计年度实现的年均可分配利润不少于公司债券一年的利息；

（三）最近三个会计年度经营活动产生的现金流量净额平均不少于公司债券一年的利息，符合本办法第十四条第（一）项规定的公司除外；

（四）本次发行后累计公司债券余额不超过最近一期末净资产额的百分之四十，预计所附认股权全部行权后募集的资金总量不超过拟发行公司债券金额。

第二十八条 分离交易的可转换公司债券应当申请在上市公司股票上市的证券交易所上市交易。

分离交易的可转换公司债券中的公司债券和认股权分别符合证券交易所上市条件的，应当分别上市交易。

第二十九条 分离交易的可转换公司债券的期限最短为一年。

债券的面值、利率、信用评级、偿还本息、债权保护适用本办法第十六条至第十九条的规定。

第三十条 发行分离交易的可转换公司债券，发行人提供担保的，适用本办法第二十条第二款至第四款的规定。

第三十一条 认股权证上市交易的，认股权证约定的要素应当包括行权价格、存续期间、行权期间或行权日、行权比例。

第三十二条 认股权证的行权价格应不低于公告募集说明书日前二十个交易日公司股票均价和前一个交易日的均价。

第三十三条 认股权证的存续期间不超过公司债券的期限，自发行结束之日起不少于六个月。

募集说明书公告的权证存续期限不得调整。

第三十四条 认股权证自发行结束至少已满六个月起方可行权，行权期间为存续期限届满前的一段期间，或者是存续期限内的特定交易日。

第三十五条 分离交易的可转换公司债券募集说明书应当约定，上市公司改变公告的募集资金用途的，赋予债券持有人一次回售的权利。

第三章　非公开发行股票的条件

第三十六条　本办法规定的非公开发行股票，是指上市公司采用非公开方式，向特定对象发行股票的行为。

第三十七条　非公开发行股票的特定对象应当符合下列规定：

（一）特定对象符合股东大会决议规定的条件；

（二）发行对象不超过十名。

发行对象为境外战略投资者的，应当经国务院相关部门事先批准。

第三十八条　上市公司非公开发行股票，应当符合下列规定：

（一）发行价格不低于定价基准日前二十个交易日公司股票均价的百分之九十；

（二）本次发行的股份自发行结束之日起，十二个月内不得转让；控股股东、实际控制人及其控制的企业认购的股份，三十六个月内不得转让；

（三）募集资金使用符合本办法第十条的规定；

（四）本次发行将导致上市公司控制权发生变化的，还应当符合中国证监会的其他规定。

第三十九条　上市公司存在下列情形之一的，不得非公开发行股票：

（一）本次发行申请文件有虚假记载、误导性陈述或重大遗漏；

（二）上市公司的权益被控股股东或实际控制人严重损害且尚未消除；

（三）上市公司及其附属公司违规对外提供担保且尚未解除；

（四）现任董事、高级管理人员最近三十六个月内受到过中国证监会的行政处罚，或者最近十二个月内受到过证券交易所公开谴责；

（五）上市公司或其现任董事、高级管理人员因涉嫌犯罪正被司法机关立案侦查或涉嫌违法违规正被中国证监会立案调查；

（六）最近一年及一期财务报表被注册会计师出具保留意见、否定意见或无法表示意见的审计报告。保留意见、否定意见或无法表示意见所涉及事项的重大影响已经消除或者本次发行涉及重大重组的除外；

（七）严重损害投资者合法权益和社会公共利益的其他情形。

第四章　发行程序

第四十条　上市公司申请发行证券，董事会应当依法就下列事项作出决议，并提请股东大会批准：

（一）本次证券发行的方案；

（二）本次募集资金使用的可行性报告；

（三）前次募集资金使用的报告；

（四）其他必须明确的事项。

第四十一条　股东大会就发行股票作出的决定，至少应当包括下列事项：

（一）本次发行证券的种类和数量；

（二）发行方式、发行对象及向原股东配售的安排；

（三）定价方式或价格区间；

（四）募集资金用途；

（五）决议的有效期；

（六）对董事会办理本次发行具体事宜的授权；

（七）其他必须明确的事项。

第四十二条　股东大会就发行可转换公司债券作出的决定，至少应当包括下列事项：

（一）本办法第四十一条规定的事项；

（二）债券利率；

（三）债券期限；

（四）担保事项；

（五）回售条款；

（六）还本付息的期限和方式；

（七）转股期；

（八）转股价格的确定和修正。

第四十三条　股东大会就发行分离交易的可转换公司债券作出的决定，至少应当包括下列事项：

（一）本办法第四十一条、第四十二条第

（二）项至第（六）项规定的事项；

（二）认股权证的行权价格；

（三）认股权证的存续期限；

（四）认股权证的行权期间或行权日。

第四十四条 股东大会就发行证券事项作出决议，必须经出席会议的股东所持表决权的三分之二以上通过。向本公司特定的股东及其关联人发行证券的，股东大会就发行方案进行表决时，关联股东应当回避。

上市公司就发行证券事项召开股东大会，应当提供网络或者其他方式为股东参加股东大会提供便利。

第四十五条 上市公司申请公开发行证券或者非公开发行新股，应当由保荐人保荐，并向中国证监会申报。

保荐人应当按照中国证监会的有关规定编制和报送发行申请文件。

第四十六条 中国证监会依照下列程序审核发行证券的申请：

（一）收到申请文件后，五个工作日内决定是否受理；

（二）中国证监会受理后，对申请文件进行初审；

（三）发行审核委员会审核申请文件；

（四）中国证监会作出核准或者不予核准的决定。

第四十七条 自中国证监会核准发行之日起，上市公司应在六个月内发行证券；超过六个月未发行的，核准文件失效，须重新经中国证监会核准后方可发行。

第四十八条 上市公司发行证券前发生重大事项的，应暂缓发行，并及时报告中国证监会。该事项对本次发行条件构成重大影响的，发行证券的申请应重新经过中国证监会核准。

第四十九条 上市公司发行证券，应当由证券公司承销；非公开发行股票，发行对象均属于原前十名股东的，可以由上市公司自行销售。

第五十条 证券发行申请未获核准的上市公司，自中国证监会作出不予核准的决定之日起六个月后，可再次提出证券发行申请。

第五章 信息披露

第五十一条 上市公司发行证券，应当按照中国证监会规定的程序、内容和格式，编制公开募集证券说明书或者其他信息披露文件，依法履行信息披露义务。

第五十二条 上市公司应当保证投资者及时、充分、公平地获得法定披露的信息，信息披露文件使用的文字应当简洁、平实、易懂。

中国证监会规定的内容是信息披露的最低要求，凡对投资者投资决策有重大影响的信息，上市公司均应充分披露。

第五十三条 证券发行议案经董事会表决通过后，应当在二个工作日内报告证券交易所，公告召开股东大会的通知。

使用募集资金收购资产或者股权的，应当在公告召开股东大会通知的同时，披露该资产或者股权的基本情况、交易价格、定价依据以及是否与公司股东或其他关联人存在利害关系。

第五十四条 股东大会通过本次发行议案之日起两个工作日内，上市公司应当公布股东大会决议。

第五十五条 上市公司收到中国证监会关于本次发行申请的下列决定后，应当在次一工作日予以公告：

（一）不予受理或者终止审查；

（二）不予核准或者予以核准。

上市公司决定撤回证券发行申请的，应当在撤回申请文件的次一工作日予以公告。

第五十六条 上市公司全体董事、监事、高级管理人员应当在公开募集证券说明书上签字，保证不存在虚假记载、误导性陈述或者重大遗漏，并声明承担个别和连带的法律责任。

第五十七条 保荐机构及保荐代表人应当对公开募集证券说明书的内容进行尽职调查并签字，确认不存在虚假记载、误导性陈述或者重大遗漏，并声明承担相应的法律责任。

第五十八条　为证券发行出具专项文件的注册会计师、资产评估人员、资信评级人员、律师及其所在机构，应当按照本行业公认的业务标准和道德规范出具文件，并声明对所出具文件的真实性、准确性和完整性承担责任。

第五十九条　公开募集证券说明书所引用的审计报告、盈利预测审核报告、资产评估报告、资信评级报告，应当由有资格的证券服务机构出具，并由至少二名有从业资格的人员签署。

公开募集证券说明书所引用的法律意见书，应当由律师事务所出具，并由至少二名经办律师签署。

第六十条　公开募集证券说明书自最后签署之日起六个月内有效。

公开募集证券说明书不得使用超过有效期的资产评估报告或者资信评级报告。

第六十一条　上市公司在公开发行证券前的二至五个工作日内，应当将经中国证监会核准的募集说明书摘要或者募集意向书摘要刊登在至少一种中国证监会指定的报刊，同时将其全文刊登在中国证监会指定的互联网网站，置备于中国证监会指定的场所，供公众查阅。

第六十二条　上市公司在非公开发行新股后，应当将发行情况报告书刊登在至少一种中国证监会指定的报刊，同时将其刊登在中国证监会指定的互联网网站，置备于中国证监会指定的场所，供公众查阅。

第六十三条　上市公司可以将公开募集证券说明书全文或摘要、发行情况公告书刊登于其他网站和报刊，但不得早于按照第六十一条、第六十二条规定披露信息的时间。

第六章　监管和处罚

第六十四条　上市公司违反本办法规定，中国证监会可以责令整改；对其直接负责的主管人员和其他直接责任人员，可以采取监管谈话、认定为不适当人选等行政监管措施，记入诚信档案并公布。

第六十五条　上市公司及其直接负责的主管人员和其他直接责任人员违反法律、行政法规或本办法规定，依法应予行政处罚的，依照有关规定进行处罚；涉嫌犯罪的，依法移送司法机关，追究其刑事责任。

第六十六条　上市公司提供的申请文件中有虚假记载、误导性陈述或重大遗漏的，中国证监会可作出终止审查决定，并在三十六个月内不再受理该公司的公开发行证券申请。

第六十七条　上市公司披露盈利预测的，利润实现数如未达到盈利预测的百分之八十，除因不可抗力外，其法定代表人、盈利预测审核报告签字注册会计师应当在股东大会及中国证监会指定报刊上公开作出解释并道歉；中国证监会可以对法定代表人处以警告。

利润实现数未达到盈利预测的百分之五十的，除因不可抗力外，中国证监会在三十六个月内不受理该公司的公开发行证券申请。

第六十八条　上市公司违反本办法第十条第（三）项和第（四）项规定的，中国证监会可以责令改正，并在三十六个月内不受理该公司的公开发行证券申请。

第六十九条　为证券发行出具审计报告、法律意见、资产评估报告、资信评级报告及其他专项文件的证券服务机构和人员，在其出具的专项文件中存在虚假记载、误导性陈述或重大遗漏的，除承担证券法规定的法律责任外，中国证监会十二个月内不接受相关机构出具的证券发行专项文件，三十六个月内不接受相关人员出具的证券发行专项文件。

第七十条　承销机构在承销非公开发行的新股时，将新股配售给不符合本办法第三十七条规定的对象的，中国证监会可以责令改正，并在三十六个月内不接受其参与证券承销。

第七十一条　上市公司在非公开发行新股时，违反本办法第四十九条规定的，中国证监会可以责令改正，并在三十六个月内不受理该公司的公开发行证券申请。

第七十二条 本办法规定的特定对象违反规定,擅自转让限售期限未满的股票的,中国证监会可以责令改正,情节严重的,十二个月内不得作为特定对象认购证券。

第七十三条 上市公司和保荐机构、承销商向参与认购的投资者提供财务资助或补偿的,中国证监会可以责令改正;情节严重的,处以警告、罚款。

第七章 附 则

第七十四条 上市公司发行以外币认购的证券的办法、上市公司向员工发行证券用于激励的办法,由中国证监会另行规定。

第七十五条 本办法自2006年5月8日起施行。《上市公司新股发行管理办法》(证监会令第1号)、《关于做好上市公司新股发行工作的通知》(证监发〔2001〕43号)、《关于上市公司增发新股有关条件的通知》(证监发〔2002〕55号)、《上市公司发行可转换公司债券实施办法》(证监会令第2号)和《关于做好上市公司可转换公司债券发行工作的通知》(证监发行字〔2001〕115号)同时废止。

创业板上市公司证券发行管理暂行办法

(2014年5月14日中国证券监督管理委员会令第100号公布
自公布之日起施行)

第一章 总 则

第一条 为了规范创业板上市公司(以下简称上市公司)证券发行行为,保护投资者的合法权益和社会公共利益,根据《证券法》、《公司法》制定本办法。

第二条 上市公司申请在境内发行证券,适用本办法。

本办法所称证券,指下列证券品种:

(一)股票;

(二)可转换公司债券;

(三)中国证券监督管理委员会(以下简称中国证监会)认可的其他品种。

第三条 上市公司发行证券,可以向不特定对象公开发行,也可以向特定对象非公开发行。

第四条 上市公司发行证券,必须真实、准确、完整、及时、公平地披露或者提供信息,不得有虚假记载、误导性陈述或者重大遗漏。

上市公司作为信息披露第一责任人,应当及时向保荐人、证券服务机构提供真实、准确、完整的财务会计资料和其他资料,全面配合保荐人、证券服务机构开展尽职调查。

第五条 保荐人应当严格履行法定职责,遵守业务规则和行业规范,对保荐的上市公司的申请文件和证券服务机构出具的专业意见进行审慎核查,督导上市公司规范运作,对上市公司是否具备持续盈利能力、是否符合发行条件作出专业判断,并确保所出具的发行保荐书和上市公司的申请文件真实、准确、完整、及时。

第六条 为证券发行出具文件的证券服务机构和人员,应当严格履行法定职责,遵照本行业的业务标准和执业规范,对上市公司的相关业务资料进行核查和验证,确保所出具的专业文件真实、准确、完整、及时。

第七条 上市公司应当建立投资者保护机制,优化投资回报机制,保障投资者的知情权和参与权等权利,切实保护投资者特别是中小投资者的合法权益。

第八条 中国证监会对上市公司证券发行的核准,不表明其对该证券的投资价值或者投资者的收益作出实质性判断或者保证。投资者应当自主判断上市公司的投资价值并作出投资决策，自行承担因上市公司经营与收益的变化引致的投资风险。

第二章　发行证券的条件

第一节　一般规定

第九条　上市公司发行证券，应当符合《证券法》规定的条件，并且符合以下规定：

（一）最近三年盈利，净利润以扣除非经常性损益前后孰低者为计算依据；

（二）会计基础工作规范，经营成果真实。内部控制制度健全且被有效执行，能够合理保证公司财务报告的可靠性、生产经营的合法性，以及营运的效率与效果；

（三）最近三年按照上市公司章程的规定实施现金分红；

（四）最近三年及一期财务报表未被注册会计师出具否定意见或者无法表示意见的审计报告；被注册会计师出具保留意见或者带强调事项段的无保留意见审计报告的，所涉及的事项对上市公司无重大不利影响或者在发行前重大不利影响已经消除；

（五）最近一期末资产负债率高于百分之四十五，但上市公司非公开发行股票的除外；

（六）上市公司与控股股东或者实际控制人的人员、资产、财务分开，机构、业务独立，能够自主经营管理。上市公司最近十二个月内不存在违规对外提供担保或者资金被上市公司控股股东、实际控制人及其控制的其他企业以借款、代偿债务、代垫款项或者其他方式占用的情形。

第十条　上市公司存在下列情形之一的，不得发行证券：

（一）本次发行申请文件有虚假记载、误导性陈述或者重大遗漏；

（二）最近十二个月内未履行向投资者作出的公开承诺；

（三）最近三十六个月内因违反法律、行政法规、规章受到行政处罚且情节严重，或者受到刑事处罚，或者因违反证券法律、行政法规、规章受到中国证监会的行政处罚；最近十二个月内受到证券交易所的公开谴责；因涉嫌犯罪被司法机关立案侦查或者涉嫌违法违规被中国证监会立案调查；

（四）上市公司控股股东或者实际控制人最近十二个月内因违反证券法律、行政法规、规章，受到中国证监会的行政处罚，或者受到刑事处罚；

（五）现任董事、监事和高级管理人员存在违反《公司法》第一百四十七条、第一百四十八条规定的行为，或者最近三十六个月内受到中国证监会的行政处罚、最近十二个月内受到证券交易所的公开谴责；因涉嫌犯罪被司法机关立案侦查或者涉嫌违法违规被中国证监会立案调查；

（六）严重损害投资者的合法权益和社会公共利益的其他情形。

第十一条　上市公司募集资金使用应当符合下列规定：

（一）前次募集资金基本使用完毕，且使用进度和效果与披露情况基本一致；

（二）本次募集资金用途符合国家产业政策和法律、行政法规的规定；

（三）除金融类企业外，本次募集资金使用不得为持有交易性金融资产和可供出售的金融资产、借予他人、委托理财等财务性投资，不得直接或者间接投资于以买卖有价证券为主要业务的公司；

（四）本次募集资金投资实施后，不会与控股股东、实际控制人产生同业竞争或者影响公司生产经营的独立性。

第二节　公开发行股票

第十二条　向原股东配售股份（以下简称配股），除符合本章第一节规定外，还应当符合下列规定：

（一）拟配售股份数量不超过本次配售股份前股本总额的百分之三十；

（二）控股股东应当在股东大会召开前公开承诺认配股份的数量；

（三）采用《证券法》规定的代销方式发行。

控股股东不履行认配股份的承诺，或者代销期限届满，原股东认购股票的数量未达到拟配售数量百分之七十的，上市公司应当按照发行价并加算银行同期存款利息返还已经认购的股东。

第十三条 向不特定对象公开募集股份（以下简称增发），除符合本章第一节规定外，还应当符合下列规定：

（一）除金融类企业外，最近一期末不存在持有金额较大的交易性金融资产和可供出售的金融资产、借予他人款项、委托理财等财务性投资的情形；

（二）发行价格不低于公告招股意向书前二十个交易日或者前一个交易日公司股票均价。

第三节 非公开发行股票

第十四条 上市公司非公开发行股票除符合本章第一节规定外，还应当符合本节的规定。

前款所称非公开发行股票，是指上市公司采用非公开方式，向特定对象发行股票的行为。

第十五条 非公开发行股票的特定对象应当符合下列规定：

（一）特定对象符合股东大会决议规定的条件；

（二）发行对象不超过五名。

发行对象为境外战略投资者的，应当遵守国家的相关规定。

第十六条 上市公司非公开发行股票确定发行价格和持股期限，应当符合下列规定：

（一）发行价格不低于发行期首日前一个交易日公司股票均价的，本次发行股份自发行结束之日起可上市交易；

（二）发行价格低于发行期首日前二十个交易日公司股票均价但不低于百分之九十，或者发行价格低于发行期首日前一个交易日公司股票均价但不低于百分之九十的，本次发行股份自发行结束之日起十二个月内不得上市交易；

（三）上市公司控股股东、实际控制人或者其控制的关联方以及董事会引入的境内外战略投资者，以不低于董事会作出本次非公开发行股票决议公告日前二十个交易日或者前一个交易日公司股票均价的百分之九十认购的，本次发行股份自发行结束之日起三十六个月内不得上市交易。

上市公司非公开发行股票将导致上市公司控制权发生变化的，还应当符合中国证监会的其他规定。

第十七条 上市公司非公开发行股票募集资金用于收购兼并的，免于适用本办法第九条第（一）项的规定。

第四节 发行可转换公司债券

第十八条 公开发行可转换公司债券的上市公司，除应当符合《证券法》规定的条件外，还应当符合本章第一节和本节的规定。

前款所称可转换公司债券，是指上市公司依法发行、在一定期间内依据约定的条件可以转换成股份的公司债券。

第十九条 可转换公司债券的期限最短为一年。

第二十条 可转换公司债券每张面值一百元。

可转换公司债券的利率由上市公司与主承销商协商确定，但必须符合国家的有关规定。

第二十一条 公开发行可转换公司债券，应当委托具有资格的资信评级机构进行信用评级和跟踪评级。

资信评级机构每年至少公告一次跟踪评级报告。

第二十二条 上市公司应当在可转换公司债券期满后五个工作日内办理完毕偿还债券余额本息的事项。

第二十三条 公开发行可转换公司债券，应当约定保护债券持有人权利的办法，以及债券持有人会议的权利、程序和决议生效条件。

存在下列事项之一的，应当召开债券持有人会议：

（一）拟变更募集说明书的约定；

（二）上市公司不能按期支付本息；

（三）上市公司减资、合并、分立、解散或者申请破产；

（四）保证人或者担保物发生重大变化；

（五）其他影响债券持有人重大权益的事项。

第二十四条　可转换公司债券自发行结束之日起六个月后方可转换为公司股票，转股期限由公司根据可转换公司债券的存续期限及公司财务状况确定。

债券持有人对转换股票或者不转换股票有选择权，并于转股的次日成为上市公司股东。

第二十五条　转股价格应当不低于募集说明书公告日前二十个交易日和前一个交易日公司股票均价。

前款所称转股价格，是指募集说明书事先约定的可转换公司债券转换为每股股份所支付的价格。

第二十六条　募集说明书可以约定赎回条款，规定上市公司可以按事先约定的条件和价格赎回尚未转股的可转换公司债券。

第二十七条　募集说明书可以约定回售条款，规定债券持有人可以按事先约定的条件和价格将所持债券回售给上市公司。

募集说明书应当约定，上市公司改变公告的募集资金用途的，赋予债券持有人一次回售的权利。

第二十八条　募集说明书应当约定转股价格调整的原则及方式。发行可转换公司债券后，因配股、送股、派息、分立及其他原因引起上市公司股份变动的，应当同时调整转股价格。

第二十九条　募集说明书约定转股价格向下修正条款的，应当同时约定：

（一）转股价格修正方案须提交公司股东大会表决，且须经出席会议的股东所持表决权的三分之二以上同意。股东大会进行表决时，持有公司可转换债券的股东应当回避；

（二）修正后的转股价格不低于前项规定的股东大会召开日前二十个交易日和前一个交易日公司股票均价。

第三章　发行程序

第三十条　上市公司申请发行证券，董事会应当依法就下列事项作出决议，并提请股东大会批准：

（一）本次证券发行的方案；

（二）本次发行方案的论证分析报告；

（三）本次募集资金使用的可行性报告；

（四）其他必须明确的事项。

董事会在编制本次发行方案的论证分析报告时，应当结合上市公司所处行业和发展阶段、融资规划、财务状况、资金需求等情况进行论证分析，独立董事应当发表专项意见。论证分析报告至少包括下列内容：

（一）本次发行证券及其品种选择的必要性；

（二）本次发行对象的选择范围、数量和标准的适当性；

（三）本次发行定价的原则、依据、方法和程序的合理性；

（四）本次发行方式的可行性；

（五）本次发行方案的公平性、合理性；

（六）本次发行对原股东权益或者即期回报摊薄的影响以及填补的具体措施。

第三十一条　股东大会就发行股票作出的决定，应当至少包括下列事项：

（一）本次发行证券的种类和数量；

（二）发行方式、发行对象及向原股东配售的安排；

（三）定价方式或者价格区间；

（四）募集资金用途；

（五）决议的有效期；

（六）对董事会办理本次发行具体事宜的授权；

（七）其他必须明确的事项。

第三十二条 股东大会就发行可转换公司债券作出的决定，应当至少包括下列事项：

（一）本办法第三十一条规定的事项；

（二）债券利率；

（三）债券期限；

（四）回售条款；

（五）还本付息的期限和方式；

（六）转股期；

（七）转股价格的确定和修正。

第三十三条 股东大会就发行证券事项作出决议，必须经出席会议的股东所持表决权的三分之二以上通过，中小投资者表决情况应当单独计票。向本公司特定的股东及其关联人发行证券的，股东大会就发行方案进行表决时，关联股东应当回避。

上市公司就发行证券事项召开股东大会，应当提供网络投票的方式，公司还可以通过其他方式为股东参加股东大会提供便利。

第三十四条 上市公司年度股东大会可以根据公司章程的规定，授权董事会决定非公开发行融资总额不超过最近一年末净资产百分之十的股票，该项授权在下一年度股东大会召开日失效。

上市公司年度股东大会给予董事会前款授权的，应当按照本办法第三十一条的规定通过相关决议，作为董事会行使授权的前提条件。

第三十五条 上市公司申请发行证券，应当由保荐人保荐，但是根据本办法第三十七条规定适用简易程序且根据本办法第四十条规定采取自行销售的除外。

保荐人或者上市公司应当按照中国证监会的有关规定编制和报送发行申请文件。

第三十六条 中国证监会依照下列程序审核发行证券的申请：

（一）收到申请文件后，五个工作日内决定是否受理；

（二）中国证监会受理后，对申请文件进行初审；

（三）创业板发行审核委员会审核申请文件；

（四）中国证监会作出核准或者不予核准的决定。

第三十七条 上市公司申请非公开发行股票融资额不超过人民币五千万元且不超过最近一年末净资产百分之十的，中国证监会适用简易程序，但是最近十二个月内上市公司非公开发行股票的融资总额超过最近一年末净资产百分之十的除外。

前款规定的简易程序，中国证监会自受理之日起十五个工作日内作出核准或者不予核准决定。

第三十八条 上市公司应当自中国证监会核准之日起六个月内发行证券。超过六个月未发行的，核准文件失效，须重新经中国证监会核准后方可发行。

第三十九条 上市公司发行证券前发生重大事项的，应当暂缓发行，并及时报告中国证监会。该事项对本次发行条件构成重大影响的，发行证券的申请应当重新经中国证监会核准。

第四十条 上市公司公开发行证券，应当由证券公司承销。非公开发行股票符合以下情形之一的，可以由上市公司自行销售：

（一）发行对象为原前十名股东；

（二）发行对象为上市公司控股股东、实际控制人或者其控制的关联方；

（三）发行对象为上市公司董事、监事、高级管理人员或者员工；

（四）董事会审议相关议案时已经确定的境内外战略投资者或者其他发行对象；

（五）中国证监会认定的其他情形。

上市公司自行销售的，应当在董事会决议中确定发行对象，且不得采用竞价方式确定发行价格。

第四十一条 证券发行申请未获核准的上市公司，自中国证监会作出不予核准的决定之日起六个月后，可以再次提出证券发行申请。

第四章　信息披露

第四十二条　上市公司发行证券，应当以投资者决策需求为导向，按照中国证监会规定的程序、内容和格式，编制公开发行证券募集说明书或者其他信息披露文件，依法履行信息披露义务。

第四十三条　上市公司应当保证投资者及时、充分、公平地获得法定披露的信息，信息披露文件使用的文字应当简洁、平实、浅白、易懂，便于中小投资者阅读。

中国证监会规定的内容是信息披露的最低要求，凡对投资者投资决策有重大影响的信息，上市公司均应当充分披露。

第四十四条　证券发行议案经董事会表决通过后，应当在二个工作日内报告证券交易所，公告召开股东大会的通知。

使用募集资金收购资产或者股权的，应当在公告召开股东大会通知的同时，披露该资产或者股权的基本情况、交易价格、定价依据以及是否与公司股东或者其他关联人存在利害关系。

第四十五条　股东大会通过本次发行议案之日起二个工作日内，上市公司应当披露股东大会决议公告。股东大会决议公告中应当包括中小投资者单独计票结果。

第四十六条　上市公司提出发行申请后，出现下列情形之一的，应当在次一工作日予以公告：

（一）收到中国证监会不予受理或者终止审查决定；

（二）收到中国证监会不予核准或者予以核准决定；

（三）上市公司撤回证券发行申请。

第四十七条　上市公司全体董事、监事、高级管理人员应当在公开发行证券募集说明书等证券发行信息披露文件上签字，保证不存在虚假记载、误导性陈述或者重大遗漏，并声明承担个别和连带的法律责任。

保荐人及保荐代表人应当声明对其保荐的上市公司公开发行证券募集说明书等证券发行信息披露文件的真实性、准确性、完整性和及时性承担责任。

为证券发行出具文件的证券服务机构和人员应当声明对所出具文件的真实性、准确性、完整性和及时性承担责任。

第四十八条　公开发行证券募集说明书等证券发行信息披露文件所引用的审计报告、盈利预测审核报告、资产评估报告、资信评级报告，应当由有资格的证券服务机构出具，并由至少二名有从业资格的人员签署。

公开发行证券募集说明书等证券发行信息披露文件所引用的法律意见书，应当由律师事务所出具，并由至少二名经办律师签署。

第四十九条　公开发行证券募集说明书自最后签署之日起六个月内有效。

公开发行证券募集说明书等证券发行信息披露文件不得使用超过有效期的资产评估报告或者资信评级报告。

第五十条　上市公司在公开发行证券前的二至五个工作日内，应当将经中国证监会核准的公司发行证券募集说明书刊登在中国证监会指定的互联网网站，并置备于中国证监会指定的场所，供公众查阅。

第五十一条　上市公司在非公开发行证券后的二个工作日内，应当将发行情况报告书刊登在中国证监会指定的互联网网站，并置备于中国证监会指定的场所，供公众查阅。

第五十二条　上市公司可以将公开发行证券募集说明书、发行情况报告书刊登于其他网站，但不得早于按照本办法第五十条、第五十一条规定披露信息的时间。

第五章　监管和处罚

第五十三条　上市公司违反本办法规定，中国证监会可以责令改正；对其直接负责的主管人员和其他直接责任人员，可以采取监管谈话、认定为不适当人选等监管措施，记入诚信档案并公布。

第五十四条　上市公司及其直接负责的

主管人员和其他直接责任人员违反法律、行政法规或者本办法规定，依法应当予以行政处罚的，依照有关规定进行处罚；涉嫌犯罪的，依法移送司法机关，追究其刑事责任。

第五十五条 自申请文件受理之日起，上市公司及其控股股东、实际控制人、董事、监事、高级管理人员以及保荐人、证券服务机构及相关人员即对申请文件的真实性、准确性、完整性、及时性承担相应的法律责任。

上市公司报送的申请文件中记载的信息自相矛盾、或者就同一事实前后存在不同表述且有实质性差异的，中国证监会将中止审查并自确认之日起十二个月内不受理相关保荐代表人推荐的发行申请。

第五十六条 上市公司报送的申请文件中有虚假记载、误导性陈述或者重大遗漏的，中国证监会将终止审查并自确认之日起三十六个月内不受理该上市公司的发行证券申请，并依照《证券法》的有关规定进行处罚；致使投资者在证券交易中遭受损失的，应当依法承担赔偿责任。

第五十七条 上市公司在发行证券决策、申请、发行过程中，非法向他人提供尚未依法公开披露信息的，中国证监会可以对其直接负责的主管人员和其他直接责任人员采取监管谈话、认定为不适当人选等监管措施，并依照《证券法》的有关规定进行处罚或者追究相关责任。

第五十八条 上市公司披露盈利预测，利润实现数如未达到盈利预测的百分之八十的，除因不可抗力外，其法定代表人、财务负责人应当在股东大会及中国证监会指定网站、报刊上公开作出解释并道歉；情节严重的，中国证监会给予警告等行政处罚。

利润实现数未达到盈利预测的百分之五十的，除因不可抗力外，中国证监会还可以自确认之日起三十六个月内不受理该上市公司的发行证券申请。

注册会计师为上述盈利预测出具审核报告的过程中未勤勉尽责的，中国证监会将视情节轻重，对相关机构和责任人员采取监管谈话等监管措施，记入诚信档案并公布；情节严重的，给予警告等行政处罚。

第五十九条 上市公司违反本办法第十一条第（三）项、第（四）项规定的，中国证监会可以责令改正；情节严重的，自确认之日起三十六个月内不受理该公司的发行证券申请。

第六十条 上市公司及其董事、高级管理人员以及上市公司控股股东、实际控制人及其控制的关联方违反所作出的与上市公司证券发行相关的约定或者承诺的，中国证监会可以对其采取监管谈话、责令公开说明、责令改正、认定为不适当人选等监管措施。

上市公司控股股东或者实际控制人最近十二个月内未履行持股意向等公开承诺的，不得参与本上市公司发行证券认购。

第六十一条 保荐人出具有虚假记载、误导性陈述或者重大遗漏的发行保荐书的，中国证监会可以责令改正，并依照《证券法》和保荐制度的有关规定进行处理；致使投资者遭受损失的，应当依法承担赔偿责任。

第六十二条 保荐人以不正当手段干扰中国证监会及其创业板发行审核委员会审核工作的，保荐人或其相关签名人员的签名、盖章系伪造或变造的，或者不履行其他法定职责的，依照《证券法》和保荐制度的有关规定处理。

第六十三条 为证券发行出具审计报告、法律意见、资产评估报告、资信评级报告及其他专项文件的证券服务机构和人员，在其出具的专项文件中存在虚假记载、误导性陈述或者重大遗漏，中国证监会自确认之日起十二个月内不接受相关机构出具的证券发行专项文件，三十六个月内不接受相关人员出具的证券发行专项文件；致使投资者遭受损失的，应当依法承担赔偿责任。

第六十四条 承销机构在承销非公开发行的证券时，将证券配售给不符合本办法第十五条规定的对象的，中国证监会可以责令改正；情节严重的，自确认之日起三十六个月内不接受其参与证券承销。

第六十五条　上市公司在非公开发行新股时，违反本办法第四十条规定的，中国证监会可以责令改正；情节严重的，自确认之日起三十六个月内不受理该上市公司的发行证券申请。

第六十六条　本办法规定的特定对象违反规定，擅自转让限售期限未满的股票的，中国证监会可以责令改正；情节严重的，自确认之日起十二个月内不得作为特定对象认购证券。

第六章　附　　则

第六十七条　上市公司向员工发行证券用于激励的办法、上市公司发行优先股的办法法律法规另有规定的，适用其规定。

第六十八条　本办法自公布之日起施行。

证券发行与承销管理办法

（2013 年 12 月 13 日中国证券监督管理委员会令第 95 号公布
根据 2014 年 3 月 21 日中国证券监督管理委员会令第 98 号
《关于修改〈证券发行与承销管理办法〉的决定》第一次修订
根据 2015 年 12 月 30 日中国证券监督管理委员会令第 121 号
《关于修改〈证券发行与承销管理办法〉的决定》第二次修订
根据 2017 年 9 月 8 日中国证券监督管理委员会令第 135 号
《关于修改〈证券发行与承销管理办法〉的决定》第三次修订）

第一章　总　　则

第一条　为规范证券发行与承销行为，保护投资者合法权益，根据《证券法》和《公司法》，制定本办法。

第二条　发行人在境内发行股票或者可转换公司债券（以下统称证券）、证券公司在境内承销证券以及投资者认购境内发行的证券，适用本办法。

首次公开发行股票时公司股东公开发售其所持股份（以下简称老股转让）的，还应当符合中国证券监督管理委员会（以下简称中国证监会）的相关规定。

第三条　中国证监会依法对证券发行与承销行为进行监督管理。证券交易所、证券登记结算机构和中国证券业协会应当制定相关业务规则（以下简称相关规则），规范证券发行与承销行为。证券公司承销证券，应当依据本办法以及中国证监会有关风险控制和内部控制等相关规定，制定严格的风险管理制度和内部控制制度，加强定价和配售过程管理，落实承销责任。

为证券发行出具相关文件的证券服务机构和人员，应当按照本行业公认的业务标准和道德规范，严格履行法定职责，对其所出具文件的真实性、准确性和完整性承担责任。

第二章　定价与配售

第四条　首次公开发行股票，可以通过向网下投资者询价的方式确定股票发行价格，也可以通过发行人与主承销商自主协商直接定价等其他合法可行的方式确定发行价格。公开发行股票数量在 2000 万股（含）以下且无老股转让计划的，应当通过直接定价的方式确定发行价格。发行人和主承销商应当在招股意向书（或招股说明书，下同）和发行公告中披露本次发行股票的定价方式。上市公司发行证券的定价,应当符合中国证监会关于上市公司证券发行的有关规定。

第五条 首次公开发行股票,网下投资者须具备丰富的投资经验和良好的定价能力,应当接受中国证券业协会的自律管理,遵守中国证券业协会的自律规则。

网下投资者参与报价时,应当持有一定金额的非限售股份。发行人和主承销商可以根据自律规则,设置网下投资者的具体条件,并在发行公告中预先披露。主承销商应当对网下投资者是否符合预先披露的条件进行核查,对不符合条件的投资者,应当拒绝或剔除其报价。

第六条 首次公开发行股票采用询价方式定价的,符合条件的网下机构和个人投资者可以自主决定是否报价,主承销商无正当理由不得拒绝。网下投资者应当遵循独立、客观、诚信的原则合理报价,不得协商报价或者故意压低、抬高价格。

网下投资者报价应当包含每股价格和该价格对应的拟申购股数,且只能有一个报价。非个人投资者应当以机构为单位进行报价。首次公开发行股票价格(或发行价格区间)确定后,提供有效报价的投资者方可参与申购。

第七条 首次公开发行股票采用询价方式的,网下投资者报价后,发行人和主承销商应当剔除拟申购总量中报价最高的部分,剔除部分不得低于所有网下投资者拟申购总量的10%,然后根据剩余报价及拟申购数量协商确定发行价格。剔除部分不得参与网下申购。

公开发行股票数量在4亿股(含)以下的,有效报价投资者的数量不少于10家;公开发行股票数量在4亿股以上的,有效报价投资者的数量不少于20家。剔除最高报价部分后有效报价投资者数量不足的,应当中止发行。

第八条 首次公开发行股票时,发行人和主承销商可以自主协商确定参与网下询价投资者的条件、有效报价条件、配售原则和配售方式,并按照事先确定的配售原则在有效申购的网下投资者中选择配售股票的对象。

第九条 首次公开发行股票采用直接定价方式的,全部向网上投资者发行,不进行网下询价和配售。

首次公开发行股票采用询价方式的,公开发行股票后总股本4亿股(含)以下的,网下初始发行比例不低于本次公开发行股票数量的60%;发行后总股本超过4亿股的,网下初始发行比例不低于本次公开发行股票数量的70%。其中,应当安排不低于本次网下发行股票数量的40%优先向通过公开募集方式设立的证券投资基金(以下简称公募基金)、全国社会保障基金(以下简称社保基金)和基本养老保险基金(以下简称养老金)配售,安排一定比例的股票向根据《企业年金基金管理办法》设立的企业年金基金和符合《保险资金运用管理暂行办法》等相关规定的保险资金(以下简称保险资金)配售。公募基金、社保基金、养老金、企业年金基金和保险资金有效申购不足安排数量的,发行人和主承销商可以向其他符合条件的网下投资者配售剩余部分。

对网下投资者进行分类配售的,同类投资者获得配售的比例应当相同。公募基金、社保基金、养老金、企业年金基金和保险资金的配售比例应当不低于其他投资者。

安排向战略投资者配售股票的,应当扣除向战略投资者配售部分后确定网下网上发行比例。

网下投资者可与发行人和主承销商自主约定网下配售股票的持有期限并公开披露。

第十条 首次公开发行股票网下投资者申购数量低于网下初始发行量的,发行人和主承销商不得将网下发行部分向网上回拨,应当中止发行。

网上投资者有效申购倍数超过50倍、低于100倍(含)的,应当从网下向网上回拨,回拨比例为本次公开发行股票数量的20%;网上投资者有效申购倍数超过100倍的,回拨比例为本次公开发行股票数量的40%;网上投资者有效申购倍数超过150倍的,回拨后网下发行比例不超过本次公开发行股票数量的10%。本款所指公开发行股票数量应按照扣除设定12个月及以上限售期的股票数量计算。

网上投资者申购数量不足网上初始发行量的，可回拨给网下投资者。

第十一条　首次公开发行股票，持有一定数量非限售股份的投资者才能参与网上申购。网上投资者应当自主表达申购意向，不得全权委托证券公司进行新股申购。采用其他方式进行网上申购和配售的，应当符合中国证监会的有关规定。

第十二条　首次公开发行股票的网下发行应和网上发行同时进行，网下和网上投资者在申购时无需缴付申购资金。投资者应当自行选择参与网下或网上发行，不得同时参与。

发行人股东拟进行老股转让的，发行人和主承销商应于网下网上申购前协商确定发行价格、发行数量和老股转让数量。采用询价方式且无老股转让计划的，发行人和主承销商可以通过网下询价确定发行价格或发行价格区间。网上投资者申购时仅公告发行价格区间、未确定发行价格的，主承销商应当安排投资者按价格区间上限申购。

第十三条　网下和网上投资者申购新股、可转换公司债券、可交换公司债券获得配售后，应当按时足额缴付认购资金。网上投资者连续12个月内累计出现3次中签后未足额缴款的情形时，6个月内不得参与新股、可转换公司债券、可交换公司债券申购。

网下和网上投资者缴款认购的新股或可转换公司债券数量合计不足本次公开发行数量的70%时，可以中止发行。

除本办法规定的中止发行情形外，发行人和主承销商还可以约定中止发行的其他具体情形并事先披露。中止发行后，在核准文件有效期内，经向中国证监会备案，可重新启动发行。

第十四条　首次公开发行股票数量在4亿股以上的，可以向战略投资者配售股票。发行人应当与战略投资者事先签署配售协议。

发行人和主承销商应当在发行公告中披露战略投资者的选择标准、向战略投资者配售的股票总量、占本次发行股票的比例以及持有期限等。

战略投资者不参与网下询价，且应当承诺获得本次配售的股票持有期限不少于12个月，持有期自本次公开发行的股票上市之日起计算。

第十五条　首次公开发行股票数量在4亿股以上的，发行人和主承销商可以在发行方案中采用超额配售选择权。超额配售选择权的实施应当遵守中国证监会、证券交易所、证券登记结算机构和中国证券业协会的规定。

第十六条　首次公开发行股票网下配售时，发行人和主承销商不得向下列对象配售股票：

（一）发行人及其股东、实际控制人、董事、监事、高级管理人员和其他员工；发行人及其股东、实际控制人、董事、监事、高级管理人员能够直接或间接实施控制、共同控制或施加重大影响的公司，以及该公司控股股东、控股子公司和控股股东控制的其他子公司；

（二）主承销商及其持股比例5%以上的股东，主承销商的董事、监事、高级管理人员和其他员工；主承销商及其持股比例5%以上的股东、董事、监事、高级管理人员能够直接或间接实施控制、共同控制或施加重大影响的公司，以及该公司控股股东、控股子公司和控股股东控制的其他子公司；

（三）承销商及其控股股东、董事、监事、高级管理人员和其他员工；

（四）本条第（一）、（二）、（三）项所述人士的关系密切的家庭成员，包括配偶、子女及其配偶、父母及配偶的父母、兄弟姐妹及其配偶、配偶的兄弟姐妹、子女配偶的父母；

（五）过去6个月内与主承销商存在保荐、承销业务关系的公司及其持股5%以上的股东、实际控制人、董事、监事、高级管理人员，或已与主承销商签署保荐、承销业务合同或达成相关意向的公司及其持股5%以上的股东、实际控制人、董事、监事、高级管理人员；

（六）通过配售可能导致不当行为或不正当利益的其他自然人、法人和组织。

本条第（二）、（三）项规定的禁止配售对象管理的公募基金不受前款规定的限制，但应符合中国证监会的有关规定。

第十七条 发行人和承销商及相关人员不得泄露询价和定价信息；不得以任何方式操纵发行定价；不得劝诱网下投资者抬高报价，不得干扰网下投资者正常报价和申购；不得以提供透支、回扣或者中国证监会认定的其他不正当手段诱使他人申购股票；不得以代持、信托持股等方式谋取不正当利益或向其他相关利益主体输送利益；不得直接或通过其利益相关方向参与认购的投资者提供财务资助或者补偿；不得以自有资金或者变相通过自有资金参与网下配售；不得与网下投资者互相串通，协商报价和配售；不得收取网下投资者回扣或其他相关利益。

第十八条 上市公司发行证券，存在利润分配方案、公积金转增股本方案尚未提交股东大会表决或者虽经股东大会表决通过但未实施的，应当在方案实施后发行。相关方案实施前，主承销商不得承销上市公司发行的证券。

第十九条 上市公司向原股东配售股票（以下简称配股），应当向股权登记日登记在册的股东配售，且配售比例应当相同。

上市公司向不特定对象公开募集股份（以下简称增发）或者发行可转换公司债券，可以全部或者部分向原股东优先配售，优先配售比例应当在发行公告中披露。

网上投资者在申购可转换公司债券时无需缴付申购资金。

第二十条 上市公司增发或者发行可转换公司债券，主承销商可以对参与网下配售的机构投资者进行分类，对不同类别的机构投资者设定不同的配售比例，对同一类别的机构投资者应当按相同的比例进行配售。主承销商应当在发行公告中明确机构投资者的分类标准。

主承销商未对机构投资者进行分类的，应当在网下配售和网上发行之间建立回拨机制，回拨后两者的获配比例应当一致。

第二十一条 上市公司非公开发行证券的，发行对象及其数量的选择应当符合中国证监会关于上市公司证券发行的相关规定。

第三章 证券承销

第二十二条 发行人和主承销商应当签订承销协议，在承销协议中界定双方的权利义务关系，约定明确的承销基数。采用包销方式的，应当明确包销责任；采用代销方式的，应当约定发行失败后的处理措施。

证券发行依照法律、行政法规的规定应由承销团承销的，组成承销团的承销商应当签订承销团协议，由主承销商负责组织承销工作。证券发行由两家以上证券公司联合主承销的，所有担任主承销商的证券公司应当共同承担主承销责任，履行相关义务。承销团由 3 家以上承销商组成的，可以设副主承销商，协助主承销商组织承销活动。

承销团成员应当按照承销团协议及承销协议的规定进行承销活动，不得进行虚假承销。

第二十三条 证券公司承销证券，应当依照《证券法》第二十八条的规定采用包销或者代销方式。上市公司非公开发行股票未采用自行销售方式或者上市公司配股的，应当采用代销方式。

第二十四条 股票发行采用代销方式的，应当在发行公告（或认购邀请书）中披露发行失败后的处理措施。股票发行失败后，主承销商应当协助发行人按照发行价并加算银行同期存款利息返还股票认购人。

第二十五条 证券公司实施承销前，应当向中国证监会报送发行与承销方案。

第二十六条 上市公司发行证券期间相关证券的停复牌安排，应当遵守证券交易所的相关规则。

主承销商应当按有关规定及时划付申购

资金冻结利息。

第二十七条 投资者申购缴款结束后，发行人和主承销商应当聘请具有证券、期货相关业务资格的会计师事务所对申购和募集资金进行验证，并出具验资报告；还应当聘请律师事务所对网下发行过程、配售行为、参与定价和配售的投资者资质条件及其与发行人和承销商的关联关系、资金划拨等事项进行见证，并出具专项法律意见书。证券上市后10日内，主承销商应当将验资报告、专项法律意见随同承销总结报告等文件一并报中国证监会。

第四章 信息披露

第二十八条 发行人和主承销商在发行过程中，应当按照中国证监会规定的要求编制信息披露文件，履行信息披露义务。发行人和承销商在发行过程中披露的信息，应当真实、准确、完整、及时，不得有虚假记载、误导性陈述或者重大遗漏。

第二十九条 首次公开发行股票申请文件受理后至发行人发行申请经中国证监会核准、依法刊登招股意向书前，发行人及与本次发行有关的当事人不得采取任何公开方式或变相公开方式进行与股票发行相关的推介活动，也不得通过其他利益关联方或委托他人等方式进行相关活动。

第三十条 首次公开发行股票招股意向书刊登后，发行人和主承销商可以向网下投资者进行推介和询价，并通过互联网等方式向公众投资者进行推介。

发行人和主承销商向公众投资者进行推介时，向公众投资者提供的发行人信息的内容及完整性应与向网下投资者提供的信息保持一致。

第三十一条 发行人和主承销商在推介过程中不得夸大宣传，或以虚假广告等不正当手段诱导、误导投资者，不得披露除招股意向书等公开信息以外的发行人其他信息。

承销商应当保留推介、定价、配售等承销过程中的相关资料至少三年并存档备查，包括推介宣传材料、路演现场录音等，如实、全面反映询价、定价和配售过程。

第三十二条 发行人和主承销商应当将发行过程中披露的信息刊登在至少一种中国证监会指定的报刊，同时将其刊登在中国证监会指定的互联网网站，并置备于中国证监会指定的场所，供公众查阅。

第三十三条 发行人披露的招股意向书除不含发行价格、筹资金额以外，其内容与格式应当与招股说明书一致，并与招股说明书具有同等法律效力。

第三十四条 首次公开发行股票的发行人和主承销商应当在发行和承销过程中公开披露以下信息：

（一）招股意向书刊登首日在发行公告中披露发行定价方式、定价程序、参与网下询价投资者条件、股票配售原则、配售方式、有效报价的确定方式、中止发行安排、发行时间安排和路演推介相关安排等信息；发行人股东拟老股转让的，还应披露预计老股转让的数量上限，老股转让股东名称及各自转让老股数量，并明确新股发行与老股转让数量的调整机制。

（二）网上申购前披露每位网下投资者的详细报价情况，包括投资者名称、申购价格及对应的拟申购数量；剔除最高报价有关情况；剔除最高报价部分后网下投资者报价的中位数和加权平均数以及公募基金报价的中位数和加权平均数；有效报价和发行价格（或发行价格区间）的确定过程；发行价格（或发行价格区间）及对应的市盈率；网下网上的发行方式和发行数量；回拨机制；中止发行安排；申购缴款要求等。已公告老股转让方案的，还应披露老股转让和新股发行的确定数量，老股转让股东名称及各自转让老股数量，并应提示投资者关注，发行人将不会获得老股转让部分所得资金。按照发行价格计算的预计募集资金总额低于拟以本次募集资金投资的项目金额的，还应披露相关投资风险。

（三）如公告的发行价格（或发行价格区间上限）市盈率高于同行业上市公司二级市场平

均市盈率，发行人和主承销商应当在披露发行价格的同时，在投资风险特别公告中明示该定价可能存在估值过高给投资者带来损失的风险，提醒投资者关注。内容至少包括：

1. 比较分析发行人与同行业上市公司的差异及该差异对估值的影响；提请投资者关注发行价格与网下投资者报价之间存在的差异。

2. 提请投资者关注投资风险，审慎研判发行定价的合理性，理性做出投资决策。

（四）在发行结果公告中披露获配机构投资者名称、个人投资者个人信息以及每个获配投资者的报价、申购数量和获配数量等，并明确说明自主配售的结果是否符合事先公布的配售原则；对于提供有效报价但未参与申购，或实际申购数量明显少于报价时拟申购量的投资者应列表公示并着重说明；缴款后的发行结果公告中披露网上、网下投资者获配未缴款金额以及主承销商的包销比例，列表公示获得配售但未足额缴款的网下投资者；发行后还应披露保荐费用、承销费用、其他中介费用等发行费用信息。

（五）向战略投资者配售股票的，应当在网下配售结果公告中披露战略投资者的名称、认购数量及持有期限等情况。

第三十五条 发行人和主承销商在披露发行市盈率时，应同时披露发行市盈率的计算方式。在进行行业市盈率比较分析时，应当按照中国证监会有关上市公司行业分类指引中制定的行业分类标准确定发行人行业归属，并分析说明行业归属的依据。存在多个市盈率口径时，应当充分列示可供选择的比较基准，并应当按照审慎、充分提示风险的原则选取和披露行业平均市盈率。发行人还可以同时披露市净率等反映发行人所在行业特点的估值指标。

第五章 监管和处罚

第三十六条 中国证监会对证券发行承销过程实施事中事后监管，发现涉嫌违法违规或者存在异常情形的，可责令发行人和承销商暂停或中止发行，对相关事项进行调查处理。

第三十七条 中国证券业协会应当建立对承销商询价、定价、配售行为和网下投资者报价行为的日常监管制度，加强相关行为的监督检查，发现违规情形的，应当及时采取自律监管措施。中国证券业协会还应当建立对网下投资者和承销商的跟踪分析和评价体系，并根据评价结果采取奖惩措施。

第三十八条 发行人、证券公司、证券服务机构、投资者及其直接负责的主管人员和其他直接责任人员有失诚信、违反法律、行政法规或者本办法规定的，中国证监会可以视情节轻重采取责令改正、监管谈话、出具警示函、责令公开说明、认定为不适当人选等监管措施，或者采取市场禁入措施，并记入诚信档案；依法应予行政处罚的，依照有关规定进行处罚；涉嫌犯罪的，依法移送司法机关，追究其刑事责任。

第三十九条 证券公司承销未经核准擅自公开发行的证券的，依照《证券法》第一百九十条的规定处罚。

证券公司承销证券有前款所述情形的，中国证监会可以采取12至36个月暂不受理其证券承销业务有关文件的监管措施。

第四十条 证券公司及其直接负责的主管人员和其他直接责任人员在承销证券过程中，有下列行为之一的，中国证监会可以采取本办法第三十八条规定的监管措施；情节比较严重的，还可以采取3至12个月暂不受理其证券承销业务有关文件的监管措施；依法应予行政处罚的，依照《证券法》第一百九十一条的规定予以处罚：

（一）夸大宣传，或以虚假广告等不正当手段诱导、误导投资者；

（二）以不正当竞争手段招揽承销业务；

（三）从事本办法第十七条规定禁止的行为；

（四）向不符合本办法第五条规定的网下投资者配售股票，或向本办法第十六条规定禁止配售的对象配售股票；

（五）未按本办法要求披露有关文件；

（六）未按照事先披露的原则和方式配售股票，或其他未依照披露文件实施的行为；

（七）向投资者提供除招股意向书等公开信息以外的发行人其他信息；

（八）未按照本办法要求保留推介、定价、配售等承销过程中相关资料；

（九）其他违反证券承销业务规定的行为。

第四十一条　发行人及其直接负责的主管人员和其他直接责任人员有下列行为之一的，中国证监会可以采取本办法第三十八条规定的监管措施；构成违反《证券法》相关规定的，依法进行行政处罚：

（一）从事本办法第十七条规定禁止的行为；

（二）夸大宣传，或以虚假广告等不正当手段诱导、误导投资者；

（三）向投资者提供除招股意向书等公开信息以外的发行人信息；

（四）中国证监会认定的其他情形。

第六章　附　　则

第四十二条　其他证券的发行与承销比照本办法执行。中国证监会另有规定的，从其规定。

第四十三条　本办法自2013年12月13日起施行。2006年9月17日发布并于2010年10月11日、2012年5月18日修改的《证券发行与承销管理办法》同时废止。

2. 股　　票

股票发行与交易管理暂行条例[①]

（1993年4月22日国务院令第112号公布施行）

第一章　总　　则

第一条　为了适应发展社会主义市场经济的需要，建立和发展全国统一、高效的股票市场，保护投资者的合法权益和社会公共利益，促进国民经济的发展，制定本条例。

第二条　在中华人民共和国境内从事股票发行、交易及其相关活动，必须遵守本条例。

本条例关于股票的规定适用于具有股票性质、功能的证券。

第三条　股票的发行与交易，应当遵循公开、公平和诚实信用的原则。

第四条　股票的发行与交易，应当维护社会主义公有制的主体地位，保障国有资产不受侵害。

第五条　国务院证券委员会（以下简称“证券委”）是全国证券市场的主管机构，依照法律、法规的规定对全国证券市场进行统一管理。中国证券监督管理委员会（以下简称“证监会”）是证券委的监督管理执行机构，依照法

---

① 该条例有关“民航企业发行股票审批（不含在境外、国外发行的股票）”、“教育系统公开发行股票的申请审核”和“上市公司回购股份核准”行政审批项目已先后被《国务院关于取消第一批行政审批项目的决定》（2002年11月1日发布，2002年11月1日实施）、《国务院关于取消第二批行政审批项目和改变一批行政审批项目管理方式的决定》（2003年2月27日发布，2003年2月27日实施）、《国务院关于第六批取消和调整行政审批项目的决定》（2012年9月23日发布，2012年9月23日实施）取消或调整。

律、法规的规定对证券发行与交易的具体活动进行管理和监督。

第六条 人民币特种股票发行与交易的具体办法另行制定。

境内企业直接或者间接到境外发行股票、将其股票在境外交易,必须经证券委审批,具体办法另行制定。

第二章 股票的发行

第七条 股票发行人必须是具有股票发行资格的股份有限公司。

前款所称股份有限公司,包括已经成立的股份有限公司和经批准拟成立的股份有限公司。

第八条 设立股份有限公司申请公开发行股票,应当符合下列条件:

(一)其生产经营符合国家产业政策;

(二)其发行的普通股限于一种,同股同权;

(三)发起人认购的股本数额不少于公司拟发行的股本总额的百分之三十五;

(四)在公司拟发行的股本总额中,发起人认购的部分不少于人民币三千万元,但是国家另有规定的除外;

(五)向社会公众发行的部分不少于公司拟发行的股本总额的百分之二十五,其中公司职工认购的股本数额不得超过拟向社会公众发行的股本总额的百分之十;公司拟发行的股本总额超过人民币四亿元的,证监会按照规定可以酌情降低向社会公众发行的部分的比例,但是最低不少于公司拟发行的股本总额的百分之十;

(六)发起人在近三年内没有重大违法行为;

(七)证券委规定的其他条件。

第九条 原有企业改组设立股份有限公司申请公开发行股票,除应当符合本条例第八条所列条件外,还应当符合下列条件:

(一)发行前一年末,净资产在总资产中所占比例不低于百分之三十,无形资产在净资产中所占比例不高于百分之二十,但是证券委另有规定的除外;

(二)近三年连续盈利。

国有企业改组设立股份有限公司公开发行股票的,国家拥有的股份在公司拟发行的股本总额中所占的比例由国务院或者国务院授权的部门规定。

第十条 股份有限公司增资申请公开发行股票,除应当符合本条例第八条和第九条所列条件外,还应当符合下列条件:

(一)前一次公开发行股票所得资金的使用与其招股说明书所述的用途相符,并且资金使用效益良好;

(二)距前一次公开发行股票的时间不少于十二个月;

(三)从前一次公开发行股票到本次申请期间没有重大违法行为;

(四)证券委规定的其他条件。

第十一条 定向募集公司申请公开发行股票,除应当符合本条例第八条和第九条所列条件外,还应当符合下列条件:

(一)定向募集所得资金的使用与其招股说明书所述的用途相符,并且资金使用效益良好;

(二)距最近一次定向募集股份的时间不少于十二个月;

(三)从最近一次定向募集到本次公开发行期间没有重大违法行为;

(四)内部职工股权证按照规定范围发放,并且已交国家指定的证券机构集中托管;

(五)证券委规定的其他条件。

第十二条 申请公开发行股票,按照下列程序办理:

(一)申请人聘请会计师事务所、资产评估机构、律师事务所等专业性机构,对其资信、资产、财务状况进行审定、评估和就有关事项出具法律意见书后,按照隶属关系,分别向省、自治区、直辖市、计划单列市人民政府(以下简称"地方政府")或者中央企业主管部门提出公开发行股票的申请;

（二）在国家下达的发行规模内，地方政府对地方企业的发行申请进行审批，中央企业主管部门在与申请人所在地地方政府协商后对中央企业的发行申请进行审批；地方政府、中央企业主管部门应当自收到发行申请之日起三十个工作日内作出审批决定，并抄报证券委；

（三）被批准的发行申请，送证监会复审；证监会应当自收到复审申请之日起二十个工作日内出具复审意见书，并将复审意见书抄报证券委；经证监会复审同意的，申请人应当向证券交易所上市委员会提出申请，经上市委员会同意接受上市，方可发行股票。

第十三条　申请公开发行股票，应当向地方政府或者中央企业主管部门报送下列文件：

（一）申请报告；

（二）发起人会议或者股东大会同意公开发行股票的决议；

（三）批准设立股份有限公司的文件；

（四）工商行政管理部门颁发的股份有限公司营业执照或者股份有限公司筹建登记证明；

（五）公司章程或者公司章程草案；

（六）招股说明书；

（七）资金运用的可行性报告；需要国家提供资金或者其他条件的固定资产投资项目，还应当提供国家有关部门同意固定资产投资立项的批准文件；

（八）经会计师事务所审计的公司近三年或者成立以来的财务报告和由二名以上注册会计师及其所在事务所签字、盖章的审计报告；

（九）经二名以上律师及其所在事务所就有关事项签字、盖章的法律意见书；

（十）经二名以上专业评估人员及其所在机构签字、盖章的资产评估报告，经二名以上注册会计师及其所在事务所签字、盖章的验资报告；涉及国有资产的，还应当提供国有资产管理部门出具的确认文件；

（十一）股票发行承销方案和承销协议；

（十二）地方政府或者中央企业主管部门要求报送的其他文件。

第十四条　被批准的发行申请送证监会复审时，除应当报送本条例第十三条所列文件外，还应当报送下列文件：

（一）地方政府或者中央企业主管部门批准发行申请的文件；

（二）证监会要求报送的其他文件。

第十五条　本条例第十三条所称招股说明书应当按照证监会规定的格式制作，并载明下列事项：

（一）公司的名称、住所；

（二）发起人、发行人简况；

（三）筹资的目的；

（四）公司现有股本总额，本次发行的股票种类、总额，每股的面值、售价，发行前的每股净资产值和发行结束后每股预期净资产值，发行费用和佣金；

（五）初次发行的发起人认购股本的情况、股权结构及验资证明；

（六）承销机构的名称、承销方式与承销数量；

（七）发行的对象、时间、地点及股票认购和股款缴纳的方式；

（八）所筹资金的运用计划及收益、风险预测；

（九）公司近期发展规划和经注册会计师审核并出具审核意见的公司下一年的盈利预测文件；

（十）重要的合同；

（十一）涉及公司的重大诉讼事项；

（十二）公司董事、监事名单及其简历；

（十三）近三年或者成立以来的生产经营状况和有关业务发展的基本情况；

（十四）经会计师事务所审计的公司近三年或者成立以来的财务报告和由二名以上注册会计师及其所在事务所签字、盖章的审计报告；

（十五）增资发行的公司前次公开发行股票所筹资金的运用情况；

（十六）证监会要求载明的其他事项。

第十六条 招股说明书的封面应当载明："发行人保证招股说明书的内容真实、准确、完整。政府及国家证券管理部门对本次发行所作出的任何决定，均不表明其对发行人所发行的股票的价值或者投资人的收益作出实质性判断或者保证。"

第十七条 全体发起人或者董事以及主承销商应当在招股说明书上签字，保证招股说明书没有虚假、严重误导性陈述或者重大遗漏，并保证对其承担连带责任。

第十八条 为发行人出具文件的注册会计师及其所在事务所、专业评估人员及其所在机构、律师及其所在事务所，在履行职责时，应当按照本行业公认的业务标准和道德规范，对其出具文件内容的真实性、准确性、完整性进行核查和验证。

第十九条 在获准公开发行股票前，任何人不得以任何形式泄露招股说明书的内容。在获准公开发行股票后，发行人应当在承销期开始前二个至五个工作日期间公布招股说明书。

发行人应当向认购人提供招股说明书。证券承销机构应当将招股说明书备置于营业场所，并有义务提醒认购人阅读招股说明书。

招股说明书的有效期为六个月，自招股说明书签署完毕之日起计算。招股说明书失效后，股票发行必须立即停止。

第二十条 公开发行的股票应当由证券经营机构承销。承销包括包销和代销两种方式。

发行人应当与证券经营机构签署承销协议。承销协议应当载明下列事项：

（一）当事人的名称、住所及法定代表人的姓名；

（二）承销方式；

（三）承销股票的种类、数量、金额及发行价格；

（四）承销期及起止日期；

（五）承销付款的日期及方式；

（六）承销费用的计算、支付方式和日期；

（七）违约责任；

（八）其他需要约定的事项。

证券经营机构收取承销费用的原则，由证监会确定。

第二十一条 证券经营机构承销股票，应当对招股说明书和其他有关宣传材料的真实性、准确性、完整性进行核查；发现含有虚假、严重误导性陈述或者重大遗漏的，不得发出要约邀请或者要约；已经发出的，应当立即停止销售活动，并采取相应的补救措施。

第二十二条 拟公开发行股票的面值总额超过人民币三千万元或者预期销售总金额超过人民币五千万元的，应当由承销团承销。

承销团由二个以上承销机构组成。主承销商由发行人按照公平竞争的原则，通过竞标或者协商的方式确定。主承销商应当与其他承销商签署承销团协议。

第二十三条 拟公开发行股票的面值总额超过人民币一亿元或者预期销售总金额超过人民币一亿五千万元的，承销团中的外地承销机构的数目以及总承销量中在外地销售的数量，应当占合理的比例。

前款所称外地是指发行人所在的省、自治区、直辖市以外的地区。

第二十四条 承销期不得少于十日，不得超过九十日。

在承销期内，承销机构应当尽力向认购人出售其所承销的股票，不得为本机构保留所承销的股票。

承销期满后，尚未售出的股票按照承销协议约定的包销或者代销方式分别处理。

第二十五条 承销机构或者其委托机构向社会发放股票认购申请表，不得收取高于认购申请表印制和发放成本的费用，并不得限制认购申请表发放数量。

认购数量超过拟公开发行的总量时，承销机构应当按照公平原则，采用按比例配售、按比例累退配售或者抽签等方式销售股票。采用抽签方式时，承销机构应当在规定的日期，在公证机关监督下，按照规定的程序，对所有股票认购申请表进行公开抽签，并对中签者销售股票。

除承销机构或者其委托机构外，任何单位和个人不得发放、转售股票认购申请表。

第二十六条 承销机构应当在承销期满后的十五个工作日内向证监会提交承销情况的书面报告。

第二十七条 证券经营机构在承销期结束后，将其持有的发行人的股票向发行人以外的社会公众作出要约邀请、要约或者销售，应当经证监会批准，按照规定的程序办理。

第二十八条 发行人用新股票换回其已经发行在外的股票，并且这种交换无直接或者间接的费用发生的，不适用本章规定。

第三章 股票的交易

第二十九条 股票交易必须在经证券委批准可以进行股票交易的证券交易场所进行。

第三十条 股份有限公司申请其股票在证券交易所交易，应当符合下列条件：

（一）其股票已经公开发行；

（二）发行后的股本总额不少于人民币五千万元；

（三）持有面值人民币一千元以上的个人股东人数不少于一千人，个人持有的股票面值总额不少于人民币一千万元；

（四）公司有最近三年连续盈利的记录；原有企业改组设立股份有限公司的，原企业有最近三年连续盈利的记录，但是新设立的股份有限公司除外；

（五）证券委规定的其他条件。

第三十一条 公开发行股票符合前条规定条件的股份有限公司，申请其股票在证券交易所交易，应当向证券交易所的上市委员会提出申请；上市委员会应当自收到申请之日起二十个工作日内作出审批，确定具体上市时间。审批文件报证监会备案，并抄报证券委。

第三十二条 股份有限公司申请其股票在证券交易所交易，应当向证券交易所的上市委员会送交下列文件：

（一）申请书；

（二）公司登记注册文件；

（三）股票公开发行的批准文件；

（四）经会计师事务所审计的公司近三年或者成立以来的财务报告和由二名以上的注册会计师及其所在事务所签字、盖章的审计报告；

（五）证券交易所会员的推荐书；

（六）最近一次的招股说明书；

（七）证券交易所要求的其他文件。

第三十三条 股票获准在证券交易所交易后，上市公司应当公布上市公告并将本条例第三十二条所列文件予以公布。

第三十四条 上市公告的内容，除应当包括本条例第十五条规定的招股说明书的主要内容外，还应当包括下列事项：

（一）股票获准在证券交易所交易的日期和批准文号；

（二）股票发行情况、股权结构和最大的十名股东的名单及持股数额；

（三）公司创立大会或者股东大会同意公司股票在证券交易所交易的决议；

（四）董事、监事和高级管理人员简历及其持有本公司证券的情况；

（五）公司近三年或者成立以来的经营业绩和财务状况以及下一年的盈利预测文件；

（六）证券交易所要求载明的其他事项。

第三十五条 为上市公司出具文件的注册会计师及其所在事务所、专业评估人员及其所在机构、律师及其所在事务所，在履行职责时，应当按照本行业公认的业务标准和道德规范，对其出具文件内容的真实性、准确性、完整性进行核查和验证。

第三十六条 国家拥有的股份的转让必须经国家有关部门批准，具体办法另行规定。

国家拥有的股份的转让，不得损害国家拥有的股份的权益。

第三十七条 证券交易场所、证券保管、清算、过户、登记机构和证券经营机构，应当保证外地委托人与本地委托人享有同等待遇，不得歧视或者限制外地委托人。

第三十八条 股份有限公司的董事、监事、高级管理人员和持有公司百分之五以上有表决权股份的法人股东，将其所持有的公司股票在买入后六个月内卖出或者在卖出后六个月内买入，由此获得的利润归公司所有。

前款规定适用于持有公司百分之五以上有表决权股份的法人股东的董事、监事和高级管理人员。

第三十九条 证券业从业人员、证券业管理人员和国家规定禁止买卖股票的其他人员，不得直接或者间接持有、买卖股票，但是买卖经批准发行的投资基金证券除外。

第四十条 为股票发行出具审计报告、资产评估报告、法律意见书等文件的有关专业人员，在该股票承销期内和期满后六个月内，不得购买或者持有该股票。

为上市公司出具审计报告、资产评估报告、法律意见书等文件的有关专业人员，在其审计报告、资产评估报告、法律意见书等文件成为公开信息前，不得购买或者持有该公司的股票；成为公开信息后的五个工作日内，也不得购买该公司的股票。

第四十一条 未依照国家有关规定经过批准，股份有限公司不得购回其发行在外的股票。

第四十二条 未经证券委批准，任何人不得对股票及其指数的期权、期货进行交易。

第四十三条 任何金融机构不得为股票交易提供贷款。

第四十四条 证券经营机构不得将客户的股票借与他人或者作为担保物。

第四十五条 经批准从事证券自营、代理和投资基金管理业务中二项以上业务的证券经营机构，应当将不同业务的经营人员、资金、帐目分开。

第四章 上市公司的收购

第四十六条 任何个人不得持有一个上市公司千分之五以上的发行在外的普通股；超过的部分，由公司在征得证监会同意后，按照原买入价格和市场价格中较低的一种价格收购。但是，因公司发行在外的普通股总量减少，致使个人持有该公司千分之五以上发行在外的普通股的，超过的部分在合理期限内不予收购。

外国和香港、澳门、台湾地区的个人持有的公司发行的人民币特种股票和在境外发行的股票，不受前款规定的千分之五的限制。

第四十七条 任何法人直接或者间接持有一个上市公司发行在外的普通股达到百分之五时，应当自该事实发生之日起三个工作日内，向该公司、证券交易场所和证监会作出书面报告并公告。但是，因公司发行在外的普通股总量减少，致使法人持有该公司百分之五以上发行在外的普通股的，在合理期限内不受上述限制。

任何法人持有一个上市公司百分之五以上的发行在外的普通股后，其持有该种股票的增减变化每达到该种股票发行在外总额的百分之二时，应当自该事实发行之日起三个工作日内，向该公司、证券交易场所和证监会作出书面报告并公告。

法人在依照前两款规定作出报告并公告之日起二个工作日内和作出报告前，不得再行直接或者间接买入或者卖出该种股票。

第四十八条 发起人以外的任何法人直接或者间接持有一个上市公司发行在外的普通股达到百分之三十时，应当自该事实发生之日起四十五个工作日内，向该公司所有股票持有人发出收购要约，按照下列价格中较高的一种价格，以货币付款方式购买股票：

（一）在收购要约发出前十二个月内收购要约人购买该种股票所支付的最高价格；

（二）在收购要约发出前三十个工作日内该种股票的平均市场价格。

前款持有人发出收购要约前，不得再行购买该种股票。

第四十九条 收购要约人在发出收购要

约前应当向证监会作出有关收购的书面报告；在发出收购要约的同时应当向受要约人、证券交易场所提供本身情况的说明和与该要约有关的全部信息，并保证材料真实、准确、完整，不产生误导。

收购要约的有效期不得少于三十个工作日，自收购要约发出之日起计算。自收购要约发出之日起三十个工作日内，收购要约人不得撤回其收购要约。

第五十条 收购要约的全部条件适用于同种股票的所有持有人。

第五十一条 收购要约期满，收购要约人持有的普通股未达到该公司发行在外的普通股总数的百分之五十的，为收购失败；收购要约人除发出新的收购要约外，其以后每年购买的该公司发行在外的普通股，不得超过该公司发行在外的普通股总数的百分之五。

收购要约期满，收购要约人持有的普通股达到该公司发行在外的普通股总数的百分之七十五以上的，该公司应当在证券交易所终止交易。

收购要约人要约购买股票的总数低于预受要约的总数时，收购要约人应当按照比例从所有预受收购要约的受要约人中购买该股票。

收购要约期满，收购要约人持有的股票达到该公司股票总数的百分之九十时，其余股东有权以同等条件向收购要约人强制出售其股票。

第五十二条 收购要约发出后，主要要约条件改变的，收购要约人应当立即通知所有受要约人。通知可以采用新闻发布会、登报或者其他传播形式。

收购要约人在要约期内及要约期满后三十个工作日内，不得以要约规定以外的任何条件购买该种股票。

预受收购要约的受要约人有权在收购要约失效前撤回对该要约的预受。

第五章 保管、清算和过户

第五十三条 股票发行采取记名式。发行人可以发行簿记券式股票，也可以发行实物券式股票。簿记券式股票名册应当由证监会指定的机构保管。实物券式股票集中保管的，也应当由证监会指定的机构保管。

第五十四条 未经股票持有人的书面同意，股票保管机构不得将该持有人的股票借与他人或者作为担保物。

第五十五条 证券清算机构应当根据方便、安全、公平的原则，制定股票清算、交割的业务规则和内部管理规则。

证券清算机构应当按照公平的原则接纳会员。

第五十六条 证券保管、清算、过户、登记机构应当接受证监会监管。

第六章 上市公司的信息披露

第五十七条 上市公司应当向证监会、证券交易场所提供下列文件：

（一）在每个会计年度的前六个月结束后六十日内提交中期报告；

（二）在每个会计年度结束后一百二十日内提交经注册会计师审计的年度报告。

中期报告和年度报告应当符合国家的会计制度和证监会的有关规定，由上市公司授权的董事或者经理签字，并由上市公司盖章。

第五十八条 本条例第五十七条所列中期报告应当包括下列内容：

（一）公司财务报告；

（二）公司管理部门对公司财务状况和经营成果的分析；

（三）涉及公司的重大诉讼事项；

（四）公司发行在外股票的变动情况；

（五）公司提交给有表决权的股东审议的重要事项；

（六）证监会要求载明的其他内容。

第五十九条 本条例第五十七条所列年度报告应当包括下列内容：

（一）公司简况；

（二）公司的主要产品或者主要服务项目简况；

（三）公司所在行业简况；

（四）公司所拥有的重要的工厂、矿山、房地产等财产简况；

（五）公司发行在外股票的情况，包括持有公司百分之五以上发行在外普通股的股东的名单及前十名最大的股东的名单；

（六）公司股东数量；

（七）公司董事、监事和高级管理人员简况、持股情况和报酬；

（八）公司及其关联人一览表和简况；

（九）公司近三年或者成立以来的财务信息摘要；

（十）公司管理部门对公司财务状况和经营成果的分析；

（十一）公司发行在外债券的变动情况；

（十二）涉及公司的重大诉讼事项；

（十三）经注册会计师审计的公司最近二个年度的比较财务报告及其附表、注释；该上市公司为控股公司的，还应当包括最近二个年度的比较合并财务报告；

（十四）证监会要求载明的其他内容。

第六十条 发生可能对上市公司股票的市场价格产生较大影响、而投资人尚未得知的重大事件时，上市公司应当立即将有关该重大事件的报告提交证券交易场所和证监会，并向社会公布，说明事件的实质。但是，上市公司有充分理由认为向社会公布该重大事件会损害上市公司的利益，且不公布也不会导致股票市场价格重大变动的，经证券交易场所同意，可以不予公布。

前款所称重大事件包括下列情况：

（一）公司订立重要合同，该合同可能对公司的资产、负债、权益和经营成果中的一项或者多项产生显著影响；

（二）公司的经营政策或者经营项目发生重大变化；

（三）公司发生重大的投资行为或者购置金额较大的长期资产的行为；

（四）公司发生重大债务；

（五）公司未能归还到期重大债务的违约情况；

（六）公司发生重大经营性或者非经营性亏损；

（七）公司资产遭受重大损失；

（八）公司生产经营环境发生重要变化；

（九）新颁布的法律、法规、政策、规章等，可能对公司的经营有显著影响；

（十）董事长、百分之三十以上的董事或者总经理发生变动；

（十一）持有公司百分之五以上的发行在外的普通股的股东，其持有该种股票的增减变化每达到该种股票发行在外总额的百分之二以上的事实；

（十二）涉及公司的重大诉讼事项；

（十三）公司进入清算、破产状态。

第六十一条 在任何公共传播媒介中出现的消息可能对上市公司股票的市场价格产生误导性影响时，该公司知悉后应当立即对该消息作出公开澄清。

第六十二条 上市公司的董事、监事和高级管理人员持有该公司普通股的，应当向证监会、证券交易场所和该公司报告其持股情况；持股情况发生变化的，应当自该变化发生之日起十个工作日内向证监会、证券交易场所和该公司作出报告。

前款所列人员在辞职或者离职后六个月内负有依照本条规定作出报告的义务。

第六十三条 上市公司应当将要求公布的信息刊登在证监会指定的全国性报刊上。

上市公司在依照前款规定公布信息的同时，可以在证券交易场所指定的地方报刊上公布有关信息。

第六十四条 证监会应当将上市公司及其董事、监事、高级管理人员和持有公司百分之五以上的发行在外的普通股的股东所提交的报告、公告及其他文件及时向社会公开，供投资人查阅。

证监会要求披露的全部信息均为公开信息，但是下列信息除外：

（一）法律、法规予以保护并允许不予披露

的商业秘密；

（二）证监会在调查违法行为过程中获得的非公开信息和文件；

（三）根据有关法律、法规规定可以不予披露的其他信息和文件。

第六十五条　股票持有人可以授权他人代理行使其同意权或者投票权。但是，任何人在征集二十五人以上的同意权或者投票权时，应当遵守证监会有关信息披露和作出报告的规定。

第六十六条　上市公司除应当向证监会、证券交易场所提交本章规定的报告、公告、信息及文件外，还应当按照证券交易场所的规定提交有关报告、公告、信息及文件，并向所有股东公开。

第六十七条　本条例第五十七条至第六十五条的规定，适用于已经公开发行股票，其股票并未在证券交易场所交易的股份有限公司。

第七章　调查和处罚

第六十八条　对违反本条例规定的单位和个人，证监会有权进行调查或者会同国家有关部门进行调查；重大的案件，由证券委组织调查。

第六十九条　证监会可以对证券经营机构的业务活动进行检查。

第七十条　股份有限公司违反本条例规定，有下列行为之一的，根据不同情况，单处或者并处警告、责令退还非法所筹股款、没收非法所得、罚款；情节严重的，停止其发行股票资格：

（一）未经批准发行或者变相发行股票的；

（二）以欺骗或者其他不正当手段获准发行股票或者获准其股票在证券交易场所交易的；

（三）未按照规定方式、范围发行股票，或者在招股说明书失效后销售股票的；

（四）未经批准购回其发行在外的股票的。

对前款所列行为负有直接责任的股份有限公司的董事、监事和高级管理人员，给予警告或者处以三万元以上三十万元以下的罚款。

第七十一条　证券经营机构违反本条例规定，有下列行为之一的，根据不同情况单处或者并处警告、没收非法获取的股票和其他非法所得、罚款；情节严重的，限制、暂停其证券经营业务或者撤销其证券经营业务许可：

（一）未按照规定的时间、程序、方式承销股票的；

（二）未按照规定发放股票认购申请表的；

（三）将客户的股票借与他人或者作为担保物的；

（四）收取不合理的佣金和其他费用的；

（五）以客户的名义为本机构买卖股票的；

（六）挪用客户保证金的；

（七）在代理客户买卖股票活动中，与客户分享股票交易的利润或者分担股票交易的损失，或者向客户提供避免损失的保证的；

（八）为股票交易提供融资的。

对前款所列行为负有责任的证券经营机构的主管人员和直接责任人员，给予警告或者处以三万元以上三十万元以下的罚款。

第七十二条　内幕人员和以不正当手段获取内幕信息的其他人员违反本条例规定，泄露内幕信息、根据内幕信息买卖股票或者向他人提出买卖股票的建议的，根据不同情况，没收非法获取的股票和其他非法所得，并处以五万元以上五十万元以下的罚款。

证券业从业人员、证券业管理人员和国家规定禁止买卖股票的其他人员违反本条例规定，直接或者间接持有、买卖股票的，除责令限期出售其持有的股票外，根据不同情况，单处或者并处警告、没收非法所得、五千元以上五万元以下的罚款。

第七十三条　会计师事务所、资产评估机构和律师事务所违反本条例规定，出具的文件有虚假、严重误导性内容或者有重大遗漏的，根据不同情况，单处或者并处警告、没收非法所得、罚款；情节严重的，暂停其从事证券业务或者撤销其从事证券业务许可。

对前款所列行为负有直接责任的注册会计师、专业评估人员和律师，给予警告或者处以三万元以上三十万元以下的罚款；情节严重的，撤销其从事证券业务的资格。

第七十四条 任何单位和个人违反本条例规定，有下列行为之一的，根据不同情况，单处或者并处警告、没收非法获取的股票和其他非法所得、罚款：

（一）在证券委批准可以进行股票交易的证券交易场所之外进行股票交易的；

（二）在股票发行、交易过程中，作出虚假、严重误导性陈述或者遗漏重大信息的；

（三）通过合谋或者集中资金操纵股票市场价格，或者以散布谣言等手段影响股票发行、交易的；

（四）为制造股票的虚假价格与他人串通，不转移股票的所有权或者实际控制，虚买虚卖的；

（五）出售或者要约出售其并不持有的股票，扰乱股票市场秩序的；

（六）利用职权或者其他不正当手段，索取或者强行买卖股票，或者协助他人买卖股票的；

（七）未经批准对股票及其指数的期权、期货进行交易的；

（八）未按照规定履行有关文件和信息的报告、公开、公布义务的；

（九）伪造、篡改或者销毁与股票发行、交易有关的业务记录、财务帐簿等文件的；

（十）其他非法从事股票发行、交易及其相关活动的。

股份有限公司有前款所列行为，情节严重的，可以停止其发行股票的资格；证券经营机构有前款所列行为，情节严重的，可以限制、暂停其证券经营业务或者撤销其证券经营业务许可。

第七十五条 本条例第七十条、第七十一条、第七十二条、第七十四条规定的处罚，由证券委指定的机构决定；重大的案件的处罚，报证券委决定。本条例第七十三条规定的处罚，由有关部门在各自的职权范围内决定。

第七十六条 上市公司和证券交易所或者其他证券业自律性管理组织的会员及其工作人员违反本条例规定，除依照本条例规定给予行政处罚外，由证券交易所或者其他证券业自律性管理组织根据章程或者自律准则给予制裁。

第七十七条 违反本条例规定，给他人造成损失的，应当依法承担民事赔偿责任。

第七十八条 违反本条例规定，构成犯罪的，依法追究刑事责任。

第八章　争议的仲裁

第七十九条 与股票的发行或者交易有关的争议，当事人可以按照协议的约定向仲裁机构申请调解、仲裁。

第八十条 证券经营机构之间以及证券经营机构与证券交易场所之间因股票的发行或者交易引起的争议，应当由证券委批准设立或者指定的仲裁机构调解、仲裁。

第九章　附　　则

第八十一条 本条例下列用语的含义：

（一）"股票"是指股份有限公司发行的、表示其股东按其持有的股份享受权益和承担义务的可转让的书面凭证。

"簿记券式股票"是指发行人按照证监会规定的统一格式制作的、记载股东权益的书面名册。

"实物券式股票"是指发行人在证监会指定的印制机构统一印制的书面股票。

（二）"发行在外的普通股"是指公司库存以外的普通股。

（三）"公开发行"是指发行人通过证券经营机构向发行人以外的社会公众就发行人的股票作出的要约邀请、要约或者销售行为。

（四）"承销"是指证券经营机构依照协议包销或者代销发行人所发行股票的行为。

（五）"承销机构"是指以包销或者代销方

式为发行人销售股票的证券经营机构。

（六）“包销”是指承销机构在发行期结束后将未售出的股票全部买下的承销方式。

（七）“代销”是指承销机构代理发售股票，在发行期结束后，将未售出的股票全部退还给发行人或者包销人的承销方式。

（八）“公布”是指将本条例规定应当予以披露的文件刊载在证监会指定的报刊上的行为。

（九）“公开”是指将本条例规定应当予以披露的文件备置于发行人及其证券承销机构的营业地和证监会，供投资人查阅的行为。

（十）“要约”是指向特定人或者非特定人发出购买或者销售某种股票的口头的或者书面的意思表示。

（十一）“要约邀请”是指建议他人向自己发出要约的意思表示。

（十二）“预受”是指受要约人同意接受要约的初步意思表示，在要约期满前不构成承诺。

（十三）“上市公司”是指其股票获准在证券交易场所交易的股份有限公司。

（十四）“内幕人员”是指任何由于持有发行人的股票，或者在发行人或者与发行人有密切联系的企业中担任董事、监事、高级管理人员，或者由于其会员地位、管理地位、监督地位和职业地位，或者作为雇员、专业顾问履行职务，能够接触或者获取内幕信息的人员。

（十五）“内幕信息”是指有关发行人、证券经营机构、有收购意图的法人、证券监督管理机构、证券业自律性管理组织以及与其有密切联系的人员所知悉的尚未公开的可能影响股票市场价格的重大信息。

（十六）“证券交易场所”是指经批准设立的、进行证券交易的证券交易所和证券交易报价系统。

（十七）“证券业管理人员”是指证券管理部门和证券业自律性管理组织的工作人员。

（十八）“证券业从业人员”是指从事证券发行、交易及其他相关业务的机构的工作人员。

第八十二条　证券经营机构和证券交易所的管理规定，另行制定。

公司内部职工持股不适用本条例。

第八十三条　本条例由证券委负责解释。

第八十四条　本条例自发布之日起施行。

首次公开发行股票并上市管理办法

（2006年5月17日中国证券监督管理委员会令第32号公布
根据2015年12月30日中国证券监督管理委员会令第122号
《关于修改〈首次公开发行股票并上市管理办法〉的决定》修正）

第一章　总　　则

第一条　为了规范首次公开发行股票并上市的行为，保护投资者的合法权益和社会公共利益，根据《证券法》、《公司法》，制定本办法。

第二条　在中华人民共和国境内首次公开发行股票并上市，适用本办法。

境内公司股票以外币认购和交易的，不适用本办法。

第三条　首次公开发行股票并上市，应当符合《证券法》、《公司法》和本办法规定的发行条件。

第四条　发行人依法披露的信息，必须真实、准确、完整，不得有虚假记载、误导性陈述或者重大遗漏。

第五条 保荐人及其保荐代表人应当遵循勤勉尽责、诚实守信的原则，认真履行审慎核查和辅导义务，并对其所出具的发行保荐书的真实性、准确性、完整性负责。

第六条 为证券发行出具有关文件的证券服务机构和人员，应当按照本行业公认的业务标准和道德规范，严格履行法定职责，并对其所出具文件的真实性、准确性和完整性负责。

第七条 中国证券监督管理委员会（以下简称“中国证监会”）对发行人首次公开发行股票的核准，不表明其对该股票的投资价值或者投资者的收益作出实质性判断或者保证。股票依法发行后，因发行人经营与收益的变化引致的投资风险，由投资者自行负责。

第二章 发行条件

第一节 主体资格

第八条 发行人应当是依法设立且合法存续的股份有限公司。

经国务院批准，有限责任公司在依法变更为股份有限公司时，可以采取募集设立方式公开发行股票。

第九条 发行人自股份有限公司成立后，持续经营时间应当在3年以上，但经国务院批准的除外。

有限责任公司按原账面净资产值折股整体变更为股份有限公司的，持续经营时间可以从有限责任公司成立之日起计算。

第十条 发行人的注册资本已足额缴纳，发起人或者股东用作出资的资产的财产权转移手续已办理完毕，发行人的主要资产不存在重大权属纠纷。

第十一条 发行人的生产经营符合法律、行政法规和公司章程的规定，符合国家产业政策。

第十二条 发行人最近3年内主营业务和董事、高级管理人员没有发生重大变化，实际控制人没有发生变更。

第十三条 发行人的股权清晰，控股股东和受控股股东、实际控制人支配的股东持有的发行人股份不存在重大权属纠纷。

第二节 规范运行

第十四条 发行人已经依法建立健全股东大会、董事会、监事会、独立董事、董事会秘书制度，相关机构和人员能够依法履行职责。

第十五条 发行人的董事、监事和高级管理人员已经了解与股票发行上市有关的法律法规，知悉上市公司及其董事、监事和高级管理人员的法定义务和责任。

第十六条 发行人的董事、监事和高级管理人员符合法律、行政法规和规章规定的任职资格，且不得有下列情形：

（一）被中国证监会采取证券市场禁入措施尚在禁入期的；

（二）最近36个月内受到中国证监会行政处罚，或者最近12个月内受到证券交易所公开谴责；

（三）因涉嫌犯罪被司法机关立案侦查或者涉嫌违法违规被中国证监会立案调查，尚未有明确结论意见。

第十七条 发行人的内部控制制度健全且被有效执行，能够合理保证财务报告的可靠性、生产经营的合法性、营运的效率与效果。

第十八条 发行人不得有下列情形：

（一）最近36个月内未经法定机关核准，擅自公开或者变相公开发行过证券；或者有关违法行为虽然发生在36个月前，但目前仍处于持续状态；

（二）最近36个月内违反工商、税收、土地、环保、海关以及其他法律、行政法规，受到行政处罚，且情节严重；

（三）最近36个月内曾向中国证监会提出发行申请，但报送的发行申请文件有虚假记载、误导性陈述或重大遗漏；或者不符合发行条件以欺骗手段骗取发行核准；或者以不正当手段干扰中国证监会及其发行审核委员会审核工作；或者伪造、变造发行人或其董事、监事、高级管理人员的签字、盖章；

（四）本次报送的发行申请文件有虚假记载、误导性陈述或者重大遗漏；

（五）涉嫌犯罪被司法机关立案侦查，尚未有明确结论意见；

（六）严重损害投资者合法权益和社会公共利益的其他情形。

第十九条　发行人的公司章程中已明确对外担保的审批权限和审议程序，不存在为控股股东、实际控制人及其控制的其他企业进行违规担保的情形。

第二十条　发行人有严格的资金管理制度，不得有资金被控股股东、实际控制人及其控制的其他企业以借款、代偿债务、代垫款项或者其他方式占用的情形。

第三节　财务与会计

第二十一条　发行人资产质量良好，资产负债结构合理，盈利能力较强，现金流量正常。

第二十二条　发行人的内部控制在所有重大方面是有效的，并由注册会计师出具了无保留结论的内部控制鉴证报告。

第二十三条　发行人会计基础工作规范，财务报表的编制符合企业会计准则和相关会计制度的规定，在所有重大方面公允地反映了发行人的财务状况、经营成果和现金流量，并由注册会计师出具了无保留意见的审计报告。

第二十四条　发行人编制财务报表应以实际发生的交易或者事项为依据；在进行会计确认、计量和报告时应当保持应有的谨慎；对相同或者相似的经济业务，应选用一致的会计政策，不得随意变更。

第二十五条　发行人应完整披露关联方关系并按重要性原则恰当披露关联交易。关联交易价格公允，不存在通过关联交易操纵利润的情形。

第二十六条　发行人应当符合下列条件：

（一）最近3个会计年度净利润均为正数且累计超过人民币3000万元，净利润以扣除非经常性损益前后较低者为计算依据；

（二）最近3个会计年度经营活动产生的现金流量净额累计超过人民币5000万元；或者最近3个会计年度营业收入累计超过人民币3亿元；

（三）发行前股本总额不少于人民币3000万元；

（四）最近一期末无形资产（扣除土地使用权、水面养殖权和采矿权等后）占净资产的比例不高于20%；

（五）最近一期末不存在未弥补亏损。

第二十七条　发行人依法纳税，各项税收优惠符合相关法律法规的规定。发行人的经营成果对税收优惠不存在严重依赖。

第二十八条　发行人不存在重大偿债风险，不存在影响持续经营的担保、诉讼以及仲裁等重大或有事项。

第二十九条　发行人申报文件中不得有下列情形：

（一）故意遗漏或虚构交易、事项或者其他重要信息；

（二）滥用会计政策或者会计估计；

（三）操纵、伪造或篡改编制财务报表所依据的会计记录或者相关凭证。

第三十条　发行人不得有下列影响持续盈利能力的情形：

（一）发行人的经营模式、产品或服务的品种结构已经或者将发生重大变化，并对发行人的持续盈利能力构成重大不利影响；

（二）发行人的行业地位或发行人所处行业的经营环境已经或者将发生重大变化，并对发行人的持续盈利能力构成重大不利影响；

（三）发行人最近1个会计年度的营业收入或净利润对关联方或者存在重大不确定性的客户存在重大依赖；

（四）发行人最近1个会计年度的净利润主要来自合并财务报表范围以外的投资收益；

（五）发行人在用的商标、专利、专有技术以及特许经营权等重要资产或技术的取得或者使用存在重大不利变化的风险；

（六）其他可能对发行人持续盈利能力构

成重大不利影响的情形。

第三章 发行程序

第三十一条 发行人董事会应当依法就本次股票发行的具体方案、本次募集资金使用的可行性及其他必须明确的事项作出决议，并提请股东大会批准。

第三十二条 发行人股东大会就本次发行股票作出的决议，至少应当包括下列事项：

（一）本次发行股票的种类和数量；

（二）发行对象；

（三）价格区间或者定价方式；

（四）募集资金用途；

（五）发行前滚存利润的分配方案；

（六）决议的有效期；

（七）对董事会办理本次发行具体事宜的授权；

（八）其他必须明确的事项。

第三十三条 发行人应当按照中国证监会的有关规定制作申请文件，由保荐人保荐并向中国证监会申报。

特定行业的发行人应当提供管理部门的相关意见。

第三十四条 中国证监会收到申请文件后，在5个工作日内作出是否受理的决定。

第三十五条 中国证监会受理申请文件后，由相关职能部门对发行人的申请文件进行初审，并由发行审核委员会审核。

第三十六条 中国证监会在初审过程中，将征求发行人注册地省级人民政府是否同意发行人发行股票的意见。

第三十七条 中国证监会依照法定条件对发行人的发行申请作出予以核准或者不予核准的决定，并出具相关文件。

自中国证监会核准发行之日起，发行人应在6个月内发行股票；超过6个月未发行的，核准文件失效，须重新经中国证监会核准后方可发行。

第三十八条 发行申请核准后、股票发行结束前，发行人发生重大事项的，应当暂缓或者暂停发行，并及时报告中国证监会，同时履行信息披露义务。影响发行条件的，应当重新履行核准程序。

第三十九条 股票发行申请未获核准的，自中国证监会作出不予核准决定之日起6个月后，发行人可再次提出股票发行申请。

第四章 信息披露

第四十条 发行人应当按照中国证监会的有关规定编制和披露招股说明书。

第四十一条 招股说明书内容与格式准则是信息披露的最低要求。不论准则是否有明确规定，凡是对投资者作出投资决策有重大影响的信息，均应当予以披露。

第四十二条 发行人应当在招股说明书中披露已达到发行监管对公司独立性的基本要求。

第四十三条 发行人及其全体董事、监事和高级管理人员应当在招股说明书上签字、盖章，保证招股说明书的内容真实、准确、完整。保荐人及其保荐代表人应当对招股说明书的真实性、准确性、完整性进行核查，并在核查意见上签字、盖章。

第四十四条 招股说明书中引用的财务报表在其最近一期截止日后6个月内有效。特别情况下发行人可申请适当延长，但至多不超过1个月。财务报表应当以年度末、半年度末或者季度末为截止日。

第四十五条 招股说明书的有效期为6个月，自中国证监会核准发行申请前招股说明书最后一次签署之日起计算。

第四十六条 申请文件受理后、发行审核委员会审核前，发行人应当将招股说明书（申报稿）在中国证监会网站（www. csrc. gov. cn）预先披露。发行人可以将招股说明书（申报稿）刊登于其企业网站，但披露内容应当完全一致，且不得早于在中国证监会网站的披露时间。

第四十七条 发行人及其全体董事、监事和高级管理人员应当保证预先披露的招股说明书(申报稿)的内容真实、准确、完整。

第四十八条　预先披露的招股说明书(申报稿)不是发行人发行股票的正式文件,不能含有价格信息,发行人不得据此发行股票。

发行人应当在预先披露的招股说明书(申报稿)的显要位置声明:"本公司的发行申请尚未得到中国证监会核准。本招股说明书(申报稿)不具有据以发行股票的法律效力,仅供预先披露之用。投资者应当以正式公告的招股说明书全文作为作出投资决定的依据。"

第四十九条　发行人应当在发行前将招股说明书摘要刊登于至少一种中国证监会指定的报刊,同时将招股说明书全文刊登于中国证监会指定的网站,并将招股说明书全文置备于发行人住所、拟上市证券交易所、保荐人、主承销商和其他承销机构的住所,以备公众查阅。

第五十条　保荐人出具的发行保荐书、证券服务机构出具的有关文件应当作为招股说明书的备查文件,在中国证监会指定的网站上披露,并置备于发行人住所、拟上市证券交易所、保荐人、主承销商和其他承销机构的住所,以备公众查阅。

第五十一条　发行人可以将招股说明书摘要、招股说明书全文、有关备查文件刊登于其他报刊和网站,但披露内容应当完全一致,且不得早于在中国证监会指定报刊和网站的披露时间。

第五章　监管和处罚

第五十二条　发行人向中国证监会报送的发行申请文件有虚假记载、误导性陈述或者重大遗漏的,发行人不符合发行条件以欺骗手段骗取发行核准的,发行人以不正当手段干扰中国证监会及其发行审核委员会审核工作的,发行人或其董事、监事、高级管理人员的签字、盖章系伪造或者变造的,除依照《证券法》的有关规定处罚外,中国证监会将采取终止审核并在36个月内不受理发行人的股票发行申请的监管措施。

第五十三条　保荐人出具有虚假记载、误导性陈述或者重大遗漏的发行保荐书,保荐人以不正当手段干扰中国证监会及其发行审核委员会审核工作的,保荐人或其相关签字人员的签字、盖章系伪造或变造的,或者不履行其他法定职责的,依照《证券法》和保荐制度的有关规定处理。

第五十四条　证券服务机构未勤勉尽责,所制作、出具的文件有虚假记载、误导性陈述或者重大遗漏的,除依照《证券法》及其他相关法律、行政法规和规章的规定处罚外,中国证监会将采取12个月内不接受相关机构出具的证券发行专项文件,36个月内不接受相关签字人员出具的证券发行专项文件的监管措施。

第五十五条　发行人、保荐人或证券服务机构制作或者出具的文件不符合要求,擅自改动已提交的文件,或者拒绝答复中国证监会审核中提出的相关问题的,中国证监会将视情节轻重,对相关机构和责任人员采取监管谈话、责令改正等监管措施,记入诚信档案并公布;情节特别严重的,给予警告。

第五十六条　发行人披露盈利预测的,利润实现数如未达到盈利预测的80%,除因不可抗力外,其法定代表人、盈利预测审核报告签字注册会计师应当在股东大会及中国证监会指定报刊上公开作出解释并道歉;中国证监会可以对法定代表人处以警告。

利润实现数未达到盈利预测的50%的,除因不可抗力外,中国证监会在36个月内不受理该公司的公开发行证券申请。

第六章　附　　则

第五十七条　在中华人民共和国境内,首次公开发行股票且不上市的管理办法,由中国证监会另行规定。

第五十八条　本办法自2006年5月18日起施行。《关于股票发行工作若干规定的通知》(证监〔1996〕12号)、《关于做好1997年股票发行工作的通知》(证监〔1997〕13号)、《关于股票发行工作若干问题的补充通知》(证监

〔1998〕8号）、《关于对拟发行上市企业改制情况进行调查的通知》（证监发字〔1998〕259号）、《关于对拟公开发行股票公司改制运行情况进行调查的通知》（证监发〔1999〕4号）、《关于拟发行股票公司聘请审计机构等问题的通知》（证监发行字〔2000〕131号）和《关于进一步规范股票首次发行上市有关工作的通知》（证监发行字〔2003〕116号）同时废止。

首次公开发行股票并在创业板上市管理办法

（2014年5月14日中国证券监督管理委员会令第99号公布
根据2015年12月30日中国证券监督管理委员会令第123号《关于修改〈首次公开发行股票并在创业板上市管理办法〉的决定》修正）

第一章 总 则

第一条 为了规范首次公开发行股票并在创业板上市的行为，促进自主创新企业及其他成长型创业企业的发展，保护投资者的合法权益，维护社会公共利益，根据《证券法》、《公司法》，制定本办法。

第二条 在中华人民共和国境内首次公开发行股票并在创业板上市，适用本办法。

第三条 发行人申请首次公开发行股票并在创业板上市，应当符合《证券法》、《公司法》和本办法规定的发行条件。

第四条 发行人依法披露的信息，必须真实、准确、完整、及时，不得有虚假记载、误导性陈述或者重大遗漏。

发行人作为信息披露第一责任人，应当及时向保荐人、证券服务机构提供真实、准确、完整的财务会计资料和其他资料，全面配合保荐人、证券服务机构开展尽职调查。

第五条 发行人的控股股东、实际控制人、董事、监事、高级管理人员等责任主体应当诚实守信，全面履行公开承诺事项，不得在发行上市中损害投资者的合法权益。

第六条 保荐人及其保荐代表人应当严格履行法定职责，遵守业务规则和行业规范，对发行人的申请文件和信息披露资料进行审慎核查，督导发行人规范运行，对证券服务机构出具的专业意见进行核查，对发行人是否具备持续盈利能力、是否符合法定发行条件作出专业判断，并确保发行人的申请文件和招股说明书等信息披露资料真实、准确、完整、及时。

第七条 为股票发行出具文件的证券服务机构和人员，应当严格履行法定职责，遵守本行业的业务标准和执业规范，对发行人的相关业务资料进行核查验证，确保所出具的相关专业文件真实、准确、完整、及时。

第八条 中国证券监督管理委员会（以下简称中国证监会）依法对发行人申请文件的合法合规性进行审核，依法核准发行人的首次公开发行股票申请，并对发行人股票发行进行监督管理。

证券交易所依法制定业务规则，创造公开、公平、公正的市场环境，保障创业板市场的正常运行。

第九条 中国证监会依据发行人提供的申请文件核准发行人首次公开发行股票申请，不对发行人的盈利能力、投资价值或者投资者的收益作出实质性判断或者保证。

投资者自主判断发行人的投资价值，自主作出投资决策，自行承担股票依法发行后因发行人经营与收益变化或者股票价格变动引致的投资风险。

第十条 创业板市场应当建立健全与投资者风险承受能力相适应的投资者准入制度，

向投资者充分提示投资风险，注重投资者需求，切实保护投资者特别是中小投资者的合法权益。

第二章 发行条件

第十一条 发行人申请首次公开发行股票应当符合下列条件：

（一）发行人是依法设立且持续经营三年以上的股份有限公司。有限责任公司按原账面净资产值折股整体变更为股份有限公司的，持续经营时间可以从有限责任公司成立之日起计算；

（二）最近两年连续盈利，最近两年净利润累计不少于一千万元；或者最近一年盈利，最近一年营业收入不少于五千万元。净利润以扣除非经常性损益前后孰低者为计算依据；

（三）最近一期末净资产不少于二千万元，且不存在未弥补亏损；

（四）发行后股本总额不少于三千万元。

第十二条 发行人的注册资本已足额缴纳，发起人或者股东用作出资的资产的财产权转移手续已办理完毕。发行人的主要资产不存在重大权属纠纷。

第十三条 发行人应当主要经营一种业务，其生产经营活动符合法律、行政法规和公司章程的规定，符合国家产业政策及环境保护政策。

第十四条 发行人最近两年内主营业务和董事、高级管理人员均没有发生重大变化，实际控制人没有发生变更。

第十五条 发行人的股权清晰，控股股东和受控股股东、实际控制人支配的股东所持发行人的股份不存在重大权属纠纷。

第十六条 发行人具有完善的公司治理结构，依法建立健全股东大会、董事会、监事会以及独立董事、董事会秘书、审计委员会制度，相关机构和人员能够依法履行职责。

发行人应当建立健全股东投票计票制度，建立发行人与股东之间的多元化纠纷解决机制，切实保障投资者依法行使收益权、知情权、参与权、监督权、求偿权等股东权利。

第十七条 发行人会计基础工作规范，财务报表的编制和披露符合企业会计准则和相关信息披露规则的规定，在所有重大方面公允地反映了发行人的财务状况、经营成果和现金流量，并由注册会计师出具无保留意见的审计报告。

第十八条 发行人内部控制制度健全且被有效执行，能够合理保证公司运行效率、合法合规和财务报告的可靠性，并由注册会计师出具无保留结论的内部控制鉴证报告。

第十九条 发行人的董事、监事和高级管理人员应当忠实、勤勉，具备法律、行政法规和规章规定的资格，且不存在下列情形：

（一）被中国证监会采取证券市场禁入措施尚在禁入期的；

（二）最近三年内受到中国证监会行政处罚，或者最近一年内受到证券交易所公开谴责的；

（三）因涉嫌犯罪被司法机关立案侦查或者涉嫌违法违规被中国证监会立案调查，尚未有明确结论意见的。

第二十条 发行人及其控股股东、实际控制人最近三年内不存在损害投资者合法权益和社会公共利益的重大违法行为。

发行人及其控股股东、实际控制人最近三年内不存在未经法定机关核准，擅自公开或者变相公开发行证券，或者有关违法行为虽然发生在三年前，但目前仍处于持续状态的情形。

第三章 发行程序

第二十一条 发行人董事会应当依法就本次发行股票的具体方案、本次募集资金使用的可行性及其他必须明确的事项作出决议，并提请股东大会批准。

本次发行股票时发行人股东公开发售股份的，发行人董事会还应当依法合理制定股东公开发售股份的具体方案并提请股东大会批准。

第二十二条 发行人股东大会应当就本

次发行股票作出决议，决议至少应当包括下列事项：

（一）股票的种类和数量；

（二）发行对象；

（三）发行方式；

（四）价格区间或者定价方式；

（五）募集资金用途；

（六）发行前滚存利润的分配方案；

（七）决议的有效期；

（八）对董事会办理本次发行具体事宜的授权；

（九）其他必须明确的事项。

第二十三条 发行人应当按照中国证监会有关规定制作申请文件，由保荐人保荐并向中国证监会申报。

第二十四条 保荐人保荐发行人发行股票并在创业板上市，应当对发行人的成长性进行尽职调查和审慎判断并出具专项意见。发行人为自主创新企业的，还应当在专项意见中说明发行人的自主创新能力，并分析其对成长性的影响。

第二十五条 中国证监会收到申请文件后，在五个工作日内作出是否受理的决定。

第二十六条 中国证监会受理申请文件后，由相关职能部门对发行人的申请文件进行初审，由创业板发行审核委员会审核，并建立健全对保荐人、证券服务机构工作底稿的检查制度。

第二十七条 中国证监会自申请文件受理之日起三个月内，依法对发行人的发行申请作出予以核准、中止审核、终止审核、不予核准的决定，并出具相关文件。发行人根据要求补充、修改发行申请文件的时间不计算在内。

发行人应当自中国证监会核准之日起十二个月内发行股票，发行时点由发行人自主选择；超过十二个月未发行的，核准文件失效，须重新经中国证监会核准后方可发行。

第二十八条 发行申请核准后至股票发行结束前，发行人应当及时更新信息披露文件内容，财务报表过期的，发行人还应当补充财务会计报告等文件；保荐人及证券服务机构应当持续履行尽职调查职责；其间发生重大事项的，发行人应当暂缓或者暂停发行，并及时报告中国证监会，同时履行信息披露义务；出现不符合发行条件事项的，中国证监会撤回核准决定。

第二十九条 股票发行申请未获核准的，发行人可自中国证监会作出不予核准决定之日起六个月后再次提出股票发行申请。

第四章 信 息 披 露

第三十条 发行人应当以投资者的决策需要为导向，按照中国证监会的有关规定编制和披露招股说明书，内容简明易懂，语言浅白平实，便于中小投资者阅读。

第三十一条 中国证监会制定的创业板招股说明书内容与格式准则是信息披露的最低要求。不论准则是否有明确规定，凡是对投资者作出投资决策有重大影响的信息，均应当予以披露。

第三十二条 发行人应当在招股说明书显要位置作如下提示：“本次股票发行后拟在创业板市场上市，该市场具有较高的投资风险。创业板公司具有业绩不稳定、经营风险高、退市风险大等特点，投资者面临较大的市场风险。投资者应充分了解创业板市场的投资风险及本公司所披露的风险因素，审慎作出投资决定。”

第三十三条 发行人应当在招股说明书中分析并完整披露对其持续盈利能力产生重大不利影响的所有因素，充分揭示相关风险，并披露保荐人对发行人是否具备持续盈利能力的核查结论意见。

第三十四条 发行人应当在招股说明书中披露已达到发行监管对公司独立性的基本要求。

第三十五条 发行人应当在招股说明书中披露相关责任主体以及保荐人、证券服务机构及相关人员作出的承诺事项、承诺履行情况以及对未能履行承诺采取的约束措施，包括但不限于：

（一）本次发行前股东所持股份的限售安排、自愿锁定股份、延长锁定期限或者相关股东减持意向的承诺；

（二）稳定股价预案；

（三）依法承担赔偿或者补偿责任的承诺；

（四）填补被摊薄即期回报的措施及承诺；

（五）利润分配政策（包括现金分红政策）的安排及承诺。

第三十六条 发行人及其全体董事、监事和高级管理人员应当在招股说明书上签名、盖章，保证招股说明书内容真实、准确、完整、及时。保荐人及其保荐代表人应当对招股说明书的真实性、准确性、完整性、及时性进行核查，并在核查意见上签名、盖章。

发行人的控股股东、实际控制人应当对招股说明书出具确认意见，并签名、盖章。

第三十七条 招股说明书引用的财务报表在其最近一期截止日后六个月内有效。特别情况下发行人可申请适当延长，但至多不超过一个月。财务报表应当以年度末、半年度末或者季度末为截止日。

第三十八条 招股说明书的有效期为六个月，自公开发行前招股说明书最后一次签署之日起计算。

第三十九条 发行人申请文件受理后，应当及时在中国证监会网站预先披露招股说明书（申报稿）。发行人可在公司网站刊登招股说明书（申报稿），所披露的内容应当一致，且不得早于在中国证监会网站披露的时间。

第四十条 发行人及保荐人应当对预先披露的招股说明书（申报稿）负责，一经申报及预披露，不得随意更改，并确保不存在故意隐瞒及重大差错。

第四十一条 预先披露的招股说明书（申报稿）不能含有股票发行价格信息。

发行人应当在预先披露的招股说明书（申报稿）的显要位置作如下声明："本公司的发行申请尚未得到中国证监会核准。本招股说明书（申报稿）不具有据以发行股票的法律效力，仅供预先披露之用。投资者应当以正式公告的招股说明书作为投资决定的依据。"

第四十二条 发行人及其全体董事、监事和高级管理人员应当保证预先披露的招股说明书（申报稿）的内容真实、准确、完整、及时。

第四十三条 发行人股票发行前应当在中国证监会指定网站全文刊登招股说明书，同时在中国证监会指定报刊刊登提示性公告，告知投资者网上刊登的地址及获取文件的途径。

发行人应当将招股说明书披露于公司网站，时间不得早于前款规定的刊登时间。

第四十四条 保荐人出具的发行保荐书、证券服务机构出具的文件及其他与发行有关的重要文件应当作为招股说明书备查文件，在中国证监会指定网站和公司网站披露。

第四十五条 发行人应当将招股说明书及备查文件置备于发行人、拟上市证券交易所、保荐人、主承销商和其他承销机构的住所，以备公众查阅。

第四十六条 申请文件受理后至发行人发行申请经中国证监会核准、依法刊登招股说明书前，发行人及与本次发行有关的当事人不得以广告、说明会等方式为公开发行股票进行宣传。

第五章 监督管理和法律责任

第四十七条 证券交易所应当建立适合创业板特点的上市、交易、退市等制度，加强对相关当事人履行公开承诺行为的监督和约束，督促保荐人履行持续督导义务，对违反有关法律、法规、交易所业务规则以及不履行承诺的行为，及时采取相应的监管措施。

第四十八条 证券交易所应当建立适合创业板特点的市场风险警示及投资者持续教育的制度，督促发行人建立健全保护投资者合法权益的制度以及防范和纠正违法违规行为的内部控制体系。

第四十九条 自申请文件受理之日起，发行人及其控股股东、实际控制人、董事、监事、高级管理人员以及保荐人、证券服务机构及相关人员即对发行申请文件的真实性、准确性、完整性、及时性承担相应的法律责任。

发行人的发行申请文件和信息披露文件存在自相矛盾或者同一事实表述不一致且有实质性差异的，中国证监会将中止审核并自确认之日起十二个月内不受理相关保荐代表人推荐的发行申请。

第五十条 发行人向中国证监会报送的发行申请文件有虚假记载、误导性陈述或者重大遗漏的，中国证监会将终止审核并自确认之日起三十六个月内不受理发行人的发行申请，并依照《证券法》的有关规定进行处罚；致使投资者在证券交易中遭受损失的，发行人及其控股股东、实际控制人、董事、监事、高级管理人员以及保荐人、证券服务机构应当依法承担赔偿责任。

第五十一条 发行人不符合发行条件以欺骗手段骗取发行核准的，发行人以不正当手段干扰中国证监会及其发行审核委员会审核工作的，发行人或其董事、监事、高级管理人员、控股股东、实际控制人的签名、盖章系伪造或者变造的，发行人及与本次发行有关的当事人违反本办法规定为公开发行股票进行宣传的，中国证监会将终止审核并自确认之日起三十六个月内不受理发行人的发行申请，并依照《证券法》的有关规定进行处罚。

第五十二条 保荐人出具有虚假记载、误导性陈述或者重大遗漏的发行保荐书的，保荐人以不正当手段干扰中国证监会及其发行审核委员会审核工作的，保荐人或其相关签名人员的签名、盖章系伪造或变造的，或者不履行其他法定职责的，依照《证券法》和保荐制度的有关规定处理。

第五十三条 证券服务机构未勤勉尽责，所制作、出具的文件有虚假记载、误导性陈述或者重大遗漏的，中国证监会将自确认之日起十二个月内不接受相关机构出具的证券发行专项文件，三十六个月内不接受相关签名人员出具的证券发行专项文件，并依照《证券法》及其他相关法律、行政法规和规章的规定进行处罚；给他人造成损失的，应当依法承担赔偿责任。

第五十四条 发行人、保荐人或证券服务机构制作或者出具文件不符合要求，擅自改动招股说明书或者其他已提交文件的，或者拒绝答复中国证监会审核提出的相关问题的，中国证监会将视情节轻重，对相关机构和责任人员采取监管谈话、责令改正等监管措施，记入诚信档案并公布；情节严重的，给予警告等行政处罚。

第五十五条 发行人披露盈利预测，利润实现数如未达到盈利预测的百分之八十的，除因不可抗力外，其法定代表人、财务负责人应当在股东大会及中国证监会指定网站、报刊上公开作出解释并道歉；情节严重的，中国证监会给予警告等行政处罚。

利润实现数未达到盈利预测的百分之五十的，除因不可抗力外，中国证监会还可以自确认之日起三十六个月内不受理该公司的公开发行证券申请。

注册会计师为上述盈利预测出具审核报告的过程中未勤勉尽责的，中国证监会将视情节轻重，对相关机构和责任人员采取监管谈话等监管措施，记入诚信档案并公布；情节严重的，给予警告等行政处罚。

第六章 附 则

第五十六条 本办法自公布之日起施行。《首次公开发行股票并在创业板上市管理暂行办法》（证监会令第61号）、《关于进一步做好创业板推荐工作的指引》（证监会公告〔2010〕8号）同时废止。

首次公开发行股票时公司股东公开发售股份暂行规定

（2013年12月2日中国证券监督管理委员会公告〔2013〕44号公布
根据2014年3月21日中国证券监督管理委员会公告〔2014〕11号《关于修改〈首次公开发行股票时公司股东公开发售股份暂行规定〉的决定》修订）

第一条　为了规范首次公开发行股票时公司股东向投资者公开发售股份的行为，根据《公司法》、《证券法》、《首次公开发行股票并上市管理办法》、《首次公开发行股票并在创业板上市管理暂行办法》、《证券发行与承销管理办法》等制定本规定。

第二条　本规定所称公司股东公开发售股份是指发行人首次公开发行新股时，公司股东将其持有的股份以公开发行方式一并向投资者发售的行为（即老股转让）。

第三条　首次公开发行股票，既包括公开发行新股，也包括公司股东公开发售股份。

公司股东公开发售股份应当遵守《证券发行与承销管理办法》的规定，发行价格应当与新发行股票的价格相同。

第四条　公司股东应当遵循平等自愿的原则协商确定首次公开发行时各自公开发售股份的数量。

第五条　公司首次公开发行时，公司股东公开发售的股份，其已持有时间应当在36个月以上。

公司股东公开发售股份后，公司的股权结构不得发生重大变化，实际控制人不得发生变更。

第六条　公司股东公开发售的股份，权属应当清晰，不存在法律纠纷或质押、冻结等依法不得转让的情况。

第七条　公司股东拟公开发售股份的，应当向发行人董事会提出申请；需要相关主管部门批准的，应当事先取得相关部门的批准文件。

发行人董事会应当依法就本次股票发行方案作出决议，并提请股东大会批准。

第八条　发行人与拟公开发售股份的公司股东应当就本次发行承销费用的分摊原则进行约定，并在招股说明书等文件中披露相关信息。

第九条　公司股票发行方案应当载明本次公开发行股票的数量。公司发行新股的同时，其股东拟公开发售股份的，发行方案应当载明公司预计发行新股数量、公司相关股东预计公开发售股份的数量和上限，并明确新股发行与老股转让数量的调整机制。

公司首次公开发行股票应主要用于筹集企业发展需要的资金。新股发行数量应根据企业实际的资金需求合理确定；公司股东公开发售股份数量不得超过自愿设定12个月及以上限售期的投资者获得配售股份的数量。

第十条　发行人应当在招股说明书扉页载明公司拟发行新股和公司股东拟公开发售股份的数量，并提示股东发售股份所得资金不归公司所有；在招股说明书披露本次公开发行的股数、预计发行新股数量和公司股东公开发售股份的数量、发行费用的分摊原则及拟公开发售股份的股东情况，包括股东名称、持股数量及拟公开发售股份数量等。

发行公告应该披露公司股东拟公开发售股份总数及股东名称、各自公开发售股份数量等情况，并应当提示投资者关注公司将不会获得公司股东发售股份所得资金。

第十一条　发行价格确定后，投资者网上申购前，发行人、保荐机构（主承销商）应当披露新发行股票及公司股东公开发售股份的具体数量及拟公开发售股份的股东名称及数量。

第十二条　首次公开发行时，拟公开发售股份的公司股东属于下列情形之一的，招股说明书及发行公告应当说明并披露此次股东公开发售股份事项对公司控制权、治理结构及生产经营等产生的影响，提示投资者就上述事项予以关注。

（一）公司控股股东；

（二）持股10%以上的股东；

（三）本次公开发行前36个月内担任公司董事、监事、高级管理人员、核心技术人员；

（四）对发行人经营有重大影响或与发行人有特殊关系的其他股东；

（五）上述股东的关联方或一致行动人。

第十三条　保荐机构、发行人律师应当按照执业规范就公司股东公开发售股份是否符合法律、法规及公司章程的规定，是否履行相关决策或审批程序，所公开发售的股份是否存在权属纠纷或存在质押、冻结等依法不得转让的情况进行充分尽职调查，并对公司股东公开发售股份后公司股权结构是否发生重大变化、实际控制人是否发生变更发表意见，分析公司股东股份公开转让事项对公司治理结构及生产经营产生的具体影响。

第十四条　公司股东公开发售股份的登记、结算等事项应当符合证券交易所、证券登记结算公司制订的相关业务规定。

第十五条　自愿设定12个月及以上限售期的投资者不得与公开发售股份的公司股东及相关利益方存在财务资助或者补偿、股份代持、信托持股等不当利益安排。存在上述行为的，中国证监会将比照《证券发行与承销管理办法》第40条的规定处理。

第十六条　公司股东公开发售股份应当符合本规定及国家法律、行政法规及公司章程的规定。存在违法违规情况的，中国证监会依法进行查处；涉嫌犯罪的，依法移送司法机关，追究刑事责任。

上市公司非公开发行股票实施细则

（2007年9月17日中国证券监督管理委员会公布　证监发行字〔2007〕302号
根据2011年8月1日中国证券监督管理委员会令第73号《关于修改上市公司重大资产重组与配套融资相关规定的决定》第一次修订
根据2017年2月15日中国证券监督管理委员会公告〔2017〕5号《关于修改〈上市公司非公开发行股票实施细则〉的决定》第二次修订）

第一章　总　　则

第一条　为规范上市公司非公开发行股票行为，根据《上市公司证券发行管理办法》（证监会令第30号，以下简称《管理办法》）的有关规定，制定本细则。

第二条　上市公司非公开发行股票，应当有利于减少关联交易、避免同业竞争、增强独立性；应当有利于提高资产质量、改善财务状况、增强持续盈利能力。

第三条　上市公司董事、监事、高级管理人员、保荐人和承销商、为本次发行出具专项文件的专业人员及其所在机构，以及上市公司控股股东、实际控制人及其知情人员，应当遵守有关法律法规和规章，勤勉尽责，不得利用上市公司非公开发行股票谋取不正当利益，禁止泄露内幕信息和利用内幕信息进行证券交易或者操纵证券交易价格。

第四条 上市公司的控股股东、实际控制人和本次发行对象，应当按照有关规定及时向上市公司提供信息，配合上市公司真实、准确、完整地履行信息披露义务。

第五条 保荐人、上市公司选择非公开发行股票的发行对象和确定发行价格，应当遵循公平、公正原则，体现上市公司和全体股东的最大利益。

第六条 发行方案涉及中国证监会规定的重大资产重组的，其配套融资按照现行相关规定办理。

第二章 发行对象与认购条件

第七条 《管理办法》所称“定价基准日”，是指计算发行底价的基准日。定价基准日为本次非公开发行股票发行期的首日。上市公司应按不低于发行底价的价格发行股票。

《管理办法》所称“定价基准日前20个交易日股票交易均价”的计算公式为：定价基准日前20个交易日股票交易均价=定价基准日前20个交易日股票交易总额/定价基准日前20个交易日股票交易总量。

第八条 《管理办法》所称“发行对象不超过10名”，是指认购并获得本次非公开发行股票的法人、自然人或者其他合法投资组织不超过10名。

证券投资基金管理公司以其管理的2只以上基金认购的，视为一个发行对象。

信托公司作为发行对象，只能以自有资金认购。

第九条 发行对象属于下列情形之一的，具体发行对象及其定价原则应当由上市公司董事会的非公开发行股票决议确定，并经股东大会批准；认购的股份自发行结束之日起36个月内不得转让：

（一）上市公司的控股股东、实际控制人或其控制的关联人；

（二）通过认购本次发行的股份取得上市公司实际控制权的投资者；

（三）董事会拟引入的境内外战略投资者。

第十条 发行对象属于本细则第九条规定以外的情形的，上市公司应当在取得发行核准批文后，按照本细则的规定以竞价方式确定发行价格和发行对象。发行对象认购的股份自发行结束之日起12个月内不得转让。

第三章 董事会与股东大会决议

第十一条 上市公司申请非公开发行股票，应当按照《管理办法》的相关规定召开董事会、股东大会，并按规定及时披露信息。

第十二条 董事会决议确定具体发行对象的，上市公司应当在召开董事会的当日或者前1日与相应发行对象签订附条件生效的股份认购合同。

前款所述认购合同应载明该发行对象拟认购股份的数量或数量区间、定价原则、限售期，同时约定本次发行一经上市公司董事会、股东大会批准并经中国证监会核准，该合同即应生效。

第十三条 上市公司董事会作出非公开发行股票决议，应当符合下列规定：

（一）应当按照本细则的规定确定本次发行的定价基准日，并提请股东大会批准。

（二）董事会决议确定具体发行对象的，董事会决议应当确定具体的发行对象名称及其定价原则、认购数量或者数量区间、限售期；发行对象与公司签订的附条件生效的股份认购合同应当经董事会批准。

（三）董事会决议未确定具体发行对象的，董事会决议应当明确发行对象的范围和资格，定价原则、限售期。

（四）本次非公开发行股票的数量不确定的，董事会决议应当明确数量区间（含上限和下限）。董事会决议还应当明确，上市公司的股票在董事会决议日至发行日期间除权、除息的，发行数量是否相应调整。

（五）董事会决议应当明确本次募集资金数量的上限、拟投入项目的资金需要总数量、本次募集资金投入数量、其余资金的筹措渠道。募集资金用于补充流动资金或者偿还银行贷款的,应当说明补充流动资金或者偿还银行贷款的具体数额;募集资金用于收购资产的,应当明确交易对方、标的资产、作价原则等事项。

第十四条 董事会决议经表决通过后,上市公司应当在2个交易日内披露。

董事会应当按照《公开发行证券的公司信息披露内容与格式准则第25号——上市公司非公开发行股票预案和发行情况报告书》的要求编制非公开发行股票预案,作为董事会决议的附件,与董事会决议同时刊登。

第十五条 本次发行涉及资产审计、评估或者上市公司盈利预测的,资产审计结果、评估结果和经审核的盈利预测报告至迟应随召开股东大会的通知同时公告。

第十六条 上市公司股东大会就非公开发行股票作出的决定,至少应当包括《管理办法》和本细则规定须提交股东大会批准的事项。

《管理办法》所称应当回避表决的"特定的股东及其关联人",是指董事会决议已确定为本次发行对象的股东及其关联人。

第四章 核准与发行

第十七条 股东大会批准本次发行后,上市公司可向中国证监会提交发行申请文件。

申请文件应当按照本细则附件1《上市公司非公开发行股票申请文件目录》的有关规定编制。

第十八条 保荐人和发行人律师应当各司其职,勤勉尽责,对本次非公开发行股票申请的合规性审慎地履行尽职调查职责。

保荐人出具的发行保荐书和发行人律师出具的法律意见书,应当对照中国证监会的各项规定逐项发表明确的结论性意见,并载明得出每项结论的查证过程及事实依据。

第十九条 中国证监会按照《管理办法》规定的程序审核非公开发行股票申请。

上市公司收到中国证监会发行审核委员会关于本次发行申请获得通过或者未获通过的结果后,应当在次一交易日予以公告,并在公告中说明,公司收到中国证监会作出的予以核准或者不予核准的决定后,将另行公告。

第二十条 上市公司取得核准批文后,应当在批文的有效期内,按照《证券发行与承销管理办法》(证监会令第121号)的有关规定发行股票。

上市公司收到中国证监会予以核准决定后作出的公告中,应当公告本次发行的保荐人,并公开上市公司和保荐人指定办理本次发行的负责人及其有效联系方式。

上市公司、保荐人对非公开发行股票进行推介或者向特定对象提供投资价值研究报告的,不得辨用任何公开方式,且不得早于上市公司董事会关于非公开发行股票的决议公告之日。

第二十一条 董事会决议确定具体发行对象的,上市公司在取得核准批文后,应当按照本细则第九条的规定和认购合同的约定发行股票。

第二十二条 董事会决议未确定具体发行对象的,在取得中国证监会的核准批文后,由上市公司及保荐人在批文的有效期内选择发行时间;在发行期起始的前1日,保荐人应当向符合条件的特定对象提供认购邀请书。

第二十三条 认购邀请书发送对象的名单由上市公司及保荐人共同确定。

认购邀请书发送对象的名单除应当包含董事会决议公告后已经提交认购意向书的投资者、公司前20名股东外,还应当包含符合《证券发行与承销管理办法》规定条件的下列询价对象:

(一)不少于20家证券投资基金管理公司;

(二)不少于10家证券公司;

(三)不少于5家保险机构投资者。

第二十四条 认购邀请书应当按照公正、透明的原则,事先约定选择发行对象、确定认购价格、分配认购数量等事项的操作规则。

认购邀请书及其申购报价表参照本细则附件2的范本制作,发送时由上市公司加盖公章,由保荐代表人签署。

第二十五条 认购邀请书发出后,上市公司及保荐人应当在认购邀请书约定的时间内收集特定投资者签署的申购报价表。

在申购报价期间,上市公司、保荐人应当确保任何工作人员不泄露发行对象的申购报价情况,申购报价过程应当由发行人律师现场见证。

第二十六条 申购报价结束后,上市公司及保荐人应当对有效申购按照报价高低进行累计统计,按照价格优先的原则合理确定发行对象、发行价格和发行股数。

第二十七条 发行结果确定后,上市公司应当与发行对象签订正式认购合同,发行对象应当按照合同约定缴款。

发行对象的认购资金应先划入保荐人为本次发行专门开立的账户,验资完毕后,扣除相关费用再划入发行人募集资金专项存储账户。

第二十八条 验资完成后的次一交易日,上市公司和保荐人应当向中国证监会提交《证券发行与承销管理办法》规定的备案材料。

发行情况报告书应当按照《公开发行证券的公司信息披露内容与格式准则第25号——上市公司非公开发行股票预案和发行情况报告书》的要求编制。

第二十九条 保荐人关于本次发行过程和认购对象合规性的报告应当详细记载本次发行的全部过程,列示发行对象的申购报价情况及其获得配售的情况,并对发行结果是否公平、公正,是否符合非公开发行股票的有关规定发表意见。

报价在发行价格之上的特定对象未获得配售或者被调减配售数量的,保荐人应当向该特定对象说明理由,并在报告书中说明情况。

第三十条 发行人律师关于本次发行过程和认购对象合规性的报告应当详细认证本次发行的全部过程,并对发行过程的合规性、发行结果是否公平、公正,是否符合非公开发行股票的有关规定发表明确意见。

发行人律师应当对认购邀请书、申购报价表、正式签署的股份认购合同及其他有关法律文书进行见证,并在报告书中确认有关法律文书合法有效。

第五章 附 则

第三十一条 本细则自发布之日起实施。

第三十二条 本细则的附件包括《上市公司非公开发行股票申请文件目录》、《〈认购邀请书〉和〈申购报价单〉范本》。

附件:1. 上市公司非公开发行股票申请文件目录

2.《认购邀请书》和《申购报价单》范本

附件1

上市公司非公开发行股票申请文件目录

第一章 发行人的申请报告及相关文件

1-1 发行人申请报告

1-2 本次发行的董事会决议和股东大会决议

1-3 本次非公开发行股票预案

1-4 公告的其他相关信息披露文件

第二章 保荐人和律师出具的文件

2-1 保荐人出具的证券发行保荐书

2-2 保荐人尽职调查报告

2-3 发行人律师出具的法律意见书

2-4 发行人律师工作报告

第三章 财务信息相关文件

3-1 发行人最近1年的财务报告和审计报告及最近一期的财务报告

3-2 最近3年一期的比较式财务报表(包括合并报表和母公司报表)

3-3 本次收购资产相关的最近1年一期

的财务报告及其审计报告、资产评估报告

3－4　发行人董事会、会计师事务所及注册会计师关于上市公司最近1年及一期的非标准无保留意见审计报告的补充意见

3－5　会计师事务所关于前次募集资金使用情况的专项报告

第四章　其他文件

4－1　有关部门对募集资金投资项目的审批、核准或备案文件

4－2　特定行业主管部门出具的监管意见书

4－3　国务院相关主管部门关于引入境外战略投资者的批准文件

4－4　附条件生效的股份认购合同

4－5　附条件生效的资产转让合同

4－6　发行人全体董事对相关申请文件真实性、准确性和完整性的承诺书

编制说明：

前述申请文件目录是对发行申请文件的最低要求，中国证监会根据审核需要，可以要求发行人和中介机构补充材料。某些材料对发行人不适用的，可不必提供，但应作出书面说明。保荐机构报送申请文件，初次报送应提交原件1份，复印件及电子文件3份。

附件2

《认购邀请书》和《申购报价单》范本

[*]股份有限公司非公开发行股票
认购邀请书

______________：

经[*]股份有限公司（简称"公司"或"本公司"）[*]年度第[*]次临时股东大会（简称"股东大会"）批准，拟向特定投资者非公开发行股票（简称"本次发行"）。本次发行已经中国证监会核准。现发出认购邀请书（简称"本邀请书"），诚邀贵公司/您参与本次发行认购。以下为本次发行认购的具体事项，敬请认真阅读：

一、认购对象与条件

1. 认购对象

本次发行的认购对象为[*]。

2. 认购数量

每一特定投资者的最低有效认购数量不得低于[*]万股，超过[*]万股的必须是[*]万股的整数倍。每一特定投资者最多认购数量不得超过[*]万股。

3. 认购价格

本次发行价格根据本邀请书第三部分所规定的程序和规则确定。

二、认购时间安排

1. 接到本邀请书后，贵公司如欲认购，应于[*]年[*]月[*]日[*]时前将附件《申购报价单》以传真方式发至本公司（传真号：[*]）。

2. 本公司收到《申购报价单》后，根据中国证监会的有关规定和本邀请书第三部分所规定的程序和规则确定本次发行的价格、最终发行对象和股份分配数量，并于确定上述结果后尽快向最终发行对象发出《缴款通知书》。

3. 发行对象收到《缴款通知书》后，应在《缴款通知书》规定的时限内将认购款汇至本公司指定的帐户（具体帐户为：[*]）。认购款未按时到帐的，视为放弃认购。

三、发行价格、发行对象及分配股数的确定程序和规则

1. 本次申报价格

本次申报价格应不低于每股[*]元。

（认购人可以在该价格基础上，根据不同的认购股份数量，以增加[*]元的整数倍的形式确定其申报价格，每个认购人申报的价格不超过三档。）

2. 认购确认程序与规则

（此处保荐人和上市公司应明确告知确认最终认购价格、发行对象及其分配数量的程序和规则。该程序和规则应当公平、公正，符合中国证监会的有关规定）

四、特别提示

1. 凡决定参加本次认购的认购人须对本邀请书所附《申购报价单》签字确认并加盖公章,并将《申购报价单》于[*]年[*]月[*]日[*]时前传真至本公司。

2. 凡被确定为最终发行对象的认购人,必须在《缴款通知书》指定的时间将认购款足额汇入本公司指定的帐户。为确保认购款能在规定时间内足额到达指定的银行帐户,请在收到本邀请书的传真件后尽快准备汇款事宜。

3. 本邀请书所附《申购报价单》为无条件确认书,接受人一旦申报,即有法律效力。

4. 本邀请书的发出、《申购报价单》的接收、《缴款通知书》的发出、发行价格、发行对象及分配股数的确认等认购事宜,由[*]律师事务所进行法律见证。

《申购报价单》如由授权代表签署,须附上由法定代表签署的授权委托书。

5. 本次认购的联系人:[*],电话:[*],传真号:[*]

________股份有限公司保荐代表人(* * 证券公司):________

[*]年[*]月[*]日

本认购邀请书附件:申购报价单

致:[*]股份有限公司

我单位收到并已详细阅读了贵方于[*]年[*]月[*]日发出的《[*]股份有限公司非公开发行股票认购邀请书》和贵公司[*]年度第[*]次临时股东大会的相关公告。经研究,同意按贵方确定的条件参加此次认购,本人在此确认:

一、同意《[*]股份有限公司非公开发行股票认购邀请书》所确定的认购条件与规则。

二、同意:

1. 按每股[*]元的价格认购[*]万股(大写数字)

2. 按每股[*]元的价格认购[*]万股(大写数字)

3. 按每股[*]元的价格认购[*]万股(大写数字)

三、同意按贵方最终确认的认购数量和时间缴纳认购款。

四、我方联系人:____________

电话:________________

手机:________________

传真:________________

公司(公章)

法定代表人或其授权代表、或本人签署

年 月 日

优先股试点管理办法

(2014年3月21日中国证券监督管理委员会令第97号公布
自公布之日起施行)

第一章 总 则

第一条 为规范优先股发行和交易行为,保护投资者合法权益,根据《公司法》、《证券法》、《国务院关于开展优先股试点的指导意见》及相关法律法规,制定本办法。

第二条 本办法所称优先股是指依照《公司法》,在一般规定的普通种类股份之外,另行规定的其他种类股份,其股份持有人优先于普通股股东分配公司利润和剩余财产,但参与公司决策管理等权利受到限制。

第三条 上市公司可以发行优先股,非上市公众公司可以非公开发行优先股。

第四条 优先股试点应当符合《公司法》、

《证券法》、《国务院关于开展优先股试点的指导意见》和本办法的相关规定，并遵循公开、公平、公正的原则，禁止欺诈、内幕交易和操纵市场的行为。

第五条 证券公司及其他证券服务机构参与优先股试点，应当遵守法律法规及中国证券监督管理委员会（以下简称中国证监会）相关规定，遵循行业公认的业务标准和行为规范，诚实守信、勤勉尽责。

第六条 试点期间不允许发行在股息分配和剩余财产分配上具有不同优先顺序的优先股，但允许发行在其他条款上具有不同设置的优先股。

同一公司既发行强制分红优先股，又发行不含强制分红条款优先股的，不属于发行在股息分配上具有不同优先顺序的优先股。

第七条 相同条款的优先股应当具有同等权利。同次发行的相同条款优先股，每股发行的条件、价格和票面股息率应当相同；任何单位或者个人认购的股份，每股应当支付相同价额。

第二章 优先股股东权利的行使

第八条 发行优先股的公司除按《国务院关于开展优先股试点的指导意见》制定章程有关条款外，还应当按本办法在章程中明确优先股股东的有关权利和义务。

第九条 优先股股东按照约定的股息率分配股息后，有权同普通股股东一起参加剩余利润分配的，公司章程应明确优先股股东参与剩余利润分配的比例、条件等事项。

第十条 出现以下情况之一的，公司召开股东大会会议应通知优先股股东，并遵循《公司法》及公司章程通知普通股股东的规定程序。优先股股东有权出席股东大会会议，就以下事项与普通股股东分类表决，其所持每一优先股有一表决权，但公司持有的本公司优先股没有表决权：

（一）修改公司章程中与优先股相关的内容；

（二）一次或累计减少公司注册资本超过百分之十；

（三）公司合并、分立、解散或变更公司形式；

（四）发行优先股；

（五）公司章程规定的其他情形。

上述事项的决议，除须经出席会议的普通股股东（含表决权恢复的优先股股东）所持表决权的三分之二以上通过之外，还须经出席会议的优先股股东（不含表决权恢复的优先股股东）所持表决权的三分之二以上通过。

第十一条 公司股东大会可授权公司董事会按公司章程的约定向优先股支付股息。公司累计三个会计年度或连续两个会计年度未按约定支付优先股股息的，股东大会批准当年不按约定分配利润的方案次日起，优先股股东有权出席股东大会与普通股股东共同表决，每股优先股股份享有公司章程规定的一定比例表决权。

对于股息可累积到下一会计年度的优先股，表决权恢复直至公司全额支付所欠股息。对于股息不可累积的优先股，表决权恢复直至公司全额支付当年股息。公司章程可规定优先股表决权恢复的其他情形。

第十二条 优先股股东有权查阅公司章程、股东名册、公司债券存根、股东大会会议记录、董事会会议决议、监事会会议决议、财务会计报告。

第十三条 发行人回购优先股包括发行人要求赎回优先股和投资者要求回售优先股两种情况，并应在公司章程和招股文件中规定其具体条件。发行人要求赎回优先股的，必须完全支付所欠股息，但商业银行发行优先股补充资本的除外。优先股回购后相应减记发行在外的优先股股份总数。

第十四条 公司董事、监事、高级管理人员应当向公司申报所持有的本公司优先股及其变动情况，在任职期间每年转让的股份不得超过其所持本公司优先股股份总数的百分之二十五。公司章程可以对公司董事、监事、高级管理人员转让其所持有的本公司优先股股份作出其他限制性规定。

第十五条　除《国务院关于开展优先股试点的指导意见》规定的事项外，计算股东人数和持股比例时应分别计算普通股和优先股。

第十六条　公司章程中规定优先股采用固定股息率的，可以在优先股存续期内采取相同的固定股息率，或明确每年的固定股息率，各年度的股息率可以不同；公司章程中规定优先股采用浮动股息率的，应当明确优先股存续期内票面股息率的计算方法。

第三章　上市公司发行优先股

第一节　一般规定

第十七条　上市公司应当与控股股东或实际控制人的人员、资产、财务分开，机构、业务独立。

第十八条　上市公司内部控制制度健全，能够有效保证公司运行效率、合法合规和财务报告的可靠性，内部控制的有效性应当不存在重大缺陷。

第十九条　上市公司发行优先股，最近三个会计年度实现的年均可分配利润应当不少于优先股一年的股息。

第二十条　上市公司最近三年现金分红情况应当符合公司章程及中国证监会的有关监管规定。

第二十一条　上市公司报告期不存在重大会计违规事项。公开发行优先股，最近三年财务报表被注册会计师出具的审计报告应当为标准审计报告或带强调事项段的无保留意见的审计报告；非公开发行优先股，最近一年财务报表被注册会计师出具的审计报告为非标准审计报告的，所涉及事项对公司无重大不利影响或者在发行前重大不利影响已经消除。

第二十二条　上市公司发行优先股募集资金应有明确用途，与公司业务范围、经营规模相匹配，募集资金用途符合国家产业政策和有关环境保护、土地管理等法律和行政法规的规定。

除金融类企业外，本次募集资金使用项目不得为持有交易性金融资产和可供出售的金融资产、借予他人等财务性投资，不得直接或间接投资于以买卖有价证券为主要业务的公司。

第二十三条　上市公司已发行的优先股不得超过公司普通股股份总数的百分之五十，且筹资金额不得超过发行前净资产的百分之五十，已回购、转换的优先股不纳入计算。

第二十四条　上市公司同一次发行的优先股，条款应当相同。每次优先股发行完毕前，不得再次发行优先股。

第二十五条　上市公司存在下列情形之一的，不得发行优先股：

（一）本次发行申请文件有虚假记载、误导性陈述或重大遗漏；

（二）最近十二个月内受到过中国证监会的行政处罚；

（三）因涉嫌犯罪正被司法机关立案侦查或涉嫌违法违规正被中国证监会立案调查；

（四）上市公司的权益被控股股东或实际控制人严重损害且尚未消除；

（五）上市公司及其附属公司违规对外提供担保且尚未解除；

（六）存在可能严重影响公司持续经营的担保、诉讼、仲裁、市场重大质疑或其他重大事项；

（七）其董事和高级管理人员不符合法律、行政法规和规章规定的任职资格；

（八）严重损害投资者合法权益和社会公共利益的其他情形。

第二节　公开发行的特别规定

第二十六条　上市公司公开发行优先股，应当符合以下情形之一：

（一）其普通股为上证 50 指数成份股；

（二）以公开发行优先股作为支付手段收购或吸收合并其他上市公司；

（三）以减少注册资本为目的回购普通股

的,可以公开发行优先股作为支付手段,或者在回购方案实施完毕后,可公开发行不超过回购减资总额的优先股。

中国证监会核准公开发行优先股后不再符合本条第(一)项情形的,上市公司仍可实施本次发行。

第二十七条 上市公司最近三个会计年度应当连续盈利。扣除非经常性损益后的净利润与扣除前的净利润相比,以孰低者作为计算依据。

第二十八条 上市公司公开发行优先股应当在公司章程中规定以下事项:

(一)采取固定股息率;

(二)在有可分配税后利润的情况下必须向优先股股东分配股息;

(三)未向优先股股东足额派发股息的差额部分应当累积到下一会计年度;

(四)优先股股东按照约定的股息率分配股息后,不再同普通股股东一起参加剩余利润分配。

商业银行发行优先股补充资本的,可就第(二)项和第(三)项事项另行约定。

第二十九条 上市公司公开发行优先股的,可以向原股东优先配售。

第三十条 除本办法第二十五条的规定外,上市公司最近三十六个月内因违反工商、税收、土地、环保、海关法律、行政法规或规章,受到行政处罚且情节严重的,不得公开发行优先股。

第三十一条 上市公司公开发行优先股,公司及其控股股东或实际控制人最近十二个月内应当不存在违反向投资者作出的公开承诺的行为。

第三节 其他规定

第三十二条 优先股每股票面金额为一百元。

优先股发行价格和票面股息率应当公允、合理,不得损害股东或其他利益相关方的合法利益,发行价格不得低于优先股票面金额。

公开发行优先股的价格或票面股息率以市场询价或证监会认可的其他公开方式确定。非公开发行优先股的票面股息率不得高于最近两个会计年度的年均加权平均净资产收益率。

第三十三条 上市公司不得发行可转换为普通股的优先股。但商业银行可根据商业银行资本监管规定,非公开发行触发事件发生时强制转换为普通股的优先股,并遵守有关规定。

第三十四条 上市公司非公开发行优先股仅向本办法规定的合格投资者发行,每次发行对象不得超过二百人,且相同条款优先股的发行对象累计不得超过二百人。

发行对象为境外战略投资者的,还应当符合国务院相关部门的规定。

第四节 发行程序

第三十五条 上市公司申请发行优先股,董事会应当按照中国证监会有关信息披露规定,公开披露本次优先股发行预案,并依法就以下事项作出决议,提请股东大会批准。

(一)本次优先股的发行方案;

(二)非公开发行优先股且发行对象确定的,上市公司与相应发行对象签订的附条件生效的优先股认购合同。认购合同应当载明发行对象拟认购优先股的数量、认购价格或定价原则、票面股息率或其确定原则,以及其他必要条款。认购合同应当约定发行对象不得以竞价方式参与认购,且本次发行一经上市公司董事会、股东大会批准并经中国证监会核准,该合同即应生效;

(三)非公开发行优先股且发行对象尚未确定的,决议应包括发行对象的范围和资格、定价原则、发行数量或数量区间。

上市公司的控股股东、实际控制人或其控制的关联人参与认购本次非公开发行优先股的,按照前款第(二)项执行。

第三十六条 上市公司独立董事应当就上市公司本次发行对公司各类股东权益的影

响发表专项意见，并与董事会决议一同披露。

第三十七条　上市公司股东大会就发行优先股进行审议，应当就下列事项逐项进行表决：

（一）本次发行优先股的种类和数量；

（二）发行方式、发行对象及向原股东配售的安排；

（三）票面金额、发行价格或其确定原则；

（四）优先股股东参与分配利润的方式，包括：票面股息率或其确定原则、股息发放的条件、股息支付方式、股息是否累积、是否可以参与剩余利润分配等；

（五）回购条款，包括回购的条件、期间、价格及其确定原则、回购选择权的行使主体等（如有）；

（六）募集资金用途；

（七）公司与发行对象签订的附条件生效的优先股认购合同（如有）；

（八）决议的有效期；

（九）公司章程关于优先股股东和普通股股东利润分配、剩余财产分配、优先股表决权恢复等相关政策条款的修订方案；

（十）对董事会办理本次发行具体事宜的授权；

（十一）其他事项。

上述决议，须经出席会议的普通股股东（含表决权恢复的优先股股东）所持表决权的三分之二以上通过。已发行优先股的，还须经出席会议的优先股股东（不含表决权恢复的优先股股东）所持表决权的三分之二以上通过。上市公司向公司特定股东及其关联人发行优先股的，股东大会就发行方案进行表决时，关联股东应当回避。

第三十八条　上市公司就发行优先股事项召开股东大会，应当提供网络投票，还可以通过中国证监会认可的其他方式为股东参加股东大会提供便利。

第三十九条　上市公司申请发行优先股应当由保荐人保荐并向中国证监会申报，其申请、审核、核准、发行等相关程序参照《上市公司证券发行管理办法》和《证券发行与承销管理办法》的规定。发审委会议按照《中国证券监督管理委员会发行审核委员会办法》规定的特别程序，审核发行申请。

第四十条　上市公司发行优先股，可以申请一次核准，分次发行，不同次发行的优先股除票面股息率外，其他条款应当相同。自中国证监会核准发行之日起，公司应在六个月内实施首次发行，剩余数量应当在二十四个月内发行完毕。超过核准文件时限的，须申请中国证监会重新核准。首次发行数量应当不少于总发行数量的百分之五十，剩余各次发行的数量由公司自行确定，每次发行完毕后五个工作日内报中国证监会备案。

第四章　非上市公众公司非公开发行优先股

第四十一条　非上市公众公司非公开发行优先股应符合下列条件：

（一）合法规范经营；

（二）公司治理机制健全；

（三）依法履行信息披露义务。

第四十二条　非上市公众公司非公开发行优先股应当遵守本办法第二十三条、第二十四条、第二十五条、第三十二条、第三十三条的规定。

第四十三条　非上市公众公司非公开发行优先股仅向本办法规定的合格投资者发行，每次发行对象不得超过二百人，且相同条款优先股的发行对象累计不得超过二百人。

第四十四条　非上市公众公司拟发行优先股的，董事会应依法就具体方案、本次发行对公司各类股东权益的影响、发行优先股的目的、募集资金的用途及其他必须明确的事项作出决议，并提请股东大会批准。

董事会决议确定具体发行对象的，董事会决议应当确定具体的发行对象名称及其认购价格或定价原则、认购数量或数量区间等；同时应在召开董事会前与相应发行对象签订附条件生效的股份认购合同。董事会决议未确定具体发行对象的，董事会决议应当明确发行对象的范围和资格、定价原则等。

第四十五条 非上市公众公司股东大会就发行优先股进行审议，表决事项参照本办法第三十七条执行。发行优先股决议，须经出席会议的普通股股东（含表决权恢复的优先股股东）所持表决权的三分之二以上通过。已发行优先股的，还须经出席会议的优先股股东（不含表决权恢复的优先股股东）所持表决权的三分之二以上通过。非上市公众公司向公司特定股东及其关联人发行优先股的，股东大会就发行方案进行表决时，关联股东应当回避，公司普通股股东（不含表决权恢复的优先股股东）人数少于二百人的除外。

第四十六条 非上市公众公司发行优先股的申请、审核（豁免）、发行等相关程序应按照《非上市公众公司监督管理办法》等相关规定办理。

第五章 交易转让及登记结算

第四十七条 优先股发行后可以申请上市交易或转让，不设限售期。

公开发行的优先股可以在证券交易所上市交易。上市公司非公开发行的优先股可以在证券交易所转让，非上市公众公司非公开发行的优先股可以在全国中小企业股份转让系统转让，转让范围仅限合格投资者。交易或转让的具体办法由证券交易所或全国中小企业股份转让系统另行制定。

第四十八条 优先股交易或转让环节的投资者适当性标准应当与发行环节保持一致；非公开发行的相同条款优先股经交易或转让后，投资者不得超过二百人。

第四十九条 中国证券登记结算公司为优先股提供登记、存管、清算、交收等服务。

第六章 信息披露

第五十条 公司应当按照中国证监会有关信息披露规则编制募集优先股说明书或其他信息披露文件，依法履行信息披露义务。上市公司相关信息披露程序和要求参照《上市公司证券发行管理办法》和《上市公司非公开发行股票实施细则》及有关监管指引的规定。非上市公众公司非公开发行优先股的信息披露程序和要求参照《非上市公众公司监督管理办法》及有关监管指引的规定。

第五十一条 发行优先股的公司披露定期报告时，应当以专门章节披露已发行优先股情况、持有公司优先股股份最多的前十名股东的名单和持股数额、优先股股东的利润分配情况、优先股的回购情况、优先股股东表决权恢复及行使情况、优先股会计处理情况及其他与优先股有关的情况，具体内容与格式由中国证监会规定。

第五十二条 发行优先股的上市公司，发生表决权恢复、回购普通股等事项，以及其他可能对其普通股或优先股交易或转让价格产生较大影响事项的，上市公司应当按照《证券法》第六十七条以及中国证监会的相关规定，履行临时报告、公告等信息披露义务。

第五十三条 发行优先股的非上市公众公司按照《非上市公众公司监督管理办法》及有关监管指引的规定履行日常信息披露义务。

第七章 回购与并购重组

第五十四条 上市公司可以非公开发行优先股作为支付手段，向公司特定股东回购普通股。上市公司回购普通股的价格应当公允、合理，不得损害股东或其他利益相关方的合法利益。

第五十五条 上市公司以减少注册资本为目的回购普通股公开发行优先股的，以及以非公开发行优先股为支付手段向公司特定股东回购普通股的，除应当符合优先股发行条件和程序，还应符合以下规定：

（一）上市公司回购普通股应当由董事会依法作出决议并提交股东大会批准；

（二）上市公司股东大会就回购普通股作出的决议，应当包括下列事项：回购普通股的价格区间，回购普通股的数量和比例，回购普通股的期限,决议的有效期,对董事会办理本次回购股份事宜的具体授权,其他相关事项。以发行优先股作为支付手段的,应当包括拟用于支付的优先股总金额以及支付比例;回购方案实施完毕之日起一年内公开发行优先股的,应当包括回购的资金总额以及资金来源;

(三)上市公司股东大会就回购普通股作出决议,必须经出席会议的普通股股东(含表决权恢复的优先股股东)所持表决权的三分之二以上通过;

(四)上市公司应当在股东大会作出回购普通股决议后的次日公告该决议;

(五)依法通知债权人。

本办法未做规定的应当符合中国证监会有关上市公司回购的其他规定。

第五十六条　上市公司收购要约适用于被收购公司的所有股东,但可以针对优先股股东和普通股股东提出不同的收购条件。

第五十七条　上市公司可以按照《上市公司重大资产重组管理办法》规定的条件发行优先股购买资产,同时应当遵守本办法第三十三条,以及第三十五条至第三十八条的规定,依法披露有关信息、履行相应程序。

第五十八条　上市公司发行优先股作为支付手段购买资产的,可以同时募集配套资金。

第五十九条　非上市公众公司发行优先股的方案涉及重大资产重组的,应当符合中国证监会有关重大资产重组的规定。

第八章　监管措施和法律责任

第六十条　公司及其控股股东或实际控制人,公司董事、监事、高级管理人员以及其他直接责任人员,相关市场中介机构及责任人员,以及优先股试点的其他市场参与者违反本办法规定的,依照《公司法》、《证券法》和中国证监会的有关规定处理;涉嫌犯罪的,依法移送司法机关,追究其刑事责任。

第六十一条　上市公司、非上市公众公司违反本办法规定,存在未按规定制定有关章程条款、不按照约定召集股东大会恢复优先股股东表决权等损害优先股股东和中小股东权益等行为的,中国证监会应当责令改正,对上市公司、非上市公众公司和其直接负责的主管人员和其他直接责任人员,可以采取相应的行政监管措施以及警告、三万元以下罚款等行政处罚。

第六十二条　上市公司违反本办法第二十二条第二款规定的,中国证监会可以责令改正,并在三十六个月内不受理该公司的公开发行证券申请。

第六十三条　上市公司、非上市公众公司向本办法规定的合格投资者以外的投资者非公开发行优先股,中国证监会应当责令改正,并可以自确认之日起在三十六个月内不受理该公司的发行优先股申请。

第六十四条　承销机构在承销非公开发行的优先股时,将优先股配售给不符合本办法合格投资者规定的对象的,中国证监会可以责令改正,并在三十六个月内不接受其参与证券承销。

第九章　附　　则

第六十五条　本办法所称合格投资者包括:

(一)经有关金融监管部门批准设立的金融机构,包括商业银行、证券公司、基金管理公司、信托公司和保险公司等;

(二)上述金融机构面向投资者发行的理财产品,包括但不限于银行理财产品、信托产品、投连险产品、基金产品、证券公司资产管理产品等;

(三)实收资本或实收股本总额不低于人民币五百万元的企业法人;

(四)实缴出资总额不低于人民币五百万元的合伙企业;

(五)合格境外机构投资者(QFII)、人民币合格境外机构投资者(RQFII)、符合国务院相关部门规定的境外战略投资者;

(六)除发行人董事、高级管理人员及其配

偶以外的,名下各类证券账户、资金账户、资产管理账户的资产总额不低于人民币五百万元的个人投资者;

(七)经中国证监会认可的其他合格投资者。

第六十六条 非上市公众公司首次公开发行普通股并同时非公开发行优先股的,其优先股的发行与信息披露应符合本办法中关于上市公司非公开发行优先股的有关规定。

第六十七条 注册在境内的境外上市公司在境外发行优先股,应当符合境外募集股份及上市的有关规定。

注册在境内的境外上市公司在境内发行优先股,参照执行本办法关于非上市公众公司发行优先股的规定,以及《非上市公众公司监督管理办法》等相关规定,其优先股可以在全国中小企业股份转让系统进行转让。

第六十八条 本办法下列用语含义如下:

(一)强制分红:公司在有可分配税后利润的情况下必须向优先股股东分配股息;

(二)可分配税后利润:发行人股东依法享有的未分配利润;

(三)加权平均净资产收益率:按照《公开发行证券的公司信息披露编报规则第9号——净资产收益率和每股收益的计算及披露》计算的加权平均净资产收益率;

(四)上证50指数:中证指数有限公司发布的上证50指数。

第六十九条 本办法中计算合格投资者人数时,同一资产管理机构以其管理的两只以上产品认购或受让优先股的,视为一人。

第七十条 本办法自公布之日起施行。

上市公司回购社会公众股份管理办法(试行)

(2005年6月16日中国证券监督管理委员会发布 证监发〔2005〕51号)

第一章 总 则

第一条 为规范上市公司回购社会公众股份的行为,依据《公司法》、《证券法》、《股票发行与交易管理暂行条例》及其他相关法律、行政法规的规定,制订本办法。

第二条 本办法所称上市公司回购社会公众股份是指上市公司为减少注册资本而购买本公司社会公众股份(以下简称股份)并依法予以注销的行为。

第三条 上市公司回购股份,应当按照本办法的规定向中国证券监督管理委员会(以下简称中国证监会)报送备案材料。

第四条 上市公司回购股份,应当有利于公司的可持续发展,不得损害股东和债权人的合法权益。

上市公司的董事、监事和高级管理人员在回购股份中应当忠诚守信,勤勉尽责。

第五条 上市公司回购股份,应当依据本办法的规定履行信息披露义务。

上市公司及其董事应当保证所披露的信息真实、准确、完整,无虚假记载、误导性陈述或重大遗漏。

第六条 上市公司应当聘请独立财务顾问和律师事务所就股份回购事宜出具专业意见。

上述专业机构应当诚实守信,勤勉尽责,对回购股份相关事宜进行尽职调查,对备案材料进行核查,并保证其出具的文件真实、准确、完整。

第七条 任何人不得利用上市公司回购股份从事内幕交易、操纵证券交易价格和进行证券欺诈活动。

第二章 回购股份的一般规定

第八条 上市公司回购股份应当符合以

下条件：

（一）公司股票上市已满一年；

（二）公司最近一年无重大违法行为；

（三）回购股份后，上市公司具备持续经营能力；

（四）回购股份后，上市公司的股权分布原则上应当符合上市条件；公司拟通过回购股份终止其股票上市交易的，应当符合相关规定并取得证券交易所的批准；

（五）中国证监会规定的其他条件。

第九条　上市公司回购股份可以采取以下方式之一进行：

（一）证券交易所集中竞价交易方式；

（二）要约方式；

（三）中国证监会认可的其他方式。

第十条　回购的股份自过户至上市公司回购专用账户之日起即失去其权利。上市公司在计算相关指标时，应当从总股本中扣减已回购的股份数量。

第十一条　上市公司在回购股份期间不得发行新股。

在年度报告和半年度报告披露前5个工作日或者对股价有重大影响的信息公开披露前，上市公司不得通过集中竞价交易方式回购股份。

第十二条　因上市公司回购股份，导致股东持有、控制的股份超过该公司已发行股份的30%的，该等股东无须履行要约收购义务。

第三章　回购股份的程序和信息披露

第十三条　上市公司董事会应当在做出回购股份决议后的两个工作日内公告董事会决议、回购股份预案，并发布召开股东大会的通知。

回购股份预案至少应当包括以下内容：

（一）回购股份的目的；

（二）回购股份方式；

（三）回购股份的价格或价格区间、定价原则；

（四）拟回购股份的种类、数量及占总股本的比例；

（五）拟用于回购的资金总额及资金来源；

（六）回购股份的期限；

（七）预计回购后公司股权结构的变动情况；

（八）管理层对本次回购股份对公司经营、财务及未来发展影响的分析。

第十四条　上市公司应当在股东大会召开前3日，将董事会公告回购股份决议的前一个交易日及股东大会的股权登记日登记在册的前10名社会公众股股东的名称及持股数量、比例，在证券交易所网站上予以公布。

第十五条　独立财务顾问应当就上市公司回购股份事宜进行尽职调查，出具独立财务顾问报告，并在股东大会召开5日前在中国证监会指定报刊公告。

独立财务顾问报告应当包括以下内容：

（一）公司回购股份是否符合本办法的规定；

（二）结合回购股份的目的、股价表现、公司估值分析等因素，说明回购的必要性；

（三）结合回购股份所需资金及其来源等因素，分析回购股份对公司日常经营、盈利能力和偿债能力的影响，说明回购方案的可行性；

（四）其他应说明的事项。

第十六条　上市公司股东大会应当对下列事项逐项进行表决：

（一）回购股份的方式；

（二）回购股份的价格或价格区间、定价原则；

（三）拟回购股份的种类、数量和比例；

（四）拟用于回购的资金总额；

（五）回购股份的期限；

（六）对董事会实施回购方案的授权；

（七）其他相关事项。

上市公司在公告股东大会决议时，应当载明“本回购方案尚需报中国证监会备案无异议后方可实施”。

第十七条 上市公司股东大会对回购股份做出决议,须经出席会议的股东所持表决权的三分之二以上通过。

第十八条 上市公司做出回购股份决议后,应当依法通知债权人。

第十九条 上市公司依法通知债权人后,可以向中国证监会报送回购股份备案材料,同时抄报上市公司所在地的中国证监会派出机构。

第二十条 上市公司回购股份备案材料应当包括以下文件:

(一)回购股份的申请;

(二)董事会决议;

(三)股东大会决议;

(四)上市公司回购报告书;

(五)独立财务顾问报告;

(六)法律意见书;

(七)上市公司最近一期经审计的财务会计报告;

(八)上市公司董事、监事、高级管理人员及参与本次回购的各中介机构关于股东大会作出回购决议前6个月买卖上市公司股份的自查报告;

(九)中国证监会规定的其他文件。

第二十一条 上市公司回购报告书应当包括以下内容:

(一)本办法第十三条回购股份预案所列事项;

(二)上市公司董事、监事、高级管理人员在股东大会回购决议公告前六个月是否存在买卖上市公司股票的行为,是否存在单独或者与他人联合进行内幕交易及市场操纵的说明;

(三)独立财务顾问就本次回购股份出具的结论性意见;

(四)律师事务所就本次回购股份出具的结论性意见;

(五)其他应说明的事项。

以要约方式回购股份的,还应当披露股东预受要约的方式和程序、股东撤回预受要约的方式和程序,以及股东委托办理要约回购中相关股份预受、撤回、结算、过户登记等事宜的证券公司名称及其通讯方式。

第二十二条 律师事务所就上市公司回购股份出具的法律意见书应当包括以下内容:

(一)公司回购股份是否符合本办法规定的条件;

(二)公司回购股份是否已履行法定程序;涉及其他主管部门批准的,是否已得到批准;

(三)公司回购股份是否已按照本办法的规定履行相关的信息披露义务;

(四)公司回购股份的资金来源是否合法合规;

(五)其他应说明的事项。

第二十三条 中国证监会自受理上市公司回购股份备案材料之日起10个工作日内未提出异议的,上市公司可以实施回购方案。

采用集中竞价方式回购股份的,上市公司应当在收到中国证监会无异议函后的5个工作日内公告回购报告书;采用要约方式回购股份的,上市公司应当在收到无异议函后的两个工作日内予以公告,并在实施回购方案前公告回购报告书。

上市公司在回购报告书的同时,应当一并公告法律意见书。

第二十四条 上市公司实施回购方案前,应当在证券登记结算机构开立由证券交易所监控的回购专用账户;该账户仅可用于回购公司股份,已回购的股份应当予以锁定,不得卖出。

第二十五条 上市公司应当在回购的有效期限内实施回购方案。

上市公司距回购期届满3个月时仍未实施回购方案的,董事会应当就未能实施回购的原因予以公告。

第二十六条 回购期届满或者回购方案已实施完毕的,公司应当停止回购行为,撤销回购专用账户,在两个工作日内公告公司股份变动报告,并在10日内依法注销所回购的股份,办理工商变更登记手续。

第四章　以集中竞价交易方式回购股份的特殊规定

第二十七条　上市公司应当按照证券交易所和证券登记结算机构的相关规定，委托具有从事证券经纪业务资格的证券公司负责办理回购股份的相关事宜。

第二十八条　在回购股份期间，上市公司应当在每个月的前3个交易日内，公告截止上月末的回购进展情况，包括已回购股份总额、购买的最高价和最低价、支付的总金额。

上市公司通过集中竞价交易方式回购股份占上市公司总股本的比例每增加1%的，应当自该事实发生之日起两个交易日内予以公告。

第二十九条　回购期届满或者回购方案已实施完毕的，上市公司应当在股份变动报告中披露已回购股份总额、购买的最高价和最低价、支付的总金额。

第五章　以要约方式回购股份的特殊规定

第三十条　上市公司以要约方式回购股份的，要约价格不得低于回购报告书公告前30个交易日该种股票每日加权平均价的算术平均值。

第三十一条　上市公司以要约方式回购股份的，应当在公告回购报告书的同时，将回购所需资金全额存放于证券登记结算机构指定的银行账户。

要约的期限不得少于30日，并不得超过60日。

第三十二条　上市公司以要约方式回购股份，股东预受要约的股份数量超出预定回购的股份数量的，上市公司应当按照相同比例回购股东预受的股份；股东预受要约的股份数量不足预定回购的股份数量的，上市公司应当全部回购股东预受的股份。

第三十三条　上市公司以要约方式回购境内上市外资股的，还应当符合证券交易所和证券登记结算机构业务规则的有关规定。

第六章　监管措施和法律责任

第三十四条　上市公司未按照本办法规定备案的，中国证监会有权要求其暂停或者终止回购股份活动，对公司及其相关责任人依法予以处罚。

第三十五条　上市公司回购股份存在虚假记载、误导性陈述或者重大遗漏的，中国证监会责令其予以纠正，对公司及相关责任人依法予以处罚。

第三十六条　利用上市公司回购股份进行欺诈、操纵市场或者内幕交易的，中国证监会依法予以处罚；构成犯罪的，移交司法机关依法查处。

第三十七条　为上市公司回购股份出具意见的相关专业机构未履行勤勉尽责义务，所发表的专业意见存在虚假记载、误导性陈述或者重大遗漏的，中国证监会对相关专业机构及签字人员采取监管谈话、出具警示函、责令整改等措施；情节严重的，暂停或者吊销其业务资格。

第七章　附　　则

第三十八条　本办法自发布之日起施行。

关于上市公司以集中竞价交易方式回购股份的补充规定

（2008 年 10 月 9 日中国证券监督管理委员会公告〔2008〕39 号公布施行）

为适应资本市场发展实践的需要，现对《上市公司回购社会公众股份管理办法（试行）》中有关上市公司以集中竞价交易方式回购股份行为补充规定如下：

一、上市公司以集中竞价交易方式回购股份（以下简称上市公司回购股份），应当由董事会依法作出决议，并提交股东大会批准。

上市公司独立董事应当在充分了解相关信息的基础上，就回购股份事宜发表独立意见。

二、上市公司应当在股东大会召开前3 日，将董事会公告回购股份决议的前一个交易日及召开股东大会的股权登记日登记在册的前10 名股东的名称及持股数量、比例，在证券交易所网站予以公布。

三、上市公司股东大会就回购股份作出的决议，应当包括下列事项：

（一）回购股份的价格区间；

（二）拟回购股份的种类、数量和比例；

（三）拟用于回购的资金总额以及资金来源；

（四）回购股份的期限；

（五）决议的有效期；

（六）对董事会办理本次回购股份事宜的具体授权；

（七）其他相关事项。

四、上市公司股东大会对回购股份作出决议，必须经出席会议的股东所持表决权的 2/3 以上通过。

五、上市公司应当在股东大会作出回购股份决议后的次日公告该决议，依法通知债权人，并将相关材料报送中国证监会和证券交易所备案，同时公告回购报告书。

六、上市公司应当在下列情形履行报告、公告义务：

（一）上市公司应当在首次回购股份事实发生的次日予以公告；

（二）上市公司回购股份占上市公司总股本的比例每增加 1% 的，应当自该事实发生之日起 3 日内予以公告；

（三）上市公司在回购期间应当在定期报告中公告回购进展情况，包括已回购股份的数量和比例、购买的最高价和最低价、支付的总金额；

（四）回购期届满或者回购方案已实施完毕的，上市公司应当停止回购行为，并在3 日内公告回购股份情况以及公司股份变动报告，包括已回购股份总额、购买的最高价和最低价以及支付的总金额等内容。

七、上市公司回购股份的价格不得为公司股票当日交易涨幅限制的价格。

八、上市公司不得在以下交易时间进行股份回购的委托：

（一）开盘集合竞价；

（二）收盘前半小时内；

（三）股票价格无涨跌幅限制。

九、上市公司在下列期间不得回购股份：

（一）上市公司定期报告或业绩快报公告前 10 个交易日内；

（二）自可能对本公司股票交易价格产生重大影响的重大事项发生之日或者在决策过程中，至依法披露后 2 个交易日内；

（三）中国证监会规定的其他情形。

十、上市公司回购股份期间不得发行股份募集资金。

十一、证券交易所应当根据本规定，制定上市公司回购股份相关业务规则，加强对上市公司回购股份的信息披露和债权人合法权益程序保障的合规性监管，对回购股份交易实行实时监察，防范内幕交易以及其他不公平交易行为的发生。

十二、本补充规定自2008年10月9日起施行。《上市公司回购社会公众股份管理办法（试行）》（证监发〔2005〕51号）中有关以集中竞价交易方式回购股份的规定同时废止。

3. 债　　券

企业债券管理条例

（1993年8月2日国务院令第121号公布　根据2011年1月8日国务院令第588号《关于废止和修改部分行政法规的决定》修订）

第一章　总　　则

第一条　为了加强对企业债券的管理，引导资金的合理流向，有效利用社会闲散资金，保护投资者的合法权益，制定本条例。

第二条　本条例适用于中华人民共和国境内具有法人资格的企业（以下简称企业）在境内发行的债券。但是，金融债券和外币债券除外。

除前款规定的企业外，任何单位和个人不得发行企业债券。

第三条　企业进行有偿筹集资金活动，必须通过公开发行企业债券的形式进行。但是，法律和国务院另有规定的除外。

第四条　发行和购买企业债券应当遵循自愿、互利、有偿的原则。

第二章　企 业 债 券

第五条　本条例所称企业债券，是指企业依照法定程序发行、约定在一定期限内还本付息的有价证券。

第六条　企业债券的票面应当载明下列内容：

（一）企业的名称、住所；

（二）企业债券的面额；

（三）企业债券的利率；

（四）还本期限和方式；

（五）利息的支付方式；

（六）企业债券发行日期和编号；

（七）企业的印记和企业法定代表人的签章；

（八）审批机关批准发行的文号、日期。

第七条　企业债券持有人有权按照约定期限取得利息、收回本金，但是无权参与企业的经营管理。

第八条　企业债券持有人对企业的经营状况不承担责任。

第九条　企业债券可以转让、抵押和继承。

第三章　企业债券的管理

第十条　国家计划委员会会同中国人民银行、财政部、国务院证券委员会拟订全国企业债券发行的年度规模和规模内的各项指标，报国务院批准后，下达各省、自治区、直辖市、计划单列市人民政府和国务院有关部门执行。

未经国务院同意，任何地方、部门不得擅自突破企业债券发行的年度规模，并不得擅自调整年度规模内的各项指标。

第十一条 企业发行企业债券必须按照本条例的规定进行审批；未经批准的，不得擅自发行和变相发行企业债券。

中央企业发行企业债券，由中国人民银行会同国家计划委员会审批；地方企业发行企业债券，由中国人民银行省、自治区、直辖市、计划单列市分行会同同级计划主管部门审批。

第十二条 企业发行企业债券必须符合下列条件：

（一）企业规模达到国家规定的要求；

（二）企业财务会计制度符合国家规定；

（三）具有偿债能力；

（四）企业经济效益良好，发行企业债券前连续三年盈利；

（五）所筹资金用途符合国家产业政策。

第十三条 企业发行企业债券应当制订发行章程。

发行章程应当包括下列内容：

（一）企业的名称、住所、经营范围、法定代表人；

（二）企业近三年的生产经营状况和有关业务发展的基本情况；

（三）财务报告；

（四）企业自有资产净值；

（五）筹集资金的用途；

（六）效益预测；

（七）发行对象、时间、期限、方式；

（八）债券的种类及期限；

（九）债券的利率；

（十）债券总面额；

（十一）还本付息方式；

（十二）审批机关要求载明的其他事项。

第十四条 企业申请发行企业债券，应当向审批机关报送下列文件：

（一）发行企业债券的申请书；

（二）营业执照；

（三）发行章程；

（四）经会计师事务所审计的企业近三年的财务报告；

（五）审批机关要求提供的其他材料。

企业发行企业债券用于固定资产投资，按照国家有关规定需要经有关部门审批的，还应当报送有关部门的审批文件。

第十五条 企业发行企业债券应当公布经审批机关批准的发行章程。

企业发行企业债券，可以向经认可的债券评信机构申请信用评级。

第十六条 企业发行企业债券的总面额不得大于该企业的自有资产净值。

第十七条 企业发行企业债券用于固定资产投资的，依照国家有关固定资产投资的规定办理。

第十八条 企业债券的利率不得高于银行相同期限居民储蓄定期存款利率的百分之四十。

第十九条 任何单位不得以下列资金购买企业债券：

（一）财政预算拨款；

（二）银行贷款；

（三）国家规定不得用于购买企业债券的其他资金。

办理储蓄业务的机构不得将所吸收的储蓄存款用于购买企业债券。

第二十条 企业发行企业债券所筹资金应当按照审批机关批准的用途，用于本企业的生产经营。

企业发行企业债券所筹资金不得用于房地产买卖、股票买卖和期货交易等与本企业生产经营无关的风险性投资。

第二十一条 企业发行企业债券，应当由证券经营机构承销。

证券经营机构承销企业债券，应当对发行债券的企业的发行章程和其他有关文件的真实性、准确性、完整性进行核查。

第二十二条 企业债券的转让，应当在经批准的可以进行债券交易的场所进行。

第二十三条 非证券经营机构和个人不

得经营企业债券的承销和转让业务。

第二十四条 单位和个人所得的企业债券利息收入，按照国家规定纳税。

第二十五条 中国人民银行及其分支机构和国家证券监督管理机构，依照规定的职责，负责对企业债券的发行和交易活动，进行监督检查。

第四章 法律责任

第二十六条 未经批准发行或者变相发行企业债券的，以及未通过证券经营机构发行企业债券的，责令停止发行活动，退还非法所筹资金，处以相当于非法所筹资金金额百分之五以下的罚款。

第二十七条 超过批准数额发行企业债券的，责令退还超额发行部分或者核减相当于超额发行金额的贷款额度，处以相当于超额发行部分百分之五以下的罚款。

第二十八条 超过本条例第十八条规定的最高利率发行企业债券的，责令改正，处以相当于所筹资金金额百分之五以下的罚款。

第二十九条 用财政预算拨款、银行贷款或者国家规定不得用于购买企业债券的其他资金购买企业债券的，以及办理储蓄业务的机构用所吸收的储蓄存款购买企业债券的，责令收回该资金，处以相当于购买企业债券金额百分之五以下的罚款。

第三十条 未按批准用途使用发行企业债券所筹资金的，责令改正，没收其违反批准用途使用资金所获收益，并处以相当于违法使用资金金额百分之五以下的罚款。

第三十一条 非证券经营机构和个人经营企业债券的承销或者转让业务的，责令停止非法经营，没收非法所得，并处以承销或者转让企业债券金额百分之五以下的罚款。

第三十二条 本条例第二十六条、第二十七条、第二十八条、第二十九条、第三十条、第三十一条规定的处罚，由中国人民银行及其分支机构决定。

第三十三条 对本条例第二十六条、第二十七、第二十八条、第二十九条、第三十条、第三十一条所列违法行为的单位的法定代表人和直接责任人员，由中国人民银行及其分支机构给予警告或者处以一万元以上十万元以下的罚款；构成犯罪的，依法追究刑事责任。

第三十四条 地方审批机关违反本条例规定，批准发行企业债券的，责令改正，给予通报批评，根据情况相应核减该地方企业债券的发行规模。

第三十五条 企业债券监督管理机关的工作人员玩忽职守、徇私舞弊的，给予行政处分；构成犯罪的，依法追究刑事责任。

第三十六条 发行企业债券的企业违反本条例规定，给他人造成损失的，应当依法承担民事赔偿责任。

第五章 附则

第三十七条 企业发行短期融资券，按照中国人民银行有关规定执行。

第三十八条 本条例由中国人民银行会同国家计划委员会解释。

第三十九条 本条例自发布之日起施行。1987年3月27日国务院发布的《企业债券管理暂行条例》同时废止。

公司债券发行与交易管理办法

（2015年1月15日中国证券监督管理委员会令第113号公布施行）

第一章 总 则

第一条 为了规范公司债券的发行、交易或转让行为，保护投资者的合法权益和社会公共利益，根据《证券法》、《公司法》和其他相关法律法规，制定本办法。

第二条 在中华人民共和国境内，公开发行公司债券并在证券交易所、全国中小企业股份转让系统交易或转让，非公开发行公司债券并按照本办法规定承销或自行销售、或在证券交易所、全国中小企业股份转让系统、机构间私募产品报价与服务系统、证券公司柜台转让的，适用本办法。

法律法规和中国证券监督管理委员会（以下简称中国证监会）另有规定的，从其规定。

本办法所称公司债券，是指公司依照法定程序发行、约定在一定期限还本付息的有价证券。

第三条 公司债券可以公开发行，也可以非公开发行。

第四条 发行人及其他信息披露义务人应当及时、公平地履行披露义务，所披露或者报送的信息必须真实、准确、完整，不得有虚假记载、误导性陈述或者重大遗漏。

第五条 发行人及其控股股东、实际控制人应当诚实守信，发行人的董事、监事、高级管理人员应当勤勉尽责，维护债券持有人享有的法定权利和债券募集说明书约定的权利。

第六条 债券募集说明书及其他信息披露文件所引用的审计报告、资产评估报告、评级报告，应当由具有从事证券服务业务资格的机构出具。

债券募集说明书所引用的法律意见书，应当由律师事务所出具，并由两名执业律师和所在律师事务所负责人签署。

第七条 为公司债券发行提供服务的承销机构、资信评级机构、受托管理人、会计师事务所、资产评估机构、律师事务所等专业机构和人员应当勤勉尽责，严格遵守执业规范和监管规则，按规定和约定履行义务。

第八条 发行人、承销机构及其相关工作人员在发行定价和配售过程中，不得有违反公平竞争、进行利益输送、直接或间接谋取不正当利益以及其他破坏市场秩序的行为。

第九条 中国证监会对公司债券发行的核准或者中国证券业协会按照本办法对公司债券发行的备案，不表明其对发行人的经营风险、偿债风险、诉讼风险以及公司债券的投资风险或收益等作出判断或者保证。公司债券的投资风险，由投资者自行承担。

第十条 中国证监会依法对公司债券的公开发行、非公开发行及其交易或转让活动进行监督管理。

证券自律组织可依照相关规定对公司债券的上市交易或转让、非公开发行及转让、承销、尽职调查、信用评级、受托管理及增信等进行自律管理。

证券自律组织应当制定相关业务规则，明确公司债券承销、备案、上市交易或转让、信息披露、投资者适当性管理、持有人会议及受托管理等具体规定，报中国证监会批准。

第二章 发行和交易转让

第一节 一 般 规 定

第十一条 发行公司债券，发行人应当依照《公司法》或者公司章程相关规定对以下事项作出决议：

（一）发行债券的数量；

（二）发行方式；

（三）债券期限；

（四）募集资金的用途；

（五）决议的有效期；

（六）其他按照法律法规及公司章程规定需要明确的事项。

发行公司债券，如果对增信机制、偿债保障措施作出安排的，也应当在决议事项中载明。

第十二条　上市公司、股票公开转让的非上市公众公司发行的公司债券，可以附认股权、可转换成相关股票等条款。上市公司、股票公开转让的非上市公众公司股东可以发行附可交换成上市公司或非上市公众公司股票条款的公司债券。商业银行等金融机构可以按照有关规定发行附减记条款的公司债券。

上市公司发行附认股权、可转换成股票条款的公司债券，应当符合《上市公司证券发行管理办法》、《创业板上市公司证券发行管理暂行办法》的相关规定。

股票公开转让的非上市公众公司发行附认股权、可转换成股票条款的公司债券，由中国证监会另行规定。

第十三条　发行人全体董事、监事、高级管理人员应当在债券募集说明书上签字，承诺不存在虚假记载、误导性陈述或者重大遗漏，并承担相应的法律责任，但是能够证明自己没有过错的除外。

第十四条　本办法所称合格投资者，应当具备相应的风险识别和承担能力，知悉并自行承担公司债券的投资风险，并符合下列资质条件：

（一）经有关金融监管部门批准设立的金融机构，包括证券公司、基金管理公司及其子公司、期货公司、商业银行、保险公司和信托公司等，以及经中国证券投资基金业协会（以下简称基金业协会）登记的私募基金管理人；

（二）上述金融机构面向投资者发行的理财产品，包括但不限于证券公司资产管理产品、基金及基金子公司产品、期货公司资产管理产品、银行理财产品、保险产品、信托产品以及经基金业协会备案的私募基金；

（三）净资产不低于人民币一千万元的企事业单位法人、合伙企业；

（四）合格境外机构投资者（QFII）、人民币合格境外机构投资者（RQFII）；

（五）社会保障基金、企业年金等养老基金，慈善基金等社会公益基金；

（六）名下金融资产不低于人民币三百万元的个人投资者；

（七）经中国证监会认可的其他合格投资者。

前款所称金融资产包括银行存款、股票、债券、基金份额、资产管理计划、银行理财产品、信托计划、保险产品、期货权益等；理财产品、合伙企业拟将主要资产投向单一债券，需要穿透核查最终投资者是否为合格投资者并合并计算投资者人数，具体标准由基金业协会规定。

证券自律组织可以在本办法规定的基础上，设定更为严格的合格投资者资质条件。

第十五条　公开发行公司债券，募集资金应当用于核准的用途；非公开发行公司债券，募集资金应当用于约定的用途。除金融类企业外，募集资金不得转借他人。

发行人应当指定专项账户，用于公司债券募集资金的接收、存储、划转与本息偿付。

第二节　公开发行及交易

第十六条　公开发行公司债券，应当符合《证券法》、《公司法》的相关规定，经中国证监会核准。

第十七条　存在下列情形之一的，不得公开发行公司债券：

（一）最近三十六个月内公司财务会计文件存在虚假记载，或公司存在其他重大违法行为；

（二）本次发行申请文件存在虚假记载、误导性陈述或者重大遗漏；

（三）对已发行的公司债券或者其他债务有违约或者迟延支付本息的事实，仍处于继续状态；

（四）严重损害投资者合法权益和社会公共利益的其他情形。

第十八条 资信状况符合以下标准的公司债券可以向公众投资者公开发行，也可以自主选择仅面向合格投资者公开发行：

（一）发行人最近三年无债务违约或者迟延支付本息的事实；

（二）发行人最近三个会计年度实现的年均可分配利润不少于债券一年利息的1.5倍；

（三）债券信用评级达到AAA级；

（四）中国证监会根据投资者保护的需要规定的其他条件。

未达到前款规定标准的公司债券公开发行应当面向合格投资者；仅面向合格投资者公开发行的，中国证监会简化核准程序。

第十九条 公开发行公司债券，应当委托具有从事证券服务业务资格的资信评级机构进行信用评级。

第二十条 发行人应当按照中国证监会信息披露内容与格式的有关规定编制和报送公开发行公司债券的申请文件。

第二十一条 中国证监会受理申请文件后，依法审核公开发行公司债券的申请，自受理发行申请文件之日起三个月内，作出是否核准的决定，并出具相关文件。

发行申请核准后，公司债券发行结束前，发行人发生重大事项，导致可能不再符合发行条件的，应当暂缓或者暂停发行，并及时报告中国证监会。影响发行条件的，应当重新履行核准程序。

承销机构应当勤勉履行核查义务，发现发行人存在前款规定情形的，应当立即停止承销，并督促发行人及时履行报告义务。

第二十二条 公开发行公司债券，可以申请一次核准，分期发行。自中国证监会核准发行之日起，发行人应当在十二个月内完成首期发行，剩余数量应当在二十四个月内发行完毕。

公开发行公司债券的募集说明书自最后签署之日起六个月内有效。采用分期发行方式的，发行人应当在后续发行中及时披露更新后的债券募集说明书，并在每期发行完成后五个工作日内报中国证监会备案。

第二十三条 公开发行的公司债券，应当在依法设立的证券交易所上市交易，或在全国中小企业股份转让系统或者国务院批准的其他证券交易场所转让。

第二十四条 证券交易所、全国中小企业股份转让系统应当对公开发行公司债券的上市交易或转让实施分类管理，实行差异化的交易机制，建立相应的投资者适当性管理制度，健全风险控制机制。

证券交易所、全国中小企业股份转让系统应当根据债券资信状况的变化及时调整交易机制和投资者适当性安排。

第二十五条 公开发行公司债券申请上市交易或转让的，应当在发行前根据证券交易所、全国中小企业股份转让系统的相关规则，明确交易机制和交易环节投资者适当性安排。发行环节和交易环节的投资者适当性要求应当保持一致。

第三节 非公开发行及转让

第二十六条 非公开发行的公司债券应当向合格投资者发行，不得采用广告、公开劝诱和变相公开方式，每次发行对象不得超过二百人。

第二十七条 发行人、承销机构应当按照中国证监会、证券自律组织规定的投资者适当性制度，了解和评估投资者对非公开发行公司债券的风险识别和承担能力，确认参与非公开发行公司债券认购的投资者为合格投资者，并充分揭示风险。

第二十八条 非公开发行公司债券是否进行信用评级由发行人确定，并在债券募集说明书中披露。

第二十九条 非公开发行公司债券，承销机构或依照本办法第三十三条规定自行销售的发行人应当在每次发行完成后五个工作日内向中国证券业协会备案。

中国证券业协会在材料齐备时应当及时予以备案。备案不代表中国证券业协会实行合规性审查，不构成市场准入，也不豁免相关主体的违规责任。

第三十条　非公开发行公司债券，可以申请在证券交易所、全国中小企业股份转让系统、机构间私募产品报价与服务系统、证券公司柜台转让。

第三十一条　非公开发行的公司债券仅限于合格投资者范围内转让。转让后，持有同次发行债券的合格投资者合计不得超过二百人。

第三十二条　发行人的董事、监事、高级管理人员及持股比例超过百分之五的股东，可以参与本公司非公开发行公司债券的认购与转让，不受本办法第十四条关于合格投资者资质条件的限制。

第四节　发行与承销管理

第三十三条　发行公司债券应当由具有证券承销业务资格的证券公司承销。

取得证券承销业务资格的证券公司、中国证券金融股份有限公司及中国证监会认可的其他机构非公开发行公司债券可以自行销售。

第三十四条　承销机构承销公司债券，应当依据本办法以及中国证监会、中国证券业协会有关尽职调查、风险控制和内部控制等相关规定，制定严格的风险管理制度和内部控制制度，加强定价和配售过程管理。

第三十五条　承销机构承销公司债券，应当依照《证券法》相关规定采用包销或者代销方式。

第三十六条　发行人和主承销商应当签订承销协议，在承销协议中界定双方的权利义务关系，约定明确的承销基数。采用包销方式的，应当明确包销责任。

公开发行公司债券，依照法律、行政法规的规定应由承销团承销的，组成承销团的承销机构应当签订承销团协议，由主承销商负责组织承销工作。公司债券发行由两家以上承销机构联合主承销的，所有担任主承销商的承销机构应当共同承担主承销责任，履行相关义务。承销团由三家以上承销机构组成的，可以设副主承销商，协助主承销商组织承销活动。

承销团成员应当按照承销团协议及承销协议的约定进行承销活动，不得进行虚假承销。

第三十七条　公司债券公开发行的价格或利率以询价或公开招标等市场化方式确定。

发行人和主承销商应当协商确定公开发行的定价与配售方案并予公告，明确价格或利率确定原则、发行定价流程和配售规则等内容。

第三十八条　发行人和承销机构不得操纵发行定价、暗箱操作；不得以代持、信托等方式谋取不正当利益或向其他相关利益主体输送利益；不得直接或通过其利益相关方向参与认购的投资者提供财务资助；不得有其他违反公平竞争、破坏市场秩序等行为。

第三十九条　公开发行公司债券的，发行人和主承销商应当聘请律师事务所对发行过程、配售行为、参与认购的投资者资质条件、资金划拨等事项进行见证，并出具专项法律意见书。公开发行的公司债券上市后十个工作日内，主承销商应当将专项法律意见随同承销总结报告等文件一并报中国证监会。

第四十条　发行人和承销机构在推介过程中不得夸大宣传，或以虚假广告等不正当手段诱导、误导投资者，不得披露除债券募集说明书等信息以外的发行人其他信息。

承销机构应当保留推介、定价、配售等承销过程中的相关资料，并按相关法律法规规定存档备查，包括推介宣传材料、路演现场录音等，如实、全面反映询价、定价和配售过程。相关推介、定价、配售等的备查资料应当按中国证券业协会的规定制作并妥善保管。

第四十一条　中国证券业协会应当制定

非公开发行公司债券承销业务的风险控制管理规定，根据市场风险状况对承销业务范围进行限制并动态调整。

第三章 信息披露

第四十二条 发行人及其他信息披露义务人应当按照中国证监会及证券自律组织的相关规定履行信息披露义务。

第四十三条 公开发行公司债券的发行人应当按照规定及时披露债券募集说明书，并在债券存续期内披露中期报告和经具有从事证券服务业务资格的会计师事务所审计的年度报告。

非公开发行公司债券的发行人信息披露的时点、内容，应当按照募集说明书的约定履行，相关信息披露文件应当由受托管理人向中国证券业协会备案。

第四十四条 公司债券募集资金的用途应当在债券募集说明书中披露。

发行人应当在定期报告中披露公开发行公司债券募集资金的使用情况。

非公开发行公司债券的，应当在债券募集说明书中约定募集资金使用情况的披露事宜。

第四十五条 公开发行公司债券的发行人应当及时披露债券存续期内发生可能影响其偿债能力或债券价格的重大事项。重大事项包括：

（一）发行人经营方针、经营范围或生产经营外部条件等发生重大变化；

（二）债券信用评级发生变化；

（三）发行人主要资产被查封、扣押、冻结；

（四）发行人发生未能清偿到期债务的违约情况；

（五）发行人当年累计新增借款或对外提供担保超过上年末净资产的百分之二十；

（六）发行人放弃债权或财产，超过上年末净资产的百分之十；

（七）发行人发生超过上年末净资产百分之十的重大损失；

（八）发行人作出减资、合并、分立、解散及申请破产的决定；

（九）发行人涉及重大诉讼、仲裁事项或受到重大行政处罚；

（十）保证人、担保物或者其他偿债保障措施发生重大变化；

（十一）发行人情况发生重大变化导致可能不符合公司债券上市条件；

（十二）发行人涉嫌犯罪被司法机关立案调查，发行人董事、监事、高级管理人员涉嫌犯罪被司法机关采取强制措施；

（十三）其他对投资者作出投资决策有重大影响的事项。

第四十六条 资信评级机构为公开发行公司债券进行信用评级，应当符合以下规定：

（一）按照规定或约定将评级信息告知发行人，并及时向市场公布首次评级报告、定期和不定期跟踪评级报告；

（二）在债券有效存续期间，应当每年至少向市场公布一次定期跟踪评级报告；

（三）应充分关注可能影响评级对象信用等级的所有重大因素，及时向市场公布信用等级调整及其他与评级相关的信息变动情况，并向证券交易所或其他证券交易场所报告。

第四十七条 公开发行公司债券的发行人及其他信息披露义务人应当将披露的信息刊登在其债券交易场所的互联网网站，同时将披露的信息或信息摘要刊登在至少一种中国证监会指定的报刊，供公众查阅。

第四章 债券持有人权益保护

第四十八条 发行公司债券的，发行人应当为债券持有人聘请债券受托管理人，并订立债券受托管理协议；在债券存续期限内，由债券受托管理人按照规定或协议的约定维护债券持有人的利益。

发行人应当在债券募集说明书中约定，投资者认购或持有本期公司债券视作同意债券受托管理协议、债券持有人会议规则及债券募集说明书中其他有关发行人、债券持有人权利义务的相关约定。

第四十九条 债券受托管理人由本次发行的承销机构或其他经中国证监会认可的机构担任。债券受托管理人应当为中国证券业协会会员。为本次发行提供担保的机构不得担任本次债券发行的受托管理人。

债券受托管理人应当勤勉尽责，公正履行受托管理职责，不得损害债券持有人利益。

对于债券受托管理人在履行受托管理职责时可能存在的利益冲突情形及相关风险防范、解决机制，发行人应当在债券募集说明书及债券存续期间的信息披露文件中予以充分披露，并同时在债券受托管理协议中载明。

第五十条 公开发行公司债券的受托管理人应当履行下列职责：

（一）持续关注发行人和保证人的资信状况、担保物状况、增信措施及偿债保障措施的实施情况，出现可能影响债券持有人重大权益的事项时，召集债券持有人会议；

（二）在债券存续期内监督发行人募集资金的使用情况；

（三）对发行人的偿债能力和增信措施的有效性进行全面调查和持续关注，并至少每年向市场公告一次受托管理事务报告；

（四）在债券存续期内持续督导发行人履行信息披露义务；

（五）预计发行人不能偿还债务时，要求发行人追加担保，并可以依法申请法定机关采取财产保全措施；

（六）在债券存续期内勤勉处理债券持有人与发行人之间的谈判或者诉讼事务；

（七）发行人为债券设定担保的，债券受托管理协议可以约定担保财产为信托财产，债券受托管理人应在债券发行前或债券募集说明书约定的时间内取得担保的权利证明或其他有关文件，并在担保期间妥善保管；

（八）发行人不能偿还债务时，可以接受全部或部分债券持有人的委托，以自己名义代表债券持有人提起民事诉讼、参与重组或者破产的法律程序。

第五十一条 受托管理人因涉嫌债券承销活动中违法违规正在接受中国证监会调查或出现中国证监会认定的其他不再适合担任受托管理人情形的，在依据本办法第五十五条第（三）项变更受托管理人之前，中国证监会可以临时指定中证中小投资者服务中心有限责任公司承担受托管理职责，直至债券持有人会议选任出新的受托管理人为止。

第五十二条 非公开发行公司债券的，债券受托管理人应当按照债券受托管理协议的约定履行职责。

第五十三条 受托管理人为履行受托管理职责，有权代表债券持有人查询债券持有人名册及相关登记信息、专项账户中募集资金的存储与划转情况。证券登记结算机构应当予以配合。

第五十四条 发行公司债券，应当在债券募集说明书中约定债券持有人会议规则。债券持有人会议规则应当公平、合理。

债券持有人会议规则应当明确债券持有人通过债券持有人会议行使权利的范围，债券持有人会议的召集、通知、决策机制和其他重要事项。

债券持有人会议按照本办法的规定及会议规则的程序要求所形成的决议对全体债券持有人有约束力。

第五十五条 存在下列情形的，债券受托管理人应当召集债券持有人会议：

（一）拟变更债券募集说明书的约定；

（二）拟修改债券持有人会议规则；

（三）拟变更债券受托管理人或受托管理协议的主要内容；

（四）发行人不能按期支付本息；

（五）发行人减资、合并、分立、解散或者申请破产；

（六）保证人、担保物或者其他偿债保障措施发生重大变化；

（七）发行人、单独或合计持有本期债券总额百分之十以上的债券持有人书面提议召开；

（八）发行人管理层不能正常履行职责，导致发行人债务清偿能力面临严重不确定性，需要依法采取行动的；

（九）发行人提出债务重组方案的；

（十）发生其他对债券持有人权益有重大影响的事项。

在债券受托管理人应当召集而未召集债券持有人会议时，单独或合计持有本期债券总额百分之十以上的债券持有人有权自行召集债券持有人会议。

第五十六条 发行人可采取内外部增信机制、偿债保障措施，提高偿债能力，控制公司债券风险。

内外部增信机制、偿债保障措施包括但不限于下列方式：

（一）第三方担保；

（二）商业保险；

（三）资产抵押、质押担保；

（四）限制发行人债务及对外担保规模；

（五）限制发行人对外投资规模；

（六）限制发行人向第三方出售或抵押主要资产；

（七）设置债券回售条款。

公司债券增信机构可以成为中国证券业协会会员。

第五十七条 发行人应当在债券募集说明书中约定构成债券违约的情形、违约责任及其承担方式以及公司债券发生违约后的诉讼、仲裁或其他争议解决机制。

第五章 监督管理和法律责任

第五十八条 对违反法律法规及本办法规定的机构和人员，中国证监会可采取责令改正、监管谈话、出具警示函、责令公开说明、责令参加培训、责令定期报告、认定为不适当人选、暂不受理与行政许可有关的文件等相关监管措施；依法应予行政处罚的，依照《证券法》、《行政处罚法》等法律法规和中国证监会的有关规定进行处罚；涉嫌犯罪的，依法移送司法机关，追究其刑事责任。

第五十九条 发行人、承销机构向不符合规定条件的投资者发行公司债券的，中国证监会可以对发行人、承销机构及其直接负责的主管人员和其他直接责任人员采取本办法第五十八条规定的相关监管措施；情节严重的，处以警告、罚款。

第六十条 非公开发行公司债券，发行人违反本办法第十五条规定的，中国证监会可以对发行人及其直接负责的主管人员和其他直接责任人员采取本办法第五十八条规定的相关监管措施；情节严重的，处以警告、罚款。

第六十一条 承销机构承销未经核准擅自公开发行的公司债券的，中国证监会可以采取十二至三十六个月暂不受理其证券承销业务有关文件等监管措施；对其直接负责的主管人员和其他直接责任人员，可以采取本办法第五十八条规定的相关监管措施。

第六十二条 除中国证监会另有规定外，承销或自行销售非公开发行公司债券未按规定进行备案的，中国证监会可以对承销机构及其直接负责的主管人员和其他直接责任人员采取本办法第五十八条规定的相关监管措施；情节严重的，处以警告、罚款。

第六十三条 承销机构在承销公司债券过程中，有下列行为之一的，中国证监会可以对承销机构及其直接负责的主管人员和其他直接责任人员采取本办法第五十八条规定的相关监管措施；情节严重的，可以对承销机构采取三至十二个月暂不受理其证券承销业务有关文件的监管措施：

（一）以不正当竞争手段招揽承销业务；

（二）从事本办法第三十八条规定禁止的行为；

（三）从事本办法第四十条规定禁止的行为；

（四）未按本办法及相关规定要求披露有关文件；

（五）未按照事先披露的原则和方式配售公司债券，或其他未依照披露文件实施的行为；

（六）未按照本办法及相关规定要求保留推介、定价、配售等承销过程中相关资料；

(七)其他违反承销业务规定的行为。

第六十四条 发行人有下列行为之一的,中国证监会可以对发行人及其直接负责的主管人员和其他直接责任人员采取本办法第五十八条规定的相关监管措施:

(一)从事本办法第三十八条规定禁止的行为;

(二)从事本办法第四十条规定禁止的行为;

(三)其他违反承销业务规定的行为。

第六十五条 非公开发行公司债券,发行人及其他信息披露义务人未按规定披露信息,或者所披露的信息存在虚假记载、误导性陈述或者重大遗漏的,依照《证券法》和中国证监会有关规定处理,对发行人、其他信息披露义务人及其直接负责的主管人员和其他直接责任人员可以采取本办法第五十八条规定的相关监管措施;情节严重的,处以警告、罚款。

第六十六条 发行人、债券受托管理人等违反本办法规定,损害债券持有人权益的,中国证监会可以对发行人、受托管理人及其直接负责的主管人员和其他直接责任人员采取本办法第五十八条规定的相关监管措施;情节严重的,处以警告、罚款。

第六十七条 发行人的控股股东滥用公司法人独立地位和股东有限责任,损害债券持有人利益的,应当依法对公司债务承担连带责任。

第六章 附 则

第六十八条 公开发行公司债券,应当由中国证券登记结算有限责任公司统一登记。

公开发行公司债券的结算业务及非公开发行公司债券的登记结算业务,应当由中国证券登记结算有限责任公司或中国证监会认可的其他机构办理。

其他机构办理公司债券登记结算业务的,应当将登记、结算数据报送中国证券登记结算有限责任公司。

第六十九条 本办法规定的发行人不包括地方政府融资平台公司。

第七十条 证券公司和其他金融机构次级债券的发行、交易或转让,适用本办法。境外注册公司在中国证监会监管的债券交易场所的债券发行、交易或转让,参照适用本办法。

第七十一条 本办法所称证券自律组织包括证券交易所、全国中小企业股份转让系统、中国证券业协会以及中国证监会认定的其他自律组织。

第七十二条 在区域性股权交易市场非公开发行与转让公司债券的管理办法,由中国证监会另行规定。

第七十三条 本办法自公布之日起施行。《证券公司债券管理暂行办法》(证监会令第15号)、《关于修订〈证券公司债券管理暂行办法〉的决定》(证监会令第25号)、《关于发布〈证券公司债券管理暂行办法〉五个配套文件的通知》(证监发行字〔2003〕106号)、《公司债券发行试点办法》(证监会令第49号)、《关于实施〈公司债券发行试点办法〉有关事项的通知》(证监发〔2007〕112号)、《关于创业板上市公司非公开发行债券有关事项的公告》(证监会公告〔2011〕29号)同时废止。

上市公司股东发行可交换公司债券试行规定

(2008年10月17日中国证券监督管理委员会公告〔2008〕41号公布施行)

为规范上市公司股东发行可交换公司债券的行为,根据《公司债券发行试点办法》,就有关事项规定如下:

一、持有上市公司股份的股东,可以经保

荐人保荐,向中国证监会申请发行可交换公司债券。

可交换公司债券是指上市公司的股东依法发行、在一定期限内依据约定的条件可以交换成该股东所持有的上市公司股份的公司债券。

二、申请发行可交换公司债券,应当符合下列规定:

(一)申请人应当是符合《公司法》、《证券法》规定的有限责任公司或者股份有限公司;

(二)公司组织机构健全,运行良好,内部控制制度不存在重大缺陷;

(三)公司最近一期末的净资产额不少于人民币3亿元;

(四)公司最近3个会计年度实现的年均可分配利润不少于公司债券一年的利息;

(五)本次发行后累计公司债券余额不超过最近一期末净资产额的40%;

(六)本次发行债券的金额不超过预备用于交换的股票按募集说明书公告日前20个交易日均价计算的市值的70%,且应当将预备用于交换的股票设定为本次发行的公司债券的担保物;

(七)经资信评级机构评级,债券信用级别良好;

(八)不存在《公司债券发行试点办法》第八条规定的不得发行公司债券的情形。

三、预备用于交换的上市公司股票应当符合下列规定:

(一)该上市公司最近一期末的净资产不低于人民币15亿元,或者最近3个会计年度加权平均净资产收益率平均不低于6%。扣除非经常性损益后的净利润与扣除前的净利润相比,以低者作为加权平均净资产收益率的计算依据;

(二)用于交换的股票在提出发行申请时应当为无限售条件股份,且股东在约定的换股期间转让该部分股票不违反其对上市公司或者其他股东的承诺;

(三)用于交换的股票在本次可交换公司债券发行前,不存在被查封、扣押、冻结等财产权利被限制的情形,也不存在权属争议或者依法不得转让或设定担保的其他情形。

四、可交换公司债券的期限最短为一年,最长为6年,面值每张人民币100元,发行价格由上市公司股东和保荐人通过市场询价确定。

募集说明书可以约定赎回条款,规定上市公司股东可以按事先约定的条件和价格赎回尚未换股的可交换公司债券。

募集说明书可以约定回售条款,规定债券持有人可以按事先约定的条件和价格将所持债券回售给上市公司股东。

五、可交换公司债券自发行结束之日起12个月后方可交换为预备交换的股票,债券持有人对交换股票或者不交换股票有选择权。

公司债券交换为每股股份的价格应当不低于公告募集说明书日前20个交易日公司股票均价和前一个交易日的均价。募集说明书应当事先约定交换价格及其调整、修正原则。若调整或修正交换价格,将造成预备用于交换的股票数量少于未偿还可交换公司债券全部换股所需股票的,公司必须事先补充提供预备用于交换的股票,并就该等股票设定担保,办理相关登记手续。

六、可交换公司债券的发行程序,按照《公司债券发行试点办法》第三章的规定办理。

债券受托管理和债券持有人权益保护事项,按照《公司债券发行试点办法》第四章的规定办理。

可交换公司债券的信用评级事项,按照《公司债券发行试点办法》第二章第十条的规定办理。

除用预备交换的股票设定担保外,发行人为本次发行的公司债券另行提供担保的,按照《公司债券发行试点办法》第二章第十一条的规定办理。

七、预备用于交换的股票及其孳息(包括资本公积转增股本、送股、分红、派息等),是本次发行可交换公司债券的担保物,用于对债券持有人交换股份和本期债券本息偿付提供担保。

在可交换公司债券发行前，公司债券受托管理人应当与上市公司股东就预备用于交换的股票签订担保合同，按照证券登记结算机构的业务规则设定担保，办理相关登记手续，将其专户存放，并取得担保权利证明文件。

当债券持有人按照约定条件交换股份时，从作为担保物的股票中提取相应数额用于支付；债券持有人部分或者全部未选择换股且上市公司股东到期未能清偿债务时，作为担保物的股票及其孳息处分所得的价款优先用于清偿对债券持有人的负债。

八、可交换公司债券持有人申请换股的，应当通过其托管证券公司向证券交易所发出换股指令，指令视同为债券受托管理人与发行人认可的解除担保指令。

九、申请发行可交换公司债券，应当按照本规定的要求编制申请文件，按照《证券法》的规定持续公开信息。编制募集说明书除应参照《公开发行证券的公司信息披露内容与格式准则第 23 号——公开发行公司债券募集说明书》（证监发行字〔2007〕224 号）外，还应参照上市公司发行可转换公司债券募集说明书摘要的有关要求披露上市公司的重要信息。

十、拥有上市公司控制权的股东发行可交换公司债券的，应当合理确定发行方案，不得通过本次发行直接将控制权转让给他人。持有可交换公司债券的投资者因行使换股权利增持上市公司股份的，或者因持有可交换公司债券的投资者行使换股权利导致拥有上市公司控制权的股东发生变化的，相关当事人应当履行《上市公司收购管理办法》（证监会令第 35 号）规定的义务。

十一、可交换公司债券的上市交易、换股、回售、赎回、登记结算等事项，按照证券交易所和证券登记结算机构的有关规定办理。

十二、本规定未尽事项，按照中国证监会的其他有关规定办理。

十三、本规定自公布之日起施行。

附录：发行可交换公司债券申请文件目录

附录：

发行可交换公司债券
申请文件目录

一、相关责任人签署的募集说明书；

二、保荐人出具的发行保荐书；

三、发行人关于就预备用于交换的股票在证券登记结算机构设定担保并办理相关登记手续的承诺；

四、评级机构出具的债券资信评级报告；

五、公司债券受托管理协议和公司债券持有人会议规则；

六、本期债券担保合同（如有）、抵押财产的资产评估文件（如有）；

七、其他重要文件。

第五章 企业重组

1. 并 购 重 组

国务院关于促进企业兼并重组的意见

(2010年8月28日发布 国发〔2010〕27号)

各省、自治区、直辖市人民政府,国务院各部委、各直属机构:

为深入贯彻落实科学发展观,切实加快经济发展方式转变和结构调整,提高发展质量和效益,现就加快调整优化产业结构、促进企业兼并重组提出以下意见:

一、充分认识企业兼并重组的重要意义

近年来,各行业、各领域企业通过合并和股权、资产收购等多种形式积极进行整合,兼并重组步伐加快,产业组织结构不断优化,取得了明显成效。但一些行业重复建设严重、产业集中度低、自主创新能力不强、市场竞争力较弱的问题仍很突出。在资源环境约束日益严重、国际间产业竞争更加激烈、贸易保护主义明显抬头的新形势下,必须切实推进企业兼并重组,深化企业改革,促进产业结构优化升级,加快转变发展方式,提高发展质量和效益,增强抵御国际市场风险能力,实现可持续发展。各地区、各有关部门要把促进企业兼并重组作为贯彻落实科学发展观,保持经济平稳较快发展的重要任务,进一步统一思想,正确处理局部与整体、当前与长远的关系,切实抓好促进企业兼并重组各项工作部署的贯彻落实。

二、主要目标和基本原则

(一)主要目标。

通过促进企业兼并重组,深化体制机制改革,完善以公有制为主体、多种所有制经济共同发展的基本经济制度。加快国有经济布局和结构的战略性调整,健全国有资本有进有退的合理流动机制,鼓励和支持民营企业参与竞争性领域国有企业改革、改制和改组,促进非公有制经济和中小企业发展。兼并重组企业要转换经营机制,完善公司治理结构,建立现代企业制度,加强和改善内部管理,加强技术改造,推进技术进步和自主创新,淘汰落后产能,压缩过剩产能,促进节能减排,提高市场竞争力。

进一步贯彻落实重点产业调整和振兴规划,做强做大优势企业。以汽车、钢铁、水泥、机械制造、电解铝、稀土等行业为重点,推动优势企业实施强强联合、跨地区兼并重组、境外并购和投资合作,提高产业集中度,促进规模化、集约化经营,加快发展具有自主知识产权和知名品牌的骨干企业,培养一批具有国际竞争力的大型企业集团,推动产业结构优化升级。

(二)基本原则。

1.发挥企业的主体作用。充分尊重企业意愿,充分调动企业积极性,通过完善相关行业规划和政策措施,引导和激励企业自愿、自主参与兼并重组。

2. 坚持市场化运作。遵循市场经济规则，充分发挥市场机制的基础性作用，规范行政行为，由企业通过平等协商、依法合规开展兼并重组，防止“拉郎配”。

3. 促进市场有效竞争。统筹协调，分类指导，促进提高产业集中度，促进大中小企业协调发展，促进各种所有制企业公平竞争和优胜劣汰，形成结构合理、竞争有效、规范有序的市场格局。

4. 维护企业与社会和谐稳定。严格执行相关法律法规和规章制度，妥善解决企业兼并重组中资产债务处置、职工安置等问题，依法维护债权人、债务人以及企业职工等利益主体的合法权益，促进企业、社会的和谐稳定。

三、消除企业兼并重组的制度障碍

（一）清理限制跨地区兼并重组的规定。为优化产业布局、进一步破除市场分割和地区封锁，要认真清理废止各种不利于企业兼并重组和妨碍公平竞争的规定，尤其要坚决取消各地区自行出台的限制外地企业对本地企业实施兼并重组的规定。

（二）理顺地区间利益分配关系。在不违背国家有关政策规定的前提下，地区间可根据企业资产规模和盈利能力，签订企业兼并重组后的财税利益分成协议，妥善解决企业兼并重组后工业增加值等统计数据的归属问题，实现企业兼并重组成果共享。

（三）放宽民营资本的市场准入。切实向民营资本开放法律法规未禁入的行业和领域，并放宽在股权比例等方面的限制。加快垄断行业改革，鼓励民营资本通过兼并重组等方式进入垄断行业的竞争性业务领域，支持民营资本进入基础设施、公共事业、金融服务和社会事业相关领域。

四、加强对企业兼并重组的引导和政策扶持

（一）落实税收优惠政策。研究完善支持企业兼并重组的财税政策。对企业兼并重组涉及的资产评估增值、债务重组收益、土地房屋权属转移等给予税收优惠，具体按照财政部、税务总局《关于企业兼并重组业务企业所得税处理若干问题的通知》（财税〔2009〕59号）、《关于企业改制重组若干契税政策的通知》（财税〔2008〕175号）等规定执行。

（二）加强财政资金投入。在中央国有资本经营预算中设立专项资金，通过技改贴息、职工安置补助等方式，支持中央企业兼并重组。鼓励地方人民政府通过财政贴息、信贷奖励补助等方式，激励商业银行加大对企业兼并重组的信贷支持力度。有条件的地方可设立企业兼并重组专项资金，支持本地区企业兼并重组，财政资金投入要优先支持重点产业调整和振兴规划确定的企业兼并重组。

（三）加大金融支持力度。商业银行要积极稳妥开展并购贷款业务，扩大贷款规模，合理确定贷款期限。鼓励商业银行对兼并重组后的企业实行综合授信。鼓励证券公司、资产管理公司、股权投资基金以及产业投资基金等参与企业兼并重组，并向企业提供直接投资、委托贷款、过桥贷款等融资支持。积极探索设立专门的并购基金等兼并重组融资新模式，完善股权投资退出机制，吸引社会资金参与企业兼并重组。通过并购贷款、境内外银团贷款、贷款贴息等方式支持企业跨国并购。

（四）支持企业自主创新和技术进步。支持有条件的企业建立企业技术中心，提高研发水平和自主创新能力，加快科技成果向现实生产力转化。大力支持兼并重组企业技术改造和产品结构调整，优先安排技术改造资金，对符合国家产业政策的技术改造项目优先立项。鼓励和引导企业通过兼并重组淘汰落后产能，切实防止以兼并重组为名盲目扩张产能和低水平重复建设。

（五）充分发挥资本市场推动企业重组的作用。进一步推进资本市场企业并购重组的市场化改革，健全市场化定价机制，完善相关规章及配套政策，支持企业利用资本市场开展兼并重组，促进行业整合和产业升级。支持符合条件的企业通过发行股票、债券、可转换债等方式为兼并重组融资。鼓励上市公司以股权、现金及其他金融创新方式作为兼并重组的支付手段，拓宽兼并重组融资渠道，提高资本市场兼并重组效率。

（六）完善相关土地管理政策。兼并重组涉及的划拨土地符合划拨用地条件的，经所在地县级以上人民政府批准可继续以划拨方式使用；不符合划拨用地条件的，依法实行有偿使用，划拨土地使用权价格可依法作为土地使用权人的权益。重点产业调整和振兴规划确定的企业兼并重组项目涉及的原生产经营性划拨土地，经省级以上人民政府国土资源部门批准，可以国家作价出资（入股）方式处置。

（七）妥善解决债权债务和职工安置问题。兼并重组要严格依照有关法律规定和政策妥善分类处置债权债务关系，落实清偿责任，确保债权人、债务人的合法利益。研究债务重组政策措施，支持资产管理公司、创业投资企业、股权投资基金、产业投资基金等机构参与被兼并企业的债务处置。切实落实相关政策规定，积极稳妥解决职工劳动关系、社会保险关系接续、拖欠职工工资等问题。制定完善相关政策措施，继续支持国有企业实施主辅分离、辅业改制和分流安置富余人员。认真落实积极的就业政策，促进下岗失业人员再就业，所需资金从就业专项资金中列支。

（八）深化企业体制改革和管理创新。鼓励兼并重组企业进行公司制、股份制改革，建立健全规范的法人治理结构，转换企业经营机制，创新管理理念、管理机制和管理手段，加强和改善生产经营管理，促进自主创新，提高企业市场竞争力。

五、改进对兼并重组的管理和服务

（一）做好信息咨询服务。加快引进和培养熟悉企业并购业务特别是跨国并购业务的专门人才，建立促进境内外并购活动的公共服务平台，拓宽企业兼并重组信息交流渠道，加强市场信息、战略咨询、法律顾问、财务顾问、资产评估、产权交易、融资中介、独立审计和企业管理等咨询服务，推动企业兼并重组中介服务加快专业化、规范化发展。

（二）加强风险监控。督促企业严格执行兼并重组的有关法律法规和政策，规范操作程序，加强信息披露，防范道德风险，确保兼并重组操作规范、公开、透明。深入研究企业兼并重组中可能出现的各种矛盾和问题，加强风险评估，妥善制定相应的应对预案和措施，切实维护企业、社会和谐稳定。有效防范和打击内幕交易和市场操纵行为，防止恶意收购，防止以企业兼并重组之名甩包袱、偷逃税款、逃废债务，防止国有资产流失。充分发挥境内银行、证券公司等金融机构在跨国并购中的咨询服务作用，指导和帮助企业制定境外并购风险防范和应对方案，保护企业利益。

（三）维护公平竞争和国家安全。完善相关管理办法，加强和完善对重大的企业兼并重组交易的管理，对达到经营者集中法定申报标准的企业兼并重组，依法进行经营者集中审查。进一步完善外资并购管理规定，建立健全外资并购国内企业国家安全审查制度，鼓励和规范外资以参股、并购方式参与国内企业改组改造和兼并重组，维护国家安全。

六、加强对企业兼并重组工作的领导

建立健全组织协调机制，加强对企业兼并重组工作的领导。由工业和信息化部牵头，发展改革委、财政部、人力资源社会保障部、国土资源部、商务部、人民银行、国资委、税务总局、工商总局、银监会、证监会等部门参加，成立企业兼并重组工作协调小组，统筹协调企业兼并重组工作，研究解决推进企业兼并重组工作中的重大问题，细化有关政策和配套措施，落实重点产业调整和振兴规划的相关要求，协调有关地区和企业做好组织实施。各地区要努力营造企业跨地区、跨行业、跨所有制兼并重组的良好环境，指导督促企业切实做好兼并重组有关工作。

附件：

促进企业兼并重组任务分工表

序号	工作任务	牵头单位	参加单位
1	清理取消阻碍企业兼并重组的规定。	工业和信息化部	各省、自治区、直辖市人民政府
2	放宽民营资本的市场准入。	工业和信息化部	发展改革委、国土资源部、工商总局、银监会等
3	完善和落实企业兼并重组的税收优惠政策。	财政部	税务总局
4	鼓励商业银行开展并购贷款业务，扩大贷款规模。鼓励商业银行对兼并重组后的企业实行综合授信。通过并购贷款、境内外银团贷款、贷款贴息等方式支持企业跨国并购。	银监会、人民银行	发展改革委、工业和信息化部、财政部
5	积极探索设立专门并购基金等兼并重组融资新模式，完善股权投资退出机制。支持符合条件的企业通过发行股票、债券、可转换债等为兼并重组融资。	证监会、发展改革委	工业和信息化部、财政部
6	在中央国有资本经营预算中设立专项资金，支持中央企业兼并重组。	财政部	国资委、发展改革委、工业和信息化部、商务部
7	鼓励地方人民政府通过财政贴息、信贷奖励补助等方式，激励商业银行加大对企业兼并重组的信贷支持力度。有条件的地方可设立企业兼并重组专项资金。	各省、自治区、直辖市人民政府	
8	进一步推进资本市场企业并购重组的市场化改革，健全市场化定价机制，完善相关规章及配套政策，支持企业利用资本市场开展兼并重组。鼓励上市公司以股权、现金及其他金融创新方式作为兼并重组的支付手段。	证监会	发展改革委、财政部、商务部、人民银行、银监会
9	完善土地使用优惠政策。	国土资源部	财政部
10	加大对兼并重组企业技术改造支持力度。支持有条件的企业建立企业技术中心。鼓励和引导企业通过兼并重组淘汰落后产能，切实防止以兼并重组为名盲目扩张产能和低水平重复建设。	发展改革委、工业和信息化部	财政部
11	研究债务重组政策措施，支持资产管理公司、创业投资企业、股权投资基金、产业投资基金等机构参与被兼并企业的债务处置。	财政部	发展改革委、人民银行、国资委、银监会

续表

序号	工作任务	牵头单位	参加单位
12	制订完善相关政策措施,继续支持国有企业实施主辅分离、辅业改制和分流安置富余人员。	财政部、国资委	人力资源社会保障部
13	落实积极的就业政策,促进下岗失业人员再就业。	人力资源社会保障部、财政部,各省、自治区、直辖市人民政府	国资委
14	建立促进境内外并购活动的公共服务平台。	工业和信息化部	发展改革委、商务部、证监会
15	发挥境内银行、证券公司等金融机构在跨国并购中的咨询服务作用,指导和帮助企业制定境外并购风险防范和应对方案。	商务部	银监会、证监会、工业和信息化部、发展改革委等
16	督促企业严格执行有关法律法规和政策,规范操作程序,加强信息披露。有效防范和打击内幕交易和市场操纵行为,防止恶意收购,防止以企业兼并重组之名甩包袱、偷逃税款、逃废债务,防止国有资产流失。	工业和信息化部	发展改革委、财政部、商务部、国资委、人民银行、税务总局、工商总局、银监会、证监会
17	深入研究企业兼并重组中可能出现的各种矛盾和问题,加强风险评估,制定相应的应对预案。	工业和信息化部	发展改革委、财政部、人力资源社会保障部、商务部、人民银行、国资委、银监会、证监会
18	对达到经营者集中法定申报标准的企业兼并重组,依法进行经营者集中审查。	商务部	发展改革委、工业和信息化部、国资委等
19	完善相关管理办法,加强和完善对重大的企业兼并重组交易的管理。	工业和信息化部	发展改革委、财政部、商务部、国资委、证监会
20	建立企业兼并重组工作部际协调机制。	工业和信息化部	发展改革委、财政部、人力资源社会保障部、国土资源部、商务部、人民银行、国资委、税务总局、工商总局、银监会、证监会等

国务院关于进一步优化企业兼并重组市场环境的意见

（2014年3月7日发布　国发〔2014〕14号）

各省、自治区、直辖市人民政府，国务院各部委、各直属机构：

兼并重组是企业加强资源整合、实现快速发展、提高竞争力的有效措施，是化解产能严重过剩矛盾、调整优化产业结构、提高发展质量效益的重要途径。近年来，我国企业兼并重组步伐加快，但仍面临审批多、融资难、负担重、服务体系不健全、体制机制不完善、跨地区跨所有制兼并重组困难等问题。为深入贯彻党的十八大和十八届二中、三中全会精神，认真落实党中央和国务院的决策部署，营造良好的市场环境，充分发挥企业在兼并重组中的主体作用，现提出以下意见：

一、主要目标和基本原则

（一）主要目标。

1. 体制机制进一步完善。企业兼并重组相关行政审批事项逐步减少，审批效率不断提高，有利于企业兼并重组的市场体系进一步完善，市场壁垒逐步消除。

2. 政策环境更加优化。有利于企业兼并重组的金融、财税、土地、职工安置等政策进一步完善，企业兼并重组融资难、负担重等问题逐步得到解决，兼并重组服务体系不断健全。

3. 企业兼并重组取得新成效。兼并重组活动日趋活跃，一批企业通过兼并重组焕发活力，有的成长为具有国际竞争力的大企业大集团，产业竞争力进一步增强，资源配置效率显著提高，过剩产能得到化解，产业结构持续优化。

（二）基本原则。

1. 尊重企业主体地位。有效调动企业积极性，由企业自主决策、自愿参与兼并重组，坚持市场化运作，避免违背企业意愿的“拉郎配”。

2. 发挥市场机制作用。发挥市场在资源配置中的决定性作用，加快建立公平开放透明的市场规则，消除企业兼并重组的体制机制障碍，完善统一开放、竞争有序的市场体系。

3. 改善政府的管理和服务。取消限制企业兼并重组和增加企业兼并重组负担的不合理规定，解决企业兼并重组面临的突出问题，引导和激励各种所有制企业自主、自愿参与兼并重组。

二、加快推进审批制度改革

（三）取消下放部分审批事项。系统梳理企业兼并重组涉及的审批事项，缩小审批范围，对市场机制能有效调节的事项，取消相关审批。取消上市公司收购报告书事前审核，强化事后问责。取消上市公司重大资产购买、出售、置换行为审批（构成借壳上市的除外）。对上市公司要约收购义务豁免的部分情形，取消审批。地方国有股东所持上市公司股份的转让，下放地方政府审批。

（四）简化审批程序。优化企业兼并重组相关审批流程，推行并联式审批，避免互为前置条件。实行上市公司并购重组分类审核，对符合条件的企业兼并重组实行快速审核或豁免审核。简化海外并购的外汇管理，改革外汇登记要求，进一步促进投资便利化。优化国内企业境外收购的事前信息报告确认程序，加快办理相关核准手续。提高经营者集中反垄断审查效率。企业兼并重组涉及的生产许可、工商登记、资产权属证明等变更手续，从简限时办理。

三、改善金融服务

（五）优化信贷融资服务。引导商业银行在风险可控的前提下积极稳妥开展并购贷款业务。推动商业银行对兼并重组企业实行综合授信，改善对企业兼并重组的信贷服务。

（六）发挥资本市场作用。符合条件的企业可以通过发行股票、企业债券、非金融企业债务融资工具、可转换债券等方式融资。允许符合条件的企业发行优先股、定向发行可转换债券作为兼并重组支付方式，研究推进定向权证等作为支付方式。鼓励证券公司开展兼并重组融资业务，各类财务投资主体可以通过设立股权投资基金、创业投资基金、产业投资基金、并购基金等形式参与兼并重组。对上市公司发行股份实施兼并事项，不设发行数量下限，兼并非关联企业不再强制要求作出业绩承诺。非上市公众公司兼并重组，不实施全面要约收购制度。改革上市公司兼并重组的股份定价机制，增加定价弹性。非上市公众公司兼并重组，允许实行股份协商定价。

四、落实和完善财税政策

（七）完善企业所得税、土地增值税政策。修订完善兼并重组企业所得税特殊性税务处理的政策，降低收购股权（资产）占被收购企业全部股权（资产）的比例限制，扩大特殊性税务处理政策的适用范围。抓紧研究完善非货币性资产投资交易的企业所得税、企业改制重组涉及的土地增值税等相关政策。

（八）落实增值税、营业税等政策。企业通过合并、分立、出售、置换等方式，转让全部或者部分实物资产以及与其相关联的债权、债务和劳动力的，不属于增值税和营业税征收范围，不应视同销售而征收增值税和营业税。税务部门要加强跟踪管理，企业兼并重组工作牵头部门要积极协助财税部门做好相关税收政策的落实。

（九）加大财政资金投入。中央财政适当增加工业转型升级资金规模，引导实施兼并重组的企业转型升级。利用现有中央财政关闭小企业资金渠道，调整使用范围，帮助实施兼并重组的企业安置职工、转型转产。加大对企业兼并重组公共服务的投入力度。各地要安排资金，按照行政职责，解决本地区企业兼并重组工作中的突出问题。

（十）进一步发挥国有资本经营预算资金的作用。根据企业兼并重组的方向、重点和目标，合理安排国有资本经营预算资金引导国有企业实施兼并重组、做优做强，研究完善相关管理制度，提高资金使用效率。

五、完善土地管理和职工安置政策

（十一）完善土地使用政策。政府土地储备机构有偿收回企业因兼并重组而退出的土地，按规定支付给企业的土地补偿费可以用于企业安置职工、偿还债务等支出。企业兼并重组中涉及因实施城市规划需要搬迁的工业项目，在符合城乡规划及国家产业政策的条件下，市县国土资源管理部门经审核并报同级人民政府批准，可收回原国有土地使用权，并以协议出让或租赁方式为原土地使用权人重新安排工业用地。企业兼并重组涉及土地转让、改变用途的，国土资源、住房城乡建设部门要依法依规加快办理相关用地和规划手续。

（十二）进一步做好职工安置工作。落实完善兼并重组职工安置政策。实施兼并重组的企业要按照国家有关法律法规及政策规定，做好职工安置工作，妥善处理职工劳动关系。地方各级人民政府要进一步落实促进职工再就业政策，做好职工社会保险关系转移接续，保障职工合法权益。对采取有效措施稳定职工队伍的企业给予稳定岗位补贴，所需资金从失业保险基金中列支。

六、加强产业政策引导

（十三）发挥产业政策作用。提高节能、环保、质量、安全等标准，规范行业准入，形成倒逼机制，引导企业兼并重组。支持企业通过兼并重组压缩过剩产能、淘汰落后产能、促进转型转产。产能严重过剩行业项目建设，须制定产能置换方案，实施等量或减量置换。

（十四）鼓励优强企业兼并重组。推动优势企业强强联合、实施战略性重组，带动中小企业"专精特新"发展，形成优强企业主导、大中小企业协调发展的产业格局。

（十五）引导企业开展跨国并购。落实完善企业跨国并购的相关政策，鼓励具备实力的企业开展跨国并购，在全球范围内优化资源配置。规范企业海外并购秩序，加强竞争合作，推动互利共赢。积极指导企业制定境外并购风险应对预案，防范债务风险。鼓励外资参与我国企业兼并重组。

（十六）加强企业兼并重组后的整合。鼓励企业通过兼并重组优化资金、技术、人才等生产要素配置，实施业务流程再造和技术升级改造，加强管理创新，实现优势互补、做优做强。

七、进一步加强服务和管理

（十七）推进服务体系建设。进一步完善企业兼并重组公共信息服务平台，拓宽信息交流渠道。培育一批业务能力强、服务质量高的中介服务机构，提高关键领域、薄弱环节的服务能力，促进中介服务机构专业化、规范化发展。发挥行业协会在企业兼并重组中的重要作用。

（十八）建立统计监测制度。加强企业兼并重组的统计信息工作，构建企业兼并重组统计指标体系，建立和完善统计调查、监测分析和发布制度。整合行业协会、中介组织等信息资源，畅通统计信息渠道，为企业提供及时有效的信息服务。

（十九）规范企业兼并重组行为。严格依照有关法律法规和政策，保护职工、债权人和投资者的合法权益。完善国有产权转让有关规定，规范国有资产处置，防止国有资产流失。采取切实措施防止企业通过兼并重组逃废银行债务，依法维护金融债权，保障金融机构合法权益。在资本市场上，主板、中小板企业兼并重组构成借壳上市的，要符合首次公开发行条件。加强上市公司和非上市公众公司信息披露，强化事中、事后监管，严厉查处内幕交易等违法违规行为。加强外国投资者并购境内企业安全审查，维护国家安全。

八、健全企业兼并重组的体制机制

（二十）完善市场体系建设。深化要素配置市场化改革，进一步完善多层次资本市场体系。加快建立现代企业产权制度，促进产权顺畅流转。加强反垄断和反不正当竞争执法，规范市场竞争秩序，加强市场监管，促进公平竞争和优胜劣汰。行政机关和法律法规授权的具有管理公共事务职责的组织，应严格遵守反垄断法，不得滥用行政权力排除和限制竞争。

（二十一）消除跨地区兼并重组障碍。清理市场分割、地区封锁等限制，加强专项监督检查，落实责任追究制度。加大一般性转移支付力度，平衡地区间利益关系。落实跨地区机构企业所得税分配政策，协调解决企业兼并重组跨地区利益分享问题，解决跨地区被兼并企业的统计归属问题。

（二十二）放宽民营资本市场准入。向民营资本开放非明确禁止进入的行业和领域。推动企业股份制改造，发展混合所有制经济，支持国有企业母公司通过出让股份、增资扩股、合资合作引入民营资本。加快垄断行业改革，向民营资本开放垄断行业的竞争性业务领域。优势企业不得利用垄断力量限制民营企业参与市场竞争。

（二十三）深化国有企业改革。深入推进国有企业产权多元化改革，完善公司治理结构。改革国有企业负责人任免、评价、激励和约束机制，完善国有企业兼并重组考核评价体系。加大国有企业内部资源整合力度，推动国有资本更多投向关系国家安全、国民经济命脉的重要行业和关键领域。

九、切实抓好组织实施

（二十四）进一步加大统筹协调力度。充分发挥企业兼并重组工作部际协调小组的作用，解决跨地区跨所有制企业兼并重组和跨国并购中的重大问题，做好重大部署的落实，组织开展政策执行情况评估和监督检查。各有关部门要按照职责分工抓紧制定出台配套政策措施，加强协调配合，完善工作机制，扎实推进各项工作。

（二十五）切实加强组织领导。各地区要按照本意见要求，结合当地实际抓紧制定优化企业兼并重组市场环境的具体方案，建立健全协调机制和服务体系，积极协调解决本地区企业兼并重组中遇到的问题，确保各项政策措施落到实处，有关重大事项及时报告企业兼并重组工作部际协调小组。

上市公司收购管理办法

（2006年7月31日中国证券监督管理委员会令第35号公布
根据2008年8月27日中国证券监督管理委员会令第56号
《关于修改〈上市公司收购管理办法〉第六十三条的决定》第一次修订
根据2012年2月14日中国证券监督管理委员会令第77号《关于修改
〈上市公司收购管理办法〉第六十二条及第六十三条的决定》第二次修订
根据2014年10月23日中国证券监督管理委员会令第108号《关于修改
〈上市公司收购管理办法〉的决定》第三次修订）

第一章　总　　则

第一条　为了规范上市公司的收购及相关股份权益变动活动，保护上市公司和投资者的合法权益，维护证券市场秩序和社会公共利益，促进证券市场资源的优化配置，根据《证券法》、《公司法》及其他相关法律、行政法规，制定本办法。

第二条　上市公司的收购及相关股份权益变动活动，必须遵守法律、行政法规及中国证券监督管理委员会（以下简称中国证监会）的规定。当事人应当诚实守信，遵守社会公德、商业道德，自觉维护证券市场秩序，接受政府、社会公众的监督。

第三条　上市公司的收购及相关股份权益变动活动，必须遵循公开、公平、公正的原则。

上市公司的收购及相关股份权益变动活动中的信息披露义务人，应当充分披露其在上市公司中的权益及变动情况，依法严格履行报告、公告和其他法定义务。在相关信息披露前，负有保密义务。

信息披露义务人报告、公告的信息必须真实、准确、完整，不得有虚假记载、误导性陈述或者重大遗漏。

第四条　上市公司的收购及相关股份权益变动活动不得危害国家安全和社会公共利益。

上市公司的收购及相关股份权益变动活动涉及国家产业政策、行业准入、国有股份转让等事项，需要取得国家相关部门批准的，应当在取得批准后进行。

外国投资者进行上市公司的收购及相关股份权益变动活动的，应当取得国家相关部门的批准，适用中国法律，服从中国的司法、仲裁管辖。

第五条　收购人可以通过取得股份的方式成为一个上市公司的控股股东，可以通过投资关系、协议、其他安排的途径成为一个上市公司的实际控制人，也可以同时采取上述方式和途径取得上市公司控制权。

收购人包括投资者及与其一致行动的他人。

第六条　任何人不得利用上市公司的收购损害被收购公司及其股东的合法权益。

有下列情形之一的，不得收购上市公司：

（一）收购人负有数额较大债务，到期未清偿，且处于持续状态；

（二）收购人最近3年有重大违法行为或者涉嫌有重大违法行为；

（三）收购人最近3年有严重的证券市场失信行为；

（四）收购人为自然人的，存在《公司法》第一百四十六条规定情形；

（五）法律、行政法规规定以及中国证监会认定的不得收购上市公司的其他情形。

第七条　被收购公司的控股股东或者实际控制人不得滥用股东权利损害被收购公司或者其他股东的合法权益。

被收购公司的控股股东、实际控制人及其关联方有损害被收购公司及其他股东合法权益的，上述控股股东、实际控制人在转让被收购公司控制权之前，应当主动消除损害；未能消除损害的，应当就其出让相关股份所得收入用于消除全部损害做出安排，对不足以消除损害的部分应当提供充分有效的履约担保或安排，并依照公司章程取得被收购公司股东大会的批准。

第八条　被收购公司的董事、监事、高级管理人员对公司负有忠实义务和勤勉义务，应当公平对待收购本公司的所有收购人。

被收购公司董事会针对收购所做出的决策及采取的措施，应当有利于维护公司及其股东的利益，不得滥用职权对收购设置不适当的障碍，不得利用公司资源向收购人提供任何形式的财务资助，不得损害公司及其股东的合法权益。

第九条　收购人进行上市公司的收购，应当聘请在中国注册的具有从事财务顾问业务资格的专业机构担任财务顾问。收购人未按照本办法规定聘请财务顾问的，不得收购上市公司。

财务顾问应当勤勉尽责，遵守行业规范和职业道德，保持独立性，保证其所制作、出具文件的真实性、准确性和完整性。

财务顾问认为收购人利用上市公司的收购损害被收购公司及其股东合法权益的，应当拒绝为收购人提供财务顾问服务。

财务顾问不得教唆、协助或者伙同委托人编制或披露存在虚假记载、误导性陈述或者重大遗漏的报告、公告文件，不得从事不正当竞争，不得利用上市公司的收购谋取不正当利益。

第十条　中国证监会依法对上市公司的收购及相关股份权益变动活动进行监督管理。

中国证监会设立由专业人员和有关专家组成的专门委员会。专门委员会可以根据中国证监会职能部门的请求，就是否构成上市公司的收购、是否有不得收购上市公司的情形以及其他相关事宜提供咨询意见。中国证监会依法做出决定。

第十一条　证券交易所依法制定业务规则，为上市公司的收购及相关股份权益变动活动组织交易和提供服务，对相关证券交易活动进行实时监控，监督上市公司的收购及相关股份权益变动活动的信息披露义务人切实履行信息披露义务。

证券登记结算机构依法制定业务规则，为上市公司的收购及相关股份权益变动活动所涉及的证券登记、存管、结算等事宜提供服务。

第二章　权益披露

第十二条　投资者在一个上市公司中拥有的权益，包括登记在其名下的股份和虽未登记在其名下但该投资者可以实际支配表决权的股份。投资者及其一致行动人在一个上市公司中拥有的权益应当合并计算。

第十三条　通过证券交易所的证券交易，投资者及其一致行动人拥有权益的股份达到一个上市公司已发行股份的5%时，应当在该事实发生之日起3日内编制权益变动报告书，向中国证监会、证券交易所提交书面报告，通知该上市公司，并予公告；在上述期限内，不得再行买卖该上市公司的股票。

前述投资者及其一致行动人拥有权益的股份达到一个上市公司已发行股份的5%后，

通过证券交易所的证券交易,其拥有权益的股份占该上市公司已发行股份的比例每增加或者减少5%,应当依照前款规定进行报告和公告。在报告期限内和作出报告、公告后2日内,不得再行买卖该上市公司的股票。

第十四条 通过协议转让方式,投资者及其一致行动人在一个上市公司中拥有权益的股份拟达到或者超过一个上市公司已发行股份的5%时,应当在该事实发生之日起3日内编制权益变动报告书,向中国证监会、证券交易所提交书面报告,通知该上市公司,并予公告。

投资者及其一致行动人拥有权益的股份达到一个上市公司已发行股份的5%后,其拥有权益的股份占该上市公司已发行股份的比例每增加或者减少达到或者超过5%的,应当依照前款规定履行报告、公告义务。

前两款规定的投资者及其一致行动人在作出报告、公告前,不得再行买卖该上市公司的股票。相关股份转让及过户登记手续按照本办法第四章及证券交易所、证券登记结算机构的规定办理。

第十五条 投资者及其一致行动人通过行政划转或者变更、执行法院裁定、继承、赠与等方式拥有权益的股份变动达到前条规定比例的,应当按照前条规定履行报告、公告义务,并参照前条规定办理股份过户登记手续。

第十六条 投资者及其一致行动人不是上市公司的第一大股东或者实际控制人,其拥有权益的股份达到或者超过该公司已发行股份的5%,但未达到20%的,应当编制包括下列内容的简式权益变动报告书:

(一)投资者及其一致行动人的姓名、住所;投资者及其一致行动人为法人的,其名称、注册地及法定代表人;

(二)持股目的,是否有意在未来12个月内继续增加其在上市公司中拥有的权益;

(三)上市公司的名称、股票的种类、数量、比例;

(四)在上市公司中拥有权益的股份达到或者超过上市公司已发行股份的5%或者拥有权益的股份增减变化达到5%的时间及方式;

(五)权益变动事实发生之日前6个月内通过证券交易所的证券交易买卖该公司股票的简要情况;

(六)中国证监会、证券交易所要求披露的其他内容。

前述投资者及其一致行动人为上市公司第一大股东或者实际控制人,其拥有权益的股份达到或者超过一个上市公司已发行股份的5%,但未达到20%的,还应当披露本办法第十七条第一款规定的内容。

第十七条 投资者及其一致行动人拥有权益的股份达到或者超过一个上市公司已发行股份的20%但未超过30%的,应当编制详式权益变动报告书,除须披露前条规定的信息外,还应当披露以下内容:

(一)投资者及其一致行动人的控股股东、实际控制人及其股权控制关系结构图;

(二)取得相关股份的价格、所需资金额、资金来源,或者其他支付安排;

(三)投资者、一致行动人及其控股股东、实际控制人所从事的业务与上市公司的业务是否存在同业竞争或者潜在的同业竞争,是否存在持续关联交易;存在同业竞争或者持续关联交易的,是否已做出相应的安排,确保投资者、一致行动人及其关联方与上市公司之间避免同业竞争以及保持上市公司的独立性;

(四)未来12个月内对上市公司资产、业务、人员、组织结构、公司章程等进行调整的后续计划;

(五)前24个月内投资者及其一致行动人与上市公司之间的重大交易;

(六)不存在本办法第六条规定的情形;

(七)能够按照本办法第五十条的规定提供相关文件。

前述投资者及其一致行动人为上市公司第一大股东或者实际控制人的,还应当聘请财务顾问对上述权益变动报告书所披露的内容出具核查意见,但国有股行政划转或者变更、股份转让在同一实际控制人控制的不同主体之间进行、因继承取得股份的除外。投资者及其一致行动人承诺至少3年放弃行使相关股份表决权的，可免于聘请财务顾问和提供前款第（七）项规定的文件。

第十八条　已披露权益变动报告书的投资者及其一致行动人在披露之日起6个月内，因拥有权益的股份变动需要再次报告、公告权益变动报告书的，可以仅就与前次报告书不同的部分作出报告、公告；自前次披露之日起超过6个月的，投资者及其一致行动人应当按照本章的规定编制权益变动报告书，履行报告、公告义务。

第十九条　因上市公司减少股本导致投资者及其一致行动人拥有权益的股份变动出现本办法第十四条规定情形的，投资者及其一致行动人免于履行报告和公告义务。上市公司应当自完成减少股本的变更登记之日起2个工作日内，就因此导致的公司股东拥有权益的股份变动情况作出公告；因公司减少股本可能导致投资者及其一致行动人成为公司第一大股东或者实际控制人的，该投资者及其一致行动人应当自公司董事会公告有关减少公司股本决议之日起3个工作日内，按照本办法第十七条第一款的规定履行报告、公告义务。

第二十条　上市公司的收购及相关股份权益变动活动中的信息披露义务人依法披露前，相关信息已在媒体上传播或者公司股票交易出现异常的，上市公司应当立即向当事人进行查询，当事人应当及时予以书面答复，上市公司应当及时作出公告。

第二十一条　上市公司的收购及相关股份权益变动活动中的信息披露义务人应当在至少一家中国证监会指定媒体上依法披露信息；在其他媒体上进行披露的，披露内容应当一致，披露时间不得早于指定媒体的披露时间。

第二十二条　上市公司的收购及相关股份权益变动活动中的信息披露义务人采取一致行动的，可以以书面形式约定由其中一人作为指定代表负责统一编制信息披露文件，并同意授权指定代表在信息披露文件上签字、盖章。

各信息披露义务人应当对信息披露文件中涉及其自身的信息承担责任；对信息披露文件中涉及的与多个信息披露义务人相关的信息，各信息披露义务人对相关部分承担连带责任。

第三章　要约收购

第二十三条　投资者自愿选择以要约方式收购上市公司股份的，可以向被收购公司所有股东发出收购其所持有的全部股份的要约（以下简称全面要约），也可以向被收购公司所有股东发出收购其所持有的部分股份的要约（以下简称部分要约）。

第二十四条　通过证券交易所的证券交易，收购人持有一个上市公司的股份达到该公司已发行股份的30%时，继续增持股份的，应当采取要约方式进行，发出全面要约或者部分要约。

第二十五条　收购人依照本办法第二十三条、第二十四条、第四十七条、第五十六条的规定，以要约方式收购一个上市公司股份的，其预定收购的股份比例均不得低于该上市公司已发行股份的5%。

第二十六条　以要约方式进行上市公司收购的，收购人应当公平对待被收购公司的所有股东。持有同一种类股份的股东应当得到同等对待。

第二十七条　收购人为终止上市公司的上市地位而发出全面要约的，或者向中国证监会提出申请但未取得豁免而发出全面要约的，应当以现金支付收购价款；以依法可以转让的证券（以下简称证券）支付收购价款的，应当同时提供现金方式供被收购公司股东选择。

第二十八条　以要约方式收购上市公司股份的，收购人应当编制要约收购报告书，聘请财务顾问，通知被收购公司，同时对要约收购报告书摘要作出提示性公告。

本次收购依法应当取得相关部门批准的，收购人应当在要约收购报告书摘要中作出特别提示，并在取得批准后公告要约收购报告书。

第二十九条 前条规定的要约收购报告书，应当载明下列事项：

（一）收购人的姓名、住所；收购人为法人的，其名称、注册地及法定代表人，与其控股股东、实际控制人之间的股权控制关系结构图；

（二）收购人关于收购的决定及收购目的，是否拟在未来12个月内继续增持；

（三）上市公司的名称、收购股份的种类；

（四）预定收购股份的数量和比例；

（五）收购价格；

（六）收购所需资金额、资金来源及资金保证，或者其他支付安排；

（七）收购要约约定的条件；

（八）收购期限；

（九）公告收购报告书时持有被收购公司的股份数量、比例；

（十）本次收购对上市公司的影响分析，包括收购人及其关联方所从事的业务与上市公司的业务是否存在同业竞争或者潜在的同业竞争，是否存在持续关联交易；存在同业竞争或者持续关联交易的，收购人是否已作出相应的安排，确保收购人及其关联方与上市公司之间避免同业竞争以及保持上市公司的独立性；

（十一）未来12个月内对上市公司资产、业务、人员、组织结构、公司章程等进行调整的后续计划；

（十二）前24个月内收购人及其关联方与上市公司之间的重大交易；

（十三）前6个月内通过证券交易所的证券交易买卖被收购公司股票的情况；

（十四）中国证监会要求披露的其他内容。

收购人发出全面要约的，应当在要约收购报告书中充分披露终止上市的风险、终止上市后收购行为完成的时间及仍持有上市公司股份的剩余股东出售其股票的其他后续安排；收购人发出以终止公司上市地位为目的的全面要约，无须披露前款第（十）项规定的内容。

第三十条 收购人按照本办法第四十七条拟收购上市公司股份超过30%，须改以要约方式进行收购的，收购人应当在达成收购协议或者做出类似安排后的3日内对要约收购报告书摘要作出提示性公告，并按照本办法第二十八条、第二十九条的规定履行公告义务，同时免于编制、公告上市公司收购报告书；依法应当取得批准的，应当在公告中特别提示本次要约须取得相关批准方可进行。

未取得批准的，收购人应当在收到通知之日起2个工作日内，公告取消收购计划，并通知被收购公司。

第三十一条 收购人自作出要约收购提示性公告起60日内，未公告要约收购报告书的，收购人应当在期满后次一个工作日通知被收购公司，并予公告；此后每30日应当公告一次，直至公告要约收购报告书。

收购人作出要约收购提示性公告后，在公告要约收购报告书之前，拟自行取消收购计划的，应当公告原因；自公告之日起12个月内，该收购人不得再次对同一上市公司进行收购。

第三十二条 被收购公司董事会应当对收购人的主体资格、资信情况及收购意图进行调查，对要约条件进行分析，对股东是否接受要约提出建议，并聘请独立财务顾问提出专业意见。在收购人公告要约收购报告书后20日内，被收购公司董事会应当公告被收购公司董事会报告书与独立财务顾问的专业意见。

收购人对收购要约条件做出重大变更的，被收购公司董事会应当在3个工作日内公告董事会及独立财务顾问就要约条件的变更情况所出具的补充意见。

第三十三条 收购人作出提示性公告后至要约收购完成前，被收购公司除继续从事正常的经营活动或者执行股东大会已经作出的决议外，未经股东大会批准，被收购公司董事会不得通过处置公司资产、对外投资、调整公司主要业务、担保、贷款等方式，对公司的资产、负债、权益或者经营成果造成重大影响。

第三十四条 在要约收购期间，被收购公司董事不得辞职。

第三十五条 收购人按照本办法规定进行要约收购的，对同一种类股票的要约价格，不得低于要约收购提示性公告日前6个月内收购人取得该种股票所支付的最高价格。

要约价格低于提示性公告日前30个交易日该种股票的每日加权平均价格的算术平均值的，收购人聘请的财务顾问应当就该种股票前6个月的交易情况进行分析，说明是否存在股价被操纵、收购人是否有未披露的一致行动人、收购人前6个月取得公司股份是否存在其他支付安排、要约价格的合理性等。

第三十六条 收购人可以采用现金、证券、现金与证券相结合等合法方式支付收购上市公司的价款。收购人以证券支付收购价款的，应当提供该证券的发行人最近3年经审计的财务会计报告、证券估值报告，并配合被收购公司聘请的独立财务顾问的尽职调查工作。收购人以在证券交易所上市的债券支付收购价款的，该债券的可上市交易时间应当不少于一个月。收购人以未在证券交易所上市交易的证券支付收购价款的，必须同时提供现金方式供被收购公司的股东选择，并详细披露相关证券的保管、送达被收购公司股东的方式和程序安排。

收购人聘请的财务顾问应当对收购人支付收购价款的能力和资金来源进行充分的尽职调查，详细披露核查的过程和依据，说明收购人是否具备要约收购的能力。收购人应当在作出要约收购提示性公告的同时，提供以下至少一项安排保证其具备履约能力：

（一）以现金支付收购价款的，将不少于收购价款总额的20%作为履约保证金存入证券登记结算机构指定的银行；收购人以在证券交易所上市交易的证券支付收购价款的，将用于支付的全部证券交由证券登记结算机构保管，但上市公司发行新股的除外；

（二）银行对要约收购所需价款出具保函；

（三）财务顾问出具承担连带保证责任的书面承诺，明确如要约期满收购人不支付收购价款，财务顾问进行支付。

第三十七条 收购要约约定的收购期限不得少于30日，并不得超过60日；但是出现竞争要约的除外。

在收购要约约定的承诺期限内，收购人不得撤销其收购要约。

第三十八条 采取要约收购方式的，收购人作出公告后至收购期限届满前，不得卖出被收购公司的股票，也不得采取要约规定以外的形式和超出要约的条件买入被收购公司的股票。

第三十九条 收购要约提出的各项收购条件，适用于被收购公司的所有股东。

收购人需要变更收购要约的，必须及时公告，载明具体变更事项，并通知被收购公司。

第四十条 收购要约期限届满前15日内，收购人不得变更收购要约；但是出现竞争要约的除外。

出现竞争要约时，发出初始要约的收购人变更收购要约距初始要约收购期限届满不足15日的，应当延长收购期限，延长后的要约期应当不少于15日，不得超过最后一个竞争要约的期满日，并按规定追加履约保证。

发出竞争要约的收购人最迟不得晚于初始要约收购期限届满前15日发出要约收购的提示性公告，并应当根据本办法第二十八条和第二十九条的规定履行公告义务。

第四十一条 要约收购报告书所披露的基本事实发生重大变化的，收购人应当在该重大变化发生之日起2个工作日内作出公告，并通知被收购公司。

第四十二条 同意接受收购要约的股东（以下简称预受股东），应当委托证券公司办理预受要约的相关手续。收购人应当委托证券公司向证券登记结算机构申请办理预受要约股票的临时保管。证券登记结算机构临时保管的预受要约的股票，在要约收购期间不得转让。

前款所称预受，是指被收购公司股东同意

接受要约的初步意思表示，在要约收购期限内不可撤回之前不构成承诺。在要约收购期限届满3个交易日前，预受股东可以委托证券公司办理撤回预受要约的手续，证券登记结算机构根据预受要约股东的撤回申请解除对预受要约股票的临时保管。在要约收购期限届满前3个交易日内，预受股东不得撤回其对要约的接受。在要约收购期限内，收购人应当每日在证券交易所网站上公告已预受收购要约的股份数量。

出现竞争要约时，接受初始要约的预受股东撤回全部或者部分预受的股份，并将撤回的股份售予竞争要约人的，应当委托证券公司办理撤回预受初始要约的手续和预受竞争要约的相关手续。

第四十三条 收购期限届满，发出部分要约的收购人应当按照收购要约约定的条件购买被收购公司股东预受的股份，预受要约股份的数量超过预定收购数量时，收购人应当按照同等比例收购预受要约的股份；以终止被收购公司上市地位为目的的，收购人应当按照收购要约约定的条件购买被收购公司股东预受的全部股份；未取得中国证监会豁免而发出全面要约的收购人应当购买被收购公司股东预受的全部股份。

收购期限届满后3个交易日内，接受委托的证券公司应当向证券登记结算机构申请办理股份转让结算、过户登记手续，解除对超过预定收购比例的股票的临时保管；收购人应当公告本次要约收购的结果。

第四十四条 收购期限届满，被收购公司股权分布不符合上市条件，该上市公司的股票由证券交易所依法终止上市交易。在收购行为完成前，其余仍持有被收购公司股票的股东，有权在收购报告书规定的合理期限内向收购人以收购要约的同等条件出售其股票，收购人应当收购。

第四十五条 收购期限届满后15日内，收购人应当向证券交易所提交关于收购情况的书面报告，并予以公告。

第四十六条 除要约方式外，投资者不得在证券交易所外公开求购上市公司的股份。

第四章 协议收购

第四十七条 收购人通过协议方式在一个上市公司中拥有权益的股份达到或者超过该公司已发行股份的5%，但未超过30%的，按照本办法第二章的规定办理。

收购人拥有权益的股份达到该公司已发行股份的30%时，继续进行收购的，应当依法向该上市公司的股东发出全面要约或者部分要约。符合本办法第六章规定情形的，收购人可以向中国证监会申请免除发出要约。

收购人拟通过协议方式收购一个上市公司的股份超过30%的，超过30%的部分，应当改以要约方式进行；但符合本办法第六章规定情形的，收购人可以向中国证监会申请免除发出要约。收购人在取得中国证监会豁免后，履行其收购协议；未取得中国证监会豁免且拟继续履行其收购协议的，或者不申请豁免的，在履行其收购协议前，应当发出全面要约。

第四十八条 以协议方式收购上市公司股份超过30%，收购人拟依据本办法第六章的规定申请豁免的，应当在与上市公司股东达成收购协议之日起3日内编制上市公司收购报告书，提交豁免申请，委托财务顾问向中国证监会、证券交易所提交书面报告，通知被收购公司，并公告上市公司收购报告书摘要。

收购人自取得中国证监会的豁免之日起3日内公告其收购报告书、财务顾问专业意见和律师出具的法律意见书；收购人未取得豁免的，应当自收到中国证监会的决定之日起3日内予以公告，并按照本办法第六十一条第二款的规定办理。

第四十九条 依据前条规定所作的上市公司收购报告书，须披露本办法第二十九条第（一）项至第（六）项和第（九）项至第（十四）项规定的内容及收购协议的生效条件和付款安排。

已披露收购报告书的收购人在披露之日

起6个月内,因权益变动需要再次报告、公告的,可以仅就与前次报告书不同的部分作出报告、公告;超过6个月的,应当按照本办法第二章的规定履行报告、公告义务。

第五十条 收购人公告上市公司收购报告书时,应当提交以下备查文件:

(一)中国公民的身份证明,或者在中国境内登记注册的法人、其他组织的证明文件;

(二)基于收购人的实力和从业经验对上市公司后续发展计划可行性的说明,收购人拟修改公司章程、改选公司董事会、改变或者调整公司主营业务的,还应当补充其具备规范运作上市公司的管理能力的说明;

(三)收购人及其关联方与被收购公司存在同业竞争、关联交易的,应提供避免同业竞争等利益冲突、保持被收购公司经营独立性的说明;

(四)收购人为法人或者其他组织的,其控股股东、实际控制人最近2年未变更的说明;

(五)收购人及其控股股东或实际控制人的核心企业和核心业务、关联企业及主营业务的说明;收购人或其实际控制人为两个或两个以上的上市公司控股股东或实际控制人的,还应当提供其持股5%以上的上市公司以及银行、信托公司、证券公司、保险公司等其他金融机构的情况说明;

(六)财务顾问关于收购人最近3年的诚信记录、收购资金来源合法性、收购人具备履行相关承诺的能力以及相关信息披露内容真实性、准确性、完整性的核查意见;收购人成立未满3年的,财务顾问还应当提供其控股股东或者实际控制人最近3年诚信记录的核查意见。

境外法人或者境外其他组织进行上市公司收购的,除应当提交第一款第(二)项至第(六)项规定的文件外,还应当提交以下文件:

(一)财务顾问出具的收购人符合对上市公司进行战略投资的条件、具有收购上市公司的能力的核查意见;

(二)收购人接受中国司法、仲裁管辖的声明。

第五十一条 上市公司董事、监事、高级管理人员、员工或者其所控制或者委托的法人或者其他组织,拟对本公司进行收购或者通过本办法第五章规定的方式取得本公司控制权(以下简称管理层收购)的,该上市公司应当具备健全且运行良好的组织机构以及有效的内部控制制度,公司董事会成员中独立董事的比例应当达到或者超过1/2。公司应当聘请具有证券、期货从业资格的资产评估机构提供公司资产评估报告,本次收购应当经董事会非关联董事作出决议,且取得2/3以上的独立董事同意后,提交公司股东大会审议,经出席股东大会的非关联股东所持表决权过半数通过。独立董事发表意见前,应当聘请独立财务顾问就本次收购出具专业意见,独立董事及独立财务顾问的意见应当一并予以公告。

上市公司董事、监事、高级管理人员存在《公司法》第一百四十八条规定情形,或者最近3年有证券市场不良诚信记录的,不得收购本公司。

第五十二条 以协议方式进行上市公司收购的,自签订收购协议起至相关股份完成过户的期间为上市公司收购过渡期(以下简称过渡期)。在过渡期内,收购人不得通过控股股东提议改选上市公司董事会,确有充分理由改选董事会的,来自收购人的董事不得超过董事会成员的1/3;被收购公司不得为收购人及其关联方提供担保;被收购公司不得公开发行股份募集资金,不得进行重大购买、出售资产及重大投资行为或者与收购人及其关联方进行其他关联交易,但收购人为挽救陷入危机或者面临严重财务困难的上市公司的情形除外。

第五十三条 上市公司控股股东向收购人协议转让其所持有的上市公司股份的,应当对收购人的主体资格、诚信情况及收购意图进行调查,并在其权益变动报告书中披露有关调查情况。

控股股东及其关联方未清偿其对公司的负债,未解除公司为其负债提供的担保,或者存在损害公司利益的其他情形的，被收购公司董事会应当对前述情形及时予以披露，并采取有效措施维护公司利益。

第五十四条 协议收购的相关当事人应当向证券登记结算机构申请办理拟转让股份的临时保管手续，并可以将用于支付的现金存放于证券登记结算机构指定的银行。

第五十五条 收购报告书公告后，相关当事人应当按照证券交易所和证券登记结算机构的业务规则，在证券交易所就本次股份转让予以确认后，凭全部转让款项存放于双方认可的银行账户的证明，向证券登记结算机构申请解除拟协议转让股票的临时保管，并办理过户登记手续。

收购人未按规定履行报告、公告义务，或者未按规定提出申请的，证券交易所和证券登记结算机构不予办理股份转让和过户登记手续。

收购人在收购报告书公告后30日内仍未完成相关股份过户手续的，应当立即作出公告，说明理由；在未完成相关股份过户期间，应当每隔30日公告相关股份过户办理进展情况。

第五章 间接收购

第五十六条 收购人虽不是上市公司的股东，但通过投资关系、协议、其他安排导致其拥有权益的股份达到或者超过一个上市公司已发行股份的5%未超过30%的，应当按照本办法第二章的规定办理。

收购人拥有权益的股份超过该公司已发行股份的30%的，应当向该公司所有股东发出全面要约；收购人预计无法在事实发生之日起30日内发出全面要约的，应当在前述30日内促使其控制的股东将所持有的上市公司股份减持至30%或者30%以下，并自减持之日起2个工作日内予以公告；其后收购人或者其控制的股东拟继续增持的，应当采取要约方式；拟依据本办法第六章的规定申请豁免的，应当按照本办法第四十八条的规定办理。

第五十七条 投资者虽不是上市公司的股东，但通过投资关系取得对上市公司股东的控制权，而受其支配的上市公司股东所持股份达到前条规定比例、且对该股东的资产和利润构成重大影响的，应当按照前条规定履行报告、公告义务。

第五十八条 上市公司实际控制人及受其支配的股东，负有配合上市公司真实、准确、完整披露有关实际控制人发生变化的信息的义务；实际控制人及受其支配的股东拒不履行上述配合义务，导致上市公司无法履行法定信息披露义务而承担民事、行政责任的，上市公司有权对其提起诉讼。实际控制人、控股股东指使上市公司及其有关人员不依法履行信息披露义务的，中国证监会依法进行查处。

第五十九条 上市公司实际控制人及受其支配的股东未履行报告、公告义务的，上市公司应当自知悉之日起立即作出报告和公告。上市公司就实际控制人发生变化的情况予以公告后，实际控制人仍未披露的，上市公司董事会应当向实际控制人和受其支配的股东查询，必要时可以聘请财务顾问进行查询，并将查询情况向中国证监会、上市公司所在地的中国证监会派出机构（以下简称派出机构）和证券交易所报告；中国证监会依法对拒不履行报告、公告义务的实际控制人进行查处。

上市公司知悉实际控制人发生较大变化而未能将有关实际控制人的变化情况及时予以报告和公告的，中国证监会责令改正，情节严重的，认定上市公司负有责任的董事为不适当人选。

第六十条 上市公司实际控制人及受其支配的股东未履行报告、公告义务，拒不履行第五十八条规定的配合义务，或者实际控制人存在不得收购上市公司情形的，上市公司董事会应当拒绝接受受实际控制人支配的股东向董事会提交的提案或者临时议案，并向中国证监会、派出机构和证券交易所报告。中国证监会责令实际控制人改正，可以认定实际控制人通过受其支配的股东所提名的董事为不适当人选；改正前，受实际控制人支配的股东不得行使其持有股份的表决权。上市公司董事会未拒绝接受实际控制人及受其支配的股东所提出的提案的，中国证监会可以认定负有责任的董事为不适当人选。

第六章　豁免申请

第六十一条　符合本办法第六十二条、第六十三条规定情形的，投资者及其一致行动人可以向中国证监会申请下列豁免事项：

（一）免于以要约收购方式增持股份；

（二）存在主体资格、股份种类限制或者法律、行政法规、中国证监会规定的特殊情形的，可以申请免于向被收购公司的所有股东发出收购要约。

未取得豁免的，投资者及其一致行动人应当在收到中国证监会通知之日起30日内将其或者其控制的股东所持有的被收购公司股份减持到30%或者30%以下；拟以要约以外的方式继续增持股份的，应当发出全面要约。

第六十二条　有下列情形之一的，收购人可以向中国证监会提出免于以要约方式增持股份的申请：

（一）收购人与出让人能够证明本次股份转让是在同一实际控制人控制的不同主体之间进行，未导致上市公司的实际控制人发生变化；

（二）上市公司面临严重财务困难，收购人提出的挽救公司的重组方案取得该公司股东大会批准，且收购人承诺3年内不转让其在该公司中所拥有的权益；

（三）中国证监会为适应证券市场发展变化和保护投资者合法权益的需要而认定的其他情形。

收购人报送的豁免申请文件符合规定，并且已经按照本办法的规定履行报告、公告义务的，中国证监会予以受理；不符合规定或者未履行报告、公告义务的，中国证监会不予受理。中国证监会在受理豁免申请后20个工作日内，就收购人所申请的具体事项做出是否予以豁免的决定；取得豁免的，收购人可以完成本次增持行为。

第六十三条　有下列情形之一的，投资者可以向中国证监会提出免于发出要约的申请，中国证监会自收到符合规定的申请文件之日起10个工作日内未提出异议的，相关投资者可以向证券交易所和证券登记结算机构申请办理股份转让和过户登记手续；中国证监会不同意其申请的，相关投资者应当按照本办法第六十一条的规定办理：

（一）经政府或者国有资产管理部门批准进行国有资产无偿划转、变更、合并，导致投资者在一个上市公司中拥有权益的股份占该公司已发行股份的比例超过30%；

（二）因上市公司按照股东大会批准的确定价格向特定股东回购股份而减少股本，导致投资者在该公司中拥有权益的股份超过该公司已发行股份的30%；

（三）中国证监会为适应证券市场发展变化和保护投资者合法权益的需要而认定的其他情形。

有下列情形之一的，相关投资者可以免于按照前款规定提交豁免申请，直接向证券交易所和证券登记结算机构申请办理股份转让和过户登记手续：

（一）经上市公司股东大会非关联股东批准，投资者取得上市公司向其发行的新股，导致其在该公司拥有权益的股份超过该公司已发行股份的30%，投资者承诺3年内不转让本次向其发行的新股，且公司股东大会同意投资者免于发出要约；

（二）在一个上市公司中拥有权益的股份达到或者超过该公司已发行股份的30%的，自上述事实发生之日起一年后，每12个月内增持不超过该公司已发行的2%的股份；

（三）在一个上市公司中拥有权益的股份达到或者超过该公司已发行股份的50%的，继续增加其在该公司拥有的权益不影响该公司的上市地位；

（四）证券公司、银行等金融机构在其经营范围内依法从事承销、贷款等业务导致其持有一个上市公司已发行股份超过30%，没有实际控制该公司的行为或者意图，并且提出在合理期限内向非关联方转让相关股份的解决方案；

（五）因继承导致在一个上市公司中拥有权益的股份超过该公司已发行股份的30%；

（六）因履行约定购回式证券交易协议购回上市公司股份导致投资者在一个上市公司中拥有权益的股份超过该公司已发行股份的30%，并且能够证明标的股份的表决权在协议期间未发生转移；

（七）因所持优先股表决权依法恢复导致投资者在一个上市公司中拥有权益的股份超过该公司已发行股份的30%。

相关投资者应在前款规定的权益变动行为完成后3日内就股份增持情况做出公告，律师应就相关投资者权益变动行为发表符合规定的专项核查意见并由上市公司予以披露。相关投资者按照前款第（二）项、第（三）项规定采用集中竞价方式增持股份，每累计增持股份比例达到该公司已发行股份的1%的，应当在事实发生之日通知上市公司，由上市公司在次一交易日发布相关股东增持公司股份的进展公告。相关投资者按照前款第（三）项规定采用集中竞价方式增持股份的，每累计增持股份比例达到上市公司已发行股份的2%的，在事实发生当日和上市公司发布相关股东增持公司股份进展公告的当日不得再行增持股份。前款第（二）项规定的增持不超过2%的股份锁定期为增持行为完成之日起6个月。

第六十四条 收购人提出豁免申请的，应当聘请律师事务所等专业机构出具专业意见。

第七章 财务顾问

第六十五条 收购人聘请的财务顾问应当履行以下职责：

（一）对收购人的相关情况进行尽职调查；

（二）应收购人的要求向收购人提供专业化服务，全面评估被收购公司的财务和经营状况，帮助收购人分析收购所涉及的法律、财务、经营风险，就收购方案所涉及的收购价格、收购方式、支付安排等事项提出对策建议，并指导收购人按照规定的内容与格式制作申报文件；

（三）对收购人进行证券市场规范化运作的辅导，使收购人的董事、监事和高级管理人员熟悉有关法律、行政法规和中国证监会的规定，充分了解其应当承担的义务和责任，督促其依法履行报告、公告和其他法定义务；

（四）对收购人是否符合本办法的规定及申报文件内容的真实性、准确性、完整性进行充分核查和验证，对收购事项客观、公正地发表专业意见；

（五）接受收购人委托，向中国证监会报送申报材料，根据中国证监会的审核意见，组织、协调收购人及其他专业机构予以答复；

（六）与收购人签订协议，在收购完成后12个月内，持续督导收购人遵守法律、行政法规、中国证监会的规定、证券交易所规则、上市公司章程，依法行使股东权利，切实履行承诺或者相关约定。

第六十六条 收购人聘请的财务顾问就本次收购出具的财务顾问报告，应当对以下事项进行说明和分析，并逐项发表明确意见：

（一）收购人编制的上市公司收购报告书或者要约收购报告书所披露的内容是否真实、准确、完整；

（二）本次收购的目的；

（三）收购人是否提供所有必备证明文件，根据对收购人及其控股股东、实际控制人的实力、从事的主要业务、持续经营状况、财务状况和诚信情况的核查，说明收购人是否具备主体资格，是否具备收购的经济实力，是否具备规范运作上市公司的管理能力，是否需要承担其他附加义务及是否具备履行相关义务的能力，是否存在不良诚信记录；

（四）对收购人进行证券市场规范化运作辅导的情况，其董事、监事和高级管理人员是否已经熟悉有关法律、行政法规和中国证监会的规定，充分了解应承担的义务和责任，督促其依法履行报告、公告和其他法定义务的情况；

（五）收购人的股权控制结构及其控股股东、实际控制人支配收购人的方式；

（六）收购人的收购资金来源及其合法性，是否存在利用本次收购的股份向银行等金融机构质押取得融资的情形；

（七）涉及收购人以证券支付收购价款的，应当说明有关该证券发行人的信息披露是否真实、准确、完整以及该证券交易的便捷性等情况；

（八）收购人是否已经履行了必要的授权和批准程序；

（九）是否已对收购过渡期间保持上市公司稳定经营作出安排，该安排是否符合有关规定；

（十）对收购人提出的后续计划进行分析，收购人所从事的业务与上市公司从事的业务存在同业竞争、关联交易的，对收购人解决与上市公司同业竞争等利益冲突及保持上市公司经营独立性的方案进行分析，说明本次收购对上市公司经营独立性和持续发展可能产生的影响；

（十一）在收购标的上是否设定其他权利，是否在收购价款之外还作出其他补偿安排；

（十二）收购人及其关联方与被收购公司之间是否存在业务往来，收购人与被收购公司的董事、监事、高级管理人员是否就其未来任职安排达成某种协议或者默契；

（十三）上市公司原控股股东、实际控制人及其关联方是否存在未清偿对公司的负债、未解除公司为其负债提供的担保或者损害公司利益的其他情形；存在该等情形的，是否已提出切实可行的解决方案；

（十四）涉及收购人拟提出豁免申请的，应当说明本次收购是否属于可以得到豁免的情形，收购人是否作出承诺及是否具备履行相关承诺的实力。

第六十七条　上市公司董事会或者独立董事聘请的独立财务顾问，不得同时担任收购人的财务顾问或者与收购人的财务顾问存在关联关系。独立财务顾问应当根据委托进行尽职调查，对本次收购的公正性和合法性发表专业意见。独立财务顾问报告应当对以下问题进行说明和分析，发表明确意见：

（一）收购人是否具备主体资格；

（二）收购人的实力及本次收购对被收购公司经营独立性和持续发展可能产生的影响分析；

（三）收购人是否存在利用被收购公司的资产或者由被收购公司为本次收购提供财务资助的情形；

（四）涉及要约收购的，分析被收购公司的财务状况，说明收购价格是否充分反映被收购公司价值，收购要约是否公平、合理，对被收购公司社会公众股股东接受要约提出的建议；

（五）涉及收购人以证券支付收购价款的，还应当根据该证券发行人的资产、业务和盈利预测，对相关证券进行估值分析，就收购条件对被收购公司的社会公众股股东是否公平合理、是否接受收购人提出的收购条件提出专业意见；

（六）涉及管理层收购的，应当对上市公司进行估值分析，就本次收购的定价依据、支付方式、收购资金来源、融资安排、还款计划及其可行性、上市公司内部控制制度的执行情况及其有效性、上述人员及其直系亲属在最近24个月内与上市公司业务往来情况以及收购报告书披露的其他内容等进行全面核查，发表明确意见。

第六十八条　财务顾问应当在财务顾问报告中作出以下承诺：

（一）已按照规定履行尽职调查义务，有充分理由确信所发表的专业意见与收购人公告文件的内容不存在实质性差异；

（二）已对收购人公告文件进行核查，确信公告文件的内容与格式符合规定；

（三）有充分理由确信本次收购符合法律、行政法规和中国证监会的规定，有充分理由确信收购人披露的信息真实、准确、完整，不存在虚假记载、误导性陈述和重大遗漏；

（四）就本次收购所出具的专业意见已提交其内核机构审查，并获得通过；

（五）在担任财务顾问期间，已采取严格的保密措施，严格执行内部防火墙制度；

（六）与收购人已订立持续督导协议。

第六十九条 财务顾问在收购过程中和持续督导期间，应当关注被收购公司是否存在为收购人及其关联方提供担保或者借款等损害上市公司利益的情形，发现有违法或者不当行为的，应当及时向中国证监会、派出机构和证券交易所报告。

第七十条 财务顾问为履行职责，可以聘请其他专业机构协助其对收购人进行核查，但应当对收购人提供的资料和披露的信息进行独立判断。

第七十一条 自收购人公告上市公司收购报告书至收购完成后12个月内，财务顾问应当通过日常沟通、定期回访等方式，关注上市公司的经营情况，结合被收购公司定期报告和临时公告的披露事宜，对收购人及被收购公司履行持续督导职责：

（一）督促收购人及时办理股权过户手续，并依法履行报告和公告义务；

（二）督促和检查收购人及被收购公司依法规范运作；

（三）督促和检查收购人履行公开承诺的情况；

（四）结合被收购公司定期报告，核查收购人落实后续计划的情况，是否达到预期目标，实施效果是否与此前的披露内容存在较大差异，是否实现相关盈利预测或者管理层预计达到的目标；

（五）涉及管理层收购的，核查被收购公司定期报告中披露的相关还款计划的落实情况与事实是否一致；

（六）督促和检查履行收购中约定的其他义务的情况。

在持续督导期间，财务顾问应当结合上市公司披露的季度报告、半年度报告和年度报告出具持续督导意见，并在前述定期报告披露后的15日内向派出机构报告。

在此期间，财务顾问发现收购人在上市公司收购报告书中披露的信息与事实不符的，应当督促收购人如实披露相关信息，并及时向中国证监会、派出机构、证券交易所报告。财务顾问解除委托合同的，应当及时向中国证监会、派出机构作出书面报告，说明无法继续履行持续督导职责的理由，并予公告。

第八章　持续监管

第七十二条 在上市公司收购行为完成后12个月内，收购人聘请的财务顾问应当在每季度前3日内就上一季度对上市公司影响较大的投资、购买或者出售资产、关联交易、主营业务调整以及董事、监事、高级管理人员的更换、职工安置、收购人履行承诺等情况向派出机构报告。

收购人注册地与上市公司注册地不同的，还应当将前述情况的报告同时抄报收购人所在地的派出机构。

第七十三条 派出机构根据审慎监管原则，通过与承办上市公司审计业务的会计师事务所谈话、检查财务顾问持续督导责任的落实、定期或者不定期的现场检查等方式，在收购完成后对收购人和上市公司进行监督检查。

派出机构发现实际情况与收购人披露的内容存在重大差异的，对收购人及上市公司予以重点关注，可以责令收购人延长财务顾问的持续督导期，并依法进行查处。

在持续督导期间，财务顾问与收购人解除合同的，收购人应当另行聘请其他财务顾问机构履行持续督导职责。

第七十四条 在上市公司收购中，收购人持有的被收购公司的股份，在收购完成后12个月内不得转让。

收购人在被收购公司中拥有权益的股份在同一实际控制人控制的不同主体之间进行转让不受前述12个月的限制，但应当遵守本办法第六章的规定。

第九章　监管措施与法律责任

第七十五条　上市公司的收购及相关股份权益变动活动中的信息披露义务人，未按照本办法的规定履行报告、公告以及其他相关义务的，中国证监会责令改正，采取监管谈话、出具警示函、责令暂停或者停止收购等监管措施。在改正前，相关信息披露义务人不得对其持有或者实际支配的股份行使表决权。

第七十六条　上市公司的收购及相关股份权益变动活动中的信息披露义务人在报告、公告等文件中有虚假记载、误导性陈述或者重大遗漏的，中国证监会责令改正，采取监管谈话、出具警示函、责令暂停或者停止收购等监管措施。在改正前，收购人对其持有或者实际支配的股份不得行使表决权。

第七十七条　投资者及其一致行动人取得上市公司控制权而未按照本办法的规定聘请财务顾问，规避法定程序和义务，变相进行上市公司的收购，或者外国投资者规避管辖的，中国证监会责令改正，采取出具警示函、责令暂停或者停止收购等监管措施。在改正前，收购人不得对其持有或者实际支配的股份行使表决权。

第七十八条　收购人未依照本办法的规定履行相关义务或者相应程序擅自实施要约收购的，中国证监会责令改正，采取监管谈话、出具警示函、责令暂停或者停止收购等监管措施；在改正前，收购人不得对其持有或者支配的股份行使表决权。

发出收购要约的收购人在收购要约期限届满，不按照约定支付收购价款或者购买预受股份的，自该事实发生之日起3年内不得收购上市公司，中国证监会不受理收购人及其关联方提交的申报文件。

存在前二款规定情形，收购人涉嫌虚假披露、操纵证券市场的，中国证监会对收购人进行立案稽查，依法追究其法律责任；收购人聘请的财务顾问没有充分证据表明其勤勉尽责的，自收购人违规事实发生之日起1年内，中国证监会不受理该财务顾问提交的上市公司并购重组申报文件，情节严重的，依法追究法律责任。

第七十九条　上市公司控股股东和实际控制人在转让其对公司的控制权时，未清偿其对公司的负债，未解除公司为其提供的担保，或者未对其损害公司利益的其他情形作出纠正的，中国证监会责令改正、责令暂停或者停止收购活动。

被收购公司董事会未能依法采取有效措施促使公司控股股东、实际控制人予以纠正，或者在收购完成后未能促使收购人履行承诺、安排或者保证的，中国证监会可以认定相关董事为不适当人选。

第八十条　上市公司董事未履行忠实义务和勤勉义务，利用收购谋取不当利益的，中国证监会采取监管谈话、出具警示函等监管措施，可以认定为不适当人选。

上市公司章程中涉及公司控制权的条款违反法律、行政法规和本办法规定的，中国证监会责令改正。

第八十一条　为上市公司收购出具资产评估报告、审计报告、法律意见书和财务顾问报告的证券服务机构或者证券公司及其专业人员，未依法履行职责的，中国证监会责令改正，采取监管谈话、出具警示函等监管措施。

前款规定的证券服务机构及其从业人员被责令改正的，在改正前，不得接受新的上市公司并购重组业务。

第八十二条　中国证监会将上市公司的收购及相关股份权益变动活动中的当事人的违法行为和整改情况记入诚信档案。

违反本办法的规定构成证券违法行为的，依法追究法律责任。

第十章　附　　则

第八十三条　本办法所称一致行动，是指投资者通过协议、其他安排，与其他投资者共同扩大其所能够支配的一个上市公司股份表决权数量的行为或者事实。

在上市公司的收购及相关股份权益变动活动中有一致行动情形的投资者，互为一致行动人。如无相反证据，投资者有下列情形之一的，为一致行动人：

（一）投资者之间有股权控制关系；

（二）投资者受同一主体控制；

（三）投资者的董事、监事或者高级管理人员中的主要成员，同时在另一个投资者担任董事、监事或者高级管理人员；

（四）投资者参股另一投资者，可以对参股公司的重大决策产生重大影响；

（五）银行以外的其他法人、其他组织和自然人为投资者取得相关股份提供融资安排；

（六）投资者之间存在合伙、合作、联营等其他经济利益关系；

（七）持有投资者30%以上股份的自然人，与投资者持有同一上市公司股份；

（八）在投资者任职的董事、监事及高级管理人员，与投资者持有同一上市公司股份；

（九）持有投资者30%以上股份的自然人和在投资者任职的董事、监事及高级管理人员，其父母、配偶、子女及其配偶、配偶的父母、兄弟姐妹及其配偶、配偶的兄弟姐妹及其配偶等亲属，与投资者持有同一上市公司股份；

（十）在上市公司任职的董事、监事、高级管理人员及其前项所述亲属同时持有本公司股份的，或者与其自己或者其前项所述亲属直接或者间接控制的企业同时持有本公司股份；

（十一）上市公司董事、监事、高级管理人员和员工与其所控制或者委托的法人或者其他组织持有本公司股份；

（十二）投资者之间具有其他关联关系。

一致行动人应当合并计算其所持有的股份。投资者计算其所持有的股份，应当包括登记在其名下的股份，也包括登记在其一致行动人名下的股份。

投资者认为其与他人不应被视为一致行动人的，可以向中国证监会提供相反证据。

第八十四条 有下列情形之一的，为拥有上市公司控制权：

（一）投资者为上市公司持股50%以上的控股股东；

（二）投资者可以实际支配上市公司股份表决权超过30%；

（三）投资者通过实际支配上市公司股份表决权能够决定公司董事会半数以上成员选任；

（四）投资者依其可实际支配的上市公司股份表决权足以对公司股东大会的决议产生重大影响；

（五）中国证监会认定的其他情形。

第八十五条 信息披露义务人涉及计算其拥有权益比例的，应当将其所持有的上市公司已发行的可转换为公司股票的证券中有权转换部分与其所持有的同一上市公司的股份合并计算，并将其持股比例与合并计算非股权类证券转为股份后的比例相比，以二者中的较高者为准；行权期限届满未行权的，或者行权条件不再具备的，无需合并计算。

前款所述二者中的较高者，应当按下列公式计算：

（一）投资者持有的股份数量/上市公司已发行股份总数

（二）（投资者持有的股份数量+投资者持有的可转换为公司股票的非股权类证券所对应的股份数量）/（上市公司已发行股份总数+上市公司发行的可转换为公司股票的非股权类证券所对应的股份总数）

前款所称“投资者持有的股份数量”包括投资者拥有的普通股数量和优先股恢复的表决权数量，“上市公司已发行股份总数”包括上市公司已发行的普通股总数和优先股恢复的表决权总数。

第八十六条 投资者因行政划转、执行法院裁决、继承、赠与等方式取得上市公司控制权的，应当按照本办法第四章的规定履行报告、公告义务。

第八十七条 权益变动报告书、收购报告书、要约收购报告书、被收购公司董事会报告书、要约收购豁免申请文件等文件的内容与格式，由中国证监会另行制定。

第八十八条　被收购公司在境内、境外同时上市的，收购人除应当遵守本办法及中国证监会的相关规定外，还应当遵守境外上市地的相关规定。

第八十九条　外国投资者收购上市公司及在上市公司中拥有的权益发生变动的，除应当遵守本办法的规定外，还应当遵守外国投资者投资上市公司的相关规定。

第九十条　本办法自2006年9月1日起施行。中国证监会发布的《上市公司收购管理办法》（证监会令第10号）、《上市公司股东持股变动信息披露管理办法》（证监会令第11号）、《关于要约收购涉及的被收购公司股票上市交易条件有关问题的通知》（证监公司字〔2003〕16号）和《关于规范上市公司实际控制权转移行为有关问题的通知》（证监公司字〔2004〕1号）同时废止。

非上市公众公司收购管理办法

（2014年6月23日中国证券监督管理委员会令第102号公布
自2014年7月23日起施行）

第一章　总　　则

第一条　为了规范非上市公众公司（以下简称公众公司）的收购及相关股份权益变动活动，保护公众公司和投资者的合法权益，维护证券市场秩序和社会公共利益，促进证券市场资源的优化配置，根据《证券法》、《公司法》、《国务院关于全国中小企业股份转让系统有关问题的决定》、《国务院关于进一步优化企业兼并重组市场环境的意见》及其他相关法律、行政法规，制定本办法。

第二条　股票在全国中小企业股份转让系统（以下简称全国股份转让系统）公开转让的公众公司，其收购及相关股份权益变动活动应当遵守本办法的规定。

第三条　公众公司的收购及相关股份权益变动活动，必须遵守法律、行政法规及中国证券监督管理委员会（以下简称中国证监会）的规定，遵循公开、公平、公正的原则。当事人应当诚实守信，遵守社会公德、商业道德，自觉维护证券市场秩序，接受政府、社会公众的监督。

第四条　公众公司的收购及相关股份权益变动活动涉及国家产业政策、行业准入、国有股份转让、外商投资等事项，需要取得国家相关部门批准的，应当在取得批准后进行。

第五条　收购人可以通过取得股份的方式成为公众公司的控股股东，可以通过投资关系、协议、其他安排的途径成为公众公司的实际控制人，也可以同时采取上述方式和途径取得公众公司控制权。

收购人包括投资者及其一致行动人。

第六条　进行公众公司收购，收购人及其实际控制人应当具有良好的诚信记录，收购人及其实际控制人为法人的，应当具有健全的公司治理机制。任何人不得利用公众公司收购损害被收购公司及其股东的合法权益。

有下列情形之一的，不得收购公众公司：

（一）收购人负有数额较大债务，到期未清偿，且处于持续状态；

（二）收购人最近2年有重大违法行为或者涉嫌有重大违法行为；

（三）收购人最近2年有严重的证券市场失信行为；

（四）收购人为自然人的，存在《公司法》第一百四十六条规定的情形；

（五）法律、行政法规规定以及中国证监会认定的不得收购公众公司的其他情形。

第七条 被收购公司的控股股东或者实际控制人不得滥用股东权利损害被收购公司或者其他股东的合法权益。

被收购公司的控股股东、实际控制人及其关联方有损害被收购公司及其他股东合法权益的，上述控股股东、实际控制人在转让被收购公司控制权之前，应当主动消除损害；未能消除损害的，应当就其出让相关股份所得收入用于消除全部损害做出安排，对不足以消除损害的部分应当提供充分有效的履约担保或安排，并提交被收购公司股东大会审议通过，被收购公司的控股股东、实际控制人及其关联方应当回避表决。

第八条 被收购公司的董事、监事、高级管理人员对公司负有忠实义务和勤勉义务，应当公平对待收购本公司的所有收购人。

被收购公司董事会针对收购所做出的决策及采取的措施，应当有利于维护公司及其股东的利益，不得滥用职权对收购设置不适当的障碍，不得利用公司资源向收购人提供任何形式的财务资助。

第九条 收购人按照本办法第三章、第四章的规定进行公众公司收购的，应当聘请具有财务顾问业务资格的专业机构担任财务顾问，但通过国有股行政划转或者变更、因继承取得股份、股份在同一实际控制人控制的不同主体之间进行转让、取得公众公司向其发行的新股、司法判决导致收购人成为或拟成为公众公司第一大股东或者实际控制人的情形除外。

收购人聘请的财务顾问应当勤勉尽责，遵守行业规范和职业道德，保持独立性，对收购人进行辅导，帮助收购人全面评估被收购公司的财务和经营状况；对收购人的相关情况进行尽职调查，对收购人披露的文件进行充分核查和验证；对收购事项客观、公正地发表专业意见，并保证其所制作、出具文件的真实性、准确性和完整性。在收购人公告被收购公司收购报告书至收购完成后12个月内，财务顾问应当持续督导收购人遵守法律、行政法规、中国证监会的规定、全国股份转让系统相关规则以及公司章程，依法行使股东权利，切实履行承诺或者相关约定。

财务顾问认为收购人利用收购损害被收购公司及其股东合法权益的，应当拒绝为收购人提供财务顾问服务。

第十条 公众公司的收购及相关股份权益变动活动中的信息披露义务人，应当依法严格履行信息披露和其他法定义务，并保证所披露的信息及时、真实、准确、完整，不得有虚假记载、误导性陈述或者重大遗漏。

信息披露义务人应当在全国股份转让系统指定的信息披露平台（以下简称指定网站）依法披露信息；在其他媒体上进行披露的，披露内容应当一致，披露时间不得早于指定网站的披露时间。在相关信息披露前，信息披露义务人及知悉相关信息的人员负有保密义务，禁止利用该信息进行内幕交易和从事证券市场操纵行为。

信息披露义务人依法披露前，相关信息已在媒体上传播或者公司股票转让出现异常的，公众公司应当立即向当事人进行查询，当事人应当及时予以书面答复，公众公司应当及时披露。

第十一条 中国证监会依法对公众公司的收购及相关股份权益变动活动进行监督管理。

全国股份转让系统应当制定业务规则，为公众公司的收购及相关股份权益变动活动提供服务，对相关证券转让活动进行实时监控，监督公众公司的收购及相关股份权益变动活动的信息披露义务人切实履行信息披露义务。

中国证券登记结算有限责任公司应当制定业务规则，为公众公司的收购及相关股份权益变动活动所涉及的证券登记、存管、结算等事宜提供服务。

第二章 权益披露

第十二条 投资者在公众公司中拥有的权益，包括登记在其名下的股份和虽未登记在其名下但该投资者可以实际支配表决权的股份。投资者及其一致行动人在公众公司中拥有的权益应当合并计算。

第十三条　有下列情形之一的，投资者及其一致行动人应当在该事实发生之日起2日内编制并披露权益变动报告书，报送全国股份转让系统，同时通知该公众公司；自该事实发生之日起至披露后2日内，不得再行买卖该公众公司的股票。

（一）通过全国股份转让系统的做市方式、竞价方式进行证券转让，投资者及其一致行动人拥有权益的股份达到公众公司已发行股份的10%；

（二）通过协议方式，投资者及其一致行动人在公众公司中拥有权益的股份拟达到或者超过公众公司已发行股份的10%。

投资者及其一致行动人拥有权益的股份达到公众公司已发行股份的10%后，其拥有权益的股份占该公众公司已发行股份的比例每增加或者减少5%（即其拥有权益的股份每达到5%的整数倍时），应当依照前款规定进行披露。自该事实发生之日起至披露后2日内，不得再行买卖该公众公司的股票。

第十四条　投资者及其一致行动人通过行政划转或者变更、执行法院裁定、继承、赠与等方式导致其直接拥有权益的股份变动达到前条规定比例的，应当按照前条规定履行披露义务。

投资者虽不是公众公司的股东，但通过投资关系、协议、其他安排等方式进行收购导致其间接拥有权益的股份变动达到前条规定比例的，应当按照前条规定履行披露义务。

第十五条　因公众公司向其他投资者发行股份、减少股本导致投资者及其一致行动人拥有权益的股份变动出现本章规定情形的，投资者及其一致行动人免于履行披露义务。公众公司应当自完成增加股本、减少股本的变更登记之日起2日内，就因此导致的公司股东拥有权益的股份变动情况进行披露。

第三章　控制权变动披露

第十六条　通过全国股份转让系统的证券转让，投资者及其一致行动人拥有权益的股份变动导致其成为公众公司第一大股东或者实际控制人，或者通过投资关系、协议转让、行政划转或者变更、执行法院裁定、继承、赠与、其他安排等方式拥有权益的股份变动导致其成为或拟成为公众公司第一大股东或者实际控制人且拥有权益的股份超过公众公司已发行股份10%的，应当在该事实发生之日起2日内编制收购报告书，连同财务顾问专业意见和律师出具的法律意见书一并披露，报送全国股份转让系统，同时通知该公众公司。

收购公众公司股份需要取得国家相关部门批准的，收购人应当在收购报告书中进行明确说明，并持续披露批准程序进展情况。

第十七条　以协议方式进行公众公司收购的，自签订收购协议起至相关股份完成过户的期间为公众公司收购过渡期（以下简称过渡期）。在过渡期内，收购人不得通过控股股东提议改选公众公司董事会，确有充分理由改选董事会的，来自收购人的董事不得超过董事会成员总数的1/3；被收购公司不得为收购人及其关联方提供担保；被收购公司不得发行股份募集资金。

在过渡期内，被收购公司除继续从事正常的经营活动或者执行股东大会已经作出的决议外，被收购公司董事会提出拟处置公司资产、调整公司主要业务、担保、贷款等议案，可能对公司的资产、负债、权益或者经营成果造成重大影响的，应当提交股东大会审议通过。

第十八条　按照本办法进行公众公司收购后，收购人成为公司第一大股东或者实际控制人的，收购人持有的被收购公司股份，在收购完成后12个月内不得转让。

收购人在被收购公司中拥有权益的股份在同一实际控制人控制的不同主体之间进行转让不受前述12个月的限制。

第十九条　在公众公司收购中，收购人做出公开承诺事项的，应同时提出所承诺事项未能履行时的约束措施，并公开披露。

全国股份转让系统应当对收购人履行公

开承诺行为进行监督和约束,对未能履行承诺的收购人及时采取自律监管措施。

第二十条 公众公司控股股东、实际控制人向收购人协议转让其所持有的公众公司股份的,应当对收购人的主体资格、诚信情况及收购意图进行调查,并在其权益变动报告书中披露有关调查情况。

被收购公司控股股东、实际控制人及其关联方未清偿其对公司的负债,未解除公司为其负债提供的担保,或者存在损害公司利益的其他情形的,被收购公司董事会应当对前述情形及时披露,并采取有效措施维护公司利益。

第四章 要约收购

第二十一条 投资者自愿选择以要约方式收购公众公司股份的,可以向被收购公司所有股东发出收购其所持有的全部股份的要约(以下简称全面要约),也可以向被收购公司所有股东发出收购其所持有的部分股份的要约(以下简称部分要约)。

第二十二条 收购人自愿以要约方式收购公众公司股份的,其预定收购的股份比例不得低于该公众公司已发行股份的5%。

第二十三条 公众公司应当在公司章程中约定在公司被收购时收购人是否需要向公司全体股东发出全面要约收购,并明确全面要约收购的触发条件以及相应制度安排。

收购人根据被收购公司章程规定需要向公司全体股东发出全面要约收购的,对同一种类股票的要约价格,不得低于要约收购报告书披露日前6个月内取得该种股票所支付的最高价格。

第二十四条 以要约方式进行公众公司收购的,收购人应当公平对待被收购公司的所有股东。

第二十五条 以要约方式收购公众公司股份的,收购人应当聘请财务顾问,并编制要约收购报告书,连同财务顾问专业意见和律师出具的法律意见书一并披露,报送全国股份转让系统,同时通知该公众公司。

要约收购需要取得国家相关部门批准的,收购人应当在要约收购报告书中进行明确说明,并持续披露批准程序进展情况。

第二十六条 收购人可以采用现金、证券、现金与证券相结合等合法方式支付收购公众公司的价款。收购人聘请的财务顾问应当说明收购人具备要约收购的能力。收购人应当在披露要约收购报告书的同时,提供以下至少一项安排保证其具备履约能力:

(一)将不少于收购价款总额的20%作为履约保证金存入中国证券登记结算有限责任公司指定的银行等金融机构;收购人以在中国证券登记结算有限责任公司登记的证券支付收购价款的,在披露要约收购报告书的同时,将用于支付的全部证券向中国证券登记结算有限责任公司申请办理权属变更或锁定;

(二)银行等金融机构对于要约收购所需价款出具的保函;

(三)财务顾问出具承担连带担保责任的书面承诺。如要约期满,收购人不支付收购价款,财务顾问应当承担连带责任,并进行支付。

收购人以证券支付收购价款的,应当披露该证券的发行人最近2年经审计的财务会计报表、证券估值报告,并配合被收购公司或其聘请的独立财务顾问的尽职调查工作。收购人以未在中国证券登记结算有限责任公司登记的证券支付收购价款的,必须同时提供现金方式供被收购公司的股东选择,并详细披露相关证券的保管、送达被收购公司股东的方式和程序安排。

第二十七条 被收购公司董事会应当对收购人的主体资格、资信情况及收购意图进行调查,对要约条件进行分析,对股东是否接受要约提出建议,并可以根据自身情况选择是否聘请独立财务顾问提供专业意见。

被收购公司决定聘请独立财务顾问的,可以聘请为其提供督导服务的主办券商为独立财务顾问,但存在影响独立性、财务顾问业务受到限制等不宜担任独立财务顾问情形的除外。被收购公司也可以同时聘请其他机构为其提供顾问服务。

第二十八条 收购要约约定的收购期限不得少于30日,并不得超过60日;但是出现竞争要约的除外。

收购期限自要约收购报告书披露之日起开始计算。要约收购需要取得国家相关部门批准的,收购人应将取得的本次收购的批准情况连同律师出具的专项核查意见一并在取得全部批准后2日内披露,收购期限自披露之日起开始计算。

在收购要约约定的承诺期限内,收购人不得撤销其收购要约。

第二十九条 采取要约收购方式的,收购人披露后至收购期限届满前,不得卖出被收购公司的股票,也不得采取要约规定以外的形式和超出要约的条件买入被收购公司的股票。

第三十条 收购人需要变更收购要约的,应当重新编制并披露要约收购报告书,报送全国股份转让系统,同时通知被收购公司。变更后的要约收购价格不得低于变更前的要约收购价格。

收购要约期限届满前15日内,收购人不得变更收购要约;但是出现竞争要约的除外。

出现竞争要约时,发出初始要约的收购人变更收购要约距初始要约收购期限届满不足15日的,应当延长收购期限,延长后的要约期应当不少于15日,不得超过最后一个竞争要约的期满日,并按规定比例追加履约保证能力。

发出竞争要约的收购人最迟不得晚于初始要约收购期限届满前15日披露要约收购报告书,并应当根据本办法的规定履行披露义务。

第三十一条 在要约收购期间,被收购公司董事不得辞职。

第三十二条 同意接受收购要约的股东(以下简称预受股东),应当委托证券公司办理预受要约的相关手续。

在要约收购期限届满前2日内,预受股东不得撤回其对要约的接受。在要约收购期限内,收购人应当每日披露已预受收购要约的股份数量。

在要约收购期限届满后2日内,收购人应当披露本次要约收购的结果。

第三十三条 收购期限届满,发出部分要约的收购人应当按照收购要约约定的条件购买被收购公司股东预受的股份,预受要约股份的数量超过预定收购数量时,收购人应当按照同等比例收购预受要约的股份;发出全面要约的收购人应当购买被收购公司股东预受的全部股份。

第五章 监管措施与法律责任

第三十四条 公众公司董事未履行忠实勤勉义务,利用收购谋取不当利益的,中国证监会采取监管谈话、出具警示函等监管措施,情节严重的,有权认定其为不适当人选。涉嫌犯罪的,依法移交司法机关追究其刑事责任。

第三十五条 收购人在收购要约期限届满时,不按照约定支付收购价款或者购买预受股份的,自该事实发生之日起2年内不得收购公众公司;涉嫌操纵证券市场的,中国证监会对收购人进行调查,依法追究其法律责任。

前款规定的收购人聘请的财务顾问没有充分证据表明其勤勉尽责的,中国证监会视情节轻重,自确认之日起采取3个月至12个月内不接受该机构出具的相关专项文件、12个月至36个月内不接受相关签字人员出具的专项文件的监管措施,并依法追究其法律责任。

第三十六条 公众公司控股股东和实际控制人在转让其对公司的控制权时,未清偿其对公司的负债,未解除公司为其提供的担保,或者未对其损害公司利益的其他情形作出纠正的,且被收购公司董事会未对前述情形及时披露并采取有效措施维护公司利益的,中国证监会责令改正,在改正前收购人应当暂停收购活动。

被收购公司董事会未能依法采取有效措施促使公司控股股东、实际控制人予以纠正,或者在收购完成后未能促使收购人履行承诺、安排或者保证的,中国证监会有权认定相关董事为不适当人选。

第三十七条 公众公司的收购及相关股份权益变动活动中的信息披露义务人，未按照本办法的规定履行信息披露以及其他相关义务，或者信息披露文件中有虚假记载、误导性陈述或者重大遗漏的，中国证监会采取责令改正、监管谈话、出具警示函、责令暂停或者终止收购等监管措施；情节严重的，比照《证券法》第一百九十三条、第二百一十三条进行行政处罚，并可以采取市场禁入的措施；涉嫌犯罪的，依法移送司法机关追究刑事责任。

第三十八条 投资者及其一致行动人规避法定程序和义务，变相进行公众公司收购，或者外国投资者规避管辖的，中国证监会采取责令改正、出具警示函、责令暂停或者停止收购等监管措施；情节严重的，进行行政处罚，并可以采取市场禁入的措施；涉嫌犯罪的，依法移交司法机关追究其刑事责任。

第三十九条 为公众公司收购出具审计报告、法律意见书和财务顾问报告的证券服务机构或者证券公司及其专业人员，未依法履行职责的，中国证监会采取责令改正、监管谈话、出具警示函等监管措施；情节严重的，比照《证券法》第二百二十三条进行行政处罚，并可以采取市场禁入的措施；涉嫌犯罪的，依法移送司法机关追究刑事责任。

第四十条 任何知悉收购信息的人员在相关信息依法披露前，泄露该信息、买卖或者建议他人买卖相关公司股票的，比照《证券法》第二百零二条予以处罚；涉嫌犯罪的，依法移送司法机关追究刑事责任。

第四十一条 编造、传播虚假收购信息，操纵证券市场或者进行欺诈活动的，比照《证券法》第二百零三条、二百零七条予以处罚；涉嫌犯罪的，依法移送司法机关追究刑事责任。

第四十二条 中国证监会将公众公司的收购及相关股份权益变动活动中的当事人的违法行为和整改情况记入诚信档案。

第六章 附 则

第四十三条 本办法所称一致行动人、公众公司控制权及持股比例计算等参照《上市公司收购管理办法》的相关规定。

第四十四条 为公众公司收购提供服务的财务顾问的业务许可、业务规则和法律责任等，按照《上市公司并购重组财务顾问业务管理办法》的相关规定执行。

第四十五条 做市商持有公众公司股份相关权益变动信息的披露，由中国证监会另行规定。

第四十六条 股票不在全国股份转让系统公开转让的公众公司收购及相关股份权益变动的信息披露内容比照本办法的相关规定执行。

第四十七条 本办法自 2014 年 7 月 23 日起施行。

关于外国投资者并购境内企业的规定

(2003 年 3 月 7 日对外贸易经济合作部、国家税务总局、国家工商行政管理总局、国家外汇管理局令 2003 年第 3 号公布 2006 年 8 月 8 日商务部、国务院国有资产监督管理委员会、国家税务总局、国家工商行政管理总局、中国证券监督管理委员会、国家外汇管理局令 2006 年第 10 号第一次修订 2009 年 6 月 22 日商务部令 2009 年第 6 号第二次修订)

第一章 总 则

第一条 为了促进和规范外国投资者来华投资,引进国外的先进技术和管理经验,提高利用外资的水平,实现资源的合理配置,保证就业、维护公平竞争和国家经济安全,依据外商投资企业的法律、行政法规及《公司法》和其他相关法律、行政法规,制定本规定。

第二条 本规定所称外国投资者并购境内企业,系指外国投资者购买境内非外商投资企业(以下称“境内公司”)股东的股权或认购境内公司增资,使该境内公司变更设立为外商投资企业(以下称“股权并购”);或者,外国投资者设立外商投资企业,并通过该企业协议购买境内企业资产且运营该资产,或,外国投资者协议购买境内企业资产,并以该资产投资设立外商投资企业运营该资产(以下称“资产并购”)。

第三条 外国投资者并购境内企业应遵守中国的法律、行政法规和规章,遵循公平合理、等价有偿、诚实信用的原则,不得造成过度集中、排除或限制竞争,不得扰乱社会经济秩序和损害社会公共利益,不得导致国有资产流失。

第四条 外国投资者并购境内企业,应符合中国法律、行政法规和规章对投资者资格的要求及产业、土地、环保等政策。

依照《外商投资产业指导目录》不允许外国投资者独资经营的产业,并购不得导致外国投资者持有企业的全部股权;需由中方控股或相对控股的产业,该产业的企业被并购后,仍应由中方在企业中占控股或相对控股地位;禁止外国投资者经营的产业,外国投资者不得并购从事该产业的企业。

被并购境内企业原有所投资企业的经营范围应符合有关外商投资产业政策的要求;不符合要求的,应进行调整。

第五条 外国投资者并购境内企业涉及企业国有产权转让和上市公司国有股权管理事宜的,应当遵守国有资产管理的相关规定。

第六条 外国投资者并购境内企业设立外商投资企业,应依照本规定经审批机关批准,向登记管理机关办理变更登记或设立登记。

如果被并购企业为境内上市公司,还应根据《外国投资者对上市公司战略投资管理办法》,向国务院证券监督管理机构办理相关手续。

第七条 外国投资者并购境内企业所涉及的各方当事人应当按照中国税法规定纳税,接受税务机关的监督。

第八条 外国投资者并购境内企业所涉及的各方当事人应遵守中国有关外汇管理的法律和行政法规,及时向外汇管理机关办理各项外汇核准、登记、备案及变更手续。

第二章 基本制度

第九条 外国投资者在并购后所设外商

投资企业注册资本中的出资比例高于25%的，该企业享受外商投资企业待遇。

外国投资者在并购后所设外商投资企业注册资本中的出资比例低于25%的，除法律和行政法规另有规定外，该企业不享受外商投资企业待遇，其举借外债按照境内非外商投资企业举借外债的有关规定办理。审批机关向其颁发加注“外资比例低于25%”字样的外商投资企业批准证书（以下称“批准证书”）。登记管理机关、外汇管理机关分别向其颁发加注“外资比例低于25%”字样的外商投资企业营业执照和外汇登记证。

境内公司、企业或自然人以其在境外合法设立或控制的公司名义并购与其有关联关系的境内公司，所设立的外商投资企业不享受外商投资企业待遇，但该境外公司认购境内公司增资，或者该境外公司向并购后所设企业增资，增资额占所设企业注册资本比例达到25%以上的除外。根据该款所述方式设立的外商投资企业，其实际控制人以外的外国投资者在企业注册资本中的出资比例高于25%的，享受外商投资企业待遇。

外国投资者并购境内上市公司后所设外商投资企业的待遇，按照国家有关规定办理。

第十条 本规定所称的审批机关为中华人民共和国商务部或省级商务主管部门（以下称“省级审批机关”），登记管理机关为中华人民共和国国家工商行政管理总局或其授权的地方工商行政管理局，外汇管理机关为中华人民共和国国家外汇管理局或其分支机构。

并购后所设外商投资企业，根据法律、行政法规和规章的规定，属于应由商务部审批的特定类型或行业的外商投资企业的，省级审批机关应将申请文件转报商务部审批，商务部依法决定批准或不批准。

第十一条 境内公司、企业或自然人以其在境外合法设立或控制的公司名义并购与其有关联关系的境内的公司，应报商务部审批。

当事人不得以外商投资企业境内投资或其他方式规避前述要求。

第十二条 外国投资者并购境内企业并取得实际控制权，涉及重点行业、存在影响或可能影响国家经济安全因素或者导致拥有驰名商标或中华老字号的境内企业实际控制权转移的，当事人应就此向商务部进行申报。

当事人未予申报，但其并购行为对国家经济安全造成或可能造成重大影响的，商务部可以会同相关部门要求当事人终止交易或采取转让相关股权、资产或其他有效措施，以消除并购行为对国家经济安全的影响。

第十三条 外国投资者股权并购的，并购后所设外商投资企业承继被并购境内公司的债权和债务。

外国投资者资产并购的，出售资产的境内企业承担其原有的债权和债务。

外国投资者、被并购境内企业、债权人及其他当事人可以对被并购境内企业的债权债务的处置另行达成协议，但是该协议不得损害第三人利益和社会公共利益。债权债务的处置协议应报送审批机关。

出售资产的境内企业应当在投资者向审批机关报送申请文件之前至少15日，向债权人发出通知书，并在全国发行的省级以上报纸上发布公告。

第十四条 并购当事人应以资产评估机构对拟转让的股权价值或拟出售资产的评估结果作为确定交易价格的依据。并购当事人可以约定在中国境内依法设立的资产评估机构。资产评估应采用国际通行的评估方法。禁止以明显低于评估结果的价格转让股权或出售资产，变相向境外转移资本。

外国投资者并购境内企业，导致以国有资产投资形成的股权变更或国有资产产权转移时，应当符合国有资产管理的有关规定。

第十五条 并购当事人应对并购各方是否存在关联关系进行说明，如果有两方属于同一个实际控制人，则当事人应向审批机关披露其实际控制人，并就并购目的和评估结果是否符合市场公允价值进行解释。当事人不得以信托、代持或其他方式规避前述要求。

第十六条　外国投资者并购境内企业设立外商投资企业，外国投资者应自外商投资企业营业执照颁发之日起3个月内向转让股权的股东，或出售资产的境内企业支付全部对价。对特殊情况需要延长者，经审批机关批准后，应自外商投资企业营业执照颁发之日起6个月内支付全部对价的60%以上，1年内付清全部对价，并按实际缴付的出资比例分配收益。

外国投资者认购境内公司增资，有限责任公司和以发起方式设立的境内股份有限公司的股东应当在公司申请外商投资企业营业执照时缴付不低于20%的新增注册资本，其余部分的出资时间应符合《公司法》、有关外商投资的法律和《公司登记管理条例》的规定。其他法律和行政法规另有规定的，从其规定。股份有限公司为增加注册资本发行新股时，股东认购新股，依照设立股份有限公司缴纳股款的有关规定执行。

外国投资者资产并购的，投资者应在拟设立的外商投资企业合同、章程中规定出资期限。设立外商投资企业，并通过该企业协议购买境内企业资产且运营该资产的，对与资产对价等额部分的出资，投资者应在本条第一款规定的对价支付期限内缴付；其余部分的出资应符合设立外商投资企业出资的相关规定。

外国投资者并购境内企业设立外商投资企业，如果外国投资者出资比例低于企业注册资本25%，投资者以现金出资的，应自外商投资企业营业执照颁发之日起3个月内缴清；投资者以实物、工业产权等出资的，应自外商投资企业营业执照颁发之日起6个月内缴清。

第十七条　作为并购对价的支付手段，应符合国家有关法律和行政法规的规定。外国投资者以其合法拥有的人民币资产作为支付手段的，应经外汇管理机关核准。外国投资者以其拥有处置权的股权作为支付手段的，按照本规定第四章办理。

第十八条　外国投资者协议购买境内公司股东的股权，境内公司变更设立为外商投资企业后，该外商投资企业的注册资本为原境内公司注册资本，外国投资者的出资比例为其所购买股权在原注册资本中所占比例。

外国投资者认购境内有限责任公司增资的，并购后所设外商投资企业的注册资本为原境内公司注册资本与增资额之和。外国投资者与被并购境内公司原其他股东，在境内公司资产评估的基础上，确定各自在外商投资企业注册资本中的出资比例。

外国投资者认购境内股份有限公司增资的，按照《公司法》有关规定确定注册资本。

第十九条　外国投资者股权并购的，除国家另有规定外，对并购后所设外商投资企业应按照以下比例确定投资总额的上限：

（一）注册资本在210万美元以下的，投资总额不得超过注册资本的10/7；

（二）注册资本在210万美元以上至500万美元的，投资总额不得超过注册资本的2倍；

（三）注册资本在500万美元以上至1200万美元的，投资总额不得超过注册资本的2.5倍；

（四）注册资本在1200万美元以上的，投资总额不得超过注册资本的3倍。

第二十条　外国投资者资产并购的，应根据购买资产的交易价格和实际生产经营规模确定拟设立的外商投资企业的投资总额。拟设立的外商投资企业的注册资本与投资总额的比例应符合有关规定。

第三章　审批与登记

第二十一条　外国投资者股权并购的，投资者应根据并购后所设外商投资企业的投资总额、企业类型及所从事的行业，依照设立外商投资企业的法律、行政法规和规章的规定，向具有相应审批权限的审批机关报送下列文件：

（一）被并购境内有限责任公司股东一致同意外国投资者股权并购的决议，或被并购境内股份有限公司同意外国投资者股权并购的股东大会决议；

（二）被并购境内公司依法变更设立为外商投资企业的申请书；

（三）并购后所设外商投资企业的合同、章程；

（四）外国投资者购买境内公司股东股权或认购境内公司增资的协议；

（五）被并购境内公司上一财务年度的财务审计报告；

（六）经公证和依法认证的投资者的身份证明文件或注册登记证明及资信证明文件；

（七）被并购境内公司所投资企业的情况说明；

（八）被并购境内公司及其所投资企业的营业执照（副本）；

（九）被并购境内公司职工安置计划；

（十）本规定第十三条、第十四条、第十五条要求报送的文件。

并购后所设外商投资企业的经营范围、规模、土地使用权的取得等，涉及其他相关政府部门许可的，有关的许可文件应一并报送。

第二十二条 股权购买协议、境内公司增资协议应适用中国法律，并包括以下主要内容：

（一）协议各方的状况，包括名称（姓名），住所，法定代表人姓名、职务、国籍等；

（二）购买股权或认购增资的份额和价款；

（三）协议的履行期限、履行方式；

（四）协议各方的权利、义务；

（五）违约责任、争议解决；

（六）协议签署的时间、地点。

第二十三条 外国投资者资产并购的，投资者应根据拟设立的外商投资企业的投资总额、企业类型及所从事的行业，依照设立外商投资企业的法律、行政法规和规章的规定，向具有相应审批权限的审批机关报送下列文件：

（一）境内企业产权持有人或权力机构同意出售资产的决议；

（二）外商投资企业设立申请书；

（三）拟设立的外商投资企业的合同、章程；

（四）拟设立的外商投资企业与境内企业签署的资产购买协议，或外国投资者与境内企业签署的资产购买协议；

（五）被并购境内企业的章程、营业执照（副本）；

（六）被并购境内企业通知、公告债权人的证明以及债权人是否提出异议的说明；

（七）经公证和依法认证的投资者的身份证明文件或开业证明、有关资信证明文件；

（八）被并购境内企业职工安置计划；

（九）本规定第十三条、第十四条、第十五条要求报送的文件。

依照前款的规定购买并运营境内企业的资产，涉及其他相关政府部门许可的，有关的许可文件应一并报送。

外国投资者协议购买境内企业资产并以该资产投资设立外商投资企业的，在外商投资企业成立之前，不得以该资产开展经营活动。

第二十四条 资产购买协议应适用中国法律，并包括以下主要内容：

（一）协议各方的状况，包括名称（姓名），住所，法定代表人姓名、职务、国籍等；

（二）拟购买资产的清单、价格；

（三）协议的履行期限、履行方式；

（四）协议各方的权利、义务；

（五）违约责任、争议解决；

（六）协议签署的时间、地点。

第二十五条 外国投资者并购境内企业设立外商投资企业，除本规定另有规定外，审批机关应自收到规定报送的全部文件之日起30日内，依法决定批准或不批准。决定批准的，由审批机关颁发批准证书。

外国投资者协议购买境内公司股东股权，审批机关决定批准的，应同时将有关批准文件分别抄送股权转让方、境内公司所在地外汇管理机关。股权转让方所在地外汇管理机关为其办理转股收汇外资外汇登记并出具相关证明，转股收汇外资外汇登记证明是证明外方已缴付的股权收购对价已到位的有效文件。

第二十六条 外国投资者资产并购的，投资者应自收到批准证书之日起30日内,向登记管理机关申请办理设立登记,领取外商投资企业营业执照。

外国投资者股权并购的,被并购境内公司应依照本规定向原登记管理机关申请变更登记,领取外商投资企业营业执照。原登记管理机关没有登记管辖权的,应自收到申请文件之日起10日内转送有管辖权的登记管理机关办理,同时附送该境内公司的登记档案。被并购境内公司在申请变更登记时,应提交以下文件,并对其真实性和有效性负责:

(一)变更登记申请书;

(二)外国投资者购买境内公司股东股权或认购境内公司增资的协议;

(三)修改后的公司章程或原章程的修正案和依法需要提交的外商投资企业合同;

(四)外商投资企业批准证书;

(五)外国投资者的主体资格证明或者自然人身份证明;

(六)修改后的董事会名单,记载新增董事姓名、住所的文件和新增董事的任职文件;

(七)国家工商行政管理总局规定的其他有关文件和证件。

投资者自收到外商投资企业营业执照之日起30日内,到税务、海关、土地管理和外汇管理等有关部门办理登记手续。

第四章 外国投资者以股权作为支付手段并购境内公司

第一节 以股权并购的条件

第二十七条 本章所称外国投资者以股权作为支付手段并购境内公司,系指境外公司的股东以其持有的境外公司股权,或者境外公司以其增发的股份,作为支付手段,购买境内公司股东的股权或者境内公司增发股份的行为。

第二十八条 本章所称的境外公司应合法设立并且其注册地具有完善的公司法律制度,且公司及其管理层最近3年未受到监管机构的处罚;除本章第三节所规定的特殊目的公司外,境外公司应为上市公司,其上市所在地应具有完善的证券交易制度。

第二十九条 外国投资者以股权并购境内公司所涉及的境内外公司的股权,应符合以下条件:

(一)股东合法持有并依法可以转让;

(二)无所有权争议且没有设定质押及任何其他权利限制;

(三)境外公司的股权应在境外公开合法证券交易市场(柜台交易市场除外)挂牌交易;

(四)境外公司的股权最近1年交易价格稳定。

前款第(三)、(四)项不适用于本章第三节所规定的特殊目的公司。

第三十条 外国投资者以股权并购境内公司,境内公司或其股东应当聘请在中国注册登记的中介机构担任顾问(以下称"并购顾问")。并购顾问应就并购申请文件的真实性、境外公司的财务状况以及并购是否符合本规定第十四条、第二十八条和第二十九条的要求作尽职调查,并出具并购顾问报告,就前述内容逐项发表明确的专业意见。

第三十一条 并购顾问应符合以下条件:

(一)信誉良好且有相关从业经验;

(二)无重大违法违规记录;

(三)应有调查并分析境外公司注册地和上市所在地法律制度与境外公司财务状况的能力。

第二节 申报文件与程序

第三十二条 外国投资者以股权并购境内公司应报送商务部审批,境内公司除报送本规定第三章所要求的文件外,另须报送以下文件:

(一)境内公司最近1年股权变动和重大资产变动情况的说明;

(二)并购顾问报告;

(三)所涉及的境内外公司及其股东的开业证明或身份证明文件;

（四）境外公司的股东持股情况说明和持有境外公司5%以上股权的股东名录；

（五）境外公司的章程和对外担保的情况说明；

（六）境外公司最近年度经审计的财务报告和最近半年的股票交易情况报告。

第三十三条 商务部自收到规定报送的全部文件之日起30日内对并购申请进行审核，符合条件的，颁发批准证书，并在批准证书上加注"外国投资者以股权并购境内公司，自营业执照颁发之日起6个月内有效"。

第三十四条 境内公司应自收到加注的批准证书之日起30日内，向登记管理机关、外汇管理机关办理变更登记，由登记管理机关、外汇管理机关分别向其颁发加注"自颁发之日起8个月内有效"字样的外商投资企业营业执照和外汇登记证。

境内公司向登记管理机关办理变更登记时，应当预先提交旨在恢复股权结构的境内公司法定代表人签署的股权变更申请书、公司章程修正案、股权转让协议等文件。

第三十五条 自营业执照颁发之日起6个月内，境内公司或其股东应就其持有境外公司股权事项，向商务部、外汇管理机关申请办理境外投资开办企业核准、登记手续。

当事人除向商务部报送《关于境外投资开办企业核准事项的规定》所要求的文件外，另须报送加注的外商投资企业批准证书和加注的外商投资企业营业执照。商务部在核准境内公司或其股东持有境外公司的股权后，颁发中国企业境外投资批准证书，并换发无加注的外商投资企业批准证书。

境内公司取得无加注的外商投资企业批准证书后，应在30日内向登记管理机关、外汇管理机关申请换发无加注的外商投资企业营业执照、外汇登记证。

第三十六条 自营业执照颁发之日起6个月内，如果境内外公司没有完成其股权变更手续，则加注的批准证书和中国企业境外投资批准证书自动失效。登记管理机关根据境内公司预先提交的股权变更登记申请文件核准变更登记，使境内公司股权结构恢复到股权并购之前的状态。

并购境内公司增发股份而未实现的，在登记管理机关根据前款予以核准变更登记之前，境内公司还应当按照《公司法》的规定，减少相应的注册资本并在报纸上公告。

境内公司未按照前款规定办理相应的登记手续的，由登记管理机关按照《公司登记管理条例》的有关规定处理。

第三十七条 境内公司取得无加注的外商投资企业批准证书、外汇登记证之前，不得向股东分配利润或向有关联关系的公司提供担保，不得对外支付转股、减资、清算等资本项目款项。

第三十八条 境内公司或其股东凭商务部和登记管理机关颁发的无加注批准证书和营业执照，到税务机关办理税务变更登记。

第三节 对于特殊目的公司的特别规定

第三十九条 特殊目的公司系指中国境内公司或自然人为实现以其实际拥有的境内公司权益在境外上市而直接或间接控制的境外公司。

特殊目的公司为实现在境外上市，其股东以其所持公司股权，或者特殊目的公司以其增发的股份，作为支付手段，购买境内公司股东的股权或者境内公司增发的股份的，适用本节规定。

当事人以持有特殊目的公司权益的境外公司作为境外上市主体的，该境外公司应符合本节对于特殊目的公司的相关要求。

第四十条 特殊目的公司境外上市交易，应经国务院证券监督管理机构批准。

特殊目的公司境外上市所在国家或者地区应有完善的法律和监管制度，其证券监管机构已与国务院证券监督管理机构签订监管合作谅解备忘录，并保持着有效的监管合作关系。

第四十一条 本节所述的权益在境外上市的境内公司应符合下列条件：

（一）产权明晰，不存在产权争议或潜在产权争议；

（二）有完整的业务体系和良好的持续经营能力；

（三）有健全的公司治理结构和内部管理制度；

（四）公司及其主要股东近3年无重大违法违规记录。

第四十二条 境内公司在境外设立特殊目的公司，应向商务部申请办理核准手续。办理核准手续时，境内公司除向商务部报送《关于境外投资开办企业核准事项的规定》要求的文件外，另须报送以下文件：

（一）特殊目的公司实际控制人的身份证明文件；

（二）特殊目的公司境外上市商业计划书；

（三）并购顾问就特殊目的公司未来境外上市的股票发行价格所作的评估报告。

获得中国企业境外投资批准证书后，设立人或控制人应向所在地外汇管理机关申请办理相应的境外投资外汇登记手续。

第四十三条 特殊目的公司境外上市的股票发行价总值，不得低于其所对应的经中国有关资产评估机构评估的被并购境内公司股权的价值。

第四十四条 特殊目的公司以股权并购境内公司的，境内公司除向商务部报送本规定第三十二条所要求的文件外，另须报送以下文件：

（一）设立特殊目的公司时的境外投资开办企业批准文件和证书；

（二）特殊目的公司境外投资外汇登记表；

（三）特殊目的公司实际控制人的身份证明文件或开业证明、章程；

（四）特殊目的公司境外上市商业计划书；

（五）并购顾问就特殊目的公司未来境外上市的股票发行价格所作的评估报告。

如果以持有特殊目的公司权益的境外公司作为境外上市主体，境内公司还须报送以下文件：

（一）该境外公司的开业证明和章程；

（二）特殊目的公司与该境外公司之间就被并购的境内公司股权所作的交易安排和折价方法的详细说明。

第四十五条 商务部对本规定第四十四条所规定的文件初审同意的，出具原则批复函，境内公司凭该批复函向国务院证券监督管理机构报送申请上市的文件。国务院证券监督管理机构于20个工作日内决定是否核准。

境内公司获得核准后，向商务部申领批准证书。商务部向其颁发加注“境外特殊目的公司持股，自营业执照颁发之日起1年内有效”字样的批准证书。

并购导致特殊目的公司股权等事项变更的，持有特殊目的公司股权的境内公司或自然人，凭加注的外商投资企业批准证书，向商务部就特殊目的公司相关事项办理境外投资开办企业变更核准手续，并向所在地外汇管理机关申请办理境外投资外汇登记变更。

第四十六条 境内公司应自收到加注的批准证书之日起30日内，向登记管理机关、外汇管理机关办理变更登记，由登记管理机关、外汇管理机关分别向其颁发加注“自颁发之日起14个月内有效”字样的外商投资企业营业执照和外汇登记证。

境内公司向登记管理机关办理变更登记时，应当预先提交旨在恢复股权结构的境内公司法定代表人签署的股权变更申请书、公司章程修正案、股权转让协议等文件。

第四十七条 境内公司应自特殊目的公司或与特殊目的公司有关联关系的境外公司完成境外上市之日起30日内，向商务部报告境外上市情况和融资收入调回计划，并申请换发无加注的外商投资企业批准证书。同时，境内公司应自完成境外上市之日起30日内，向国务院证券监督管理机构报告境外上市情况并提供相关的备案文件。境内公司还应向外汇管理机关报送融资收入调回计划，由外汇管理机关监督实施。境内公司取得无加注的批准证书后,应在30日内向登记管理机关、外汇管理机关申请换发无加注的外商投资企业营业执照、外汇登记证。

如果境内公司在前述期限内未向商务部报告,境内公司加注的批准证书自动失效,境内公司股权结构恢复到股权并购之前的状态,并应按本规定第三十六条办理变更登记手续。

第四十八条 特殊目的公司的境外上市融资收入,应按照报送外汇管理机关备案的调回计划,根据现行外汇管理规定调回境内使用。融资收入可采取以下方式调回境内:

(一)向境内公司提供商业贷款;

(二)在境内新设外商投资企业;

(三)并购境内企业。

在上述情形下调回特殊目的公司境外融资收入,应遵守中国有关外商投资及外债管理的法律和行政法规。如果调回特殊目的公司境外融资收入,导致境内公司和自然人增持特殊目的公司权益或特殊目的公司净资产增加,当事人应如实披露并报批,在完成审批手续后办理相应的外资外汇登记和境外投资登记变更。

境内公司及自然人从特殊目的公司获得的利润、红利及资本变动所得外汇收入,应自获得之日起6个月内调回境内。利润或红利可以进入经常项目外汇账户或者结汇。资本变动外汇收入经外汇管理机关核准,可以开立资本项目专用账户保留,也可经外汇管理机关核准后结汇。

第四十九条 自营业执照颁发之日起1年内,如果境内公司不能取得无加注批准证书,则加注的批准证书自动失效,并应按本规定第三十六条办理变更登记手续。

第五十条 特殊目的公司完成境外上市且境内公司取得无加注的批准证书和营业执照后,当事人继续以该公司股份作为支付手段并购境内公司的,适用本章第一节和第二节的规定。

第五章　附　　则

第五十一条 依据《反垄断法》的规定,外国投资者并购境内企业达到《国务院关于经营者集中申报标准的规定》规定的申报标准的,应当事先向商务部申报,未申报不得实施交易。

第五十二条 外国投资者在中国境内依法设立的投资性公司并购境内企业,适用本规定。

外国投资者购买境内外商投资企业股东的股权或认购境内外商投资企业增资的,适用现行外商投资企业法律、行政法规和外商投资企业投资者股权变更的相关规定,其中没有规定的,参照本规定办理。

外国投资者通过其在中国设立的外商投资企业合并或收购境内企业的,适用关于外商投资企业合并与分立的相关规定和关于外商投资企业境内投资的相关规定,其中没有规定的,参照本规定办理。

外国投资者并购境内有限责任公司并将其改制为股份有限公司的,或者境内公司为股份有限公司的,适用关于设立外商投资股份有限公司的相关规定,其中没有规定的,适用本规定。

第五十三条 申请人或申报人报送文件,应依照本规定对文件进行分类,并附文件目录。规定报送的全部文件应用中文表述。

第五十四条 被股权并购境内公司的中国自然人股东,经批准,可继续作为变更后所设外商投资企业的中方投资者。

第五十五条 境内公司的自然人股东变更国籍的,不改变该公司的企业性质。

第五十六条 相关政府机构工作人员必须忠于职守、依法履行职责,不得利用职务之便牟取不正当利益,并对知悉的商业秘密负有保密义务。

第五十七条 香港特别行政区、澳门特别行政区和台湾地区的投资者并购境内其他地区的企业,参照本规定办理。

第五十八条 本规定自公布之日起施行。

最高人民法院关于审理与企业改制相关的民事纠纷案件若干问题的规定

（2002年12月3日最高人民法院审判委员会第1259次会议通过
2003年1月3日公布　法释〔2003〕1号　自2003年2月1日起施行）

为了正确审理与企业改制相关的民事纠纷案件，根据《中华人民共和国民法通则》、《中华人民共和国公司法》、《中华人民共和国全民所有制工业企业法》、《中华人民共和国合同法》、《中华人民共和国民事诉讼法》等法律、法规的规定，结合审判实践，制定本规定。

一、案件受理

第一条　人民法院受理以下平等民事主体间在企业产权制度改造中发生的民事纠纷案件：

（一）企业公司制改造中发生的民事纠纷；

（二）企业股份合作制改造中发生的民事纠纷；

（三）企业分立中发生的民事纠纷；

（四）企业债权转股权纠纷；

（五）企业出售合同纠纷；

（六）企业兼并合同纠纷；

（七）与企业改制相关的其他民事纠纷。

第二条　当事人起诉符合本规定第一条所列情形，并符合民事诉讼法第一百零八条规定的起诉条件的，人民法院应当予以受理。

第三条　政府主管部门在对企业国有资产进行行政性调整、划转过程中发生的纠纷，当事人向人民法院提起民事诉讼的，人民法院不予受理。

二、企业公司制改造

第四条　国有企业依公司法整体改造为国有独资有限责任公司的，原企业的债务，由改造后的有限责任公司承担。

第五条　企业通过增资扩股或者转让部分产权，实现他人对企业的参股，将企业整体改造为有限责任公司或者股分有限公司的，原企业债务由改造后的新设公司承担。

第六条　企业以其部分财产和相应债务与他人组建新公司，对所转移的债务债权人认可的，由新组建的公司承担民事责任；对所转移的债务未通知债权人或者虽通知债权人，而债权人不予认可的，由原企业承担民事责任。原企业无力偿还债务，债权人就此向新设公司主张债权的，新设公司在所接收的财产范围内与原企业承担连带民事责任。

第七条　企业以其优质财产与他人组建新公司，而将债务留在原企业，债权人以新设公司和原企业作为共同被告提起诉讼主张债权的，新设公司应当在所接收的财产范围内与原企业共同承担连带责任。

三、企业股份合作制改造

第八条　由企业职工买断企业产权，将原企业改造为股份合作制的，原企业的债务，由改造后的股份合作制企业承担。

第九条　企业向其职工转让部分产权，由企业与职工共同组建股份合作制企业的，原企业的债务由改造后的股份合作制企业承担。

第十条　企业通过其职工投资增资扩股，将原企业改造为股份合作制企业的，原企业的债务由改造后的股份合作制企业承担。

第十一条　企业在进行股份合作制改造时，参照公司法的有关规定，公告通知了债权人。企业股份合作制改造后，债权人就原企业资产管理人(出资人)隐瞒或者遗漏的债务起诉股份合作制企业的,如债权人在公告期内申报过该债权,股份合作制企业在承担民事责任后,可再向原企业资产管理人(出资人)追偿。如债权人在公告期内未申报过该债权,则股份合作制企业不承担民事责任,人民法院可告知债权人另行起诉原企业资产管理人(出资人)。

四、企 业 分 立

第十二条 债权人向分立后的企业主张债权,企业分立时对原企业的债务承担有约定,并经债权人认可的,按照当事人的约定处理;企业分立时对原企业债务承担没有约定或者约定不明,或者虽然有约定但债权人不予认可的,分立后的企业应当承担连带责任。

第十三条 分立的企业在承担连带责任后,各分立的企业间对原企业债务承担有约定的,按照约定处理;没有约定或者约定不明的,根据企业分立时的资产比例分担。

五、企业债权转股权

第十四条 债权人与债务人自愿达成债权转股权协议,且不违反法律和行政法规强制性规定的,人民法院在审理相关的民事纠纷案件中,应当确认债权转股权协议有效。

政策性债权转股权,按照国务院有关部门的规定处理。

第十五条 债务人以隐瞒企业资产或者虚列企业资产为手段,骗取债权人与其签订债权转股权协议,债权人在法定期间内行使撤销权的,人民法院应当予以支持。

债权转股权协议被撤销后,债权人有权要求债务人清偿债务。

第十六条 部分债权人进行债权转股权的行为,不影响其他债权人向债务人主张债权。

六、国有小型企业出售

第十七条 以协议转让形式出售企业,企业出售合同未经有审批权的地方人民政府或其授权的职能部门审批的,人民法院在审理相关的民事纠纷案件时,应当确认该企业出售合同不生效。

第十八条 企业出售中,当事人双方恶意串通,损害国家利益的,人民法院在审理相关的民事纠纷案件时,应当确认该企业出售行为无效。

第十九条 企业出售中,出卖人实施的行为具有合同法第五十四条规定的情形,买受人在法定期限内行使撤销权的,人民法院应当予以支持。

第二十条 企业出售合同约定的履行期限届满,一方当事人拒不履行合同,或者未完全履行合同义务,致使合同目的不能实现,对方当事人要求解除合同并要求赔偿损失的,人民法院应当予以支持。

第二十一条 企业出售合同约定的履行期限届满,一方当事人未完全履行合同义务,对方当事人要求继续履行合同并要求赔偿损失的,人民法院应当予以支持。双方当事人均未完全履行合同义务的,应当根据当事人的过错,确定各自应当承担的民事责任。

第二十二条 企业出售时,出卖人对所售企业的资产负债状况、损益状况等重大事项未履行如实告知义务,影响企业出售价格,买受人就此向人民法院起诉主张补偿的,人民法院应当予以支持。

第二十三条 企业出售合同被确认无效或者被撤销的,企业售出后买受人经营企业期间发生的经营盈亏,由买受人享有或者承担。

第二十四条 企业售出后,买受人将所购企业资产纳入本企业或者将所购企业变更为所属分支机构的,所购企业的债务,由买受人承担。但买卖双方另有约定,并经债权人认可的除外。

第二十五条 企业售出后,买受人将所购企业资产作价入股与他人重新组建新公司,所购企业法人予以注销的,对所购企业出售前的债务,买受人应当以其所有财产,包括在新组建公司中的股权承担民事责任。

第二十六条 企业售出后,买受人将所购企业重新注册为新的企业法人,所购企业法人被注销的,所购企业出售前的债务,应当由新注册的企业法人承担。但买卖双方另有约定,并经债权人认可的除外。

第二十七条　企业售出后,应当办理而未办理企业法人注销登记,债权人起诉该企业的,人民法院应当根据企业资产转让后的具体情况,告知债权人追加责任主体,并判令责任主体承担民事责任。

第二十八条　出售企业时,参照公司法的有关规定,出卖人公告通知了债权人。企业售出后,债权人就出卖人隐瞒或者遗漏的原企业债务起诉买受人的,如债权人在公告期内申报过该债权,买受人在承担民事责任后,可再行向出卖人追偿。如债权人在公告期内未申报过该债权,则买受人不承担民事责任。人民法院可告知债权人另行起诉出卖人。

第二十九条　出售企业的行为具有合同法第七十四条规定的情形,债权人在法定期限内行使撤销权的,人民法院应当予以支持。

七、企 业 兼 并

第三十条　企业兼并协议自当事人签字盖章之日起生效。需经政府主管部门批准的,兼并协议自批准之日起生效;未经批准的,企业兼并协议不生效。但当事人在一审法庭辩论终结前补办报批手续的,人民法院应当确认该兼并协议有效。

第三十一条　企业吸收合并后,被兼并企业的债务应当由兼并方承担。

第三十二条　企业进行吸收合并时,参照公司法的有关规定,公告通知了债权人。企业吸收合并后,债权人就被兼并企业原资产管理人(出资人)隐瞒或者遗漏的企业债务起诉兼并方的,如债权人在公告期内申报过该笔债权,兼并方在承担民事责任后,可再行向被兼并企业原资产管理人(出资人)追偿。如债权人在公告期内未申报过该笔债权,则兼并方不承担民事责任。人民法院可告知债权人另行起诉被兼并企业原资产管理人(出资人)。

第三十三条　企业新设合并后,被兼并企业的债务由新设合并后的企业法人承担。

第三十四条　企业吸收合并或新设合并后,被兼并企业应当办理而未办理工商注销登记,债权人起诉被兼并企业的,人民法院应当根据企业兼并后的具体情况,告知债权人追加责任主体,并判令责任主体承担民事责任。

第三十五条　以收购方式实现对企业控股的,被控股企业的债务,仍由其自行承担。但因控股企业抽逃资金、逃避债务,致被控股企业无力偿还债务的,被控股企业的债务则由控股企业承担。

八、附　　则

第三十六条　本规定自2003年2月1日起施行。在本规定施行前,本院制定的有关企业改制方面的司法解释与本规定相抵触的,不再适用。

最高人民法院关于人民法院为企业兼并重组提供司法保障的指导意见

(2014年6月3日发布　法发〔2014〕7号)

各省、自治区、直辖市高级人民法院,解放军军事法院,新疆维吾尔自治区高级人民法院生产建设兵团分院:

企业兼并重组是调整优化产业结构,淘汰落后产能,化解过剩产能,提高经济发展质量和效益的重要手段,也是转变经济发展方式,提升我国综合经济实力的有效途径。当前，我国经济处于增长速度换档期、结构调整阵痛期，同时也是推进企业兼并重组的重要机遇期。党的十八大和十八届三中全会部署了全面深化改革的各项任务，国务院《关于进一步优化企业兼并重组市场环境的意见》（国发〔2014〕14号，以下简称《意见》）明确了推动企业兼并重组的主要目标、基本原则和相关措施。企业兼并重组是今后一个时期推进企业改革的重要任务。各级人民法院要充分认识司法审判工作在企业兼并重组中的重要职能作用，依法有序推进企业兼并重组工作的顺利进行。

一、坚持围绕中心服务大局，以法治方式保障企业兼并重组工作依法有序推进

1. 要自觉将司法审判工作置于党和国家全局工作中，积极回应企业兼并重组工作的司法需求。企业兼并重组工作是党中央、国务院在新时期深化经济体制改革、转变经济发展方式、调整优化产业结构的重要举措。随着中央和地方各级政府部门关于企业兼并重组任务的逐步落实，一些纠纷将不可避免地通过诉讼程序进入人民法院。各级人民法院要充分认识到企业兼并重组涉及的矛盾复杂、主体广泛和利益重大，要强化大局意识和责任意识，紧密结合党的十八大、十八届三中全会精神和《意见》要求，依法充分发挥人民法院的职能作用，切实保障企业兼并重组工作的稳步推进。

2. 要正确处理贯彻党的方针政策与严格执法的关系，实现企业兼并重组法律效果和社会效果的有机统一。党的十八大和十八届三中全会作出的重大战略部署是我国在新的历史起点上全面深化改革的科学指南和行动纲领。党的方针政策和国家法律都是人民根本意志的反映，二者在本质上是一致的。不断完善和发展中国特色社会主义制度，推进国家治理体系和治理能力现代化，对人民法院正确贯彻党的方针政策与严格执法提出了更高的要求。人民法院要从强化国家战略的高度深刻认识为转变经济发展方式、调整优化产业结构提供司法保障的重大意义，通过严格执行法律，公正高效地审理案件，实现兼并重组案件审理法律效果和社会效果的有机统一。

3. 要高度重视企业兼并重组工作，依法保障企业兼并重组政策的顺利实施。企业兼并重组不仅关涉企业自身，还广泛涉及依法平等保护非公经济、防止国有资产流失、维护金融安全、职工再就业和生活保障以及社会稳定等一系列问题。人民法院要提前研判、分类评估、适时介入，依法保障企业兼并重组工作有序进行。要加强与政府部门沟通，根据需要推动建立企业兼并重组工作协调机制，实现信息共享、程序通畅。在案件审理执行中发现的重大性、苗头性问题，要及时向有关职能部门反馈或者提出司法建议。

4. 要依法及时受理审理兼并重组相关案件，通过司法审判化解企业兼并重组中的各类纠纷。人民法院要依法及时受理审理企业兼并重组过程中出现的合同效力认定、股权转让、投资权益确认、民间融资、金融债权保障、职工权益维护、企业清算、企业重整、经济犯罪等案件，无法定理由不得拒绝受理，不得拖延审理。

5. 要按照利益衡平原则，依法妥善处理各种利益冲突。企业兼并重组广泛涉及参与兼并重组的各方企业、出资人、债权人、企业职工等不同主体的切身利益，在此期间的利益博弈与权利冲突无法回避。人民法院要注意透过个案的法律关系，分析利益冲突实质，识别其背后的利益主体和利益诉求，依法确定利益保护的优先位序。法律法规没有明文规定的情形下，在个体利益冲突中应当优先寻找共同利益，尽可能实现各方的最大利益；在个体利益与集体利益、社会公共利益，地方利益与全局利益等不同主体利益的并存与冲突中，要在保护集体利益、社会公共利益和全局利益的同时兼顾个体利益、地方利益。坚决克服地方保护主义、行业及部门保护主义对司法审判工作的不当干扰。

二、强化商事审判理念，充分发挥市场在资源配置中的决定性作用

6.依法认定兼并重组行为的效力，促进资本合法有序流转。要严格依照合同法第五十二条关于合同效力的规定，正确认定各类兼并重组合同的效力。结合当事人间交易方式和市场交易习惯，准确认定兼并重组中预约、意向协议、框架协议等的效力及强制执行力。要坚持促进交易进行，维护交易安全的商事审判理念，审慎认定企业估值调整协议、股份转换协议等新类型合同的效力，避免简单以法律没有规定为由认定合同无效。要尊重市场主体的意思自治，维护契约精神，恰当认定兼并重组交易行为与政府行政审批的关系。要处理好公司外部行为与公司内部意思自治之间的关系。要严格依照公司法第二十二条的规定，从会议召集程序、表决方式、决议内容等是否违反法律、行政法规或公司章程方面，对兼并重组中涉及的企业合并、分立、新股发行、重大资产变化等决议的法律效力进行审查。对交叉持股表决方式、公司简易合并等目前尚无明确法律规定的问题，应结合个案事实和行为结果，审慎确定行为效力。

7.树立平等保护意识，鼓励、支持和引导非公经济积极参与企业兼并重组。非公经济是社会主义市场经济的重要组成部分，要依法保障非公经济平等使用生产要素，公开公平参与市场竞争。要统一适用法律规则，优化非公经济投资的司法环境，促进公平、竞争、自由的市场环境形成。要积极配合市场准入负面清单管理方式的实施，推动非公经济进入法律法规未禁入的行业和领域。保护各种所有制企业在投融资、税收、土地使用和对外贸易等方面享受同等待遇，提升非公经济参与国有企业混合所有制兼并重组的动力。要充分尊重企业的经营自主权，反对各种形式的强制交易，最大限度地激发非公经济的活力和创造力。

8.正确适用公司资本法律规则，消除对出资行为的不当限制。要准确把握修改后的公司法中公司资本制度的立法精神，正确认识公司资本的作用与功能，支持企业正常合理的资金运用行为。要按照新修改的公司法有关放宽资本结构的精神审慎处理股东出资问题。职工持股会、企业工会等组织代为持有投资权益是目前部分企业资本结构中的特殊形态，企业兼并重组中涉及投资权益变动的，人民法院要依法协调好名义股东与实际出资人间的利益关系。除法律法规有明确规定外，要注重方便企业设立和发展，在企业资本数额设定、投资义务履行期限等方面要充分尊重投资者的约定和选择，保障投资者顺利搭建重组平台。

9.促进融资方式的多元化，有效解决企业兼并重组的资金瓶颈。对于符合条件的企业发行优先股、定向发行可转换债券作为兼并重组支付方式，要依法确认其效力。审慎处理发行定向权证等衍生品作为支付方式问题。积极支持上市公司兼并重组中股份定价机制改革，依法保障非上市公司兼并重组中的股份协商定价。要依法督促企业尤其是上市公司规范履行信息披露义务，增强市场主体投资信心，切实保障中小投资者合法权益。同时，要积极配合金融监管部门依法履职。

三、加强国有资产保护，依法保障企业资产的稳定与安全

10.依法正确审理国有企业兼并重组案件，实现国有资产的保值增值。要正确认识国有企业深化改革与企业兼并重组之间的关系，切实保障有条件的国有企业改组为国有资本投资公司，不断增强国有经济的控制力和影响力。在现行法律框架范围内支持有利于企业壮大规模、增强实力的企业发展模式。要注意防范企业借管理者收购、合并报表等形式侵占、私分国有资产。严格遵循评估、拍卖法律规范，通过明晰和落实法律责任促进中介服务机构专业化、规范化发展，提升关键领域、薄弱环节的服务能力，防范和避免企业兼并重组过程中的国有资产流失。

11.依法规制关联交易，严厉禁止不当利益输送。严格防范以关联交易的方式侵吞国有资产。要依照公司法等法律法规的规定依法妥当处理企业兼并重组中的关联交易行为。公司股东、董事、高级管理人员与公司之间从事的交易，符合法律法规规定的关联交易程序规则且不损害公司利益的，应当认定行为有效。对公司大股东、实际控制人或者公司董事等公司内部人员在兼并重组中利用特殊地位将不良资产注入公司，或者与公司进行不公平交易从而损害公司利益的行为，应当严格追究其法律责任。

12. 严厉打击企业兼并重组中的违法犯罪行为。各级人民法院要充分发挥刑事审判职能，坚持依法从严惩处的方针，严厉打击国有企业兼并重组中的贪污贿赂、挪用公款、滥用职权、非法经营等犯罪行为，依法严厉惩处非国有企业兼并重组中的职务侵占、挪用企业资金等犯罪行为，维护企业资产安全，同时，要努力挽回相关主体的经济损失。

四、维护金融安全，有效防控各类纠纷可能引发的区域性、系统性金融风险

13. 依法保障金融债权，有效防范通过不当兼并重组手段逃废债务。对涉及兼并重组的企业合并、分立案件，要明确合并分立前后不同企业的责任关系、责任承担方式及诉讼时效，避免因兼并重组导致金融债权落空。要依法快审快执涉兼并重组企业的金融借款案件，降低商业银行等金融机构的并购贷款风险，实现兼并重组中并购贷款融资方式可持续进行。要引导当事人充分运用民事诉讼法中的担保物权实现程序，减轻债权人的诉讼维权成本，促进担保物权快捷和便利地实现。

14. 加强民间金融案件审理，有效化解金融风险。要妥善审理兼并重组引发的民间融资纠纷，依法保护合法的借贷利息，坚决遏制以兼并重组为名的民间高利贷和投机化倾向，有效降低企业融资成本。依法支持和规范金融机构在企业兼并重组领域的金融创新行为，依法审慎认定金融创新产品的法律效力。在审判执行工作中要注意发现和防范因诉讼纠纷引发的区域性、系统性风险，切实避免金融风险在金融领域和实体经济领域的相互传导。严厉打击和制裁非法吸收或变相吸收公众存款、集资诈骗等金融违法犯罪行为，为企业兼并重组创造良好的融资环境。

五、完善市场退出机制，促进企业资源的优化整合

15. 依法审理企业清算、破产案件，畅通企业退出渠道。要充分发挥企业清算程序和破产程序在淘汰落后企业或产能方面的法律功能，依法受理企业清算、破产案件，督促市场主体有序退出。人民法院判决解散企业后应当告知有关人员依法及时组织企业清算。企业解散后债权人或股东向人民法院提出强制清算申请的，人民法院应当审查并依法受理。公司清算中发现符合破产清算条件的，应当及时转入破产清算。当事人依法主张有关人员承担相应清算责任的，人民法院应予支持。

16. 有效发挥破产重整程序的特殊功能，促进企业资源的流转利用。要积极支持符合产业政策调整目标、具有重整希望和可能的企业进行破产重整。通过合法高效的破产重整程序，帮助企业压缩和合并过剩产能，优化资金、技术、人才等生产要素配置。要注重结合企业自身特点，及时指定重整案件管理人，保障企业业务流程再造和技术升级改造。在企业重整计划的制定和批准上，要着眼建立健全防范和化解过剩产能长效机制，防止借破产重整逃避债务、不当耗费社会资源，避免重整程序空转。

17. 遵循企业清算破产案件审判规律，完善审判工作机制。审理企业清算和破产案件，既是认定事实和适用法律的过程，也是多方积极协调、整体推进的系统工程。有条件的人民法院可以成立企业清算破产案件审判庭或者合议庭，专门审理兼并重组中的企业清算破产案件。要高度重视企业清算破产案件法官的培养和使用，结合实际努力探索科学合理的企业清算破产案件绩效考评机制，充分调动审判人员依法审理企业清算破产案件的积极性。

18. 认真总结破产案件审判经验，逐步完善企业破产配套制度。上市公司破产重整中涉及行政许可的，应当按照行政许可法和最高人民法院《关于审理上市公司破产重整案件工作座谈会纪要》的精神，做好司法程序与行政许可程序的衔接。要协调好企业破产法律程序与普通执行程序就债务人企业财产采取的保全执行措施间的关系，维护债务人企业财产的稳定和完整。要积极协调解决破产程序中企业税款债权问题，要在与税务机关积极沟通的基础上结合实际依法减免相应税款。要适应经济全球化趋势，加快完善企业跨境清算、重整司法制度。

六、充分保障职工合法权益，全力维护社会和谐稳定

19.依法保护劳动者合法权益，切实保障民生。实现改革发展成果更多更公平惠及全体人民是我们各项事业的出发点和落脚点。企业职工虽然不是企业兼并重组协议的缔约方，但其是利益攸关方。人民法院在审判执行中要及时发现和注意倾听兼并重组企业职工的利益诉求，依法保障企业职工的合法权益，引导相关企业积极承担社会责任，有效防范兼并重组行为侵害企业职工的合法权益。

20.建立大要案通报制度，制定必要的风险处置预案。对于众多债权人向同一债务企业集中提起的系列诉讼案件、企业破产清算案件、群体性案件等可能存在影响社会和谐稳定因素的案件，人民法院要及时启动大要案工作机制，特别重大的案件要及时向地方党委和上级人民法院报告。上级人民法院要及时指导下级人民法院开展工作，对各方矛盾突出、社会关注度高的案件要作出必要的预判和预案，增强司法处置的前瞻性和针对性。

21.加强司法新闻宣传，创造良好的社会舆论环境。要高度重视舆论引导和网络宣传工作，针对企业兼并重组审判工作中涉及的敏感热点问题逐一排查，周密部署。要进一步推进司法公开，有力推动司法审判工作与外界舆论环境的良性互动，着力打造有利于企业兼并重组司法工作顺利开展的社会舆论环境。

当前，我国经济体制改革正向纵深发展。各级人民法院要进一步深入学习习近平总书记一系列重要讲话精神，牢牢坚持司法为民公正司法，坚持迎难而上，勇于担当，为优化企业兼并重组司法环境，保障经济社会持续健康发展，推进法治中国、美丽中国建设作出新的更大贡献。

2.重大资产重组

上市公司重大资产重组管理办法

（2014年10月23日中国证券监督管理委员会令第109号公布
根据2016年9月8日中国证券监督管理委员会令第127号
《关于修改〈上市公司重大资产重组管理办法〉的决定》修订）

第一章　总　　则

第一条　为了规范上市公司重大资产重组行为，保护上市公司和投资者的合法权益，促进上市公司质量不断提高，维护证券市场秩序和社会公共利益，根据《公司法》、《证券法》等法律、行政法规的规定，制定本办法。

第二条　本办法适用于上市公司及其控股或者控制的公司在日常经营活动之外购买、

出售资产或者通过其他方式进行资产交易达到规定的比例，导致上市公司的主营业务、资产、收入发生重大变化的资产交易行为（以下简称重大资产重组）。

上市公司发行股份购买资产应当符合本办法的规定。

上市公司按照经中国证券监督管理委员会（以下简称中国证监会）核准的发行证券文件披露的募集资金用途，使用募集资金购买资产、对外投资的行为，不适用本办法。

第三条 任何单位和个人不得利用重大资产重组损害上市公司及其股东的合法权益。

第四条 上市公司实施重大资产重组，有关各方必须及时、公平地披露或者提供信息，保证所披露或者提供信息的真实、准确、完整，不得有虚假记载、误导性陈述或者重大遗漏。

第五条 上市公司的董事、监事和高级管理人员在重大资产重组活动中，应当诚实守信、勤勉尽责，维护公司资产的安全，保护公司和全体股东的合法权益。

第六条 为重大资产重组提供服务的证券服务机构和人员，应当遵守法律、行政法规和中国证监会的有关规定，遵循本行业公认的业务标准和道德规范，严格履行职责，对其所制作、出具文件的真实性、准确性和完整性承担责任。

前款规定的证券服务机构和人员，不得教唆、协助或者伙同委托人编制或者披露存在虚假记载、误导性陈述或者重大遗漏的报告、公告文件，不得从事不正当竞争，不得利用上市公司重大资产重组谋取不正当利益。

第七条 任何单位和个人对所知悉的重大资产重组信息在依法披露前负有保密义务。

禁止任何单位和个人利用重大资产重组信息从事内幕交易、操纵证券市场等违法活动。

第八条 中国证监会依法对上市公司重大资产重组行为进行监督管理。

中国证监会审核上市公司重大资产重组或者发行股份购买资产的申请，可以根据上市公司的规范运作和诚信状况、财务顾问的执业能力和执业质量，结合国家产业政策和重组交易类型，作出差异化的、公开透明的监管制度安排，有条件地减少审核内容和环节。

第九条 鼓励依法设立的并购基金、股权投资基金、创业投资基金、产业投资基金等投资机构参与上市公司并购重组。

第十条 中国证监会在发行审核委员会中设立上市公司并购重组审核委员会（以下简称并购重组委），并购重组委以投票方式对提交其审议的重大资产重组或者发行股份购买资产申请进行表决，提出审核意见。

第二章 重大资产重组的原则和标准

第十一条 上市公司实施重大资产重组，应当就本次交易符合下列要求作出充分说明，并予以披露：

（一）符合国家产业政策和有关环境保护、土地管理、反垄断等法律和行政法规的规定；

（二）不会导致上市公司不符合股票上市条件；

（三）重大资产重组所涉及的资产定价公允，不存在损害上市公司和股东合法权益的情形；

（四）重大资产重组所涉及的资产权属清晰，资产过户或者转移不存在法律障碍，相关债权债务处理合法；

（五）有利于上市公司增强持续经营能力，不存在可能导致上市公司重组后主要资产为现金或者无具体经营业务的情形；

（六）有利于上市公司在业务、资产、财务、人员、机构等方面与实际控制人及其关联人保持独立，符合中国证监会关于上市公司独立性的相关规定；

（七）有利于上市公司形成或者保持健全有效的法人治理结构。

第十二条 上市公司及其控股或者控制的公司购买、出售资产，达到下列标准之一的，构成重大资产重组：

（一）购买、出售的资产总额占上市公司最近一个会计年度经审计的合并财务会计报告期末资产总额的比例达到50%以上；

（二）购买、出售的资产在最近一个会计年度所产生的营业收入占上市公司同期经审计的合并财务会计报告营业收入的比例达到50%以上；

（三）购买、出售的资产净额占上市公司最近一个会计年度经审计的合并财务会计报告期末净资产额的比例达到50%以上，且超过5000万元人民币。

购买、出售资产未达到前款规定标准，但中国证监会发现存在可能损害上市公司或者投资者合法权益的重大问题的，可以根据审慎监管原则，责令上市公司按照本办法的规定补充披露相关信息、暂停交易、聘请独立财务顾问或者其他证券服务机构补充核查并披露专业意见。

第十三条　上市公司自控制权发生变更之日起60个月内，向收购人及其关联人购买资产，导致上市公司发生以下根本变化情形之一的，构成重大资产重组，应当按照本办法的规定报经中国证监会核准：

（一）购买的资产总额占上市公司控制权发生变更的前一个会计年度经审计的合并财务会计报告期末资产总额的比例达到100%以上；

（二）购买的资产在最近一个会计年度所产生的营业收入占上市公司控制权发生变更的前一个会计年度经审计的合并财务会计报告营业收入的比例达到100%以上；

（三）购买的资产在最近一个会计年度所产生的净利润占上市公司控制权发生变更的前一个会计年度经审计的合并财务会计报告净利润的比例达到100%以上；

（四）购买的资产净额占上市公司控制权发生变更的前一个会计年度经审计的合并财务会计报告期末净资产额的比例达到100%以上；

（五）为购买资产发行的股份占上市公司首次向收购人及其关联人购买资产的董事会决议前一个交易日的股份的比例达到100%以上；

（六）上市公司向收购人及其关联人购买资产虽未达到本款第（一）至第（五）项标准，但可能导致上市公司主营业务发生根本变化；

（七）中国证监会认定的可能导致上市公司发生根本变化的其他情形。

上市公司实施前款规定的重大资产重组，应当符合下列规定：

（一）符合本办法第十一条、第四十三条规定的要求；

（二）上市公司购买的资产对应的经营实体应当是股份有限公司或者有限责任公司，且符合《首次公开发行股票并上市管理办法》规定的其他发行条件；

（三）上市公司及其最近3年内的控股股东、实际控制人不存在因涉嫌犯罪正被司法机关立案侦查或涉嫌违法违规正被中国证监会立案调查的情形，但是，涉嫌犯罪或违法违规的行为已经终止满3年，交易方案能够消除该行为可能造成的不良后果，且不影响对相关行为人追究责任的除外；

（四）上市公司及其控股股东、实际控制人最近12个月内未受到证券交易所公开谴责，不存在其他重大失信行为；

（五）本次重大资产重组不存在中国证监会认定的可能损害投资者合法权益，或者违背公开、公平、公正原则的其他情形。

上市公司通过发行股份购买资产进行重大资产重组的，适用《证券法》和中国证监会的相关规定。

本条第一款所称控制权，按照《上市公司收购管理办法》第八十四条的规定进行认定。上市公司股权分散，董事、高级管理人员可以支配公司重大的财务和经营决策的，视为具有上市公司控制权。

创业板上市公司自控制权发生变更之日起，向收购人及其关联人购买资产，不得导致本条第一款规定的任一情形。

上市公司自控制权发生变更之日起，向收购人及其关联人购买的资产属于金融、创业投资等特定行业的，由中国证监会另行规定。

第十四条 计算本办法第十二条、第十三条规定的比例时，应当遵守下列规定：

（一）购买的资产为股权的，其资产总额以被投资企业的资产总额与该项投资所占股权比例的乘积和成交金额二者中的较高者为准，营业收入以被投资企业的营业收入与该项投资所占股权比例的乘积为准，资产净额以被投资企业的净资产额与该项投资所占股权比例的乘积和成交金额二者中的较高者为准；出售的资产为股权的，其资产总额、营业收入以及资产净额分别以被投资企业的资产总额、营业收入以及净资产额与该项投资所占股权比例的乘积为准。

购买股权导致上市公司取得被投资企业控股权的，其资产总额以被投资企业的资产总额和成交金额二者中的较高者为准，营业收入以被投资企业的营业收入为准，净利润以被投资企业扣除非经常性损益前后的净利润的较高者为准，资产净额以被投资企业的净资产额和成交金额二者中的较高者为准；出售股权导致上市公司丧失被投资企业控股权的，其资产总额、营业收入以及资产净额分别以被投资企业的资产总额、营业收入以及净资产额为准。

（二）购买的资产为非股权资产的，其资产总额以该资产的账面值和成交金额二者中的较高者为准，资产净额以相关资产与负债的账面值差额和成交金额二者中的较高者为准；出售的资产为非股权资产的，其资产总额、资产净额分别以该资产的账面值、相关资产与负债账面值的差额为准；该非股权资产不涉及负债的，不适用第十二条第一款第（三）项规定的资产净额标准。

（三）上市公司同时购买、出售资产的，应当分别计算购买、出售资产的相关比例，并以二者中比例较高者为准。

（四）上市公司在12个月内连续对同一或者相关资产进行购买、出售的，以其累计数分别计算相应数额。已按照本办法的规定编制并披露重大资产重组报告书的资产交易行为，无须纳入累计计算的范围。中国证监会对本办法第十三条第一款规定的重大资产重组的累计期限和范围另有规定的，从其规定。

交易标的资产属于同一交易方所有或者控制，或者属于相同或者相近的业务范围，或者中国证监会认定的其他情形下，可以认定为同一或者相关资产。

第十五条 本办法第二条所称通过其他方式进行资产交易，包括：

（一）与他人新设企业、对已设立的企业增资或者减资；

（二）受托经营、租赁其他企业资产或者将经营性资产委托他人经营、租赁；

（三）接受附义务的资产赠与或者对外捐赠资产；

（四）中国证监会根据审慎监管原则认定的其他情形。

上述资产交易实质上构成购买、出售资产，且按照本办法规定的标准计算的相关比例达到50%以上的，应当按照本办法的规定履行相关义务和程序。

第三章 重大资产重组的程序

第十六条 上市公司与交易对方就重大资产重组事宜进行初步磋商时，应当立即采取必要且充分的保密措施，制定严格有效的保密制度，限定相关敏感信息的知悉范围。上市公司及交易对方聘请证券服务机构的，应当立即与所聘请的证券服务机构签署保密协议。

上市公司关于重大资产重组的董事会决议公告前，相关信息已在媒体上传播或者公司股票交易出现异常波动的，上市公司应当立即将有关计划、方案或者相关事项的现状以及相关进展情况和风险因素等予以公告，并按照有关信息披露规则办理其他相关事宜。

第十七条 上市公司应当聘请独立财务顾问、律师事务所以及具有相关证券业务资格的会计师事务所等证券服务机构就重大资产重组出具意见。

独立财务顾问和律师事务所应当审慎核查重大资产重组是否构成关联交易，并依据核查确认的相关事实发表明确意见。重大资产重组涉及关联交易的，独立财务顾问应当就本次重组对上市公司非关联股东的影响发表明确意见。

资产交易定价以资产评估结果为依据的，上市公司应当聘请具有相关证券业务资格的资产评估机构出具资产评估报告。

证券服务机构在其出具的意见中采用其他证券服务机构或者人员的专业意见的，仍然应当进行尽职调查，审慎核查其采用的专业意见的内容，并对利用其他证券服务机构或者人员的专业意见所形成的结论负责。

第十八条　上市公司及交易对方与证券服务机构签订聘用合同后，非因正当事由不得更换证券服务机构。确有正当事由需要更换证券服务机构的，应当披露更换的具体原因以及证券服务机构的陈述意见。

第十九条　上市公司应当在重大资产重组报告书的管理层讨论与分析部分，就本次交易对上市公司的持续经营能力、未来发展前景、当年每股收益等财务指标和非财务指标的影响进行详细分析。

第二十条　重大资产重组中相关资产以资产评估结果作为定价依据的，资产评估机构应当按照资产评估相关准则和规范开展执业活动；上市公司董事会应当对评估机构的独立性、评估假设前提的合理性、评估方法与评估目的的相关性以及评估定价的公允性发表明确意见。

相关资产不以资产评估结果作为定价依据的，上市公司应当在重大资产重组报告书中详细分析说明相关资产的估值方法、参数及其他影响估值结果的指标和因素。上市公司董事会应当对估值机构的独立性、估值假设前提的合理性、估值方法与估值目的的相关性发表明确意见，并结合相关资产的市场可比交易价格、同行业上市公司的市盈率或者市净率等通行指标，在重大资产重组报告书中详细分析本次交易定价的公允性。

前二款情形中，评估机构、估值机构原则上应当采取两种以上的方法进行评估或者估值；上市公司独立董事应当出席董事会会议，对评估机构或者估值机构的独立性、评估或者估值假设前提的合理性和交易定价的公允性发表独立意见，并单独予以披露。

第二十一条　上市公司进行重大资产重组，应当由董事会依法作出决议，并提交股东大会批准。

上市公司董事会应当就重大资产重组是否构成关联交易作出明确判断，并作为董事会决议事项予以披露。

上市公司独立董事应当在充分了解相关信息的基础上，就重大资产重组发表独立意见。重大资产重组构成关联交易的，独立董事可以另行聘请独立财务顾问就本次交易对上市公司非关联股东的影响发表意见。上市公司应当积极配合独立董事调阅相关材料，并通过安排实地调查、组织证券服务机构汇报等方式，为独立董事履行职责提供必要的支持和便利。

第二十二条　上市公司应当在董事会作出重大资产重组决议后的次一工作日至少披露下列文件：

（一）董事会决议及独立董事的意见；

（二）上市公司重大资产重组预案。

本次重组的重大资产重组报告书、独立财务顾问报告、法律意见书以及重组涉及的审计报告、资产评估报告或者估值报告至迟应当与召开股东大会的通知同时公告。上市公司自愿披露盈利预测报告的，该报告应当经具有相关证券业务资格的会计师事务所审核，与重大资产重组报告书同时公告。

本条第一款第（二）项及第二款规定的信息披露文件的内容与格式另行规定。

上市公司应当在至少一种中国证监会指定的报刊公告董事会决议、独立董事的意见，并应当在证券交易所网站全文披露重大资产重组报告书及其摘要、相关证券服务机构的报告或者意见。

第二十三条 上市公司股东大会就重大资产重组作出的决议，至少应当包括下列事项：

（一）本次重大资产重组的方式、交易标的和交易对方；

（二）交易价格或者价格区间；

（三）定价方式或者定价依据；

（四）相关资产自定价基准日至交割日期间损益的归属；

（五）相关资产办理权属转移的合同义务和违约责任；

（六）决议的有效期；

（七）对董事会办理本次重大资产重组事宜的具体授权；

（八）其他需要明确的事项。

第二十四条 上市公司股东大会就重大资产重组事项作出决议，必须经出席会议的股东所持表决权的2/3以上通过。

上市公司重大资产重组事宜与本公司股东或者其关联人存在关联关系的，股东大会就重大资产重组事项进行表决时，关联股东应当回避表决。

交易对方已经与上市公司控股股东就受让上市公司股权或者向上市公司推荐董事达成协议或者默契，可能导致上市公司的实际控制权发生变化的，上市公司控股股东及其关联人应当回避表决。

上市公司就重大资产重组事宜召开股东大会，应当以现场会议形式召开，并应当提供网络投票和其他合法方式为股东参加股东大会提供便利。除上市公司的董事、监事、高级管理人员、单独或者合计持有上市公司5%以上股份的股东以外，其他股东的投票情况应当单独统计并予以披露。

第二十五条 上市公司应当在股东大会作出重大资产重组决议后的次一工作日公告该决议，以及律师事务所对本次会议的召集程序、召集人和出席人员的资格、表决程序以及表决结果等事项出具的法律意见书。

属于本办法第十三条规定的交易情形的，上市公司还应当按照中国证监会的规定委托独立财务顾问在作出决议后3个工作日内向中国证监会提出申请。

第二十六条 上市公司全体董事、监事、高级管理人员应当公开承诺，保证重大资产重组的信息披露和申请文件不存在虚假记载、误导性陈述或者重大遗漏。

重大资产重组的交易对方应当公开承诺，将及时向上市公司提供本次重组相关信息，并保证所提供的信息真实、准确、完整，如因提供的信息存在虚假记载、误导性陈述或者重大遗漏，给上市公司或者投资者造成损失的，将依法承担赔偿责任。

前二款规定的单位和个人还应当公开承诺，如本次交易因涉嫌所提供或者披露的信息存在虚假记载、误导性陈述或者重大遗漏，被司法机关立案侦查或者被中国证监会立案调查的，在案件调查结论明确之前，将暂停转让其在该上市公司拥有权益的股份。

第二十七条 中国证监会依照法定条件和程序，对上市公司属于本办法第十三条规定情形的交易申请作出予以核准或者不予核准的决定。

中国证监会在审核期间提出反馈意见要求上市公司作出书面解释、说明的，上市公司应当自收到反馈意见之日起30日内提供书面回复意见，独立财务顾问应当配合上市公司提供书面回复意见。逾期未提供的，上市公司应当在到期日的次日就本次交易的进展情况及未能及时提供回复意见的具体原因等予以公告。

第二十八条 股东大会作出重大资产重组的决议后，上市公司拟对交易对象、交易标的、交易价格等作出变更，构成对原交易方案重大调整的，应当在董事会表决通过后重新提交股东大会审议，并及时公告相关文件。

中国证监会审核期间，上市公司按照前款规定对原交易方案作出重大调整的，还应当按照本办法的规定向中国证监会重新提出申请，同时公告相关文件。

中国证监会审核期间，上市公司董事会决议撤回申请的，应当说明原因，予以公告；上市公司董事会决议终止本次交易的，还应当按照公司章程的规定提交股东大会审议。

第二十九条 上市公司重大资产重组属于本办法第十三条规定的交易情形的，应当提交并购重组委审核。

第三十条 上市公司在收到中国证监会关于召开并购重组委工作会议审核其申请的通知后，应当立即予以公告，并申请办理并购重组委工作会议期间直至其表决结果披露前的停牌事宜。

上市公司收到并购重组委关于其申请的表决结果的通知后，应当在次一工作日公告表决结果并申请复牌。公告应当说明，公司在收到中国证监会作出的予以核准或者不予核准的决定后将再行公告。

第三十一条 上市公司收到中国证监会就其申请作出的予以核准或者不予核准的决定后，应当在次一工作日予以公告。

中国证监会予以核准的，上市公司应当在公告核准决定的同时，按照相关信息披露准则的规定补充披露相关文件。

第三十二条 上市公司重大资产重组完成相关批准程序后，应当及时实施重组方案，并于实施完毕之日起3个工作日内编制实施情况报告书，向证券交易所提交书面报告，并予以公告。

上市公司聘请的独立财务顾问和律师事务所应当对重大资产重组的实施过程、资产过户事宜和相关后续事项的合规性及风险进行核查，发表明确的结论性意见。独立财务顾问和律师事务所出具的意见应当与实施情况报告书同时报告、公告。

第三十三条 自完成相关批准程序之日起60日内，本次重大资产重组未实施完毕的，上市公司应当于期满后次一工作日将实施进展情况报告，并予以公告；此后每30日应当公告一次，直至实施完毕。属于本办法第十三条、第四十四条规定的交易情形的，自收到中国证监会核准文件之日起超过12个月未实施完毕的，核准文件失效。

第三十四条 上市公司在实施重大资产重组的过程中，发生法律、法规要求披露的重大事项的，应当及时作出公告；该事项导致本次交易发生实质性变动的，须重新提交股东大会审议，属于本办法第十三条规定的交易情形的，还须重新报经中国证监会核准。

第三十五条 采取收益现值法、假设开发法等基于未来收益预期的方法对拟购买资产进行评估或者估值并作为定价参考依据的，上市公司应当在重大资产重组实施完毕后3年内的年度报告中单独披露相关资产的实际盈利数与利润预测数的差异情况，并由会计师事务所对此出具专项审核意见；交易对方应当与上市公司就相关资产实际盈利数不足利润预测数的情况签订明确可行的补偿协议。

预计本次重大资产重组将摊薄上市公司当年每股收益的，上市公司应当提出填补每股收益的具体措施，并将相关议案提交董事会和股东大会进行表决。负责落实该等具体措施的相关责任主体应当公开承诺，保证切实履行其义务和责任。

上市公司向控股股东、实际控制人或者其控制的关联人之外的特定对象购买资产且未导致控制权发生变更的，不适用本条前二款规定，上市公司与交易对方可以根据市场化原则，自主协商是否采取业绩补偿和每股收益填补措施及相关具体安排。

第三十六条 上市公司重大资产重组发生下列情形的，独立财务顾问应当及时出具核查意见，并予以公告：

（一）上市公司完成相关批准程序前，对交易对象、交易标的、交易价格等作出变更，构成对原重组方案重大调整，或者因发生重大事项导致原重组方案发生实质性变动的；

（二）上市公司完成相关批准程序后，在实施重组过程中发生重大事项，导致原重组方案发生实质性变动的。

第三十七条 独立财务顾问应当按照中国证监会的相关规定，对实施重大资产重组的上市公司履行持续督导职责。持续督导的期限自本次重大资产重组实施完毕之日起，应当不少于一个会计年度。实施本办法第十三条规定的重大资产重组，持续督导的期限自中国证监会核准本次重大资产重组之日起，应当不少于3个会计年度。

第三十八条 独立财务顾问应当结合上市公司重大资产重组当年和实施完毕后的第一个会计年度的年报，自年报披露之日起15日内，对重大资产重组实施的下列事项出具持续督导意见，并予以公告：

（一）交易资产的交付或者过户情况；

（二）交易各方当事人承诺的履行情况；

（三）已公告的盈利预测或者利润预测的实现情况；

（四）管理层讨论与分析部分提及的各项业务的发展现状；

（五）公司治理结构与运行情况；

（六）与已公布的重组方案存在差异的其他事项。

独立财务顾问还应当结合本办法第十三条规定的重大资产重组实施完毕后的第二、三个会计年度的年报，自年报披露之日起15日内，对前款第（二）至（六）项事项出具持续督导意见，并予以公告。

第四章 重大资产重组的信息管理

第三十九条 上市公司筹划、实施重大资产重组，相关信息披露义务人应当公平地向所有投资者披露可能对上市公司股票交易价格产生较大影响的相关信息（以下简称股价敏感信息），不得有选择性地向特定对象提前泄露。

第四十条 上市公司的股东、实际控制人以及参与重大资产重组筹划、论证、决策等环节的其他相关机构和人员，应当及时、准确地向上市公司通报有关信息，并配合上市公司及时、准确、完整地进行披露。上市公司获悉股价敏感信息的，应当及时向证券交易所申请停牌并披露。

第四十一条 上市公司及其董事、监事、高级管理人员，重大资产重组的交易对方及其关联方，交易对方及其关联方的董事、监事、高级管理人员或者主要负责人，交易各方聘请的证券服务机构及其从业人员，参与重大资产重组筹划、论证、决策、审批等环节的相关机构和人员，以及因直系亲属关系、提供服务和业务往来等知悉或者可能知悉股价敏感信息的其他相关机构和人员，在重大资产重组的股价敏感信息依法披露前负有保密义务，禁止利用该信息进行内幕交易。

第四十二条 上市公司筹划重大资产重组事项，应当详细记载筹划过程中每一具体环节的进展情况，包括商议相关方案、形成相关意向、签署相关协议或者意向书的具体时间、地点、参与机构和人员、商议和决议内容等，制作书面的交易进程备忘录并予以妥当保存。参与每一具体环节的所有人员应当即时在备忘录上签名确认。

上市公司预计筹划中的重大资产重组事项难以保密或者已经泄露的，应当及时向证券交易所申请停牌，直至真实、准确、完整地披露相关信息。停牌期间，上市公司应当至少每周发布一次事件进展情况公告。

上市公司股票交易价格因重大资产重组的市场传闻发生异常波动时，上市公司应当及时向证券交易所申请停牌，核实有无影响上市公司股票交易价格的重组事项并予以澄清，不得以相关事项存在不确定性为由不履行信息披露义务。

第五章 发行股份购买资产

第四十三条 上市公司发行股份购买资产，应当符合下列规定：

（一）充分说明并披露本次交易有利于提高上市公司资产质量、改善财务状况和增强持续盈利能力，有利于上市公司减少关联交易、避免同业竞争、增强独立性；

（二）上市公司最近一年及一期财务会计报告被注册会计师出具无保留意见审计报告；被出具保留意见、否定意见或者无法表示意见的审计报告的，须经注册会计师专项核查确认，该保留意见、否定意见或者无法表示意见所涉及事项的重大影响已经消除或者将通过本次交易予以消除；

（三）上市公司及其现任董事、高级管理人员不存在因涉嫌犯罪正被司法机关立案侦查或涉嫌违法违规正被中国证监会立案调查的情形，但是，涉嫌犯罪或违法违规的行为已经终止满3年，交易方案有助于消除该行为可能造成的不良后果，且不影响对相关行为人追究责任的除外；

（四）充分说明并披露上市公司发行股份所购买的资产为权属清晰的经营性资产，并能在约定期限内办理完毕权属转移手续；

（五）中国证监会规定的其他条件。

上市公司为促进行业的整合、转型升级，在其控制权不发生变更的情况下，可以向控股股东、实际控制人或者其控制的关联人之外的特定对象发行股份购买资产。所购买资产与现有主营业务没有显著协同效应的，应当充分说明并披露本次交易后的经营发展战略和业务管理模式，以及业务转型升级可能面临的风险和应对措施。

特定对象以现金或者资产认购上市公司非公开发行的股份后，上市公司用同一次非公开发行所募集的资金向该特定对象购买资产的，视同上市公司发行股份购买资产。

第四十四条 上市公司发行股份购买资产的，除属于本办法第十三条第一款规定的交易情形外，可以同时募集部分配套资金，其定价方式按照现行相关规定办理。

上市公司发行股份购买资产应当遵守本办法关于重大资产重组的规定，编制发行股份购买资产预案、发行股份购买资产报告书，并向中国证监会提出申请。

第四十五条 上市公司发行股份的价格不得低于市场参考价的90%。市场参考价为本次发行股份购买资产的董事会决议公告日前20个交易日、60个交易日或者120个交易日的公司股票交易均价之一。本次发行股份购买资产的董事会决议应当说明市场参考价的选择依据。

前款所称交易均价的计算公式为：董事会决议公告日前若干个交易日公司股票交易均价=决议公告日前若干个交易日公司股票交易总额/决议公告日前若干个交易日公司股票交易总量。

本次发行股份购买资产的董事会决议可以明确，在中国证监会核准前，上市公司的股票价格相比最初确定的发行价格发生重大变化的，董事会可以按照已经设定的调整方案对发行价格进行一次调整。

前款规定的发行价格调整方案应当明确、具体、可操作，详细说明是否相应调整拟购买资产的定价、发行股份数量及其理由，在首次董事会决议公告时充分披露，并按照规定提交股东大会审议。股东大会作出决议后，董事会按照已经设定的方案调整发行价格的，上市公司无需按照本办法第二十八条的规定向中国证监会重新提出申请。

第四十六条 特定对象以资产认购而取得的上市公司股份，自股份发行结束之日起12个月内不得转让；属于下列情形之一的，36个月内不得转让：

（一）特定对象为上市公司控股股东、实际控制人或者其控制的关联人；

（二）特定对象通过认购本次发行的股份取得上市公司的实际控制权；

（三）特定对象取得本次发行的股份时，对其用于认购股份的资产持续拥有权益的时间不足12个月。

属于本办法第十三条第一款规定的交易情形的，上市公司原控股股东、原实际控制人及其控制的关联人，以及在交易过程中从该等主体直接或间接受让该上市公司股份的特定对象应当公开承诺，在本次交易完成后36个月内不转让其在该上市公司中拥有权益的股份；

除收购人及其关联人以外的特定对象应当公开承诺,其以资产认购而取得的上市公司股份自股份发行结束之日起24个月内不得转让。

第四十七条 上市公司申请发行股份购买资产,应当提交并购重组委审核。

第四十八条 上市公司发行股份购买资产导致特定对象持有或者控制的股份达到法定比例的,应当按照《上市公司收购管理办法》(证监会令第108号)的规定履行相关义务。

上市公司向控股股东、实际控制人或者其控制的关联人发行股份购买资产,或者发行股份购买资产将导致上市公司实际控制权发生变更的,认购股份的特定对象应当在发行股份购买资产报告书中公开承诺:本次交易完成后6个月内如上市公司股票连续20个交易日的收盘价低于发行价,或者交易完成后6个月期末收盘价低于发行价的,其持有公司股票的锁定期自动延长至少6个月。

前款规定的特定对象还应当在发行股份购买资产报告书中公开承诺:如本次交易因涉嫌所提供或披露的信息存在虚假记载、误导性陈述或者重大遗漏,被司法机关立案侦查或者被中国证监会立案调查的,在案件调查结论明确以前,不转让其在该上市公司拥有权益的股份。

第四十九条 中国证监会核准上市公司发行股份购买资产的申请后,上市公司应当及时实施。向特定对象购买的相关资产过户至上市公司后,上市公司聘请的独立财务顾问和律师事务所应当对资产过户事宜和相关后续事项的合规性及风险进行核查,并发表明确意见。上市公司应当在相关资产过户完成后3个工作日内就过户情况作出公告,公告中应当包括独立财务顾问和律师事务所的结论性意见。

上市公司完成前款规定的公告、报告后,可以到证券交易所、证券登记结算公司为认购股份的特定对象申请办理证券登记手续。

第五十条 换股吸收合并涉及上市公司的,上市公司的股份定价及发行按照本章规定执行。

上市公司发行优先股用于购买资产或者与其他公司合并,中国证监会另有规定的,从其规定。

上市公司可以向特定对象发行可转换为股票的公司债券、定向权证用于购买资产或者与其他公司合并。

第六章 重大资产重组后申请发行新股或者公司债券

第五十一条 经中国证监会审核后获得核准的重大资产重组实施完毕后,上市公司申请公开发行新股或者公司债券,同时符合下列条件的,本次重大资产重组前的业绩在审核时可以模拟计算:

(一)进入上市公司的资产是完整经营实体;

(二)本次重大资产重组实施完毕后,重组方的承诺事项已经如期履行,上市公司经营稳定、运行良好;

(三)本次重大资产重组实施完毕后,上市公司和相关资产实现的利润达到盈利预测水平。

上市公司在本次重大资产重组前不符合中国证监会规定的公开发行证券条件,或者本次重组导致上市公司实际控制人发生变化的,上市公司申请公开发行新股或者公司债券,距本次重组交易完成的时间应当不少于一个完整会计年度。

第五十二条 本办法所称完整经营实体,应当符合下列条件:

(一)经营业务和经营资产独立、完整,且在最近两年未发生重大变化;

(二)在进入上市公司前已在同一实际控制人之下持续经营两年以上;

(三)在进入上市公司之前实行独立核算,或者虽未独立核算,但与其经营业务相关的收入、费用在会计核算上能够清晰划分;

(四)上市公司与该经营实体的主要高级管理人员签订聘用合同或者采取其他方式,就该经营实体在交易完成后的持续经营和管理作出恰当安排。

第七章　监督管理和法律责任

第五十三条　未依照本办法的规定履行相关义务或者程序，擅自实施重大资产重组的，由中国证监会责令改正，并可以采取监管谈话、出具警示函等监管措施；情节严重的，可以责令暂停或者终止重组活动，处以警告、罚款，并可以对有关责任人员采取市场禁入的措施。

未经中国证监会核准擅自实施本办法第十三条第一款规定的重大资产重组，交易尚未完成的，中国证监会责令上市公司补充披露相关信息、暂停交易并按照本办法第十三条的规定报送申请文件；交易已经完成的，可以处以警告、罚款，并对有关责任人员采取市场禁入的措施；涉嫌犯罪的，依法移送司法机关追究刑事责任。

上市公司重大资产重组因定价显失公允、不正当利益输送等问题损害上市公司、投资者合法权益的，由中国证监会责令改正，并可以采取监管谈话、出具警示函等监管措施；情节严重的，可以责令暂停或者终止重组活动，处以警告、罚款，并可以对有关责任人员采取市场禁入的措施。

第五十四条　上市公司或者其他信息披露义务人未按照本办法规定报送重大资产重组有关报告，或者报送的报告有虚假记载、误导性陈述或者重大遗漏的，由中国证监会责令改正，依照《证券法》第一百九十三条予以处罚；情节严重的，可以责令暂停或者终止重组活动，并可以对有关责任人员采取市场禁入的措施；涉嫌犯罪的，依法移送司法机关追究刑事责任。

第五十五条　上市公司或者其他信息披露义务人未按照规定披露重大资产重组信息，或者所披露的信息存在虚假记载、误导性陈述或者重大遗漏的，由中国证监会责令改正，依照《证券法》第一百九十三条规定予以处罚；情节严重的，可以责令暂停或者终止重组活动，并可以对有关责任人员采取市场禁入的措施；涉嫌犯罪的，依法移送司法机关追究刑事责任。

重大资产重组或者发行股份购买资产的交易对方未及时向上市公司或者其他信息披露义务人提供信息，或者提供的信息有虚假记载、误导性陈述或者重大遗漏的，按照前款规定执行。

第五十六条　重大资产重组涉嫌本办法第五十三条、第五十四条、第五十五条规定情形的，中国证监会可以责令上市公司作出公开说明、聘请独立财务顾问或者其他证券服务机构补充核查并披露专业意见，在公开说明、披露专业意见之前，上市公司应当暂停重组；上市公司涉嫌前述情形被司法机关立案侦查或者被中国证监会立案调查的，在案件调查结论明确之前应当暂停重组。

涉嫌本办法第五十四条、第五十五条规定情形，被司法机关立案侦查或者被中国证监会立案调查的，有关单位和个人应当严格遵守其所作的公开承诺，在案件调查结论明确之前，不得转让其在该上市公司拥有权益的股份。

第五十七条　上市公司董事、监事和高级管理人员未履行诚实守信、勤勉尽责义务，或者上市公司的股东、实际控制人及其有关负责人员未按照本办法的规定履行相关义务，导致重组方案损害上市公司利益的，由中国证监会责令改正，并可以采取监管谈话、出具警示函等监管措施；情节严重的，处以警告、罚款，并可以对有关人员采取认定为不适当人选、市场禁入的措施；涉嫌犯罪的，依法移送司法机关追究刑事责任。

第五十八条　为重大资产重组出具财务顾问报告、审计报告、法律意见、资产评估报告、估值报告及其他专业文件的证券服务机构及其从业人员未履行诚实守信、勤勉尽责义务，违反行业规范、业务规则，或者未依法履行报告和公告义务、持续督导义务的，由中国证监会责令改正，并可以采取监管谈话、出具警示函、责令公开说明、责令参加培训、责令定期报告、认定为不适当人选等监管措施；情节严重的，依照《证券法》第二百二十六条予以处罚。

前款规定的证券服务机构及其从业人员所制作、出具的文件存在虚假记载、误导性陈述或者重大遗漏的，由中国证监会责令改正，依照《证券法》第二百二十三条予以处罚；情节严重的，可以采取市场禁入的措施；涉嫌犯罪的，依法移送司法机关追究刑事责任。

存在前二款规定情形的，在按照中国证监会的要求完成整改之前，不得接受新的上市公司并购重组业务。

第五十九条 重大资产重组实施完毕后，凡因不属于上市公司管理层事前无法获知且事后无法控制的原因，上市公司所购买资产实现的利润未达到资产评估报告或者估值报告预测金额的80%，或者实际运营情况与重大资产重组报告书中管理层讨论与分析部分存在较大差距的，上市公司的董事长、总经理以及对此承担相应责任的会计师事务所、财务顾问、资产评估机构、估值机构及其从业人员应当在上市公司披露年度报告的同时，在同一报刊上作出解释，并向投资者公开道歉；实现利润未达到预测金额50%的，中国证监会可以对上市公司、相关机构及其责任人员采取监管谈话、出具警示函、责令定期报告等监管措施。

第六十条 任何知悉重大资产重组信息的人员在相关信息依法公开前，泄露该信息、买卖或者建议他人买卖相关上市公司证券、利用重大资产重组散布虚假信息、操纵证券市场或者进行欺诈活动的，中国证监会依照《证券法》第二百零二条、第二百零三条、第二百零七条予以处罚；涉嫌犯罪的，依法移送司法机关追究刑事责任。

第八章 附 则

第六十一条 本办法自2014年11月23日起施行。2008年4月16日发布并于2011年8月1日修改的《上市公司重大资产重组管理办法》（证监会令第73号）、2008年11月11日发布的《关于破产重整上市公司重大资产重组股份发行定价的补充规定》（证监会公告〔2008〕44号）同时废止。

非上市公众公司重大资产重组管理办法

（2014年6月23日中国证券监督管理委员会令第103号公布
自2014年7月23日起施行）

第一章 总 则

第一条 为了规范非上市公众公司（以下简称公众公司）重大资产重组行为，保护公众公司和投资者的合法权益，促进公众公司质量不断提高，维护证券市场秩序和社会公共利益，根据《公司法》、《证券法》、《国务院关于全国中小企业股份转让系统有关问题的决定》、《国务院关于进一步优化企业兼并重组市场环境的意见》及其他相关法律、行政法规，制定本办法。

第二条 本办法适用于股票在全国中小企业股份转让系统（以下简称全国股份转让系统）公开转让的公众公司重大资产重组行为。

本办法所称的重大资产重组是指公众公司及其控股或者控制的公司在日常经营活动之外购买、出售资产或者通过其他方式进行资产交易，导致公众公司的业务、资产发生重大变化的资产交易行为。

公众公司及其控股或者控制的公司购买、出售资产，达到下列标准之一的，构成重大资产重组：

（一）购买、出售的资产总额占公众公司最近一个会计年度经审计的合并财务会计报表期末资产总额的比例达到50%以上；

（二）购买、出售的资产净额占公众公司最近一个会计年度经审计的合并财务会计报表期末净资产额的比例达到50%以上，且购买、出售的资产总额占公众公司最近一个会计年度经审计的合并财务会计报表期末资产总额的比例达到30%以上。

公众公司发行股份购买资产触及本条所列指标的，应当按照本办法的相关要求办理。

第三条 公众公司实施重大资产重组，应当符合下列要求：

（一）重大资产重组所涉及的资产定价公允，不存在损害公众公司和股东合法权益的情形；

（二）重大资产重组所涉及的资产权属清晰，资产过户或者转移不存在法律障碍，相关债权债务处理合法；所购买的资产，应当为权属清晰的经营性资产；

（三）实施重大资产重组后有利于提高公众公司资产质量和增强持续经营能力，不存在可能导致公众公司重组后主要资产为现金或者无具体经营业务的情形；

（四）实施重大资产重组后有利于公众公司形成或者保持健全有效的法人治理结构。

第四条 公众公司实施重大资产重组，有关各方应当及时、公平地披露或者提供信息，保证所披露或者提供信息的真实、准确、完整，不得有虚假记载、误导性陈述或者重大遗漏。

第五条 公众公司的董事、监事和高级管理人员在重大资产重组中，应当诚实守信、勤勉尽责，维护公众公司资产的安全，保护公众公司和全体股东的合法权益。

第六条 公众公司实施重大资产重组，应当聘请独立财务顾问、律师事务所以及具有证券、期货相关业务资格的会计师事务所等证券服务机构出具相关意见。公众公司应当聘请为其提供督导服务的主办券商为独立财务顾问，但存在影响独立性、财务顾问业务受到限制等不宜担任独立财务顾问情形的除外。公众公司也可以同时聘请其他机构为其重大资产重组提供顾问服务。

为公众公司重大资产重组提供服务的证券服务机构及人员，应当遵守法律、行政法规和中国证券监督管理委员会（以下简称中国证监会）的有关规定，遵循本行业公认的业务标准和道德规范，严格履行职责，不得谋取不正当利益，并应当对其所制作、出具文件的真实性、准确性和完整性承担责任。

第七条 任何单位和个人对知悉的公众公司重大资产重组信息在依法披露前负有保密义务，不得利用公众公司重大资产重组信息从事内幕交易、操纵证券市场等违法活动。

第二章 重大资产重组的信息管理

第八条 公众公司与交易对方就重大资产重组进行初步磋商时，应当采取有效的保密措施，限定相关敏感信息的知悉范围，并与参与或知悉本次重大资产重组信息的相关主体签订保密协议。

第九条 公众公司及其控股股东、实际控制人等相关主体研究、筹划、决策重大资产重组事项，原则上应当在相关股票暂停转让后或者非转让时间进行，并尽量简化决策流程、提高决策效率、缩短决策时限，尽可能缩小内幕信息知情人范围。如需要向有关部门进行政策咨询、方案论证的，应当在相关股票暂停转让后进行。

第十条 公众公司筹划重大资产重组事项，应当详细记载筹划过程中每一具体环节的进展情况，包括商议相关方案、形成相关意向、签署相关协议或者意向书的具体时间、地点、参与机构和人员、商议和决议内容等，制作书面的交易进程备忘录并予以妥当保存。参与每一具体环节的所有人员应当即时在备忘录上签名确认。

公众公司应当按照全国股份转让系统的规定及时做好内幕信息知情人登记工作。

第十一条 在筹划公众公司重大资产重组的阶段,交易各方初步达成实质性意向或者虽未达成实质性意向,但相关信息已在媒体上传播或者预计该信息难以保密或者公司股票转让出现异常波动的,公众公司应当及时向全国股份转让系统申请股票暂停转让。

第十二条 筹划、实施公众公司重大资产重组,相关信息披露义务人应当公平地向所有投资者披露可能对公众公司股票转让价格产生较大影响的相关信息,不得有选择性地向特定对象提前泄露。

公众公司的股东、实际控制人以及参与重大资产重组筹划、论证、决策等环节的其他相关机构和人员,应当及时、准确地向公众公司通报有关信息,并配合公众公司及时、准确、完整地进行披露。

第三章 重大资产重组的程序

第十三条 公众公司进行重大资产重组,应当由董事会依法作出决议,并提交股东大会审议。

第十四条 公众公司召开董事会决议重大资产重组事项,应当在披露决议的同时披露本次重大资产重组报告书、独立财务顾问报告、法律意见书以及重组涉及的审计报告、资产评估报告(或资产估值报告)。董事会还应当就召开股东大会事项作出安排并披露。

如公众公司就本次重大资产重组首次召开董事会前,相关资产尚未完成审计等工作的,在披露首次董事会决议的同时应当披露重大资产重组预案及独立财务顾问对预案的核查意见。公众公司应在披露重大资产重组预案后6个月内完成审计等工作,并再次召开董事会,在披露董事会决议时一并披露重大资产重组报告书、独立财务顾问报告、法律意见书以及本次重大资产重组涉及的审计报告、资产评估报告(或资产估值报告)等。董事会还应当就召开股东大会事项作出安排并披露。

第十五条 股东大会就重大资产重组事项作出的决议,必须经出席会议的股东所持表决权的2/3以上通过。公众公司股东人数超过200人的,应当对出席会议的持股比例在10%以下的股东表决情况实施单独计票。公众公司应当在决议后及时披露表决情况。

前款所称持股比例在10%以下的股东,不包括公众公司董事、监事、高级管理人员及其关联人以及持股比例在10%以上股东的关联人。

公众公司重大资产重组事项与本公司股东或者其关联人存在关联关系的,股东大会就重大资产重组事项进行表决时,关联股东应当回避表决。

第十六条 公众公司可视自身情况在公司章程中约定是否提供网络投票方式以便于股东参加股东大会;退市公司应当采用安全、便捷的网络投票方式为股东参加股东大会提供便利。

第十七条 公众公司重大资产重组可以使用现金、股份、可转换债券、优先股等支付手段购买资产。

使用股份、可转换债券、优先股等支付手段购买资产的,其支付手段的价格由交易双方自行协商确定,定价可以参考董事会召开前一定期间内公众公司股票的市场价格、同行业可比公司的市盈率或市净率等。董事会应当对定价方法和依据进行充分披露。

第十八条 公众公司重大资产重组不涉及发行股份或者公众公司向特定对象发行股份购买资产后股东累计不超过200人的,经股东大会决议后,应当在2个工作日内将重大资产重组报告书、独立财务顾问报告、法律意见书以及重组涉及的审计报告、资产评估报告(或资产估值报告)等信息披露文件报送全国股份转让系统。

全国股份转让系统应当对上述信息披露文件的完备性进行审查。

第十九条 公众公司向特定对象发行股份购买资产后股东累计超过200人的重大资产重组,经股东大会决议后,应当按照中国证监会的有关规定编制申请文件并申请核准。

中国证监会受理申请文件后，依法进行审核，在20个工作日内作出核准、中止审核、终止审核、不予核准的决定。

第二十条 股东大会作出重大资产重组的决议后，公众公司拟对交易对象、交易标的、交易价格等作出变更，构成对原重组方案重大调整的，应当在董事会表决通过后重新提交股东大会审议，并按照本办法的规定向全国股份转让系统重新报送信息披露文件或者向中国证监会重新提出核准申请。

股东大会作出重大资产重组的决议后，公众公司董事会决议终止本次交易或者撤回有关申请的，应当说明原因并披露，并提交股东大会审议。

第二十一条 公众公司收到中国证监会就其发行股份购买资产的重大资产重组申请作出的核准、中止审核、终止审核、不予核准的决定后，应当在2个工作日内披露。

中国证监会不予核准的，自中国证监会作出不予核准的决定之日起3个月内，中国证监会不受理该公众公司发行股份购买资产的重大资产重组申请。

第二十二条 公众公司实施重大资产重组，相关当事人作出公开承诺事项的，应当同时提出未能履行承诺时的约束措施并披露。

全国股份转让系统应当加强对相关当事人履行公开承诺行为的监督和约束，对不履行承诺的行为及时采取自律监管措施。

第二十三条 公众公司重大资产重组完成相关批准程序后，应当及时实施重组方案，并在本次重大资产重组实施完毕之日起2个工作日内，编制并披露实施情况报告书及独立财务顾问、律师的专业意见。

退市公司重大资产重组涉及发行股份的，自收到中国证监会核准文件之日起60日内，本次重大资产重组未实施完毕的，退市公司应当于期满后2个工作日内披露实施进展情况；此后每30日应当披露一次，直至实施完毕。

第二十四条 独立财务顾问应当按照中国证监会的相关规定，对实施重大资产重组的公众公司履行持续督导职责。持续督导的期限自公众公司完成本次重大资产重组之日起，应当不少于一个完整会计年度。

第二十五条 独立财务顾问应当结合公众公司重大资产重组实施当年和实施完毕后的第一个完整会计年度的年报，自年报披露之日起15日内，对重大资产重组实施的下列事项出具持续督导意见，报送全国股份转让系统，并披露：

（一）交易资产的交付或者过户情况；

（二）交易各方当事人承诺的履行情况及未能履行承诺时相关约束措施的执行情况；

（三）公司治理结构与运行情况；

（四）本次重大资产重组对公司运营、经营业绩影响的状况；

（五）盈利预测的实现情况（如有）；

（六）与已公布的重组方案存在差异的其他事项。

第二十六条 本次重大资产重组涉及发行股份的，特定对象以资产认购而取得的公众公司股份，自股份发行结束之日起6个月内不得转让；属于下列情形之一的，12个月内不得转让：

（一）特定对象为公众公司控股股东、实际控制人或者其控制的关联人；

（二）特定对象通过认购本次发行的股份取得公众公司的实际控制权；

（三）特定对象取得本次发行的股份时，对其用于认购股份的资产持续拥有权益的时间不足12个月。

第四章 监督管理与法律责任

第二十七条 全国股份转让系统对公众公司重大资产重组实施自律管理。

全国股份转让系统应当对公众公司涉及重大资产重组的股票暂停与恢复转让、防范内幕交易等作出制度安排；加强对公众公司重大资产重组期间股票转让的实时监管，建立相应的市场核查机制，并在后续阶段对股票转让情况进行持续监管。

全国股份转让系统应当督促公众公司及其他信息披露义务人依法履行信息披露义务,发现公众公司重大资产重组信息披露文件中有违反法律、行政法规和中国证监会规定行为的,应当向中国证监会报告,并采取相应的自律监管措施;情形严重的,应当要求其暂停重大资产重组。

全国股份转让系统应当督促为公众公司提供服务的独立财务顾问诚实守信、勤勉尽责,发现独立财务顾问有违反法律、行政法规和中国证监会规定行为的,应当向中国证监会报告,并采取相应的自律监管措施。

第二十八条 中国证监会依法对公众公司重大资产重组实施监督管理。

中国证监会发现公众公司进行重大资产重组未按照本办法的规定履行信息披露及相关义务、存在可能损害公众公司或者投资者合法权益情形的,有权要求其补充披露相关信息、暂停或者终止其重大资产重组;有权对公众公司、证券服务机构采取《证券法》第一百八十条规定的措施。

第二十九条 重大资产重组实施完毕后,凡不属于公众公司管理层事前无法获知且事后无法控制的原因,购买资产实现的利润未达到盈利预测报告或者资产评估报告预测金额的80%,或者实际运营情况与重大资产重组报告书存在较大差距的,公众公司的董事长、总经理、财务负责人应当在公众公司披露年度报告的同时,作出解释,并向投资者公开道歉;实现利润未达到预测金额的50%的,中国证监会可以对公众公司及相关责任人员采取监管谈话、出具警示函、责令定期报告等监管措施。

第三十条 公众公司或其他信息披露义务人未按照本办法的规定披露或报送信息、报告,或者披露或报送的信息、报告有虚假记载、误导性陈述或者重大遗漏的,责令改正,依照《证券法》第一百九十三条予以处罚;情节严重的,责令停止重大资产重组,并可以对有关责任人员采取市场禁入的措施。

中国证监会还可以采取自确认之日起36个月内不受理公众公司定向发行申请的监管措施。

第三十一条 公众公司董事、监事和高级管理人员在重大资产重组中,未履行诚实守信、勤勉尽责义务,导致重组方案损害公众公司利益的,采取责令改正、监管谈话、出具警示函等监管措施;情节严重的,进行行政处罚,并可以采取市场禁入的措施;涉嫌犯罪的,依法移送司法机关追究刑事责任。

第三十二条 为重大资产重组出具财务顾问报告、审计报告、法律意见书、资产评估报告(或资产估值报告)及其他专业文件的证券服务机构及其从业人员未履行诚实守信、勤勉尽责义务,违反行业规范、业务规则的,采取责令改正、监管谈话、出具警示函等监管措施;情节严重的,依照《证券法》第二百二十六条予以处罚。

前款规定的证券服务机构及其从业人员所制作、出具的文件存在虚假记载、误导性陈述或者重大遗漏的,责令改正,依照《证券法》第二百二十三条予以处罚;情节严重的,可以采取市场禁入的措施;涉嫌犯罪的,依法移送司法机关追究刑事责任;除此之外,中国证监会视情节轻重,自确认之日起采取3个月至12个月内不接受该机构出具的相关专项文件、12个月至36个月内不接受相关签字人员出具的专项文件的监管措施。

第三十三条 违反本办法的规定构成证券违法行为的,比照《证券法》等法律法规的规定追究法律责任。

第三十四条 中国证监会将公众公司重大资产重组中的当事人的违法行为和整改情况记入诚信档案。

第五章 附 则

第三十五条 计算本办法第二条规定的比例时,应当遵守下列规定:

(一)购买的资产为股权的,且购买股权导致公众公司取得被投资企业控股权的,其资产总额以被投资企业的资产总额和成交金额二者中的较高者为准，资产净额以被投资企业的净资产额和成交金额二者中的较高者为准；出售股权导致公众公司丧失被投资企业控股权的，其资产总额、资产净额分别以被投资企业的资产总额以及净资产额为准。

除前款规定的情形外，购买的资产为股权的，其资产总额、资产净额均以成交金额为准；出售的资产为股权的，其资产总额、资产净额均以该股权的账面价值为准。

（二）购买的资产为非股权资产的，其资产总额以该资产的账面值和成交金额二者中的较高者为准，资产净额以相关资产与负债账面值的差额和成交金额二者中的较高者为准；出售的资产为非股权资产的，其资产总额、资产净额分别以该资产的账面值、相关资产与负债账面值的差额为准；该非股权资产不涉及负债的，不适用第二条第三款第（二）项规定的资产净额标准。

（三）公众公司同时购买、出售资产的，应当分别计算购买、出售资产的相关比例，并以二者中比例较高者为准。

（四）公众公司在12个月内连续对同一或者相关资产进行购买、出售的，以其累计数分别计算相应数额。已按照本办法的规定履行相应程序的资产交易行为，无须纳入累计计算的范围。

交易标的资产属于同一交易方所有或者控制，或者属于相同或者相近的业务范围，或者中国证监会认定的其他情形下，可以认定为同一或者相关资产。

第三十六条　特定对象以现金认购公众公司定向发行的股份后，公众公司用同一次定向发行所募集的资金向该特定对象购买资产达到重大资产重组标准的适用本办法。

第三十七条　公众公司重大资产重组涉及发行可转换债券、优先股等其他支付手段的，应当遵守《证券法》、《国务院关于开展优先股试点的指导意见》和中国证监会的相关规定。

第三十八条　为公众公司重大资产重组提供服务的独立财务顾问业务许可、业务规则及法律责任等，按照《上市公司并购重组财务顾问业务管理办法》的相关规定执行。

第三十九条　退市公司符合中国证监会和证券交易所规定的重新上市条件的，可依法向证券交易所提出申请。

第四十条　股票不在全国股份转让系统公开转让的公众公司重大资产重组履行的决策程序和信息披露内容比照本办法的相关规定执行。

第四十一条　本办法自2014年7月23日起施行。

关于规范上市公司重大资产重组若干问题的规定

（2008年4月16日中国证券监督管理委员会公告〔2008〕14号公布
根据2016年9月9日中国证券监督管理委员会公告〔2016〕17号
《关于修改〈关于规范上市公司重大资产重组若干问题的规定〉的决定》修订）

第一条　上市公司拟实施重大资产重组的，全体董事应当严格履行诚信义务，切实做好信息保密及停复牌工作。

重大资产重组的首次董事会决议经表决通过后，上市公司应当在决议当日或者次一工作日的非交易时间向证券交易所申请公告。董事会应当按照《上市公司重大资产重组管理办法》及相关的信息披露准则编制重大资产重组预案或者报告书，并将该预案或者报告书作为董事会决议的附件，与董事会决议同时公告。

重大资产重组的交易对方应当承诺，保证其所提供信息的真实性、准确性和完整性，保证不存在虚假记载、误导性陈述或者重大遗漏，并声明承担个别和连带的法律责任。该等承诺和声明应当与上市公司董事会决议同时公告。

第二条 上市公司首次召开董事会审议重大资产重组事项的，应当在召开董事会的当日或者前一日与相应的交易对方签订附条件生效的交易合同。交易合同应当载明本次重大资产重组事项一经上市公司董事会、股东大会批准并经中国证监会核准，交易合同即应生效。

重大资产重组涉及发行股份购买资产的，交易合同应当载明特定对象拟认购股份的数量或者数量区间、认购价格或者定价原则、限售期，以及目标资产的基本情况、交易价格或者定价原则、资产过户或交付的时间安排和违约责任等条款。

第三条 发行股份购买资产的首次董事会决议公告后，董事会在6个月内未发布召开股东大会通知的，上市公司应当重新召开董事会审议发行股份购买资产事项，并以该次董事会决议公告日作为发行股份的定价基准日。

发行股份购买资产事项提交股东大会审议未获批准的，上市公司董事会如再次作出发行股份购买资产的决议，应当以该次董事会决议公告日作为发行股份的定价基准日。

第四条 上市公司拟实施重大资产重组的，董事会应当就本次交易是否符合下列规定作出审慎判断，并记载于董事会决议记录中：

（一）交易标的资产涉及立项、环保、行业准入、用地、规划、建设施工等有关报批事项的，应当在重大资产重组预案和报告书中披露是否已取得相应的许可证书或有关主管部门的批复文件；本次交易行为涉及有关报批事项的，应当在重大资产重组预案和报告书中详细披露已向有关主管部门报批的进展情况和尚需呈报批准的程序。重大资产重组预案和报告书中应当对报批事项可能无法获得批准的风险作出特别提示。

（二）上市公司拟购买资产的，在本次交易的首次董事会决议公告前，资产出售方必须已经合法拥有标的资产的完整权利，不存在限制或者禁止转让的情形。

上市公司拟购买的资产为企业股权的，该企业应当不存在出资不实或者影响其合法存续的情况；上市公司在交易完成后成为持股型公司的，作为主要标的资产的企业股权应当为控股权。

上市公司拟购买的资产为土地使用权、矿业权等资源类权利的，应当已取得相应的权属证书，并具备相应的开发或者开采条件。

（三）上市公司购买资产应当有利于提高上市公司资产的完整性（包括取得生产经营所需要的商标权、专利权、非专利技术、采矿权、特许经营权等无形资产），有利于上市公司在人员、采购、生产、销售、知识产权等方面保持独立。

（四）本次交易应当有利于上市公司改善财务状况、增强持续盈利能力，有利于上市公司突出主业、增强抗风险能力，有利于上市公司增强独立性、减少关联交易、避免同业竞争。

第五条 上市公司拟实施重大资产重组的，董事会、交易对方、证券服务机构及相关人员应当严格遵守《关于规范上市公司信息披露及相关各方行为的通知》（证监公司字〔2007〕128号）的相关规定，切实履行信息披露等义务和程序。

重大资产重组的首次董事会决议公告后，上市公司董事会和交易对方非因充分正当事由，撤销、中止重组方案或者对重组方案作出实质性变更（包括但不限于变更主要交易对象、变更主要标的资产等）的，中国证监会将依据有关规定对上市公司、交易对方、证券服务机构等单位和相关人员采取监管措施，并依法追究法律责任。

第六章　企业解散、清算

中华人民共和国企业破产法

（2006年8月27日第十届全国人民代表大会常务委员会第二十三次会议通过
2006年8月27日中华人民共和国主席令第54号公布
自2007年6月1日起施行）

目　　录

第一章　总　　则

第一条　【立法目的】为规范企业破产程序，公平清理债权债务，保护债权人和债务人的合法权益，维护社会主义市场经济秩序，制定本法。

第二条　【适用范围】企业法人不能清偿到期债务，并且资产不足以清偿全部债务或者明显缺乏清偿能力的，依照本法规定清理债务。

企业法人有前款规定情形，或者有明显丧失清偿能力可能的，可以依照本法规定进行重整。

第三条　【案件管辖】破产案件由债务人住所地人民法院管辖。

第四条　【审理程序】破产案件审理程序，本法没有规定的，适用民事诉讼法的有关规定。

第五条　【涉外破产的效力】依照本法开始的破产程序，对债务人在中华人民共和国领域外的财产发生效力。

对外国法院作出的发生法律效力的破产案件的判决、裁定，涉及债务人在中华人民共和国领域内的财产，申请或者请求人民法院承认和执行的，人民法院依照中华人民共和国缔结或者参加的国际条约，或者按照互惠原则进行审查，认为不违反中华人民共和国法律的基本原则，不损害国家主权、安全和社会公共利益，不损害中华人民共和国领域内债权人的合法权益的，裁定承认和执行。

第六条 【权益保障与责任追究】人民法院审理破产案件，应当依法保障企业职工的合法权益，依法追究破产企业经营管理人员的法律责任。

第二章 申请和受理

第一节 申 请

第七条 【申请破产清算的情形】债务人有本法第二条规定的情形，可以向人民法院提出重整、和解或者破产清算申请。

债务人不能清偿到期债务，债权人可以向人民法院提出对债务人进行重整或者破产清算的申请。

企业法人已解散但未清算或者未清算完毕，资产不足以清偿债务的，依法负有清算责任的人应当向人民法院申请破产清算。

第八条 【破产申请书】向人民法院提出破产申请，应当提交破产申请书和有关证据。

破产申请书应当载明下列事项：

（一）申请人、被申请人的基本情况；

（二）申请目的；

（三）申请的事实和理由；

（四）人民法院认为应当载明的其他事项。

债务人提出申请的，还应当向人民法院提交财产状况说明、债务清册、债权清册、有关财务会计报告、职工安置预案以及职工工资的支付和社会保险费用的缴纳情况。

第九条 【申请的撤回】人民法院受理破产申请前，申请人可以请求撤回申请。

第二节 受 理

第十条 【受理期限】债权人提出破产申请的，人民法院应当自收到申请之日起五日内通知债务人。债务人对申请有异议的，应当自收到人民法院的通知之日起七日内向人民法院提出。人民法院应当自异议期满之日起十日内裁定是否受理。

除前款规定的情形外，人民法院应当自收到破产申请之日起十五日内裁定是否受理。

有特殊情况需要延长前两款规定的裁定受理期限的，经上一级人民法院批准，可以延长十五日。

第十一条 【送达期限与送达后的材料提交】人民法院受理破产申请的，应当自裁定作出之日起五日内送达申请人。

债权人提出申请的，人民法院应当自裁定作出之日起五日内送达债务人。债务人应当自裁定送达之日起十五日内，向人民法院提交财产状况说明、债务清册、债权清册、有关财务会计报告以及职工工资的支付和社会保险费用的缴纳情况。

第十二条 【不受理申请与驳回申请】人民法院裁定不受理破产申请的，应当自裁定作出之日起五日内送达申请人并说明理由。申请人对裁定不服的，可以自裁定送达之日起十日内向上一级人民法院提起上诉。

人民法院受理破产申请后至破产宣告前，经审查发现债务人不符合本法第二条规定情形的，可以裁定驳回申请。申请人对裁定不服的，可以自裁定送达之日起十日内向上一级人民法院提起上诉。

第十三条 【指定管理人】人民法院裁定受理破产申请的，应当同时指定管理人。

第十四条 【通知与公告】人民法院应当自裁定受理破产申请之日起二十五日内通知已知债权人，并予以公告。

通知和公告应当载明下列事项：

（一）申请人、被申请人的名称或者姓名；

（二）人民法院受理破产申请的时间；

（三）申报债权的期限、地点和注意事项；

（四）管理人的名称或者姓名及其处理事务的地址；

（五）债务人的债务人或者财产持有人应当向管理人清偿债务或者交付财产的要求；

（六）第一次债权人会议召开的时间和地点；

（七）人民法院认为应当通知和公告的其他事项。

第十五条 【债务人义务】自人民法院受

理破产申请的裁定送达债务人之日起至破产程序终结之日，债务人的有关人员承担下列义务：

（一）妥善保管其占有和管理的财产、印章和账簿、文书等资料；

（二）根据人民法院、管理人的要求进行工作，并如实回答询问；

（三）列席债权人会议并如实回答债权人的询问；

（四）未经人民法院许可，不得离开住所地；

（五）不得新任其他企业的董事、监事、高级管理人员。

前款所称有关人员，是指企业的法定代表人；经人民法院决定，可以包括企业的财务管理人员和其他经营管理人员。

第十六条　【个别清偿无效】人民法院受理破产申请后，债务人对个别债权人的债务清偿无效。

第十七条　【向管理人清偿债务或交付财产】人民法院受理破产申请后，债务人的债务人或者财产持有人应当向管理人清偿债务或者交付财产。

债务人的债务人或者财产持有人故意违反前款规定向债务人清偿债务或者交付财产，使债权人受到损失的，不免除其清偿债务或者交付财产的义务。

第十八条　【对破产申请受理前未履行完毕的合同的处理】人民法院受理破产申请后，管理人对破产申请受理前成立而债务人和对方当事人均未履行完毕的合同有权决定解除或者继续履行，并通知对方当事人。管理人自破产申请受理之日起二个月内未通知对方当事人，或者自收到对方当事人催告之日起三十日内未答复的，视为解除合同。

管理人决定继续履行合同的，对方当事人应当履行；但是，对方当事人有权要求管理人提供担保。管理人不提供担保的，视为解除合同。

第十九条　【保全解除与执行中止】人民法院受理破产申请后，有关债务人财产的保全措施应当解除，执行程序应当中止。

第二十条　【诉讼或仲裁的中止与继续进行】人民法院受理破产申请后，已经开始而尚未终结的有关债务人的民事诉讼或者仲裁应当中止；在管理人接管债务人的财产后，该诉讼或者仲裁继续进行。

第二十一条　【管辖恒定】人民法院受理破产申请后，有关债务人的民事诉讼，只能向受理破产申请的人民法院提起。

第三章　管　理　人

第二十二条　【管理人的指定与更换】管理人由人民法院指定。

债权人会议认为管理人不能依法、公正执行职务或者有其他不能胜任职务情形的，可以申请人民法院予以更换。

指定管理人和确定管理人报酬的办法，由最高人民法院规定。

第二十三条　【管理人义务】管理人依照本法规定执行职务，向人民法院报告工作，并接受债权人会议和债权人委员会的监督。

管理人应当列席债权人会议，向债权人会议报告职务执行情况，并回答询问。

第二十四条　【管理人资格】管理人可以由有关部门、机构的人员组成的清算组或者依法设立的律师事务所、会计师事务所、破产清算事务所等社会中介机构担任。

人民法院根据债务人的实际情况，可以在征询有关社会中介机构的意见后，指定该机构具备相关专业知识并取得执业资格的人员担任管理人。

有下列情形之一的，不得担任管理人：

（一）因故意犯罪受过刑事处罚；

（二）曾被吊销相关专业执业证书；

（三）与本案有利害关系；

（四）人民法院认为不宜担任管理人的其他情形。

个人担任管理人的，应当参加执业责任保险。

第二十五条 【管理人职责】管理人履行下列职责：

（一）接管债务人的财产、印章和账簿、文书等资料；

（二）调查债务人财产状况，制作财产状况报告；

（三）决定债务人的内部管理事务；

（四）决定债务人的日常开支和其他必要开支；

（五）在第一次债权人会议召开之前，决定继续或者停止债务人的营业；

（六）管理和处分债务人的财产；

（七）代表债务人参加诉讼、仲裁或者其他法律程序；

（八）提议召开债权人会议；

（九）人民法院认为管理人应当履行的其他职责。

本法对管理人的职责另有规定的，适用其规定。

第二十六条 【管理人须经法院许可的行为】在第一次债权人会议召开之前，管理人决定继续或者停止债务人的营业或者有本法第六十九条规定行为之一的，应当经人民法院许可。

第二十七条 【管理人职业道德】管理人应当勤勉尽责，忠实执行职务。

第二十八条 【管理人的报酬与工作人员】管理人经人民法院许可，可以聘用必要的工作人员。

管理人的报酬由人民法院确定。债权人会议对管理人的报酬有异议的，有权向人民法院提出。

第二十九条 【管理人辞职限制】管理人没有正当理由不得辞去职务。管理人辞去职务应当经人民法院许可。

第四章 债务人财产

第三十条 【债务人财产范围】破产申请受理时属于债务人的全部财产，以及破产申请受理后至破产程序终结前债务人取得的财产，为债务人财产。

第三十一条 【可撤销的债务人行为之一】人民法院受理破产申请前一年内，涉及债务人财产的下列行为，管理人有权请求人民法院予以撤销：

（一）无偿转让财产的；

（二）以明显不合理的价格进行交易的；

（三）对没有财产担保的债务提供财产担保的；

（四）对未到期的债务提前清偿的；

（五）放弃债权的。

第三十二条 【可撤销的债务人行为之二】人民法院受理破产申请前六个月内，债务人有本法第二条第一款规定的情形，仍对个别债权人进行清偿的，管理人有权请求人民法院予以撤销。但是，个别清偿使债务人财产受益的除外。

第三十三条 【无效的债务人行为】涉及债务人财产的下列行为无效：

（一）为逃避债务而隐匿、转移财产的；

（二）虚构债务或者承认不真实的债务的。

第三十四条 【可追回的债务人财产】因本法第三十一条、第三十二条或者第三十三条规定的行为而取得的债务人的财产，管理人有权追回。

第三十五条 【出资的追缴】人民法院受理破产申请后，债务人的出资人尚未完全履行出资义务的，管理人应当要求该出资人缴纳所认缴的出资，而不受出资期限的限制。

第三十六条 【非正常收入和被侵占财产的追回】债务人的董事、监事和高级管理人员利用职权从企业获取的非正常收入和侵占的企业财产，管理人应当追回。

第三十七条 【清偿债务与替代担保】人民法院受理破产申请后，管理人可以通过清偿债务或者提供为债权人接受的担保，取回质物、留置物。

前款规定的债务清偿或者替代担保，在质物或者留置物的价值低于被担保的债权额时，以该质物或者留置物当时的市场价值为限。

第三十八条 【非债务人财产的取回】人民法院受理破产申请后，债务人占有的不属于债务人的财产，该财产的权利人可以通过管理人取回。但是，本法另有规定的除外。

第三十九条 【在途标的物的取回】人民法院受理破产申请时，出卖人已将买卖标的物向作为买受人的债务人发运，债务人尚未收到且未付清全部价款的，出卖人可以取回在运途中的标的物。但是，管理人可以支付全部价款，请求出卖人交付标的物。

第四十条 【抵销条件及其限制】债权人在破产申请受理前对债务人负有债务的，可以向管理人主张抵销。但是，有下列情形之一的，不得抵销：

（一）债务人的债务人在破产申请受理后取得他人对债务人的债权的；

（二）债权人已知债务人有不能清偿到期债务或者破产申请的事实，对债务人负担债务的；但是，债权人因为法律规定或者有破产申请一年前所发生的原因而负担债务的除外；

（三）债务人的债务人已知债务人有不能清偿到期债务或者破产申请的事实，对债务人取得债权的；但是，债务人的债务人因为法律规定或者有破产申请一年前所发生的原因而取得债权的除外。

第五章 破产费用和共益债务

第四十一条 【破产费用的范围】人民法院受理破产申请后发生的下列费用，为破产费用：

（一）破产案件的诉讼费用；

（二）管理、变价和分配债务人财产的费用；

（三）管理人执行职务的费用、报酬和聘用工作人员的费用。

第四十二条 【共益债务的内容】人民法院受理破产申请后发生的下列债务，为共益债务：

（一）因管理人或者债务人请求对方当事人履行双方均未履行完毕的合同所产生的债务；

（二）债务人财产受无因管理所产生的债务；

（三）因债务人不当得利所产生的债务；

（四）为债务人继续营业而应支付的劳动报酬和社会保险费用以及由此产生的其他债务；

（五）管理人或者相关人员执行职务致人损害所产生的债务；

（六）债务人财产致人损害所产生的债务。

第四十三条 【清偿顺序与破产程序终结】破产费用和共益债务由债务人财产随时清偿。

债务人财产不足以清偿所有破产费用和共益债务的，先行清偿破产费用。

债务人财产不足以清偿所有破产费用或者共益债务的，按照比例清偿。

债务人财产不足以清偿破产费用的，管理人应当提请人民法院终结破产程序。人民法院应当自收到请求之日起十五日内裁定终结破产程序，并予以公告。

第六章 债 权 申 报

第四十四条 【债权人】人民法院受理破产申请时对债务人享有债权的债权人，依照本法规定的程序行使权利。

第四十五条 【债权申报期限】人民法院受理破产申请后，应当确定债权人申报债权的期限。债权申报期限自人民法院发布受理破产申请公告之日起计算，最短不得少于三十日，最长不得超过三个月。

第四十六条 【未到期与附利息债权】未到期的债权，在破产申请受理时视为到期。

附利息的债权自破产申请受理时起停止计息。

第四十七条 【附条件、附期限与诉讼、仲裁未决债权】附条件、附期限的债权和诉讼、仲裁未决的债权，债权人可以申报。

第四十八条 【不必申报的债权与职工权利】债权人应当在人民法院确定的债权申报期

限内向管理人申报债权。

债务人所欠职工的工资和医疗、伤残补助、抚恤费用，所欠的应当划入职工个人账户的基本养老保险、基本医疗保险费用，以及法律、行政法规规定应当支付给职工的补偿金，不必申报，由管理人调查后列出清单并予以公示。职工对清单记载有异议的，可以要求管理人更正；管理人不予更正的，职工可以向人民法院提起诉讼。

第四十九条　【债权说明】债权人申报债权时，应当书面说明债权的数额和有无财产担保，并提交有关证据。申报的债权是连带债权的，应当说明。

第五十条　【连带债权的申报】连带债权人可以由其中一人代表全体连带债权人申报债权，也可以共同申报债权。

第五十一条　【保证人或其他连带债务人的债权申报】债务人的保证人或者其他连带债务人已经代替债务人清偿债务的，以其对债务人的求偿权申报债权。

债务人的保证人或者其他连带债务人尚未代替债务人清偿债务的，以其对债务人的将来求偿权申报债权。但是，债权人已经向管理人申报全部债权的除外。

第五十二条　【连带债务人数人的债权申报】连带债务人数人被裁定适用本法规定的程序的，其债权人有权就全部债权分别在各破产案件中申报债权。

第五十三条　【解除合同后的债权申报】管理人或者债务人依照本法规定解除合同的，对方当事人以因合同解除所产生的损害赔偿请求权申报债权。

第五十四条　【受托人的债权申报】债务人是委托合同的委托人，被裁定适用本法规定的程序，受托人不知该事实，继续处理委托事务的，受托人以由此产生的请求权申报债权。

第五十五条　【票据付款人的债权申报】债务人是票据的出票人，被裁定适用本法规定的程序，该票据的付款人继续付款或者承兑的，付款人以由此产生的请求权申报债权。

第五十六条　【补充申报；未申报】在人民法院确定的债权申报期限内，债权人未申报债权的，可以在破产财产最后分配前补充申报；但是，此前已进行的分配，不再对其补充分配。为审查和确认补充申报债权的费用，由补充申报人承担。

债权人未依照本法规定申报债权的，不得依照本法规定的程序行使权利。

第五十七条　【债权表保存】管理人收到债权申报材料后，应当登记造册，对申报的债权进行审查，并编制债权表。

债权表和债权申报材料由管理人保存，供利害关系人查阅。

第五十八条　【债权表的核查及异议】依照本法第五十七条规定编制的债权表，应当提交第一次债权人会议核查。

债务人、债权人对债权表记载的债权无异议的，由人民法院裁定确认。

债务人、债权人对债权表记载的债权有异议的，可以向受理破产申请的人民法院提起诉讼。

第七章　债权人会议

第一节　一般规定

第五十九条　【债权人的表决权；职工和工会代表的发表意见权】依法申报债权的债权人为债权人会议的成员，有权参加债权人会议，享有表决权。

债权尚未确定的债权人，除人民法院能够为其行使表决权而临时确定债权额的外，不得行使表决权。

对债务人的特定财产享有担保权的债权人，未放弃优先受偿权利的，对于本法第六十一条第一款第七项、第十项规定的事项不享有表决权。

债权人可以委托代理人出席债权人会议，行使表决权。代理人出席债权人会议，应当向人民法院或者债权人会议主席提交债权人的授权委托书。

债权人会议应当有债务人的职工和工会的代表参加，对有关事项发表意见。

第六十条　【债权人会议主席】债权人会议设主席一人，由人民法院从有表决权的债权人中指定。

债权人会议主席主持债权人会议。

第六十一条　【债权人会议职权】债权人会议行使下列职权：

（一）核查债权；

（二）申请人民法院更换管理人，审查管理人的费用和报酬；

（三）监督管理人；

（四）选任和更换债权人委员会成员；

（五）决定继续或者停止债务人的营业；

（六）通过重整计划；

（七）通过和解协议；

（八）通过债务人财产的管理方案；

（九）通过破产财产的变价方案；

（十）通过破产财产的分配方案；

（十一）人民法院认为应当由债权人会议行使的其他职权。

债权人会议应当对所议事项的决议作成会议记录。

第六十二条　【债权人会议的召集与召开】第一次债权人会议由人民法院召集，自债权申报期限届满之日起十五日内召开。

以后的债权人会议，在人民法院认为必要时，或者管理人、债权人委员会、占债权总额四分之一以上的债权人向债权人会议主席提议时召开。

第六十三条　【召开债权人会议的提前通知】召开债权人会议，管理人应当提前十五日通知已知的债权人。

第六十四条　【债权人会议的决议】债权人会议的决议，由出席会议的有表决权的债权人过半数通过，并且其所代表的债权额占无财产担保债权总额的二分之一以上。但是，本法另有规定的除外。

债权人认为债权人会议的决议违反法律规定，损害其利益的，可以自债权人会议作出决议之日起十五日内，请求人民法院裁定撤销该决议，责令债权人会议依法重新作出决议。

债权人会议的决议，对于全体债权人均有约束力。

第六十五条　【由人民法院裁定的表决未通过事项】本法第六十一条第一款第八项、第九项所列事项，经债权人会议表决未通过的，由人民法院裁定。

本法第六十一条第一款第十项所列事项，经债权人会议二次表决仍未通过的，由人民法院裁定。

对前两款规定的裁定，人民法院可以在债权人会议上宣布或者另行通知债权人。

第六十六条　【对裁定不服的复议】债权人对人民法院依照本法第六十五条第一款作出的裁定不服的，债权额占无财产担保债权总额二分之一以上的债权人对人民法院依照本法第六十五条第二款作出的裁定不服的，可以自裁定宣布之日或者收到通知之日起十五日内向该人民法院申请复议。复议期间不停止裁定的执行。

第二节　债权人委员会

第六十七条　【债权人委员会的组成】债权人会议可以决定设立债权人委员会。债权人委员会由债权人会议选任的债权人代表和一名债务人的职工代表或者工会代表组成。债权人委员会成员不得超过九人。

债权人委员会成员应当经人民法院书面决定认可。

第六十八条　【债权人委员会职权】债权人委员会行使下列职权：

（一）监督债务人财产的管理和处分；

（二）监督破产财产分配；

（三）提议召开债权人会议；

（四）债权人会议委托的其他职权。

债权人委员会执行职务时，有权要求管理人、债务人的有关人员对其职权范围内的事务作出说明或者提供有关文件。

管理人、债务人的有关人员违反本法规定

拒绝接受监督的，债权人委员会有权就监督事项请求人民法院作出决定；人民法院应当在五日内作出决定。

第六十九条 【管理人应当及时报告债权人委员会的行为】管理人实施下列行为，应当及时报告债权人委员会：

（一）涉及土地、房屋等不动产权益的转让；

（二）探矿权、采矿权、知识产权等财产权的转让；

（三）全部库存或者营业的转让；

（四）借款；

（五）设定财产担保；

（六）债权和有价证券的转让；

（七）履行债务人和对方当事人均未履行完毕的合同；

（八）放弃权利；

（九）担保物的取回；

（十）对债权人利益有重大影响的其他财产处分行为。

未设立债权人委员会的，管理人实施前款规定的行为应当及时报告人民法院。

第八章 重 整

第一节 重整申请和重整期间

第七十条 【重整申请人】债务人或者债权人可以依照本法规定，直接向人民法院申请对债务人进行重整。

债权人申请对债务人进行破产清算的，在人民法院受理破产申请后、宣告债务人破产前，债务人或者出资额占债务人注册资本十分之一以上的出资人，可以向人民法院申请重整。

第七十一条 【对重整申请的审查与公告】人民法院经审查认为重整申请符合本法规定的，应当裁定债务人重整，并予以公告。

第七十二条 【重整期间】自人民法院裁定债务人重整之日起至重整程序终止，为重整期间。

第七十三条 【债务人自行管理事务】在重整期间，经债务人申请，人民法院批准，债务人可以在管理人的监督下自行管理财产和营业事务。

有前款规定情形的，依照本法规定已接管债务人财产和营业事务的管理人应当向债务人移交财产和营业事务，本法规定的管理人的职权由债务人行使。

第七十四条 【聘任债务人的经管人员负责营业】管理人负责管理财产和营业事务的，可以聘任债务人的经营管理人员负责营业事务。

第七十五条 【担保权的暂停行使及恢复】在重整期间，对债务人的特定财产享有的担保权暂停行使。但是，担保物有损坏或者价值明显减少的可能，足以危害担保权人权利的，担保权人可以向人民法院请求恢复行使担保权。

在重整期间，债务人或者管理人为继续营业而借款的，可以为该借款设定担保。

第七十六条 【按约定取回债务人合法占有的财产】债务人合法占有的他人财产，该财产的权利人在重整期间要求取回的，应当符合事先约定的条件。

第七十七条 【重整期间对相关人员的限制】在重整期间，债务人的出资人不得请求投资收益分配。

在重整期间，债务人的董事、监事、高级管理人员不得向第三人转让其持有的债务人的股权。但是，经人民法院同意的除外。

第七十八条 【终止重整并宣告破产的情形】在重整期间，有下列情形之一的，经管理人或者利害关系人请求，人民法院应当裁定终止重整程序，并宣告债务人破产：

（一）债务人的经营状况和财产状况继续恶化，缺乏挽救的可能性；

（二）债务人有欺诈、恶意减少债务人财产或者其他显著不利于债权人的行为；

（三）由于债务人的行为致使管理人无法执行职务。

第二节 重整计划的制定和批准

第七十九条 【提交重整计划草案的期限与不提交的后果】债务人或者管理人应当自人民法院裁定债务人重整之日起六个月内,同时向人民法院和债权人会议提交重整计划草案。

前款规定的期限届满,经债务人或者管理人请求,有正当理由的,人民法院可以裁定延期三个月。

债务人或者管理人未按期提出重整计划草案的,人民法院应当裁定终止重整程序,并宣告债务人破产。

第八十条 【债务人可制作重整计划草案】债务人自行管理财产和营业事务的,由债务人制作重整计划草案。

管理人负责管理财产和营业事务的,由管理人制作重整计划草案。

第八十一条 【重整计划草案的内容】重整计划草案应当包括下列内容:

(一)债务人的经营方案;

(二)债权分类;

(三)债权调整方案;

(四)债权受偿方案;

(五)重整计划的执行期限;

(六)重整计划执行的监督期限;

(七)有利于债务人重整的其他方案。

第八十二条 【债权人会议对重整计划草案的分组表决】下列各类债权的债权人参加讨论重整计划草案的债权人会议,依照下列债权分类,分组对重整计划草案进行表决:

(一)对债务人的特定财产享有担保权的债权;

(二)债务人所欠职工的工资和医疗、伤残补助、抚恤费用,所欠的应当划入职工个人账户的基本养老保险、基本医疗保险费用,以及法律、行政法规规定应当支付给职工的补偿金;

(三)债务人所欠税款;

(四)普通债权。

人民法院在必要时可以决定在普通债权组中设小额债权组对重整计划草案进行表决。

第八十三条 【重整计划中的禁止性规定】重整计划不得规定减免债务人欠缴的本法第八十二条第一款第二项规定以外的社会保险费用;该项费用的债权人不参加重整计划草案的表决。

第八十四条 【法院召开的债权人会议对重整计划草案的表决】人民法院应当自收到重整计划草案之日起三十日内召开债权人会议,对重整计划草案进行表决。

出席会议的同一表决组的债权人过半数同意重整计划草案,并且其所代表的债权额占该组债权总额的三分之二以上的,即为该组通过重整计划草案。

债务人或者管理人应当向债权人会议就重整计划草案作出说明,并回答询问。

第八十五条 【债务人的出资人对重整计划草案的表决】债务人的出资人代表可以列席讨论重整计划草案的债权人会议。

重整计划草案涉及出资人权益调整事项的,应当设出资人组,对该事项进行表决。

第八十六条 【重整计划的通过和批准】各表决组均通过重整计划草案时,重整计划即为通过。

自重整计划通过之日起十日内,债务人或者管理人应当向人民法院提出批准重整计划的申请。人民法院经审查认为符合本法规定的,应当自收到申请之日起三十日内裁定批准,终止重整程序,并予以公告。

第八十七条 【对部分表决组未通过重整计划草案的处理;申请法院批准重整计划草案的情形】部分表决组未通过重整计划草案的,债务人或者管理人可以同未通过重整计划草案的表决组协商。该表决组可以在协商后再表决一次。双方协商的结果不得损害其他表决组的利益。

未通过重整计划草案的表决组拒绝再次表决或者再次表决仍未通过重整计划草案,但重整计划草案符合下列条件的,债务人或者管理人可以申请人民法院批准重整计划草案:

（一）按照重整计划草案，本法第八十二条第一款第一项所列债权就该特定财产将获得全额清偿，其因延期清偿所受的损失将得到公平补偿，并且其担保权未受到实质性损害，或者该表决组已经通过重整计划草案；

（二）按照重整计划草案，本法第八十二条第一款第二项、第三项所列债权将获得全额清偿，或者相应表决组已经通过重整计划草案；

（三）按照重整计划草案，普通债权所获得的清偿比例，不低于其在重整计划草案被提请批准时依照破产清算程序所能获得的清偿比例，或者该表决组已经通过重整计划草案；

（四）重整计划草案对出资人权益的调整公平、公正，或者出资人组已经通过重整计划草案；

（五）重整计划草案公平对待同一表决组的成员，并且所规定的债权清偿顺序不违反本法第一百一十三条的规定；

（六）债务人的经营方案具有可行性。

人民法院经审查认为重整计划草案符合前款规定的，应当自收到申请之日起三十日内裁定批准，终止重整程序，并予以公告。

第八十八条　【终止重整并宣告破产】重整计划草案未获得通过且未依照本法第八十七条的规定获得批准，或者已通过的重整计划未获得批准的，人民法院应当裁定终止重整程序，并宣告债务人破产。

第三节　重整计划的执行

第八十九条　【重整计划的执行人】重整计划由债务人负责执行。

人民法院裁定批准重整计划后，已接管财产和营业事务的管理人应当向债务人移交财产和营业事务。

第九十条　【重整计划的监督人】自人民法院裁定批准重整计划之日起，在重整计划规定的监督期内，由管理人监督重整计划的执行。

在监督期内，债务人应当向管理人报告重整计划执行情况和债务人财务状况。

第九十一条　【监督报告的提交；监督期限的延长】监督期届满时，管理人应当向人民法院提交监督报告。自监督报告提交之日起，管理人的监督职责终止。

管理人向人民法院提交的监督报告，重整计划的利害关系人有权查阅。

经管理人申请，人民法院可以裁定延长重整计划执行的监督期限。

第九十二条　【经法院裁定批准的重整计划的效力】经人民法院裁定批准的重整计划，对债务人和全体债权人均有约束力。

债权人未依照本法规定申报债权的，在重整计划执行期间不得行使权利；在重整计划执行完毕后，可以按照重整计划规定的同类债权的清偿条件行使权利。

债权人对债务人的保证人和其他连带债务人所享有的权利，不受重整计划的影响。

第九十三条　【重整计划的终止执行】债务人不能执行或者不执行重整计划的，人民法院经管理人或者利害关系人请求，应当裁定终止重整计划的执行，并宣告债务人破产。

人民法院裁定终止重整计划执行的，债权人在重整计划中作出的债权调整的承诺失去效力。债权人因执行重整计划所受的清偿仍然有效，债权未受清偿的部分作为破产债权。

前款规定的债权人，只有在其他同顺位债权人同自己所受的清偿达到同一比例时，才能继续接受分配。

有本条第一款规定情形的，为重整计划的执行提供的担保继续有效。

第九十四条　【因重整计划减免的债务的清偿免除】按照重整计划减免的债务，自重整计划执行完毕时起，债务人不再承担清偿责任。

第九章　和　　解

第九十五条　【申请和解的条件】债务人可以依照本法规定，直接向人民法院申请和解；也可以在人民法院受理破产申请后、宣告债务人破产前，向人民法院申请和解。

债务人申请和解，应当提出和解协议草案。

第九十六条 【裁定和解】人民法院经审查认为和解申请符合本法规定的，应当裁定和解，予以公告，并召集债权人会议讨论和解协议草案。

对债务人的特定财产享有担保权的权利人，自人民法院裁定和解之日起可以行使权利。

第九十七条 【通过和解协议的条件】债权人会议通过和解协议的决议，由出席会议的有表决权的债权人过半数同意，并且其所代表的债权额占无财产担保债权总额的三分之二以上。

第九十八条 【通过和解协议的后果】债权人会议通过和解协议的，由人民法院裁定认可，终止和解程序，并予以公告。管理人应当向债务人移交财产和营业事务，并向人民法院提交执行职务的报告。

第九十九条 【和解协议草案未获通过的后果】和解协议草案经债权人会议表决未获得通过，或者已经债权人会议通过的和解协议未获得人民法院认可的，人民法院应当裁定终止和解程序，并宣告债务人破产。

第一百条 【经人民法院裁定认可的和解协议的效力】经人民法院裁定认可的和解协议，对债务人和全体和解债权人均有约束力。

和解债权人是指人民法院受理破产申请时对债务人享有无财产担保债权的人。

和解债权人未依照本法规定申报债权的，在和解协议执行期间不得行使权利；在和解协议执行完毕后，可以按照和解协议规定的清偿条件行使权利。

第一百零一条 【不受和解协议影响的人员】和解债权人对债务人的保证人和其他连带债务人所享有的权利，不受和解协议的影响。

第一百零二条 【按照和解协议清偿债务】债务人应当按照和解协议规定的条件清偿债务。

第一百零三条 【和解协议无效的情形及后果】因债务人的欺诈或者其他违法行为而成立的和解协议，人民法院应当裁定无效，并宣告债务人破产。

有前款规定情形的，和解债权人因执行和解协议所受的清偿，在其他债权人所受清偿同等比例的范围内，不予返还。

第一百零四条 【终止和解协议执行的情形及后果】债务人不能执行或者不执行和解协议的，人民法院经和解债权人请求，应当裁定终止和解协议的执行，并宣告债务人破产。

人民法院裁定终止和解协议执行的，和解债权人在和解协议中作出的债权调整的承诺失去效力。和解债权人因执行和解协议所受的清偿仍然有效，和解债权未受清偿的部分作为破产债权。

前款规定的债权人，只有在其他债权人同自己所受的清偿达到同一比例时，才能继续接受分配。

有本条第一款规定情形的，为和解协议的执行提供的担保继续有效。

第一百零五条 【因自行达成协议的破产终结】人民法院受理破产申请后，债务人与全体债权人就债权债务的处理自行达成协议的，可以请求人民法院裁定认可，并终结破产程序。

第一百零六条 【因和解协议减免的债务的清偿免除】按照和解协议减免的债务，自和解协议执行完毕时起，债务人不再承担清偿责任。

第十章 破产清算

第一节 破产宣告

第一百零七条 【破产宣告的后果】人民法院依照本法规定宣告债务人破产的，应当自裁定作出之日起五日内送达债务人和管理人，自裁定作出之日起十日内通知已知债权人，并予以公告。

债务人被宣告破产后，债务人称为破产人，债务人财产称为破产财产，人民法院受理破产申请时对债务人享有的债权称为破产债权。

第一百零八条　【破产宣告前裁定终结程序的情形】破产宣告前,有下列情形之一的,人民法院应当裁定终结破产程序,并予以公告:

(一)第三人为债务人提供足额担保或者为债务人清偿全部到期债务的;

(二)债务人已清偿全部到期债务的。

第一百零九条　【担保权人的优先受偿权】对破产人的特定财产享有担保权的权利人,对该特定财产享有优先受偿的权利。

第一百一十条　【优先受偿权与普通债权】享有本法第一百零九条规定权利的债权人行使优先受偿权利未能完全受偿的,其未受偿的债权作为普通债权;放弃优先受偿权利的,其债权作为普通债权。

第二节　变价和分配

第一百一十一条　【破产财产变价方案】管理人应当及时拟订破产财产变价方案,提交债权人会议讨论。

管理人应当按照债权人会议通过的或者人民法院依照本法第六十五条第一款规定裁定的破产财产变价方案,适时变价出售破产财产。

第一百一十二条　【变价出售破产财产】变价出售破产财产应当通过拍卖进行。但是,债权人会议另有决议的除外。

破产企业可以全部或者部分变价出售。企业变价出售时,可以将其中的无形资产和其他财产单独变价出售。

按照国家规定不能拍卖或者限制转让的财产,应当按照国家规定的方式处理。

第一百一十三条　【破产财产的清偿顺序】破产财产在优先清偿破产费用和共益债务后,依照下列顺序清偿:

(一)破产人所欠职工的工资和医疗、伤残补助、抚恤费用,所欠的应当划入职工个人账户的基本养老保险、基本医疗保险费用,以及法律、行政法规规定应当支付给职工的补偿金;

(二)破产人欠缴的除前项规定以外的社会保险费用和破产人所欠税款;

(三)普通破产债权。

破产财产不足以清偿同一顺序的清偿要求的,按照比例分配。

破产企业的董事、监事和高级管理人员的工资按照该企业职工的平均工资计算。

第一百一十四条　【破产财产的分配方式】破产财产的分配应当以货币分配方式进行。但是,债权人会议另有决议的除外。

第一百一十五条　【破产财产分配方案】管理人应当及时拟订破产财产分配方案,提交债权人会议讨论。

破产财产分配方案应当载明下列事项:

(一)参加破产财产分配的债权人名称或者姓名、住所;

(二)参加破产财产分配的债权额;

(三)可供分配的破产财产数额;

(四)破产财产分配的顺序、比例及数额;

(五)实施破产财产分配的方法。

债权人会议通过破产财产分配方案后,由管理人将该方案提请人民法院裁定认可。

第一百一十六条　【对破产财产分配方案的执行】破产财产分配方案经人民法院裁定认可后,由管理人执行。

管理人按照破产财产分配方案实施多次分配的,应当公告本次分配的财产额和债权额。管理人实施最后分配的,应当在公告中指明,并载明本法第一百一十七条第二款规定的事项。

第一百一十七条　【对附条件债权分配额的提存】对于附生效条件或者解除条件的债权,管理人应当将其分配额提存。

管理人依照前款规定提存的分配额,在最后分配公告日,生效条件未成就或者解除条件成就的,应当分配给其他债权人;在最后分配公告日,生效条件成就或者解除条件未成就的,应当交付给债权人。

第一百一十八条　【对债权人未受领分配

额的提存】债权人未受领的破产财产分配额，管理人应当提存。债权人自最后分配公告之日起满二个月仍不领取的，视为放弃受领分配的权利，管理人或者人民法院应当将提存的分配额分配给其他债权人。

第一百一十九条　【对诉讼或仲裁未决债权分配额的提存】破产财产分配时，对于诉讼或者仲裁未决的债权，管理人应当将其分配额提存。自破产程序终结之日起满二年仍不能受领分配的，人民法院应当将提存的分配额分配给其他债权人。

第三节　破产程序的终结

第一百二十条　【破产程序的终结情形】破产人无财产可供分配的，管理人应当请求人民法院裁定终结破产程序。

管理人在最后分配完结后，应当及时向人民法院提交破产财产分配报告，并提请人民法院裁定终结破产程序。

人民法院应当自收到管理人终结破产程序的请求之日起十五日内作出是否终结破产程序的裁定。裁定终结的，应当予以公告。

第一百二十一条　【注销登记】管理人应当自破产程序终结之日起十日内，持人民法院终结破产程序的裁定，向破产人的原登记机关办理注销登记。

第一百二十二条　【管理人执行职务的终止】管理人于办理注销登记完毕的次日终止执行职务。但是，存在诉讼或者仲裁未决情况的除外。

第一百二十三条　【破产终结后的追加分配】自破产程序依照本法第四十三条第四款或者第一百二十条的规定终结之日起二年内，有下列情形之一的，债权人可以请求人民法院按照破产财产分配方案进行追加分配：

（一）发现有依照本法第三十一条、第三十二条、第三十三条、第三十六条规定应当追回的财产的；

（二）发现破产人有应当供分配的其他财产的。

有前款规定情形，但财产数量不足以支付分配费用的，不再进行追加分配，由人民法院将其上交国库。

第一百二十四条　【破产终结后的继续清偿责任】破产人的保证人和其他连带债务人，在破产程序终结后，对债权人依照破产清算程序未受清偿的债权，依法继续承担清偿责任。

第十一章　法律责任

第一百二十五条　【董事、监事或者高级管理人员致使企业破产的责任追究】企业董事、监事或者高级管理人员违反忠实义务、勤勉义务，致使所在企业破产的，依法承担民事责任。

有前款规定情形的人员，自破产程序终结之日起三年内不得担任任何企业的董事、监事、高级管理人员。

第一百二十六条　【债务人不列席债权人会议或不真实表述的法律责任】有义务列席债权人会议的债务人的有关人员，经人民法院传唤，无正当理由拒不列席债权人会议的，人民法院可以拘传，并依法处以罚款。债务人的有关人员违反本法规定，拒不陈述、回答，或者作虚假陈述、回答的，人民法院可以依法处以罚款。

第一百二十七条　【债务人不提交或提交不真实材料的法律责任】债务人违反本法规定，拒不向人民法院提交或者提交不真实的财产状况说明、债务清册、债权清册、有关财务会计报告以及职工工资的支付情况和社会保险费用的缴纳情况的，人民法院可以对直接责任人员依法处以罚款。

债务人违反本法规定，拒不向管理人移交财产、印章和账簿、文书等资料的，或者伪造、销毁有关财产证据材料而使财产状况不明的，人民法院可以对直接责任人员依法处以罚款。

第一百二十八条　【债务人可撤销或无效行为的法律责任】债务人有本法第三十一条、第三十二条、第三十三条规定的行为，损害债权人利益的，债务人的法定代表人和其他直接责任人员依法承担赔偿责任。

第一百二十九条 【债务人擅自离开住所地的法律责任】债务人的有关人员违反本法规定，擅自离开住所地的，人民法院可以予以训诫、拘留，可以依法并处罚款。

第一百三十条 【管理人未忠实执行职务的法律责任】管理人未依照本法规定勤勉尽责，忠实执行职务的，人民法院可以依法处以罚款；给债权人、债务人或者第三人造成损失的，依法承担赔偿责任。

第一百三十一条 【刑事责任】违反本法规定，构成犯罪的，依法追究刑事责任。

第十二章 附 则

第一百三十二条 【优先于担保权人受偿的费用】本法施行后，破产人在本法公布之日前所欠职工的工资和医疗、伤残补助、抚恤费用，所欠的应当划入职工个人账户的基本养老保险、基本医疗保险费用，以及法律、行政法规规定应当支付给职工的补偿金，依照本法第一百一十三条的规定清偿后不足以清偿的部分，以本法第一百零九条规定的特定财产优先于对该特定财产享有担保权的权利人受偿。

第一百三十三条 【本法施行前国有企业破产的法律适用】在本法施行前国务院规定的期限和范围内的国有企业实施破产的特殊事宜，按照国务院有关规定办理。

第一百三十四条 【金融机构破产的法律适用】商业银行、证券公司、保险公司等金融机构有本法第二条规定情形的，国务院金融监督管理机构可以向人民法院提出对该金融机构进行重整或者破产清算的申请。国务院金融监督管理机构依法对出现重大经营风险的金融机构采取接管、托管等措施的，可以向人民法院申请中止以该金融机构为被告或者被执行人的民事诉讼程序或者执行程序。

金融机构实施破产的，国务院可以依据本法和其他有关法律的规定制定实施办法。

第一百三十五条 【企业法人以外的组织的清算参照适用】其他法律规定企业法人以外的组织的清算，属于破产清算的，参照适用本法规定的程序。

第一百三十六条 【施行日期】本法自2007年6月1日起施行，《中华人民共和国企业破产法（试行）》同时废止。

最高人民法院关于适用《中华人民共和国企业破产法》若干问题的规定（一）

（2011年8月29日最高人民法院审判委员会第1527次会议通过 2011年9月9日公布 法释〔2011〕22号 自2011年9月26日起施行）

为正确适用《中华人民共和国企业破产法》，结合审判实践，就人民法院依法受理企业破产案件适用法律问题作出如下规定。

第一条 债务人不能清偿到期债务并且具有下列情形之一的，人民法院应当认定其具备破产原因：

（一）资产不足以清偿全部债务；

（二）明显缺乏清偿能力。

相关当事人以对债务人的债务负有连带责任的人未丧失清偿能力为由，主张债务人不具备破产原因的，人民法院应不予支持。

第二条 下列情形同时存在的，人民法院应当认定债务人不能清偿到期债务：

（一）债权债务关系依法成立；

（二）债务履行期限已经届满；

（三）债务人未完全清偿债务。

第三条 债务人的资产负债表，或者审计报告、资产评估报告等显示其全部资产不足以偿付全部负债的，人民法院应当认定债务人资产不足以清偿全部债务，但有相反证据足以证明债务人资产能够偿付全部负债的除外。

第四条 债务人账面资产虽大于负债，但存在下列情形之一的，人民法院应当认定其明显缺乏清偿能力：

（一）因资金严重不足或者财产不能变现等原因，无法清偿债务；

（二）法定代表人下落不明且无其他人员负责管理财产，无法清偿债务；

（三）经人民法院强制执行，无法清偿债务；

（四）长期亏损且经营扭亏困难，无法清偿债务；

（五）导致债务人丧失清偿能力的其他情形。

第五条 企业法人已解散但未清算或者未在合理期限内清算完毕，债权人申请债务人破产清算的，除债务人在法定异议期限内举证证明其未出现破产原因外，人民法院应当受理。

第六条 债权人申请债务人破产的，应当提交债务人不能清偿到期债务的有关证据。债务人对债权人的申请未在法定期限内向人民法院提出异议，或者异议不成立的，人民法院应当依法裁定受理破产申请。

受理破产申请后，人民法院应当责令债务人依法提交其财产状况说明、债务清册、债权清册、财务会计报告等有关材料，债务人拒不提交的，人民法院可以对债务人的直接责任人员采取罚款等强制措施。

第七条 人民法院收到破产申请时，应当向申请人出具收到申请及所附证据的书面凭证。

人民法院收到破产申请后应当及时对申请人的主体资格、债务人的主体资格和破产原因，以及有关材料和证据等进行审查，并依据企业破产法第十条的规定作出是否受理的裁定。

人民法院认为申请人应当补充、补正相关材料的，应当自收到破产申请之日起五日内告知申请人。当事人补充、补正相关材料的期间不计入企业破产法第十条规定的期限。

第八条 破产案件的诉讼费用，应根据企业破产法第四十三条的规定，从债务人财产中拨付。相关当事人以申请人未预先交纳诉讼费用为由，对破产申请提出异议的，人民法院不予支持。

第九条 申请人向人民法院提出破产申请，人民法院未接收其申请，或者未按本规定第七条执行的，申请人可以向上一级人民法院提出破产申请。

上一级人民法院接到破产申请后，应当责令下级法院依法审查并及时作出是否受理的裁定；下级法院仍不作出是否受理裁定的，上一级人民法院可以径行作出裁定。

上一级人民法院裁定受理破产申请的，可以同时指令下级人民法院审理该案件。

最高人民法院关于适用《中华人民共和国企业破产法》若干问题的规定（二）

（2013 年 7 月 29 日最高人民法院审判委员会第 1586 次会议通过
2013 年 9 月 5 日公布 法释〔2013〕22 号 自 2013 年 9 月 16 日起施行）

根据《中华人民共和国企业破产法》《中华人民共和国物权法》《中华人民共和国合同法》等相关法律，结合审判实践，就人民法院审理企业破产案件中认定债务人财产相关的法律适用问题,制定本规定。

第一条 除债务人所有的货币、实物外,债务人依法享有的可以用货币估价并可以依法转让的债权、股权、知识产权、用益物权等财产和财产权益,人民法院均应认定为债务人财产。

第二条 下列财产不应认定为债务人财产:

(一)债务人基于仓储、保管、承揽、代销、借用、寄存、租赁等合同或者其他法律关系占有、使用的他人财产;

(二)债务人在所有权保留买卖中尚未取得所有权的财产;

(三)所有权专属于国家且不得转让的财产;

(四)其他依照法律、行政法规不属于债务人的财产。

第三条 债务人已依法设定担保物权的特定财产,人民法院应当认定为债务人财产。

对债务人的特定财产在担保物权消灭或者实现担保物权后的剩余部分,在破产程序中可用以清偿破产费用、共益债务和其他破产债权。

第四条 债务人对按份享有所有权的共有财产的相关份额,或者共同享有所有权的共有财产的相应财产权利,以及依法分割共有财产所得部分,人民法院均应认定为债务人财产。

人民法院宣告债务人破产清算,属于共有财产分割的法定事由。人民法院裁定债务人重整或者和解的,共有财产的分割应当依据物权法第九十九条的规定进行;基于重整或者和解的需要必须分割共有财产,管理人请求分割的,人民法院应予准许。

因分割共有财产导致其他共有人损害产生的债务,其他共有人请求作为共益债务清偿的,人民法院应予支持。

第五条 破产申请受理后,有关债务人财产的执行程序未依照企业破产法第十九条的规定中止的,采取执行措施的相关单位应当依法予以纠正。依法执行回转的财产,人民法院应当认定为债务人财产。

第六条 破产申请受理后,对于可能因有关利益相关人的行为或者其他原因,影响破产程序依法进行的,受理破产申请的人民法院可以根据管理人的申请或者依职权,对债务人的全部或者部分财产采取保全措施。

第七条 对债务人财产已采取保全措施的相关单位,在知悉人民法院已裁定受理有关债务人的破产申请后,应当依照企业破产法第十九条的规定及时解除对债务人财产的保全措施。

第八条 人民法院受理破产申请后至破产宣告前裁定驳回破产申请,或者依据企业破产法第一百零八条的规定裁定终结破产程序的,应当及时通知原已采取保全措施并已依法解除保全措施的单位按照原保全顺位恢复相关保全措施。

在已依法解除保全的单位恢复保全措施或者表示不再恢复之前,受理破产申请的人民法院不得解除对债务人财产的保全措施。

第九条 管理人依据企业破产法第三十一条和第三十二条的规定提起诉讼,请求撤销涉及债务人财产的相关行为并由相对人返还债务人财产的,人民法院应予支持。

管理人因过错未依法行使撤销权导致债务人财产不当减损,债权人提起诉讼主张管理人对其损失承担相应赔偿责任的,人民法院应予支持。

第十条 债务人经过行政清理程序转入破产程序的,企业破产法第三十一条和第三十二条规定的可撤销行为的起算点,为行政监管机构作出撤销决定之日。

债务人经过强制清算程序转入破产程序的,企业破产法第三十一条和第三十二条规定的可撤销行为的起算点,为人民法院裁定受理强制清算申请之日。

第十一条 人民法院根据管理人的请求撤销涉及债务人财产的以明显不合理价格进行的交易的,买卖双方应当依法返还从对方获取的财产或者价款。

因撤销该交易，对于债务人应返还受让人已支付价款所产生的债务，受让人请求作为共益债务清偿的，人民法院应予支持。

第十二条　破产申请受理前一年内债务人提前清偿的未到期债务，在破产申请受理前已经到期，管理人请求撤销该清偿行为的，人民法院不予支持。但是，该清偿行为发生在破产申请受理前六个月内且债务人有企业破产法第二条第一款规定情形的除外。

第十三条　破产申请受理后，管理人未依据企业破产法第三十一条的规定请求撤销债务人无偿转让财产、以明显不合理价格交易、放弃债权行为的，债权人依据合同法第七十四条等规定提起诉讼，请求撤销债务人上述行为并将因此追回的财产归入债务人财产的，人民法院应予受理。

相对人以债权人行使撤销权的范围超出债权人的债权抗辩的，人民法院不予支持。

第十四条　债务人对以自有财产设定担保物权的债权进行的个别清偿，管理人依据企业破产法第三十二条的规定请求撤销的，人民法院不予支持。但是，债务清偿时担保财产的价值低于债权额的除外。

第十五条　债务人经诉讼、仲裁、执行程序对债权人进行的个别清偿，管理人依据企业破产法第三十二条的规定请求撤销的，人民法院不予支持。但是，债务人与债权人恶意串通损害其他债权人利益的除外。

第十六条　债务人对债权人进行的以下个别清偿，管理人依据企业破产法第三十二条的规定请求撤销的，人民法院不予支持：

（一）债务人为维系基本生产需要而支付水费、电费等的；

（二）债务人支付劳动报酬、人身损害赔偿金的；

（三）使债务人财产受益的其他个别清偿。

第十七条　管理人依据企业破产法第三十三条的规定提起诉讼，主张被隐匿、转移财产的实际占有人返还债务人财产，或者主张债务人虚构债务或者承认不真实债务的行为无效并返还债务人财产的，人民法院应予支持。

第十八条　管理人代表债务人依据企业破产法第一百二十八条的规定，以债务人的法定代表人和其他直接责任人员对所涉债务人财产的相关行为存在故意或者重大过失，造成债务人财产损失为由提起诉讼，主张上述责任人员承担相应赔偿责任的，人民法院应予支持。

第十九条　债务人对外享有债权的诉讼时效，自人民法院受理破产申请之日起中断。

债务人无正当理由未对其到期债权及时行使权利，导致其对外债权在破产申请受理前一年内超过诉讼时效期间的，人民法院受理破产申请之日起重新计算上述债权的诉讼时效期间。

第二十条　管理人代表债务人提起诉讼，主张出资人向债务人依法缴付未履行的出资或者返还抽逃的出资本息，出资人以认缴出资尚未届至公司章程规定的缴纳期限或者违反出资义务已经超过诉讼时效为由抗辩的，人民法院不予支持。

管理人依据公司法的相关规定代表债务人提起诉讼，主张公司的发起人和负有监督股东履行出资义务的董事、高级管理人员，或者协助抽逃出资的其他股东、董事、高级管理人员、实际控制人等，对股东违反出资义务或者抽逃出资承担相应责任，并将财产归入债务人财产的，人民法院应予支持。

第二十一条　破产申请受理前，债权人就债务人财产提起下列诉讼，破产申请受理时案件尚未审结的，人民法院应当中止审理：

（一）主张次债务人代替债务人直接向其偿还债务的；

（二）主张债务人的出资人、发起人和负有监督股东履行出资义务的董事、高级管理人员，或者协助抽逃出资的其他股东、董事、高级管理人员、实际控制人等直接向其承担出资不实或者抽逃出资责任的；

（三）以债务人的股东与债务人法人人格

严重混同为由，主张债务人的股东直接向其偿还债务人对其所负债务的；

（四）其他就债务人财产提起的个别清偿诉讼。

债务人破产宣告后，人民法院应当依照企业破产法第四十四条的规定判决驳回债权人的诉讼请求。但是，债权人一审中变更其诉讼请求为追收的相关财产归入债务人财产的除外。

债务人破产宣告前，人民法院依据企业破产法第十二条或者第一百零八条的规定裁定驳回破产申请或者终结破产程序的，上述中止审理的案件应当依法恢复审理。

第二十二条 破产申请受理前，债权人就债务人财产向人民法院提起本规定第二十一条第一款所列诉讼，人民法院已经作出生效民事判决书或者调解书但尚未执行完毕的，破产申请受理后，相关执行行为应当依据企业破产法第十九条的规定中止，债权人应当依法向管理人申报相关债权。

第二十三条 破产申请受理后，债权人就债务人财产向人民法院提起本规定第二十一条第一款所列诉讼的，人民法院不予受理。

债权人通过债权人会议或者债权人委员会，要求管理人依法向次债务人、债务人的出资人等追收债务人财产，管理人无正当理由拒绝追收，债权人会议依据企业破产法第二十二条的规定，申请人民法院更换管理人的，人民法院应予支持。

管理人不予追收，个别债权人代表全体债权人提起相关诉讼，主张次债务人或者债务人的出资人等向债务人清偿或者返还债务人财产，或者依法申请合并破产的，人民法院应予受理。

第二十四条 债务人有企业破产法第二条第一款规定的情形时，债务人的董事、监事和高级管理人员利用职权获取的以下收入，人民法院应当认定为企业破产法第三十六条规定的非正常收入：

（一）绩效奖金；

（二）普遍拖欠职工工资情况下获取的工资性收入；

（三）其他非正常收入。

债务人的董事、监事和高级管理人员拒不向管理人返还上述债务人财产，管理人主张上述人员予以返还的，人民法院应予支持。

债务人的董事、监事和高级管理人员因返还第一款第（一）项、第（三）项非正常收入形成的债权，可以作为普通破产债权清偿。因返还第一款第（二）项非正常收入形成的债权，依据企业破产法第一百一十三条第三款的规定，按照该企业职工平均工资计算的部分作为拖欠职工工资清偿；高出该企业职工平均工资计算的部分，可以作为普通破产债权清偿。

第二十五条 管理人拟通过清偿债务或者提供担保取回质物、留置物，或者与质权人、留置权人协议以质物、留置物折价清偿债务等方式，进行对债权人利益有重大影响的财产处分行为的，应当及时报告债权人委员会。未设立债权人委员会的，管理人应当及时报告人民法院。

第二十六条 权利人依据企业破产法第三十八条的规定行使取回权，应当在破产财产变价方案或者和解协议、重整计划草案提交债权人会议表决前向管理人提出。权利人在上述期限后主张取回相关财产的，应当承担延迟行使取回权增加的相关费用。

第二十七条 权利人依据企业破产法第三十八条的规定向管理人主张取回相关财产，管理人不予认可，权利人以债务人为被告向人民法院提起诉讼请求行使取回权的，人民法院应予受理。

权利人依据人民法院或者仲裁机关的相关生效法律文书向管理人主张取回所涉争议财产，管理人以生效法律文书错误为由拒绝其行使取回权的，人民法院不予支持。

第二十八条 权利人行使取回权时未依法向管理人支付相关的加工费、保管费、托运费、委托费、代销费等费用，管理人拒绝其取回相关财产的，人民法院应予支持。

第二十九条　对债务人占有的权属不清的鲜活易腐等不易保管的财产或者不及时变现价值将严重贬损的财产，管理人及时变价并提存变价款后，有关权利人就该变价款行使取回权的，人民法院应予支持。

第三十条　债务人占有的他人财产被违法转让给第三人，依据物权法第一百零六条的规定第三人已善意取得财产所有权，原权利人无法取回该财产的，人民法院应当按照以下规定处理：

（一）转让行为发生在破产申请受理前的，原权利人因财产损失形成的债权，作为普通破产债权清偿；

（二）转让行为发生在破产申请受理后的，因管理人或者相关人员执行职务导致原权利人损害产生的债务，作为共益债务清偿。

第三十一条　债务人占有的他人财产被违法转让给第三人，第三人已向债务人支付了转让价款，但依据物权法第一百零六条的规定未取得财产所有权，原权利人依法追回转让财产的，对因第三人已支付对价而产生的债务，人民法院应当按照以下规定处理：

（一）转让行为发生在破产申请受理前的，作为普通破产债权清偿；

（二）转让行为发生在破产申请受理后的，作为共益债务清偿。

第三十二条　债务人占有的他人财产毁损、灭失，因此获得的保险金、赔偿金、代偿物尚未交付给债务人，或者代偿物虽已交付给债务人但能与债务人财产予以区分的，权利人主张取回就此获得的保险金、赔偿金、代偿物的，人民法院应予支持。

保险金、赔偿金已经交付给债务人，或者代偿物已经交付给债务人且不能与债务人财产予以区分的，人民法院应当按照以下规定处理：

（一）财产毁损、灭失发生在破产申请受理前的，权利人因财产损失形成的债权，作为普通破产债权清偿；

（二）财产毁损、灭失发生在破产申请受理后的，因管理人或者相关人员执行职务导致权利人损害产生的债务，作为共益债务清偿。

债务人占有的他人财产毁损、灭失，没有获得相应的保险金、赔偿金、代偿物，或者保险金、赔偿物、代偿物不足以弥补其损失的部分，人民法院应当按照本条第二款的规定处理。

第三十三条　管理人或者相关人员在执行职务过程中，因故意或者重大过失不当转让他人财产或者造成他人财产毁损、灭失，导致他人损害产生的债务作为共益债务，由债务人财产随时清偿不足弥补损失，权利人向管理人或者相关人员主张承担补充赔偿责任的，人民法院应予支持。

上述债务作为共益债务由债务人财产随时清偿后，债权人以管理人或者相关人员执行职务不当导致债务人财产减少给其造成损失为由提起诉讼，主张管理人或者相关人员承担相应赔偿责任的，人民法院应予支持。

第三十四条　买卖合同双方当事人在合同中约定标的物所有权保留，在标的物所有权未依法转移给买受人前，一方当事人破产的，该买卖合同属于双方均未履行完毕的合同，管理人有权依据企业破产法第十八条的规定决定解除或者继续履行合同。

第三十五条　出卖人破产，其管理人决定继续履行所有权保留买卖合同的，买受人应当按照原买卖合同的约定支付价款或者履行其他义务。

买受人未依约支付价款或者履行完毕其他义务，或者将标的物出卖、出质或者作出其他不当处分，给出卖人造成损害，出卖人管理人依法主张取回标的物的，人民法院应予支持。但是，买受人已经支付标的物总价款百分之七十五以上或者第三人善意取得标的物所有权或者其他物权的除外。

因本条第二款规定未能取回标的物，出卖人管理人依法主张买受人继续支付价款、履行完毕其他义务，以及承担相应赔偿责任的，人民法院应予支持。

第三十六条　出卖人破产，其管理人决定解除所有权保留买卖合同，并依据企业破产法第十七条的规定要求买受人向其交付买卖标的物的，人民法院应予支持。

买受人以其不存在未依约支付价款或者履行完毕其他义务，或者将标的物出卖、出质或者作出其他不当处分情形抗辩的，人民法院不予支持。

买受人依法履行合同义务并依据本条第一款将买卖标的物交付出卖人管理人后，买受人已支付价款损失形成的债权作为共益债务清偿。但是，买受人违反合同约定，出卖人管理人主张上述债权作为普通破产债权清偿的，人民法院应予支持。

第三十七条 买受人破产，其管理人决定继续履行所有权保留买卖合同的，原买卖合同中约定的买受人支付价款或者履行其他义务的期限在破产申请受理时视为到期，买受人管理人应当及时向出卖人支付价款或者履行其他义务。

买受人管理人无正当理由未及时支付价款或者履行完毕其他义务，或者将标的物出卖、出质或者作出其他不当处分，给出卖人造成损害，出卖人依据合同法第一百三十四条等规定主张取回标的物的，人民法院应予支持。但是，买受人已支付标的物总价款百分之七十五以上或者第三人善意取得标的物所有权或者其他物权的除外。

因本条第二款规定未能取回标的物，出卖人依法主张买受人继续支付价款、履行完毕其他义务，以及承担相应赔偿责任的，人民法院应予支持。对因买受人未支付价款或者未履行完毕其他义务，以及买受人管理人将标的物出卖、出质或者作出其他不当处分导致出卖人损害产生的债务，出卖人主张作为共益债务清偿的，人民法院应予支持。

第三十八条 买受人破产，其管理人决定解除所有权保留买卖合同，出卖人依据企业破产法第三十八条的规定主张取回买卖标的物的，人民法院应予支持。

出卖人取回买卖标的物，买受人管理人主张出卖人返还已支付价款的，人民法院应予支持。取回的标的物价值明显减少给出卖人造成损失的，出卖人可从买受人已支付价款中优先予以抵扣后，将剩余部分返还给买受人；对买受人已支付价款不足以弥补出卖人标的物价值减损损失形成的债权，出卖人主张作为共益债务清偿的，人民法院应予支持。

第三十九条 出卖人依据企业破产法第三十九条的规定，通过通知承运人或者实际占有人中止运输、返还货物、变更到达地，或者将货物交给其他收货人等方式，对在运途中标的物主张了取回权但未能实现，或者在货物未达管理人前已向管理人主张取回在运途中标的物，在买卖标的物到达管理人后，出卖人向管理人主张取回的，管理人应予准许。

出卖人对在运途中标的物未及时行使取回权，在买卖标的物到达管理人后向管理人行使在运途中标的物取回权的，管理人不应准许。

第四十条 债务人重整期间，权利人要求取回债务人合法占有的权利人的财产，不符合双方事先约定条件的，人民法院不予支持。但是，因管理人或者自行管理的债务人违反约定，可能导致取回物被转让、毁损、灭失或者价值明显减少的除外。

第四十一条 债权人依据企业破产法第四十条的规定行使抵销权，应当向管理人提出抵销主张。

管理人不得主动抵销债务人与债权人的互负债务，但抵销使债务人财产受益的除外。

第四十二条 管理人收到债权人提出的主张债务抵销的通知后，经审查无异议的，抵销自管理人收到通知之日起生效。

管理人对抵销主张有异议的，应当在约定的异议期限内或者自收到主张债务抵销的通知之日起三个月内向人民法院提起诉讼。无正当理由逾期提起的，人民法院不予支持。

人民法院判决驳回管理人提起的抵销无效诉讼请求的，该抵销自管理人收到主张债务抵销的通知之日起生效。

第四十三条　债权人主张抵销，管理人以下列理由提出异议的，人民法院不予支持：

（一）破产申请受理时，债务人对债权人负有的债务尚未到期；

（二）破产申请受理时，债权人对债务人负有的债务尚未到期；

（三）双方互负债务标的物种类、品质不同。

第四十四条　破产申请受理前六个月内，债务人有企业破产法第二条第一款规定的情形，债务人与个别债权人以抵销方式对个别债权人清偿，其抵销的债权债务属于企业破产法第四十条第（二）、（三）项规定的情形之一，管理人在破产申请受理之日起三个月内向人民法院提起诉讼，主张该抵销无效的，人民法院应予支持。

第四十五条　企业破产法第四十条所列不得抵销情形的债权人，主张以其对债务人特定财产享有优先受偿权的债权，与债务人对其不享有优先受偿权的债权抵销，债务人管理人以抵销存在企业破产法第四十条规定的情形提出异议的，人民法院不予支持。但是，用以抵销的债权大于债权人享有优先受偿权财产价值的除外。

第四十六条　债务人的股东主张以下列债务与债务人对其负有的债务抵销，债务人管理人提出异议的，人民法院应予支持：

（一）债务人股东因欠缴债务人的出资或者抽逃出资对债务人所负的债务；

（二）债务人股东滥用股东权利或者关联关系损害公司利益对债务人所负的债务。

第四十七条　人民法院受理破产申请后，当事人提起的有关债务人的民事诉讼案件，应当依据企业破产法第二十一条的规定，由受理破产申请的人民法院管辖。

受理破产申请的人民法院管辖的有关债务人的第一审民事案件，可以依据民事诉讼法第三十八条的规定，由上级人民法院提审，或者报请上级人民法院批准后交下级人民法院审理。

受理破产申请的人民法院，如对有关债务人的海事纠纷、专利纠纷、证券市场因虚假陈述引发的民事赔偿纠纷等案件不能行使管辖权的，可以依据民事诉讼法第三十七条的规定，由上级人民法院指定管辖。

第四十八条　本规定施行前本院发布的有关企业破产的司法解释，与本规定相抵触的，自本规定施行之日起不再适用。

最高人民法院关于审理企业破产案件若干问题的规定

（2002年7月18日最高人民法院审判委员会第1232次会议通过
2002年7月30日公布　法释〔2002〕23号　自2002年9月1日起施行）

为正确适用《中华人民共和国企业破产法（试行）》（以下简称企业破产法）、《中华人民共和国民事诉讼法》（以下简称民事诉讼法），规范对企业破产案件的审理，结合人民法院审理企业破产案件的实际情况，特制定以下规定。

一、关于企业破产案件管辖

第一条　企业破产案件由债务人住所地人民法院管辖。债务人住所地指债务人的主要办事机构所在地。债务人无办事机构的，由其注册地人民法院管辖。

第二条　基层人民法院一般管辖县、县级市或者区的工商行政管理机关核准登记企业的破产案件；

中级人民法院一般管辖地区、地级市（含本级）以上的工商行政管理机关核准登记企业的破产案件；

纳入国家计划调整的企业破产案件，由中级人民法院管辖。

第三条 上级人民法院审理下级人民法院管辖的企业破产案件，或者将本院管辖的企业破产案件移交下级人民法院审理，以及下级人民法院需要将自己管辖的企业破产案件交由上级人民法院审理的，依照民事诉讼法第三十九条的规定办理；省、自治区、直辖市范围内因特殊情况需对个别企业破产案件的地域管辖作调整的，须经共同上级人民法院批准。

二、关于破产申请与受理

第四条 申请（被申请）破产的债务人应当具备法人资格，不具备法人资格的企业、个体工商户、合伙组织、农村承包经营户不具备破产主体资格。

第五条 国有企业向人民法院申请破产时，应当提交其上级主管部门同意其破产的文件；其他企业应当提供其开办人或者股东会议决定企业破产的文件。

第六条 债务人申请破产，应当向人民法院提交下列材料：

（一）书面破产申请；

（二）企业主体资格证明；

（三）企业法定代表人与主要负责人名单；

（四）企业职工情况和安置预案；

（五）企业亏损情况的书面说明，并附审计报告；

（六）企业至破产申请日的资产状况明细表，包括有形资产、无形资产和企业投资情况等；

（七）企业在金融机构开设账户的详细情况，包括开户审批材料、账号、资金等；

（八）企业债权情况表，列明企业的债务人名称、住所、债务数额、发生时间和催讨偿还情况；

（九）企业债务情况表，列明企业的债权人名称、住所、债权数额、发生时间；

（十）企业涉及的担保情况；

（十一）企业已发生的诉讼情况；

（十二）人民法院认为应当提交的其他材料。

第七条 债权人申请债务人破产，应当向人民法院提交下列材料：

（一）债权发生的事实与证据；

（二）债权性质、数额、有无担保，并附证据；

（三）债务人不能清偿到期债务的证据。

第八条 债权人申请债务人破产，人民法院可以通知债务人核对以下情况：

（一）债权的真实性；

（二）债权在债务人不能偿还的到期债务中所占的比例；

（三）债务人是否存在不能清偿到期债务的情况。

第九条 债权人申请债务人破产，债务人对债权人的债权提出异议，人民法院认为异议成立的，应当告知债权人先行提起民事诉讼。破产申请不予受理。

第十条 人民法院收到破产申请后，应当在七日内决定是否立案；破产申请人提交的材料需要更正、补充的，人民法院可以责令申请人限期更正、补充。按期更正、补充材料的，人民法院自收到更正补充材料之日起七日内决定是否立案；未按期更正、补充的，视为撤回申请。

人民法院决定受理企业破产案件的，应当制作案件受理通知书，并送达申请人和债务人。通知书作出时间为破产案件受理时间。

第十一条 在人民法院决定受理企业破产案件前，破产申请人可以请求撤回破产申请。

人民法院准许申请人撤回破产申请的，在撤回破产申请之前已经支出的费用由破产申请人承担。

第十二条 人民法院经审查发现有下列情况的，破产申请不予受理：

（一）债务人有隐匿、转移财产等行为，为了逃避债务而申请破产的；

（二）债权人借破产申请毁损债务人商业信誉，意图损害公平竞争的。

第十三条 人民法院对破产申请不予受理的，应当作出裁定。

破产申请人对不予受理破产申请的裁定不服的，可以在裁定送达之日起十日内向上一级人民法院提起上诉。

第十四条 人民法院受理企业破产案件后，发现不符合法律规定的受理条件或者有本规定第十二条所列情形的，应当裁定驳回破产申请。

人民法院受理债务人的破产申请后，发现债务人巨额财产下落不明且不能合理解释财产去向的，应当裁定驳回破产申请。

破产申请人对驳回破产申请的裁定不服的，可以在裁定送达之日起十日内向上一级人民法院提起上诉。

第十五条 人民法院决定受理企业破产案件后，应当组成合议庭，并在十日内完成下列工作：

（一）将合议庭组成人员情况书面通知破产申请人和被申请人，并在法院公告栏张贴企业破产受理公告。公告内容应当写明：破产申请受理时间、债务人名称，申报债权的期限、地点和逾期未申报债权的法律后果、第一次债权人会议召开的日期、地点；

（二）在债务人企业发布公告，要求保护好企业财产，不得擅自处理企业的账册、文书、资料、印章，不得隐匿、私分、转让、出售企业财产；

（三）通知债务人立即停止清偿债务，非经人民法院许可不得支付任何费用；

（四）通知债务人的开户银行停止债务人的结算活动，并不得扣划债务人款项抵扣债务。但经人民法院依法许可的除外。

第十六条 人民法院受理债权人提出的企业破产案件后，应当通知债务人在十五日内向人民法院提交有关会计报表、债权债务清册、企业资产清册以及人民法院认为应当提交的资料。

第十七条 人民法院受理企业破产案件后，除应当按照企业破产法第九条的规定通知已知的债权人外，还应当于三十日内在国家、地方有影响的报纸上刊登公告，公告内容同第十五条第（一）项的规定。

第十八条 人民法院受理企业破产案件后，除可以随即进行破产宣告成立清算组的外，在企业原管理组织不能正常履行管理职责的情况下，可以成立企业监管组。企业监管组成员从企业上级主管部门或者股东会议代表、企业原管理人员、主要债权人中产生，也可以聘请会计师、律师等中介机构参加。企业监管组主要负责处理以下事务：

（一）清点、保管企业财产；

（二）核查企业债权；

（三）为企业利益而进行的必要的经营活动；

（四）支付人民法院许可的必要支出；

（五）人民法院许可的其他工作。

企业监管组向人民法院负责，接受人民法院的指导、监督。

第十九条 人民法院受理企业破产案件后，以债务人为原告的其他民事纠纷案件尚在一审程序的，受诉人民法院应当将案件移送受理破产案件的人民法院；案件已进行到二审程序的，受诉人民法院应当继续审理。

第二十条 人民法院受理企业破产案件后，对债务人财产的其他民事执行程序应当中止。

以债务人为被告的其他债务纠纷案件，根据下列不同情况分别处理：

（一）已经审结但未执行完毕的，应当中止执行，由债权人凭生效的法律文书向受理破产案件的人民法院申报债权。

（二）尚未审结且无其他被告和无独立请求权的第三人的，应当中止诉讼，由债权人向受理破产案件的人民法院申报债权。在企业被宣告破产后,终结诉讼。

(三)尚未审结并有其他被告或者无独立请求权的第三人的,应当中止诉讼,由债权人向受理破产案件的人民法院申报债权。待破产程序终结后,恢复审理。

(四)债务人系从债务人的债务纠纷案件继续审理。

三、关于债权申报

第二十一条 债权人申报债权应当提交债权证明和合法有效的身份证明;代理申报人应当提交委托人的有效身份证明、授权委托书和债权证明。

申报的债权有财产担保的,应当提交证明财产担保的证据。

第二十二条 人民法院在登记申报的债权时,应当记明债权人名称、住所、开户银行、申报债权数额、申报债权的证据、财产担保情况、申报时间、联系方式以及其他必要的情况。

已经成立清算组的,由清算组进行上述债权登记工作。

第二十三条 连带债务人之一或者数人破产的,债权人可就全部债权向该债务人或者各债务人行使权利,申报债权。债权人未申报债权的,其他连带债务人可就将来可能承担的债务申报债权。

第二十四条 债权人虽未在法定期间申报债权,但有民事诉讼法第七十六条规定情形的,在破产财产分配前可向清算组申报债权。清算组负责审查其申报的债权,并由人民法院审查确定。债权人会议对人民法院同意该债权人参加破产财产分配有异议的,可以向人民法院申请复议。

四、关于破产和解与破产企业整顿

第二十五条 人民法院受理企业破产案件后,在破产程序终结前,债务人可以向人民法院申请和解。人民法院在破产案件审理过程中,可以根据债权人、债务人具体情况向双方提出和解建议。

人民法院作出破产宣告裁定前,债权人会议与债务人达成和解协议并经人民法院裁定认可的,由人民法院发布公告,中止破产程序。

人民法院作出破产宣告裁定后,债权人会议与债务人达成和解协议并经人民法院裁定认可,由人民法院裁定中止执行破产宣告裁定,并公告中止破产程序。

第二十六条 债务人不按和解协议规定的内容清偿全部债务的,相关债权人可以申请人民法院强制执行。

第二十七条 债务人不履行或者不能履行和解协议的,经债权人申请,人民法院应当裁定恢复破产程序。和解协议系在破产宣告前达成的,人民法院应当在裁定恢复破产程序的同时裁定宣告债务人破产。

第二十八条 企业由债权人申请破产的,如被申请破产的企业系国有企业,依照企业破产法第四章的规定,其上级主管部门可以申请对该企业进行整顿。整顿申请应当在债务人被宣告破产前提出。

企业无上级主管部门的,企业股东会议可以通过决议并以股东会议名义申请对企业进行整顿。整顿工作由股东会议指定人员负责。

第二十九条 企业整顿期间,企业的上级主管部门或者负责实施整顿方案的人员应当定期向债权人会议和人民法院报告整顿情况、和解协议执行情况。

第三十条 企业整顿期间,对于债务人财产的执行仍适用企业破产法第十一条的规定。

五、关于破产宣告

第三十一条 企业破产法第三条第一款规定的"不能清偿到期债务"是指:

(一)债务的履行期限已届满;

(二)债务人明显缺乏清偿债务的能力。

债务人停止清偿到期债务并呈连续状态,如无相反证据,可推定为"不能清偿到期债务"。

第三十二条 人民法院受理债务人破产

案件后，有下列情形之一的，应当裁定宣告债务人破产：

（一）债务人不能清偿债务且与债权人不能达成和解协议的；

（二）债务人不履行或者不能履行和解协议的；

（三）债务人在整顿期间有企业破产法第二十一条规定情形的；

（四）债务人在整顿期满后有企业破产法第二十二条第二款规定情形的。

宣告债务人破产应当公开进行。由债权人提出破产申请的，破产宣告时应当通知债务人到庭。

第三十三条　债务人自破产宣告之日起停止生产经营活动。为债权人利益确有必要继续生产经营的，须经人民法院许可。

第三十四条　人民法院宣告债务人破产后，应当通知债务人的开户银行，限定其银行账户只能由清算组使用。人民法院通知开户银行时应当附破产宣告裁定书。

第三十五条　人民法院裁定宣告债务人破产后应当发布公告，公告内容包括债务人亏损情况、资产负债状况、破产宣告时间、破产宣告理由和法律依据以及对债务人的财产、账册、文书、资料和印章的保护等内容。

第三十六条　破产宣告后，破产企业的财产在其他民事诉讼程序中被查封、扣押、冻结的，受理破产案件的人民法院应当立即通知采取查封、扣押、冻结措施的人民法院予以解除，并向受理破产案件的人民法院办理移交手续。

第三十七条　企业被宣告破产后，人民法院应当指定必要的留守人员。破产企业的法定代表人、财会、财产保管人员必须留守。

第三十八条　破产宣告后，债权人或者债务人对破产宣告有异议的，可以在人民法院宣告企业破产之日起十日内，向上一级人民法院申诉。上一级人民法院应当组成合议庭进行审理，并在三十日内作出裁定。

六、关于债权人会议

第三十九条　债权人会议由申报债权的债权人组成。

债权人会议主席由人民法院在有表决权的债权人中指定。必要时，人民法院可以指定多名债权人会议主席，成立债权人会议主席委员会。

少数债权人拒绝参加债权人会议，不影响会议的召开。但债权人会议不得作出剥夺其对破产财产受偿的机会或者不利于其受偿的决议。

第四十条　第一次债权人会议应当在人民法院受理破产案件公告三个月期满后召开。除债务人的财产不足以支付破产费用，破产程序提前终结外，不得以一般债权的清偿率为零为理由取消债权人会议。

第四十一条　第一次债权人会议由人民法院召集并主持。人民法院除完成本规定第十七条确定的工作外，还应当做好以下准备工作：

（一）拟订第一次债权人会议议程；

（二）向债务人的法定代表人或者负责人发出通知，要求其必须到会；

（三）向债务人的上级主管部门、开办人或者股东会议代表发出通知，要求其派员列席会议；

（四）通知破产清算组成员列席会议；

（五）通知审计、评估人员参加会议；

（六）需要提前准备的其他工作。

第四十二条　债权人会议一般包括以下内容：

（一）宣布债权人会议职权和其他有关事项；

（二）宣布债权人资格审查结果；

（三）指定并宣布债权人会议主席；

（四）安排债务人法定代表人或者负责人接受债权人询问；

（五）由清算组通报债务人的生产经营、财产、债务情况并作清算工作报告和提出财产处理方案及分配方案；

（六）讨论并审查债权的证明材料、债权的财产担保情况及数额、讨论通过和解协议、审阅清算组的清算报告、讨论通过破产财产的处理方案与分配方案等。讨论内容应当记明笔录。债权人对人民法院或者清算组登记的债权提出异议的,人民法院应当及时审查并作出裁定;

(七)根据讨论情况,依照企业破产法第十六条的规定进行表决。

以上第(五)至(七)项议程内的工作在本次债权人会议上无法完成的,交由下次债权人会议继续进行。

第四十三条 债权人认为债权人会议决议违反法律规定或者侵害其合法权益的,可以在债权人会议作出决议后七日内向人民法院提出,由人民法院依法裁定。

第四十四条 清算组财产分配方案经债权人会议两次讨论未获通过的,由人民法院依法裁定。

对前款裁定,占无财产担保债权总额半数以上债权的债权人有异议的,可以在人民法院作出裁定之日起十日内向上一级人民法院申诉。上一级人民法院应当组成合议庭进行审理,并在三十日内作出裁定。

第四十五条 债权人可以委托代理人出席债权人会议,并可以授权代理人行使表决权。代理人应当向人民法院或者债权人会议主席提交授权委托书。

第四十六条 第一次债权人会议后又召开债权人会议的,债权人会议主席应当在发出会议通知前三日报告人民法院,并由会议召集人在开会前十五日将会议时间、地点、内容、目的等事项通知债权人。

七、关于清算组

第四十七条 人民法院应当自裁定宣告企业破产之日起十五日内成立清算组。

第四十八条 清算组成员可以从破产企业上级主管部门、清算中介机构以及会计、律师中产生,也可以从政府财政、工商管理、计委、经委、审计、税务、物价、劳动、社会保险、土地管理、国有资产管理、人事等部门中指定。人民银行分(支)行可以按照有关规定派人参加清算组。

第四十九条 清算组经人民法院同意可以聘请破产清算机构、律师事务所、会计事务所等中介机构承担一定的破产清算工作。中介机构就清算工作向清算组负责。

第五十条 清算组的主要职责是:

(一)接管破产企业。向破产企业原法定代表人及留守人员接收原登记造册的资产明细表、有形资产清册,接管所有财产、账册、文书档案、印章、证照和有关资料。破产宣告前成立企业监管组的,由企业监管组和企业原法定代表人向清算组进行移交;

(二)清理破产企业财产,编制财产明细表和资产负债表,编制债权债务清册,组织破产财产的评估、拍卖、变现;

(三)回收破产企业的财产,向破产企业的债务人、财产持有人依法行使财产权利;

(四)管理、处分破产财产,决定是否履行合同和在清算范围内进行经营活动。确认别除权、抵销权、取回权;

(五)进行破产财产的委托评估、拍卖及其他变现工作;

(六)依法提出并执行破产财产处理和分配方案;

(七)提交清算报告;

(八)代表破产企业参加诉讼和仲裁活动;

(九)办理企业注销登记等破产终结事宜;

(十)完成人民法院依法指定的其他事项。

第五十一条 清算组对人民法院负责并且报告工作,接受人民法院的监督。人民法院应当及时指导清算组的工作,明确清算组的职权与责任,帮助清算组拟订工作计划,听取清算组汇报工作。

清算组有损害债权人利益的行为或者其他违法行为的,人民法院可以根据债权人的申请或者依职权予以纠正。

人民法院可以根据债权人的申请或者依职权更换不称职的清算组成员。

第五十二条 清算组应当列席债权人会

议，接受债权人会议的询问。债权人有权查阅有关资料、询问有关事项；清算组的决定违背债权人利益的，债权人可以申请人民法院裁定撤销该决定。

第五十三条 清算组对破产财产应当及时登记、清理、审计、评估、变价。必要时，可以请求人民法院对破产企业财产进行保全。

第五十四条 清算组应当采取有效措施保护破产企业的财产。债务人的财产权利如不依法登记或者及时行使将丧失权利的，应当及时予以登记或者行使；对易损、易腐、跌价或者保管费用较高的财产应当及时变卖。

八、关于破产债权

第五十五条 下列债权属于破产债权：

（一）破产宣告前发生的无财产担保的债权；

（二）破产宣告前发生的虽有财产担保但是债权人放弃优先受偿的债权；

（三）破产宣告前发生的虽有财产担保但是债权数额超过担保物价值部分的债权；

（四）票据出票人被宣告破产，付款人或者承兑人不知其事实而向持票人付款或者承兑所产生的债权；

（五）清算组解除合同，对方当事人依法或者依照合同约定产生的对债务人可以用货币计算的债权；

（六）债务人的受托人在债务人破产后，为债务人的利益处理委托事务所发生的债权；

（七）债务人发行债券形成的债权；

（八）债务人的保证人代替债务人清偿债务后依法可以向债务人追偿的债权；

（九）债务人的保证人按照《中华人民共和国担保法》第三十二条的规定预先行使追偿权而申报的债权；

（十）债务人为保证人的，在破产宣告前已经被生效的法律文书确定承担的保证责任；

（十一）债务人在破产宣告前因侵权、违约给他人造成财产损失而产生的赔偿责任；

（十二）人民法院认可的其他债权。

以上第（五）项债权以实际损失为计算原则。违约金不作为破产债权，定金不再适用定金罚则。

第五十六条 因企业破产解除劳动合同，劳动者依法或者依据劳动合同对企业享有的补偿金请求权，参照企业破产法第三十七条第二款第（一）项规定的顺序清偿。

第五十七条 债务人所欠非正式职工（含短期劳动工）的劳动报酬，参照企业破产法第三十七条第二款第（一）项规定的顺序清偿。

第五十八条 债务人所欠企业职工集资款，参照企业破产法第三十七条第二款第（一）项规定的顺序清偿。但对违反法律规定的高额利息部分不予保护。

职工向企业的投资，不属于破产债权。

第五十九条 债务人退出联营应当对该联营企业的债务承担责任的，联营企业的债权人对该债务人享有的债权属于破产债权。

第六十条 与债务人互负债权债务的债权人可以向清算组请求行使抵销权，抵销权的行使应当具备以下条件：

（一）债权人的债权已经得到确认；

（二）主张抵销的债权债务均发生在破产宣告之前。

经确认的破产债权可以转让。受让人以受让的债权抵销其所欠债务人债务的，人民法院不予支持。

第六十一条 下列债权不属于破产债权：

（一）行政、司法机关对破产企业的罚款、罚金以及其他有关费用；

（二）人民法院受理破产案件后债务人未支付应付款项的滞纳金，包括债务人未执行生效法律文书应当加倍支付的迟延利息和劳动保险金的滞纳金；

（三）破产宣告后的债务利息；

（四）债权人参加破产程序所支出的费用；

（五）破产企业的股权、股票持有人在股权、股票上的权利；

（六）破产财产分配开始后向清算组申报的债权；

（七）超过诉讼时效的债权；

（八）债务人开办单位对债务人未收取的管理费、承包费。

上述不属于破产债权的权利，人民法院或者清算组也应当对当事人的申报进行登记。

第六十二条 政府无偿拨付给债务人的资金不属于破产债权。但财政、扶贫、科技管理等行政部门通过签订合同，按有偿使用、定期归还原则发放的款项，可以作为破产债权。

第六十三条 债权人对清算组确认或者否认的债权有异议的，可以向清算组提出。债权人对清算组的处理仍有异议的，可以向人民法院提出。人民法院应当在查明事实的基础上依法作出裁决。

九、关于破产财产

第六十四条 破产财产由下列财产构成：

（一）债务人在破产宣告时所有的或者经营管理的全部财产；

（二）债务人在破产宣告后至破产程序终结前取得的财产；

（三）应当由债务人行使的其他财产权利。

第六十五条 债务人与他人共有的物、债权、知识产权等财产或者财产权，应当在破产清算中予以分割，债务人分割所得属于破产财产；不能分割的，应当就其应得部分转让，转让所得属于破产财产。

第六十六条 债务人的开办人注册资金投入不足的，应当由该开办人予以补足，补足部分属于破产财产。

第六十七条 企业破产前受让他人财产并依法取得所有权或者土地使用权的，即便未支付或者未完全支付对价，该财产仍属于破产财产。

第六十八条 债务人的财产被采取民事诉讼执行措施的，在受理破产案件后尚未执行的或者未执行完毕的剩余部分，在该企业被宣告破产后列入破产财产。因错误执行应当执行回转的财产，在执行回转后列入破产财产。

第六十九条 债务人依照法律规定取得代位求偿权的，依该代位求偿权享有的债权属于破产财产。

第七十条 债务人在被宣告破产时未到期的债权视为已到期，属于破产财产，但应当减去未到期的利息。

第七十一条 下列财产不属于破产财产：

（一）债务人基于仓储、保管、加工承揽、委托交易、代销、借用、寄存、租赁等法律关系占有、使用的他人财产；

（二）抵押物、留置物、出质物，但权利人放弃优先受偿权的或者优先偿付被担保债权剩余的部分除外；

（三）担保物灭失后产生的保险金、补偿金、赔偿金等代位物；

（四）依照法律规定存在优先权的财产，但权利人放弃优先受偿权或者优先偿付特定债权剩余的部分除外；

（五）特定物买卖中，尚未转移占有但相对人已完全支付对价的特定物；

（六）尚未办理产权证或者产权过户手续但已向买方交付的财产；

（七）债务人在所有权保留买卖中尚未取得所有权的财产；

（八）所有权专属于国家且不得转让的财产；

（九）破产企业工会所有的财产。

第七十二条 本规定第七十一条第（一）项所列的财产，财产权利人有权取回。

前款财产在破产宣告前已经毁损灭失的，财产权利人仅能以直接损失额为限申报债权；在破产宣告后因清算组的责任毁损灭失的，财产权利人有权获得等值赔偿。

债务人转让上述财产获利的，财产权利人有权要求债务人等值赔偿。

十、关于破产财产的收回、处理和变现

第七十三条 清算组应当向破产企业的债务人和财产持有人发出书面通知，要求债务人和财产持有人于限定的时间向清算组清偿

债务或者交付财产。

破产企业的债务人和财产持有人有异议的，应当在收到通知后的七日内提出，由人民法院作出裁定。

破产企业的债务人和财产持有人在收到通知后既不向清算组清偿债务或者交付财产，又没有正当理由不在规定的异议期内提出异议的，由清算组向人民法院提出申请，经人民法院裁定后强制执行。

破产企业在境外的财产，由清算组予以收回。

第七十四条 债务人享有的债权，其诉讼时效自人民法院受理债务人的破产申请之日起，适用《中华人民共和国民法通则》第一百四十条关于诉讼时效中断的规定。债务人与债权人达成和解协议，中止破产程序的，诉讼时效自人民法院中止破产程序裁定之日起重新计算。

第七十五条 经人民法院同意，清算组可以聘用律师或者其他中介机构的人员追收债权。

第七十六条 债务人设立的分支机构和没有法人资格的全资机构的财产，应当一并纳入破产程序进行清理。

第七十七条 债务人在其开办的全资企业中的投资权益应当予以追收。

全资企业资不抵债的，清算组停止追收。

第七十八条 债务人对外投资形成的股权及其收益应当予以追收。对该股权可以出售或者转让，出售、转让所得列入破产财产进行分配。

股权价值为负值的，清算组停止追收。

第七十九条 债务人开办的全资企业，以及由其参股、控股的企业不能清偿到期债务，需要进行破产还债的，应当另行提出破产申请。

第八十条 清算组处理集体所有土地使用权时，应当遵守相关法律规定。未办理土地征用手续的集体所有土地使用权，应当在该集体范围内转让。

第八十一条 破产企业的职工住房，已经签订合同、交付房款，进行房改给个人的，不属于破产财产。未进行房改的，可由清算组向有关部门申请办理房改事项，向职工出售。按照国家规定不具备房改条件，或者职工在房改中不购买住房的，由清算组根据实际情况处理。

第八十二条 债务人的幼儿园、学校、医院等公益福利性设施，按国家有关规定处理，不作为破产财产分配。

第八十三条 处理破产财产前，可以确定有相应评估资质的评估机构对破产财产进行评估，债权人会议、清算组对破产财产的评估结论、评估费用有异议的，参照最高人民法院《关于民事诉讼证据的若干规定》第二十七条的规定处理。

第八十四条 债权人会议对破产财产的市场价格无异议的，经人民法院同意后，可以不进行评估。但是国有资产除外。

第八十五条 破产财产的变现应当以拍卖方式进行。由清算组负责委托有拍卖资格的拍卖机构进行拍卖。

依法不得拍卖或者拍卖所得不足以支付拍卖所需费用的，不进行拍卖。

前款不进行拍卖或者拍卖不成的破产财产，可以在破产分配时进行实物分配或者作价变卖。债权人对清算组在实物分配或者作价变卖中对破产财产的估价有异议的，可以请求人民法院进行审查。

第八十六条 破产财产中的成套设备，一般应当整体出售。

第八十七条 依法属于限制流通的破产财产，应当由国家指定的部门收购或者按照有关法律规定处理。

十一、关于破产费用

第八十八条 破产费用包括：

（一）破产财产的管理、变卖、分配所需要的费用；

（二）破产案件的受理费；

（三）债权人会议费用；

（四）催收债务所需费用；

（五）为债权人的共同利益而在破产程序中支付的其他费用。

第八十九条 人民法院受理企业破产案件可以按照《人民法院诉讼收费办法补充规定》预收案件受理费。

破产宣告前发生的经人民法院认可的必要支出，从债务人财产中拨付。债务人财产不足以支付的，如系债权人申请破产的，由债权人支付。

第九十条 清算期间职工生活费、医疗费可以从破产财产中优先拨付。

第九十一条 破产费用可随时支付，破产财产不足以支付破产费用的，人民法院根据清算组的申请裁定终结破产程序。

十二、关于破产财产的分配

第九十二条 破产财产分配方案经债权人会议通过后，由清算组负责执行。财产分配可以一次分配，也可以多次分配。

第九十三条 破产财产分配方案应当包括以下内容：

（一）可供破产分配的财产种类、总值，已经变现的财产和未变现的财产；

（二）债权清偿顺序、各顺序的种类与数额，包括破产企业所欠职工工资、劳动保险费用和破产企业所欠税款的数额和计算依据，纳入国家计划调整的企业破产，还应当说明职工安置费的数额和计算依据；

（三）破产债权总额和清偿比例；

（四）破产分配的方式、时间；

（五）对将来能够追回的财产拟进行追加分配的说明。

第九十四条 列入破产财产的债权，可以进行债权分配。债权分配以便于债权人实现债权为原则。

将人民法院已经确认的债权分配给债权人的，由清算组向债权人出具债权分配书，债权人可以凭债权分配书向债务人要求履行。债务人拒不履行的，债权人可以申请人民法院强制执行。

第九十五条 债权人未在指定期限内领取分配的财产的，对该财产可以进行提存或者变卖后提存价款，并由清算组向债权人发出催领通知书。债权人在收到催领通知书一个月后或者在清算组发出催领通知书两个月后，债权人仍未领取的，清算组应当对该部分财产进行追加分配。

十三、关于破产终结

第九十六条 破产财产分配完毕，由清算组向人民法院报告分配情况，并申请人民法院终结破产程序。

人民法院在收到清算组的报告和终结破产程序申请后，认为符合破产程序终结规定的，应当在七日内裁定终结破产程序。

第九十七条 破产程序终结后，由清算组向破产企业原登记机关办理企业注销登记。

破产程序终结后仍有可以追收的破产财产、追加分配等善后事宜需要处理的，经人民法院同意，可以保留清算组或者保留部分清算组成员。

第九十八条 破产程序终结后出现可供分配的财产的，应当追加分配。追加分配的财产，除企业破产法第四十条规定的由人民法院追回的财产外，还包括破产程序中因纠正错误支出收回的款项，因权利被承认追回的财产，债权人放弃的财产和破产程序终结后实现的财产权利等。

第九十九条 破产程序终结后，破产企业的账册、文书等卷宗材料由清算组移交破产企业上级主管机关保存；无上级主管机关的，由破产企业的开办人或者股东保存。

十四、其　　他

第一百条 人民法院在审理企业破产案件中，发现破产企业的原法定代表人或者直接责任人员有企业破产法第三十五条所列行为的，应当向有关部门建议，对该法定代表人或者直接责任人员给予行政处分；涉嫌犯罪的，应当将有关材料移送相关国家机关处理。

第一百零一条 破产企业有企业破产法第三十五条所列行为，致使企业财产无法收回，造成实际损失的，清算组可以对破产企业的原法定代表人、直接责任人员提起民事诉讼，要求其承担民事赔偿责任。

第一百零二条 人民法院受理企业破产案件后，发现企业有巨额财产下落不明的，应当将有关涉嫌犯罪的情况和材料，移送相关国家机关处理。

第一百零三条 人民法院可以建议有关部门对破产企业的主要责任人员限制其再行开办企业，在法定期限内禁止其担任公司的董事、监事、经理。

第一百零四条 最高人民法院发现各级人民法院，或者上级人民法院发现下级人民法院在破产程序中作出的裁定确有错误的，应当通知其纠正；不予纠正的，可以裁定指令下级人民法院重新作出裁定。

第一百零五条 纳入国家计划调整的企业破产案件，除适用本规定外，还应当适用国家有关企业破产的相关规定。

第一百零六条 本规定自2002年9月1日起施行。在本规定发布前制定的有关审理企业破产案件的司法解释，与本规定相抵触的，不再适用。

最高人民法院关于审理企业破产案件指定管理人的规定

（2007年4月4日最高人民法院审判委员会第1422次会议通过
2007年4月12日公布　法释〔2007〕8号
自2007年6月1日起施行）

为公平、公正审理企业破产案件，保证破产审判工作依法顺利进行，促进管理人制度的完善和发展，根据《中华人民共和国企业破产法》的规定，制定本规定。

一、管理人名册的编制

第一条 人民法院审理企业破产案件应当指定管理人。除企业破产法和本规定另有规定外，管理人应当从管理人名册中指定。

第二条 高级人民法院应当根据本辖区律师事务所、会计师事务所、破产清算事务所等社会中介机构及专职从业人员数量和企业破产案件数量，确定由本院或者所辖中级人民法院编制管理人名册。

人民法院应当分别编制社会中介机构管理人名册和个人管理人名册。由直辖市以外的高级人民法院编制的管理人名册中，应当注明社会中介机构和个人所属中级人民法院辖区。

第三条 符合企业破产法规定条件的社会中介机构及其具备相关专业知识并取得执业资格的人员，均可申请编入管理人名册。已被编入机构管理人名册的社会中介机构中，具备相关专业知识并取得执业资格的人员，可以申请编入个人管理人名册。

第四条 社会中介机构及个人申请编入管理人名册的，应当向所在地区编制管理人名册的人民法院提出，由该人民法院予以审定。

人民法院不受理异地申请，但异地社会中介机构在本辖区内设立的分支机构提出申请的除外。

第五条 人民法院应当通过本辖区有影响的媒体就编制管理人名册的有关事项进行公告。公告应当包括以下内容：

（一）管理人申报条件；

（二）应当提交的材料；

（三）评定标准、程序；

（四）管理人的职责以及相应的法律责任；

（五）提交申报材料的截止时间；

（六）人民法院认为应当公告的其他事项。

第六条 律师事务所、会计师事务所申请编入管理人名册的，应当提供下列材料：

（一）执业证书、依法批准设立文件或者营业执照；

（二）章程；

（三）本单位专职从业人员名单及其执业资格证书复印件；

（四）业务和业绩材料；

（五）行业自律组织对所提供材料真实性以及有无被行政处罚或者纪律处分情况的证明；

（六）人民法院要求的其他材料。

第七条 破产清算事务所申请编入管理人名册的，应当提供以下材料：

（一）营业执照或者依法批准设立的文件；

（二）本单位专职从业人员的法律或者注册会计师资格证书，或者经营管理经历的证明材料；

（三）业务和业绩材料；

（四）能够独立承担民事责任的证明材料；

（五）行业自律组织对所提供材料真实性以及有无被行政处罚或者纪律处分情况的证明，或者申请人就上述情况所作的真实性声明；

（六）人民法院要求的其他材料。

第八条 个人申请编入管理人名册的，应当提供下列材料：

（一）律师或者注册会计师执业证书复印件以及执业年限证明；

（二）所在社会中介机构同意其担任管理人的函件；

（三）业务专长及相关业绩材料；

（四）执业责任保险证明；

（五）行业自律组织对所提供材料真实性以及有无被行政处罚或者纪律处分情况的证明；

（六）人民法院要求的其他材料。

第九条 社会中介机构及个人具有下列情形之一的，人民法院可以适用企业破产法第二十四条第三款第四项的规定：

（一）因执业、经营中故意或者重大过失行为，受到行政机关、监管机构或者行业自律组织行政处罚或者纪律处分之日起未逾三年；

（二）因涉嫌违法行为正被相关部门调查；

（三）因不适当履行职务或者拒绝接受人民法院指定等原因，被人民法院从管理人名册除名之日起未逾三年；

（四）缺乏担任管理人所应具备的专业能力；

（五）缺乏承担民事责任的能力；

（六）人民法院认为可能影响履行管理人职责的其他情形。

第十条 编制管理人名册的人民法院应当组成专门的评审委员会，决定编入管理人名册的社会中介机构和个人名单。评审委员会成员应不少于七人。

人民法院应当根据本辖区社会中介机构以及社会中介机构中个人的实际情况，结合其执业业绩、能力、专业水准、社会中介机构的规模、办理企业破产案件的经验等因素制定管理人评定标准，由评审委员会根据申报人的具体情况评定其综合分数。

人民法院根据评审委员会评审结果，确定管理人初审名册。

第十一条 人民法院应当将管理人初审名册通过本辖区有影响的媒体进行公示，公示期为十日。

对于针对编入初审名册的社会中介机构和个人提出的异议，人民法院应当进行审查。异议成立、申请人确不宜担任管理人的，人民法院应将该社会中介机构或者个人从管理人初审名册中删除。

第十二条 公示期满后，人民法院应审定管理人名册，并通过全国有影响的媒体公布，同时逐级报最高人民法院备案。

第十三条 人民法院可以根据本辖区的实际情况,分批确定编入管理人名册的社会中介机构及个人。

编制管理人名册的全部资料应当建立档案备查。

第十四条 人民法院可以根据企业破产案件受理情况、管理人履行职务以及管理人资格变化等因素,对管理人名册适时进行调整。新编入管理人名册的社会中介机构和个人应当按照本规定的程序办理。

人民法院发现社会中介机构或者个人有企业破产法第二十四条第三款规定情形的,应当将其从管理人名册中除名。

二、管理人的指定

第十五条 受理企业破产案件的人民法院指定管理人,一般应从本地管理人名册中指定。

对于商业银行、证券公司、保险公司等金融机构以及在全国范围内有重大影响、法律关系复杂、债务人财产分散的企业破产案件,人民法院可以从所在地区高级人民法院编制的管理人名册列明的其他地区管理人或者异地人民法院编制的管理人名册中指定管理人。

第十六条 受理企业破产案件的人民法院,一般应指定管理人名册中的社会中介机构担任管理人。

第十七条 对于事实清楚、债权债务关系简单、债务人财产相对集中的企业破产案件,人民法院可以指定管理人名册中的个人为管理人。

第十八条 企业破产案件有下列情形之一的,人民法院可以指定清算组为管理人:

(一)破产申请受理前,根据有关规定已经成立清算组,人民法院认为符合本规定第十九条的规定;

(二)审理企业破产法第一百三十三条规定的案件;

(三)有关法律规定企业破产时成立清算组;

(四)人民法院认为可以指定清算组为管理人的其他情形。

第十九条 清算组为管理人的,人民法院可以从政府有关部门、编入管理人名册的社会中介机构、金融资产管理公司中指定清算组成员,人民银行及金融监督管理机构可以按照有关法律和行政法规的规定派人参加清算组。

第二十条 人民法院一般应当按照管理人名册所列名单采取轮候、抽签、摇号等随机方式公开指定管理人。

第二十一条 对于商业银行、证券公司、保险公司等金融机构或者在全国范围有重大影响、法律关系复杂、债务人财产分散的企业破产案件,人民法院可以采取公告的方式,邀请编入各地人民法院管理人名册中的社会中介机构参与竞争,从参与竞争的社会中介机构中指定管理人。参与竞争的社会中介机构不得少于三家。

采取竞争方式指定管理人的,人民法院应当组成专门的评审委员会。

评审委员会应当结合案件的特点,综合考量社会中介机构的专业水准、经验、机构规模、初步报价等因素,从参与竞争的社会中介机构中择优指定管理人。被指定为管理人的社会中介机构应经评审委员会成员二分之一以上通过。

采取竞争方式指定管理人的,人民法院应当确定一至两名备选社会中介机构,作为需要更换管理人时的接替人选。

第二十二条 对于经过行政清理、清算的商业银行、证券公司、保险公司等金融机构的破产案件,人民法院除可以按照本规定第十八条第一项的规定指定管理人外,也可以在金融监督管理机构推荐的已编入管理人名册的社会中介机构中指定管理人。

第二十三条 社会中介机构、清算组成员有下列情形之一,可能影响其忠实履行管理人职责的,人民法院可以认定为企业破产法第二十四条第三款第三项规定的利害关系:

(一)与债务人、债权人有未了结的债权债

务关系；

（二）在人民法院受理破产申请前三年内，曾为债务人提供相对固定的中介服务；

（三）现在是或者在人民法院受理破产申请前三年内曾经是债务人、债权人的控股股东或者实际控制人；

（四）现在担任或者在人民法院受理破产申请前三年内曾经担任债务人、债权人的财务顾问、法律顾问；

（五）人民法院认为可能影响其忠实履行管理人职责的其他情形。

第二十四条 清算组成员的派出人员、社会中介机构的派出人员、个人管理人有下列情形之一，可能影响其忠实履行管理人职责的，可以认定为企业破产法第二十四条第三款第三项规定的利害关系：

（一）具有本规定第二十三条规定情形；

（二）现在担任或者在人民法院受理破产申请前三年内曾经担任债务人、债权人的董事、监事、高级管理人员；

（三）与债权人或者债务人的控股股东、董事、监事、高级管理人员存在夫妻、直系血亲、三代以内旁系血亲或者近姻亲关系；

（四）人民法院认为可能影响其公正履行管理人职责的其他情形。

第二十五条 在进入指定管理人程序后，社会中介机构或者个人发现与本案有利害关系的，应主动申请回避并向人民法院书面说明情况。人民法院认为社会中介机构或者个人与本案有利害关系的，不应指定该社会中介机构或者个人为本案管理人。

第二十六条 社会中介机构或者个人有重大债务纠纷或者因涉嫌违法行为正被相关部门调查的，人民法院不应指定该社会中介机构或者个人为本案管理人。

第二十七条 人民法院指定管理人应当制作决定书，并向被指定为管理人的社会中介机构或者个人、破产申请人、债务人、债务人的企业登记机关送达。决定书应与受理破产申请的民事裁定书一并公告。

第二十八条 管理人无正当理由，不得拒绝人民法院的指定。

管理人一经指定，不得以任何形式将管理人应当履行的职责全部或者部分转给其他社会中介机构或者个人。

第二十九条 管理人凭指定管理人决定书按照国家有关规定刻制管理人印章，并交人民法院封样备案后启用。

管理人印章只能用于所涉破产事务。管理人根据企业破产法第一百二十二条规定终止执行职务后，应当将管理人印章交公安机关销毁，并将销毁的证明送交人民法院。

第三十条 受理企业破产案件的人民法院应当将指定管理人过程中形成的材料存入企业破产案件卷宗，债权人会议或者债权人委员会有权查阅。

三、管理人的更换

第三十一条 债权人会议根据企业破产法第二十二条第二款的规定申请更换管理人的，应由债权人会议作出决议并向人民法院提出书面申请。

人民法院在收到债权人会议的申请后，应当通知管理人在两日内作出书面说明。

第三十二条 人民法院认为申请理由不成立的，应当自收到管理人书面说明之日起十日内作出驳回申请的决定。

人民法院认为申请更换管理人的理由成立的，应当自收到管理人书面说明之日起十日内作出更换管理人的决定。

第三十三条 社会中介机构管理人有下列情形之一的，人民法院可以根据债权人会议的申请或者依职权迳行决定更换管理人：

（一）执业许可证或者营业执照被吊销或者注销；

（二）出现解散、破产事由或者丧失承担执业责任风险的能力；

（三）与本案有利害关系；

（四）履行职务时，因故意或者重大过失导致债权人利益受到损害；

（五）有本规定第二十六条规定的情形。

清算组成员参照适用前款规定。

第三十四条　个人管理人有下列情形之一的，人民法院可以根据债权人会议的申请或者依职权迳行决定更换管理人：

（一）执业资格被取消、吊销；

（二）与本案有利害关系；

（三）履行职务时，因故意或者重大过失导致债权人利益受到损害；

（四）失踪、死亡或者丧失民事行为能力；

（五）因健康原因无法履行职务；

（六）执业责任保险失效；

（七）有本规定第二十六条规定的情形。

清算组成员的派出人员、社会中介机构的派出人员参照适用前款规定。

第三十五条　管理人无正当理由申请辞去职务的，人民法院不予许可。正当理由的认定，可参照适用本规定第三十三条、第三十四条规定的情形。

第三十六条　人民法院对管理人申请辞去职务未予许可，管理人仍坚持辞去职务并不再履行管理人职责的，人民法院应当决定更换管理人。

第三十七条　人民法院决定更换管理人的，原管理人应当自收到决定书之次日起，在人民法院监督下向新任管理人移交全部资料、财产、营业事务及管理人印章，并及时向新任管理人书面说明工作进展情况。原管理人不能履行上述职责的，新任管理人可以直接接管相关事务。

在破产程序终结前，原管理人应当随时接受新任管理人、债权人会议、人民法院关于其履行管理人职责情况的询问。

第三十八条　人民法院决定更换管理人的，应将决定书送达原管理人、新任管理人、破产申请人、债务人以及债务人的企业登记机关，并予公告。

第三十九条　管理人申请辞去职务未获人民法院许可，但仍坚持辞职并不再履行管理人职责，或者人民法院决定更换管理人后，原管理人拒不向新任管理人移交相关事务，人民法院可以根据企业破产法第一百三十条的规定和具体情况，决定对管理人罚款。对社会中介机构为管理人的罚款5万元至20万元人民币，对个人为管理人的罚款1万元至5万元人民币。

管理人有前款规定行为或者无正当理由拒绝人民法院指定的，编制管理人名册的人民法院可以决定停止其担任管理人一年至三年，或者将其从管理人名册中除名。

第四十条　管理人不服罚款决定的，可以向上一级人民法院申请复议，上级人民法院应在收到复议申请后五日内作出决定，并将复议结果通知下级人民法院和当事人。

最高人民法院关于审理企业破产案件确定管理人报酬的规定

（2007年4月4日最高人民法院审判委员会第1422次会议通过
2007年4月12日公布　法释〔2007〕9号
自2007年6月1日起施行）

为公正、高效审理企业破产案件，规范人民法院确定管理人报酬工作，根据《中华人民共和国企业破产法》的规定，制定本规定。

第一条　管理人履行企业破产法第二十五条规定的职责，有权获得相应报酬。

管理人报酬由审理企业破产案件的人民

法院依据本规定确定。

第二条 人民法院应根据债务人最终清偿的财产价值总额，在以下比例限制范围内分段确定管理人报酬：

（一）不超过一百万元（含本数，下同）的，在12%以下确定；

（二）超过一百万元至五百万元的部分，在10%以下确定；

（三）超过五百万元至一千万元的部分，在8%以下确定；

（四）超过一千万元至五千万元的部分，在6%以下确定；

（五）超过五千万元至一亿元的部分，在3%以下确定；

（六）超过一亿元至五亿元的部分，在1%以下确定；

（七）超过五亿元的部分，在0.5%以下确定。

担保权人优先受偿的担保物价值，不计入前款规定的财产价值总额。

高级人民法院认为有必要的，可以参照上述比例在30%的浮动范围内制定符合当地实际情况的管理人报酬比例限制范围，并通过当地有影响的媒体公告，同时报最高人民法院备案。

第三条 人民法院可以根据破产案件的实际情况，确定管理人分期或者最后一次性收取报酬。

第四条 人民法院受理企业破产申请后，应当对债务人可供清偿的财产价值和管理人的工作量作出预测，初步确定管理人报酬方案。管理人报酬方案应当包括管理人报酬比例和收取时间。

第五条 人民法院采取公开竞争方式指定管理人的，可以根据社会中介机构提出的报价确定管理人报酬方案，但报酬比例不得超出本规定第二条规定的限制范围。

上述报酬方案一般不予调整，但债权人会议异议成立的除外。

第六条 人民法院应当自确定管理人报酬方案之日起三日内，书面通知管理人。

管理人应当在第一次债权人会议上报告管理人报酬方案内容。

第七条 管理人、债权人会议对管理人报酬方案有意见的，可以进行协商。双方就调整管理人报酬方案内容协商一致的，管理人应向人民法院书面提出具体的请求和理由，并附相应的债权人会议决议。

人民法院经审查认为上述请求和理由不违反法律和行政法规强制性规定，且不损害他人合法权益的，应当按照双方协商的结果调整管理人报酬方案。

第八条 人民法院确定管理人报酬方案后，可以根据破产案件和管理人履行职责的实际情况进行调整。

人民法院应当自调整管理人报酬方案之日起三日内，书面通知管理人。管理人应当自收到上述通知之日起三日内，向债权人委员会或者债权人会议主席报告管理人报酬方案调整内容。

第九条 人民法院确定或者调整管理人报酬方案时，应当考虑以下因素：

（一）破产案件的复杂性；

（二）管理人的勤勉程度；

（三）管理人为重整、和解工作做出的实际贡献；

（四）管理人承担的风险和责任；

（五）债务人住所地居民可支配收入及物价水平；

（六）其他影响管理人报酬的情况。

第十条 最终确定的管理人报酬及收取情况，应列入破产财产分配方案。在和解、重整程序中，管理人报酬方案内容应列入和解协议草案或重整计划草案。

第十一条 管理人收取报酬，应当向人民法院提出书面申请。申请书应当包括以下内容：

（一）可供支付报酬的债务人财产情况；

（二）申请收取报酬的时间和数额；

（三）管理人履行职责的情况。

人民法院应当自收到上述申请书之日起十日内,确定支付管理人的报酬数额。

第十二条　管理人报酬从债务人财产中优先支付。

债务人财产不足以支付管理人报酬和管理人执行职务费用的,管理人应当提请人民法院终结破产程序。但债权人、管理人、债务人的出资人或者其他利害关系人愿意垫付上述报酬和费用的,破产程序可以继续进行。

上述垫付款项作为破产费用从债务人财产中向垫付人随时清偿。

第十三条　管理人对担保物的维护、变现、交付等管理工作付出合理劳动的,有权向担保权人收取适当的报酬。管理人与担保权人就上述报酬数额不能协商一致的,人民法院应当参照本规定第二条规定的方法确定,但报酬比例不得超出该条规定限制范围的10%。

第十四条　律师事务所、会计师事务所通过聘请本专业的其他社会中介机构或者人员协助履行管理人职责的,所需费用从其报酬中支付。

破产清算事务所通过聘请其他社会中介机构或者人员协助履行管理人职责的,所需费用从其报酬中支付。

第十五条　清算组中有关政府部门派出的工作人员参与工作的不收取报酬。其他机构或人员的报酬根据其履行职责的情况确定。

第十六条　管理人发生更换的,人民法院应当分别确定更换前后的管理人报酬。其报酬比例总和不得超出本规定第二条规定的限制范围。

第十七条　债权人会议对管理人报酬有异议的,应当向人民法院书面提出具体的请求和理由。异议书应当附有相应的债权人会议决议。

第十八条　人民法院应当自收到债权人会议异议书之日起三日内通知管理人。管理人应当自收到通知之日起三日内作出书面说明。

人民法院认为有必要的,可以举行听证会,听取当事人意见。

人民法院应当自收到债权人会议异议书之日起十日内,就是否调整管理人报酬问题书面通知管理人、债权人委员会或者债权人会议主席。

最高人民法院关于企业破产案件信息公开的规定(试行)

(2016年7月26日发布　法发〔2016〕19号)

为提升破产案件审理的透明度和公信力,根据《中华人民共和国企业破产法》《中华人民共和国民事诉讼法》,结合人民法院工作实际,就破产案件信息公开问题,制定本规定。

第一条　最高人民法院设立全国企业破产重整案件信息网(以下简称破产重整案件信息网),破产案件(包括破产重整、破产清算、破产和解案件)审判流程信息以及公告、法律文书、债务人信息等与破产程序有关的信息统一在破产重整案件信息网公布。

人民法院以及人民法院指定的破产管理人应当使用破产重整案件信息网及时披露破产程序有关信息。

第二条　破产案件信息公开以公开为原则,以不公开为例外。凡是不涉及国家秘密、个人隐私的信息均应依法公开。涉及商业秘密的债务人信息,在不损害债权人和债务人合法权益的情况下,破产管理人可以通过与重整投资人的协议向重整投资人公开。

第三条 人民法院依法公开破产案件的以下信息：

（一）审判流程节点信息；

（二）破产程序中人民法院发布的各类公告；

（三）人民法院制作的破产程序法律文书；

（四）人民法院认为应当公开的其他信息。

第四条 破产管理人依法公开破产案件的以下信息：

（一）债务人信息；

（二）征集、招募重整投资人的公告；

（三）破产管理人工作节点信息；

（四）破产程序中破产管理人发布的其他公告；

（五）破产管理人制作的破产程序法律文书；

（六）人民法院裁定批准的重整计划、认可的破产财产分配方案、和解协议。

破产管理人认为应当公开的其他信息，经人民法院批准可以公开。

第五条 破产管理人应当通过破产重整案件信息网及时公开下列债务人信息：

（一）工商登记信息；

（二）最近一年的年度报告；

（三）最近一年的资产负债表；

（四）涉及的诉讼、仲裁案件的基本信息。

第六条 重整投资人可以通过破产重整案件信息网与破产管理人互动交流。破产管理人可以根据与重整投资人的协议向重整投资人公开下列债务人信息：

（一）资产、经营状况信息；

（二）涉及的诉讼、仲裁案件的详细信息；

（三）重整投资人需要的其他信息。

第七条 人民法院、破产管理人可以在破产重整案件信息网发布破产程序有关公告。

人民法院、破产管理人在其他媒体发布公告的，同时要在破产重整案件信息网发布公告。人民法院、破产管理人在破产重整案件信息网发布的公告具有法律效力。

第八条 经受送达人同意，人民法院可以通过破产重整案件信息网以电子邮件、移动通信等能够确认其收悉的方式送达破产程序有关法律文书，但裁定书除外。

采用前款方式送达的，以电子邮件、移动通信等到达受送达人特定系统的日期为送达日期。

第九条 申请人可以在破产重整案件信息网实名注册后申请预约立案并提交有关材料的电子文档。人民法院审查通过后，应当通知申请人到人民法院立案窗口办理立案登记。

第十条 债权人可以在破产重整案件信息网实名注册后申报债权并提交有关证据的电子文档，网上申报债权与其他方式申报债权具有同等法律效力。

债权人向破产管理人书面申报债权的，破产管理人应当将债权申报书及有关证据的电子文档上传破产重整案件信息网。

第十一条 人民法院、破产管理人可以在破产重整案件信息网召集债权人会议并表决有关事项。网上投票形成的表决结果与现场投票形成的表决结果具有同等法律效力。

债权人可以选择现场投票或者网上投票，但选择后不能再采用其他方式进行投票，采用其他方式进行投票的，此次投票无效。

第十二条 人民法院审理的公司强制清算案件应当参照适用本规定。

第十三条 本规定自2016年8月1日起施行。本规定施行后受理的破产案件以及施行前尚未审结的破产案件应当适用本规定。

最高人民法院关于正确审理企业破产案件为维护市场经济秩序提供司法保障若干问题的意见

（2009年6月12日发布 法发〔2009〕36号）

各省、自治区、直辖市高级人民法院，解放军军事法院，新疆维吾尔自治区高级人民法院生产建设兵团分院：

当前，由于国际金融危机的不断发展和蔓延，我国经济发展仍然面临着严峻的考验。阻碍经济良性运行的负面因素和潜在风险明显增多，许多企业因资金链断裂引发的系统风险不断显现，严重影响了我国经济发展秩序良性运转和社会稳定。在当前经济形势下，充分发挥人民法院商事审判的职能作用，正确审理企业破产案件，防范和化解企业债务风险，挽救危困企业，规范市场主体退出机制，维护市场运行秩序，对于有效应对国际金融危机冲击，保障经济平稳较快发展，具有重要意义。现就人民法院做好企业破产案件审判工作，提出以下意见：

一、依法受理企业破产案件，为建立我国社会主义市场经济良性运行机制提供司法保障

1. 人民法院要正确认识企业破产法保障债权公平有序受偿、完善优胜劣汰的竞争机制、优化社会资源配置、调整社会产业结构、拯救危困企业的作用，依法受理审理企业破产清算、重整、和解案件，综合利用企业破产法的多种程序，充分发挥其对市场经济的调整作用，建立企业法人规范退出市场的良性运行机制，努力推动经济社会又好又快发展。

2. 为保障国家产业结构调整政策的落实，对于已经出现破产原因的企业，人民法院要依法受理符合条件的破产清算申请，通过破产清算程序使其从市场中有序退出。对于虽有借破产逃废债务可能但符合破产清算申请受理条件的非诚信企业，也要将其纳入到法定的破产清算程序中，通过撤销和否定其不当处置财产行为，以及追究出资人等相关主体责任的方式，使其借破产逃废债务的目的落空，剥夺其市场主体资格。对债权人申请债务人破产清算的，人民法院审查的重点是债务人是否不能清偿到期债务，而不能以债权人无法提交债务人财产状况说明等为由，不受理债权人的申请。

3. 对于虽然已经出现破产原因或者有明显丧失清偿能力可能，但符合国家产业结构调整政策、仍具发展前景的企业，人民法院要充分发挥破产重整和破产和解程序的作用，对其进行积极有效的挽救。破产重整和和解制度，为尚有挽救希望的危困企业提供了避免破产清算死亡、获得再生的机会，有利于债务人及其债权人、出资人、职工、关联企业等各方主体实现共赢，有利于社会资源的充分利用。努力推动企业重整和和解成功，促进就业、优化资源配置、减少企业破产给社会带来的不利影响，是人民法院审理企业破产案件的重要目标之一，也是人民法院商事审判工作服务于保增长、保民生、保稳定大局的必然要求。

二、坚持在当地党委的领导下，努力配合政府做好企业破产案件中的维稳工作，为构建和谐社会提供司法保障

4. 债务人进入破产程序后，因涉及债权人、债务人、出资人、企业职工等众多当事人的利益，各方矛盾极为集中和突出，处理不当，极易引发群体性、突发性事件，影响社会稳定。

人民法院审理企业破产案件,一定要坚持在当地党委的领导下,充分发挥地方政府建立的风险预警机制、联动机制、资金保障机制等协调机制的作用,努力配合政府做好企业破产案件中的维稳工作。

5. 对于职工欠薪和就业问题突出、债权人矛盾激化、债务人弃企逃债等敏感类破产案件,要及时向当地党委汇报,争取政府的支持。在政府协调下,加强与相关部门的沟通、配合,及时采取有力措施,积极疏导并化解各种矛盾纠纷,避免哄抢企业财产、职工集体上访的情况发生,将不稳定因素消除在萌芽状态。有条件的地方,可通过政府设立的维稳基金或鼓励第三方垫款等方式,优先解决破产企业职工的安置问题,政府或第三方就劳动债权的垫款,可以在破产程序中按照职工债权的受偿顺序优先获得清偿。

三、充分发挥破产重整和和解程序挽救危困企业、实现企业持续经营的作用,保障社会资源有效利用

6. 人民法院要充分发挥司法能动作用,注重做好当事人的释明和协调工作,合理适用破产重整和和解程序。对于当事人同时申请债务人清算、重整、和解的,人民法院要根据债务人的实际情况和各方当事人的意愿,在组织各方当事人充分论证的基础上,对于有重整或者和解可能的,应当依法受理重整或者和解申请。当事人申请重整,但因企业经营规模较小、虽有挽救必要但重整成本明显高于重整收益的困难企业,有关权利人不同意重整的,人民法院可引导当事人通过和解方式挽救企业。人民法院要加强破产程序中的调解工作,在法律允许的框架下,积极支持债务人、管理人和新出资人等为挽救企业所做的各项工作,为挽救困难企业创造良好的法律环境。

7. 人民法院适用强制批准裁量权挽救危困企业时,要保证反对重整计划草案的债权人或者出资人在重整中至少可以获得在破产清算中本可获得的清偿。对于重整计划草案被提请批准时依照破产清算程序所能获得的清偿比例的确定,应充分考虑其计算方法是否科学、客观、准确,是否充分保护了利害关系人的应有利益。人民法院要严格审查重整计划草案,综合考虑社会公共利益,积极审慎适用裁量权。对不符合强制批准条件的,不能借挽救企业之名违法审批。上级人民法院要肩负起监督职责,对利害关系人就重整程序中反映的问题要进行认真审查,问题属实的,要及时予以纠正。

四、在破产程序中要注重保障民生,切实维护职工合法权益

8. 依法优先保护劳动者权益,是破产法律制度的重要价值取向。人民法院在审理企业破产案件中,要切实维护职工的合法权益,严格依法保护职工利益。召开债权人会议要有债务人的职工和工会代表参加,保障职工对破产程序的参与权。职工对管理人确认的工资等债权有异议的,管理人要认真审查核对,发现错误要及时纠正;因管理人未予纠正,职工据此提起诉讼的,人民法院要严格依法审理,及时作出判决。

9. 表决重整计划草案时,要充分尊重职工的意愿,并就债务人所欠职工工资等债权设定专门表决组进行表决;职工债权人表决组未通过重整计划草案的,人民法院强制批准必须以应当优先清偿的职工债权全额清偿为前提。企业继续保持原经营范围的,人民法院要引导债务人或管理人在制作企业重整计划草案时,尽可能保证企业原有职工的工作岗位。

10. 保障职工合法权益需要社会各方面的共同努力。人民法院要加强与国家社会保障部门、劳动部门、工商行政管理部门、组织人事等部门的沟通和协调,积极提出司法建议,推动适合中国特色的社会保障体制的建立和完善。

五、妥善指定适格管理人,充分发挥管理人在企业破产程序中的积极作用

11. 人民法院要根据企业破产法和有关司法解释的规定,采用适当方式指定管理人,对于重大疑难案件,可以通过竞争的方式择优确定管理人。要注意处理好审理破产案件的审判庭和司法技术辅助工作部门的关系，在指定管理人时，应由审理破产案件的审判庭根据案件实际情况决定采用哪类管理人以及采用哪种产生方式，在决定通过随机方式或者竞争方式产生管理人或其成员时，再由司法技术辅助工作部门根据规定产生管理人或其成员。

12. 企业重整中，因涉及重大资产重组、经营模式选择、引入新出资人等商业运作内容，重整中管理人的职责不仅是管理和处分债务人财产，更要管理债务人的经营业务，特别是制定和执行重整计划。因此，在我国目前管理人队伍尚未成熟的情况下，人民法院指定管理人时，应当注意吸收相关部门和人才，根据实际情况选择指定的形式和方式，以便产生适格管理人。

13. 管理人的工作能力和敬业精神直接决定着企业破产案件能否依法有效进行，以及破产法律制度能否充分发挥其应有的作用。人民法院要特别注意加强对管理人业务知识和各种能力的培养，建立管理人考核机制，通过业绩考核，形成激励和淘汰机制，逐步实现管理人队伍的专业化。

六、正确适用企业破产法的各项制度，充分保护债权人合法权益

14. 人民法院在审理企业破产案件中，要充分调动管理人的积极性，促使其利用法律手段，努力查找和追收债务人财产，最大限度保护债权人利益。对出资不实、抽逃出资的，要依法追回；对于不当处置公司财产的行为，要依法撤销或者认定无效，并追回有关财产；对于违反法律、行政法规等规定，给公司或债权人造成损失的，要依法追究行为人的民事责任；对于发现妨碍清算行为的犯罪线索，要及时向侦查机关通报情况。

15. 要充分发挥债权人会议和债权人委员会的职能作用，切实保障债权人对破产程序的参与权，坚决防止地方保护主义，即使在以挽救债务人为主要目的的破产重整和和解程序中，仍然要以充分保障债权人利益为前提，重整计划和和解协议的通过与否，要严格按照法定的程序确定表决权并依法表决。

16. 人民法院在审理债务人人员下落不明或财产状况不清的破产案件时，要从充分保障债权人合法利益的角度出发，在对债务人的法定代表人、财务管理人员、其他经营管理人员，以及出资人等进行释明，或者采取相应罚款、训诫、拘留等强制措施后，债务人仍不向人民法院提交有关材料或者不提交全部材料，影响清算顺利进行的，人民法院就现有财产对已知债权进行公平清偿并裁定终结清算程序后，应当告知债权人可以另行提起诉讼要求有责任的有限责任公司股东、股份有限公司董事、控股股东，以及实际控制人等清算义务人对债务人的债务承担清偿责任。

七、正确认识破产程序与执行程序的功能定位，做好两个程序的有效衔接

17. 人民法院要充分认识破产程序和执行程序的不同功能定位，充分发挥企业破产法公平保护全体债权人的作用。破产程序是对债务人全部财产进行的概括执行，注重对所有债权的公平受偿，具有对一般债务清偿程序的排他性。因此，人民法院受理破产申请后，对债务人财产所采取的所有保全措施和执行程序都应解除和中止，相关债务在破产清算程序中一并公平清偿。

18. 人民法院要注重做好破产程序和执行程序的衔接工作，确保破产财产妥善处置。涉及到人民法院内部破产程序和执行程序的操作的，应注意不同法院、不同审判部门、不同程序的协调与配合。涉及到债务人财产被其他国家行政机关采取保全措施或执行程序的，人民法院应积极与上述机关进行协调和沟通，取得有关机关的配合，依法解除有关保全措施，中止有关执行程序。

19. 人民法院受理破产申请后，在宣告债务人破产前裁定驳回申请人的破产申请，并终结破产程序的，应当在作出终结破产程序的裁定前，告知管理人通知原对债务人财产采取保全措施或执行程序的法院恢复原有的保全措施或执行程序，有轮候保全的，以原采取保全措施的时间确定轮候顺位。对恢复受理债务人为被执行人的执行案件，应当适用申请执行时效中断的有关规定。

八、加强审理破产案件法官专业化队伍建设，充分发挥商事审判职能作用

20. 随着我国经济市场化、国际化程度越来越高，企业破产案件将呈逐步增长趋势，这对人民法院审判工作提出了更高的要求。一方面，企业破产案件审理周期长、难度大、事务性工作繁重，人民法院长期以来案多人少的矛盾更加突出。另一方面，由于破产案件审理的复杂性和特殊性，客观上需要一支不仅具备较为扎实的法学理论功底，而且还要有解决社会矛盾、处理应急事务、协调各方利益等多方面工作能力的专业化法官队伍。因此，人民法院要加强法官专业化队伍建设，在人财物方面给予支持和保障。有条件的法院可以根据企业破产案件的数量，成立专门的破产案件审判庭，或指定专门的合议庭负责审理破产案件。

21. 人民法院要积极调动法官审理企业破产案件的积极性，在考核法官工作业绩时，要充分考虑企业破产案件审理的特殊性，以及法官办理企业破产案件所付出的辛勤劳动和承担的各种压力，积极探索能够客观反映审理破产案件工作量的科学考评标准，不断提高破产案件的审理质量。

22. 审理企业破产案件的法官，要大力加强对党的路线方针政策的学习，增强大局意识和责任意识。在当前经济形势下，更要正确处理好保护金融债权与挽救危困企业之间的关系，实现债权人与债务人的共赢，共渡难关。正确处理好保护投资者利益与维护职工合法权益之间的关系，保障社会和谐稳定。正确处理好企业破产清算与企业再生之间的关系，实现社会资源的充分利用以及法律效果和社会效果的有机统一。广大法官要大力加强廉政建设，严格执行最高人民法院“五个严禁”等审判纪律和规章制度，无论是在指定管理人还是在委托拍卖财产等敏感环节，都要坚持以制度管人，坚决杜绝人情案、关系案、金钱案，确保以公正高效的审判业绩，为我国国民经济平稳较快发展创造条件。

最高人民法院关于审理公司强制清算案件工作座谈会纪要

（2009 年 11 月 4 日发布　法发〔2009〕52 号）

当前，因受国际金融危机和世界经济衰退影响，公司经营困难引发的公司强制清算案件大幅度增加。《中华人民共和国公司法》和最高人民法院《关于适用〈中华人民共和国公司法〉若干问题的规定（二）》（以下简称公司法司法解释二）对于公司强制清算案件审理中的有关问题已作出规定，但鉴于该类案件非讼程序的特点和目前清算程序规范的不完善，有必要进一步明确该类案件审理原则，细化有关程序和实体规定，更好地规范公司退出市场行为，维护市场运行秩序，依法妥善审理公司强制清算案件，维护和促进经济社会和谐稳定。为此，最高人民法院在广泛调研的基础上，于 2009 年 9 月 15 日至 16 日在浙江省绍兴市召开了全国部分法院审理公司强制清算案件工作座谈会。与会同志通过认真讨论，就有关审理公司强制清算案件中涉及的主要问题达成了共识。现纪要如下：

一、关于审理公司强制清算案件应当遵循的原则

1. 会议认为，公司作为现代企业的主要类型，在参与市场竞争时，不仅要严格遵循市场准入规则，也要严格遵循市场退出规则。公司强制清算作为公司退出市场机制的重要途径之一，是公司法律制度的重要组成部分。人民法院在审理此类案件时，应坚持以下原则：

第一，坚持清算程序公正原则。公司强制清算的目的在于有序结束公司存续期间的各种商事关系，合理调整众多法律主体的利益，维护正常的经济秩序。人民法院审理公司强制清算案件，应当严格依照法定程序进行，坚持在程序正义的基础上实现清算结果的公正。

第二，坚持清算效率原则。提高社会经济的整体效率，是公司强制清算制度追求的目标之一，要严格而不失快捷地使已经出现解散事由的公司退出市场，将其可能给各方利益主体造成的损失降至最低。人民法院审理强制清算案件，要严格按照法律规定及时有效地完成清算，保障债权人、股东等利害关系人的利益及时得到实现，避免因长期拖延清算给相关利害关系人造成不必要的损失，保障社会资源的有效利用。

第三，坚持利益均衡保护原则。公司强制清算中应当以维护公司各方主体利益平衡为原则，实现公司退出环节中的公平公正。人民法院在审理公司强制清算案件时，既要充分保护债权人利益，又要兼顾职工利益、股东利益和社会利益，妥善处理各方利益冲突，实现法律效果和社会效果的有机统一。

二、关于强制清算案件的管辖

2. 对于公司强制清算案件的管辖应当分别从地域管辖和级别管辖两个角度确定。地域管辖法院应为公司住所地的人民法院，即公司主要办事机构所在地法院；公司主要办事机构所在地不明确、存在争议的，由公司注册登记地人民法院管辖。级别管辖应当按照公司登记机关的级别予以确定，即基层人民法院管辖县、县级市或者区的公司登记机关核准登记公司的公司强制清算案件；中级人民法院管辖地区、地级市以上的公司登记机关核准登记公司的公司强制清算案件。存在特殊原因的，也可参照适用《中华人民共和国企业破产法》第四条、《中华人民共和国民事诉讼法》第三十七条和第三十九条的规定，确定公司强制清算案件的审理法院。

三、关于强制清算案件的案号管理

3. 人民法院立案庭收到申请人提交的对公司进行强制清算的申请后，应当及时以“（　）法×清（预）字第×号”立案。立案庭立案后，应当将申请人提交的申请等有关材料移交审理强制清算案件的审判庭审查，并由审判庭依法作出是否受理强制清算申请的裁定。

4. 审判庭裁定不予受理强制清算申请的，裁定生效后，公司强制清算案件应当以“（　）法×清（预）字第×号”结案。审判庭裁定受理强制清算申请的，立案庭应当以“（　）法×清（算）字第×号”立案。

5. 审判庭裁定受理强制清算申请后，在审理强制清算案件中制作的民事裁定书、决定书等，应当在“（　）法×清（算）字第×号”后依次编号，如“（　）法×清（算）字第×－1号民事裁定书”、“（　）法×清（算）字第×－2号民事裁定书”等，或者“（　）法×清（算）字第×－1号决定书”、“（　）法×清（算）字第×－2号决定书”等。

四、关于强制清算案件的审判组织

6. 因公司强制清算案件在案件性质上类似于企业破产案件，因此强制清算案件应当由负责审理企业破产案件的审判庭审理。有条件的人民法院，可由专门的审判庭或者指定专门的合议庭审理公司强制清算案件和企业破产案件。公司强制清算案件应当组成合议庭进行审理。

五、关于强制清算的申请

7. 公司债权人或者股东向人民法院申请强制清算应当提交清算申请书。申请书应当载明申请人、被申请人的基本情况和申请的事实和理由。同时，申请人应当向人民法院提交被申请人已经发生解散事由以及申请人对被申请人享有债权或者股权的有关证据。公司解散后已经自行成立清算组进行清算，但债权人或者股东以其故意拖延清算，或者存在其他违法清算可能严重损害债权人或者股东利益为由，申请人民法院强制清算的，申请人还应当向人民法院提交公司故意拖延清算，或者存在其他违法清算行为可能严重损害其利益的相应证据材料。

8. 申请人提交的材料需要更正、补充的，人民法院应当责令申请人于七日内予以更正、补充。申请人由于客观原因无法按时更正、补充的，应当向人民法院予以书面说明并提出延期申请，由人民法院决定是否延长期限。

六、关于对强制清算申请的审查

9. 审理强制清算案件的审判庭审查决定是否受理强制清算申请时，一般应当召开听证会。对于事实清楚、法律关系明确、证据确实充分的案件，经书面通知被申请人，其对书面审查方式无异议的，也可决定不召开听证会，而采用书面方式进行审查。

10. 人民法院决定召开听证会的，应当于听证会召开五日前通知申请人、被申请人，并送达相关申请材料。公司股东、实际控制人等利害关系人申请参加听证的，人民法院应予准许。听证会中，人民法院应当组织有关利害关系人对申请人是否具备申请资格、被申请人是否已经发生解散事由、强制清算申请是否符合法律规定等内容进行听证。因补充证据等原因需要再次召开听证会的，应在补充期限届满后十日内进行。

11. 人民法院决定不召开听证会的，应当及时通知申请人和被申请人，并向被申请人送达有关申请材料，同时告知被申请人若对申请人的申请有异议，应当自收到人民法院通知之日起七日内向人民法院书面提出。

七、关于对强制清算申请的受理

12. 人民法院应当在听证会召开之日或者自异议期满之日起十日内，依法作出是否受理强制清算申请的裁定。

13. 被申请人就申请人对其是否享有债权或者股权，或者对被申请人是否发生解散事由提出异议的，人民法院对申请人提出的强制清算申请应不予受理。申请人可就有关争议单独提起诉讼或者仲裁予以确认后，另行向人民法院提起强制清算申请。但对上述异议事项已有生效法律文书予以确认，以及发生被吊销企业法人营业执照、责令关闭或者被撤销等解散事由有明确、充分证据的除外。

14. 申请人提供被申请人自行清算中故意拖延清算，或者存在其他违法清算可能严重损害债权人或者股东利益的相应证据材料后，被申请人未能举出相反证据的，人民法院对申请人提出的强制清算申请应予受理。债权人申请强制清算，被申请人的主要财产、账册、重要文件等灭失，或者被申请人人员下落不明，导致无法清算的，人民法院不得以此为由不予受理。

15. 人民法院受理强制清算申请后，经审查发现强制清算申请不符合法律规定的，可以裁定驳回强制清算申请。

16. 人民法院裁定不予受理或者驳回受理申请，申请人不服的，可以向上一级人民法院提起上诉。

八、关于强制清算申请的撤回

17. 人民法院裁定受理公司强制清算申请前，申请人请求撤回其申请的，人民法院应予准许。

18. 公司因公司章程规定的营业期限届满或者公司章程规定的其他解散事由出现，或者股东会、股东大会决议自愿解散的，人民法院受理强制清算申请后，清算组对股东进行剩余财产分配前，申请人以公司修改章程，或者股东会、股东大会决议公司继续存续为由，请求撤回强制清算申请的，人民法院应予准许。

19. 公司因依法被吊销营业执照、责令关闭或者被撤销，或者被人民法院判决强制解散的，人民法院受理强制清算申请后，清算组对股东进行剩余财产分配前，申请人向人民法院申请撤回强制清算申请的，人民法院应不予准许。但申请人有证据证明相关行政决定被撤销，或者人民法院作出解散公司判决后当事人又达成公司存续和解协议的除外。

九、关于强制清算案件的申请费

20. 参照《诉讼费用交纳办法》第十条、第十四条、第二十条和第四十二条关于企业破产案件申请费的有关规定，公司强制清算案件的申请费以强制清算财产总额为基数，按照财产案件受理费标准减半计算，人民法院受理强制清算申请后从被申请人财产中优先拨付。因财产不足以清偿全部债务，强制清算程序依法转入破产清算程序的，不再另行计收破产案件申请费；按照上述标准计收的强制清算案件申请费超过30万元的，超过部分不再收取，已经收取的，应予退还。

21. 人民法院裁定受理强制清算申请前，申请人请求撤回申请，人民法院准许的，强制清算案件的申请费不再从被申请人财产中予以拨付；人民法院受理强制清算申请后，申请人请求撤回申请，人民法院准许的，已经从被申请人财产中优先拨付的强制清算案件申请费不予退回。

十、关于强制清算清算组的指定

22. 人民法院受理强制清算案件后，应当及时指定清算组成员。公司股东、董事、监事、高级管理人员能够而且愿意参加清算的，人民法院可优先考虑指定上述人员组成清算组；上述人员不能、不愿进行清算，或者由其负责清算不利于清算依法进行的，人民法院可以指定《人民法院中介机构管理人名册》和《人民法院个人管理人名册》中的中介机构或者个人组成清算组；人民法院也可根据实际需要，指定公司股东、董事、监事、高级管理人员，与管理人名册中的中介机构或者个人共同组成清算组。人民法院指定管理人名册中的中介机构或者个人组成清算组，或者担任清算组成员的，应当参照适用最高人民法院《关于审理企业破产案件指定管理人的规定》。

23. 强制清算清算组成员的人数应当为单数。人民法院指定清算组成员的同时，应当根据清算组成员的推选，或者依职权，指定清算组负责人。清算组负责人代行清算中公司诉讼代表人职权。清算组成员未依法履行职责的，人民法院应当依据利害关系人的申请，或者依职权及时予以更换。

十一、关于强制清算清算组成员的报酬

24. 公司股东、实际控制人或者股份有限公司的董事担任清算组成员的，不计付报酬。上述人员以外的有限责任公司的董事、监事、高级管理人员，股份有限公司的监事、高级管理人员担任清算组成员的，可以按照其上一年度的平均工资标准计付报酬。

25. 中介机构或者个人担任清算组成员的，其报酬由中介机构或者个人与公司协商确定；协商不成的，由人民法院参照最高人民法院《关于审理企业破产案件确定管理人报酬的规定》确定。

十二、关于强制清算清算组的议事机制

26. 公司强制清算中的清算组因清算事务发生争议的，应当参照公司法第一百一十二条的规定，经全体清算组成员过半数决议通过。与争议事项有直接利害关系的清算组成员可以发表意见，但不得参与投票；因利害关系人回避表决无法形成多数意见的，清算组可以请求人民法院作出决定。与争议事项有直接利害关系的清算组成员未回避表决形成决定的，债权人或者清算组其他成员可以参照公司法第二十二条的规定，自决定作出之日起六十日内，请求人民法院予以撤销。

十三、关于强制清算中的财产保全

27. 人民法院受理强制清算申请后，公司财产存在被隐匿、转移、毁损等可能影响依法清算情形的，人民法院可依清算组或者申请人的申请，对公司财产采取相应的保全措施。

十四、关于无法清算案件的审理

28. 对于被申请人主要财产、账册、重要文件等灭失，或者被申请人人员下落不明的强制清算案件，经向被申请人的股东、董事等直接责任人员释明或采取罚款等民事制裁措施后，仍然无法清算或者无法全面清算，对于尚有部分财产，且依据现有账册、重要文件等，可以进行部分清偿的，应当参照企业破产法的规定，对现有财产进行公平清偿后，以无法全面清算

为由终结强制清算程序；对于没有任何财产、账册、重要文件，被申请人人员下落不明的，应当以无法清算为由终结强制清算程序。

29.债权人申请强制清算，人民法院以无法清算或者无法全面清算为由裁定终结强制清算程序的，应当在终结裁定中载明，债权人可以另行依据公司法司法解释二第十八条的规定，要求被申请人的股东、董事、实际控制人等清算义务人对其债务承担偿还责任。股东申请强制清算，人民法院以无法清算或者无法全面清算为由作出终结强制清算程序的，应当在终结裁定中载明，股东可以向控股股东等实际控制公司的主体主张有关权利。

十五、关于强制清算案件衍生诉讼的审理

30.人民法院受理强制清算申请前已经开始，人民法院受理强制清算申请时尚未审结的有关被强制清算公司的民事诉讼，由原受理法院继续审理，但应依法将原法定代表人变更为清算组负责人。

31.人民法院受理强制清算申请后，就强制清算公司的权利义务产生争议的，应当向受理强制清算申请的人民法院提起诉讼，并由清算组负责人代表清算中公司参加诉讼活动。受理强制清算申请的人民法院对此类案件，可以适用民事诉讼法第三十七条和第三十九条的规定确定审理法院。

上述案件在受理法院内部各审判庭之间按照业务分工进行审理。人民法院受理强制清算申请后，就强制清算公司的权利义务产生争议，当事人双方就产生争议约定有明确有效的仲裁条款的，应当按照约定通过仲裁方式解决。

十六、关于强制清算和破产清算的衔接

32.公司强制清算中，清算组在清理公司财产、编制资产负债表和财产清单时，发现公司财产不足清偿债务的，除依据公司法司法解释二第十七条的规定，通过与债权人协商制作有关债务清偿方案并清偿债务的外，应依据公司法第一百八十八条和企业破产法第七条第三款的规定向人民法院申请宣告破产。

33.公司强制清算中，有关权利人依据企业破产法第二条和第七条的规定向人民法院另行提起破产申请的，人民法院应当依法进行审查。权利人的破产申请符合企业破产法规定的，人民法院应当依法裁定予以受理。人民法院裁定受理破产申请后，应当裁定终结强制清算程序。

34.公司强制清算转入破产清算后，原强制清算中的清算组由《人民法院中介机构管理人名册》和《人民法院个人管理人名册》中的中介机构或者个人组成或者参加的，除该中介机构或者个人存在与本案有利害关系等不宜担任管理人或者管理人成员的情形外，人民法院可根据企业破产法及其司法解释的规定，指定该中介机构或者个人作为破产案件的管理人，或者吸收该中介机构作为新成立的清算组管理人的成员。

上述中介机构或者个人在公司强制清算和破产清算中取得的报酬总额，不应超过按照企业破产计付的管理人或者管理人成员的报酬。

35.上述中介机构或者个人不宜担任破产清算中的管理人或者管理人的成员的，人民法院应当根据企业破产法和有关司法解释的规定，及时指定管理人。原强制清算中的清算组应当及时将清算事务及有关材料等移交给管理人。公司强制清算中已经完成的清算事项，如无违反企业破产法或者有关司法解释的情形的，在破产清算程序中应承认其效力。

十七、关于强制清算程序的终结

36.公司依法清算结束，清算组制作清算报告并报人民法院确认后，人民法院应当裁定终结清算程序。公司登记机关依清算组的申请注销公司登记后，公司终止。

37.公司因公司章程规定的营业期限届满或者公司章程规定的其他解散事由出现，或者股东会、股东大会决议自愿解散的，人民法院受理债权人提出的强制清算申请后，对股东进行剩余财产分配前，公司修改章程、或者股东会、股东大会决议公司继续存续，申请人在其个人债权及他人债权均得到全额清偿后，未撤回申请的，人民法院可以根据被申请人的请求裁定终结强制清算程序，强制清算程序终结后，公司可以继续存续。

十八、关于强制清算案件中的法律文书

38. 审理强制清算的审判庭审理该类案件时，对于受理、不受理强制清算申请、驳回申请人的申请、允许或者驳回申请人撤回申请、采取保全措施、确认清算方案、确认清算终结报告、终结强制清算程序的，应当制作民事裁定书。对于指定或者变更清算组成员、确定清算组成员报酬、延长清算期限、制裁妨碍清算行为的，应当制作决定书。

对于其他所涉有关法律文书的制作，可参照企业破产清算中人民法院的法律文书样式。

十九、关于强制清算程序中对破产清算程序的准用

39. 鉴于公司强制清算与破产清算在具体程序操作上的相似性，就公司法、公司法司法解释二，以及本会议纪要未予涉及的情形，如清算中公司的有关人员未依法妥善保管其占有和管理的财产、印章和账簿、文书资料，清算组未及时接管清算中公司的财产、印章和账簿、文书，清算中公司拒不向人民法院提交或者提交不真实的财产状况说明、债务清册、债权清册、有关财务会计报告以及职工工资的支付情况和社会保险费用的缴纳情况，清算中公司拒不向清算组移交财产、印章和账簿、文书等资料，或者伪造、销毁有关财产证据材料而使财产状况不明，股东未缴足出资、抽逃出资，以及公司董事、监事、高级管理人员非法侵占公司财产等，可参照企业破产法及其司法解释的有关规定处理。

二十、关于审理公司强制清算案件中应当注意的问题

40. 鉴于此类案件属于新类型案件，且涉及的法律关系复杂、利益主体众多，人民法院在审理难度大、涉及面广、牵涉社会稳定的重大疑难清算案件时，要在严格依法的前提下，紧紧依靠党委领导和政府支持，充分发挥地方政府建立的各项机制，有效做好维护社会稳定的工作。同时，对于审判实践中发现的新情况、新问题，要及时逐级上报。上级人民法院要加强对此类案件的监督指导，注重深入调查研究，及时总结审判经验，确保依法妥善审理好此类案件。

最高人民法院关于审理上市公司破产重整案件工作座谈会纪要

（2012年10月29日发布　法〔2012〕261号）

《企业破产法》施行以来，人民法院依法审理了部分上市公司破产重整案件，最大限度地减少了因上市公司破产清算给社会造成的不良影响，实现了法律效果和社会效果的统一。上市公司破产重整案件的审理不仅涉及到《企业破产法》、《证券法》、《公司法》等法律的适用，还涉及司法程序与行政程序的衔接问题，有必要进一步明确该类案件的审理原则，细化有关程序和实体规定，更好地规范相关主体的权利义务，以充分保护债权人、广大投资者和上市公司的合法权益，优化配置社会资源，促进资本市场健康发展。为此，最高人民法院会同中国证券监督管理委员会，于2012年3月22日在海南省万宁市召开了审理上市公司破产重整案件工作座谈会。与会同志通过认真讨论，就审理上市公司破产重整案件的若干重要问题取得了共识。现纪要如下：

一、关于上市公司破产重整案件的审理原则

会议认为,上市公司破产重整案件事关资本市场的健康发展,事关广大投资者的利益保护,事关职工权益保障和社会稳定。因此,人民法院应当高度重视此类案件,并在审理中注意坚持以下原则:

(一)依法公正审理原则。上市公司破产重整案件参与主体众多,涉及利益关系复杂,人民法院审理上市公司破产重整案件,既要有利于化解上市公司的债务和经营危机,提高上市公司质量,保护债权人和投资者的合法权益,维护证券市场和社会的稳定,又要防止没有再生希望的上市公司利用破产重整程序逃废债务,滥用司法资源和社会资源;既要保护债权人利益,又要兼顾职工利益、出资人利益和社会利益,妥善处理好各方利益的冲突。上市公司重整计划草案未获批准或重整计划执行不能的,人民法院应当及时宣告债务人破产清算。

(二)挽救危困企业原则。充分发挥上市公司破产重整制度的作用,为尚有挽救希望的危困企业提供获得新生的机会,有利于上市公司、债权人、出资人、关联企业等各方主体实现共赢,有利于社会资源的有效利用。对于具有重整可能的企业,努力推动重整成功,可以促进就业,优化资源配置,促进产业结构的调整和升级换代,减少上市公司破产清算对社会带来的不利影响。

(三)维护社会稳定原则。上市公司进入破产重整程序后,因涉及债权人、上市公司、出资人、企业职工等相关当事人的利益,各方矛盾比较集中和突出,如果处理不当,极易引发群体性、突发性事件,影响社会稳定。人民法院审理上市公司破产重整案件,要充分发挥地方政府的风险预警、部门联动、资金保障等协调机制的作用,积极配合政府做好上市公司重整中的维稳工作,并根据上市公司的特点,加强与证券监管机构的沟通协调。

二、关于上市公司破产重整案件的管辖

会议认为,上市公司破产重整案件应当由上市公司住所地的人民法院,即上市公司主要办事机构所在地法院管辖;上市公司主要办事机构所在地不明确、存在争议的,由上市公司注册登记地人民法院管辖。由于上市公司破产重整案件涉及法律关系复杂,影响面广,对专业知识和综合能力要求较高,人力物力投入较多,上市公司破产重整案件一般应由中级人民法院管辖。

三、关于上市公司破产重整的申请

会议认为,上市公司不能清偿到期债务,并且资产不足以清偿全部债务或者明显缺乏清偿能力,或者有明显丧失清偿能力可能的,上市公司或者上市公司的债权人、出资额占上市公司注册资本十分之一以上的出资人可以向人民法院申请对上市公司进行破产重整。

申请人申请上市公司破产重整的,除提交《企业破产法》第八条规定的材料外,还应当提交关于上市公司具有重整可行性的报告、上市公司住所地省级人民政府向证券监督管理部门的通报情况材料以及证券监督管理部门的意见、上市公司住所地人民政府出具的维稳预案等。上市公司自行申请破产重整的,还应当提交切实可行的职工安置方案。

四、关于对上市公司破产重整申请的审查

会议认为,债权人提出重整申请,上市公司在法律规定的时间内提出异议,或者债权人、上市公司、出资人分别向人民法院提出破产清算申请和重整申请的,人民法院应当组织召开听证会。

人民法院召开听证会的,应当于听证会召开前通知申请人、被申请人,并送达相关申请材料。公司债权人、出资人、实际控制人等利害关系人申请参加听证的,人民法院应当予以准许。人民法院应当就申请人是否具备申请资格、上市公司是否已经发生重整事由、上市公司是否具有重整可行性等内容进行听证。

鉴于上市公司破产重整案件较为敏感,不仅涉及企业职工和二级市场众多投资者的利益安排,还涉及与地方政府和证券监管机构的沟通协调。因此,目前人民法院在裁定受理上

市公司破产重整申请前，应当将相关材料逐级报送最高人民法院审查。

五、关于对破产重整上市公司的信息保密和披露

会议认为，对于股票仍在正常交易的上市公司，在上市公司破产重整申请相关信息披露前，上市公司及其债权人、出资人等利害关系人应当按照法律、行政法规、证券监管机构的部门规章及证券交易所上市规则做好信息保密工作。

上市公司的债权人提出破产重整申请的，人民法院应当要求债权人提供其已就此告知上市公司的有关证据。上市公司应当按照相关规则及时履行信息披露义务。

上市公司进入破产重整程序后，由管理人履行相关法律、行政法规、部门规章和公司章程规定的原上市公司董事会、董事和高级管理人员承担的职责和义务，上市公司自行管理财产和营业事务的除外。管理人在上市公司破产重整程序中存在信息披露违法违规行为的，应当依法承担相应的责任。

六、关于上市公司破产重整计划草案的制定

会议认为，上市公司或者管理人制定的上市公司重整计划草案应当包括详细的经营方案。有关经营方案涉及并购重组等行政许可审批事项的，上市公司或管理人应当聘请经证券监管机构核准的财务顾问机构、律师事务所以及具有证券期货业务资格的会计师事务所、资产评估机构等证券服务机构按照证券监管机构的有关要求及格式编制相关材料，并作为重整计划草案及其经营方案的必备文件。

控股股东、实际控制人及其关联方在上市公司破产重整程序前因违规占用、担保等行为对上市公司造成损害的，制定重整计划草案时应当根据其过错对控股股东及实际控制人支配的股东的股权作相应调整。

七、关于上市公司破产重整中出资人组的表决

会议认为，出资人组对重整计划草案中涉及出资人权益调整事项的表决，经参与表决的出资人所持表决权三分之二以上通过的，即为该组通过重整计划草案。

考虑到出席表决会议需要耗费一定的人力物力，一些中小投资者可能放弃参加表决会议的权利。为最大限度地保护中小投资者的合法权益，上市公司或者管理人应当提供网络表决的方式，为出资人行使表决权提供便利。关于网络表决权行使的具体方式，可以参照适用中国证券监督管理委员会发布的有关规定。

八、关于上市公司重整计划草案的会商机制

会议认为，重整计划草案涉及证券监管机构行政许可事项的，受理案件的人民法院应当通过最高人民法院，启动与中国证券监督管理委员会的会商机制。即由最高人民法院将有关材料函送中国证券监督管理委员会，中国证券监督管理委员会安排并购重组专家咨询委员会对会商案件进行研究。并购重组专家咨询委员会应当按照与并购重组审核委员会相同的审核标准，对提起会商的行政许可事项进行研究并出具专家咨询意见。人民法院应当参考专家咨询意见，作出是否批准重整计划草案的裁定。

九、关于上市公司重整计划涉及行政许可部分的执行

会议认为，人民法院裁定批准重整计划后，重整计划内容涉及证券监管机构并购重组行政许可事项的，上市公司应当按照相关规定履行行政许可核准程序。重整计划草案提交出资人组表决且经人民法院裁定批准后，上市公司无须再行召开股东大会，可以直接向证券监管机构提交出资人组表决结果及人民法院裁定书，以申请并购重组许可申请。并购重组审核委员会审核工作应当充分考虑并购重组专家咨询委员会提交的专家咨询意见。并购重组申请事项获得证券监管机构行政许可后，应当在重整计划的执行期限内实施完成。

会议还认为，鉴于上市公司破产重整案件

涉及的法律关系复杂，利益主体众多，社会影响较大，人民法院对于审判实践中发现的新情况、新问题，要及时上报。上级人民法院要加强对此类案件的监督指导，加强调查研究，及时总结审判经验，确保依法妥善审理好此类案件。

最高人民法院关于印发《全国法院破产审判工作会议纪要》的通知

（2018年3月4日　法〔2018〕53号）

各省、自治区、直辖市高级人民法院，解放军军事法院，新疆维吾尔自治区高级人民法院生产建设兵团分院：

现将《全国法院破产审判工作会议纪要》印发给你们，请认真遵照执行。

全国法院破产审判工作会议纪要

为落实党的十九大报告提出的贯彻新发展理念、建设现代化经济体系的要求，紧紧围绕高质量发展这条主线，服务和保障供给侧结构性改革，充分发挥人民法院破产审判工作在完善社会主义市场经济主体拯救和退出机制中的积极作用，为决胜全面建成小康社会提供更加有力的司法保障，2017年12月25日，最高人民法院在广东省深圳市召开了全国法院破产审判工作会议。各省、自治区、直辖市高级人民法院、设立破产审判庭的中级人民法院的代表参加了会议。与会代表经认真讨论，对人民法院破产审判涉及的主要问题达成共识。现纪要如下：

一、破产审判的总体要求

会议认为，人民法院要坚持以习近平新时代中国特色社会主义经济思想为指导，深刻认识破产法治对决胜全面建成小康社会的重要意义，以更加有力的举措开展破产审判工作，为经济社会持续健康发展提供更加有力的司法保障。当前和今后一个时期，破产审判工作总的要求是：

一要发挥破产审判功能，助推建设现代化经济体系。人民法院要通过破产工作实现资源重新配置，用好企业破产中权益、经营管理、资产、技术等重大调整的有利契机，对不同企业分类处置，把科技、资本、劳动力和人力资源等生产要素调动好、配置好、协同好，促进实体经济和产业体系优质高效。

二要着力服务构建新的经济体制，完善市场主体救治和退出机制。要充分运用重整、和解法律手段实现市场主体的有效救治，帮助企业提质增效；运用清算手段促使丧失经营价值的企业和产能及时退出市场，实现优胜劣汰，从而完善社会主义市场主体的救治和退出机制。

三要健全破产审判工作机制，最大限度释放破产审判的价值。要进一步完善破产重整企业识别、政府与法院协调、案件信息沟通、合法有序的利益衡平四项破产审判工作机制，推动破产审判工作良性运行，彰显破产审判工作的制度价值和社会责任。

四要完善执行与破产工作的有序衔接，推动解决“执行难”。要将破产审判作为与立案、审判、执行既相互衔接、又相对独立的一个重要环节，充分发挥破产审判对化解执行积案的促进功能，消除执行转破产的障碍，从司法工作机制上探索解决“执行难”的有效途径。

二、破产审判的专业化建设

审判专业化是破产审判工作取得实质性进展的关键环节。各级人民法院要大力加强破产审判专业化建设，努力实现审判机构专业化、审判队伍专业化、审判程序规范化、裁判规则标准化、绩效考评科学化。

1. 推进破产审判机构专业化建设。省会城市、副省级城市所在地中级人民法院要根据最高人民法院《关于在中级人民法院设立清算与破产审判庭的工作方案》（法〔2016〕209号），抓紧设立清算与破产审判庭。其他各级法院可根据本地工作实际需求决定设立清算与破产审判庭或专门的合议庭，培养熟悉清算与破产审判的专业法官，以适应破产审判工作的需求。

2. 合理配置审判任务。要根据破产案件数量、案件难易程度、审判力量等情况，合理分配各级人民法院的审判任务。对于债权债务关系复杂、审理难度大的破产案件，高级人民法院可以探索实行中级人民法院集中管辖为原则、基层人民法院管辖为例外的管辖制度；对于债权债务关系简单、审理难度不大的破产案件，可以主要由基层人民法院管辖，通过快速审理程序高效审结。

3. 建立科学的绩效考评体系。要尽快完善清算与破产审判工作绩效考评体系，在充分尊重司法规律的基础上确定绩效考评标准，避免将办理清算破产案件与普通案件简单对比、等量齐观、同等考核。

三、管理人制度的完善

管理人是破产程序的主要推动者和破产事务的具体执行者。管理人的能力和素质不仅影响破产审判工作的质量，还关系到破产企业的命运与未来发展。要加快完善管理人制度，大力提升管理人职业素养和执业能力，强化对管理人的履职保障和有效监督，为改善企业经营、优化产业结构提供有力制度保障。

4. 完善管理人队伍结构。人民法院要指导编入管理人名册的中介机构采取适当方式吸收具有专业技术知识、企业经营能力的人员充实到管理人队伍中来，促进管理人队伍内在结构更加合理，充分发挥和提升管理人在企业病因诊断、资源整合等方面的重要作用。

5. 探索管理人跨区域执业。除从本地名册选择管理人外，各地法院还可以探索从外省、市管理人名册中选任管理人，确保重大破产案件能够遴选出最佳管理人。两家以上具备资质的中介机构请求联合担任同一破产案件管理人的，人民法院经审查符合自愿协商、优势互补、权责一致要求且确有必要的，可以准许。

6. 实行管理人分级管理。高级人民法院或者自行编制管理人名册的中级人民法院可以综合考虑管理人的专业水准、工作经验、执业操守、工作绩效、勤勉程度等因素，合理确定管理人等级，对管理人实行分级管理、定期考评。对债务人财产数量不多、债权债务关系简单的破产案件，可以在相应等级的管理人中采取轮候、抽签、摇号等随机方式指定管理人。

7. 建立竞争选定管理人工作机制。破产案件中可以引入竞争机制选任管理人，提升破产管理质量。上市公司破产案件、在本地有重大影响的破产案件或者债权债务关系复杂，涉及债权人、职工以及利害关系人人数较多的破产案件，在指定管理人时，一般应当通过竞争方式依法选定。

8. 合理划分法院和管理人的职能范围。人民法院应当支持和保障管理人依法履行职责，不得代替管理人作出本应由管理人自己作出的决定。管理人应当依法管理和处分债务人财产，审慎决定债务人内部管理事务，不得将自己的职责全部或者部分转让给他人。

9. 进一步落实管理人职责。在债务人自行管理的重整程序中，人民法院要督促管理人制订监督债务人的具体制度。在重整计划规定的监督期内，管理人应当代表债务人参加监督期开始前已经启动而尚未终结的诉讼、仲裁活动。重整程序、和解程序转入破产清算程序后，管理人应当按照破产清算程序继续履行管理人职责。

10. 发挥管理人报酬的激励和约束作用。人民法院可以根据破产案件的不同情况确定管理人报酬的支付方式，发挥管理人报酬在激励、约束管理人勤勉履职方面的积极作用。管理人报酬原则上应当根据破产案件审理进度和管理人履职情况分期支付。案情简单、耗时较短的破产案件,可以在破产程序终结后一次性向管理人支付报酬。

11. 管理人聘用其他人员费用负担的规制。管理人经人民法院许可聘用企业经营管理人员,或者管理人确有必要聘请其他社会中介机构或人员处理重大诉讼、仲裁、执行或审计等专业性较强工作,如所需费用需要列入破产费用的,应当经债权人会议同意。

12. 推动建立破产费用的综合保障制度。各地法院要积极争取财政部门支持,或采取从其他破产案件管理人报酬中提取一定比例等方式,推动设立破产费用保障资金,建立破产费用保障长效机制,解决因债务人财产不足以支付破产费用而影响破产程序启动的问题。

13. 支持和引导成立管理人协会。人民法院应当支持、引导、推动本辖区范围内管理人名册中的社会中介机构、个人成立管理人协会,加强对管理人的管理和约束,维护管理人的合法权益,逐步形成规范、稳定和自律的行业组织,确保管理人队伍既充满活力又规范有序发展。

四、破产重整

会议认为,重整制度集中体现了破产法的拯救功能,代表了现代破产法的发展趋势,各级人民法院要高度重视重整工作,妥善审理企业重整案件,通过市场化、法治化途径挽救困境企业,不断完善社会主义市场主体救治机制。

14. 重整企业的识别审查。破产重整的对象应当是具有挽救价值和可能的困境企业;对于僵尸企业,应通过破产清算,果断实现市场出清。人民法院在审查重整申请时,根据债务人的资产状况、技术工艺、生产销售、行业前景等因素,能够认定债务人明显不具备重整价值以及拯救可能性的,应裁定不予受理。

15. 重整案件的听证程序。对于债权债务关系复杂、债务规模较大,或者涉及上市公司重整的案件,人民法院在审查重整申请时,可以组织申请人、被申请人听证。债权人、出资人、重整投资人等利害关系人经人民法院准许,也可以参加听证。听证期间不计入重整申请审查期限。

16. 重整计划的制定及沟通协调。人民法院要加强与管理人或债务人的沟通,引导其分析债务人陷于困境的原因,有针对性地制定重整计划草案,促使企业重新获得盈利能力,提高重整成功率。人民法院要与政府建立沟通协调机制,帮助管理人或债务人解决重整计划草案制定中的困难和问题。

17. 重整计划的审查与批准。重整不限于债务减免和财务调整,重整的重点是维持企业的营运价值。人民法院在审查重整计划时,除合法性审查外,还应审查其中的经营方案是否具有可行性。重整计划中关于企业重新获得盈利能力的经营方案具有可行性、表决程序合法、内容不损害各表决组中反对者的清偿利益的,人民法院应当自收到申请之日起三十日内裁定批准重整计划。

18. 重整计划草案强制批准的条件。人民法院应当审慎适用企业破产法第八十七条第二款,不得滥用强制批准权。确需强制批准重整计划草案的,重整计划草案除应当符合企业破产法第八十七条第二款规定外,如债权人分多组的,还应当至少有一组已经通过重整计划草案,且各表决组中反对者能够获得的清偿利益不低于依照破产清算程序所能获得的利益。

19. 重整计划执行中的变更条件和程序。债务人应严格执行重整计划,但因出现国家政策调整、法律修改变化等特殊情况,导致原重整计划无法执行的,债务人或管理人可以申请变更重整计划一次。债权人会议决议同意变更重整计划的,应自决议通过之日起十日内提请人民法院批准。债权人会议决议不同意或者人民法院不批准变更申请的,人民法院经管理人或者利害关系人请求,应当裁定终止重整计划的执行,并宣告债务人破产。

20. 重整计划变更后的重新表决与裁定批

准。人民法院裁定同意变更重整计划的，债务人或者管理人应当在六个月内提出新的重整计划。变更后的重整计划应提交给因重整计划变更而遭受不利影响的债权人组和出资人组进行表决。表决、申请人民法院批准以及人民法院裁定是否批准的程序与原重整计划的相同。

21. 重整后企业正常生产经营的保障。企业重整后，投资主体、股权结构、公司治理模式、经营方式等与原企业相比，往往发生了根本变化，人民法院要通过加强与政府的沟通协调，帮助重整企业修复信用记录，依法获取税收优惠，以利于重整企业恢复正常生产经营。

22. 探索推行庭外重组与庭内重整制度的衔接。在企业进入重整程序之前，可以先由债权人与债务人、出资人等利害关系人通过庭外商业谈判，拟定重组方案。重整程序启动后，可以重组方案为依据拟定重整计划草案提交人民法院依法审查批准。

五、破产清算

会议认为，破产清算作为破产制度的重要组成部分，具有淘汰落后产能、优化市场资源配置的直接作用。对于缺乏拯救价值和可能性的债务人，要及时通过破产清算程序对债权债务关系进行全面清理，重新配置社会资源，提升社会有效供给的质量和水平，增强企业破产法对市场经济发展的引领作用。

23. 破产宣告的条件。人民法院受理破产清算申请后，第一次债权人会议上无人提出重整或和解申请的，管理人应当在债权审核确认和必要的审计、资产评估后，及时向人民法院提出宣告破产的申请。人民法院受理破产和解或重整申请后，债务人出现应当宣告破产的法定原因时，人民法院应当依法宣告债务人破产。

24. 破产宣告的程序及转换限制。相关主体向人民法院提出宣告破产申请的，人民法院应当自收到申请之日起七日内作出破产宣告裁定并进行公告。债务人被宣告破产后，不得再转入重整程序或和解程序。

25. 担保权人权利的行使与限制。在破产清算和破产和解程序中，对债务人特定财产享有担保权的债权人可以随时向管理人主张就该特定财产变价处置行使优先受偿权，管理人应及时变价处置，不得以须经债权人会议决议等为由拒绝。但因单独处置担保财产会降低其他破产财产的价值而应整体处置的除外。

26. 破产财产的处置。破产财产处置应当以价值最大化为原则，兼顾处置效率。人民法院要积极探索更为有效的破产财产处置方式和渠道，最大限度提升破产财产变价率。采用拍卖方式进行处置的，拍卖所得预计不足以支付评估拍卖费用，或者拍卖不成的，经债权人会议决议，可以采取作价变卖或实物分配方式。变卖或实物分配的方案经债权人会议两次表决仍未通过的，由人民法院裁定处理。

27. 企业破产与职工权益保护。破产程序中要依法妥善处理劳动关系，推动完善职工欠薪保障机制，依法保护职工生存权。由第三方垫付的职工债权，原则上按照垫付的职工债权性质进行清偿；由欠薪保障基金垫付的，应按照企业破产法第一百一十三条第一款第二项的顺序清偿。债务人欠缴的住房公积金，按照债务人拖欠的职工工资性质清偿。

28. 破产债权的清偿原则和顺序。对于法律没有明确规定清偿顺序的债权，人民法院可以按照人身损害赔偿债权优先于财产性债权、私法债权优先于公法债权、补偿性债权优先于惩罚性债权的原则合理确定清偿顺序。因债务人侵权行为造成的人身损害赔偿，可以参照企业破产法第一百一十三条第一款第一项规定的顺序清偿，但其中涉及的惩罚性赔偿除外。破产财产依照企业破产法第一百一十三条规定的顺序清偿后仍有剩余的，可依次用于清偿破产受理前产生的民事惩罚性赔偿金、行政罚款、刑事罚金等惩罚性债权。

29. 建立破产案件审理的繁简分流机制。人民法院审理破产案件应当提升审判效率，在确保利害关系人程序和实体权利不受损害的前提下，建立破产案件审理的繁简分流机制。

对于债权债务关系明确、债务人财产状况清楚的破产案件,可以通过缩短程序时间、简化流程等方式加快案件审理进程,但不得突破法律规定的最低期限。

30. 破产清算程序的终结。人民法院终结破产清算程序应当以查明债务人财产状况、明确债务人财产的分配方案、确保破产债权获得依法清偿为基础。破产申请受理后,经管理人调查,债务人财产不足以清偿破产费用且无人代为清偿或垫付的,人民法院应当依管理人申请宣告破产并裁定终结破产清算程序。

31. 保证人的清偿责任和求偿权的限制。破产程序终结前,已向债权人承担了保证责任的保证人,可以要求债务人向其转付已申报债权的债权人在破产程序中应得清偿部分。破产程序终结后,债权人就破产程序中未受清偿部分要求保证人承担保证责任的,应在破产程序终结后六个月内提出。保证人承担保证责任后,不得再向和解或重整后的债务人行使求偿权。

六、关联企业破产

会议认为,人民法院审理关联企业破产案件时,要立足于破产关联企业之间的具体关系模式,采取不同方式予以处理。既要通过实质合并审理方式处理法人人格高度混同的关联关系,确保全体债权人公平清偿,也要避免不当采用实质合并审理方式损害相关利益主体的合法权益。

32. 关联企业实质合并破产的审慎适用。人民法院在审理企业破产案件时,应当尊重企业法人人格的独立性,以对关联企业成员的破产原因进行单独判断并适用单个破产程序为基本原则。当关联企业成员之间存在法人人格高度混同、区分各关联企业成员财产的成本过高、严重损害债权人公平清偿利益时,可例外适用关联企业实质合并破产方式进行审理。

33. 实质合并申请的审查。人民法院收到实质合并申请后,应当及时通知相关利害关系人并组织听证,听证时间不计入审查时间。人民法院在审查实质合并申请过程中,可以综合考虑关联企业之间资产的混同程序及其持续时间、各企业之间的利益关系、债权人整体清偿利益、增加企业重整的可能性等因素,在收到申请之日起三十日内作出是否实质合并审理的裁定。

34. 裁定实质合并时利害关系人的权利救济。相关利害关系人对受理法院作出的实质合并审理裁定不服的,可以自裁定书送达之日起十五日内向受理法院的上一级人民法院申请复议。

35. 实质合并审理的管辖原则与冲突解决。采用实质合并方式审理关联企业破产案件的,应由关联企业中的核心控制企业住所地人民法院管辖。核心控制企业不明确的,由关联企业主要财产所在地人民法院管辖。多个法院之间对管辖权发生争议的,应当报请共同的上级人民法院指定管辖。

36. 实质合并审理的法律后果。人民法院裁定采用实质合并方式审理破产案件的,各关联企业成员之间的债权债务归于消灭,各成员的财产作为合并后统一的破产财产,由各成员的债权人在同一程序中按照法定顺序公平受偿。采用实质合并方式进行重整的,重整计划草案中应当制定统一的债权分类、债权调整和债权受偿方案。

37. 实质合并审理后的企业成员存续。适用实质合并规则进行破产清算的,破产程序终结后各关联企业成员均应予以注销。适用实质合并规则进行和解或重整的,各关联企业原则上应当合并为一个企业。根据和解协议或重整计划,确有需要保持个别企业独立的,应当依照企业分立的有关规则单独处理。

38. 关联企业破产案件的协调审理与管辖原则。多个关联企业成员均存在破产原因但不符合实质合并条件的,人民法院可根据相关主体的申请对多个破产程序进行协调审理,并可根据程序协调的需要,综合考虑破产案件审理的效率、破产申请的先后顺序、成员负债规模大小、核心控制企业住所地等因素,由共同的上级法院确定一家法院集中管辖。

39. 协调审理的法律后果。协调审理不消灭关联企业成员之间的债权债务关系，不对关联企业成员的财产进行合并，各关联企业成员的债权人仍以该企业成员财产为限依法获得清偿。但关联企业成员之间不当利用关联关系形成的债权，应当劣后于其他普通债权顺序清偿，且该劣后债权人不得就其他关联企业成员提供的特定财产优先受偿。

七、执行程序与破产程序的衔接

执行程序与破产程序的有效衔接是全面推进破产审判工作的有力抓手，也是破解“执行难”的重要举措。各级人民法院要深刻认识执行转破产工作的重要意义，大力推动符合破产条件的执行案件，包括执行不能案件进入破产程序，充分发挥破产程序的制度价值。

40. 执行法院的审查告知、释明义务和移送职责。执行部门要高度重视执行与破产的衔接工作，推动符合条件的执行案件向破产程序移转。执行法院发现作为被执行人的企业法人符合企业破产法第二条规定的，应当及时询问当事人是否同意将案件移送破产审查并释明法律后果。执行法院作出移送决定后，应当书面通知所有已知执行法院，执行法院均应中止对被执行人的执行程序。

41. 执行转破产案件的移送和接收。执行法院与受移送法院应加强移送环节的协调配合，提升工作实效。执行法院移送案件时，应当确保材料完备，内容、形式符合规定。受移送法院应当认真审核并及时反馈意见，不得无故不予接收或暂缓立案。

42. 破产案件受理后查封措施的解除或查封财产的移送。执行法院收到破产受理裁定后，应当解除对债务人财产的查封、扣押、冻结措施；或者根据破产受理法院的要求，出具函件将查封、扣押、冻结财产的处置权交破产受理法院。破产受理法院可以持执行法院的移送处置函件进行续行查封、扣押、冻结，解除查封、扣押、冻结，或者予以处置。

执行法院收到破产受理裁定拒不解除查封、扣押、冻结措施的，破产受理法院可以请求执行法院的上级法院依法予以纠正。

43. 破产审判部门与执行部门的信息共享。破产受理法院可以利用执行查控系统查控债务人财产，提高破产审判工作效率，执行部门应予以配合。

各地法院要树立线上线下法律程序同步化的观念，逐步实现符合移送条件的执行案件网上移送，提升移送工作的透明度，提高案件移送、通知、送达、沟通协调等相关工作的效率。

44. 强化执行转破产工作的考核与管理。各级人民法院要结合工作实际建立执行转破产工作考核机制，科学设置考核指标，推动执行转破产工作开展。对应当征询当事人意见不征询、应当提交移送审查不提交、受移送法院违反相关规定拒不接收执行转破产材料或者拒绝立案的，除应当纳入绩效考核和业绩考评体系外，还应当公开通报和严肃追究相关人员的责任。

八、破产信息化建设

会议认为，各级人民法院要进一步加强破产审判的信息化建设，提升破产案件审理的透明度和公信力，增进破产案件审理质效，促进企业重整再生。

45. 充分发挥破产重整案件信息平台对破产审判工作的推动作用。各级人民法院要按照最高人民法院相关规定，通过破产重整案件信息平台规范破产案件审理，全程公开、步步留痕。要进一步强化信息网的数据统计、数据检索等功能，分析研判企业破产案件情况，及时发现新情况，解决新问题，提升破产案件审判水平。

46. 不断加大破产重整案件的信息公开力度。要增加对债务人企业信息的公开内容，吸引潜在投资者，促进资本、技术、管理能力等要素自由流动和有效配置，帮助企业重整再生。要确保债权人等利害关系人及时、充分了解案件进程和债务人相关财务、重整计划草案、重整计划执行等情况，维护债权人等利害关系人的知情权、程序参与权。

47. 运用信息化手段提高破产案件处理的质量与效率。要适应信息化发展趋势，积极引导以网络拍卖方式处置破产财产，提升破产财产处置效益。鼓励和规范通过网络方式召开债权人会议，提高效率，降低破产费用，确保债权人等主体参与破产程序的权利。

48. 进一步发挥人民法院破产重整案件信息网的枢纽作用。要不断完善和推广使用破产重整案件信息网，在确保增量数据及时录入信息网的同时，加快填充有关存量数据，确立信息网在企业破产大数据方面的枢纽地位，发挥信息网的宣传、交流功能，扩大各方运用信息网的积极性。

九、跨境破产

49. 对跨境破产与互惠原则。人民法院在处理跨境破产案件时，要妥善解决跨境破产中的法律冲突与矛盾，合理确定跨境破产案件中的管辖权。在坚持同类债权平等保护的原则下，协调好外国债权人利益与我国债权人利益的平衡，合理保护我国境内职工债权、税收债权等优先权的清偿利益。积极参与、推动跨境破产国际条约的协商与签订，探索互惠原则适用的新方式，加强我国法院和管理人在跨境破产领域的合作，推进国际投资健康有序发展。

50. 跨境破产案件中的权利保护与利益平衡。依照企业破产法第五条的规定，开展跨境破产协作。人民法院认可外国法院作出的破产案件的判决、裁定后，债务人在中华人民共和国境内的财产在全额清偿境内的担保权人、职工债权和社会保险费用、所欠税款等优先权后，剩余财产可以按照该外国法院的规定进行分配。

文书范本

公司解散决议

公司解散决议

______年____月____日____时，在______省______市______区______街____号本公司第____会议室召开第____届第____次临时股东大会。截至过户停止日，本公司共发行股____份股，其中有表决权的股____份。出席本次会议股东共____名，代表股份股，其中有表决权股份____股。出席股东代表有表决权股份数符合本公司章程第五十五条的规定（此句为到境外上市公司所用）。

____时整，会议主席、本公司董事长先生宣布开会。会议开始讨论议题并通过决议。

第一个议题：解散本公司

董事______先生代表董事会向大会报告，由于______原因，本公司经营陷于困境，自______年____月以来实际上处于休业状态，虽经董事会多方努力，仍未使公司出现转机，故建议公司解散。报告后，与会者进行了认真讨论。股东______先生就______问题提出质询，报告人对质询作了解答。之后，以举手方式进行了表决。与会者一致同意（____票同意、____票反对、____票弃权）通过了解散公司的决议。

第二个议题：选任清算人

董事______先生向大会报告，建议会议任命董事会全体董事，加上公司总经理、监事会主席及____名职工代表共____人组成清算组。与会者经简短讨论。股东________及________先生建议以无记名投票方式选任清算人。会议主席予以认许。与会者以无记名投票方式选举下列人为清算组成员:

姓名	身份	得票
________	董事	全票
________	董事	全票
________	监事会主席	全票
________	职工	全票

……

上列清算人已以书面承诺就职。

会议责成________先生为召集人,在会后____天内召集清算组会议,选举产生清算组代表。

____时____分,会议主席宣布散会。

会议主席:________(签名)
出席董事:________(签名)
________年____月____日
记录人:________(签名)

应用指引

公司解散是公司终止的一个原因,是公司终止的事由。公司终止是指公司根据法定程序结束并消灭法人资格的事实状态和法律结果。公司解散会导致公司停止营业并进入清算程序,是公司的一种退出市场的方式。

根据我国《公司法》规定,公司解散需要召开股东大会进行表决才可通过。公司解散决议即是股东大会关于公司解散问题表决通过的确认书面文件。在此决议中应写明公司解散的原因,并选任清算人对公司进行清算。

指定清算人申请书

指定清算人申请书

申请人:
名称:________信托投资公司
住所:________省________市________区________街____号
电话:____________
电传:____________
法定代表人:________总经理
被申请人:

名称：________股份有限公司

住所：________省________市________区________街____号

电话：____________

电传：____________

申请事项：________________

请法院尽快指定有关人员组成清算组。

事实及理由：

被申请的________股份有限公司因章程规定的营业期限（________年____月____日至________年____月____日）届满（因章程规定的解散事由发生，发生时间为________年____月____日；因________年____月____日股东大会作出解散公司决议）而应解散，按照《公司法》第一百九十一条的要求，该公司应于十五日内即于________年____月____日前组成清算组着手清算。但该公司时至今日仍未组成清算组。

申请人为股份有限公司最大债权人，____________股份有限公司清算工作能否及时进行，直接关系到申请人的利益。由于____________股份有限公司未及时组成清算组，极有可能导致公司财产流失，影响其偿还债务之能力。为保护申请人及其他债权人的正当利益，依照《公司法》第一百九十一条之规定，特申请贵院指定有关人员组成清算组，对________股份有限公司进行清算。

申请附件：

1. ____________股份有限公司章程复印件（____________股份有限公司________年____月____日股东大会关于解散公司的决议复印件）；

2. 贷款合同复印件。

此致

________人民法院

________信托投资公司（盖章）

总经理：________（签名或盖章）

________年____月____日

应用指引

对于公司因强制解散而进行的清算，应当由作出解散决定的机关（法院或者行政机关）选派有关人员进行清算。这种情况一般仅出现在公司章程或者股东会没有确定清算人时，法院才会依据有关人员的申请指定清算人。我国《公司法》第 183 条规定，公司在法律规定的期限内不成立清算组进行清算的，债权人可以申请人民法院指定有关人员组成清算组进行清算。人民法院应当受理该申请，并及时组织清算组进行清算。指定清算人申请书即是申请法院指定清算人的法律文书。

制作此文书时应当详细说明申请的事实及理由并提供相关的证明文件。

债权申报通知书

债权申报通知书

敬　告

各位债权人：

____________股份有限公司因公司章程规定的营业期限届满（章程规定的解散事由发生、股东大会决议解散）而决定解散，并于________年____月____日成立本清算组。本清算组决定自成立之日起____日内（注意不得超过十日）通知记名债权人，并于________年____月____日、________年____月____日、________年____月____日在《____日报》第____版发布解散公告。敬请各位债权人及时将债权申报表寄回或送至本清算组，并注意下列事项：

1. 按照《公司法》第一百八十六条第一款之规定，您（单位）如果及时接到通知，应于接到通知书之日起三十日内，如果未及时接到通知，则应于第一次公告日起九十日内（即________年____月____日之前）向本清算组申报债权。逾期不申报者，将不能参加分配。为避免损失，务请您（单位）及时申报债权。

2. 您在填写债权额时，请注意以下几种债权额的计算：

（1）如果您（单位）的债权为非金钱债权（例如____________股份有限公司欠您单位钢材一吨）而____________股份有限公司又无力偿还债权标的物，则请您单位与本清算组协商，将债权标的物折合成金钱。您单位可在债权表上载明折算意见。

（2）如果您（单位）的债权为附利息的金钱债权，而债权到期日在清算基准日（即____________股份有限公司应解散日________年____月____日，下同）之后，则请您（单位）按下列公式计算申报债权额：

债权原本＋到清算基准日前一日的利息＝申报债权额

（3）如果您（单位）的债权为无利息的金钱债权，而债权到期日在清算基准日之后，则请您（单位）按下列公式计算申报债权额：

$$申报债权额=\frac{S}{1+PT}$$

其中，

S＝原债权额；

P＝法定利率（我国无法定利率，可按国际通行的商事法定利率年利6%计算）；

T＝清算基准日至债权到期日的期间。

3. 本清算组将于________年____月____日之日报公布债权表，请您注意查看。

4. 本表可以复印或仿制但不用此表之申报，并不因此无效。

此致

敬礼

____________股份有限公司清算组（盖章）

清算代表________（签名）

________年____月____日

申报债权联系人：________先生

联系地址：________省________市________区________街____号____________股份有限公司办公楼____层____号

邮编：____________

电话：____________

电传：____________

接待时间：每日上午________点至下午________点(节假日不休息)

应用指引

债权申报，是指人民法院审理破产案件时，当受理破产申请后，债权人要申报债权。债权申报是有时间限制的，债权人应当在人民法院确定的债权申报期限内向管理人申报债权。人民法院应当确定债权人申报债权的期限。

债权申报通知即是公司清算过程中向公司各债权人发出的债权申报的通知，在通知中应当写明申报债权的期间及债权额的计算方式等内容。

债权申报表

债权申报表

申报人(姓名或名称)：

法定代表人：________

住所：________省________市________区________街____号

邮编：____________

电话：____________

电传：____________

债权原因：____________(合同、债权行为、不当得利、无因管理)

债权标的及金额：

1. 实物债权及折合金钱数

2. 金钱债权数

债权证明材料：

1. 合同

2. 其他证明材料

申报时间：

________年____月____日

应用指引

债权申报表是债权人填写的债权申报的书面文件。填写时应当清楚写明债权性质数额并提供相关证明材料。另外，债权申报是有时间限制的，债权人应当在人民法院确定的债权申报期限内向管理人申报债权。人民法院应当确定债权人申报债权的期限。

公司清算方案

公司清算方案

一、财产状况

（一）现金

1. 库存现金 ________元

2. 银行存款 ________元

（二）非现金财产

1. 固定资产变价 ________元

2. 流动资产变价 ________元

（三）债权

1. 收取金钱债权 ________元

2. 收取非金钱债权变价 ________元

财产总计 ________元

二、债务状况

1. 清算费用 ________元

2. 职工工资、劳保费用 ________元

3. 税 ________元

4. 其他债务 ________元

债务总计 ________元

三、持股状况

1. 优先股 ________股

2. 普通股 ________股

四、分配方案

变价后共有现金 ________元

清偿债务 ________元

支付优先股东 ________元

结余 ________元

普通股份配比例 = 结余____元 ÷ 普通股面值 1 元 × 普通股总股数____股 × 100%

应用指引

清算是指公司解散后，为最终了结现存的财产和其他法律关系，依照法定程序，对公司的财产和债权债务关系进行清理、处分和分配，以了结其债权债务关系，从而消灭公司法人资格的法律行为。公司除因合并或分立而解散外，其余原因引起的解散，均须经过清算程序。

清算方案是清算组公布的关于清算的计划。在清算方案中应详细写明解散公司的资产状况、负债状况、持股状况和分配方案等内容。

破产宣告申请书

破产宣告申请书

（债权人用）

申请人：________

被申请人：________

法定代理人：________

请求事项：

____

____。

事实和理由：

____

____。

此致

________人民法院

申请人：________（盖章）

________年____月____日

附：被申请人所写的借据复印件两张。

破产宣告申请书

（债务人用）

申请人：________

法定代表人：________

委托代理人：________

请求事项：

____

____。

事实和理由：

____

____。

此致

________人民法院

申请人：________

法定代表人：________（签名）

委托代理人：________（盖章）

________年____月____日

（盖公章）

附：

1. 会计报表三种，共三本；
2. 债务清册四本；
3. 债权清册一本。

应用指引

破产宣告是法院依据当事人的申请或法定职权裁定宣布债务人破产以清偿债务的活动。法院对债务人进行破产宣告，意味着破产案件已经确定无疑地进入了清算程序，债务人将不可避免地陷入破产倒闭的境地，并会带来一系列其他的法律后果。因此，破产宣告法律制度在破产法上具有十分重要的地位。

破产宣告申请是债权人或债务人请求法院对债务人进行破产宣告的申请文书。制作此类文书时，应当写明申请的事实和理由并提供相应的证据材料。

操作流程

公司清算程序流程图
程序
提交材料
直接到企业登记场所申请
利用传真、电子数据交换、电子邮件提交申请
邮寄申请
企业法人设立登记需要提交的相关文件(详见附件)
材料存在可以当场更正的错误
材料不齐全或不符合法定形式
申请不属于企业登记范畴或不属于本机关管辖
申请材料(含需核实)齐全或符合法定形式
申请材料齐全或符合法定形式
经有权人当场更正
当场或5日内一次告知需补正的全部内容
5日内
5日内
不予受理并发不予受理通知书
决定受理并发受理通知书
决定受理并发受理通知书
申请材料(含需核实)齐全符合法定形式
60日内未收到申请原件的
与原件不一致
到场提交申请原件
邮寄提交申请原件
决定受理并发受理通知书(当场登记的不发受理通知书)
不予登记并出具登记驳回通知书
作为新申请的重新提交
当场或10日内
当场
10日内
15日内
需要对申请材料的实质内容核实的，由相关工作人员进行,自受理之日起15日内作出决定
准予登记的，出具《准予设立登记通知书》，并于10日内缴纳注册登记费，领取营业执照，不予登记的，出具《登记驳回通知书》

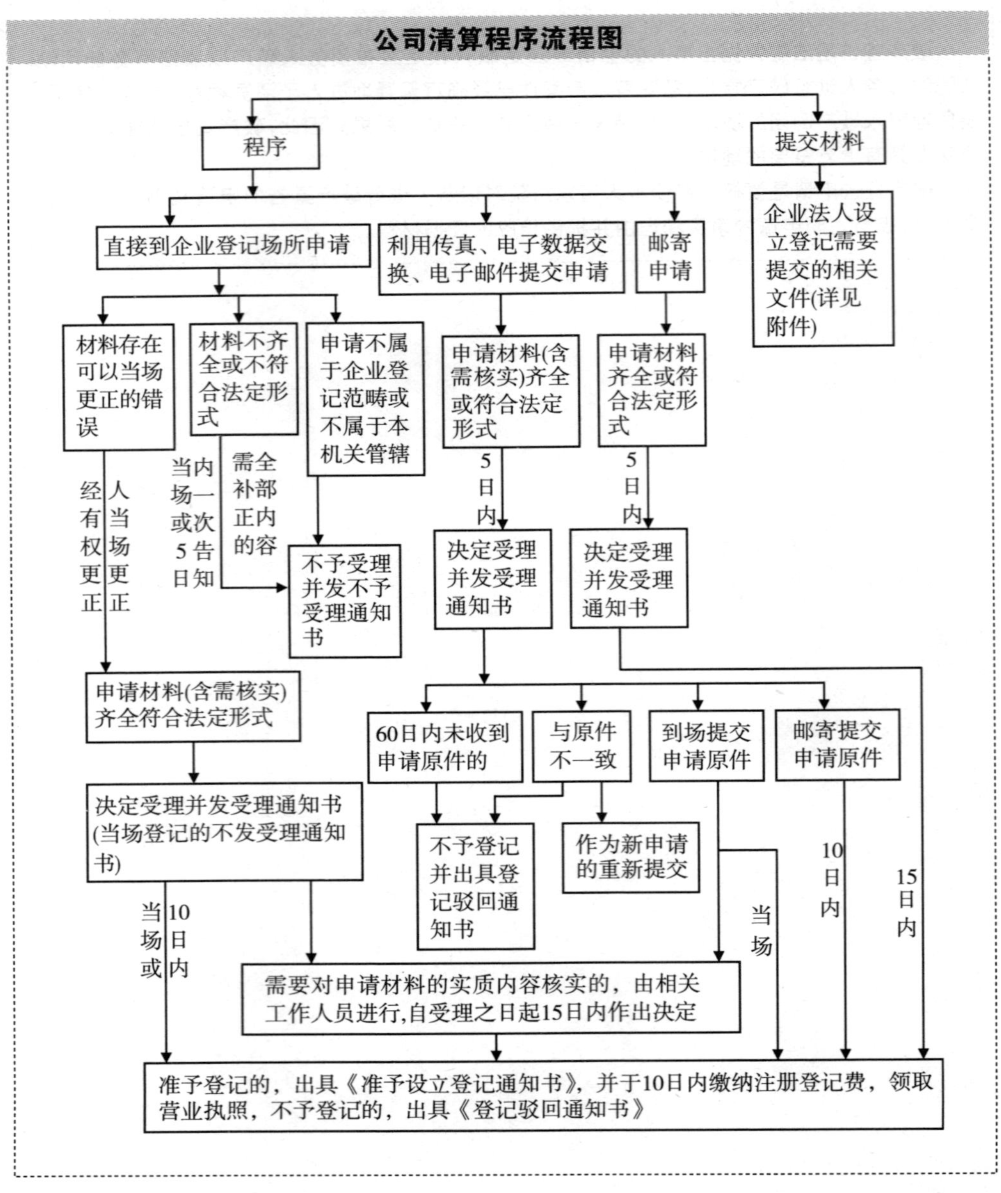

第七章　企业财务、会计

中华人民共和国会计法

（1985年1月21日第六届全国人民代表大会常务委员会第九次会议通过
根据1993年12月29日第八届全国人民代表大会常务委员会第五次会议
《关于修改〈中华人民共和国会计法〉的决定》第一次修正
1999年10月31日第九届全国人民代表大会常务委员会第十二次会议修订
根据2017年11月4日第十二届全国人民代表大会常务委员会第三十次会议
《关于修改〈中华人民共和国会计法〉等十一部法律的决定》第二次修正）

目　录

第一章　总　　则

第一条　【立法目的】为了规范会计行为，保证会计资料真实、完整，加强经济管理和财务管理，提高经济效益，维护社会主义市场经济秩序，制定本法。

第二条　【依法办理会计事务】国家机关、社会团体、公司、企业、事业单位和其他组织（以下统称单位）必须依照本法办理会计事务。

第三条　【设置帐簿】各单位必须依法设置会计帐簿，并保证其真实、完整。

第四条　【负责人责任】单位负责人对本单位的会计工作和会计资料的真实性、完整性负责。

第五条　【会计人员】会计机构、会计人员依照本法规定进行会计核算，实行会计监督。

任何单位或者个人不得以任何方式授意、指使、强令会计机构、会计人员伪造、变造会计凭证、会计帐簿和其他会计资料，提供虚假财务会计报告。

任何单位或者个人不得对依法履行职责、抵制违反本法规定行为的会计人员实行打击报复。

第六条　【奖励先进】对认真执行本法，忠于职守，坚持原则，做出显著成绩的会计人员，给予精神的或者物质的奖励。

第七条　【主管部门】国务院财政部门主管全国的会计工作。

县级以上地方各级人民政府财政部门管理本行政区域内的会计工作。

第八条　【会计制度】国家实行统一的会计制度。国家统一的会计制度由国务院财政部门根据本法制定并公布。

国务院有关部门可以依照本法和国家统一的会计制度制定对会计核算和会计监督有特殊要求的行业实施国家统一的会计制度的具体办法或者补充规定，报国务院财政部门审核批准。

中国人民解放军总后勤部可以依照本法

和国家统一的会计制度制定军队实施国家统一的会计制度的具体办法，报国务院财政部门备案。

第二章　会计核算

第九条　【资料真实】各单位必须根据实际发生的经济业务事项进行会计核算，填制会计凭证，登记会计帐簿，编制财务会计报告。

任何单位不得以虚假的经济业务事项或者资料进行会计核算。

第十条　【办理会计手续事项】下列经济业务事项，应当办理会计手续，进行会计核算：

（一）款项和有价证券的收付；

（二）财物的收发、增减和使用；

（三）债权债务的发生和结算；

（四）资本、基金的增减；

（五）收入、支出、费用、成本的计算；

（六）财务成果的计算和处理；

（七）需要办理会计手续、进行会计核算的其他事项。

第十一条　【会计年度】会计年度自公历1月1日起至12月31日止。

第十二条　【本位币】会计核算以人民币为记帐本位币。

业务收支以人民币以外的货币为主的单位，可以选定其中一种货币作为记帐本位币，但是编报的财务会计报告应当折算为人民币。

第十三条　【会计资料符合规定】会计凭证、会计帐簿、财务会计报告和其他会计资料，必须符合国家统一的会计制度的规定。

使用电子计算机进行会计核算的，其软件及其生成的会计凭证、会计帐簿、财务会计报告和其他会计资料，也必须符合国家统一的会计制度的规定。

任何单位和个人不得伪造、变造会计凭证、会计帐簿及其他会计资料，不得提供虚假的财务会计报告。

第十四条　【会计凭证】会计凭证包括原始凭证和记帐凭证。

办理本法第十条所列的经济业务事项，必须填制或者取得原始凭证并及时送交会计机构。

会计机构、会计人员必须按照国家统一的会计制度的规定对原始凭证进行审核，对不真实、不合法的原始凭证有权不予接受，并向单位负责人报告；对记载不准确、不完整的原始凭证予以退回，并要求按照国家统一的会计制度的规定更正、补充。

原始凭证记载的各项内容均不得涂改；原始凭证有错误的，应当由出具单位重开或者更正，更正处应当加盖出具单位印章。原始凭证金额有错误的，应当由出具单位重开，不得在原始凭证上更正。

记帐凭证应当根据经过审核的原始凭证及有关资料编制。

第十五条　【会计帐簿登记】会计帐簿登记，必须以经过审核的会计凭证为依据，并符合有关法律、行政法规和国家统一的会计制度的规定。会计帐簿包括总帐、明细帐、日记帐和其他辅助性帐簿。

会计帐簿应当按照连续编号的页码顺序登记。会计帐簿记录发生错误或者隔页、缺号、跳行的，应当按照国家统一的会计制度规定的方法更正，并由会计人员和会计机构负责人（会计主管人员）在更正处盖章。

使用电子计算机进行会计核算的，其会计帐簿的登记、更正，应当符合国家统一的会计制度的规定。

第十六条　【统一登记、核算】各单位发生的各项经济业务事项应当在依法设置的会计帐簿上统一登记、核算，不得违反本法和国家统一的会计制度的规定私设会计帐簿登记、核算。

第十七条　【核对】各单位应当定期将会计帐簿记录与实物、款项及有关资料相互核对，保证会计帐簿记录与实物及款项的实有数额相符、会计帐簿记录与会计凭证的有关内容相符、会计帐簿之间相对应的记录相符、会计帐簿记录与会计报表的有关内容相符。

第十八条　【会计处理方法一致】各单位

采用的会计处理方法，前后各期应当一致，不得随意变更；确有必要变更的，应当按照国家统一的会计制度的规定变更，并将变更的原因、情况及影响在财务会计报告中说明。

第十九条　【担保、未决诉讼】单位提供的担保、未决诉讼等或有事项，应当按照国家统一的会计制度的规定，在财务会计报告中予以说明。

第二十条　【会计报告】财务会计报告应当根据经过审核的会计帐簿记录和有关资料编制，并符合本法和国家统一的会计制度关于财务会计报告的编制要求、提供对象和提供期限的规定；其他法律、行政法规另有规定的，从其规定。

财务会计报告由会计报表、会计报表附注和财务情况说明书组成。向不同的会计资料使用者提供的财务会计报告，其编制依据应当一致。有关法律、行政法规规定会计报表、会计报表附注和财务情况说明书须经注册会计师审计的，注册会计师及其所在的会计师事务所出具的审计报告应当随同财务会计报告一并提供。

第二十一条　【签名、盖章】财务会计报告应当由单位负责人和主管会计工作的负责人、会计机构负责人（会计主管人员）签名并盖章；设置总会计师的单位，还须由总会计师签名并盖章。

单位负责人应当保证财务会计报告真实、完整。

第二十二条　【使用文字】会计记录的文字应当使用中文。在民族自治地方，会计记录可以同时使用当地通用的一种民族文字。在中华人民共和国境内的外商投资企业、外国企业和其他外国组织的会计记录可以同时使用一种外国文字。

第二十三条　【会计资料保管】各单位对会计凭证、会计帐簿、财务会计报告和其他会计资料应当建立档案，妥善保管。会计档案的保管期限和销毁办法，由国务院财政部门会同有关部门制定。

第三章　公司、企业会计核算的特别规定

第二十四条　【遵守本章】公司、企业进行会计核算，除应当遵守本法第二章的规定外，还应当遵守本章规定。

第二十五条　【业务事项记录】公司、企业必须根据实际发生的经济业务事项，按照国家统一的会计制度的规定确认、计量和记录资产、负债、所有者权益、收入、费用、成本和利润。

第二十六条　【禁止行为】公司、企业进行会计核算不得有下列行为：

（一）随意改变资产、负债、所有者权益的确认标准或者计量方法，虚列、多列、不列或者少列资产、负债、所有者权益；

（二）虚列或者隐瞒收入，推迟或者提前确认收入；

（三）随意改变费用、成本的确认标准或者计量方法，虚列、多列、不列或者少列费用、成本；

（四）随意调整利润的计算、分配方法，编造虚假利润或者隐瞒利润；

（五）违反国家统一的会计制度规定的其他行为。

第四章　会 计 监 督

第二十七条　【内部监督制度】各单位应当建立、健全本单位内部会计监督制度。单位内部会计监督制度应当符合下列要求：

（一）记帐人员与经济业务事项和会计事项的审批人员、经办人员、财物保管人员的职责权限应当明确，并相互分离、相互制约；

（二）重大对外投资、资产处置、资金调度和其他重要经济业务事项的决策和执行的相互监督、相互制约程序应当明确；

（三）财产清查的范围、期限和组织程序应当明确；

（四）对会计资料定期进行内部审计的办法和程序应当明确。

第二十八条 【依法履行职责】单位负责人应当保证会计机构、会计人员依法履行职责,不得授意、指使、强令会计机构、会计人员违法办理会计事项。

会计机构、会计人员对违反本法和国家统一的会计制度规定的会计事项,有权拒绝办理或者按照职权予以纠正。

第二十九条 【不符事项】会计机构、会计人员发现会计帐簿记录与实物、款项及有关资料不相符的,按照国家统一的会计制度的规定有权自行处理的,应当及时处理;无权处理的,应当立即向单位负责人报告,请求查明原因,作出处理。

第三十条 【检举违法行为】任何单位和个人对违反本法和国家统一的会计制度规定的行为,有权检举。收到检举的部门有权处理的,应当依法按照职责分工及时处理;无权处理的,应当及时移送有权处理的部门处理。收到检举的部门、负责处理的部门应当为检举人保密,不得将检举人姓名和检举材料转给被检举单位和被检举人个人。

第三十一条 【审计报告】有关法律、行政法规规定,须经注册会计师进行审计的单位,应当向受委托的会计师事务所如实提供会计凭证、会计帐簿、财务会计报告和其他会计资料以及有关情况。

任何单位或者个人不得以任何方式要求或者示意注册会计师及其所在的会计师事务所出具不实或者不当的审计报告。

财政部门有权对会计师事务所出具审计报告的程序和内容进行监督。

第三十二条 【财政监督】财政部门对各单位的下列情况实施监督:

(一)是否依法设置会计帐簿;

(二)会计凭证、会计帐簿、财务会计报告和其他会计资料是否真实、完整;

(三)会计核算是否符合本法和国家统一的会计制度的规定;

(四)从事会计工作的人员是否具备专业能力、遵守职业道德。

在对前款第(二)项所列事项实施监督,发现重大违法嫌疑时,国务院财政部门及其派出机构可以向与被监督单位有经济业务往来的单位和被监督单位开立帐户的金融机构查询有关情况,有关单位和金融机构应当给予支持。

第三十三条 【其他部门监督】财政、审计、税务、人民银行、证券监管、保险监管等部门应当依照有关法律、行政法规规定的职责,对有关单位的会计资料实施监督检查。

前款所列监督检查部门对有关单位的会计资料依法实施监督检查后,应当出具检查结论。有关监督检查部门已经作出的检查结论能够满足其他监督检查部门履行本部门职责需要的,其他监督检查部门应当加以利用,避免重复查帐。

第三十四条 【保密】依法对有关单位的会计资料实施监督检查的部门及其工作人员对在监督检查中知悉的国家秘密和商业秘密负有保密义务。

第三十五条 【接受检查】各单位必须依照有关法律、行政法规的规定,接受有关监督检查部门依法实施的监督检查,如实提供会计凭证、会计帐簿、财务会计报告和其他会计资料以及有关情况,不得拒绝、隐匿、谎报。

第五章 会计机构和会计人员

第三十六条 【机构、人员设置】各单位应当根据会计业务的需要,设置会计机构,或者在有关机构中设置会计人员并指定会计主管人员;不具备设置条件的,应当委托经批准设立从事会计代理记帐业务的中介机构代理记帐。

国有的和国有资产占控股地位或者主导地位的大、中型企业必须设置总会计师。总会计师的任职资格、任免程序、职责权限由国务院规定。

第三十七条 【稽核制度】会计机构内部应当建立稽核制度。

出纳人员不得兼任稽核、会计档案保管和

收入、支出、费用、债权债务帐目的登记工作。

第三十八条　【从业资格】会计人员应当具备从事会计工作所需要的专业能力。

担任单位会计机构负责人（会计主管人员）的，应当具备会计师以上专业技术职务资格或者从事会计工作三年以上经历。

本法所称会计人员的范围由国务院财政部门规定。

第三十九条　【业务素质】会计人员应当遵守职业道德，提高业务素质。对会计人员的教育和培训工作应当加强。

第四十条　【限制人员】因有提供虚假财务会计报告，做假帐，隐匿或者故意销毁会计凭证、会计帐簿、财务会计报告，贪污，挪用公款，职务侵占等与会计职务有关的违法行为被依法追究刑事责任的人员，不得再从事会计工作。

第四十一条　【交接】会计人员调动工作或者离职，必须与接管人员办清交接手续。

一般会计人员办理交接手续，由会计机构负责人（会计主管人员）监交；会计机构负责人（会计主管人员）办理交接手续，由单位负责人监交，必要时主管单位可以派人会同监交。

第六章　法 律 责 任

第四十二条　【行政处分】违反本法规定，有下列行为之一的，由县级以上人民政府财政部门责令限期改正，可以对单位并处三千元以上五万元以下的罚款；对其直接负责的主管人员和其他直接责任人员，可以处二千元以上二万元以下的罚款；属于国家工作人员的，还应当由其所在单位或者有关单位依法给予行政处分：

（一）不依法设置会计帐簿的；

（二）私设会计帐簿的；

（三）未按照规定填制、取得原始凭证或者填制、取得的原始凭证不符合规定的；

（四）以未经审核的会计凭证为依据登记会计帐簿或者登记会计帐簿不符合规定的；

（五）随意变更会计处理方法的；

（六）向不同的会计资料使用者提供的财务会计报告编制依据不一致的；

（七）未按照规定使用会计记录文字或者记帐本位币的；

（八）未按照规定保管会计资料，致使会计资料毁损、灭失的；

（九）未按照规定建立并实施单位内部会计监督制度或者拒绝依法实施的监督或者不如实提供有关会计资料及有关情况的；

（十）任用会计人员不符合本法规定的。

有前款所列行为之一，构成犯罪的，依法追究刑事责任。

会计人员有第一款所列行为之一，情节严重的，五年内不得从事会计工作。

有关法律对第一款所列行为的处罚另有规定的，依照有关法律的规定办理。

第四十三条　【伪造、变造】伪造、变造会计凭证、会计帐簿，编制虚假财务会计报告，构成犯罪的，依法追究刑事责任。

有前款行为，尚不构成犯罪的，由县级以上人民政府财政部门予以通报，可以对单位并处五千元以上十万元以下的罚款；对其直接负责的主管人员和其他直接责任人员，可以处三千元以上五万元以下的罚款；属于国家工作人员的，还应当由其所在单位或者有关单位依法给予撤职直至开除的行政处分；其中的会计人员，五年内不得从事会计工作。

第四十四条　【隐匿、销毁】隐匿或者故意销毁依法应当保存的会计凭证、会计帐簿、财务会计报告，构成犯罪的，依法追究刑事责任。

有前款行为，尚不构成犯罪的，由县级以上人民政府财政部门予以通报，可以对单位并处五千元以上十万元以下的罚款；对其直接负责的主管人员和其他直接责任人员，可以处三千元以上五万元以下的罚款；属于国家工作人员的，还应当由其所在单位或者有关单位依法给予撤职直至开除的行政处分；其中的会计人员，五年内不得从事会计工作。

第四十五条　【授意、指使、强令】授意、指使、强令会计机构、会计人员及其他人员伪造、变造会计凭证、会计帐簿,编制虚假财务会计报告或者隐匿、故意销毁依法应当保存的会计凭证、会计帐簿、财务会计报告,构成犯罪的,依法追究刑事责任;尚不构成犯罪的,可以处五千元以上五万元以下的罚款;属于国家工作人员的,还应当由其所在单位或者有关单位依法给予降级、撤职、开除的行政处分。

第四十六条 【打击报复】单位负责人对依法履行职责、抵制违反本法规定行为的会计人员以降级、撤职、调离工作岗位、解聘或者开除等方式实行打击报复,构成犯罪的,依法追究刑事责任;尚不构成犯罪的,由其所在单位或者有关单位依法给予行政处分。对受打击报复的会计人员,应当恢复其名誉和原有职务、级别。

第四十七条 【渎职】财政部门及有关行政部门的工作人员在实施监督管理中滥用职权、玩忽职守、徇私舞弊或者泄露国家秘密、商业秘密,构成犯罪的,依法追究刑事责任;尚不构成犯罪的,依法给予行政处分。

第四十八条 【违反三十条规定】违反本法第三十条规定,将检举人姓名和检举材料转给被检举单位和被检举人个人的,由所在单位或者有关单位依法给予行政处分。

第四十九条 【法条竞合】违反本法规定,同时违反其他法律规定的,由有关部门在各自职权范围内依法进行处罚。

第七章 附 则

第五十条 【用语含义】本法下列用语的含义:

单位负责人,是指单位法定代表人或者法律、行政法规规定代表单位行使职权的主要负责人。

国家统一的会计制度,是指国务院财政部门根据本法制定的关于会计核算、会计监督、会计机构和会计人员以及会计工作管理的制度。

第五十一条 【个体户】个体工商户会计管理的具体办法,由国务院财政部门根据本法的原则另行规定。

第五十二条 【生效日期】本法自 2000 年 7 月 1 日起施行。

中华人民共和国审计法

(1994 年 8 月 31 日第八届全国人民代表大会常务委员会第九次会议通过 根据 2006 年 2 月 28 日第十届全国人民代表大会常务委员会第二十次会议《关于修改〈中华人民共和国审计法〉的决定》修正)

目 录

第一章 总 则

第一条 【立法宗旨】为了加强国家的审计监督,维护国家财政经济秩序,提高财政资金使用效益,促进廉政建设,保障国民经济和社会健康发展,根据宪法,制定本法。

第二条 【审计监督制度】国家实行审计监督制度。国务院和县级以上地方人民政府设立审计机关。

国务院各部门和地方各级人民政府及其各部门的财政收支，国有的金融机构和企业事业组织的财务收支，以及其他依照本法规定应当接受审计的财政收支、财务收支，依照本法规定接受审计监督。

审计机关对前款所列财政收支或者财务收支的真实、合法和效益，依法进行审计监督。

第三条 【依法审计】审计机关依照法律规定的职权和程序，进行审计监督。

审计机关依据有关财政收支、财务收支的法律、法规和国家其他有关规定进行审计评价，在法定职权范围内作出审计决定。

第四条 【审计工作报告】国务院和县级以上地方人民政府应当每年向本级人民代表大会常务委员会提出审计机关对预算执行和其他财政收支的审计工作报告。审计工作报告应当重点报告对预算执行的审计情况。必要时，人民代表大会常务委员会可以对审计工作报告作出决议。

国务院和县级以上地方人民政府应当将审计工作报告中指出的问题的纠正情况和处理结果向本级人民代表大会常务委员会报告。

第五条 【审计监督权独立】审计机关依照法律规定独立行使审计监督权，不受其他行政机关、社会团体和个人的干涉。

第六条 【审计原则】审计机关和审计人员办理审计事项，应当客观公正，实事求是，廉洁奉公，保守秘密。

第二章 审计机关和审计人员

第七条 【审计署】国务院设立审计署，在国务院总理领导下，主管全国的审计工作。审计长是审计署的行政首长。

第八条 【各级审计机关】省、自治区、直辖市、设区的市、自治州、县、自治县、不设区的市、市辖区的人民政府的审计机关，分别在省长、自治区主席、市长、州长、县长、区长和上一级审计机关的领导下，负责本行政区域内的审计工作。

第九条 【审计机关领导体制】地方各级审计机关对本级人民政府和上一级审计机关负责并报告工作，审计业务以上级审计机关领导为主。

第十条 【派出机构】审计机关根据工作需要，经本级人民政府批准，可以在其审计管辖范围内设立派出机构。

派出机构根据审计机关的授权，依法进行审计工作。

第十一条 【经费保证】审计机关履行职责所必需的经费，应当列入财政预算，由本级人民政府予以保证。

第十二条 【审计资格】审计人员应当具备与其从事的审计工作相适应的专业知识和业务能力。

第十三条 【审计回避】审计人员办理审计事项，与被审计单位或者审计事项有利害关系的，应当回避。

第十四条 【审计保密】审计人员对其在执行职务中知悉的国家秘密和被审计单位的商业秘密，负有保密的义务。

第十五条 【职务保护】审计人员依法执行职务，受法律保护。

任何组织和个人不得拒绝、阻碍审计人员依法执行职务，不得打击报复审计人员。

审计机关负责人依照法定程序任免。审计机关负责人没有违法失职或者其他不符合任职条件的情况的，不得随意撤换。

地方各级审计机关负责人的任免，应当事先征求上一级审计机关的意见。

第三章 审计机关职责

第十六条 【审计监督对象】审计机关对本级各部门（含直属单位）和下级政府预算的执行情况和决算以及其他财政收支情况，进行审计监督。

第十七条 【审计结果报告】审计署在国务院总理领导下，对中央预算执行情况和其他财政收支情况进行审计监督，向国务院总理提出审计结果报告。

地方各级审计机关分别在省长、自治区主

席、市长、州长、县长、区长和上一级审计机关的领导下，对本级预算执行情况和其他财政收支情况进行审计监督，向本级人民政府和上一级审计机关提出审计结果报告。

第十八条　【审计范围】审计署对中央银行的财务收支，进行审计监督。

审计机关对国有金融机构的资产、负债、损益，进行审计监督。

第十九条　【对事业单位的审计监督】审计机关对国家的事业组织和使用财政资金的其他事业组织的财务收支，进行审计监督。

第二十条　【对国有资产的审计监督】审计机关对国有企业的资产、负债、损益，进行审计监督。

第二十一条　【对国有企业、金融机构的审计监督】对国有资本占控股地位或者主导地位的企业、金融机构的审计监督，由国务院规定。

第二十二条　【对预算执行情况和决算的审计监督】审计机关对政府投资和以政府投资为主的建设项目的预算执行情况和决算，进行审计监督。

第二十三条　【对基金、资金的财务收支的审计监督】审计机关对政府部门管理的和其他单位受政府委托管理的社会保障基金、社会捐赠资金以及其他有关基金、资金的财务收支，进行审计监督。

第二十四条　【特别项目的财务审计监督】审计机关对国际组织和外国政府援助、贷款项目的财务收支，进行审计监督。

第二十五条　【对主要负责人的审计监督】审计机关按照国家有关规定，对国家机关和依法属于审计机关审计监督对象的其他单位的主要负责人，在任职期间对本地区、本部门或者本单位的财政收支、财务收支以及有关经济活动应负经济责任的履行情况，进行审计监督。

第二十六条　【其他审计事项】除本法规定的审计事项外，审计机关对其他法律、行政法规规定应当由审计机关进行审计的事项，依照本法和有关法律、行政法规的规定进行审计监督。

第二十七条　【专项审计调查】审计机关有权对与国家财政收支有关的特定事项，向有关地方、部门、单位进行专项审计调查，并向本级人民政府和上一级审计机关报告审计调查结果。

第二十八条　【审计管辖】审计机关根据被审计单位的财政、财务隶属关系或者国有资产监督管理关系，确定审计管辖范围。

审计机关之间对审计管辖范围有争议的，由其共同的上级审计机关确定。

上级审计机关可以将其审计管辖范围内的本法第十八条第二款至第二十五条规定的审计事项，授权下级审计机关进行审计；上级审计机关对下级审计机关审计管辖范围内的重大审计事项，可以直接进行审计，但是应当防止不必要的重复审计。

第二十九条　【健全内部审计制度】依法属于审计机关审计监督对象的单位，应当按照国家有关规定建立健全内部审计制度；其内部审计工作应当接受审计机关的业务指导和监督。

第三十条　【审计报告核查】社会审计机构审计的单位依法属于审计机关审计监督对象的，审计机关按照国务院的规定，有权对该社会审计机构出具的相关审计报告进行核查。

第四章　审计机关权限

第三十一条　【被审计单位不得拒绝、拖延、谎报相关资料】审计机关有权要求被审计单位按照审计机关的规定提供预算或者财务收支计划、预算执行情况、决算、财务会计报告，运用电子计算机储存、处理的财政收支、财务收支电子数据和必要的电子计算机技术文档，在金融机构开立账户的情况，社会审计机构出具的审计报告，以及其他与财政收支或者财务收支有关的资料，被审计单位不得拒绝、拖延、谎报。

被审计单位负责人对本单位提供的财务

会计资料的真实性和完整性负责。

第三十二条　【被审计单位不得拒绝提供相关资料】审计机关进行审计时，有权检查被审计单位的会计凭证、会计账簿、财务会计报告和运用电子计算机管理财政收支、财务收支电子数据的系统，以及其他与财政收支、财务收支有关的资料和资产，被审计单位不得拒绝。

第三十三条　【被审计单位应如实提供相关证明材料】审计机关进行审计时，有权就审计事项的有关问题向有关单位和个人进行调查，并取得有关证明材料。有关单位和个人应当支持、协助审计机关工作，如实向审计机关反映情况，提供有关证明材料。

审计机关经县级以上人民政府审计机关负责人批准，有权查询被审计单位在金融机构的账户。

审计机关有证据证明被审计单位以个人名义存储公款的，经县级以上人民政府审计机关主要负责人批准，有权查询被审计单位以个人名义在金融机构的存款。

第三十四条　【冻结暂停拨付措施】审计机关进行审计时，被审计单位不得转移、隐匿、篡改、毁弃会计凭证、会计账簿、财务会计报告以及其他与财政收支或者财务收支有关的资料，不得转移、隐匿所持有的违反国家规定取得的资产。

审计机关对被审计单位违反前款规定的行为，有权予以制止；必要时，经县级以上人民政府审计机关负责人批准，有权封存有关资料和违反国家规定取得的资产；对其中在金融机构的有关存款需要予以冻结的，应当向人民法院提出申请。

审计机关对被审计单位正在进行的违反国家规定的财政收支、财务收支行为，有权予以制止；制止无效的，经县级以上人民政府审计机关负责人批准，通知财政部门和有关主管部门暂停拨付与违反国家规定的财政收支、财务收支行为直接有关的款项，已经拨付的，暂停使用。

审计机关采取前两款规定的措施不得影响被审计单位合法的业务活动和生产经营活动。

第三十五条　【违法纠正】审计机关认为被审计单位所执行的上级主管部门有关财政收支、财务收支的规定与法律、行政法规相抵触的，应当建议有关主管部门纠正；有关主管部门不予纠正的，审计机关应当提请有权处理的机关依法处理。

第三十六条　【审计结果公布】审计机关可以向政府有关部门通报或者向社会公布审计结果。

审计机关通报或者公布审计结果，应当依法保守国家秘密和被审计单位的商业秘密，遵守国务院的有关规定。

第三十七条　【协助义务】审计机关履行审计监督职责，可以提请公安、监察、财政、税务、海关、价格、工商行政管理等机关予以协助。

第五章　审计程序

第三十八条　【审计实施】审计机关根据审计项目计划确定的审计事项组成审计组，并应当在实施审计三日前，向被审计单位送达审计通知书；遇有特殊情况，经本级人民政府批准，审计机关可以直接持审计通知书实施审计。

被审计单位应当配合审计机关的工作，并提供必要的工作条件。

审计机关应当提高审计工作效率。

第三十九条　【审计调查】审计人员通过审查会计凭证、会计账簿、财务会计报告，查阅与审计事项有关的文件、资料，检查现金、实物、有价证券，向有关单位和个人调查等方式进行审计，并取得证明材料。

审计人员向有关单位和个人进行调查时，应当出示审计人员的工作证件和审计通知书副本。

第四十条　【审计报告】审计组对审计事项实施审计后，应当向审计机关提出审计组的审计报告。审计组的审计报告报送审计机关前,应当征求被审计对象的意见。被审计对象应当自接到审计组的审计报告之日起十日内,将其书面意见送交审计组。审计组应当将被审计对象的书面意见一并报送审计机关。

第四十一条 【审计报告和审计决定】审计机关按照审计署规定的程序对审计组的审计报告进行审议,并对被审计对象对审计组的审计报告提出的意见一并研究后,提出审计机关的审计报告;对违反国家规定的财政收支、财务收支行为,依法应当给予处理、处罚的,在法定职权范围内作出审计决定或者向有关主管机关提出处理、处罚的意见。

审计机关应当将审计机关的审计报告和审计决定送达被审计单位和有关主管机关、单位。审计决定自送达之日起生效。

第四十二条 【级别监督】上级审计机关认为下级审计机关作出的审计决定违反国家有关规定的,可以责成下级审计机关予以变更或者撤销,必要时也可以直接作出变更或者撤销的决定。

第六章 法律责任

第四十三条 【违规处罚】被审计单位违反本法规定,拒绝或者拖延提供与审计事项有关的资料的,或者提供的资料不真实、不完整的,或者拒绝、阻碍检查的,由审计机关责令改正,可以通报批评,给予警告;拒不改正的,依法追究责任。

第四十四条 【转移、隐匿、篡改、毁弃有关资料,转移、隐匿违规资产的处罚】被审计单位违反本法规定,转移、隐匿、篡改、毁弃会计凭证、会计账簿、财务会计报告以及其他与财政收支、财务收支有关的资料,或者转移、隐匿所持有的违反国家规定取得的资产,审计机关认为对直接负责的主管人员和其他直接责任人员依法应当给予处分的,应当提出给予处分的建议,被审计单位或者其上级机关、监察机关应当依法及时作出决定,并将结果书面通知审计机关;构成犯罪的,依法追究刑事责任。

第四十五条 【对违规财政收支行为的处理措施】对本级各部门(含直属单位)和下级政府违反预算的行为或者其他违反国家规定的财政收支行为,审计机关、人民政府或者有关主管部门在法定职权范围内,依照法律、行政法规的规定,区别情况采取下列处理措施:

(一)责令限期缴纳应当上缴的款项;

(二)责令限期退还被侵占的国有资产;

(三)责令限期退还违法所得;

(四)责令按照国家统一的会计制度的有关规定进行处理;

(五)其他处理措施。

第四十六条 【对被审计单位违规财务收支行为的处罚】对被审计单位违反国家规定的财务收支行为,审计机关、人民政府或者有关主管部门在法定职权范围内,依照法律、行政法规的规定,区别情况采取前条规定的处理措施,并可以依法给予处罚。

第四十七条 【审计决定的执行】审计机关在法定职权范围内作出的审计决定,被审计单位应当执行。

审计机关依法责令被审计单位上缴应当上缴的款项,被审计单位拒不执行的,审计机关应当通报有关主管部门,有关主管部门应当依照有关法律、行政法规的规定予以扣缴或者采取其他处理措施,并将结果书面通知审计机关。

第四十八条 【救济途径】被审计单位对审计机关作出的有关财务收支的审计决定不服的,可以依法申请行政复议或者提起行政诉讼。

被审计单位对审计机关作出的有关财政收支的审计决定不服的,可以提请审计机关的本级人民政府裁决,本级人民政府的裁决为最终决定。

第四十九条 【对直接责任人员的处分】被审计单位的财政收支、财务收支违反国家规定,审计机关认为对直接负责的主管人员和其他直接责任人员依法应当给予处分的,应当提出给予处分的建议,被审计单位或者其上级机关、监察机关应当依法及时作出决定，并将结果书面通知审计机关。

第五十条　【被审计单位的刑事责任】被审计单位的财政收支、财务收支违反法律、行政法规的规定，构成犯罪的，依法追究刑事责任。

第五十一条　【报复陷害审计人员责任】报复陷害审计人员的，依法给予处分；构成犯罪的，依法追究刑事责任。

第五十二条　【审计人员渎职】审计人员滥用职权、徇私舞弊、玩忽职守或者泄露所知悉的国家秘密、商业秘密的，依法给予处分；构成犯罪的，依法追究刑事责任。

第七章　附　　则

第五十三条　【解放军审计工作】中国人民解放军审计工作的规定，由中央军事委员会根据本法制定。

第五十四条　【施行日期】本法自1995年1月1日起施行。1988年11月30日国务院发布的《中华人民共和国审计条例》同时废止。

企业财务会计报告条例

（2000年6月21日国务院令第287号公布
自2001年1月1日起施行）

第一章　总　　则

第一条　为了规范企业财务会计报告，保证财务会计报告的真实、完整，根据《中华人民共和国会计法》，制定本条例。

第二条　企业（包括公司，下同）编制和对外提供财务会计报告，应当遵守本条例。

本条例所称财务会计报告，是指企业对外提供的反映企业某一特定日期财务状况和某一会计期间经营成果、现金流量的文件。

第三条　企业不得编制和对外提供虚假的或者隐瞒重要事实的财务会计报告。

企业负责人对本企业财务会计报告的真实性、完整性负责。

第四条　任何组织或者个人不得授意、指使、强令企业编制和对外提供虚假的或者隐瞒重要事实的财务会计报告。

第五条　注册会计师、会计师事务所审计企业财务会计报告，应当依照有关法律、行政法规以及注册会计师执业规则的规定进行，并对所出具的审计报告负责。

第二章　财务会计报告的构成

第六条　财务会计报告分为年度、半年度、季度和月度财务会计报告。

第七条　年度、半年度财务会计报告应当包括：

（一）会计报表；

（二）会计报表附注；

（三）财务情况说明书。

会计报表应当包括资产负债表、利润表、现金流量表及相关附表。

第八条　季度、月度财务会计报告通常仅指会计报表，会计报表至少应当包括资产负债表和利润表。国家统一的会计制度规定季度、月度财务会计报告需要编制会计报表附注的，从其规定。

第九条　资产负债表是反映企业在某一特定日期财务状况的报表。资产负债表应当按照资产、负债和所有者权益（或者股东权益，下同）分类分项列示。其中，资产、负债和所有者权益的定义及列示应当遵循下列规定：

（一）资产，是指过去的交易、事项形成并

由企业拥有或者控制的资源，该资源预期会给企业带来经济利益。在资产负债表上，资产应当按照其流动性分类分项列示，包括流动资产、长期投资、固定资产、无形资产及其他资产。银行、保险公司和非银行金融机构的各项资产有特殊性的，按照其性质分类分项列示。

（二）负债，是指过去的交易、事项形成的现时义务，履行该义务预期会导致经济利益流出企业。在资产负债表上，负债应当按照其流动性分类分项列示，包括流动负债、长期负债等。银行、保险公司和非银行金融机构的各项负债有特殊性的，按照其性质分类分项列示。

（三）所有者权益，是指所有者在企业资产中享有的经济利益，其金额为资产减去负债后的余额。在资产负债表上，所有者权益应当按照实收资本（或者股本）、资本公积、盈余公积、未分配利润等项目分项列示。

第十条 利润表是反映企业在一定会计期间经营成果的报表。利润表应当按照各项收入、费用以及构成利润的各个项目分类分项列示。其中，收入、费用和利润的定义及列示应当遵循下列规定：

（一）收入，是指企业在销售商品、提供劳务及让渡资产使用权等日常活动中所形成的经济利益的总流入。收入不包括为第三方或者客户代收的款项。在利润表上，收入应当按照其重要性分项列示。

（二）费用，是指企业为销售商品、提供劳务等日常活动所发生的经济利益的流出。在利润表上，费用应当按照其性质分项列示。

（三）利润，是指企业在一定会计期间的经营成果。在利润表上，利润应当按照营业利润、利润总额和净利润等利润的构成分类分项列示。

第十一条 现金流量表是反映企业一定会计期间现金和现金等价物（以下简称现金）流入和流出的报表。现金流量表应当按照经营活动、投资活动和筹资活动的现金流量分类分项列示。其中，经营活动、投资活动和筹资活动的定义及列示应当遵循下列规定：

（一）经营活动，是指企业投资活动和筹资活动以外的所有交易和事项。在现金流量表上，经营活动的现金流量应当按照其经营活动的现金流入和流出的性质分项列示；银行、保险公司和非银行金融机构的经营活动按照其经营活动特点分项列示。

（二）投资活动，是指企业长期资产的购建和不包括在现金等价物范围内的投资及其处置活动。在现金流量表上，投资活动的现金流量应当按照其投资活动的现金流入和流出的性质分项列示。

（三）筹资活动，是指导致企业资本及债务规模和构成发生变化的活动。在现金流量表上，筹资活动的现金流量应当按照其筹资活动的现金流入和流出的性质分项列示。

第十二条 相关附表是反映企业财务状况、经营成果和现金流量的补充报表，主要包括利润分配表以及国家统一的会计制度规定的其他附表。

利润分配表是反映企业一定会计期间对实现净利润以及以前年度未分配利润的分配或者亏损弥补的报表。利润分配表应当按照利润分配各个项目分类分项列示。

第十三条 年度、半年度会计报表至少应当反映两个年度或者相关两个期间的比较数据。

第十四条 会计报表附注是为便于会计报表使用者理解会计报表的内容而对会计报表的编制基础、编制依据、编制原则和方法及主要项目等所作的解释。会计报表附注至少应当包括下列内容：

（一）不符合基本会计假设的说明；

（二）重要会计政策和会计估计及其变更情况、变更原因及其对财务状况和经营成果的影响；

（三）或有事项和资产负债表日后事项的说明；

（四）关联方关系及其交易的说明；

（五）重要资产转让及其出售情况；

（六）企业合并、分立；

（七）重大投资、融资活动；

（八）会计报表中重要项目的明细资料；

（九）有助于理解和分析会计报表需要说明的其他事项。

第十五条　财务情况说明书至少应当对下列情况作出说明：

（一）企业生产经营的基本情况；

（二）利润实现和分配情况；

（三）资金增减和周转情况；

（四）对企业财务状况、经营成果和现金流量有重大影响的其他事项。

第三章　财务会计报告的编制

第十六条　企业应当于年度终了编报年度财务会计报告。国家统一的会计制度规定企业应当编报半年度、季度和月度财务会计报告的，从其规定。

第十七条　企业编制财务会计报告，应当根据真实的交易、事项以及完整、准确的账簿记录等资料，并按照国家统一的会计制度规定的编制基础、编制依据、编制原则和方法。

企业不得违反本条例和国家统一的会计制度规定，随意改变财务会计报告的编制基础、编制依据、编制原则和方法。

任何组织或者个人不得授意、指使、强令企业违反本条例和国家统一的会计制度规定，改变财务会计报告的编制基础、编制依据、编制原则和方法。

第十八条　企业应当依照本条例和国家统一的会计制度规定，对会计报表中各项会计要素进行合理的确认和计量，不得随意改变会计要素的确认和计量标准。

第十九条　企业应当依照有关法律、行政法规和本条例规定的结账日进行结账，不得提前或者延迟。年度结账日为公历年度每年的12月31日；半年度、季度、月度结账日分别为公历年度每半年、每季、每月的最后一天。

第二十条　企业在编制年度财务会计报告前，应当按照下列规定，全面清查资产、核实债务：

（一）结算款项，包括应收款项、应付款项、应交税金等是否存在，与债务、债权单位的相应债务、债权金额是否一致；

（二）原材料、在产品、自制半成品、库存商品等各项存货的实存数量与账面数量是否一致，是否有报废损失和积压物资等；

（三）各项投资是否存在，投资收益是否按照国家统一的会计制度规定进行确认和计量；

（四）房屋建筑物、机器设备、运输工具等各项固定资产的实存数量与账面数量是否一致；

（五）在建工程的实际发生额与账面记录是否一致；

（六）需要清查、核实的其他内容。

企业通过前款规定的清查、核实，查明财产物资的实存数量与账面数量是否一致、各项结算款项的拖欠情况及其原因、材料物资的实际储备情况、各项投资是否达到预期目的、固定资产的使用情况及其完好程度等。企业清查、核实后，应当将清查、核实的结果及其处理办法向企业的董事会或者相应机构报告，并根据国家统一的会计制度的规定进行相应的会计处理。

企业应当在年度中间根据具体情况，对各项财产物资和结算款项进行重点抽查、轮流清查或者定期清查。

第二十一条　企业在编制财务会计报告前，除应当全面清查资产、核实债务外，还应当完成下列工作：

（一）核对各会计账簿记录与会计凭证的内容、金额等是否一致，记账方向是否相符；

（二）依照本条例规定的结账日进行结账，结出有关会计账簿的余额和发生额，并核对各会计账簿之间的余额；

（三）检查相关的会计核算是否按照国家统一的会计制度的规定进行；

（四）对于国家统一的会计制度没有规定统一核算方法的交易、事项，检查其是否按照会计核算的一般原则进行确认和计量以及相关账务处理是否合理；

（五）检查是否存在因会计差错、会计政策变更等原因需要调整前期或者本期相关项目。

在前款规定工作中发现问题的，应当按照国家统一的会计制度的规定进行处理。

第二十二条 企业编制年度和半年度财务会计报告时，对经查实后的资产、负债有变动的，应当按照资产、负债的确认和计量标准进行确认和计量，并按照国家统一的会计制度的规定进行相应的会计处理。

第二十三条 企业应当按照国家统一的会计制度规定的会计报表格式和内容，根据登记完整、核对无误的会计账簿记录和其他有关资料编制会计报表，做到内容完整、数字真实、计算准确，不得漏报或者任意取舍。

第二十四条 会计报表之间、会计报表各项目之间，凡有对应关系的数字，应当相互一致；会计报表中本期与上期的有关数字应当相互衔接。

第二十五条 会计报表附注和财务情况说明书应当按照本条例和国家统一的会计制度的规定，对会计报表中需要说明的事项作出真实、完整、清楚的说明。

第二十六条 企业发生合并、分立情形的，应当按照国家统一的会计制度的规定编制相应的财务会计报告。

第二十七条 企业终止营业的，应当在终止营业时按照编制年度财务会计报告的要求全面清查资产、核实债务、进行结账，并编制财务会计报告；在清算期间，应当按照国家统一的会计制度的规定编制清算期间的财务会计报告。

第二十八条 按照国家统一的会计制度的规定，需要编制合并会计报表的企业集团，母公司除编制其个别会计报表外，还应当编制企业集团的合并会计报表。

企业集团合并会计报表，是指反映企业集团整体财务状况、经营成果和现金流量的会计报表。

第四章 财务会计报告的对外提供

第二十九条 对外提供的财务会计报告反映的会计信息应当真实、完整。

第三十条 企业应当依照法律、行政法规和国家统一的会计制度有关财务会计报告提供期限的规定，及时对外提供财务会计报告。

第三十一条 企业对外提供的财务会计报告应当依次编定页数，加具封面，装订成册，加盖公章。封面上应当注明：企业名称、企业统一代码、组织形式、地址、报表所属年度或者月份、报出日期，并由企业负责人和主管会计工作的负责人、会计机构负责人（会计主管人员）签名并盖章；设置总会计师的企业，还应当由总会计师签名并盖章。

第三十二条 企业应当依照企业章程的规定，向投资者提供财务会计报告。

国务院派出监事会的国有重点大型企业、国有重点金融机构和省、自治区、直辖市人民政府派出监事会的国有企业，应当依法定期向监事会提供财务会计报告。

第三十三条 有关部门或者机构依照法律、行政法规或者国务院的规定，要求企业提供部分或者全部财务会计报告及其有关数据的，应当向企业出示依据，并不得要求企业改变财务会计报告有关数据的会计口径。

第三十四条 非依照法律、行政法规或者国务院的规定，任何组织或者个人不得要求企业提供部分或者全部财务会计报告及其有关数据。

违反本条例规定，要求企业提供部分或者全部财务会计报告及其有关数据的，企业有权拒绝。

第三十五条 国有企业、国有控股的或者占主导地位的企业，应当至少每年一次向本企业的职工代表大会公布财务会计报告，并重点说明下列事项：

（一）反映与职工利益密切相关的信息，包括：管理费用的构成情况，企业管理人员工资、福利和职工工资、福利费用的发放、使用和结余情况，公益金的提取及使用情况，利润分配的情况以及其他与职工利益相关的信息；

（二）内部审计发现的问题及纠正情况；

（三）注册会计师审计的情况；

（四）国家审计机关发现的问题及纠正情况；

（五）重大的投资、融资和资产处置决策及其原因的说明；

（六）需要说明的其他重要事项。

第三十六条　企业依照本条例规定向有关各方提供的财务会计报告，其编制基础、编制依据、编制原则和方法应当一致，不得提供编制基础、编制依据、编制原则和方法不同的财务会计报告。

第三十七条　财务会计报告须经注册会计师审计的，企业应当将注册会计师及其会计师事务所出具的审计报告随同财务会计报告一并对外提供。

第三十八条　接受企业财务会计报告的组织或者个人，在企业财务会计报告未正式对外披露前，应当对其内容保密。

第五章　法律责任

第三十九条　违反本条例规定，有下列行为之一的，由县级以上人民政府财政部门责令限期改正，对企业可以处3000元以上5万元以下的罚款；对直接负责的主管人员和其他直接责任人员，可以处2000元以上2万元以下的罚款；属于国家工作人员的，并依法给予行政处分或者纪律处分：

（一）随意改变会计要素的确认和计量标准的；

（二）随意改变财务会计报告的编制基础、编制依据、编制原则和方法的；

（三）提前或者延迟结账日结账的；

（四）在编制年度财务会计报告前，未按照本条例规定全面清查资产、核实债务的；

（五）拒绝财政部门和其他有关部门对财务会计报告依法进行的监督检查，或者不如实提供有关情况的。

会计人员有前款所列行为之一，情节严重的，由县级以上人民政府财政部门吊销会计从业资格证书。

第四十条　企业编制、对外提供虚假的或者隐瞒重要事实的财务会计报告，构成犯罪的，依法追究刑事责任。

有前款行为，尚不构成犯罪的，由县级以上人民政府财政部门予以通报，对企业可以处5000元以上10万元以下的罚款；对直接负责的主管人员和其他直接责任人员，可以处3000元以上5万元以下的罚款；属于国家工作人员的，并依法给予撤职直至开除的行政处分或者纪律处分；对其中的会计人员，情节严重的，并由县级以上人民政府财政部门吊销会计从业资格证书。

第四十一条　授意、指使、强令会计机构、会计人员及其他人员编制、对外提供虚假的或者隐瞒重要事实的财务会计报告，或者隐匿、故意销毁依法应当保存的财务会计报告，构成犯罪的，依法追究刑事责任；尚不构成犯罪的，可以处5000元以上5万元以下的罚款；属于国家工作人员的，并依法给予降级、撤职、开除的行政处分或者纪律处分。

第四十二条　违反本条例的规定，要求企业向其提供部分或者全部财务会计报告及其有关数据的，由县级以上人民政府责令改正。

第四十三条　违反本条例规定，同时违反其他法律、行政法规规定的，由有关部门在各自的职权范围内依法给予处罚。

第六章　附　　则

第四十四条　国务院财政部门可以根据本条例的规定，制定财务会计报告的具体编报办法。

第四十五条　不对外筹集资金、经营规模较小的企业编制和对外提供财务会计报告的办法，由国务院财政部门根据本条例的原则另行规定。

第四十六条　本条例自2001年1月1日起施行。

企业财务通则

（2006 年 12 月 4 日财政部令第 41 号公布
自 2007 年 1 月 1 日起施行）

第一章　总　　则

第一条　为了加强企业财务管理，规范企业财务行为，保护企业及其相关方的合法权益，推进现代企业制度建设，根据有关法律、行政法规的规定，制定本通则。

第二条　在中华人民共和国境内依法设立的具备法人资格的国有及国有控股企业适用本通则。金融企业除外。

其他企业参照执行。

第三条　国有及国有控股企业（以下简称企业）应当确定内部财务管理体制，建立健全财务管理制度，控制财务风险。

企业财务管理应当按照制定的财务战略，合理筹集资金，有效营运资产，控制成本费用，规范收益分配及重组清算财务行为，加强财务监督和财务信息管理。

第四条　财政部负责制定企业财务规章制度。

各级财政部门（以下通称主管财政机关）应当加强对企业财务的指导、管理、监督，其主要职责包括：

（一）监督执行企业财务规章制度，按照财务关系指导企业建立健全内部财务制度；

（二）制定促进企业改革发展的财政财务政策，建立健全支持企业发展的财政资金管理制度；

（三）建立健全企业年度财务会计报告审计制度，检查企业财务会计报告质量；

（四）实施企业财务评价，监测企业财务运行状况；

（五）研究、拟订企业国有资本收益分配和国有资本经营预算的制度；

（六）参与审核属于本级人民政府及其有关部门、机构出资的企业重要改革、改制方案；

（七）根据企业财务管理的需要提供必要的帮助、服务。

第五条　各级人民政府及其部门、机构，企业法人、其他组织或者自然人等企业投资者（以下通称投资者），企业经理、厂长或者实际负责经营管理的其他领导成员（以下通称经营者），依照法律、法规、本通则和企业章程的规定，履行企业内部财务管理职责。

第六条　企业应当依法纳税。企业财务处理与税收法律、行政法规规定不一致的，纳税时应当依法进行调整。

第七条　各级人民政府及其部门、机构出资的企业，其财务关系隶属同级财政机关。

第二章　企业财务管理体制

第八条　企业实行资本权属清晰、财务关系明确、符合法人治理结构要求的财务管理体制。

企业应当按照国家有关规定建立有效的内部财务管理级次。企业集团公司自行决定集团内部财务管理体制。

第九条　企业应当建立财务决策制度，明确决策规则、程序、权限和责任等。法律、行政法规规定应当通过职工（代表）大会审议或者听取职工、相关组织意见的财务事项，依照其规定执行。

企业应当建立财务决策回避制度。对投资者、经营者个人与企业利益有冲突的财务决策事项，相关投资者、经营者应当回避。

第十条　企业应当建立财务风险管理制度，明确经营者、投资者及其他相关人员的管理权限和责任，按照风险与收益均衡、不相容职务分离等原则，控制财务风险。

第十一条　企业应当建立财务预算管理制度，以现金流为核心，按照实现企业价值最大化等财务目标的要求，对资金筹集、资产营运、成本控制、收益分配、重组清算等财务活动，实施全面预算管理。

第十二条　投资者的财务管理职责主要包括：

（一）审议批准企业内部财务管理制度、企业财务战略、财务规划和财务预算；

（二）决定企业的筹资、投资、担保、捐赠、重组、经营者报酬、利润分配等重大财务事项；

（三）决定企业聘请或者解聘会计师事务所、资产评估机构等中介机构事项；

（四）对经营者实施财务监督和财务考核；

（五）按照规定向全资或者控股企业委派或者推荐财务总监。

投资者应当通过股东（大）会、董事会或者其他形式的内部机构履行财务管理职责，可以通过企业章程、内部制度、合同约定等方式将部分财务管理职责授予经营者。

第十三条　经营者的财务管理职责主要包括：

（一）拟订企业内部财务管理制度、财务战略、财务规划，编制财务预算；

（二）组织实施企业筹资、投资、担保、捐赠、重组和利润分配等财务方案，诚信履行企业偿债义务；

（三）执行国家有关职工劳动报酬和劳动保护的规定，依法缴纳社会保险费、住房公积金等，保障职工合法权益；

（四）组织财务预测和财务分析，实施财务控制；

（五）编制并提供企业财务会计报告，如实反映财务信息和有关情况；

（六）配合有关机构依法进行审计、评估、财务监督等工作。

第三章　资金筹集

第十四条　企业可以接受投资者以货币资金、实物、无形资产、股权、特定债权等形式的出资。其中，特定债权是指企业依法发行的可转换债券、符合有关规定转作股权的债权等。

企业接受投资者非货币资产出资时，法律、行政法规对出资形式、程序和评估作价等有规定的，依照其规定执行。

企业接受投资者商标权、著作权、专利权及其他专有技术等无形资产出资的，应当符合法律、行政法规规定的比例。

第十五条　企业依法以吸收直接投资、发行股份等方式筹集权益资金的，应当拟订筹资方案，确定筹资规模，履行内部决策程序和必要的报批手续，控制筹资成本。

企业筹集的实收资本，应当依法委托法定验资机构验资并出具验资报告。

第十六条　企业应当执行国家有关资本管理制度，在获准工商登记后30日内，依据验资报告等向投资者出具出资证明书，确定投资者的合法权益。

企业筹集的实收资本，在持续经营期间可以由投资者依照法律、行政法规以及企业章程的规定转让或者减少，投资者不得抽逃或者变相抽回出资。

除《公司法》等有关法律、行政法规另有规定外，企业不得回购本企业发行的股份。企业依法回购股份，应当符合有关条件和财务处理办法，并经投资者决议。

第十七条　对投资者实际缴付的出资超出注册资本的差额（包括股票溢价），企业应当作为资本公积管理。

经投资者审议决定后，资本公积用于转增资本。国家另有规定的，从其规定。

第十八条　企业从税后利润中提取的盈余公积包括法定公积金和任意公积金，可以用于弥补企业亏损或者转增资本。法定公积金转增资本后留存企业的部分，以不少于转增前注册资本的25%为限。

第十九条　企业增加实收资本或者以资本公积、盈余公积转增实收资本，由投资者履行财务决策程序后，办理相关财务事项和工商变更登记。

第二十条 企业取得的各类财政资金，区分以下情况处理：

（一）属于国家直接投资、资本注入的，按照国家有关规定增加国家资本或者国有资本公积；

（二）属于投资补助的，增加资本公积或者实收资本。国家拨款时对权属有规定的，按规定执行；没有规定的，由全体投资者共同享有；

（三）属于贷款贴息、专项经费补助的，作为企业收益处理；

（四）属于政府转贷、偿还性资助的，作为企业负债管理；

（五）属于弥补亏损、救助损失或者其他用途的，作为企业收益处理。

第二十一条 企业依法以借款、发行债券、融资租赁等方式筹集债务资金的，应当明确筹资目的，根据资金成本、债务风险和合理的资金需求，进行必要的资本结构决策，并签订书面合同。

企业筹集资金用于固定资产投资项目的，应当遵守国家产业政策、行业规划、自有资本比例及其他规定。

企业筹集资金，应当按规定核算和使用，并诚信履行合同，依法接受监督。

第四章 资 产 营 运

第二十二条 企业应当根据风险与收益均衡等原则和经营需要，确定合理的资产结构，并实施资产结构动态管理。

第二十三条 企业应当建立内部资金调度控制制度，明确资金调度的条件、权限和程序，统一筹集、使用和管理资金。企业支付、调度资金，应当按照内部财务管理制度的规定，依据有效合同、合法凭证，办理相关手续。

企业向境外支付、调度资金应当符合国家有关外汇管理的规定。

企业集团可以实行内部资金集中统一管理，但应当符合国家有关金融管理等法律、行政法规规定，并不得损害成员企业的利益。

第二十四条 企业应当建立合同的财务审核制度，明确业务流程和审批权限，实行财务监控。

企业应当加强应收款项的管理，评估客户信用风险，跟踪客户履约情况，落实收账责任，减少坏账损失。

第二十五条 企业应当建立健全存货管理制度，规范存货采购审批、执行程序，根据合同的约定以及内部审批制度支付货款。

企业选择供货商以及实施大宗采购，可以采取招标等方式进行。

第二十六条 企业应当建立固定资产购建、使用、处置制度。

企业自行选择、确定固定资产折旧办法，可以征询中介机构、有关专家的意见，并由投资者审议批准。固定资产折旧办法一经选用，不得随意变更。确需变更的，应当说明理由，经投资者审议批准。

企业购建重要的固定资产、进行重大技术改造，应当经过可行性研究，按照内部审批制度履行财务决策程序，落实决策和执行责任。

企业在建工程项目交付使用后，应当在一个年度内办理竣工决算。

第二十七条 企业对外投资应当遵守法律、行政法规和国家有关政策的规定，符合企业发展战略的要求，进行可行性研究，按照内部审批制度履行批准程序，落实决策和执行的责任。

企业对外投资应当签订书面合同，明确企业投资权益，实施财务监管。依据合同支付投资款项，应当按照企业内部审批制度执行。

企业向境外投资的，还应当经投资者审议批准，并遵守国家境外投资项目核准和外汇管理等相关规定。

第二十八条 企业通过自创、购买、接受投资等方式取得的无形资产，应当依法明确权属，落实有关经营、管理的财务责任。

无形资产出现转让、租赁、质押、授权经营、连锁经营、对外投资等情形时，企业应当签订书面合同，明确双方的权利义务，合理确定交易价格。

第二十九条 企业对外担保应当符合法律、行政法规及有关规定，根据被担保单位的资信及偿债能力，按照内部审批制度采取相应的风险控制措施，并设立备查账簿登记，实行跟踪监督。

企业对外捐赠应当符合法律、行政法规及有关财务规定，制定实施方案，明确捐赠的范围和条件，落实执行责任，严格办理捐赠资产的交接手续。

第三十条 企业从事期货、期权、证券、外汇交易等业务或者委托其他机构理财，不得影响主营业务的正常开展，并应当签订书面合同，建立交易报告制度，定期对账，控制风险。

第三十一条 企业从事代理业务，应当严格履行合同，实行代理业务与自营业务分账管理，不得挪用客户资金、互相转嫁经营风险。

第三十二条 企业应当建立各项资产损失或者减值准备管理制度。各项资产损失或者减值准备的计提标准，一经选用，不得随意变更。企业在制订计提标准时可以征询中介机构、有关专家的意见。

对计提损失或者减值准备后的资产，企业应当落实监管责任。能够收回或者继续使用以及没有证据证明实际损失的资产，不得核销。

第三十三条 企业发生的资产损失，应当及时予以核实、查清责任，追偿损失，按照规定程序处理。

企业重组中清查出的资产损失，经批准后依次冲减未分配利润、盈余公积、资本公积和实收资本。

第三十四条 企业以出售、抵押、置换、报废等方式处理资产时，应当按照国家有关规定和企业内部财务管理制度规定的权限和程序进行。其中，处理主要固定资产涉及企业经营业务调整或者资产重组的，应当根据投资者审议通过的业务调整或者资产重组方案实施。

第三十五条 企业发生关联交易的，应当遵守国家有关规定，按照独立企业之间的交易计价结算。投资者或者经营者不得利用关联交易非法转移企业经济利益或者操纵关联企业的利润。

第五章 成本控制

第三十六条 企业应当建立成本控制系统，强化成本预算约束，推行质量成本控制办法，实行成本定额管理、全员管理和全过程控制。

第三十七条 企业实行费用归口、分级管理和预算控制，应当建立必要的费用开支范围、标准和报销审批制度。

第三十八条 企业技术研发和科技成果转化项目所需经费，可以通过建立研发准备金筹措，据实列入相关资产成本或者当期费用。

符合国家规定条件的企业集团，可以集中使用研发费用，用于企业主导产品和核心技术的自主研发。

第三十九条 企业依法实施安全生产、清洁生产、污染治理、地质灾害防治、生态恢复和环境保护等所需经费，按照国家有关标准列入相关资产成本或者当期费用。

第四十条 企业发生销售折扣、折让以及支付必要的佣金、回扣、手续费、劳务费、提成、返利、进场费、业务奖励等支出的，应当签订相关合同，履行内部审批手续。

企业开展进出口业务收取或者支付的佣金、保险费、运费，按照合同规定的价格条件处理。

企业向个人以及非经营单位支付费用的，应当严格履行内部审批及支付的手续。

第四十一条 企业可以根据法律、法规和国家有关规定，对经营者和核心技术人员实行与其他职工不同的薪酬办法，属于本级人民政府及其部门、机构出资的企业，应当将薪酬办法报主管财政机关备案。

第四十二条 企业应当按照劳动合同及国家有关规定支付职工报酬，并为从事高危作业的职工缴纳团体人身意外伤害保险费，所需费用直接作为成本(费用)列支。

经营者可以在工资计划中安排一定数额,对企业技术研发、降低能源消耗、治理“三废”、促进安全生产、开拓市场等作出突出贡献的职工给予奖励。

第四十三条 企业应当依法为职工支付基本医疗、基本养老、失业、工伤等社会保险费,所需费用直接作为成本(费用)列支。

已参加基本医疗、基本养老保险的企业,具有持续盈利能力和支付能力的,可以为职工建立补充医疗保险和补充养老保险,所需费用按照省级以上人民政府规定的比例从成本(费用)中提取。超出规定比例的部分,由职工个人负担。

第四十四条 企业为职工缴纳住房公积金以及职工住房货币化分配的财务处理,按照国家有关规定执行。

职工教育经费按照国家规定的比例提取,专项用于企业职工后续职业教育和职业培训。

工会经费按照国家规定比例提取并拨缴工会。

第四十五条 企业应当依法缴纳行政事业性收费、政府性基金以及使用或者占用国有资源的费用等。

企业对没有法律法规依据或者超过法律法规规定范围和标准的各种摊派、收费、集资,有权拒绝。

第四十六条 企业不得承担属于个人的下列支出:

(一)娱乐、健身、旅游、招待、购物、馈赠等支出;

(二)购买商业保险、证券、股权、收藏品等支出;

(三)个人行为导致的罚款、赔偿等支出;

(四)购买住房、支付物业管理费等支出;

(五)应由个人承担的其他支出。

第六章 收益分配

第四十七条 投资者、经营者及其他职工履行本企业职务或者以企业名义开展业务所得的收入,包括销售收入以及对方给予的销售折扣、折让、佣金、回扣、手续费、劳务费、提成、返利、进场费、业务奖励等收入,全部属于企业。

企业应当建立销售价格管理制度,明确产品或者劳务的定价和销售价格调整的权限、程序与方法,根据预期收益、资金周转、市场竞争、法律规范约束等要求,采取相应的价格策略,防范销售风险。

第四十八条 企业出售股权投资,应当按照规定的程序和方式进行。股权投资出售底价,参照资产评估结果确定,并按照合同约定收取所得价款。在履行交割时,对尚未收款部分的股权投资,应当按照合同的约定结算,取得受让方提供的有效担保。

上市公司国有股减持所得收益,按照国务院的规定处理。

第四十九条 企业发生的年度经营亏损,依照税法的规定弥补。税法规定年限内的税前利润不足弥补的,用以后年度的税后利润弥补,或者经投资者审议后用盈余公积弥补。

第五十条 企业年度净利润,除法律、行政法规另有规定外,按照以下顺序分配:

(一)弥补以前年度亏损;

(二)提取10%法定公积金。法定公积金累计额达到注册资本50%以后,可以不再提取;

(三)提取任意公积金。任意公积金提取比例由投资者决议;

(四)向投资者分配利润。企业以前年度未分配的利润,并入本年度利润,在充分考虑现金流量状况后,向投资者分配。属于各级人民政府及其部门、机构出资的企业,应当将应付国有利润上缴财政。

国有企业可以将任意公积金与法定公积金合并提取。股份有限公司依法回购后暂未转让或者注销的股份,不得参与利润分配;以回购股份对经营者及其他职工实施股权激励的,在拟订利润分配方案时,应当预留回购股份所需利润。

第五十一条　企业弥补以前年度亏损和提取盈余公积后，当年没有可供分配的利润时，不得向投资者分配利润，但法律、行政法规另有规定的除外。

第五十二条　企业经营者和其他职工以管理、技术等要素参与企业收益分配的，应当按照国家有关规定在企业章程或者有关合同中对分配办法作出规定，并区别以下情况处理：

（一）取得企业股权的，与其他投资者一同进行企业利润分配；

（二）没有取得企业股权的，在相关业务实现的利润限额和分配标准内，从当期费用中列支。

第七章　重组清算

第五十三条　企业通过改制、产权转让、合并、分立、托管等方式实施重组，对涉及资本权益的事项，应当由投资者或者授权机构进行可行性研究，履行内部财务决策程序，并组织开展以下工作：

（一）清查财产，核实债务，委托会计师事务所审计；

（二）制订职工安置方案，听取重组企业的职工、职工代表大会的意见或者提交职工代表大会审议；

（三）与债权人协商，制订债务处置或者承继方案；

（四）委托评估机构进行资产评估，并以评估价值作为净资产作价或者折股的参考依据；

（五）拟订股权设置方案和资本重组实施方案，经过审议后履行报批手续。

第五十四条　企业采取分立方式进行重组，应当明晰分立后的企业产权关系。

企业划分各项资产、债务以及经营业务，应当按照业务相关性或者资产相关性原则制订分割方案。对不能分割的整体资产，在评估机构评估价值的基础上，经分立各方协商，由拥有整体资产的一方给予他方适当经济补偿。

第五十五条　企业可以采取新设或者吸收方式进行合并重组。企业合并前的各项资产、债务以及经营业务，由合并后的企业承继，并应当明确合并后企业的产权关系以及各投资者的出资比例。

企业合并的资产税收处理应当符合国家有关税法的规定，合并后净资产超出注册资本的部分，作为资本公积；少于注册资本的部分，应当变更注册资本或者由投资者补足出资。

对资不抵债的企业以承担债务方式合并的，合并方应当制定企业重整措施，按照合并方案履行偿还债务责任，整合财务资源。

第五十六条　企业实行托管经营，应当由投资者决定，并签订托管协议，明确托管经营的资产负债状况、托管经营目标、托管资产处置权限以及收益分配办法等，并落实财务监管措施。

受托企业应当根据托管协议制订相关方案，重组托管企业的资产与债务。未经托管企业投资者同意，不得改组、改制托管企业，不得转让托管企业及转移托管资产、经营业务，不得以托管企业名义或者以托管资产对外担保。

第五十七条　企业进行重组时，对已占用的国有划拨土地应当按照有关规定进行评估，履行相关手续，并区别以下情况处理：

（一）继续采取划拨方式的，可以不纳入企业资产管理，但企业应当明确划拨土地使用权权益，并按规定用途使用，设立备查账簿登记。国家另有规定的除外；

（二）采取作价入股方式的，将应缴纳的土地出让金转作国家资本，形成的国有股权由企业重组前的国有资本持有单位或者主管财政机关确认的单位持有；

（三）采取出让方式的，由企业购买土地使用权，支付出让费用；

（四）采取租赁方式的，由企业租赁使用，租金水平参照银行同期贷款利率确定，并在租赁合同中约定。

企业进行重组时，对已占用的水域、探矿权、采矿权、特许经营权等国有资源，依法可以转让的，比照前款处理。

第五十八条　企业重组过程中，对拖欠职工的工资和医疗、伤残补助、抚恤费用以及欠缴的基本社会保险费、住房公积金，应当以企业现有资产优先清偿。

第五十九条　企业被责令关闭、依法破产、经营期限届满而终止经营的，或者经投资者决议解散的，应当按照法律、法规和企业章程的规定实施清算。清算财产变卖底价，参照资产评估结果确定。国家另有规定的，从其规定。

企业清算结束，应当编制清算报告，委托会计师事务所审计，报投资者或者人民法院确认后，向相关部门、债权人以及其他的利益相关人通告。其中，属于各级人民政府及其部门、机构出资的企业，其清算报告应当报送主管财政机关。

第六十条　企业解除职工劳动关系，按照国家有关规定支付的经济补偿金或者安置费，除正常经营期间发生的列入当期费用以外，应当区别以下情况处理：

（一）企业重组中发生的，依次从未分配利润、盈余公积、资本公积、实收资本中支付；

（二）企业清算时发生的，以企业扣除清算费用后的清算财产优先清偿。

第八章　信息管理

第六十一条　企业可以结合经营特点，优化业务流程，建立财务和业务一体化的信息处理系统，逐步实现财务、业务相关信息一次性处理和实时共享。

第六十二条　企业应当逐步创造条件，实行统筹企业资源计划，全面整合和规范财务、业务流程，对企业物流、资金流、信息流进行一体化管理和集成运作。

第六十三条　企业应当建立财务预警机制，自行确定财务危机警戒标准，重点监测经营性净现金流量与到期债务、企业资产与负债的适配性，及时沟通企业有关财务危机预警的信息，提出解决财务危机的措施和方案。

第六十四条　企业应当按照有关法律、行政法规和国家统一的会计制度的规定，按时编制财务会计报告，经营者或者投资者不得拖延、阻挠。

第六十五条　企业应当按照规定向主管财政机关报送月份、季度、年度财务会计报告等材料，不得在报送的财务会计报告等材料上作虚假记载或者隐瞒重要事实。主管财政机关应当根据企业的需要提供必要的培训和技术支持。

企业对外提供的年度财务会计报告，应当依法经过会计师事务所审计。国家另有规定的，从其规定。

第六十六条　企业应当在年度内定期向职工公开以下信息：

（一）职工劳动报酬、养老、医疗、工伤、住房、培训、休假等信息；

（二）经营者报酬实施方案；

（三）年度财务会计报告审计情况；

（四）企业重组涉及的资产评估及处置情况；

（五）其他依法应当公开的信息。

第六十七条　主管财政机关应当建立健全企业财务评价体系，主要评估企业内部财务控制的有效性，评价企业的偿债能力、盈利能力、资产营运能力、发展能力和社会贡献。评估和评价的结果可以通过适当方式向社会发布。

第六十八条　主管财政机关及其工作人员应当恰当使用所掌握的企业财务信息，并依法履行保密义务，不得利用企业的财务信息谋取私利或者损害企业利益。

第九章　财务监督

第六十九条　企业应当依法接受主管财政机关的财务监督和国家审计机关的财务审计。

第七十条　经营者在经营过程中违反本通则有关规定的，投资者可以依法追究经营者的责任。

第七十一条　企业应当建立、健全内部财

务监督制度。

企业设立监事会或者监事人员的，监事会或者监事人员依照法律、行政法规、本通则和企业章程的规定，履行企业内部财务监督职责。

经营者应当实施内部财务控制，配合投资者或者企业监事会以及中介机构的检查、审计工作。

第七十二条　企业和企业负有直接责任的主管人员和其他人员有以下行为之一的，县级以上主管财政机关可以责令限期改正、予以警告，有违法所得的，没收违法所得，并可以处以不超过违法所得3倍、但最高不超过3万元的罚款；没有违法所得的，可以处以1万元以下的罚款：

（一）违反本通则第三十九条、四十条、四十二条第一款、四十三条、四十六条规定列支成本费用的；

（二）违反本通则第四十七条第一款规定截留、隐瞒、侵占企业收入的；

（三）违反本通则第五十条、五十一条、五十二条规定进行利润分配的。但依照《公司法》设立的企业不按本通则第五十条第一款第二项规定提取法定公积金的，依照《公司法》的规定予以处罚；

（四）违反本通则第五十七条规定处理国有资源的；

（五）不按本通则第五十八条规定清偿职工债务的。

第七十三条　企业和企业负有直接责任的主管人员和其他人员有以下行为之一的，县级以上主管财政机关可以责令限期改正、予以警告：

（一）未按本通则规定建立健全各项内部财务管理制度的；

（二）内部财务管理制度明显与法律、行政法规和通用的企业财务规章制度相抵触，且不按主管财政机关要求修正的。

第七十四条　企业和企业负有直接责任的主管人员和其他人员不按本通则第六十四条、第六十五条规定编制、报送财务会计报告等材料的，县级以上主管财政机关可以依照《公司法》、《企业财务会计报告条例》的规定予以处罚。

第七十五条　企业在财务活动中违反财政、税收等法律、行政法规的，依照《财政违法行为处罚处分条例》（国务院令第427号）及有关税收法律、行政法规的规定予以处理、处罚。

第七十六条　主管财政机关以及政府其他部门、机构有关工作人员，在企业财务管理中滥用职权、玩忽职守、徇私舞弊或者泄露国家机密、企业商业秘密的，依法进行处理。

第十章　附　　则

第七十七条　实行企业化管理的事业单位比照适用本通则。

第七十八条　本通则自2007年1月1日起施行。

企业会计制度

（2000年12月29日财政部发布　财会〔2000〕25号
自2001年1月1日起施行）

第一章　总　　则

第一条　为了规范企业的会计核算，真实、完整地提供会计信息，根据《中华人民共和国会计法》及国家其他有关法律和法规，制定本制度。

第二条 除不对外筹集资金、经营规模较小的企业，以及金融保险企业以外，在中华人民共和国境内设立的企业（含公司，下同），执行本制度。

第三条 企业应当根据有关会计法律、行政法规和本制度的规定，在不违反本制度的前提下，结合本企业的具体情况，制定适合于本企业的会计核算办法。

第四条 企业填制会计凭证、登记会计账簿、管理会计档案等要求，按照《中华人民共和国会计法》、《会计基础工作规范》和《会计档案管理办法》的规定执行。

第五条 会计核算应以企业发生的各项交易或事项为对象，记录和反映企业本身的各项生产经营活动。

第六条 会计核算应当以企业持续、正常的生产经营活动为前提。

第七条 会计核算应当划分会计期间，分期结算账目和编制财务会计报告。会计期间分为年度、半年度、季度和月度。年度、半年度、季度和月度均按公历起讫日期确定。半年度、季度和月度均称为会计中期。

本制度所称的期末和定期，是指月末、季末、半年末和年末。

第八条 企业的会计核算以人民币为记账本位币。

业务收支以人民币以外的货币为主的企业，可以选定其中一种货币作为记账本位币，但是编报的财务会计报告应当折算为人民币。

在境外设立的中国企业向国内报送的财务会计报告，应当折算为人民币。

第九条 企业的会计记账采用借贷记账法。

第十条 会计记录的文字应当使用中文。在民族自治地方，会计记录可以同时使用当地通用的一种民族文字。在中华人民共和国境内的外商投资企业、外国企业和其他外国组织的会计记录可以同时使用一种外国文字。

第十一条 企业在会计核算时，应当遵循以下基本原则：

（一）会计核算应当以实际发生的交易或事项为依据，如实反映企业的财务状况、经营成果和现金流量。

（二）企业应当按照交易或事项的经济实质进行会计核算，而不应当仅仅按照它们的法律形式作为会计核算的依据。

（三）企业提供的会计信息应当能够反映企业的财务状况、经营成果和现金流量，以满足会计信息使用者的需要。

（四）企业的会计核算方法前后各期应当保持一致，不得随意变更。如有必要变更，应当将变更的内容和理由、变更的累积影响数，以及累积影响数不能合理确定的理由等，在会计报表附注中予以说明。

（五）企业的会计核算应当按照规定的会计处理方法进行，会计指标应当口径一致、相互可比。

（六）企业的会计核算应当及时进行，不得提前或延后。

（七）企业的会计核算和编制的财务会计报告应当清晰明了，便于理解和利用。

（八）企业的会计核算应当以权责发生制为基础。凡是当期已经实现的收入和已经发生或应当负担的费用，不论款项是否收付，都应当作为当期的收入和费用；凡是不属于当期的收入和费用，即使款项已在当期收付，也不应当作为当期的收入和费用。

（九）企业在进行会计核算时，收入与其成本、费用应当相互配比，同一会计期间内的各项收入和与其相关的成本、费用，应当在该会计期间内确认。

（十）企业的各项财产在取得时应当按照实际成本计量。其后，各项财产如果发生减值，应当按照本制度规定计提相应的减值准备。除法律、行政法规和国家统一的会计制度另有规定者外，企业一律不得自行调整其账面价值。

（十一）企业的会计核算应当合理划分收益性支出与资本性支出的界限。凡支出的效益仅及于本年度（或一个营业周期）的，应当作为收益性支出;凡支出的效益及于几个会计年度(或几个营业周期)的,应当作为资本性支出。

(十二)企业在进行会计核算时,应当遵循谨慎性原则的要求,不得多计资产或收益、少计负债或费用,但不得计提秘密准备。

(十三)企业的会计核算应当遵循重要性原则的要求,在会计核算过程中对交易或事项应当区别其重要程度,采用不同的核算方式。对资产、负债、损益等有较大影响,并进而影响财务会计报告使用者据以作出合理判断的重要会计事项,必须按照规定的会计方法和程序进行处理,并在财务会计报告中予以充分、准确地披露;对于次要的会计事项,在不影响会计信息真实性和不至于误导财务会计报告使用者作出正确判断的前提下,可适当简化处理。

第二章 资　　产

第十二条 资产,是指过去的交易、事项形成并由企业拥有或者控制的资源,该资源预期会给企业带来经济利益。

第十三条 企业的资产应按流动性分为流动资产、长期投资、固定资产、无形资产和其他资产。

第一节 流动资产

第十四条 流动资产,是指可以在1年或者超过1年的一个营业周期内变现或耗用的资产,主要包括现金、银行存款、短期投资、应收及预付款项、待摊费用、存货等。

本制度所称的投资,是指企业为通过分配来增加财富,或为谋求其他利益,而将资产让渡给其他单位所获得的另一项资产。

第十五条 企业应当设置现金和银行存款日记账。按照业务发生顺序逐日逐笔登记。银行存款应按银行和其他金融机构的名称和存款种类进行明细核算。

有外币现金和存款的企业,还应当分别按人民币和外币进行明细核算。

现金的账面余额必须与库存数相符;银行存款的账面余额应当与银行对账单定期核对,并按月编制银行存款余额调节表调节相符。

本制度所称的账面余额,是指某科目的账面实际余额,不扣除作为该科目备抵的项目(如累计折旧、相关资产的减值准备等)。

第十六条 短期投资,是指能够随时变现并且持有时间不准备超过1年(含1年)的投资,包括股票、债券、基金等。短期投资应当按照以下原则核算:

(一)短期投资在取得时应当按照投资成本计量。短期投资取得时的投资成本按以下方法确定:

1. 以现金购入的短期投资,按实际支付的全部价款,包括税金、手续费等相关费用作为短期投资成本。实际支付的价款中包含的已宣告但尚未领取的现金股利、或已到付息期但尚未领取的债券利息,应当单独核算,不构成短期投资成本。

已存入证券公司但尚未进行短期投资的现金,先作为其他货币资金处理,待实际投资时,按实际支付的价款或实际支付的价款减去已宣告但尚未领取的现金股利或已到付息期但尚未领取的债券利息,作为短期投资的成本。

2. 投资者投入的短期投资,按投资各方确认的价值,作为短期投资成本。

3. 企业接受的债务人以非现金资产抵偿债务方式取得的短期投资,或以应收债权换入的短期投资,按应收债权的账面价值加上应支付的相关税费,作为短期投资成本。如果所接受的短期投资中含有已宣告但尚未领取的现金股利,或已到付息期但尚未领取的债券利息,按应收债权的账面价值减去应收股利或应收利息,加上应支付的相关税费后的金额,作为短期投资成本。涉及补价的,按以下规定确定受让的短期投资成本:

(1)收到补价的,按应收债权账面价值减去补价,加上应支付的相关税费,作为短期投资成本;

(2)支付补价的,按应收债权的账面价值加上支付的补价和应支付的相关税费,作为短期投资成本。

本制度所称的账面价值,是指某科目的账面余额减去相关的备抵项目后的净额。如"短期投资"科目的账面余额减去相应的跌价准备后的净额,为短期投资的账面价值。

4. 以非货币性交易换入的短期投资,按换出资产的账面价值加上应支付的相关税费,作为短期投资成本。涉及补价的,按以下规定确定换入的短期投资成本:

(1)收到补价的,按换出资产的账面价值加上应确认的收益和应支付的相关税费减去补价后的余额,作为短期投资成本;

(2)支付补价的,按换出资产的账面价值加上应支付的相关税费和补价,作为短期投资成本。

以原材料换入的短期投资,如该项原材料的进项税额不可抵扣的,则换入的短期投资的入账价值还应当加上不可抵扣的增值税进项税额。以原材料换入的存货、固定资产等,按同一原则处理。

(二)短期投资的现金股利或利息,应于实际收到时,冲减投资的账面价值,但已记入"应收股利"或"应收利息"科目的现金股利或利息除外。

(三)企业应当在期末时对短期投资按成本与市价孰低计量,对市价低于成本的差额,应当计提短期投资跌价准备。

企业计提的短期投资跌价准备应当单独核算,在资产负债表中,短期投资项目按照减去其跌价准备后的净额反映。

(四)处置短期投资时,应将短期投资的账面价值与实际取得价款的差额,作为当期投资损益。

企业的委托贷款,应视同短期投资进行核算。但是,委托贷款应按期计提利息,计入损益;企业按期计提的利息到付息期不能收回的,应当停止计提利息,并冲回原已计提的利息。期末时,企业的委托贷款应按资产减值的要求,计提相应的减值准备。

第十七条 应收及预付款项,是指企业在日常生产经营过程中发生的各项债权,包括:应收款项(包括应收票据、应收账款、其他应收款)和预付账款等。

第十八条 应收及预付款项应当按照以下原则核算:

(一)应收及预付款项应当按照实际发生额记账,并按照往来户名等设置明细账,进行明细核算。

(二)带息的应收款项,应于期末按照本金(或票面价值)与确定的利率计算的金额,增加其账面余额,并确认为利息收入,计入当期损益。

(三)到期不能收回的应收票据,应按其账面余额转入应收账款,并不再计提利息。

(四)企业与债务人进行债务重组的,按以下规定处理:

1. 债务人在债务重组时以低于应收债权的账面价值的现金清偿的,企业实际收到的金额小于应收债权账面价值的差额,计入当期营业外支出。

2. 以非现金资产清偿债务的,应按应收债权的账面价值等作为受让的非现金资产的入账价值。

如果接受多项非现金资产的,应按接受的各项非现金资产的公允价值占非现金资产公允价值总额的比例,对应收债权的账面价值进行分配,并按照分配后的价值作为所接受的各项非现金资产的入账价值。

3. 以债权转为股权的,应按应收债权的账面价值等作为受让的股权的入账价值。

如果涉及多项股权的,应按各项股权的公允价值占股权公允价值总额的比例,对应收债权的账面价值进行分配,并按照分配后的价值作为所接受的各项股权的入账价值。

4. 以修改其他债务条件清偿债务的,应将未来应收金额小于应收债权账面价值的差额,计入当期营业外支出;如果修改后的债务条款涉及或有收益的,则或有收益不应当包括在未来应收金额中。待实际收到或有收益时，计入收到当期的营业外收入。

如果修改其他债务条件后，未来应收金额等于或大于重组前应收债权账面余额的，则在债务重组时不作账务处理，但应当在备查簿中进行登记。修改债务条件后的应收债权，按本制度规定的一般应收债权进行会计处理。

本制度所称的债务重组，是指债权人按照其与债务人达成的协议或法院的裁决同意债务人修改债务条件的事项。或有收益，是指依未来某种事项出现而发生的收益。未来事项的出现具有不确定性。

（五）企业应于期末时对应收款项（不包括应收票据，下同）计提坏账准备。

坏账准备应当单独核算，在资产负债表中应收款项按照减去已计提的坏账准备后的净额反映。

第十九条 待摊费用，是指企业已经支出，但应当由本期和以后各期分别负担的、分摊期在1年以内（含1年）的各项费用，如低值易耗品摊销、预付保险费、一次性购买印花税票和一次性购买印花税税额较大需分摊的数额等。

待摊费用应按其受益期限在1年内分期平均摊销，计入成本、费用。如果某项待摊费用已经不能使企业受益，应当将其摊余价值一次全部转入当期成本、费用，不得再留待以后期间摊销。

待摊费用应按费用种类设置明细账，进行明细核算。

第二十条 存货，是指企业在日常生产经营过程中持有以备出售，或者仍然处在生产过程，或者在生产或提供劳务过程中将消耗的材料或物料等，包括各类材料、商品、在产品、半成品、产成品等。存货应当按照以下原则核算：

（一）存货在取得时，应当按照实际成本入账。实际成本按以下方法确定：

1. 购入的存货，按买价加运输费、装卸费、保险费、包装费、仓储费等费用、运输途中的合理损耗、入库前的挑选整理费用和按规定应计入成本的税金以及其他费用，作为实际成本。

商品流通企业购入的商品，按照进价和按规定应计入商品成本的税金，作为实际成本，采购过程中发生的运输费、装卸费、保险费、包装费、仓储费等费用、运输途中的合理损耗、入库前的挑选整理费用等，直接计入当期损益。

2. 自制的存货，按制造过程中的各项实际支出，作为实际成本。

3. 委托外单位加工完成的存货，以实际耗用的原材料或者半成品以及加工费、运输费、装卸费和保险费等费用以及按规定应计入成本的税金，作为实际成本。

商品流通企业加工的商品，以商品的进货原价、加工费用和按规定应计入成本的税金，作为实际成本。

4. 投资者投入的存货，按照投资各方确认的价值，作为实际成本。

5. 接受捐赠的存货，按以下规定确定其实际成本：

（1）捐赠方提供了有关凭据（如发票、报关单、有关协议）的，按凭据上标明的金额加上应支付的相关税费，作为实际成本。

（2）捐赠方没有提供有关凭据的，按如下顺序确定其实际成本：

①同类或类似存货存在活跃市场的，按同类或类似存货的市场价格估计的金额，加上应支付的相关税费，作为实际成本；

②同类或类似存货不存在活跃市场的，按所接受捐赠的存货的预计未来现金流量现值，作为实际成本。

6. 企业接受的债务人以非现金资产抵偿债务方式取得的存货，或以应收债权换入存货的，按照应收债权的账面价值减去可抵扣的增值税进项税额后的差额，加上应支付的相关税费，作为实际成本。涉及补价的，按以下规定确定受让存货的实际成本：

（1）收到补价的，按应收债权的账面价值减去可抵扣的增值税进项税额和补价，加上应支付的相关税费，作为实际成本；

(2)支付补价的,按应收债权的账面价值减去可抵扣的增值税进项税额,加上支付的补价和应支付的相关税费,作为实际成本。

7. 以非货币性交易换入的存货,按换出资产的账面价值减去可抵扣的增值税进项税额后的差额,加上应支付的相关税费,作为实际成本。涉及补价的,按以下规定确定换入存货的实际成本:

(1)收到补价的,按换出资产的账面价值减去可抵扣的增值税进项税额后的差额,加上应确认的收益和应支付的相关税费,减去补价后的余额,作为实际成本;

(2)支付补价的,按换出资产的账面价值减去可抵扣的增值税进项税额后的差额,加上应支付的相关税费和补价,作为实际成本。

8. 盘盈的存货,按照同类或类似存货的市场价格,作为实际成本。

(二)按照计划成本(或售价,下同)进行存货核算的企业,对存货的计划成本和实际成本之间的差异,应当单独核算。

(三)领用或发出的存货,按照实际成本核算的,应当采用先进先出法、加权平均法、移动平均法、个别计价法或后进先出法等确定其实际成本;按照计划成本核算的,应按期结转其应负担的成本差异,将计划成本调整为实际成本。

低值易耗品和周转使用的包装物、周转材料等应在领用时摊销,摊销方法可以采用一次摊销或者分次摊销。

(四)存货应当定期盘点,每年至少盘点一次。盘点结果如果与账面记录不符,应于期末前查明原因,并根据企业的管理权限,经股东大会或董事会,或经理(厂长)会议或类似机构批准后,在期末结账前处理完毕。盘盈的存货,应冲减当期的管理费用;盘亏的存货,在减去过失人或者保险公司等赔款和残料价值之后,计入当期管理费用,属于非常损失的,计入营业外支出。

盘盈或盘亏的存货,如在期末结账前尚未经批准的,应在对外提供财务会计报告时先按上述规定进行处理,并在会计报表附注中作出说明;如果其后批准处理的金额与已处理的金额不一致,应按其差额调整会计报表相关项目的年初数。

(五)企业的存货应当在期末时按成本与可变现净值孰低计量,对可变现净值低于存货成本的差额,计提存货跌价准备。

在资产负债表中,存货项目按照减去存货跌价准备后的净额反映。

第二节 长期投资

第二十一条 长期投资,是指除短期投资以外的投资,包括持有时间准备超过1年(不含1年)的各种股权性质的投资、不能变现或不准备随时变现的债券、其他债权投资和其他长期投资。

长期投资应当单独进行核算,并在资产负债表中单列项目反映。

第二十二条 长期股权投资应当按照以下原则核算:

(一)长期股权投资在取得时应当按照初始投资成本入账。初始投资成本按以下方法确定:

1. 以现金购入的长期股权投资,按实际支付的全部价款(包括支付的税金、手续费等相关费用),作为初始投资成本;实际支付的价款中包含已宣告但尚未领取的现金股利,按实际支付的价款减去已宣告但尚未领取的现金股利后的差额,作为初始投资成本。

2. 企业接受的债务人以非现金资产抵偿债务方式取得的长期股权投资,或以应收债权换入长期股权投资的,按应收债权的账面价值加上应支付的相关税费,作为初始投资成本。涉及补价的,按以下规定确定受让的长期股权投资的初始投资成本:

(1)收到补价的,按应收债权的账面价值减去补价,加上应支付的相关税费,作为初始投资成本;

(2)支付补价的,按应收债权的账面价值加上支付的补价和应支付的相关税费,作为初始投资成本。

3. 以非货币性交易换入的长期股权投资，按换出资产的账面价值加上应支付的相关税费，作为初始投资成本。涉及补价的，应按以下规定确定换入长期股权投资的初始投资成本：

（1）收到补价的，按换出资产的账面价值加上应确认的收益和应支付的相关税费减去补价后的余额，作为初始投资成本；

（2）支付补价的，按换出资产的账面价值加上应支付的相关税费和补价，作为初始投资成本。

4. 通过行政划拨方式取得的长期股权投资，按划出单位的账面价值，作为初始投资成本。

（二）企业的长期股权投资，应当根据不同情况，分别采用成本法或权益法核算。企业对被投资单位无控制、无共同控制且无重大影响的，长期股权投资应当采用成本法核算；企业对被投资单位具有控制、共同控制或重大影响的，长期股权投资应当采用权益法核算。通常情况下，企业对其他单位的投资占该单位有表决权资本总额20%或20%以上，或虽投资不足20%但具有重大影响的，应当采用权益法核算。企业对其他单位的投资占该单位有表决权资本总额20%以下，或对其他单位的投资虽占该单位有表决权资本总额20%或20%以上，但不具有重大影响的，应当采用成本法核算。

（三）采用成本法核算时，除追加投资、将应分得的现金股利或利润转为投资或收回投资外，长期股权投资的账面价值一般应当保持不变。被投资单位宣告分派的利润或现金股利，作为当期投资收益。企业确认的投资收益，仅限于所获得的被投资单位在接受投资后产生的累积净利润的分配额，所获得的被投资单位宣告分派的利润或现金股利超过上述数额的部分，作为初始投资成本的收回，冲减投资的账面价值。

（四）采用权益法核算时，投资最初以初始投资成本计量，投资企业的初始投资成本与应享有被投资单位所有者权益份额之间的差额，作为股权投资差额处理，按一定期限平均摊销，计入损益。

股权投资差额的摊销期限，合同规定了投资期限的，按投资期限摊销。合同没有规定投资期限的，初始投资成本超过应享有被投资单位所有者权益份额之间的差额，按不超过10年的期限摊销；初始投资成本低于应享有被投资单位所有者权益份额之间的差额，按不低于10年的期限摊销。

采用权益法核算时，企业应当在取得股权投资后，按应享有或应分担的被投资单位当年实现的净利润或发生的净亏损的份额（法律、法规或公司章程规定不属于投资企业的净利润除外，如承包经营企业支付的承包利润、外商投资企业按规定按照净利润的一定比例计提作为负债的职工奖励及福利基金等），调整投资的账面价值，并作为当期投资损益。企业按被投资单位宣告分派的利润或现金股利计算应分得的部分，减少投资的账面价值。企业在确认被投资单位发生的净亏损时，应以投资账面价值减记至零为限；如果被投资单位以后各期实现净利润，投资企业应在计算的收益分享额超过未确认的亏损分担额以后，按超过未确认的亏损分担额的金额，恢复投资的账面价值。

企业按被投资单位净损益计算调整投资的账面价值和确认投资损益时，应当以取得被投资单位股权后发生的净损益为基础。

对被投资单位除净损益以外的所有者权益的其他变动，也应当根据具体情况调整投资的账面价值。

（五）企业因追加投资等原因对长期股权投资的核算从成本法改为权益法，应当自实际取得对被投资单位控制、共同控制或对被投资单位实施重大影响时，按股权投资的账面价值作为初始投资成本，初始投资成本与应享有被投资单位所有者权益份额的差额，作为股权投资差额，并按本制度的规定摊销，计入损益。

企业因减少投资等原因对被投资单位不

再具有控制、共同控制或重大影响时,应当中止采用权益法核算,改按成本法核算,并按投资的账面价值作为新的投资成本。其后,被投资单位宣告分派利润或现金股利时,属于已记入投资账面价值的部分,作为新的投资成本的收回,冲减投资的账面价值。

(六)企业改变投资目的,将短期投资划转为长期投资,应按短期投资的成本与市价孰低结转,并按此确定的价值作为长期投资初始投资成本。拟处置的长期投资不调整至短期投资,待处置时按处置长期投资进行会计处理。

(七)处置股权投资时,应将投资的账面价值与实际取得价款的差额,作为当期投资损益。

第二十三条 长期债权投资应当按照以下原则核算:

(一)长期债权投资在取得时,应按取得时的实际成本作为初始投资成本。初始投资成本按以下方法确定:

1. 以现金购入的长期债权投资,按实际支付的全部价款(包括税金、手续费等相关费用)减去已到付息期但尚未领取的债权利息,作为初始投资成本。如果所支付的税金、手续费等相关费用金额较小,可以直接计入当期财务费用,不计入初始投资成本。

2. 企业接受的债务人以非现金资产抵偿债务方式取得的长期债权投资,或以应收债权换入长期债权投资的,应按应收债权的账面价值,加上应支付的相关税费,作为初始投资成本。涉及补价的,应按以下规定确定换入长期债权投资的初始投资成本:

(1)收到补价的,按应收债权的账面价值减去补价,加上应支付的相关税费,作为初始投资成本;

(2)支付补价的,按应收债权的账面价值加上支付的补价和应支付的相关税费,作为初始投资成本。

3. 以非货币性交易换入的长期债权投资,按换出资产的账面价值加上应支付的相关税费,作为初始投资成本。涉及补价的,应按以下规定确定换入长期债权投资的初始投资成本:

(1)收到补价的,按换出资产的账面价值加上应确认的收益和应支付的相关税费减去补价后的余额,作为初始投资成本;

(2)支付补价的,按换出资产的账面价值加上应支付的相关税费和补价,作为初始投资成本。

(二)长期债权投资应当按照票面价值与票面利率按期计算确认利息收入。

长期债券投资的初始投资成本减去已到付息期但尚未领取的债券利息、未到期债券利息和计入初始投资成本的相关税费,与债券面值之间的差额,作为债券溢价或折价;债券的溢价或折价在债券存续期间内于确认相关债券利息收入时摊销。摊销方法可以采用直线法,也可以采用实际利率法。

(三)持有可转换公司债券的企业,可转换公司债券在购买以及转换为股份之前,应按一般债券投资进行处理。当企业行使转换权利,将其持有的债券投资转换为股份时,应按其账面价值减去收到的现金后的余额,作为股权投资的初始投资成本。

(四)处置长期债权投资时,按实际取得的价款与长期债权投资账面价值的差额,作为当期投资损益。

第二十四条 企业的长期投资应当在期末时按照其账面价值与可收回金额孰低计量,对可收回金额低于账面价值的差额,应当计提长期投资减值准备。

在资产负债表中,长期投资项目应当按照减去长期投资减值准备后的净额反映。

第三节 固定资产

第二十五条 固定资产,是指企业使用期限超过1年的房屋、建筑物、机器、机械、运输工具以及其他与生产、经营有关的设备、器具、工具等。不属于生产经营主要设备的物品,单位价值在2000元以上,并且使用年限超过2年的,也应当作为固定资产。

第二十六条 企业应当根据固定资产定义,结合本企业的具体情况,制定适合于本企业的固定资产目录、分类方法、每类或每项固定资产的折旧年限、折旧方法,作为进行固定资产核算的依据。

企业制定的固定资产目录、分类方法、每类或每项固定资产的预计使用年限、预计净残值、折旧方法等,应当编制成册,并按照管理权限,经股东大会或董事会,或经理(厂长)会议或类似机构批准,按照法律、行政法规的规定报送有关各方备案,同时备置于企业所在地,以供投资者等有关各方查阅。企业已经确定并对外报送,或备置于企业所在地的有关固定资产目录、分类方法、预计净残值、预计使用年限、折旧方法等,一经确定不得随意变更,如需变更,仍然应当按照上述程序,经批准后报送有关各方备案,并在会计报表附注中予以说明。

未作为固定资产管理的工具、器具等,作为低值易耗品核算。

第二十七条 固定资产在取得时,应按取得时的成本入账。取得时的成本包括买价、进口关税、运输和保险等相关费用,以及为使固定资产达到预定可使用状态前所必要的支出。固定资产取得时的成本应当根据具体情况分别确定:

(一)购置的不需要经过建造过程即可使用的固定资产,按实际支付的买价、包装费、运输费、安装成本、交纳的有关税金等,作为入账价值。

外商投资企业因采购国产设备而收到税务机关退还的增值税款,冲减固定资产的入账价值。

(二)自行建造的固定资产,按建造该项资产达到预定可使用状态前所发生的全部支出,作为入账价值。

(三)投资者投入的固定资产,按投资各方确认的价值,作为入账价值。

(四)融资租入的固定资产,按租赁开始日租赁资产的原账面价值与最低租赁付款额的现值两者中较低者,作为入账价值。

本制度所称的最低租赁付款额,是指在租赁期内,企业(承租人)应支付或可能被要求支付的各种款项(不包括或有租金和履约成本),加上由企业(承租人)或与其有关的第三方担保的资产余值。但是,如果企业(承租人)有购买租赁资产的选择权,所订立的购价预计将远低于行使选择权时租赁资产的公允价值,因而在租赁开始日就可以合理确定企业(承租人)将会行使这种选择权,则购买价格也应包括在内。其中,资产余值是指租赁开始日估计的租赁期届满时租赁资产的公允价值。

企业(承租人)在计算最低租赁付款额的现值时,如果知悉出租人的租赁内含利率,应采用出租人的内含利率作为折现率;否则,应采用租赁合同规定的利率作为折现率。如果出租人的租赁内含利率和租赁合同规定的利率均无法知悉,应当采用同期银行贷款利率作为折现率。

如果融资租赁资产占企业资产总额比例等于或低于30%的,在租赁开始日,企业也可按最低租赁付款额,作为固定资产的入账价值。

(五)在原有固定资产的基础上进行改建、扩建的,按原固定资产的账面价值,加上由于改建、扩建而使该项资产达到预定可使用状态前发生的支出,减去改建、扩建过程中发生的变价收入,作为入账价值。

(六)企业接受的债务人以非现金资产抵偿债务方式取得的固定资产,或以应收债权换入固定资产的,按应收债权的账面价值加上应支付的相关税费,作为入账价值。涉及补价的,按以下规定确定受让的固定资产的入账价值:

1. 收到补价的,按应收债权的账面价值减去补价,加上应支付的相关税费,作为入账价值;

2. 支付补价的,按应收债权的账面价值加上支付的补价和应支付的相关税费,作为入账价值。

（七）以非货币性交易换入的固定资产，按换出资产的账面价值加上应支付的相关税费，作为入账价值。涉及补价的，按以下规定确定换入固定资产的入账价值：

1. 收到补价的，按换出资产的账面价值加上应确认的收益和应支付的相关税费减去补价后的余额，作为入账价值；

2. 支付补价的，按换出资产的账面价值加上应支付的相关税费和补价，作为入账价值。

（八）接受捐赠的固定资产，应按以下规定确定其入账价值：

1. 捐赠方提供了有关凭据的，按凭据上标明的金额加上应支付的相关税费，作为入账价值。

2. 捐赠方没有提供有关凭据的，按如下顺序确定其入账价值：

（1）同类或类似固定资产存在活跃市场的，按同类或类似固定资产的市场价格估计的金额，加上应支付的相关税费，作为入账价值；

（2）同类或类似固定资产不存在活跃市场的，按该接受捐赠的固定资产的预计未来现金流量现值，作为入账价值。

3. 如受赠的系旧的固定资产，按照上述方法确认的价值，减去按该项资产的新旧程度估计的价值损耗后的余额，作为入账价值。

（九）盘盈的固定资产，按同类或类似固定资产的市场价格，减去按该项资产的新旧程度估计的价值损耗后的余额，作为入账价值。

（十）经批准无偿调入的固定资产，按调出单位的账面价值加上发生的运输费、安装费等相关费用，作为入账价值。

固定资产的入账价值中，还应当包括企业为取得固定资产而交纳的契税、耕地占用税、车辆购置税等相关税费。

第二十八条 企业为在建工程准备的各种物资，应当按照实际支付的买价、增值税额、运输费、保险费等相关费用，作为实际成本，并按照各种专项物资的种类进行明细核算。

工程完工后剩余的工程物资，如转作本企业库存材料的，按其实际成本或计划成本，转作企业的库存材料。如可抵扣增值税进项税额的，应按减去增值税进项税额后的实际成本或计划成本，转作企业的库存材料。

盘盈、盘亏、报废、毁损的工程物资，减去保险公司、过失人赔偿部分后的差额，工程项目尚未完工的，计入或冲减所建工程项目的成本；工程已经完工的，计入当期营业外收支。

第二十九条 企业的在建工程，包括施工前期准备、正在施工中的建筑工程、安装工程、技术改造工程、大修理工程等。工程项目较多且工程支出较大的企业，应当按照工程项目的性质分项核算。

在建工程应当按照实际发生的支出确定其工程成本，并单独核算。

第三十条 企业的自营工程，应当按照直接材料、直接工资、直接机械施工费等计量；采用出包工程方式的企业，按照应支付的工程价款等计量。设备安装工程，按照所安装设备的价值、工程安装费用、工程试运转等所发生的支出等确定工程成本。

第三十一条 工程达到预定可使用状态前因进行试运转所发生的净支出，计入工程成本。企业的在建工程项目在达到预定可使用状态前所取得的试运转过程中形成的、能够对外销售的产品，其发生的成本，计入在建工程成本，销售或转为库存商品时，按实际销售收入或按预计售价冲减工程成本。

第三十二条 在建工程发生单项或单位工程报废或毁损，减去残料价值和过失人或保险公司等赔款后的净损失，计入继续施工的工程成本；如为非常原因造成的报废或毁损，或在建工程项目全部报废或毁损，应将其净损失直接计入当期营业外支出。

第三十三条 所建造的固定资产已达到预定可使用状态，但尚未办理竣工决算的，应当自达到预定可使用状态之日起，根据工程预算、造价或者工程实际成本等，按估计的价值转入固定资产，并按本制度关于计提固定资产折旧的规定，计提固定资产的折旧。待办理了竣工决算手续后再作调整。

第三十四条 下列固定资产应当计提折旧：

（一）房屋和建筑物；

（二）在用的机器设备、仪器仪表、运输工具、工具器具；

（三）季节性停用、大修理停用的固定资产；

（四）融资租入和以经营租赁方式租出的固定资产。

达到预定可使用状态应当计提折旧的固定资产，在年度内办理竣工决算手续的，按照实际成本调整原来的暂估价值，并调整已计提的折旧额，作为调整当月的成本、费用处理。如果在年度内尚未办理竣工决算的，应当按照估计价值暂估入账，并计提折旧；待办理了竣工决算手续后，再按照实际成本调整原来的暂估价值，调整原已计提的折旧额，同时调整年初留存收益各项目。

第三十五条 下列固定资产不计提折旧：

（一）房屋、建筑物以外的未使用、不需使用固定资产；

（二）以经营租赁方式租入的固定资产；

（三）已提足折旧继续使用的固定资产；

（四）按规定单独估价作为固定资产入账的土地。

第三十六条 企业应当根据固定资产的性质和消耗方式，合理地确定固定资产的预计使用年限和预计净残值，并根据科技发展、环境及其他因素，选择合理的固定资产折旧方法，按照管理权限，经股东大会或董事会，或经理（厂长）会议或类似机构批准，作为计提折旧的依据。同时，按照法律、行政法规的规定报送有关各方备案，并备置于企业所在地，以供投资者等有关各方查阅。企业已经确定并对外报送，或备置于企业所在地的有关固定资产预计使用年限和预计净残值、折旧方法等，一经确定不得随意变更，如需变更，仍然应当按照上述程序，经批准后报送有关各方备案，并在会计报表附注中予以说明。

固定资产折旧方法可以采用年限平均法、工作量法、年数总和法、双倍余额递减法等。折旧方法一经确定，不得随意变更。如需变更，应当在会计报表附注中予以说明。

企业因更新改造等原因而调整固定资产价值的，应当根据调整后价值，预计尚可使用年限和净残值，按选用的折旧方法计提折旧。

对于接受捐赠旧的固定资产，企业应当按照确定的固定资产入账价值、预计尚可使用年限、预计净残值，按选用的折旧方法计提折旧。

融资租入的固定资产，应当采用与自有应计折旧资产相一致的折旧政策。能够合理确定租赁期届满时将会取得租赁资产所有权的，应当在租赁资产尚可使用年限内计提折旧；无法合理确定租赁期届满时能够取得租赁资产所有权的，应当在租赁期与租赁资产尚可使用年限两者中较短的期间内计提折旧。

第三十七条 企业一般应按月提取折旧，当月增加的固定资产，当月不提折旧，从下月起计提折旧；当月减少的固定资产，当月照提折旧，从下月起不提折旧。

固定资产提足折旧后，不论能否继续使用，均不再提取折旧；提前报废的固定资产，也不再补提折旧。所谓提足折旧，是指已经提足该项固定资产应提的折旧总额。应提的折旧总额为固定资产原价减去预计残值加上预计清理费用。

第三十八条 企业应当定期对固定资产进行大修理，大修理费用可以采用预提或待摊的方式核算。大修理费用采用预提方式的，应当在两次大修理间隔期内各期均衡地预提预计发生的大修理费用，并计入有关的成本、费用；大修理费用采用待摊方式的，应当将发生的大修理费用在下一次大修理前平均摊销，计入有关的成本、费用。

固定资产日常修理费用，直接计入当期成本、费用。

第三十九条 由于出售、报废或者毁损等原因而发生的固定资产清理净损益，计入当期营业外收支。

第四十条 企业对固定资产应当定期或

者至少每年实地盘点一次。对盘盈、盘亏、毁损的固定资产,应当查明原因,写出书面报告,并根据企业的管理权限,经股东大会或董事会,或经理(厂长)会议或类似机构批准后,在期末结账前处理完毕。盘盈的固定资产,计入当期营业外收入;盘亏或毁损的固定资产,在减去过失人或者保险公司等赔款和残料价值之后,计入当期营业外支出。

如盘盈、盘亏或毁损的固定资产,在期末结账前尚未经批准的,在对外提供财务会计报告时应按上述规定进行处理,并在会计报表附注中作出说明;如果其后批准处理的金额与已处理的金额不一致,应按其差额调整会计报表相关项目的年初数。

第四十一条 企业对固定资产的购建、出售、清理、报废和内部转移等,都应当办理会计手续,并应当设置固定资产明细账(或者固定资产卡片)进行明细核算。

第四十二条 企业的固定资产应当在期末时按照账面价值与可收回金额孰低计量,对可收回金额低于账面价值的差额,应当计提固定资产减值准备。

在资产负债表中,固定资产减值准备应当作为固定资产净值的减项反映。

第四节 无形资产和其他资产

第四十三条 无形资产,是指企业为生产商品或者提供劳务、出租给他人、或为管理目的而持有的、没有实物形态的非货币性长期资产。无形资产分为可辨认无形资产和不可辨认无形资产。可辨认无形资产包括专利权、非专利技术、商标权、著作权、土地使用权等;不可辨认无形资产是指商誉。

企业自创的商誉,以及未满足无形资产确认条件的其他项目,不能作为无形资产。

第四十四条 企业的无形资产在取得时,应按实际成本计量。取得时的实际成本应按以下方法确定:

(一)购入的无形资产,按实际支付的价款作为实际成本。

(二)投资者投入的无形资产,按投资各方确认的价值作为实际成本。但是,为首次发行股票而接受投资者投入的无形资产,应按该无形资产在投资方的账面价值作为实际成本。

(三)企业接受的债务人以非现金资产抵偿债务方式取得的无形资产,或以应收债权换入无形资产的,按应收债权的账面价值加上应支付的相关税费,作为实际成本。涉及补价的,按以下规定确定受让的无形资产的实际成本:

1. 收到补价的,按应收债权的账面价值减去补价,加上应支付的相关税费,作为实际成本;

2. 支付补价的,按应收债权的账面价值加上支付的补价和应支付的相关税费,作为实际成本。

(四)以非货币性交易换入的无形资产,按换出资产的账面价值加上应支付的相关税费,作为实际成本。涉及补价的,按以下规定确定换入无形资产的实际成本:

1. 收到补价的,按换出资产的账面价值加上应确认的收益和应支付的相关税费减去补价后的余额,作为实际成本;

2. 支付补价的,按换出资产的账面价值加上应支付的相关税费和补价,作为实际成本。

(五)接受捐赠的无形资产,应按以下规定确定其实际成本:

1. 捐赠方提供了有关凭据的,按凭据上标明的金额加上应支付的相关税费,作为实际成本。

2. 捐赠方没有提供有关凭据的,按如下顺序确定其实际成本:

(1)同类或类似无形资产存在活跃市场的,按同类或类似无形资产的市场价格估计的金额,加上应支付的相关税费,作为实际成本;

(2)同类或类似无形资产不存在活跃市场的,按该接受捐赠的无形资产的预计未来现金流量现值,作为实际成本。

第四十五条 自行开发并按法律程序申请取得的无形资产,按依法取得时发生的注册费、聘请律师费等费用,作为无形资产的实际成本。在研究与开发过程中发生的材料费用、直接参与开发人员的工资及福利费、开发过程中发生的租金、借款费用等,直接计入当期损益。

已经计入各期费用的研究与开发费用,在该项无形资产获得成功并依法申请取得权利时,不得再将原已计入费用的研究与开发费用资本化。

第四十六条 无形资产应当自取得当月起在预计使用年限内分期平均摊销,计入损益。如预计使用年限超过了相关合同规定的受益年限或法律规定的有效年限,该无形资产的摊销年限按如下原则确定:

(一)合同规定受益年限但法律没有规定有效年限的,摊销年限不应超过合同规定的受益年限;

(二)合同没有规定受益年限但法律规定有效年限的,摊销年限不应超过法律规定的有效年限;

(三)合同规定了受益年限,法律也规定了有效年限的,摊销年限不应超过受益年限和有效年限两者之中较短者。

如果合同没有规定受益年限,法律也没有规定有效年限的,摊销年限不应超过10年。

第四十七条 企业购入或以支付土地出让金方式取得的土地使用权,在尚未开发或建造自用项目前,作为无形资产核算,并按本制度规定的期限分期摊销。房地产开发企业开发商品房时,应将土地使用权的账面价值全部转入开发成本;企业因利用土地建造自用某项目时,将土地使用权的账面价值全部转入在建工程成本。

第四十八条 企业出售无形资产,应将所得价款与该项无形资产的账面价值之间的差额,计入当期损益。

企业出租的无形资产,应当按照本制度有关收入确认原则确认所取得的租金收入;同时,确认出租无形资产的相关费用。

第四十九条 无形资产应当按照账面价值与可收回金额孰低计量,对可收回金额低于账面价值的差额,应当计提无形资产减值准备。

在资产负债表中,无形资产项目应当按照减去无形资产减值准备后的净额反映。

第五十条 其他资产,是指除上述资产以外的其他资产,如长期待摊费用。

长期待摊费用,是指企业已经支出,但摊销期限在1年以上(不含1年)的各项费用,包括固定资产大修理支出、租入固定资产的改良支出等。应当由本期负担的借款利息、租金等,不得作为长期待摊费用处理。

长期待摊费用应当单独核算,在费用项目的受益期限内分期平均摊销。大修理费用采用待摊方式的,应当将发生的大修理费用在下一次大修理前平均摊销;租入固定资产改良支出应当在租赁期限与租赁资产尚可使用年限两者孰短的期限内平均摊销;其他长期待摊费用应当在受益期内平均摊销。

股份有限公司委托其他单位发行股票支付的手续费或佣金等相关费用,减去股票发行冻结期间的利息收入后的余额,从发行股票的溢价中不够抵销的,或者无溢价的,若金额较小的,直接计入当期损益;若金额较大的,可作为长期待摊费用,在不超过2年的期限内平均摊销,计入损益。

除购建固定资产以外,所有筹建期间所发生的费用,先在长期待摊费用中归集,待企业开始生产经营当月起一次计入开始生产经营当月的损益。

如果长期待摊的费用项目不能使以后会计期间受益的,应当将尚未摊销的该项目的摊余价值全部转入当期损益。

第五节 资产减值

第五十一条 企业应当定期或者至少于每年年度终了,对各项资产进行全面检查,并根据谨慎性原则的要求,合理地预计各项资产可能发生的损失,对可能发生的各项资产损失计提资产减值准备。

企业应当合理地计提各项资产减值准备，但不得计提秘密准备。如有确凿证据表明企业不恰当地运用了谨慎性原则计提秘密准备的，应当作为重大会计差错予以更正，并在会计报表附注中说明事项的性质、调整金额，以及对企业财务状况、经营成果的影响。

第五十二条 企业应当在期末对各项短期投资进行全面检查。短期投资应按成本与市价孰低计量，市价低于成本的部分，应当计提短期投资跌价准备。

企业在运用短期投资成本与市价孰低时，可以根据其具体情况，分别采用按投资总体、投资类别或单项投资计提跌价准备，如果某项短期投资比较重大(如占整个短期投资10%及以上)，应按单项投资为基础计算并确定计提的跌价准备。

企业应当对委托贷款本金进行定期检查，并按委托贷款本金与可收回金额孰低计量，可收回金额低于委托贷款本金的差额，应当计提减值准备。在资产负债表上，委托贷款的本金和应收利息减去计提的减值准备后的净额，并入短期投资或长期债权投资项目。

本制度所称的可收回金额，是指资产的销售净价与预期从该资产的持续使用和使用寿命结束时的处置中形成的预计未来现金流量的现值两者之中的较高者。其中，销售净价是指资产的销售价格减去所发生的资产处置费用后的余额。对于长期投资而言，可收回金额是指投资的出售净价与预期从该资产的持有和投资到期处置中形成的预计未来现金流量的现值两者之中较高者。其中，出售净价是指出售投资所得价款减去所发生的相关税费后的余额。

第五十三条 企业应当在期末分析各项应收款项的可收回性，并预计可能产生的坏账损失。对预计可能发生的坏账损失，计提坏账准备。企业计提坏账准备的方法由企业自行确定。企业应当制定计提坏账准备的政策，明确计提坏账准备的范围、提取方法、账龄的划分和提取比例，按照法律、行政法规的规定报有关各方备案，并备置于企业所在地。坏账准备计提方法一经确定，不得随意变更。如需变更，应当在会计报表附注中予以说明。

在确定坏账准备的计提比例时，企业应当根据以往的经验、债务单位的实际财务状况和现金流量等相关信息予以合理估计。除有确凿证据表明该项应收款项不能够收回或收回的可能性不大外(如债务单位已撤销、破产、资不抵债、现金流量严重不足、发生严重的自然灾害等导致停产而在短时间内无法偿付债务等，以及3年以上的应收款项)，下列各种情况不能全额计提坏账准备：

(一)当年发生的应收款项；

(二)计划对应收款项进行重组；

(三)与关联方发生的应收款项；

(四)其他已逾期，但无确凿证据表明不能收回的应收款项。

企业的预付账款，如有确凿证据表明其不符合预付账款性质，或者因供货单位破产、撤销等原因已无望再收到所购货物的，应当将原计入预付账款的金额转入其他应收款，并按规定计提坏账准备。

企业持有的未到期应收票据，如有确凿证据证明不能够收回或收回的可能性不大时，应将其账面余额转入应收账款，并计提相应的坏账准备。

第五十四条 企业应当在期末对存货进行全面清查，如由于存货毁损、全部或部分陈旧过时或销售价格低于成本等原因，使存货成本高于可变现净值的，应按可变现净值低于存货成本部分，计提存货跌价准备。可变现净值，是指企业在正常经营过程中，以估计售价减去估计完工成本及销售所必须的估计费用后的价值。

存货跌价准备应按单个存货项目的成本与可变现净值计量，如果某些存货具有类似用途并与在同一地区生产和销售的产品系列相关，且实际上难以将其与该产品系列的其他项目区别开来进行估价的存货，可以合并计量成本与可变现净值；对于数量繁多、单价较低的

存货,可以按存货类别计量成本与可变现净值。当存在以下一项或若干项情况时,应当将存货账面价值全部转入当期损益:

(一)已霉烂变质的存货;

(二)已过期且无转让价值的存货;

(三)生产中已不再需要,并且已无使用价值和转让价值的存货;

(四)其他足以证明已无使用价值和转让价值的存货。

第五十五条 当存在下列情况之一时,应当计提存货跌价准备:

(一)市价持续下跌,并且在可预见的未来无回升的希望;

(二)企业使用该项原材料生产的产品的成本大于产品的销售价格;

(三)企业因产品更新换代,原有库存原材料已不适应新产品的需要,而该原材料的市场价格又低于其账面成本;

(四)因企业所提供的商品或劳务过时或消费者偏好改变而使市场的需求发生变化,导致市场价格逐渐下跌;

(五)其他足以证明该项存货实质上已经发生减值的情形。

第五十六条 企业应当在期末对长期投资、固定资产、无形资产逐项进行检查,如果由于市价持续下跌、被投资单位经营状况恶化,或技术陈旧、损坏、长期闲置等原因,导致其可收回金额低于其账面价值的,应当计提长期投资、固定资产、无形资产减值准备。

长期投资、固定资产和无形资产减值准备,应按单项项目计提。

第五十七条 对有市价的长期投资可以根据下列迹象判断是否应当计提减值准备:

(一)市价持续2年低于账面价值;

(二)该项投资暂停交易1年或1年以上;

(三)被投资单位当年发生严重亏损;

(四)被投资单位持续2年发生亏损;

(五)被投资单位进行清理整顿、清算或出现其他不能持续经营的迹象。

第五十八条 对无市价的长期投资可以根据下列迹象判断是否应当计提减值准备:

(一)影响被投资单位经营的政治或法律环境的变化,如税收、贸易等法规的颁布或修订,可能导致被投资单位出现巨额亏损;

(二)被投资单位所供应的商品或提供的劳务因产品过时或消费者偏好改变而使市场的需求发生变化,从而导致被投资单位财务状况发生严重恶化;

(三)被投资单位所在行业的生产技术等发生重大变化,被投资单位已失去竞争能力,从而导致财务状况发生严重恶化,如进行清理整顿、清算等;

(四)有证据表明该项投资实质上已经不能再给企业带来经济利益的其他情形。

第五十九条 如果企业的固定资产实质上已经发生了减值,应当计提减值准备。对存在下列情况之一的固定资产,应当全额计提减值准备:

(一)长期闲置不用,在可预见的未来不会再使用,且已无转让价值的固定资产;

(二)由于技术进步等原因,已不可使用的固定资产;

(三)虽然固定资产尚可使用,但使用后产生大量不合格品的固定资产;

(四)已遭毁损,以致于不再具有使用价值和转让价值的固定资产;

(五)其他实质上已经不能再给企业带来经济利益的固定资产。

已全额计提减值准备的固定资产,不再计提折旧。

第六十条 当存在下列一项或若干项情况时,应当将该项无形资产的账面价值全部转入当期损益:

(一)某项无形资产已被其他新技术等所替代,并且该项无形资产已无使用价值和转让价值;

(二)某项无形资产已超过法律保护期限,并且已不能为企业带来经济利益;

(三)其他足以证明某项无形资产已经丧失了使用价值和转让价值的情形。

第六十一条 当存在下列一项或若干项情况时，应当计提无形资产的减值准备：

（一）某项无形资产已被其他新技术等所替代，使其为企业创造经济利益的能力受到重大不利影响；

（二）某项无形资产的市价在当期大幅下跌，在剩余摊销年限内预期不会恢复；

（三）某项无形资产已超过法律保护期限，但仍然具有部分使用价值；

（四）其他足以证明某项无形资产实质上已经发生了减值的情形。

第六十二条 企业计算的当期应计提的资产减值准备金额如果高于已提资产减值准备的账面余额，应按其差额补提减值准备；如果低于已提资产减值准备的账面余额，应按其差额冲回多提的资产减值准备，但冲减的资产减值准备，仅限于已计提的资产减值准备的账面余额。实际发生的资产损失，冲减已提的减值准备。

已确认并转销的资产损失，如果以后又收回，应当相应调整已计提的资产减值准备。

如果企业滥用会计估计，应当作为重大会计差错，按照重大会计差错更正的方法进行会计处理，即企业因滥用会计估计而多提的资产减值准备，在转回的当期，应当遵循原渠道冲回的原则（如原追溯调整的，当期转回时仍然追溯调整至以前各期；原从上期利润中计提的，当期转回时仍然调整上期利润），不得作为增加当期的利润处理。

第六十三条 处置已经计提减值准备的各项资产，以及债务重组、非货币性交易、以应收款项进行交换等，应当同时结转已计提的减值准备。

第六十四条 企业对于不能收回的应收款项、长期投资等应当查明原因，追究责任。对有确凿证据表明确实无法收回的应收款项、长期投资等，如债务单位或被投资单位已撤销、破产、资不抵债、现金流量严重不足等，根据企业的管理权限，经股东大会或董事会，或经理（厂长）会议或类似机构批准作为资产损失，冲销已计提的相关资产减值准备。

第六十五条 企业在建工程预计发生减值时，如长期停建并且预计在3年内不会重新开工的在建工程，也应当根据上述原则计提资产减值准备。

第三章 负　　债

第六十六条 负债，是指过去的交易、事项形成的现时义务，履行该义务预期会导致经济利益流出企业。

第六十七条 企业的负债应按其流动性，分为流动负债和长期负债。

第一节 流动负债

第六十八条 流动负债，是指将在1年（含1年）或者超过1年的一个营业周期内偿还的债务，包括短期借款、应付票据、应付账款、预收账款、应付工资、应付福利费、应付股利、应交税金、其他暂收应付款项、预提费用和一年内到期的长期借款等。

第六十九条 各项流动负债，应按实际发生额入账。短期借款、带息应付票据、短期应付债券应当按照借款本金或债券面值，按照确定的利率按期计提利息，计入损益。

第七十条 企业与债权人进行债务重组时，应按以下规定处理：

（一）以现金清偿债务的，支付的现金小于应付债务账面价值的差额，计入资本公积；

（二）以非现金资产清偿债务的，应按应付债务的账面价值结转。应付债务的账面价值与用于抵偿债务的非现金资产账面价值的差额，作为资本公积，或者作为损失计入当期营业外支出；

（三）以债务转为资本的，应当分别以下情况处理：

1. 股份有限公司，应按债权人放弃债权而享有股份的面值总额作为股本，按应付债务账面价值与转作股本的金额的差额，作为资本公积；

2. 其他企业，应按债权人放弃债权而享有的股权份额作为实收资本，按债务账面价值与转作实收资本的金额的差额，作为资本公积。

（四）以修改其他债务条件进行债务重组的，修改其他债务条件后未来应付金额小于债务重组前应付债务账面价值的，应将其差额计入资本公积；如果修改后的债务条款涉及或有支出的，应将或有支出包括在未来应付金额中，含或有支出的未来应付金额小于债务重组前应付债务账面价值的，应将其差额计入资本公积。在未来偿还债务期间内未满足债务重组协议所规定的或有支出条件，即或有支出没有发生的，其已记录的或有支出转入资本公积。

修改其他债务条件后未来应付金额等于或大于债务重组前应付债务账面价值的，在债务重组时不作账务处理。对于修改债务条件后的应付债务，应按本制度规定的一般应付债务进行会计处理。

本制度所称的或有支出，是指依未来某种事项出现而发生的支出。未来事项的出现具有不确定性。

第二节　长期负债

第七十一条　长期负债，是指偿还期在1年或者超过1年的一个营业周期以上的负债，包括长期借款、应付债券、长期应付款等。

各项长期负债应当分别进行核算，并在资产负债表中分列项目反映。将于1年内到期偿还的长期负债，在资产负债表中应当作为一项流动负债，单独反映。

第七十二条　长期负债应当以实际发生额入账。

长期负债应当按照负债本金或债券面值，按照确定的利率按期计提利息，并按本制度的规定，分别计入工程成本或当期财务费用。

按照纳税影响会计法核算所得税的企业，因时间性差异所产生的应纳税或可抵减时间性差异的所得税影响，单独核算，作为对当期所得税费用的调整。

第七十三条　发行债券的企业，应当按照实际的发行价格总额，作负债处理；债券发行价格总额与债券面值总额的差额，作为债券溢价或折价，在债券的存续期间内按实际利率法或直线法于计提利息时摊销，并按借款费用的处理原则处理。

第七十四条　发行可转换公司债券的企业，可转换公司债券在发行以及转换为股份之前，应按一般公司债券进行处理。当可转换公司债券持有人行使转换权利，将其持有的债券转换为股份或资本时，应按其账面价值结转；可转换公司债券账面价值与可转换股份面值的差额，减去支付的现金后的余额，作为资本公积处理。

企业发行附有赎回选择权的可转换公司债券，其在赎回日可能支付的利息补偿金，即债券约定赎回期届满日应当支付的利息减去应付债券票面利息的差额，应当在债券发行日至债券约定赎回届满日期间计提应付利息，计提的应付利息，按借款费用的处理原则处理。

第七十五条　融资租入的固定资产，应在租赁开始日按租赁资产的原账面价值与最低租赁付款额的现值两者较低者，作为融资租入固定资产的入账价值，按最低租赁付款额作为长期应付款的入账价值，并将两者的差额，作为未确认融资费用。

如果融资租赁资产占企业资产总额的比例等于或低于30%的，应在租赁开始日按最低租赁付款额作为融资租赁固定资产和长期应付款的入账价值。

第七十六条　企业收到的专项拨款作为专项应付款处理，待拨款项目完成后，属于应核销的部分，冲减专项应付款；其余部分转入资本公积。

第七十七条　企业所发生的借款费用，是指因借款而发生的利息、折价或溢价的摊销和辅助费用，以及因外币借款而发生的汇兑差额。因借款而发生的辅助费用包括手续费等。

除为购建固定资产的专门借款所发生的借款费用外，其他借款费用均应于发生当期确认为费用，直接计入当期财务费用。

本制度所称的专门借款，是指为购建固定资产而专门借入的款项。

为购建固定资产的专门借款所发生的借款费用，按以下规定处理：

（一）因借款而发生的辅助费用的处理：

1. 企业发行债券筹集资金专项用于购建固定资产的，在所购建的固定资产达到预定可使用状态前，将发生金额较大的发行费用（减去发行期间冻结资金产生的利息收入），直接计入所购建的固定资产成本；将发生金额较小的发行费用（减去发行期间冻结资金产生的利息收入），直接计入当期财务费用。

向银行借款而发生的手续费，按上述同一原则处理。

2. 因安排专门借款而发生的除发行费用和银行借款手续费以外的辅助费用，如果金额较大的，属于在所购建固定资产达到预定可使用状态之前发生的，应当在发生时计入所购建固定资产的成本；在所购建固定资产达到预定可使用状态后发生的，直接计入当期财务费用。对于金额较小的辅助费用，也可以于发生当期直接计入财务费用。

（二）借款利息、折价或溢价的摊销、汇兑差额的处理

1. 当同时满足以下三个条件时，企业为购建某项固定资产而借入的专门借款所发生的利息、折价或溢价的摊销、汇兑差额应当开始资本化，计入所购建固定资产的成本：

（1）资产支出（只包括为购建固定资产而以支付现金、转移非现金资产或者承担带息债务形式发生的支出）已经发生；

（2）借款费用已经发生；

（3）为使资产达到预定可使用状态所必要的购建活动已经开始。

2. 企业为购建固定资产而借入的专门借款所发生的借款利息、折价或溢价的摊销、汇兑差额，满足上述资本化条件的，在所购建的固定资产达到预定可使用状态前所发生的，应当予以资本化，计入所购建固定资产的成本；在所购建的固定资产达到预定可使用状态后所发生的，应于发生当期直接计入当期财务费用。每一会计期间利息资本化金额的计算公式如下：

每一会计期间利息的资本化金额 = 至当期末止购建固定资产累计支出加权平均数 × 资本化率

累计支出加权平均数 = Σ（每笔资产支出金额 × 每笔资产支出实际占用的天数/会计期间涵盖的天数）

为简化计算，也可以月数作为计算累计支出加权平均数的权数。

资本化率的确定原则为：企业为购建固定资产只借入一笔专门借款，资本化率为该项借款的利率；企业为购建固定资产借入一笔以上的专门借款，资本化率为这些借款的加权平均利率。加权平均利率的计算公式如下：

加权平均利率 = 专门借款当期实际发生的利息之和/专门借款本金加权平均数 × 100%

专门借款本金加权平均数 = Σ（每笔专门借款本金 × 每笔专门借款实际占用的天数/会计期间涵盖的天数）

为简化计算，也可以月数作为计算专门借款本金加权平均数的权数。

在计算资本化率时，如果企业发行债券发生债券折价或溢价的，应当将每期应摊销的折价或溢价金额，作为利息的调整额，对资本化率作相应调整，其加权平均利率的计算公式如下：

加权平均利率 = 专门借款当期实际发生的利息之和 +（或 -）折价（或溢价）摊销额/专门借款本金加权平均数 × 100%

3. 企业为购建固定资产而借入的外币专门借款，其每一会计期间所产生的汇兑差额（指当期外币专门借款本金及利息所发生的汇兑差额），在所购建固定资产达到预定可使用状态前，予以资本化，计入所购建固定资产的成本；在该项固定资产达到预定可使用状态后，计入当期财务费用。

4. 企业发行债券，如果发行费用小于发行期间冻结资金所产生的利息收入，按发行期间

冻结资金所产生的利息收入减去发行费用后的差额,视同发行债券的溢价收入,在债券存续期间于计提利息时摊销。

5. 企业每期利息和折价或溢价摊销的资本化金额,不得超过当期为购建固定资产的专门借款实际发生的利息和折价或溢价的摊销金额。

在确定借款费用资本化金额时,与专门借款有关的利息收入不得冲减所购建的固定资产成本,所发生的利息收入直接计入当期财务费用。

6. 企业以非借款方式募集的资金专项用于购建某项固定资产的,如专用拨款、发行股票募集的资金等,在募集资金尚未到达前借入的专门用于购建该项固定资产的资金,其发生的借款费用,在募集资金到达前,按借款费用的处理原则处理;募集资金到达后,在购建该项资产的实际支出未超过以非借款方式募集的资金时,所发生的借款费用直接计入当期财务费用。实际支出超过以非借款方式募集的资金时,专门借款所发生的借款费用,按借款费用的处理原则处理,但在计算该项资产的累计支出加权平均数时,应将以非借款方式募集的资金扣除。

7. 如果某项建造的固定资产的各部分分别完工(指每一单项工程或单位工程,下同),每部分在其他部分继续建造过程中可供使用,并且为使该部分达到预定可使用状态所必要的购建活动实质上已经完成,则这部分资产所发生的借款费用不再计入所建造的固定资产成本,直接计入当期财务费用;如果某项建造的固定资产的各部分分别完工,但必须等到整体完工后才可使用,则应当在该资产整体完工时,其所发生的借款费用不再计入所建造的固定资产成本,而直接计入当期财务费用。

8. 如果某项固定资产的购建发生非正常中断,并且中断时间连续超过 3 个月(含 3 个月),应当暂停借款费用的资本化,其中断期间所发生的借款费用,不计入所购建的固定资产成本,将其直接计入当期财务费用,直至购建重新开始,再将其后至固定资产达到预定可使用状态前所发生的借款费用,计入所购建固定资产的成本。

如果中断是使购建的固定资产达到预定可使用状态所必要的程序,则中断期间所发生的借款费用仍应计入该项固定资产的成本。

当所购建的固定资产达到预定可使用状态时,应当停止借款费用的资本化;以后发生的借款费用应于发生当期直接计入财务费用。

第七十八条 本制度所称的"达到预定可使用状态",是指固定资产已达到购买方或建造方预定的可使用状态。当存在下列情况之一时,可认为所购建的固定资产已达到预定可使用状态:

(一)固定资产的实体建造(包括安装)工作已经全部完成或者实质上已经全部完成;

(二)已经过试生产或试运行,并且其结果表明资产能够正常运行或者能够稳定地生产出合格产品时,或者试运行结果表明能够正常运转或营业时;

(三)该项建造的固定资产上的支出金额很少或者几乎不再发生;

(四)所购建的固定资产已经达到设计或合同要求,或与设计或合同要求相符或基本相符,即使有极个别地方与设计或合同要求不相符,也不足以影响其正常使用。

第四章 所有者权益

第七十九条 所有者权益,是指所有者在企业资产中享有的经济利益,其金额为资产减去负债后的余额。所有者权益包括实收资本(或者股本)、资本公积、盈余公积和未分配利润等。

第八十条 企业的实收资本是指投资者按照企业章程,或合同、协议的约定,实际投入企业的资本。

(一)一般企业实收资本应按以下规定核算:

1. 投资者以现金投入的资本,应当以实际收到或者存入企业开户银行的金额作为实收资本入账。实际收到或者存入企业开户银行的金额超过其在该企业注册资本中所占份额的部分,计入资本公积。

2. 投资者以非现金资产投入的资本,应按投资各方确认的价值作为实收资本入账。为首次发行股票而接受投资者投入的无形资产,应按该项无形资产在投资方的账面价值入账。

3. 投资者投入的外币,合同没有约定汇率的,按收到出资额当日的汇率折合;合同约定汇率的,按合同约定的汇率折合,因汇率不同产生的折合差额,作为资本公积处理。

4. 中外合作经营企业依照有关法律、法规的规定,在合作期间归还投资者投资的,对已归还的投资应当单独核算,并在资产负债表中作为实收资本的减项单独反映。

(二)股份有限公司的股本,应按以下规定核算:

1. 公司的股本应当在核定的股本总额及核定的股份总额的范围内发行股票取得。公司发行的股票,应按其面值作为股本,超过面值发行取得的收入,其超过面值的部分,作为股本溢价,计入资本公积。

2. 境外上市公司以及在境内发行外资股的公司,按确定的人民币股票面值和核定的股份总额的乘积计算的金额,作为股本入账,按收到股款当日的汇率折合的人民币金额与按人民币计算的股票面值总额的差额,作为资本公积处理。

第八十一条　企业资本(或股本)除下列情况外,不得随意变动:

(一)符合增资条件,并经有关部门批准增资的,在实际取得投资者的出资时,登记入账。

(二)企业按法定程序报经批准减少注册资本的,在实际发还投资时登记入账。采用收购本企业股票方式减资的,在实际购入本企业股票时,登记入账。

企业应当将因减资而注销股份、发还股款,以及因减资需更新股票的变动情况,在股本账户的明细账及有关备查簿中详细记录。

投资者按规定转让其出资的,企业应当于有关的转让手续办理完毕时,将出让方所转让的出资额,在资本(或股本)账户的有关明细账户及各备查登记簿中转为受让方。

第八十二条　资本公积包括资本(或股本)溢价、接受捐赠资产、拨款转入、外币资本折算差额等。资本公积项目主要包括:

(一)资本(或股本)溢价,是指企业投资者投入的资金超过其在注册资本中所占份额的部分;

(二)接受非现金资产捐赠准备,是指企业因接受非现金资产捐赠而增加的资本公积;

(三)接受现金捐赠,是指企业因接受现金捐赠而增加的资本公积;

(四)股权投资准备,是指企业对被投资单位的长期股权投资采用权益法核算时,因被投资单位接受捐赠等原因增加的资本公积,企业按其持股比例计算而增加的资本公积;

(五)拨款转入,是指企业收到国家拨入的专门用于技术改造、技术研究等的拨款项目完成后,按规定转入资本公积的部分。企业应按转入金额入账;

(六)外币资本折算差额,是指企业接受外币投资因所采用的汇率不同而产生的资本折算差额;

(七)其他资本公积,是指除上述各项资本公积以外所形成的资本公积,以及从资本公积各准备项目转入的金额。债权人豁免的债务也在本项目核算。

资本公积各准备项目不能转增资本(或股本)。

第八十三条　盈余公积按照企业性质,分别包括以下内容:

(一)一般企业和股份有限公司的盈余公积包括:

1. 法定盈余公积,是指企业按照规定的比例从净利润中提取的盈余公积;

2. 任意盈余公积,是指企业经股东大会或类似机构批准按照规定的比例从净利润中提取的盈余公积;

3. 法定公益金,是指企业按照规定的比例从净利润中提取的用于职工集体福利设施的公益金，法定公益金用于职工集体福利时，应当将其转入任意盈余公积。

企业的盈余公积可以用于弥补亏损、转增资本（或股本）。符合规定条件的企业，也可以用盈余公积分派现金股利。

（二）外商投资企业的盈余公积包括：

1. 储备基金，是指按照法律、行政法规规定从净利润中提取的、经批准用于弥补亏损和增加资本的储备基金；

2. 企业发展基金，是指按照法律、行政法规规定从净利润中提取的、用于企业生产发展和经批准用于增加资本的企业发展基金；

3. 利润归还投资，是指中外合作经营企业按照规定在合作期间以利润归还投资者的投资。

第五章　收　　入

第八十四条　收入，是指企业在销售商品、提供劳务及让渡资产使用权等日常活动中所形成的经济利益的总流入，包括主营业务收入和其他业务收入。收入不包括为第三方或者客户代收的款项。

企业应当根据收入的性质，按照收入确认的原则，合理地确认和计量各项收入。

第一节　销售商品及提供劳务收入

第八十五条　销售商品的收入，应当在下列条件均能满足时予以确认：

（一）企业已将商品所有权上的主要风险和报酬转移给购货方；

（二）企业既没有保留通常与所有权相联系的继续管理权，也没有对已售出的商品实施控制；

（三）与交易相关的经济利益能够流入企业；

（四）相关的收入和成本能够可靠地计量。

第八十六条　销售商品的收入，应按企业与购货方签订的合同或协议金额或双方接受的金额确定。现金折扣在实际发生时作为当期费用；销售折让在实际发生时冲减当期收入。

现金折扣，是指债权人为鼓励债务人在规定的期限内付款，而向债务人提供的债务减让；销售折让，是指企业因售出商品的质量不合格等原因而在售价上给予的减让。

第八十七条　企业已经确认收入的售出商品发生销售退回的，应当冲减退回当期的收入；年度资产负债表日及以前售出的商品，在资产负债表日至财务会计报告批准报出日之间发生退回的，应当作为资产负债表日后调整事项处理，调整资产负债表日编制的会计报表有关收入、费用、资产、负债、所有者权益等项目的数字。

第八十八条　在同一会计年度内开始并完成的劳务，应当在完成劳务时确认收入。如劳务的开始和完成分属不同的会计年度，在提供劳务交易的结果能够可靠估计的情况下，企业应当在资产负债表日按完工百分比法确认相关的劳务收入。完工百分比法，是指按照劳务的完成程度确认收入和费用的方法。

当以下条件均能满足时，劳务交易的结果能够可靠地估计：

（一）劳务总收入和总成本能够可靠地计量；

（二）与交易相关的经济利益能够流入企业；

（三）劳务的完成程度能够可靠地确定。

劳务的完成程度应按下列方法确定：

（一）已完工作的测量；

（二）已经提供的劳务占应提供劳务总量的比例；

（三）已经发生的成本占估计总成本的比例。

第八十九条　在提供劳务交易的结果不能可靠估计的情况下，企业应当在资产负债表日对收入分别以下情况予以确认和计量：

（一）如果已经发生的劳务成本预计能够得到补偿，应按已经发生的劳务成本金额确认收入，并按相同金额结转成本；

（二）如果已经发生的劳务成本预计不能全部得到补偿，应按能够得到补偿的劳务成本金额确认收入，并按已经发生的劳务成本，作为当期费用，确认的金额小于已经发生的劳务成本的差额，作为当期损失；

（三）如果已经发生的劳务成本全部不能得到补偿，应按已经发生的劳务成本作为当期费用，不确认收入。

第九十条 提供劳务的总收入，应按企业与接受劳务方签订的合同或协议的金额确定。现金折扣应当在实际发生时作为当期费用。

第九十一条 让渡资产使用权而发生的收入包括利息收入和使用费收入。

（一）利息和使用费收入，应当在以下条件均能满足时予以确认：

1. 与交易相关的经济利益能够流入企业；

2. 收入的金额能够可靠地计量。

（二）利息和使用费收入，应按下列方法分别予以计量：

1. 利息收入，应按让渡现金使用权的时间和适用利率计算确定；

2. 使用费收入，应按有关合同或协议规定的收费时间和方法计算确定。

第二节 建造合同收入

第九十二条 建造合同，是指为建造一项资产或者在设计、技术、功能、最终用途等方面密切相关的数项资产而订立的合同。

（一）固定造价合同，是指按照固定的合同价或固定单价确定工程价款的建造合同。

（二）成本加成合同，是指以合同允许或其他方式议定的成本为基础，加上该成本的一定比例或定额费用确定工程价款的建造合同。

第九十三条 建造工程合同收入包括合同中规定的初始收入和因合同变更、索赔、奖励等形成的收入。

合同变更，是指客户为改变合同规定的作业内容而提出的调整。因合同变更而增加的收入，应当在客户能够认可因变更而增加的收入，并且收入能够可靠地计量时予以确认。

索赔款，是指因客户或第三方的原因造成的、由建造承包商向客户或第三方收取的、用以补偿不包括在合同造价中的成本的款项。企业只有在预计对方能够同意这项索赔（根据谈判情况判断），并且对方同意接受的金额能够可靠计量的情况下，才能将因索赔款而形成的收入予以确认。

奖励款，是指工程达到或超过规定的标准时，客户同意支付给建造承包商的额外款项。企业应当根据目前合同完成情况，足以判断工程进度和工程质量能够达到或超过既定的标准，并且奖励金额能够可靠地计量时，才能将因奖励而形成的收入予以确认。

第九十四条 建造承包商建造工程合同成本应当包括从合同签订开始至合同完成止所发生的、与执行合同有关的直接费用和间接费用。

直接费用包括耗用的人工费用、耗用的材料费用、耗用的机械使用费和与设计有关的技术援助费用、施工现场材料的二次搬运费、生产工具和用具使用费、检验试验费、工程定位复测费、工程点交费用、场地清理费用等其他直接费用。

间接费用是企业下属的施工单位或生产单位为组织和管理施工生产活动所发生的费用，包括临时设施摊销费用和施工、生产单位管理人员工资、奖金、职工福利费、劳动保护费、固定资产折旧费及修理费、物料消耗、低值易耗品摊销、取暖费、水电费、办公费、差旅费、财产保险费、工程保修费、排污费等。

企业行政管理部门为组织和管理生产经营活动所发生的管理费用、船舶等制造企业的销售费用、企业筹集生产经营所需资金而发生的财务费用和因订立合同而发生的有关费用，应当直接计入当期费用。

直接费用在发生时应当直接计入合同成本，间接费用应当在期末按照系统、合理的方法分摊计入合同成本。与合同有关的零星收益，如合同完成后处置残余物资取得的收益，应当冲减合同成本。

第九十五条 建造承包商建造工程合同收入及费用应按以下原则确认和计量：

（一）如果建造合同的结果能够可靠地估计，企业应当根据完工百分比法在资产负债表日确认合同收入和费用。完工百分比法，是指根据合同完工进度确认收入与费用的方法。

1. 固定造价合同的结果能够可靠估计，是指同时具备以下四项条件：

（1）合同总收入能够可靠地计量；

（2）与合同相关的经济利益能够流入企业；

（3）在资产负债表日合同完工进度和为完成合同尚需发生的成本能够可靠地确定；

（4）为完成合同已经发生的合同成本能够清楚地区分和可靠地计量，以便实际合同成本能够与以前的预计成本相比较。

2. 成本加成合同的结果能够可靠估计，是指同时具备以下两项条件：

（1）与合同相关的经济利益能够流入企业；

（2）实际发生的合同成本能够清楚地区分并且能够可靠地计量。

（二）当期完成的建造合同，应按实际合同总收入减去以前会计年度累计已确认的收入后的余额作为当期收入，同时按累计实际发生的合同成本减去以前会计年度累计已确认的费用后的余额作为当期费用。

（三）如果建造合同的结果不能可靠地估计，应当区别以下情况处理：

1. 合同成本能够收回的，合同收入根据能够收回的实际合同成本加以确认，合同成本在其发生的当期作为费用；

2. 合同成本不可能收回的，应当在发生时立即作为费用，不确认收入。

（四）在一个会计年度内完成的建造合同，应当在完成时确认合同收入和合同费用。

（五）如果合同预计总成本将超过合同预计总收入，应当将预计损失立即作为当期费用。

第九十六条 合同完工进度可以按累计实际发生的合同成本占合同预计总成本的比例、已经完成的合同工作量占合同预计总工作量的比例、已完合同工作的测量等方法确定。

采用累计实际发生的合同成本占合同预计总成本的比例确定合同完工进度时，累计实际发生的合同成本不包括：（1）与合同未来活动相关的合同成本；（2）在分包工程总工作量完成之前预付给分包单位的款项。

第九十七条 房地产开发企业自行开发商品房对外销售收入的确定，按照销售商品收入的确认原则执行；如果符合建造合同的条件，并且有不可撤销的建造合同的情况下，也可按照建造合同收入确认的原则，按照完工百分比法确认房地产开发业务的收入。

第九十八条 企业的收入，应当按照重要性原则，在利润表中反映。

第六章 成本和费用

第九十九条 费用，是指企业为销售商品、提供劳务等日常活动所发生的经济利益的流出；成本，是指企业为生产产品、提供劳务而发生的各种耗费。

企业应当合理划分期间费用和成本的界限。期间费用应当直接计入当期损益；成本应当计入所生产的产品、提供劳务的成本。

企业应将当期已销产品或已提供劳务的成本转入当期的费用；商品流通企业应将当期已销商品的进价转入当期的费用。

第一百条 企业在生产经营过程中所耗用的各项材料，应按实际耗用数量和账面单价计算，计入成本、费用。

第一百零一条 企业应支付职工的工资，应当根据规定的工资标准、工时、产量记录等资料，计算职工工资，计入成本、费用。企业按规定给予职工的各种工资性质的补贴，也应计入各工资项目。

企业应当根据国家规定，计算提取应付福利费，计入成本、费用。

第一百零二条 企业在生产经营过程中所发生的其他各项费用，应当以实际发生数计入成本、费用。凡应当由本期负担而尚未支出的费用,作为预提费用计入本期成本、费用;凡已支出,应当由本期和以后各期负担的费用,应当作为待摊费用,分期摊入成本、费用。

第一百零三条 企业应当根据本企业的生产经营特点和管理要求,确定适合本企业的成本核算对象、成本项目和成本计算方法。成本核算对象、成本项目以及成本计算方法一经确定,不得随意变更,如需变更,应当根据管理权限,经股东大会或董事会,或经理(厂长)会议或类似机构批准,并在会计报表附注中予以说明。

第一百零四条 企业的期间费用包括营业费用、管理费用和财务费用。期间费用应当直接计入当期损益,并在利润表中分别项目列示。

(一)营业费用,是指企业在销售商品过程中发生的费用,包括企业销售商品过程中发生的运输费、装卸费、包装费、保险费、展览费和广告费,以及为销售本企业商品而专设的销售机构(含销售网点,售后服务网点等)的职工工资及福利费、类似工资性质的费用、业务费等经营费用。

商品流通企业在购买商品过程中所发生的进货费用,也包括在内。

(二)管理费用,是指企业为组织和管理企业生产经营所发生的管理费用,包括企业的董事会和行政管理部门在企业的经营管理中发生的,或者应当由企业统一负担的公司经费(包括行政管理部门职工工资、修理费、物料消耗、低值易耗品摊销、办公费和差旅费等)、工会经费、待业保险费、劳动保险费、董事会费、聘请中介机构费、咨询费(含顾问费)、诉讼费、业务招待费、房产税、车船使用税、土地使用税、印花税、技术转让费、矿产资源补偿费、无形资产摊销、职工教育经费、研究与开发费、排污费、存货盘亏或盘盈(不包括应计入营业外支出的存货损失)、计提的坏账准备和存货跌价准备等。

(三)财务费用,是指企业为筹集生产经营所需资金等而发生的费用,包括应当作为期间费用的利息支出(减利息收入)、汇兑损失(减汇兑收益)以及相关的手续费等。

第一百零五条 企业必须分清本期成本、费用和下期成本、费用的界限,不得任意预提和摊销费用。工业企业必须分清各种产品成本的界限,分清在产品成本和产成品成本的界限,不得任意压低或提高在产品和产成品的成本。

第七章 利润及利润分配

第一百零六条 利润,是指企业在一定会计期间的经营成果,包括营业利润、利润总额和净利润。

(一)营业利润,是指主营业务收入减去主营业务成本和主营业务税金及附加,加上其他业务利润,减去营业费用、管理费用和财务费用后的金额。

(二)利润总额,是指营业利润加上投资收益、补贴收入、营业外收入,减去营业外支出后的金额。

(三)投资收益,是指企业对外投资所取得的收益,减去发生的投资损失和计提的投资减值准备后的净额。

(四)补贴收入,是指企业按规定实际收到退还的增值税,或按销量或工作量等依据国家规定的补助定额计算并按期给予的定额补贴,以及属于国家财政扶持的领域而给予的其他形式的补贴。

(五)营业外收入和营业外支出,是指企业发生的与其生产经营活动无直接关系的各项收入和各项支出。营业外收入包括固定资产盘盈、处置固定资产净收益、处置无形资产净收益、罚款净收入等。营业外支出包括固定资产盘亏、处置固定资产净损失、处置无形资产净损失、债务重组损失、计提的无形资产减值准备、计提的固定资产减值准备、计提的在建工程减值准备、罚款支出、捐赠支出、非常损失等。

营业外收入和营业外支出应当分别核算,

并在利润表中分列项目反映。营业外收入和营业外支出还应当按照具体收入和支出设置明细项目,进行明细核算。

(六)所得税,是指企业应计入当期损益的所得税费用。

(七)净利润,是指利润总额减去所得税后的金额。

第一百零七条 企业的所得税费用应当按照以下原则核算:

(一)企业应当根据具体情况,选择采用应付税款法或者纳税影响会计法进行所得税的核算。

1. 应付税款法,是指企业不确认时间性差异对所得税的影响金额,按照当期计算的应交所得税确认为当期所得税费用的方法。在这种方法下,当期所得税费用等于当期应交的所得税。

2. 纳税影响会计法,是指企业确认时间性差异对所得税的影响金额,按照当期应交所得税和时间性差异对所得税影响金额的合计,确认为当期所得税费用的方法。在这种方法下,时间性差异对所得税的影响金额,递延和分配到以后各期。采用纳税影响会计法的企业,可以选择采用递延法或者债务法进行核算。在采用递延法核算时,在税率变动或开征新税时,不需要对原已确认的时间性差异的所得税影响金额进行调整,但是,在转回时间性差异的所得税影响金额时,应当按照原所得税率计算转回;在采用债务法核算时,在税率变动或开征新税时,应当对原已确认的时间性差异的所得税影响金额进行调整,在转回时间性差异的所得税影响金额时,应当按照现行所得税率计算转回。

(二)在采用纳税影响会计法下,企业应当合理划分时间性差异和永久性差异的界限:

1. 时间性差异,是指由于税法与会计制度在确认收益、费用或损失时的时间不同而产生的税前会计利润与应纳税所得额的差异。时间性差异发生于某一会计期间,但在以后一期或若干期内能够转回。时间性差异主要有以下几种类型:

(1)企业获得的某项收益,按照会计制度规定应当确认为当期收益,但按照税法规定需待以后期间确认为应纳税所得额,从而形成应纳税时间性差异。这里的应纳税时间性差异是指未来应增加应纳税所得额的时间性差异。

(2)企业发生的某项费用或损失,按照会计制度规定应当确认为当期费用或损失,但按照税法规定待以后期间从应纳税所得额中扣减,从而形成可抵减时间性差异。这里的可抵减时间性差异是指未来可以从应纳税所得额中扣除的时间性差异。

(3)企业获得的某项收益,按照会计制度规定应当于以后期间确认收益,但按照税法规定需计入当期应纳税所得额,从而形成可抵减时间性差异。

(4)企业发生的某项费用或损失,按照会计制度规定应当于以后期间确认为费用或损失,但按照税法规定可以从当期应纳税所得额中扣减,从而形成应纳税时间性差异。

2. 永久性差异,是指某一会计期间,由于会计制度和税法在计算收益、费用或损失时的口径不同,所产生的税前会计利润与应纳税所得额之间的差异。这种差异在本期发生,不会在以后各期转回。永久性差异有以下几种类型:

(1)按会计制度规定核算时作为收益计入会计报表,在计算应纳税所得额时不确认为收益;

(2)按会计制度规定核算时不作为收益计入会计报表,在计算应纳税所得额时作为收益,需要交纳所得税;

(3)按会计制度规定核算时确认为费用或损失计入会计报表,在计算应纳税所得额时则不允许扣减;

(4)按会计制度规定核算时不确认为费用或损失,在计算应纳税所得额时则允许扣减。

(三)采用递延法时,一定时期的所得税费用包括:

1. 本期应交所得税;

2. 本期发生或转回的时间性差异所产生的递延税款贷项或借项。

上述本期应交所得税，是指按照应纳税所得额和现行所得税率计算的本期应交所得税；本期发生或转回的时间性差异所产生的递延税款贷项或借项，是指本期发生的时间性差异用现行所得税率计算的未来应交的所得税和未来可抵减的所得税金额，以及本期转回原确认的递延税款借项或贷项。按照上述本期所得税费用的构成内容，可列示公式如下：

本期所得税费用 = 本期应交所得税 + 本期发生的时间性差异所产生的递延税款贷项金额 - 本期发生的时间性差异所产生的递延税款借项金额 + 本期转回的前期确认的递延税款借项金额 - 本期转回的前期确认的递延税款贷项金额

本期发生的时间性差异所产生的递延税款贷项金额 = 本期发生的应纳税时间性差异 × 现行所得税率

本期发生的时间性差异所产生的递延税款借项金额 = 本期发生的可抵减时间性差异 × 现行所得税率

本期转回的前期确认的递延税款借项金额 = 本期转回的可抵减本期应纳税所得额的时间性差异（即前期确认本期转回的可抵减时间性差异）× 前期确认递延税款时的所得税率

本期转回的前期确认的递延税款贷项金额 = 本期转回的增加本期应纳税所得额的时间性差异（即前期确认本期转回的应纳税时间性差异）× 前期确认递延税款时的所得税率

（四）采用债务法时，一定时期的所得税费用包括：

1. 本期应交所得税；

2. 本期发生或转回的时间性差异所产生的递延所得税负债或递延所得税资产；

3. 由于税率变更或开征新税，对以前各期确认的递延所得税负债或递延所得税资产账面余额的调整数。

按照上述本期所得税费用的构成内容，可列示公式如下：

本期所得税费用 = 本期应交所得税 + 本期发生的时间性差异所产生的递延所得税负债 - 本期发生的时间性差异所产生的递延所得税资产 + 本期转回的前期确认的递延所得税资产 - 本期转回的前期确认的递延所得税负债 + 本期由于税率变动或开征新税调减的递延所得税资产或调增的递延所得税负债 - 本期由于税率变动或开征新税调增的递延所得税资产或调减的递延所得税负债

本期由于税率变动或开征新税调增或调减的递延所得税资产或递延所得税负债 = 累计应纳税时间性差异或累计可抵减时间性差异 ×（现行所得税率 - 前期确认应纳税时间性差异或可抵减时间性差异时适用的所得税率或者 = 递延税款账面余额 - 已确认递延税款金额的累计时间性差异 × 现行所得税率）

（五）采用纳税影响会计法时，在时间性差异所产生的递延税款借方金额的情况下，为了慎重起见，如在以后转回时间性差异的时期内（一般为 3 年），有足够的应纳税所得额予以转回的，才能确认时间性差异的所得税影响金额，并作为递延税款的借方反映，否则，应于发生当期视同永久性差异处理。

投资于符合国家产业政策的技术改造项目的企业，其项目所需国产设备投资按一定比例可以从企业技术改造项目设备购置当年比前一年新增的企业所得税中抵免的部分，以及已经享受投资抵免的国产设备在规定期限内出租、转让应补交的所得税，均作为永久性差异处理；企业按规定以交纳所得税后的利润再投资所应退回的所得税，以及实行先征后返所得税的企业，应当于实际收到退回的所得税时，冲减退回当期的所得税费用。

第一百零八条 企业一般应按月计算利润，按月计算利润有困难的企业，可以按季或者按年计算利润。

第一百零九条 企业董事会或类似机构决议提请股东大会或类似机构批准的年度利润分配方案（除股票股利分配方案外），在股东大会或类似机构召开会议前，应当将其列入报告年度的利润分配表。股东大会或类似机构批准的利润分配方案,与董事会或类似机构提请批准的报告年度利润分配方案不一致时,其差额应当调整报告年度会计报表有关项目的年初数。

第一百一十条 企业当期实现的净利润,加上年初未分配利润(或减去年初未弥补亏损)和其他转入后的余额,为可供分配的利润。可供分配的利润,按下列顺序分配:

(一)提取法定盈余公积;

(二)提取法定公益金。

外商投资企业应当按照法律、行政法规的规定按净利润提取储备基金、企业发展基金、职工奖励及福利基金等。

中外合作经营企业按规定在合作期内以利润归还投资者的投资,以及国有工业企业按规定以利润补充的流动资本,也从可供分配的利润中扣除。

第一百一十一条 可供分配的利润减去提取的法定盈余公积、法定公益金等后,为可供投资者分配的利润。可供投资者分配的利润,按下列顺序分配:

(一)应付优先股股利,是指企业按照利润分配方案分配给优先股股东的现金股利。

(二)提取任意盈余公积,是指企业按规定提取的任意盈余公积。

(三)应付普通股股利,是指企业按照利润分配方案分配给普通股股东的现金股利。企业分配给投资者的利润,也在本项目核算。

(四)转作资本(或股本)的普通股股利,是指企业按照利润分配方案以分派股票股利的形式转作的资本(或股本)。企业以利润转增的资本,也在本项目核算。

可供投资者分配的利润,经过上述分配后,为未分配利润(或未弥补亏损)。未分配利润可留待以后年度进行分配。企业如发生亏损,可以按规定由以后年度利润进行弥补。

企业未分配的利润(或未弥补的亏损)应当在资产负债表的所有者权益项目中单独反映。

第一百一十二条 企业实现的利润和利润分配应当分别核算,利润构成及利润分配各项目应当设置明细账,进行明细核算。企业提取的法定盈余公积、法定公益金(或提取的储备基金、企业发展基金、职工奖励及福利基金)、分配的优先股股利、提取的任意盈余公积、分配的普通股股利、转作资本(或股本)的普通股股利,以及年初未分配利润(或未弥补亏损)、期末未分配利润(或未弥补亏损)等,均应当在利润分配表中分别列项予以反映。

第八章 非货币性交易

第一百一十三条 非货币性交易,是指交易双方以非货币性资产进行的交换(包括股权换股权,但不包括企业合并中所涉及的非货币性交易)。这种交换不涉及或只涉及少量的货币性资产。

货币性资产,是指持有的现金及将以固定或可确定金额的货币收取的资产,包括现金、应收账款和应收票据以及准备持有至到期的债券投资等。非货币性资产,是指货币性资产以外的资产,包括存货、固定资产、无形资产、股权投资以及不准备持有至到期的债券投资等。

在确定涉及补价的交易是否为非货币性交易时,收到补价的企业,应当按照收到的补价占换出资产公允价值的比例等于或低于25%确定;支付补价的企业,应当按照支付的补价占换出资产公允价值加上支付的补价之和的比例等于或低于25%确定。其计算公式如下:

收到补价的企业:收到的补价÷换出资产公允价值≤25%

支付补价的企业:支付的补价÷(支付的补价+换出资产公允价值)≤25%

第一百一十四条 在进行非货币性交易的核算时,无论是一项资产换入一项资产,或者一项资产同时换入多项资产,或者同时以多项资产换入一项资产,或者以多项资产换入多项资产,均按换出资产的账面价值加上应支付的相关税费,作为换入资产入账价值。

如果涉及补价,支付补价的企业,应当以换出资产账面价值加上补价和应支付的相关税费,作为换入资产入账价值;收到补价的企业,应当以换出资产账面价值减去补价,加上应确认的收益和应支付的相关税费,作为换入资产入账价值。换出资产应确认的收益按下列公式计算确定:

应确认的收益 =(1 - 换出资产账面价值 ÷ 换出资产公允价值)× 补价

本制度所称的公允价值,是指在公平交易中,熟悉情况的交易双方,自愿进行资产交换或债务清偿的金额。

上述换入的资产如为存货的,按上述规定确定的入账价值,还应减去可抵扣的增值税进项税额。

第一百一十五条 在非货币性交易中,如果同时换入多项资产,应当按照换入各项资产的公允价值与换入资产公允价值总额的比例,对换出资产的账面价值总额进行分配,以确定各项换入资产的入账价值。

第一百一十六条 在资产交换中,如果换入的资产中涉及应收款项的,应当分别以下情况处理:

(一)以一项资产换入的应收款项,或多项资产换入的应收款项,应当按照换出资产的账面价值作为换入应收款项的入账价值。如果换入的应收款项的原账面价值大于换出资产的账面价值的,应当按照换入应收款项的原账面价值作为换入应收款项的入账价值,换入应收款项的入账价值大于换出资产账面价值的差额,作为坏账准备。

(二)企业以一项资产同时换入应收款项和其他多项资产,或者以多项资产换入应收款项和其他多项资产的,应当按照换入应收款项的原账面价值作为换入应收款项的入账价值,换入除应收款项外的各项其他资产的入账价值,按照换入的各项其他资产的公允价值与换入的其他资产的公允价值总额的比例,对换出全部资产的账面价值总额加上应支付的相关税费(如果涉及补价,还应当减去补价加上应确认的收益,或者加上补价),减去换入的应收款项入账价值后的余额进行分配,并按分配价值作为其换入的各项其他资产的入账价值。

涉及补价的,如收到的补价小于换出应收款项账面价值的,应将收到的补价先冲减换出应收款项的账面价值后,再按上述原则进行处理;如收到的补价大于换出应收款项账面价值的,应将收到的补价首先冲减换出应收款项的账面价值,再按非货币性交易的原则进行处理。

第九章　外 币 业 务

第一百一十七条 外币业务,是指以记账本位币以外的货币进行的款项收付、往来结算等业务。

第一百一十八条 企业在核算外币业务时,应当设置相应的外币账户。外币账户包括外币现金、外币银行存款、以外币结算的债权(如应收票据、应收账款、预付账款等)和债务(如短期借款、应付票据、应付账款、预收账款、应付工资、长期借款等),应当与非外币的各该相同账户分别设置,并分别核算。

第一百一十九条 企业发生外币业务时,应当将有关外币金额折合为记账本位币金额记账。除另有规定外,所有与外币业务有关的账户,应当采用业务发生时的汇率,也可以采用业务发生当期期初的汇率折合。

企业发生外币业务时,如无法直接采用中国人民银行公布的人民币对美元、日元、港币等的基准汇率作为折算汇率时,应当按照下列方法进行折算:

美元、日元、港币等以外的其他货币对人民币的汇率,根据美元对人民币的基准汇率和国家外汇管理局提供的纽约外汇市场美元对其他主要外币的汇率进行套算,按照套算后的汇率作为折算汇率。美元对人民币以外的其他货币的汇率,直接采用国家外汇管理局提供的纽约外汇市场美元对其他主要货币的汇率。

美元、人民币以外的其他货币之间的汇

率，按国家外汇管理局提供的纽约外汇市场美元对其他主要外币的汇率进行套算，按套算后的汇率作为折算汇率。

第一百二十条　各种外币账户的外币余额，期末时应当按照期末汇率折合为记账本位币。按照期末汇率折合的记账本位币金额与账面记账本位币金额之间的差额，作为汇兑损益，计入当期损益；属于筹建期间的，计入长期待摊费用；属于与购建固定资产有关的借款产生的汇兑损益，按照借款费用资本化的原则进行处理。

第十章　会计调整

第一百二十一条　会计调整，是指企业因按照国家法律、行政法规和会计制度的要求，或者因特定情况下按照会计制度规定对企业原采用的会计政策、会计估计，以及发现的会计差错、发生的资产负债表日后事项等所作的调整。

会计政策，是指企业在会计核算时所遵循的具体原则以及企业所采纳的具体会计处理方法。具体原则，是指企业按照国家统一的会计核算制度所制定的、适合于本企业的会计制度中所采用的会计原则；具体会计处理方法，是指企业在会计核算中对于诸多可选择的会计处理方法中所选择的、适合于本企业的会计处理方法。例如，长期投资的具体会计处理方法、坏账损失的核算方法等。

会计估计，是指企业对其结果不确定的交易或事项以最近可利用的信息为基础所作的判断。例如，固定资产预计使用年限与预计净残值、预计无形资产的受益期等。

会计差错，是指在会计核算时，在确认、计量、记录等方面出现的错误。

资产负债表日后事项，是指自年度资产负债表日至财务会计报告批准报出日之间发生的需要调整或说明的事项，包括调整事项和非调整事项两类。

第一节　会计政策变更

第一百二十二条　会计政策的变更，必须符合下列条件之一：

（一）法律或会计制度等行政法规、规章的要求；

（二）这种变更能够提供有关企业财务状况、经营成果和现金流量等更可靠、更相关的会计信息。

第一百二十三条　下列各项不属于会计政策变更：

（一）本期发生的交易或事项与以前相比具有本质差别而采用新的会计政策；

（二）对初次发生的或不重要的交易或事项采用新的会计政策。

第一百二十四条　企业按照法律或会计制度等行政法规、规章要求变更会计政策时，应按国家发布的相关会计处理规定执行，如果没有相关的会计处理规定，应当采用追溯调整法进行处理。企业为了能够提供更可靠、更相关的会计信息而变更会计政策时，应当采用追溯调整法进行处理。

追溯调整法，是指对某项交易或事项变更会计政策时，如同该交易或事项初次发生时就开始采用新的会计政策，并以此对相关项目进行调整的方法。在采用追溯调整法时，应当将会计政策变更的累积影响数调整期初留存收益，会计报表其他相关项目的期初数也应一并调整，但不需要重编以前年度的会计报表。

第一百二十五条　会计政策变更的累积影响数，是指按变更后的会计政策对以前各项追溯计算的变更年度期初留存收益应有的金额与现有的金额之间的差额。会计政策变更的累积影响数，是假设与会计政策变更相关的交易或事项在初次发生时即采用新的会计政策，而得出的变更年度期初留存收益应有的金额，与现有的金额之间的差额。本制度所称的会计政策变更的累积影响数，是变更会计政策所导致的对净损益的累积影响，以及由此导致的对利润分配及未分配利润的累积影响金额，不包括分配的利润或股利。留存收益包括法定盈余公积、法定公益金、任意盈余公积及未分配利润（外商投资企业包括储备基金、企业

发展基金)。累积影响数通常可以通过以下各步计算获得:

第一步,根据新的会计政策重新计算受影响的前期交易或事项;

第二步,计算两种会计政策下的差异;

第三步,计算差异的所得税影响金额(如果需要调整所得税影响金额的);

第四步,确定前期中的每一期的税后差异;

第五步,计算会计政策变更的累积影响数。

如果累积影响数不能合理确定,会计政策变更应当采用未来适用法。未来适用法,是指对某项交易或事项变更会计政策时,新的会计政策适用于变更当期及未来期间发生的交易或事项的方法。采用未来适用法时,不需要计算会计政策变更产生的累积影响数,也无须重编以前年度的会计报表。企业会计账簿记录及会计报表上反映的金额,变更之日仍然保留原有金额,不因会计政策变更而改变以前年度的既定结果,企业应当在现有金额的基础上按新的会计政策进行核算。

第一百二十六条 在编制比较会计报表时,对于比较会计报表期间的会计政策变更,应当调整各该期间的净损益和其他相关项目,视同该政策在比较会计报表期间一直采用。对于比较会计报表可比期间以前的会计政策变更的累积影响数,应当调整比较会计报表最早期间的期初留存收益,会计报表其他相关项目的数字也应一并调整。

第一百二十七条 企业应当在会计报表附注中披露会计政策变更的内容和理由、会计政策变更的影响数,以及累积影响数不能合理确定的理由。

第二节 会计估计变更

第一百二十八条 由于企业经营活动中内在不确定因素的影响,某些会计报表项目不能精确地计量,而只能加以估计。如果赖以进行估计的基础发生了变化,或者由于取得新的信息、积累更多的经验以及后来的发展变化,可能需要对会计估计进行修订。

第一百二十九条 会计估计变更时,不需要计算变更产生的累积影响数,也不需要重编以前年度会计报表,但应当对变更当期和未来期间发生的交易或事项采用新的会计估计进行处理。

第一百三十条 会计估计的变更,如果仅影响变更当期,会计估计变更的影响数应计入变更当期与前期相同的相关项目中;如果既影响变更当期又影响未来期间,会计估计变更的影响数应计入变更当期和未来期间与前期相同的相关项目中。

第一百三十一条 会计政策变更和会计估计变更很难区分时,应当按照会计估计变更的处理方法进行处理。

第一百三十二条 企业应当在会计报表附注中披露会计估计变更的内容和理由、会计估计变更的影响数,以及会计估计变更的影响数不能确定的理由。

第三节 会计差错更正

第一百三十三条 本期发现的会计差错,应按以下原则处理:

(一)本期发现的与本期相关的会计差错,应当调整本期相关项目。

(二)本期发现的与前期相关的非重大会计差错,如影响损益,应当直接计入本期净损益,其他相关项目也应当作为本期数一并调整;如不影响损益,应当调整本期相关项目。

重大会计差错,是指企业发现的使公布的会计报表不再具有可靠性的会计差错。重大会计差错一般是指金额比较大,通常某项交易或事项的金额占该类交易或事项的金额10%及以上,则认为金额比较大。

(三)本期发现的与前期相关的重大会计差错,如影响损益,应当将其对损益的影响数调整发现当期的期初留存收益,会计报表其他相关项目的期初数也应一并调整;如不影响损益,应当调整会计报表相关项目的期初数。

（四）年度资产负债表日至财务会计报告批准报出日之间发现的报告年度的会计差错及以前年度的非重大会计差错，应当按照资产负债表日后事项中的调整事项进行处理。

年度资产负债表日至财务会计报告批准报出日之间发现的以前年度的重大会计差错，应当调整以前年度的相关项目。

第一百三十四条 在编制比较会计报表时，对于比较会计报表期间的重大会计差错，应当调整各该期间的净损益和其他相关项目；对于比较会计报表期间以前的重大会计差错，应当调整比较会计报表最早期间的期初留存收益，会计报表其他相关项目的数字也应一并调整。

第一百三十五条 企业应当在会计报表附注中披露重大会计差错的内容和重大会计差错的更正金额。

第一百三十六条 企业滥用会计政策、会计估计及其变更，应当作为重大会计差错予以更正。

第四节 资产负债表日后事项

第一百三十七条 资产负债表日后获得新的或进一步的证据，有助于对资产负债表日存在状况的有关金额作出重新估计，应当作为调整事项，据此对资产负债表日所反映的收入、费用、资产、负债以及所有者权益进行调整。以下是调整事项的例子：

（一）已证实资产发生了减损；

（二）销售退回；

（三）已确定获得或支付的赔偿。

资产负债表日后董事会或者经理（厂长）会议，或者类似机构制订的利润分配方案中与财务会计报告所属期间有关的利润分配，也应当作为调整事项，但利润分配方案中的股票股利（或以利润转增资本）应当作为非调整事项处理。

第一百三十八条 资产负债表日后发生的调整事项，应当如同资产负债表所属期间发生的事项一样，作出相关账务处理，并对资产负债表日已编制的会计报表作相应的调整。这里的会计报表包括资产负债表、利润表及其相关附表和现金流量表的补充资料内容，但不包括现金流量表正表。资产负债表日后发生的调整事项，应当分别以下情况进行账务处理：

（一）涉及损益的事项，通过“以前年度损益调整”科目核算。调整增加以前年度收益或调整减少以前年度亏损的事项，及其调整减少的所得税，记入“以前年度损益调整”科目的贷方；调整减少以前年度收益或调整增加以前年度亏损的事项，以及调整增加的所得税，记入“以前年度损益调整”科目的借方。“以前年度损益调整”科目的贷方或借方余额，转入“利润分配——未分配利润”科目。

（二）涉及利润分配调整的事项，直接通过“利润分配——未分配利润”科目核算。

（三）不涉及损益以及利润分配的事项，调整相关科目。

（四）通过上述账务处理后，还应同时调整会计报表相关项目的数字，包括：

1. 资产负债表日编制的会计报表相关项目的数字；

2. 当期编制的会计报表相关项目的年初数；

3. 提供比较会计报表时，还应调整相关会计报表的上年数；

4. 经过上述调整后，如果涉及会计报表附注内容的，还应当调整会计报表附注相关项目的数字。

第一百三十九条 资产负债表日以后才发生或存在的事项，不影响资产负债表日存在状况，但如不加以说明，将会影响财务会计报告使用者作出正确估计和决策，这类事项应当作为非调整事项，在会计报表附注中予以披露。以下是非调整事项的例子：

（一）股票和债券的发行；

（二）对一个企业的巨额投资；

（三）自然灾害导致的资产损失；

（四）外汇汇率发生较大变动。

非调整事项,应当在会计报表附注中说明其内容、估计对财务状况、经营成果的影响;如无法作出估计,应当说明其原因。

第十一章 或有事项

第一百四十条 或有事项,是指过去的交易或事项形成的一种状况,其结果须通过未来不确定事项的发生或不发生予以证实。

或有负债,是指过去的交易或事项形成的潜在义务,其存在须通过未来不确定事项的发生或不发生予以证实;或过去的交易或事项形成的现时义务,履行该义务不是很可能导致经济利益流出企业或该义务的金额不能可靠地计量。

或有资产,是指过去的交易或事项形成的潜在资产,其存在须通过未来不确定事项的发生或不发生予以证实。

第一百四十一条 如果与或有事项相关的义务同时符合以下条件,企业应当将其作为负债:

(一)该义务是企业承担的现时义务;

(二)该义务的履行很可能导致经济利益流出企业;

(三)该义务的金额能够可靠地计量。

符合上述确认条件的负债,应当在资产负债表中单列项目反映。

第一百四十二条 符合上述确认条件的负债,其金额应当是清偿该负债所需支出的最佳估计数。如果所需支出存在一个金额范围,则最佳估计数应按该范围的上、下限金额的平均数确定;如果所需支出不存在一个金额范围,则最佳估计数应按如下方法确定:

(一)或有事项涉及单个项目时,最佳估计数按最可能发生的金额确定;

(二)或有事项涉及多个项目时,最佳估计数按各种可能发生额及其发生概率计算确定。

第一百四十三条 如果清偿符合上述确认条件的负债所需支出全部或部分预期由第三方或其他方补偿,则补偿金额只能在基本确定能收到时,作为资产单独确认,但确认的补偿金额不应当超过所确认负债的账面价值。

符合上述确认条件的资产,应当在资产负债表中单列项目反映。

第一百四十四条 企业不应当确认或有负债和或有资产。

第一百四十五条 企业应当在会计报表附注中披露如下或有负债形成的原因,预计产生的财务影响(如无法预计,应当说明理由),以及获得补偿的可能性:

(一)已贴现商业承兑汇票形成的或有负债;

(二)未决诉讼、仲裁形成的或有负债;

(三)为其他单位提供债务担保形成的或有负债;

(四)其他或有负债(不包括极小可能导致经济利益流出企业的或有负债)。

第一百四十六条 或有资产一般不应当在会计报表附注中披露。但或有资产很可能会给企业带来经济利益时,应当在会计报表附注中披露其形成的原因;如果能够预计其产生的财务影响,还应当作相应披露。

在涉及未决诉讼、仲裁的情况下,按本章规定如果披露全部或部分信息预期会对企业造成重大不利影响,则企业无需披露这些信息,但应披露未决诉讼、仲裁的形成原因。

第十二章 关联方关系及其交易

第一百四十七条 在企业财务和经营决策中,如果一方有能力直接或间接控制、共同控制另一方或对另一方施加重大影响,则他们之间存在关联方关系;如果两方或多方同受一方控制,则他们之间也存在关联方关系。关联方关系主要存在于:

(一)直接或间接地控制其他企业或受其他企业控制,以及同受某一企业控制的两个或多个企业(例如,母公司、子公司、受同一母公司控制的子公司之间)。

母公司,是指能直接或间接控制其他企业的企业;子公司,是指被母公司控制的企业。

(二)合营企业。

合营企业，是指按合同规定经济活动由投资双方或若干方共同控制的企业。

（三）联营企业。

联营企业，是指投资者对其具有重大影响，但不是投资者的子公司或合营企业的企业。

（四）主要投资者个人、关键管理人员或与其关系密切的家庭成员。

主要投资者个人，是指直接或间接地控制一个企业10%或以上表决权资本的个人投资者；关键管理人员，是指有权力并负责进行计划、指挥和控制企业活动的人员；关系密切的家庭成员，是指在处理与企业的交易时有可能影响某人或受其影响的家庭成员。

（五）受主要投资者个人、关键管理人员或与其关系密切的家庭成员直接控制的其他企业。

国家控制的企业间不应当仅仅因为彼此同受国家控制而成为关联方，但企业间存有上述（一）至（三）的关系，或根据上述（五）受同一关键管理人员或与其关系密切的家庭成员直接控制时，彼此应视为关联方。

第一百四十八条　在存在控制关系的情况下，关联方如为企业时，不论他们之间有无交易，都应当在会计报表附注中披露企业类型、名称、法定代表人、注册地、注册资本及其变化、企业的主营业务、所持股份或权益及其变化。

第一百四十九条　在企业与关联方发生交易的情况下，企业应当在会计报表附注中披露关联方关系的性质、交易类型及其交易要素。这些要素一般包括：交易的金额或相应比例、未结算项目的金额或相应比例、定价政策（包括没有金额或只有象征性金额的交易）。

关联方交易应当分别关联方以及交易类型予以披露，类型相同的关联方交易，在不影响财务会计报告使用者正确理解的情况下可以合并披露。

第一百五十条　下列关联方交易不需要披露：

（一）在合并会计报表中披露包括在合并会计报表中的企业集团成员之间的交易；

（二）在与合并会计报表一同提供的母公司会计报表中披露关联方交易。

第十三章　财务会计报告

第一百五十一条　企业应当按照《企业财务会计报告条例》的规定，编制和对外提供真实、完整的财务会计报告。

第一百五十二条　企业的财务会计报告分为年度、半年度、季度和月度财务会计报告。月度、季度财务会计报告是指月度和季度终了提供的财务会计报告；半年度财务会计报告是指在每个会计年度的前6个月结束后对外提供的财务会计报告；年度财务会计报告是指年度终了对外提供的财务会计报告。

本制度将半年度、季度和月度财务会计报告统称为中期财务会计报告。

第一百五十三条　企业的财务会计报告由会计报表、会计报表附注和财务情况说明书组成（不要求编制和提供财务情况说明书的企业除外）。企业对外提供的财务会计报告的内容、会计报表种类和格式、会计报表附注的主要内容等，由本制度规定；企业内部管理需要的会计报表由企业自行规定。

季度、月度中期财务会计报告通常仅指会计报表，国家统一的会计制度另有规定的除外。

半年度中期财务会计报告中的会计报表附注至少应当披露所有重大的事项，如转让子公司等。半年度中期财务会计报告报出前发生的资产负债表日后事项、或有事项等，除特别重大事项外，可不作调整或披露。

第一百五十四条　企业向外提供的会计报表包括：

（一）资产负债表；

（二）利润表；

（三）现金流量表；

（四）资产减值准备明细表；

（五）利润分配表；

（六）股东权益增减变动表；

（七）分部报表；

（八）其他有关附表。

第一百五十五条 会计报表附注至少应当包括下列内容：

（一）不符合会计核算基本前提的说明；

（二）重要会计政策和会计估计的说明；

（三）重要会计政策和会计估计变更的说明；

（四）或有事项和资产负债表日后事项的说明；

（五）关联方关系及其交易的披露；

（六）重要资产转让及其出售的说明；

（七）企业合并、分立的说明；

（八）会计报表中重要项目的明细资料；

（九）有助于理解和分析会计报表需要说明的其他事项。

第一百五十六条 财务情况说明书至少应当对下列情况作出说明：

（一）企业生产经营的基本情况；

（二）利润实现和分配情况；

（三）资金增减和周转情况；

（四）对企业财务状况、经营成果和现金流量有重大影响的其他事项。

第一百五十七条 月度中期财务会计报告应当于月度终了后6天内（节假日顺延，下同）对外提供；季度中期财务会计报告应当于季度终了后15天内对外提供；半年度中期财务会计报告应当于年度中期结束后60天内（相当于两个连续的月份）对外提供；年度财务会计报告应当于年度终了后4个月内对外提供。

会计报表的填列，以人民币"元"为金额单位，"元"以下填至"分"。

第一百五十八条 企业对其他单位投资如占该单位资本总额50%以上（不含50%），或虽然占该单位注册资本总额不足50%但具有实质控制权的，应当编制合并会计报表。合并会计报表的编制原则和方法，按照国家统一的会计制度中有关合并会计报表的规定执行。

企业在编制合并会计报表时，应当将合营企业合并在内，并按照比例合并方法对合营企业的资产、负债、收入、费用、利润等予以合并。

第一百五十九条 企业对外提供的会计报表应当依次编定页数，加具封面，装订成册，加盖公章。封面上应当注明：企业名称、企业统一代码、组织形式、地址、报表所属年度或者月份、报出日期，并由企业负责人和主管会计工作的负责人、会计机构负责人（会计主管人员）签名并盖章；设置总会计师的企业，还应当由总会计师签名并盖章。

第十四章 附 则

第一百六十条 本制度自2001年1月1日起施行。

企业会计准则——基本准则

（2006年2月15日财政部令第33号公布 根据2014年7月23日财政部令第76号《关于修改〈企业会计准则——基本准则〉的决定》修订）

第一章 总 则

第一条 为了规范企业会计确认、计量和报告行为，保证会计信息质量，根据《中华人民共和国会计法》和其他有关法律、行政法规，制定本准则。

第二条 本准则适用于在中华人民共和国境内设立的企业（包括公司，下同）。

第三条 企业会计准则包括基本准则和具体准则，具体准则的制定应当遵循本准则。

第四条 企业应当编制财务会计报告(又称财务报告,下同)。财务会计报告的目标是向财务会计报告使用者提供与企业财务状况、经营成果和现金流量等有关的会计信息,反映企业管理层受托责任履行情况,有助于财务会计报告使用者作出经济决策。

财务会计报告使用者包括投资者、债权人、政府及其有关部门和社会公众等。

第五条 企业应当对其本身发生的交易或者事项进行会计确认、计量和报告。

第六条 企业会计确认、计量和报告应当以持续经营为前提。

第七条 企业应当划分会计期间,分期结算账目和编制财务会计报告。

会计期间分为年度和中期。中期是指短于一个完整的会计年度的报告期间。

第八条 企业会计应当以货币计量。

第九条 企业应当以权责发生制为基础进行会计确认、计量和报告。

第十条 企业应当按照交易或者事项的经济特征确定会计要素。会计要素包括资产、负债、所有者权益、收入、费用和利润。

第十一条 企业应当采用借贷记账法记账。

第二章 会计信息质量要求

第十二条 企业应当以实际发生的交易或者事项为依据进行会计确认、计量和报告,如实反映符合确认和计量要求的各项会计要素及其他相关信息,保证会计信息真实可靠、内容完整。

第十三条 企业提供的会计信息应当与财务会计报告使用者的经济决策需要相关,有助于财务会计报告使用者对企业过去、现在或者未来的情况作出评价或者预测。

第十四条 企业提供的会计信息应当清晰明了,便于财务会计报告使用者理解和使用。

第十五条 企业提供的会计信息应当具有可比性。

同一企业不同时期发生的相同或者相似的交易或者事项,应当采用一致的会计政策,不得随意变更。确需变更的,应当在附注中说明。

不同企业发生的相同或者相似的交易或者事项,应当采用规定的会计政策,确保会计信息口径一致、相互可比。

第十六条 企业应当按照交易或者事项的经济实质进行会计确认、计量和报告,不应仅以交易或者事项的法律形式为依据。

第十七条 企业提供的会计信息应当反映与企业财务状况,经营成果和现金流量等有关的所有重要交易或者事项。

第十八条 企业对交易或者事项进行会计确认、计量和报告应当保持应有的谨慎,不应高估资产或者收益、低估负债或者费用。

第十九条 企业对于已经发生的交易或者事项,应当及时进行会计确认、计量和报告,不得提前或者延后。

第三章 资 产

第二十条 资产是指企业过去的交易或者事项形成的、由企业拥有或者控制的、预期会给企业带来经济利益的资源。

前款所指的企业过去的交易或者事项包括购买、生产、建造行为或其他交易或者事项。预期在未来发生的交易或者事项不形成资产。

由企业拥有或者控制,是指企业享有某项资源的所有权,或者虽然不享有某项资源的所有权,但该资源能被企业所控制。

预期会给企业带来经济利益,是指直接或者间接导致现金和现金等价物流入企业的潜力。

第二十一条 符合本准则第二十条规定的资产定义的资源,在同时满足以下条件时,确认为资产:

(一)与该资源有关的经济利益很可能流入企业;

(二)该资源的成本或者价值能够可靠地

计量。

第二十二条 符合资产定义和资产确认条件的项目,应当列入资产负债表;符合资产定义、但不符合资产确认条件的项目,不应当列入资产负债表。

第四章 负 债

第二十三条 负债是指企业过去的交易或者事项形成的、预期会导致经济利益流出企业的现时义务。

现时义务是指企业在现行条件下已承担的义务。未来发生的交易或者事项形成的义务,不属于现时义务,不应当确认为负债。

第二十四条 符合本准则第二十三条规定的负债定义的义务,在同时满足以下条件时,确认为负债:

(一)与该义务有关的经济利益很可能流出企业;

(二)未来流出的经济利益的金额能够可靠地计量。

第二十五条 符合负债定义和负债确认条件的项目,应当列入资产负债表;符合负债定义、但不符合负债确认条件的项目,不应当列入资产负债表。

第五章 所有者权益

第二十六条 所有者权益是指企业资产扣除负债后由所有者享有的剩余权益。

公司的所有者权益又称为股东权益。

第二十七条 所有者权益的来源包括所有者投入的资本、直接计入所有者权益的利得和损失、留存收益等。

直接计入所有者权益的利得和损失,是指不应计入当期损益、会导致所有者权益发生增减变动的、与所有者投入资本或者向所有者分配利润无关的利得或者损失。

利得是指由企业非日常活动所形成的、会导致所有者权益增加的、与所有者投入资本无关的经济利益的流入。

损失是指由企业非日常活动所发生的、会导致所有者权益减少的、与向所有者分配利润无关的经济利益的流出。

第二十八条 所有者权益金额取决于资产和负债的计量。

第二十九条 所有者权益项目应当列入资产负债表。

第六章 收 入

第三十条 收入是指企业在日常活动中形成的、会导致所有者权益增加的、与所有者投入资本无关的经济利益的总流入。

第三十一条 收入只有在经济利益很可能流入从而导致企业资产增加或者负债减少、且经济利益的流入额能够可靠计量时才能予以确认。

第三十二条 符合收入定义和收入确认条件的项目,应当列入利润表。

第七章 费 用

第三十三条 费用是指企业在日常活动中发生的、会导致所有者权益减少的、与向所有者分配利润无关的经济利益的总流出。

第三十四条 费用只有在经济利益很可能流出从而导致企业资产减少或者负债增加、且经济利益的流出额能够可靠计量时才能予以确认。

第三十五条 企业为生产产品、提供劳务等发生的可归属于产品成本、劳务成本等的费用,应当在确认产品销售收入、劳务收入等时,将已销售产品、已提供劳务的成本等计入当期损益。

企业发生的支出不产生经济利益的,或者即使能够产生经济利益但不符合或者不再符合资产确认条件的,应当在发生时确认为费用,计入当期损益。

企业发生的交易或者事项导致其承担了一项负债而又不确认为一项资产的,应当在发生时确认为费用,计入当期损益。

第三十六条 符合费用定义和费用确认条件的项目,应当列入利润表。

第八章 利　　润

第三十七条 利润是指企业在一定会计期间的经营成果。利润包括收入减去费用后的净额、直接计入当期利润的利得和损失等。

第三十八条 直接计入当期利润的利得和损失,是指应当计入当期损益、会导致所有者权益发生增减变动的、与所有者投入资本或者向所有者分配利润无关的利得或者损失。

第三十九条 利润金额取决于收入和费用、直接计入当期利润的利得和损失金额的计量。

第四十条 利润项目应当列入利润表。

第九章 会 计 计 量

第四十一条 企业在将符合确认条件的会计要素登记入账并列报于会计报表及其附注(又称财务报表,下同)时,应当按照规定的会计计量属性进行计量,确定其金额。

第四十二条 会计计量属性主要包括:

(一)历史成本。在历史成本计量下,资产按照购置时支付的现金或者现金等价物的金额,或者按照购置资产时所付出的对价的公允价值计量。负债按照因承担现时义务而实际收到的款项或者资产的金额,或者承担现时义务的合同金额,或者按照日常活动中为偿还负债预期需要支付的现金或者现金等价物的金额计量。

(二)重置成本。在重置成本计量下,资产按照现在购买相同或者相似资产所需支付的现金或者现金等价物的金额计量。负债按照现在偿付该项债务所需支付的现金或者现金等价物的金额计量。

(三)可变现净值。在可变现净值计量下,资产按照其正常对外销售所能收到现金或者现金等价物的金额扣减该资产至完工时估计将要发生的成本、估计的销售费用以及相关税费后的金额计量。

(四)现值。在现值计量下,资产按照预计从其持续使用和最终处置中所产生的未来净现金流入量的折现金额计量。负债按照预计期限内需要偿还的未来净现金流出量的折现金额计量。

(五)公允价值。在公允价值计量下,资产和负债按照市场参与者在计量日发生的有序交易中,出售资产所能收到或者转移负债所需支付的价格计量。

第四十三条 企业在对会计要素进行计量时,一般应当采用历史成本,采用重置成本、可变现净值、现值、公允价值计量的,应当保证所确定的会计要素金额能够取得并可靠计量。

第十章 财务会计报告

第四十四条 财务会计报告是指企业对外提供的反映企业某一特定日期的财务状况和某一会计期间的经营成果、现金流量等会计信息的文件。

财务会计报告包括会计报表及其附注和其他应当在财务会计报告中披露的相关信息和资料。会计报表至少应当包括资产负债表、利润表、现金流量表等报表。

小企业编制的会计报表可以不包括现金流量表。

第四十五条 资产负债表是指反映企业在某一特定日期的财务状况的会计报表。

第四十六条 利润表是指反映企业在一定会计期间的经营成果的会计报表。

第四十七条 现金流量表是指反映企业在一定会计期间的现金和现金等价物流入和流出的会计报表。

第四十八条 附注是指对在会计报表中列示项目所作的进一步说明,以及对未能在这些报表中列示项目的说明等。

第十一章 附　　则

第四十九条 本准则由财政部负责解释。

第五十条 本准则自2007年1月1日起施行。

第八章 刑事责任

中华人民共和国刑法(节录)

(1979年7月1日第五届全国人民代表大会第二次会议通过　1997年3月14日第八届全国人民代表大会第五次会议修订　根据1998年12月29日第九届全国人民代表大会常务委员会第六次会议通过的《关于惩治骗购外汇、逃汇和非法买卖外汇犯罪的决定》、1999年12月25日第九届全国人民代表大会常务委员会第十三次会议通过的《中华人民共和国刑法修正案》、2001年8月31日第九届全国人民代表大会常务委员会第二十三次会议通过的《中华人民共和国刑法修正案(二)》、2001年12月29日第九届全国人民代表大会常务委员会第二十五次会议通过的《中华人民共和国刑法修正案(三)》、2002年12月28日第九届全国人民代表大会常务委员会第三十一次会议通过的《中华人民共和国刑法修正案(四)》、2005年2月28日第十届全国人民代表大会常务委员会第十四次会议通过的《中华人民共和国刑法修正案(五)》、2006年6月29日第十届全国人民代表大会常务委员会第二十二次会议通过的《中华人民共和国刑法修正案(六)》、2009年2月28日第十一届全国人民代表大会常务委员会第七次会议通过的《中华人民共和国刑法修正案(七)》、2009年8月27日第十一届全国人民代表大会常务委员会第十次会议通过的《关于修改部分法律的决定》、2011年2月25日第十一届全国人民代表大会常务委员会第十九次会议通过的《中华人民共和国刑法修正案(八)》、2015年8月29日第十二届全国人民代表大会常务委员会第十六次会议通过的《中华人民共和国刑法修正案(九)》、2017年11月4日第十二届全国人民代表大会常务委员会第三十次会议通过的《中华人民共和国刑法修正案(十)》修正)

第二编　分　则

第三章　破坏社会主义市场经济秩序罪

第三节　妨害对公司、企业的管理秩序罪

第一百五十八条　【虚报注册资本罪】申请公司登记使用虚假证明文件或者采取其他欺诈手段虚报注册资本,欺骗公司登记主管部门,取得公司登记,虚报注册资本数额巨大、后果严重或者有其他严重情节的,处三年以下有期徒刑或者拘役,并处或者单处虚报注册资本金额百分之一以上百分之五以下罚金。

单位犯前款罪的,对单位判处罚金,并对其直接负责的主管人员和其他直接责任人员,

处三年以下有期徒刑或者拘役。

第一百五十九条　【虚假出资、抽逃出资罪】公司发起人、股东违反公司法的规定未交付货币、实物或者未转移财产权，虚假出资，或者在公司成立后又抽逃其出资，数额巨大、后果严重或者有其他严重情节的，处五年以下有期徒刑或者拘役，并处或者单处虚假出资金额或者抽逃出资金额百分之二以上百分之十以下罚金。

单位犯前款罪的，对单位判处罚金，并对其直接负责的主管人员和其他直接责任人员，处五年以下有期徒刑或者拘役。

第一百六十条　【欺诈发行股票、债券罪】在招股说明书、认股书、公司、企业债券募集办法中隐瞒重要事实或者编造重大虚假内容，发行股票或者公司、企业债券，数额巨大、后果严重或者有其他严重情节的，处五年以下有期徒刑或者拘役，并处或者单处非法募集资金金额百分之一以上百分之五以下罚金。

单位犯前款罪的，对单位判处罚金，并对其直接负责的主管人员和其他直接责任人员，处五年以下有期徒刑或者拘役。

第一百六十一条　【违规披露、不披露重要信息罪】依法负有信息披露义务的公司、企业向股东和社会公众提供虚假的或者隐瞒重要事实的财务会计报告，或者对依法应当披露的其他重要信息不按照规定披露，严重损害股东或者其他人利益，或者有其他严重情节的，对其直接负责的主管人员和其他直接责任人员，处三年以下有期徒刑或者拘役，并处或者单处二万元以上二十万元以下罚金。

第一百六十二条　【妨害清算罪】公司、企业进行清算时，隐匿财产，对资产负债表或者财产清单作虚伪记载或者在未清偿债务前分配公司、企业财产，严重损害债权人或者其他人利益的，对其直接负责的主管人员和其他直接责任人员，处五年以下有期徒刑或者拘役，并处或者单处二万元以上二十万元以下罚金。

第一百六十二条之一　【隐匿、故意销毁会计凭证、会计帐簿、财务会计报告罪】隐匿或者故意销毁依法应当保存的会计凭证、会计帐簿、财务会计报告，情节严重的，处五年以下有期徒刑或者拘役，并处或者单处二万元以上二十万元以下罚金。

单位犯前款罪的，对单位判处罚金，并对其直接负责的主管人员和其他直接责任人员，依照前款的规定处罚。

第一百六十二条之二　【虚假破产罪】公司、企业通过隐匿财产、承担虚构的债务或者以其他方法转移、处分财产，实施虚假破产，严重损害债权人或者其他人利益的，对其直接负责的主管人员和其他直接责任人员，处五年以下有期徒刑或者拘役，并处或者单处二万元以上二十万元以下罚金。

第一百六十三条　【非国家工作人员受贿罪】公司、企业或者其他单位的工作人员利用职务上的便利，索取他人财物或者非法收受他人财物，为他人谋取利益，数额较大的，处五年以下有期徒刑或者拘役；数额巨大的，处五年以上有期徒刑，可以并处没收财产。

公司、企业或者其他单位的工作人员在经济往来中，利用职务上的便利，违反国家规定，收受各种名义的回扣、手续费，归个人所有的，依照前款的规定处罚。

国有公司、企业或者其他国有单位中从事公务的人员和国有公司、企业或者其他国有单位委派到非国有公司、企业以及其他单位从事公务的人员有前两款行为的，依照本法第三百八十五条、第三百八十六条的规定定罪处罚。

第一百六十四条　【对非国家工作人员行贿罪】为谋取不正当利益，给予公司、企业或者其他单位的工作人员以财物，数额较大的，处三年以下有期徒刑或者拘役，并处罚金；数额巨大的，处三年以上十年以下有期徒刑，并处罚金。

【对外国公职人员、国际公共组织官员行贿罪】为谋取不正当商业利益，给予外国公职人员或者国际公共组织官员以财物的，依照前款的规定处罚。

单位犯前两款罪的，对单位判处罚金，并

对其直接负责的主管人员和其他直接责任人员，依照第一款的规定处罚。

行贿人在被追诉前主动交待行贿行为的，可以减轻处罚或者免除处罚。

第一百六十五条 【非法经营同类营业罪】国有公司、企业的董事、经理利用职务便利，自己经营或者为他人经营与其所任职公司、企业同类的营业，获取非法利益，数额巨大的，处三年以下有期徒刑或者拘役，并处或者单处罚金；数额特别巨大的，处三年以上七年以下有期徒刑，并处罚金。

第一百六十六条 【为亲友非法牟利罪】国有公司、企业、事业单位的工作人员，利用职务便利，有下列情形之一，使国家利益遭受重大损失的，处三年以下有期徒刑或者拘役，并处或者单处罚金；致使国家利益遭受特别重大损失的，处三年以上七年以下有期徒刑，并处罚金：

（一）将本单位的盈利业务交由自己的亲友进行经营的；

（二）以明显高于市场的价格向自己的亲友经营管理的单位采购商品或者以明显低于市场的价格向自己的亲友经营管理的单位销售商品的；

（三）向自己的亲友经营管理的单位采购不合格商品的。

第一百六十七条 【签订、履行合同失职被骗罪】国有公司、企业、事业单位直接负责的主管人员，在签订、履行合同过程中，因严重不负责任被诈骗，致使国家利益遭受重大损失的，处三年以下有期徒刑或者拘役；致使国家利益遭受特别重大损失的，处三年以上七年以下有期徒刑。

第一百六十八条 【国有公司、企业、事业单位人员失职罪；国有公司、企业、事业单位人员滥用职权罪】国有公司、企业的工作人员，由于严重不负责任或者滥用职权，造成国有公司、企业破产或者严重损失，致使国家利益遭受重大损失的，处三年以下有期徒刑或者拘役；致使国家利益遭受特别重大损失的，处三年以上七年以下有期徒刑。

国有事业单位的工作人员有前款行为，致使国家利益遭受重大损失的，依照前款的规定处罚。

国有公司、企业、事业单位的工作人员，徇私舞弊，犯前两款罪的，依照第一款的规定从重处罚。

第一百六十九条 【徇私舞弊低价折股、出售国有资产罪】国有公司、企业或者其上级主管部门直接负责的主管人员，徇私舞弊，将国有资产低价折股或者低价出售，致使国家利益遭受重大损失的，处三年以下有期徒刑或者拘役；致使国家利益遭受特别重大损失的，处三年以上七年以下有期徒刑。

第一百六十九条之一 【背信损害上市公司利益罪】上市公司的董事、监事、高级管理人员违背对公司的忠实义务，利用职务便利，操纵上市公司从事下列行为之一，致使上市公司利益遭受重大损失的，处三年以下有期徒刑或者拘役，并处或者单处罚金；致使上市公司利益遭受特别重大损失的，处三年以上七年以下有期徒刑，并处罚金：

（一）无偿向其他单位或者个人提供资金、商品、服务或者其他资产的；

（二）以明显不公平的条件，提供或者接受资金、商品、服务或者其他资产的；

（三）向明显不具有清偿能力的单位或者个人提供资金、商品、服务或者其他资产的；

（四）为明显不具有清偿能力的单位或者个人提供担保，或者无正当理由为其他单位或者个人提供担保的；

（五）无正当理由放弃债权、承担债务的；

（六）采用其他方式损害上市公司利益的。

上市公司的控股股东或者实际控制人，指使上市公司董事、监事、高级管理人员实施前款行为的，依照前款的规定处罚。

犯前款罪的上市公司的控股股东或者实际控制人是单位的，对单位判处罚金，并对其直接负责的主管人员和其他直接责任人员，依照第一款的规定处罚。

第四节　破坏金融管理秩序罪

第一百七十条　【伪造货币罪】伪造货币的，处三年以上十年以下有期徒刑，并处罚金；有下列情形之一的，处十年以上有期徒刑或者无期徒刑，并处罚金或者没收财产：

（一）伪造货币集团的首要分子；

（二）伪造货币数额特别巨大的；

（三）有其他特别严重情节的。

第一百七十一条　【出售、购买、运输假币罪】出售、购买伪造的货币或者明知是伪造的货币而运输，数额较大的，处三年以下有期徒刑或者拘役，并处二万元以上二十万元以下罚金；数额巨大的，处三年以上十年以下有期徒刑，并处五万元以上五十万元以下罚金；数额特别巨大的，处十年以上有期徒刑或者无期徒刑，并处五万元以上五十万元以下罚金或者没收财产。

【金融工作人员购买假币、以假币换取货币罪】银行或者其他金融机构的工作人员购买伪造的货币或者利用职务上的便利，以伪造的货币换取货币的，处三年以上十年以下有期徒刑，并处二万元以上二十万元以下罚金；数额巨大或者有其他严重情节的，处十年以上有期徒刑或者无期徒刑，并处二万元以上二十万元以下罚金或者没收财产；情节较轻的，处三年以下有期徒刑或者拘役，并处或者单处一万元以上十万元以下罚金。

【伪造货币罪】伪造货币并出售或者运输伪造的货币的，依照本法第一百七十条的规定定罪从重处罚。

第一百七十二条　【持有、使用假币罪】明知是伪造的货币而持有、使用，数额较大的，处三年以下有期徒刑或者拘役，并处或者单处一万元以上十万元以下罚金；数额巨大的，处三年以上十年以下有期徒刑，并处二万元以上二十万元以下罚金；数额特别巨大的，处十年以上有期徒刑，并处五万元以上五十万元以下罚金或者没收财产。

第一百七十三条　【变造货币罪】变造货币，数额较大的，处三年以下有期徒刑或者拘役，并处或者单处一万元以上十万元以下罚金；数额巨大的，处三年以上十年以下有期徒刑，并处二万元以上二十万元以下罚金。

第一百七十四条　【擅自设立金融机构罪】未经国家有关主管部门批准，擅自设立商业银行、证券交易所、期货交易所、证券公司、期货经纪公司、保险公司或者其他金融机构的，处三年以下有期徒刑或者拘役，并处或者单处二万元以上二十万元以下罚金；情节严重的，处三年以上十年以下有期徒刑，并处五万元以上五十万元以下罚金。

【伪造、变造、转让金融机构经营许可证、批准文件罪】伪造、变造、转让商业银行、证券交易所、期货交易所、证券公司、期货经纪公司、保险公司或者其他金融机构的经营许可证或者批准文件的，依照前款的规定处罚。

单位犯前两款罪的，对单位判处罚金，并对其直接负责的主管人员和其他直接责任人员，依照第一款的规定处罚。

第一百七十五条　【高利转贷罪】以转贷牟利为目的，套取金融机构信贷资金高利转贷他人，违法所得数额较大的，处三年以下有期徒刑或者拘役，并处违法所得一倍以上五倍以下罚金；数额巨大的，处三年以上七年以下有期徒刑，并处违法所得一倍以上五倍以下罚金。

单位犯前款罪的，对单位判处罚金，并对其直接负责的主管人员和其他直接责任人员，处三年以下有期徒刑或者拘役。

第一百七十五条之一　【骗取贷款、票据承兑、金融票证罪】以欺骗手段取得银行或者其他金融机构贷款、票据承兑、信用证、保函等，给银行或者其他金融机构造成重大损失或者有其他严重情节的，处三年以下有期徒刑或者拘役，并处或者单处罚金；给银行或者其他金融机构造成特别重大损失或者有其他特别严重情节的，处三年以上七年以下有期徒刑，并处罚金。

单位犯前款罪的，对单位判处罚金，并对

其直接负责的主管人员和其他直接责任人员，依照前款的规定处罚。

第一百七十六条 【非法吸收公众存款罪】非法吸收公众存款或者变相吸收公众存款，扰乱金融秩序的，处三年以下有期徒刑或者拘役，并处或者单处二万元以上二十万元以下罚金；数额巨大或者有其他严重情节的，处三年以上十年以下有期徒刑，并处五万元以上五十万元以下罚金。

单位犯前款罪的，对单位判处罚金，并对其直接负责的主管人员和其他直接责任人员，依照前款的规定处罚。

第一百七十七条 【伪造、变造金融票证罪】有下列情形之一，伪造、变造金融票证的，处五年以下有期徒刑或者拘役，并处或者单处二万元以上二十万元以下罚金；情节严重的，处五年以上十年以下有期徒刑，并处五万元以上五十万元以下罚金；情节特别严重的，处十年以上有期徒刑或者无期徒刑，并处五万元以上五十万元以下罚金或者没收财产：

（一）伪造、变造汇票、本票、支票的；

（二）伪造、变造委托收款凭证、汇款凭证、银行存单等其他银行结算凭证的；

（三）伪造、变造信用证或者附随的单据、文件的；

（四）伪造信用卡的。

单位犯前款罪的，对单位判处罚金，并对其直接负责的主管人员和其他直接责任人员，依照前款的规定处罚。

第一百七十七条之一 【妨害信用卡管理罪】有下列情形之一，妨害信用卡管理的，处三年以下有期徒刑或者拘役，并处或者单处一万元以上十万元以下罚金；数量巨大或者有其他严重情节的，处三年以上十年以下有期徒刑，并处二万元以上二十万元以下罚金：

（一）明知是伪造的信用卡而持有、运输的，或者明知是伪造的空白信用卡而持有、运输，数量较大的；

（二）非法持有他人信用卡，数量较大的；

（三）使用虚假的身份证明骗领信用卡的；

（四）出售、购买、为他人提供伪造的信用卡或者以虚假的身份证明骗领的信用卡的。

【窃取、收买、非法提供信用卡信息罪】窃取、收买或者非法提供他人信用卡信息资料的，依照前款规定处罚。

银行或者其他金融机构的工作人员利用职务上的便利，犯第二款罪的，从重处罚。

第一百七十八条 【伪造、变造国家有价证券罪】伪造、变造国库券或者国家发行的其他有价证券，数额较大的，处三年以下有期徒刑或者拘役，并处或者单处二万元以上二十万元以下罚金；数额巨大的，处三年以上十年以下有期徒刑，并处五万元以上五十万元以下罚金；数额特别巨大的，处十年以上有期徒刑或者无期徒刑，并处五万元以上五十万元以下罚金或者没收财产。

【伪造、变造股票、公司、企业债券罪】伪造、变造股票或者公司、企业债券，数额较大的，处三年以下有期徒刑或者拘役，并处或者单处一万元以上十万元以下罚金；数额巨大的，处三年以上十年以下有期徒刑，并处二万元以上二十万元以下罚金。

单位犯前两款罪的，对单位判处罚金，并对其直接负责的主管人员和其他直接责任人员，依照前两款的规定处罚。

第一百七十九条 【擅自发行股票、公司、企业债券罪】未经国家有关主管部门批准，擅自发行股票或者公司、企业债券，数额巨大、后果严重或者有其他严重情节的，处五年以下有期徒刑或者拘役，并处或者单处非法募集资金金额百分之一以上百分之五以下罚金。

单位犯前款罪的，对单位判处罚金，并对其直接负责的主管人员和其他直接责任人员，处五年以下有期徒刑或者拘役。

第一百八十条 【内幕交易、泄露内幕信息罪】证券、期货交易内幕信息的知情人员或者非法获取证券、期货交易内幕信息的人员，在涉及证券的发行，证券、期货交易或者其他对证券、期货交易价格有重大影响的信息尚未公开前，买入或者卖出该证券，或者从事与该内幕信息有关的期货交易，或者泄露该信息，或者明示、暗示他人从事上述交易活动，情节严重的，处五年以下有期徒刑或者拘役，并处或者单处违法所得一倍以上五倍以下罚金；情节特别严重的，处五年以上十年以下有期徒刑，并处违法所得一倍以上五倍以下罚金。

单位犯前款罪的，对单位判处罚金，并对其直接负责的主管人员和其他直接责任人员，处五年以下有期徒刑或者拘役。

内幕信息、知情人员的范围，依照法律、行政法规的规定确定。

【利用未公开信息交易罪】证券交易所、期货交易所、证券公司、期货经纪公司、基金管理公司、商业银行、保险公司等金融机构的从业人员以及有关监管部门或者行业协会的工作人员，利用因职务便利获取的内幕信息以外的其他未公开的信息，违反规定，从事与该信息相关的证券、期货交易活动，或者明示、暗示他人从事相关交易活动，情节严重的，依照第一款的规定处罚。

第一百八十一条　【编造并传播证券、期货交易虚假信息罪】编造并且传播影响证券、期货交易的虚假信息，扰乱证券、期货交易市场，造成严重后果的，处五年以下有期徒刑或者拘役，并处或者单处一万元以上十万元以下罚金。

【诱骗投资者买卖证券、期货合约罪】证券交易所、期货交易所、证券公司、期货经纪公司的从业人员，证券业协会、期货业协会或者证券期货监督管理部门的工作人员，故意提供虚假信息或者伪造、变造、销毁交易记录，诱骗投资者买卖证券、期货合约，造成严重后果的，处五年以下有期徒刑或者拘役，并处或者单处一万元以上十万元以下罚金；情节特别恶劣的，处五年以上十年以下有期徒刑，并处二万元以上二十万元以下罚金。

单位犯前两款罪的，对单位判处罚金，并对其直接负责的主管人员和其他直接责任人员，处五年以下有期徒刑或者拘役。

第一百八十二条　【操纵证券、期货市场罪】有下列情形之一，操纵证券、期货市场，情节严重的，处五年以下有期徒刑或者拘役，并处或者单处罚金；情节特别严重的，处五年以上十年以下有期徒刑，并处罚金：

（一）单独或者合谋，集中资金优势、持股或者持仓优势或者利用信息优势联合或者连续买卖，操纵证券、期货交易价格或者证券、期货交易量的；

（二）与他人串通，以事先约定的时间、价格和方式相互进行证券、期货交易，影响证券、期货交易价格或者证券、期货交易量的；

（三）在自己实际控制的帐户之间进行证券交易，或者以自己为交易对象，自买自卖期货合约，影响证券、期货交易价格或者证券、期货交易量的；

（四）以其他方法操纵证券、期货市场的。

单位犯前款罪的，对单位判处罚金，并对其直接负责的主管人员和其他直接责任人员，依照前款的规定处罚。

第一百八十三条　【职务侵占罪】保险公司的工作人员利用职务上的便利，故意编造未曾发生的保险事故进行虚假理赔，骗取保险金归自己所有的，依照本法第二百七十一条的规定定罪处罚。

【贪污罪】国有保险公司工作人员和国有保险公司委派到非国有保险公司从事公务的人员有前款行为的，依照本法第三百八十二条、第三百八十三条的规定定罪处罚。

第一百八十四条　【非国家工作人员受贿罪】银行或者其他金融机构的工作人员在金融业务活动中索取他人财物或者非法收受他人财物，为他人谋取利益的，或者违反国家规定，收受各种名义的回扣、手续费，归个人所有的，依照本法第一百六十三条的规定定罪处罚。

【受贿罪】国有金融机构工作人员和国有金融机构委派到非国有金融机构从事公务的人员有前款行为的，依照本法第三百八十五条、第三百八十六条的规定定罪处罚。

第一百八十五条　【挪用资金罪】商业银行、证券交易所、期货交易所、证券公司、期货经纪公司、保险公司或者其他金融机构的工作人员利用职务上的便利，挪用本单位或者客户资金的，依照本法第二百七十二条的规定定罪处罚。

【挪用公款罪】国有商业银行、证券交易所、期货交易所、证券公司、期货经纪公司、保险公司或者其他国有金融机构的工作人员和国有商业银行、证券交易所、期货交易所、证券公司、期货经纪公司、保险公司或者其他国有金融机构委派到前款规定中的非国有机构从事公务的人员有前款行为的，依照本法第三百八十四条的规定定罪处罚。

第一百八十五条之一　【背信运用受托财产罪】商业银行、证券交易所、期货交易所、证券公司、期货经纪公司、保险公司或者其他金融机构，违背受托义务，擅自运用客户资金或者其他委托、信托的财产，情节严重的，对单位判处罚金，并对其直接负责的主管人员和其他直接责任人员，处三年以下有期徒刑或者拘役，并处三万元以上三十万元以下罚金；情节特别严重的，处三年以上十年以下有期徒刑，并处五万元以上五十万元以下罚金。

【违法运用资金罪】社会保障基金管理机构、住房公积金管理机构等公众资金管理机构，以及保险公司、保险资产管理公司、证券投资基金管理公司，违反国家规定运用资金的，对其直接负责的主管人员和其他直接责任人员，依照前款的规定处罚。

第一百八十六条　【违法发放贷款罪】银行或者其他金融机构的工作人员违反国家规定发放贷款，数额巨大或者造成重大损失的，处五年以下有期徒刑或者拘役，并处一万元以上十万元以下罚金；数额特别巨大或者造成特别重大损失的，处五年以上有期徒刑，并处二万元以上二十万元以下罚金。

银行或者其他金融机构的工作人员违反国家规定，向关系人发放贷款的，依照前款的规定从重处罚。

单位犯前两款罪的，对单位判处罚金，并对其直接负责的主管人员和其他直接责任人员，依照前两款的规定处罚。

关系人的范围，依照《中华人民共和国商业银行法》和有关金融法规确定。

第一百八十七条　【吸收客户资金不入帐罪】银行或者其他金融机构的工作人员吸收客户资金不入帐，数额巨大或者造成重大损失的，处五年以下有期徒刑或者拘役，并处二万元以上二十万元以下罚金；数额特别巨大或者造成特别重大损失的，处五年以上有期徒刑，并处五万元以上五十万元以下罚金。

单位犯前款罪的，对单位判处罚金，并对其直接负责的主管人员和其他直接责任人员，依照前款的规定处罚。

第一百八十八条　【违规出具金融票证罪】银行或者其他金融机构的工作人员违反规定，为他人出具信用证或者其他保函、票据、存单、资信证明，情节严重的，处五年以下有期徒刑或者拘役；情节特别严重的，处五年以上有期徒刑。

单位犯前款罪的，对单位判处罚金，并对其直接负责的主管人员和其他直接责任人员，依照前款的规定处罚。

第一百八十九条　【对违法票据承兑、付款、保证罪】银行或者其他金融机构的工作人员在票据业务中，对违反票据法规定的票据予以承兑、付款或者保证，造成重大损失的，处五年以下有期徒刑或者拘役；造成特别重大损失的，处五年以上有期徒刑。

单位犯前款罪的，对单位判处罚金，并对其直接负责的主管人员和其他直接责任人员，依照前款的规定处罚。

第一百九十条　【逃汇罪】公司、企业或者其他单位，违反国家规定，擅自将外汇存放境外，或者将境内的外汇非法转移到境外，数额较大的，对单位判处逃汇数额百分之五以上百分之三十以下罚金，并对其直接负责的主管人员和其他直接责任人员处五年以下有期徒刑或者拘役；数额巨大或者有其他严重情节的，对单位判处逃汇数额百分之五以上百分之三十以下罚金，并对其直接负责的主管人员和其他直接责任人员处五年以上有期徒刑。

第一百九十一条 【洗钱罪】明知是毒品犯罪、黑社会性质的组织犯罪、恐怖活动犯罪、走私犯罪、贪污贿赂犯罪、破坏金融管理秩序犯罪、金融诈骗犯罪的所得及其产生的收益，为掩饰、隐瞒其来源和性质，有下列行为之一的，没收实施以上犯罪的所得及其产生的收益，处五年以下有期徒刑或者拘役，并处或者单处洗钱数额百分之五以上百分之二十以下罚金；情节严重的，处五年以上十年以下有期徒刑，并处洗钱数额百分之五以上百分之二十以下罚金：

（一）提供资金帐户的；

（二）协助将财产转换为现金、金融票据、有价证券的；

（三）通过转帐或者其他结算方式协助资金转移的；

（四）协助将资金汇往境外的；

（五）以其他方法掩饰、隐瞒犯罪所得及其收益的来源和性质的。

单位犯前款罪的，对单位判处罚金，并对其直接负责的主管人员和其他直接责任人员，处五年以下有期徒刑或者拘役；情节严重的，处五年以上十年以下有期徒刑。

……

第六节 危害税收征管罪

第二百零一条 【逃税罪】纳税人采取欺骗、隐瞒手段进行虚假纳税申报或者不申报，逃避缴纳税款数额较大并且占应纳税额百分之十以上的，处三年以下有期徒刑或者拘役，并处罚金；数额巨大并且占应纳税额百分之三十以上的，处三年以上七年以下有期徒刑，并处罚金。

扣缴义务人采取前款所列手段，不缴或者少缴已扣、已收税款，数额较大的，依照前款的规定处罚。

对多次实施前两款行为，未经处理的，按照累计数额计算。

有第一款行为，经税务机关依法下达追缴通知后，补缴应纳税款，缴纳滞纳金，已受行政处罚的，不予追究刑事责任；但是，五年内因逃避缴纳税款受过刑事处罚或者被税务机关给予二次以上行政处罚的除外。

第二百零二条 【抗税罪】以暴力、威胁方法拒不缴纳税款的，处三年以下有期徒刑或者拘役，并处拒缴税款一倍以上五倍以下罚金；情节严重的，处三年以上七年以下有期徒刑，并处拒缴税款一倍以上五倍以下罚金。

第二百零三条 【逃避追缴欠税罪】纳税人欠缴应纳税款，采取转移或者隐匿财产的手段，致使税务机关无法追缴欠缴的税款，数额在一万元以上不满十万元的，处三年以下有期徒刑或者拘役，并处或者单处欠缴税款一倍以上五倍以下罚金；数额在十万元以上的，处三年以上七年以下有期徒刑，并处欠缴税款一倍以上五倍以下罚金。

第二百零四条 【骗取出口退税罪】以假报出口或者其他欺骗手段，骗取国家出口退税款，数额较大的，处五年以下有期徒刑或者拘役，并处骗取税款一倍以上五倍以下罚金；数额巨大或者有其他严重情节的，处五年以上十年以下有期徒刑，并处骗取税款一倍以上五倍以下罚金；数额特别巨大或者有其他特别严重情节的，处十年以上有期徒刑或者无期徒刑，并处骗取税款一倍以上五倍以下罚金或者没收财产。

【逃税罪；骗取出口退税罪】纳税人缴纳税款后，采取前款规定的欺骗方法，骗取所缴纳的税款的，依照本法第二百零一条的规定定罪处罚；骗取税款超过所缴纳的税款部分，依照前款的规定处罚。

第二百零五条 【虚开增值税专用发票、用于骗取出口退税、抵扣税款发票罪】虚开增值税专用发票或者虚开用于骗取出口退税、抵扣税款的其他发票的，处三年以下有期徒刑或者拘役，并处二万元以上二十万元以下罚金；虚开的税款数额较大或者有其他严重情节的，处三年以上十年以下有期徒刑，并处五万元以上五十万元以下罚金；虚开的税款数额巨大或者有其他特别严重情节的，处十年以上有期徒刑或者无期徒刑，并处五万元以上五十万元以下罚金或者没收财产。

有前款行为骗取国家税款，数额特别巨大，情节特别严重，给国家利益造成特别重大损失的，处无期徒刑或者死刑，并处没收财产。①

单位犯本条规定之罪的，对单位判处罚金，并对其直接负责的主管人员和其他直接责任人员，处三年以下有期徒刑或者拘役；虚开的税款数额较大或者有其他严重情节的，处三年以上十年以下有期徒刑；虚开的税款数额巨大或者有其他特别严重情节的，处十年以上有期徒刑或者无期徒刑。

虚开增值税专用发票或者虚开用于骗取出口退税、抵扣税款的其他发票，是指有为他人虚开、为自己虚开、让他人为自己虚开、介绍他人虚开行为之一的。

第二百零五条之一　【虚开发票罪】虚开本法第二百零五条规定以外的其他发票，情节严重的，处二年以下有期徒刑、拘役或者管制，并处罚金；情节特别严重的，处二年以上七年以下有期徒刑，并处罚金。

单位犯前款罪的，对单位判处罚金，并对其直接负责的主管人员和其他直接责任人员，依照前款的规定处罚。

第二百零六条　【伪造、出售伪造的增值税专用发票罪】伪造或者出售伪造的增值税专用发票的，处三年以下有期徒刑、拘役或者管制，并处二万元以上二十万元以下罚金；数量较大或者有其他严重情节的，处三年以上十年以下有期徒刑，并处五万元以上五十万元以下罚金；数量巨大或者有其他特别严重情节的，处十年以上有期徒刑或者无期徒刑，并处五万元以上五十万元以下罚金或者没收财产。

伪造并出售伪造的增值税专用发票，数量特别巨大，情节特别严重，严重破坏经济秩序的，处无期徒刑或者死刑，并处没收财产。②

单位犯本条规定之罪的，对单位判处罚金，并对其直接负责的主管人员和其他直接责任人员，处三年以下有期徒刑、拘役或者管制；数量较大或者有其他严重情节的，处三年以上十年以下有期徒刑；数量巨大或者有其他特别严重情节的，处十年以上有期徒刑或者无期徒刑。

第二百零七条　【非法出售增值税专用发票罪】非法出售增值税专用发票的，处三年以下有期徒刑、拘役或者管制，并处二万元以上二十万元以下罚金；数量较大的，处三年以上十年以下有期徒刑，并处五万元以上五十万元以下罚金；数量巨大的，处十年以上有期徒刑或者无期徒刑，并处五万元以上五十万元以下罚金或者没收财产。

第二百零八条　【非法购买增值税专用发票、购买伪造的增值税专用发票罪】非法购买增值税专用发票或者购买伪造的增值税专用发票的，处五年以下有期徒刑或者拘役，并处或者单处二万元以上二十万元以下罚金。

非法购买增值税专用发票或者购买伪造的增值税专用发票又虚开或者出售的，分别依照本法第二百零五条、第二百零六条、第二百零七条的规定定罪处罚。

第二百零九条　【非法制造、出售非法制造的用于骗取出口退税、抵扣税款发票罪】伪造、擅自制造或者出售伪造、擅自制造的可以用于骗取出口退税、抵扣税款的其他发票的，处三年以下有期徒刑、拘役或者管制，并处二万元以上二十万元以下罚金；数量巨大的，处三年以上七年以下有期徒刑，并处五万元以上五十万元以下罚金；数量特别巨大的，处七年以上有期徒刑，并处五万元以上五十万元以下罚金或者没收财产。

【非法制造、出售非法制造的发票罪】伪造、擅自制造或者出售伪造、擅自制造的前款规定以外的其他发票的，处二年以下有期徒

---

① 本款根据 2011 年 2 月 25 日《刑法修正案（八）》删去。

② 本款根据 2011 年 2 月 25 日《刑法修正案（八）》删去。

刑、拘役或者管制，并处或者单处一万元以上五万元以下罚金；情节严重的，处二年以上七年以下有期徒刑，并处五万元以上五十万元以下罚金。

【非法出售用于骗取出口退税、抵扣税款发票罪】非法出售可以用于骗取出口退税、抵扣税款的其他发票的，依照第一款的规定处罚。

【非法出售发票罪】非法出售第三款规定以外的其他发票的，依照第二款的规定处罚。

第二百一十条 【盗窃罪】盗窃增值税专用发票或者可以用于骗取出口退税、抵扣税款的其他发票的，依照本法第二百六十四条的规定定罪处罚。

【诈骗罪】使用欺骗手段骗取增值税专用发票或者可以用于骗取出口退税、抵扣税款的其他发票的，依照本法第二百六十六条的规定定罪处罚。

第二百一十条之一 【持有伪造的发票罪】明知是伪造的发票而持有，数量较大的，处二年以下有期徒刑、拘役或者管制，并处罚金；数量巨大的，处二年以上七年以下有期徒刑，并处罚金。

单位犯前款罪的，对单位判处罚金，并对其直接负责的主管人员和其他直接责任人员，依照前款的规定处罚。

第二百一十一条 【单位犯危害税收征管罪的处罚规定】单位犯本节第二百零一条、第二百零三条、第二百零四条、第二百零七条、第二百零八条、第二百零九条规定之罪的，对单位判处罚金，并对其直接负责的主管人员和其他直接责任人员，依照各该条的规定处罚。

第二百一十二条 【税务机关征缴优先原则】犯本节第二百零一条至第二百零五条规定之罪，被判处罚金、没收财产的，在执行前，应当先由税务机关追缴税款和所骗取的出口退税款。

……

第八节 扰乱市场秩序罪

第二百二十一条 【损害商业信誉、商品声誉罪】捏造并散布虚伪事实，损害他人的商业信誉、商品声誉，给他人造成重大损失或者有其他严重情节的，处二年以下有期徒刑或者拘役，并处或者单处罚金。

第二百二十二条 【虚假广告罪】广告主、广告经营者、广告发布者违反国家规定，利用广告对商品或者服务作虚假宣传，情节严重的，处二年以下有期徒刑或者拘役，并处或者单处罚金。

第二百二十三条 【串通投标罪】投标人相互串通投标报价，损害招标人或者其他投标人利益，情节严重的，处三年以下有期徒刑或者拘役，并处或者单处罚金。

投标人与招标人串通投标，损害国家、集体、公民的合法利益的，依照前款的规定处罚。

第二百二十四条 【合同诈骗罪】有下列情形之一，以非法占有为目的，在签订、履行合同过程中，骗取对方当事人财物，数额较大的，处三年以下有期徒刑或者拘役，并处或者单处罚金；数额巨大或者有其他严重情节的，处三年以上十年以下有期徒刑，并处罚金；数额特别巨大或者有其他特别严重情节的，处十年以上有期徒刑或者无期徒刑，并处罚金或者没收财产：

（一）以虚构的单位或者冒用他人名义签订合同的；

（二）以伪造、变造、作废的票据或者其他虚假的产权证明作担保的；

（三）没有实际履行能力，以先履行小额合同或者部分履行合同的方法，诱骗对方当事人继续签订和履行合同的；

（四）收受对方当事人给付的货物、货款、预付款或者担保财产后逃匿的；

（五）以其他方法骗取对方当事人财物的。

第二百二十四条之一 【组织、领导传销活动罪】组织、领导以推销商品、提供服务等经营活动为名，要求参加者以缴纳费用或者购买商品、服务等方式获得加入资格，并按照一定顺序组成层级，直接或者间接以发展人员的数量作为计酬或者返利依据，引诱、胁迫参加者继续发展他人参加,骗取财物,扰乱经济社会秩序的传销活动的,处五年以下有期徒刑或者拘役,并处罚金;情节严重的,处五年以上有期徒刑,并处罚金。

第二百二十五条 【非法经营罪】违反国家规定,有下列非法经营行为之一,扰乱市场秩序,情节严重的,处五年以下有期徒刑或者拘役,并处或者单处违法所得一倍以上五倍以下罚金;情节特别严重的,处五年以上有期徒刑,并处违法所得一倍以上五倍以下罚金或者没收财产:

(一)未经许可经营法律、行政法规规定的专营、专卖物品或者其他限制买卖的物品的;

(二)买卖进出口许可证、进出口原产地证明以及其他法律、行政法规规定的经营许可证或者批准文件的;

(三)未经国家有关主管部门批准非法经营证券、期货、保险业务的,或者非法从事资金支付结算业务的;

(四)其他严重扰乱市场秩序的非法经营行为。

第二百二十六条 【强迫交易罪】以暴力、威胁手段,实施下列行为之一,情节严重的,处三年以下有期徒刑或者拘役,并处或者单处罚金;情节特别严重的,处三年以上七年以下有期徒刑,并处罚金:

(一)强买强卖商品的;

(二)强迫他人提供或者接受服务的;

(三)强迫他人参与或者退出投标、拍卖的;

(四)强迫他人转让或者收购公司、企业的股份、债券或者其他资产的;

(五)强迫他人参与或者退出特定的经营活动的。

第二百二十七条 【伪造、倒卖伪造的有价票证罪】伪造或者倒卖伪造的车票、船票、邮票或者其他有价票证,数额较大的,处二年以下有期徒刑、拘役或者管制,并处或者单处票证价额一倍以上五倍以下罚金;数额巨大的,处二年以上七年以下有期徒刑,并处票证价额一倍以上五倍以下罚金。

【倒卖车票、船票罪】倒卖车票、船票,情节严重的,处三年以下有期徒刑、拘役或者管制,并处或者单处票证价额一倍以上五倍以下罚金。

第二百二十八条 【非法转让、倒卖土地使用权罪】以牟利为目的,违反土地管理法规,非法转让、倒卖土地使用权,情节严重的,处三年以下有期徒刑或者拘役,并处或者单处非法转让、倒卖土地使用权价额百分之五以上百分之二十以下罚金;情节特别严重的,处三年以上七年以下有期徒刑,并处非法转让、倒卖土地使用权价额百分之五以上百分之二十以下罚金。

第二百二十九条 【提供虚假证明文件罪】承担资产评估、验资、验证、会计、审计、法律服务等职责的中介组织的人员故意提供虚假证明文件,情节严重的,处五年以下有期徒刑或者拘役,并处罚金。

前款规定的人员,索取他人财物或者非法收受他人财物,犯前款罪的,处五年以上十年以下有期徒刑,并处罚金。

【出具证明文件重大失实罪】第一款规定的人员,严重不负责任,出具的证明文件有重大失实,造成严重后果的,处三年以下有期徒刑或者拘役,并处或者单处罚金。

第二百三十条 【逃避商检罪】违反进出口商品检验法的规定,逃避商品检验,将必须经商检机构检验的进口商品未报经检验而擅自销售、使用,或者将必须经商检机构检验的出口商品未报经检验合格而擅自出口,情节严重的,处三年以下有期徒刑或者拘役,并处或者单处罚金。

第二百三十一条 【单位犯扰乱市场秩序罪的处罚规定】单位犯本节第二百二十一条至第二百三十条规定之罪的,对单位判处罚金,并对其直接负责的主管人员和其他直接责任人员,依照本节各该条的规定处罚。

……

第五章　侵犯财产罪

……

第二百七十一条　【职务侵占罪】公司、企业或者其他单位的人员，利用职务上的便利，将本单位财物非法占为己有，数额较大的，处五年以下有期徒刑或者拘役；数额巨大的，处五年以上有期徒刑，可以并处没收财产。

【贪污罪】国有公司、企业或者其他国有单位中从事公务的人员和国有公司、企业或者其他国有单位委派到非国有公司、企业以及其他单位从事公务的人员有前款行为的，依照本法第三百八十二条、第三百八十三条的规定定罪处罚。

第二百七十二条　【挪用资金罪】公司、企业或者其他单位的工作人员，利用职务上的便利，挪用本单位资金归个人使用或者借贷给他人，数额较大、超过三个月未还的，或者虽未超过三个月，但数额较大、进行营利活动的，或者进行非法活动的，处三年以下有期徒刑或者拘役；挪用本单位资金数额巨大的，或者数额较大不退还的，处三年以上十年以下有期徒刑。

【挪用公款罪】国有公司、企业或者其他国有单位中从事公务的人员和国有公司、企业或者其他国有单位委派到非国有公司、企业以及其他单位从事公务的人员有前款行为的，依照本法第三百八十四条的规定定罪处罚。

……

全国人民代表大会常务委员会关于《中华人民共和国刑法》第一百五十八条、第一百五十九条的解释

（2014 年 4 月 24 日第十二届全国人民代表大会常务委员会第八次会议通过）

全国人民代表大会常务委员会讨论了公司法修改后刑法第一百五十八条、第一百五十九条对实行注册资本实缴登记制、认缴登记制的公司的适用范围问题，解释如下：

刑法第一百五十八条、第一百五十九条的规定，只适用于依法实行注册资本实缴登记制的公司。

现予公告。

最高人民检察院、公安部关于公安机关管辖的刑事案件立案追诉标准的规定(二)(节录)

（2010 年 5 月 7 日发布　公通字〔2010〕23 号）

……

第三条　［虚报注册资本案(刑法第一百五十八条)］申请公司登记使用虚假证明文件或者采取其他欺诈手段虚报注册资本，欺骗公司登记主管部门，取得公司登记，涉嫌下列情形之一的，应予立案追诉：

（一）超过法定出资期限，实缴注册资本不足法定注册资本最低限额，有限责任公司虚报

数额在三十万元以上并占其应缴出资数额百分之六十以上的,股份有限公司虚报数额在三百万元以上并占其应缴出资数额百分之三十以上的;

(二)超过法定出资期限,实缴注册资本达到法定注册资本最低限额,但仍虚报注册资本,有限责任公司虚报数额在一百万元以上并占其应缴出资数额百分之六十以上的,股份有限公司虚报数额在一千万元以上并占其应缴出资数额百分之三十以上的;

(三)造成投资者或者其他债权人直接经济损失累计数额在十万元以上的;

(四)虽未达到上述数额标准,但具有下列情形之一的:

1. 两年内因虚报注册资本受过行政处罚二次以上,又虚报注册资本的;

2. 向公司登记主管人员行贿的;

3. 为进行违法活动而注册的。

(五)其他后果严重或者有其他严重情节的情形。

第四条 [虚假出资、抽逃出资案(刑法第一百五十九条)]公司发起人、股东违反公司法的规定未交付货币、实物或者未转移财产权,虚假出资,或者在公司成立后又抽逃其出资,涉嫌下列情形之一的,应予立案追诉:

(一)超过法定出资期限,有限责任公司股东虚假出资数额在三十万元以上并占其应缴出资数额百分之六十以上的,股份有限公司发起人、股东虚假出资数额在三百万元以上并占其应缴出资数额百分之三十以上的;

(二)有限责任公司股东抽逃出资数额在三十万元以上并占其实缴出资数额百分之六十以上的,股份有限公司发起人、股东抽逃出资数额在三百万元以上并占其实缴出资数额百分之三十以上的;

(三)造成公司、股东、债权人的直接经济损失累计数额在十万元以上的;

(四)虽未达到上述数额标准,但具有下列情形之一的:

1. 致使公司资不抵债或者无法正常经营的;

2. 公司发起人、股东合谋虚假出资、抽逃出资的;

3. 两年内因虚假出资、抽逃出资受过行政处罚二次以上,又虚假出资、抽逃出资的;

4. 利用虚假出资、抽逃出资所得资金进行违法活动的。

(五)其他后果严重或者有其他严重情节的情形。

第五条 [欺诈发行股票、债券案(刑法第一百六十条)]在招股说明书、认股书、公司、企业债券募集办法中隐瞒重要事实或者编造重大虚假内容,发行股票或者公司、企业债券,涉嫌下列情形之一的,应予立案追诉:

(一)发行数额在五百万元以上的;

(二)伪造、变造国家机关公文、有效证明文件或者相关凭证、单据的;

(三)利用募集的资金进行违法活动的;

(四)转移或者隐瞒所募集资金的;

(五)其他后果严重或者有其他严重情节的情形。

第六条 [违规披露、不披露重要信息案(刑法第一百六十一条)]依法负有信息披露义务的公司、企业向股东和社会公众提供虚假的或者隐瞒重要事实的财务会计报告,或者对依法应当披露的其他重要信息不按照规定披露,涉嫌下列情形之一的,应予立案追诉:

(一)造成股东、债权人或者其他人直接经济损失数额累计在五十万元以上的;

(二)虚增或者虚减资产达到当期披露的资产总额百分之三十以上的;

(三)虚增或者虚减利润达到当期披露的利润总额百分之三十以上的;

(四)未按照规定披露的重大诉讼、仲裁、担保、关联交易或者其他重大事项所涉及的数额或者连续十二个月的累计数额占净资产百分之五十以上的;

(五)致使公司发行的股票、公司债券或者国务院依法认定的其他证券被终止上市交易或者多次被暂停上市交易的;

（六）致使不符合发行条件的公司、企业骗取发行核准并且上市交易的；

（七）在公司财务会计报告中将亏损披露为盈利，或者将盈利披露为亏损的；

（八）多次提供虚假的或者隐瞒重要事实的财务会计报告，或者多次对依法应当披露的其他重要信息不按照规定披露的；

（九）其他严重损害股东、债权人或者其他人利益，或者有其他严重情节的情形。

第七条 ［妨害清算案（刑法第一百六十二条）］公司、企业进行清算时，隐匿财产，对资产负债表或者财产清单作虚伪记载或者在未清偿债务前分配公司、企业财产，涉嫌下列情形之一的，应予立案追诉：

（一）隐匿财产价值在五十万元以上的；

（二）对资产负债表或者财产清单作虚伪记载涉及金额在五十万元以上的；

（三）在未清偿债务前分配公司、企业财产价值在五十万元以上的；

（四）造成债权人或者其他人直接经济损失数额累计在十万元以上的；

（五）虽未达到上述数额标准，但应清偿的职工的工资、社会保险费用和法定补偿金得不到及时清偿，造成恶劣社会影响的；

（六）其他严重损害债权人或者其他人利益的情形。

第八条 ［隐匿、故意销毁会计凭证、会计账簿、财务会计报告案（刑法第一百六十二条之一）］隐匿或者故意销毁依法应当保存的会计凭证、会计账簿、财务会计报告，涉嫌下列情形之一的，应予立案追诉：

（一）隐匿、故意销毁的会计凭证、会计账簿、财务会计报告涉及金额在五十万元以上的；

（二）依法应当向司法机关、行政机关、有关主管部门等提供而隐匿、故意销毁或者拒不交出会计凭证、会计账簿、财务会计报告的；

（三）其他情节严重的情形。

第九条 ［虚假破产案（刑法第一百六十二条之二）］公司、企业通过隐匿财产、承担虚构的债务或者以其他方法转移、处分财产，实施虚假破产，涉嫌下列情形之一的，应予立案追诉：

（一）隐匿财产价值在五十万元以上的；

（二）承担虚构的债务涉及金额在五十万元以上的；

（三）以其他方法转移、处分财产价值在五十万元以上的；

（四）造成债权人或者其他人直接经济损失数额累计在十万元以上的；

（五）虽未达到上述数额标准，但应清偿的职工的工资、社会保险费用和法定补偿金得不到及时清偿，造成恶劣社会影响的；

（六）其他严重损害债权人或者其他人利益的情形。

第十条 ［非国家工作人员受贿案（刑法第一百六十三条）］公司、企业或者其他单位的工作人员利用职务上的便利，索取他人财物或者非法收受他人财物，为他人谋取利益，或者在经济往来中，利用职务上的便利，违反国家规定，收受各种名义的回扣、手续费，归个人所有，数额在五千元以上的，应予立案追诉。

第十一条 ［对非国家工作人员行贿案（刑法第一百六十四条）］为谋取不正当利益，给予公司、企业或者其他单位的工作人员以财物，个人行贿数额在一万元以上的，单位行贿数额在二十万元以上的，应予立案追诉。

第十二条 ［非法经营同类营业案（刑法第一百六十五条）］国有公司、企业的董事、经理利用职务便利，自己经营或者为他人经营与其所任职公司、企业同类的营业，获取非法利益，数额在十万元以上的，应予立案追诉。

第十三条 ［为亲友非法牟利案（刑法第一百六十六条）］国有公司、企业、事业单位的工作人员，利用职务便利，为亲友非法牟利，涉嫌下列情形之一的，应予立案追诉：

（一）造成国家直接经济损失数额在十万元以上的；

（二）使其亲友非法获利数额在二十万元以上的；

(三)造成有关单位破产,停业、停产六个月以上,或者被吊销许可证和营业执照、责令关闭、撤销、解散的;

(四)其他致使国家利益遭受重大损失的情形。

第十四条 [签订、履行合同失职被骗案(刑法第一百六十七条)]国有公司、企业、事业单位直接负责的主管人员,在签订、履行合同过程中,因严重不负责任被诈骗,涉嫌下列情形之一的,应予立案追诉:

(一)造成国家直接经济损失数额在五十万元以上的;

(二)造成有关单位破产,停业、停产六个月以上,或者被吊销许可证和营业执照、责令关闭、撤销、解散的;

(三)其他致使国家利益遭受重大损失的情形。

金融机构、从事对外贸易经营活动的公司、企业的工作人员严重不负责任,造成一百万美元以上外汇被骗购或者逃汇一千万美元以上的,应予立案追诉。

本条规定的“诈骗”,是指对方当事人的行为已经涉嫌诈骗犯罪,不以对方当事人已经被人民法院判决构成诈骗犯罪作为立案追诉的前提。

第十五条 [国有公司、企业、事业单位人员失职案(刑法第一百六十八条)]国有公司、企业、事业单位的工作人员,严重不负责任,涉嫌下列情形之一的,应予立案追诉:

(一)造成国家直接经济损失数额在五十万元以上的;

(二)造成有关单位破产,停业、停产一年以上,或者被吊销许可证和营业执照、责令关闭、撤销、解散的;

(三)其他致使国家利益遭受重大损失的情形。

第十六条 [国有公司、企业、事业单位人员滥用职权案(刑法第一百六十八条)]国有公司、企业、事业单位的工作人员,滥用职权,涉嫌下列情形之一的,应予立案追诉:

(一)造成国家直接经济损失数额在三十万元以上的;

(二)造成有关单位破产,停业、停产六个月以上,或者被吊销许可证和营业执照、责令关闭、撤销、解散的;

(三)其他致使国家利益遭受重大损失的情形。

第十七条 [徇私舞弊低价折股、出售国有资产案(刑法第一百六十九条)]国有公司、企业或者其上级主管部门直接负责的主管人员,徇私舞弊,将国有资产低价折股或者低价出售,涉嫌下列情形之一的,应予立案追诉:

(一)造成国家直接经济损失数额在三十万元以上的;

(二)造成有关单位破产,停业、停产六个月以上,或者被吊销许可证和营业执照、责令关闭、撤销、解散的;

(三)其他致使国家利益遭受重大损失的情形。

第十八条 [背信损害上市公司利益案(刑法第一百六十九条之一)]上市公司的董事、监事、高级管理人员违背对公司的忠实义务,利用职务便利,操纵上市公司从事损害上市公司利益的行为,以及上市公司的控股股东或者实际控制人,指使上市公司董事、监事、高级管理人员实施损害上市公司利益的行为,涉嫌下列情形之一的,应予立案追诉:

(一)无偿向其他单位或者个人提供资金、商品、服务或者其他资产,致使上市公司直接经济损失数额在一百五十万元以上的;

(二)以明显不公平的条件,提供或者接受资金、商品、服务或者其他资产,致使上市公司直接经济损失数额在一百五十万元以上的;

(三)向明显不具有清偿能力的单位或者个人提供资金、商品、服务或者其他资产,致使上市公司直接经济损失数额在一百五十万元以上的;

(四)为明显不具有清偿能力的单位或者个人提供担保,或者无正当理由为其他单位或者个人提供担保,致使上市公司直接经济损失数额在一百五十万元以上的；

（五）无正当理由放弃债权、承担债务，致使上市公司直接经济损失数额在一百五十万元以上的；

（六）致使公司发行的股票、公司债券或者国务院依法认定的其他证券被终止上市交易或者多次被暂停上市交易的；

（七）其他致使上市公司利益遭受重大损失的情形。

第十九条　［伪造货币案（刑法第一百七十条）］伪造货币，涉嫌下列情形之一的，应予立案追诉：

（一）伪造货币，总面额在二千元以上或者币量在二百张（枚）以上的；

（二）制造货币版样或者为他人伪造货币提供版样的；

（三）其他伪造货币应予追究刑事责任的情形。

本规定中的“货币”是指流通的以下货币：

（一）人民币（含普通纪念币、贵金属纪念币）、港元、澳门元、新台币；

（二）其他国家及地区的法定货币。

贵金属纪念币的面额以中国人民银行授权中国金币总公司的初始发售价格为准。

第二十条　［出售、购买、运输假币案（刑法第一百七十一条第一款）］出售、购买伪造的货币或者明知是伪造的货币而运输，总面额在四千元以上或者币量在四百张（枚）以上的，应予立案追诉。

在出售假币时被抓获的，除现场查获的假币应认定为出售假币的数额外，现场之外在行为人住所或者其他藏匿地查获的假币，也应认定为出售假币的数额。

第二十一条　［金融工作人员购买假币、以假币换取货币案（刑法第一百七十一条第二款）］银行或者其他金融机构的工作人员购买伪造的货币或者利用职务上的便利，以伪造的货币换取货币，总面额在二千元以上或者币量在二百张（枚）以上的，应予立案追诉。

第二十二条　［持有、使用假币案（刑法第一百七十二条）］明知是伪造的货币而持有、使用，总面额在四千元以上或者币量在四百张（枚）以上的，应予立案追诉。

第二十三条　［变造货币案（刑法第一百七十三条）］变造货币，总面额在二千元以上或者币量在二百张（枚）以上的，应予立案追诉。

第二十四条　［擅自设立金融机构案（刑法第一百七十四条第一款）］未经国家有关主管部门批准，擅自设立金融机构，涉嫌下列情形之一的，应予立案追诉：

（一）擅自设立商业银行、证券交易所、期货交易所、证券公司、期货公司、保险公司或者其他金融机构的；

（二）擅自设立商业银行、证券交易所、期货交易所、证券公司、期货公司、保险公司或者其他金融机构筹备组织的。

第二十五条　［伪造、变造、转让金融机构经营许可证、批准文件案（刑法第一百七十四条第二款）］伪造、变造、转让商业银行、证券交易所、期货交易所、证券公司、期货公司、保险公司或者其他金融机构的经营许可证或者批准文件的，应予立案追诉。

第二十六条　［高利转贷案（刑法第一百七十五条）］以转贷牟利为目的，套取金融机构信贷资金高利转贷他人，涉嫌下列情形之一的，应予立案追诉：

（一）高利转贷，违法所得数额在十万元以上的；

（二）虽未达到上述数额标准，但两年内因高利转贷受过行政处罚二次以上，又高利转贷的。

第二十七条　［骗取贷款、票据承兑、金融票证案（刑法第一百七十五条之一）］以欺骗手段取得银行或者其他金融机构贷款、票据承兑、信用证、保函等，涉嫌下列情形之一的，应予立案追诉：

（一）以欺骗手段取得贷款、票据承兑、信用证、保函等，数额在一百万元以上的；

（二）以欺骗手段取得贷款、票据承兑、信用证、保函等，给银行或者其他金融机构造成直接经济损失数额在二十万元以上的；

（三）虽未达到上述数额标准，但多次以欺骗手段取得贷款、票据承兑、信用证、保函等的；

（四）其他给银行或者其他金融机构造成重大损失或者有其他严重情节的情形。

第二十八条 ［非法吸收公众存款案（刑法第一百七十六条）］非法吸收公众存款或者变相吸收公众存款，扰乱金融秩序，涉嫌下列情形之一的，应予立案追诉：

（一）个人非法吸收或者变相吸收公众存款数额在二十万元以上的，单位非法吸收或者变相吸收公众存款数额在一百万元以上的；

（二）个人非法吸收或者变相吸收公众存款三十户以上的，单位非法吸收或者变相吸收公众存款一百五十户以上的；

（三）个人非法吸收或者变相吸收公众存款给存款人造成直接经济损失数额在十万元以上的，单位非法吸收或者变相吸收公众存款给存款人造成直接经济损失数额在五十万元以上的；

（四）造成恶劣社会影响的；

（五）其他扰乱金融秩序情节严重的情形。

第二十九条 ［伪造、变造金融票证案（刑法第一百七十七条）］伪造、变造金融票证，涉嫌下列情形之一的，应予立案追诉：

（一）伪造、变造汇票、本票、支票，或者伪造、变造委托收款凭证、汇款凭证、银行存单等其他银行结算凭证，或者伪造、变造信用证或者附随的单据、文件，总面额在一万元以上或者数量在十张以上的；

（二）伪造信用卡一张以上，或者伪造空白信用卡十张以上的。

第三十条 ［妨害信用卡管理案（刑法第一百七十七条之一第一款）］妨害信用卡管理，涉嫌下列情形之一的，应予立案追诉：

（一）明知是伪造的信用卡而持有、运输的；

（二）明知是伪造的空白信用卡而持有、运输，数量累计在十张以上的；

（三）非法持有他人信用卡，数量累计在五张以上的；

（四）使用虚假的身份证明骗领信用卡的；

（五）出售、购买、为他人提供伪造的信用卡或者以虚假的身份证明骗领的信用卡的。

违背他人意愿，使用其居民身份证、军官证、士兵证、港澳居民往来内地通行证、台湾居民来往大陆通行证、护照等身份证明申领信用卡的，或者使用伪造、变造的身份证明申领信用卡的，应当认定为“使用虚假的身份证明骗领信用卡”。

第三十一条 ［窃取、收买、非法提供信用卡信息案（刑法第一百七十七条之一第二款）］窃取、收买或者非法提供他人信用卡信息资料，足以伪造可进行交易的信用卡，或者足以使他人以信用卡持卡人名义进行交易，涉及信用卡一张以上的，应予立案追诉。

第三十二条 ［伪造、变造国家有价证券案（刑法第一百七十八条第一款）］伪造、变造国库券或者国家发行的其他有价证券，总面额在二千元以上的，应予立案追诉。

第三十三条 ［伪造、变造股票、公司、企业债券案（刑法第一百七十八条第二款）］伪造、变造股票或者公司、企业债券，总面额在五千元以上的，应予立案追诉。

第三十四条 ［擅自发行股票、公司、企业债券案（刑法第一百七十九条）］未经国家有关主管部门批准，擅自发行股票或者公司、企业债券，涉嫌下列情形之一的，应予立案追诉：

（一）发行数额在五十万元以上的；

（二）虽未达到上述数额标准，但擅自发行致使三十人以上的投资者购买了股票或者公司、企业债券的；

（三）不能及时清偿或者清退的；

（四）其他后果严重或者有其他严重情节的情形。

第三十五条 ［内幕交易、泄露内幕信息案（刑法第一百八十条第一款）］证券、期货交易内幕信息的知情人员、单位或者非法获取证券、期货交易内幕信息的人员、单位，在涉及证券的发行，证券、期货交易或者其他对证券、期货交易价格有重大影响的信息尚未公开前，买入或者卖出该证券，或者从事与该内幕信息有关的期货交易，或者泄露该信息，或者明示、暗示他人从事上述交易活动，涉嫌下列情形之一的，应予立案追诉：

（一）证券交易成交额累计在五十万元以上的；

（二）期货交易占用保证金数额累计在三十万元以上的；

（三）获利或者避免损失数额累计在十五万元以上的；

（四）多次进行内幕交易、泄露内幕信息的；

（五）其他情节严重的情形。

第三十六条　［利用未公开信息交易案（刑法第一百八十条第四款）］证券交易所、期货交易所、证券公司、期货公司、基金管理公司、商业银行、保险公司等金融机构的从业人员以及有关监管部门或者行业协会的工作人员，利用因职务便利获取的内幕信息以外的其他未公开的信息，违反规定，从事与该信息相关的证券、期货交易活动，或者明示、暗示他人从事相关交易活动，涉嫌下列情形之一的，应予立案追诉：

（一）证券交易成交额累计在五十万元以上的；

（二）期货交易占用保证金数额累计在三十万元以上的；

（三）获利或者避免损失数额累计在十五万元以上的；

（四）多次利用内幕信息以外的其他未公开信息进行交易活动的；

（五）其他情节严重的情形。

第三十七条　［编造并传播证券、期货交易虚假信息案（刑法第一百八十一条第一款）］编造并且传播影响证券、期货交易的虚假信息，扰乱证券、期货交易市场，涉嫌下列情形之一的，应予立案追诉：

（一）获利或者避免损失数额累计在五万元以上的；

（二）造成投资者直接经济损失数额在五万元以上的；

（三）致使交易价格和交易量异常波动的；

（四）虽未达到上述数额标准，但多次编造并且传播影响证券、期货交易的虚假信息的；

（五）其他造成严重后果的情形。

第三十八条　［诱骗投资者买卖证券、期货合约案（刑法第一百八十一条第二款）］证券交易所、期货交易所、证券公司、期货公司的从业人员，证券业协会、期货业协会或者证券期货监督管理部门的工作人员，故意提供虚假信息或者伪造、变造、销毁交易记录，诱骗投资者买卖证券、期货合约，涉嫌下列情形之一的，应予立案追诉：

（一）获利或者避免损失数额累计在五万元以上的；

（二）造成投资者直接经济损失数额在五万元以上的；

（三）致使交易价格和交易量异常波动的；

（四）其他造成严重后果的情形。

第三十九条　［操纵证券、期货市场案（刑法第一百八十二条）］操纵证券、期货市场，涉嫌下列情形之一的，应予立案追诉：

（一）单独或者合谋，持有或者实际控制证券的流通股份数达到该证券的实际流通股份总量百分之三十以上，且在该证券连续二十个交易日内联合或者连续买卖股份数累计达到该证券同期总成交量百分之三十以上的；

（二）单独或者合谋，持有或者实际控制期货合约的数量超过期货交易所业务规则限定的持仓量百分之五十以上，且在该期货合约连续二十个交易日内联合或者连续买卖期货合约数累计达到该期货合约同期总成交量百分之三十以上的；

（三）与他人串通，以事先约定的时间、价格和方式相互进行证券或者期货合约交易，且在该证券或者期货合约连续二十个交易日内成交量累计达到该证券或者期货合约同期总成交量百分之二十以上的；

（四）在自己实际控制的账户之间进行证券交易，或者以自己为交易对象，自买自卖期货合约，且在该证券或者期货合约连续二十个交易日内成交量累计达到该证券或者期货合约同期总成交量百分之二十以上的；

（五）单独或者合谋，当日连续申报买入或者卖出同一证券、期货合约并在成交前撤回申报，撤回申报量占当日该种证券总申报量或者该种期货合约总申报量百分之五十以上的；

（六）上市公司及其董事、监事、高级管理人员、实际控制人、控股股东或者其他关联人单独或者合谋，利用信息优势，操纵该公司证券交易价格或者证券交易量的；

（七）证券公司、证券投资咨询机构、专业中介机构或者从业人员，违背有关从业禁止的规定，买卖或者持有相关证券，通过对证券或者其发行人、上市公司公开作出评价、预测或者投资建议，在该证券的交易中谋取利益，情节严重的；

（八）其他情节严重的情形。

第四十条　［背信运用受托财产案（刑法第一百八十五条之一第一款）］商业银行、证券交易所、期货交易所、证券公司、期货公司、保险公司或者其他金融机构，违背受托义务，擅自运用客户资金或者其他委托、信托的财产，涉嫌下列情形之一的，应予立案追诉：

（一）擅自运用客户资金或者其他委托、信托的财产数额在三十万元以上的；

（二）虽未达到上述数额标准，但多次擅自运用客户资金或者其他委托、信托的财产，或者擅自运用多个客户资金或者其他委托、信托的财产的；

（三）其他情节严重的情形。

第四十一条　［违法运用资金案（刑法第一百八十五条之一第二款）］社会保障基金管理机构、住房公积金管理机构等公众资金管理机构，以及保险公司、保险资产管理公司、证券投资基金管理公司，违反国家规定运用资金，涉嫌下列情形之一的，应予立案追诉：

（一）违反国家规定运用资金数额在三十万元以上的；

（二）虽未达到上述数额标准，但多次违反国家规定运用资金的；

（三）其他情节严重的情形。

第四十二条　［违法发放贷款案（刑法第一百八十六条）］银行或者其他金融机构及其工作人员违反国家规定发放贷款，涉嫌下列情形之一的，应予立案追诉：

（一）违法发放贷款，数额在一百万元以上的；

（二）违法发放贷款，造成直接经济损失数额在二十万元以上的。

第四十三条　［吸收客户资金不入账案（刑法第一百八十七条）］银行或者其他金融机构及其工作人员吸收客户资金不入账，涉嫌下列情形之一的，应予立案追诉：

（一）吸收客户资金不入账，数额在一百万元以上的；

（二）吸收客户资金不入账，造成直接经济损失数额在二十万元以上的。

第四十四条　［违规出具金融票证案（刑法第一百八十八条）］银行或者其他金融机构及其工作人员违反规定，为他人出具信用证或者其他保函、票据、存单、资信证明，涉嫌下列情形之一的，应予立案追诉：

（一）违反规定为他人出具信用证或者其他保函、票据、存单、资信证明，数额在一百万元以上的；

（二）违反规定为他人出具信用证或者其他保函、票据、存单、资信证明，造成直接经济损失数额在二十万元以上的；

（三）多次违规出具信用证或者其他保函、票据、存单、资信证明的；

（四）接受贿赂违规出具信用证或者其他保函、票据、存单、资信证明的；

（五）其他情节严重的情形。

第四十五条　［对违法票据承兑、付款、保证案（刑法第一百八十九条）］银行或者其他金融机构及其工作人员在票据业务中，对违反票据法规定的票据予以承兑、付款或者保证，造成直接经济损失数额在二十万元以上的，应予立案追诉。

第四十六条　［逃汇案（刑法第一百九十条）］公司、企业或者其他单位，违反国家规定，擅自将外汇存放境外，或者将境内的外汇非法转移到境外，单笔在二百万美元以上或者累计数额在五百万美元以上的，应予立案追诉。

第四十七条　［骗购外汇案（全国人民代表大会常务委员会《关于惩治骗购外汇、逃汇和非法买卖外汇犯罪的决定》第一条）］骗购外汇，数额在五十万美元以上的，应予立案追诉。

第四十八条　［洗钱案（刑法第一百九十一条）］明知是毒品犯罪、黑社会性质的组织犯罪、恐怖活动犯罪、走私犯罪、贪污贿赂犯罪、破坏金融管理秩序犯罪、金融诈骗犯罪的所得及其产生的收益，为掩饰、隐瞒其来源和性质，涉嫌下列情形之一的，应予立案追诉：

（一）提供资金账户的；

（二）协助将财产转换为现金、金融票据、有价证券的；

（三）通过转账或者其他结算方式协助资金转移的；

（四）协助将资金汇往境外的；

（五）以其他方法掩饰、隐瞒犯罪所得及其收益的来源和性质的。

……

第五十七条　［逃税案（刑法第二百零一条）］逃避缴纳税款，涉嫌下列情形之一的，应予立案追诉：

（一）纳税人采取欺骗、隐瞒手段进行虚假纳税申报或者不申报，逃避缴纳税款，数额在五万元以上并且占各税种应纳税总额百分之十以上，经税务机关依法下达追缴通知后，不补缴应纳税款、不缴纳滞纳金或者不接受行政处罚的；

（二）纳税人五年内因逃避缴纳税款受过刑事处罚或者被税务机关给予二次以上行政处罚，又逃避缴纳税款，数额在五万元以上并且占各税种应纳税总额百分之十以上的；

（三）扣缴义务人采取欺骗、隐瞒手段，不缴或者少缴已扣、已收税款，数额在五万元以上的。

纳税人在公安机关立案后再补缴应纳税款、缴纳滞纳金或者接受行政处罚的，不影响刑事责任的追究。

第五十八条　［抗税案（刑法第二百零二条）］以暴力、威胁方法拒不缴纳税款，涉嫌下列情形之一的，应予立案追诉：

（一）造成税务工作人员轻微伤以上的；

（二）以给税务工作人员及其亲友的生命、健康、财产等造成损害为威胁，抗拒缴纳税款的；

（三）聚众抗拒缴纳税款的；

（四）以其他暴力、威胁方法拒不缴纳税款的。

第五十九条　［逃避追缴欠税案（刑法第二百零三条）］纳税人欠缴应纳税款，采取转移或者隐匿财产的手段，致使税务机关无法追缴欠缴的税款，数额在一万元以上的，应予立案追诉。

第六十条　［骗取出口退税案（刑法第二百零四条第一款）］以假报出口或者其他欺骗手段，骗取国家出口退税款，数额在五万元以上的，应予立案追诉。

第六十一条　［虚开增值税专用发票、用于骗取出口退税、抵扣税款发票案（刑法第二百零五条）］虚开增值税专用发票或者虚开用于骗取出口退税、抵扣税款的其他发票，虚开的税款数额在一万元以上或者致使国家税款被骗数额在五千元以上的，应予立案追诉。

第六十二条　［伪造、出售伪造的增值税专用发票案（刑法第二百零六条）］伪造或者出售伪造的增值税专用发票二十五份以上或者票面额累计在十万元以上的，应予立案追诉。

第六十三条　［非法出售增值税专用发票案（刑法第二百零七条）］非法出售增值税专用发票二十五份以上或者票面额累计在十万元以上的，应予立案追诉。

**第六十四条　［非法购买增值税专用发票、购买伪造的增值税专用发票案（刑法第二

百零八条第一款）］非法购买增值税专用发票或者购买伪造的增值税专用发票二十五份以上或者票面额累计在十万元以上的，应予立案追诉。

第六十五条　［非法制造、出售非法制造的用于骗取出口退税、抵扣税款发票案（刑法第二百零九条第一款）］伪造、擅自制造或者出售伪造、擅自制造的可以用于骗取出口退税、抵扣税款的非增值税专用发票五十份以上或者票面额累计在二十万元以上的，应予立案追诉。

第六十六条　［非法制造、出售非法制造的发票案（刑法第二百零九条第二款）］伪造、擅自制造或者出售伪造、擅自制造的不具有骗取出口退税、抵扣税款功能的普通发票一百份以上或者票面额累计在四十万元以上的，应予立案追诉。

第六十七条　［非法出售用于骗取出口退税、抵扣税款发票案（刑法第二百零九条第三款）］非法出售可以用于骗取出口退税、抵扣税款的非增值税专用发票五十份以上或者票面额累计在二十万元以上的，应予立案追诉。

第六十八条　［非法出售发票案（刑法第二百零九条第四款）］非法出售普通发票一百份以上或者票面额累计在四十万元以上的，应予立案追诉。

……

第七十四条　［损害商业信誉、商品声誉案（刑法第二百二十一条）］捏造并散布虚伪事实，损害他人的商业信誉、商品声誉，涉嫌下列情形之一的，应予立案追诉：

（一）给他人造成直接经济损失数额在五十万元以上的；

（二）虽未达到上述数额标准，但具有下列情形之一的：

1. 利用互联网或者其他媒体公开损害他人商业信誉、商品声誉的；

2. 造成公司、企业等单位停业、停产六个月以上，或者破产的。

（三）其他给他人造成重大损失或者有其他严重情节的情形。

第七十五条　［虚假广告案（刑法第二百二十二条）］广告主、广告经营者、广告发布者违反国家规定，利用广告对商品或者服务作虚假宣传，涉嫌下列情形之一的，应予立案追诉：

（一）违法所得数额在十万元以上的；

（二）给单个消费者造成直接经济损失数额在五万元以上的，或者给多个消费者造成直接经济损失数额累计在二十万元以上的；

（三）假借预防、控制突发事件的名义，利用广告作虚假宣传，致使多人上当受骗，违法所得数额在三万元以上的；

（四）虽未达到上述数额标准，但两年内因利用广告作虚假宣传，受过行政处罚二次以上，又利用广告作虚假宣传的；

（五）造成人身伤残的；

（六）其他情节严重的情形。

第七十六条　［串通投标案（刑法第二百二十三条）］投标人相互串通投标报价，或者投标人与招标人串通投标，涉嫌下列情形之一的，应予立案追诉：

（一）损害招标人、投标人或者国家、集体、公民的合法利益，造成直接经济损失数额在五十万元以上的；

（二）违法所得数额在十万元以上的；

（三）中标项目金额在二百万元以上的；

（四）采取威胁、欺骗或者贿赂等非法手段的；

（五）虽未达到上述数额标准，但两年内因串通投标，受过行政处罚二次以上，又串通投标的；

（六）其他情节严重的情形。

第七十七条　［合同诈骗案（刑法第二百二十四条）］以非法占有为目的，在签订、履行合同过程中，骗取对方当事人财物，数额在二万元以上的，应予立案追诉。

第七十八条　［组织、领导传销活动案（刑法第二百二十四条之一）］组织、领导以推销商品、提供服务等经营活动为名，要求参加者以缴纳费用或者购买商品、服务等方式获得加入资格,并按照一定顺序组成层级,直接或者间接以发展人员的数量作为计酬或者返利依据,引诱、胁迫参加者继续发展他人参加,骗取财物,扰乱经济社会秩序的传销活动,涉嫌组织、领导的传销活动人员在三十人以上且层级在三级以上的,对组织者、领导者,应予立案追诉。

本条所指的传销活动的组织者、领导者,是指在传销活动中起组织、领导作用的发起人、决策人、操纵人,以及在传销活动中担负策划、指挥、布置、协调等重要职责,或者在传销活动实施中起到关键作用的人员。

第七十九条 [非法经营案(刑法第二百二十五条)]违反国家规定,进行非法经营活动,扰乱市场秩序,涉嫌下列情形之一的,应予立案追诉:

(一)违反国家有关盐业管理规定,非法生产、储运、销售食盐,扰乱市场秩序,具有下列情形之一的:

1. 非法经营食盐数量在二十吨以上的;

2. 曾因非法经营食盐行为受过二次以上行政处罚又非法经营食盐,数量在十吨以上的。

(二)违反国家烟草专卖管理法律法规,未经烟草专卖行政主管部门许可,无烟草专卖生产企业许可证、烟草专卖批发企业许可证、特种烟草专卖经营企业许可证、烟草专卖零售许可证等许可证明,非法经营烟草专卖品,具有下列情形之一的:

1. 非法经营数额在五万元以上,或者违法所得数额在二万元以上的;

2. 非法经营卷烟二十万支以上的;

3. 曾因非法经营烟草专卖品三年内受过二次以上行政处罚,又非法经营烟草专卖品且数额在三万元以上的。

(三)未经国家有关主管部门批准,非法经营证券、期货、保险业务,或者非法从事资金支付结算业务,具有下列情形之一的:

1. 非法经营证券、期货、保险业务,数额在三十万元以上的;

2. 非法从事资金支付结算业务,数额在二百万元以上的;

3. 违反国家规定,使用销售点终端机具(POS机)等方法,以虚构交易、虚开价格、现金退货等方式向信用卡持卡人直接支付现金,数额在一百万元以上的,或者造成金融机构资金二十万元以上逾期未还的,或者造成金融机构经济损失十万元以上的;

4. 违法所得数额在五万元以上的。

(四)非法经营外汇,具有下列情形之一的:

1. 在外汇指定银行和中国外汇交易中心及其分中心以外买卖外汇,数额在二十万美元以上的,或者违法所得数额在五万元以上的;

2. 公司、企业或者其他单位违反有关外贸代理业务的规定,采用非法手段,或者明知是伪造、变造的凭证、商业单据,为他人向外汇指定银行骗购外汇,数额在五百万美元以上或者违法所得数额在五十万元以上的;

3. 居间介绍骗购外汇,数额在一百万美元以上或者违法所得数额在十万元以上的。

(五)出版、印刷、复制、发行严重危害社会秩序和扰乱市场秩序的非法出版物,具有下列情形之一的:

1. 个人非法经营数额在五万元以上的,单位非法经营数额在十五万元以上的;

2. 个人违法所得数额在二万元以上的,单位违法所得数额在五万元以上的;

3. 个人非法经营报纸五千份或者期刊五千本或者图书二千册或者音像制品、电子出版物五百张(盒)以上的,单位非法经营报纸一万五千份或者期刊一万五千本或者图书五千册或者音像制品、电子出版物一千五百张(盒)以上的;

4. 虽未达到上述数额标准,但具有下列情形之一的:

(1)两年内因出版、印刷、复制、发行非法出版物受过行政处罚二次以上的,又出版、印刷、复制、发行非法出版物的;

(2)因出版、印刷、复制、发行非法出版物造成恶劣社会影响或者其他严重后果的。

（六）非法从事出版物的出版、印刷、复制、发行业务，严重扰乱市场秩序，具有下列情形之一的：

1. 个人非法经营数额在十五万元以上的，单位非法经营数额在五十万元以上的；

2. 个人违法所得数额在五万元以上的，单位违法所得数额在十五万元以上的；

3. 个人非法经营报纸一万五千份或者期刊一万五千本或者图书五千册或者音像制品、电子出版物一千五百张（盒）以上的，单位非法经营报纸五万份或者期刊五万本或者图书一万五千册或者音像制品、电子出版物五千张（盒）以上的；

4. 虽未达到上述数额标准，两年内因非法从事出版物的出版、印刷、复制、发行业务受过行政处罚二次以上的，又非法从事出版物的出版、印刷、复制、发行业务的。

（七）采取租用国际专线、私设转接设备或者其他方法，擅自经营国际电信业务或者涉港澳台电信业务进行营利活动，扰乱电信市场管理秩序，具有下列情形之一的：

1. 经营去话业务数额在一百万元以上的；

2. 经营来话业务造成电信资费损失数额在一百万元以上的；

3. 虽未达到上述数额标准，但具有下列情形之一的：

（1）两年内因非法经营国际电信业务或者涉港澳台电信业务行为受过行政处罚二次以上，又非法经营国际电信业务或者涉港澳台电信业务的；

（2）因非法经营国际电信业务或者涉港澳台电信业务行为造成其他严重后果的。

（八）从事其他非法经营活动，具有下列情形之一的：

1. 个人非法经营数额在五万元以上，或者违法所得数额在一万元以上的；

2. 单位非法经营数额在五十万元以上，或者违法所得数额在十万元以上的；

3. 虽未达到上述数额标准，但两年内因同种非法经营行为受过二次以上行政处罚，又进行同种非法经营行为的；

4. 其他情节严重的情形。

第八十条 ［非法转让、倒卖土地使用权案（刑法第二百二十八条）］以牟利为目的，违反土地管理法规，非法转让、倒卖土地使用权，涉嫌下列情形之一的，应予立案追诉：

（一）非法转让、倒卖基本农田五亩以上的；

（二）非法转让、倒卖基本农田以外的耕地十亩以上的；

（三）非法转让、倒卖其他土地二十亩以上的；

（四）违法所得数额在五十万元以上的；

（五）虽未达到上述数额标准，但因非法转让、倒卖土地使用权受过行政处罚，又非法转让、倒卖土地的；

（六）其他情节严重的情形。

第八十一条 ［提供虚假证明文件案（刑法第二百二十九条第一款、第二款）］承担资产评估、验资、验证、会计、审计、法律服务等职责的中介组织的人员故意提供虚假证明文件，涉嫌下列情形之一的，应予立案追诉：

（一）给国家、公众或者其他投资者造成直接经济损失数额在五十万元以上的；

（二）违法所得数额在十万元以上的；

（三）虚假证明文件虚构数额在一百万元且占实际数额百分之三十以上的；

（四）虽未达到上述数额标准，但具有下列情形之一的：

1. 在提供虚假证明文件过程中索取或者非法接受他人财物的；

2. 两年内因提供虚假证明文件，受过行政处罚二次以上，又提供虚假证明文件的。

（五）其他情节严重的情形。

第八十二条 ［出具证明文件重大失实案（刑法第二百二十九条第三款）］承担资产评估、验资、验证、会计、审计、法律服务等职责的中介组织的人员严重不负责任，出具的证明文件有重大失实，涉嫌下列情形之一的，应予立案追诉：

（一）给国家、公众或者其他投资者造成直接经济损失数额在一百万元以上的；

（二）其他造成严重后果的情形。

第八十三条　［逃避商检案（刑法第二百三十条）］违反进出口商品检验法的规定，逃避商品检验，将必须经商检机构检验的进口商品未报经检验而擅自销售、使用，或者将必须经商检机构检验的出口商品未报经检验合格而擅自出口，涉嫌下列情形之一的，应予立案追诉：

（一）给国家、单位或者个人造成直接经济损失数额在五十万元以上的；

（二）逃避商检的进出口货物货值金额在三百万元以上的；

（三）导致病疫流行、灾害事故的；

（四）多次逃避商检的；

（五）引起国际经济贸易纠纷，严重影响国家对外贸易关系，或者严重损害国家声誉的；

（六）其他情节严重的情形。

第八十四条　［职务侵占案（刑法第二百七十一条第一款）］公司、企业或者其他单位的人员，利用职务上的便利，将本单位财物非法占为己有，数额在五千元至一万元以上的，应予立案追诉。

第八十五条　［挪用资金案（刑法第二百七十二条第一款）］公司、企业或者其他单位的工作人员，利用职务上的便利，挪用本单位资金归个人使用或者借贷给他人，涉嫌下列情形之一的，应予立案追诉：

（一）挪用本单位资金数额在一万元至三万元以上，超过三个月未还的；

（二）挪用本单位资金数额在一万元至三万元以上，进行营利活动的；

（三）挪用本单位资金数额在五千元至二万元以上，进行非法活动的。

具有下列情形之一的，属于本条规定的"归个人使用"：

（一）将本单位资金供本人、亲友或者其他自然人使用的；

（二）以个人名义将本单位资金供其他单位使用的；

（三）个人决定以单位名义将本单位资金供其他单位使用，谋取个人利益的。

……

第八十七条　本规定中的"多次"，是指三次以上。

第八十八条　本规定中的"虽未达到上述数额标准"，是指接近上述数额标准且已达到该数额的百分之八十以上的。

第八十九条　对于预备犯、未遂犯、中止犯，需要追究刑事责任的，应予立案追诉。

第九十条　本规定中的立案追诉标准，除法律、司法解释、本规定中另有规定的以外，适用于相应的单位犯罪。

第九十一条　本规定中的"以上"，包括本数。

最高人民法院关于审理单位犯罪案件具体应用法律有关问题的解释

（1999年6月18日最高人民法院审判委员会第1069次会议通过　1999年6月25日公布　法释〔1999〕14号　自1999年7月3日起施行）

为依法惩治单位犯罪活动，根据刑法的有关规定，现对审理单位犯罪案件具体应用法律的有关问题解释如下：

第一条　刑法第三十条规定的"公司、企业、事业单位”，既包括国有、集体所有的公司、企业、事业单位，也包括依法设立的合资经营、合作经营企业和具有法人资格的独资、私营等公司、企业、事业单位。

第二条 个人为进行违法犯罪活动而设立的公司、企业、事业单位实施犯罪的，或者公司、企业、事业单位设立后，以实施犯罪为主要活动的，不以单位犯罪论处。

第三条 盗用单位名义实施犯罪，违法所得由实施犯罪的个人私分的，依照刑法有关自然人犯罪的规定定罪处罚。

最高人民法院关于如何认定国有控股、参股股份有限公司中的国有公司、企业人员的解释

（2005年7月31日最高人民法院审判委员会第1359次会议通过
2005年8月1日公布 法释〔2005〕10号 自2005年8月11日起施行）

为准确认定刑法分则第三章第三节中的国有公司、企业人员，现对国有控股、参股的股份有限公司中的国有公司、企业人员解释如下：

国有公司、企业委派到国有控股、参股公司从事公务的人员，以国有公司、企业人员论。

最高人民法院关于对受委托管理、经营国有财产人员挪用国有资金行为如何定罪问题的批复

（2000年2月13日最高人民法院审判委员会第1099次会议通过
2000年2月16日公布 法释〔2000〕5号 自2000年2月24日起施行）

江苏省高级人民法院：

你院苏高法〔1999〕94号《关于受委托管理、经营国有财产的人员能否作为挪用公款罪主体问题的请示》收悉。经研究，答复如下：

对于受国家机关、国有公司、企业、事业单位、人民团体委托，管理、经营国有财产的非国家工作人员，利用职务上的便利，挪用国有资金归个人使用构成犯罪的，应当依照刑法第二百七十二条第一款的规定定罪处罚。

此复

最高人民法院关于如何理解刑法第二百七十二条规定的“挪用本单位资金归个人使用或者借贷给他人”问题的批复

（2000年6月30日最高人民法院审判委员会第1121次会议通过
2000年7月20日公布　法释〔2000〕22号　自2000年7月27日起施行）

新疆维吾尔自治区高级人民法院：

你院新高法〔1998〕193号《关于对刑法第二百七十二条“挪用本单位资金归个人使用或者借贷给他人”的规定应如何理解的请示》收悉。经研究，答复如下：

公司、企业或者其他单位的非国家工作人员，利用职务上的便利，挪用本单位资金归本人或者其他自然人使用，或者挪用人以个人名义将所挪用的资金借给其他自然人和单位，构成犯罪的，应当依照刑法第二百七十二条第一款的规定定罪处罚。

此复

最高人民法院关于审理单位犯罪案件对其直接负责的主管人员和其他直接责任人员是否区分主犯、从犯问题的批复

（2000年9月28日最高人民法院审判委员会第1132次会议通过
2000年9月30日公布　法释〔2000〕31号　自2000年10月10日起施行）

湖北省高级人民法院：

你院鄂高法〔1999〕374号《关于单位犯信用证诈骗罪案件中对其“直接负责的主管人员”和“其他直接责任人员”是否划分主从犯问题的请示》收悉。经研究，答复如下：

在审理单位故意犯罪案件时，对其直接负责的主管人员和其他直接责任人员，可不区分主犯、从犯，按照其在单位犯罪中所起的作用判处刑罚。

此复

最高人民法院关于在国有资本控股、参股的股份有限公司中从事管理工作的人员利用职务便利非法占有本公司财物如何定罪问题的批复

（2001年5月22日最高人民法院审判委员会第1176次会议通过 2001年5月23日公布 法释〔2001〕17号 自2001年5月26日起施行）

重庆市高级人民法院：

你院渝高法明传〔2000〕38号《关于在股份有限公司中从事管理工作的人员侵占本公司财物如何定性的请示》收悉。经研究，答复如下：

在国有资本控股、参股的股份有限公司中从事管理工作的人员，除受国家机关、国有公司、企业、事业单位委派从事公务的以外，不属于国家工作人员。对其利用职务上的便利，将本单位财物非法占为己有，数额较大的，应当依照刑法第二百七十一条第一款的规定，以职务侵占罪定罪处罚。

此复

最高人民法院研究室关于外国公司、企业、事业单位在我国领域内犯罪如何适用法律问题的答复

（2003年10月15日发布 法研〔2003〕153号）

天津市高级人民法院：

你院津高法〔2003〕30号《关于韩国注册企业在我国犯走私普通货物罪能否按单位犯罪处理的请示》收悉。经研究，答复如下：

符合我国法人资格条件的外国公司、企业、事业单位，在我国领域内实施危害社会的行为，依照我国《刑法》构成犯罪的，应当依照我国《刑法》关于单位犯罪的规定追究刑事责任。

个人为在我国领域内进行违法犯罪活动而设立的外国公司、企业、事业单位实施犯罪的，或者外国公司、企业、事业单位设立后在我国领域内以实施违法犯罪为主要活动的，不以单位犯罪论处。

最高人民检察院、公安部关于严格依法办理虚报注册资本和虚假出资抽逃出资刑事案件的通知

（2014 年 5 月 20 日发布 公经〔2014〕247 号）

各省、自治区、直辖市人民检察院，公安厅、局，新疆生产建设兵团人民检察院、公安局：

2013 年 12 月 28 日，第十二届全国人民代表大会常务委员会第六次会议通过了关于修改《中华人民共和国公司法》的决定，自 2014 年 3 月 1 日起施行。2014 年 4 月 24 日，第十二届全国人民代表大会常务委员会第八次会议通过了《全国人大常委会关于刑法第一百五十八条、第一百五十九条的解释》。为了正确执行新修改的公司法和全国人大常委会立法解释，现就严格依法办理虚报注册资本和虚假出资、抽逃出资刑事案件的有关要求通知如下：

一、充分认识公司法修改对案件办理工作的影响。新修改的公司法主要涉及三个方面：一是将注册资本实缴登记制改为认缴登记制，除对公司注册资本实缴有另行规定的以外，取消了公司法定出资期限的规定，采取公司股东（发起人）自主约定认缴出资额、出资方式、出资期限等并记载于公司章程的规定。二是放宽注册资本登记条件，除对公司注册资本最低限额有另行规定的以外，取消了公司最低注册资本限制、公司设立时股东（发起人）的首次出资比例以及货币出资比例限制。三是简化登记事项和登记文件，有限责任公司股东认缴出资额、公司实收资本不再作为登记事项，公司登记时不需要提交验资报告。全国人大常委会立法解释规定："刑法第一百五十八条、第一百五十九条的规定，只适用于依法实行注册资本实缴登记制的公司。"新修改的公司法和上述立法解释，必将对公安机关、检察机关办理虚报注册资本和虚假出资、抽逃出资刑事案件产生重大影响。各级公安机关、检察机关要充分认识新修改的公司法和全国人大常委会立法解释的重要意义，深刻领会其精神实质，力争在案件办理工作中准确适用，并及时了解掌握本地区虚报注册资本和虚假出资、抽逃出资案件新情况、新问题以及其他相关犯罪态势，进一步提高办理虚报注册资本和虚假出资、抽逃出资刑事案件的能力和水平。

二、严格把握罪与非罪的界限。根据新修改的公司法和全国人大常委会立法解释，自 2014 年 3 月 1 日起，除依法实行注册资本实缴登记制的公司［参见《国务院关于印发注册资本登记制度改革方案的通知》（国发〔2014〕7 号）］以外，对申请公司登记的单位和个人不得以虚报注册资本罪追究刑事责任；对公司股东、发起人不得以虚假出资、抽逃出资罪追究刑事责任。对依法实行注册资本实缴登记制的公司涉嫌虚报注册资本和虚假出资、抽逃出资犯罪的，各级公安机关、检察机关依照刑法和《立案追诉标准（二）》的相关规定追究刑事责任时，应当认真研究行为性质和危害后果，确保执法办案的法律效果和社会效果。

三、依法妥善处理跨时限案件。各级公安机关、检察机关对发生在 2014 年 3 月 1 日以前尚未处理或者正在处理的虚报注册资本和虚假出资、抽逃出资刑事案件，应当按照刑法第十二条规定的精神处理：除依法实行注册资本实缴登记制的公司以外，依照新修改的公司法不再符合犯罪构成要件的案件，公安机关已经立案侦查的，应当撤销案件；检察机关已经批准逮捕的，应当撤销批准逮捕决定，并监督公安机关撤销案件；检察机关审查起诉的，应当作出不起诉决定；检察机关已经起诉的，应当

撤回起诉并作出不起诉决定；检察机关已经抗诉的，应当撤回抗诉。

四、进一步加强工作联系和沟通。各级公安机关、检察机关应当加强工作联系，对重大、疑难、复杂案件，主动征求意见，共同研究案件定性和法律适用等问题；应当加强与人民法院、工商行政管理等部门的工作联系，建立健全案件移送制度和有关工作协作制度，全面掌握公司注册资本制度改革后面临的经济犯罪态势；上级公安机关、检察机关应当加强对下级公安机关、检察机关的指导，确保虚报注册资本和虚假出资、抽逃出资案件得到依法妥善处理。

各地在执行中遇到的问题，请及时报告最高人民检察院和公安部。

附录：案例裁判要点

1. 公司、股权

❖**如何判断“公司经营管理是否发生严重困难”**（林方清诉常熟市凯莱实业有限公司、戴小明公司解散纠纷案——最高人民法院指导案例8号）

公司法第一百八十三条将“公司经营管理发生严重困难”作为股东提起解散公司之诉的条件之一。判断“公司经营管理是否发生严重困难”，应从公司组织机构的运行状态进行综合分析。公司虽处于盈利状态，但其股东会机制长期失灵，内部管理有严重障碍，已陷入僵局状态，可以认定为公司经营管理发生严重困难。对于符合公司法及相关司法解释规定的其他条件的，人民法院可以依法判决公司解散。

❖**公司决议撤销纠纷案件的司法审查范围**（李建军诉上海佳动力环保科技有限公司公司决议撤销纠纷案——最高人民法院指导案例10号）

人民法院在审理公司决议撤销纠纷案件中应当审查：会议召集程序、表决方式是否违反法律、行政法规或者公司章程，以及决议内容是否违反公司章程。在未违反上述规定的前提下，解聘总经理职务的决议所依据的事实是否属实，理由是否成立，不属于司法审查范围。

❖**关联公司人格混同的认定和后果**（徐工集团工程机械股份有限公司诉成都川交工贸有限责任公司等买卖合同纠纷案——最高人民法院指导案例15号）

一、关联公司的人员、业务、财务等方面交叉或混同，导致各自财产无法区分，丧失独立人格的，构成人格混同。

二、关联公司人格混同，严重损害债权人利益的，关联公司相互之间对外部债务承担连带责任。

❖**股权转让中的分期支付不适用《合同法》第一百六十七条的规定**（汤长龙诉周士海股权转让纠纷案——最高人民法院指导案例67号）

有限责任公司的股权分期支付转让款中发生股权受让人延迟或者拒付等违约情形，股权转让人要求解除双方签订的股权转让合同的，不适用《中华人民共和国合同法》第一百六十七条关于分期付款买卖中出卖人在买受人未支付到期价款的金额达到合同全部价款的五分之一时即可解除合同的规定。

❖ **因双方过错终止股权转让协议的损失承担**（北京新奥特公司诉华融公司股权转让合同纠纷案——《最高人民法院公报（2005年卷）》）

因双方当事人的过错，导致股权转让协议终止履行，一方当事人因准备协议履行及实际履行中产生的损失，应由双方共同承担民事责任。

❖ **法人内设部门的法律属性与投入财产属性**（李显志诉长春建工集团界定产权、返还财产纠纷案——《最高人民法院公报（2005年

卷)》)

一、法人内设部门因不具备法人资格,没有独立的法人财产,其设立不以是否有财产投入为前提。

二、法人内设部门成立后采取何种性质的经营方式以及他人是否对其投入资产等均不能改变其法人内设部门的法律属性。

三、出资者对法人出资后,仅能对其所持股份主张相应的股份权益,其出资为法人财产不可分割的部分。

❖ **诉讼调解中形成的股东会决议效力**(钱碧芳、华宁公司与祝长春、华宇公司、祝明安及汪贤琛股东权纠纷案——《最高人民法院公报(2006年卷)》)

在诉讼调解程序中,经人民法院主持,由有限责任公司全体股东召开股东会会议,就股权转让、公司债权债务及资产的处置等问题形成的《股东会决议》,对各股东均有约束力。故该有限责任公司的股东又就《股东会决议》涉及的问题提起新的诉讼时,如不属于依法应予支持的情形,则应当判令当事人各自遵守和执行股东会决议。

❖ **公司为股东提供担保的效力**(中国进出口银行与光彩事业投资集团有限公司、四通集团公司借款担保合同纠纷案——《最高人民法院公报(2006年卷)》)

修订前公司法第六十条第三款关于“董事、经理不得以公司资产为本公司的股东或者其他个人债务提供担保”的规定,是指公司董事、高级管理人员未经公司批准,不得擅自为公司股东或其他个人债务提供担保。该规定的立法本意是为了防止大股东、控股股东操纵公司与自己进行关联交易,损害中小股东的利益。该规定并非一概禁止公司为股东担保。就有限责任公司而言,当公司债权人与公司股东的利益发生冲突时,应当优先保护公司债权人的利益,对于符合公司章程,经公司股东会、董事会批准,以公司资产为本公司股东或其他个人债务提供的担保的,可以认定有效。

❖ **特定情况下的股权转让合同效力认定**(张桂平诉王华股权转让合同纠纷案——《最高人民法院公报(2007年卷)》)

一、公司法原第一百四十七条第一款关于“发起人持有的本公司股份,自公司成立之日起三年内不得转让”的规定,旨在防范发起人利用公司设立谋取不当利益,并通过转让股份逃避发起人可能承担的法律责任。

二、股份有限公司的发起人在公司成立后三年内,与他人签订股权转让协议,约定待公司成立三年后为受让方办理股权过户手续,并在协议中约定将股权委托受让方行使的,该股权转让合同不违反公司法原第一百四十七条第一款的规定。协议双方在公司法所规定的发起人股份禁售期内,将股权委托给未来的股权受让方行使,也并不违反法律的强制性规定,且在双方正式办理股权登记过户前,上述行为并不能免除转让股份的发起人的法律责任,也不能免除其股东责任。因此,上述股权转让合同应认定为合法有效。

❖ **实际控股人虚构的股东会决议效力及其申请撤销**(张艳娟诉江苏万华工贸发展有限公司、万华、吴亮亮、毛建伟股东权纠纷案——《最高人民法院公报(2007年卷)》)

一、有限责任公司召开股东会议并作出会议决议,应当依照法律及公司章程的相关规定进行。未经依法召开股东会议并作出会议决议,而是由实际控制公司的股东虚构公司股东会议及其会议决议的,即使该股东实际享有公司绝大多数的股份及相应的表决权,其个人决策亦不能代替股东会决议的效力。在此情况下,其他股东申请确认虚构的股东会议及其决议无效的,人民法院应当支持。

二、修订后的公司法第二十二条关于“股东会或者股东大会、董事会的会议召集程序、表决方式违反法律、行政法规或者公司章程,或者决议内容违反公司章程的,股东可以自决议作出之日起六十日内,请求人民法院撤销”的规定,是针对实际召开的公司股东会议及其作出的会议决议作出的规定,即在此情况下股东必须在股东会决议作出之日起六十日内请求人民法院撤销,逾期则不予支持。而对于上述虚构的股东会议及其决议,只要其他股东在知道或者应当知道自己的股东权利被侵犯后,在法律规定的诉讼时效内提起诉讼,人民法院即应依法受理,不受修订后公司法第二十二条关于股东申请撤销股东会决议的六十日期限的规定限制。

❖ **公司分支机构变更不影响公司权利义务**(泛华工程有限公司西南公司与中国人寿保险(集团)公司商品房预售合同纠纷案——《最高人民法院公报(2008年卷)》)

根据《中华人民共和国公司法》第十三条的规定,公司可以设立分公司,分公司不具有企业法人资格,其民事责任由公司承担。因此,公司分支机构于公司法人变更过程中是否已实际经工商部门注销完毕,不影响公司基于独立法人资格行使其分支机构所享有的民事权利、承担其分支机构所负有的民事义务。

❖ **关联公司人格混同的责任承担**(中国信达资产管理公司成都办事处与四川泰来装饰工程有限公司、四川泰来房屋开发有限公司、四川泰来娱乐有限责任公司借款担保合同纠纷案——《最高人民法院公报(2008年卷)》)

存在股权关系交叉、均为同一法人出资设立、由同一自然人担任各个公司法定代表人的关联公司,如果该法定代表人利用其对于上述多个公司的控制权,无视各公司的独立人格,随意处置、混淆各个公司的财产及债权债务关系,造成各个公司的人员、财产等无法区分的,该多个公司法人表面上虽然彼此独立,但实质上构成人格混同。因此损害债权人合法权益的,该多个公司法人应承担连带清偿责任。

❖ **公司在董监高等人员控制之下不能或怠于以自己的名义主张权利的,其他股东有权提起诉讼**(吴林祥、陈华南诉翟晓明专利权纠纷案——《最高人民法院公报(2008年卷)》)

一、《中华人民共和国公司法》第一百四十八条规定:“董事、监事、高级管理人员应当遵守法律、行政法规和公司章程,对公司负有忠实义务和勤勉义务。董事、监事、高级管理人员不得利用职权收受贿赂或者其他非法收入,不得侵占公司的财产。”该法第一百五十三条规定:“董事、高级管理人员违反法律、行政法规或者公司章程的规定,损害股东利益的,股东可以向人民法院提起诉讼。”根据上述规定,公司董事、高级管理人员或控股股东等人员违反法律、行政法规或者公司章程的规定,侵害公司利益,而公司在上述人员控制之下不能或怠于以自己的名义主张权利,导致其他股东利益受到损害的,其他股东为维护自身合法权益以及公司的利益,有权向人民法院提起诉讼。

❖ **股东实际出资义务的履行**(中国长城资产管理公司乌鲁木齐办事处与新疆华电工贸有限责任公司、新疆华电红雁池发电有限责任公司、新疆华电苇湖梁发电有限责任公司等借款合同纠纷案——《最高人民法院公报(2009年卷)》)

一、注册资本是公司最基本的资产,确定和维持公司一定数额的资本,对于奠定公司基本的债务清偿能力,保障债权人利益和交易安全具有重要价值。股东出资是公司资本确定、维持原则的基本要求,出资是股东最基本、最重要的义务,股东应当按期足额缴纳公司章程中规定的各自所认缴的出资额,以货币出资的,应当将货币出资足额存入公司在银行开设的账户;以非货币财产出资的,应当依法办理财产权的转移手续。

二、根据《中华人民共和国物权法》第二十三条的规定,动产物权的设立和转让自交付时发生效力,动产所有权的转移以实际交付为准。股东以动产实物出资的,应当将作为出资的动产按期实际交付给公司。未实际交付的,应当认定股东没有履行出资义务，其出资没有实际到位。

❖ **国有资产转让时未进行评估的后果**（东风汽车贸易公司、内蒙古汽车修造厂与内蒙古环成汽车技术有限公司、内蒙古物资集团、赫连佳新、梁秋玲及第三人内蒙古东风汽车销售技术服务联合公司侵权纠纷案——《最高人民法院公报（2009年卷）》）

一、根据最高人民法院《关于适用〈中华人民共和国公司法〉若干问题的规定（一）》第二条的规定，因公司法实施前有关民事行为或者事件发生纠纷起诉到人民法院的，如当时的法律法规和司法解释没有明确规定时，可参照适用公司法的有关规定。

二、根据《国有资产评估管理办法》第三条的规定，国有资产占有单位进行资产转让的，应当进行资产评估。该规定属于强行性规定，而非任意性规定。国有资产占有单位进行资产转让时未依照上述规定进行资产评估的，转让合同无效；受让人在知道或者应当知道所受让的资产属于国有资产，且未依法进行报批和评估的情况下，仍以明显不当的低价受让该国有资产的，不属于善意受让人。

❖ **股东代表诉讼中达成的调解协议生效条件**（浙江和信电力开发有限公司、金华市大兴物资有限公司与通和置业投资有限公司、广厦控股创业投资有限公司、上海富沃企业发展有限公司、第三人通和投资控股有限公司损害公司权益纠纷案——《最高人民法院公报（2009年卷）》）

有限责任公司的股东依照《中华人民共和国公司法》第一百五十二条的规定，向公司的董事、监事、高管人员或者他人提起股东代表诉讼后，经人民法院主持，诉讼各方达成调解协议的，该调解协议不仅要经过诉讼各方一致同意，还必须经过提起股东代表诉讼的股东所在的公司和该公司未参与诉讼的其他股东同意后，人民法院才能最终确认该调解协议的法律效力。

❖ **上市公司股权分置改革中资本公积金向流通股股东转增股份（资本）的效力**（兰州神骏物流有限公司与兰州民百（集团）股份有限公司侵权纠纷案——《最高人民法院公报（2010年卷）》）

一、股份公司股东大会作出决议后，在被确认无效前，该决议的效力不因股东是否认可而受到影响。股东大会决议的内容是否已实际履行，并不影响该决议的效力。

二、公司因接受赠与而增加的资本公积金属于公司所有，是公司的资产，股东不能主张该资本公积金中与自己持股比例相对应的部分归属于自己，上市公司股权分置改革中，公司股东大会作出决议将资本公积金向流通股股东转增股份时，公司的流通股股东可以按持股比例获得相应的新增股份，而非流通股股东不能以其持股比例向公司请求支付相应的新增股份。即使该股东大会决议无效，也只是产生流通股股东不能取得新增股份的法律效果，而非流通股股东仍然不能取得该新增的股份。

三、上市公司股权分置改革中，公司以资本公积金向流通股股东转增资本，不会导致公司资产减损。非流通股股东以资产减损为由主张自己应获得减损数中相应份额的补偿，不应支持。

❖ **合作者转让中外合作企业合同未报批的法律后果**（广州市仙源房地产股份有限公司与广东中大中鑫投资策划有限公司、广州远兴房产有限公司、中国投资集团国际理财有限公司股权转让纠纷案——《最高人民法院公报（2010年卷）》）

一、合作者一方转让其在中外合作企业合同中的权利、义务，转让合同成立后未报审批机关批准的，合同效力应确定为未生效，而非无效。

二、即使转让合同未经批准，仍应认定"报批"义务在合同成立时即已产生，否则当事人可通过肆意不办理或不协助办理“报批”手续而恶意阻止合同生效,有悖于诚实信用原则。

三、最高人民法院《关于适用〈中华人民共和国合同法〉若干问题的解释(二)》第八条规定,有义务办理申请批准手续的一方当事人未按照法律规定或者合同约定办理申请批准手续的,人民法院可以判决相对人自行办理有关手续,对方当事人对由此产生的费用和给相对人造成的实际损失,应当承担损害赔偿责任。据此,人民法院也可以根据当事人的请求判决义务人履行报请审批机关批准的义务。

❖ **法人股隐名持有的相关权利认定**(申银万国证券股份有限公司诉上海国宏置业有限公司财产权属纠纷案——《最高人民法院公报(2010年卷)》)

一、股权的挂靠或代持行为,也就是通常意义上的法人股隐名持有。法人股隐名持有存在实际出资人和挂名持有人,双方应签订相应的协议以确定双方的关系,从而否定挂名股东的股东权利。对于一方原本就是法人股的所有人,对方则是通过有偿转让的方式取得法人股的所有权,双方所签订的是法人股转让协议,协议中确定了转让对价以及所有权的转移问题的,不属于股权的代持或挂靠,可以认定双方是通过出售方式转移法人股的所有权,即使受让方没有支付过任何对价,出让方也已丧失了对系争法人股的所有权,而只能根据转让协议主张相应的债权。

二、根据我国《公司法》和《证券法》的相关规定,公司股权转让应办理变更登记手续,以取得对外的公示效力,否则不得对抗第三人。同时,根据《证券法》公开、公平、公正的交易原则以及上市公司信息公开的有关规定,对上市公司信息披露的要求,关系到社会公众对上市公司的信赖以及证券市场的交易安全和秩序。因此,作为上市公司,其股东持有股权和变动的情况必须以具有公示效力的登记为据。

❖ **企业国有产权转让场外交易的后果**(巴菲特投资有限公司诉上海自来水投资建设有限公司股权转让纠纷案——《最高人民法院公报(2010年卷)》)

根据《企业国有资产监督管理暂行条例》第十三条的规定,国务院国有资产监督管理机构可以制定企业国有资产监督管理的规章、制度。根据国务院国资委、财政部制定实施的《企业国有产权转让管理暂行办法》第四条、第五条的规定,企业国有产权转让应当在依法设立的产权交易机构中公开进行,企业国有产权转让可以采取拍卖、招投标、协议转让等方式进行。企业未按照上述规定在依法设立的产权交易机构中公开进行企业国有产权转让,而是进行场外交易的,其交易行为违反公开、公平、公正的交易原则,损害社会公共利益,应依法认定其交易行为无效。

❖ **公司内部意思形成中有瑕疵的对外行为效力及股东优先认缴权的行使期限**(绵阳市红日实业有限公司、蒋洋诉绵阳高新区科创实业有限公司股东会决议效力及公司增资纠纷案——《最高人民法院公报(2011年卷)》)

一、在民商事法律关系中,公司作为行为主体实施法律行为的过程可以划分为两个层次:一是公司内部的意思形成阶段,通常表现为股东会或董事会决议;二是公司对外作出意思表示的阶段,通常表现为公司对外签订的合同。出于保护善意第三人和维护交易安全的考虑,在公司内部意思形成过程存在瑕疵的情况下,只要对外的表示行为不存在无效的情形,公司就应受其表示行为的制约。

二、根据《中华人民共和国公司法》第三十五条的规定,公司新增资本时,股东有权优先按照实缴的出资比例认缴出资。从权利性质上来看,股东对于新增资本的优先认缴权应属形成权。现行法律并未明确规定该项权利的行使期限,但从维护交易安全和稳定经济秩序的角度出发,结合商事行为的规则和特点,人民法院在处理相关案件时应限定该项权利行使的合理期间,对于超出合理期间行使优先认缴权的主张不予支持。

❖ **股东与公司存在债权债务关系的真实性认定**(宁夏瀛海建材集团有限公司与宁夏瀛海银川建材有限公司、第三人中国石油宁夏化工厂债权纠纷案——《最高人民法院公报(2011年卷)》)

对于股东主张其与公司之间存在债权债务关系且公司予以认可,但公司其他股东对此持有异议的案件,人民法院应对各方证据进行综合分析。证据不足以证明该债权债务关系存在的,人民法院对该债权债务关系不予认定。

❖ **公司违反规定订立的担保合同效力**(中建材集团进出口公司诉北京大地恒通经贸有限公司、北京天元盛唐投资有限公司、天宝盛世科技发展(北京)有限公司、江苏银大科技有限公司、四川宜宾俄欧工程发展有限公司进出口代理合同纠纷案——《最高人民法院公报(2011年卷)》)

2005年修订的公司法第十六条第一款规定:"公司向其他企业投资或者为他人提供担保,依照公司章程的规定,由董事会或者股东会、股东大会决议;公司章程对投资或者担保的总额及单项投资或者担保的数额有限额规定的,不得超过规定的限额。"该条第二款规定:"公司为公司股东或者实际控制人提供担保的,必须经股东会或者股东大会决议。"但公司违反前述条款的规定,与他人订立担保合同的,不能简单认定合同无效。第一,该条款并未明确规定公司违反上述规定对外提供担保导致担保合同无效;第二,公司内部决议程序,不得约束第三人;第三,该条款并非效力性强制性的规定;第四,依据该条款认定担保合同无效,不利于维护合同的稳定和交易的安全。

❖ **有限公司实际出资人与名义出资人的股权确认**(张建中诉杨照春股权确认纠纷案——《最高人民法院公报(2011年卷)》)

有限责任公司的实际出资人与名义出资人订立合同,约定由实际出资人出资并享有投资权益,以名义出资人为名义股东,该合同如无合同法第五十二条规定的情形,应当认定为有效。实际出资人有权依约主张确认投资权益归属。如实际出资人要求变更股东登记名册,须符合《中华人民共和国公司法》第七十二条的有关规定。

人民法院在审理实际出资人与名义出资人之间的股权转让纠纷中,以在所涉公司办公场所张贴通知并向其他股东邮寄通知的方式,要求其他股东提供书面回复意见,公司其他股东过半数表示同意股权转让的,应当认定该股权转让符合《中华人民共和国公司法》第七十二条的规定,名义出资人应依约为实际出资人办理相应的股权变更登记手续。

❖ **产权交易信息变更对举牌申请人的影响**(周益民诉上海联合产权交易所、华融国际信托有限责任公司股权转让纠纷案——《最高人民法院公报(2011年卷)》)

产权交易所发布的产权交易信息是向不特定主体发出的要约邀请。根据产权交易市场的交易管理办法和交易习惯,信息一经发布,公告期内一般不得变更,但在无举牌申请人举牌的情况下,可以按照产权出让人的意愿,根据产权交易所的有关规则进行信息变更。举牌申请人在信息变更之后签收载明新信息的相关法律文件并举牌参加交易,应视为清楚并认可产权交易信息的变更。举牌申请人知晓变更情况并参加交易,在交易结束之后,又请求确认该信息变更无效的,人民法院不予支持。

❖ **股东的账簿查阅权**(李淑君、吴湘、孙杰、王国兴诉江苏佳德置业发展有限公司股东知情权纠纷案——《最高人民法院公报(2011年卷)》)

股东知情权是指股东享有了解和掌握公司经营管理等重要信息的权利,是股东依法行使资产收益、参与重大决策和选择管理者等权利的重要基础。账簿查阅权是股东知情权的重要内容。《中华人民共和国公司法》第三十四条第二款规定:“股东可以要求查阅公司会计账簿。股东要求查阅公司会计账簿的,应当向公司提出书面请求,说明目的。公司有合理根据认为股东查阅会计账簿有不正当目的,可能损害公司合法利益的,可以拒绝提供查阅,并应当自股东提出书面请求之日起十五日内书面答复股东并说明理由。公司拒绝提供查阅的,股东可以请求人民法院要求公司提供查阅。”

股东要求查阅公司会计账簿,但公司怀疑股东查阅会计账簿的目的是为公司涉及的其他案件的对方当事人收集证据,并以此为由拒绝提供查阅的,不属于上述规定中股东具有不正当目的、可能损害公司合法利益的情形。

❖ **股东持股比例与实际出资比例不一致的效力**(深圳市启迪信息技术有限公司与郑州国华投资有限公司、开封市豫信企业管理咨询有限公司、珠海科美教育投资有限公司股权确认纠纷案——《最高人民法院公报(2012年卷)》)

在公司注册资本符合法定要求的情况下,各股东的实际出资数额和持有股权比例应属于公司股东意思自治的范畴。股东持有股权的比例一般与其实际出资比例一致,但有限责任公司的全体股东内部也可以约定不按实际出资比例持有股权,这样的约定并不影响公司资本对公司债权担保等对外基本功能实现。如该约定是各方当事人的真实意思表示,且未损害他人的利益,不违反法律和行政法规的规定,应属有效,股东按照约定持有的股权应当受到法律的保护。

❖ **向第三人转让股权的合同效力**(广东达宝物业管理有限公司与广东中岱企业集团有限公司、广东中岱电讯产业有限公司、广州市中珊实业有限公司股权转让合作纠纷案——《最高人民法院公报(2012年卷)》)

一、股权转让合同中,即使双方约定转让的股权系合同外的第三人所有,但只要双方的约定只是使一方负有向对方转让股权的义务,而没有实际导致股权所有人的权利发生变化,就不能以出让人对股权无处分权为由认定股权转让合同系无权处分合同进而无效。

❖ **股东退股时的职业风险基金分配**(上海大成资产评估有限公司诉楼建华等其他与公司有关的纠纷案——《最高人民法院公报(2012年卷)》)

一、公司章程是公司组织及活动的基本准则。在作为特殊企业的资产评估公司章程规定股东退休时必须退股,退股时以退股月份上月为结算月份,退还其在公司享有的净资产份额时,股东与公司应该按章履行。

二、职业风险基金系会计师事务所、资产评估机构等按规定提取的用于职业风险赔偿的准备金。财政部财企〔2009〕26号《资产评估机构职业风险基金管理办法》规定:资产评估机构持续经营期间,应保证结余的职业风险基金不低于近5年评估业务收入总和的5%,在此前提下,经股东会或合伙人决议,可将已计提5年以上结存的职业风险基金转作当年可供分配利润进行分配。所以,在资产评估公司已有相应股东会决议的情况下,股东退股时要求分配已计提5年以上结存的职业风险基金可予支持。

❖ **公司章程中股东会对股东罚款条款的效力**(南京安盛财务顾问有限公司诉祝鹏股东会决议罚款纠纷案——《最高人民法院公报(2012年卷)》)

公司章程关于股东会对股东处以罚款的规定,系公司全体股东所预设的对违反公司章程股东的一种制裁措施,符合公司的整体利益,体现了有限公司的人合性特征,不违反公司法的禁止性规定,应合法有效。但公司章程在赋予股东会对股东处以罚款职权时,应明确规定罚款的标准、幅度,股东会在没有明确标准、幅度的情况下处罚股东，属法定依据不足，相应决议无效。

❖ **公司经营管理发生严重困难的认定**（林方清诉常熟市凯莱实业有限公司、戴小明公司解散纠纷案——《最高人民法院公报（2012年卷）》）

公司法第一百八十三条将“公司经营管理发生严重困难”作为股东提起解散公司之诉的条件之一。判断“公司经营管理是否发生严重困难”，应从公司组织机构的运行状态进行综合分析。公司虽处于盈利状态，但其股东会机制长期失灵，内部管理有严重障碍，已陷入僵局状态，可以认定为公司经营管理发生严重困难。对于符合公司法及相关司法解释规定的其他条件的，人民法院可以依法判决公司解散。

❖ **公司法第一百八十三条的适用**（仕丰科技有限公司与富钧新型复合材料（太仓）有限公司、第三人永利集团有限公司解散纠纷案——《最高人民法院公报（2014年卷）》）

一、公司法第一百八十三条既是公司解散诉讼的立案受理条件，同时也是判决公司解散的实质审查条件，公司能否解散取决于公司是否存在僵局且符合公司法第一百八十三条规定的实质条件，而不取决于公司僵局产生的原因和责任。即使一方股东对公司僵局的产生具有过错，其仍然有权提起公司解散之诉，过错方起诉不应等同于恶意诉讼。

二、公司僵局并不必然导致公司解散，司法应审慎介入公司事务，凡有其他途径能够维持公司存续的，不应轻易解散公司。当公司陷入持续性僵局，穷尽其他途径仍无法化解，且公司不具备继续经营条件，继续存续将使股东利益受到重大损失的，法院可以依据公司法第一百八十三条的规定判决解散公司。

❖ **公司法定代表人变更的对内对外效力**（大拇指环保科技集团（福建）有限公司与中华环保科技集团有限公司股东出资纠纷案——《最高人民法院公报（2014年卷）》）

按照《中华人民共和国涉外民事关系法律适用法》第十四条第一款的规定，我国外商投资企业与其外国投资者之间的出资义务等事项，应当适用中华人民共和国法律；外国投资者的司法管理人和清盘人的民事权利能力及民事行为能力等事项，应当适用该外国投资者登记地的法律。

《中华人民共和国公司法》第十三条规定，公司法定代表人变更应当办理变更登记。对法定代表人变更事项进行登记，其意义在于向社会公示公司意志代表权的基本状态。工商登记的法定代表人对外具有公示效力，如果涉及公司以外的第三人因公司代表权而产生的外部争议，应以工商登记为准。而对于公司与股东之间因法定代表人任免产生的内部争议，则应以有效的股东会任免决议为准，并在公司内部产生法定代表人变更的法律效果。

❖ **在民间融资投资活动中，融资方和投资者如何设置估值调整机制**（苏州工业园区海富投资有限公司与甘肃世恒有色资源再利用有限公司、香港迪亚有限公司、陆波增资纠纷案——《最高人民法院公报（2014年卷）》）

在民间融资投资活动中，融资方和投资者设置估值调整机制（即投资者与融资方根据企业将来的经营情况调整投资条件或给予投资者补偿）时要遵守公司法和合同法的规定。投资者与目标公司本身之间的补偿条款如果使投资者可以取得相对固定的收益，则该收益会脱离目标公司的经营业绩，直接或间接地损害公司利益和公司债权人利益，故应认定无效。但目标公司股东对投资者的补偿承诺不违反法律法规的禁止性规定，是有效的。在合同约定的补偿条件成立的情况下，根据合同当事人意思自治、诚实信用的原则，引资者应信守承诺，投资者应当得到约定的补偿。

❖ **涉及香港股东、香港公司的损害公司利益纠

纷裁判(林承恩与李江山等损害公司利益纠纷案——《最高人民法院公报(2014 年卷)》)

本案系香港股东代表香港公司向另一香港股东及他人提起的损害公司利益之诉。原告提起诉讼的基点是认为另一香港股东利用实际控制香港公司及该公司在内地设立的全资子公司等机会,伙同他人采取非正当手段,剥夺了本属于香港公司的商业机会,从而损害了香港公司及其作为股东的合法权益。但原告所称的商业机会并非当然地专属于香港公司,实际上能够满足投资要求及法定程序的任何公司均可获取该商业机会。原告在内地子公司经营效益欠佳时明确要求撤回其全部投资,其与另一香港股东也达成了撤资协议。鉴于另一香港股东及他人未采取任何欺骗、隐瞒或者其他非正当手段,且商业机会的最终获取系另一股东及他人共同投资及努力的结果,终审判决最终驳回了原告的诉讼请求。

❖虚假增资即使已被备案登记仍应认定为无效(黄伟忠诉陈强庆等股东资格确认案——《最高人民法院公报(2015 年卷)》)

未经公司有效的股东会决议通过,他人虚假向公司增资以“稀释”公司原有股东股份,该行为损害原有股东的合法权益,即使该出资行为已被工商行政机关备案登记,仍应认定为无效,公司原有股东股权比例应保持不变。

❖对公司转让主要财产明确提出反对意见的股东有权请求公司以合理价格回购其股权(袁朝晖与长江置业(湖南)发展有限公司请求公司收购股份纠纷案——《最高人民法院公报(2016 年卷)》)

根据《中华人民共和国公司法》第七十四条之规定,对股东会决议转让公司主要财产投反对票的股东有权请求公司以合理价格回购其股权。非因自身过错未能参加股东会的股东,虽未对股东会决议投反对票,但对公司转让主要财产明确提出反对意见的,其请求公司以公平价格收购其股权,法院应予支持。

❖享有优先购买权的股东未进场交易并不当然丧失其优先购买权(中静实业(集团)有限公司诉上海电力实业有限公司等股权转让纠纷案——《最高人民法院公报(2016 年卷)》)

虽然国有产权转让应当进产权交易所进行公开交易,但因产权交易所并不具有判断交易一方是否丧失优先购买权这类法律事项的权利,在法律无明文规定且股东未明示放弃优先购买权的情况下,享有优先购买权的股东未进场交易,并不能根据交易所自行制定的“未进场则视为放弃优先购买权”的交易规则,得出其优先购买权已经丧失的结论。

❖对大股东提起的第三人撤销之诉的处理(黄光娜与海口栋梁实业有限公司、广东省阳江市建安集团有限公司海南分公司商品房销售合同纠纷案——《最高人民法院公报(2016 年卷)》)

一、案件争议不动产的登记所有权人,同案件处理结果具有法律上的利害关系,可以作为案件第三人。

二、一方当事人大股东在案件诉讼过程中受让争议标的物,但未作为第三人参加诉讼,在案件判决生效后,又提起第三人撤销之诉的,法院推定其知悉案件情况,非因不能归责于其本人的原因未参加诉讼的,符合常理和交易惯例。上述大股东所提第三人撤销之诉不符合起诉条件,应裁定不予受理。

❖一人公司法人人格否定之诉中的关键点与举证责任(应高峰诉嘉美德(上海)商贸有限公司、陈惠美其他合同纠纷案——《最高人民法院公报(2016 年卷)》)

一、在一人公司法人人格否定之诉中,应区分作为原告的债权人起诉所基于的事由。若债权人以一人公司的股东与公司存在资产混同为由起诉要求股东对公司债务承担连带责任,应实行举证责任倒置,由被告股东对其个人财产与公司财产之间不存在混同承担举证责任。而其他情形下需遵循关于有限责任公司法人人格否认举证责任分配的一般原则，即折衷的举证责任分配原则。

二、一人公司的财产与股东个人财产是否混同，应当审查公司是否建立了独立规范的财务制度、财务支付是否明晰、是否具有独立的经营场所等进行综合考量。

2. 企业、合伙

❖ **企业法定代表人免职后变更登记前仍可对外行使职权**（香港新建业有限公司等诉上海新建业有限公司等欠款担保纠纷案——《最高人民法院公报(2004年卷)》）

二、企业法定代表人虽已免职但尚未在政府企业登记机关办理变更登记前，如不违反企业利益，仍可对外行使相应职权。

❖ **企业以部分财产和等额债务相抵的方式与他人组建新公司的，原企业债务的承担**（工商银行山东分行诉信诚公司等借款合同纠纷案——《最高人民法院公报(2004年卷)》）

根据《民法通则》第四十八条的规定，企业采取以部分财产和等额债务相抵的方式与他人组建新公司，且对所出让财产不持有相应股份的，未转移债务的债权人有权要求新公司在其所接收原企业财产范围内对原企业债务承担连带责任。

❖ **企业因全部资产被整体划拨而变更产权关系后，其原有债务的承担**（信达公司合肥办事处诉中国医药集团总公司等借款担保合同纠纷案——《最高人民法院公报(2004年卷)》）

企业因全部资产被整体划拨而变更产权关系后，无偿接受企业的公司将所接受企业的全部经营性净资产及相应的债务作为自己的出资组建其所属的新公司的，应在接受原企业资产的范围内对其原有债务承担连带责任。

❖ **开办单位是否应对其开办的企业债务承担责任**（美国矿产金属有限公司与厦门联合发展(集团)有限公司债务纠纷案——《最高人民法院公报(2005年卷)》）

经国家主管部门核准登记的具有法人资格的企业，依法应当独立承担民事责任。确定该企业的开办单位是否应当对该企业的债务承担民事责任，应严格审查开办单位对该企业的出资情况以及开办单位有无抽逃该企业注册资本、有无恶意转移该企业财产等情形。开办单位在上述方面无过错的，不应对该企业的债务承担连带赔偿责任。

❖ **履行中外合资经营企业合同中达成的未经审批的补充协议效力**（香港锦程投资有限公司与山西省心血管疾病医院、第三人山西寰能科贸有限公司中外合资经营企业合同纠纷案——《最高人民法院公报(2010年卷)》）

《中华人民共和国中外合资经营企业法实施条例》第十四条规定："合营企业协议、合同和章程经审批机构批准后生效，其修改时同。"当事人在履行合营企业协议或合同的过程中达成的补充协议，虽然属于对原合同的修改，但其效力应当结合案情全面加以分析。如果补充协议内容不涉及必须报经审批机关审批的事项，对于已获批准的合营企业协议不构成实质性变更的，一方当事人仅以补充协议未经审批机关审批为由主张协议内容无效的，人民法院不予支持。

❖ **名为个人独资企业实为合伙企业的债务承担**（南通双盈贸易有限公司诉镇江市丹徒区联达机械厂、魏恒聂等六人买卖合同纠纷案——

《最高人民法院公报(2011 年卷)》)

一、在当事人约定合伙经营企业仍使用合伙前个人独资企业营业执照，且实际以合伙方式经营企业的情况下，应据实认定企业的性质。各合伙人共同决定企业的生产经营活动，也应共同对企业生产经营过程中对外所负的债务负责。合伙人故意不将企业的个人独资企业性质据实变更为合伙企业的行为，不应成为各合伙人不承担法律责任的理由。

二、合伙企业债务的承担分为两个层次：第一顺序的债务承担人是合伙企业，第二顺序的债务承担人是全体合伙人。合伙企业法第三十九条所谓的"连带责任"，是指合伙人在第二顺序的责任承担中相互之间所负的连带责任，而非合伙人与合伙企业之间的连带责任。

❖**未办理个人独资企业投资人变更登记的，不影响转让的效力**(王见刚与王永安、第三人岚县大源采矿厂侵犯出资人权益纠纷案——《最高人民法院公报(2013 年卷)》)

夫妻一方转让个人独资企业，即使未经另一方同意，相对人有理由相信行为人有代理权的，则构成表见代理，该代理行为有效。个人独资企业的投资人发生变更的，应向工商登记机关申请办理变更登记，但该变更登记不属于转让行为有效的前提条件，未办理变更登记，依照法律规定应当受到相应的行政处罚，但并不影响转让的效力。《个人独资企业法》第十五条的规定应视为管理性的强制性规范而非效力性的强制性规范。

❖ **有限合伙人可以自己名义起诉**(世欣荣和投资管理股份有限公司与长安国际信托股份有限公司等信托合同纠纷案——《最高人民法院公报(2016 年卷)》)

一、有限合伙企业中，如果执行事务合伙人怠于行使诉讼权利时，不执行合伙事务的有限合伙人可以为了合伙企业的利益以自己的名义提起诉讼。

3. 清算、破产

❖**不是实际控制人或未实际参加公司经营管理的股东，不能免除清算义务**(上海存亮贸易有限公司诉蒋志东、王卫明等买卖合同纠纷案——最高人民法院指导案例 9 号)

有限责任公司的股东、股份有限公司的董事和控股股东，应当依法在公司被吊销营业执照后履行清算义务，不能以其不是实际控制人或者未实际参加公司经营管理为由，免除清算义务。

❖ **建设工程施工合同视为解除的，承包人行使优先受偿权的期限**(通州建总集团有限公司诉安徽天宇化工有限公司别除权纠纷案——最高人民法院指导案例 73 号)

符合《中华人民共和国破产法》第十八条规定的情形，建设工程施工合同视为解除的，承包人行使优先受偿权的期限应自合同解除之日起计算。

❖ **企业被吊销营业执照后是否有法人资格**(重庆台华房地产开发有限公司与重庆晨光实业发展(集团)有限责任公司、重庆晨光百货有限责任公司、重庆晨光大酒店有限责任公司房屋搬迁纠纷案——《最高人民法院公报(2006 年卷)》)

吊销企业法人营业执照是工商行政管理机关依据国家工商行政法规对违法企业法人作出的行政处罚。企业法人被吊销营业执照后应当依法进行清算,清算程序结束并办理工商注销登记后,该企业法人才归于消灭。判断企业法人资格存续与否,应当以工商行政管理机关是否注销其法人资格为标准,只要该企业尚未被注销,即使被吊销营业执照,仍具有法人资格,仍具有诉讼的权利能力和行为能力,有权以自己的名义进行诉讼活动。

❖ **企业被吊销营业执照后未经清算私自处分债权债务及资产的效力**(雷远城与厦门王将房地产发展有限公司、远东房地产发展有限公司财产权属纠纷案——《最高人民法院公报(2007年卷)》)

根据相关法律、法规和司法解释的规定,法人被吊销营业执照后应当依法进行清算,其债权、债务由清算组负责清理。法人被吊销营业执照后未依法进行清算的,债权人可以申请人民法院指定有关人员组成清算组进行清算。法人被吊销营业执照后没有依法进行清算,债权人也没有申请人民法院指定有关人员组成清算组进行清算,而是在诉讼过程中通过法人自认或者法人与债权人达成调解协议,在清算之前对其债权债务关系作出处理、对法人资产进行处分,损害其他债权人利益的,不符合公平原则,人民法院对此不予支持。

❖ **公司破产情况下的股东补充赔偿责任承担**(深圳市佩奇进出口贸易有限公司与湖北银行股份有限公司宜昌南湖支行、华诚投资管理有限公司破产债权确认纠纷案——《最高人民法院公报(2012年卷)》)

二、尽管生效判决或执行裁定已认定公司股东应在出资不足部分本息范围内就公司债务不能清偿部分对公司债权人承担补充赔偿责任,但在股东实际承担补充赔偿责任前公司就已被裁定宣告进入破产程序的情况下,根据《中华人民共和国企业破产法》第十六条、第三十五条的规定,股东应首先向公司补缴出资,该补缴的出资只能用于向公司所有债权人进行公平清偿,而不能向个别债权人清偿。

❖ **关联公司的合并清算及破产衍生诉讼的审判方式**(闽发证券有限责任公司与北京辰达科技投资有限公司、上海元盛投资管理有限公司、上海全盛投资发展有限公司、深圳市天纪和源实业发展有限公司合并破产清算案——《最高人民法院公报(2013年卷)》)

关联公司资产混同、管理混同、经营混同以致无法个别清算的,可将数个关联公司作为一个企业整体合并清算。人民法院对清算工作的职责定位为监督和指导,监督是全面的监督,指导是宏观的指导,不介入具体清算事务以保持中立裁判地位。从破产衍生诉讼中破产企业方实际缺位、管理人与诉讼对方不对称掌握证据和事实的实际情况出发,不简单适用当事人主义审判方式,而是适时适度强化职权主义审判方式的应用。

4. 改　　制

❖ **企业通过职工全额出资购买净资产的方式改制对企业债务的影响**(东方公司南宁办事处诉舞阳神公司等借款担保合同纠纷案——《最高人民法院公报(2005年卷)》)

企业通过职工全额出资购买净资产的方式改制的,属于法人出资主体性质和名称等的变更,不影响企业对改制前形成债务之民事责任的承担。

❖ **债权人对改制后企业催款的效力**(中国农业

银行哈尔滨市太平支行与哈尔滨松花江奶牛有限责任公司、哈尔滨工大集团股份有限公司、哈尔滨中隆会计师事务所有限公司借款合同纠纷案——《最高人民法院公报(2008年卷)》)

二、国有企业改制后,原有债务应当由改制后的企业承担。债权人向改制后的企业发出债务逾期催收通知书的,应当视为债权人对债务人变更的认可。

❖ **企业改制后的债务承担**(成都市国土资源局武侯分局与招商(蛇口)成都房地产开发有限责任公司、成都港招实业开发有限责任公司、海南民丰科技实业开发总公司债权人代位权纠纷案——《最高人民法院公报(2012年卷)》)

二、企业改制只是转换企业的组织形式和变更企业的经济性质,原企业的债权债务并不因改制而消灭。根据最高人民法院《关于审理与企业改制相关的民事纠纷案件若干问题的规定》第五条的规定,企业通过增资扩股或者转让部分产权,实现他人对企业的参股,将企业整体改造为有限责任公司或者股份有限公司的,原企业债务由改造后的新设公司承担。故债权人代位行使对次债务人的债权,次债务人改制的,由改制后的企业向债权人履行清偿义务。